# Que voir au Mexique ?

★★★ Exceptionnel
★★ Très intéressant
★ Intéressant
Colima À voir

**Les régions du guide**



Pour plus de détails,
consulter les cartes régionales.

# Mexique

## À nos lecteurs

Aussi scrupuleusement établi soit-il, ce guide n'est pas à l'abri des modifications de dernières minutes, des erreurs ou omissions. Ne manquez pas de nous faire part de vos remarques. Informez-nous aussi de vos découvertes personnelles : nous accordons la plus grande attention au courrier de nos lecteurs.

# Mexique

GUIDES BLEUS

**Direction** : Frédérique Sarfati
**Direction éditoriale** : Catherine Marquet
**Édition** : Christian Duponchelle
**Introductions** : Rosario Acosta, Jean-Paul Duviols, Annick Lempérière, Véronique Pugibet, Éric Taladoire
**Rédaction générale** : Patrice et Fabienne Gouy, Éric Taladoire, Katherine Vanderhaeghe
**Avec la collaboration de** : Hélène Bertini, Élisabeth Guillon, Étienne Hénocq, Laurence Lesage, Patrice Milleron, Lucie Morange, Juliette Thomas, Thierry Verguin
**Cartographie** : Fabrice Le Goff, Cyril Suss
**Informatique éditoriale** : Lionel Barth
**Fabrication** : Laurence Ledru, Gérard Piassale
**Conception graphique** : Emmanuel Le Vallois
**Mise en pages** : JAD-Hersienne
**Crédits photographiques** Couverture : **G. Dagli Orti, Paris** (centre). – **Miguel Gleason** (dos). – **René Mattès** (ht, bas).

Intérieur : **Conseil de Promotion Touristique du Mexique** : p. 416, 470 ; **Miguel Gleason**, p. 109 (ht), 119 (centre), 144, 148 (ht), 217 (bas), 301, 349, 351, 395, 425, 434, 450, 461, 479, 519, 528 (ht), 529 (bas), 534, 536, 538, 548, 670 ; **Hachette Livre**, p. 211 (ht), 237, 243, 247, 249 (ht), 501 (bas) ; **René Mattès**, p. 74, 109 (bas), 118 (ht), 149 (ht, centre), 151, 154, 244, 245 (bas), 297, 329, 344 (bas), 345 (bas), 370, 374, 489, 498, 509, 563, 574, 577, 579 (ht), 585, 590, 599, 611 (ht), 639, 641, 657, 659, 661, 673 (bas) ; **Katherine Vanderhaeghe**, p. 104, 107, 118 (bas), 119 (ht), 143, 148 (centre, bas), 152, 200, 216, 219, 249 (bas), 288, 289, 294, 330, 344 (ht), 345 (ht), 359, 483, 491, 500, 505, 507, 528 (bas), 552, 558, 578, 579 (bas), 610 (ht, bas), 611 (centre), 614, 633, 654, 673 (ht, centre). – **G. Dagli Orti, Paris** : p. 108, 138 (bas ; © ADAGP, Paris 2001), 139, 182 (ht, bas), 210, 211 (bas), 315, 354 (bas), 386 (ht, bas), 387, 501 (ht), 529 (ht). – **Jean-Paul Duviols** : p. 115, 125, 128, 156, 185, 320. – **Miguel Gleason** : p. 18 (ht, bas), 19 (ht), 85, 138 (ht ; © ADAGP, Paris 2001), 187, 399, 404, 407, 412 (© ADAGP, Paris 2001), 421, 422 (bas), 429, 432, 441 (bas), 448, 458, 516, 517, 647, 648, 664. – **Hachette Livre** : p. 121, 122, 123, 133, 134, 135, 136, 183, 217 (ht), 308, 309 (ht, bas), 382 (ht, bas), 555 (ht, centre). – **René Mattès** : p. 10, 19 (bas), 30, 42, 51, 53, 57, 65 (ht), 66, 68, 83, 88, 162, 171, 254, 256, 260, 265, 275 (ht), 279, 302, 327, 328, 337, 355 (ht), 391 (ht), 440 (ht, bas), 441 (ht), 567, 596, 617, 622, 627. – **Véronique Pugibet** : p. 76, 95, 224. – **Katherine Vanderhaeghe** : p. 46 (centre, bas), 47 (ht, bas), 64, 65 (bas), 78 (ht, bas), 79 (ht, bas), 80, 84, 92, 194, 227, 245 (ht), 251, 270, 274, 275 (bas), 321, 354 (ht), 355 (bas), 390 (ht, bas), 391 (bas), 422 (ht), 423 (ht, bas), 554.

MEXICO

Nous remercions tout particulièrement
le Conseil de Promotion Touristique du Mexique à Paris.

Nos remerciements s'adressent également à M. Éric Taladoire et Mme Ana H. Argaez.


Hachette Livre, 43, quai de Grenelle, 75905 Paris Cedex 15

# Sommaire

# Cartes et plans

# Abréviations et symboles

| | |
|---|---|
| alt. | altitude |
| a.-m. | après-midi |
| a.-r. | aller-retour |
| av. | avant |
| av. | avenue |
| bd | boulevard |
| coul. | couleur |
| déc. | décembre |
| dim. | dimanche |
| dr. | droite |
| E. | est |
| env. | environ |
| f. | fermé |
| fév. | février |
| g. | gauche |
| h | heure |
| ha | hectare |
| hab. | habitant |
| ill. | illustration |
| j. | jour |
| J.-C. | Jésus-Christ |
| jan. | janvier |
| jeu. | jeudi |
| juil. | juillet |
| km | kilomètre |
| lun. | lundi |
| m | mètre |
| mar. | mardi |
| mer. | mercredi |
| mn | minute |
| N. | nord |
| nov. | novembre |
| O. | ouest |
| oct. | octobre |
| ouv. | ouvert |
| p. | page |
| prom. | promenade |
| rens. | renseignement |
| rés. | réservation |
| r.-v. | rendez-vous |
| S. | sud |
| s. | siècle |
| sam. | samedi |
| sem. | semaine |
| sept. | septembre |
| sf | sauf |
| t.l.j. | tous les jours |
| ven. | vendredi |
| vis. | visite |
| w.-e. | week-end |
| → | se reporter à |
| ▶ | début de détour |
| ◀ | fin de détour |
| ☎ | indicatif téléphonique |
| ☏ | téléphone |

**Classification des sites, villes, monuments, musées...**

| | |
|---|---|
| ★★★ | Exceptionnel |
| ★★ | Très intéressant |
| ★ | Intéressant |

**Une présentation des richesses touristiques du Mexique du Centre et du Sud**



# Découvrir

HOTEL

# Découvrir

Le voyage au Mexique est, pour l'Européen, une source inépuisable de dépaysement. En visitant les grandes cités, et surtout Mexico, on sera surpris de constater que le Mexique moderne se développe, malgré les difficultés, à une échelle inconnue en nos pays : un gigantisme qui pourrait passer, aux yeux du touriste peu averti, comme la transposition mexicaine de la réussite matérielle du puissant voisin du Nord. Mais les descriptions laissées par les conquérants de l'ancienne Tenochtitlán, le spectacle que nous offre Teotihuacán ou les sites majeurs des hauts plateaux montrent bien que les Mexicains des temps précortésiens concevaient déjà leurs cités selon des proportions très supérieures aux nôtres. Avec sa grandiose architecture moderne, son urbanisation accélérée, le Mexique d'aujourd'hui ne fait, en réalité, que renouer avec le passé. Le visiteur européen éprouvera bien d'autres étonnements : des paysages variés à l'infini, une multitude d'objets façonnés avec un goût et une fantaisie inépuisables, des édifices baroques répondant à des pyramides précolombiennes, mais surtout un peuple à la réalité complexe, attaché à des traditions héritées de l'époque précolombienne et à des habitudes nées de la Conquête.

## Les régions du guide

### ■ Mexico

Depuis sa fondation en 1325, Mexico a toujours eu une vocation pour la grandeur, voire la démesure. Au début du XVIe s., Tenochtitlán, la capitale de l'em-

**Consultez aussi en début d'ouvrage la carte « Que voir ?» qui recense les principales richesses touristiques du pays.**

**Architecture coloniale à Oaxaca.**

**Mexico (District fédéral ; *p. 163*).**

pire aztèque, comptait 300 000 âmes et était sans doute à cette époque la plus grande ville du monde. Aujourd'hui, quelque 20 millions d'habitants rythment le pouls de cette mégapole, qui conserve ainsi sa première place. Ruines aztèques du Templo Mayor et églises rutilantes d'or du centre historique, buildings ultra-modernes du Paseo de la Reforma, demeures princières de San Ángel ou Coyoacán, yuppies du quartier de la Bourse ou marchés bruyants et colorés, le visiteur ne pourra qu'être surpris – et séduit – par cette ville aux multiples visages qui porte à juste titre le nom du pays dont elle est la capitale, comme si celui-ci tenait tout entier dans les 43 000 rues et avenues qui la sillonnent.

## ■ Les environs de Mexico

**Les environs de Mexico *(p. 281)* : États de Hidalgo, Mexico, Morelos, Puebla, Tlaxcala.**

Située à une altitude élevée sur l'Altiplano central, lui-même dominé au S. par quatre puissants volcans (le Nevado de Toluca, le Popocatépetl, l'Ixtaccíhuatl et La Malinche), la région regroupant les environs de Mexico fut occupée par de brillantes civilisations précolombiennes, comme en témoignent les monumentales pyramides de Teotihuacán ou les vestiges de Tula, la capitale toltèque. Les Aztèques de Tenochitlán régnèrent aussi sur le bassin de Mexico (et bien au-delà) jusqu'à l'arrivée des conquistadores et missionnaires espagnols qui élevèrent de splendides cités telles que Puebla et Taxco, des églises et des couvents : Tepotzotlán, Huejotzingo, Actopan, Tonantzintla... Mais l'Histoire ne s'arrêta pas là. Au cours de ces trente dernières années, Mexico, lancé dans une croissance effrénée, a intégré nombre de ces sites dans son immense banlieue. De même, sous son influence, des capitales régionales plus éloignées sont entrées dans la modernité tout en parvenant à préserver et mettre en valeur ce riche patrimoine historique.

## ■ Le Mexique colonial

**Le Mexique colonial *(p. 375)* : États de Aguascalientes, Colima, Guanajuato, Jalisco, Michoacán, Querétaro, San Luis Potosí, Zacatecas.**

Une fois Tenochitlán conquise, les conquistadores partirent à la conquête du nord du pays pour soumettre les Indiens mais aussi faire fortune. Leurs efforts furent récompensés : ils trouvèrent sur cet immense territoire des gisements argentifères d'une grande richesse. Près des mines, d'opulentes villes de style espagnol sortirent de terre : Zacatecas, Guanajuato, San Luis Potosí. D'autres cités – Aguascalientes, San Miguel de Allende, Querétaro – furent construites pour contrôler les axes de communication reliant Mexico à cette région stratégique pour la Couronne espagnole. L'expression artistique la plus caractéristique de la région est donc celle connue sous le nom d'art colonial (les sites précolombiens sont rares), savant mélange de toutes les variantes de l'art baroque, le tout revisité par le génie des Indiens. Dans les villes dont l'histoire est liée à l'argent, mais aussi à Morelia, à Pátzcuaro ou à Guadalajara, le voyageur découvrira la même profusion de feuillages, de guirlandes et de chérubins sculptés dans la pierre, les mêmes ruissellements d'or. Un voyage à ne pas manquer !

## ■ Le sud et le Golfe

De la luxuriante Costa Chica, portion de la côte du Pacifique qui s'étend d'Acapulco à Salina Cruz, la route grimpe à travers la montagne et rejoint la vallée de Oaxaca. Réputée pour son artisanat, cette ville coloniale, l'une des plus belles du Mexique, est établie au cœur d'un pays où vécurent les Zapotèques et les Mixtèques, deux civilisations dont le brillant passé nous est restitué avec les sites archéologiques de Monte Albán et de Mitla. Poursuivant à travers un haut plateau hérissé de volcans dont le Pico de Orizaba, le plus haut sommet du pays, le chemin redescend ensuite vers la plaine côtière du Golfe du Mexique. Du N. au S. de cette côte à la moiteur tropicale, pas moins de trois cultures indiennes ont laissé des traces de leur génie. Les Huastèques, la tribu perdue des Mayas, les Totonaques aqui occupèrent un temps El Tajín, les Olmèques enfin qui ont inspiré les cultures de tout un continent ; à Villahermosa et à Xalapa, deux extraordinaires musées sont consacrés à cette civilisation mère.

**Le sud et le Golfe** ***(p. 463)*** **: États de Guerrero, Oaxaca, Tabasco, Veracruz.**

## ■ Le pays maya

La péninsule du Yucatán est formée d'un plateau calcaire complètement plat, dépourvu de cours d'eau de surface et recouvert par une forêt épaisse mais pas très haute. Ce paysage contraste avec les collines situées au S.-O. de la péninsule, où s'épanouit la forêt tropicale, extrêmement haute et dense, et plus encore avec le haut plateau montagneux du Chiapas, aux sommets souvent recouverts de nuages. C'est dans ce milieu diversifié que s'épanouit l'une des plus remarquables civilisations précolombiennes de la Mésoamérique, celle des Mayas. La découverte personnelle de sites tels que Palenque, Uxmal, Chichén Itzá, Toniná, Yaxchilán, Kabah et Tulum, pour ne citer que les plus importants, sera une expérience artistique et mystique inoubliable. Le long du couloir touristique Cancún-Tulum, le visiteur pourra aussi profiter des splendides plages coralliennes qui bordent les eaux cristallines de la mer des Caraïbes.

**Le pays maya** ***(p. 539*** **: États de Campeche, Chiapas, Quintana Roo, Yucatán.**

**Les États du Mexique et leur capitale**

200 km
ÉTATS-UNIS
Golfe
du Mexique
Monterrey
NUEVO
LEÓN
TAMAULIPAS
Ciudad
Victoria
SAN LUIS
POTOSÍ
San Luis Potosí
Qro.
Querétaro
HIDALGO
Pachuca
Tlaxcala
Xalapa
MEXICO
(D. F.)
Tlax.
Mex.
Toluca
Puebla
Cuernavaca
Mor.
Pue.
VERACRUZ
Chilpancingo
GUERRERO
Oaxaca
OAXACA
Villahermosa
TABASCO
Tuxtla
Gutiérrez
CHIAPAS
Mérida
YUCATÁN
Campeche
CAMPECHE
QUINTANA
ROO
Chetumal
Belmopan
BELIZE
GUATEMALA
Guatemala
La Ciudad
HONDURAS
San Salvador
SALVADOR

# Que voir ?

## ■ Le Mexique précolombien

C'est par dizaines que l'on compte les vestiges des civilisations précolombiennes. À Mexico, au cœur de la ville, on visitera le **Templo Mayor★★** *(p. 205)*, ultime souvenir de Tenochtitlán, la capitale aztèque qui fut entièrement rasée par les conquistadores. Bien évidemment, le **musée national d'Anthropologie★★★** *(p. 233)*, qui abrite les collections d'art précolombien les plus prestigieuses du monde, est incontournable.

**Teotihuacán★★★** *(p. 339)*, qui offre un extraordinaire plan d'urbanisme, peut-être le premier dans l'Histoire, est le site majeur des environs de Mexico. D'autres centres proches de la capitale méritent d'être visités, en particulier **Cacaxtla★★** *(p. 285)* où se trouvent des fresques remarquablement conservées, **Malinalco★★★** *(p. 311)*, caractérisé par des monuments aztèques taillés dans la roche, **Tula★★** *(p. 367)*, le berceau des Toltèques aux célèbres atlantes, et **Xochicalco★★** *(p. 372)* qui renferme une pyramide décorée de splendides bas-reliefs.

Peu de vestiges précolombiens subsistent dans la région qui forme ce que nous appelons le Mexique colonial. On peut néanmoins mentionner dans l'État du Michoacán **Tzintzuntzan★★** *(p. 425)*, la capitale du peuple tarasque, ainsi que le site de **La Quemada★★** *(p. 461)*, non loin de Zacatecas, qui demeure encore énigmatique.

Dans le sud du Mexique et sur le Golfe, si les sites olmèques, réduits à un ensemble de monticules, ne présentent plus aucun intérêt, les autres civilisations ont laissé de beaux témoignages, notamment à **El Tajín★★★** *(p. 474)*, qui présente l'une des architectures préhispaniques les plus originales du Mexique, et à **Monte Albán★★★** *(p. 485)*, centre cérémoniel zapotèque établi au sommet d'une montagne. Non loin, on découvrira les structures palatiales des Mixtèques à **Mitla★★** *(p. 481)*. Le **musée d'Anthropologie de Xalapa★★★** *(p. 534)* consacré aux civilisations du Golfe est le deuxième du pays par la qualité de ses collections. À Villahermosa, le très intéressant **parc de La Venta★★** *(p. 523)* réunit de belles pièces olmèques dans un écrin tropical.

Le pays maya compte trois sites majeurs : **Chichén Itzá★★★** *(p. 570)*, cité maya qui surprend par son architecture où se mêlent styles maya régional et toltèque, **Palenque★★★** *(p. 602)*, blotti dans son écrin de végétation tropicale, **Uxmal★★★** *(p. 649)*, remarquable par son unité de style. À cela s'ajoute une liste impressionnante de vestiges « secondaires ».

Dans la partie N. de la péninsule du Yucatán, il faut signaler **Edzná★★** *(p. 561)*, centre cérémoniel de style Chenes, **Cobá★★** *(p. 586)* et ses structures pyramidales les plus hautes de la région, **Tulum★★** *(p. 636)*, rare exemple de cité maya construite en bord de mer et fortifiée, **Kabáh★★** *(p. 657)*, **Sayil★★** *(p. 659)* et **Labná★★** *(p. 660)*, trois cités majeures de la région Puuc.

Dans la partie S. de la péninsule, la région du Río Bec regroupe les sites de **Becán★★** *(p. 548)* et **Chicanná★★** *(p. 550)*, qui présentent une architecture originale distincte de celle du Petén ou du N. du Yucatán.

Le Chiapas enfin comporte trois sites importants : **Toniná★★** *(p. 628)*, dont les bâtiments et structures conservent une belle décoration, **Yaxchilán★★** *(p. 663)*, installé en pleine forêt tropicale, **Bonampak★★** *(p. 671)*, célèbre pour ses fresques certes mal conservées mais d'un exceptionnel intérêt historique et artistique.

### ■ L'art de la Nouvelle-Espagne

À Mexico, l'ensemble nommé Centro Histórico, c'est-à-dire la partie centrale de la ville construite à partir du XVIe s., abrite de très beaux spécimens d'architecture monumentale réalisés après la Conquête. La promenade allant de l'**Alameda Central** au **Zócalo**★★★ *(p. 187)*, la visite du **Zócalo**★★★ *(p. 197)* lui-même et des quartiers alentour *(p. 205 et 222)* vous permettront de découvrir les monuments les plus remarquables. D'autres quartiers tels **San Ángel**★★ *(p. 264)* et **Coyoacán**★★★ *(p. 267)* ont également gardé une atmosphère coloniale, avec leurs ruelles pavées, leurs jardins secrets, leurs façades sévères.

Dans les environs de la capitale, **Puebla**★★★ *(p. 323)* et **Taxco**★★★ *(p. 333)* sont les stars préférées des amateurs de baroque mexicain, mais il faut également mentionner **Tlaxcala**★★ *(p. 353)*, petite ville qui abrite plusieurs édifices coloniaux intéressants, en particulier la **basilique de la Vierge d'Ocotlán**★★★ *(p. 358)*. L'église de **Tepotzotlán**★★★ *(p. 351)* est considérée comme étant le chef-d'œuvre mexicain de l'architecture churrigueresque ; dans l'ancien noviciat attenant se trouve le **Museo Nacional del Virreinato**★★★, qui réunit de splendides collections d'art colonial. Au départ de Cuernavaca, une **route des couvents**★★ *(p. 306)* permet de découvrir quelques joyaux architecturaux de cette époque, et notamment les couvents de **Tepoztlán**★★★ *(p. 305)* et **Yecapixtla**★★ *(p. 310)*. Citons également les églises de **Tonantzintla**★★★ *(p. 295)* et d'**Acatepec**★★★ *(p. 296)*, les couvents de **Huejotzingo**★★★ *(p. 286)*, d'**Actopan**★★ *(p. 317)* et d'**Ixmiquilpan**★★ *(p. 318)*, l'hacienda de **San Miguel Regla**★★ *(p. 316)*, transformée en hôtel.

Dans le Mexique colonial, ce sont des villes entières qu'il faut mentionner, telles **Guanajuato**★★★ *(p. 401)*, **Morelia**★★★ *(p. 408)*, **Pátzcuaro**★★★*(p. 417)*, **Querétaro**★★★ *(p. 428)* et **Zacatecas**★★★ *(p. 455)*, autant de cités dont les monuments sont décorés, parfois surchargés, de motifs baroques d'un grand effet scénique. Mais les centres historiques des autres villes de la région possèdent également de magnifiques monuments coloniaux. Il suffit de se promener dans les rues centrales de **Guadalajara**★★ *(p. 389)* ou **San Miguel de Allende**★★ *(p. 444)* pour être immergé dans un univers de pierres sculptées. À signaler également les couvents de **Cuitzeo**★★ *(p. 415)*, **Yuriria**★★ *(p. 415)* et de **Notre-Dame de Guadalupe**★★ *(p. 414)* .

**Oaxaca**★★★ *(p. 493)*, construite dans une belle pierre vert tendre compte parmi les plus belles villes coloniales. L'église baroque Santo Domingo ruisselante d'or en est son point d'orgue, mais signalons aussi dans ses environs le monastère de **Cuilapan**★★ *(p. 509)*.

Dans la région maya, à Izamal, le vaste **couvent San Antonio de Padua**★★ *(p. 600)* est un exemple emblématique des origines historiques de l'art colonial.

### ■ À la rencontre des Indiens

Beaucoup d'Indiens du Mexique se sont occidentalisés, d'autres vivent dans des villages isolés et difficiles d'accès dans la *sierra*. C'est surtout lors des marchés hebdomadaires et des grandes *fiestas* que l'on découvrira ces populations.

Chez les Tarasques de l'**île de Janitzio**★ *(p. 421)*, sur le lac de Pátzcuaro, la célébration de la nuit des Morts entre le 1er et le 2 novembre est l'une des cérémonies religieuses les plus célèbres du Mexique. Non loin se trouve **Santa Clara del Cobre**★★ *(p. 427)*, pittoresque village tarasque spécialisé dans le travail du cuivre.

L'État d'Oaxaca est le plus riche d'un point de vue ethnographique, avec 26 % de la population parlant des langues indigènes. Dans la ville même d'**Oaxaca**★★★ *(p. 493)*, le grand marché hebdomadaire du samedi est l'occasion de rencontrer les Indiens Zapotèques et Mixtèques qui viennent vendre leur arti-

# Paysages mexicains

Lorsque Charles Quint lui demanda de définir la géographie de la Nouvelle-Espagne, Cortés froissa une feuille de papier et la jeta sur la table. Situé à la jonction de trois plaques tectoniques, le Mexique est un pays de contrastes où les neiges éternelles confinent aux déserts arides, où l'on passe en quelques heures des montagnes froides à la jungle tropicale. Entre les océans Altantique et Pacifique, entre les États-Unis et l'Amérique centrale, le pays aligne une variété infinie de paysages.

**▲ Le Cañon del Sumiredo, creusé par les eaux tumultueuses du Río Grijalva, montre d'impressionnantes falaises atteignant 1 400 m de hauteur par endroits.**

## Un pays à trois étages

Au N. s'étend une zone aride, terre d'élection des figuiers de Barbarie, des *mezquites* et des cactus-cierges. Plus au S., où les pluies abondent de mai à octobre, c'est l'altitude qui nuance et diversifie la végétation. Jusqu'à 800 m, les *tierras calientes,* étouffantes et insalubres, sont le domaine de l'exubérante forêt tropicale *(selva)* ; sur les *tierras templadas* qui ne montent pas au-dessus de 1 800 m, avec des températures moyennes de 18° à 25 °C, alternent les chênaies et les hautes steppes ; au-delà sont les *tierras frias,* étendues de feuillus et de résineux, entrecoupées de pâturages d'altitude. Remontant vers le N., la péninsule du Yucatán forme une table calcaire basse et plate couverte d'une forêt sèche difficilement pénétrable. Elle est bordée sur le littoral de mangroves, zones marécageuses où les racines de palétuviers forment un réseau inextricable idéal pour la vie aquatique. Au-delà, les récifs coralliens des Caraïbes constituent l'ultime barrière contre les assauts de l'Atlantique.

**◄ Le cactus-cierge caractérise les paysages des régions désertiques et semi-désertiques. Il constitue un véritable réservoir d'eau.**

## Les sierras

Traversé sur toute sa longueur par la sierra Madre qui se scinde en deux bras géants enserrant le haut plateau central, le Mexique est un pays où la montagne est quasiment omniprésente. Bordant les larges plaines de la côte du Golfe, la sierra Madre orientale forme une barrière impressionnante avec des sommets dépassant 3 000 m. La sierra Madre occidentale est entaillée de profonds canyons, dont le Barranca del Cobre, qui offre 1 000 m de dénivellation presque verticale. Au S. de la dépression du Río Balsas, les deux chaînes fusionnent en une série de pics, de ravins et de bassins jusqu'à l'isthme de Tehuantepec reliant le Pacifique à l'Atlantique. C'est la sierra Madre del Sur qui, sur la côte pacifique, est entrecoupée de falaises formant d'extraordinaires baies naturelles comme celles d'Acapulco et de Manzanillo.

◀ **Au cœur d'un paysage alpestre s'élève le Pico de Orizaba, cône parfait coiffé de neiges éternelles.**

## Une intense activité volcanique

Le haut plateau central de l'Anáhuac qui s'élève jusqu'à 2 500 m comporte plusieurs volcans en activité. Le cône parfait du Popocatépetl atteint 5 465 m d'altitude. La « montagne fumante » – tel est son nom en náhuatl – se réveille régulièrement, maculant les neiges éternelles de traînées cendrées. Les formes arrondies de l'Iztaccíhuatl (5 286 m) lui ont valu le nom de « femme endormie » *(→ ill. p. 321)*. Le pic d'Orizaba ou Ciltaltépetl (5 700 m), point culminant du Mexique, est, avec ses pentes abruptes, le sommet préféré des randonneurs. Deux lagunes aux eaux opalescentes, anciens lieux de culte, sont nichées au creux du cratère du Nevado de Toluca (4 558 m). Le volcan continental le plus récent du monde, le Paricutín, a jailli au milieu d'un champ de maïs du Michoacán, le 20 février 1943, vomissant des laves qui ont englouti deux villages. Quant au Cuexcomate, situé aux portes de Puebla, il est, avec à peine 13 m de hauteur, le plus petit volcan cratériforme du monde.

## Le monde aquatique

Du Río Grande au Río Usumacinta, frontières naturelles du N. et du S., le pays est sillonné de voies d'eaux qui ont creusé la terre et la roche en d'innombrables vallées plus ou moins érodées. Le Chiapas séduit par la grande diversité de sites aquatiques parmi lesquels les cascades turquoise d'Agua Azul *(→ ill. p. 617)*, les gorges profondes du Sumidero sculptées par le Río Grijalva et l'enfilade des lacs colorés de Montebello. Les étroites plaines de la côte pacifique sont laminées d'arroyos bordés de cocoteraies, tandis que dans la région du Golfe, les Ríos Papaloapán, Grijalva et Usumacinta se scindent en larges étendues lagunaires avant d'atteindre la mer. Au Yucatán, les rivières se font souterraines, apparaissant soudain au fond des *cenotes*, puits naturels nés de l'effondrement de la couche calcaire. Le lac de Pátzcuaro *(→ ill. p. 421)*, ponctué d'îles et bordé de montagnes boisées, est l'un des joyaux du Michoacán.

▲ **Les plages de sable corallien et les eaux cristallines des Caraïbes sont l'un des attraits majeurs de la côte orientale de la péninsule du Yucatán.**

sanat. Des excursions dans la **vallée de Tlacolula★★** *(p. 504)* et dans la **Mixteca Alta** *(p. 510)* permettront aussi de découvrir les descendants des Zapotèques ainsi que des populations mixes et chochos.

Dans la région maya, le centre le plus intéressant est sans doute **San Cristóbal de las Casas★★** *(p. 618)* ; son marché quotidien est le rendez-vous de tous les Indiens des centres d'alentour. Dans les environs de San Cristóbal, les villages tzotziles de **San Juan Chamula★★** *(p. 626)* et de **Zinacantán★** *(p. 626)* sont devenus les têtes d'affiche du tourisme ethnographique. Signalons enfin **Tenajapa★** *(p. 624)*, *pueblo* habité par une communauté tzeltal, et **Amatenango del Valle★** *(p. 625)*, autre village tzotzil réputé pour ses poteries.

### ■ L'histoire du Mexique selon les muralistes

C'est bien évidemment à Mexico que l'on trouve les œuvres majeures de l'école muraliste mexicaine. Dans le centre historique, signalons le **Museo Mural Diego Rivera★★** *(p. 190)*, le **Palacio de Bellas Artes★★★** *(p. 193)*, le **Palacio Nacional★★***(p. 201)*, le **Colegio de San Ildefonso★★★** *(p. 218)* et le **Secretaría de Educación Pública★★★** *(p. 219)*. D'autres œuvres réalisées par les plus grands muralistes sont visibles au **Museo Nacional de Historia★★** *(p. 228)* ainsi qu'au **Rectoría★** et à la **Biblióteca Central★★** de la cité universitaire *(p. 273)*.

À Guadalajara, le **Palacio de Gobierno★★** *(p. 395)* et l'**Hospició Cabañas★★★** *(p. 396)* abritent de splendides fresques de Clemente Orozco.

### ■ Paysages et sites naturels

Du désert absolu à la forêt pluviale, des récifs coralliens aux volcans enneigés, le Mexique offre les paysages les plus variés et des sites d'exception par dizaines. Nous ne pouvons mentionner ici que quelques-uns d'entre eux. Dans les environs de Mexico, il faut signaler le **Parque Nacional Mineral del Chico★** *(p. 316)* qui permet de nombreuses excursions pédestres, les curieuses colonnes basaltiques du **canyon de Santa María Regla★★** *(p. 317)*, nées de la cristallisation du magma, ou les grottes de **Cacahuamilpa★** *(p. 338)*. Les routes du **Parque Nacional Popocatépetl-Iztaccíhuatl★★★** *(p. 319)* ou celles du **Parque Nacional Nevado de Toluca★★** *(p. 364)* offrent de très belles perspectives sur ces trois volcans ; seul le sommet du Toluca est facilement accessible.

Le **Parque Nacional Nevado de Colima★★** *(p. 388)* abrite les volcans Fuego de Colima et Nevado de Colima et représente une réserve écologique incomparable. Sur la route de Mexico à Morelia, ne manquez pas de faire une halte au **sanctuaire des papillons monarques★★** *(p. 415)*, lieu d'hivernage de millions de lépidoptères. Le **lac de Pátzcuaro et ses îles★★★** *(p. 420)* constituent une autre étape obligée. Toujours près de Pátzcuaro s'étend le beau **lac de Zirahuén★** *(p. 427)*, entouré de forêts de sapins.

Sur la côte caraïbe, l'**Isla Contoy★★** *(p. 568)* est une réserve ornithologique où abondent flamants roses, spatules, pélicans, cormorans, frégates ; au S. de cette île, l'**Isla Cozumel★★** *(p. 568)* possède des sites coralliens très riches en faune marine. Près de Palenque, au cœur d'une remarquable forêt tropicale, se trouvent les cascades de **Misol-Há★** *(p. 617)*, où l'on peut se baigner, ainsi que celles d'**Agua Azul★★** *(p. 617)* qui forment l'un des plus beaux paysages du Mexique. Non loin de Tulum, **Xel-Há★★** *(p.642)*, l'un des lieux les plus enchanteurs de la côte caraïbe, offre des lagons coralliens peuplés de poissons multicolores. Des excursions sont organisées vers la **Reserva de la Biósfera Sian Ka'an★★** *(p. 642)*, qui recèle une grande variété d'oiseaux mais aussi des crocodiles, des lamantins, des singes. Dans le Chiapas enfin, il ne faut pas manquer le **Cañon del Sumidero★★★** *(p. 648)*, impressionnante gorge de 22 km de longueur.

### ■ Plages et stations balnéaires

Le long de la Costa Chica (au S. d'Acapulco) s'égrènent de nombreuses plages et stations balnéaires plus ou moins importantes, également très fréquentées par les Nord-Américains. **Acapulco★** *(p. 468)*, la plus grande et la plus célèbre station balnéaire du Mexique, souffre néanmoins de pollution et de surpopulation. **Puerto Escondido★★** *(p. 471)* en revanche est demeuré un modeste village de pêcheurs. **Puerto Ángel** *(p. 472)*, un autre village de pêcheurs, abrite de belles plages qui furent très en vogue dans les années 1970 tandis que **Huatulco★** *(p. 473)*, dernier centre touristique créé par le gouvernement mexicain, regroupe trente plages réparties sur neuf magnifiques baies. Les stations balnéaires sur le golfe du Mexique ne sont pas très nombreuses, ni très développées à l'exception de **Mocambo** *(p. 517)*, près de Veracruz. Malgré un confort relatif, elles offrent de belles plages (Costa Esmeralda) et une ambiance plus authentiquement mexicaine.

**Près de Colima se trouvent l'ancien port de pêche de Manzanillo, aujourd'hui station balnéaire en plein développement, et l'ensemble Bahia de Navidad, San Patricio-Melaque, très agréable hors saison. Mazatlán est une autre grande station appréciée des Mexicains et des Nord-Américains. Dans les environs de Tepic, il faut mentionner Puerto Vallarta★, qui rivalise avec les plus grands centres balnéaires du pays mais reste plus « humaine », et San Blas★★, encore à l'écart des circuits touristiques.**

Dans le Yucatán, le long du couloir touristique Cancún-Tulum, s'étendent les plages de la mer des Caraïbes, souvent recouvertes par un sable corallien blanc très fin. **Cancún★** *(p. 565)* reçoit annuellement deux millions de touristes, en majorité nord-américains. Les amateurs de lieux plus tranquilles et plus authentiques se rendront sur **Isla Mujeres★** *(p. 567)*, à **Puerto Morelos★** *(p. 568)*, à **Playa del Carmen★** *(p. 568)* ou sur **Isla Cozumel★★** *(p. 568)* ; cette île en particulier abrite de très belles plages et des sites coralliens hébergeant une faune marine très abondante. Près de Tulum, **Xcacel★** *(p. 642)* et **Chemuyil★** *(p. 642)* sont deux autres superbes plages.

# Propositions de circuits

### 1 L'essentiel du Mexique *(14 jours, environ 2 025 km)*

*1er-3e jour* : visite de **Mexico★★★** *(p. 163)*.

*4e jour (100 km)* : excursion à **Teotihuacán★★★** *(p. 339)* ; retour à Mexico en fin de journée.

*5e jour (130 km)* : **Mexico-Puebla★★★** *(p. 323)*, ville coloniale inscrite au patrimoine mondial de l'humanité.

*6e jour (330 km)* : **Puebla-Oaxaca★★★** *(p. 493)*, l'une des plus belles villes coloniales du Mexique.

*7e jour (130 km)* : excursion à **Monte Albán★★★** *(p. 485)*, l'ancienne capitale des Zapotèques, et à **Mitla★★** *(p. 481)*, un autre centre zapotèque ; retour à Oaxaca.

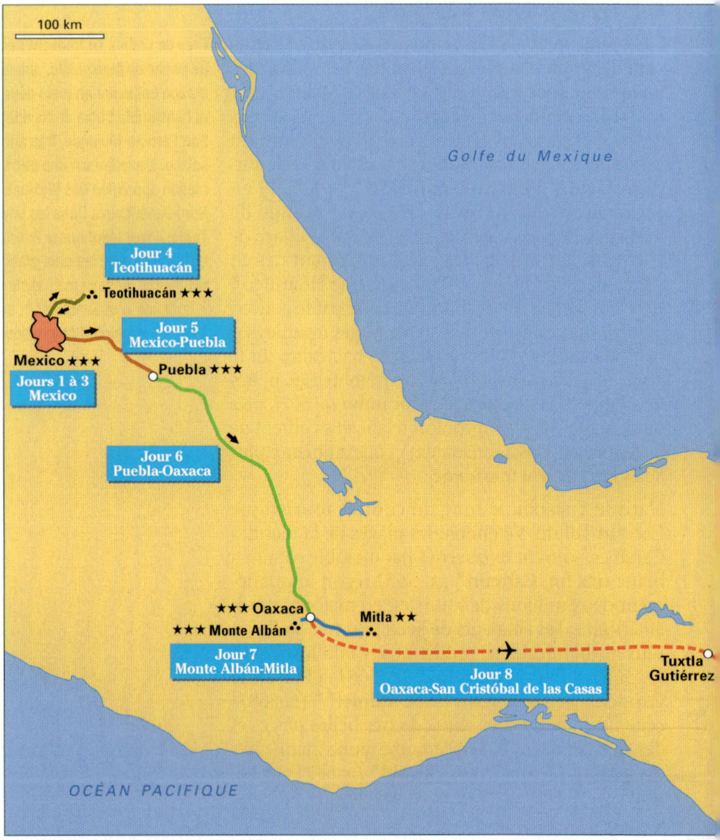


**L'essentiel du Mexique en 14 jours**

*8e jour (85 km)* : vol pour **Tuxtla Gutiérrez** *(comptez 540 km par la route)*, puis route pour **San Cristóbal de las Casas**★★ *(p. 618)* après la découverte du **Cañon del Sumidero**★★★ *(p. 648)*.

*9e jour (220 km)* : **San Cristóbal de las Casas-Palenque**. Visite de **San Cristóbal**★★ *(p. 618)* et, dans les environs, du village indien de **San Juan Chamula**★★ *(p. 626)* avant de rejoindre les **cascades d'Agua Azul**★★ *(p. 617)* ; nuit à Palenque.

*10e jour (300 km)* : **Palenque-Campeche**. Visite de la cité maya de **Palenque**★★★ *(p. 602)*, puis route vers **Campeche**★ *(p. 553)*, une ville encore en partie fortifiée.

*11e jour (265 km)* : **Campeche-Mérida** en passant par les sites Puuc de **Sayil**★★ *(p. 659)*, **Labná**★★ *(p. 660)*, **Kabah**★★ *(p. 657)* et **Uxmal**★★★, ce dernier étant le plus vaste et le plus représentatif de la région du Puuc *(p. 649)*. Le soir, promenade dans **Mérida**★★ *(p. 591)*, agréable ville à l'ambiance provinciale.

*12e jour (125 km)* : **Mérida-Chichén Itzá★★★** *(p. 570)*, site maya exceptionnel, l'un des plus courus du Mexique.

*13e jour (230 km)* : **Chichén Itzá-Akumal★** *(p. 642)*, longue plage de sable bordée de quelques hôtels, après la visite de **Tulum★★** *(p. 636)*, cité maya magnifiquement située sur un promontoire dominant les eaux turquoise de la mer des Caraïbes. Sur le chemin, halte possible à **Cobá★★** *(p. 586)*, une autre ville maya ou à **Xel-Há★★** *(p. 642)*, l'un des lieux les plus enchanteurs de cette côte avec ses lagons coraliens.

*14e jour (110 km)* : **Akumal-Cancún★** *(p.565)*, parcours ponctué de stations balnéaires : **Xcaret★** *(p. 642)*, **Paya del Carmen★** *(p. 568)*, **Puerto Morelos★** *(p. 568)*.

**2 Le pays maya *(8 jours à partir de Cancún, environ 2 010 km)***

*1er jour (355 km)* : **Cancún-Mérida★★** *(p. 591)* via **Chichén Itzá★★★** *(p. 570)*.

*2e jour (265 km) :* **Mérida-Campeche★** *(p. 553)* en passant par **Uxmal★★★** *(p. 649)* et **Kabah★★** *(p. 657)*. Rapide détour pour rejoindre **Sayil★★** *(p. 659)* et **Labná★★** *(p. 660)*, deux autres intéressantes cités Puuc.

*3e jour (380 km) :* **Campeche-Villahermosa★** *(p. 525)*, où la visite du **parc de La Venta★★** vous permettra de découvrir la culture olmèque, une autre civilisation précolombienne.

*4e jour (145 km) :* **Villahermosa-Palenque★★★** *(p. 602)*, magnifique cité perdue au milieu de la forêt tropicale.

*5e jour (210 km) :* **Palenque-Escárcega**. Visite complémentaire de Palenque ou découverte des cascades d'**Agua Azul★★** *(p. 617)* avant de rejoindre Escárcega, porte d'accès de la région du Río Bec.

*6e jour (270 km) :* **Escárcega-Chetumal**, en passant par les principaux sites du **Río Bec★** *(p. 545)*, en particulier **Chicanná★★** et **Becán★★** ; évitez de circuler dans Chetumal, une ville peu sûre.

*7e jour (275 km) :* **Chetumal-Akumal★** *(p. 642)*, après une halte dans la cité maya de **Tulum★★** *(p. 636)* ou à **Xel-Há★★** *(p. 642)* (depuis Tulum, excursion possible à **Cobá★★**, situé à 45 km ; *p. 586*).

*8e jour (110 km) :* **Akumal-Cancún★** via les stations balnéaires de **Xcaret★** *(p. 642)*, **Playa del Carmen★** *(p. 568)*, **Puerto Morelos★** *(p. 568)*.

## 3 Les cultures du Golfe et le pays maya *(21 jours, environ 3 175 km)*

*1er-3e jour :* visite de **Mexico★★★** *(p. 163)*.

**Le pays maya en 8 jours**

*4^e^ jour (275 km)* : **Mexico-Poza Rica**, près d'El Tajín où l'on pourra se loger.

*5^e^ jour (255 km)* : **Poza Rica-Xalapa**. Visite d'**El Tajín**★★★ *(p. 474)*. En fin de matinée, départ pour Xalapa en suivant la côte jusqu'à Nautla où vous prendrez la direction de Perote. À Martinez de la Torre, emprunter la route vers Xalapa. Nuit à Xalapa.

*6^e^ jour (120 km)* : **Xalapa-Veracruz**. Visite des vieux quartiers de **Xalapa**★ *(p. 532)* et surtout du **musée d'Anthropologie**★★★ *(p. 534)* qui justifie à lui seul un séjour dans cette ville. Descente vers le Golfe et Veracruz par l'autoroute.

*7^e^ jour (470 km)* : **Veracruz-Oaxaca** via Tehuacán *(environ 8 h de trajet)*.

*8^e^ jour* : visite de **Oaxaca**★★★ *(p. 492)* et du site zapotèque de **Monte Albán**★★★ *(p. 485)*.

*9^e^ jour (45 km)* : visite de **Mitla**★★ *(p. 481)* par une route jalonnée de sites préhispaniques et de villages aux belles églises où la population s'est spécialisée dans le tissage, puis retour à Oaxaca.

*10^e^ jour* : vol pour **Villahermosa**★ *(p. 522)* où se trouve le beau **parc archéologique de La Venta**★★.

*11^e^ jour (145 km)* : **Villahermosa-Palenque**★★★ *(p. 602)*.

*12^e^ jour (210 km)* : **Palenque-Escárcega**. Visite complémentaire de Palenque ou découverte des cascades d'**Agua Azul**★★ *(p. 617)* avant de rejoindre Escárcega, bourg de western tropical et porte d'accès de la région du Río Bec.

*13^e^ jour (270 km)* : **Escárcega-Chetumal**, en passant par les principaux sites du **Río Bec**★ *(p. 545)*, en particulier **Chicanná**★★ et **Becán**★★.

*14^e^ jour (275 km)* : **Chetumal-Akumal**★ *(p. 642)* après une halte à **Tulum**★★ *(p. 636)* ou à **Xel-Há**★★ *(p. 642)* ; depuis Tulum, excursion possible à **Cobá**★★, situé à 45 km *(p. 586)*.

*15^e^ jour (110 km)* : **Akumal-Cancún**★ via les stations balnéaires de **Xcaret**★ *(p. 642)*, **Playa del Carmen**★ *(p. 568)*, **Puerto Morelos**★ *(p. 568)*.

*16^e^ et 17^e^ jour* : deux jours de détente sur la côte caraïbe, par exemple à **Playa del Carmen**★ *(p. 568)*, sur **Isla Cozumel**★★ *(p. 568)* ou **Isla Mujeres**★ *(p. 567)*.

*18^e^ jour (355 km)* : **Cancún-Mérida**★★ *(p. 581)* via **Chichén Itzá**★★★ *(p. 570)*.

## Réseau autoroutier

Depuis Mexico, les autoroutes conduisent vers toutes les directions :
– vers le N.-E. : Mexico-Pachuca ou Mexico-Tulancigo ;
– vers l'E. : Mexico-Puebla-Veracruz-Villahermosa ;
– vers le S.-E. : Mexico-Puebla-Oaxaca ;
– vers le S. : Mexico-Cuernavaca-Acapulco ;
– vers l'O. : Mexico-Toluca-Morelia (bifurcation pour Pátzcuaro)-Guadalajara-Tepic ou Colima ;
– vers le N.-O. : Mexico-Querétaro-Guanajuato-Aguascalientes-Zacatecas ;
– vers le N. : Mexico-Querétaro-San Luis Potosí.
Au Yucatán, il n'existe pour l'instant que des portions d'autoroutes (Champotón-Campeche, Mérida-Progreso, Cancún-Tulum et Cancún-Kantunil qui passe à Chichén Itzá).
Au Chiapas, une autoroute partant de Tapachula et la frontière guatémaltèque remonte vers le N.-O. en longeant la côte pacifique ; elle se termine à Arriaga (la dernière portion vers Tuxla Gutiérrez n'est pas encore achevée).

**Les cultures du Golfe et le pays maya en 21 jours**

*19e jour (265 km) :* **Mérida-Campeche★** *(p. 553)* en passant par **Uxmal★★★** *(p. 649)* et **Kabah★★** *(p. 657)*. Rapide détour vers **Sayil★★** *(p. 659)* et **Labná★★** *(p. 660)*, deux autres intéressantes cités Puuc.

*20e jour (380 km) :* **Campeche-Villahermosa**.

*21e jour :* vol pour **Mexico**.

### 4 Le Mexique colonial *(14 jours, environ 1 530 km)*

*1er-2e jour :* visite de **Mexico★★★** *(p. 163)*.

*3e jour (100 km) :* excursion à **Teotihuacán★★★** *(p. 339)* ; retour à Mexico en fin de journée.

*4e jour (170 km)* : **Mexico-Taxco**★★★ *(p. 333)*, splendide cité coloniale accrochée à une colline. Possibilité de faire une halte à **Xochicalco**★★ *(p. 372)*, l'un des centres cérémoniels les plus intéressants de l'Altiplano mexicain, ou à **Cuernavaca**★ *(p. 258)*, lieu de villégiature de la riche bourgeoisie de Mexico.

*5e jour (210 km)* : **Taxco-Toluca** *(p. 360)*. Sur la route, ne pas manquer **Malinalco**★★★ *(p. 311)* et son centre cérémoniel des chevaliers-aigles et des chevaliers-tigres (jaguars). Toluca est un bon point de départ pour des excursions dans le **parc national Nevado de Toluca**★★ *(p. 364)*.

*6e jour (280 km)* : **Toluca-Morelia**. Le trajet passe non loin du **sanctuaire des papillons monarques**★★ *(p. 415)*, ouvert de fin octobre à la mi-avril (meilleure époque en février). Avec ses édifices d'architecture coloniale, **Morelia**★★★ *(p. 408)* semble parée de charmes florentins.

*7e jour* : visite de **Morelia**★★★.

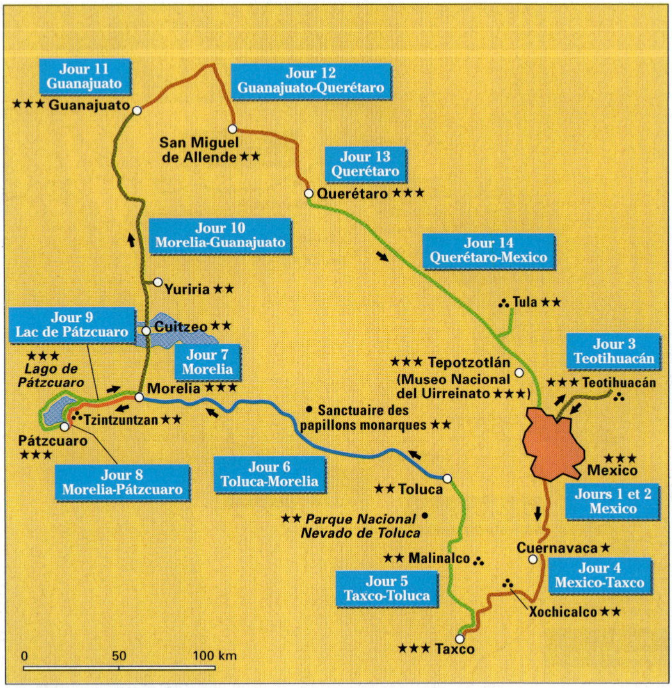


**Le Mexique colonial en 14 jours**

*8e jour (60 km) :* **Morelia-Pátzcuaro**★★★ *(p. 417)*, petite ville typiquement indigène, à l'architecture coloniale.

*9e jour (140 km) :* tour du **lac de Pátzcuaro**★★★ *(p. 424)*, qui permet également de découvrir le site tarasque de **Tzintzuntzan**★★ *(p. 425)* ; retour à Morelia en fin de journée.

*10e jour (200 km) :* **Morelia-Guanajuato**. Entre ces deux villes, les monastères de **Cuitzeo**★★ et **Yuriria**★★ *(p. 415)* méritent une halte. Installée dans un site exceptionnel, **Guanajuato**★★★ *(p. 401)* conserve de son passé de cité minière de nombreux monuments de l'époque coloniale.

*11e jour :* visite de **Guanajuato**★★★ et de ses environs.

*12e jour (150 km) :* **Guanajuato-Querétaro**. Arrêt à **San Miguel de Allende**★★ *(p. 444)*, ravissante ville coloniale, avant de découvrir **Querétaro**★★★ *(p. 428)*, inscrite au patrimoine mondial de l'Unesco.

*13e jour :* visite de **Querétaro**★★★.

*14e jour (220 km) :* **Querétaro-Mexico**. Sur le chemin du retour se trouve **Tula**★★ *(p. 367)*, l'antique capitale toltèque. Dans la banlieue de Mexico, ne pas manquer l'église de **Tepotzotlán**★★★ *(p. 351)*, merveille de l'art churrigueresque du Mexique, ainsi que les splendides collections d'art colonial du **Museo Nacional del Virreinato**★★★ *(p. 352)*.

# Partir

## Informations utiles à la préparation de votre voyage

# Partir



## Adresses utiles

**■ En France**

*Office de tourisme*, 4, rue Notre-Dame-des-Victoires, 75002 Paris (☏ 01-40-20-07-34 ou 01-42-86-56-20 si le premier numéro ne répond pas ; Internet : www.office-de-tourisme.com/mexique ; ouv. du lun. au ven. de 9 h 30 à 13 h et de 14 h 30 à 17 h).

*Ambassade du Mexique*, 9, rue Longchamp, 75016 Paris (☏ 01-53-70-27-70 ; Internet : www.sre.gob.mx/francia/).

*Consulat général du Mexique*, 4, rue Notre-Dame-des-Victoires, 75002 Paris (☏ 01-42-86-56-20/21).

**■ En Belgique**

*Office de tourisme*, s'adresser en France.

*Ambassade et consulat*, 94, av. Franklin-Roosevelt, 1050 Bruxelles (☏ [02] 629-077-77 ; Internet : www.embamexbel.be).

**■ En Suisse**

Il n'y a pas d'office de tourisme en Suisse. S'adresser à celui qui se trouve à Francfort, en Allemagne.

*Office de tourisme*, Wiesenhütten Platz 26, D60329 Francfort (☏ [069] 25-34-13 pour des informations en allemand ; [069] 25-35-09 pour des informations en anglais).

*Ambassade*, Bernastrasse 57, 3005 Berne (☏ [031] 357-47-47).

*Consulat honoraire*, 16, rue Candolle, 1205 Genève (☏ [022] 328-39-20).

*Consulat honoraire*, Kirchgasse 38, 8006 Zurich (☏ [01] 251-04-62).

**■ Au Canada**

*Ambassade*, 45, O'Connor St, Suite 1500, Ottawa, Ontario K1P-1A4 (☏ [613] 233-89-88 ; Internet : www.embamexcan.com).

*Consulat général du Mexique*, 2055, rue Peel, 1000 Montréal, Québec H3 A-1V4 (☏ [514] 288-25-02).

*Office de tourisme*, 1, place Ville-Marie, Suite 2409, H3B-3MG Montréal (☏ [0514] 871-10-52).

### Comment téléphoner au Mexique ?

Depuis la France, la Belgique ou la Suisse, composez le 00 suivi du 52 + indicatif de la ville *(→ p. 59)* + numéro du correspondant.
Pour téléphoner en France depuis le Mexique : *→ p. 59.*

**La ville coloniale de Taxco, dominée par sa cathédrale baroque.**

| Moyenne des températures en °C | | | | | | |
|---|---|---|---|---|---|---|
| | jan. | mars | mai | juil. | sept. | nov. |
| Acapulco | 29 | 30 | 32 | 32 | 31 | 30 |
| Cancún | 27 | 28 | 32 | 33 | 33 | 29 |
| Mérida | 25 | 28 | 31 | 30 | 30 | 27 |
| Mexico | 15 | 23 | 22 | 22 | 20 | 18 |
| Oaxaca | 21 | 25 | 27 | 25 | 25 | 25 |
| San Cristóbal | 16 | 22 | 22 | 20 | 20 | 18 |
| Taxco | 22 | 26 | 27 | 24 | 24 | 24 |

# Quand partir ?

Le centre du pays (Mexico et les principales villes coloniales) bénéficie d'un climat tempéré toute l'année. Les soirées et les nuits peuvent être assez fraîches. La saison humide (normalement de juin à septembre) ne constitue pas un frein au tourisme car les précipitations ont lieu le plus souvent quelques heures seulement, au milieu de l'après-midi. Les mois d'octobre, de février et de mars sont sans aucun doute les plus agréables.

Sur les côtes du Pacifique, du golfe du Mexique et de la mer des Caraïbes, les hivers sont doux, les étés très chauds. Le régime des précipitations varie considérablement selon les régions : les vallées de l'Usumacinta et du Río Grijalva, où se trouvent quelques-uns des sites mayas les plus importants, notamment Palenque, reçoivent d'importantes précipitations (près de 5 m par an), pratiquement tout au long de l'année. La saison des pluies dure du mois de juin à la fin septembre, mais en hiver, les côtes du golfe du Mexique sont balayées par un vent violent, le Norte, qui apporte pendant plusieurs jours une pluie froide. La saison recommandée pour voyager dans ces régions s'étend de novembre à mars. Dans le Nord, les pluies sont plus rares, le climat continental : étés torrides et hivers froids.

**Renseignements météo (☏ 08-36-70-12-34 ; Minitel : 3617 METPLUS ; Internet : www.meteoconsult.fr ou www.fr.weather.yahoo.com). Les fêtes, très fréquentes au Mexique, peuvent déterminer les dates d'un voyage par leur intérêt ou, au contraire, rendre difficiles les conditions de séjour (hôtels complets, animation nocturne débordante). Pour connaître les principales fêtes :** **→ *p. 69.***

# Se documenter

## ■ Librairies de voyages

*L'Astrolabe*, 46, rue de Provence, 75009 Paris (☏ 01-42-85-42-95 ; ouv. du lun. au sam. de 9 h 30 à 19 h). Large choix de guides, cartes et récits pour les voyageurs.

*L'Harmattan*, 16, rue des Écoles, 75005 Paris (☏ 01-40-46-79-10 ; Internet : www.editions-harmattan.fr ; ouv. du lun. au sam. de 10 h à 12 h 30 et de 13 h 30 à 19 h). Librairie spécialisée dans le tourisme, très bon fonds, où l'on trouve toutes les nouveautés.

*Institut géographique national (IGN)*, 107, rue de la Boétie, 75008 Paris (☏ 01-43-98-85-13 ; Internet : www.ign.fr ; ouv. du lun. au ven. de 9 h 30 à 19 h, sam. de 11 h à 12 h 30 et de 14 h à 18 h 30). Cartes, plans et guides sur toutes les destinations.

*Itinéraires*, 60, rue Saint-Honoré, 75001 Paris (☏ 01-42-36-12-63 ; Minitel : 3615 ITINERAIRES ; Internet : www.itineraires.com ; ouv. du lun. au sam. de 10 h à 19 h). Spécialisée dans la connaissance des pays étrangers, la librairie Itinéraires propose 14 000 titres classés par destinations et par thèmes. Guides, cartes, récits, littérature, histoire, photos, cuisine, beaux-arts.

*Ulysse*, 26, rue Saint-Louis-en-l'Isle, 75004 Paris (☏ 01-43-25-17-35 ; Internet : www.ulysse.fr ; ouv. du mar. au sam. de 14 h à 20 h). L'une des plus anciennes librairies de voyage, un grand choix de guides anciens et de documents inédits.

*Librairie Voyageurs du Monde*, 55, rue Sainte-Anne, 75002 Paris (☏ 01-42-86-17-38. ; Internet : www.vdm.com ; ouv. du lun. au sam. de 9 h 30 à 19 h). Librairie du tour-opérateur Voyageurs du Monde, spécialisée dans les guides de voyage.

Partir

### ■ Librairies spécialisées

*Librairie espagnole*, 72, rue de Seine, 75006 Paris (☏ 01-43-54-56-26 ; ouv. du mar. au sam. de 10 h à 13 h et de 14 h à 19 h). Littérature, art, histoire, dictionnaires.

*Librairie hispano-américaine*, 26, rue Monsieur-le-Prince, 75006 Paris (☏ 01-43-26-03-79 ; ouv. lun. de 13 h à 18 h 30, du mar. au sam. de 10 h à 18 h 30). Ouvrages dans tous les domaines traduits en français et en espagnol.

### ■ Centres culturels, associations, bibliothèques

*Centre culturel du Mexique*, 119, rue Vieille-du-Temple, 75003 Paris (☏ 01-44-61-84-44 ; ouv. du lun. au ven. de 9 h à 13 h et 14 h à 18 h, sam. de 11 h 30 à 17 h). Galerie d'expositions temporaires (peintures, sculptures, photos, bijoux, artisanat), concerts et conférences.

*Maison du Mexique*, Cité universitaire, 9C, bd Jourdan, 75014 Paris (☏ 01-44-16-18-00/02 ; ouv. du lun. au ven. de 10 h 15 à 13 h et de 15 h à 17 h ; Minitel : 3615 MEXIQUE). Expositions, concerts et conférences.

*Bibliothèque Benito Juárez*, Cité universitaire, 9C, bd Jourdan, 75014 Paris (☏ 01-44-16-18-04 ; ouv. du lun. au ven. de 10 h à 13 h et de 14 h à 20 h). Réservée aux étudiants, chercheurs et aux personnes ayant un très bon niveau d'espagnol. Les ouvrages sont pour la plupart en espagnol et en provenance directe du Mexique.

*Maison de l'Amérique latine*, 217, bd Saint-Germain, 75007 Paris (☏ 01-49-54-75-00 ; Internet : www.mal217.org). Galerie d'expositions temporaires consacrées au monde de l'Amérique latine. Concerts et conférences.

*Association des amis du Mexique en France (A.A.M.F.)*, 96, rue Chardon-Lagache, 75016 Paris (☏ 01-47-20-92-92). Réunions, sorties, voyages.

### ■ Sites Internet

www.mexique.infotourisme.com (français) : site de l'office de tourisme mexicain à Paris. Cartes, informations pratiques, hébergement, voyagistes.

www.mayan-riviera.com (anglais) : informations touristiques sur la région du Yucatán.

www.francia.org.mx (espagnol) : site officiel de l'ambassade de France au Mexique. Informations sur les activités au Mexique (Lycée français, calendrier des manifestations, etc.).
www.mexicohost.com.mx (français) : guide touristique sur les principales villes du Mexique.
http://mexico.web.com (espagnol) : répertoire de sites concernant le Mexique.
www.gomexico.about.com (anglais) : cuisine, cultures, voyages, hôtels, etc.
www.hoteles.com.mx (anglais ou espagnol) : sélection de 488 hôtels répartis sur tout le territoire.

# Formalités

## ■ Papiers

Un visa n'est pas nécessaire pour les séjours touristiques inférieurs à 90 jours. Les ressortissants français, de l'Union européenne et de la Suisse doivent simplement se munir d'un passeport valide six mois après la date de retour.

## ■ Douane

Vous pouvez importer 50 cigares, 250 cigarettes, 250 g de tabac, 3 l de vin, eau et parfum dans des bouteilles déjà ouvertes et jusqu'à 500 g d'articles de parfumerie non entamés ; 2 appareils photo avec 12 films pour chaque appareil (non professionnels), un micro-ordinateur, du matériel de pêche et de sport.

**Centre de renseignements des douanes, 84, rue d'Hauteville, 75498 Paris Cedex 10 (☏ 01-53-24-68-24 ; Minitel : 3615 DOUANETEL ; 3615 EURO 99 ; 3615 FINANCES ; Internet : www.finances.gouv.fr ; ouv. du lun. au ven. de 9 h à 17 h).**

L'exportation de pièces d'or et d'antiquités est absolument interdite. Attention, se méfier des fausses pièces vendues dans les sites touristiques : les douaniers, non experts, peuvent vous immobiliser longtemps avant de s'apercevoir de leur méprise.
L'exportation de peintures coloniales est soumise au régime de l'autorisation de sortie.

## ■ Assurances

La plupart des compagnies aériennes et agences de voyage proposent une assurance en plus du billet d'avion (parfois incluse dans le prix du billet).
*AVA (Assurances Voyages et Assistance)*, 24, rue Pierre-Semard, 75009 Paris (☏ 01-53-20-44-20).
*Europ Assistance*, 1, promenade de la Bonnette, 92633 Gennevilliers Cedex (☏ 01-41-85-85-85 ; Internet : www.europassistance.com).
*Elvia Assistance*, 153, rue du Faubourg-Saint-Honoré, 75008 Paris (☏ 01-42-99-02-99).
*Concorde*, 5, rue de Londres, 75009 Paris (☏ 01-55-32-30-00 ; Internet : www.assurvoyages.com).
*Mondial Assistance*, 2, rue Fragonard, 75017 Paris (☏ 01-40-25-52-55 ; Internet : www.mondial-assistance.fr).

Partir

■ **Devises**

L'unité monétaire est le peso, divisé en centavos. Un nuevo peso mexicain (soit 1 000 anciens pesos) vaut à peu près 0,80 FF ; 100 pesos valent 80 FF, 12,07 euros, 10,63 US $ (jan. 2001).

Il est vivement conseillé de se munir de dollars américains ; les autres devises étrangères ne sont acceptées que dans les grandes villes.

Les principales cartes de crédit (Visa, Mastercard, American Express) sont acceptées partout, ainsi que les chèques de voyage ; il est cependant préférable que ces derniers soient libellés en dollars américains. Les banques les plus importantes sont la *Banco de México*, la *Banamex* et la *Bancomer*.

■ **Vaccins et santé**

Aucun vaccin n'est obligatoire pour entrer au Mexique, sauf si vous revenez d'une région contaminée. Il est toutefois prudent d'être vacciné contre la polio, le tétanos, la typhoïde et l'hépatite. Le paludisme n'étant pas endémique au Mexique, il n'est donc pas nécessaire de faire un traitement à la nivaquine. De même pour la dengue.

**Renseignements :** ***Centre international de vaccination d'Air France*, aérogare des Invalides, 2, rue Esnault-Pelterie, 75007 Paris (☏ 01-41-56-66-00 ; rens. spéciaux : 08-36-68-63-64 ; Minitel : 3615 VACAF).**

# À emporter

■ **Vêtements**

Des vêtements légers, confortables et peu salissants sont conseillés. Prévoir également un imperméable contre les averses, un pull chaud pour le soir, chapeaux et lunettes de soleil pour l'été, de bonnes chaussures pour les excursions et visites de sites archéologiques. Tenue correcte dans les églises et les lieux publics (les shorts et débardeurs sont à éviter en ville).

**Attention, pour pouvoir utiliser des appareils électriques français, se munir d'un adaptateur pour prise plate (en vente chez tous les électriciens).**

■ **Médicaments**

Les diarrhées bénignes liées au changement d'habitudes alimentaires *(turista)* peuvent être traitées par des médicaments en vente libre dans les pharmacies en France. Ce sont des anti-infectieux de type nifuroxazide qui permettent d'éradiquer les bactéries et des antisécrétoires comme le lopéramide qui stoppent la diarrhée (type Ercéstop ®). Votre pharmacien vous indiquera les modalités de prise de ces médicaments.

Si vous êtes sensible au mal des transports, mieux vaut anticiper et prendre avec vous un médicament à base de diphénhydramine (type Nautamine ®) qui, s'il est absorbé une demi-heure avant le départ, vous permettra de lutter efficacement contre ces malaises.

Il est recommandé d'emporter une crème contre les moustiques et un répulsif, ainsi que ses produits

## Les avantages de la *Carte France Télécom Voyage*

- Pour vous simplifier la vie dans vos déplacements, la *Carte France Télécom Voyage* vous permet d'appeler de n'importe quel téléphone (d'une cabine téléphonique, chez des amis, d'un restaurant, d'un hôtel...) depuis la France et plus de 90 pays dont le Mexique.
- La *Carte France Télécom Voyage* est permanente et sans abonnement. Les communications sont directement portées sur votre facture de téléphone et vous recevez un relevé détaillé et gratuit.
- Vous profitez de tarifs économiques et gagnez, en outre, des minutes gratuites : 15 à 25 % du montant de vos appels internationaux (étranger-France, étranger-étranger, France métropolitaine-étranger) vous sont ainsi reversés sous forme de crédits de communications gratuites.
- La carte est facile à utiliser. Vous devez composer le numéro d'accès au service, puis le numéro de votre carte et votre code confidentiel et ensuite le numéro de votre correspondant.

Pour en savoir plus ou obtenir une carte avant votre départ, appelez le numéro vert (☏ 0-800-202-202) ou consultez le site Internet (www.cartefrancetelecom.fr).

**Sur *Air France*, n'oubliez pas les réductions dont il est possible de bénéficier : vous pouvez, selon le cas, prétendre aux tarifs « Coup de cœur » consultables uniquement sur Minitel et Internet le mer., « Jeunes » pour les moins de 25 ans et « Tempo » (de 1 à 4) pour toutes les catégories de voyageurs. Le tarif « Tempo 4 » est le plus avantageux (rés. 14 j. à l'avance et nuit du sam. au dim. sur place pour tout séjour n'excédant pas 30 j.). Attention, les tarifs « Tempo » ne sont ni modifiables ni remboursables.**

pour lentilles de contact et ses contraceptifs. Si vous suivez un traitement, munissez-vous de vos médicaments et de votre ordonnance. Pour les excursions, prévoir une petite trousse à pharmacie avec pansements, antiseptique, cachets contre le mal de tête et crème solaire (→ *aussi p. 60*).

### ■ Cartes routières

Le *Guía Roji* (→ *p. 55*) est disponible, notamment à la librairie *Voyageurs du Monde* à Paris. Chez *Michelin*, carte « Le Monde » n° 902, chez *IGN*, carte « Mexique » n° 85024.

# Le voyage par avion

### ■ Vols réguliers

#### Depuis la France

***Air France*** (☏ 0-820-820-820 ; Minitel : 3615/16 AF ; Internet : www.airfrance.fr). Au départ de Roissy-Charles-de-Gaulle 2C, deux vols quotidiens dont un en partenariat avec Aeroméxico. Durée du vol : 12 h 50.

***Aeroméxico***, 1, bd de la Madeleine, 75001 Paris (☏ 01-55-04-90-10 ou 0-800-42-30-91 ; Minitel : 3615 AEROMEXICO ; Internet : www.aeromexico.com). Au départ de Roissy-Charles-de-Gaulle 2C, deux vols quotidiens vers Mexico. Durée du vol : 13 h. Correspondance vers les principales villes du pays.

#### Depuis la Belgique

***Aeroméxico***, 2, rue Abbé Heymansstraat, 1200 Bruxelles (☏ [02] 770-80-21). Au départ de Bruxelles, deux vols quotidiens vers Mexico via Paris ou Madrid.

***Air France***, aéroport de Bruxelles (☏ centrale de réservation pour les clients francophones et anglophones : [070] 22-24-66). Deux vols quotidiens vers Mexico via Paris.

***Iberia***, aéroport de Bruxelles (☏ [02] 720-21-06 ; Internet : www.iberia.com). Un vol quotidien Bruxelles-Madrid-Mexico et Bruxelles-Madrid-Cancún.

#### Depuis la Suisse

***Aeroméxico***, c/o Discover the World Marketing, Bellerivestrasse 11, 8001 Zurich (☏ [01] 387-77-42). Deux vols quotidiens vers Mexico via Paris ou Madrid.

***Air France***, 2, rue du Mont-Blanc, 1200 Genève (☏ [022] 827-87-87 en semaine ; [022] 717-89-71 pendant le week-end ; Internet : www.airfrance.ch). Deux vols quotidiens via Paris.

*Iberia*, Löwenstrasse 25, 8001 Zurich (☏ [01] 226-48-10 ; Internet : www.iberia.com). Un vol quotidien vers Mexico et Cancún via Madrid.

**■ Vols à tarif négocié et vols charters**

Certaines des compagnies suivantes proposent, en plus du vol, des locations de voitures ou des circuits accompagnés. Pour plus de détails sur ces dernières, consulter la rubrique « Le voyage organisé » *(ci-dessous)*.

*Anyway* (☏ 0-803-008-008 ; Minitel : 3615 ANYWAY ; Internet : www.anyway.fr). La plus grande base de données de tarifs aériens.

*Dégriftour-Last Minute.com*, 2, Grande-Rue-Prolongée, 95000 Cergy-Pontoise (☏ 01-30-17-72-40 ; centrale de réservation : 0-825-825-500 ; Minitel 3615 DT ; Internet : www.degriftour.com ou www.last.minute.com).

*E-Bookers France/Compagnie des Voyages*, 28, rue Pierre-Lescot, 75001 Paris (☏ 01-45-08-44-88 ; Internet : www.ebookers.com). Vols réguliers sur Mexico à prix compétitifs.

*Nouvelles Frontières*, 87, bd de Grenelle, 75015 Paris (☏ 0-825-000-825 ; Minitel : 3615 NF ; Internet : www.nouvelles-frontieres.com). Vols réguliers Paris-Mexico et Paris-Cancún.

*Travelprice* (☏ 0-825-026-028 ; Internet : www.travelprice.com).

Minitel 3615 BOURSE DES VOLS (Internet : www.bourse-des-vols.com).

# Le voyage organisé

Les agences suivantes proposent des vols simples, mais aussi des forfaits vol-location de voiture-hébergement, des circuits collectifs ou individuels, prédéterminés ou « à la carte », des circuits à thème avec accompagnateur ou guide local, des voyages en autocar, en train, des séjours en camping…

**■ Les voyagistes généralistes**

*Accor Tour*, 40, av. Bosquet, 75007 Paris (☏ 01-44-11-11-50). Un grand choix de circuits dans la brochure « Americatour/El Condor ». « Lumières aztèques » (Mexico, Oaxaca, San Cristóbal, Palenque, Uxmal, Mérida, Chichén-Itzá, Cancún), 11 jours-9 nuits. « Lumières mexicaines » (Mexico, Tlaxcala, Puebla, Taxco, Acapulco, Oaxaca, San Cristóbal), 15 jours-13 nuits.

*Club Méditerranée (siège)*, 11, rue de Cambrai, 75957 Paris Cedex 19 (☏ centrale de réservation pour les clubs-hôtels : 0-810-810-810 ; service réservation circuits « Découverte » : 0-810-802-810 ; Minitel : 3615 CLUBMED ; Internet : www.clubmed.com). Un choix de cinq clubs-hôtels au Mexique (Cancún, Ixtapa, Huatulco, Playa Blanca et Sonora Bay) ; certains sont réservés aux adultes.

*Flâneries américaines*, Wingate Travel, 7, rue Rouget-de-Lisle, 75001 Paris (☏ 01-44-77-30-40). Dans la brochure « Flâneries américaines », circuit organisé 12 jours-10 nuits « Mexique précolombien ». Autotours : « Mexique colonial », 13 jours-11 nuits et « À la découverte du Yucatán » (itinéraire en boucle de Cancún à Cancún), 12 jours-10 nuits.

*Itinérances*, 26, rue Botzaris, 75019 Paris (☏ 01-40-40-75-15 ; e-mail : itinerances.voyages@wanadoo.fr). Voyages exclusivement sur mesure au Mexique.

*Jet Tours/Jumbo/Eldorador* (☏ rens. : 01-42-50-83-83 ; centrale de réservation : 0-803-806-000 ; Minitel : 3615 JET TOURS ; Internet : www.jettours.com). Circuits au Mexique et séjours balnéaires.

*Kuoni* (☏ centrale de réservation : 01-42-85-62-35 ou 0-820-05-15-15 ; Minitel : 3615 KUONI ; Internet : www.kuoni.fr). Circuits accompagnés haut de gamme au Mexique.

Partir

***La Route des Voyages***, 59, rue Franklin, 69002 Lyon (☏ 04-78-42-53-58 ; Internet : www.routedesvoyages.com). Deux circuits : « Le Mexique colonial et le Yucatán » (Mexico, Oaxaca, Chiapas, Yucatán) ou « La route des sites mayas oubliés ».

***Nouvelles Frontières***, 87, bd de Grenelle, 75738 Paris cedex 15 (☏ 0-825-000-825 ; Minitel : 3615 NF ; Internet : www.nouvelles-frontieres.com). Circuits en minibus, circuits « Découverte » et circuits « Aventure » (rafting, volcans, archéologie). Voyages à la carte.

***Nouveau Monde***, 8, rue Mabillon, 75006 Paris (☏ 01-53-73-78-80 ; Minitel : 3615 NOUVEAU MONDE ; Internet : www.tiss.com). Antennes à Nantes, Bordeaux et Marseille. Circuits individuels exclusivement sur mesure.

***Vacances Air Transat***, 43, bd Diderot, 75012 Paris (☏ 01-53-02-23-00 ou 0-825-325-825 ; Minitel : 3615 VATF ; Internet : www.transat.com). Dans la brochure « Caraïbes-Amérique du Sud », circuits accompagnés, séjours balnéaires et autotours.

***Vacances fabuleuses***, 22 bis, rue Georges-Bizet, 75016 Paris (☏ 01-53-67-60-00 ; Internet : www.vacfab.com). Dans la brochure « Mexique et Guatemala », circuits accompagnés ou individuels prédéterminés dans le S. et autour de Mexico. À noter : « La traversée du Chiapas », 5 jours-4 nuits au départ de Tuxtla Gutiérrez.

***Voyageurs en Amérique du Sud***, 55, rue Sainte-Anne, 75002 Paris (☏ 01-42-86-17-70 ; Minitel : 3615 VDM ; Internet : www.vdm.com). Circuits à thèmes culturels (« Les fils du maïs », « Des Aztèques aux Mayas », etc.) et itinéraires individuels.

### ■ Les voyagistes spécialisés

***Arroyo***, 15, rue Chevert, 75007 Paris (☏ 01-45-56-58-28 ; Internet : www.les-ateliers-du-voyage.com). Voyages sur mesure au Mexique.

***Back Roads***, 14, place Denfert-Rochereau, 75014 Paris (☏ 01-43-22-65-65). Des voyages collectifs ou individuels, prédéterminés ou à la carte, au N. de Mexico (Guanajuato, Guadalajara), dans le Yucatán et le Chiapas.

***Compagnie de l'Amérique latine & des Caraïbes***, 3, av. de l'Opéra, 75001 Paris (☏ 01-55-35-33-50). Circuit « Impressions mexicaines », 12 jours-10 nuits. Circuit individuel « L'empire du Quetzalcóatl » en voiture privée avec chauffeur.

***Empreinte***, 18, esplanade des Belges, 13500 Martigues (☏ 0-821-212-212). Un grand choix de circuits au Mexique : « L'empreinte du Yucatán », 7 jours-6 nuits ; « L'empreinte des civilisations », 15 jours-13 nuits. Séjours balnéaires sur l'île de Cozumel, à Playa del Carmen, à Playacar et à Cancún. Autotours : « En route vers les villes coloniales », 7 jours-6 nuits.

***Images du monde Voyages/Images d'Amérique latine***, 14, rue Lahire, 75013 Paris (☏ 01-44-24-88-24). Voyages à la carte au Mexique avec ou sans chauffeur, en minibus ou en 4 x 4.

***Les Comptoirs du Monde***, 6, rue de Sévigné, 75004 Paris (☏ 01-44-54-84-54). Circuit au Mexique de 15 jours (Mexico, Theotihuacán, Oaxaca, Tehuantepec, San Cristóbal, Palenque, Campeche, Mérida, Cancún).

***Le Monde des Amériques***, 3, rue Cassette, 75006 Paris (☏ 01-53-63-13-40 ; Internet : www.mondedesameriques.com). Le Monde des Amériques est un lieu où vos interlocuteurs, spécialistes du Mexique et des destinations latino-américaines, sauront vous guider à travers la moisson d'itinéraires qu'ils ont conçus. Circuits de 12 jours « Les sites majeurs du Mexique » (voyage individuel) et « Mémoires de conquête » (circuit accompagné). Sur place, conférences et forums tout au long de l'année, donnés par les meilleurs experts pour préparer votre voyage, galerie de photos (du lun. au sam. de 10 h à 19 h) où vous découvrirez le regard que les meilleurs photographes ont porté sur ces « Amériques latines ».

*Maison des Amériques*, 34, bd de Sébastopol, 75004 Paris (☏ 01-42-77-50-50 ; Minitel : 3615 MDA ; Internet : www.maisonameriques.com). Circuits organisés et voyages à la carte.

*Marsans International*, 4, rue du Faubourg-Montmartre, 75009 Paris (☏ 01-53-34-40-00 ; Internet : www.marsans.fr). Séjours et circuits au Mexique.



## ■ Séjours aventure, randonnées

*Allibert*, 37, bd Beaumarchais, 75003 Paris (☏ 01-44-59-35-35) ; route de Grenoble, 38530 Chapareillan (☏ 04-76-45-22-26 ; Internet : www.allibert-voyages.com). Un itinéraire pour alpinistes chevronnés rompus à la randonnée glacière : « Les 10 000 pyramides », 14 jours (au départ de Mexico, traversée de la forêt tropicale, puis ascension du glacier Janapa, à 5 747 m, retour par Cancún). Logement en refuges.

*Aventure et volcans*, 73, cours de la Liberté, 69003 Lyon (☏ 04-78-60-51-11). Spécialiste des voyages thématiques sur les volcans. Circuit « Les volcans en pays maya », 16 jours.

*Club Aventure*, 18, rue Séguier, 75006 Paris (☏ 01-44-32-09-30 ; centrale de réservation : 0-803-306-032 ; Minitel : 3615 CLUBAVT ; Internet : www.clubaventure.fr). Un circuit découverte de 15 jours « Des Aztèques aux Mayas » avec excursions et randonnées en alternance.

*Terres d'Aventure*, 6, rue Saint-Victor, 75005 Paris (☏ 01-53-73-77-77 ; centrale de réservation : 0-825-847-800 ; Minitel : 3615 TERDAV ; Internet : www.terdav.com). Voyage de découverte au Mexique (15 jours). Programme randonnée haute montagne (jusqu'à 5 800 m) : « Ascension des volcans », 10 jours. Pour bons grimpeurs.

## ■ Les voyagistes culturels

*Arts & Vie*, 251, rue de Vaugirard, 75015 Paris (☏ 01-40-43-20-21 ; Minitel 3614 AREVIE ; Internet : www.artsvie.asso.fr). Première association culturelle de voyages à l'étranger. Circuits culturels au Mexique.

*Assinter-Découvrir*, 56, rue de Londres, 75008 Paris (☏ 01-53-04-89-69). Grand circuit culturel accompagné « Mexique-Guatemala-Belize », 19 jours.

*Clio*, 34, rue du Hameau, 75015 Paris (☏ 01-53-68-82-82). Dans la brochure « Mexique-Guatemala », un circuit culturel « Trésors du Mexique », 12 jours.

*Ikhar*, 32, rue du Laos, 75015 Paris (☏ 01-43-06-73-13 ; Internet : www.ikhar.com). Voyages sur mesure au Mexique : « Le Mexique, d'hacienda en hacienda », itinéraire en voiture avec chauffeur et guide.

*Intermèdes*, 60, rue de la Boétie, 75008 Paris (☏ 01-45-61-90-90 ; Internet : www.intermedes.com). Un circuit culturel de 15 jours au Mexique.

# Séjourner

## Informations utiles sur place

# Séjourner

## Se loger

### ■ Hôtels

Les hôtels mexicains ont beaucoup d'étoiles, mais la réglementation étant très souple, voire fantaisiste (sauf pour les grandes chaînes internationales), il vaut mieux ne pas trop s'y fier. Le choix, très large, va de la simple *posada* (auberge) à l'hacienda luxueuse, bâtiment colonial reconverti en hôtel.

Les **hôtels bon marché** se trouvent principalement dans le centre des villes, dans les quartiers anciens : ils s'appellent souvent *Posada*, leur qualité est très inégale, certains étant charmants, d'autres médiocres : il faut demander à visiter pour se rendre compte soi-même. Une chambre coûte de 10 à 15 dollars. Le plus souvent, il n'y a pas de service de restaurant.

La *casa de huespedes* ou **pension de famille** est encore moins chère. C'est une maison transformée en hôtel ; la plupart du temps les chambres n'ont pas de salle de bains privée, mais on peut y prendre son petit déjeuner.

Les **hôtels de chaînes internationales** sont le plus souvent situés à la périphérie des villes ou dans les quartiers modernes, à l'exception de Mexico où on les trouve principalement dans le centre (Zone Rosa et Polanco). Les prix sont les mêmes que partout dans le monde pour ce type d'hôtel. Attention aux motels situés à la sortie des villes : ce sont souvent des hôtels de passe même s'ils n'en ont pas l'air.

Dans les régions du Mexique jouissant d'un riche passé colonial (Yucatán, Oaxaca, Guanajuato, Zacatecas…), on trouve de nombreux hôtels installés dans d'anciens palais, des demeures bourgeoises ou des haciendas. Ils sont le plus souvent luxueux et ont beaucoup de charme. Les prix sont du même ordre que ceux de la catégorie précédente sauf pour le très haut de gamme.

*Un cuarto sencillo* (pour une personne) possède en général un lit à une ou deux places, *un cuarto doble*

### Urgences

**Police** : ☏ 060.
**Urgences médicales** : il est recommandé de s'adresser à la *Croix-Rouge (Cruz Roja)*, présente dans chaque ville.
**Assistance aux touristes** : si l'on est confronté à de graves difficultés ou si l'on veut déposer une plainte, on peut contacter le ministère du Tourisme qui met à disposition des voyageurs une *hot line* fonctionnant 24 h/24 (☏ 52-50-01-23 et 52-50-01-51 ; depuis la province : ☏ 01-800-903-92-00).

**Attention au téléphone dans les hôtels ! Pour les communications effectuées par leurs clients, les hôteliers sont autorisés à appliquer des tarifs bien supérieurs à ceux habituellement pratiqués. Il faut éviter d'appeler de votre chambre, surtout pour les appels internationaux dont le prix peut être multiplié par quatre. Utilisez une carte *LADA* de *Telmex* et, dans la rue, les cabines téléphoniques, en général très nombreuses.**

**Le marché de Oaxaca.**

**Si vous désirez séjourner dans une station balnéaire, il est intéressant d'acheter un *paquete VTP (viaje todo pagado)* qui vous assure le transport aérien, l'hôtel (minimum deux nuits) et parfois aussi le petit déjeuner. Grâce à cette formule, vous réaliserez une importante économie sur le prix des chambres. *Aeroméxico* et *Mexicana* proposent des *VTP* pour les principales destinations touristiques.**

**Lorsque vous arrivez dans un hôtel, il est d'usage de prendre l'empreinte de votre carte de crédit ; cette « ouverture de crédit » vous permettra de manger, boire, téléphoner, utiliser la télécommande du téléviseur en échange de votre seule signature. Le jour de votre départ, la totalité de vos dépenses sera débitée sur votre carte. Il n'est, en général, pas possible d'échapper à cette façon de faire considérée comme normale et sans danger. Si vous préférez payer en espèces, n'oubliez pas de récupérer votre reçu.**

(pour deux) aura deux lits doubles (la différence de prix est souvent minime). Les enfants de moins de 12 ans peuvent dormir gratuitement dans la chambre de leurs parents. Dans les hôtels bon marché, on a tendance à vouloir faire dormir tous ceux qui voyagent ensemble dans la même chambre (certaines d'entre elles possèdent quatre lits doubles !), ceci afin de vous faire faire des économies : vous pouvez refuser !

**Réservations**

Il est nécessaire de réserver dans les stations balnéaires renommées (Acapulco, Cancún, Huatulco, Puerto Vallarta...) qui affichent un taux de remplissage de 85 % toute l'année. Pour les autres destinations, on trouve presque toujours de la place sauf pendant la semaine sainte, période la plus chargée de l'année (tous les Mexicains sont alors en vacances), ainsi que durant la Toussaint et la fête des Morts, célébrée avec ferveur dans certaines régions comme le Michoacán. Se méfier également de la semaine entre Noël et le jour de l'an, car le tourisme national s'ajoute au tourisme international. Pour choisir et réserver votre hôtel, vous pouvez vous adresser à l'office de tourisme de chaque localité. La basse saison se situe en mai-juin, époque de grosses chaleurs. En juillet et août, période des orages tropicaux, les prix remontent un peu du fait de l'afflux des touristes européens. Il faut éviter de séjourner sur les côtes du Pacifique et des Caraïbes en septembre, mois de prédilection des ouragans.

## ■ Auberges de jeunesse

Il existe une vingtaine d'auberges de jeunesse, principalement localisées dans les grandes villes et les centres touristiques. Pour y dormir, il faut être membre de la FUAJ ; on peut cependant acheter la carte de membre lors du premier hébergement. Certaines auberges acceptent toutes les catégories de voyageurs. La modicité des prix des hôtels une ou deux étoiles ne justifie pas vraiment la recherche d'une auberge de jeunesse dont les chambres communautaires sont nettement moins agréables.

**Renseignements et adhésions**

***Fédération des auberges de jeunesse***, 27, rue Pajol, 75018 Paris (☏ 01-44-89-87-27 ; fax 01-44-89-87-49 ou 10 ; Internet : www.fuaj.org).

***Comisión Nacional del Deporte (CONADE)***, Dirección del Metro Insurgentes, Local C-11, Colonia Juárez, Mexico (☏ 55-30-03-11 ; fax 55-19-40-29) ; propose des voyages, des astuces pour acheter des billets moins cher, des entrées dans les musées à prix réduit (pensez à emporter votre carte d'étudiant nationale ou internationale).

***Red Méxicana de Alojamiento para Jovenes*** *(Réseau de logements pour la jeunesse)*, Insurgentes Sur 1510-D, Mexico (☏ 56-62-82-44 ; fax 56-63-15-56 ; e-mail : hostellingmexico@remaj.com).

***L.T.G. Viajes Educativos***, Insurgentes Sur 421, Local B-10, Colonia Hipodromo Condesa, Mexico (☏ 55-74-08-99 ; fax : 55-74-34-62 ; e-mail : isicl@infosel.net.mx).

### ■ Camping et camping-car

Hormis dans le Nord et en Basse-Californie où les Nord-Américains en mobilhomes sont légion, les terrains de camping sont rares. On peut camper sur les plages dans certains lieux. Les propriétaires des petits restaurants *(palapas)* louent très bon marché des emplacements à l'ombre pour les tentes, vous assurent nourriture et boissons et mettent à votre disposition douche et toilettes, souvent très rudimentaires. Vous n'aurez même pas toujours besoin de tente, car on loue aussi des hamacs que vous pourrez accrocher sous un toit de palme. Ailleurs, il faut impérativement éviter de camper.



## Se restaurer

### ■ Restaurants

Les Mexicains mangent quand ils ont faim, c'est-à-dire à n'importe quel moment de la journée. Outre les traditionnels *desayuno* (petit déjeuner), *comida* (déjeuner qui se prend entre 14 h et 17 h) et *cena* (dîner), il existe aussi l'*almuerzo* (casse-croûte du matin qui permet de faire le joint entre le *desayuno* et la *comida*), la *merienda* (goûter dans l'après-midi) et toutes sortes d'autres *colación*, *café* ou *antojitos* permettant de combler une fringale subite. Avantage : il y a presque toujours un restaurant ouvert prêt à vous servir, même si vous avez passé l'heure théorique du repas.

**On peut bien sûr acheter toutes sortes de produits alimentaires sur les marchés, mais on peut aussi y manger, souvent très bien et pour une somme modique. Cela est valable aussi bien pour les marchés permanents (sous des halles) que pour les marchés itinérants *(sobre ruedas)*.**

Mais, pour les Mexicains, le repas le moins important est le **dîner**. Donc le sympathique dîner au restaurant ne sera possible que dans les grandes villes et les centres touristiques qui s'adaptent aux normes internationales. Néanmoins, même là, méfiez-vous, la majorité des touristes sont des Nord-Américains qui dînent très tôt (vers 19 h).

**Traditionnellement, le repas du soir se composait d'un café au lait avec des brioches ; c'est la raison pour laquelle, dans tout le Mexique, les boulangeries livrent le pain frais à partir de 6 h du soir et non pas le matin.**

Le **petit déjeuner** est pour le Mexicain un repas copieux qui se compose en général de fruits, de pain, d'œufs cuisinés et de café, mais on peut aussi manger de la viande, de la soupe et bien sûr des *tortillas*. Dans les hôtels, il est souvent présenté sous forme d'un buffet qui permet de faire un solide repas. Si vous avez du mal à avaler autre chose que le traditionnel café-croissant au lever, il est conseillé

# Les produits du marché

La diversité des marchandises et le grand ordre qui régnait sur le marché de Tlatelolco étonnèrent Bernal Díaz del Castillo, un soldat de Cortés, lorsqu'il le découvrit en 1519. Sa description reste assez proche du spectacle offert de nos jours sur les hautes terres mayas. Et si les fruits et les légumes soigneusement alignés sur les étals nous semblent très familiers, ils n'en sont pas moins originaires du Mexique, tout comme le dindon, introduit en Europe après la conquête du Nouveau Monde.

**▲ Sur le marché, les transactions se déroulent à voix basse en langue indigène.**

**▲ La couleur des cierges est choisie en fonction de l'usage que l'on en fera sur l'autel familial ou dans l'église, de la magie noire à la requête de récoltes abondantes.**

### ■ Sur le chemin du marché

La forte fréquentation du marché hebdomadaire dans chaque village témoigne de son impact économique et social, en particulier chez les Indiens. Tôt le matin, les routes sont envahies de petits groupes se déplaçant en famille, père en tête, le front ceint du *mecapal*, cette lanière de cuir qui retient la charge du sac dorsal lesté du maigre surplus cultivé sur leur petite parcelle. Derrière trotte à petits pas sa femme avec, elle aussi, sa charge sur le dos, ou bien portant le dernier-né en bandoulière, un panier d'osier empli de *tortillas* et d'œufs en équilibre sur la tête. Suivent les enfants plus ou moins chargés selon leur âge, responsables du petit bétail. Tout cet équipage parcourt jusqu'à

▲ **La présentation des produits frais est toujours très soignée et constitue un plaisir des yeux et de l'odorat. Les étals des boucheries sont plus agressifs car tout est exposé, y compris les têtes de cochon, les tripes et autres abats.**

80 km à pied, les plus fortunés empruntant les cars poussifs et bariolés pour se rendre au marché.

## Une organisation exemplaire

D'emblée, on est frappé par la profusion de couleurs vives, celles des vêtements brodés ou encore des marchandises réparties selon un ordre scrupuleux. Au centre, les produits manufacturés, la pharmacopée, les chapeaux, les sandales et les cierges. Autour, les étals de fruits, de légumes et d'herbes dont le puissant parfum est relayé de loin en loin par celui des brassées de fleurs. Les cris perçants des porcelets indiquent le marché aux bestiaux, situé à l'écart et près duquel on trouve généralement les *cantinas* où se restaurer. Là, autour de *refrescos* ou d'un bol d'*atole* (bouillie de maïs sucrée), les hommes échangent les dernières nouvelles, le marché étant souvent leur seul lieu de rencontre.

## L'utile...

Les denrées qui forment la base de l'alimentation sont inchangées depuis l'époque de la Conquête : maïs, courge *(ayote)*, piment *(chile)* et haricots *(frijoles)* figurent parmi les premières plantes domestiquées à partir de 4500 av. J.-C. À côté du maïs noir, rouge, blanc ou jaune, on trouve les pains de chaux, ingrédient indispensable pour ramollir les grains de maïs et les rendre plus digestes avant d'en faire une pâte. Les avocats *(aguacate)* et les tomates (de *tomatl* en náhuatl) figurent en bonne place sur les étals avec les oignons et l'ail. Quant aux fèves de cacao, denrée de luxe provenant des basses terres chaudes du Chiapas et du Tabasco, elles sont plutôt rares car réservées à l'exportation. Avant la Conquête, elles servaient de monnaie et seuls les nobles avaient le privilège de les consommer sous forme de boisson parfumée à la vanille appelée *xocalatl*. Parmi les fruits locaux, citons les ananas, les papayes, les anones et les goyaves.

## ... et l'agréable

Le coton, plante indigène, et la laine sont le plus souvent vendus bruts, les femmes tissant elles-mêmes les vêtements de toute la famille, mais les rubans de soie et les tissus en nylon ont également leurs faveurs. Sur les braseros grésillent les morceaux de copal qui embaument l'air matinal. Il est, avec les fleurs, l'offrande principale pour les saints et les ancêtres. Il faut aussi mentionner les marchands de pétards, lesquels fusent à toute occasion, ou de feuilles de tabac en vrac, de plus en plus rares en raison de la concurrence des cigarettes.

◄ **Femme maya, le front ceint du *mecapal*, arrivant au marché pour vendre ses produits.**

de prendre un *almuerzo* consistant (œufs à la mexicaine par exemple) vers 11 h, de façon à pouvoir attendre sereinement 15 h, heure du déjeuner, et ne pas vivre en perpétuel décalage avec les coutumes locales.

Le **déjeuner**, la *comida*, est le repas principal de la journée, composé de plusieurs plats : soupe, pâtes ou riz avec œuf au plat par-dessus, viande avec légumes, dessert. Souvent, ce repas très copieux se prolonge dans l'après-midi et le repas du soir devient alors tout à fait facultatif.

Pour vous restaurer, vous trouverez les établissements les plus divers. Dans les ***taquerias***, comme leur nom l'indique, on déguste des *tacos*. Il y en a de très populaires où l'on mange debout sur le trottoir, d'autres plus coquettes qui proposent quelques tabourets le long d'un bar, d'autres encore, plus élégantes, qui offrent des tables. Toutes sont ouvertes sur la rue et on y mange rapidement. La seule boisson alcoolisée que les *taquerias* proposent est la bière.

**Le service n'est pas compris dans l'addition. Il est d'usage de laisser systématiquement un pourboire équivalent à 10 %-15 % du montant de l'addition (jamais moins). Si vous payez avec une carte de crédit, il existe sur le reçu une ligne à cet effet que vous devez remplir. N'oubliez pas ensuite de fermer votre compte en indiquant le total (addition plus service) sur la dernière ligne avant de signer. Le service est distinct de la TVA.**

Dans les grandes villes, les **restaurants** sont très nombreux. Ils sont le plus souvent spécialisés : cuisine mexicaine, italienne, argentine, etc. Les restaurants « français » et « japonais » sont presque toujours très chics et très chers. Ceux qui annoncent une cuisine internationale proposent généralement des plats au goût des Américains du Nord.

La ***fonda*** est un petit restaurant populaire qui propose une *comida corrida* (menu du jour) pour un prix modique incluant souvent la boisson (non alcoolisée).

On peut également manger dans les grandes **chaînes de restaurants** telles que *Sanborns*, *Vips*, *Wings* ou *Lynis*, une cuisine mixte, mexicaine et internationale, dans un cadre fonctionnel avec un service rapide ; pour les fanatiques, il y a bien sûr au Mexique beaucoup de *McDonald's* : les États-Unis ne sont pas loin.

Dans les zones rurales ou le long des routes, on trouve facilement des *fondas* et des *taquerias*. Souvent, la nourriture qui y est proposée est de qualité supérieure à celle des établissements citadins car on y respecte plus les traditions culinaires. Attention cependant aux sauces qui sont souvent très corsées !

## ■ La cuisine

**Le *tamal*, petit pain de farine ou de semoule de maïs garni ou non de viande, de haricots ou de piments, est enroulé dans une feuille de bananier ou de maïs avant d'être cuit à la vapeur.**

La civilisation américaine est la civilisation du maïs, il est donc normal que cette plante soit à la base de la cuisine mexicaine. De nombreuses préparations, dont l'origine remonte à l'époque préhispanique, comme les *tortillas*, le *pozole*, les *tamales*, l'*atole* et bien d'autres encore ont le maïs comme ingrédient principal. C'est ce qui donne cette odeur si particulière qui règne dans les cuisines et dans la rue, les restaurants étant souvent ouverts sur le trottoir.

Avec la farine de maïs, on fait les ***tortillas***, ces fameuses galettes qui remplacent le pain – et même la fourchette et la cuillère – et qui sont de tous les repas. La *tortilla* se mange chaude, quand elle vient d'être faite. C'est pourquoi à l'heure de la *comida*, on voit se former devant les *tortillerias* des files de ménagères qui viennent chercher le ou les kilos de *tortillas* nécessaires au repas, qu'elles maintiendront au chaud dans un tissu souvent brodé de couleurs vives. La *tortilla* sert également de contenant pour la viande des *tacos*, le fromage des *quesadillas*, la sauce des *enchiladas*, *tlacoyos* et autres *sopes*. La variété des préparations est très grande et nous ne pouvons les décrire toutes ici. Votre voyage pourra être l'occasion de les goûter, toutes sont savoureuses.
Deuxième ingrédient essentiel à la cuisine mexicaine, les ***chiles***. Ce sont les piments qui vont du plus doux – le gros *chile poblano* qui ressemble à un poivron – au plus piquant – le redoutable *chile habanero*. Il y en a des verts, des rouges, des jaunes, des marron que l'on trouve séchés ou frais sur les étals des marchés. Ils serviront à élaborer les sauces qui sont toujours présentes sur la table mexicaine, à cuisiner les viandes et les œufs, à confectionner les *moles*, plats traditionnels de toutes les fêtes.
Troisième élément fondamental de la cuisine mexicaine : le ***frijol***, le fameux haricot noir, qui accompagne tous les repas. On parle de *frijol ranchero* lorsqu'il est entier dans son jus, de *frijol refrito* lorsqu'il est écrasé en purée et saupoudré de fromage.

Les **légumes** sont rarement présents en tant que plat dans la cuisine traditionnelle, même si les tomates, les petits pois, les oignons entrent dans la préparation des différents mets. Les viandes seront accompagnées soit de *frijoles*, soit de riz. Les pommes de terre frites *(papas a la francesa)* ne font pas partie de la tradition mexicaine, mais sont de plus en plus souvent utilisées. À signaler toutefois un légume vert tout à fait original, les *romeritos*, que l'on mange à Noël et à Pâques dans une sauce au *mole* avec des crevettes séchées.
*El* ***aguacate*** (l'avocat) est le roi de la table mexicaine (on dit qu'il remplace le beurre). On l'utilise dans les *tacos*, dans les soupes, on le mange frais, coupé en quartiers ou écrasé avec des oignons et du *chile* sous forme de *guacamole* que l'on tartine sur des *tortillas* frites (les *tostadas*).

Dans la cuisine traditionnelle, la **viande** (bœuf ou porc) est souvent en sauce : c'est le *guisado*, plat de

**Il existe aussi des *tortillas de harina* faites avec de la farine de blé, variété de *tortillas* que l'on trouve surtout dans le nord du pays. Elles servent à la préparation des *quesadillas* et des *sinchronisadas* remplies de fromage.**

**Ceux qui seraient allergiques aux *tortillas* et au maïs en général pourront se rabattre sur les *tortas* : les sandwichs mexicains, beaucoup plus élaborés que le banal jambon-beurre. Un petit pain est coupé en deux et débarrassé de sa mie. Sur la couche inférieure, on dispose de la laitue qui supporte l'ingrédient principal : jambon, viande, chorizo, poulet et de la purée d'avocat. La partie supérieure est recouverte de purée de *frijoles*, de crème fraîche, d'oignons et de *chile*. Le tout est ensuite légèrement chauffé. Un délice !**

**Le fameux *chile con carne* que l'on trouve en Europe dans tous les restaurants Tex-Mex n'existe pas au Mexique. C'est un plat typique du sud des États-Unis, qui provient des colonies latino-américaines.**

résistance de votre menu. Les biftecks grillés sont en général très minces et très cuits sauf, bien entendu, dans les restaurants argentins ou internationaux.

Dans les *tacos*, on met de la viande grillée coupée en petits morceaux (bœuf ou porc).

Les *tacos al pastor* sont faits avec des biftecks très minces empilés sur un axe qui tourne devant une source de chaleur. Le cuisinier coupe les parties cuites, les place dans une *tortilla* et ajoute un petit morceau de l'ananas qui couronne l'axe de l'appareil.

Deux succulentes préparations de viande cuite à l'étouffée sont à signaler : les *carnitas* (porc) et la *barbacoa* (mouton). On commande la viande au poids et on vous l'apporte accompagnée d'une pile de *tortillas*, de *guacamole* et de deux ou trois sauces au choix.

On mange beaucoup de **poulet**, grillé mais le plus souvent en sauce. On vous demandera si vous désirez *una pierna* (cuisse) ou *una pechuga* (blanc). La plupart des repas commencent avec un *consome de pollo*, bouillon de poulet que l'on améliore à son goût avec des oignons, du *chile* et du citron.

Les **poissons**, qu'ils soient frits, grillés *(a la parrilla)* ou en sauce sont également délicieux, mais à éviter en dehors des régions de production et des villes importantes. Les espèces les plus fameuses sont le *huachinango*, comparable à la daurade, et le *robalo*, encore meilleur.

La préparation *a la veracruzana* est très semblable à la préparation à la provençale, le *chile* en plus. Le poisson *a la talla* est ouvert en deux, aplati, enduit d'*axiote*, une poudre brune piquante, et cuit sur le gril. Le *ceviche* est élaboré avec de petits morceaux de poisson cru confits dans le citron vert avec des herbes et du *chile*. Il ne contient normalement pas de ketchup, mais la mode américaine l'impose peu à peu. Précisez votre préférence !

Les **fruits de mer** sont très appréciés des Mexicains, en particulier les *camarones* (crevettes). La préparation la plus courante est celle des *camarones al mojo de ajo* (frites avec de l'ail), mais vous pouvez aussi les demander *a la plancha* (au gril), *al ajillo* (*chile* brun très parfumé mais peu piquant) ou simplement *para pelar* (cuites à l'eau avec leur carapace).

Méfiez-vous des huîtres vendues sous forme de « cocktail », c'est-à-dire sans leur coquille, servies dans un verre avec du ketchup !

## Le *mole*

C'est la façon hispanisée de dire *molli*, terme aztèque signifiant « sauce ». Il en existe plusieurs variétés, mais tous sont le résultat d'un mélange complexe d'un grand nombre d'ingrédients : *chiles*, épices et graines diverses (cacahuètes, pépins de courge et de courgette). Deux d'entre eux sont particulièrement réputés. Le *mole poblano* et le *mole verde*.

Le *mole poblano*, inventé au XVIIe s. par une religieuse du couvent de Santa Rosa à Puebla, associe une trentaine d'épices, herbes et fruits secs savamment combinés. Les *chiles* en constituent la charpente, le cacao lui confère une personnalité inimitable. Il accompagne à merveille la volaille, en particulier la dinde.

La base du *mole verde* est la tomate verte (variété tropicale de tomates qui ne deviennent jamais rouges), le *chile verde*, le *silantro* (coriandre), les pépins de courgette. Il accompagne plus particulièrement la viande de porc.

À citer aussi le *mole negro* d'Oaxaca et le *mole de olla*, sorte de pot-au-feu mexicain.

**Il y a encore peu de temps, les *cantinas* étaient réservées aux hommes ; les femmes et les enfants devaient attendre dans une pièce contiguë *(el salon social)*.**

*El abulon* (escargot de mer) et le *callo de hacha* (pied d'un gros coquillage tropical) sont très appréciés également, mais vous n'en trouverez que dans les grands restaurants ou en bord de mer, dans les *palapas* de pêcheurs.

Les **fruits** tropicaux sont très nombreux au Mexique : mangues, papayes, goyaves, ananas, petites bananes dominicaines, mamey, guanabana, etc. On ne les consomme pas en dessert mais en entrée (cocktail de fruits), au petit déjeuner et sous forme de jus.

La cuisine mexicaine ne possède pas un grand choix de **desserts**. Dans les restaurants populaires, il n'y en a souvent aucun à l'exception de petits cubes de *gelatina* colorée (*jelly* anglaise) ou d'*ate* (pâte de coing). Dans les restaurants plus chics, vous pourrez manger des glaces, des flans ou des mousses de fruits. Il est encore plus difficile – pour ne pas dire impossible – de trouver du **fromage** (digne de ce nom) dans un restaurant qui ne soit pas de luxe.

## ■ Cafés et bars

Aujourd'hui encore, on trouve dans les quartiers populaires les fameuses *cantinas*. À Mexico, les plus fameuses sont devenues des bars à la mode comme *La Opera* dans le centre ou *La Guadalupana* à Coyoacán.

Prendre un verre ou un café sans manger dans un bar ou sur une terrasse n'est pas une coutume très répandue au Mexique. Cela vous sera pratiquement impossible dans les villages et les petites villes. En revanche, dans les villes coloniales comme Puebla, Oaxaca, Morelia, Veracruz, vous pourrez vous installer sous les *portales* (arcades) pour prendre une boisson. Dans la capitale, les cafés avec terrasses ont fait leur apparition très récemment dans les quartiers « branchés » de Polanco, de la Condesa et de Coyoacán, ainsi que sous les *portales* du centre historique.

## ■ Les boissons

**Tequila**, **mezcal** et **pulque**, ces trois boissons nationales proviennent de l'agave. Tandis que la tequila et le mezcal sont obtenus par distillation, le pulque, d'origine précolombienne et faiblement alcoolisé, est le produit de la fermentation des sucs de la plante.

**Préparation de la margarita, le fameux cocktail à base de tequila. Humidifier le bord du verre, le passer dans du sel étalé sur une assiette. Verser le jus d'un citron vert, une dose de tequila, une dose de Cointreau et ajouter de la glace pilée pour remplir le verre.**

Il est aisé de trouver partout de la tequila de bonne qualité, mais c'est plus difficile pour le mezcal qui reste une boisson de fabrication artisanale ; l'État d'Oaxaca est la région mère du mezcal. Pour le pulque, il existe des bars spécialisés, les *pulquerias*, où l'on vous sert de grands verres de cette boisson laiteuse que l'on mélange avec des jus de fruits. Cependant, cette tradition, principalement rurale, se perd de plus en plus.

**Dans les restaurants, le vin est cher, surtout s'il est importé des États-Unis, du Chili, d'Espagne ou de France. Les vins nationaux sont en général très corrects et à des prix plus raisonnables ; vous pouvez les tester sans être déçu. Évitez cependant le vin appelé *Padre Kino* : même si la bouteille est jolie, son contenu est synonyme de redoutables maux de tête...**

Les vignobles de Basse-Californie, d'Aguascalientes, de l'Hidalgo, du Querétaro et du Coahuila (région de Saltillo) produisent des **vins** rouges et blancs dont certains sont d'excellente qualité. On en trouve à peu près partout, mais les Mexicains en consomment peu. Outre la tequila ou le mezcal, ils préfèrent généralement la bière ou les sodas.

Assez légère, la **bière** *(cerveza)* est souvent d'excellente qualité. Parmi les meilleures blondes, on peut essayer *Bohemia, Corona, Sol, Modelo Especial, Carta Blanca* ou *Superior*. Chez les brunes, *Victoria, Tres Equis* et la crème de la bière : la *Negra Modelo*. En province, vous trouverez des marques locales : parmi les plus fameuses, *Leon* et *Montejo* à Merida, la *Pacífico* à Mazatlán.

**Pour la consommation d'eau, → *ci-après, p. 60.***

Les **jus de fruits** ou de légumes, délicieusement rafraîchissants, offrent une infinie diversité de saveurs à découvrir à tout prix. On les trouve sur de petits étals de rue, servis en cocktails, additionnés d'eau, de sucre et d'aromates, parfois de lait.

Le Mexique produit de bonnes variétés de **café**, mais il est le plus souvent préparé comme le café américain, c'est-à-dire très délavé. Il faudra donc se réfugier dans l'*expreso*, que l'on ne trouve que rarement, ou accepter l'habitude locale, l'ajout de lait. Autre formule complètement différente : le *cafe de olla*, boisson chaude très sucrée, avec de la cannelle et un peu de café !

Les Mexicains anciens étaient friands de décoction de **cacao** assez amère (que les Aztèques désignaient sous le nom de *xoco-atl)*. La préparation s'est adoucie avec le temps et, aujourd'hui encore, le *chocolate mexicano* parfumé à la cannelle et à la vanille est très apprécié.

# Se déplacer

## ■ Réseau routier

**Toujours se méfier de la saison des pluies car les orages sont très violents et peuvent rendre les routes impraticables : glissements de terrain, passages à gué envahis par les eaux qu'il ne faut jamais essayer de franchir.**

Le réseau routier mexicain s'est modernisé depuis une dizaine d'années et les autoroutes se sont multipliées mais les péages sont chers. Le prix du kilomètre varie selon la destination et augmente régulièrement (deux à trois fois par an). L'autoroute la plus chère est celle d'Acapulco.

Les routes fédérales (RF) sont en général en bon état sauf les portions côtières, en particulier au Guerrero et au Chiapas (entre Acapulco et Salina Cruz) où les intempéries maltraitent beaucoup la chaussée. Les routes secondaires, si elles mènent à une destination touristique reconnue, sont en bon état.

### ■ Dépannage

En cas de panne, les « Anges Verts » *(Ángeles Verdes)* qui patrouillent régulièrement sur les grands axes et les autoroutes vous viendront en aide. Ils réparent ou dépannent gratuitement (les pièces sont bien sûr facturées), délivrent à prix coûtant essence et lubrifiants. Ils donnent également des informations sur l'état des routes (mais ne parlent que l'espagnol). Ce service est surtout développé dans le nord du pays car, à l'origine, il a été conçu pour les retraités américains qui voyagent en mobil-homes. Néanmoins, vous les rencontrerez aussi dans d'autres régions du pays. Il n'y a pas de numéro de téléphone unique pour tout le Mexique, chaque région étant autonome. Lors des périodes de grand afflux touristique, l'armée dispose le long des routes des postes de dépannage et de premier secours.

### ■ Code de la route et conduite à la mexicaine

La vitesse est limitée à 110 km/h sur autoroute, 90 km/h sur route et 60 km/h en ville. Ces règles sont peu respectées et les radars n'existent pas, mais il est recommandé de rouler prudemment car bien souvent des animaux divaguent, même sur les autoroutes en principe protégées par des clôtures. Attention, en cas d'accident de ce genre, c'est toujours l'automobiliste qui est responsable ! En ville, le conducteur mexicain fait preuve de la même indiscipline : il ne respecte ni la priorité à droite ni les piétons (attention pour traverser les rues !). Il peut aussi être agressif s'il considère que vous l'avez gêné : restez calme. Quant aux feux rouges (ils sont situés au-delà du carrefour, veillez à bien vous arrêter à temps), les Mexicains les passent très facilement à l'orange bien mûr. La nuit, ils n'hésitent pas à les brûler !

La nuit, tandis que certains conducteurs restent en phare lors des croisements, d'autres roulent tous feux éteints, à l'instar des cyclistes et autres charrettes. En rase campagne, on a des chances de rencontrer des animaux, voire des détrousseurs de voyageurs. En respectant la règle d'or suivante : *ne jamais rouler la nuit*, on se préserve ainsi de bien des ennuis.

L'usage des clignotants pour avertir que l'on tourne n'est pas habituel dans ce pays. On utilise plutôt le bras : lorsque celui est à la fenêtre, cela signifie que

## La bière *Corona*

Fondé en 1925, le groupe *Modelo* est leader pour la fabrication, la distribution et la vente de bière au Mexique et à l'exportation. Il possède huit usines dans le pays (celle de Zacatecas est la plus grande d'Amérique) représentant une capacité de production de 39,5 millions d'hectolitres par an ; 50 % de la production est exportée, principalement aux États-Unis.
Parmi les dix marques du groupe *Modelo* figure la fameuse *Corona*, la bière mexicaine la plus vendue dans le monde (on la trouve dans plus de 146 pays, sur tous les continents). Aux États-Unis, elle est la bière étrangère la plus consommée ; à Paris, elle fut photographiée trônant sur la table familiale du président de la République Jacques Chirac. Les autres bières du groupe sont la *Modelo Especial*, la *Victoria*, la *Pacífico* et la *Negra Modelo*.

**À l'entrée des villages et dans les villes, attention aux *topes* ou *vibradores* (ralentisseurs), pas toujours bien signalés et parfois très hauts et bombés ; ils sont redoutables pour les pots d'échappement et les amortisseurs !**

Séjourner

## En cas d'accident

S'il n'y a que des dégâts matériels, il faut immédiatement faire appel à son assurance (les coordonnées des personnes à contacter doivent figurer dans votre contrat de location) et ATTENDRE IMPÉRATIVEMENT l'arrivée de son représentant (ce qui peut être long). Souvent, les personnes qui ne sont pas assurées (l'assurance automobile n'est pas obligatoire au Mexique) essaieront de négocier avec vous soit directement, soit par l'intermédiaire des policiers ; soyez ferme dans votre décision : attendez votre assureur. S'il y a des blessés, faire appel à la *Croix-Rouge.*

**En raison de la pollution, la circulation automobile est restreinte à Mexico** ***(→ encadré p. 170).***

**Vérifiez que le compteur de la pompe a bien été remis à zéro avant que le pompiste ne vous serve : personne n'est à l'abri de quelque inattention. Vérifiez également votre monnaie…**

l'on tourne à gauche ; le même bras à la même fenêtre mais plié et relevé vers le haut indique qu'on tourne à droite.

### ■ Stationnement

En ville, il y a toujours près du lieu où vous allez un *estacionamiento* où vous pourrez laisser sans crainte votre voiture. La plupart du temps, il faut laisser ses clés car les voitures sont garées les unes derrière les autres. Les tarifs horaires sont affichés à la caisse. Autre solution, le gardien dans la rue à qui on laisse ses clés et qui se débrouille pour caser votre voiture sur un petit morceau de trottoir. De plus, pendant votre absence, il pourra laver votre véhicule (fixez le prix à l'avance, environ 2 dollars). Quelques rues de Mexico sont pourvues de parcmètres (en particulier dans la Zona Rosa). Méfiez-vous, les policiers sont très vigilants, et le moindre retard se solde par la pose d'un sabot sur la voiture ; de plus, les démarches pour le faire enlever sont longues. Une voiture en stationnement gênant peut être emmenée au *corralon* (fourrière) ; là aussi, il faut beaucoup de patience pour récupérer son véhicule. La nuit, il est préférable de ne pas laisser sa voiture dans la rue : presque tous les hôtels ont un garage. Dans le cas contraire, ils vous recommanderont un parking pour la nuit. Enfin, ne laissez aucun bagage dans une voiture en stationnement.

### ■ Carburants

La ***Pemex*** *(Petróleos mexicanos)*, compagnie nationale des pétroles mexicains, distribue l'essence dans tout le pays. Depuis 1996, elle a accordé une grande quantité de franchises et le nombre de pompes à essence s'est multiplié jusque dans les régions les plus isolées. En revanche, elles sont peu nombreuses sur les autoroutes où les aires de services n'existent pas. Facilement reconnaissables par leur couleur verte, les stations *Pemex* délivrent deux sortes d'essence sans plomb : *la magna sin* (octane 85, pompe verte) qui est plus économique et la *premium* (octane 92, pompe rouge). Le prix de l'essence augmente de quelques centimes chaque mois. Si elle reste bon marché pour un Européen, son prix par rapport au pouvoir d'achat national en fait une des essences les plus chères du monde. Les cartes de crédit ne sont pas acceptées dans les stations *Pemex* et il faut payer en espèces. La *Pemex* vend ses propres huiles, de bonne qualité, et autres produits beaucoup moins chers que les marques étrangères, surtout américaines. Il n'y a pratiquement pas de voitures diesel au Mexique.

### ■ Location de voitures

Pour louer un véhicule, il faut un permis de conduire, un passeport, une carte de crédit et avoir 21 ans minimum. On trouve des agences de location dans presque toutes les villes et les aéroports. Lorsque vous louez une voiture, vérifiez que l'assurance est incluse. En effet, certaines agences de location proposent des tarifs qui paraissent intéressants mais qui n'incluent pas l'assurance automobile, celle-ci n'étant pas obligatoire au Mexique. Sauf si vous avez une carte d'abonnement aux grandes compagnies (*Hertz*, *Avis*), il est déconseillé de louer son véhicule à partir de la France, car les réservations sont rarement suivies d'effet, en particulier dans les aéroports de province.

**Attention ! Lorsque vous traversez la sierra Madre occidentale ou orientale, le relief très accidenté ne permet pas une vitesse moyenne supérieure à 50 km/h.**

### ■ Cartes routières

*Guía Roji*, l'unique marque de carte routière au Mexique, propose une brochure contenant 38 cartes au 1/1 000 000 couvrant tout le pays ainsi que 15 plans de villes importantes. Cette brochure est actualisée tous les ans ; vous la trouverez facilement à Mexico, notamment dans les *Sanborns*, voire dans les kiosques à journaux.

**Principales distances (en km)**

| | Mexico | Guadalajara | Oaxaca | Mérida |
|---|---|---|---|---|
| Acapulco | 388 | 934 | 703 | 1679 |
| Aguascalientes | 511 | 250 | 965 | 1843 |
| Cancún | 1651 | 2197 | 1494 | 315 |
| Cuernavaca | 90 | 635 | 456 | 1387 |
| Ciudad Juárez | 1840 | 1554 | 2294 | 3172 |
| Guadalajara | 546 | 0 | 1000 | 1878 |
| Guanajuato | 365 | 296 | 819 | 1697 |
| Mazatlán | 1050 | 504 | 1504 | 2382 |
| Mérida | 1332 | 1878 | 1179 | 0 |
| Morelia | 302 | 268 | 756 | 1634 |
| Monterrey | 925 | 786 | 1359 | 2063 |
| Oaxaca | 450 | 1000 | 0 | 1179 |
| Pachuca | 88 | 592 | 513 | 1391 |
| Puebla | 123 | 669 | 331 | 1209 |
| Querétaro | 215 | 360 | 669 | 1547 |
| San Luis Potosí | 423 | 336 | 877 | 1755 |
| Toluca | 64 | 482 | 518 | 1396 |
| Tuxla Gutierrez | 974 | 1520 | 540 | 812 |
| Veracruz | 418 | 964 | 382 | 1040 |
| Villahermosa | 773 | 1319 | 620 | 559 |
| Xalapa | 306 | 852 | 437 | 1137 |
| Zacatecas | 617 | 328 | 1071 | 1949 |

**Pour un voyage en car, prévoir un vêtement supplémentaire : la climatisation se révèle souvent glaçante. Garder avec soi sac à main et appareils photo. La télévision (film vidéo) est maintenant présente sur toutes les compagnies et on peut difficilement y échapper car il n'y a pas d'écouteurs.**

## ■ Autocars

L'autocar est le meilleur moyen de transport et le plus économique pour voyager à travers le Mexique. Toutes les villes et tous les villages du territoire sont desservis par d'innombrables compagnies qui rivalisent de zèle pour arriver à l'heure et réaliser les liaisons les plus rapides. Dans toutes les villes existent une ou plusieurs gares routières *(central de camiones)* où s'effectuent les réservations et les départs. Pour les longues distances, préférez les premières classes confortables et climatisées ; pensez également à réserver assez à l'avance, surtout en période chargée (Pâques, Noël). Les longs trajets sont ponctués de quelques arrêts-détente de 10 à 20 mn. Les cars locaux, très bon marché, sont hauts en couleurs mais souvent très lents.

## ■ Bus et trolleys

Ils circulent dans Mexico et les localités de quelque importance, mais n'espérez pas les utiliser aux heures de pointe dans la capitale car ils sont bondés (vers 8 h-10 h, 13 h-14 h et 18 h-20 h). Les arrêts sont, en principe, signalés par des pancartes (faire signe au conducteur) et la destination finale est indiquée à l'avant et à l'arrière du véhicule.

Le *pesero* ou *colectivo* est un petit autobus qui suit un itinéraire fixe, mais dans lequel on peut monter à chaque carrefour, en faisant signe au chauffeur depuis le bord du trottoir ; pour descendre, il suffit de sonner, il s'arrêtera au coin de rue suivant.

## ■ Taxis

Très nombreux dans toutes les villes et très bon marché, ils sont un excellent moyen de se déplacer, en particulier dans l'immense Mexico. Tous disposent d'un compteur et rares sont les chauffeurs qui ne veulent pas l'utiliser (dans ce cas, descendre et prendre un autre taxi). Le chauffeur ne reçoit pas de pourboire, sauf s'il rend un service. La nuit, il ne faut jamais prendre un taxi dans la rue à la volée, dans les aéroports et dans les gares, car il existe des voitures pirates qui pratiquent le vol organisé ; il faut soit se rendre dans une station *(sitio de taxi)*, soit appeler par téléphone un service de radio-taxis, soit encore utiliser les taxis affiliés à l'aéroport ou à la gare qui fonctionnent avec un système de paiement à l'avance.

### Gare aux pickpockets

Il y en a beaucoup dans les bus et le métro de Mexico, mais ils ne sont pas toujours absents des autocars ou des trains. On les rencontre aussi en masse dans tous les endroits très fréquentés, gares, aéroports, manifestations de masse (même religieuses), etc. Ils pratiquent leur art avec talent, sévissent souvent en équipe et toutes les ruses leur sont bonnes : alors soyez vigilants.

## ■ Liaisons aériennes intérieures

Les trajets en train et en autocar, souvent interminables, donnent toute son importance au voyage en avion, mais les prix des vols intérieurs sont élevés. Pour bénéficier de tarifs plus avantageux, vous pouvez acheter vos vols intérieurs en même temps que

**Taxis à Mexico ; la capitale en compte 108 000 !**



le vol international. La plupart des trajets n'excèdent pas deux heures. Les grandes compagnies nationales *Aeroméxico* et *Mexicana* se partagent un réseau très dense à travers tout le pays. Plusieurs compagnies régionales sont également pratiques, notamment *Aero California*, *Allegro* et *Aviasca*. Les principales villes touristiques disposent d'un aéroport assurant des vols quotidiens vers les autres grandes villes du pays.

**De nombreux ferries assurent la liaison entre le Yucatán et les îles de Cozumel et Mujeres** *(→ p. 567 et 568).*

### ■ Liaisons ferroviaires

Le réseau ferré était exploité par *Ferrocarriles Nacionales de México*, mais cette société est en cours de privatisation et le service est pour l'instant très désorganisé. Les trains sont pour la plupart d'une lenteur désespérante (certains voyages durent trente-six heures !), les retards fréquents, l'attente aux changements interminable et le confort souvent précaire.

## Vivre au quotidien

### ■ Langue

La langue officielle est l'espagnol, imposée progressivement lors de la Conquête. L'accent s'est modifié (le zézaiement est peu perceptible), ainsi que le sens

**Le lexique, en fin de volume, réunit un vocabulaire de base pour différentes situations de la vie quotidienne.**

## Perte ou vol de carte de crédit

Pour vous permettre de faire immédiatement opposition, avant de partir procurez-vous auprès de votre agence bancaire le numéro de téléphone à composer de l'étranger. Notez-le précieusement dans vos carnets, ainsi que le numéro de votre carte bancaire (mais ne notez jamais le code confidentiel).

***Visa*** : un numéro aux États-Unis peut être composé en PCV de presque tous les pays du monde : ☏ indicatif de sortie du pays + 1-410-581-38-36 (interlocuteurs parlant le français) ; Minitel : 3615 CARTE BLEUE ou 3617 VISA ; Internet : www.visa.com

***Eurocard-Mastercard*** : ☏ (33-1) 45-67-84-84 ; Internet : www.mastercardfrance.com

***Diners Club*** : ☏ (33-1) 49-06-17-17 ; (33-1) 49-06-17-50 (24 h/24).

***American Express*** : ☏ (33-1) 47-77-72-00.

## Pourboires

Il est obligatoire de laisser 10 à 15 % au restaurant. On ne donne généralement rien aux chauffeurs de taxi, sauf lorsqu'ils rendent un service. En revanche, n'hésitez pas à vous montrer généreux envers les femmes de chambre et les porteurs, les guides, etc. : compte tenu des maigres salaires, votre geste sera apprécié. À l'aéroport comme à l'hôtel, le prix d'un porteur pour deux ou trois valises est de 2 dollars.

**Autres fêtes civiles ou religieuses : → *p. 69.***

de certains mots, le vocabulaire s'est enrichi de très nombreux termes des langues autochtones (mexicanismes), mais l'espagnol du Mexique reste proche du castillan d'Espagne. Cependant les langues indigènes sont encore présentes dans de nombreuses régions et parlées par plusieurs millions de personnes. Les Mexicains parlent assez peu le français. La plupart des réceptionnistes des meilleurs hôtels parlent l'anglais.

### ■ Argent et change

L'unité monétaire est le peso ($), divisé en 100 centavos. Il y a des billets de 20, 50, 100, 200 et 500 pesos et des pièces de 1, 2, 5 et 10 pesos. La plupart des cartes de crédit sont acceptées, *Visa*, *Mastercard* ou *American Express* étant les plus appréciées. Dans toutes les villes, on trouve à proximité des banques des caisses automatiques reliées au réseau *RED* qui vous permettront de retirer de l'argent en pesos. Ce système vous évitera de vous promener avec trop d'argent liquide sur vous. Les grands hôtels, les banques, les maisons de change (*casa de cambio* qui abondent à Mexico) changent les dollars US (espèces et chèques de voyage) et les monnaies européennes.

Au Mexique, tout le monde a toujours des problèmes de monnaie : si le commerçant ne peut vous la rendre, il ira la chercher chez son voisin, ou vous enverra la faire vous-même ! Tout cela prend du temps, beaucoup de temps… Un billet de 200 pesos est considéré comme une grosse coupure ! Vous pouvez les écouler sans problème en achetant de l'essence ou aux péages des autoroutes, et faire ainsi provision de monnaie.

### ■ Budget

La vie au Mexique est devenue beaucoup plus chère ces dernières années, particulièrement dans les zones très fréquentées par le tourisme international. Dans les grandes villes et les centres touristiques, les prix sont ainsi à peu près équivalents à ceux de la France ; en province et hors des sentiers battus, ils sont en revanche encore très raisonnables (de l'ordre de 30 % moins élevés qu'en France). À noter que pour les services (location de voitures, hôtels, billets d'avion), on annonce souvent des prix hors IVA (TVA locale) : il faut donc leur rajouter 15 %.

### ■ Jours fériés

Les banques, les administrations et la plupart des magasins sont fermés les jours suivants : le 1er janvier, le 5 février (anniversaire de la Constitution), le 21 mars (anniversaire de la naissance de Benito Juárez), les jeudi et vendredi saints, le 1er mai, le 5 mai (anniversaire de la victoire de Puebla sur les

Français), le 16 septembre (fête de l'Indépendance), les 1er et 2 novembre, le 20 novembre (fête de la Révolution de 1910), le 25 décembre.
Attention, tous ces jours-là, il y a *ley seca*, c'est-à-dire que l'on ne peut pas acheter d'alcool ni dans les magasins ni dans les bars.

### ■ À l'heure mexicaine

Mexico, comme la majeure partie du pays, est en avance de sept heures sur la France, la Belgique et la Suisse, durant toute l'année sauf si les dates de passage de l'heure d'hiver à l'heure d'été ne sont pas les mêmes dans les deux continents (entre une et deux semaines de décalage selon les années). Le Nord-Ouest et la Basse-Californie-du-Sud avancent de huit heures. La Basse-Californie-du-Nord *(Pacific Time)* est décalée de neuf heures.
Les **banques** sont ouvertes en semaine de 9 h à 18 h. La plupart le sont aussi le samedi. En province, surtout dans les régions chaudes, elles sont souvent fermées l'après-midi entre 14 et 17 h.
Les **boutiques** n'ouvrent pas avant 10 h ou même 11 h, ferment à 19 h ou 20 h. En province, elles sont souvent fermées entre 14 h et 16-17 h.
Les **administrations** fonctionnent de 9 ou 10 h à 14 h. Dans les entreprises privées, qui pratiquent parfois la journée continue, on travaille de 9 ou 10 h à 19 h, avec un arrêt pour le déjeuner entre 14 h 30 et 17 h.
La **poste** ouvre de 9 h à 18 ou 19 h en semaine, de 9 h à midi le samedi.
Les **musées** sont généralement fermés le lundi. Les **sites archéologiques**, parfois fermés le lundi (mais le plus souvent ouverts sept jours sur sept), se visitent de 9 h à 17 h. Ils sont en général ouverts et gratuits le dimanche et les jours fériés. Si vous prenez un guide, fixez le prix de la visite auparavant.

### ■ Poste

L'acheminement du courrier est quelque peu aléatoire, et il ne faut jamais être pressé (compter une bonne quinzaine de jours pour l'Europe). Il est plus sûr d'envoyer son courrier d'un grand hôtel ou d'une poste centrale : dans la rue à Mexico, utilisez les *Buzon Rojo*, grosses boîtes aux lettres rouges installées sur le bord des grandes avenues ; évitez les autres boîtes aux lettres. Pour un envoi urgent, adressez-vous à une société type *DHL*, *Mexpost* ou *Federal Express*. Les lettres en poste restante, remises sur présentation du passeport, sont gardées dix jours puis renvoyées à l'expéditeur ; dans le bureau de poste, une liste *(lista de correos)* remise à jour quotidiennement indique les noms des destinataires. Les envois de colis par la poste sont compliqués à cause

## Comment téléphoner depuis le Mexique ?

**Appels intérieurs** : pour téléphoner d'une région à une autre ou dans une même région mais dans une localité différente, composer le 01 + l'indicatif de la région + le numéro du correspondant.
**Quelques indicatifs** : Acapulco, 74 ; Campeche, 981 ; Chihuahua, 14 ; Cuernavaca, 73 ; Durango, 1 ; Guadalajara, 3 ; Mexico, 5 ; Mérida, 9 ; Monterrey, 8 ; Puebla, 2 ; San Luis Potosí, 48 ; Torreón, 17 ; Veracruz, 29 ; Villahermosa, 93 ; Xalapa, 28.
Attention ! Avec la nouvelle numérotation en cours dans l'ensemble du pays, les indicatifs et numéros changent. Mais il est impossible de savoir exactement quand ni comment ! Se renseigner sur place tout en sachant que, de toute manière, pour appeler en dehors de la localité où vous vous trouvez, il vous faudra composer le 01 + 8 chiffres (indicatif à 1, 2 ou 3 chiffres + numéro du correspondant à 7, 6 ou 5 chiffres). Une exception à cette règle : pour un appel vers Mexico, il vous faudra composer 9 chiffres.
**Appels internationaux** : composer le 00 + l'indicatif du pays (France et Monaco, 33, Belgique, 32, Luxembourg, 352, Suisse, 41, Canada, 1) + le numéro du correspondant (sans le 0 initial pour la France).
**Appels par opératrice, PCV** : composer le 020 pour les appels ou PCV nationaux (pour un PCV, demander à l'opératrice *una llamada por cobrar*) ; composer le 090 pour les appels ou PCV internationaux.
**Renseignements** : composer le 040 pour connaître un numéro au Mexique. ; **heure exacte** : 030 ; **réveil** : 031.
**Téléphoner au Mexique depuis la France** : → *p. 31.*

des problèmes douaniers. Il est préférable de s'adresser à une société de courrier pour démêler la paperasserie administrative. Les taxes à payer sont souvent très élevées en comparaison de la valeur des objets.

On peut envoyer des fax depuis certaines postes, aéroports et gares, ainsi que depuis les grands hôtels. Il existe aussi des services privés. Pour envoyer un télégramme, s'adresser à l'*oficinas de telégrafos*, il y en a dans la plupart des villes.

Les cafés Internet fleurissent dans toutes les agglomérations : pour un prix modique (1 à 3 dollars de l'heure), vous pourrez utiliser un ordinateur et consulter votre courrier électronique.

## ■ Téléphone

Le plus pratique et le moins coûteux est d'utiliser les téléphones publics à carte. Les cartes *Lada* (*larga distancia*, longue distance) ont une valeur de 30, 50 ou 100 pesos et peuvent être achetées dans les kiosques à journaux et dans les boutiques arborant le panonceau *Telmex Ladatel*. Elles sont utilisables pour les communications nationales et internationales. Il y a très peu de téléphones à pièce ; dans les aéroports internationaux, certains téléphones acceptent les cartes de crédit internationales. Dans les villes, il existe également des bureaux de service téléphonique avec cabines et téléphonistes.

Les appels nationaux bénéficient d'une réduction de 50 % entre 20 h et 7 h 59 du lundi au samedi et le dimanche toute la journée. Pour les appels internationaux, la réduction est de 33 % pour les États-Unis et le Canada entre 19 h et 6 h 59 du lundi au vendredi, le samedi toute la journée et le dimanche de 0 h à 16 h 59. Pour l'Europe, 33 % de réduction entre 18 h et 5 h 59 en semaine et toute la journée le samedi et le dimanche. Attention au téléphone dans les hôtels : les tarifs, autorisés par le ministère du Tourisme, sont souvent exorbitants. Les numéros gratuits commencent par 800 précédé du préfixe 01 et suivi de cinq ou sept chiffres.

## ■ Santé

**Une rumeur persistante : dans les boîtes de nuit, à l'heure du bar gratuit *(barra libre)*, on trouve de drôles de choses dans les glaçons pour saouler plus vite le client… Prudence donc.**

**Au Mexique, les pharmacies sont nombreuses et les médicaments faciles à acheter sans ordonnance (y compris les antibiotiques). Il existe de nombreuses pharmacies de produits génériques.**

L'eau du robinet est à éviter même si elle est potable car elle a alors un fort goût de chlore. On trouve partout de l'eau en bouteille. Dans les épiceries, il y a souvent de grands frigidaires avec des bouteilles d'eau fraîche. Dans les hôtels, de grosses bonbonnes d'eau potable et fraîche installées sur un appareil distributeur sont à la disposition des clients. L'utilisation de cette eau purifiée dite *agua de garafon* s'est généralisée dans tout le Mexique depuis quelques années ; vous pouvez donc boire en toute confiance les citronnades, orangeades ou autres *aguas prepara-*

*das* (eau et jus de fruit) que l'on vous propose dans les restaurants. Cela évite de se surcharger de bulles avec les fameux *refrescos* dont les Mexicains raffolent. Même les glaçons sont faits avec de l'eau purifiée. Dans la rue, il faut en revanche éviter de boire des boissons préparées à l'avance : ce n'est pas l'eau qui est en cause mais la pollution ambiante (poussière et microbes) ; vous pouvez néanmoins vous faire presser un jus d'orange sans problème.

Le soleil est très fort dans ce pays, aussi bien au bord de la mer (soleil tropical) que sur le haut plateau (soleil de montagne car vous êtes à 2 000 m d'altitude ou plus). Il faut donc éviter les expositions prolongées, se munir de crème solaire haute protection (en vente dans les pharmacies) et s'acheter un chapeau de paille (il y en a partout et ils sont souvent très élégants).

Pour les premières marches en altitude, emportez toujours de l'eau : boire davantage aide à prévenir le mal des montagnes.

## ■ Sécurité

Le Mexique a très mauvaise réputation mais il n'est pas aussi dangereux qu'on le dit. Il faut néanmoins faire attention dans les grandes villes, en particulier à Mexico (quartiers touristiques de Polanco, Zona Rosa, Coyoacán, dans le Centro Histórico et à Garibaldi). Lors de vos déplacements, veillez à ce que vos possessions - cartes de crédit, argent, bijoux, montres de prix, appareils photo, caméras - ne soient pas trop visibles. En cas d'agression, il ne faut surtout pas résister. L'idéal est de tout laisser dans le coffre de votre hôtel et de ne sortir qu'avec une somme raisonnable pour la journée ou la soirée. Le soir, soyez vigilant à la sortie des bars ou des restaurants. Demandez à ce que l'on vous appelle un taxi plutôt que d'en prendre un à la volée.

Sur les plages, même recommandation : évitez d'emporter votre fortune avec vous. Une attention particulière pour la région du Chiapas : malgré la militarisation de cette région, les routes ne sont pas sûres, en particulier la route qui va de Palenque à Bonampak et Yaxchilán. Mieux vaut s'y rendre en car ou à deux voitures.

## ■ Savoir-vivre

De façon générale, respecter les règles de politesse et de courtoisie élémentaires facilite toujours les rapports. Ne jamais élever le ton car les Mexicains se sentent très vite agressés et se ferment alors à toute discussion. Par ailleurs, une grande patience est souvent nécessaire car ces mêmes Mexicains ne sont pas des champions de la ponctualité : si l'on vous fait attendre, gardez votre calme et votre optimisme.

**La vie sociale est réglée par des valeurs telles que la courtoisie, la dignité, la diplomatie et le tact. Ce sont des attitudes à respecter dans tout échange, dans toute négociation. Le Mexicain recherche avant tout à établir un climat de confiance dans lequel la relation personnelle est fondamentale, même si la maîtrise de l'espagnol de la part de l'étranger n'est pas absolue.**

Dans les villes touristiques, la tenue vestimentaire est sans importance, mais le maillot de bain reste exclusivement réservé à la plage ou à la piscine. Dans les églises, une tenue correcte s'impose pour tous.

## ■ Achats

**Dans les villes touristiques, les magasins d'État du *Fonart* vendent des objets d'artisanat de toutes les régions. Ces objets sont de bonne qualité mais les prix sont fixes.**

Demeuré vivace dans la plupart des régions, l'artisanat mexicain offre un très vaste éventail d'objets : pratiquement tous les matériaux sont travaillés par les artisans du pays. Les magasins des grandes villes et les centres touristiques proposent des objets venant de toutes les régions. En outre, on compte de plus en plus de boutiques proposant de l'artisanat « artistique », c'est-à-dire des produits traditionnels mis au goût du jour. Cependant, il est souvent plus amusant d'acheter un souvenir dans le village où il est fabriqué, ou sur un marché.

### Poterie

C'est l'une des activités artisanales les plus développées au Mexique puisqu'elle est liée à la vie quotidienne depuis l'époque préhispanique. Les poteries sont faites à la main (procédé du colombin), au moule ou au tour (l'un comme l'autre ont été introduits par les Espagnols). La décoration est très diverse, selon les régions, dans ses thèmes et ses techniques.

La tradition indienne la plus pure s'exprime dans la production du **Guerrero** où les poteries décorées de rouge, noir et ocre d'origine naturelle sont réalisées par les femmes. La région d'**Oaxaca** où vivent le plus grand nombre de communautés indiennes et qui est peut-être le plus important centre de poterie, est également restée fidèle aux traditions. On y modèle de belles pièces de terre cuite noire.

L'influence hispanique est prépondérante dans la céramique tournée des États de **Guanajuato**, **Jalisco** et **Puebla**. Cette dernière région fabrique, entre autres, des chandeliers et de beaux azulejos, ces carreaux qui tapissent jusqu'aux murs et dômes d'églises.

Tradition locale et apport espagnol se fondent dans les céramiques du **Michoacán**. Dès le XVI^e^ s., un missionnaire ouvre des écoles ou l'on enseigne les techniques européennes ; à partir de là, chaque village développe un style propre, toujours perpétué. On trouve à Patamban des cruches ocre et des pots vernissés verts, à Santa Fe de la Laguna les potiers préparent vases et bougeoirs vernissés pour la fête des Morts, d'autres bourgades réalisent de petits animaux, etc.

**Tissage**

Il reste très influencé par ses racines indigènes, tant dans les couleurs utilisées que dans la fabrication : les femmes tissent la laine et le coton sur des métiers très simples. Les vêtements et notamment le fameux *huipil* (blouse sans manche, rectangulaire, brodée autour de l'encolure et des emmanchures) viennent pour la plupart des États du **Yucatán**, du **Chiapas** et d'**Oaxaca**. Chaque brodeuse crée ses propres motifs à base de fleurs, d'animaux ou de formes géométriques. Dans l'État de **Puebla**, les broderies, trésors de patience et de beauté, sont faites avec des petites perles de couleurs vives. Les châles ou *rebozos* sont plutôt originaires de l'État de **México** et du **Michoacán** tandis que le *sarape*, sorte de poncho utilisé aussi comme couverture, est tissé dans le **Jalisco** et l'**Oaxaca**.

Chapeaux, sacs ou hamacs sont également réalisés à partir d'autres fibres, roseau, palmier ou sisal tiré de l'agave. Les plus beaux proviennent du **Michoacán**, du **Oaxaca** ou du **Yucatán**.

Le marchandage est la règle sur les marchés, en particulier pour les produits artisanaux. Cependant, gardez toujours à l'esprit que les vendeurs sont bien souvent très pauvres.

**Bijoux**

**Taxco**, ancien centre minier du Guerrero, est réputé pour la qualité de son orfèvrerie d'argent. Les artisans de **Guanajuato** préfèrent l'or qu'ils ornent souvent de turquoise, tandis que **Santa Clara del Cobre** s'est fait une spécialité du travail du cuivre en ciselant bijoux, plateaux, bols et autres petits objets. On trouve aussi des bijoux en or dans la région d'**Oaxaca**, en particulier des reproductions des bijoux préhispaniques de Monte Alban.

**Bois**

L'ébénisterie tient une bonne place dans l'artisanat, et si **Paracho** (Michoacán) est la capitale de la guitare, **Cuernavaca** celle des meubles, on trouvera de jolies figurines d'animaux et des masques dans l'**Oaxaca**.

D'origine préhispanique, les masques étaient utilisés par les sorciers et les chamans lors des rituels.
On les fabrique encore actuellement en bois, en pierre, en céramique, en os (ils étaient jadis incrustés de jade, de turquoises, de coquillages et de perles). Vous en trouverez presque partout au Mexique dans les marchés d'artisanat, les brocantes et les boutiques spécialisées.

## ■ Courant

Le courant est de 110 volts et les prises, de type américain, sont à fiches plates ; prévoir un adaptateur. Les grandes surfaces comme la *Comercial Mexicana* en vendent.

## ■ Presse, télévision et radio

Vous pouvez acheter des journaux français dans les aéroports internationaux et dans les magasins *Sanborns*. Pour ce qui est de la télévision en français, on peut recevoir *TV5* par satellite mais il faut pour cela être abonné à un serveur qui distribue cette chaîne : peu d'hôtels offrent ce service, les chaînes disponibles sont presque toujours en anglais. Même problème pour *RFI* en français qui ne peut être reçue que sur un serveur Internet ou sur le câble, encore peu répandu.

Pour en savoir plus sur les médias mexicains : → *p. 86.*

Séjourner

# Tissage et artisanat

▲ **Femme chamula en train de tisser. Le métier de ceinture préhispanique présente l'avantage d'être peu encombrant, permettant aux tisserandes de travailler n'importe où à l'extérieur.**

Le tissage, autrefois placé sous le patronage de la divinité lunaire, est une activité réservée aux femmes qui en tirent prestige et fierté. Les motifs ornant le *huipil* empruntent à la mythologie et à l'histoire locale et varient selon l'ethnie, la communauté et le lignage, laissant toutefois une marge de créativité individuelle. Si la céramique est également une spécialité féminine, l'artisanat des hommes requiert plus de force physique tout en étant moins lié au respect de la tradition.

## Les métiers à tisser

Le métier à tisser traditionnel est le métier de ceinture *(otate)* qui figure sur les illustrations de maints codex. L'une de ses extrémités est attachée à un point fixe, l'autre est munie d'une ceinture en cuir que la femme agenouillée passe autour des reins, contrôlant ainsi la tension des fils de chaîne. Facile à transporter, il compte sept bâtons de bois, à savoir les deux ensouples des extrémités, la baguette de lisse qui contrôle les fils pairs et impairs, la barre d'écartement, le sabre qui permet de tasser les fils de trame, la navette et le templet à épingle, tige souple qui assure la constance de la largeur du lé. Celle-ci est fonction de l'écartement des bras de la tisserande qui produit ainsi des pièces parfois très longues – comme les ceintures – mais de largeur réduite. Le métier à pédales introduit par les Espagnols requiert une véritable installation et est généralement utilisé par les hommes pour tisser des couvertures et des châles *(rebozos)*. Le métier horizontal *(telar de estacas)*, d'origine préhispanique, dont les deux extrémités sont clouées au sol est connu surtout dans le N. pour le tissage de couvertures de laine.

## Le langage du décor

Les décors font appel à des techniques de tissage très diverses, la gaze, l'ikat, le brochage et le sergé, ou à la broderie au point de croix, point d'ourlet, point passé, ajouré ou rentré. Les motifs abstraits ou figuratifs, transmis par les femmes, constituent la mémoire de leur communauté et plongent leurs racines dans un passé préhispanique. Ainsi, la croix maya est la représentation de l'univers, l'orient, placé au sommet étant relié à l'occident par une ligne figurant le mouvement du soleil. Le papillon et la chauve-souris sont les portes de l'inframonde. La répétition d'un motif treize, sept et neuf fois fait référence aux strates du ciel, de la terre et de l'inframonde. Les couleurs sont associées aux plantes (maïs, broméliacées, etc.), à l'eau et aux points cardinaux. Enfin, la tisserande ajoute un motif personnel qui est sa signature. Les tissages les plus beaux sont les *huipiles* ou blouses composées de deux ou trois lés réunis par une couture souvent rebrodée. Plié en deux, le tissu comporte une ouverture pour passer la tête, autour de laquelle est centrée la décoration.

◄ La peinture sur écorce, sur bois et sur céramique est une nouvelle activité qui s'est développée avec le tourisme. Les motifs s'inspirent toutefois de l'artisanat traditionnel.

## Matières et couleurs

Le coton et la laine, parfois les fibres synthétiques moins coûteuses, sont les matières premières du tissage. Les Mayas du Chiapas élèvent des moutons uniquement pour leur laine qui sert à confectionner tous leurs vêtements. La soie est utilisée pour la broderie et le brochage tandis que la fibre d'agave *(ixtle)* ne sert plus guère que pour la fabrication de sacs. Si la plupart des femmes achètent des matériaux déjà colorés, on assiste à un retour de la teinture naturelle, en particulier dans la région d'Oaxaca. Le rouge est tiré de la cochenille du nopal, le bleu, de l'indigotier, le jaune, d'une plante parasite du tamarinier. Le vert, le noir, le violet et l'ocre sont obtenus à partir de poudres minérales. L'ikat est un procédé qui consiste à nouer des paquets de fils avant de les plonger dans un bain de couleur. Seules les parties libres seront teintées, l'opération pouvant être répétée plusieurs fois si l'on désire un fil multicolore.

▲ À Amatenango (Chiapas), les femmes travaillent l'argile dans la masse, sans l'aide d'un tour, pour façonner des jarres de tailles et de perfection surprenantes. Après avoir été lissée, la pièce reçoit un décor de terre colorée, l'engobe.

## Céramique, bois, cuir et *amate*

Héritières d'un savoir-faire transmis de mère en fille, les potières d'Amatenango (État du Chiapas) ou de San Bartolo Coyotepec (État d'Oaxaca) travaillent la terre sans tour, montant les pots sur une base en pierre en creusant la terre de leurs poings. Un simple décor peint à l'engobe coloré est apposé sur la pièce séchée au soleil avant de procéder à la cuisson sous un tas de branchages. Le noir lustré est obtenu par une cuisson en atmosphère réductrice dans un four creusé dans le sol. Les autres activités artisanales sont du ressort des hommes : sculpture sur bois (masques et figurines), gravure sur calebasse, fabrication de sandales *(huaraches)* en cuir, tressage de chapeaux et de nattes en fibre de palme. Les Huicholes se distinguent par une technique très décorative : les fils de laine ou les perles de verre pressés dans une pellicule de cire d'abeille forment des tableaux très colorés. La peinture sur papier obtenu par battage de l'écorce de ficus *(amate)*, survivance du codex préhispanique, est une spécialité des Otomís.

# Spectacles et loisirs

## ■ Cinémas, théâtres et concerts

Nombreux dans les principales villes, les **cinémas** présentent principalement des films américains. Les films mexicains sont rares et les œuvres européennes encore plus. Les films sont presque toujours en anglais sous-titré en espagnol. Les salles vont par six ou dix, regroupées dans un centre commercial ou à proximité de celui-ci. Il y a quatre ou cinq séances par jour pour chaque film entre 11 h et 22 h. Le mercredi, les prix sont diminués de moitié.

Pour en savoir plus sur les activités culturelles à Mexico : → p. 171.

Toutes les villes ont leur **théâtre** mais, à de rares exceptions près, les spectacles proposés (toujours en espagnol) ne sont pas de grande qualité. Avec une vingtaine de théâtres, la capitale offre un meilleur choix de pièces.

Toujours à Mexico, l'orchestre symphonique national propose très régulièrement des **concerts** de qualité au Teatro del Palacio de Bellas Artes, qui est également réputé pour ses opéras. Enfin, on compte de nombreuses compagnies de ballet classique et moderne. Les Ballets folkloriques de México jouissent d'une excellente réputation internationale.

## ■ Mariachis

À Mexico, le fief de ces musiciens traditionnels est la Plaza Garibaldi, le long de l'Eje Central Lázaro Cárdenas. Tous les jours à partir de 18 h, de nombreux orchestres de mariachis se réunissent sur la place et chantent à la demande des clients qui passent une ou plusieurs chansons pour un prix fixé à l'avance. Les mariachis sont également nombreux sur les barques de Xochimilco. À Guadalajara, le berceau des mariachis, on les trouve près du Mercado Libertad (Plaza de los Mariachis). On peut également les écouter dans tous les lieux touristiques et dans les bars des grands hôtels. La chanson coûte entre 3 et 5 dollars.

**L'affichage, prélude à l'émotion de la corrida.**

## ■ Corridas

Introduites au Mexique dès les premiers temps de la Conquête (1527), elles sont aujourd'hui très populaires. De novembre à mars, tous les dimanches à 16 h les *toreros* professionnels multiplient les effets de cape devant un public exigeant. Le reste de l'année, ils sont relayés par des apprentis *toreros*, les *novilleros*. Les meilleures places sont à l'ombre, la vue depuis les gradins est excellente. Les arènes de Mexico *(→ ill.p. 171)*, de Texcoco, d'Aguascalientes, de Querétaro et de Tlaxcala présentent les corridas les plus renommées. À Acapulco et à Cancún, des corridas sont organisées pour les touristes : ces spectacles ne sont pas de très bonne qualité.

## ■ Combats de coqs

Les Mexicains sont friands de *peleas de gallos*, très populaires dans les campagnes lors des *ferias*. Dans une ambiance généralement torride, les spectateurs se livrent alors à un autre de leurs passe-temps favoris – les paris – et se montrent aussi ardents que les combattants. Les combats de coqs ne sont pas autorisés en dehors des périodes de *ferias*. Il y a donc des dates différentes dans chaque ville. Il n'y a jamais de combats de coqs à Mexico ; la région où cette tradition reste très vivante est le Jalisco. Durant la Feria d'Aguascalientes ont lieu les plus importants combats de coqs.

## ■ Pelote basque

Le *jai alai*, la pelote basque des Mexicains, attire elle aussi quantité d'amateurs-parieurs. La pelote est une petite balle très dure en caoutchouc recouvert de peau que les joueurs lancent sur des frontons, soit à mains nues soit à l'aide d'une *cesta* (la chistera des Basques, longue gouttière d'osier qui prolonge le bras). On joue soit au *blaid*, sur un seul mur, soit, le plus souvent, au *rebot*, sur trois murs à angles droits, le quatrième côté du court *(cancha)* étant grillagé. Chaque équipe compte deux ou trois joueurs. La partie se joue en vingt-neuf points. À noter que le fronton de Mexico est actuellement fermé.

## ■ Lutte

La *lucha libre* est aussi populaire que le foot ou la boxe. C'est à la fois un sport et un spectacle car les lutteurs sont de véritables acteurs. Leur visage est caché par une cagoule, leur justaucorps scintillant de paillettes et leur cape de couleur éclatante. Leurs bonds spectaculaires, la brutalité feinte ou réelle de leurs assauts galvanisent le public qui se déchaîne pour ses héros (les combats sont retransmis tous les dimanches matin à la télévision). Le lutteur masqué est devenu un symbole de la lutte des opprimés contre les possédants grâce à Super-Barrio qui se bat pour le droit au logement depuis le tremblement de terre de 1985. On compte cinq grandes *arenas* dans le pays : deux à Mexico, une à Acapulco, une à Puebla et une à Guadalajara.

## ■ Football

Les Mexicains aiment la corrida, les combats de coqs et le rodéo, mais ils adorent le football. On peut assister à des matchs de foot chaque dimanche, en particulier à Mexico qui possède l'un des plus grands stades du monde (stade Aztèque, 110 000 places, rebaptisé stade Adolfo Cañedo). Le football américain est également apprécié et l'on peut voir de bons matchs à la cité universitaire de Mexico.

## ■ Rodéo

Plus théâtral que son homologue américain, le rodéo mexicain ou *charreada* donne lieu à des spectacles colorés à travers tout le pays sauf dans le Sud et le Yucatán. Les associations de *charros* sont privées ; certains spectacles sont ouverts au public et, deux ou trois fois par an, ont lieu de grandes manifestations comme celle qui se déroule à Mexico aux alentours de la semaine sainte (la date n'est pas fixe).

### Renseignements

***Federación mexicana de Charros***, dans le ***Museo de la Charreria***, Isabel la Catolica 108, Colonia Centro (☏ 57-09-36-65 ou 57-09-59-89).

***Asociación Nacional de Charros***, Av. Constituyentes 500, porte 4, 3$^{e}$ section du Bosque de Chapultepec (☏ 52-77-87-66 et 52-77-87-10).

Séjourner

**Exercices de dressage de chevaux, de maniement du lasso, d'équilibre sur le dos de génisses sont au programme de toute *charreada*.**

## ■ Activités sportives

Les terrains de **golf** se sont multipliés ces dernières années et on en trouve dans toutes les stations balnéaires. Ils appartiennent généralement à des hôtels ou à des clubs privés et les joueurs occasionnels ou non membres y sont les bienvenus.

9 000 km de côtes offrent d'infinies possibilités en matière de **sports nautiques**. Les plages sont nombreuses et l'on peut se baigner pratiquement toute l'année. De plus, les centres touristiques et bon nombre d'hôtels sont dotés d'une piscine. Les stations balnéaires louent tout le matériel nécessaire à la pratique des sports nautiques (skis, bateaux, appareils de plongée...). L'endroit le plus réputé pour la **plongée sous-marine** est l'île de Cozumel. Le **surf** est surtout populaire sur la côte pacifique ; Puerto Escondido est réputé être l'un des meilleurs « spots ».

**Prudence : certaines plages du Pacifique sont vraiment dangereuses en raison de la force des vagues, des ressacs et des courants qui vous entraînent vers le large ; il ne faut pas prendre à la légère les interdictions de se baigner, d'autant que ces plages sont peu surveillées.**

En ce qui concerne la **pêche en mer**, les stations balnéaires du Pacifique proposent des sorties en mer sur des bateaux adaptés pour la pêche au gros. Les lieux les plus réputés sont : pour la pêche à l'espadon Zihuatanejo, pour le thon Mazatlán, Guaymas (Sonora) et surtout Loreto en Basse-Californie, petite ville qui, entre les mois de mars et de juin, se remplit de Nord-Américains fanatiques de ce sport. Les permis sont délivrés directement auprès des associations sportives de chaque port. La pêche en eau douce n'est pas très répandue au Mexique.

Les clubs de **canoë-rafting** se sont multipliés récemment, en particulier dans la région de Mexico, l'État du Morelos et celui du Veracruz.

**Renseignements**

*Expediciónes México Verde*, Homero 526-801, Colonia Polanco (☏ 52-55-44-00 et 52-55-44-65). Cette agence spécialisée dans le tourisme vert offre des services tout compris pour des week-ends ou des tours en rafting (Internet : www.raftingmexico.com.mx), escalades, marches, tir à l'arc...

Les amateurs d'**alpinisme**, d'**escalade et de marche** trouveront de multiples occasions pour pratiquer leur sport favori en s'adressant au *Club de Exploraciónes de México*, version mexicaine du *Club alpin français* qui a pignon sur rue depuis 1922.

**Renseignements**

***Club de Exploraciónes de México*** *(CEMAC)*, Juan A. Mateos 146, Colonia Obrera (☏ et fax 57-40-80-32 ; Internet : www.cemac.somewhere.net ; e-mail : cemac-central@hotmail.com).

### ■ Découverte de la nature

Le Mexique abrite de nombreux écosystèmes différents : sa flore est constituée par plus de 25 000 espèces de plantes supérieures, et de nombreuses espèces animales l'ont choisi pour en faire leur sanctuaire. Pour protéger ce patrimoine naturel, quelque 90 zones terrestres ou maritimes ont été protégées, qui représentent au total 5 % du territoire national. Beaucoup de ces parcs possèdent des structures d'accueil – auberges, cabanes, aires de camping, restaurants –, des sentiers balisés, des services de guide et de secours d'urgence. Pour visiter les réserves spéciales de la biosphère, il est nécessaire d'obtenir une autorisation du ministère de l'Environnement ; l'entrée des autres parcs est libre.

**Les parcs nationaux mexicains font l'objet de plusieurs guides : le plus complet est celui publié par la revue *México Desconocido* ; on le trouvera dans tous les *Sanborns*.**

**Renseignements**

***Semanarp*** *(Secretaría del Medio Ambiante, Recursos Naturales y Pesca)*, Anillo Periferico Sur 4209 (☏ 56-28-06-00) ; Internet : www.semarnap.gob.mx).

# Fêtes et manifestations

Au Mexique, les fêtes sont extrêmement nombreuses (le calendrier publié par le ministère de l'Éducation en dénombre 5 083 par an), en particulier dans le centre et le sud du pays, régions où les populations indigènes sont importantes. Elles conservent également un rôle essentiel : elles aident à éviter la désintégration sociale des villages face à l'uniformité de la modernisation, l'exode rural et l'émigration. Elles assurent le maintien de la cohésion entre les habitants en impliquant les autorités civiles, religieuses et traditionnelles.

**Fêtes et manifestations au Mexique :**
**→ *aussi p. 83.***

**Au Mexique, qui dit fête dit musique, interprétée par la *banda* (fanfare) du village, pétards, les plus bruyants possible, et feu d'artifice : les *castillos* (structures métalliques de plusieurs mètres de haut) sont dressés et mis à feu la nuit venue ; s'illuminent alors toutes sortes d'images éphémères : portrait d'un héros de la Révolution ou du saint célébré ce jour. D'autres attractions accompagnent souvent la fête proprement dite : rodéos, corridas, bal, fête foraine.**

Outre les fêtes civiles, on compte un grand nombre de fêtes religieuses : certaines ont une dimension nationale comme celle de la Vierge de Guadalupe le 12 décembre, d'autres sont purement locales. Dans nombre d'entre elles se mêlent catholicisme et traditions préhispaniques.

## ■ Principales fêtes et manifestations

**Le carnaval**. Il a lieu en février et parfois en mars. Il débute généralement le dimanche, culmine le mardi gras et s'achève le mercredi des Cendres. Les plus célèbres sont ceux de Veracruz et de Mazatlán.

**La semaine sainte**. Des processions se déroulent toute la semaine entre les Rameaux et le jour de Pâques. Le jeudi saint une reconstitution (sous forme de pièce de théâtre) du procès de Jésus, le vendredi saint le traditionnel chemin de croix souvent suivi d'une représentation de la crucifixion puis de l'enterrement du Christ et le jour de Pâques des feux d'artifice. Les célébrations les plus connues ont lieu à Taxco (pénitents chargés d'énormes fagots d'épineux), à San Luis Potosí (procession du Silence) et à Ixtapalapa (crucifixion du Christ).

**Les 15 et 16 septembre (fête nationale)**. C'est dans la nuit du 15 au 16 septembre que l'on célèbre l'Indépendance du pays face à l'Espagne (1810). Ce soir-là, à Mexico, devant la foule massée sur le Zócalo, le président de la République accomplit un rituel depuis le balcon du Palais national : il fait sonner la cloche de la Liberté et, tel le père Miguel Hidalgo, le « père de la Patrie », il lance le « Grito de Dolores » : « *¡ Viva México !* » En province, sur tous les Zócalos du pays, les maires reprennent le fameux cri. Cette cérémonie est suivie de réjouissances populaires et de feux d'artifice. Le 16 septembre est le jour des défilés des militaires, des enfants des écoles et des responsables politiques. C'est bien sûr dans la capitale, sur le Zócalo, que cette célébration est la plus prestigieuse.

**Les 1^er^ et 2 novembre : la fête des Morts**. Les Mexicains ont coutume de passer la nuit du 1^er^ au 2 au cimetière. Pour cette occasion, les tombes sont décorées avec les traditionnelles *zempasúchitl* (fleurs orange) ou *flor de muertos*, on brûle des cierges et de l'encens et on offre au mort un repas avec *mole* et pain traditionnel (*pan de muertos*). Cette célébration prend une ampleur toute particulière dans le cimetière de Mixquic, proche de Mexico, et dans l'île de Janitzio sur le lac de Pátzcuaro (Michoacán).

**Le 12 décembre : la fête de la Vierge de Guadalupe**. C'est certainement la plus grande fête religieuse du pays. Des pèlerins venus de tous les coins de la république convergent vers la basilique située à Mexico pour célébrer, dès minuit, la Vierge de Guadalupe. Des services religieux ont lieu dans toutes les églises du pays.

## ■ Autres fêtes et manifestations

**Janvier**. Le 1er, fête de la passation des pouvoirs à San Juan Chamula (Chiapas). Attention, il est interdit de prendre des photos sans autorisation des autorités locales. Le 18, fête de Santa Prisca à Taxco.

**Février**. Entre le 1er et le 7, célébration du Cristo Rey à Tzintzuntzan. Le 2, fête de la Chandeleur à Santa María del Tule (Oaxaca) avec danses traditionnelles. Le 12, rite de purification par le feu à San Juan Chamula.

**Avril**. Du 25 au 5 mai, Feria de San Marcos à Aguascalientes avec rodéos *(charreadas)*, musique, combats de coqs, batailles de fleurs et casino.

**Mai**. Le 3, Feria de Tequila (Jalisco) : le délicieux breuvage coule gratuitement ce jour-là. Le jeudi situé entre le 30 mai et le 5 juin se fête le Corpus Christi à Papantla (Veracruz) avec danses rituelles des Indiens Totonaques.

**Juillet**. Les deux derniers lundis, festival de la Guelagetza à Oaxaca en l'honneur de la déesse du Maïs (représentations de danses et spectacles folkloriques).

**Septembre**. Le 29 (ou le dimanche suivant), Día de San Miguel à San Miguel de Allende.

**Octobre**. Festival Cervantino à Guanajuato, l'une des plus importantes manifestations culturelles du pays (théâtre, danse, musique, etc.). La ville devient pour un temps la capitale culturelle du Mexique. Le 4, fête de San Francisco de Asis et fête du café à Cuetzalán (Puebla) : païenne et religieuse, une grande manifestation indienne avec danses traditionnelles et *voladores*. Du 5 au 12, processions de la Vierge de Zapopan (l'un des faubourgs de Guadalajara) ; fête particulièrement intéressante le 12, lorsque la Vierge, après avoir séjourné dans diverses églises de la ville, regagne sa basilique.

# Comprendre

Un ensemble d'introductions présentant la société, l'histoire et l'art au Mexique

# Le Mexique aujourd'hui

*par Véronique Pugibet,*
*maître de conférences à l'I.U.F.M. de Paris*

Le Mexique est souvent comparé à une corne d'abondance. En effet, combien de richesses naturelles sont réparties sur ce vaste territoire bercé par le Pacifique et la mer des Caraïbes ? Mais la partie évasée de la corne est résolument tournée vers le Nord, et il semblerait que, aujourd'hui, la richesse provienne essentiellement du grand frère américain (exportations, importations, émigration, tourisme, mode de vie). Le fond de la corne, plus étroit et plus éloigné du Nord, a ainsi vu émerger une nouvelle génération d'insurgés le 1er janvier 1994, date de l'entrée en vigueur de l'Accord de libre-échange nord-américain (ALENA), signé avec le Canada et les États-Unis. Une autre frontière est née, économique celle-ci, qui a bousculé les frontières officielles.

Pour entrer dans la modernité, le Mexique devra intégrer ses États du Sud à ce nouvel espace. Il lui faudra également résoudre la grave crise sociale qui, pour une large part, découle de ce déséquilibre, mais aussi se prémunir des effets pervers de la mondialisation afin de demeurer pleinement le « pays des Trois Cultures ».

## Le Mexique en bref

**Superficie** : 1 967 183 km$^2$.
(13e rang mondial ; frontière avec les États-Unis : 3 115 km).

| **Démographie :** | **1980** | **1999** |
|---|---|---|
| Population (millions d'hab.) | 66,8 | 99,79 |
| Densité (hab./km$^2$) | 35,8 | 50,5 |
| Croissance annuelle (%) | 2,5(a) | 1,73 |
| Fécondité (‰) | 5,9(b) | 2,8(c) |
| Mortalité infantile (‰) | 39,9 | 16,4(d) |
| Espérance de vie (années) | 64,9 | 72 |
| Analphabétisme (%) | 17 | 10,7 |
| Population urbaine (%) | 66,4 | 77 |

**Capitale** :
Mexico, 20 000 000 d'hab.
**Villes principales** : Guadalajara, 1 650 042 hab. ; Netzahualcóyotl, 1 255 456 ; Monterrey, 1 068 996 ; Puebla, 1 007 170 ; Ciudad Juárez, 789 522 ; León, 758 279.
**Langue** : espagnol.
**Religions :** catholiques, 90,4 % ; protestants, 3,8 % ; autres, 5,8 %.
**Régime politique** : république fédérale (31 États et un District fédéral, Mexico) pluraliste (→ *p. 89).*
**Économie** : → *p. 93.*

a et b : 1975-1985 ; c : 1995-2000 ; d : 1997

## La « mexicanité »

Depuis de nombreuses années, les Mexicains s'interrogent sur l'identité mexicaine : existe-t-elle vraiment et comment se manifeste-t-elle ? La question se pose en effet dans la mesure où la population de ce vaste pays est marquée du

**Dans l'église Santo Domingo de Oaxaca, vigne en stucs représentant l'arbre généalogique de saint Dominique.**

sceau de la diversité. Il n'en demeure pas moins que le sentiment d'identité nationale, d'appartenance à un pays unique et solidaire, est bien réel. Dans le quotidien, il s'exprime à travers quelques symboles clés omniprésents qui constituent l'essence même de la « mexicanité ».

**La population du Mexique se caractérise également par une croissance encore forte, et donc un nombre important de jeunes, les moins de 15 ans représentant 33,8 % du total. Autre trait déterminant, les trois quarts des Mexicains vivent en milieu urbain, l'exode rural ayant entraîné l'explosion démographique de certaines villes comme Monterrey, Guadalajara, Puebla. Avec près de 20 millions d'habitants (dont 10 % d'Indiens), Mexico, centre des pouvoirs politique et économique, est l'une des villes les plus peuplées du monde.**

### ■ Une mosaïque ethnique

En se fondant sur un critère linguistique - la pratique d'une langue indienne -, le recensement de 1995 évalue officiellement (les chiffres sont très contestés) à 6,9 % de la population totale, soit plus de 6 millions, le nombre des Indiens regroupés en 56 ethnies ; 15,8 % d'entre eux sont monolingues et ignorent l'espagnol. Dans le Centre et le Nord, il s'agit de minorités ethniques assez bien définies (Yaquis, Tarahumaras...) ou encore d'une population paysanne indienne (Mazahuas, Otomís...) relativement métissée. Dans le Sud et le Sud-Est, en revanche, les Indiens, répartis dans des groupes plus ou moins grands, représentent une part importante de la population locale. Tel est le cas des États du Guerrero et d'Oaxaca (Triques, Zapotèques...), du Yucatán et du Quintana Roo (Mayas Yucatèques) ainsi que du Chiapas (Zoques, Tzeltales...).

### ■ Le *charro* et la *china poblana*

Personnages de folklore pour certains, ils représentent pourtant au masculin et au féminin deux versions du Mexicain populaire. Lors des *charreadas* (rodéos), le *charro*, reconnaissable à son lasso et à son grand chapeau, doit faire preuve d'une grande habileté équestre et venir à bout de jeunes taureaux (le faire tomber en pleine course en le tirant par la queue à main nue ou encore le monter à cru jusqu'à le maîtriser). Quant à la *china poblana*, femme d'origine noble philippine ou indienne, elle termina ses jours comme humble domestique dans un couvent de Puebla. C'est pourquoi elle symbolise le petit peuple. Coiffée de tresses, elle porte un chemisier brodé de perles, un *rebozo* (sorte de châle), une jupe verte dans sa partie supérieure et rouge dans sa partie inférieure, brodée de paillettes adoptant le plus souvent la figure de l'emblème national. Ce costume est complété par une ceinture tricolore (vert, blanc, rouge).

**Le drapeau tricolore, avec en son centre, perché sur un nopal, un aigle dévorant un serpent, est l'un des symboles de l'identité mexicaine.**

### ■ Les trois couleurs

Pendant le mois de septembre, *el mes patrio*, le drapeau mexicain est présent partout dans le pays : dans la rue, sur les stands des grandes surfaces qui proposent alors des rayons « mexicains » - c'est-à-dire de la nourriture mexicaine, de la musique mexicaine... -, et jusque sur les rétroviseurs et le pare-brise des voitures. Les festivités passées, ces innombrables témoignages de ferveur patriotique demeurent bien souvent en place, s'intégrant sans cesse davantage au décor. Deux autres fêtes sont l'occasion de célébrer le sentiment national à travers les trois couleurs : le 20 novembre, jour anniversaire de la Révolution de 1910, et le 24 février, le Día de la Bandera ou jour du drapeau, férié pour l'occasion...

### ■ Le culte des héros

L'iconographie populaire concernant les héros de la patrie est abondante, et tous les petits Mexicains apprennent à l'école qui furent ces hommes qui se sacrifièrent pour la nation. À commencer par Cuauhtémoc, le dernier empereur aztèque qui symbolise la *raza de bronce* (la race de bronze), le passé indien avant l'arrivée des Espagnols et la lutte contre l'envahisseur. Nombreuses sont les statues le représentant dans les lieux publics, lui le héros vaincu et exécuté par Cortés. Viennent ensuite les grandes figures de l'Indépendance, qui incarnent elles aussi la résistance face à l'occupant : Miguel Hidalgo y Costilla, José María Morelos y Pavón et Benito Juárez, Indien d'origine modeste devenu président de la République, modèle de l'ascension sociale par l'effort, le labeur et l'intégrité. Enfin, on connaît les héros légendaires de la Révolution de 1910 dont les exploits ont été exaltés par le mouvement muraliste : Pancho Villa et Emiliano Zapata. Ce dernier a soulevé les paysans au cri de « *Tierra y Libertad* » pour réclamer la distribution des terres et la fin de la dictature de Porfirio Díaz, lié aux intérêts des grands propriétaires fonciers et aux États-Unis. C'est de lui que se réclament l'Armée zapatiste de libération nationale (EZLN) et le sous-commandant Marcos en revendiquant les droits fondamentaux pour les paysans et les Indiens du Chiapas. Ainsi, même mort, Zapata est-il toujours présent, au-delà d'une simple image. Il évoque à lui seul un signe de ralliement pour tous les laissés-pour-compte d'une révolution inachevée.

### ■ La « Reina de México »

On dénombre dans le pays près de 80 millions de catholiques. Et l'historien-écrivain Fernando Benítez d'ajouter en plaisantant que 110 % des Mexicains sont « Guadalupanos ». De fait, s'il existe une figure emblématique qui rassemble tout le peuple, quelles que soient les origines sociales, c'est bien la Vierge de Guadalupe, la sainte patronne du pays, objet d'un culte fervent à la basilique de Mexico et dont l'image est partout présente. On raconte que le 9 décembre 1531, sur la colline du Tepeyac, là même où la déesse Tonantzin était adorée, un Indien nommé Juan Diego eut une apparition de la Vierge. Celle-ci lui aurait signifié son désir de voir s'élever en ces lieux un sanctuaire. Devant le refus de l'évêque Juan de Zumárraga, la Vierge apparut une seconde fois trois jours plus tard, et aurait suggéré à Juan Diego de cueillir des roses sur le Tepeyac. Lorsque l'Indien se présenta de nouveau à l'évêque et déploya sa cape où il avait déposé les fleurs, il y découvrit l'image de la sainte femme. Vierge à la peau brune, la Morenita, l'impératrice des Amériques, garde, malgré ses traits indiens, les apparences d'une Vierge espagnole, celle qui avait servi de signe de ralliement face aux Arabes lors de la Reconquête et que les conquistadores emmenèrent avec eux. Elle symbolise parfaitement le métissage, l'union des deux cultures indienne et espagnole et, plus largement, la nation mexicaine.

## La famille, une institution privilégiée

La famille est une valeur fondamentale de la société mexicaine. Plus large que la simple famille nucléaire – le père, la mère et leurs enfants –, elle

# Réalités indiennes

Si l'on cite fréquemment le nom de Benito Juárez comme exemple de l'Indien parvenu au faîte du pouvoir politique, force est de constater que les Indiens sont relégués au dernier rang de l'échelle sociale dans une société mexicaine composée en majorité de métis. Ces grands oubliés de l'histoire et des réformes agraires survivent cependant avec leurs rites et leurs croyances ancestrales dans les régions les plus reculées du Mexique, dans les montagnes froides et les canyons inaccessibles et dans les basses terres étouffantes où l'eau fait cruellement défaut.

**▲ Indiennes Chamula (à g.) et Zinacantèque (ethnie tzotzil). Cette dernière porte sur la tête un *tzute* : composé d'une ou deux pièces de tissu rectangulaires, il peut se déplier et se transformer en cape pour les jours de fête.**

**◄ À la frontière mexicano-guatémaltèque, les cinq cents Lacandons, cachés par l'épaisse forêt, avaient conservé jusqu'au début du XX^e s. un mode de vie très proche de leurs ancêtres mayas. Menacés par les forestiers, les évangélistes et la télévision, les « vrais hommes », en principe protégés, disparaissent lentement.**

### ■ Un recensement controversé

Les Indiens représentent, selon les statistiques de l'Institut national indigéniste (INI), environ 7 % de la population totale. Ces chiffres officiels sont très sous-estimés tant il est vrai que cet institut qui leur est exclusivement consacré — soulignant par là leur marginalité — fluctue entre paternalisme et assimilation au gré de la politique gouvernementale.

▲ **Chamulas de l'ethnie tzotzil, reconnaissables à leur courte tunique blanche serrée par une ceinture en cuir.**

**Tzeltales de Huixtán, *pueblo* situé à une trentaine de kilomètres de San Cristóbal. Le costume masculin se compose d'une ample pièce de tissu blanc passant entre les jambes, retenue par une ceinture rouge, et d'une chemise de coton blanc aux manches rehaussées de broderies. Les femmes portent une jupe de coton bleu *(enredo)* et un *huipil* blanc à l'encolure brodée de motifs floraux rouges.** ▼

Fait significatif, les Indiens sont les plus nombreux dans les États qui ont été très récemment désenclavés. Ainsi, les Mayas du Yucatán, qui créèrent un État indépendant suite à la guerre des castes en 1847, représentent 80 % de la population locale. Dans les isolats des Altos du Chiapas, les Mayas Tzotziles et Tzeltales sont fortement majoritaires à l'encontre des grandes villes de San Cristóbal, Tuxtla et Ocosingo où dominent les *ladinos*.

### ■ Vivre l'indianité

« Est Indien celui qui vit comme un Indien. » Cette formule d'Alfonso Caso, pionnier mexicain de l'indigénisme, souligne toute l'ambiguïté d'une définition claire de l'indianité. Critère culturel, critère religieux ou linguistique, ou conjonction des trois ? La caractéristique principale de l'Indien est son esprit communautaire, sa participation à un ensemble de rites incluant le port du vêtement traditionnel. Le catholicisme – à de rares exceptions, comme chez les Lacandons – a supplanté les cultes païens tout en se teintant fortement de rites ancestraux. On observe ainsi un curieux amalgame entre les saints chrétiens et les divinités préhispaniques. Émigré en ville, l'Indien hors de sa communauté perd son identité et devient un métis culturel.

**Les populations indiennes du Mexique.**

**◄ Petit autel domestique. Les Indiens, bien que profondément catholiques , ont conservé nombre de pratiques religieuses héritées de l'époque précolombienne.**

## ■ Une grande diversité linguistique

Outre ces critères socio-culturels, c'est la langue qui constitue le véritable ciment ethnique. La cinquantaine d'ethnies se répartit en cinq grands rameaux linguistiques, lesquels regroupent les quelque deux cents idiomes

encore parlés au Mexique. Le groupe macro-maya, où prévaut l'ethnie Maya Yucatèque (665 000), est le plus important. Vient ensuite le groupe macro-náhua qui s'articule autour du noyau de l'ancien empire aztèque, complété par des enclaves correspondant à la migration des commerçants *pochteca*. Le troisième en nombre est l'ensemble macro-mixtèque, dominé par les Otomís, les Zapotèques et les Mixtèques. Les Tarasques, héritiers d'une brillante civilisation qui s'est développée dans les montagnes boisées au N.-O. du Michoacán, vivent sur les terres de leurs ancêtres et constituent une entité linguistique. Enfin, le dernier groupe macro-yuman atteint à peine 10 000 représentants parmi lesquels les Seris, chassés du refuge ancestral de l'île de Tiburón (golfe de Californie), qui ont le triste privilège d'être l'ethnie minoritaire (300) en proie à une rapide acculturation.

**Selon le schéma traditionnel, il n'y a point d'issue hors du mariage, en particulier pour la jeune femme. Mais se marier coûte cher (la cérémonie a lieu en grande pompe, les amis viennent nombreux, et parfois même les amis des amis). Aussi, la cohabitation est-elle fréquente dans les classes populaires, et tend à se répandre parmi les milieux intellectuels.**

constitue un espace où la solidarité entre ses membres joue à plein. Le père, détenteur de l'autorité, y règne en maître, mais son épouse a en fait le rôle essentiel et demeure la garante des valeurs familiales.

### ■ Une fonction économique et sociale

Au Mexique, la famille comporte un nombre important d'enfants (2,8 en moyenne contre 1,7 en France), même si, parmi la population aisée, leur nombre tend à diminuer ; elle englobe les grands-parents, les oncles et les tantes, les cousins, mais également les *compadres*, les parrains des enfants, choisis parmi les amis les plus proches. Pour les classes moyennes et supérieures, il faut ajouter la *muchacha*, l'employée de maison chargée des enfants avec lesquels elle entretient des liens étroits, même si la distance de classe demeure. Cette famille nombreuse et élargie permet de pallier la faiblesse des ressources des ménages mexicains, tout comme la carence des pouvoirs publics dans le domaine social. Ainsi si, dans les nouvelles classes urbaines, on privilégie le confort et les études de sa progéniture, dans les classes populaires, les nombreux enfants sont destinés à participer rapidement au travail des champs, de l'atelier ou de la boutique pour garantir à la cellule familiale des ressources complémentaires. De même, l'État n'assurant que de faibles prestations en matière de retraite et les structures d'hébergement des retraités étant inexistantes, on accueille volontiers à la maison les grands-parents, qui en retour contribuent à l'éducation des enfants. La solidarité entre les générations jouant à plein, dans d'autres cas ce sont ces mêmes grands-parents qui hébergeront les jeunes mariés et leurs rejetons.

### ■ La prééminence du père

Traditionnellement, la famille mexicaine se caractérise par un père trop souvent absent et une mère qui surprotège ses enfants. Au sein de la cellule familiale, le père apparaît comme tout-puissant. N'ayant de compte à rendre à personne, il jouit d'une liberté totale, dépense son argent comme il l'entend et use de son temps à sa guise. Après le travail, il consacre l'essentiel de ses loisirs à ses amis, *los compadres*. Ce n'est que tard le soir qu'il regagne le foyer familial, non pas pour participer quelque peu aux tâches ménagères, mais pour gâter ses enfants, preuves vivantes de sa virilité. La mère est donc l'élément central, autour duquel se structure la cohésion du foyer, de type utérin (le nombre de cas de mères ayant des enfants de pères différents est important). Méprisée par son époux, souvent délaissée (près de

## Machisme à la mexicaine

Le besoin qu'ont les hommes de manifester en public une masculinité démesurée afin de s'affirmer conduit souvent à des comportements excessifs : beuveries dans les *cantinas* (d'où les femmes étaient exclues de par la loi jusqu'à une époque récente), conduite routière plus que nerveuse, recours aux armes, protection jalouse de la sœur ou de la fille, double morale envers la femme, – le mari exigeant de son épouse soumission et fidélité sans remettre en cause ses propres relations avec d'autres femmes. Bref, au Mexique, être un macho, c'est affronter toutes les circonstances virilement, comme le dit l'expression populaire : « *Un mero macho no se raja* » (un vrai macho ne se dégonfle pas).

**La *cantina* : une affaire d'hommes...**

20 % des foyers sont dirigés par des femmes seules, abandonnées par leurs maris ou célibataires), elle trouvera son équilibre à travers la maternité et l'amour sans bornes qu'elle porte à ses enfants - qui eux au moins ne l'abandonneront pas. Inversement, ces derniers éprouveront pour elle un respect sans limites.

# L'art de la fête

« Nous sommes un peuple rituel [...]. L'art de la fête, profané partout ailleurs, est demeuré intact chez nous. » Dans son essai *Le Labyrinthe de la solitude*, Octavio Paz souligne combien les Mexicains aiment la fête et ont plaisir à se réunir, à être ensemble. De fait, tous les prétextes sont bons pour interrompre la marche du temps et célébrer une personne, un événement, un rite familial.

## ■ *Semana Santa, posadas* et *piñata*

Aux fêtes civiles à la gloire de la patrie et de ses héros *(→ p. 70-71)* s'ajoutent les très nombreuses fêtes religieuses. Lors de la semaine sainte, une période durant laquelle les citadins fortunés partent en vacances (les hôtels et les transports sont alors bondés, tout comme aux alentours de Noël), services religieux et processions parfois saisissantes de réalisme (San Miguel de Allende, Taxco, Pátzcuaro) se succèdent. Noël n'est pas seulement fêté le 24 décembre. On s'y prépare dès le 16 avec les *posadas*. Durant neuf soirs consécutifs, dans les villages (parfois encore dans certains quartiers des grandes villes), enfants et adultes vont de maison en maison

**Les *posadas* et le rituel de la *piñata* ont toujours cours, mais en raison de l'influence nord-américaine, Noël se fête de plus en plus souvent autour de l'arbre de Noël et du Père Noël (Santa Clós). Cependant, si les enfants reçoivent des cadeaux, ce sont plutôt les Rois mages qui, le 6 janvier, les leur apporteront, conformément à la tradition espagnole. Quant au repas du 25 décembre, il sera partagé par l'ensemble de la famille, qui savourera une dinde au *mole* (sauce au *chile* et au cacao).**

**Les procession religieuses rythment le quotidien des Mexicains.**

en chantant pour demander l'hospitalité (*pedir posada*). Ils reconstituent ainsi la pérégrination de Joseph et de Marie à la recherche d'un refuge lors de leur arrivée à Bethléem. La procession s'achève chez l'un des villageois, celui qui offre un abri pour la nuit. On déguste alors un punch préparé pour l'occasion. Vient ensuite le rituel de la *piñata*, une figurine aux formes diverses (étoile à six branches, animal, fruit, personnage de dessins animés), faite en papier mâché recouvert de papier crépon et remplie de sucreries. Les yeux bandés, les enfants tenteront de la briser à l'aide d'un bâton pour recueillir son délicieux contenu.

**La période de Noël est aussi celle où l'on peut assister à des *pastorelas*, pièces de théâtre humoristiques mettant en scène les bergers venus adorer l'enfant Jésus.**

## ■ Les morts fêtés, la mort défiée

Le jour des Morts (Día de los Muertos), le 2 novembre, trouve ses origines dans de vieilles traditions indigènes. Dans les maisons, on dresse un autel à l'intention des défunts avec des photographies, des fleurs, des cierges, des aliments (ceux qu'ils préféraient de leur vivant), de l'alcool et de l'eau. On se réunit aussi au cimetière où l'ambiance est bon enfant : on fleurit les tombes traditionnellement avec des fleurs orange *(zempasúchitl)*, on les décore de cierges, on brûle de l'encens (copal), on déjeune... Ces manifestations à la mémoire des disparus sont aussi une manière de défier la mort, de s'en moquer. C'est ainsi que l'on vend des pains sucrés *(pan de muertos)* spécialement préparés à cette occasion, des friandises en forme de squelette ou de cercueil. D'autres douceurs représentent une tête de mort portant le nom des amis à qui on les offrira. Certains journaux publient de petits poèmes populaires, les *calaveras*, qui se moquent de l'actualité et des personnalités en vogue autour du thème de la mort.

**Le 2 novembre n'est pas un jour férié, mais de nombreux commerces sont néanmoins fermés.**

### ■ À chacun sa fête

Bien d'autres fêtes ponctuent le calendrier. On mentionnera le Día del Maestro, où l'on honore son professeur avec des cadeaux et des poèmes, le Día del Niño, jour où les enfants vont à l'école déguisés, le Día del Santo, presque autant célébré que l'anniversaire ; même les animaux ne sont pas oubliés : ils sont tous bénis le 17 janvier, lors de la fête de San Antonio de Abad. Pour la fête du saint patron du village, ceux qui ont émigré vers les grands centres urbains reviennent pour quelques jours afin de participer aux réjouissances : bals, jeux, feux d'artifice et messe. Bien évidemment, lors de la fête des mères, Día de la Madre (10 mai), les enfants ne vont pas à l'école. Ils restent près de leur mère, comme d'ailleurs toute la famille, qui se doit d'entourer celle qui « nous a aimés avant de nous connaître » pour reprendre les termes figurant sur le monument à la Mère à Mexico. Enfin, il est des fêtes ponctuelles liées à la vie, comme la naissance, les anniversaires, le mariage ou bien encore la célébration des quinze ans de la jeune fille. Pour cette véritable intronisation dans le monde des adultes, les parents sont prêts à s'endetter, *a tirar la casa por la ventana* (littéralement « jeter la maison par la fenêtre ») pour payer la robe blanche, le bal, l'orchestre, voire un voyage à Miami ou en Europe.

### ■ Des lieux pour se retrouver

Les villes sont généralement aménagées selon le même modèle, hérité de l'époque coloniale : une place centrale, le Zócalo (le terme renvoie au socle – aujourd'hui disparu – d'un monument dédié à l'Indépendance qui devait se dresser au centre de la grande place de la capitale mais dont la construction n'alla jamais au-delà), d'où partent des rues tracées au cordeau. Sur cette place qui regroupe les principaux édifices religieux et civils (à Mexico : la cathédrale,

**En province, le Zócalo (ici celui de Jerez de García Salinas dans le Zacatecas) est le lieu de convivialité par excellence.**

Les villes sont divisées en quartiers appelés *colonias* (à Mexico, les quartiers sont regroupés administrativement en *delegaciones*). Le pâté de maisons *(cuadra)* sert d'unité de mesure : on dira en effet que tel bâtiment est à cinq *cuadras* de tel autre.

le Palais national et les bâtiments abritant le gouvernement du District fédéral) se déroulent les grandes manifestations nationales tel El Grito (→ *p. 70*). C'est là que l'on retrouve ses amis après le travail, que les futurs fiancés échangent les premiers regards. On y vient aussi tout simplement pour lire son journal, faire cirer ses chaussures ou regarder les passants, tranquillement installé sur un banc près d'un kiosque à musique. Dans toutes les villes et tous les villages du pays, le marché est également un lieu important de rencontres et d'échanges, tout comme les *cantinas*, débits de boisson populaires surtout fréquentés par les hommes, où l'on consomme tequila, mezcal ou encore parfois du pulque.

## Un provocateur : Luis Buñuel

Fuyant l'Espagne franquiste, Luis Buñuel s'installe au Mexique en 1946 où il demeure jusqu'en 1965. Dans son nouveau pays d'adoption (il recevra même la citoyenneté mexicaine), il réalise tout d'abord des films de commande en rupture complète avec le *Chien andalou* (1928) ou *L'Âge d'or* (1930), deux œuvres écrites en collaboration avec Dalí et qui avaient fait scandale. Buñuel renoue néanmoins avec la provocation et la polémique en 1950, lors de la sortie de *Los Olvidados* (prix de la mise en scène à Cannes en 1951), un film qui se caractérise par son humour féroce et sa virulence sociale. Suivront ensuite *El* (1952), *La Vie criminelle d'Archibald de la Cruz* (1955), *Nazarin* (1958), *La Mort en ce jardin* (1956), *L'Ange exterminateur* (1962) et *Simon du désert* (1964), autant de films « mexicains » qui consacreront le cinéaste sur la scène internationale. Constamment, ce maître du septième art mettra en avant son refus des tabous de la morale, d'une religion contraignante et des valeurs de la bourgeoisie.

# La vie culturelle

Peu à peu, le pays s'américanise. Cependant, une culture proprement mexicaine se maintient. Elle constitue une sorte de rempart contre le *malinchismo* (du nom de cette princesse indienne qui trahit les siens en devenant l'amante de Cortés), phénomène ambigu d'attirance envers tout ce qui provient de l'étranger, et en particulier du grand voisin du Nord.

### ■ La presse et la télévision

Officiellement, la presse est indépendante. Cette liberté est cependant plus théorique que réelle car intérêts économiques et politiques sont souvent mêlés dans les grands groupes éditoriaux. De fait, le contenu des journaux est plutôt fade, et l'autocensure assez courante. Parmi les principaux journaux, il faut mentionner *Excelsior* qui se situe dans la ligne du PRI, *La Jornada*, journal indépendant de gauche, et *Reforma*, placé à droite sur l'échiquier politique. Les grands quotidiens ont en fait des tirages assez modestes, et sont délaissés au profit de la presse sportive ou à sensation, et bien sûr de la télévision, omniprésente : on a beau être pauvre, le poste de télévision est le premier bien de consommation que l'on s'offrira. Mis à part *Canal 11*, seule chaîne d'État, toutes les autres chaînes sont privées. Trois d'entre elles appartiennent au groupe *TV Azteca*. Loin devant lui se situe *Televisa*, une entreprise née en 1932. Elle est aujourd'hui la plus importante compagnie de communication hispanophone à l'échelle planétaire : disposant de sept chaînes dont trois payantes, elle concentre 80 % de l'audience du pays, produit le catalogue de programmes le plus important au monde et fabrique chaque année mille heures de *telenovelas* qui sont traduites en trente-deux langues. *Televisa*, c'est aussi sept stations de radio, un pôle édition, une compagnie de disques et trois équipes de football.

### ■ Un cinéma en voie d'extinction ?

Le cinéma mexicain a connu son âge d'or dans les années 1940 et 1950 ; il était alors la troisième industrie du pays – produisant entre cent et cent cinquante films par an – et s'exportait généreusement, en particulier en Amérique latine. Le genre le plus prisé en ce temps-là était la *comedia ranchera*, version musicale, romantique et nostalgique du western hollywoodien. On se souvient aussi d'Emilio Fernández (el Indio Fernández), ancien colonel de l'armée de Pancho Villa devenu réalisateur (son œuvre *María Candelaria* fut présentée à Cannes en 1946), des grandes stars que furent María Félix ou Dolores del Rio et, bien sûr, de Luis Buñuel, qui tourna au Mexique vingt films sur les trente-deux de sa carrière. Aujourd'hui, même s'il connaît encore quelques succès commerciaux (*Lola* de María Novaro, *Rojo amanecer* de Jorge Fons ou *Amores Perros* de Alejandro González Iñárritu) et révèle de jeunes talents (Dana Rotberg), le cinéma mexicain n'est plus que l'ombre de lui-même. Les productions américaines dominent largement – en 1998, sept films seulement ont été tournés dans les studios du pays – et les salles de cinéma populaires disparaissent au profit des complexes offrant toutes les innovations techniques mais également des prix en conséquence. Pour l'immense majorité du public, il ne reste donc plus que la télévision et ses médiocres *telenovelas*, en attendant un éventuel renouveau.

### ■ Une troupe de choc de la littérature mexicaine

*Le Labyrinthe de la solitude* (1950) : c'est avec cet essai incontournable pour comprendre l'histoire et l'âme mexicaines qu'Octavio Paz (décédé en avril 1998) a acquis une renommée internationale. Essayiste, poète, intellectuel engagé et influent, Paz a reçu le prix Nobel de littérature en 1990. L'ensemble de son œuvre, bien qu'ancrée dans la réalité mexicaine, présente une dimension universelle. Carlos Fuentes est une autre grande figure de la littérature mexicaine, auteur d'un célèbre roman sur le Mexique des années 1950 alors qu'une nouvelle bourgeoisie issue de la Révolution prenait le pouvoir : *La Plus Limpide Région* (1958). À travers ses livres, il cherche à comprendre l'identité de son pays et ses contradictions, la culture mexicaine métissée, fruit du brassage des cultures indienne, précolombienne, espagnole et africaine. Dans son roman *La Frontière de verre*, paru

## Maître et censeur

Pendant près de quatre décennies, Octavio Paz fut – et continue d'être – dans son pays une référence dans les domaines des lettres, de l'art et de l'analyse politique. Lui-même prit part à tous les débats : il démissionna de ses fonctions d'ambassadeur à la suite de la tuerie de Tlatelolco (place des Trois-Cultures) en octobre 1968, il critiqua la gauche mexicaine, il s'opposa aux mouvements marxistes d'Amérique latine et à la rébellion menée par le sous-commandant Marcos au Chiapas. Sur la scène littéraire, il exerça même, selon ses détracteurs, une certaine hégémonie, décernant tour à tour satisfecit et blâmes. Au Mexique, on se souvient de la sortie de *Tinísima*, un ouvrage d'Elena Poniatowska faisant l'éloge de la photographe communiste Tina Modotti ; à cette publication répondit un sévère *Stalinísima* paru dans *Vuelta*, la revue du grand poète…

en 1996, il relate la relation conflictuelle entre le Mexique et les États-Unis, et mise sur un futur de liberté et de métissage. Quant à Juan Rulfo, ses nouvelles *Le Llano en flammes* (1953) et son célèbre roman *Pedro Páramo* (1955) – deux magnifiques ouvrages dont l'action se situe dans un Mexique profondément rural (le Jalisco natal de l'auteur) – ont suffi à asseoir sa notoriété. Bien d'autres auteurs se penchent sur la société mexicaine contemporaine telle Elena Poniatowska qui, avec son héroïne Jesusa *(La Vie de Jesusa)*, dénonce le sort réservé aux femmes issues des milieux les plus défavorisés. D'autres encore, à l'instar de Guillermo Samperio, José Agustín, Juan Villoro ou Carlos Monsivais, s'interrogent sur Mexico, une mégalopole au bord de l'apocalypse mais incroyablement vivante. Ont également atteint une certaine renommée Paco Ignacio Taibo II, journaliste et l'un des chefs de file du roman policier mexicain, et Fernando del Paso qui, dans *Nouvelles de l'Empire*, retrace le tragique épisode de la présence française au Mexique à travers les souvenirs fictifs de l'ex-impératrice Charlotte de Habsbourg.

## ■ Musique traditionnelle

Il existe toujours au Mexique une culture populaire vivante, très éloignée des spectacles folkloriques réservés aux touristes. On peut citer les corridas et les *charreadas* qui attirent toujours autant d'*aficionados*, le *jai alai* ou jeu de pelote basque, les combats de coqs *(→ p. 66-67)*. Malgré la place importante de la production anglo-saxonne sur les ondes, la chanson mexicaine constitue elle aussi un élément du patrimoine culturel partagé par de nombreux Mexicains. Certes la variété musicale est à l'image du pays, mais il est un genre qui fait l'unanimité : ce sont les chansons *rancheras*, d'origine rurale, exportées à travers tout le continent ainsi qu'en Espagne. Au son d'au moins une guitare à laquelle s'ajoute, dans le Nord, un accordéon, elles racontent les aventures d'hommes désespérés se tournant vers l'alcool pour oublier un amour malheureux, ou, au contraire, célèbrent un amour idyllique. Et même s'ils font partie du folklore d'exportation, les Mexicains restent très attachés aux mariachis, ces musiciens reconnaissables à leur célèbre costume : pantalon serré de couleur sombre et rehaussé sur les côtés d'ornements en argent, veston tout aussi richement orné, bottes texanes et, bien évidemment, large sombrero.

**Les mariachis : une rencontre inévitable pour les couples énamourés, la famille qui fête un anniversaire ou les touristes en goguette.**

# Institutions et vie politique

Pendant soixante et onze ans, un seul et même parti a gouverné le Mexique. Mais le conflit au Chiapas, l'opposition de plus en plus vive à un système où règne la corruption, l'accroissement des inégalités suite à la crise financière de 1995, ont sapé définitivement les fondements de cette remarquable stabilité. Aujourd'hui, les Mexicains découvrent un nouvel aspect de la politique, celui du pluralisme et de l'alternance.

## ■ Des institutions démocratiques

Le Mexique est une république fédérale composée de 31 États auxquels s'ajoute un District fédéral (ville de Mexico). Le président, qui dispose d'un pouvoir considérable, est élu au suffrage universel pour une durée de six ans mais n'est pas rééligible ; il est le chef du gouvernement - il nomme les ministres - et le chef des armées. Le Congrès, siège du pouvoir législatif, comporte deux assemblées. La Chambre des députés regroupe 500 membres élus au suffrage universel pour trois ans ; le Sénat compte 128 sénateurs (4 par État et 4 pour le District fédéral) également élus au suffrage universel pour six ans. Ni les députés ni les sénateurs ne sont immédiatement rééligibles. Au niveau régional, chaque État fédéré est pourvu d'une Constitution qui lui est propre, d'un gouverneur - l'exécutif - élu au suffrage universel pour une durée de six ans (mandat non renouvelable) et d'une Chambre des députés - le législatif - dont le nombre varie selon l'importance de la population. Le District fédéral de Mexico a à sa tête un maire *(Regente)*, élu selon les mêmes modalités. Celui-ci nomme les *delegados* (équivalent des maires d'arrondissements) des 16 *delegaciones* et toute l'administration de la métropole. Enfin, au niveau local, les maires sont également élus au suffrage universel.

**La plus haute instance judiciaire du pays est la Suprema Corte. Elle est formée de 11 juges nommés par les sénateurs sur proposition du président de la République.**

**Pendant longtemps, le fonctionnement des institutions politiques du District fédéral de Mexico a souffert d'un manque de démocratie. Le maire de la ville était en effet désigné par le président lui-même. Cette situation, qui a suscité bien des polémiques, a pris fin en juillet 1997, date des premières élections à ce poste remportées par Cuauhtémoc Cárdenas, l'un des leaders du PRD.**

## ■ Un règne sans partage remis en cause

Dès 1929, date de sa fondation, le Parti national révolutionnaire, devenu en 1938 le Parti révolutionnaire mexicain, puis en 1946 le Parti révolutionnaire institutionnel (PRI), a dominé toute la vie politique mexicaine. Le président de la fédération, qui désignait lui-même son successeur, a toujours été issu de ses rangs, de même que la majorité des membres du Congrès, qui se contentait d'enregistrer les décisions prises par l'exécutif. Dans les domaines économique et social, ce parti d'État a pu également régner sans partage et développer à loisir d'innombrables réseaux d'influence, notamment au sein des organisations syndicales. L'absence de contre-pouvoir a favorisé les pratiques d'intimidation et la corruption est devenue coutume, mode de régulation et « complément de ressources » pour des fonctionnaires mal payés ; la fraude électorale aidant, les partis d'opposition, bien qu'autorisés, sont restés à l'écart du pouvoir. À la suite des élections d'août 1994, une nouvelle donne politique a cependant vu le jour : la gauche a fait une percée notable, mais surtout les quatre partis d'opposition ont obtenu la majorité à la Chambre des députés, le PRI ne conservant que 237 sièges sur 500. Par ailleurs, l'ancien président Ernesto Zedillo a renoncé pour la première fois à désigner son successeur, forçant le PRI, mais aussi les autres partis, à jouer le jeu des élections primaires. Enfin, les élections présidentielles de juillet 2000 ont été remportées par un candidat de l'opposition, Vicente Fox, chef de file du Parti d'action nationale. Sa victoire met ainsi fin à soixante et onze ans de monopole du pouvoir par le PRI et ses ancêtres.

## ■ L'État en guerre contre la religion

Paradoxalement, le Mexique a longtemps figuré parmi les États les plus anticléricaux, l'Église catholique représentant pour les dirigeants du pays non seulement un héritage colonial mais aussi le conservatisme politique, économique et social. Déjà, sous le gouvernement de Benito Juárez, les autorités avaient entrepris de désaffecter les lieux de culte et avaient enlevé aux ecclésiastiques le droit de vote. Après la Révolution, la Constitution de 1917 avait également refusé à l'Église le droit à la propriété de tout bien, y compris des lieux de culte. Ce mouvement anticlérical s'accentua avec Plutarco Elías Calles, suscitant des affrontements avec les catholiques qui, au cri de « *¡ Viva Cristo Rey !* », finirent par prendre les armes en 1926. Le terrible conflit entre anticléricaux et Cristeros s'acheva officiellement en 1929, mais perdura en réalité jusqu'à l'arrivée de Lázaro Cárdenas (1935), qui s'attacha à rétablir progressivement les libertés religieuses. Plus près de nous, le président Carlos Salinas de Gortari, élu de peu – et sans doute de manière frauduleuse – en 1988, a amorcé une normalisation avec le Vatican suite aux visites de Jean-Paul II au Mexique en 1979 et en 1990, mais aussi pour s'assurer l'appui des Mexicains catholiques. Ainsi, en septembre 1992, les relations diplomatiques avec le Saint-Siège, inexistantes depuis plus de cent seize ans, ont été rétablies ; de même, les ecclésiastiques disposent désormais du droit de vote.

### Les partis d'opposition

Le **PAN** (Parti d'action nationale) : fondé en 1939, principal rival du PRI, il rassemble une droite catholique et conservatrice.

Le **PRD** (Parti révolutionnaire démocratique) : fondé en 1988 (ses dirigeants sont d'anciens membres du PRI), il se situe résolument à gauche du PRI, rejetant les réformes néolibérales, l'ALENA, les privatisations.

Le **PVEM** (Parti vert écologiste du Mexique) : comme son nom l'indique, il défend les valeurs écologiques. À l'occasion des élections de juillet 2000, ce parti situé à droite dans l'échiquier politique a fait alliance avec le PAN.

Le **PT** (Parti du travail) : créé lors des élections de 1991 à l'initiative du PRI, il a fait alliance lors des élections de l'an 2000 avec le PRD. Dans sa plate-forme politique, il déclare vouloir « servir le peuple » et non pas « se servir du peuple ».

## ■ Pour une nouvelle lecture de l'Évangile

D'une façon générale, l'Église mexicaine est traditionnelle et plutôt réticente au changement. Cependant, reprenant à leur compte la « théologie de la libération » qui vit le jour dans les années 1960 en Amérique latine, certains ecclésiastiques proposent une relecture de l'Évangile dans une perspective marxiste. Se plaçant résolument du côté des pauvres et des opprimés – des Indiens notamment –, ils dénoncent les injustices, l'absence de démocratie, les liens qui unissent parfois politiciens, militaires et narcotrafiquants, et se battent pour le respect des droits de l'homme. Ce clergé réformateur est beaucoup intervenu auprès des victimes du séisme de 1985 qui ravagea la capitale. Plus récemment, on se souvient des prises de position de don Samuel Ruiz Garcia, l'ancien évêque « rouge » de San Cristóbal de las Casas qui joua un rôle fondamental comme médiateur dans le processus de paix au Chiapas. Aujourd'hui, ce courant de l'Église mexicaine s'implique totalement dans la vie sociale au travers des nombreuses organisations civiles qui, chaque jour, se mettent davantage en place. Un de ses principaux objectifs est de surveiller le déroulement des élections afin de s'assurer de leur transparence et de la légitimité des résultats.

## ■ « Indianité » et pauvreté

Le critère officiel choisi par le recensement pour définir l'appartenance au monde indien est celui de la langue, mais un autre critère pourrait être retenu : celui du niveau de vie. En effet, les conditions d'existence des Indiens, principalement localisés dans les États du Sud et du Sud-Est, demeurent bien en deçà de celles des autres populations. Ainsi, les trois États qui concentrent la plus importante population d'indigènes – Chiapas, Guerrero et Oaxaca – sont aussi les plus pauvres de la fédération. Dans le seul Chiapas, porté sur le devant de l'actualité internationale depuis l'émergence de l'insurrection menée par le sous-commandant Marcos, la situation est particulièrement grave : cet État comporte la proportion la plus élevée d'analphabètes (plus de 30 %), les salaires les plus bas et les services sociaux et de santé les plus précaires ; le chômage, endémique, n'y est même pas recensé par les statistiques officielles. De fait, la frontière économique avec les États-Unis s'est déplacée plus au sud. Le nord du pays, partie intégrante de la « Mexamerica », est industrialisé, urbanisé et compétitif tandis que le sud, largement indien, demeure rural et d'une extrême pauvreté, à l'image des pays d'Amérique centrale.

### Chronologie d'une insurrection

Le 1er janvier 1994, date de l'entrée en vigueur de l'ALENA (→ *ci-après*), l'Armée zapatiste de libération nationale (EZLN) dirigée par le sous-commandant Marcos s'empare de quatre villes et de plusieurs villages de l'État du Chiapas. Le conflit dure jusqu'au 12 janvier 1994, lorsque le gouvernement décrète un cessez-le-feu unilatéral. De difficiles négociations s'engagent alors entre les deux parties, mais en octobre l'EZNL rompt le dialogue. Quatre mois plus tard, environ 40 000 soldats sont déployés dans la région et entreprennent une guerre de « basse intensité » : si aucune offensive armée n'est déclenchée, une pression permanente est exercée sur les populations civiles de façon à décourager tout contact avec les insurgés ; cette politique contraint ces derniers à reprendre les pourparlers. De leur côté, les groupes paramilitaires gouvernementaux ou à la solde des grands propriétaires se livrent à de nombreuses exactions. C'est dans ce climat que, le 16 février 1996, les accords de San Andrés Larráinzar sont signés en vue de reconnaître les droits politiques, économiques et sociaux des peuples indigènes dans le cadre de la Constitution ; ils resteront lettre morte.

**Poupées de Zapatistes cagoulés vendues sur le marché de San Cristóbal de las Casas.**

### ■ Une réforme agraire inachevée

À la suite de la Révolution, l'idéologie dominante a cherché à intégrer les indigènes par la scolarisation et la réforme agraire. Celle-ci, menée à bien par Lázaro Cárdenas, a permis la distribution d'environ 17 millions d'hectares sous forme de parcelles regroupées en coopératives villageoises *(ejidos)*. Dans les années 1970, une nouvelle politique « indigéniste » vit le jour qui visait à une participation des communautés indigènes. Parallèlement, de nombreuses organisations paysannes indigènes, en théorie indépendantes, apparurent qui réclamaient justice, terre, éducation bilingue et biculturelle. Sous la présidence de Salinas de Gortari, la reconnaissance des « peuples indiens » et du caractère multiculturel de la nation fut inscrite dans la Constitution. Ces mesures ont longtemps permis de neutraliser les revendications indigènes et les conflits sociaux à caractère ethnique, mais n'ont rien changé au statut des Indiens : aujourd'hui encore, ceux-ci demeurent des citoyens de seconde catégorie. Leurs modestes parcelles ne leur permettent guère d'atteindre l'autosuffisance alimentaire, et ils dépendent entièrement de notables et de politiciens locaux affiliés au PRI qui, en contrôlant – ou en détournant – les aides gouvernementales, exercent sur eux un contrôle de fait. Dans le sud du pays, éleveurs et autres gros producteurs de café, les *ladinos* (les Blancs), propriétaires de la majorité des bonnes terres pour cause de réforme agraire non aboutie, forment une oligarchie qui n'hésite pas à recourir à la violence par le biais de milices privées pour conserver ses privilèges. Travaillant comme simple ouvrier agricole pour un salaire dérisoire ou contraint d'aller grossir les rangs des miséreux qui peuplent les bidonvilles des grandes cités, exclus de la modernité et de ses bienfaits, méprisés par le reste de la population, on comprend dès lors pourquoi les Indiens se reconnaissent toujours dans les idéaux de la Révolution.

# L'économie de la fédération

Après la terrible crise financière qui l'a secoué en 1995, le Mexique a vu sa croissance repartir et son inflation ralentir. Mais son économie est loin d'être complètement assainie, et le pays oscille toujours entre pauvreté – elle concerne un Mexicain sur cinq – et richesse – c'est le treizième exportateur mondial.

## ■ Pauvreté et inégalités sociales

Après avoir fortement augmenté avec la crise de 1995, le taux de chômage officiel est de nouveau faible. On estime cependant qu'environ 7 millions de personnes (soit 20 % de la population active) sont en situation de sous-emploi. De plus, la sortie de crise et le retour à la croissance n'ont été rendus possibles que grâce à la baisse sensible du pouvoir d'achat « consentie » par les Mexicains ; dans l'industrie manufacturière, les rémunérations sont de 44 % inférieures à ce qu'elles étaient à la fin de 1994. Sur près de 100 millions d'habitants que compte le pays, on estime le nombre de pauvres à 40 millions, parmi lesquels plus de 26 millions vivent en dessous du seuil de pauvreté (tandis que 20 % de la population se répartit 55 % des revenus). Ce sont ces mêmes personnes qui sont les premières victimes des catastrophes naturelles. Elles ont été sévères en 1999 : dramatique sécheresse dans le Nord, graves inondations dans le Centre et le Sud. Cette augmentation de la misère qui pousse les plus démunis sur les trottoirs des grandes villes explique le développement de la délinquance et de la criminalité. Profitant de la crise colombienne, les cartels mexicains ont réussi à s'introduire dans de nombreux secteurs de l'administration et même dans les milieux politiques, en particulier au niveau local, constituant une véritable « armée du crime » qui ne manque pas d'inquiéter le voisin du Nord.

## ■ L'industrie, moteur de la croissance

La diversité des climats permet une grande variété de cultures agricoles (céréales, sucre, agrumes, avocats, etc.). Pourtant seules 13 % des terres sont cultivées (35 % en France), et l'agriculture ne représente que 5,6 % du PIB. Les *ejidos* qui représentent environ 60 % des terres cultivables sont travaillées par 15 millions de personnes de façon traditionnelle pour subvenir aux besoins de leur propriétaire. C'est dans le Nord, le long du golfe du Mexique, au nord de Mexico et dans le Bajío que l'on trouve des exploitations plus vastes et plus productives, intégrées dans les grands circuits commer-

### L'économie du Mexique

**PIB** : 350 milliards de dollars (1997).
**PIB/hab.** : 4 000 dollars (1999).
**Taux de croissance** : + 4,6 % (1999).
**Taux d'inflation** : 12,3 % (1999).
**Population active** : 39 millions.
Répartition par secteur Agriculture : 23 %
Industrie : 29 %
Services : 48 %
**Taux de chômage** : 2,1 % (1999).
**Exportations** : 136,7 milliards de dollars (1999).
**Importations** : 142 milliards de dollars (1999).
**Dette extérieure** : 169,1 milliards de dollars (1998).
**Principaux clients** (1999) : États-Unis, 87,5 % des exportations mexicaines ; Allemagne, 2,6 % ; Canada, 1,3 % ; Japon, 0,8 % ; Espagne, 0,6 % ; Chili, 0,6 % ; Brésil, 0,5 %.
**Principaux fournisseurs** (1999) : États-Unis, 74,2 % des importations mexicaines ; Japon, 3,7 % ; Allemagne, 3,7 % ; Canada, 1,8 % ; Corée du Sud, 1,5 % ; Italie, 1,3 % ; France, 1,2 %.
**Niveau de développement**

| | Mexique | France |
|---|---|---|
| Accès à l'eau (% de la pop.) : | 78 | 99 |
| Motorisation VP + VU/1 000 hab. : | 125 | 519 |
| Nombre de téléphones/ 1 000 hab. : | 93,5 | 574 |

**Une des faiblesses de l'industrie mexicaine réside dans sa grande dépendance vis-à-vis des marchés internationaux pour ses approvisionnements. Le Mexique est cependant le 13e exportateur mondial, et le seul pays latino-américain à être véritablement intégré à la nouvelle économie mondiale ; pendant la période 1990-1996, ses exportations ont augmenté de 15 % par an (+ 16 % pour la Chine).**

ciaux. Le Mexique a toujours favorisé les cultures vivrières par rapport à celles destinées à l'exportation, développant celle du maïs (32 %), des haricots secs (8 %) et du sorgho (5 %). Le café et le coton sont exportés. Mais, d'une façon générale, les rendements sont faibles, et le pays doit importer des céréales. La part de l'industrie représente 27,4 % du PIB. On considère que c'est l'expansion de ce secteur (+ 9,3 % en 1997) qui a permis la forte croissance enregistrée par le pays. L'industrie de transformation progresse le plus (+ 9,8 %). Parmi les branches industrielles en pointe, citons le textile-confection, la métallurgie-sidérurgie, les biens d'équipement, le bois, la chimie et les matières plastiques, l'agroalimentaire et les minerais non métalliques.

### ■ Une économie dépendante du pétrole

La célèbre *Pemex (Petróleos mexicanos)* nationalisée en 1938 par Cárdenas est toujours une société publique, même si le pouvoir fait désormais appel aux capitaux privés pour la pétrochimie et la distribution de gaz naturel. Première entreprise du Mexique, son surplus financier rapporte à l'État un montant équivalent à 6 % du PIB (l'exploration-production réalise l'essentiel des bénéfices). Plus généralement, les gains pétroliers assurent plus de 36 % des recettes publiques. Les exportations de pétrole ont atteint près de 10 milliards de dollars en 1996 (soit une progression de 39 % par rapport à 1995), représentant 10 % environ du total des exportations. Lors de la récession de 1995, c'est grâce à l'or noir que l'État mexicain a évité une crise financière encore plus dramatique : les recettes de la *Pemex* ont en effet servi de garantie pour le financement du plan de relance mis en place par les États-Unis. En 1998, le gouvernement a réagi efficacement à la baisse du prix du pétrole, le budget prévu pour combler le déficit public ayant servi à compenser la chute des cours du baril. Ainsi, la consommation, les exportations et les investissements n'ont pas été pénalisés.

### ■ *Las maquiladoras*

Les *maquiladoras* sont des usines d'assemblage dont les produits sont destinés à l'exportation ; elles dépendent de multinationales étrangères (principalement nord-américaines) et ont recours à une main-d'œuvre locale, donc bon marché (coût horaire d'un ouvrier américain, 17 dollars, d'un ouvrier mexicain, 2 dollars). Devenues un élément essentiel de l'économie mexicaine – elles représentaient 41 % des exportations en 1997 –, elles emploient plus d'un million de personnes (essentiellement des femmes) ; 85 % d'entre elles sont

## La quatrième source de devises du pays

Pour fuir la misère ou le sous-emploi, pour gagner davantage, nombre de Mexicains émigrent vers le nord du pays, à la recherche d'un travail dans l'une de ces fameuses *maquiladoras*. D'autres (1 million chaque année) préfèrent tenter leur chance aux États-Unis en dépit des barbelés et des murs de plus en plus hauts qui courent sur la frontière. Ce sont les *espaldas mojadas*, les « dos mouillés » qui, clandestinement, traversent le Rio Grande à la nage. S'ils échappent à la police, ils viendront grossir les rangs des quelque 8 millions de Mexicains qui vivent aux États-Unis et qui, tous les ans, envoient à leurs familles restées au pays 6 milliards de dollars.

concentrés sur la frontière avec les États-Unis, ce qui entraîne de profondes mutations : modification du paysage urbain des villes frontières, diminution du chômage, salaires dans les États du Nord supérieurs de 50 % par rapport au reste du pays, mouvements migratoires importants. Dans les années 1960, le textile et le jouet étaient les principaux secteurs d'activité de ces nouvelles unités industrielles. Aujourd'hui, celles-ci interviennent dans des domaines très divers tels que l'électronique (le Mexique est devenu le premier fournisseur des États-Unis en appareils de télévision), l'automobile (*Volkswagen* y produit sa nouvelle « Coccinelle »), le matériel électrique, les biotechnologies, l'environnement ou le cinéma. Enfin, on remarque que les *maquiladoras* tendent à devenir de véritables sous-traitants à part entière des maisons mères. Le contenu technologique des productions augmente, de sorte qu'elles sont de plus en plus nombreuses à s'implanter loin de la frontière, dans la région de Mexico et de Guadalajara, c'est-à-dire à proximité des grands centres intellectuels et universitaires.

**Dans un pays où le salaire minimum s'élève à 3,6 dollars par jour, les revenus issus des « petits métiers » ne sont pas négligeables.**

## ■ Un tourisme essentiellement américain

Le secteur du tourisme représente 5 % du PIB et plus de 4 millions d'emplois. Le Mexique occupe ainsi le sixième rang mondial pour le nombre de touristes (2 millions chaque année). En revanche, il n'est classé qu'au seizième rang pour les recettes en devises tirées de cette activité (moins de 250 dollars par personne et par jour). En effet, l'essentiel de la clientèle étrangère est constitué à 90 % par des Américains qui, en pratiquant surtout un tourisme balnéaire, n'assurent que de faibles rentrées d'argent (275 dollars en moyenne par personne et par séjour contre 1 000 dollars pour les Européens, 3 000 dollars pour les Japonais). De plus, ce secteur se heurte à plusieurs difficultés qui freinent son développement : faiblesse des infrastructures, formation insuffisante du personnel, délinquance et criminalité importantes qui dissuadent les candidats au voyage.

## ■ Privatiser pour sortir de la crise

Le Mexique ayant toujours défendu une politique protectionniste, les privatisations ont marqué un grand tournant dans la conduite des affaires du pays. Fer de lance de la politique néolibérale, elles ont rapidement abouti à la constitution de monopoles privés. Lancée en 1988, la première vague de privatisations a concerné les télécommunications *(Telmex)*, les banques, le transport aérien, la sidérurgie et les mines. La seconde vague a eu lieu au beau milieu de la crise de 1995, dans l'espoir d'attirer les capitaux étrangers et de sortir les banques mexi-

**Dix-huit banques mexicaines ont été privatisées hâtivement et de manière souvent scandaleuse à la suite de la crise de 1995 ; la majorité d'entre elles sont soit sous contrôle étranger, soit directement associées à des étrangers qui jouent un rôle clé dans leur gestion.**

caines de la faillite. Les pouvoirs publics se sont alors désengagés de « secteurs » entiers de l'économie en ayant recours au système des concessions. Les ports (une soixantaine), les aéroports (cinquante-trois), la téléphonie cellulaire, les télécommunications par satellites, le chemin de fer, la gestion des ressources en eau, la distribution du gaz naturel et les centrales thermiques ont été concernés. En dépit de risques certains, les investisseurs étrangers, américains en particulier, se sont donc intéressés au Mexique. Et depuis 1992, celui-ci est malgré tout le pays latino-américain qui a attiré le plus d'investissements étrangers (34,25 milliards de dollars contre 17,75 milliards au Brésil).

■ **Bienfaits et méfaits de l'ALENA**

Entré en application le 1er janvier 1994, l'ALENA, accord de libre-échange entre le Canada, les États-Unis et le Mexique, a créé un vaste marché de plus de 370 millions d'habitants. Sa mise en place doit se faire sur quinze ans, avec la suppression progressive des barrières douanières et des limitations sur les échanges commerciaux et les investissements qui existent entre les trois pays. Cette ouverture commerciale a d'ores et déjà permis à l'industrie mexicaine de se renforcer, moyennant des restructurations parfois douloureuses et une politique de baisse des prix. Néanmoins, seules les entreprises du nord et du centre du pays (Monterrey, Sonora, Guanajuato...), suffisamment compétitives, ont pu affronter ce défi. Le Sud, fondamentalement rural et doté de surcroît d'une agriculture sous-développée, est resté à l'écart de ces retombées. Par ailleurs, le Mexique est devenu encore plus dépendant des États-Unis, l'essentiel de ses flux commerciaux s'effectuant désormais avec le grand voisin. Devant cette tendance qui ne peut que se renforcer au fur et à mesure des nouvelles phases du désarmement tarifaire, les autorités mexicaines ont engagé des négociations en vue d'établir des accords de libre-échange avec divers pays latino-américains et l'Union européenne.

# La Mésoamérique

*par Éric Taladoire,*
*professeur à l'université de Paris-I*

Science du passé, l'archéologie est aussi et surtout une science de l'avenir. Jeune discipline, elle évolue très vite, et de nouvelles techniques de fouilles, des méthodes innovantes viennent sans cesse élargir le champ des recherches. Dans ce contexte, les connaissances dont nous disposons sur la Mésoamérique doivent être réévaluées en permanence, à la lumière des découvertes qui interviennent quotidiennement. La mise au jour d'une tombe au Jalisco, la fouille de la pyramide de la Lune à Teotihuacán, l'exploration du Templo Mayor de Mexico-Tenochtitlán ou le déchiffrement des inscriptions de Calakmul ne constituent pas de simples additions à un corps de données disponibles ; ce sont des pièces d'un gigantesque puzzle, dont la mise en place modifie toute la perspective de l'évolution culturelle de cette région.

## L'espace mésoaméricain : définition et origine

Pour comprendre et interpréter, les chercheurs ont besoin d'outils, de cadres chronologiques et spatiaux, dont il convient cependant de souligner la souplesse nécessaire : l'aire mésoaméricaine et le découpage en périodes et en phases sont deux de ces outils, qui sont régulièrement révisés.

### ■ Une « archéologie » vivante

Avril 1519-août 1521 : vingt-huit mois séparent l'arrivée de Cortés de la chute de Mexico. Avec la reddition de Cuauhtémoc, le dernier empereur aztèque, c'est un univers qui disparaît. Il ne faut cependant pas croire que la Conquête est achevée en août 1521 : la bataille est certes finie, mais il s'agit de conquérir les âmes, coloniser, voire soumettre des pans entiers de territoires dont la pénétration prendra des dizaines d'années : les derniers Mayas indépendants ne capituleront qu'en 1697, au moment où, en France, règne Louis XIV. Fascinés par ces mondes qu'ils découvrent tout en les détruisant, les conquérants nous laisseront de multiples témoignages de la vie, des mœurs et de la pensée des peuples de Mésoamérique. Recueils de traditions, descriptions de lieux ou de monuments, vocabulaires, dictionnaires, les écrits des chroniqueurs constituent une mine inépuisable d'informations pour les chercheurs et les curieux. Cette masse de textes et de dessins permet d'entrevoir la richesse et la diversité culturelles d'un monde ancien ancré dans l'histoire moderne. L'ethnohistoire constitue ainsi la base de notre connaissance de l'univers précolombien, et parfois même le seul recours pour comprendre son fonctionnement.

### ■ Un territoire à définir

En se fondant largement sur ces textes et sur les quelques connaissances archéologiques disponibles à l'époque, l'anthropologue allemand Paul Kirchhoff proposa en 1943 le terme de Mésoamérique pour désigner une aire culturelle homogène au moment de la Conquête. Couvrant près d'un million de kilomètres carrés, elle recouvre le tiers méridional du Mexique, le Guatemala, le Belize, le Salvador, et l'ouest du Honduras et du Nicaragua. Le manque d'homogénéité géographique est amplement compensé par la cohérence culturelle. Toutes les civilisations contenues dans ce cadre partagent un ensemble de traits spécifiques : construction de pyramides à degrés, pratique du jeu de balle, connaissance de l'écriture et utilisation de calendriers, agriculture fondée sur le maïs, maîtrise de la métallurgie de l'or, de l'argent ou du cuivre. À l'intérieur de cet ensemble, il existe certes des différences, entre Aztèques, Mayas ou populations de l'Occident mexicain par exemple, et un découpage permet de mettre en lumière une dizaine de sous-régions ; mais malgré cette diversité linguistique et ethnique, une communauté de civilisation ne fait aucun doute.

### ■ La Mésoamérique en évolution

Il est cependant nécessaire de se demander quand a commencé à se forger cette unité. Cela implique évidemment d'envisager des fluctuations du territoire et de ses frontières. Si l'on considère quelques traits culturels primordiaux tels que l'agriculture ou les pyramides, il est usuel de faire coïncider la formation de l'aire mésoaméricaine avec ce que l'on appelle l'œkoumène olmèque. On pourrait donc assigner à cet ensemble une durée d'environ trois mille ans. Toutefois, cette définition ne permet d'inclure pour cette période dans l'ensemble mésoaméricain qu'une partie du territoire : la côte du golfe du Mexique, les hautes terres du Guatemala et les zones frontalières du Salvador et du Honduras, la vallée d'Oaxaca, le haut plateau central mexicain et les régions avoisinantes (Morelos, bassin de Puebla, bassin de Toluca). L'ensemble des basses terres mayas comme tout l'Occident du Mexique échappent à cette emprise. Or, ces régions ont participé activement à la formation de l'aire culturelle. Bien plus, de récents travaux, en particulier ceux réalisés dans le nord du Mexique, tendent à amplifier le territoire mésoaméricain : certains proposent même des liens étroits avec les cultures du Sud-Ouest amé-

### La pyramide mésoaméricaine

Souvent comparée à la pyramide égyptienne, la pyramide mésoaméricaine s'en différencie par de multiples aspects. Il s'agit en fait, dans la plupart des cas, du soubassement à degrés d'un temple. Les degrés superposés s'inspirent de l'idée de la plate-forme sur laquelle reposent aussi bien les cabanes que les palais. La pyramide peut ainsi avoir un plan carré, mais également circulaire (Cuicuilco) ou ovale (Uxmal). Au sommet, le temple forme l'édifice principal, au sein duquel se déroulent des rites qui varient selon sa fonction. Temples dynastiques en zone maya ou consacrés aux dieux comme à Tenochtitlán, ils ne sont en tout cas pas accessibles au commun des fidèles. La pyramide peut parfois abriter des tombeaux ; tel est le cas à Palenque, Tikal ou Dzibanché, et même à Teotihuacán comme viennent de le démontrer les fouilles de la pyramide de la Lune. Elle a enfin fréquemment une valeur symbolique : montagne originelle pour le Templo Mayor de Mexico-Tenochtitlán, elle peut aussi évoquer, par son décor ou le nombre de marches ou de degrés, le cosmos et le cycle du temps (El Tajín, Chichén Itzá).

**La Mésoamérique et ses régions culturelles**

ricain (→ *encadré p. 111*). De fait, si beaucoup reste à faire pour définir les limites de la Mésoamérique, les spécialistes s'accordent sur les fluctuations des frontières, et il devient peu à peu possible de retracer une évolution de cette aire culturelle.

## ■ Des repères chronologiques

Cette évolution se déroule dans un cadre chronologique traditionnellement divisé en cinq grandes périodes. L'époque paléo-indienne, ou lithique, débute avec l'apparition de l'homme et se poursuit jusqu'aux environs de 8000 avant notre ère. À cette longue période, mal connue, de relative indifférenciation culturelle succède la période archaïque (8000-2500 av. J.-C.), mieux documentée, et au cours de laquelle semblent se mettre en place des différences qui s'affirmeront durant la période préclassique ou formative (2500 av. J.-C.-250 de notre ère). C'est au cours de cette dernière que naît l'ensemble mésoaméricain, mais également que se manifestent les premières civilisations régionales, zapotèque ou maya en particulier. Aux périodes suivantes, classique (250-900 de notre ère) puis postclassique (de 900 à la Conquête), se développent les grandes manifestations culturelles tandis que l'aire acquiert son unité. Bien entendu, ce cadre général est subdivisé en phases et sous-phases en fonction des évolutions locales et, à la limite, les dates avancées peuvent varier d'une région à une autre. Récemment, et en se fondant sur la meilleure chronologie disponible, celle du bassin de Mexico, plusieurs auteurs ont proposé un découpage différent en horizons et périodes intermédiaires, cela afin de mieux marquer les cycles d'unification culturelle et de les distinguer des périodes d'éclatement. Ce découpage plus abstrait reste encore peu utilisé et est souvent contesté en raison de son caractère

**Selon un second découpage, à une période initiale qui irait de 3000 à 1700 av. J.-C. succéderait un horizon ancien (1700-1150 av. J.-C.) coïncidant avec l'apogée olmèque et la formation de l'aire mésoaméricaine. Une première période intermédiaire de maturation (1150 av. J.-C.- 200 apr. J.-C.) serait suivie de l'horizon moyen (200-700 de notre ère), défini par l'apogée de Teotihuacán. L'effondrement classique donnerait alors naissance à une balkanisation, caractéristique d'une seconde période intermédiaire (700-1400). L'horizon récent correspondrait enfin à l'apparition de l'Empire aztèque.**

## La métallurgie

Jusque vers le IXe s. de notre ère, les peuples mésoaméricains demeurent essentiellement des civilisations de la pierre taillée, ce qui relativise d'ailleurs beaucoup la notion de néolithique. La métallurgie apparaît presque brutalement, sur la côte pacifique, chez les Yopis du Guerrero, les Mixtèques et dans l'Occident du Mexique, ce qui suggère un apport extérieur, probablement originaire de l'Amérique du Sud où elle existe depuis longtemps : techniques de fabrication, alliages, haches ou clochettes en cuivre surgissent brusquement. Les peuples de Mésoamérique développeront alors leurs propres technologies, en créant en particulier une bijouterie et une joaillerie originales dont le trésor de la tombe 7 de Monte Albán ne donne qu'une faible idée. Mais les objets en métal n'atteindront jamais le prestige de ceux réalisés en jade ou en plumes précieuses. À la veille de la Conquête, les artisans métallurgistes, notamment les Tarasques du Michoacán, commencent à peine à utiliser le bronze pour de rares ustensiles utilitaires.

centripète qui ne permet pas toujours de rendre compte des évolutions régionales. Cependant, quelle que soit la chronologie retenue, il existe un consensus à propos du contraste entre une Mésoamérique bien définie pour les périodes récentes et des origines encore mal connues.

### ■ Un peuplement originel incertain

S'il est désormais certain que l'« homme américain » n'existe pas et que l'*Homo sapiens* s'est introduit à partir de l'Asie du Nord-Est sur le continent à une époque récente, durant la dernière glaciation du pléistocène, des controverses persistent entre spécialistes sur la date d'arrivée de ces populations. Aux partisans prudents d'une hypothèse basse, qui refusent toute date antérieure au XVe millénaire avant notre ère, s'opposent les tenants d'une hypothèse haute, qui proposent un peuplement vers 40000. Les récents travaux menés au Piauí, dans le nord-est du Brésil, semblent actuellement donner raison à ces derniers, mais la discussion se poursuit. Toujours est-il que, pour résoudre le problème, il est indispensable de raisonner à l'échelle du double continent. Dans le cadre plus restreint de l'Amérique moyenne, les témoignages sont encore rares et souvent peu fiables. Si l'on excepte les fouilles encore inédites d'El Cedral (près de Matehuala, San Luis Potosí), où des datations de 30 000 ans sont avancées, on ne dispose que d'un matériel assez disparate. À Tequixquiac, une couche géologique mal datée associe outillage et restes de mégafaune, tandis qu'à Valsequillo, dans le bassin de Puebla, on retrouve cette même association avec des dates supérieures à 20 000 ans. En définitive, ce n'est guère qu'à Tlapacoya I, dans le bassin de Mexico, que l'on peut avaliser une datation de 20 000 ans, obtenue à partir de charbons d'un foyer associé à des outils contestés et à des vestiges de mégafaune (grands mammifères disparus tels les mammouths).

### ■ Une lente évolution

En revanche, pour les périodes comprises entre 10000 et 7000 av. J.-C., les preuves du peuplement de l'Amérique moyenne abondent, depuis le Tamaulipas jusqu'au Guatemala et au Belize. L'outillage lithique, plus sophistiqué, comprend diverses variétés de pointes de projectiles ; la chasse au gros gibier est amplement confirmée par la découverte d'ossements de mammouths, à Santa Izabel Ixtapán par exemple. Mais avec l'extinction de la faune pléistocène, vers 7000 av. J.-C., cette activité cède la place à une économie plus diversifiée : chasse au petit gibier et cueillette prennent lentement une importance accrue, avec des disparités régionales conformes aux conditions naturelles. Ces changements lents et progressifs créeront les conditions nécessaires à la domestication des plantes.

### ■ Sédentarisation et néolithisation

Les recherches sur les processus de sédentarisation en Mésoamérique se sont naturellement focalisées sur le maïs, plante américaine par excellence, qui occupe la première place dans l'alimentation. Une fois de plus, le sujet est cependant l'objet de controverses et, aux doutes sur les origines du maïs cultivé, se superposent des discussions sur l'identité des premiers végétaux manipulés par l'homme. L'avocat, l'amarante, la citrouille sont quelques-uns des candidats potentiels. Les recherches entreprises dans la vallée de Tehuacán ont cependant permis de proposer une séquence, à ce jour la mieux documentée, au cours de laquelle la domestication du maïs interviendrait vers 5000 av. J.-C. L'homme se sédentarise ultérieurement et, entre 3000 et 1700 avant notre ère, on enregistre les premiers hameaux et les débuts de la céramique de la phase Purrón. Les études réalisées à Guilá Naquitz, dans la vallée d'Oaxaca, mettent en avant une séquence différente où, dès 7000, la citrouille occuperait la première place. Mais ce sont surtout les travaux effectués dans le bassin de Mexico, à Zohapilco, qui modifient cette vision linéaire et font ressortir une évolution inverse. L'exploitation systématique de niches écologiques complémentaires aurait permis une sédentarisation précoce, vers 6000-4000, la pratique de l'agriculture n'intervenant que plus tardivement. Il convient de retenir de ces recherches que, sans préjuger de travaux ultérieurs, plusieurs lignes d'évolution ont pu coexister simultanément.

## La formation d'une aire culturelle

Au terme de ces différentes trajectoires, des acquis sont manifestes : malgré les différences régionales, l'homme sédentarisé pratique l'agriculture et commence à maîtriser le travail de la céramique. C'est dans ce contexte que se développe la première des grandes civilisations mésoaméricaines.

### ■ Les Olmèques ou les fondements mésoaméricains

Les Olmèques semblent innover brutalement dans le monde rural qui occupe la Mésoamérique : d'un seul coup, et sans équivalent, s'édifient des sites gigantesques : San Lorenzo puis La Venta. On y trouve une sculpture élaborée composée de plus de trois cents têtes monumentales, des autels ou des monuments en ronde-bosse. Les sites comportent des édifices impressionnants comme la pyramide de La Venta (30 m de hauteur), et la répartition des ensembles architecturaux obéit à une planification urbaine. La fouille a par ailleurs mis au jour des offrandes composées de nombreux petits objets – haches, figurines en jade, somptueuses céramiques – et, sur divers supports, certains ont cru déceler les prémices d'une écriture. Sans suivre cette interprétation, il est sûr que l'iconographie olmèque comporte une codification très complexe, offrant des représentations presque naturalistes mais aussi une stylisation élaborée. Il fait peu de doute que cette imagerie se réfère à une pensée cosmologique et à des mythes fondateurs. Le thème de l'homme-jaguar, par exemple, peut évoquer des ancêtres mythiques, un mythe fondateur ou des pratiques chamanistiques. Tous ces éléments convergent pour attribuer aux Olmèques l'initiative dans l'élaboration de multiples pratiques qui persisteront ultérieurement.

### ■ Une expansion olmèque ?

Pour mener à bien leurs entreprises, les Olmèques ont dû faire appel à des ressources non disponibles dans leur territoire. Implantés dans ce qui correspond aujourd'hui au sud de la côte du golfe du Mexique, zone basse très irriguée et

| | | Haut plateau central | | | Oaxaca | | Côte |
|---|---|---|---|---|---|---|---|
| | | Bassin de Mexico | Teotihuacán | Tula | Oaxaca | Mixteca | Huasteca |
| POST CLASSIQUE | 1500 | Azteca IV | | | | | |
| | 1400 | Azteca III | | | | | Panuco VI |
| | 1300 | Azteca II | | | | | |
| | 1200 | Mazapán Azteca I | | | MA V | | |
| | 1100 | | | Tollán | | | |
| | 1000 | Coyotlatelco | | | | | Las Flores V |
| | 900 | Xometla | | Corral | | | |
| CLASSIQUE | 800 | Oxtoticpac | | | | | Zaquil IV |
| | 700 | Metepec | Metepec | Prado | MA III B-IV | | |
| | 600 | | | | | Ñuiñe | |
| | 500 | Xolalpán | Xolalpán | | | | Pitahayas III |
| | 400 | | | | MA III A | | |
| | 300 | Tlamimilolpa | | | MA II A-III | | |
| | 200 | | Tlamimilolpa | | | | |
| PRÉCLASSIQUE | 100 | Miccaotli | Miccaotli | | | | El Prisco I I |
| | 0 | Tzacualli | Tzacualli | | MA II | | |
| | 100 | Cuicuilco | Tezoyuca | | | | |
| | 200 | | | | | Ñudee | Panuco I |
| | 300 | | | | Monte Albán I | | |
| | 400 | | | | | | |
| | 500 | | | | | | |
| | 600 | | | | Rosario | | |
| | 700 | | | | | | |
| | 800 | | | | Guadalupe | | |
| | 900 | | | | | | |
| | 1000 | | | | San Jose | | |
| | 1100 | | | | | | |
| | 1200 | | | | | | |
| | 1300 | | | | | | |
| | 1400 | | | | | | |
| | 1500 | | | | | | |
| | 2000 | Zohapilco | | | | | |
| ARCHAÏQUE | 3000 | | | | | | |
| | 4000 | Playa | | | | | |
| | 5000 | | | | | | |
| | 7000 | | | | Guila Naquitz | | |
| LITHIQUE | 10000 | | | | | | |
| | 20000 | | | | | | |

| du Golfe | | Aire maya | | | Occident-Centre nord | | |
|---|---|---|---|---|---|---|---|
| Vera Cruz Tajín | Aire Olmèque | Uaxactun | Tikal | Yucatán | Nord Michoacán | Jalisco Colima Nayarit | |
| | | | | | | | 1500 |
| | | | Caban | | Milpillas | Etzatlán | 1400 |
| Cempoala Isla de Sacrificios | | | | Tases | | | 1300 |
| | | | | Hocaba | | | 1200 |
| | | | | Sotuta | Palacio | | 1100 |
| | | | | | | | 1000 |
| El Tajín | | | Eznab | Cehpech | | | 900 |
| | | Tepeu 3 | | | Lajoya | Teuchitlán II | 800 |
| | | 2 | Imlx | | Lupe récent | | 700 |
| | | 1 | Ik | Motul ? | | | 600 |
| | | Hiatus | Hiatus | | Lupe ancien | Teuchitlán I | 500 |
| | | Tzakol | Manik | | Jaracuaro | | 400 |
| Remojadas Cerro de las Mesas | | Matzanel | | | | | 300 |
| | | | | | Loma Alta | Ahualulco | 200 |
| | | | Cimi | | | | 100 |
| | | Chicanel | Cauac | | | | 0 |
| | | | | | | | 100 |
| | | | Chuen | | | | 200 |
| | | | | | | | 300 |
| | | | | | | | 400 |
| | Palangana | Mamom | | | | | 500 |
| | | | Tzec | | | | 600 |
| | La Venta | | Eb | | | | 700 |
| | Nacaste | | | | | | 800 |
| | | | Xe | | | | 900 |
| | San Lorenzo | | | | | | 1000 |
| | | | | | | | 1100 |
| | Chicharras | | Swazey | | El Opeño | Capacha | 1200 |
| | Bajio | | | | | | 1300 |
| | Ojochi | | | | | | 1400 |
| | | | | | | | 1500 |
| | | | | | | | 2000 |
| | | | | | | | 3000 |
| | | | | | | | 4000 |
| | | | | | | | 5000 |
| | | | | | | | 7000 |
| | | | | | | | 10000 |
| | | | | | | | 20000 |

**Tête colossale olmèque exposée au musée d'Anthropologie de Xalapa.** On retrouve la trace des Olmèques, sous forme de petits objets ayant pu faire l'objet d'échanges, à Oaxaca, sur toute la côte du Golfe, sur le haut plateau central mexicain, à Tlatilco par exemple, mais aussi vers le sud, au Chiapas, sur la côte pacifique et jusqu'à Copán, au Honduras. Sur quelques sites – Chalchuapa au Salvador, Chalcatzingo au Morelos ou Tlacozotitlán au Guerrero –, gravures et peintures rupestres, sculptures monumentales ou édifices semblent attester de leur présence.

marécageuse, les Olmèques manquent de ressources essentielles comme la pierre. Si le basalte des sculptures se rencontre à proximité, dans le massif des Tuxtlas, l'obsidienne pour les outils, le jade, la serpentine ou la calcédoine des haches et des figurines doivent être importés de régions lointaines : le haut plateau mexicain, le Guerrero ou le Chiapas. Les Olmèques sont donc en relation avec de nombreuses régions de l'aire mésoaméricaine. Certains chercheurs ont vu là la preuve d'un empire qui aurait colonisé ces territoires et imposé un modèle mésoaméricain. Plus prudemment, d'autres, sans nier les apports olmèques, relativisent leur importance. La plupart des objets trouvés hors de la zone d'origine peuvent s'interpréter en termes d'échanges, et peu nombreux sont en fait les sites où l'on peut affirmer une présence olmèque effective.

## ■ L'œkoumène

Travaillant sur d'autres régions – la vallée d'Oaxaca, le Morelos, le bassin de Mexico ou le Chiapas –, des chercheurs ont tout d'abord constaté des évolutions locales. Depuis les hameaux originels, à Oaxaca par exemple, on assiste à la lente mise en place d'une hiérarchisation sociale avec l'apparition des premiers villages (San José Mogote), la construction d'édifices publics ou des différences marquées dans les sépultures. Le même phénomène se constate dans le bassin de Mexico ou en zone maya. D'autre part, tant au Chiapas qu'en zone olmèque proprement dite, on a pu identifier des antécédents de l'explosion olmèque : architecture simple, céramique à peinture iridescente. Enfin, à El Manatí, près de San Lorenzo, des sculptures olmèques en bois encore mal datées permettent d'envisager l'existence de prototypes. Dans ces conditions, les Olmèques ne sont plus considérés comme un phénomène unique, mais comme l'aboutissement, plus marqué localement, d'une évolution d'ensemble à laquelle participent, à des degrés divers, toutes les cultures régionales. Pour K.V. Flannery, qui travaille à Oaxaca, les Olmèques auraient établi des relations d'alliance – voire matrimoniales – avec des voisins finalement proches d'eux afin de se procurer les denrées dont ils avaient besoin. Et l'expansion olmèque ne serait que la traduction matérielle d'échanges organisés et répétés. Pour C. Niederberger, à l'extrême, on peut parler d'une œkoumène olmèque, chaque région contribuant à la formation d'une unité culturelle commune. Ainsi, les habitants de la côte du Golfe seraient seulement un peu plus olmèques que les autres. Si le débat reste ouvert, il n'en demeure pas moins que, en ce qui concerne l'horizon ancien, des sites comme San Lorenzo, La Venta, Tres Zapotes ou Laguna de los Cerros manifestent un dynamisme propre et une capacité d'innovation qui les situent à part ; de même, il est certain qu'en leur sein se réunissent des traits culturels qui perdureront tout au long de l'évolution de la Mésoamérique.

## ■ Un développement original : l'Occident

À ce jour, aucun vestige olmèque ne provient de l'Occident du Mexique. Par ailleurs, cette région qui se compose principalement des États de Jalisco, Colima et Nayarit est longtemps apparue comme marginale par rapport à l'ensemble mésoaméricain : l'absence d'architecture monumentale, de sculpture ou d'autres traits caractéristiques a laissé croire à la persistance d'un mode de vie villageois, dont on attribuait généralement l'origine au fait que cette région aurait échappé à l'influence olmèque. Les récents travaux de Ph. Weigand ont cependant permis de se rendre compte de l'existence, dès le VIe s. avant notre ère, de formes architecturales circulaires, les *guachimontones*. Ces ensembles auxquels sont associés des terrains de jeu de balle se composent d'une plate-forme annulaire entourant une cour, au centre de laquelle est bâti un autel. La plate-forme supporte de petites constructions. Sous ces dernières sont aménagées des sépultures formées de chambres funéraires auxquelles on accède par un puits vertical pouvant atteindre 16 m de profondeur. Ces tombes renferment de riches offrandes et de splendides figurines. Au début de notre ère, de véritables ensembles urbains apparaissent autour des *guachimontones*, comme à Teuchitlán. L'Occident du Mexique se révèle ainsi dès l'origine comme une région dynamique et novatrice où des traits originaux – architecture, tombes à puits, statuettes – s'entremêlent de traits typiquement mésoaméricains – cultes funéraires, jeu de balle –, ce qui renforce éventuellement l'idée d'une unité mésoaméricaine fondamentale. Bien plus, l'Occident semble lui-même exercer sur la Mésoamérique une influence particulière, dont témoignent par exemple la culture Chupícuaro au préclassique ou la métallurgie plus tardivement.

**Le pillage des *guachimontones* a largement contribué à la persistance d'une vision réductrice de l'Occident, entièrement coupé de la Mésoamérique.**

**Le renouveau des études sur les sociétés de l'Occident a entraîné de nombreuses révisions : ainsi, on envisage désormais que, dès 1500 av. J.-C., à Capacha par exemple, des échanges auraient eu lieu avec les régions méridionales de la côte pacifique, voire avec le nord de l'Amérique du Sud.**



## ■ Des antécédents mayas ?

Au même titre que l'Occident du Mexique, les basses terres mayas ne comptent qu'un nombre minime de preuves d'une influence olmèque. Personne n'a cependant songé à douter de leur appartenance à l'ensemble mésoaméricain. On a donc cherché à faire des Mayas des descendants directs ou indirects des Olmèques. En fait, les recherches récentes ont identifié une longue maturation de la civilisation maya. Occupé dès la période lithique, le Belize a vu se mettre en place vers 1000 avant notre ère un processus de hiérarchisation sociale avec la construction d'édifices publics (site de Cuello). À partir de cette date, hameaux et villages se multiplient sur les basses terres, et, dès 600 av. J.-C., de grands sites commencent à émerger, tant au nord (Komchen) que dans le Petén (El Mirador et Nakbé comptent de gigantesques pyramides). Lors de la phase Chicanel (300 av. J.-C.-250 apr. J.-C.), les basses terres sont entièrement occupées, et sur de nombreux sites – Uaxactún, Tikal, Cerros – les édifices sont décorés de masques en stuc qui représentent le plus souvent le Soleil ou le monstre terrestre, confirmant ainsi l'existence de conceptions religieuses nouvelles. À cette époque, la civilisation maya est parfaitement établie, et son homogénéité est remarquable. Même si de nombreux aspects de cette évolution restent à étudier, les Mayas ont ainsi connu une trajectoire propre, qui fait leur originalité.

### ■ Les basses terres périphériques

Il est cependant peu probable que les Mayas n'aient pas été jusqu'à un certain point influencés par les héritiers des Olmèques. En effet, dans ce que l'on désigne comme les basses terres périphériques – soit le sud du Veracruz, le Tabasco, le Chiapas et la côte pacifique du Guatemala – se développent, après la chute des cités olmèques, de nouveaux centres. Ces derniers – Izapa, Abaj Takalik, Kaminaljuyú, Cerro de las Mesas ou Tres Zapotes – vont faire fructifier les acquis de la civilisation olmèque et innover dans de nombreux domaines. Chaque centre possède ses spécificités, sa sculpture, son architecture, et il est difficile de les considérer comme un tout homogène. Toutefois, on note des parallélismes évidents, en particulier le développement d'un système d'écriture et du double calendrier, rituel et solaire, inscrit dans le système du « compte long ». Des inscriptions, des dates sont connues pour de nombreux sites de cette région, et on a pu rattacher cette écriture au groupe linguistique des Mixes-Zoques. Dans la mesure où aucune date maya n'est connue pour la même époque, on peut raisonnablement envisager que l'écriture, le calendrier et les principaux supports de ce système d'enregistrement, les stèles, résultent d'une évolution régionale que les Mayas adopteront pour porter cet art au plus haut point.

### ■ Monte Albán, capitale d'une confédération ?

La vallée d'Oaxaca connaît simultanément un développement original. Liée économiquement aux Olmèques par des échanges réguliers, elle a cependant évolué de façon autonome. Les premiers villages – San José Mogote, Huitzo – ont grandi et se

#### La stèle de La Mojarrá

Découverte accidentellement en 1986 dans le Veracruz, cette stèle représentant un dignitaire accompagné d'une très longue inscription a permis d'améliorer nos connaissances tant sur la civilisation des Mixes-Zoques que sur les origines de l'écriture. Portant en particulier deux dates de compte long évaluées à 143 et 156 de notre ère, elle est rédigée dans un système glyphique distinct de l'écriture maya. On a pu comparer celui-ci à d'autres monuments aux inscriptions plus brèves, comme la célèbre stèle C de Tres Zapotes. Le texte se réfère à l'accession au pouvoir d'un roi guerrier au travers de querelles dynastiques. Installés en particulier au Chiapas, les Mixes-Zoques partagent avec leurs voisins mayas nombre de traits, mais demeurent encore mystérieux. Il semble qu'ils aient hérité de leurs prédécesseurs olmèques de traditions telles que la sculpture monumentale, comme en témoignent les sites d'Izapa ou d'Abaj Takalik.

sont progressivement organisés en réseaux ; les trois bras de la vallée ont été lentement colonisés. Les habitants ont intégré des traits culturels ou des pratiques qu'ils ont adaptés à leurs besoins : culte des ancêtres, rites de fertilité. Aux alentours de 500 avant notre ère, la vallée connaît un changement majeur avec la fondation de Monte Albán, au sommet de la colline aride qui surplombe la ville actuelle d'Oaxaca. S'agit-il d'une capitale confédérale ou de l'apparition d'un pouvoir économique coercitif ? On l'ignore encore, mais on sait en tout cas que cette capitale réunit l'entité zapotèque, et que sa puissance se maintiendra jusque vers 800 de notre ère. Vers 300 av. J.-C., les Zapotèques de Monte Albán traversent une période de militarisme fort – sur les trois cents stèles dites des « Danzantes », des personnages contorsionnés évoquent des sacrifiés –, tandis que les stèles porteuses de dates et de quarante glyphes de conquête traduisent une politique d'expansion.

« Danzante » de Monte Albán. Visibles sur le site même, ces personnages longtemps considérés comme des danseurs représenteraient, selon certains archéologues, les fondateurs de la cité. Pour d'autres spécialistes, il s'agit plutôt de sacrifiés, comme tendent à le prouver leur posture tourmentée et leur nudité.

■ ***Caput non urbs***

Difficile à fouiller en raison de la présence de l'énorme agglomération que représente la capitale, le bassin de Mexico a, semble-t-il, connu une évolution parallèle. Les travaux de nombreux chercheurs ont permis de retracer une lente évolution depuis les premiers hameaux jusqu'à l'apparition, peu avant notre ère, de centres directeurs (Cuicuilco). Comme à Oaxaca, les apports olmèques ont été intégrés aux manifestations culturelles locales, et ont accéléré le processus de mise en place de sociétés hiérarchisées. Tlatilco, Tlapacoya puis Zacatenco ou El Arbolillo sont représentatifs de cette croissance qui s'accompagne d'un fort développement démographique. Ce n'est cependant que vers 300 av. J.-C. que l'on peut parler d'une capitale *(caput non urbs)*, Cuicuilco, qui aurait regroupé environ 20 000 personnes autour de sa gigantesque pyramide circulaire. Peut-on parler de ville ? Il est difficile de l'affirmer car le site reste mal connu, enseveli sous une coulée de lave qui provoqua sa chute et laissa place libre à l'essor de Teotihuacán.

# La naissance d'un urbanisme

Les bouleversements entraînés par la catastrophe subie par Cuicuilco, et la fondation de Teotihuacán auront des répercussions qui dépassent de loin le seul cadre du haut plateau central mexicain. Le rayonnement de cette der-

Comprendre

# Écriture et calendrier

Si l'écriture maya se présente comme la plus complexe, d'autres civilisations ont également utilisé les glyphes, notamment les Zapotèques et les Mixtèques de la région d'Oaxaca, ou les Aztèques au postclassique. Inversement, de grandes cultures comme celle de Teotihuacán, où des découvertes récentes à La Ventilla ont établi que l'écriture était connue, ne semblent pas lui avoir accordé la même importance. Quant au calendrier à vocation astrologique et divinatoire, il semble bien, à la différence de l'écriture, être un fond commun de toutes les civilisations mésoaméricaines.

### ■ Naissance et développement de l'écriture

Les premiers signes codifiés apparaissent sur des monuments olmèques, mais ce n'est que plus tardivement que semblent se constituer de véritables systèmes glyphiques, en particulier dans les basses terres périphériques : au Chiapas, sur la côte pacifique du Guatemala, ainsi que dans le S. du Veracruz et à Monte Albán, des monuments portent de véritables textes, souvent courts, mais parfois de dimensions suffisantes pour permettre leur déchiffrement dans des langues connues (→ *encadré p. 106*). C'est le même type d'écriture glyphique que les Mayas porteront à son plus haut point de perfectionnement, en développant un système à la fois syllabique et phonétique qui leur permettra de transcrire sur des supports extrêmement variés des inscriptions très longues, qui atteignent plusieurs centaines de glyphes. On trouve de ces textes sur les monuments sculptés, comme sur les fresques, la céramique, des petits objets incisés, et tardivement sur des codex. L'écriture semble moins répandue sur le haut plateau central mexicain et, si de rares inscriptions subsistent à Teotihuacán ou sur d'autres sites de cette région, il faut presque attendre les Aztèques pour voir se généraliser l'usage des textes glyphiques. Encore faut-il souligner que la plupart des inscriptions sont d'ordre calendérique, si l'on excepte les livres et codex.

**◄ Plaque de Leyde (musée national d'Ethnologie de Leyde, Pays-Bas). Cette stèle miniature de jadéite trouvée près de Puerto Barrios (Guatemala) mais provenant vraisemblablement de Tikal comporte une date en compte long évaluée au 17 septembre 320 apr. J.-C., jour de l'avènement d'un des premiers souverains de la grande cité maya du Petén.**

### ■ Calendriers rituel et solaire, compte long

Il existe à la base deux calendriers complémentaires : le premier, rituel (*tzolkin* en maya ou *tonalpohualli* en aztèque), se compose de la combinaison de 20 noms de jour et de 13 chiffres. Il compte ainsi 260 jours, dont le nom sert fréquemment pour désigner, par leur date de naissance, des personnages : le nom complet de Quetzalcóatl est ainsi Ce Acatl (Un-Roseau) Topiltzín Quetzalcóatl. Le second calendrier, solaire (*haab* en maya), comporte 18 mois de 20 jours, auxquels s'ajoute 1 mois supplémentaire de 5 jours néfastes. La combinaison des deux calendriers permet d'aboutir à un cycle de 18 980 jours, soit environ 52 ans, au terme desquels le cycle recommence. À cette conception cyclique du temps, les Mayas, et d'autres avant eux, ont superposé des cycles plus

◄ **Pyramide des Niches à El Tajín. On compte 365 niches visibles ou dissimulées par un escalier, soit le nombre de jours de l'année solaire.**

## Déchiffrement et interprétation

Des avancées significatives dans le déchiffrement de ces écritures ont depuis une trentaine d'années permis de lire de façon satisfaisante une grande partie des textes et inscriptions. Contrairement à une légende tenace, on peut désormais déchiffrer près de 70 % des inscriptions mayas, et, peu à peu, les civilisations maya ou mixtèque entrent dans l'histoire. Mais déchiffrer ne signifie pas toujours comprendre, et passer de la lecture à l'interprétation reste souvent aléatoire, surtout pour des peuples où textes, dates et mythes présentent de profondes imbrications.

longs : en partant d'un jour origine, soit pour nous l'an 3114 avant notre ère, ils comptent en jours écoulés, par divisions de 1, 20, 360, 7 200 ou 144 000 jours. Ce compte long leur permet de s'inscrire dans une durée, d'avoir une histoire.

## Un calendrier rituel

Il ne faut cependant jamais perdre de vue que toute date possède une signification rituelle ou ésotérique et que, quelle que soit la valeur des dates, fondamentales pour l'épigraphiste ou l'archéologue, elles doivent toujours être interprétées à l'aune de leur valeur symbolique. C'est d'ailleurs cette même valeur qui permet de constater la connaissance du calendrier parmi des peuples qui ont laissé peu d'inscriptions : ainsi, par le nombre de leurs représentations sculptées (365), la pyramide des Niches à El Tajín ou celle de Quetzalcóatl à Teotihuacán confirmen iconographiquement l'usage du calendrier.

▲ **Glyphes de la cour E. du palais de Palenque. À partir de 1958, après les travaux du linguiste russe Yuri Knorozov, la mise en évidence de glyphes-emblèmes spécifiques à chaque site maya ainsi que de glyphes nominaux des rois avec les dates de naissance, d'accession au pouvoir et de mort, permet de reconstruire peu à peu l'histoire des villes de l'époque classique.**

nière cité va s'étendre sur l'ensemble du territoire mésoaméricain, et donner ainsi naissance à une nouvelle unité culturelle.

### ■ Teotihuacán et le classique ancien

Première – et seule – véritable ville de l'aire mésoaméricaine avant Tenochtitlán, Teotihuacán exerce une influence indéniable sur l'ensemble des civilisations contemporaines. Son rayonnement s'étend vers le nord jusque dans la région de Chalchihuites (Zacatecas), et peut-être au-delà dans le sud-ouest des États-Unis d'où viendrait la turquoise. Vers l'Occident, son influence est mal connue encore, mais réelle, tandis qu'elle tisse avec Monte Albán des liens politiques et économiques : une forte colonie originaire d'Oaxaca réside dans la ville. Vers le sud-est, Matacapán ou Kaminaljuyú sont considérées comme de véritables colonies de Teotihuacán. Et si de nombreux sites mayas entretiennent des relations d'échanges avec la métropole, attestées par la céramique ou l'obsidienne verte qu'elle exploite, la dynastie de Tikal revendique des rapports privilégiés avec les Teotihuacanos. Un quartier entier de Tikal porte ainsi la marque de la ville du haut plateau mexicain : architecture en *talud-tablero*, sculptures composites, céramiques tripodes. Même si l'on ne peut parler d'empire, Teotihuacán domine le paysage mésoaméricain durant les six premiers siècles de notre ère.

### ■ Tikal et Calakmul

Au début de notre ère, le monde maya est marqué par des bouleversements notables. Après la croissance continue de la phase Chicanel qui a vu se multiplier les grandes cités, se produit une série de changements qui entraînent l'effondrement définitif de certaines d'entre elles (El Mirador), alors qu'émergent de nouvelles puissances, en particulier Tikal. Au nord, celle-ci rencontre néanmoins une rivale, Calakmul. Chacune de ces deux capitales s'engage dans une vertigineuse activité de construction et dans une politique d'expansion. Conquêtes, recherche d'alliances et affrontements avec la cité adverse rythment ainsi la période du classique ancien. Bien que renforcée par ses liens avec Teotihuacán, Tikal doit lutter pour rompre l'étau dans lequel l'enferme Calakmul, qui a su tisser autour de sa rivale un réseau de cités soumises ou alliées. Longtemps en position défensive, elle réussit à briser l'encerclement et à s'emparer du souverain de Calakmul, dont le pouvoir est désormais affaibli. Le classique ancien maya ne se limite pas à ce seul affrontement, et de nombreuses cités comme Balamku connaissent à l'époque leur apogée. Mais il s'achève sur une crise de quelques décennies, au cours de laquelle on note un ralentissement de l'activité, peut-être lié à la fin de Teotihuacán.

### ■ Le Michoacán et Chupícuaro

L'Occident mexicain est, on l'a vu, en relation avec Teotihuacán, mais il conserve sa spécificité et son dynamisme propre. Dans le Jalisco, le classique ancien marque l'apogée de la tradition de Teuchitlán avec ses *guachimontones* et ses tombes à puits. Bien plus, ce mode architectural se diffuse vers le nord, au Zacatecas, ou vers l'est, jusqu'au Guanajuato. Il serait presque possible d'envisager une évolution rivale de celle de Teotihuacán. Mais dans un sens plus large, l'Occident fait preuve d'originalité. Au sud du Guanajuato, le site de Chupícuaro développe des formes originales que l'on a longtemps associées à une simple tradition funéraire : si les tombes ont en effet livré des figurines polychromes, des représentations féminines, des céramiques richement décorées, les fouilles en cours montrent que cette tradition couvre un registre plus vaste que le seul domaine funéraire, et que l'on est confronté à une entité régionale dont le rayonnement se fait sentir jusque dans le bassin de Mexico. Au Michoacán, dans la région de Zacapu, les fouilles de Loma Alta ont révélé d'autres ensembles funéraires qui présentent des points communs avec Chupícuaro, mais également avec les régions du Nord-Ouest mexicain, voire avec le sud-ouest des États-Unis.

### ■ L'effondrement d'une métropole

Le classique ancien s'achève avec la chute de Teotihuacán. En phase Xolalpan (400-600), la ville traverse visiblement une crise politique qui se traduit en particulier par la multiplication des représentations guerrières. La guerre et le sacrifice humain n'ont jamais été absents de la vie de la cité, comme le démontrent les fouilles de la Citadelle où près de cent vingt sacrifiés entourent la pyramide. Mais sur les fresques de la fin du classique ancien, celles du quartier de Techinantla notamment, chefs guerriers, cœurs sanguinolents ou symboles de sacrifices abondent. Ce changement traduit peut-être une crise interne du pouvoir, ou l'affaiblissement du rayonnement de la cité face à la montée de nouvelles puissances. Il demeure que, à la fin de la phase Xolalpan ou au début de la phase Metepec (600-750), le centre de la ville est ravagé par un incendie volontaire. Teotihuacán ne s'en remettra pas et sa population commencera à décroître. Moins d'un siècle plus tard, on ne compte plus que 40 000 habitants (contre 100 000 à 200 000 à son apogée), et toute trace d'influence extérieure de la cité a disparu.

## « Balkanisation » ou émergence de l'État

Avec le déclin de Teotihuacán commence la période des cités-États. Que l'on parle de classique récent ou d'épiclassique importe peu. L'essentiel réside dans l'apparition simultanée de nouvelles formes d'organisation sociale et politique, tant sur le haut plateau central qu'en zone maya.

### ■ Des paysans-guerriers

Sur les sites de La Quemada, Chalchihuites (Zacatecas) ou du Cerro de Huistle (Nayarit) ont été identifiés les habitats de populations agricoles d'origine mésoaméricaine, mais dont la particularité réside dans une pratique systématique de la guerre. Qualifiés de paysans-guerriers, ces populations septentrionales ont mis au point des formes nouvelles de sociétés ou de confréries, dont les rites se déroulent dans de vastes salles hypostyles. La décapitation

**Une grande Mésoamérique ?**

Traditionnellement, l'aire mésoaméricaine se conçoit comme une unité culturelle qui couvre les deux tiers méridionaux du Mexique, au sud des Ríos Lerma, Sinaloa et Panuco, et le nord de l'Amérique centrale. Les récents travaux menés sur le site de Loma Alta et dans les États de Zacatecas ou Durango ont considérablement modifié cette image. Les fouilles de Loma Alta ont permis d'établir de troublantes similitudes avec la civilisation hohokam du sud-ouest des États-Unis, en particulier dans le domaine des pratiques funéraires. Il existe chez les Hohokams des traits dont l'origine pourrait s'expliquer par une influence mésoaméricaine, mais de nombreux chercheurs s'orientent vers des hypothèses selon lesquelles les civilisations du sud-ouest des États-Unis seraient bien plus qu'apparentées aux peuples de Mésoamérique. Dans ce contexte, la découverte de sites mésoaméricains anciens au Zacatecas (La Quemada) ou au Durango (Hervideros, El Zape) apparaît comme le signe d'une véritable colonisation des confins septentrionaux, et on parle de plus en plus souvent d'une grande Mésoamérique qui inclurait Oasis America (le sud-ouest des États-Unis), soit le territoire occupé par les Hohokams et leurs successeurs.

1 El Opeño
2 Chupícuaro
3 Tula
4 Teotihuacán
5 Tlatilco
6 Tenochtitlán
7 Cuicuilco
8 Tlapacoya-Zohapilco
9 Xochicalco
10 Chalcatzingo
11 Tlacozotitlán
12 Cacaxtla
13 Cholula
14 El Tajín
15 Cerro de Las Mesas
16 Tres Zapotes
17 Monte Albán
18 Mitla
19 San Lorenzo
20 La Venta
21 Palenque
22 Chiapa de Corzo
23 Yaxchilán
24 Bonampak
25 Izapa
26 Abaj Takalik
27 Kaminaljuyú
28 El Baúl
29 Chalchuapa
30 Copán
31 Quiriguá
32 Tikal
33 El Mirador
34 Cuello
35 Tulum
36 Chichén Itzá
37 Uxmal
38 Sayil
39 Teuchitlán
40 Huitzilaja
41 La Quemada
42 Tzintzuntzan
43 Cantona
44 Hervideros
45 Balamku
46 Calakmul
47 Kohunlich
48 Dzibanché
49 Dos Pilas
50 Edzná

**Principaux sites de la Mésoamérique**

et l'exposition des crânes constituent un autre de ces traits, que l'on retrouvera plus tard chez les Toltèques. Pour certains, ces proto-Toltèques installés dans le Nord depuis des siècles se sont déplacés vers le centre du Mexique au moment de la décadence de Teotihuacán : ont-ils profité du vide laissé par son effondrement ou ont-ils été obligés de partir pour des raisons climatiques ? On l'ignore, mais on sait en revanche que leur migration a amplement contribué aux bouleversements qui ont touché tout le Mexique central à cette époque (VII$^{e}$-IX$^{e}$ s.). On peut en particulier leur attribuer les vastes déplacements de population visibles au Michoacán, ou la diffusion vers le bassin de Mexico d'éléments culturels caractéristiques de la région du Bajío que l'on regroupe sous l'appellation de « culture Coyotlatelco ». La céramique Coyotlatelco, rouge sur beige, se retrouve en abondance tant à Tula qu'à Teotihuacán.

### ■ L'ère des cités-États

Dans un premier temps, la chute de Teotihuacán a surtout favorisé l'émergence de nouvelles puissances locales ou régionales. Si le bassin de Mexico demeure provisoirement sous son contrôle, aux alentours sont fondées de nouvelles cités : Teotenango près de Toluca, Xochicalco au Morelos, Cacaxtla ou Cantona dans l'État de Puebla, El Tajín au Veracruz sont les principaux exemples de ces cités-États dont le pouvoir est établi par la force : à l'iconographie guerrière des fresques de Cacaxtla répond le caractère fortifié de Cantona ou de Xochicalco. Il est difficile d'attester de la contemporanéité de ces centres, mais en revanche leurs similitudes ressortent : dominés par des dynasties guerrières, ils se lancent dans une politique de conquête, tout en manifestant leur puissance par une activité frénétique de construction. Chaque cité revendique son statut par l'image : stèles, inscriptions, représentations iconographiques. Malgré les conflits, les échanges et les emprunts se multiplient : l'écriture en est un exemple, mais l'on pourrait mentionner également les traits mayas des fresques de Cacaxtla, ou la diffusion des cultes phalliques à partir de la côte du Golfe. Ce qui a longtemps été interprété comme une balkanisation peut inversement être perçu comme l'émergence de nouvelles formes de pouvoir, plus organisées bien qu'encore limitées dans leurs ambitions.

### ■ Un peuple novateur : les Mixtèques

Dans l'État actuel d'Oaxaca, un autre peuple connaît un dynamisme similaire. Issus d'une longue histoire, les Mixtèques s'engagent à leur tour dans une politique d'expansion. Depuis leurs hautes terres, ils s'installent dans la vallée d'Oaxaca où ils côtoient les Zapotèques. Ils utilisent l'ancienne capitale Monte Albán, bientôt abandonnée, comme nécropole. Vers le nord, le style mixtèque se répand dans l'État de Puebla. Orfèvres réputés, céramistes doués, les Mixtèques semblent insuffler un nouveau dynamisme à la vieille civilisation zapotèque, et bientôt, le style dit Mixteca-Puebla, très proche des codex, va connaître une large diffusion : tout au long du postclassique on le retrouve dans ses multiples variantes depuis l'Occident du Mexique (complexe Aztatlán) jusqu'aux confins des terres mayas.

**Le nom latin de codex s'applique de façon générale aux manuscrits pictographiques préhispaniques sur peaux ou papier à base d'écorce.**

### ■ Une explosion culturelle : les Mayas

Après l'interruption (ou hiatus) qu'a connu le monde maya entre 534 et 593, les basses terres connaissent une période d'apogée. Comme au Mexique central, les cités-États se multiplient et il serait impossible d'en dresser la liste. Tikal reste bien sûr la plus connue, mais Copán, Palenque, Yaxchilán font preuve d'une activité incessante : les pyramides se superposent, et chaque dynastie érige des monuments à sa gloire. Partout est représentée l'image du roi local entouré de ses ancêtres. On enregistre en parallèle une forte croissance démographique. Poussés par leurs ambitions, mais aussi par le besoin de nouvelles terres, les cités mayas s'affrontent dans des luttes féroces. Les fresques de Bonampak dépeignent de façon grandiose ce mélange de rituels fastueux, de climat guerrier qui se focalise autour de la dynastie. Les multiples inscriptions accompagnées de dates commémoratives permettent de retracer les grandes lignes de ces épopées, tandis que la majesté des monuments reflète la grandeur de ces États naissants.

### L'épopée de Dos Pilas

Les fouilles du projet Petexbatun (étude archéologique à l'échelle régionale de plusieurs sites dans le contexte de leur intégration écologique) dans les basses terres mayas, au Guatemala, ont permis de retracer l'épopée sanglante de la dynastie de Dos Pilas et de son peuple. Gouvernée en 645 par un roi conquérant, la cité de Dos Pilas a entrepris une politique agressive de conquête qui a fini par liguer contre elle les villes voisines. Assiégée puis conquise en 761, elle est détruite, mais ses habitants occupent une nouvelle capitale qui tombe à son tour sous l'attaque. Une troisième cité, Punta de Chimino, est fondée par les survivants, mais elle ne subsiste que durant quelques décennies. Cette violente saga caractérise bien l'état quasi permanent de guerre et de conflits qui régnait entre les villes mayas, et qui est probablement à l'origine de la chute de nombre d'entre elles. Elle nous permet aussi de mieux connaître la nature dynastique du pouvoir, et les liens unissant le roi et ses sujets. Peu à peu, l'histoire maya se dessine avec ses royaumes en expansion, ses luttes, ses défaites et sa chute finale.

### ■ Unité et diversité

Si le monde maya forme un ensemble cohérent et homogène et si l'on retrouve d'un site à l'autre nombre de traits communs, il ne faut pas pour autant minimiser les différences. Chaque ville, chaque région possède ses particularités. À la sculpture monumentale en ronde-bosse de Copán ou Quirigua, où les stèles peuvent atteindre 10 m de hauteur, répond la sculpture en stuc modelé de Palenque. Yaxchilán privilégie les panneaux et linteaux. Chaque cité est ainsi individualisée par son style autant que par son histoire. Certaines régions se caractérisent par des styles architecturaux. Dans le Río Bec, au Yucatán, les temples sont fréquemment surmontés de hautes tours ; tel est le cas à Río Bec même, à Becán ou à Xpujil. Dans le Chenes voisin, les façades sont composées de gigantesques masques du monstre de la terre, dont la gueule forme la porte. Plus au nord, dans les collines du Puuc, Uxmal, Sayil, Edzná, occupées plus tardivement, érigent des palais aux murs couverts de placages de mosaïques de pierres. Cette diversité culturelle reflète probablement des différences ethniques ou linguistiques que l'on ne fait qu'entrevoir dans les inscriptions, mais elle ne remet guère en cause l'unité fondamentale des Mayas.

### ■ Un effondrement inévitable

Cette brutale apogée qui couvre trois siècles (600-900 de notre ère) dissimule mal une fragilité latente. Les Mayas n'ont probablement pas les moyens de leurs ambitions. Les techniques agricoles demandent des terres ; la croissance démographique entraîne des besoins accrus. L'élite dirigeante exige sans cesse plus pour manifester son pouvoir, et les guerres permanentes mobilisent bien des énergies. La liste des vaincus qui disparaissent sous

**Le Quadrilatère des Nonnes à Uxmal (détail) ; lithographie de F. Catherwood, 1844.**

les coups ennemis est interminable : Copán, Dos Pilas, Aguatecá, Toniná... Mais les vainqueurs ne bénéficient pas réellement de leurs victoires, et les cités s'effondrent l'une après l'autre. Vers 900, la plupart sont abandonnées, même si certaines, au Belize, dans la région du Puuc ou au Yucatán poursuivent leurs activités. On a beaucoup glosé sur l'effondrement spectaculaire de la civilisation maya. La réalité est plus prosaïque : comme au Mexique central, ces cités-États fragiles n'ont connu qu'une courte vie tumultueuse avant de disparaître sous les coups ennemis.



# Un style international

Avec les débuts du postclassique, et sur les débris des civilisations antérieures, s'édifie un ordre nouveau. Dans un climat guerrier, quelques cités réussissent à s'implanter durablement. Mais on assiste surtout à une unification culturelle plus marquée avec l'émergence de traits communs que l'on a qualifié parfois de « style international ».

## ■ Tula et l'unification culturelle

Occupée par les Teotihuacanos puis par les représentants du style Coyotlatelco, Tula voit au Xe s. sa puissance confirmée par l'arrivée des Toltèques. Ces derniers, on l'a vu, pourraient être les descendants des paysans-guerriers venus du Nord. Mais Tula rassemble aussi des communautés plus anciennement établies dans la région. Le mythe de Quetzalcóatl narre vraisemblablement les conflits qui opposent ces communautés. Quoi qu'il en soit, le pouvoir appartient à des élites guerrières dont l'activité est symbolisée par les grandes salles hypostyles que l'on retrouve au cœur du site. Rites guerriers, sacrifices humains et conflits n'interdisent pas les échanges politiques et économiques. Les Toltèques tissent des liens avec leurs voisins mixtèques, échangent des biens avec les gens de la côte du

Golfe, et leur influence s'étend jusqu'au Guatemala ou au Yucatán, voire en Amérique centrale. Il serait cependant erroné d'y voir un empire, car d'autres échanges unissent le Yucatán et la côte du Golfe, ou les Mixtèques et l'Occident. En fait, tant par leurs modes de vie que par leurs évolutions respectives, toutes les civilisations de Mésoamérique partagent désormais un héritage commun. Le *chac-mool* toltèque trouve ainsi ses répondants à Chichén Itzá, sur la côte du Golfe ou au Michoacán, et Tula emprunte autant qu'elle diffuse. Si l'on ne parle pas d'horizon toltèque, c'est seulement en raison du manque d'unité politique.

### ■ Des peuples mal connus : les Chichimèques

Seuls échappent désormais à cette homogénéisation les chasseurs-cueilleurs nomades des zones septentrionales. Profitant du vide occasionné par le départ des agriculteurs guerriers sédentaires, les Chichimèques progressent vers le sud et pénètrent parfois en Mésoamérique même. Ces redoutables guerriers contribuent ainsi au recul de la frontière, et isolent définitivement la Mésoamérique du sud-ouest des États-Unis. Il serait cependant simpliste de ne voir en eux que des prédateurs. En effet, chaque groupe possède ses particularités, et l'on peut différencier les véritables chasseurs-cueilleurs des nomades qui possèdent des rudiments d'agriculture, ou des sédentaires redevenus nomades par nécessité. De-ci de-là, notamment dans la région d'Hervideros (Durango), subsistent des poches d'agriculteurs mésoaméricains ; mais si les Chichimèques ne constituent pas un ensemble homogène, le territoire qu'ils contrôlent tend, lui, à s'amplifier et à se transformer en *no man's land*.

### ■ Une protohistoire : les Aztèques

Revendiquant une origine chichimèque mythique au même titre qu'un héritage toltèque, les Aztèques, après une longue pérégrination sur le haut plateau central, fondent au XIVe s. leur capitale, Tenochtitlán. Petite tribu méprisée au départ, ils vont, par une habile politique de guerre mais aussi d'alliances avec Texcoco et Tlacopan, imposer leur domination, d'abord aux populations du bassin de Mexico puis, en quelques décennies, à l'ensemble de la Mésoamérique occidentale. Leur histoire, connue en grande partie par les témoignages des conquérants, ne reflète qu'imparfaitement l'ampleur de l'évolution. Jamais la Mésoamérique n'avait connu de telles transformations : une croissance démographique sans précédent amène la population du bassin de 200 000 à plus d'un million d'habitants, ce qui s'accompagne d'une exploitation intensive des terres cultivables que l'on étend par le système des

## Une archéologie aztèque ?

La découverte en contexte archéologique d'objets provenant de civilisations antérieures, fruits probables de découvertes occasionnelles, n'est pas un phénomène exceptionnel. En témoignent les pièces olmèques trouvées dans des sépultures mayas postérieures de plusieurs siècles, à Cozumel par exemple, ou bien encore les masques olmèques ou de Teotihuacán, les figurines de Mezcala et les céramiques toltèques mises au jour dans l'enceinte sacrée de Mexico. Toutefois, les recherches entreprises dans divers édifices de ce dernier site (maison des Aigles, temple Rouge) ont également permis de démontrer que les Aztèques se sont livrés à de véritables fouilles à Tula ou Teotihuacán. Ils se sont volontairement inspirés, tant pour l'architecture que pour les décors sculptés et peints, de modèles étudiés sur ces sites plus anciens, et ont recherché sur place des objets pour leurs offrandes. On peut donc ainsi parler d'une réelle quête du passé, motivée par des motifs plus idéologiques qu'historiques, à l'image de ce qui s'est longtemps produit dans l'Ancien Monde.

*chinampas*. La ville draine volontairement ou par la conquête des artisans, des spécialistes de toutes provenances et, pour la première fois, la proportion d'agriculteurs y est minoritaire. Sous la domination des pyramides jumelles du Templo Mayor, où trônent Huitzilopochtli, le dieu guerrier tribal, et Tláloc, le patron des agriculteurs, le centre de la ville s'organise : édifices religieux mais aussi palais, bâtiments administratifs. Si ce n'est encore un véritable empire, du moins a-t-on affaire à un État en formation.

**Les *chinampas* sont des aménagements artificiels des lagunes du bassin de Mexico, construits par superposition de couches de végétation lacustre et de vase** *(→ p. 278)*.

### ■ Des peuples jeunes : Tarasques, Totonaques

Dans leur volonté expansionniste, les Aztèques (ou Mexicas) vont toutefois se heurter à de nombreux rivaux. Victorieux des Mixtèques, des peuples de l'isthme de Tehuantepec ou des Yopis du Guerrero, ils ne parviendront jamais à soumettre leurs voisins de Tlaxcala. Ces derniers résistent opiniâtrement, et le système de la guerre fleurie permet de maintenir l'équilibre entre les deux parties. Les Tlaxcaltèques basculeront aisément dans le camp espagnol, et prendront ainsi une revanche éphémère sur leurs ennemis. De même, la domination aztèque sur les Totonaques ou les Huaxtèques de la côte du Golfe reste fragile, et ces jeunes peuples manifestent un dynamisme souvent dangereux. Ce sont toutefois leurs voisins occidentaux, les Tarasques, qui représentent le plus grand péril. Établi autour de sa capitale, Tzintzuntzan, le royaume tarasque offre bien des similitudes avec celui des Aztèques. La politique d'expansion tarasque s'étend sur tout l'Occident, le Guerrero et le Guanajuato voisin. Le choc est inévitable, et les Aztèques n'auront pas toujours le dessus. Puissant et riche, doté d'un artisanat important où la métallurgie occupe une place de choix, le royaume tarasque tombera cependant sans difficulté aux mains des conquistadores.

**La guerre fleurie était un rituel codifié d'affrontements guerriers imposé par les Aztèques à leurs ennemis en vue d'obtenir des prisonniers pour les sacrifices.**

### ■ Les Mayas du postclassique

La chute des cités classiques n'a laissé que peu de survivants dans l'ensemble des basses terres. Cependant des groupes sont parvenus à se maintenir, au Yucatán en particulier. Dans le Puuc, ou dans le nord du Belize, des cités comme Uxmal ou Nohmul ont poursuivi leurs activités. Mais c'est surtout avec Chichén Itzá que l'on peut parler de renaissance maya-toltèque. Ce dernier terme est mal choisi car plus que de Toltèques, il s'agit de Mayas mexicanisés, porteurs de traits culturels empruntés aux populations du Mexique central ou de la côte du Golfe. Quoi qu'il en soit, la conjonction de ces apports à Chichén Itzá donne naissance à un rameau original de la civilisation maya, où le « style international » se marie bien à une tradition maya. Les apports

## Du sang pour le soleil

Dès leur arrivée au Mexique, les Espagnols furent d'autant plus horrifiés par l'ampleur des sacrifices humains que nombre des hommes de Cortés en furent victimes. D'où, dans leurs écrits, une exagération notable au sujet de cette pratique, fondamentale dans la pensée des peuples de Mésoamérique. Pour les Aztèques comme pour leurs prédécesseurs, le Soleil a besoin de sang humain pour vivre, et le sacrifice, comme l'autosacrifice, permet la survie du monde. Certes, il semble que les Aztèques aient accentué le sacrifice, l'élevant au rang d'une véritable politique, instillant ainsi par le caractère massif des mises à mort et l'exhibition des crânes une terreur salutaire chez leurs ennemis. Mais même ainsi, le sacrifice demeure une nécessité vitale, logiquement insérée dans la cosmogonie.

# Le Templo Mayor de Mexico-Tenochtitlán

Si les Aztèques représentent la plus connue des civilisations méso-américaines, ils le doivent aux textes des conquérants et aux multiples études qui en sont issues. Mais la Conquête et la colonisation ont entraîné la disparition de leur capitale : Mexico est construit sur les ruines de Tenochtitlán. Bien plus, la cité était le centre d'un empire plus centripète que centrifuge, et rares sont les exemples d'architecture aztèque hors de la métropole.

▲ *Chac-mool* placé à l'entrée du sanctuaire de Tláloc. Son décor polychrome, très bien conservé, permet d'imaginer l'aspect original de nombre de sculptures précolombiennes.

## ■ La « renaissance » d'une ville

Dans ces conditions, la fouille de l'enceinte sacrée de Mexico, ouverte en 1978, constitue un apport inégalé à l'étude de cette civilisation. Commencée à la suite de la découverte accidentelle du monolithe de Coyolxauhqui (→ *ill. p. 211*), au pied du temple de Huitzilopochtli, elle a permis de dégager l'ensemble des temples jumeaux de Tláloc et de Huitzilopochtli, divinités majeures du panthéon aztèque. Les archéologues ont ainsi pu établir l'existence de sept étapes de reconstruction successives, ce qui entraîne une révision de la chronologie de la cité. Tout un complexe d'édifices a pu également faire l'objet de fouilles, parmi lesquels la maison des Aigles ou le temple Rouge. Actuellement, sur les soixante-dix-huit bâtiments qu'aurait comptés le centre cérémoniel, une dizaine ont été fouillés, étudiés et restaurés. Par chance, les archéologues ont pu aussi intervenir lors de travaux de consolidation effectués par exemple sous la cathédrale. Il leur a ainsi été possible d'obtenir des éléments dispersés qui, par leur mise en contexte, prennent tout leur sens : peu à peu se reconstitue une image plus fidèle de l'enceinte sacrée et de la disposition des édifices. Si l'on ajoute à cela les découvertes antérieures d'objets dispersés que divers travaux – ceux du métro par exemple – ont permis d'obtenir, on parvient à une restitution d'ensemble du cœur de la ville.

▲ Tête de serpent entre deux braseros ornés du nœud de sacrifice symbolisant le dieu Huitzilopochtli (phase IVb, vers 1470 ap. J.-C.).

## ■ Une nouvelle compréhension du monde aztèque

Plus encore que l'architecture, ce sont les milliers d'objets associés qui renouvellent l'archéologie du monde aztèque : frises, sculptures, peintures murales, nous révèlent peu à peu la fonction des édifices, leur symbolisme, tout en ouvrant des perspectives inédites sur l'art aztèque. Les nombreuses offrandes reflètent les conceptions cosmogoniques, mais par leur diversité et leurs provenances multiples, elles traduisent la croissance de l'Empire. Aux pauvres dépôts des origines succèdent des objets venus des provinces conquises, objets du passé, animaux exotiques, tributs. Leur étude permet de mieux ancrer dans la réalité ce que les textes laissaient supposer. Et surtout l'archéologie parvient à confirmer les mythes, à leur donner un sens.

▲ **Autel aux deux grenouilles situé au bas des escaliers du sanctuaire de Tláloc.**

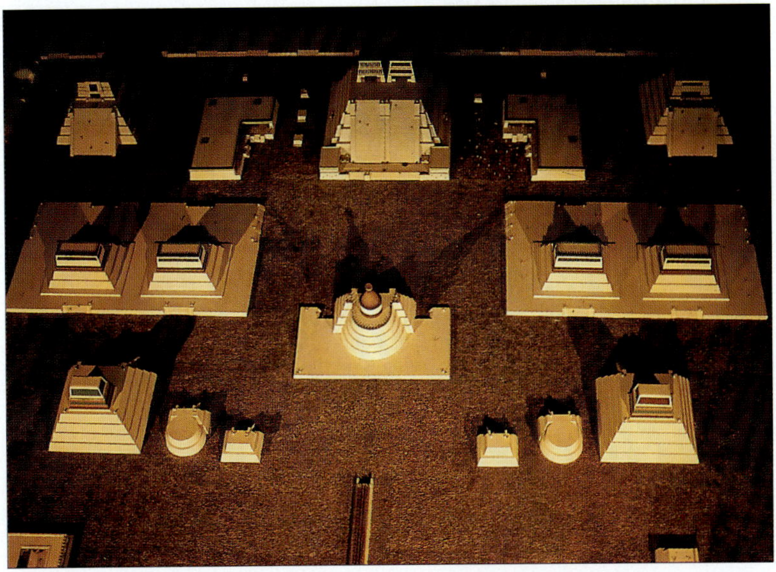

▲ **Maquette du centre cérémoniel de Mexico-Tenochtitlán (musée du Templo Mayor, Mexico). Le Templo Mayor (en haut,) avec ses deux sanctuaires, est l'édifice le plus haut, précédé d'un temple rond consacré à Ehécatl-Quetzalcóatl. Dans l'axe, se trouvent un *tzompantli* et le terrain du jeu de balle qui devait être semblable à celui de Chichén Itzá. De part et d'autre du Templo Mayor, on découvre deux grands bâtiments en L, correspondant aux temples des chevaliers-aigles (au N.) et des chevaliers-jaguars (au S., non mis au jour). Derrière chacun de ces bâtiments, se trouve un temple dédié à Tezcatlipoca. Enfin, on note dans l'angle N.-O. (en bas à g.), le grand édifice à patios du *calmecac*, école où l'on éduquait les nobles et les prêtres.**

Les pyramides jumelles de Mexico-Tenochtitlán évoquent ainsi, en réplique matérielle, les montagnes ou collines originelles des mythes de Tláloc ou de la naissance de Huitzilopochtli, tandis que leur dualisme confirme la double base économique de l'Empire : la guerre et le tribut d'un côté, l'agriculture de l'autre. Symbolisme rituel, économique et social, le Templo Mayor est une traduction vivante du monde aztèque. Il en va de même pour les autres bâtiments qui, selon leurs fonctions, permettent de mieux apprécier l'enracinement du monde aztèque dans son passé, son milieu ou sa pensée.

mexicains – *chac-mools*, atlantes, rites guerriers ou de décapitation – sont exprimés dans une esthétique plus souple. Capitale d'un vaste territoire, Chichén Itzá possède une structure politique plus proche de celle d'un État que d'une organisation dynastique. Mais les conflits internes finiront par avoir raison de son pouvoir, et la cité s'effondrera à son tour. Mayapán, au postclassique récent, n'en est plus qu'une pâle copie, tandis que les basses terres du Nord éclatent en une multitude de provinces autonomes. Dès lors, le monde maya ne montre plus de dynamisme que dans les hautes terres méridionales, au Guatemala, où d'éphémères royaumes (Quiché, Cakchiquel) s'implantent sur des territoires relativement importants. Ils sont loin cependant de la splendeur des cités mayas de l'époque classique.

### ■ Un monde en devenir

Le postclassique récent a ainsi vu de profondes modifications intervenir dans l'évolution culturelle de la Mésoamérique. Tandis que des régions entières périclitent, d'autres, sous l'impulsion de peuples jeunes, connaissent un dynamisme étonnant. Des empires se créent, qui fortifient l'unité culturelle, et même s'il manque encore une structure assez forte du pouvoir, on assiste à une transformation fondamentale. D'autre part, la maîtrise de techniques nouvelles – métallurgie, écriture et papier, *chinampas* – entraîne une évolution irréversible. Le choc de la Conquête et plus encore le choc microbien vont briser net cet élan : les empires s'effondrent, les dieux et les rois meurent, les hommes disparaissent. L'évolution mésoaméricaine s'achève dans un chaos de fin du monde. Mais se limiter à cela serait faire peu de cas du dynamisme et des capacités de ces peuples créateurs. Soumis, oui, passifs, non : Aztèques, Tarasques, Tlaxcaltèques, Mayas vont se lancer dans la nouvelle aventure d'une société coloniale, métisse, et créer le Mexique d'aujourd'hui, dont les racines complexes plongent dans le passé précolombien autant que dans celui de l'Ancien Monde.

# La Nouvelle-Espagne

*par Rosario Acosta,*
*chercheur à l'université de Guadalajara*

Né d'une défaite, le passage du monde préhispanique au monde colonial constitue un bouleversement gigantesque pour la population indienne, qui voit son univers s'écrouler sous le poids de puissances inconnues. La langue, la religion, les lois, les traditions, tout ce qui constitue les fondements de la société bascule subitement dans le passé. Dans le nouveau contexte colonial, l'*encomienda* et le système des castes mis en place par les Espagnols permet à ces derniers d'exploiter au mieux de leurs intérêts des masses indigènes qui n'ont guère l'espoir d'améliorer leur condition. Malgré la perversité de ce régime et les antagonismes qui en découlent, le métissage de la population devient en quelques années une réalité évidente et inévitable. La période coloniale est donc capitale pour la compréhension de l'histoire mexicaine, puisque, à cette époque, se constitue l'identité d'un peuple ni indien ni espagnol, mais métis, synthèse de deux cultures.

**Codex Azcatitlán, folio 44 (B.N., Paris). Ce manuscrit réalisé par des artistes indigènes durant la période coloniale relate l'histoire mexicaine et la Conquête ; on reconnaît à dr. Cortés et la Malinche.**

### *Histoire véridique de la Conquête*

Mieux que les lettres envoyées par Cortés à Charles Quint, le récit de cette conquête du Mexique nous est donné par un soldat, Bernal Díaz de Castillo, qui, au soir de sa vie, dénonce les vérités de cette guerre et de la destruction de l'empire aztèque. Le second témoignage intéressant est le *Lienzo de Tlaxcala*, un codex rédigé en 1500-1556 par les Indiens Tlaxcaltèques, alliés de la première heure des Espagnols. Le récit imagé de leur collaboration constituait pour eux la meilleure garantie de la sauvegarde de leurs privilèges face aux colons avides de s'emparer de leurs terres. Enfin, le *Codex de Florence*, écrit sous la direction du franciscain Bernardino de Sahagún en 1570, offre la version des vaincus, anéantis par le désastre qui s'abattait sur leur monde. Une fin annoncée cependant par huit funestes prodiges parmi lesquels le passage de la comète.

# La chute de l'empire aztèque

À l'époque précolombienne, les Aztèques (ou Mexicas) contrôlent une grande partie de ce qui constitue aujourd'hui le Mexique central et leur influence s'exerce jusque dans des régions aussi lointaines que le pays maya. Ce pouvoir démesuré entraînera en fait leur chute, les peuples assujettis et humiliés pendant de longues années trouvant avec l'arrivée des Espagnols une occasion inespérée d'assouvir leur désir de vengeance.

## ■ Le retour de Quetzalcóatl

Depuis l'accession au trône de Moctezuma II (1502), l'empire aztèque est parcouru par d'étranges et inquiétantes rumeurs : des embarcations inconnues ont été aperçues dans le golfe du Mexique, des étrangers dont on ne sait rien ont été vus le long de la côte. L'empereur lui-même, qui vit dans la crainte du retour de Quetzalcóatl, ne sait que penser : ces étrangers ne seraient-ils pas les émissaires du serpent divin venus lui réclamer, en son nom, le pouvoir ? En 1519, sous le commandement d'Hernán Cortés, les Espagnols débarquent près de l'actuel Veracruz. Aussitôt alerté, Moctezuma envoie ses ambassadeurs avec de somptueux présents et de la nourriture à profusion. Par ces offrandes, il espère convaincre ces « possibles » messagers de Quetzalcóatl de repartir. Les Espagnols de leur côté font connaître leur souhait de rencontrer l'empereur. Celui-ci s'inquiète plus encore, consulte divers oracles afin de savoir comment répondre à cette requête, puis finalement refuse d'y accéder. Pour les envahisseurs, cette attitude ne fait pas de doute : l'empereur a peur.

**Aux mousquets (ci-dessus), canons, armures, épées en métal, chevaux et brigantins, les Aztèques ne pouvaient opposer que des épées en bois garnies de lames d'obsidienne, des boucliers en peau, des flèches, des rembourrages en fibre de coton et de fragiles pirogues.**

## ■ Premiers massacres

Voulant mettre à profit ces craintes et ces hésitations, Cortés, après avoir sabordé sa flotte pour interdire à sa troupe toute possibilité de fuite, ordonne de marcher sans retard sur Mexico-Tenochtitlán. En cours de route, il se rend vite compte de l'arrogance des Aztèques vis-à-vis des peuples soumis. Il perçoit aussi la terrible animosité qu'éprouvent ceux qui parviennent à leur résister. C'est ainsi qu'il conclut une alliance avec les Tlaxcaltèques après les avoir durement combattus. Quelque temps plus tard, les Espagnols et leurs nouveaux alliés enlèvent Cholula, alors associée à Mexico-Tenochtitlán, et massacrent toute la noblesse locale. Puis ils arrivent enfin devant la splendide capitale aztèque qui s'élève au milieu d'un lac. Une fastueuse réception offerte par Moctezuma les y attend. Mais les Espagnols n'entendent pas en rester là. Quelques jours seulement après ces réjouissances, l'empereur est fait prisonnier. Bien plus, au début de l'année 1520, lors d'une fête en l'honneur de Huitzilopochtli, le dieu de la guerre, les conquistadores profitent de la présence de la noblesse mexica pour se livrer à un terrible massacre, faisant de très nombreuses victimes (environ 10 000 selon certains auteurs). L'armée aztèque réagit et assiège les Espagnols dans le palais d'Axayácatl. Cortés tente bien d'apaiser la foule enragée en faisant sortir Moctezuma sur l'une des terrasses du palais, en vain : l'empereur meurt lapidé par ses propres sujets. La fuite apparaît comme le seul recours possible. Dans la nuit du 30 juin 1520, la Noche Triste, les conquistadores regagnent la terre ferme et se replient à Tlacopan au prix de lourdes pertes.

**Moctezuma ; gravure extraite des *Vrais portraits et vies des hommes illustres...* d'André Thevet, 1584 (B.N., Paris).**

### ■ La prise de Tenochtitlán

Pendant des mois, Cortés organise la riposte. Il conclut des alliances avec les peuples auparavant opprimés par les Aztèques. Ceux-ci, convaincus que les Espagnols élimineront leur principal adversaire, ne soupçonnent pas qu'ils seront les prochaines victimes. De son côté, Cuitláhuac, le neveu et successeur de Moctezuma, dépêche ses ambassadeurs pour convaincre les seigneurs voisins de ne pas s'allier avec les envahisseurs. Mais les rancœurs accumulées contre les Aztèques tout au long d'un siècle d'humiliations l'emportent contre les promesses du nouvel empereur. Avec l'aide de plusieurs milliers de soldats indigènes, Tenochtitlán est assiégé à partir du 21 mai 1521. Les attaques incessantes, la famine et une épidémie de variole apportée par les conquistadores auront raison de la résistance aztèque. Après un siège meurtrier de trois mois, la ville est prise le 13 août 1521. Même le nouvel empereur Cuauhtémoc qui a succédé à Cuitláhuac, emporté par la variole, est fait prisonnier alors qu'il tente de fuir pour organiser la résistance de l'extérieur. Trente mois seulement après l'arrivée de Cortés à Veracruz, le puissant empire aztèque est à l'agonie ; en 1524, la quasi-totalité des territoires qui le composaient est sous domination espagnole.

## Les débuts d'une ère

Après de nombreuses et sanglantes batailles, vainqueurs et vaincus se mettent au travail pour construire la colonie. Les Indiens doivent se consacrer corps et âme à cette énorme tâche : on

**En 1527, le gouvernement de la Nouvelle-Espagne est confié à une première Audiencia** *(→ p. 127)*. **À la tête de ce collège de notables se trouve Nuño de Guzmán, qui se livrera à de terribles exactions sur les populations indiennes ; il sera destitué en 1530. Forte de cette expérience et méfiante à l'égard des conquistadores, la Couronne nommera en 1535 un vice-roi, Antonio de Mendoza, qui gouvernera la colonie jusqu'en 1550. Au total, durant les trois siècles de domination espagnole, 62 vice-rois se succéderont sur le trône de la Nouvelle-Espagne.**

## L'*encomienda* : des esclaves évangélisés

L'*encomienda* était un système d'exploitation conçu par les Espagnols afin de se procurer de la main- d'œuvre gratuite en utilisant la force de travail des Indiens. Ceux-ci, ainsi que d'immenses étendues de terre, étaient confiés à un conquistador qui recevait leur tribut sous forme d'activité agricole. En échange, cet *encomendero* était censé assurer l'éducation chrétienne de ses *encomendados*. Réduits à l'esclavage, les Indiens devaient une obéissance totale à leurs maîtres qui pouvaient disposer de leur personne à leur gré. Ils étaient parfois traités si cruellement que la Couronne dut intervenir pour améliorer leur situation. En 1542, un décret de Charles V abolit l'*encomienda*, qui devait disparaître à la mort de son titulaire. Cette décision provoqua la débandade de colons qui, ayant perdu leurs prérogatives, s'empressèrent de retourner en Espagne. Le vice-roi Mendoza se vit alors dans l'impossibilité d'appliquer la loi et se limita à contenir les excès du système.

les oblige à détruire leurs propres temples, à bâtir les églises et les couvents, à exploiter les mines, à cultiver une terre qui n'est plus la leur ; on leur impose aussi une conversion immédiate au christianisme. Cette évangélisation massive sera l'œuvre de quelques moines qui consacreront leur vie à cette entreprise, apportant parfois un peu de réconfort à une population indigène aliénée et décimée par les épidémies.

### ■ Naissance d'une colonie : la Nouvelle-Espagne

À peine éteints les feux de la bataille, Cortés décide d'implanter la capitale de la Nouvelle-Espagne, Mexico, sur le site même de la ville de Tenochtitlán, dont la destruction est systématiquement organisée afin d'effacer toute trace des anciennes structures religieuses, politiques et sociales (ce travail effréné d'anéantissement durera deux ans). Pour l'édification de la colonie, tout est importé de métropole : l'urbanisme est calqué sur celui des villes espagnoles dont le nom est donné à de nouvelles fondations américaines, l'ensemble du corps administratif est envoyé directement d'Espagne à seule fin de reproduire le système politique et économique de la Couronne. Cortés d'abord, en tant que gouverneur, puis le premier vice-roi de la Nouvelle-Espagne Antonio de Mendoza, aidé par l'archevêque de Mexico Juan de Zumárraga, tous travaillent avec obstination à jeter les bases du Mexique colonial : soumission totale des Indiens à la Couronne, exploitation économique, notamment par le biais de l'*encomienda* et du travail dans les mines d'argent, évangélisation massive, y compris en envoyant des Indiens christianisés vers le nord du pays pour imposer aux nomades des mœurs sédentaires et « civilisées ». Ayant conservé quelques privilèges inhérents à son rang, la classe dirigeante indienne s'adapte assez facilement à cette société naissante qui lui offre une place entre les conquérants et les masses indigènes. Ces dernières, en revanche, voient leur monde s'effondrer et sont en proie à une profonde détresse morale. Elles doivent de surcroît subir l'exploitation acharnée des nouveaux venus.

### ■ L'évangélisation

En 1524, un premier groupe de Franciscains arrive en Nouvelle-Espagne dans le but d'évangéliser les populations indiennes. Les rites indigènes sont aussitôt interdits, en particulier les sacrifices humains, d'une profonde signification rituelle. La polygamie, base de l'ancien système d'alliances politiques et économiques, est également proscrite. On assiste aussi à la destruction des lieux de culte, à la fermeture des écoles où les nobles indigènes se préparaient à assumer leurs tâches de dirigeants et, plus généralement, à la disparition de tous les signes distinctifs qui donnaient sa spécificité à la vie indigène et la légitimaient. Privées de repères, les populations se convertissent massivement à la nouvelle religion, mais souvent de façon superficielle. Afin de servir d'exemple, la noblesse est évangélisée la première. Les familles converties jouissent de quelques prérogatives et d'une certaine autonomie ; en échange, leurs membres servent d'intermédiaires entre les Espagnols et les masses indiennes. Avec le temps, ces nouveaux chrétiens adapteront le christianisme à leur situation, inventant des normes et des gestes qui exprimeront leur identité et qui caractérisent encore de nos jours les peuples indigènes du Mexique.

## ■ L'apport bénéfique des moines

La présence des Franciscains mettra aussi un frein à l'arbitraire et aux excès des conquérants. De même, les religieux imposent un semblant d'ordre au

**L'évangélisation des Indiens fut un objectif prioritaire pour les nouveaux maîtres du Mexique.**

**En 1525, ils ne sont que quelques moines à s'installer en Nouvelle-Espagne. Au XVIIIe s., le Mexique ne compte pas moins de 7 000 représentants de divers ordres : Franciscains, Dominicains, Augustins, Carmélites et Jésuites. En outre, le clergé séculier regroupe environ 6 000 membres. Les prêtres rendaient compte à 8 évêques qui dépendaient eux-mêmes de l'archevêque, seconde personnalité de la colonie après le vice-roi. Tous ces religieux, qui ne répondaient de leurs fautes que devant un tribunal ecclésiastique, possédaient une grande autorité qui se maintiendra longtemps après la période coloniale.**

milieu du chaos de la destruction de Tenochtitlán et de l'effondrement de l'empire en organisant la vie des Indiens et des Espagnols autour des rituels chrétiens. En plus de leur rôle évangélisateur, les moines se révèlent d'excellents ethnographes, qui décrivent avec précision les usages des diverses sociétés précolombiennes. Ils étudient l'antiquité et les différentes langues indiennes et traduisent des ouvrages religieux. Ils ouvrent également des écoles dans la vallée de Mexico, ainsi que dans d'autres régions. Leur rôle d'éducateurs est si bien assumé, qu'en quelques années les Indiens dont ils ont la charge parlent et lisent l'espagnol et ont appris un métier. Devenus artisans, ces indigènes qui participent à la construction des églises et monastères réalisent des œuvres d'une beauté remarquable et moins coûteuses que celles des artisans espagnols. Ces derniers ne manqueront pas de se plaindre de cette situation, attribuant au besoin cette facilité dans l'apprentissage à l'œuvre du démon. Les écoles deviendront dès lors de simples lieux d'évangélisation pour disparaître ensuite ou passer à l'usage des Espagnols nés en Nouvelle-Espagne, les créoles.

### Les premiers métis de la Nouvelle-Espagne

Le métissage n'était pas considéré comme gênant au moment de la Conquête, et les unions mixtes furent fréquentes pendant tout le XVIe s. Nombre de demoiselles de la noblesse indigène devinrent les concubines ou les épouses des conquérants. L'une des filles de l'empereur Moctezuma lui-même épousa un Espagnol ; certains de ses descendants, établis en Espagne, devinrent de riches aristocrates.

En établissant un pont entre deux mondes, le métissage a beaucoup favorisé l'implantation de l'influence espagnole. Cependant, quand les premiers métis de la Nouvelle-Espagne atteignirent l'âge adulte, vers 1540, le problème de leur position au sein de la société coloniale se posa de façon aiguë. Au fur et à mesure que leur nombre augmenta, ils furent privés des avantages dont jouissaient leurs géniteurs Espagnols, et beaucoup d'entre eux sombrèrent dans la misère.

## ■ Des épidémies destructrices

Les maladies apportées par les Espagnols seront le facteur décisif pour le succès de la Conquête. Plus que les canons, les épidémies emportent un nombre alarmant de victimes parmi la population indienne qui subit un désastre démographique. La variole, le typhus, la grippe s'installent dans la Nouvelle-Espagne qui connaît des périodes de très fort dépeuplement : 1545-1548 ; 1581-1586 ; 1629-1631. L'absence de défenses immunitaires vis-à-vis de ces maladies jusqu'alors inconnues dans le continent américain, l'impuissance des médecins européens (d'ailleurs encore peu nombreux) et des guérisseurs indiens, la fatigue des populations asservies, le brutal changement de mode de vie et le vide laissé par la disparition des dieux et des anciennes structures sociales expliquent le nombre très élevé de décès. Dès lors, les avortements, les infanticides et les suicides augmentent de façon dramatique tandis que l'alcool constitue un ultime refuge. Entre le moment de la Conquête et 1585, la population indienne passe de 25 à 2 millions de personnes. Cette hécatombe sera doublement dommageable puisque nombre de personnalités de l'ancien régime seront touchées par la maladie et disparaîtront, entraînant la perte irrémédiable des connaissances dont elles étaient les dépositaires.

# La mise en place de l'administration espagnole

Passé le tumulte de la Conquête – à la fin du XVI$^{e}$ s., les Espagnols sont installés dans la majeure partie des territoires constituant le Mexique actuel, seuls les territoires du Nord et la zone maya restent insoumis –, des structures administratives et juridiques se créent pour organiser la vie quotidienne des habitants de la Nouvelle-Espagne. Elles édictent des règles qui sont autant de freins au développement économique de la colonie, tandis que le système des castes empêche toute possibilité d'évolution de la société.

## ■ La bureaucratie espagnole ennemie du progrès

Dès 1535, les audacieux conquistadores se retrouvent sous les ordres de la Couronne qui, pour son profit exclusif, met en place le gouvernement de la Nouvelle-Espagne. À la tête de celui-ci se trouve le vice-roi, premier personnage de la colonie. Il est assisté de deux *audiencias*, assemblées de notables dotées des pouvoirs administratif et judiciaire, de *corregidores*, chargés d'appliquer la loi dans les grandes villes, et de *regidores*, fonctionnaires dont le rôle se limite à conseiller les *corregidores*. Tous ces administrateurs sont évidemment des *gachupines*, c'est-à-dire des Espagnols nés dans la péninsule Ibérique ; seuls les *regidores* peuvent être des créoles ayant acheté la charge au titulaire espagnol. Ils appliquent à la lettre des lois inadaptées car trop contraignantes, privilégiant toujours de surcroît les intérêts de la métropole au détriment de ceux de la Nouvelle-Espagne. Ainsi, interdiction est faite aux Indiens de devenir fonctionnaires, prêtres, avocats ou médecins. Dans le domaine de l'industrie, seule l'exploitation des mines d'argent est développée par la métropole, les autres ressources minières – fer, plomb et cuivre – restant inexploitées pendant toute l'époque coloniale. De même la fabrication de la soie est interdite au Mexique, tout comme celle du vin, de façon à ne pas concurrencer les soies et les vignobles espagnols.

## ■ Un commerce embryonnaire

Le commerce est encore plus défavorisé puisque les échanges avec les pays étrangers ou voisins sont prohibés et qu'aucune des grandes ressources du Mexique ne peut être exportée à l'exception de l'argent, de l'indigo et de la cochenille. La production

**Au XVI$^{e}$ s., les mines d'argent du Mexique étaient les plus productives au monde. Au XVIII$^{e}$ s. en revanche, les méthodes d'extraction étaient devenues archaïques en raison même de l'abondance des filons : lorsque la production d'un gisement argentifère commençait à décliner, rien n'était fait pour le moderniser puisque l'exploitation par les mêmes procédés d'un autre gisement nouvellement découvert suffisait à assurer à son propriétaire des revenus tout aussi substantiels.**

**Au XVIII^e s., la peinture de métissage *(→ p. 155)* met en scène les différents groupes – ici une métisse, un Indien et leur enfant – composant la société de la Nouvelle-Espagne (musée de l'Amérique, Madrid).**

se limite donc à satisfaire un marché intérieur qui reste modeste en raison de la faiblesse des moyens de communication. Quant à la classe commerçante propre à la Nouvelle-Espagne, elle est inexistante puisque les rares commerçants importants viennent toujours d'Espagne. Ils s'installent dans la colonie pendant quelques années seulement, puis repartent une fois fortune faite, rien n'étant tenté pour soutenir ou favoriser leurs projets d'expansion ou de développement.

## ■ Des hommes et des castes

Les Espagnols considèrent les indigènes comme une espèce inférieure, à mi-chemin entre l'animal domestique et l'être humain. De cette vision surgit, au XVII^e s., le système des castes. Celui-ci place les *gachupines* au sommet de l'échelle. Viennent ensuite les créoles dont la situation reste difficile dans la mesure où ils ne sont pas traités comme des égaux par les administrateurs espagnols. Les plus bas niveaux de l'échelle sociale sont occupés par les Noirs, arrivés comme esclaves dès le milieu du XVI^e s. et, bien sûr, par les Indiens. Dans ce dernier groupe, seule l'ancienne noblesse préhispanique parvient à conserver une place notable dans la hiérarchie sociale, au besoin en s'alliant avec des métis aisés, voire même avec des Espagnols. Les métis enfin se trouvent dans une position intermédiaire divisée en seize groupes d'après leur pourcentage de sang espagnol, indien ou noir. Cette nomenclature rigide – les exceptions sont possibles mais très rares – qui associe l'ethnie à la situation économique pousse les métis, plus ou moins clairs de peau, à imaginer des moyens pour « blanchir » leurs origines afin de s'élever dans l'échelle sociale. C'est ainsi que certains réussissent à se faire passer pour des Espagnols en adoptant leurs tenues vestimentaires ou leurs attitudes.

# Vers l'indépendance

Le XVIIIe s. porte en lui toutes les contradictions du système colonial. Excédés d'être les laissés-pour-compte de la société, les métis acquièrent une conscience politique partagée avec les créoles, les autres victimes du colonialisme. Ainsi se forme lentement une identité nationale qui amènera la Nouvelle-Espagne à envisager son avenir comme nation à part entière.

**Le manque de terres à labourer, l'intolérance religieuse, la misère générale sont autant de facteurs qui rendent la vie dans les campagnes de plus en plus difficile. C'est ainsi que, aux alentours de 1750, des milliers d'indigènes commencent à émigrer vers les grandes villes coloniales pour se consacrer à des activités subalternes : vendeurs d'eau, porteurs, domestiques, etc. Cette émigration sera à l'origine de nouvelles formes sociales et culturelles caractéristiques des classes urbaines défavorisées du Mexique moderne.**

## ■ La montée des mécontentements

À partir de la seconde moitié du XVIIIe s., de violentes révoltes éclatent dans les campagnes, qui ont pour cause essentielle le manque d'espace cultivable. La population indigène a repris sa croissance après les terribles épidémies du XVIe s. et la terre, aux mains des grands propriétaires fonciers espagnols, devient rare. S'ajoute à cela un problème religieux, les curés ne tolérant guère la forme originale qu'a pris le christianisme au sein de la population locale. Le clergé voit en ces variantes de graves déviations, tandis que le peuple veut vivre sa foi comme il l'entend. Les difficultés ne font que s'accentuer lorsque, en 1773, les paroisses administrées par les moines passent sous contrôle du clergé séculier. Jusqu'alors les Indiens étaient habitués à traiter avec des moines responsables de leur conversion, qui furent assez compréhensifs envers leurs coutumes et leur culte, et qui, de surcroît, leur enseignèrent un métier, les aidèrent pendant les disettes et les épidémies, les protégèrent des *encomenderos*. Ils se retrouvent subitement face à des curés qu'ils ne connaissent pas, et qui se trouvent d'ailleurs fort démunis pour leur venir en aide, ne disposant pas eux-mêmes des importants moyens des monastères.

## ■ Métis et créoles : classes révolutionnaires

À la fin du XVIIIe s., le mécontentement envers la Couronne est patent. Les 3 millions d'Indiens (population totale : 6 millions) qui forment une masse rurale vivant en semi-servage se distancient sans cesse davantage des autorités. Les métis, soit 2 millions de personnes, ne sont pas acceptés par les créoles et encore moins par les Espagnols. Presque aussi défavorisés que les Indiens, il leur est pourtant interdit de vivre dans les villages indigènes par crainte des révoltes qu'ils pourraient provoquer. Les créoles quant à eux, ont été systématiquement écartés des postes de responsabilité. Au mieux, ils occupent des emplois administratifs leur conférant un certain statut social, mais ils restent sans pouvoir. L'affaiblissement de l'Espagne au XVIIIe s., les inégali-

### Des *peones* endettés à vie

Le dépeuplement provoqué par les épidémies du XVIe s. avait laissé en friche de grandes étendues de terrain sur lesquelles, petit à petit, s'installèrent Espagnols et créoles. Mais quand, à la fin du XVIIe s. et au début du XVIIIe s., la population indigène augmenta à nouveau, les familles sans terre furent obligées de travailler dans les haciendas, immenses propriétés agricoles qui employaient des milliers de *peones* théoriquement libres. Ceux-ci étaient en fait définitivement attachés au propriétaire foncier *(hacendado)* puisque, pour survivre, ils devaient s'endetter chaque jour davantage auprès de celui-ci. Leurs propres enfants héritaient de la dette et étaient ainsi contraints de travailler à leur tour dans l'hacienda. Ce système inique permit aux *hacendados* de prospérer, tandis que les Indiens virent leur condition de vie empirer. Il n'empêcha pas cependant de nombreux domaines d'être hypothéqués à la fin de la période coloniale, conséquence de l'imprévoyance et du gaspillage de leurs propriétaires.

tés et les graves tensions produites par trois siècles de colonisation incitent métis et créoles à s'associer pour constituer une force révolutionnaire capable de lutter contre la monarchie espagnole. À l'aube du XIXe s., seuls les *gachupines*, minoritaires et coupés de la métropole par les guerres européennes, conservent leur fidélité à la Couronne, formant un bien faible rempart face aux idéaux de l'Indépendance américaine et de la Révolution française qui se répandent à travers tout le Mexique.

# Le Mexique indépendant

*par Annick Lempérière,*
*professeur à l'université de Poitiers*

Les Mexicains accèdent à l'indépendance en 1821 remplis d'optimisme. Pourtant, pendant plusieurs décennies, le pays connaît sans interruption des troubles politiques et sociaux, des guerres civiles et des conflits extérieurs. À cette réalité décevante, il y a une raison fondamentale : avant le dernier tiers du XIX<sup>e</sup> s., le Mexique n'a de nation que le nom, les particularismes l'emportent partout sur le sentiment d'appartenance à une entité politique plus vaste qui reste à construire. Une fois pacifié, à l'époque de Porfirio Díaz (1876-1911), le Mexique peut entrer dans l'ère du développement économique. La Révolution (1910-1940) se chargera d'achever l'intégration sociale et culturelle de la nation mexicaine.



## Naissance d'une nation

Autour de 1800, le Mexique est encore la plus riche contrée de toutes les Amériques. Vingt ans plus tard, les guerres de l'Espagne en Europe et les guerres civiles qui précèdent sa propre accession à l'indépendance lui ont coûté sa prospérité. Ses finances en ruine et son armée pléthorique expliquent en partie les difficultés rencontrées par ses premiers gouvernements souverains.

### ■ L'échec de la voie insurrectionnelle

À partir de 1808, le Mexique vit au rythme des événements d'Europe. Ses habitants ont d'abord manifesté leur loyauté au monarque espagnol prisonnier de Napoléon et à l'Espagne envahie. Mais le coup d'État perpétré à Mexico par les grands négociants espagnols, qui destituent le vice-roi favorable à l'établissement d'un gouvernement provisoire autonome, provoque le mécontentement des créoles. Alors qu'ils sont soumis aux exigences financières croissantes de l'Espagne, la répression leur ôte tout moyen d'expression. Dans les campagnes, une crise de subsistance entretient le malaise paysan.

C'est dans ce contexte qu'éclate en 1810 l'insurrection déclenchée par le curé Hidalgo dans sa paroisse de Dolores, au cri de « Vive le Roi, Mort aux Espagnols ! », sous la bannière de la Vierge de Guadalupe. En quelques mois d'une jacquerie meurtrière, dont Hidalgo se révèle incapable de définir les objectifs politiques, les destructions sont considérables et l'effroi détourne les possédants créoles de l'aventure insurrectionnelle. La guérilla conduite par Morelos, ex-lieutenant de Hidalgo et curé comme lui, connaît quelques succès militaires en

**Le plan d'Iguala est le premier d'une longue série de *pronunciamientos*. Leur mécanisme est à peu près invariable. Un officier et ses soldats ou bien un chef de faction et ses partisans s'élèvent contre le gouvernement en place par le biais d'un manifeste qu'ils font circuler. Des groupes et des institutions (corps d'armée, villes et villages…) se prononcent alors pour ou contre les propositions. Un *pronunciamiento* n'est donc pas « d'abord » un coup d'État, celui-ci n'ayant lieu que si de nombreuses adhésions ont été réunies en faveur du changement.**

### Le libéralisme au Mexique

Le Mexique est un pays de tradition libérale ancienne. En mars 1812 en effet, la Constitution de Cadix promulguée par les Cortes donne à l'Espagne et à ses territoires d'outre-mer un régime de monarchie parlementaire. Entre 1812 et 1814, cette Constitution est appliquée en Amérique partout où le pouvoir espagnol est resté en place ; tel est le cas au Mexique. Rétablie en 1820, elle reste la Constitution du Mexique jusqu'en octobre 1824 et servira de modèle aux futures Constitutions du pays. La Constitution de Cadix établit les principes de la souveraineté de la nation et de la séparation des pouvoirs. Elle instaure les libertés civiles (à l'exclusion de la liberté de culte) et fait des adultes de sexe masculin – y compris les Indiens – des citoyens dotés de droits politiques, notamment celui de voter. La mise en place précoce des principes libéraux alimentera cependant les luttes pour le pouvoir et l'instabilité politique. C'est seulement en 1857, à l'issue de débats houleux, que la Constitution mexicaine reconnaît la liberté religieuse.

1812. Mais la proclamation de la Constitution de Cadix offre aux créoles une alternative politique satisfaisante. Au moment de la restauration absolutiste en 1814, l'insurrection est presque complètement vaincue.

### ■ Iturbide ou l'indépendance conservatrice

En 1820, à la suite d'une révolution en Espagne, le roi doit jurer la Constitution de Cadix. Las des turbulences politiques de la métropole, les Mexicains ne sont pas disposés pour autant à faire les frais d'une nouvelle guerre d'indépendance. Un officier créole de l'armée royale, Agustín de Iturbide, se fait l'instrument d'une solution négociée au sein des élites. Les grands négociants espagnols et les propriétaires créoles, l'Église, l'armée, se rallient à son plan d'Iguala, dans lequel il propose l'indépendance dans l'union avec les Espagnols et le respect de la religion catholique. L'indépendance est proclamée sans coup férir à la suite du traité signé à Cordoba avec le dernier vice-roi.

Le plan d'Iguala prévoyait que les Bourbons espagnols enverraient l'un des leurs régner au Mexique, mais l'Espagne refuse de reconnaître l'indépendance. Aussi Iturbide, au sommet de sa popularité, est-il acclamé empereur par la garnison et la population de Mexico en mai 1822. Sa politique centralisatrice, les difficultés budgétaires et l'incapacité du Congrès à rédiger une Constitution conduisent cependant le régime à l'échec. Au printemps 1823, les provinces se révoltent au nom de la république et du fédéralisme. Iturbide abdique et s'exile.

## La fondation de la république

Le Mexique opte pour le régime républicain au moment de l'apogée des restaurations absolutistes en Europe. Ce choix précoce ne lui épargne pas de graves difficultés d'organisation politique.

### ■ Fédéralisme contre centralisme

Les provinces révoltées contre Iturbide ont tôt fait de se proclamer « États libres et souverains ». Leurs représentants ne s'accordent sur la reconstitution de la nation qu'à la condition de se voir garantir une autonomie extrême. Aussi la Constitution de 1824 instaure-t-elle une république fédérale dans laquelle le gouvernement national est pourvu de pouvoirs très limités et de ressources fiscales insignifiantes.

**Bataille de Buena Vista (février 1847) remportée par le général Taylor sur les troupes de Santa Anna (B.N., Paris).**

## ■ *Caudillos* et paysans

Les particularismes locaux sont entretenus par les pouvoirs de fait établis dans le pays à la faveur des guerres. Acteurs politiques de premier plan, les *caudillos* contribuent au désordre général en rivalisant pour occuper le pouvoir national, qu'ils ne peuvent jamais conserver faute de réunir autour de leur personne un consensus suffisant. Ce sont des officiers de l'armée professionnelle, tel Santa Anna, le plus célèbre, onze fois président entre 1833 et 1855, ou bien encore d'anciens insurgés comme Juan Alvarez, l'homme fort qui contrôle la route commerciale de Mexico à Acapulco. C'est lui qui en 1854, commence la révolution d'Ayutla contre la dernière dictature de Santa Anna et conduit les libéraux au pouvoir.

Les *caudillos* s'appuient sur l'armée ou sur le monde rural. Les paysans indiens ou métis participent bon gré mal gré à leurs entreprises en leur fournissant hommes, chevaux et vivres. Ils espèrent ainsi atteindre leurs propres objectifs : conserver les terres collectives et l'autonomie de leurs villages. De grandes rébellions agraires se produisent d'ailleurs à partir des années 1840, aggravant encore l'anarchie. C'est le cas dans la sierra Gorda (État de San Luis Potosí), et plus encore dans la péninsule du Yucatán où sévit, pendant plus d'une décennie, une guerre des castes où les Indiens révoltés entendent en finir

**La fortune du général Santa Anna est intimement liée aux infortunes du Mexique. Le *caudillo* l'a bâtie sur des exploits militaires – par exemple celui de Fort Alamo au Texas – montés en épingle par des propagandistes à sa solde. Lors de la « guerre des gâteaux », face à des canonnières françaises à Veracruz en 1838, Santa Anna perd une jambe qu'il fait enterrer en grande pompe à Mexico… Charisme personnel, pillage des deniers publics, grands domaines où des troupes d'appoint sont recrutées à tout moment, tels sont les « atouts » d'une carrière qui s'est révélée désastreuse pour le pays.**

**Benito Juárez par Aristide Boulineau (B.N., Paris).**

## Le Texas et la guerre avec les États-Unis

La guerre américano-mexicaine de 1846-1848 est l'un des épisodes les plus traumatisants de l'histoire du Mexique indépendant.
Sous le régime fédéral de 1824, le Texas a vu s'accroître sa population de colons anglo-saxons. En 1836, ceux-ci s'opposent à la nouvelle Constitution en invoquant leur attachement au fédéralisme. Mais ils sont en outre protestants et esclavagistes, c'est-à-dire hors-la-loi au regard de la législation mexicaine. L'expédition envoyée par Mexico tourne au désastre et la province rebelle proclame son indépendance.
En 1845, le Texas est rattaché aux États-Unis en dépit des protestations de Mexico. Le Mexique est alors acculé à la déclaration de guerre. Les troupes nord-américaines fondent sur Veracruz et sur le nord du pays. Le traité de Guadalupe-Hidalgo confirme l'humiliation, en enlevant aux Mexicains la moitié du territoire hérité de l'époque coloniale, les vieilles terres de mission de Californie et du Nouveau-Mexique. Santa Anna vendra encore aux États-Unis la petite enclave de La Mesilla, en 1854, pour quelques centaines de milliers de dollars.

avec le pouvoir blanc. La pacification est d'autant plus difficile que le désordre profite toujours à l'une ou l'autre des factions politiques en lice.

### ■ La Réforme libérale

Dès les premières années de la république fédérale, des factions politiques se sont opposées, désignées par les noms de libéraux et de conservateurs. Ces factions s'appuient sur des réseaux de clubs politiques et de clientélisme et n'hésitent pas à faire appel aux *caudillos*. Jusqu'au milieu des années 1850, les conservateurs dominent car le programme des libéraux effraie. Les plus radicaux d'entre eux veulent en effet mettre fin aux privilèges (surtout judiciaires) de l'Église et de l'armée, établir la liberté religieuse, séculariser l'enseignement et utiliser les biens de l'Église pour régler le problème de la dette nationale.
Mis en œuvre sans succès en 1833, ce programme est accompli à partir de 1856 par un nouveau Congrès constituant. Les grandes lois de sécularisation sont scellées par la Constitution de 1857 : c'est la Réforme libérale. Elle s'avère inapplicable car l'instauration de la liberté religieuse débouche sur la sanglante guerre de Trois Ans. Les libéraux vainqueurs, radicalisant leur programme, réalisent la séparation de l'Église et de l'État en 1860. Leur victoire est cependant fragile. Le pays connaît en effet un endettement extérieur désastreux qui justifie, aux yeux des puissances européennes, une intervention militaire.

### ■ L'Empire de Maximilien de Habsbourg

Les premières décennies d'indépendance ont été marquées par plusieurs interventions étrangères, espagnoles et nord-américaines notamment. Une nouvelle, plus grave encore, a lieu à partir de 1862. L'Espagne, le Royaume-Uni et la France mettent leurs canonnières au service d'un consortium de créanciers et leurs troupes débarquent à Veracruz. Tandis qu'Anglais et Espagnols se retirent rapidement, Napoléon III tente de réaliser au Mexique ses grands desseins en vue de constituer un empire latin capable de faire contrepoids à l'hégémonie anglaise. Il est aidé par les milieux conservateurs mexicains. Incapables de vaincre les libéraux par leurs propres moyens, ces derniers ont, depuis 1860, dépêché des émissaires en Europe à la recherche d'un monarque. L'archiduc d'Autriche relève le défi et il est couronné empereur en 1865, sous la protection des troupes françaises. Mais Maximilien, lui-même libéral, déçoit les conservateurs en refusant d'abolir les lois de réforme.
Président de la République en 1862, Benito Juárez incarne la résistance des libéraux, qui reçoivent

**L'exécution de Maximilien en 1867 ; gravure du XIXe s. (B.N., Paris).**

l'aide des États-Unis. En 1867, Maximilien est fusillé et les conservateurs sont définitivement vaincus. La République restaurée voit triompher la Constitution libérale de 1857 tandis que les épreuves traversées et la victoire sur une armée étrangère réputée invincible ont pour effet de galvaniser la fierté nationale.

# Le Porfiriat

La République restaurée a rendu au Mexique sa pleine souveraineté, mais les luttes de factions se poursuivent entre les libéraux vainqueurs. Alors que le pays tout entier aspire à la paix civile, le général Porfirio Díaz, héros de la guerre contre les Français, s'empare du pouvoir en 1876 par le *pronunciamiento* de Tuxtepec. C'est le début du régime porfirien.



## ■ Le pouvoir personnel

Porfirio Díaz est constamment réélu président de la République jusqu'en 1910. Son régime, qui reste placé sous l'égide du libéralisme de 1857, n'est pas une dictature. Le général exerce un pouvoir personnel, plaçant aux postes clés, à tous les niveaux, des hommes de confiance liés par des fidélités souvent forgées dans les combats. Le gouvernement contrôle et gagne toutes les élections. Ainsi prend fin l'ère des *pronunciamientos*. Avec le rétablissement de la paix, les affaires sont devenues plus rentables que l'opposition politique.

## ■ Essor économique et transformations sociales

Le gouvernement de Díaz rétablit en quelques années le crédit extérieur du pays. Il peut alors faire appel aux investisseurs européens et nord-américains attirés par les immenses ressources naturelles du pays. Le Nord minier se développe rapidement, en même temps que les chemins de fer et les ports nécessaires aux exportations. Les grands domaines se modernisent tandis que le textile et les brasseries deviennent les fleurons d'une petite industrie nationale.

Bien que la société reste essentiellement rurale (80 % de paysans en 1910, sur 15 millions d'habitants), elle se transforme durant les trente années du Porfiriat. Une classe moyenne éduquée s'épanouit dans les villes grâce à la croissance économique et à la multiplication des écoles et des collèges. Les mines et l'industrie voient naître la classe ouvrière qui s'organise en sociétés mutualistes avant de subir, au début du XXe s., l'influence de l'anarcho-syndicalisme. Dans les campagnes, la paysannerie connaît une période de répit. Soucieux d'apaiser les tensions, le régime veille à garantir l'existence des terres collectives villageoises sans lesquelles les paysans s'estiment privés de leur sécurité et de leur indépendance.

### ■ La succession présidentielle en 1910

Sous l'influence des Científicos, technocrates qui occupent les principaux ministères, le développement économique s'accélère, à partir de 1900, au détriment des équilibres jusqu'alors respectés par le régime. Dans les terres sucrières du Morelos et ailleurs, les grands domaines privés s'étendent en usurpant les terres villageoises. Le mécontentement paysan se réveille. Dans les régions minières, une crise économique née aux États-Unis se répercute au Mexique en 1907, entraînant des mises à pied brutales. Elle s'étend bientôt à l'ensemble de l'économie.

**Très tôt le régime porfirien s'est placé sous la tutelle philosophique du positivisme d'Auguste Comte. « Ordre et progrès » était d'ailleurs la devise officielle du régime. *Científicos* fut le surnom moqueur donné par leurs adversaires aux jeunes « scientistes » des années 1880 formés dans les lycées modernes. Ils deviennent autour de 1900 les technocrates du régime, experts en matière d'éducation et de finances, mais piètres politiques.**

L'âge avancé de Porfirio Díaz pose le problème de sa succession. En favorisant le clan des Científicos, le vieux *caudillo* réveille une opposition libérale. Les anticléricaux, dénonçant le compromis passé par le régime avec l'Église catholique de nouveau triomphante, réclament l'application des lois de réforme. Alors que Díaz annonce sa huitième candidature au mandat présidentiel, un grand propriétaire du Nord, Francisco Madero, entame une campagne sous le slogan de « Suffrage effectif, non-réélection ». Sa candidature fédérant toutes les oppositions, il est emprisonné pendant les élections de l'été 1910. Le Mexique vient de fêter le centenaire de son indépendance lorsque Madero, exilé aux États-Unis, lance le plan de San Luis Potosí qui appelle ses partisans à déclencher une insurrection le 1er novembre 1910. C'est le début de la Révolution.

**Couverture du *Petit Journal illustré*, janvier 1926. Pendant la Révolution, les trains furent l'enjeu de nombreux combats.**

## La Révolution

Entre 1910 et 1920 le Mexique semble se livrer à l'autodestruction : la Révolution va lui coûter un million de vies humaines, la perte de son réseau ferré, la ruine de son crédit extérieur. Tel était sans doute le prix à payer pour détruire le régime porfirien, oligarchique et sclérosé.

### ■ La guerre civile

Porfirio Díaz renonce à la lutte en mai 1911 et s'exile à Paris, mais l'insurrection n'a pas détruit le régime porfirien. L'armée et les grands clans locaux sont intacts. Élu président, Madero offre en 1912 au pays ses premières élections démocratiques (et les dernières avant l'an 2000), mais il n'est pas en mesure de satisfaire les attentes de la paysannerie. Dans le Morelos, les villageois reprennent les armes à l'appel d'Emiliano Zapata. Devant la montée des désordres, des militaires porfiristes fomentent en février 1913 un coup d'État sanglant. Le Mexique s'embrase.

Au sud les Zapatistes, au nord les constitutionnalistes conduits par Venustiano Carranza, Pancho Villa et Alvaro Obregón mettront deux ans à venir à bout de la dictature de Victoriano Huerta. En 1915-1916, le Mexique achève de se ruiner dans la féroce guerre civile qui oppose les Villistes et les Zapatistes aux Carranzistes soutenus par le génie militaire d'Obregón. La Constitution du 5 février 1917 entérine les grandes revendications exprimées durant la Révolution. En faisant de la nation le propriétaire éminent du sol et du sous-sol, elle rend possible la réforme agraire et la nationalisation des entreprises minières et pétrolières étrangères. En reconnaissant les syndicats, le droit de grève et la journée de huit heures, elle donne au Mexique la législation sociale la plus avancée du monde occidental. Fidèle au libéralisme, elle dépouille les catholiques et l'Église de tout droit d'expression culturel et politique.

### ■ La reconstruction politique

1917 voit la fin des grandes guerres civiles mais non celle des rivalités entre généraux révolutionnaires. Jusqu'en 1940, chaque échéance présidentielle connaît des épisodes de violence et un ou plusieurs *pronunciamientos*.

La fondation du Parti de la révolution nationale (PNR), en 1929, donne cependant un début d'unité à la « famille révolutionnaire ». Sous la présidence de Cárdenas, l'ampleur des distributions de terres et la nationalisation des chemins de fer et du pétrole confèrent au régime un caractère nettement populaire. Aussi le parti devient-il en 1938 un instrument d'intégration politique bien plus large. Sous le nom de Parti de la révolution mexicaine (PRM), il inclut désormais dans la clientèle de l'État les syndicats ouvriers, les organisations paysannes, les fonctionnaires et l'armée.

### ■ Le nationalisme culturel

La Révolution parachève la nation mexicaine grâce à un mouvement culturel d'une ampleur sans équivalent en Amérique latine. Une pléiade d'artistes, d'écrivains, de penseurs se font les artisans d'un

## Le centenaire de l'Indépendance en 1910.

Bien que l'Indépendance ait été consommée en 1821, le XIXe s. a forgé le mythe d'un curé Hidalgo appelant ses compatriotes à la liberté complète, dès 1810, à Dolores. Le 15 septembre 1910 doit être d'autant plus triomphal pour le régime que la huitième élection de Díaz semble ne susciter aucune réaction négative.

Dès le début du nouveau siècle, le gouvernement porfirien a entamé de grands travaux à Mexico pour mettre la capitale au diapason du progrès universel. Tel sera d'ailleurs le principal message des célébrations. Pendant quelques semaines, le Mexique officiel s'illusionne de ses réussites matérielles et culturelles. Des représentants des grandes nations d'Europe, d'Amérique et d'Asie ont été conviés aux festivités. Ils découvrent les bâtiments neufs du ministère des Communications (le réseau télégraphique couvre tout le pays), ceux d'un asile psychiatrique ultramoderne, un opéra en construction, des monuments patriotiques à la gloire de la Réforme… Le régime poursuit son œuvre culturelle en recréant l'université de Mexico, mais affirme aussi son autoritarisme croissant en ouvrant des prisons modèles dans les faubourgs. Inconscient du profond malaise suscité par son blocage politique, le régime est tout sauf prêt à affronter la Révolution.

# Les muralistes mexicains

« Nous condamnons la peinture dite de chevalet et tout l'art des cercles ultra-intellectuels, parce qu'ils sont aristocratiques, et glorifions l'expression de l'art monumental parce qu'il est propriété publique. » Telle fut en 1922 la déclaration d'intention de David Alfaro Siqueiros, l'un des plus grands muralistes mexicains avec Diego Rivera et José Clemente Orozco. Au nom de la révolution du peuple et de l'identité préhispanique, ils inventèrent une peinture exubérante et visionnaire.

▲ ***L'Homme en flammes*** **de José Clemente Orozco (1939 ; hospice Cabañas, Guadalajara).**

## Peindre la Révolution

Après son explosion en 1910, la révolution mexicaine perdure près d'une trentaine années, passant par des périodes de durcissement qui nécessitent des prises de position idéologiques fortes. Dans les premiers temps, le mouvement zapatiste reste confiné dans une problématique spécifiquement mexicaine. Puis, à partir des années 1920, de nombreux intellectuels et artistes trouvent dans l'exemple bolchevique matière à penser et à créer. En mettant leur art au service de la morale révolutionnaire, les peintres jouent un rôle essentiel. Leurs compositions murales puisent leurs sources à la fois dans la tradition précolombienne et dans la lutte des classes marxiste-léniniste.

**▲ Détail d'une fresque de David Alfaro Siqueiros sur le porfirisme et la Révolution (1957-1964 ; musée national d'Histoire, Mexico).**

## Un art social

En 1923, un syndicat des peintres, sculpteurs et graveurs révolutionnaires est fondé, avec David Siqueiros comme premier secrétaire général. Il rassemble les peintres les plus engagés, tels Diego Rivera, Xavier Guerrero, José Clemente Orozco et Siqueiros lui-même. Selon l'expression d'Orozco, il faut socialiser l'art et détruire l'individualisme bourgeois. En plein cœur de Mexico, l'ancien collège jésuite San Ildefonso converti en école préparatoire devient le grand chantier de leur inspiration révolutionnaire. Commanditées en 1921 par l'audacieux ministre de l'Éducation nationale, José Vasconcelos, les fresques des principaux artistes couvrent les murs des trois étages, exaltant la révolution mexicaine, la race indienne, l'éducation populaire et la force ouvrière. Dans l'amphithéâtre Bolívar, Rivera peint à l'encaustique sa vision de la Création sur 110 $m^2$.

◀ **Détail (l'appel de Miguel Hidalgo au soulèvement populaire) d'une fresque de Juan O'Gorman retraçant l'histoire de l'indépendance du Mexique (1961 ; musée national d'Histoire, Mexico).**

## ■ Les trois pinceaux

Si les thèmes sont identiques, les tempéraments des trois grands muralistes induisent une peinture très différente. Siqueiros est le plus engagé politiquement. Compromis dans l'attentat manqué contre Trotski, il participe à la guerre civile espagnole et est emprisonné à plusieurs reprises. Sa peinture reflète son idéologie militante et une violence traduite à grands coups de pinceaux enflammés. Il utilise les premières peintures acryliques sur des ciments à prise rapide. Diego Rivera, le rêveur sensuel, se cantonne à un registre symbolique, multipliant les hommages à la terre nourricière, aux belles femmes et à l'héroïsme du peuple indien. Ses fresques du Palais national de Mexico traduisent son talent d'aquarelliste et une certaine influence des cubistes qu'il a fréquentés à Paris. Quant à Orozco, marqué par la Renaissance italienne, il est le plus accompli et le plus universel des trois peintres. Idéaliste déçu par les remous de l'histoire, il finit par dénoncer la révolution mexicaine comme une farce sanglante. La corruption et la prostitution inspirent son œuvre couronnée par une orgiaque fin du monde peinte dans la chapelle de l'hospice Cabañas à Guadalajara.

## ■ À la recherche d'universalité

Après l'apogée des années 1930-1940, le muralisme décline parallèlement à l'essoufflement des idéaux révolutionnaires. Une réaction tente de lui conférer une nouvelle universalité. Mais la manière est ambiguë : il s'agit en effet de renoncer à l'idéologie ouvertement marxiste sans renier l'idéal des initiateurs du mouvement. Ainsi défini, le muralisme aura à nouveau de beaux jours devant lui. Les commandes de l'État affluent, en particulier sous la présidence de Lázaro Cárdenas et plus encore sous celle de Ruiz Cortinez, de 1952 à 1958, période marquée par une intense production comme par la banalisation du muralisme mexicain. Seul Siqueiros reste fidèle au réalisme socialiste, peignant en relief sur les murs extérieurs de l'*Hotel Mexico* en 1971, *La Marche de l'humanité sur la terre et le cosmos*. D'autres artistes, comme Rufino Tamayo, évoluent vers une vision plus personnelle axée sur la symbolique poétique ou le folklore.

nationalisme culturel qui exalte les héritages précolombien et colonial et donne au métissage un contenu éminemment positif. Le muralisme le met en images tandis que le régime déploie des moyens sans précédent pour diffuser les valeurs communes en généralisant l'école primaire. Si l'analphabétisme (75 % de la population en 1910) recule lentement, la radio et le cinéma (l'un des plus prospères du monde dans les années 1940) popularisent les héros et les idéaux de la Révolution.

La révolution culturelle a cependant ses limites. Dans les régions du Centre-Ouest où la culture catholique et l'influence de l'Église sont très enracinées, les attaques du régime contre le culte entraînent les paysans dans une guerre civile au nom du Christ-Roi (la Christiade). Cárdenas doit revenir à une politique religieuse de compromis face à l'échec de l'« éducation socialiste » promue par les idéologues les plus radicaux de la laïcisation.

### L'indigénisme

Le libéralisme a théoriquement fait des Indiens des citoyens comme les autres. Cependant, les gouvernants du XIXe s., tout en s'attaquant à leur organisation communautaire traditionnelle, n'ont pas su les intégrer au projet national. Pour les Porfiriens, ils ne sont qu'un obstacle au progrès.

Avec la Révolution, le regard sur les Indiens va changer. L'anthropologue Manuel Gamio revalorise les anciennes civilisations tout en attirant l'attention sur la misère des indigènes de 1920. De son côté, Manuel Saenz, ministre de l'Éducation en 1925, développe « l'école rurale » jusque dans les régions les plus reculées. À partir de 1950, l'Institut national indigéniste (INI) met en œuvre des politiques de développement dans les États à forte population indienne comme le Chiapas et l'Oaxaca.

L'indigénisme est toujours fondé sur une prétention ambiguë : il faut « civiliser » les Indiens, jugés au fond incapables de progrès par eux-mêmes. Dans la pratique, la collusion des autorités politiques avec les intérêts économiques locaux a, la plupart du temps, ruiné les efforts des indigénistes sincères. La rébellion « néozapatiste » de 1994 témoigne éloquemment de l'échec des politiques indigénistes.

## Vie et mort du système priiste

Autour de 1945, les militaires et hommes politiques issus des rangs révolutionnaires commencent à se retirer tandis qu'une nouvelle génération, formée dans le parti et les administrations civiles, est prête à prendre la relève. Fidèle aux idéaux progressistes de la Révolution, cette dernière lance le Mexique dans la modernisation et la croissance industrielle, mais au détriment de la démocratie politique et de la justice sociale : les politologues mexicains ont comparé cette période à un nouveau Porfiriat.

### ■ Hégémonie du PRI et industrialisation

En 1946, le PRM devient le Parti révolutionnaire institutionnel (PRI), dont l'armée ne fait plus partie. L'opposition, bien que légale, est découragée par la répression qui s'abat sur ses militants lors de chaque élection. Seul le Parti d'action nationale (PAN), qui regroupe depuis 1939 des conservateurs et des démocrates-chrétiens, fait figure d'authentique alternative idéologique à l'hégémonie priiste, mais il végète jusqu'aux années 1990.

Cette stabilité politique est mise au service d'une nouvelle politique économique. Dès l'avènement du PRI, l'heure n'est plus à la réforme agraire mais à l'industrialisation, sous l'égide de l'État. Il s'agit de produire des biens de consommation pour les classes moyennes. Le processus repose sur l'appel aux entreprises étrangères, sur l'existence d'un ample secteur public et sur le protectionnisme.

## ■ Les raisons d'une longévité exceptionnelle

Le système priiste repose sur un présidentialisme extrême. Le chef de l'État doit sa toute-puissance, paradoxalement, à sa non-réélection, un dogme depuis 1929. Pendant six ans, il est le maître absolu des destinées du PRI et du pays, et il désigne son successeur. Le système doit aussi sa stabilité au clientélisme d'État. Les syndicats, inclus dans le PRI, assurent la paix sociale en échange d'un minimum de sécurité. Corrompus et paternalistes, les leaders sont inamovibles, tel Fidel Velazquez, resté durant cinquante ans à la tête de la Confédération des travailleurs mexicains…

Les intellectuels ont contribué à légitimer le système. Convaincus que le PRI était la seule incarnation du progressisme, ils l'ont soutenu en passant outre à l'absence de démocratie. Le régime a su conserver leur fidélité en finançant généreusement des musées prestigieux, des maisons d'édition et des universités de haut niveau. Même après les événements de 1968, où l'armée tira sur une foule d'étudiants au moment du lancement des Jeux olympiques de Mexico, seuls quelques-uns, en particulier Octavio Paz, renoncèrent à leur légitimisme foncier.

## ■ Libéralisme économique et alternance politique

À partir de 1970 l'économie mexicaine souffre d'un manque de compétitivité qui va de pair avec un endettement croissant. Mais la rigidité du système est telle qu'aucune réforme n'est tentée avant la présidence de Carlos Salinas, dont l'élection en 1988 est entachée par une fraude scandaleuse. Salinas donne à sa politique le nom de « libéralisme social ». L'entrée du Mexique dans le traité de libre-échange avec les États-Unis et le Canada (ALENA) consacre en 1994 la fin du modèle de développement incarné par le PRI. Parallèlement, Salinas laisse l'opposition de gauche et surtout de droite (le PAN) gagner des États et des mairies, tandis qu'un Institut fédéral électoral indépendant veille à l'honnêteté des scrutins. Son successeur, Ernesto Zedillo, va plus loin en refusant de désigner lui-même le candidat du PRI aux élections de juillet 2000. C'est le candidat du PAN, Vicente Fox, qui l'emporte. Son élection, qui met fin à soixante et onze ans de « politique révolutionnaire », témoigne de l'extrême lassitude de la population face à la corruption et à l'impunité du PRI.

# L'art de Nouvelle-Espagne

*par Jean-Paul Duviols,*
*professeur à l'université de Paris-IV*

Nouvelle-Espagne : le terme évoque bien la domination que les Espagnols veulent imposer aux habitants du futur Mexique ; nulle acculturation, mais bien l'apport de la civilisation hispanique sur un terrain considéré comme vierge, ou rendu tel par les armes. Il n'est donc pas surprenant qu'il faille de longues années avant que des traces autochtones deviennent perceptibles dans l'art. Elles ne resteront que traces : il est révélateur que le baroque, art européen, soit identifié à « l'art colonial », au Mexique comme dans tous les territoires touchés par l'expansion coloniale des XVII$^{e}$ et XVIII$^{e}$ s. Ainsi les résurgences d'un répertoire préhispanique à travers le vocabulaire des formes baroques ne contribueront-elles que très partiellement à fonder la spécificité de l'art de la Nouvelle-Espagne.

## La « conquête spirituelle »

La conquête militaire de l'empire aztèque s'achève par sa destruction systématique. Les temples des Mexicas sont anéantis et remplacés par une architecture nouvelle, largement européenne, élevée parfois sur les bases mêmes des édifices précoloniaux. Pendant tout le XVI$^{e}$ s., qui est celui de l'évangélisation de la colonie, cette architecture se retrouve essentiellement dans les fondations monastiques.

### ■ Des moines bâtisseurs

En 1525, douze Franciscains arrivent à Mexico. Tels les douze apôtres du Christ, ils entreprennent la conquête spirituelle de ce Nouveau Monde et s'installent dans la vallée de Mexico, dans les régions de Puebla et de Tlaxcala, puis dans le Michoacán (lac de Pátzcuaro). D'autres ordres mendiants participent à l'œuvre d'évangélisation. En 1526, les Dominicains se rendent à leur tour en Nouvelle-Espagne et s'installent à Puebla, Oaxaca et dans l'isthme de Tehuantepec. Ils sont suivis en 1533 par les Augustins, qui s'en vont prêcher à l'O. dans l'État actuel de Mexico et le Michoacán, au S. dans l'État de Guerrero, au N. dans la région otomí. Avec zèle, ces ordres mendiants bâtissent de nombreux monastères qui sont autant de lieux d'enseignement de l'Évangile. Ces ensembles regroupent toutes les structures traditionnelles connues en Europe : cloître, conciergerie, réfectoire avec cuisine, salle capitulaire, cellules, église. Celle-ci ne comporte le plus souvent qu'une seule nef sans transept, achevée par une abside dépourvue d'ouverture. Le chœur, de grande dimension, permet de réunir de nombreux fidèles près de l'autel et de la chaire. De l'extérieur, avec ses murs jalonnés de contreforts, l'église monastique ressemble à une petite forteresse, aspect renforcé par la présence de créneaux qui n'ont souvent qu'une valeur décorative.

## ■ Des styles à l'image de l'Europe

Pendant ce premier siècle de la colonisation et de l'implantation du christianisme, on retrouve en Nouvelle-Espagne les formes artistiques qui caractérisent la Renaissance espagnole de l'époque des Rois Catholiques, puis des règnes de Charles Quint et de Philippe II. Au cours de cette période de domination et d'affirmation espagnoles, les constructions, châteaux, églises, couvents ou autres édifices, reproduisent les mêmes styles – gothique, Renaissance, mudéjar – que ceux de l'Espagne. Il s'agit bien alors, sur le plan artistique, d'une « nouvelle Espagne » ; ainsi, par exemple, la cathédrale de Puebla ne diffère-t-elle pratiquement pas de l'église du monastère de l'Escurial. Plus sobre dans ses premières réalisations, l'art plateresque *(plateresco)* orne les structures encore gothiques des édifices religieux, comme à Atotonilco el Grande, qui garde une rosace « médiévale ». Le couvent offre une ornementation riche et fouillée autour des portes et des fenêtres ou dans les parties supérieures des façades, rappelant ainsi le travail de l'orfèvre *(platero)*.

**Dans la lignée des cloîtres romans, ceux de Nouvelle-Espagne, bien que d'une grande variété, comportent en général deux galeries superposées. Espaces fermés et silencieux propices à la méditation, ils pouvaient servir aussi de lieu d'enseignement, comme en témoignent leurs peintures murales, généralement réalisées à des fins didactiques.**

**Acolman fut l'un des tout premiers couvents fondés par les Augustins (1539-1560). Son portail Renaissance vient atténuer la rigueur toute militaire des créneaux et merlons qui courent de part et d'autre du clocher.**

On trouve aussi, dès le XVI^e s., des éléments non négligeables d'art mudéjar, celui des Musulmans restés sous domination chrétienne après la Reconquête. Cet art fortement marqué par les éléments islamiques, qui utilise la brique, la céramique, le bois (plafonds à caissons) et le plâtre, persistera en Nouvelle-Espagne jusqu'au XVIII^e s.

**■ Les innovations des missionnaires**

Certains éléments de cette architecture religieuse sont en revanche originaux et dérivent d'une nécessité évangélisatrice. Ainsi en est-il de l'atrium, grande cour carrée close de murs et ornée d'une croix en son centre, qui permettait à la foule des Indiens d'assister aux offices en plein air. Aux angles de ce vaste espace s'élèvent des chapelles secondaires appelées *capillas posas.* Lors des processions qui se déroulaient dans l'atrium, les catéchumènes opéraient des stations devant ces petits sanctuaires au toit pyramidal, qui marquaient symboliquement les limites du monde. Toujours dans le souci d'évangéliser le plus grand nombre, les ensembles monastiques de Nouvelle-Espagne se caractérisent également par la présence d'une chapelle ouverte *(capilla abierta)* ou « chapelle d'Indiens », à une ou plusieurs voûtes (Acolman, Actopan). C'est depuis cette chapelle donnant sur l'atrium ou sur un large parvis que les missionnaires espagnols célébraient la messe le dimanche et les jours de fête. Atrium, chapelles *posas* et chapelle ouverte constituaient ainsi une véritable église en plein air accessible à tous.

**Le couvent de Huejotzingo *(→ p. 296)*, l'une des premières fondations franciscaines en Nouvelle-Espagne, abrite quatre remarquables chapelles *posas.* Quant au couvent d'Actopan *(→ p. 317)*, fondé par les Augustins, il est surtout connu pour sa chapelle ouverte décorée de fresques.**

**Chapelle ouverte San Camilo du couvent franciscain de Tzintzuntzan. À dr. se dresse la sobre façade plateresque de l'église.**

# Le baroque, un art au service de la foi

Nouvelle manière expressive foisonnante, exhibitionniste même, le baroque se développa au début du XVII$^{e}$ s. et s'épanouit jusqu'au XVIII$^{e}$ s. Né à Rome, il se répandit rapidement dans toute l'Europe puis dans ses colonies, et notamment au Mexique, étalant jusque dans le moindre *pueblo* le manteau somptueux du catholicisme et de la monarchie triomphants.

**Baroque : ce mot d'origine portugaise *(barroco)* désigne à l'origine une perle de forme irrégulière. On le retrouve également en espagnol *(berrucco)*, dans le vocabulaire technique des joailliers du XVI$^{e}$ s.**

## ■ L'art de la Contre-Réforme

Alors que les conquêtes coloniales bouleversent les équilibres du monde et changent la conception même que l'on peut avoir de l'univers, l'Église catholique doit réaffirmer sa suprématie, entreprendre un vaste travail de restauration doctrinale face à la Réforme, soutenir l'absolutisme des monarchies européennes : ce sera la Contre-Réforme. En réponse aux attaques de Luther et de Calvin, Rome œuvre pour un redressement spirituel, renforce sa lutte contre les hérésies en renforçant le rôle de l'Inquisition, et s'engage dans de vastes actions missionnaires menées d'abord par les ordres mendiants. Les Jésuites, qui arrivent en Nouvelle-Espagne en 1572, prendront le relais jusqu'à leur expulsion, en 1767 ; ils joueront un rôle considérable dans le développement du « deuxième âge » du baroque mexicain.

Pour fonder ce renouveau, le concile œcuménique réuni à Trente de 1545 à 1563 définit le dogme : il confirme la référence à la Bible et aux Pères de l'Église, renforce la pratique des sacrements et le culte de la Vierge et des saints, confirme l'usage du latin dans les offices. Lors de sa dernière session, en décembre 1563, il souligne l'importance de la vénération des images, manifestant sa volonté de les utiliser pour la propagation de la foi et l'édification des fidèles, afin de les conduire sur la voie du salut. À l'évidence, un tel programme ne pouvait que trouver sa place dans la dynamique d'évangélisation mise en œuvre en Nouvelle-Espagne.

## ■ Un outil pastoral

En Europe, les principes du concile de Trente avaient pris forme, à partir de 1600, dans l'architecture et dans les arts plastiques, trouvant leur parfaite expression esthétique dans l'art baroque. Dans son exubérance et par l'ampleur de ses réalisations, ce style voulait impressionner, éblouir. En se détournant de l'inspiration gréco-latine qui avait été celle de la Renaissance et en puisant sa thématique dans le patrimoine chrétien, il devenait en quelque sorte le manifeste du catholicisme triomphant de l'Église romaine. Par son iconographie – anges, saints, extases ou triomphes mystiques –, il révélait à la fois une volonté de pouvoir et un souci pédagogique destiné à populariser la doctrine catholique. En effet, l'art baroque n'était pas seulement une représentation : il était aussi un discours, une démonstration, un outil de conversion. Conçu pour louer Dieu, il devait aussi agir sur les hommes. En cela, il pouvait aisément devenir un art missionnaire.

### ■ Un désordre apparent, mais riche de sens

Souvent assimilé à l'« art colonial », au Mexique et sur tout le continent américain, le baroque peut se définir comme la transposition de l'art religieux et civil de l'Ancien Monde en Amérique espagnole et portugaise. Là comme ici, il se caractérise par l'ampleur des édifices, le choix privilégié de la courbe dans les plans et dans la décoration où règnent l'« horreur du vide » et l'exubérance de l'ornementation, ainsi que par la richesse et la variété des matériaux employés. Autant de traits qui perdureront jusqu'à l'époque rococo, qui incarne d'une certaine manière sa décadence. Mais au-delà de cette apparence, des torsades, volutes, motifs floraux, angelots ou nuages qui frappent immédiatement, les œuvres du baroque renferment un univers de symboles issus de la théologie. On peut affirmer que dans cet art si particulier tout a une fonction ou une valeur précise. Rien n'y est dû à l'extravagance, encore moins à une inutile fantaisie ; chaque élément de la composition est porteur de sens. Mais alors que le style de la Renaissance véhiculait des influences antiques, c'est un message chrétien – catholique – que transmet le baroque.

**Le style baroque se développe en opposition à la rigueur rationnelle de la Renaissance. Privilégiant la dynamique des courbes, l'ovale ou le cercle, il cherche à créer par le foisonnement et la luxuriance ornementale des effets impressionnants et spectaculaires.**

## Le baroque en Nouvelle-Espagne

Avec l'expansion coloniale et la stabilisation de la société, d'énormes fortunes accumulées par des particuliers contribuent à la croissance et à l'épanouissement de l'art, surtout religieux. L'inquiétude relative au salut de leurs âmes incite en effet de nombreux Espagnols et créoles à se montrer généreux avec l'Église. Ils accompagnent ou relaient ainsi les réalisations missionnaires des religieux eux-mêmes. En outre, au XVII$^{e}$ s., les ordres religieux perdent la direction des paroisses au profit des prêtres, plus

*« Le monde colonial était la projection d'une société qui avait déjà atteint sa maturité et sa stabilité en Europe. Son originalité était faible. La Nouvelle-Espagne ne cherche ni n'invente : elle applique et adapte. »*

Octavio Paz

souvent amenés à solliciter et à recueillir les financements laïcs. Le style architectural change alors radicalement ; il intègre désormais le souci essentiel d'exprimer le surnaturel et de véhiculer le message de l'Église.

### ■ La variété du répertoire décoratif

On a qualifié le baroque hispano-américain de « *teología monumental* ». La répétition des sujets, dans le décor architectural comme dans la peinture, s'y explique par la volonté d'en faire l'instrument d'une prédication destinée à des analphabètes, pour qui l'émotion visuelle est facteur de mémorisation. Il s'agit donc d'impressionner par une authentique pédagogie de l'image les habitants d'un territoire qui constitue, aux yeux des missionnaires, une nouvelle Terre promise. Tout un monde symbolique enrichit alors l'univers plastique hispano-américain, celui des emblèmes, des constellations et des planètes. Le Christ devient soleil au centre des douze signes du zodiaque qui représentent les douze apôtres ; les arbres y sont symboles de la vie nouvelle ; les cinq sens deviennent allégories ; flore et bestiaire se font symboles… Très tôt seront représentés anges, saints et martyrs, figures propres à éveiller foi, mystère et merveilleux.

### ■ Un art d'adaptation

On peut se demander si tous les éléments formels ou thématiques composant le répertoire sont spécifiques du baroque latino-américain, et plus précisément mexicain. Il semble en fait que rien n'ait été inventé. Les splendides réalisations de Santa Prisca de Taxco, d'Ocotlán, de la chapelle du Rosario à Puebla, de l'église de Tlacolula, ne révèlent aucune composante d'architecture, de sculpture ou de peinture qui n'existe déjà dans le baroque espagnol. C'est donc dans l'adaptation et dans la transformation que s'est forgée peu à peu l'originalité du style local.

Les architectes, les maçons, les charpentiers, les sculpteurs sur bois, les doreurs, les peintres eux-mêmes, tous les artisans qui ont participé à la construction des églises et des couvents, suivaient en effet les directives des théologiens et des autorités ecclésiastiques. Il est peu probable, comme on se plaît à le dire souvent, que les artistes aient été des créateurs originaux laissant libre cours à leur fantaisie ; leur connaissance de l'histoire religieuse dans sa complexité devait être limitée, et ils n'étaient sans doute pas autorisés à prendre des initiatives personnelles.

### ■ Un style en évolution

D'abord relativement sobre, le baroque du Nouveau Monde évolue. Les historiens de l'art en distinguent ainsi deux périodes consécutives. La première période du baroque en Nouvelle-Espagne (1630-1730), transposition du baroque européen, développe progressivement ses particularités et son originalité. C'est un art de mélanges, un art partiellement métissé *(mestizo)* avec l'apport minutieux des artistes indiens. Un art altéré dans ses formes, dans ses proportions et dans son ordonnance originelles qui s'éloigne définitivement des canons de l'harmonie classique, disloquant les formes, exprimant une vision tragique de la vie, devenant porteur de mystère.

La seconde période, l'« apogée du baroque » selon l'historien de l'art mexicain Manuel Toussaint, durant laquelle s'étalent sa richesse et sa splendeur, est celle qui voit ses réalisations les plus audacieuses. Elle se situe entre 1730 et 1780. À partir de cette date, un décret du roi Charles III interdit la construction de retables en bois doré. Il fallait revenir à la sobriété, au « bon goût ». Ne sont dès lors autorisés que les retables de type classique, en pierre ou en bois imitant le marbre. Les sculptures deviennent rigides et les ornements disparaissent. Certains chefs-d'œuvre baroques sont même détruits, tels les retables des églises

# L'art churrigueresque

Souvent qualifié d'ultra-baroque, l'art churrigueresque est au Mexique le dernier avatar du baroque, se déployant aussi bien dans les édifices officiels que dans les réalisations de style *poblano*. « Redondance du baroque extrême », « bouillonnement tumultueux » et échevelé, il conduit jusqu'à la dématérialisation du mur sous le foisonnement du décor. Son nom vient de celui de l'architecte espagnol José Churriguera (1665-1725) à qui l'on a coutume d'attribuer la création de ce style.

**▲ La cathédrale de Zacatecas (1730-1760), ville enrichie par l'exploitation des mines d'argent, constitue l'une des plus remarquables réalisations de l'art churrigueresque. La délicate ornementation de pierre du triple portail se poursuit sur les deux tours.**

## Tout pour le décor

L'art churrigueresque est essentiellement ornemental. La structure des édifices disparaît presque entièrement sous la prolifération du décor de sculptures, de peintures, de stuc, de dorures ou de céramiques polychromes. Ce luxe, souvent plus excessif que raffiné, se développe dès le milieu du XVII^e^ s. Dû majoritairement à des artistes locaux, il deviendra exubérant, recouvrant toutes les surfaces que proposent les structures architecturales, extérieures ou intérieures.

**▲ La chapelle du Rosario de San Cristóbal à Puebla, sculptée par des Indiens, est d'une incomparable somptuosité. Son impressionnante beauté lui a valu d'être qualifiée de « huitième merveille du monde ». Trois voûtes recouvertes d'anges, d'oiseaux, de feuillages, d'azulejos, de peintures, et de statues, éblouissantes de polychromie et de dorures, composent la chapelle où sont représentées la Foi, l'Espérance et la Charité.**

**▲ Le porche du sanctuaire d'Ocotlán, dont la réalisation architecturale a été attribuée à l'Indien Francisco Miguel, est l'une des grandes réussites de l'art baroque** **(→ *aussi ill. p. 359*).**

▲ L'église de Santa Prisca, à Taxco, érigée de 1748 à 1758 est l'offrande de José de la Borda qui remerciait ainsi le Ciel pour avoir découvert de riches filons argentifères. La façade et les tours sont finement ciselées ; à l'intérieur, les retables sont des chefs-d'œuvre churrigueresques.

À l'intérieur de l'église San Francisco d'Acatepec, le stuc a été modelé par des maîtres qui ont su allier aux sujets traditionnels les rocailles de style Louis XV et les revêtements dus à la fantaisie et au savoir-faire des céramistes de l'« école » de Puebla. ▼

### « Par la main des anges... »

Rien n'est trop beau ni trop riche pour louer Dieu et manifester sa gloire, dans laquelle sont entraînés prophètes, saints et martyrs, et pour séduire et impressionner les fidèles : tel est le sens de ces parures somptueuses. Comme l'écrit Manuel Toussaint : « Chaque temple semble un joyau sculpté par la main des anges. La raison et la critique doivent céder le pas à la foi délirante, à l'imagination au service de Dieu, à un mysticisme plastique, tout à la fois prière et torture. »

### L'apogée au Mexique, le déclin en Espagne

Le style churrigueresque exprime la prospérité économique de la Nouvelle-Espagne et le pouvoir de l'Église. Les Jésuites en font l'outil de la propagation de la foi : Tepotzotlán (→ *ill. p. 351)*, leur séminaire, est l'une de ses plus remarquables réalisations. C'est aussi le style de l'ère des généreux vice-rois, la période fastueuse de Palafox, de l'archevêque Lorenzana, et des fortunes accumulées grâce à la découverte de mines d'argent, comme celle de José de la Borda à Taxco qui fit construire Santa Prisca. Mais paradoxalement, à cette même époque, il exprime dans la péninsule Ibérique les derniers feux de la puissance espagnole…

de Celaya et ceux de Santo Domingo et de la Profesa à Mexico.
Ces changements se font progressivement, suivant l'évolution de la société coloniale : l'art reflète les mutations qui s'opèrent dans un pays qui affirme peu à peu sa personnalité et où commence à se former une conscience nationale.

## Les créations baroques mexicaines

Plus vastes que celles de la période précédente, les églises paroissiales baroques ont été construites selon un plan répétitif, celui de la croix latine. À la croisée du transept, une coupole, et de chaque côté de l'entrée, deux clochers : rares sont les églises qui ne correspondent pas à ce plan. En cela, les structures sont semblables aux réalisations européennes. L'originalité se trouve dans la disposition de l'ornementation et dans son accumulation. Quant aux thèmes iconographiques, ils se laissent imprégner peu à peu d'influences locales, parfois même précoloniales, qui conduiront à identifier un baroque à la fois *poblano*, populaire, et *mestizo*, métis, surtout développé dans les localités rurales et minières.

### ■ Façades et retables

Pour renforcer la pompe et la splendeur des actes liturgiques, les églises sont richement ornées. L'originalité du baroque de la Nouvelle-Espagne repose essentiellement sur la diversité du langage décoratif qui se concentre sur les façades et les retables intérieurs ; surchargés, ils mêlent statues aux draperies tumultueuses, colonnes, cadres, peintures en trompe l'œil, dorures, miroirs…
Comme dans de nombreuses réalisations européennes, en Andalousie notamment, ces deux éléments se répondent : la façade n'est qu'une sorte de retable extérieur, soulignant le caractère sacré de l'édifice, enseignant le passant et annonçant le message spirituel exprimé dans le chœur même du sanctuaire. La composition grandiose et complexe des façades ou des retables propose une iconographie didactique qui suppose une lecture édifiante. Ainsi, la façade du sanctuaire d'Ocotlán offre un programme foisonnant qui exalte Marie, reine des anges de l'Église universelle, le Christ, saint Joseph et les sept archanges. La *portada*-retable de Santa Prisca, pour sa part, s'insère dans une décoration exubé-

### Richesse du baroque, préceptes évangéliques

La richesse ostentatoire du baroque peut apparaître en contradiction avec les préceptes des Évangiles, qui prônent la pauvreté et le détachement à l'égard des biens matériels. Cependant, il n'est fait mention nulle part de quelque interdiction concernant la richesse dans les célébrations, dans l'architecture ou la décoration des lieux de culte. Aussi l'Église a-t-elle considéré que lorsque les conditions économiques le permettaient, les richesses constituaient d'appréciables offrandes collectives, des marques de ferveur et des signes de louange témoignant de la grandeur divine.
L'or qui recouvre une grande partie des ornementations baroques est aussi un symbole de pureté et d'inaltérabilité. Il est dit dans le livre des Rois (I, VI, 29-32) : « Il fit tout sculpter autour du temple, sur les murs, à l'intérieur comme à l'extérieur, de chérubins, de palmes et de guirlandes de fleurs. Il fit aussi recouvrir d'or aussi bien l'intérieur que l'extérieur de l'espace du temple. » Ainsi la richesse baroque peut-elle à juste titre se revendiquer l'héritière de la splendeur du temple de Salomon.

rante qui recouvre jusqu'aux tours, comme à Zacatecas. On retrouve dans le répertoire décoratif des façades et des retables des éléments anthropomorphes. Ainsi, dans la chapelle du Rosario de Puebla, la figure humaine apparaît comme une fleur dans un bourgeon d'acanthe. La Capilla del Pocito et la basilique de Nuestra Señora de Guadalupe de Mexico révèlent un baroque typiquement mexicain, à la louange du miracle de l'apparition de la Vierge à l'Indien Juan Diego : missionnaires comme artistes autochtones ont à cœur de représenter les héros de la toute jeune histoire religieuse de la Nouvelle-Espagne.

### ■ Colonnes et piliers

L'une des caractéristiques de l'art de la Nouvelle-Espagne est le très important développement de formes nouvelles s'éloignant des normes classiques pour pousser à l'extrême les traits du baroque, dans les colonnes et les piliers des façades et des retables. Cette tendance s'amorce déjà sur la façade principale de la cathédrale de Puebla (première moitié du XVII^e^ s.), où les piliers sont striés à partir du premier tiers de leur hauteur. Ailleurs, ils s'ornent bientôt de cannelures ondoyantes ou même en zigzag ; on trouve un antécédent de ces réalisations, présentes dans l'église San Bernardo et la chapelle du Salto del Agua de Mexico, sur la façade de San Telmo, à Séville. Dans la seconde moitié du XVII^e^ s. et la première du XVIII^e^ s. apparaissent des piliers plats sur lesquels se donne libre cours la fantaisie ornementale (cathédrale de Morelia, ancien édifice des douanes de Mexico). Au tournant de ces deux siècles, un renforcement de l'ornementation dans le bas des colonnes est manifeste ; il est même exubérant sur la façade de l'église de la Enseñanza de Mexico ou de la cathédrale d'Oaxaca.

### ■ Des formes emblématiques

Essayant de retrouver l'art divin du Temple de Jérusalem, le bénédictin Juan Ricci attribua le terme « d'ordre salomonien » *(orden salomónico)* à des colonnes hélicoïdales dites *salomónicas*, qui sont presque devenues emblématiques du baroque au Mexique. Dans la seconde moitié du XVIIe s., cette forme, qui suggère la légèreté, une ondulation et un mouvement ascensionnel sans fin, atteint son apogée. La façade de la cathédrale de Zacatecas, ou encore celle de la cathédrale de San Luis Potosí, en sont parmi les plus beaux exemples.

Probablement dérivé des colonnes caryatides, elles aussi fréquemment utilisées, l'*estípite* est sans doute l'élément décoratif le plus original du baroque de la Nouvelle-Espagne. Son origine est lointaine : les

**Éléments constitutifs de l'art baroque, les colonnes salomoniques (ici sur la façade de Santa Prisca de Taxco) contribuent à donner une dynamique ascensionnelle aux compositions monumentales.**

## Lorenzo Rodríguez

Cet architecte né à Guadix (Grenade) en 1704 se trouvait à Mexico dès 1730. Il a été l'un des dessinateurs les plus fastueux et sans doute le plus remarquable architecte du baroque en Nouvelle-Espagne. Son œuvre maîtresse est le Sagrario *(→ ill. p. 152 et 200)* de la cathédrale de Mexico (1749-1767). Il a dessiné une façade-retable monumentale sur deux côtés, en utilisant le *tezontle* (pierre volcanique). Les éléments qui caractérisent le porche sont les *estípites* qui seront dès lors indissociables de l'architecture du XVIII^e^ s. en Nouvelle-Espagne et que l'architecte avait pu observer sur quelques façades sévillanes.

Comprendre

**Venus d'Andalousie, les *estípites* se superposent pour former à eux seuls des colonnes, comme ici, à l'église du Sagrario de Mexico. Forme architectonique à l'origine, ils se confondront peu à peu avec le décor sculpté qui les recouvre.**

**Talavera est une petite ville d'Espagne, sur le Tage, célèbre pour ses céramiques où domine la couleur bleue, *azul* : de là viennent les noms de « talaveras » et « azulejos » donnés aux carreaux de céramique vernissée.**

Grecs et les Romains l'utilisaient comme support de bustes sculptés. En Espagne, l'initiateur en est Churriguera. L'*estípite* est formé de troncs de pyramides très élancés, inversés dans leur superposition. Il rompt à la fois avec la tradition de la colonne classique et avec les torsades des colonnes *salomónicas*. Introduit au Mexique par le sculpteur sévillan Jerónimo de Balbás qui l'utilisa pour la première fois dans le retable des Rois de la cathédrale de Mexico, il fut essentiellement employé et diffusé par Lorenzo Rodríguez.

### ■ Stuc, *yeserías* et céramique

Recouvrant les voûtes, les piliers, les coupoles, les socles des statues, un matériau convenait particulièrement à la mise en œuvre des formes baroques, toutes de rondeur et de foisonnement : le stuc. L'utilisation du *barroco estucado* connaît son apogée mexicaine dans la seconde moitié du XVII^e s., avec les somptueuses réalisations de la chapelle du Rosaire (Capilla del Rosario) à Puebla, de Santo Domingo à Oaxaca et du sanctuaire du Santo Cristo à Toluca. Mais il reste présent dans l'ornementation tout au long du XVIII^e s. : Santa María Tonantzintla *(→ ill. p. 297)*, Ocotlán ou Tepotzotlán). Directement issues de l'art musulman d'Andalousie, les *yeserías* ajoutent aux stucs leurs frises de plâtre sculptées de motifs géométriques répétitifs.

Notamment dans les régions de Puebla et de Tlaxcala, l'art du stuc trouve un complément avec l'usage des céramiques vernissées, appelées azulejos ou *talaveras (→ ill. p. 154)*. L'application extérieure de carreaux vernissés sur l'architecture permet de réaliser une ornementation nouvelle, polychrome, brillante et inaltérable, qui rend visible de très loin les effets du baroque sur les dômes, les façades et les tours des sanctuaires. Ce *barroco talaveresco* apparaît au XVII^e s. et connaît son plus grand développement au milieu du XVIII^e s., où il s'étend à tout le pays. La façade, le clocher et le campanile de San Francisco d'Acatepec sont ainsi entièrement recouverts d'azulejos, donnant une impression éblouissante.

## De l'art urbain à la décoration des intérieurs

Si le style baroque peut être identifié au style colonial d'Amérique espagnole et portugaise parce qu'il a trouvé là un terrain d'élection et de développement exceptionnel à travers l'art religieux, il ne se cantonne pourtant pas seulement aux couvents et aux églises. Abandonnant les références à la Renaissance et trouvant dans le baroque le moyen de manifester sa réussite économique, la société civile s'en empare également. Et c'est tout l'environnement de l'univers colonial qui en porte la marque au XVIII^e^ s.

## ■ L'urbanisme colonial

Les premiers conquistadores firent dessiner les plans des villes coloniales selon les modèles européens, rationnels, inspirés des idéaux de la Renaissance. Alonso García Bravo établit ainsi le plan en damier de Mexico, puis celui de Vera Cruz et d'Oaxaca. Son œuvre fut poursuivie dans la capitale par Juan Ponce, également à l'origine des plans de Valladolid (aujourd'hui Morelia). Cette même conception en damier se retrouve à Querétaro ou à Puebla de los Ángeles ; mais elle ne peut évidemment s'appliquer aux centres urbains des régions montagneuses, dont les rues, tortueuses, s'adaptent au terrain.

Le baroque a peu modifié cet urbanisme du point de vue des tracés, mais il a transformé la physionomie des villes désormais structurées par ses opulentes façades. Les allées, les rues principales et les *plazas mayores* demeurent hiérarchisées : au centre, sur la grand-place *(plaza de armas)*, l'église et un couvent, la mairie *(ayuntamiento)*, d'où rayonnent les rues disposées en damier ; au centre de la place, le pilori et la potence. Ainsi, les lieux des pouvoirs militaire, judiciaire et religieux, bien visibles, sont regroupés au centre de la ville, les rues rectilignes permettant un contrôle facile des accès. La ville de Valladolid (Morelia) propose l'un des plus beaux ensembles urbanistiques de ce type.

## ■ L'architecture civile

Moins spectaculaire que l'architecture religieuse, l'architecture civile baroque n'en est pas moins présente, qu'il s'agisse des grands édifices administratifs, comme le palais des vice-rois ou l'hôtel de ville de Mexico, des résidences seigneuriales ou des simples maisons d'habitation de riches colons. Les palais, calqués sur ceux d'Andalousie, cantonnés de tours d'angle, renferment de grands patios entourés d'arcades derrière de somptueuses façades dont les corniches sont souvent ornées de créneaux. Des escaliers monumentaux desservent les vastes salons de l'étage. Parmi ces demeures, on peut citer la maison des comtes du Valle de Orizaba, l'hôtel Iturbide, la Casa de los Azulejos et la Casa de los Mascarones à Mexico, ou la Casa de los Perros à Querétaro. En 1757, Lorenzo Rodríguez réalisa dans la capitale la Cárcel del Alcalde Principal, et, en 1761, l'Alcaicería.

### Le baroque éphémère

Construits pour le temps d'une fête – naissance d'un prince espagnol, prise de fonction d'un vice-roi ou manifestation de deuil –, les arcs de triomphe et les cénotaphes reprenaient les composantes du baroque architectural. Certaines gravures ou peintures nous montrent des arcs de triomphes, tel celui qui avait été édifié pour célébrer l'entrée à Mexico du marquis de Laguna, vice-roi de la Nouvelle-Espagne, en 1680. D'autres œuvres de ce type ont été décrites, comme le cénotaphe orné de peintures qui présidait aux cérémonies funèbres organisées à Mexico pour la mort de Philippe II. Ces constructions éphémères proposaient toute une « liturgie politique » allégorique, faite d'énigmes et de symboles. On y trouvait des éléments empruntés à la mythologie, au folklore, au théâtre. Eux aussi porteurs d'un message idéologique, les chars de triomphe, composés de structures peintes où se montraient des personnages, comportaient des thèmes d'inspiration biblique ou mythologique.

L'église San Francisco d'Acatepec offre un décor d'azulejos qui est l'une des créations les plus remarquables dues à la fantaisie et au savoir-faire des céramistes de Puebla. Les carreaux de céramique vernissée recouvrent aussi bien les murs, colonnes et retables intérieurs que la façade.

Miguel Cabrera (1695-1798), né à Oaxaca, fut l'un des peintres les plus féconds de la période baroque en Nouvelle-Espagne. Il est notamment l'auteur de l'image de la Vierge de Guadalupe, de la Vierge de l'Apocalypse, du célèbre portrait de Sor Juana Inés de la Cruz et de la décoration intérieure de Santa Prisca de Taxco.

### ■ Un art d'ameublement et de décoration

Séduisant les riches colons, le baroque s'impose aussi dans le mobilier et les arts décoratifs, les miroirs, les tapisseries, les paravents, les encadrements, la vaisselle. Le musée Franz Meyer de Mexico offre ainsi de superbes exemples de ce type d'objets que d'habiles artisans indiens savent réaliser. Les motifs floraux (feuilles d'acanthe), les entrelacs, les angelots, la dorure ou la polychromie s'imposent dans les intérieurs aux dépens de décors antérieurs plus sévères, marqués d'une austérité encore quelque peu médiévale.

## La peinture : une école de la Nouvelle-Espagne ?

Dans les temps qui suivirent la Conquête, les sujets représentés dans la sculpture et la peinture sont essentiellement religieux et directement transposés de l'imagerie européenne. Au XVIe s., dans l'esprit de la Renaissance, l'influence italienne est déterminante ; pourtant, le premier peintre « mexicain » important, Simon Peyrens, est d'origine flamande. Là encore, les sujets les plus fréquemment représentés le sont pour l'édification des fidèles, dans la perspective de l'action de la Contre-Réforme. Deux siècles plus tard, des maîtres mexicains auront pris place parmi les grands peintres de leur temps, tandis qu'une peinture populaire exaltera les composantes indigènes de la société coloniale.

### ■ La peinture, elle aussi une pastorale

On retrouve parmi les thèmes traités par la peinture les âmes du Purgatoire, l'Enfer, les saints, les martyrs, les fondateurs des ordres religieux, images moralisatrices ou figures exemplaires invitant à la conversion personnelle. La vie du Christ est essentiellement représentée à travers la Passion ou l'*Ecce Homo*, thèmes de grande diffusion en Amérique. Mais c'est surtout l'iconographie de la Vierge Marie qui marque la volonté de l'intégration de la Nouvelle-Espagne à la foi hispanique et à sa culture. La Virgen del Rosario, après la victoire de Lépante sur les Turcs (1571) remportée sous ses auspices, est devenue un objet de culte chez les Indiens et les esclaves noirs (Capilla del Rosario de Puebla). La Virgen del Pilar, fêtée le 12 octobre, est emblématique de la découverte du Nouveau Monde ; Colomb avait baptisé Concepción la deuxième île qu'il découvrit et l'Immaculée Conception fut proclamée patronne des colonies d'Amérique en 1760.

## ■ Le maniérisme

Au Mexique, le courant maniériste – dont des influences se retrouvent dans la peinture populaire – devient la caractéristique dominante de la « grande peinture » jusqu'au milieu du XVII^e^ s. Il est essentiellement représenté par les peintres miniaturistes Alonso Vázquez, Baltasar de Echave Ibía (*Virgen del Apocalipsis*, 1622) et son disciple Luis Juárez, Juan Correa (*Coronación de la Virgen*) et López de Herrera. Ce style, qui se situe à la transition de la Renaissance et du baroque, se caractérise par une absence de spontanéité dans les attitudes des personnages et par une spiritualisation évanescente, touchant parfois à la mièvrerie, que les peintres expriment par des déformations volontaires, des mouvements ondulants, une lumière immatérielle.

C'est ensuite l'influence de Zurbarán qui s'affirme dans les œuvres religieuses de Sebastián de Arteaga (1610-1656), introducteur au Mexique du clair-obscur (*La Incredulidad de Santo Tomás, Los Desposorios de la Virgen*), de José Juárez (*Adoración de los Reyes, Martirio de San Lorenzo*), et de Baltasar Echave Rioja (1632-1682), peintre *tenebrista*, qui utilise de vastes zones d'ombre pour exprimer l'angoisse et la ferveur à la manière du peintre espagnol Ribera (*El Entierro de Cristo* ; *El Martirio de San Pedro Arbués*). Cristóbal de Villalpando (1645-1714), influencé par Valdés Leal, décore la sacristie de la cathédrale de Mexico et peint notamment *La Apoteosis de San Miguel*. Au XVIII^e^ s., le Mexique aura des peintres remarquables, en particulier Juan Rodríguez Juárez (1675-1728), José de Ibarra (1688-1756) et surtout Miguel Cabrera (1695-1798).

## ■ Les traces autochtones dans la peinture

Même s'il reste limité, un phénomène intéressant à observer à travers l'évolution de la peinture en Nouvelle-Espagne est l'apparition de thèmes spécifiquement « américains ». Celle-ci est sans doute due à la présence d'une main-d'œuvre indienne au sein de laquelle se révèlent de véritables artistes, reconnus comme tels par la société coloniale. Leur influence dans les arts plastiques se manifeste plus par la sélection qu'ils opèrent dans le choix des sujets représentés que dans la manière de les traiter. Jouant souvent d'un syncrétisme, encouragé par les missionnaires, où se mêlent thèmes précoloniaux et chrétiens – Quetzalcóatl n'est-il pas souvent confondu avec le Christ ? –, ils redonnent vie aux figures du catholicisme populaire. Là encore, on peut parler d'un art à la fois *poblano* – du peuple et pour le peuple – et *mestizo*, culturellement métissé. Ces artistes n'hésitent pas non plus à valoriser des scènes fortes de la jeune histoire coloniale où leurs congénères ont joué un rôle privilégié : ainsi en est-il, par exemple, dans le domaine religieux, de la représentation des premiers martyrs indiens, de celle du martyre des enfants tlaxcaltèques, au couvent d'Ozumba, ou encore de celle de Rose de Lima, peinte par l'artiste mexicain Juan Correa dès 1671.

## ■ Les peintures de métissages

Enfin, il faut faire une place particulière aux *pinturas de castas*, littéralement les « peintures de castes », dites aussi peintures de métissages, œuvres caractéristiques de la culture des Lumières en Nouvelle-Espagne. Il s'agit de la représentation de couples formés par des individus procédant des trois groupes ethniques : les Blancs, identifiés aux Espagnols, les Indiens et les Noirs, accompagnés de l'enfant résultant de ces unions, garçon ou fille. Les différents métissages forment généralement des séries de seize tableaux, de qualités artistiques très variables mais précieuses pour la connaissance historique et sociologique de la Nouvelle-Espagne au XVIII^e^ s. L'Espagnol apparaît dans à peu près la moitié des

Comprendre

**Volonté d'intégration et de reconnaissance sociale, les peintures de métissages contribuent à asseoir une nouvelle société où se mêlent Indiens, métis, créoles et colons. Le couple représenté ici, non sans une certaine naïveté d'exécution, réunit un Espagnol, une Indienne et un enfant métis.**

tableaux ; c'est un personnage d'une position sociale élevée dont les loisirs sont la musique, le jeu ou la promenade. L'Indien est un vendeur des rues ; le Noir est souvent un cocher. Les femmes qui les accompagnent s'assimilent à la position sociale de leurs maris.

Chaque scène peut être considérée de façon indépendante, comme un tableau de mœurs fournissant de précieux détails sur les vêtements, le mobilier, les parures et les bijoux, les marchés et les fruits inconnus en Europe (beaucoup de ces tableaux comportent des *bodegones* ou natures mortes), et autres éléments de la vie quotidienne. En se faisant ainsi représenter, les *ilustrados* du Mexique, conscients de leurs particularismes, ont voulu montrer ce qui les distinguait de l'Ancien Monde, c'est-à-dire essentiellement le caractère multiracial de leur pays. Le thème est original dans une peinture coloniale qui est par ailleurs surtout d'inspiration religieuse.

**Il existe de nombreuses séries, parfois anonymes, mais on connaît certains artistes qui ont peint au moins une série de « métissages », tels que Miguel Cabrera, Ignacio de Castro, José Joaquín Magón, Luis de Mena, José de Paéz, Andrés Islas et Ignacio María Barreda. On peut voir certaines de ces œuvres au musée de l'Amérique à Madrid, mais la plupart se trouvent dans des musées provinciaux ou dans des collections particulières en Espagne ou au Mexique.**

# Chronologie

## La Nouvelle-Espagne

**1492** Découverte du Nouveau Monde par Christophe Colomb.

**1512** Premier contact entre les Espagnols et les Mayas, au cours d'un naufrage. L'un des naufragés, Jerónimo de Aguilar, apprendra le maya et servira d'interprète à Hernán Cortés.

**1517** Hernández de Cordoba reconnaît la côte E. du Yucatán jusqu'à la baie de l'Ascension.

**1519** Hernán Cortés quitte Cuba en janvier. Il débarque sur la côte du golfe du Mexique, près de l'emplacement de l'actuel Veracruz, et reçoit les envoyés de Moctezuma II. En août, il entreprend sa marche vers la vallée de Mexico. Dures batailles contre les Tlaxcaltèques qui, finalement, se joignent à son expédition. Prise de Cholula. En novembre, Cortés parvient à Mexico-Tenochtitlán où il est accueilli par Moctezuma qui sera retenu prisonnier.

**1520** Massacre de milliers d'Indiens dans le *teocalli* de Tenochtitlán. Cortés, cerné dans le palais d'Axayácatl, ordonne la retraite (Noche Triste) et subit de lourdes pertes.

**1521** Siège de Tenochtitlán, qui capitule après trois mois de farouches combats. Le dernier *tlatoani mexica*, Cuauhtémoc, est fait prisonnier et sera exécuté quelque temps plus tard. L'occupation de la région centrale du Mexique, entreprise dès 1521, est poursuivie par le conquistador et ses lieutenants.

**1522** Cortés, nommé gouverneur et capitaine-général de la Nouvelle-Espagne par Charles Quint, reconstruit Tenochtitlán, désormais connu sous le nom de Mexico.

**1524** Arrivée des missionnaires franciscains qui entreprennent l'évangélisation de la Nouvelle-Espagne et construisent couvents et missions.

**1526** Les Dominicains s'installent au Mexique.

**1527** Arrivée à Mexico d'un enquêteur chargé de faire la lumière sur les agissements de Cortés, qui se rend en Espagne pour se disculper ; il y est reçu en triomphe et créé marquis d'Oaxaca, mais le gouvernement du Mexique est confié à une Audiencia qui se rendra tristement célèbre par ses abus de pouvoir. Francisco de Montejo entreprend la conquête du N. du

Yucatán, mais les Mayas opposent une vive résistance et ne seront vaincus qu'en 1542 par Francisco de Montejo le Jeune.

**1530** Retour à Mexico de Cortés, qui entreprendra plusieurs expéditions maritimes le long de la côte du Pacifique. Fondation à Guadalajara de la deuxième Audiencia de la Nouvelle-Espagne.

**1535** Don Antonio de Mendoza est nommé vice-roi par Charles Quint ; il conservera son poste jusqu'en 1550.

**1571** Le tribunal de l'Inquisition est institué à Mexico.

**1572** Arrivée des Jésuites qui fondent des collèges pour les jeunes créoles.

**1598** Juan de Oñate occupe le Nouveau-Mexique.

**1765** Arrivée au Mexique de José de Gálvez, dont la mission est d'entreprendre une enquête sur les réformes à promouvoir. À son retour en Espagne (1775), il sera nommé ministre des Indes et chargé, comme tel, de réaliser les réformes préconisées.

**1767** Expulsion des Jésuites.

**1796** L'Espagne, en guerre avec l'Angleterre, maîtresse des mers, se voit contrainte d'ouvrir les ports de ses colonies aux vaisseaux neutres, en l'occurrence aux marins et commerçants des États-Unis d'Amérique qui en profitent pour répandre les idéaux nés de la guerre d'Indépendance et de la Révolution française.

## Le Mexique indépendant

**1808** La Nouvelle-Espagne refuse de reconnaître Joseph Bonaparte proclamé « roi d'Espagne et des Indes » par Napoléon et proteste de sa fidélité à Ferdinand VII. C'est l'occasion d'un conflit entre Espagnols et créoles.

**1810** Le curé Hidalgo, compromis dans un complot créole dénoncé aux autorités, lance le « cri de Dolores » (15 septembre). Il est vite à la tête d'une armée de 80 000 Indiens et métis dont les massacres et les pillages terrorisent les Espagnols et les créoles.

**1811** Défaites et dispersion des forces d'Hidalgo, qui est arrêté et fusillé en juillet. Le curé José María Morelos et d'autres lieutenants d'Hidalgo organisent des guérillas contre l'armée royaliste.

**1812** Succès militaires de Morelos. Publication de la Constitution de Cadix, très libérale ; les élections donnent le pouvoir municipal aux créoles.

**1813** Reculs de la guérilla. Morelos réunit un Congrès qui, pourchassé par l'armée royaliste, le nomme généralissime et proclame l'indépendance à Chilpancingo.

**1814** Le Congrès, aux abois, promulgue à Apatzingán une Constitution républicaine. Elle ne sera jamais appliquée. Restauration absolutiste en Espagne et en Amérique espagnole.

**1815** Morelos est capturé, jugé et exécuté. Seuls survivent quelques guérilleros épars.

**1820** La Constitution de Cadix est rétablie en Espagne et en Nouvelle-Espagne.

**1821** Plan d'Iguala par Iturbide. Le traité de Córdoba qu'il signe avec le vice-roi O'Donojú donne son indépendance au Mexique, mais il ne sera pas reconnu par l'Espagne.

**1822** Iturbide est proclamé empereur (mai).

**1823** Révolte de l'armée et des provinces. Abdication d'Iturbide (19 mars). Élection d'un Congrès constituant.

**1824** Vote d'une Constitution, imitée de celle des États-Unis d'Amérique, qui fait du Mexique une république fédérale dont Guadalupe Victoria, un ancien chef de guérilla, est élu président.

**1827** Une ère d'instabilité s'ouvre au Mexique, dont le général Santa Anna est l'un des principaux acteurs. Luttes entre libéraux et conservateurs.

**1836** Vaincu par les colons anglo-saxons, Santa Anna doit accepter l'indépendance du Texas qui sera admis au sein de l'Union américaine en février 1845.

**1846-1848** Guerre entre le Mexique et les États-Unis d'Amérique qui consacre la perte du Texas, mais aussi du Nouveau-Mexique et de la Haute-Californie.

**1853-1855** Dernière dictature de Santa Anna, appuyé par les conservateurs.

**1854-1855** Révolution d'Ayutla et victoire des libéraux.

**1856-1872** Réforme libérale. Sécularisation de l'enseignement. Opposition des conservateurs soutenus par l'Église et l'armée.

**1857** Constitution (5 février), en vigueur de 1860 à 1862 et de 1867 à 1913.

**1862** Intervention militaire anglo-franco-espagnole. Les troupes françaises restent seules au Mexique. Benito Juárez, président de la République, incarne la résistance nationale.

**1864** Arrivée au Mexique de Maximilien et de Charlotte de Habsbourg, appelés par les conservateurs mexicains et soutenus par Napoléon III.

**1865** Couronnement du couple impérial. Maximilien entérine les réformes libérales. Les troupes françaises commencent à se retirer tandis que les États-Unis envoient des armes aux libéraux.

**1867** Maximilien est fusillé à Querétaro. Début de la république restaurée. Benito Juárez est réélu président.

**1872** Mort de Benito Juárez. *Pronunciamiento* manqué du général libéral Porfirio Díaz contre Lerdo de Tejada, le président élu.

**1876** *Pronunciamiento* de Tuxtepec par Porfirio Díaz.

**1876-1911** Porfiriat.

**1911-1913** Francisco Madero président. Début de la révolution agraire conduite par Zapata.

**1913-1917** Guerres civiles entre factions révolutionnaires.

| | |
|---|---|
| **1917** | Constitution de Querétaro (5 février). Venustiano Carranza est élu président. |
| **1920** | Carranza, désireux de conserver le pouvoir, est assassiné. Alvaro Obregón est élu président. |
| **1920-1923** | Débuts du mouvement muraliste. Fondation d'écoles primaires dans tout le pays. |
| **1926-1929** | Guerre des Cristeros, paysans révoltés contre l'anticléricalisme des révolutionnaires. |
| **1929** | Fondation du Parti national révolutionnaire (PNR). |
| **1934-1940** | Présidence du général Cárdenas. Fondation du Parti révolutionnaire mexicain (PRM) en 1938. Réforme agraire et nationalisation du pétrole. |
| **1942** | Le Mexique déclare la guerre au Japon, à l'Allemagne et à l'Italie. |
| **1946** | Élection du président Miguel Aleman. Le PRM devient le Parti révolutionnaire institutionnel (PRI). Virage à droite du régime et début de la politique d'industrialisation. |
| **1958-1968** | Les présidents Lopez Mateos et Díaz Ordaz relancent la réforme agraire. Le développement industriel se poursuit. |
| **1968** | Grève de l'université et des lycées de Mexico. Grandes manifestations de rue. L'armée tire sur les étudiants réunis sur la place de Tlatelolco et met fin au mouvement (octobre). Jeux olympiques de Mexico. |
| **1970-1988** | Sous les présidences de Luis Echeverría, José Lopez Portillo et Miguel de la Madrid, le Mexique est dominé par l'alternance brutale entre des périodes d'euphorie économique (grâce au pétrole et à un endettement extérieur incontrôlé) et des crises financières qui ruinent le pouvoir d'achat de la majorité de la population. |
| **1988-1994** | Carlos Salinas, président élu à la suite d'une énorme fraude, libéralise l'économie et le système politique. Il signe l'Accord de libre-échange nord-américain (ALENA) avec les États-Unis et le Canada. |
| **1994** | Entrée du Mexique dans l'ALENA et soulèvement de l'Armée zapatiste de libération nationale (EZLN) dans les régions indiennes du Chiapas (1er janvier). En mars, le candidat du PRI à la présidence est assassiné. Ernesto Zedillo, élu à sa place en juillet, promet de poursuivre la démocratisation. |
| **2000** | Élection de Vicente Fox, candidat du Parti d'action nationale (PAN), à la présidence. |
| **2001** | En février, depuis le Chiapas, une marche sur Mexico est organisée par le sous-commandant Marcos pour réclamer la reconnaissance des droits des Indiens. |

## Région par région, les villes et les sites



# Visiter

# Mexico★★★

De nuit, lorsque l'avion commence sa descente sur Mexico, on prend aussitôt la mesure de l'immensité de la ville qui s'illumine à perte de vue, au-delà même de l'horizon. Dans cette mégapole, destin final d'une vallée lacustre aujourd'hui disparue, se sont accumulées dans un grand désordre toutes sortes d'ingrédients qui font d'elle une métropole sans pareille. Cauchemar des urbanistes, paradis des architectes, ville-musée en perpétuels travaux, construite par les pauvres, utopie des classes moyennes, mosaïque de classes sociales, d'ethnies, de religions, où se côtoient des populations misérables et opulentes qui vivent entre la violence, la consommation, la joie, l'abandon, l'intégration, l'espoir et la résistance, Mexico est infini, c'est-à-dire non fini, peut-être à l'avant-garde des mégapoles du XXIe s.

À l'aube de ce troisième millénaire, la capitale compte quelque 20 millions d'habitants. Sa population a augmenté de 25 % en dix ans et, en l'absence de projet d'urbanisme ou de plan d'aménagement du territoire, les nouveaux venus se sont installés là où il y avait de la place. Partout, comme des coulées de lave descendues de l'Iztaccíhuatl et du Popocatépetl, les deux volcans qui veillent sur la cité, le béton a envahi la moindre parcelle d'espace libre. La ville est devenue ainsi un immense assemblage hétéroclite de quartiers, une sorte de chaos urbain. Elle continue toujours sa folle expansion et l'on assiste, avec une certaine inconscience, à la multiplication des maux qui

Un dimanche à Xochimilco.

Alt. 2 240 m ; environ 20 millions d'hab. ; capitale des États-Unis du Mexique, siège des pouvoirs fédéraux ; archevêché ; universités ; la ville occupe le District fédéral (DF, 1 483 km²), détaché de l'État de Mexico (capitale Toluca).

**Mexico en 15 promenades**



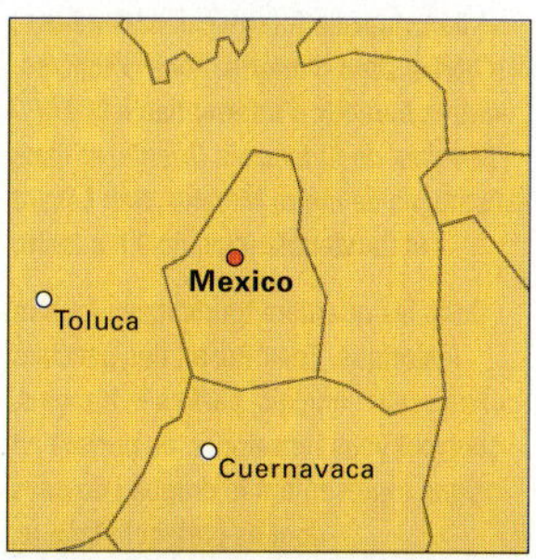

☎ 5

ⓘ *Fondo de Promoción Turística de la Ciudad de México*, Amberes 54, à l'angle de Londres, Zona Rosa, métro Insurgentes (*plan V, AB2* ; ☎ 55-25-93-80 à 83 ; ouv. de 9 h à 21 h). Le plus efficace pour préparer son séjour dans la capitale.
*Secretaría de Turismo (SECTUR)*, Présidente Mazaryk 172, Colonia Polanco, métro Polanco (*plan IV, A1* ; ☎ 52-50-01-23, 52-50-84-19 et 52-50-86-01). Service en espagnol et en anglais 24 h sur 24. Idéal pour préparer un voyage en province.
*Cámara Nacional de la Ciudad de México*, Paseo de la Reforma 42, à l'angle de Juárez, métro Hidalgo (*plan III, A1* ; ☎ 55-92-26-77 ; ouv. du lun. au ven. de 9 h à 14 h et de 15 h à 18 h). La chambre de commerce de Mexico est dotée d'un bureau d'information qui vous guidera pour les démarches à suivre en cas de problème.
*INFOTUR* (service de renseignements par téléphone ; ☎ 55-25-93-80 à 84 ; depuis la province : 01-800-903-92-00 ; ouv. t.l.j. de 9 h à 21 h).
À l'aéroport, bureaux d'information dans la salle F (arrivées internationales) et dans la salle A (arrivées nationales) ; il s'agit surtout d'informations hôtelières. Autres bureaux d'information à la *TAPO (Terminal de Autobuses Oriente)* et dans les stations de métro Morelos, San Lázaro et Candelaria (ouv. de 9 h à 20 h).

Dans les quartiers touristiques (centre historique, Zona Rosa), des policiers connaissant l'anglais, parfois le français, pourront vous renseigner. Ils portent un insigne représentant le drapeau du pays dont ils parlent la langue.

l'affligent, certains allant jusqu'à affirmer que, si rien n'est fait, la vie y sera impossible d'ici une ou deux décennies.
S'il ne se donne pas le temps d'aller à la rencontre de Mexico, le voyageur gardera l'impression d'une cité infernale, polluée, embouteillée, et sans doute n'aura-t-il qu'une envie : fuir au plus vite ! Si, au contraire, il s'attarde et s'arme de patience et de curiosité, il découvrira une ville fascinante, baroque, empreinte de cette indianité qui lui donne ses couleurs et sa gentillesse, mais aussi de cette violence née d'un métissage culturel qui n'en finit pas de se chercher.

# Mexico mode d'emploi

## ■ L'arrivée à Mexico

L'aéroport international Benito Juárez est situé en pleine ville, à 7 km à l'E. du Centro Histórico. Il est desservi par toutes les grandes compagnies d'aviation *(→ p. 168)*. Pour quitter l'aéroport, il est recommandé d'utiliser le service des taxis officiel de l'aéroport *(→ p. 167)*. Ce service de taxis est environ trois fois plus cher que celui des taxis pris à la volée, mais, pour votre sécurité, nous vous déconseillons fortement de faire des économies sur ce chapitre et d'emprunter ces derniers. Achetez votre billet au guichet « Transporte Terrestre » que vous trouverez immédiatement sur votre gauche lorsque vous aurez récupéré vos bagages et franchi les portes vitrées qui donnent dans le hall des arrivées internationales ; si vous êtes dans le hall des arrivées nationales, le guichet se situe avant le poste de police précédant la sortie. Le prix du billet est fonction de la destination. La ville est découpée en zones formant des cercles concentriques. La Zona Rosa est dans la zone 4, le Zócalo dans la zone 3, mais en donnant le nom de votre hôtel ou l'adresse de votre destination, avec sa colonie, vous obtiendrez le ticket correspondant. Le billet est valable pour quatre personnes, bagages compris (si vous êtes plus nombreux, vous pouvez demander un minibus pour huit personnes pour un prix légèrement plus élevé).
Le hall principal de l'aéroport est découpé en salles : A et B pour les vols intérieurs ; C et D pour *Aeroméxico* et *Mexicana de Aviación* ; E pour les charters *Allegro* et l'Amérique centrale ; F pour les vols internationaux (sauf *Aeroméxico*). On y trouve de nombreuses boutiques, des banques, des bureaux de change, des distributeurs de billets, des téléphones à carte de crédit ou à carte de téléphone *LADATEL*

(en vente dans toutes les boutiques de journaux, bonbons, cigarettes), des agences de location de voitures et des cafés. Pour se restaurer, côté international, il faut monter au premier étage.

La station de métro la plus proche de l'aéroport s'appelle Terminal Aérea (ligne 5). Attention, il est interdit de prendre le métro avec des bagages trop volumineux (seuls les sacs à dos peu volumineux ont une chance de passer aux heures creuses).

## ■ Se déplacer

**À pied**. C'est sans aucun doute le meilleur moyen de découvrir la ville et d'entrer en contact avec ses habitants, mais l'immensité de la capitale mexicaine rend obligatoire l'utilisation des transports en commun ou des taxis. Au cours de vos promenades, courtes ou longues, attention aux trottoirs qui sont souvent défoncés ; prévoyez des chaussures plates et confortables. Traversez prudemment, le respect du piéton n'étant pas le principal souci de l'automobiliste mexicain.

**Le métro**. Il est en service du lundi au vendredi de 5 h à 0 h 30 pour les lignes 1, 2, 3 et A et de 6 h à 0 h 30 pour les lignes 4, 5, 6, 7, 8 et 9. Toutes les lignes fonctionnent le samedi de 6 h à 1 h 30 et le dimanche de 7 h à 0 h 30. C'est le moyen de transport le moins cher ; on peut acheter des billets à l'unité ou par cinq dans toutes les stations, mais les files d'attente peuvent être impressionnantes (achetez plusieurs tickets à l'avance). Dans chaque station, des panneaux donnent la liste complète des destinations desservies dans les deux directions. Chaque ligne a sa couleur et chaque station son idéogramme pour faciliter la tâche de ceux qui lisent mal ou ne savent pas lire. Il est théoriquement interdit d'avoir des bagages encombrants dans le métro. On peut donc vous empêcher d'y entrer si vous êtes trop chargé, mais l'heure à laquelle vous circulez, la ligne que vous empruntez, l'humeur du policier jouent également un rôle ; aux heures de pointe (de 7 h à 9 h et de 17 h à 20 h), lorsque la foule est dense au point que les wagons de tête sont réservés aux femmes et aux enfants, il est de toute façon impossible de transporter avec soi des valises ou des sacs de voyage ; le reste du temps, le règlement s'assouplit. Il y a généralement moins de monde dans les wagons de queue. Le métro est un moyen de transport très rapide, pratique, et non polluant… Les stations sont propres et agréables. La sécurité est bien assurée mais faites tout de même attention aux pickpockets. Le métro compte 10 lignes qui desservent 140 stations sur 180 km. Attention, la distance entre deux stations est d'environ 1 km.

**Urgences**

(☏ 080 ou 060). Il s'agit d'un service qui répond à toutes les urgences.

*Croix-Rouge* (☏ 065) ; si vous désirez une ambulance (sans urgence) pour faire transporter un malade, adressez-vous à *Medica Mobi* (☏ 55-98-62-22 et 55-63-66-43).

*Locatel* (☏ 56-58-11-11). Ce numéro important sert à localiser et orienter les gens qui se sont perdus. Il peut fournir par ailleurs nombre de renseignements, notamment les coordonnées de toutes sortes de services.

**Hôpitaux**

*Hospital ABC* (hôpital anglo-américain), Calle Sur 136, Colonia Las Américas, métro Observatario (☏ 52-30-80-00).

*Hospital Angeles*, Camino a Santa Teresa 1055, Colonia Héroes de Padierna (☏ 56-52-11-88 ou 56-52-30-11).

*Hospital Infantil Privado*, Viaducto Río Becerra 97, Colonia Napoles, métro Patriotismo (☏ 56-82-50-00 et 56-87-30-55).

*Hospital Español*, Ejército Nacional 613, Colonia Granada, métro Polanco (☏ 52-03-38-90 et 52-55-96-00).

Abstenez-vous de louer une voiture pour visiter Mexico. Il est assez difficile de se repérer dans cette ville sans fleuve et sans relief, où les monuments élevés pouvant servir de point de repère ne sont pas très nombreux. De plus, les panneaux de signalisation ne conduisent pas toujours aux directions indiquées. Enfin, la circulation est en général intense, les embouteillages fréquents et le respect du code de la route n'est pas le fort des Mexicains. Si néanmoins vous retenez cette solution *(→ p. 169)*, ayez toujours avec vous un plan de la ville.

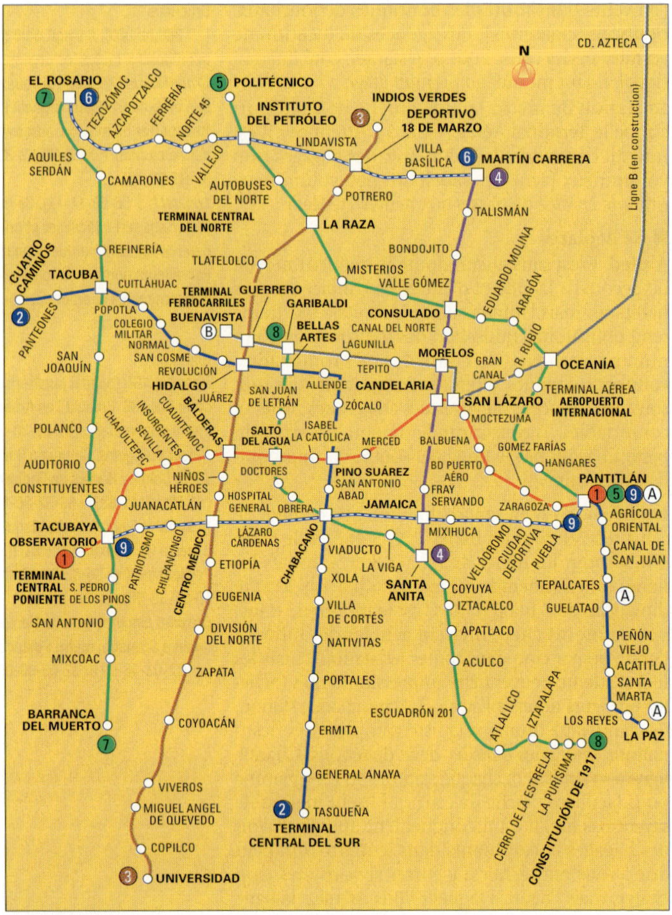


**Métro de Mexico**

**Bus et *peseros*.** Les bus ont des arrêts fixes (signalés par des abribus). Les *peseros* (minibus blancs, gris ou verts), très nombreux et pas toujours en bon état, s'arrêtent à la demande du client, normalement avant chaque carrefour (faire signe au chauffeur). Ils suivent les principales avenues et desservent tous les lieux touristiques. Leur destination et le trajet suivi sont en général inscrits à la peinture blanche sur le pare-brise. En dehors des heures de pointe, c'est un moyen de transport pratique, surtout pour les petits parcours, le long de Reforma ou d'Insurgentes par exemple. Pour descendre, il suffit de sonner ; l'arrêt aura lieu au prochain carrefour. Soyez prudent à la montée (indiquez votre destination) et à la descente car les chauffeurs sont souvent pressés de redémarrer. Bus et *peseros* sont très économiques (munissez-vous de petite monnaie), mais sont à éviter aux heures de pointe (vers 8 h-10 h, 13 h-14 h, et 18 h-20 h) ; attention aux pickpockets.

**Les taxis**. Très nombreux à Mexico (108 000), ils sont facilement reconnaissables à leur couleur verte (il en reste encore quelques-uns peints en jaune mais ils sont peu à peu retirés de la circulation). Ce sont en majorité des « Coccinelles » dont le siège passager avant a été supprimé : seules deux personnes, trois au maximum, peuvent donc y prendre place, mais on trouve de plus en plus de voitures à quatre places (on peut monter à l'avant si l'on met la ceinture). Tous les taxis ont un compteur et vous ne devez payer que la somme affichée sur le *taximetro*. Le taxi est un moyen de transport bon marché, une course moyenne vous coûtera l'équivalent de 2 à 5 dollars US. On ne laisse généralement pas de pourboire, sauf course exceptionnelle.

**La nuit, ne jamais prendre un taxi dans la rue à la volée mais se rendre à un *sitio de taxi* ou faire appel à un service de radio-taxi.**

Il existe aussi des stations de taxis appelées *sitio de taxi* : les véhicules sont de couleur rouge-orangé et les tarifs plus élevés (environ 40 %), soit fixés au départ, soit affichés au compteur. Ces taxis, en général plus confortables, sont à utiliser la nuit pour éviter les taxis pirates. Il n'est pas possible de les prendre à la volée dans la rue, il faut se rendre au *sitio* ou bien les appeler par téléphone.
Il existe également des services de radio-taxis qui fonctionnent 24 h sur 24 et qui assurent un service en toute sécurité. Même si les tarifs sont encore un peu plus élevés, ces taxis sont très utiles à la sortie du restaurant ou du spectacle.

**Pour vos sorties le soir, nous vous conseillons d'avoir sur vous les numéros de téléphone de services de radio-taxis. *Servitaxi* (☏ 52-77-41-91 ou 55-16-60-20) ; *Taximex* (☏ 55-38-49-66). Pour la partie S. de la ville : Cuicuilco (☏ 56-74-61-20) ; Tlalpan (☏ 55-73-68-57) ; Las Águilas (☏ 56 80 39 30). Pour la partie N. : Polanco (☏ 52-82-18-83). Pour le centre : ☏ 52-82-46-98.**

# Adresses utiles

## ■ Représentations diplomatiques

***Ambassade de France***, Campos Eliseos 339, Colonia Polanco, métro Auditorio (*plan IV, A1* ; ☏ 52-82-97-00 ; *ouv. du lun. au ven. de 9 h à 14 h 30*). ***Consulat de France***, même bâtiment, entrée sur La Fontaine 32 (☏ 52-82-98-00 ; *ouv. de 9 h à 13 h*).
***Ambassade et consulat de Belgique***, Musset 41, Colonia Polanco, à sept rues O. du métro Polanco (*plan IV, A1* ; ☏ 52-80-07-58 ; *ouv. de 8 h 30 à 13 h 30*).
***Ambassade et consulat du Canada***, Schiller 529, entre Mazaryk et Ruben Dario qui longe le parc de Chapultepec, Colonia Polanco, métro Auditorio (*plan IV, B1* ; ☏ 57-24-79-00 ; *ouv. du lun. au ven. de 9 h à 13 h et de 14 h à 17 h*).
***Ambassade et consulat de Suisse***, Paseo de las Palmas 405 (après passage du Periférico, à dr. en face de l'église Covadonga), Torre Optima, 11e étage,

**Attention, les ambassades et les consulats ont des horaires très restreints et sont souvent fermés à l'occasion des fêtes mexicaines.**

Colonia Lomas de Chapultepec (☏ 55-20-30-03 ; *ouv. du lun. au jeu. de 8 h à 13 h et de 14 h à 16 h 30, le ven. de 8 h à 11 h 45*).

## ■ Librairies françaises

***La Bouquinerie***, Camino al Desierto de los Leónes 40, Colonia San Ángel (☏ 56-16-60-00 et 56-16-59-89).
***Librería Pegaso***, Casa Lamm, Álvaro Obregón 99, Colonia Roma (☏ 55-11-15-66).

## ■ Librairies mexicaines

***Gandhi***, Juárez 4, en face du Palacio de Bellas Artes *(plan III, B2)*.
***Librería de Bellas Artes***, dans le Palacio du même nom *(plan III, B1)*.
Tous les drugstores ***Sanborn's*** possèdent de bons rayons d'ouvrages sur le Mexique.

## ■ Poste

La poste centrale (Correo Mayor) se trouve sur l'Eje Central Lázaro Cárdenas, à l'angle de Tacuba, pratiquement en face du Palacio de Bellas Artes *(plan III, C1 ; ouv. du lun. au ven. de 8 h à 17 h, sam. de 8 h à 13 h)*. Si vous restez longtemps à Mexico, vous avez la possibilité de vous faire ouvrir une boîte postale (le guichet de la poste restante porte la mention « Entrega Lista de Correo »).

## ■ Compagnies aériennes

***Air France***, Edgar Allan Poe 90, Colonia Polanco, entre Horacio et Mazaryk, à dix rues O. du métro Polanco (☏ 56-27-60-00 ; rés. : 56-27-60-60 ; aéroport : 55-71-61-50 ; informations sur les arrivées et départs des vols : 52-24-33-*30, puis faire le 2)*.
***Aeroméxico***, Paseo de la Reforma 445, Zona Rosa (☏ 51-33-40-00 ; aéroport : 51-33-40-00, pour les arrivées des vols faire le 1, pour les réservations, faire le 2 ; Internet : www.aeromexico.com).
***Mexicana***, Juárez 82, angle Balderas, Colonia Centro (☏ 54-48-09-90) ; Insurgentes Sur 753, Colonia Napoles (☏ 54-48-09-90 ; Internet : www.mexicana.com).
***Lufthansa***, Paseo de la Reforma 239, Colonia Lomas de Chapultepec, après le Periférico (☏ 52-30-00-00 ; aéroport : 55-71-27-02).
***Iberia***, Paseo de la Reforma 24, à l'angle de Bucareli (☏ 51-30-30-00).
***Northwest/KLM***, Paseo de la Reforma 381 (☏ 01-800-225-25-25 et 01-800-226-25-25).
***Continental Airlines***, Andres Bello 45 (☏ 52-83-55-00 ; informations sur les arrivées et départs des vols : 55-71-36-62).
***United Airlines***, Hamburgo 213, Zona Rosa (☏ rés. : 56-27-02-22, aéroport : 57-62-80-46).

## ■ Gares routières

Mexico possède quatre gares routières. La route restant le moyen le plus courant pour se déplacer, vous trouverez facilement un bus pour la destination que vous souhaitez.
Pour réserver une place, il est préférable de se renseigner auprès des principales compagnies (pour les destinations importantes, on peut réserver ses places par téléphone à condition de payer avec une carte de crédit).

***Centro de Informes y Reservaciones*** (☏ 57-29-07-07).
***Ticket Bus*** (quarante succursales dans la ville). Centro : Isabel la Catolica 83-E (☏ 57-09-87-58), Insurgentes Sur 1222-c, Colonia del Valle (☏ 55-59-12-70) ; Mixcoac : Revolución 416, Colonia San Pedro de los Pinos (☏ 52-73-45-11) ; San Ángel : Insurgentes Sur 2342-B, Colonia Chimalistac (☏ 56-62-11-79).

***Terminal Norte***, Av. de los Cien Metros, métro Autobuses del Norte *(plan I, C1)*. Liaisons pour toutes les villes situées au N. de Mexico : Aguascalientes, Guadalajara, Guanajuato, Mazatlán, Pátzcuaro, Puebla, Puerto Vallarta, Querétaro, San Luis Potosí, San Miguel de Allende, Teotihuacán, Tula, Uruapan, Veracruz, Villahermosa, Zacatecas, ainsi que pour les villes de l'extrême N. du Mexique. Principales compagnies : *ADO* (☏ 55-67-62-47), *Elite* (☏ 57-29-07-07), *Estrella Blanca* (☏ 57-29-07-07), *ETN* (☏ 52-77-65-29), *Futura* (☏ 57-29-07-07), *Ómnibus de México* (☏ 55-67-67-56), *Primera Plus* (☏ 55-87-52-00), *Turistar Ejecutivo* (☏ 57-29-07-07).

**Pour toutes informations et réservations (quelle que soit la destination ou la gare de départ) concernant les compagnies *Futura, Turistar Ejecutivo, Elite, Transportes del Norte, Chihuahuaenses, Estrella Blanca* et *Cuauhtémoc* : ☏ 57-29-07-07.**

***Terminal Sur Tasqueña***, Av. Tasqueña 1320, métro Tasqueña *(plan II, C2)*. Liaisons pour les États du Guerrero et du Morelos : Acapulco, Chilpancingo, Cuernavaca, Taxco, Tepotztlán, Zihuatanejo. Principales compagnies : *Pullman de Morelos* (☏ 55-49-35-05 à 08), *Estrella de Oro* (☏ 55-49-85-20 à 23), *Futura* (☏ 57-29-07-07), *Primera Plus* (☏ 55-87-52-00), *Turistar Ejecutivo* (☏ 57-29-07-07).

***Terminal Oriente (TAPO)***, Av. Ignacio Zaragoza 200, métro San Lázaro *(plan I, D2)*. Liaisons pour Campeche, Cancún, Chetumal, Huatulco, Mérida, Oaxaca, Palenque, Playa del Carmen, Puebla, San Cristóbal de las Casas, Tuxla Gutiérrez, Veracruz, Villahermosa, Xalapa. Principales compagnies : *ADO* (☏ 51-33-24-44), *AU* (☏ 51-33-24-99), *Estrella Roja* (☏ 55-49-85-20 à 23), *UNO* (☏ 51-33-24-24), *Futura* (☏ 57-29-07-07).

**Attention : la gare de la *TAPO* est infestée de pickpockets, de voleurs en tous genres. Il est conseillé, plus qu'ailleurs, d'être très vigilant et de ne prendre que les taxis officiels.**

***Terminal Central Poniente***, Av. Sur 122, métro Observatorio *(plan I, A3)*. Liaisons pour Guadalajara, Morelia, Pátzcuaro, San Juan de los Lagos, Toluca, Uruapan, Zacapu, Zamora, Zitacuaro. Principales compagnies : *Autobus de Occidente* (☏ 52-71-01-06), *ETN* (☏ 52-77-65-29).

**Les gares routières sont toutes desservies par le métro, mais vous ne pourrez pas emprunter celui-ci si vous avez des bagages volumineux. Utilisez donc un taxi officiel (attention aux taxis pirates aux abords des gares routières) en achetant un ticket aux guichets situés à l'intérieur de la gare.**

### ■ Gare ferroviaire

***Estación Buenavista***, Insurgentes Norte, à l'angle de l'Av. Mosqueta, métro Buenavista *(plan I, B2 ; guichet ouv. de 6 h 30 à 21 h)*. Informations sur les trains (☏ 55-47-10-84 ; 55-47-10-97 ; 55-47-65-93). Le train est un moyen de transport lent et archaïque et peu de destinations sont desservies.

### ■ Location de voitures

Les agences de location internationales ont de nombreux bureaux à Mexico (dans les hôtels, les quartiers touristiques comme la Zona Rosa, à l'aéroport), mais il existe aussi d'autres compagnies locales qui proposent des tarifs plus avantageux. Vérifiez toujours que l'assurance (non obligatoire au Mexique) est incluse dans le contrat de location. Soyez égale-

## Pollution et circulation automobile

Pour lutter contre la pollution, la circulation automobile à Mexico est soumise aux règles du programme *Hoy No Circula* : chaque jour, certains véhicules sont interdits de circulation. Le jour de l'interdiction dépend du dernier chiffre de la plaque minéralogique : 1 et 2 le jeudi, 3 et 4 le mercredi, 5 et 6 le lundi, 7 et 8 le mardi, 9 et 0 le vendredi. Le samedi et le dimanche tout le monde peut circuler.
En cas de niveau alarmant de pollution, se met en place le programme *Doble Hoy No Circula*, qui interdit un jour la circulation des voitures ayant un numéro d'immatriculation pair, et le lendemain celles ayant un numéro impair.
Les voitures récentes – en particulier les voitures de location –, équipées d'un pot d'échappement catalytique, sont exclues de ces programmes et peuvent circuler tous les jours.

**Une grande manifestation de *charros* a lieu à Mexico aux alentours de la semaine sainte (la date n'est pas fixe, se renseigner auprès d'*INFOTUR*).**

ment vigilant en ce qui concerne la franchise à payer en cas de sinistre, souvent élevée ; elle représente parfois 10 % de la valeur du véhicule.

***Budget*** (☏ rés. : 55-66-68-00 ; aéroport, 24 h sur 24 : 57-84-30-11 ; Internet : www.budget.com.mx).
***Hertz*** (☏ rés. : 55-92-60-82 ; aéroport, 24 h sur 24 : 57-62-89-77).
***Avis*** (☏ rés. : 58-88-88-88 ; aéroport, 24 h sur 24 : 57-62-32-62).
***Nacional***, Av. Cuauhtémoc 1025, Colonia Navarte (☏ 01-800-003-95-00 et 55-75-22-79 ; Internet : www.natmex.com).
***Casanova-Rent*** (l'un des meilleurs rapports qualité/prix), Patriotismo 735, Colonia Mixcoac (☏ 55-98-48-14) ; Chapultepec 441, Colonia Roma (☏ 55-14-04-49).

# Vivre à Mexico

### ■ Fêtes et manifestations

Le **15 septembre**, sur le Zócalo (Plaza de la Constitución), à 11 h du soir, une foule immense se presse pour écouter le président de la République répéter, depuis le balcon du Palais national, le cri de l'Indépendance lancé par Hidalgo le 15 septembre 1810. Un énorme feu d'artifice illumine ensuite toute la place. Attention, les étrangers sont souvent choisis pour cible par des bandes de jeunes en mal de nationalisme ; méfiez-vous aussi des pickpockets. Le **12 décembre** a lieu la fête en l'honneur de la Vierge de Guadalupe, patronne du Mexique, à la basilique de Guadalupe. C'est la manifestation religieuse la plus importante d'Amérique. Spectacle impressionnant mais qui n'est pas recommandé à ceux qui ont peur de la foule. Le **25 décembre** et le **6 janvier**, pour Noël et l'Épiphanie, les enfants rendent visite au Père Noël ou aux Rois mages afin de passer leur commande de jouets. Tout le long du jardin de l'Alameda, des stands présentent Santa Clós ou les Rois d'Orient dans des décors en carton-pâte, des paysages enneigés avec traîneaux et petits cerfs au nez rouge, des palais des Mille et Une Nuits revus et corrigés par l'imaginaire populaire mexicain. Spectacle bigarré, bruyant et sympathique.

### ■ Spectacles sportifs

Un match de **football** au stade Azteca, un des plus vastes du monde, situé près du Periférico Sur *(plan II, B3)*, est une expérience inoubliable. Pour les *charreadas*, rendez-vous à l'***Hipódromo de las Américas***, carrefour Ejército Nacional et Industria Militar *(plan I, A2)*. D'autres *charreadas* sont organisées au ***Rancho del Charro***, Ejército Nacional, près de

**Mexico abrite la plus vaste *plaza de toros* du monde : celle-ci peut accueillir 40 000 spectateurs.**

l'angle avec la rue Petrarca, ou au ***Rancho Grande de la Villa***, Insurgentes Norte, un peu avant Los Indios Verdes *(plan I, C1)*. Des corridas sont organisées tous les dimanches à la ***Plaza Mexico*** (arène principale), Augusto Rodin 241, accessible par Insurgentes Sur *(plan II, B1)*. Le ***jai alai*** (pelote basque) se pratique au ***Frontón Metropolitano***, Bahía Todos Santos *(plan III, A1 ; fermé au début 2001)*.

## ■ Restaurants

On dînera plus volontiers dans les restaurants de certains quartiers comme la Zona Rosa, Condesa, Insurgentes Sur, Coyoacán et San Ángel. Des vues splendides sur la capitale sont à découvrir depuis les restaurants situés au sommet de la Tour latino-américaine *(plan III, C2)* et du World Trade Center, sur Insurgentes Sur *(plan I, B3)*, ainsi que des *roof gardens* de certains hôtels *(Majestic, Nikko, Presidente,* etc.).

## ■ Mariachis

Sur la place Garibaldi *(plan III, C1)*, la musique des mariachis est à l'honneur *(t.l.j. à partir de 18 h)*. Dans les bars autour de la place (le plus fameux est le *Tenampa*), vous pourrez écouter les meilleurs mariachis en buvant un verre de tequila ; ils se produisent également dans une grande halle où se tiennent de nombreux restaurants proposant une cuisine typique, simple mais agréable. C'est en fin de semaine que ce lieu est le plus animé. Attention à ne pas traîner trop tard le soir (après minuit) car les environs de la place ne sont pas sûrs.

## ■ Théâtre

La capitale dispose d'une vingtaine de théâtres (les plus importants se trouvent au N. du carrefour Reforma et Insurgentes), qui présentent des pièces – dont certaines d'avant-garde – d'auteurs mexicains ou étrangers. Ces spectacles sont toujours en espagnol et ont lieu du jeudi au samedi en soirée ; le dimanche, il y a une matinée et une soirée.

## ■ Concerts

L'orchestre symphonique national propose très régulièrement des concerts de qualité au ***Teatro del Palacio de Bellas Artes***, Juárez et Eje Central Lázaro Cárdenas, métro Bellas Artes (*plan III, B1* ; ☏ 52-82-19-64), qui est également réputé pour ses opéras. On compte aussi de nombreuses compagnies de ballet

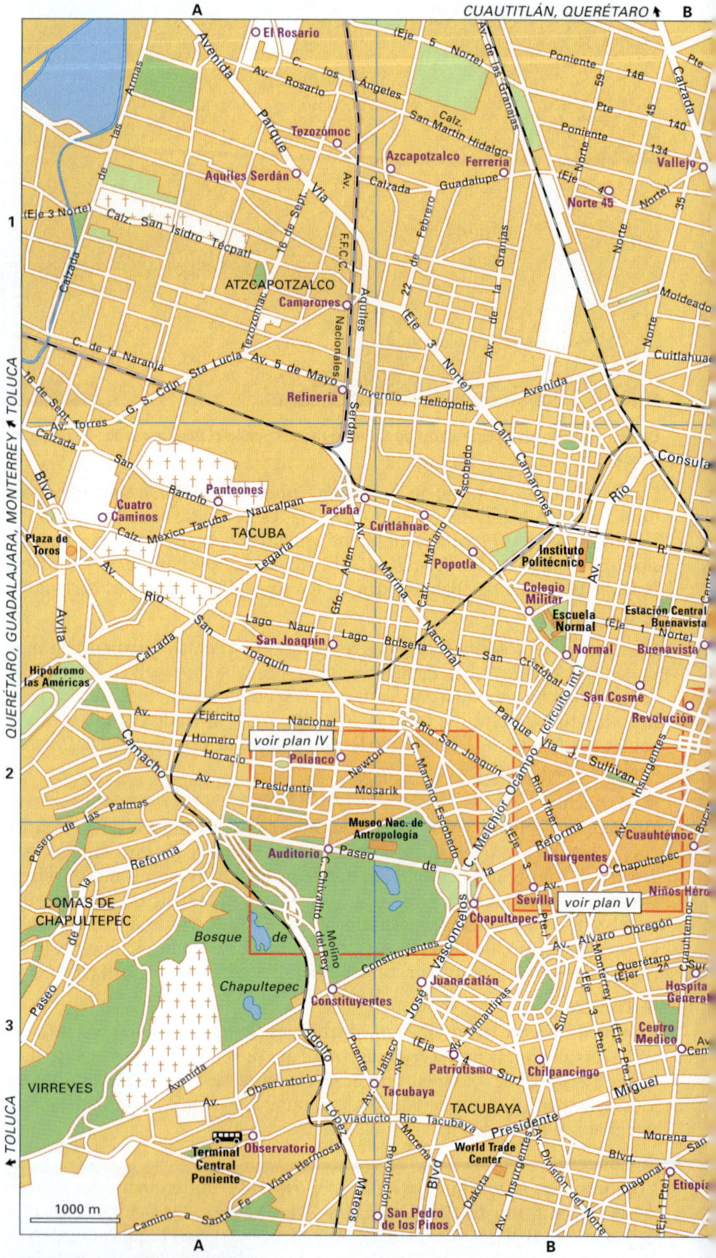


Mexico I : ensemble partie Nord

C
PACHUCA(Cuota), TAMPICO
D
Unidad del Instituto Politécnico Nac.
Politécnico
Indios Verdes
Parque el Tepeyac
Rancho Grande de la Villa
Los Indios Verdes
Inst. del Petróleo
Lindavista
Basílica de Guadalupe
Deportivo 18 de Marzo
Martín Carrera
Terminal Norte
Autobuses del Norte
Villa Basílica
Potrero
Talismán
La Raza
La Raza
TLATELOLCO
Misterios
Bondojito
Zoológico
Bosque San Juan de Aragón
Valle Gómez
Consulado
Consulado
Eduardo Molina
San Juan de Aragón
Canal del Norte
Oceanía
Guerrero
Garibaldi
Lagunilla
Tepito
El Cortijo
R. Rubio
Hidalgo
Bellas Artes
Allende
Morelos
Pal. Nacional
Gran Canal
Juárez
Catedral
Pal. Nac.
Zócalo
Terminal Aérea
Aeropuerto Internacional B. Juárez
San Juan de Letrán
Candelaria
San Lazaro
Terminal Oriente (TAPO)
Salto del Agua
I. la Católica
Pino Suárez
Moctezuma
Merced
Mercado la Merced
Balbuena
Hangares
voir plan III
Mercado Sonora
Bd Puerto Aéro
San Antonio Abad
Gomez Farias
Zaragoza
Jamaica
Mixihuca
Vélodromo Olímpico
Ciudad Deportiva
Chabacano
Vélodromo
Puebla
Lázaro Cárdenas
Palacio de Deportes
Sala de Armas
Estadio Municipal
Autodromo de Magdalena
Sta Anita
Viaducto
Ciudad Deportiva
Coyuya
Xola
vers plan II
C
D
1
2
3
TEXCOCO
PUEBLA, TEXCOCO, TLAXCALA

Mexico

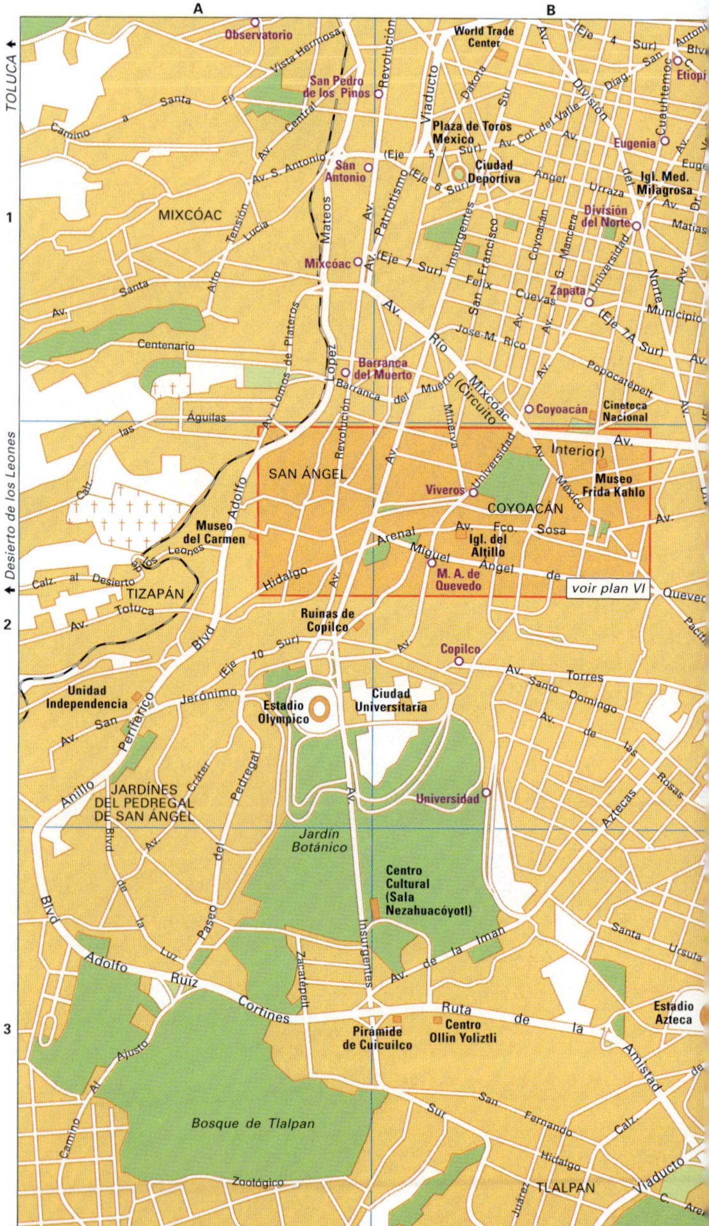


**Mexico II : ensemble partie Sud**

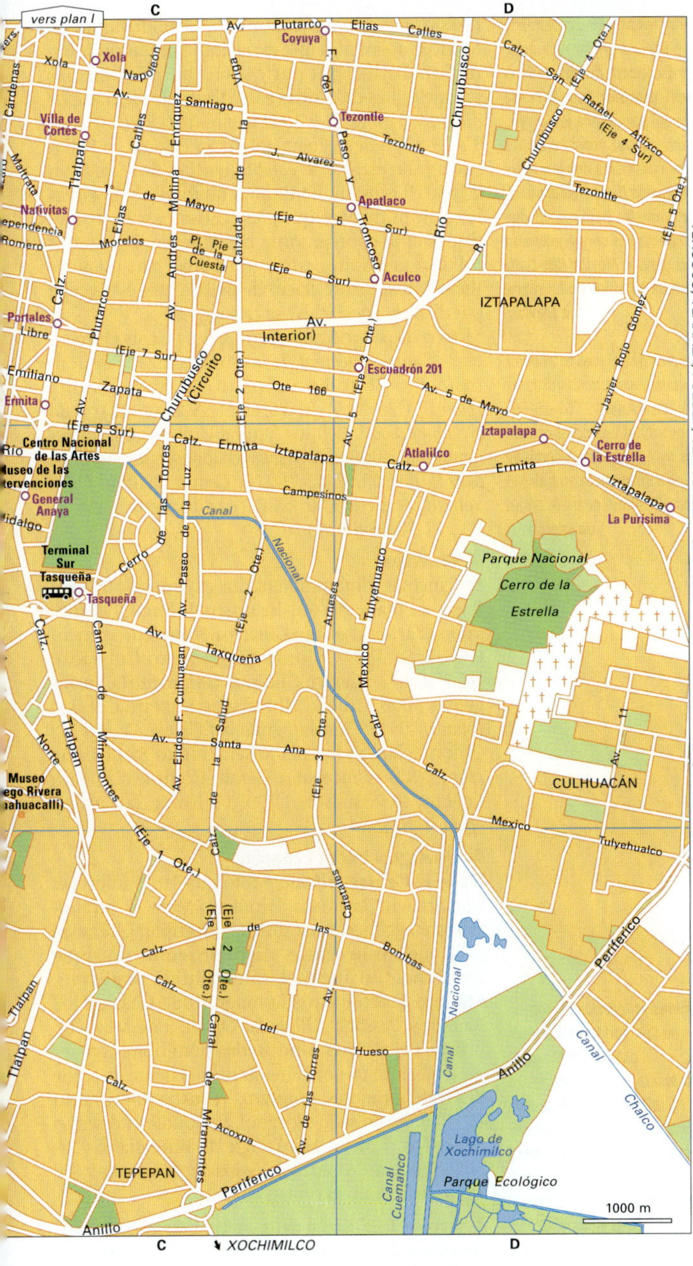
vers plan I
C
D
1
2
3
TEXCOCO, TLAXALA, PUEBLA, VERA CRUZ
OAXACA
CHALCO, AMECAMECA
XOCHIMILCO
Coyuya
Xola
Villa de Cortés
Tezontle
Apatlaco
Nativitas
Aculco
Portales
Escuadrón 201
Ermita
Iztapalapa
Atlalilco
Cerro de la Estrella
La Purísima
General Anaya
Tasqueña
Centro Nacional de las Artes
Terminal Sur Tasqueña
IZTAPALAPA
CULHUACÁN
TEPEPAN
Parque Nacional Cerro de la Estrella
Lago de Xochimilco
Parque Ecológico
Canal Nacional
Canal Chalco
Canal Cuemanco
Av. Plutarco Elías Calles
Calz. San Rafael Atlixco (Eje 4 Sur)
Churubusco
Av. Santiago
J. Alvarez
Tezontle
1° de Mayo
(Eje 5 Sur)
(Eje 6 Sur)
Av. Interior (Circuito)
(Eje 7 Sur)
Emiliano Zapata
(Eje 8 Sur)
Calz. Ermita Iztapalapa
Ote 166
Av. 5 de Mayo
Campesinos
Calz. Taxqueña
Av. Santa Ana
Calz. Mexico Tulyehualco
Calz. de las Bombas
Calz. del Hueso
Calz. Acoxpa
Anillo Periférico
Calz. Tlalpan
Canal de Miramontes
Av. Ejidos F. Culhuacan
Paseo de la Luz
Cerro de las Torres
Calz. de la Salud
Av. de las Torres
Av. Javier Rojo Gómez
Av. 11
1000 m

**Pour connaître les activités culturelles proposées à Mexico (théâtre, cinéma, danse, opéra, concert, manifestations populaires), procurez-vous la revue *Tiempo Libre* qui paraît tous les jeudis. Chaque jour, vous pouvez aussi consulter les pages culturelles des journaux *La Jornada* et *Reforma* (faites-vous néanmoins confirmer les horaires de vive voix). Tous les spectacles sont également mentionnés dans le *Mexico City Daily Bulletin*, distribué à l'office du tourisme à Mexico.**

**Pour réserver des places et acheter des billets, vous pouvez vous adresser au service *Ticket-Master* (☏ 53-25-90-00) qui, moyennant une commission, vous livre les billets à domicile ou les tient à votre disposition au guichet jusqu'à 30 mn avant le début du spectacle.**

classique et moderne. Les Ballets folkloriques de Mexico jouissent d'une excellente réputation internationale. Ils sont parfois en tournée dans les grandes villes de province. À Mexico, le spectacle (*le dim. à 9 h 30 et 20 h 30 et le mer. à 20 h 30 ;* ☏ 55-12-25-93) a lieu généralement au Palacio de Bellas Artes *(se renseigner préalablement)* et dure environ 2 h 30. Il offre un panorama du folklore de toutes les régions du Mexique ; les costumes sont magnifiques et la chorégraphie très enlevée. Les Ballets folkloriques sont parfois transférés dans un autre théâtre lorsque le Palacio de Bellas Artes est occupé par d'autres spectacles ; se renseigner.
Mexico dispose de trois autres salles de concert réputées : ***Centro Nacional de las Artes***, Calzada de Tlalpan y Río Churubusco, métro Anaya ou Ermita (*plan II, C2 ;* ☏ 55-21-79-60 et 55-21-06-86) ; ***Sala Nezahualcóyotl***, Centro Cultural Universitario, Insurgentes Sur 3000, métro Universidad (assez éloigné ; *plan II, B3 ;* ☏ 56-22-71-11) ; ***Centro Cultural Ollin Yoliztli***, Periférico Sur 5141 (pas de métro ; *plan II, B3 ;* ☏ 56-06-84-01).

## ■ Cinémas

Les cinémas sont nombreux aux environs de la Zona Rosa, à Polanco et sur Insurgentes Sur. Quelques salles d'art et d'essai : ***Cineteca Nacional***, Mexico-Coyoacán 389, Colonia Xoco, métro Coyoacán *(plan II, B1)* ; ***Centro Cultural Universitario***, Insurgentes 3000, Ciudad Universitaria, métro Copilco *(plan II, B3)* ; ***Cinematografo del Chopo***, Dr. Atl 37, Colonia Santa María la Ribera, métro San Cosme *(plan I, B2)* ; ***Cinemania***, Centro Commercial Plaza Loreto, Revolución 1909, Colonia San Ángel *(plan II, B2)*.

## ■ Quelques bars et *cantinas*

**Dans le Centre**. ***Alfonso***, Motolinía 18. Tradition et bon accueil. ***Bar Mata***, Filomeno Mata 11, au troisième étage (accès par un vieil ascenseur). Terrasse avec vue sur le centre, clientèle jeune, musique moderne. Cuisine mexicaine à midi. ***Sanborn's***, Madero 4. Situé dans la magnifique Casa de los Azulejos. Passage obligé. ***La Ópera***, 5 de Mayo 10, près de Bellas Artes. Une *cantina* pour boire et manger. Le bar est toujours très animé à l'heure de sortie des fonctionnaires. ***Mancera***, Venustiano Carranza 49. *Cantina* de style espagnol, tranquille et discrète. ***Salón Luz***, Gante 21, à l'angle de Venustiano Carranza. La grande tradition. ***Salón Victoria***, López 43. Typique *cantina* du centre.

**À Coyoacán**. ***El Hijo del Cuervo***, Francisco Sosa 1. Au centre de Coyoacán, c'est un bar à la mode avec parfois de la musique ou des sketchs politiques. ***La***

**Les dernières *pulquerias* (débits de boisson où l'on sert le traditionnel pulque) de Mexico :**
***La Hortensia*, Amargura 4, Plaza Garibaldi, dans le centre.**
***La Antigua Roma*, à l'angle d'Allende et de República de Perú, également dans le centre.**
***La Hija de los Apaches*, Cuauhtémoc 39-b, Colonia Roma.**
***La Reina Xóchitl*, Dieciocho de Marzo 31, Xochimilco.**

*Guadalupana*, Higueras 14, derrière l'église de San Juan Bautista. Une des plus anciennes *cantinas* de Coyoacán. Ambiance taurine, la tequila et la bière coulent à flot. Service impeccable.

## ■ Marchés

La liste qui suit n'est aucunement exhaustive, mais donne une idée des marchés les plus typiques et les plus dépaysants de la ville (attention aux pickpockets).
Le **Mercado de la Merced** (métro Merced ; *plan I, C3*), un immense marché consacré à l'alimentation, permettra de découvrir des fruits et des denrées connus et moins connus : *zapotes negros*, *chicozapotes*, mamey, anones, carambolès, nopals, etc.
Non loin de la Merced, sur l'axe Fray Servando Teresa de Mier, se trouve un autre marché étonnant : le **Mercado Sonora** *(plan I, C3)*, spécialisé dans les animaux vivants les plus étranges (iguanes, tarentules, scorpions, oiseaux, serpents, etc.), les herbes médicinales et les articles de sorcellerie.
Le marché de **San Juan** (métro Salto del Agua ; *plan III, B2*) est celui de l'artisanat. Vous y trouverez un grand choix de tout ce que produit le Mexique mais celui, tout proche, de la **Ciudadela** (métro Balderas ou Juárez ; *plan III, B2*) est beaucoup plus agréable car il n'est pas enfermé dans un édifice et les prix sont souvent bien moins élevés.
Au N.-E. de la place Garibaldi (métro Garibaldi ; *plan III, C1*), autour de la rue Rayón, le marché **Tepito** et son annexe de la **Lagunilla** se spécialisent dans les chaussures, les robes de mariée, l'électronique, les meubles, les imitations de parfum, les vêtements et les puces (surtout le dimanche matin).
Le samedi matin, des marchés d'art et d'artisanat réputés s'organisent à la Zona Rosa (Mercado del Ángel, rue Londres ; métro Sevilla ; *plan V, A2*) et au quartier San Ángel : le **Bazar del Sábado** (depuis le métro Chapultepec, prendre un *pesero* indiquant San Ángel ; *plan VI, B1*). D'autres artistes peintres exposent le dimanche au Jardín del Arte (carrefour Reforma et Insurgentes ; métro Revolución ; *plan V, B1*) et dans un espace vert entre les rues Sullivan et Villalongin (Colonia Anzures).

## ■ Recommandations

**Climat**. Le froid théorique dû à l'altitude du plateau central (2 200 m) est équilibré par la température tropicale due à la latitude ; cependant, les nuits d'hiver peuvent être fraîches, voire froides, et il convient de prévoir des vêtements chauds ; n'oubliez pas également que, avec l'altitude, vous serez plus vite fatigué. D'octobre à mai, le climat étant très sec, il faut boire beaucoup (on peut tout à fait boire les jus de fruits des vendeurs de rue).

**Sécurité**. En quelques années, la criminalité et la délinquance ont considérablement augmenté à Mexico. Il faut donc redoubler de prudence et suivre quelques sages conseils.
- Avant de traverser, regardez à gauche et à droite, même si la rue est à sens unique.
- Évitez de vous promener après 10 h du soir à pied dans les rues. Si vous devez le faire, marchez de préférence sur la chaussée et non sur les trottoirs.
- La nuit, évitez autant que possible de demander de l'aide à la police.
- N'ayez jamais sur vous plus d'argent que le minimum nécessaire pour la journée ; munissez-vous de monnaie pour éviter d'avoir à sortir une grosse somme lorsque vous réglez un achat.
- Laissez votre carte de crédit, votre passeport et vos bijoux de prix dans le coffre de votre hôtel.
- Ne prenez pas de taxis à la volée, mais utilisez les taxis des stations *(sitio de taxi)*.

- La nuit, ne laissez pas votre voiture dans la rue (tous les hôtels ont un garage ou peuvent vous en recommander un) ; de façon générale, garez votre véhicule dans des parkings gardés.

- Évitez le Zócalo les jours de manifestation et l'Ángel de la Independencia, sur le Paseo de la Reforma, les jours où Mexico gagne un match de football.

- En cas d'agression, n'opposez pas de résistance.

## ■ Programme

Sept jours constituent une durée idéale pour découvrir les nombreuses richesses touristiques de cette immense ville et quelques sites majeurs situés dans les environs proches.

***1er jour*** : visite des principales curiosités du **parc de Chapultepec★★** *(prom. 5)*, en particulier l'incontournable **musée national d'Anthropologie★★★** *(prom. 6)*, auquel vous consacrerez une demi-journée, et le **Castillo de Chapultepec★★**. Vous pourrez terminer la journée dans l'un des restaurants de **Polanco★** *(prom. 5)* ou de la **Colonia Condesa★** *(prom. 10)*.

***2e et 3e jours*** : visite du **Centro Histórico★★★** *(prom. 1 à 4)*, sorte de résumé grandiose de l'histoire du Mexique qui s'étend entre l'Alameda Central et le Zócalo. Durant ces deux journées, vous pourrez faire une rapide excursion jusqu'à la **place des Trois-Cultures★** *(prom. 8)*. Le soir, dîner dans l'une des *cantinas* du centre-ville ou sur la **place Garibaldi★★** *(prom. 7)*, le fief des mariachis.

***4e jour*** : visite de **Teotihuacán★★★** *(→ p. 339)*, l'un des sites majeurs du Mexique précolombien. Au retour, halte possible à la **Basílica de Guadalupe★** *(prom. 9)*.

***5e jour*** : visite de **Tepotzotlán★★★** *(→ p. 350)* où se trouve le remarquable **Museo Nacional del Virreinato★★★**, consacré à l'art colonial.

***6e jour*** : de préférence un samedi ou un dimanche, visite de **San Ángel★★** *(prom. 11)* et de **Coyoacán★★★** *(prom. 12)*, deux « villages » de Mexico qui ont gardé leur authenticité ; les plus courageux pourront prolonger la promenade jusqu'à la **Ciudad Universitaria★** *(prom. 13)* où de célèbres muralistes ont réalisé de grandes fresques.

***7e jour*** : visite des « jardins flottants » de **Xochimilco★★** *(prom. 15)*, à découvrir surtout le dimanche, lorsque les Chilangos – les habitants de Mexico – s'y rendent en nombre (pittoresque assuré).

### Que voir à Mexico ?

La fureur destructrice des conquérants espagnols a réduit à quelques épaves l'héritage précolombien, et les seuls ensembles de l'ancienne cité qui aient été mis au jour, ceux de Tlatelolco *(prom. 8)* et du Templo Mayor *(prom. 3)* permettent de mieux évaluer la perte subie. De son passé colonial, Mexico conserve en revanche un remarquable ensemble de bâtiments situés pour la plupart dans les environs du Zócalo *(prom. 1 à 4)* et dans les faubourgs de San Ángel *(prom. 11)* et de Coyoacán *(prom. 12)*. L'architecture contemporaine est aussi très présente dans la capitale, notamment sur le Paseo de la Reforma *(prom. 7)*, la cité universitaire *(prom. 13)* et la place des Trois-Cultures *(prom. 8)*.

# Mexico dans l'histoire

## ■ Une ville dédiée à la lune et à Quetzacóatl

En 1976, les travaux de consolidation des fondations de la cathédrale révélaient la présence de vestiges préhispaniques jusqu'à une profondeur de 12 m. À l'encontre de l'histoire écrite par les chroniqueurs aztèques et espagnols, les fouilles ont fait apparaître deux occupations successives du site de Mexico. La première ville située entre 12 et 10 m, datée grâce au carbone 14 de 900 à 1200 apr. J.-C., fut abandonnée à la suite d'une inondation. À 9 m en dessous du niveau actuel apparaissent de nouveaux vestiges vers 1200, soit cent vingt-cinq ans avant la fondation de la capitale des Aztèques. Selon toute probabilité, ce sont les Otomís, peuple de souche ancienne fixé de longue date sur le plateau central, qui furent les premiers occupants du lieu qu'ils dédièrent à la lune *(meztli)*. Si on ignore encore l'origine des habitants de la cité bâtie après l'inondation, il est certain que le temple principal était consacré à Quetzacóatl, divinité des Toltèques, peuple dont les Aztèques se proclameront les héritiers.

## ■ L'arrivée des Mexicas

Au milieu du XIIe s., Tula, distant de 65 km de l'actuel Mexico, disparaît sous l'effet des invasions de tribus nomades d'expression náhua connues sous le nom de Chichimèques. Certaines de ces tribus fondent dans la vallée de l'Anáhuac (ou vallée de Mexico) de petites cités-États et se civilisent au contact des populations toltèques ayant échappé au massacre. Les Aztèques ou Mexicas, une autre tribu náhua originaire de la mythique Aztlán (un îlot lacustre situé dans le N.-O. du Mexique, peut-être dans l'État de Nayarit), arrivent à leur tour dans la région au terme d'une longue pérégrination. Réputés belliqueux, ils sont considérés comme indésirables par les Tépanèques, les Acolhuas et les Colhuas déjà installés, et doivent errer pendant plusieurs décennies dans la vallée. Ils parviennent néanmoins à s'établir sur quelques îlots de la lagune de Metztliapán (lac de Texcoco) et dans la région marécageuse la bordant à l'O. En 1325, suite à leur défaite face aux Colhuas, ils se réfugient sur une île où, d'après la tradition, se réalise la prophétie de leur dieu tribal Huitzilopochtli : leur établissement définitif se ferait à l'endroit où ils découvriraient un aigle dévorant un serpent juché sur un figuier de Barbarie poussant sur un rocher. À l'endroit même où s'est réalisé l'oracle, les Aztèques élèvent un modeste temple qui deviendra, au fil des siècles,

**En souvenir de leur lieu d'origine, les habitants de Tenochtitlán se désignaient parfois sous le nom d'Azteca (Aztèque), c'est-à-dire de « gens d'Aztlán », mais jamais cette appellation ne constitua celle de la tribu. Ils leur préféraient celle de Mexitin (Mexica), vocable qui aurait pour origine le nom d'un hypothétique chef éponyme, Mexitl. La dénomination d'Aztèque, employée par les premiers chroniqueurs espagnols ou indigènes du XVIe s., a été consacrée par l'usage, bien que celle de Mexica soit plus correcte.**

le fameux Templo Mayor, situé au cœur de leur capitale Mexico-Tenochtitlán.

## ■ À l'ombre d'Atzcapotzalco

Leurs premières conquêtes, les Mexicas les réalisent pacifiquement en créant les *chinampas* (→ p. 278), aux dépens des marécages insalubres et incultes de la lagune de Texcoco ; ces fameux îlots artificiels, encore visibles à Xochimilco, permettront des rendements agricoles élevés et joueront ainsi un rôle déterminant dans l'expansion de Tenochtitlán. Parallèlement, les Mexicas s'allient matrimonialement à leurs anciens ennemis, les Colhuas, et fournissent des mercenaires au puissant royaume tépanèque d'Atzcapotzalco dirigé par Tezozómoc. Ainsi, le second souverain mexica, Huitzilíhuitl ou « plume de colibri » (1397-1417), époux de la petite-fille de Tezozómoc, peut-il affermir les bases de son autorité et étendre ses territoires avec la bénédiction d'Atzcapotzalco, qui domine alors les autres cités-États de la vallée. En 1337, la division de la ville en quatre grands quartiers ou *calpulli*, provoque la migration d'un petit groupe de Mexicas qui fonde la ville de Tlatelolco sur un îlot voisin.

## ■ L'éveil de la puissance aztèque

La mort en 1426 du seigneur d'Atzcapotzalco fournit aux villes soumises l'occasion de se révolter grâce à une crise provoquée par Maxtla, l'un des fils du défunt, qui écarte de la succession au trône son frère aîné. En 1428, le nouveau souverain mexica Itzcóatl (1428-1440), allié à Netzahualcóyotl, le maître de Texcoco, capitale des Acolhuas, s'empare d'Atzcapotzalco après un siège de cent quatorze jours. Les vainqueurs fondent, avec le seigneur de Tlacopan, une Triple Alliance (1430), véritable organe dirigeant d'une nouvelle puissance politique et militaire largement dominée par les Mexicas. La conquête du territoire tépanèque, mosaïque de petits États qui réclament leur indépendance dure vingt ans, le dernier bastion de résistance des Chalcas étant finalement renversé par le neveu et successeur d'Itzcóatl, Moctezuma Ier (1440-1469). Surnommé Ilhuicamina, l'« archer du ciel », il élargit les frontières de l'empire en s'assurant le contrôle de la grande voie commerciale qui unit la vallée d'Anáhuac au golfe du Mexique en passant par Cholula et Orizaba. Au S., Moctezuma Ier guerroie dans l'Oaxaca, où il assiège et enlève Tilantongo, la capitale de la haute Mixtèque.

**Un frère de Moctezuma Ier, Tlacaelel, qui fut son principal conseiller, aurait été le promoteur de la « guerre fleurie » *(xochiyaóyotl)*, ces combats que les guerriers aztèques livraient périodiquement aux guerriers tlaxcalatèques (ou encore aux habitants de Huejotzingo) sans autre but que de permettre la capture de prisonniers destinés au sacrifice suprême sur les autels du dieu tribal des Mexicas, Huitzilopochtli.**

## ■ L'ère des conquêtes

Le septième *tlatoani* (empereur), Axayácatl (1469-1481) annexe par la force en 1473 le petit royaume voisin de Tlatelolco qui entretient depuis longtemps de fructueuses relations commerciales avec les plus lointaines contrées de la Mésoamérique. Devenu le cinquième quartier de Tenochtitlán, Tlatelolco est le plus important marché de la capitale et le siège des plus importantes corporations de négociants *(pochteca)*. À l'O., Axayácatl entreprend la soumission des Matlazincas de la vallée de Toluca. Son frère Tizoc (1481-1486), célèbre par la pierre commémorative placée au pied du Templo Mayor *(→ musée d'Anthropologie)*, est un souverain faible qui revendique en son nom les conquêtes faites par ses prédécesseurs. L'Empire aztèque atteint son extension maximale sous Ahuítzotl (1486-1502), redoutable stratège qui dirige des expéditions dans l'isthme de Tehuantepec et, par-delà, sur les confins de l'actuel État du Guatemala. Le territoire comprend trente-huit provinces tributaires ou directement occupées par les Mexicas, parfois très distantes les unes des autres, voire isolées. Dans la région centrale du Mexique subsistent néanmoins plusieurs États (Tlaxcala, Metztitlán ou Teotitlán del Camino) qui parviennent à sauvegarder leur indépendance. Ahuítzotl trouve la mort en 1502 durant une élévation catastrophique des eaux de la lagune. Cette inondation ainsi que d'autres présages inquiétants annoncent la fin de la puissance des Mexicas.

## ■ La chute de Mexico-Tenochtitlán

Moctezuma II Xocoyotzin (1502-1520), qui aura la malchance d'être confronté à l'arrivée des étrangers barbus, hérite de ce vaste empire et de la plus belle cité du Nouveau Monde. C'est une ville lacustre où vivent 300 000 personnes, peut-être plus. L'île principale, reliée à la terre ferme par trois immenses digues-chaussées, regroupe quatre quartiers parcourus par des rues parfois très larges et des canaux où naviguent des barques à fond plat ; chacun comporte des temples, des palais et des maisons d'habitation. Au centre de la cité, entourée d'une muraille, s'étend l'enceinte sacrée, l'actuel Zócalo, où s'élève entre autres le Templo Mayor. Au N., se trouve l'île de Tlatelolco et son centre cérémoniel, accessible par un pont. Au S., où sont regroupés les *chinampas* qui produisent fruits et légumes en abondance, part la chaussée de 8 km vers Ixtapalapán. Large au point que huit cavaliers espagnols peuvent y chevaucher côte à côte, cette chaussée est interrompue comme les autres digues par des ponts mobiles qui assurent l'isolement de la ville en cas d'attaque. Contre toute attente, Cortés et ses hommes parviendront rapidement à investir la puissante métropole – qui sera détruite – et à mettre à bas l'Empire aztèque.

**Pour en savoir plus sur la chute de Mexico-Tenochtitlán : → *p. 122.***

**Bernal Díaz del Castillo décrit l'émerveillement des conquistadores lorsqu'ils découvrent Mexico du sommet de la pyramide de Tlatelolco : « Parmi nous, il y avait des soldats qui avaient parcouru de nombreuses régions du monde, Constantinople, l'Italie, Rome, et ils disaient qu'ils n'avaient vu nulle part une place si bien alignée, si grande et si peuplée. »**

# Les Aztèques au quotidien

Originaires de l'île d'Aztlán, située au N.-O. du Mexique, les Aztèques ou Mexicas s'installèrent à Tenochtitlán au terme d'une migration qui dura deux siècles. Ces tribus de chasseurs-collecteurs qui se considéraient comme le peuple élu par le dieu solaire Huitzilopochtli étaient les derniers arrivants dans la région marécageuse du lac de Texcoco. C'est par la guerre, les alliances matrimoniales et le commerce qu'ils s'imposèrent sur l'Altiplano mexicain, puis sur l'ensemble des terres situées entre les deux océans. À la veille de la Conquête, le *tlatoani* aztèque dirigeait un vaste empire de 200 000 km$^2$ divisé en trente-huit provinces peuplées de dix millions d'Indiens parlant cent cinquante langues différentes.

**▲ Bouclier de parade en plumes (Museum für Völkerkunde, Vienne, Autriche). Aucune autre civilisation n'a développé à ce point le goût de la plumasserie et l'identification au monde animal.**

## ■ Une société hiérarchisée

Pour régner sur cette mosaïque de peuples aux coutumes différentes et aux croyances diverses, les Aztèques instaurent un pouvoir fort et établissent un système de classes sociales basées sur le lignage *(calpulli)*. Au sommet de la hiérarchie, sous l'autorité suprême du souverain *(tlatoani)*, se trouvent les nobles *(tecuhtli)* occupant les hautes fonctions militaires, administratives, judiciaires et religieuses. L'homme du peuple est désigné sous le terme générique de *macehualli*, ce vaste groupe étant composé d'agriculteurs *(tlalmaitl)*, artisans et commerçants dont sont tributaires les métayers *(mayeque)*, en majorité des étrangers. Au dernier échelon, viennent les esclaves *(tlatlacotin)*, paysans sans terres, prisonniers de guerre ou condamnés. Il est à noter que ce système n'est pas totalement étanche et qu'il est possible de s'élever ou de régresser dans la hiérarchie sociale.

## ■ L'éducation pour tous

Les parents puis l'école donnent aux enfants une éducation sévère, faite de punitions corporelles et de privations, destinée à rendre les garçons et les filles conformes aux normes de la collectivité. Vers dix ans, les jeunes nobles et les enfants des commerçants entrent dans les collèges *calmecac* où ils apprennent le savoir ancestral (écriture, calendrier), les rites et l'art de la guerre. Les milieux populaires ont aussi leurs écoles, les *telpochcalli*. Tous, ont l'obligation après leurs études, de passer un certain

**Labret en or et cristal de roche mixtéco-aztèque (Museum für Völkerkunde, Vienne, Autriche). La matière et le type de labret inséré sous la lèvre inférieure déterminaient le statut social de chaque individu. L'or et la turquoise étaient le privilège du roi et des dignitaires. ▼**

◄ **Le vêtement de base était identique pour tous. Les femmes portaient une jupe et une tunique *(huipil)*, les hommes un pagne *(maxtlatl)* noué autour des reins. Par-dessus était jetée une cape attachée sur l'épaule droite ou sur la poitrine chez les nobles. La matière, l'ornementation et la longueur du vêtement permettaient de différencier les classes sociales. Ainsi, seuls les nobles et les officiers supérieurs avaient des capes descendant jusqu'aux chevilles.**

nombre d'années dans l'armée et de faire au moins un prisonnier, sous peine, pour un noble, d'être déchu de ses privilèges. La capture de quatre ennemis leur confère le rang de *tequina* et leur ouvre la porte des associations militaires, ordres de l'Aigle et du Jaguar pour les nobles, Quachic et Otomí pour les soldats issus du peuple.

### Les espions de l'empereur

Les commerçants *(pochteca)*, organisés en guildes puissantes, servent la politique expansionniste des Mexicas. Contrôlant les échanges sur de longues distances et l'approvisionnement de la capitale en biens précieux, ces polyglottes jouent également le rôle d'éclaireurs, espionnant le potentiel économique et politique de leurs voisins. Une fois conquises, les nouvelles provinces tributaires fournissent en impôt annuel, quantité de denrées exotiques et de produits de luxe : tissus en coton, plumes chatoyantes, perles de jade, corail, cristal de roche, ambre, tabac, fèves de cacao, peaux de jaguar, etc. Bien qu'issus de la classe moyenne, les *pochteca* jouissent de certains privilèges réservés aux nobles, tel le droit d'habiter un palais ou de porter des bijoux en or.

### Les arts

Au moment de leur arrivée sur le haut plateau mexicain, les Aztèques, nomades barbares, sont éblouis par les civilisations en place, notamment celle des Toltèques. *Tolteccatl* est d'ailleurs le titre honorifique donné à tous les artisans, de diverses origines, installés de gré ou de force dans des quartiers réservés de Tenochtitlán. Les Mixtèques, maîtres en orfèvrerie, sont aussi réputés comme peintres de codex. Les lapidaires, les plumassiers *amanteca*, les mosaïstes et les sculpteurs de pierre comptent parmi les autres professions les plus appréciées par la classe dirigeante. Ils forment une société très fermée, endogamique, le métier se transmettant de père en fils.

## L'histoire à la mode aztèque

Selon la tradition, les sept clans aztèques quittèrent leur île d'origine en l'année « Un-Silex « (1111 apr. J.-C.) sur les instructions de Huitzilopochtli et entreprirent une migration qui dura quelque deux cents ans. La fondation de Tenochtitlán, en l'année « Deux-Maison » (1325) sur une autre île lacustre, correspond à la fois à la date suivante dans le calendrier aztèque et à un passage du nomadisme – lié au couteau en silex sacrificiel – à la vie sédentaire symbolisée par la maison. Une histoire trop belle pour être vraie, fruit de la propagande aztèque pour s'imposer dans une région où ils faisaient figure d'usurpateurs. En 1430, après sa victoire sur les Tépanèques, Itzcóatl fit brûler tous les livres pour réécrire l'histoire à sa manière. Dans le codex Botturini, les Mexicas présentés sous les traits de pauvres migrants confrontés aux riches sédentaires, atteignent la terre promise au terme d'une longue errance. Ils créent leur ville et puis leur empire à partir de rien. Les fouilles à proximité du Templo Mayor ont démenti cette version de l'histoire. Mexico était, avant l'arrivée des Aztèques, un lieu-dit, « au milieu de la lune », ainsi baptisé par les Otomís, premiers occupants de l'île vers 900 apr. J.-C. Un « peuple du Soleil » installant sa capitale au centre de la lune est une des contradictions auxquelles furent confrontés les chroniqueurs aztèques. Il suffit alors de s'inventer un ancêtre, Mexitl, et de rebaptiser la ville, Tenochtitlán.

### ■ Une difficile renaissance

Sur les vestiges de la ville aztèque, Cortés, devenu gouverneur de la Nouvelle-Espagne par la grâce de Charles Quint, entreprend dès 1522 la reconstruction de la capitale, désormais connue sous le nom de Mexico. La cité se repeuple et compte plus de 30 000 habitants en 1524, mais, selon une chronique de 1526, elle ne reste qu'une méchante ville aux constructions précaires. Elle devient le siège d'un évêché en 1528 (le père Juan de Zumárraga en est le premier prélat) et ne commence à se développer véritablement qu'avec l'instauration, en 1535, du régime de la vice-royauté, qui apporte une certaine normalisation. En 1537, selon le père Motilinía, la population s'élève à plus de 100 000 habitants, dont 2 000 Espagnols, tandis que palais, églises et couvents fondés par les missionnaires se multiplient. Promue au rang de cité archiépiscopale en 1546, dotée d'une université en 1551, Mexico accumule les privilèges. Dès la fin du XVI^e s., elle est de nouveau la ville la plus importante d'Amérique et un centre intellectuel majeur. Mais du fait de sa situation insulaire et de l'absence d'exutoire naturel des eaux de la lagune, elle-même entourée de montagnes, elle subit de nombreuses inondations particulièrement destructrices. En 1609, un canal visant à évacuer le trop-plein d'eau dans la vallée est construit, mais il se révèle vite insuffisant et doit être sans cesse renforcé entre 1629 et 1789.

### ■ L'éternel problème de l'eau

Durant la longue dictature de Porfirio Díaz (1876-1911), grâce à l'essor économique et à l'action de technocrates occupant la plupart des ministères (les Científicos), Mexico, devenu capitale des États-Unis du Mexique en 1824, se modernise : on met en place un réseau de transports urbains et l'éclairage public, on élève de grands édifices prestigieux pouvant rivaliser avec ceux des capitales européennes. Les travaux de drainage quant à eux se poursuivent. À partir de 1900, le canal aménagé durant les XVII^e-XVIII^e s. est doublé d'un tunnel de 13 km de longueur. Mais l'assèchement du lac de Texcoco n'est pas sans conséquence : avec la disparition de l'eau, le sol se tasse et la ville s'enfonce jusqu'à se retrouver plusieurs mètres en contrebas de ses déversoirs. Après les soubresauts de la Révolution dont les idéaux, repris par les muralistes, deviendront les thèmes de grandes fresques visibles sur certains édifices de la capitale, Mexico poursuit son essor. La ville commence à s'industrialiser durant la Seconde Guerre mondiale, et l'exode rural, de plus en plus massif, l'entraîne dans une folle croissance.

Mexico à l'époque coloniale. Au XIX^e^ s., on parvient encore au Zócalo par bateau.

### ■ L'époque des grands travaux

La présidence de Miguel Alemán (1946-1952) est marquée par l'érection de la cité universitaire et la création d'un réseau d'artères à grande circulation. Sous les mandats d'Adolfo López Mateos (1958-1964) et de Gustavo Díaz Ordaz (1964-1970), un boulevard périphérique est créé et un important programme de quinze mille logements (unité Nonoalco-Tlatelolco) est réalisé sur la place des Trois-Cultures, place qui deviendra tristement célèbre après le terrible massacre de 1968 *(→ encadré p. 258)*. La construction, à partir de 1967, d'un métro en partie souterrain, en partie aérien (il compte actuellement dix lignes) fait également partie des autres grands travaux réalisés dans la capitale à cette époque. Enfin, sous Luis Echeverría (1970-1976), de gigantesques opérations de drainage en profondeur sont de nouveau entreprises pour tenter d'empêcher les inondations qui sévissent dans le S. de la capitale lors des fortes pluies. Malgré ces mesures, malgré les catastrophes naturelles aux conséquences amplifiées par ce désordre (le tremblement de terre de 1985), Mexico continue son expansion anarchique, sans projet à moyen ou long terme, et doit vivre avec tous les problèmes qui en découlent : épuisement des ressources en eau qui renforce l'instabilité du sous-sol, embouteillages monstrueux, pollution endémique, criminalité...

## Le tremblement de terre de 1985

Le 19 septembre 1985, à 7 h 19, la plaque Cocos s'immisçait sous la plaque Caraïbe, au large de la côte pacifique ; 76 secondes plus tard, les ondes sismiques parvenaient jusqu'à Mexico. Le tremblement de terre fut d'une force terrible (8,1 sur l'échelle de Richter) et d'une durée interminable (2 mn).

Le séisme, qui toucha surtout le centre-ville (l'équivalent de deux arrondissements parisiens), détruisant de nombreux bâtiments publics qui n'obéissaient pas aux normes de construction imposées par l'État lui-même, fit quelque 20 000 morts et de très nombreux blessés. En révélant au grand jour la corruption et l'incurie des pouvoirs publics, il provoqua aussi une prise de conscience des habitants de la capitale, décidés à prendre en main le destin de leur ville. Désormais, l'histoire de Mexico, et même du Mexique, se décline autour de cette date : avant et après septembre 1985.

*« Nous avons tué l'eau*
*Nous avons tué l'air*
*Nous avons tué les arbres*
*Crève, putain de ville ! »*

Carlos Fuentes, *Christophe et son œuf.*

# Mexico aujourd'hui

### ■ Sous le signe de la diversité

Le grand Mexico, qui regroupe le quart de la population nationale, est une succession de lieux qui s'agglomèrent les uns aux autres. Sur les quelque

**Les provinciaux regardent la capitale avec envie et méfiance et appellent ses habitants, non sans une pointe de mépris, les « Chilangos ». Ces derniers, au contraire, revendiquent leur appartenance à la mégapole et se nomment « DFeños « (prononcez Défénios), c'est-à-dire ceux qui habitent le D. F., le District fédéral.**

## Tepito, capitale de la contrebande

Profitant à fond de la globalisation, le quartier de Tepito, marché aux voleurs qui avait toute la sympathie de la population, s'est transformé en un ghetto sophistiqué et inattaquable où s'organisent le recel, la piraterie, la contrefaçon. Quatorze bandes de malfaiteurs dominent le marché. Les Mauricios tiennent les produits pharmaceutiques, la drogue, l'électronique, l'informatique et l'électroménager. Les Oaxacos se sont spécialisés dans l'or et les bijoux. Les Tolucos font dans la charcuterie fine, attaquant pour ce faire les camions de salaisons. Les Morelos, braqueurs en tous genres, possèdent les taxis pirates, contrôlent les jeux de pelote basque, rançonnent les commerçants, attaquent les semi-remorques qu'ils conduisent dans certaines rues de Tepito où ils sont déchargés en un clin d'œil. D'autres bandes, plus traditionnelles, se dédient à la piraterie des CD ou des vidéos. Il faudrait parler aussi du trafic d'armes et des faussaires qui, mêlant laser et informatique, refabriquent vos cartes bancaires à partir des empreintes laissées dans d'innocentes boutiques.

50 kilomètres de l'avenue Insurgentes qui coupe le District fédéral de part en part, on peut compter en effet plus de vingt centres autonomes, véritables villes dans la ville : ainsi en est-il de San Ángel, Coyoacán ou San Pedro de los Pinos, trois des nombreuses « îles » qui forment cet immense archipel urbain. Grâce à l'association de ces cités de 50 000 à 100 000 habitants – entre 1990 et 2000, huit nouvelles municipalités ont été créées autour de la zone métropolitaine –, Mexico peut ainsi croître à l'infini à l'image du complexe Tokyo-Kyoto. La population de la capitale offre elle aussi bien des contrastes. Tepito, le quartier où s'élabore et s'organise la piraterie et la contrefaçon, jouxte Reforma et le quartier de la Bourse, connecté au monde entier par les systèmes électroniques les plus sophistiqués et où s'affairent des « yuppies » identiques à ceux de Londres ou de New York. Mais dans les rues de ce quartier chic où les grandes sociétés multinationales ont élu domicile, ce sont des gamins de six ans qui lavent le pare-brise des voitures. À San Ángel, la juxtaposition est la même : au détour d'une rue, le quartier aristocratique cède la place à un univers populeux et bruyant.

### ■ Renouveau démocratique

Pour la première fois depuis plus de soixante-dix ans, Mexico a procédé à l'élection de son maire (celui-ci était auparavant désigné par le président de la République). Cuauhtémoc Cárdenas, le leader du PRD, a été élu et a pris ses fonctions le 1er décembre 1997 ; simultanément, toutes les municipalités alentour, considérées comme des bastions du PRI, le vieux parti officiel, sont passées à l'opposition de droite ou de gauche. Cette évolution, qui a enfin introduit la démocratie dans la gestion de la mégapole et permis l'émergence d'une opinion publique voulant prendre part à la vie de la cité, a été primordiale. Les premiers gouvernements démocratiques, volontaires mais novices en matière de gestion, se sont certes heurtés à l'imbroglio politico-administratif laissé par le PRI ; ils peuvent néanmoins se prévaloir d'ores et déjà de deux réussites : la première est d'être parvenus à un consensus favorable au changement, la seconde est d'avoir entrepris un combat quotidien contre la pollution, combat qui commence à porter ses fruits.

### ■ Mexico sauvée des gaz

Mexico a été pendant près de vingt ans au bord de l'asphyxie (elle détenait le record de la ville la plus polluée du monde). Mais depuis 1997, l'administration a pris à bras-le-corps le problème de la pollution atmosphérique, et des programmes ont été lancés

**Quotidiennement, 20 millions d'usagers traversent la mégapole dans un sens, puis dans l'autre. La moitié utilise les minibus, l'autre le métro, les taxis ou la voiture. Compte tenu de l'immensité de la ville, chaque véhicule parcourt environ 60 km par jour contre 6 ou 7 km à Paris ou à New York.**

dans toutes les directions : pots catalytiques obligatoires, retrait de la circulation des véhicules anciens, aménagement de la ville pour faciliter la circulation automobile, responsable de 70 % des émissions nocives, décentralisation des industries lourdes (raffineries, haut-fourneaux, cimenteries…). Par ailleurs, 64 000 ha de forêt qui entouraient la capitale ont été défrichés pour éviter les incendies tandis que 43 millions d'arbres ont été plantés entre 1998 et 2000 sur les collines environnantes pour reconstituer le poumon vert de la ville. Ainsi, l'ozone qui piquait les yeux, brûlait les muqueuses et provoquait de terribles migraines a été éliminé à 75 %. Le brouillard de crasse jaune qui enveloppait continuellement la ville disparaît peu à peu, et si on ne peut pas encore admirer quotidiennement les volcans de l'Anáhuac, ils apparaissent de plus en plus souvent dans toute leur splendeur. À croire que Mexico pourrait retrouver son passé et redevenir *La Plus Limpide Région*, pour reprendre le titre du roman de Carlos Fuentes.

Mexico

# 1 De l'Alameda Central au Zócalo★★★

**Dominés par l'emblématique Tour latino-américaine, les jardins de l'Alameda, oasis de verdure perdue au milieu du tourbillon qui agite le centre historique de Mexico, sont entourés d'édifices parmi les plus prestigieux de la capitale comme le Palacio de Bellas Artes ou la Casa de los Azulejos. Vos pas vous conduiront au musée Franz Mayer, l'un des plus riches de la capitale, à la poste florentine, au Munal, le Louvre des Mexicains et, à deux pas du carré des joueurs d'échecs, au musée qui abrite la célèbre fresque du muraliste Diego Rivera, *Rêve d'un dimanche après-midi dans le parc de l'Alameda*. D'églises en palais, de demeures coloniales en musées, vous rejoindrez le Zócalo, au cœur de l'immense mégapole.**

**Mexico III : Centro Histórico**

**Accès** : stations Hidalgo ou Bellas Artes *(plan III, B1)*, ligne 2.

**Combien de temps** : comptez une journée bien remplie, deux si vous prévoyez une visite détaillée du Museo Franz Mayer (au moins 2 h) et du Museo Nacional de Arte (3 h). À la mi-journée, vous pourrez vous restaurer au *Café Tacuba* (Tacuba 28), à la Casa de los Azulejos (Madero 4), à la cafétéria-restaurant du Musée Franz Mayer (Hidalgo 45). À partir de 15 h, toutes les *cantinas* vous offrent un en-cas avec vos consommations.

**Se déplacer** : évitez de vous rendre en voiture dans le Centro Histórico : les parkings sont rares, bondés et chers. Vous pouvez laisser votre voiture sous Bellas Artes ou dans les deux parcs de stationnement qui se trouvent en face de l'hémicycle Benito Juárez.

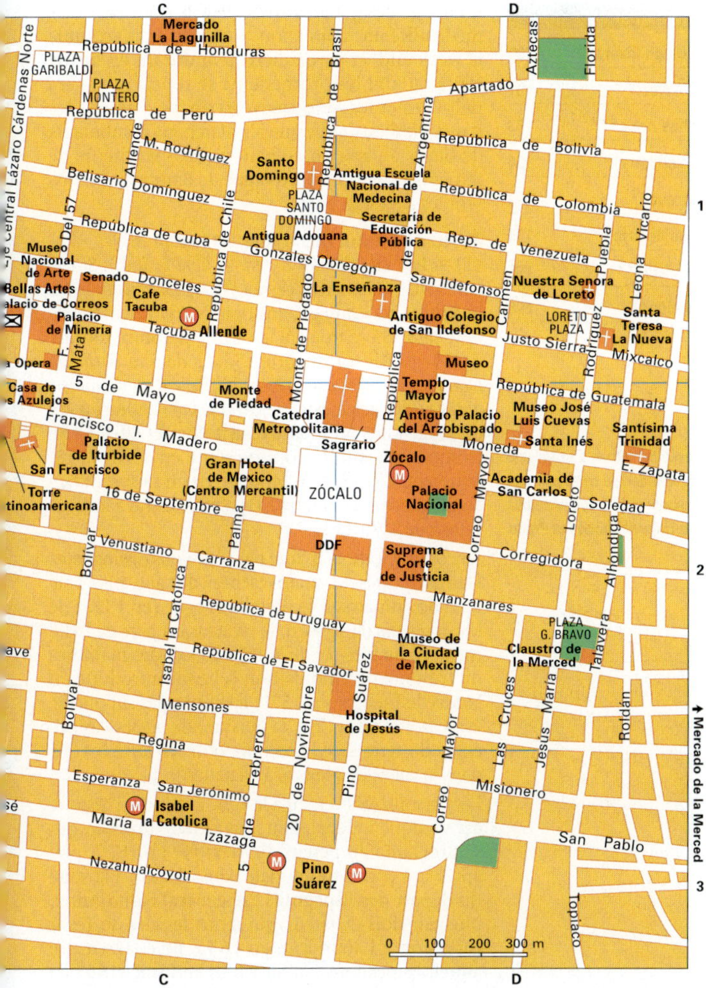




■ **Alameda Central**★ *(plan III, B1)*. Ce parc fut créé en 1592 par le vice-roi Luis de Velasco en un lieu autrefois consacré à un marché précolombien *(tiangui)* et où, dès 1571, se déroulaient les autodafés ordonnés par le tribunal de l'Inquisition (on appelait alors cet endroit Plaza del Quemadero, la « place du Bûcher »). Lors de sa fondation, il fut planté de peupliers *(álamos)* qui lui donnèrent son nom, mais c'est au XIXe s. qu'il fut réellement aménagé, lorsque l'empereur Maximilien l'agrémenta d'un kiosque, de fontaines et de statues. Pour les fêtes du centenaire de l'Indépendance, Porfirio Díaz fit élever sur son côté S. l'**hémicycle Juárez**, monument de style néohellénistique en marbre blanc de Carrare érigé à la mémoire de Benito Juárez, président mexicain d'origine zapotèque.

## À ne pas manquer



**Si le musée est fermé, il existe une immense reproduction de cette peinture murale sur le côté dr. de l'Avenida Juárez, là où se trouvait l'hôtel *Del Prado*.**

À l'image des grandes artères qui le bordent, l'Alameda offre une animation constante qui s'accentue le week-end, et particulièrement durant les beaux jours, quand les promeneurs se reposent sur les pelouses et les amoureux prennent d'assaut les bancs publics, tandis que les marchands ambulants de barbe à papa ou de ballons, les charmeurs de serpents ou les joueurs d'orgue de Barbarie envahissent les allées du parc.

■ **MUSEO MURAL DIEGO RIVERA★★** *(plan III, B1 ; ouv. t.l.j. sf lun. de 9 h à 17 h ; entrée libre le dim.)*. Sur le côté O. de l'Alameda s'élevait l'hôtel *Del Prado.* Dans le hall de cet édifice détruit par le tremblement de terre de 1985 se trouvait la célèbre **peinture murale** de Diego Rivera intitulée *Sueño de una Tarde de Domingo en la Alameda Central (Rêve d'un dimanche après-midi dans le parc de l'Alameda)*. Celle-ci a été déplacée dans un musée construit à cet effet. Cette fresque magistrale, qui fut peinte en 1947-1948, représente l'histoire du Mexique en un saisissant raccourci, depuis la conquête espagnole jusqu'à la révolution de 1910-1920.

En commençant la lecture par la g., vous distinguerez Hernán Cortés, les mains tachées de sang, puis Fray Juan de Zumárraga, le premier évêque (en 1528) de Mexico, Luis de Velasco, le créateur du parc de l'Alameda (il fut vice-roi de 1590 à 1595), des membres du tribunal de l'Inquisition (elle fut introduite en Nouvelle-Espagne en 1571) flagellant des suppliciés, et sœur Inés de la Cruz, la plus grande poétesse mexicaine du temps de la colonie (elle naquit en 1651 dans la vallée de Mexico, à Nepantla).

Les personnages venant à la suite évoquent l'histoire du Mexique indépendant : Agustín de Iturbide, qui se proclama empereur du Mexique en 1822, peu après son entrée triomphale dans Mexico, à la suite du départ des Espagnols ; le général Santa Anna, plusieurs fois dictateur, qui remet les clés du Texas (allusion à l'abandon, en 1836, de ce territoire autrefois mexicain qui fut admis en février 1845 au sein de l'Union américaine) ; Benito Juárez, tenant la Constitution de 1857 (dite de la Réforme) ; il est placé entre les poètes Ignacio Altamirano *(à g.)* et Ignacio Ramírez *(à dr.)*. Ce dernier personnage tient une feuille de papier où l'on peut lire « Conférence de l'Académie de Latran 1836 », inscription apposée par Diego Rivera en personne en remplacement du « *Dios no existe* « (Dieu n'existe pas) qui avait fait scandale. À côté, vous remarquerez encore l'empereur Maximilien de Habsbourg, l'Indienne Bonita et le général conservateur Miguel Miramón, qui fut fusillé aux côtés de l'empereur et du général Mejía sur le Cerro de las Campanas à Querétaro, le 19 juin 1867. Plus à dr. se trouvent le général Mariano Escobedo, qui reçut la reddition de l'empereur Maximilien à Querétaro, et l'un des soldats de son armée. Dans la partie centrale, Diego Rivera s'est représenté sous les traits d'un enfant joufflu de neuf ans, tenant par la main la Calavera Catrina, une allégorie de la Mort qui elle-même donne le bras à son auteur, le caricaturiste José Guadalupe Posada. Derrière le peintre, à dr., se tient sa femme, Frida Kahlo, également peintre de talent (sa maison natale, à Coyoacán, a été transformée en musée ; → *p. 269*), et, à g., le patriote et poète cubain José Martí (1853-1895), fondateur du parti révolutionnaire cubain, qui milita en faveur de l'émancipation de sa patrie de la tutelle espagnole.

L'élégante en robe bleue, visible à g. de Diego Rivera, est sa fille ; plus à g., le poète mexicain Duque Job, un camélia à la boutonnière, lève son chapeau haut de forme. À dr. de la Mort, on reconnaît au-dessus d'un général en retraite arborant ses décorations le général Porfirio Díaz, en bicorne à plumes blanches, près de la montgolfière de Joaquín de la Cantolla, qui, en 1903, réalisa le premier vol de l'aéronautique mexicaine en se rendant de Puebla à Mexico. Plus à dr., enfin, viennent des personnages de la Révolution, le président Francisco Madero déployant un drapeau mexicain et levant son chapeau melon comme pour accueillir trois de ses partisans.

**Un scandale survint en 1948 lors du dévoilement de la fresque et de la découverte de cette sentence iconoclaste « *Dios no existe* ». Rivera fut accusé d'anthropophagisme et la fresque qui ornait la salle à manger de l'hôtel demeura cachée. En 1956, sous la pression des autorités religieuses, Rivera accepta de recouvrir la phrase litigieuse. En 1961, la fresque faisant toujours l'objet d'une polémique, on la déplaça dans le terrain plus neutre du hall de l'hôtel où elle demeura jusqu'au séisme qui détruisit l'hôtel mais non l'œuvre de Rivera.**

Devant le musée s'étend la **Plaza de la Solidaridad**, qui fut établie là où se dressait l'hôtel *Regis* ; celui-ci s'est écroulé lors du séisme de 1985, faisant de nombreuses victimes.

À l'O. de cette place se trouve le ***Fonart*** *(plan III, B1 ; ouv. t.l.j. sf dim. de 10 h à 18 h)*, magasin d'État chargé de la distribution de l'artisanat mexicain. La plupart des objets proposés sont de qualité mais ne sont pas bon marché.

■ **Museo Franz Mayer***** *(Av. Hidalgo 45, sur la Plaza de la Santa Veracruz ; plan III, B1 ; ouv. t.l.j. sf lun. de 10 h à 17 h)*. Le musée est installé dans le somptueux cadre de l'ancien hôpital San Juan de Dios (fondé en 1582), édifice qui eut de multiples usages au cours de ses quatre cents ans d'existence : d'abord hôpital puis orphelinat, il fut réhabilité en maison du pesage de la farine (Casa del Peso de la Harina) avant de redevenir un hôpital en 1820. Maximilien le transforma en centre d'hygiène pour les prostituées et de lutte contre la syphilis. À partir de 1880, il devint l'hôpital de la Femme. Totalement restauré, le musée abrite la collection Franz Mayer (1882-1975), homme d'affaires d'origine allemande, naturalisé

**Le superbe jardin du musée Franz Mayer, doté d'une cafétéria, permet une halte agréable à l'heure du repas.**

**Une des pièces de mobilier les plus caractéristiques des maisons coloniales est le paravent. D'origine japonaise, destiné à se protéger des courants d'air, il fut introduit au Mexique au début du XVIIe s. et connut un rapide succès en raison de son aspect très décoratif. On fit appel à des peintres célèbres pour les décorer, les thèmes choisis étant en majorité de nature historique, mais aussi mythologique, voire même profane. Juan Correa est l'un des peintres les plus réputés, excellant dans les représentations de la conquête de la Nouvelle-Espagne.**

mexicain, qui consacra sa fortune à l'achat d'œuvres d'art (céramique, argenterie, mobilier, textiles, peintures, gravures, sculpture, horlogerie) mexicaines, européennes et asiatiques du XVIe au XIXe s.

**Salles des arts appliqués**. Elles présentent des œuvres provenant du Mexique et d'autres régions du monde. On appréciera en particulier des objets et des meubles espagnols apportés par les conquistadores, notamment une *bargueño*, sorte de commode typique de la Renaissance espagnole. Notez un splendide paravent peint du XVIIe s. où est représentée la conquête du Mexique, des meubles de style colonial baroque (XVIIIe et XIXe s.). Une des salles abrite une remarquable collection d'objets en argent. Tous les styles, du plateresque au gothique en passant par le néoclassicisme et le baroque sont représentés dans les centaines de pièces exposées, pour la plupart destinées au culte. La collection de faïence émaillée de Puebla est elle aussi remarquable, tout comme les collections de porcelaines de Chine des dynasties Ming et Qing, ou de faïence émaillée espagnole des XVe et XVIe s.

**Salle des sculptures**. La plupart des pièces présentées ont été réalisées alors que le baroque était à son apogée. On verra en particulier d'intéressantes sculptures exécutées selon la technique de l'*estofado*. L'*estofado* consistait, à l'aide de fins poinçons, à gratter la polychromie d'un objet qui avait été préalablement doré à la feuille d'or, pour lui donner une apparence semblable à de la toile brodée de fil d'or. Les pièces maîtresses sont sans doute un calvaire en provenance du Guatemala et représentant la Vierge, Marie-Madeleine et saint Jean, ainsi qu'une *Vierge des Douleurs* que le temps ne semble pas avoir atteinte. Notez également les œuvres réalisées dans de la pâte de maïs mélangée à des ingrédients naturels (une technique qu'utilisaient les Indiens d'avant la Conquête). Il s'agissait de fabriquer des statues de faible poids pour pouvoir les transporter sans fatigue lors des processions. Cette salle abrite également des pièces allemandes et flamandes du XVe au XVIIe s.

**Salle des peintures**. En même temps que des tapisseries européennes et orientales, vous y découvrirez une prestigieuse collection de peintures mexicaines d'époque coloniale (on relève les signatures de Juan Correa, Pedro Ramírez, Nicolás Rodríguez Juárez) ainsi que des œuvres de José María Velasco (1840-1912), le peintre de la vallée de Mexico. La peinture européenne est représentée par une centaine d'œuvres du XIVe au XIXe s., avec des tableaux de Zurbarán, José de Ribera, Luca Giordano (Lucás Jordán), Frans Pourbus, etc.

Dans quatre autres **salles** ont été reconstitués une chambre à coucher, une chapelle, un salon et une salle à manger de l'époque de la Nouvelle-Espagne.

**Salle des textiles**. Châles finement brodés, ponchos, étoles de Manille, habits sacerdotaux, tapis orientaux et européens terminent la visite de ce musée considéré comme l'un des plus riches du Mexique.

■ **Templo San Juan de Dios** *(Plaza de la Santa Veracruz ; plan III, B1)*. Cette église du XVIIIe s. faisait partie de l'hôpital homonyme, où l'on recueillait les enfants abandonnés. Elle présente un beau portail adoptant la forme d'une vaste niche.

L'**église de la Santa Veracruz**, de l'autre côté de la place, fut érigée en 1568 et reconstruite en *tezontle* en 1764. Le portail principal est formé par un encadrement délicatement sculpté, de style churrigueresque, de même que le portail s'ouvrant en face de l'Alameda. Les deux campaniles qui flanquent la façade furent élevés en 1776. L'intérieur de ce temple, qui fut l'un des plus riches de Mexico, se présente aujourd'hui dépouillé de ses ors et de ses trésors.

■ **Museo Nacional de la Estampa** *(Av. Hidalgo 39, à côté de Santa Veracruz ; plan III, B1 ; ouv. t.l.j. sf lun. de 10 h à 18 h)*. Il abrite une collection de gravures et lithographies d'artistes mexicains et offre un panorama des arts graphiques depuis la période préhispanique (codex) à l'époque contemporaine. La période du porfirisme est marquée par la personnalité du maître imprimeur José Guadalupe Posada (1852-1913), graphiste et pamphlétaire. Aussi incisif qu'un trait de burin, il dénonça à la fois les chimères du régime dictatorial et les abus de la guerre civile dans un petit journal à sensation qu'il publiait à Mexico. S'adressant à un public illettré, il mit en scène l'actualité et le quotidien, caricaturant la grande bourgeoisie sous les traits des *Calaveras* *(→ ill. p. 382)*, squelettes et têtes de morts.

Le musée organise régulièrement des expositions temporaires sur le graphisme et la gravure.

■ **Palacio de Bellas Artes**★★★ *(plan III, B1 ; ouv. t.l.j. sf lun. de 10 h à 18 h ; entrée libre le dim.)*. À l'extrémité E. du parc de l'Alameda se dresse le Palacio de Bellas Artes, étonnant édifice néoclassique en marbre blanc de Carrare. Le bâtiment fut commandé en 1904 à l'architecte italien Adamo Boari. Sa construction devait être achevée pour célébrer les fêtes du centenaire de l'Indépendance (1910), mais les travaux prirent du retard (on s'aperçut notamment qu'il s'enfonçait dans le sol). Le projet fut abandonné pendant la Révolution et la construction ne redémarra qu'en 1932 sous les ordres de Federico Mariscal, qui acheva l'aménagement intérieur dans un style Art déco influencé par l'histoire précolombienne du Mexique : on retrouve dans la décoration des guerriers-jaguars, des guerriers-aigles, des princesses mayas, des serpents… Le palais fut inauguré en 1934. Il abrite aujourd'hui le théâtre national, une salle de concert, l'opéra, une collection de peintures murales et des salles d'expositions temporaires.

La salle de théâtre principale est dotée d'un **rideau de scène**★★★ en mosaïque de cristaux opalescents exécuté par la Casa Tiffany d'après un dessin de Gerardo Murillo (Dr Atl) et monté en 1910. Il représente un paysage de la vallée de Mexico dominé par les silhouettes du Popocatépetl et de l'Iztaccíhuatl. Vous pourrez l'admirer lors d'un concert ou d'un opéra ou bien en assistant à l'une des trois représentations données par le **Ballet folklorique de Mexico** (spectacle de qualité ; le mer. à 20 h 30, le dim. à 9 h 30 et 20 h 30, rés. : ☏ 55-12-25-93 ou par l'intermédiaire de *Ticket-Master*, ☏ 53-25-90-00).

**Construite dans les années 1950 selon des normes antisismiques, la Tour latino-américaine résista parfaitement au séisme de 1985. À g., on reconnaît les coupoles du Palais des Beaux-Arts.**

La galerie d'art du palais des Beaux-Arts est répartie sur trois niveaux. Au premier étage, peintres mexicains de la fin du XIXe s. et du début du XXe s. Au deuxième, fresques de Rufino Tamayo. Au troisième, **fresques**★★ de Diego Rivera, José Clemente Orozco, David Alfaro Siqueiros. Vous verrez tout particulièrement la fresque de Diego Rivera *L'Homme régisseur de l'univers*, peinte en 1934 pour remplacer celle que l'artiste avait exécutée pour le Centre Rockefeller (New York) et qui fut détruite en raison de l'inspiration marxiste donnée à cette composition. Remarquez également trois œuvres de David Alfaro Siqueiros intitulées *La Nouvelle Démocratie, Scène de torture de Cuauhtémoc* (par les Espagnols) et *La Renaissance de Cuauhtémoc*, ainsi qu'une fresque de Clemente Orozco, *La Katharsis*, peinte en 1934.

■ **TORRE LATINOAMERICANA**★★ *(à l'angle de l'Eje Central Lázaro Cárdenas et de l'Avenida Francisco I. Madero, en face du Palacio de Bellas Artes ; plan III, C2 ; ouv. t.l.j. de 9 h 30 à 23 h ; entrée payante)*. Un ascenseur vous emportera au sommet de cette tour de quarante-quatre étages, propriété d'une compagnie d'assurances. Lorsque la pollution n'est pas trop intense, vue extraordinaire sur l'immense capitale, en particulier la nuit.

■ **PALACIO DE CORREOS**★★ *(Tacuba 1 ; plan III, C1 ; ouv. du lun. au ven. de 9 h à 18 h, sam. et dim. de 10 h à 14 h)*. Curieux édifice de style Renaissance italienne, qui fut lui aussi conçu par Adamo Boari entre 1902 et 1907. La décoration intérieure associe ferronnerie et marbre jaune veiné de fauve ; sur les piliers de fer, écusson des fonderies Pignone de Florence. À l'extrémité g. du grand hall, une boutique vend des timbres de collection et des cartes postales. Au premier étage, salles d'exposition présentant des peintures et sculptures contemporaines. Dans la galerie g., vous remarquerez une mosaïque représentant une Indienne dans un paysage de cactus : elle a été élaborée avec 48 234 timbres oblitérés de différentes couleurs.

■ **PALACIO DE MINERÍA**★ *(à côté de la poste ; plan III, C1 ; ouv. du lun. au ven. de 9 h à 20 h, entrée libre)*. Magnifique édifice néoclassique de pierre grise bâti entre

1797 et 1813 par l'architecte et sculpteur mexicain Manuel Tolsá, et qui dépend aujourd'hui de l'université de Mexico. Voir en particulier le patio central entouré d'un portique et d'un majestueux escalier. Dans la chapelle, fresques du début du XIXe s. de Rafael Jimeno y Planes, ayant pour thème la Vierge de Guadalupe ; dans l'entrée sont exposées d'énormes météorites.

En face, la **Plaza Tolsá** est ornée d'une **statue équestre★** de Charles IV d'Espagne, dite El Caballito (« le petit cheval ») en dépit de sa taille exceptionnelle (4,75 m de hauteur). Cette œuvre fut réalisée en bronze par Manuel Tolsá en 1803 pour orner le centre du Zócalo. Déboulonnée après l'Indépendance, la statue connut diverses tribulations avant d'être installée devant l'une des plus belles réalisations architecturales de son auteur, le Palacio de Minería.

■ **Museo Nacional de Arte★★** *(Munal ; Tacuba 8 ; plan III, C1 ; ouv. t.l.j. sf lun. de 10 h 30 à 17 h 30 ; entrée libre le dim.)*. Remarquable construction porfirienne (1904) aux accents de la Renaissance, que l'on doit à Silvio Contri, un autre architecte italien. Dans le hall, un double escalier permet d'accéder aux salles du musée ; remarquez le travail de ferronnerie (également de la fonderie Pignone à Florence), les plafonds décorés d'allégories et une sculpture en marbre blanc, *Après l'orgie* (1909), de Financio Nava. Le musée, entièrement restauré en décembre 2000, offre un panorama général de l'art mexicain depuis l'époque préhispanique jusqu'au milieu du XXe s. ; les salles de peinture du XIXe s. sont les plus remarquables, en particulier les nombreux tableaux et dessins de José María Velasco.

Deux programmes de visite sont proposés. Le premier (il débute au deuxième étage du bâtiment et regroupe trente-trois salles), « Arte en Mexico : 1550-1954 », permet d'avoir une vue d'ensemble de la production artistique durant cette longue période ; il s'organise en trois temps : « L'assimilation de l'Occident : la peinture de la Nouvelle-Espagne (1550-1821) » ; « La construction d'une nation (1810-1910) » ; « Stratégies plastiques pour un Mexique moderne (1900-1954) ». Un second programme complète cette approche historique et permet de mieux apprécier l'œuvre de certains artistes.

▶En poursuivant sur la rue Tacuba, on arrive à l'angle de la rue Mata où se trouve le **Sénat** (Senado). En face, au 8 de la Calle Mata, se trouve le **Central de Telégrafo** *(plan III, C1 ; lun. à sam. de 9 h à 17 h)*, un bâtiment aux belles proportions,

**Pendant le Porfiriat, la plupart des constructions « modernes » utilisaient du fer et de la fonte commandés en Europe, acheminés par bateau jusqu'à Veracruz, puis par train jusqu'à Mexico. L'un des fleurons du commerce barcelonnette *(→ p. 233)*, un grand magasin construit sur le modèle de *La Belle Jardinière*, s'appelle justement *Palacio de Hierro* (le palais de fer).**

aux beaux plafonds peints, un peu pompier, d'où il vous sera possible d'envoyer un télégramme.

Toujours sur Tacuba, à la hauteur du métro Allende, se trouve le ***Café Tacuba**★ *(Tacuba 28 ; plan III, C1)*, l'un des plus fameux et des plus anciens restaurants de la ville où vous pourrez goûter aux spécialités mexicaines. Belle décoration intérieure de faïences et peintures.◀

*Revenez jusqu'à la Torre Latinoamericana pour suivre l'Avenida Francisco I. Madero.*

■ **TEMPLO SAN FRANCISCO**★ *(Madero 7 ; plan III, C2)*. Cette église est le seul vestige d'un vaste monastère fondé en 1524 et démantelé en 1856, lorsque les moines qui l'occupaient furent soupçonnés de comploter contre le régime. Elle présente un beau portail du XVIIIe s. de style churrigueresque à *estípites*. L'intérieur ne présente guère d'intérêt à l'exception de ses nobles proportions ; le retable est une copie récente réalisée à partir d'une gravure du XIXe s.

**Le patio de la Casa de los Azulejos, véritable havre de paix au sein de l'agitation urbaine, offre une halte idéale pour se restaurer ou simplement prendre un verre.**

■ **CASA DE LOS AZULEJOS**★★ *(Madero 4 ; plan III, C2)*. Ce palais des comtes de la vallée d'Orizaba fut élevé en 1596 et recouvert au XVIIIe s. d'azulejos qui mettent en relief la pierre sculptée des encadrements de fenêtres ou de portes. Bel exemple d'architecture mudéjare, il abrite aujourd'hui un magasin de la chaîne *Sanborn's*. À l'intérieur, patio transformé en salle de restaurant très conviviale ; sur les murs, fresques du XIXe s. ; dans le grand escalier, **fresque**★ de José Clemente Orozco (1925).

▶En prenant un peu plus loin à g. la rue Filomeno Mata, on rejoindra ***La Opera**★★ *(à l'angle de 5 de Mayo et de Filomeno Mata)*, une très belle *cantina* Belle Époque (1870), très réputée et fréquentée par les employés du quartier. Le bar, en acajou, vient de Cuba ; au plafond, on montre l'impact d'une balle qui aurait été tirée par Pancho Villa. Le soir, trio de boléro pour la nostalgie. Excellents tequilas et mezcals.◀

■ **PALACIO DE ITURBIDE**★★ *(Madero 17 ; plan III, C2 ; ouv. lun. à ven. de 9 h à 17 h ; entrée libre)*. Ce palais, l'un des plus beaux de la ville, fut bâti entre 1780 et 1785 par l'architecte Francisco Guerrero Torres pour le compte des marquis de Jarral de Berrio et comtes de San Mateo de Valparaiso. Il fut habité en 1821-1822 par Agustín de Iturbide qui, le 18 mai 1822, face à la foule amassée devant sa demeure, se fit proclamer empereur du Mexique. Le bâtiment appartient maintenant à la *Banamex*, qui y a installé un musée présentant des expositions temporaires de grande qualité.

# 2 Plaza de la Constitución : le Zócalo★★★

**C'est sur cette place, l'une des plus grandes jamais conçues, que se réunit le peuple à l'occasion des grandes fêtes patriotiques, des concerts gratuits ou lors des manifestations. Tous les pouvoirs sont concentrés en ce lieu : le Palais national, la Cour suprême de justice, la mairie de Mexico et la cathédrale, autant de grandioses édifices qui montent la garde autour d'un immense drapeau mexicain hissé et amené chaque jour (6 h et 18 h) avec beaucoup de cérémonie par la garde nationale.**

**Accès** : station Zócalo, ligne 2.

**Combien de temps** : comptez une demi-journée.

■ **Zócalo**★★★ (ou Plaza de la Constitución ; *plan III, CD2*). L'ancienne place du marché *(tiangui)* de Tenochtitlán, située à proximité immédiate de la cité des dieux *(teocalli)*, devint, dès le début de l'année 1523, le centre autour duquel la ville coloniale se développa. Elle fut établie en partie sur l'emplacement de la grande pyramide de Tenochtitlán (retrouvée près de l'angle N.-E. de l'actuelle place), qui fut arasée progressivement, ainsi que les autres bâtiments de l'ancienne ville aztèque. Le côté S. de la place était bordé par un canal, enjambé par des ponts. Le long du côté E. se dressait le palais du vice-roi. À l'O. s'élevaient la galerie des Marchands et, plus au N., l'ancien palais d'Axayácatl qui avait été reconstruit pour servir de résidence à la famille de Cortés. L'Ayuntamiento occupait le côté S. de la place, et la cathédrale, édifiée à partir de 1573, une partie du côté N. Le vaste espace ainsi délimité (240 m sur 240 m) et au centre duquel se dressait le gibet fut dallé avec des matériaux prélevés dans l'ancien *teocalli* aztèque. Cette disposition ne fut guère modifiée durant l'époque coloniale, ni après l'indépendance. Le changement le plus notable concernant la place proprement dite eut lieu lorsque l'on fit disparaître la statue équestre de Charles IV (El Caballito ; → *p. 195*), qui avait été érigée en son centre, et en 1920, lorsque l'on abattit tous les arbres de cette esplanade.

■ **Catedral**★★★ *(plan III, CD2 ; ouv. de 6 h à 20 h ; visites guidées et gratuites de la cathédrale le sam. à 10 h et à 13 h)*. Toutes les différences de style que l'on relève dans la majestueuse cathédrale de Mexico, la plus vaste du pays, attestent que sa construction fut l'œuvre de plusieurs générations d'architectes. Érigée à partir de 1573 pour remplacer la modeste église

**À ne pas manquer**



**À noter que tous les quartiers qui entourent le Zócalo sont connus sous le nom de Centro Histórico.**

**L'instabilité du sous-sol et les inondations gênèrent considérablement les bâtisseurs et, à plusieurs reprises, il fut question de transférer la capitale de la Nouvelle-Espagne en un autre lieu, notamment en 1552, lorsqu'on envisagea d'en déplacer le siège à Texcoco.**

**Tout au long de son histoire, cette place fut connue sous divers noms. Durant l'époque coloniale, celui de Plaza Real (« place Royale ») fut le plus usité, mais on la désignait également sous les noms de Plaza Mayor ou de Plaza de Armas. En 1821, l'appellation officielle de Plaza Real fut transformée en Plaza de la Constitución, encore en usage actuellement, en l'honneur de la nouvelle Constitution votée par les Cortes avec la participation de représentants des diverses colonies américaines de la Couronne espagnole. Le nom plus populaire de Zócalo lui fut attribué lorsque, sous la présidence de Santa Anna, fut érigé le socle *(zócalo)* – aujourd'hui disparu – d'un monument à l'Indépendance qui ne vit jamais le jour. Le terme fut néanmoins repris pour désigner les places principales de toutes les villes et de tous les villages du pays.**

**On aura une belle vue d'ensemble du Zócalo depuis le restaurant du *Gran Hotel Ciudad de México* ou depuis celui de l'*Hotel Majestic*, deux établissements situés sur le côté O. de la place.**

## Les cloches de la cathédrale

La cathédrale comporte vingt-neuf cloches (la Doña, la plus ancienne, date de 1567, la Santa María pèse 13 t). On ne les sonne toutes ensemble que dans de rares occasions : en 1822, on les entendit pour le couronnement de l'empereur Agustín de Iturbide ; en 1847, elles appelèrent la population à défendre la ville contre l'invasion américaine. Plus récemment, elles saluèrent l'arrivée du pape Jean-Paul II le 22 janvier 1999. En temps ordinaire, les vingt-neuf cloches de la cathédrale retentissent pour les fêtes de Noël, pour l'an neuf, pour le Corpus (7 janvier), à Pâques et le jour de l'anniversaire de l'Indépendance (16 septembre).

**La cathédrale, construite selon une technique aztèque, repose sur une sorte de plate-forme montée sur pilotis. Elle s'est, du fait d'une excessive exploitation de la nappe phréatique, peu à peu enfoncée sous son poids. L'ingéniosité des architectes mexicains a cependant permis, en cinq ans, de rattraper le dénivelé qui existait entre le chœur et la façade, soit 94 cm, et de redresser les tours.**

**Le peintre flamand Simon Pereyns travailla à Lisbonne, Madrid et Tolède avant de partir au Mexique en 1566, dans la suite du vice-roi Peralta dont il décora le palais de fresques. Dénoncé à l'Inquisition par des collègues jaloux et incapable de se défendre car ne parlant pas l'espagnol, il fut condamné à peindre, à titre gracieux, le superbe tableau de la Capilla del Pardón.**

épiscopale bâtie après la Conquête avec des matériaux de remploi de la ville aztèque, elle ne fut réellement achevée qu'en 1813. Les premiers plans furent dressés par l'architecte royal Alonso Pérez de Castañeda, auquel succéda Juan Gómez de Mora en 1615. En 1629, une inondation interrompit les travaux jusqu'en 1635. La cathédrale fut terminée en 1791, à l'exception des tours qui ne furent terminées qu'en 1813. Plusieurs autels et deux tableaux de Juan Correa disparurent dans un incendie en 1967. Entre 1996 et 2000, les fondations de la cathédrale furent entièrement restaurées.

La **façade**, à dominante baroque, est en pierre grise rehaussée par la couleur du *tezontle*. Elle se développe entre deux tours trapues de style néoclassique. Sa partie baroque est dotée de trois portails flanqués de colonnes et surmontés de niches à ornements sculptés ; son couronnement est en revanche constitué d'éléments néoclassiques à balustrades et pinacles, dans le goût français de la fin du XVIIIe s. Au-dessus de la travée centrale se dresse une horloge monumentale ornée de statues de la Foi, de l'Espérance et de la Charité, œuvres du sculpteur et architecte Manuel Tolsá. Les structures campaniformes couronnant les deux clochers ainsi que le second étage des tours furent dessinés par l'architecte José Damián Ortiz de Castro en 1786-1793.

L'**intérieur**, avec ses trois nefs coupées par le transept et sa coupole à la croisée, ne manque pas de surprendre par ses proportions grandioses. Ce temple ne mesure pas moins de 118 m de la façade jusqu'au chevet et 54 m de largeur. Les voûtes en berceau reposent sur des faisceaux de colonnes cannelées, disposés sur deux rangées, ce qui donne une impression d'élévation. Les peintures néoclassiques de la coupole, contemporaines de l'achèvement de la façade et en opposition totale avec l'esprit baroque omniprésent, sont dues à Jimeno y Planes.

En face de la porte principale, dans la nef centrale, et adossée au chœur, se trouve la **Capilla del Pardón**★★, consacrée en 1737, dont le retable churrigueresque de Jerónimo de Balbás intégrait une étonnante peinture de l'Anversois Simon Peyrens représentant *Nuestra Senora del Pardon*. Très abîmé par l'incendie de 1967, ce retable a depuis été restauré avec soin.

Tout autour de la nef, sauf du côté de la façade, s'ouvrent des chapelles abondamment décorées, séparées des collatéraux par des grilles de fer forgé. Dans la **première chapelle** à dr. (Na Sa de las Angustías de Granada), de 1627, avec un grand retable du

milieu du XVIIIe s. en majeure partie masqué par une tenture, disposée derrière le Christ noir, la peinture centrale fut exécutée par Francisco Antonio Vallejo. Au retable latéral dr., peinture du Flamand Maerten De Vos importée d'Espagne *(L'Archange Raphaël et le Jeune Tobie)*.
Dans la **troisième chapelle** (de la Purísima Concepcíon), de 1642-1648, remarquez le beau retable en bois doré, avec, en haut, une peinture de saint Christophe, par Simon Pereyns (1588), et une ***Flagellation du Christ**** , par Baltazar de Echave Orio (XVIIe s.), les autres tableaux étant de José de Ibarra (XVIIIe s.).
Dans la **cinquième chapelle** (Na Sa de la Antigua), de 1653-1660, voyez, au-dessus de la table d'autel, une petite statue du *Saint Enfant captif (Santo Niño Cautivo)*, exécutée par le sculpteur andalou Juan Martínez Montañés (1568-1649).

Le **chœur*** est isolé du reste de l'édifice par des murs et par des **grilles**** ; celles-ci, exécutées au XVIIIe s. à Macao d'après des dessins de Juan Rodríguez Juárez, constituent l'un des chefs-d'œuvre de la cathédrale, ainsi que les **stalles****, sculptées en 1695-1700 par Juan de Rojas et Adriaen Systermans.

Dans la **sixième chapelle** (San Pedro), de 1615-1620, au-delà du bras O. du transept, grand retable baroque, de 1670, en bois doré et polychrome. Au retable latéral de g., peinture de Echave y Rioja (vers 1670), et, sur celui de dr., tableau de Juan de Aguilera (1720).
Dans la **septième chapelle** (de las Reliquias), de 1610-1615, le grand **christ*** dit « des conquistadores », sur le retable principal, aurait été offert par Charles Quint. En dessous, peintures de l'école flamande du XVe s. Le reliquaire fut exécuté par Juan de Herrera, en 1698.

La **sacristie**, à voûtes et à nervures gothiques (XVIe s.), renferme plusieurs tableaux de Cristóbal de Villalpando (dont celui de *L'Église triomphante* exécuté en 1684-1686) et de Juan Correa, puis la salle capitulaire, à voûtes gothiques de la fin du XVIe s. La chapelle située après la sacristie, consacrée à Notre-Dame de Zapopan, renferme un retable baroque décoré de peintures.

La **chapelle des Rois***** (Capilla de los Reyes), qui occupe le fond de la nef centrale, derrière le maître-autel, renferme un beau **retable**** churrigueresque, en bois sculpté et doré, œuvre de l'artiste sévillan Jerónimo de Balbás (1737), auteur du retable du Sagrario de la cathédrale de Séville. Remarquez encore dans cette chapelle plusieurs peintures de José Rodríguez Juárez (XVIIIe s.), dont une *Adoration des Rois* au-dessus de l'autel. Dans la **crypte** située en dessous de la chapelle des Rois reposent les restes de la plupart des archevêques de Mexico, dont ceux de Fray Juan de Zumárraga, le premier prélat de la capitale mexicaine.

En revenant vers l'entrée principale, la **première chapelle** est dédiée à saint Philippe de Jésus, un saint mexicain. On y conserve, dans une urne *(à dr.)*, les restes d'Agustín de Iturbide, empereur du Mexique (1822-1823).
La **deuxième chapelle** (Na Sa de los Dolores), bâtie vers 1600, est la plus ancienne de cette cathédrale.
Dans la **troisième chapelle**, au-delà du bras E. du transept, au centre, christ du XVIe s., en paille de maïs *(→ musée des Arts populaires, à Pátzcuaro)*.
Dans la **quatrième chapelle** (Na Sa de la Soledad), retable baroque, avec des peintures de Pedro Ramírez.
Dans la **cinquième chapelle**, retable churrigueresque provenant de l'église Notre-Dame-de-Monserrat. À dr., notez la sculpture dite du Seigneur du Cacao, en raison des fèves de cacao que, faute de petite monnaie, les fidèles les plus modestes déposaient au pied de cette statue pour financer la construction de la nouvelle cathédrale.

**La façade du Sagrario, où l'on remarque l'usage de l'estípite *(→ aussi ill. p. 152)*, support d'une abondante décoration caractéristique de la seconde phase du baroque mexicain.**

## Une monnaie qui pousse sur les arbres

À leur arrivée au Mexique, les Espagnols constatèrent avec surprise que les graines de cacao servaient de monnaie aux Indiens. Denrée précieuse, difficilement transportable, le cacao était récolté dans les régions de Chontalpa et de Soconusco, et sa production était placée sous l'autorité de riches marchands du Yucatán et de la vallée de Mexico.
Chez les Aztèques, tous les biens pouvaient s'exprimer en cacao – même s'ils étaient appréciés en *quatchli*, pièces d'étoffe de coton –, les graines étant facilement divisibles. Outre cette valeur d'échange, le cacao recelait une forte valeur rituelle ; on en tirait le chocolat, un breuvage doté de propriétés magiques, considéré comme la boisson des dieux et réservé aux nobles et aux guerriers. Le peuple, lui, devait se contenter du pulque, tiré de l'agave.

Dans la **sixième chapelle** (San Cosme y San Damián), voyez, sur le retable de g., la Nativité qui faisait partie celui de l'église franciscaine de Zinacantepec (XVI^e^ s.).

Dans la **septième chapelle** enfin, peintures de Juan Correa sur le retable principal, de style baroque, en bois doré.

■ **EL SAGRARIO**★ *(à dr. de la cathédrale ; plan III, D2 ; en continuant sur le même côté du Zócalo, laissant le Palais national sur votre droite, vous entrez dans la rue Moneda où se trouve l'ancien archevêché, → p. 222)*. Cette église où l'on déposait les instruments liturgiques, les vêtements sacerdotaux, les trésors et les archives de l'archevêché fut construite en 1749-1768. Elle présente une remarquable **façade**★★ de style churrigueresque, conçue par l'architecte Lorenzo Rodriguez, avec une profusion d'ornements en relief et de sculptures en ronde bosse dans un style dont les antécédents sont à rechercher en Espagne, notamment à l'Hospice de Madrid et dans l'œuvre de Pedro de Rivera.

À l'**intérieur**, entièrement restauré, voir un maître-autel, œuvre du sculpteur mexicain Pedro Patiño Ixtolinque (1829), l'autel de la chapelle de la Virgen Dolorosa, attribué à Manuel Tolsá (début du XIX^e^ s.) et les grilles qui isolent les nefs latérales des chapelles.

Sur la **Plaza Manuel Gamio** *(à l'E. du Sagrario)*, devant un bassin où se trouve une maquette de l'ancienne Tenochtitlán, s'élève un petit bâtiment du XVIIe s très bien restauré où la société *Herdez* (conserverie alimentaire) a installé une **Biblioteca de la Cocina Mexicana** *(ouv. du lun. au ven. de 9 h à 14 h et de 15 h à 18 h)* : bonne halte pour ceux qui veulent connaître tous les secrets de la préparation du *mole* ou du *chile en nogada*. Sur cette place, de nombreux groupes d'Indiens Concheros superbement emplumés dansent au rythme des tambours, des *ayoyotes* et des conques.

**L'entrée du site archéologique du Templo Mayor** *(→ p. 205)* **est accessible par la Plaza Manuel Gamio.**

■ **Palacio Nacional**★★ *(plan III, D2 ; ouv. t.l.j. de 9 h à 17 h ; entrée libre ; il faut laisser une pièce d'identité à l'entrée)*. Siège du gouvernement de la république des États-Unis du Mexique, le palais développe sur une longueur de plus de 200 m une façade de *tezontle* rehaussée par les grilles en fer forgé des nombreux balcons qui surplombent le Zócalo. L'édifice s'élève sur l'emplacement du nouveau palais de Moctezuma Xocoyotzin, amplement remanié ou même reconstruit par Cortés en 1523. Il fut, à partir de 1562, la résidence des vice-rois qui gouvernèrent le Mexique au nom des rois d'Espagne, puis celle du général Agustín de Iturbide, qui s'était proclamé empereur en 1822, enfin celle des présidents de la République, jusqu'en 1884. Benito Juárez y mourut en 1872. L'ancien palais de Cortés, qui avait été agrandi à plusieurs reprises, fut incendié en 1692 lors d'une émeute et dut être reconstruit. Il fut remanié en 1820, puis par l'empereur Maximilien de Habsbourg. Surélevé d'un étage en 1927, il fut largement restauré sous la présidence d'Ernesto Zedillo (1996-2000).

Vous passerez devant la porte d'honneur, réservée aux présidents de la République et aux ambassadeurs reçus en audience, avant d'atteindre le porche central, entrée monumentale surmontée d'une niche renfermant la cloche de la Liberté, que fit retentir Miguel Hidalgo, le 16 septembre 1810 à Dolores (État de Guanajuato). Chaque année, le 15 septembre à 23 h, le président de la République apparaît au balcon pour lancer le Grito de Dolores et faire sonner la cloche de la Liberté, donnant ainsi le signal des cérémonies commémoratives de la proclamation de l'Indépendance. Au-dessus de la niche, blason de la république du Mexique : un aigle juché sur un nopal et dévorant un serpent entre un guerrier aztèque, armé d'une épée de bois à lame d'obsidienne et d'un bouclier, et un conquistador en armure. Le troisième portail, plus au N., dit Puerta

## La ville du nopal et de l'aigle

L'étymologie et le sens de la double appellation de la capitale aztèque, Mexico-Tenochtitlán, ont donné lieu à diverses hypothèses. Pour certains auteurs, ce double toponyme tirerait son origine du nom du principal dieu aztèque, Mexitl (plus généralement appelé Huitzilopochtli), et de celui du grand prêtre Ténoch, qui dirigea la migration de la nation mexica. Pour d'autres, ce serait le nom du lieu où pousse le figuier de Barbarie *(tenochtli)*, mis en association avec celui du dieu Mexitl. Dans le glyphe náhua désignant la métropole des Aztèques se trouve précisément un cactus (nopal), poussant sur un rocher, sur lequel est posé un aigle (le symbole de Mexitl-Huitzilopochtli). Ce glyphe, avec l'ajout d'un serpent dans les serres et le bec de l'aigle, constitue aujourd'hui les armes du Mexique.

Mariana, fut ouvert par le général Mariano Arista, président de la République de 1850 à 1853.

À l'**intérieur**, le palais renferme plusieurs cours, dont la principale, entourée de galeries superposées, servit de cadre aux premiers combats de taureaux, organisés en Amérique, le 24 juin 1526, en l'honneur de Hernán Cortés. Vous aurez – éventuellement – accès à la salle de bal à lustres en prismes de quartz et plafond de style colonial, au salon Bleu, tapissé de brocart de soie, orné d'un superbe lustre en cristal de roche, à la salle à manger aux murs tendus de brocart de satin ou encore à la chambre de Benito Juárez.

**Nous recommandons l'achat du guide illustré commentant un à un tous les événements de l'histoire mexicaine présents sur la fresque de Rivera (en vente sur place, au pied de l'escalier).**

Sur les murs de la cage de l'escalier central, **fresques**★★★ de Diego Rivera retraçant l'histoire du Mexique. Cette œuvre qui ne couvre pas moins de 450 m² fut réalisée entre 1929 et 1935.

**Mur de droite**. La légende de Quetzalcóatl et la vie indigène avant la Conquête (l'artisanat, l'agriculture, les arts, la guerre, les sacrifices, l'astronomie). Au centre, est représenté, assis devant la pyramide du Soleil, le roi toltèque Quetzalcóatl, barbu, portant un pectoral en forme de conque, symbole du vent, et un sceptre avec les sept étoiles de la constellation. Des prêtres lui offrent un bol de pulque dans le but de l'enivrer. Dans la partie supérieure dr., on voit Quetzalcóatl quittant Tula sur un serpent volant en direction de l'E. pour s'immoler sur une plage de Veracruz et devenir l'Étoile du matin, Vénus.

**Mur de gauche**. La lutte des classes et le Mexique moderne (l'éducation, la science, la société capitaliste et ses vices, le prolétariat, les grèves, l'église), l'ensemble étant couronné d'un grand portrait de Karl Marx qui montre à l'ouvrier, au paysan et au soldat, le monde futur dominé par les flammes des guerres atomiques. Au centre de la composition, une étrange machine qui pompe l'argent déposé par les pauvres dans le tronc de la Vierge de Guadalupe, dénonce la collusion du clergé et des financiers de Wall Street (C. Vanderbilt, J. P. Morgan, J. D. Rockefeller). Remarquez à dr. le symbole chrétien qui se transforme peu à peu en croix gammée tandis que la grève *(huelga)* est brisée par la police. Dans la partie inférieure, Frida Kahlo, la femme de Rivera, et sa sœur Cristina en rouge, sont représentées dans le rôle d'enseignantes progressistes, abolissant ainsi l'ignorance et la pauvreté.

**Mur central** *(de g. à dr.)*. Dans cet audacieux raccourci des hauts faits de l'histoire depuis la Conquête jusqu'à la réforme agraire, Rivera a représenté les protagonistes importants en cinq scènes dont la lecture chronologique se fait de bas en haut.

**Première arche** *(à g.)*. L'intervention française et l'exécution de Maximilien à Querétaro en 1867 symbolisée par l'aigle des Habsbourg qui retourne vers l'Occident. En dessous, on assiste à la construction du Palais national par les Aztèques dirigés par des architectes espagnols. Le registre inférieur montre un brasero où brûlent les manuscrits aztèques dont la destruction fut ordonnée par le premier archevêque Juan de Zumárraga ; à g. Pedro de Alvarado marque les femmes esclaves au fer rouge. Sous le chapiteau, Hernán Cortés est figuré avec la Malinche et leurs deux fils métis, Martín et Luis.
**Deuxième arche**. Le porfirisme et la révolution de Madero en 1910. Sur un fond d'haciendas et de derricks symbolisant l'essor de l'économie mexicaine au profit de quelques privilégiés et de compagnies étrangères, sont représentés les grands acteurs de cette période : conservateurs (Porfirio Díaz), libéraux (Madero) et révolutionnaires (Pancho Villa et Emiliano Zapata). Au centre, deux victimes de l'Inquisition font face à Pedro Moya de Contreras, premier Grand Inquisiteur du Mexique en 1571.
**Troisième arche**. La guerre d'Indépendance (1810-1821) avec ses héros réunis autour de Miguel Hidalgo portant la bannière de la Virgen de Guadalupe et les chaînes brisées de la tutelle espagnole. À dr. le père Morelos désigne Ignacio Allende *(à g.)* qui tient le décret de l'abolition de l'esclavage. À l'extrême g., le général Agustín de Iturbide est le premier empereur du Mexique pendant dix mois (1822). Sous le symbole de la nation mexicaine, un aigle juché sur un nopal tenant un serpent dans son bec, se déroule la violente bataille de la prise de Tenochtitlán, opposant les guerriers aztèques menés par Cuauhtémoc (identifié par son glyphe de l'aigle descendant) aux conquistadores casqués.
**Quatrième arche**. La Constitution de 1857 est montrée par Benito Juárez, futur président du Mexique, entouré des membres du parti libéral. Elle consacre la séparation de l'Église et de l'État, supprimant les privilèges de l'armée et de l'Église caricaturée sous les traits d'un moine obèse. Au centre, l'évangélisation des Indiens est illustrée par leur baptême dans une vasque en forme de serpent, laquelle servait jadis à recueillir le sang des victimes sacrifiées aux idoles aztèques. Fray Bartolomé de las Casas, protecteur des Indiens qui s'accrochent à lui, brandit une croix face à Hernán Cortés et Pedro de Alvarado.
**Cinquième arche**. L'intervention nord-américaine (1847) commandée par les généraux Winfield Scott et Zachary Taylor consacre la perte de trois États de la jeune république mexicaine, le Texas, le Nouveau-Mexique et la Californie. Derrière les artilleurs se tient le général mexicain Nicolás Bravo qui organisa la défense de Chapultepec et ses cadets héroïques (Niños Héroes). En contrebas, on voit les Indiens contraints de détruire le Templo Mayor pour édifier la cathédrale.

Au **premier étage** *(à g. quand on a gravi l'escalier)*, d'autres peintures murales de Rivera peintes de 1949 à 1951 expliquent, de manière didactique, ce que les civilisations préhispaniques ont apporté au monde. Les trois plus fortes sont celles représentant le grand marché de Tlatelolco, la civilisation totonaque et le débarquement des conquistadores à Veracruz le 22 avril 1519. Dans ce dernier tableau, Rivera montre Hernán Cortés vêtu de pourpre, déformé par l'arthrite, recevant l'émissaire de Moctezuma et ses riches présents. Outre les belles représentations de plantes utiles comme le maguey et le cacaoyer, ne manquez pas les scènes en grisaille, peintes à la manière des codex préhispaniques.

Après avoir redescendu l'escalier, traversez la cour principale pour vous rendre dans les nouveaux jardins botaniques du Palacio Nacional, où des parterres de cactus, tous répertoriés, donnent une bonne idée de la diversité des cactées poussant au Mexique ; expositions temporaires de sculptures d'artistes mexicains.

Le **Museo Benito Juárez** *(ouv. t.l.j. sf lun. de 9 h à 17 h)* présente divers objets ayant appartenu au héros national, décédé dans ce palais en 1872.

■ **SUPREMA CORTE DE JUSTICIA** *(à côté du Palais national ; plan III, D2 ; ouv. du lun. au ven. de 9 h à 17 h ; entrée libre)*. Édifié en 1940, ce bâtiment sans grâce abrite (escalier principal et trois paliers) des peintures murales de José Clemente Orozco et de l'Américain George Biddle.

►De la Cour suprême de justice, vous pouvez, en suivant l'Avenida Pino Suárez, rejoindre très rapidement le **Museo de la Ciudad de México** *(Pino Suárez 30 ; plan III, D2 ; ouv. t.l.j. sf lun. de 9 h à 19 h 30)*. Installé dans l'ancien palais des comtes de Santiago, dans lequel on remploya un fragment de sculpture aztèque (visible à l'angle de l'Avenida Pino Suárez et de la rue Salvador), il renferme des documents illustrant l'histoire de la vallée de Mexico depuis l'époque préhistorique, vers 8000 av. J.-C., et, bien entendu, de la ville elle-même. Vous y verrez notamment une maquette du *teocalli*, ou ville sainte de l'ancienne Tenochtitlán, diverses cartes, des gravures, des peintures religieuses, des portraits, des photographies, des collections de figurines en terre cuite qui constituent une rétrospective du costume, du milieu du XIXe s. jusqu'à la Révolution, et surtout des peintures impressionnistes de Joaquín Clausell (1866-1935).

En face du musée se dresse l'**Hospital de Jesús Nazareno** *(plan III, D2 ; ouv. t.l.j. sf lun. de 9 h à 17 h)*. Fondé en 1524 par Cortés (et achevé en 1535), il fut le premier hôpital d'Amérique. De la construction originale subsistent deux patios aux belles proportions. Depuis le second, on parvient à la sacristie au remarquable plafond de style mudéjar (XVIe s.), puis dans l'église, fondée en 1601 mais achevée en 1668. Elle présente un portail baroque, orné de trois statues et flanqué d'une tour à coupole d'azulejos surmontée d'une statue de saint Michel. La voûte est décorée d'une fresque exécutée en 1944 par Orozco sur le thème de l'Apocalypse. À côté du maître-autel, sur le côté N. *(à g.)* du sanctuaire, se trouve la tombe d'Hernán Cortés, qui mourut en 1547 près de Séville et dont les restes furent transportés à Mexico en 1556. Une plaque apposée au chevet de l'église situe en ce lieu la première rencontre entre Cortés et Moctezuma II, le 8 novembre 1519.◄

Le côté S. du Zócalo est bordé par le **nouvel Ayuntamiento**, nouveau palais municipal bâti en 1948,

## Deux mondes face à face

On sait que Moctezuma et Cortés se rencontrèrent sur la chaussée qui menait de Tenochtitlán à Ixtapalapa, en un tronçon où se trouvaient déjà des maisons des deux côtés de la rue. Une étude des textes relatifs à l'arrivée des Espagnols à Tenochtitlán laisse penser que la rencontre dut avoir lieu entre le site aujourd'hui occupé par la station de métro Pino Suárez *(plan III, D3)*, où des fouilles ont été pratiquées sur l'emplacement présumé du Cihuateocalli, temple de la déesse Cihuacóatl (restes d'un autel conservés *in situ* dans la station du métro), et la place San Lucas située un peu plus au S. C'est dans le Cihuateocalli que l'on place la cérémonie où l'empereur et le conquistador se rendirent mutuellement hommage. Mais Cortés reçut de Moctezuma les colliers d'escargots d'or sur le site de l'hôpital, en un lieu localisé près du Tocititlán, un sanctuaire consacré à la déesse Tocí.

et par l'**ancien palais municipal** *(plan III, C2)*, reconstruit en 1692-1724 sur le site du premier palais municipal de Mexico, fondé en 1532.

■ **Gran Hotel de la Ciudad de México**★★ *(accès par le 82 de l'Av. 16 de Septiembre ; plan III, C2)*. Cet hôtel installé dans un ancien grand magasin créé par les Barcelonnettes *(El Centro Mercantil)* fut construit durant le Porfiriato dans un style Art nouveau. Le toit en verre fut réalisé par Jacques Gruber, l'un des représentants de l'école de Nancy. À remarquer le bel ascenseur à eau, le premier du Mexique ; du restaurant de l'hôtel, belle vue sur le Zócalo.

■ **Monte de Piedad** *(plan III, C2 ; ouv. t.l.j. sf dim. de 9 h à 16 h)*. Majestueux édifice de style colonial à façade de *tezontle*, qui occupe probablement l'emplacement du palais d'Axayácatl. Hernán Cortés le fit aménager ou reconstruire, puis il fut transformé en 1775 en mont-de-piété par José Romero de Terreros, comte de Regla et propriétaire de l'une des plus riches mines d'argent du Mexique, celle de Real de Monte. À l'intérieur, on pourra jeter un coup d'œil à l'invraisemblable bric-à-brac, essentiellement des bijoux et des montres.

# 3 Le Templo Mayor et le quartier N. du Zócalo★★

**À deux pas du Zócalo s'étendent les ruines du Templo Mayor, ultime souvenir de la grande Tenochtitlán qui compta jusqu'à 300 000 âmes. Après la visite de ce site qui permettra – avec beaucoup d'imagination – de faire revivre les impressionnantes pyramides aztèques, on découvrira au sein d'un quartier grouillant de vie les pompes et les dorures ecclésiales de l'époque coloniale, mais aussi le Mexique moderne avec les magistrales fresques de Diego Rivera qui ornent le Secretaría de Educación Pública.**

**Accès** : stations Zócalo, ligne 2 ; par la place Manuel Gamio, à l'E. du Sagrario, vous gagnerez immédiatement l'entrée du Templo Mayor.

**Combien de temps** : comptez une journée.

■ **Templo Mayor**★★ *(Seminario 8 ; plan III, D1-2 ; ouv. t.l.j. sf lun. de 9 h à 17 h ; entrée libre le dim.)*. La pyramide principale, dite Templo Mayor, fut le sanctuaire le plus important de la cité des Aztèques. La découverte fortuite, le 21 février 1978, d'un superbe monolithe sculpté *(→ ci-dessous)* à l'angle des rues Argentina-Seminario et Guatemala, a considérablement relancé l'intérêt que l'on portait au secteur de

**À ne pas manquer**



**Une paire de jumelles se révélera très utile pour la visite du Templo Mayor, les passerelles ne permettant pas de s'approcher de tous les endroits intéressants.**

**En 1976, en vue de renforcer les fondations de la cathédrale, 182 puits de consolidation et stratigraphiques furent creusés aussi bien sous l'édifice que dans le jardin attenant et dans la zone du Templo Mayor. Sous la cathédrale, un puits révéla des restes de sols préhispaniques jusqu'à une profondeur de 11,8 m, soit 5 m plus bas que les sondages effectués sous le Templo Mayor où la présence d'une nappe phréatique avait arrêté les archéologues. Les relevés stratigraphiques ont révélé que Tenochtitlán a subi trois inondations importantes, dont seule la dernière mentionnée dans les textes aurait été asséchée artificiellement. À - 12 m, on enregistre une première occupation durant la période de 900 à 1200, vestiges qui disparaissent sous 2 m de boue. La seconde occupation, vers 1220, phase durant laquelle est construit le Temple II, est toujours antérieure à l'arrivée des Aztèques en 1325.**

la pyramide principale de l'ancienne Tenochtitlán. Les fouilles qui ont duré jusqu'en novembre 1982, ont non seulement permis de mettre au jour d'importants vestiges de ce sanctuaire que l'on pensait être entièrement détruit, mais aussi d'offrir une quantité de données nouvelles qui ont été confrontées aux sources écrites. Le travail conjugué d'archéologues, géologues, biologistes, épigraphistes, chimistes et autres spécialistes a mis en exergue les contradictions qui existaient entre les traditions aztèques et la réalité. En effet, alors que les Mexicas affirment avoir fondé ce sanctuaire à l'endroit qui leur fut indiqué par leur dieu tribal, Huitzilopochtli, lorsqu'un aigle se posa sur un nopal, les fouilles attestent de l'existence d'au moins un temple antérieur à l'arrivée des Mexicas.

Le temple principal de Tenochtitlán s'élevait sur une plate-forme qui, dans la pensée des Mexicas, constituait le plan terrestre surmonté par treize niveaux célestes (la pyramide), sous l'Omeyocan, le monde de la Dualité, consacré à Huitzilopochtli (le Soleil) et Tláloc (la Pluie), et au-dessus des neuf niveaux infraterrestres, au-dessus du Mictlan, le monde des Ténèbres. Placé à l'intersection de deux axes (N.-S. et E.-O.), et sur le plan de contact entre les univers infra- et supraterrestres, le temple principal des Aztèques était donc au cœur même du système cosmogonique tel que le concevaient les Mexicas. Cette vision cosmogonique est bien antérieure aux Mexicas et trouve ses antécédents dans la culture toltèque. La nouveauté est d'avoir remplacé le couple toltèque Queztacóatl-Tezcatlipoca par Huitzilopochtli, leur dieu tribal et guerrier, et Tláloc, dieu sédentaire associé à la lune, à la terre, à la pluie et aux puissances telluriques.

**Les fouilles, qui nécessitèrent la destruction d'un certain nombre de bâtiments sans intérêt, furent dirigées par Eduardo Matos-Moctezuma, descendant (par sa mère) de Moctezuma II, l'empereur aztèque qui reçut Cortés à Tenochtitlán en 1519. Un atelier de restauration et un musée ont été construits pour recevoir au fur et à mesure les sept mille objets mis au jour durant les cinq années de fouille.**

Les fouilles ont donc restitué le grand temple, édifice avec grand soubassement pyramidal de quatre degrés doté d'un double escalier qui menait aux deux sanctuaires, celui consacré à Huitzilopochtli au S. *(à dr.)* et celui dédié à Tláloc au N. *(à g.)*. Le temple ayant été constamment agrandi – il a subi sept agrandissements sur les côtés et quatre en façade, à l'O. –, l'ensemble des ruines qui s'offrent au regard du visiteur est, de prime abord, déconcertant. Depuis l'esplanade, on voit en effet, non pas nettement superposées, mais plutôt en retrait les unes après les autres, les façades des divers sanctuaires, qui apparaissent dans un ordre chronologique décroissant. La plus récente qui soit conservée (étape VI) vient en premier lieu, et la plus ancienne (étape II), de loin la mieux préservée, est au fond.

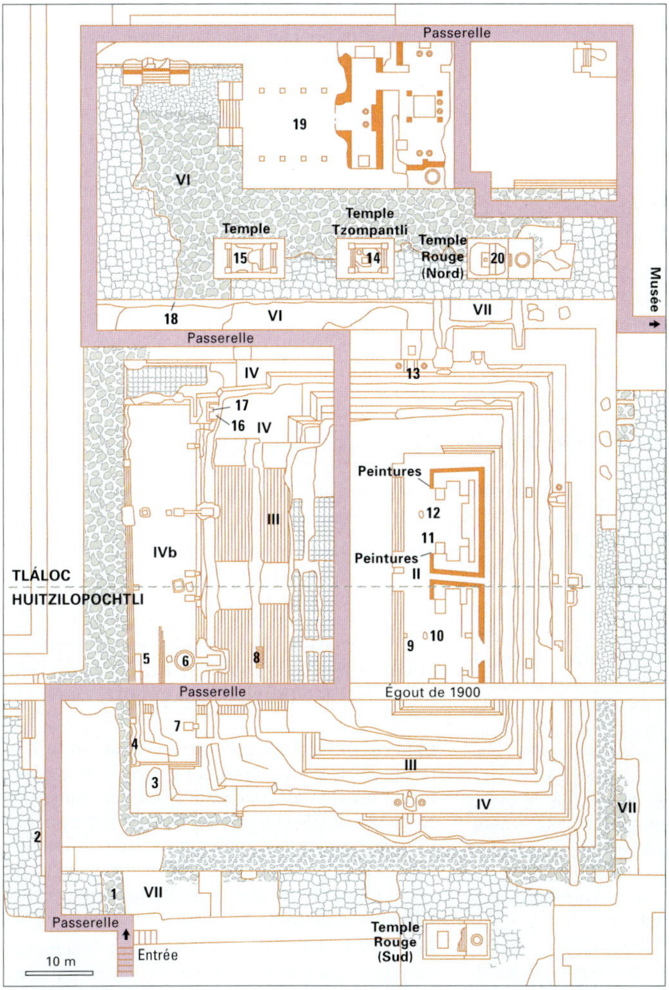


**Le Templo Mayor**

Les nombreuses offrandes découvertes dans des cistes de pierre stuquée, dans des récipients de pierre à couvercle ou directement dans la masse des remblais, ont considérablement enrichi nos connaissances sur les croyances et l'organisation de la société mexica *(→ musée du site)*. On note ainsi qu'un grand nombre d'objets de l'étape IV, période de l'expansion mexica, proviennent de régions récemment conquises, certains remontant à des cultures bien antérieures comme les masques de Teotihuacán ou le masque olmèque. D'une manière générale, leur disposition tant géographique que topographique ou à l'intérieur des caches obéit à un symbolisme bien précis. Ainsi, tels objets apparaissent toujours sur le dessus, les objets disposés du côté de la façade sont orientés vers le couchant, les offrandes du S. se rapportent à Huitzilopochtli, celles du N. à l'eau et Tláloc.

Les numéros renvoient au plan p. 207.

*L'itinéraire archéologique décrit ci-après emprunte une série de passerelles jetées au-dessus du champ de fouilles. Elles permettent de découvrir aisément les vestiges du Templo Mayor et des édifices annexes. Des numéros, portés dans le texte et sur le plan, faciliteront cette visite en vous faisant passer du texte au « terrain » par l'intermédiaire du document cartographique.*

**1** Peu après l'entrée, notez le **dallage** qui entourait le temple de l'étape VII. Les bâtiments de cette dernière phase construits dans un mélange de *tezontle* et de chaux ont presque entièrement disparu. À dr. (vers le musée), remarquez les vestiges du **temple Rouge du Sud**.

**2** La passerelle longe *(à g.)* le « **mur aux serpents** » de l'étape VI, élevé en blocs et moellons de *tezontle* et recouvert d'une couche de stuc. Des têtes de serpent font encore saillie sur le parement extérieur.

**3** À dr., restes de **dallage** et de **sols colorés** de l'étape V. À une quarantaine de mètres, remarquez une **tête de serpent entre deux braseros** *(→ ill. p. 118)* ornés d'un nœud, symbole de Huitzilopochtli (étape IVa). Des offrandes orientées vers le S. ont été retrouvées à proximité. Des braseros à l'effigie de Tláloc sont placés à l'opposé, au N. *(→ n° 13)*.

**4** **Serpent*** d'environ 6 m, au corps ondulant, recouvert de stucs colorés, sur le rebord de la plateforme occidentale précédant le temple, construite sous Axayácatl (étape IVb). La curieuse tranchée creusée à travers les bâtiments, sur laquelle est jetée la passerelle, fut pratiquée en 1900, lorsqu'un grand égout fut construit, sans le moindre égard pour les reliques historiques.

**5** À g. de la passerelle, l'**autel aux têtes de serpent*** est placé dans l'axe du sanctuaire consacré à Huitzilopochtli, dieu solaire et guerrier. De la même époque (étape IVb, 1469-1470) datent tous les monuments sculptés de cette vaste esplanade précédant le double escalier monumental, laquelle était bordée de deux serpents ondulants *(→ n° 4)* : plusieurs têtes d'ophidiens à plumes ou à lunettes, l'**autel aux deux grenouilles*** *(→ ill. p. 119)*, situé dans l'axe de l'escalier menant au sanctuaire de Tláloc, dieu de la Pluie et un grand disque lunaire à l'effigie de Coyolxauhqui *(→ n° 6)*. On a mis au jour, dans ce secteur de la terrasse, diverses représentations de batraciens qui furent déposées en offrandes dans le

## Les étapes de la construction

**Étape I** : localisé sous la nappe phréatique, le plan de cet édifice est encore inconnu.
**Étape II** (av. 1375-1427) : vestiges de deux sanctuaires bien conservés avec pierre de sacrifice et *chac-mool*, consacrés à Huitzilopochtli et à Tláloc. Remanié à trois reprises au niveau des escaliers, sous les souverains Acamapichtli (1376-1396), Huitzilíhuitl (1396-1417) et Chimalpopoca (1417-1428), le temple II est sans doute antérieur à l'arrivée des Aztèques.
**Étape III** (1431, « Quatre-Roseau ») : le roi Itzcóatl (1428-1440), vainqueur d'Atzcapotzalco, fait entièrement reconstruire le temple et placer huit statues figurant les ennemis des Mexicas au pied de l'escalier menant au sanctuaire d'Huitzilopochtli.
**Étape IVa** (1454, « Un-Lapin ») : sous Moctezuma Ier (1440-1469), agrandissement de la façade O. et ajout d'encensoirs et de têtes de serpents sur les quatre côtés de la plate-forme.
**Étape IVb** (1469, « Trois-Maison ») : la plate-forme précédant le temple est entourée d'un mur-serpent polychrome tandis que deux autels porteurs de grenouilles (N.) et de serpents (S.) sont placés dans l'axe de chaque sanctuaire sous Axayácatl (1469-1481). Le monolithe de Coyolxauhqui est disposé au pied de l'escalier menant au temple de Huitzilopochtli.

▶

temple de Tláloc, pour conjurer la sécheresse. De nombreux autres dépôts contenaient des objets provenant des régions récemment conquises, notamment des masques et des figurines du Guerrero, des coquillages et des coraux du Golfe, un squelette de jaguar du Tabasco, etc. (→ *musée*).

**6** Le **monolithe de Coyolxauhqui***** (copie, l'original est au musée ; → *ill. p. 211*) se situait au moment de sa découverte, posé à plat en avant de l'escalier qui menait au temple de Huitzilopochtli. Seule la partie supérieure de cette énorme dalle circulaire, d'environ 8 t (son diamètre varie de 3,26 m à 2,98 m), est ornée de reliefs montrant un personnage féminin décapité et démembré, identifié avec Coyolxauhqui, la sœur de Huitzilopochtli vaincue par ce dernier. La dalle recouvrait une tête, un torse, deux bras et deux jambes détachés, en mortier et en stuc, représentant la déesse dépecée par son frère. Ainsi, prenait corps le mythe de Huitzilopochtli, dieu guerrier, triomphant de sa sœur et de ses quatre cents frères. Tout semble indiquer que les prisonniers, destinés à être sacrifiés dans le temple du dieu de la Guerre devaient passer devant ce relief macabre et que les corps des victimes, précipitées du haut de la pyramide, devaient arriver disloqués sur cette même pierre. Dans une fosse, parmi d'autres offrandes, se trouvaient des crânes de femmes qui furent décapitées lors de cérémonies commémorant la lutte fratricide.

**7** À hauteur du monolithe, de l'autre côté de la passerelle, vous remarquerez un autre **serpent** sur un massif de maçonnerie qui appartient au temple de la phase IV.

**8** À g. se situent les ruines assez impressionnantes de l'escalier du temple de Huitzilopochtli, construit à partir de 1431, sous le règne de Itzcóatl. Adossées aux marches sont alignées huit **statues**** (ce sont des copies), telles qu'elles apparurent aux archéologues qui les exhumèrent dans le remblai déversé entre les temples des étapes III et IV. Ces statues de guerriers qui portent le pagne *maxtlatl* et le diadème pointu représentent vraisemblablement les Centzonhuitznahua, ennemis de Huitzilopochtli qu'il devait combattre quotidiennement sur la montagne des Serpents. Certaines ont les yeux incrustés de nacre et d'obsidienne, tandis que la cavité creusée dans la poitrine était garnie d'une pierre verte. Cette dernière représentait le cœur des victimes dont se nourrissait le dieu guerrier des Mexicas.

**9** Sous un hangar, vous découvrirez les vestiges les mieux préservés, ceux des deux sanctuaires de la

**La ceinture de serpents qui entoure la base pyramidale du Grand Temple fait référence au mythe de Huitzilopochtli, lequel a vaincu ses quatre cents frères et sa sœur Coyolxauhqui sur le lieu-dit Coatepec, c'est-à-dire la montagne des Serpents *(→ encadré p. 213)*.**

**La dualité qui règne sur le temple principal des Mexicas, reflet des bases économiques de l'État (agriculture et guerre), caractérise aussi la représentation des ophidiens. Dans la partie N., sédentaire et tellurique, les serpents portent au sommet de leurs têtes les lunettes caractéristiques du dieu Tláloc. Au S., ce sont des serpents à plumes, symboles de Quetzalcóatl et du ciel lumineux ; leurs plaques supraorbitales en forme de nattes sont des symboles du pouvoir. Le point imaginaire où se croisent l'axe vertical (entre les deux massifs qui composaient la pyramide double) et l'axe horizontal (sur la plate-forme) concrétise le centre de l'univers tel que le concevaient les Mexicas. Une effigie de Mictlantecuhtli, le maître du monde infraterrestre, se trouvait à la jonction des deux corps de bâtiment, à l'avant de la pyramide, et à l'arrière.**

**Étape V** : la plate-forme cérémonielle est revêtue de stucs et de dallage coloré sous le règne de Tizoc (1481-1486).
**Étape VI** : de cette phase de reconstruction sous Ahuítzotl (1486-1502), il ne reste qu'un mur décoré de têtes de serpents faisant saillie à l'extérieur.
**Étape VII** : Moctezuma II (1502-1520) fait procéder à un nouvel agrandissement du temple, lequel fut détruit par les Espagnols pour élever la première cathédrale. Seuls subsistent quelques vestiges du sol dallé de l'enceinte cérémonielle et une partie de la plate-forme au N.

# Le panthéon aztèque

De Quetzalcóatl, le civilisateur, à Huitzilopochtli, dieu guerrier, le panthéon aztèque, constamment augmenté par l'adoption d'autres dieux de cultures anciennes ou des provinces conquises depuis peu, est l'un des plus complexes qui soient. D'ailleurs, les Mexicas s'y perdaient parfois eux-mêmes. Cette pléiade de dieux présidant à la genèse du monde ou personnifiant la réalité multiple donnait à chaque instant de l'univers un sens bénéfique ou maléfique sans lequel les Aztèques ne pouvaient vivre.

**► Quetzalcóatl, le « Serpent à plumes », tel qu'il est représenté dans un manuscrit de Diego Duran (*Historia de las Indias*, folio 215, 1579 ; Bibliothèque nationale, Madrid).**

## La création du monde

Dans toute la Mésoamérique, le principe dualiste – le ciel et la terre, la lumière et l'obscurité – régissait le monde. Chez les Aztèques, une seule divinité primordiale, Ometéotl, exprime cette ambivalence et préside à toute création. Elle engendre les quatres premiers enfants divins : les Tezcatlipoca rouge et bleu, Tezcatlipoca noir, « le Miroir fumant », et Quetzalcóatl, lesquels symbolisent également les quatre directions du monde. Dieu de la Nuit et du Nord, Tezcatlipoca mène contre son frère Quetzalcóatl, le « Serpent à plumes », dieu du Vent et de l'Agriculture, un combat incessant dans lequel ils triomphent tour à tour, donnant naissance à de nouvelles créations. L'instabilité règne donc au cœur de l'univers soumis à la lutte de forces contradictoires.

## Le pacte du sang

L'homme doit son existence et sa survie aux sacrifices des dieux. C'est Quetzalcóatl qui descend chercher au royaume des morts des os qui sont broyés et arrosés du sang des dieux et d'où naît l'humanité. Il leur doit aussi la création du soleil et de la lune au prix d'un sacrifice collectif, le don de la pluie et du maïs. Cette dette initiale à l'égard des divinités doit être perpétuellement remboursée par des prières et des offrandes parmi lesquelles l'« eau précieuse » *(chalchihuatl)*, c'est-à-dire le sang, et le cœur des victimes humaines figurent au premier rang. Sous le règne d'Ahuitzotl (1486-1502), vingt mille prisonniers auraient été sacrifiés lors de l'inauguration du Templo Mayor.

## Les principales divinités

◄ **Statue de Coatlicue (musée national d'Anthropologie, Mexico), la déesse de la Terre. Remarquez le masque décharné, allusion à la mort, orné sur les joues de mosaïque de turquoises et les restes d'incrustations de nacre, sur le nez et dans la bouche,figurant les dents. Le pectoral est formé du motif « pierre précieuse », symbole du guerrier sacrifié.**

Le dieu tribal des Aztèques est Huitzilopochtli, dieu solaire qui naissait chaque matin de la déesse de la Terre Coatlicue. Représenté sous les traits d'un jeune guerrier coiffé de plumes, il devait triompher quotidiennement de ses frères, les étoiles, et de sa sœur, Coyolxauhqui, la lune. Second en importance est Tláloc, le dieu de la Pluie, associé au bleu, identifiable par les cercles qui entourent ses yeux et son nez en forme de trompe. De nombreuses divinités président à la végétation : Centéotl, dieu du Maïs mûr est assisté par Xilonen (→ *ill. p. 354)* représentant les jeunes épis, la déesse Mayahuel aux quatre cents seins personnifie l'agave dont on tire le pulque, tandis que Xipe Tótec, revêtu de la peau d'un écorché, symbolise le renouveau du printemps.

## À chacun son dieu

D'autres divinités protégeaient les corporations, les classes sociales, les lieux ou les peuples. Selon son rang, selon ses aspirations, chacun pouvait se placer sous la tutelle d'un dieu, et ce, de sa naissance à sa mort, voire dans l'au-delà pour les plus méritants. Ainsi, les femmes mortes en couches devenaient des Cihuateteo, ou « déesses-femmes », et accédaient au rang d'acolytes du Soleil lors de son déclin, tandis que les guerriers tués à la guerre ou sacrifiés rejoignaient à l'est le paradis solaire, le Tonatilhilhuiac, avant de revenir sur terre sous forme de colibris ou de papillons.

► **Monolithe de Coyolxauhqui (musée du Templo Mayor, Mexico), déesse lunaire vaincue et démembrée par son frère Huitzilopochtli. Sculpté en andésite, il montre le corps mutilé de la déesse dont on reconnaît le visage marqué de grelots (*coyolxauhqui* signifie « celle aux grelots peints sur le visage »). D'autres motifs symboliques de Tláloc (dieu de la Pluie), les crotales, les ornements d'oreilles et de nez, les bracelets, les plumes, un panache et un ceinturon participent de l'identification divine.**

**pyramide de la phase II**, peut-être bâtie sous le règne d'Acamapichtli (1376-1396) si l'on s'en réfère à la date indiquée par le **glyphe « Deux-Lapin »** (1390) maçonné dans la dernière marche devant le sanctuaire de dr. Cette date historique n'est cependant pas confirmée, une date aztèque se répétant tous les cinquante-deux ans.

**Selon certains archéologues, le sanctuaire S. de la phase II n'aurait pas été dédié à Huitzilopochtli mais au dieu toltèque Quetzalcóatl dont il prendra la place. Leur théorie se base sur la présence de nombreux serpents à plumes, attributs de Quetzalcóatl, sur le titre porté par le grand prêtre du dieu tribal des Mexicas, Quetzalcóatl, et sur le fait que le mythe de la victoire de Huitzilopochtli sur ses aînés n'est qu'une version tardive de celui de la victoire de Quetzalcóatl sur ses oncles Lune et les Mimxcoa. On comprend dès lors l'embarras de Moctezuma II lorsqu'il crut reconnaître Quetzalcóatl ou son envoyé en la personne de Cortés !**

**10** Le **temple de Huitzilopochtli**★ apparaît très modeste si l'on compare cette structure à celle du temple de la phase VII, décrite par les Espagnols en 1519, avec ses 60 m de hauteur et ses 80 m de côté. Devant l'entrée du sanctuaire à l'intérieur duquel court une banquette où était placée la statue du dieu, se trouve une **pierre de sacrifice**, sorte de cube en lave noire. C'est ici que les victimes étaient étendues sur le dos afin d'offrir leur poitrine au couteau du grand prêtre qui leur arrachait le cœur pour en faire offrande au Soleil. Bernardino de Sahagún rapporte que de cette pierre, appelée *tecatl*, coulait un flot de sang qui descendait jusqu'au pied de la pyramide.

**11** L'entrée du **temple de Tláloc**★★ *(à g.)* est marquée par des piliers qui portent des traces de **peintures murales** : des cercles noirs sur fond blanc (les yeux du dieu) surmontent une large bande céleste bleu turquoise et rouge dominant un registre de rayures verticales peintes en blanc et noir qui pourraient symboliser la pluie. En bas des pilastres, un personnage, au corps peint en jaune, semble porter une barre de commandement. À l'intérieur, on aperçoit une banquette qui supportait l'effigie du dieu de la Pluie.

**Pour honorer Tláloc, on choisissait les victimes surtout parmi les enfants, que l'on noyait. Qu'ils pleurent beaucoup avant le sacrifice était de bon augure car leurs larmes représentaient les pluies que l'on demandait à Tláloc.**

**12** Devant le temple, la statue polychrome en pierre du ***chac-mool***★★, de type toltèque, incarne le messager divin, chargé de porter les offrandes à l'intérieur du sanctuaire *(→ ill. p. 118)*. Sous cette statue, les archéologues ont mis au jour la tête d'un autre *chac-mool* plus ancien (c. 1350).

**Les conquistadores ont calculé que 136 000 crânes étaient exposés sur le *tzompantli* du Templo Mayor, un nombre qui semble fort exagéré en raison de la taille de la plate-forme telle qu'elle se présente actuellement. Cependant, les chroniqueurs mexicas eux-mêmes parlent de 80 400 personnes tuées en quatre jours lors des fêtes d'intronisation du *tlatoani* Ahuítzotl et de 20 000 autres sacrifiées lors de l'inauguration du Grand Temple sous le même souverain. On considère cependant qu'il ne pouvait y avoir plus de 360 victimes par jour et par autel, à la cadence d'une extraction de cœur toutes les deux minutes.**

**13** À dr., à environ 5 m du coude formé par la passerelle, vous remarquerez, sous une toiture de protection, un **brasero**★ polychrome, sculpté à l'effigie de Tláloc. Il y avait là, en fait, une paire d'encensoirs séparés par une tête de serpent, répétition du dispositif datant de la phase IVa, placé du côté S.

**14** Au milieu de l'esplanade dallée datant de la phase VI, se trouve le ***tzompantli*** (râtelier de crânes), plate-forme décorée de cinq rangs (c'est tout ce qui subsiste) de crânes de pierre *(→ ill. p. 216)*. C'est là, au N., point cardinal du Mictlan, lieu de la Mort, qu'étaient empalés sur des pieux les crânes des victimes sacrifiées au sommet de la pyramide.

**15** Petit **temple**, à deux escaliers d'accès, l'un orienté vers l'E. et l'autre vers l'O. Les murs sont revêtus de stuc.

**16** À g. de la passerelle, on a mis au jour une **chambre d'offrandes** de la quatrième étape, aux murs autrefois revêtus de peintures représentant des guerriers. Elle renfermait deux grandes jarres polychromes à couvercle et de nombreuses offrandes (divinités du copal, masques de pierre, crâne de jaguar avec un couteau de silex entre les mâchoires). D'autres dépôts d'offrandes, contemporains de cette chambre, ont révélé des statuettes de Tláloc au-dessus d'un ossuaire où se trouvaient une trentaine de crânes d'enfants, de sept ou huit ans, et même de nourrissons, qui durent être sacrifiés au dieu de la Pluie, peut-être lors de la sécheresse qui désola la vallée d'Anáhuac en 1456.

**17** Autre **serpent**★ au corps ondoyant, sur le rebord de la terrasse où s'élève la pyramide de la quatrième phase.

**18** Continuant sur la passerelle vers le N., retournez-vous pour apercevoir le parement extérieur du « **mur aux serpents** » de la sixième phase du temple, avec quelques têtes d'ophidiens encastrées dans la maçonnerie de *tezontle*.

**19** Sous un vaste hangar, vous remarquerez les ruines du **temple des Aigles**★★ (c. 1500 apr. J.-C.), accessible par un escalier encadré de deux têtes d'aigles sculptées en pierre *(on ne peut pas entrer)*. À l'intérieur de ce sanctuaire qui servait de lieu de réunion aux chevaliers-aigles, on aperçoit les banquettes revêtues de **reliefs de guerriers** qui conservent des traces de peinture rouge. Sur la banquette du fond est représenté le *zacatapalloli*, balle de foin où l'on piquait les épines de maguey utilisées pour les autosacrifices. On y découvrit, flanquant la porte d'accès à la pièce du fond, deux sculptures en céramique polychrome de 1,90 m de hauteur, représentant des chevaliers-aigles *(→ musée)*.

**20** Après avoir laissé à dr. une passerelle *(la plupart du temps fermée)*, vous observerez, à dr., des poteaux en bois de saule *(anéxotl)*, puis un petit **autel**, au pied du mur d'enceinte moderne. Du rebord de cette terrasse, vous découvrirez le **temple Rouge du Nord**★, construit durant la sixième phase (c. 1500 apr. J.-C.), effectivement peint en rouge, notamment le motif de disques de pierres, symbolisant des pierres précieuses *(chalchihuites)*, sur le couronnement des murs du vestibule.

## La naissance de Huitzilopochtli

Bernardino de Sahagún raconte comment le dieu tribal des Aztèques vint au monde par un étrange coup du destin. Alors que sa mère, Coatlicue, la déesse de la Terre, balayait le temple, un léger duvet pénétra en son sein et la féconda. Coyolxauhqui, déesse lunaire, la fille aînée de Coatlicue, et ses frères, les Centzonhuitznahua, les Quatre Cents Astres du Sud, horrifiés par ce qu'ils considéraient comme une infamie, voulurent tuer leur mère. Huitzilopochtli, sorti tout armé du corps de Coatlicue, entreprit immédiatement de combattre sa sœur et ses quatre cents frères. La bataille prit fin lorsque le dieu décapita Coyolxauhqui et massacra ceux de ses frères qui ne prirent pas la fuite. Derrière le mythe se cache une réalité historique non moins intéressante. On sait que, au cours de leur migration, les divers clans qui composaient le peuple aztèque arrivèrent en ordre dispersé à la colline des Serpents (Coatepec). Près de cette colline, l'un des clans s'opposa au groupe dirigeant, celui consacré à Huitzilopochtli. Ce dernier remporta la victoire et le fait fut sacralisé par un mythe relatant comment Huitzilopochtli entra en lutte contre les enfants que sa mère avait eus d'une autre union. Du mythe, on passa au rite, développé au Templo Mayor au cours d'une fête, dite de Pantecalitzi, qui commémorait ainsi la victoire de Huitzilopochtli, le soleil, sur Coyolxauhqui, la lune, et les astres Centzonhuitznahua.

Toute la zone à l'arrière du grand sanctuaire des Mexicas était occupée par de vastes bâtiments, dont il ne reste plus que les fondations et des sols, dallés ou stuqués. On y accédait par des escaliers, encore conservés, aussi bien à l'O. qu'à l'E. *(du côté du musée)*.

■ **MUSEO DEL TEMPLO MAYOR**★★. Situé dans l'angle N.-E. du champ de fouilles, il abrite la plupart des objets qui ont été mis au jour au cours des travaux de fouilles du principal centre cérémoniel des Mexicas. La majeure partie de ces objets, au nombre de sept mille, fut découverte dans une centaine de dépôts d'offrandes consacrés aux dieux Huitzilopochtli et Tláloc. Ce musée est divisé en deux sections : l'aile S. est réservée au dieu tribal des Mexicas, divinité de la Guerre, et l'aile N. au dieu de la Pluie. On retrouve donc ici la même division bipartite et la même organisation spatiale que dans le sanctuaire, selon les mêmes orientations N. et S. La représentation muséographique des collections est particulièrement claire et soignée, dans un cadre architectural largement ouvert *(à partir du deuxième étage)* sur le site archéologique d'où proviennent les objets contenus dans le musée.

**Vestibule**. Outre un énorme **mur de crânes** recouvert de stuc, découvert du côté S. du Templo Mayor, vous examinerez une **maquette** du centre cérémoniel *(teocalli)* de Mexico-Tenochtitlán *(→ ill. p. 119)*, tel qu'il se présentait à l'arrivée des Espagnols. Selon Bernardino de Sahagún, le *teocalli*, quadrilatère d'environ 440 m de côté entouré d'un mur orné de serpents en ronde bosse, ne rassemblait pas moins de 78 édifices dont 25 pyramides. Le frère Diego Durán comptait 8 ou 9 pyramides et un certain nombre de bâtiments secondaires dont le jeu de balle et le *calmecac*.

*Vous commencerez votre visite par l'aile S., à dr. en entrant par la porte du côté du centre cérémoniel (escalier de dr.).*

**Salle des antécédents**. En haut de la première volée de marches, se trouve un **vase en forme d'aigle**★★ en *tezontle*, rapace lié au dieu Huitzilopochtli, œuvre magistrale découverte en 1985 sous l'édifice des marquis de l'Apartado (à l'angle des rues Argentina et Donceles). Il servait à recueillir les cœurs des victimes humaines. Cette salle renferme divers documents illustrant la migration des Mexicas à partir de la légendaire Aztlán, sur l'ordre de leur dieu tribal, Huitzilopochtli. Vous verrez, notamment, vingt-deux pages de codex, reliées entre elles de manière à former une longue bande désignée sous le nom de « *Tira de la Peregrinación* » (reproduction du codex Boturini). Ce document fut dessiné et commenté à l'aide de glyphes aztèques peu après la conquête espagnole. Des empreintes de pieds marquent le chemin que la tribu suivit sous la direction de ses prêtres. Les autres documents et objets exposés dans cette salle sont relatifs à l'histoire de Mexico-Tenochtitlán jusqu'à la destruction d'Atzcapotzalco, une cité-État qui domina la vallée d'Anáhuac jusqu'en 1428. Une vitrine montre les objets les plus anciens exhumés sur le site (étape II), notamment une **urne funéraire en albâtre**★ sculptée d'un personnage et à couvercle en obsidienne, qui contenait des os brûlés et un grelot en or découvert dans le sanctuaire S. Remarquez aussi la **tête de *chac-mool*** qui se trouvait sous la statue de *chac-mool* du sanctuaire dédié à Tláloc.

**Salle de la guerre et du sacrifice**. Les documents et objets illustrent les concepts de la guerre et du sacrifice (surtout humain) dans la perspective de restaurer en permanence l'énergie du Soleil grâce au sang (l'« eau précieuse ») des prisonniers de guerre immolés par les prêtres. L'**offrande 17** comportait des éléments associés aux deux divinités : coraux marins, rostre d'un poisson-scie et vases ronds à l'effigie de Tláloc ; couteaux de sacrifice en silex sacralisés *(tecpatl)*, masques-crânes incrustés de nacre et braseros ornés d'un nœud, symbole de sacrifice. Le personnage qui préside l'offrande est **Xiuhtecutli**, personnage assis, dieu du Feu et de l'Année qui régit le centre de l'univers. Outre les **masques mezcala** du Guerrero, remarquez les deux grandes **urnes funéraires**★★ en céramique orange finement sculptée, provenant de la région du Golfe. Elles contenaient les restes calcinés de grands personnages et un pendentif serpentiforme en obsidienne. Un grand relief en lave grise montre **Tlatecuhtli**, monstre terrestre grand dévoreur de cadavres, tirant une langue en forme de couteau de sacrifice.

**Salle du tribut et du commerce**. La variété des objets mis au jour dans la zone du temple de la phase IV atteste non seulement de la conquête de nouveaux territoires soumis au tribut mais également de la nature des échanges avec des provinces éloignées. Les marchands aztèques ou *pochteca*, au service des souverains de Tenochtitlán, se rendaient, en convoi le plus souvent, jusqu'au Xoconochco, sur la côte du Pacifique, au-delà de l'isthme de Tehuantepec. De la région de Puebla proviennent le **masque en albâtre** incrusté de corail et les délicates **têtes de cerf**★, attributs miniatures d'une divinité. La série de **figurines « penates »** en pierre verte fait partie d'un tribut de guerre payé par les Mixtèques, habiles orfèvres qui pourvoyaient les nobles Mexicas en bijoux en or. Le **masque olmèque**★★ en jadéite (c. 800 av. J.-C.), provenant de la région du Golfe d'où venaient les coquillages, les grandes conques marines et les coraux, est l'objet le plus ancien découvert sur le site. L'État du Guerrero, pourvoyeur d'obsidienne et de pierre verte, est très présent parmi les offrandes. On trouva près de trois cents **masques et figurines de style mezcala**, aux formes géométriques caractéristiques. Citons encore les magnifiques **masques**★★ anthropomorphes sculptés en pierre, exhumés par les Mexicas dans les tombes de Teotihuacán et réutilisés dans les dépôts d'offrandes du Templo Mayor.

**Salles de la suprématie guerrière**. Outre le **disque de Coyolxauhqui**★★★ (→ *ill. p. 211*), vous remarquerez les deux grandes **statues de chevaliers-aigles**★★ en terre cuite, qui dénotent également un très grand souci du détail, les serres et les plumes de l'aigle enfermant le corps tandis que le visage du guerrier émerge du bec ouvert du rapace. De la même enceinte des aigles provient le **squelette en terre cuite** curieusement doté d'un nombril. Il pourrait s'agir d'une représentation du dieu Huitzilopochtli qui, selon un mythe, vécut désincarné pendant de nombreuses années. Vous verrez aussi les originaux des **huit statues de guerriers**★★ symbolisant les ennemis combattus par Huitzilopochtli qui se trouvaient au pied des escaliers menant vers le sanctuaire de la phase III.

*On passe dans la seconde partie du musée dédiée à Tláloc.*

**Salle de Tláloc**. Située au même niveau que la salle précédente, elle abrite des collections d'offrandes consacrées au dieu de la Pluie en divers endroits du sanctuaire. Parmi la vaisselle, vous remarquerez plus particulièrement un **vase**★★★ orné d'une effigie de Tláloc peinte en bleu, couleur de l'eau. On y trouve encore l'original du ***chac-mool***★★ du temple de la phase II, un coffre en pierre dont le couvercle est gravé du masque de Tláloc et qui contenait un **masque**★ en pierre verte de la région du Guerrero, deux canoës en pierre et leur équipement de pêche miniature. L'énorme **escargot de mer**★★, reproduction réaliste en pierre du *Strombus gigas*, fait partie des œuvres d'art les plus impressionnantes découvertes *in situ*. Symbole de fertilité, cette grande conque était utilisée lors des rites comme trompe d'appel. Les braseros et les jarres mises au jour dans la partie N. sont tous à l'effigie du dieu de la Pluie.

# Sacrifices et autosacrifices

La pratique du sacrifice humain qui horrifia tellement les Espagnols correspondait en réalité à un acte cosmique. Chez les Aztèques, comme chez la plupart de leurs voisins, l'offrande du cœur et du sang des victimes était la seule manière d'alimenter quotidiennement le soleil et d'assurer la bonne marche de l'univers. Quant à l'autosacrifice rituel des rois mayas, il leur permettait d'entrer en communication avec le monde surnaturel des dieux et des ancêtres.

▲ ***Tzompantli* du Templo Mayor de Mexico.**
**Sur ce râtelier de crânes étaient disposés des poteaux verticaux soutenant des perches sur lesquelles étaient alignées les têtes des sacrifiés décapités.**

### ■ La mort comme une renaissance

Dès les premières incursions sur les côtes du Yucatán, les soldats de Cortés sont confrontés à un spectacle déconcertant : « Sur les autels se trouvaient des idoles à l'aspect affreux qui étaient leurs dieux ; cinq Indiens sacrifiés étaient là, la poitrine ouverte, les bras et les jambes coupés. Les murs étaient pleins de sang. Tout cela nous stupéfia et nous donnâmes à cet îlot le nom d'île des Sacrifices. » Dans leurs récits, souvent exagérés quant au nombre des sacrifiés, les Espagnols omettent de mentionner un fait important : les victimes sont promises à une destinée enviable, celle d'accompagner le soleil dans sa course quotidienne avant de revenir sur terre quatre ans plus tard, sous la forme d'un papillon ou d'un colibri.

### ■ L'eau précieuse

Dans un contexte où la création primordiale n'est considérée possible qu'au travers du sacrifice, on comprend que les blessures rituelles, la mort même, sont vécues comme un moyen de libérer un excédent d'énergie vitale. La mort devient alors source de vie tandis que, par le don de son sang, l'être humain participe à l'entretien du monde. Le récent déchiffrement des glyphes mayas laisse entendre que les Mexicas n'étaient pas les seuls à offrir « l'eau précieuse » aux dieux. Les scènes de saignée rituelle pratiquée notamment par les seigneurs de Yaxchilán apparaissent dès lors sans équivoque. À l'occasion de certaines dates importantes (accession au trône, fin de *katun*, prélude à la guerre), les rois faisaient couler du sang de leur pénis et les femmes de leur langue. Les papiers imbibés de sang étaient brûlés ensuite dans un grand brasero en terre cuite disposé devant le temple.

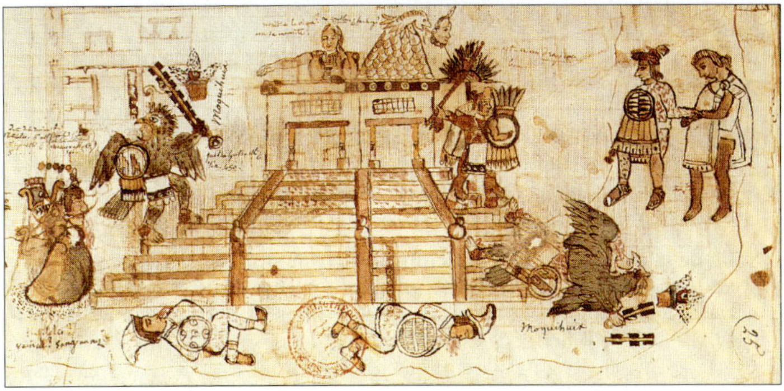

▲ **Codex (XVIe s. ; Bibliothèque nationale, Paris). La guerre fleurie menée par les Aztèques contre leurs voisins avait pour but de capturer le plus grand nombre de prisonniers, afin de constituer une réserve de victimes en vue des nécessaires sacrifices humains.**

### Des dieux affamés

Au sommet du Templo Mayor de Tenochtitlán, chaque lever de soleil était salué par cette même scène sanglante. D'un rapide coup de couteau d'obsidienne, le prêtre incisait la poitrine d'une victime maintenue sur la pierre sacrificielle par ses auxiliaires et lui arrachait le cœur qui était présenté au soleil. Le sang recueilli dans une coupe en pierre *(cuauhxicalli)* était versé sur les statues des dieux et dispersé dans les quatre directions de l'espace pour abreuver toutes les puissances du cosmos.

Chaque divinité avait en outre ses rites particuliers durant lesquels les victimes devenaient des substituts du dieu. Pour Tláloc, c'étaient des enfants que l'on noyait, leurs larmes étant de bon augure pour des pluies abondantes. Les sacrifiés de Xipe Tótec combattaient un guerrier à l'aide d'armes en bois puis étaient écorchés. Les têtes des victimes décapitées étaient érigées en autel appelé *tzomplantli*, qui signifie en náhuatl « râtelier à crânes ».

### La guerre fleurie

En état de guerre quasi incessant, les peuples mésoaméricains combattaient dans le but de capturer des prisonniers vivants. Ceux-ci, surtout s'ils étaient d'ascendance noble, attendaient parfois plusieurs années avant d'être désignés comme victimes à l'occasion de cérémonies importantes liées au cycle vénusien. La scène de sacrifice de Bonampak où les prisonniers humiliés, torturés et dégouttant de sang sont disposés sur les sept marches d'un temple dominé par le roi donne une image très différente de l'image d'Épinal d'un peuple maya pacifique. Le jeu de balle, auquel certains rois prisonniers étaient contraints de participer, se terminait invariablement par la décapitation du vaincu.

▲ **Relief du jeu de balle S. d'El Tajín. La partie se termine par la décapitation du vaincu *(→ aussi ill. p. 578)* dont le dernier souffle vital, figuré sous la forme d'une volute, est absorbé par l'astre Vénus représenté en dieu descendant.**

**Salle de la faune**. Des dépôts d'offrandes mis au jour dans le centre cérémoniel de Mexico-Tenochtitlán proviennent des ossements d'animaux (jaguars, crocodiles, chiens, poissons, tortues, etc.), qui attestent l'intégration d'une partie du règne animal à la symbolique des Mexicas et son rôle dans leurs croyances religieuses. L'offrande 23 placée devant l'escalier du temple de Tláloc était particulièrement riche en faune. Présidée par la statuette du vieillard édenté accroupi, Xiuhtecutli, elle contenait deux têtes de crocodile encadrant un crâne de jaguar et des dents de requin, ainsi qu'un poisson-hérisson, et des tortues.

**Salle de la religion et de l'agriculture**. Documents (carte du lac de Texcoco avec les *chinampas*) et objets relatifs aux aspects religieux dans la vie quotidienne des Aztèques, notamment dans les rites agricoles. Des **poteries**★ polychromes sont à l'effigie de Tláloc et de Chalchiuhtlicue, déesse de l'Eau. Une tête de Xipe Tótec, recouverte de la peau d'un écorché, est liée aux rites de renouveau agricole au printemps.

**Salle de la Conquête**. Pour terminer la visite de ce musée, vous examinerez des documents illustrant la rencontre de Moctezuma II et de Hernán Cortés, puis divers épisodes de la conquête espagnole, d'après les *Cartas de Relación*, lettres adressées à Charles Quint par le chef des conquistadores pour relater les opérations de la Conquête et décrire les pays soumis à la Couronne d'Espagne et leurs habitants. Une autre vision de cette guerre nous est donnée par les Annales de Tlatelolco. Vous verrez aussi des sculptures préhispaniques réutilisées dans des constructions d'époque coloniale et des blasons matérialisant le tribut payé par les Indiens aux Espagnols.

■ **ANTIGUO COLEGIO DE SAN ILDEFONSO**★★★ *(Justo Sierra 16 ; plan III, D1 ; ouv. t.l.j. sf lun. de 10 h à 18 h ; entrée libre le mar. ; visite guidée et gratuite des fresques t.l.j. à 12 h 30 ; boutique d'artisanat)*. L'ancien collège jésuite San Ildefonso fut fondé en 1588 puis reconstruit en 1749. Transformé en École normale par Benito Juárez puis rattaché à l'université de Mexico en 1910, cet édifice fut, après la Révolution, décorée de **peintures murales**★★ exécutées par les trois principaux artistes mexicains contemporains (Orozco, Rivera et Siqueiros) et par plusieurs autres peintres (Fermín Revueltas, Jean Charlot). Il abrite désormais un centre culturel où sont organisées plusieurs fois par an des expositions de grande qualité.

Les fresques du mur N. de la **cour principale** et de celles du **grand escalier**, au rez-de-chaussée, sont dues à Clemente Orozco (1923) ; les thèmes lui furent inspirés par la révolution mexicaine. Celles du **premier étage**, également exécutées par Orozco, représentent *(de g. à dr.) La Justice et la Loi, Le Jugement dernier, La Liberté, La Course aux honneurs et aux distinctions, L'Église et la Réaction*, symbolisée par des élégantes. Au **deuxième étage**, notez enfin des scènes peintes en 1924 par Orozco et concernant le travail et la guerre révolutionnaire.

D'autres peintres contribuèrent à la décoration de cette partie de l'École normale, notamment Revueltas (peintures à l'encaustique représentant les fêtes en l'honneur du Christ de Chalma et de la Vierge de Guadalupe). Sur le **grand escalier**, fresques de Jean Charlot figurant la chute de Tenochtitlán.

Sur les murs et les voûtes de l'escalier, d'autres peintures d'Orozco rappellent l'époque des conquistadores et des missionnaires ; on y voit Cortés, la Malinche et des moines franciscains.

Les fresques du **petit patio** sont l'œuvre de David Alfaro Siqueiros (1923-1925). On reconnaîtra la Révolution brisant les chaînes, la destruction des idoles, l'enterrement d'un ouvrier, etc.

Dans le vestibule de l'**amphithéâtre Simón Bolivar**, série de dix panneaux peints par Fernando Leal (1931-1933) représentant la vie du libérateur de la Colombie, du Venezuela et du Pérou. Dans l'amphithéâtre, au-dessus du podium, la gigantesque peinture murale (110 m$^2$) exécutée par Diego Rivera en 1921-1922 a pour thème la Création.

Dans la salle nommée **El Generalito**, stalles en bois sculpté (scènes de l'Ancien et du Nouveau Testaments) de l'église Saint-Augustin. L'ancien couvent Saint-Pierre-et-Saint-Paul, aujourd'hui annexé à cet ensemble, est décoré de peintures murales (1922) de Gerardo Murillo (Dr Atl) et d'Adolfo Best-Maugard.

■ **TEMPLO DE LA ENSEÑANZA ANTIGUA★★** *(Donceles 104 ; plan III, D1)*. L'église de l'ancien couvent de la Enseñanza Antigua, fondé en 1754 sous le vocable de Nuestra Señora del Pilar, fut érigée en 1772-1778 par Francisco Guerrero y Torres. Elle s'ouvre par un portail baroque orné de statues de San Juan Nepomuco et de San Miguel. À l'intérieur, le **retable★★** churrigueresque du maître-autel est d'une grande beauté. Les retables des autels latéraux, ainsi que la chaire, datent également de la seconde moitié du XVIII$^e$ s. Au-dessus du chœur, peinture d'Andrés López (XVIII$^e$ s.).

En face de la Enseñanza s'élève le **Colegio de Cristo** *(Donceles 99 ; ouv. t.l.j. sf lun. de 10 h à 18 h)* qui présente une belle façade du milieu du XVIII$^e$ s. Il a été transformé en **musée de la Caricature** : œuvres de Posada et de caricaturistes contemporains portant essentiellement sur la vie politique mexicaine. Possibilité de faire une halte agréable dans le patio pour déguster un *cafecito* en dehors de la cohue du centre-ville.

■ **SECRETARÍA DE EDUCACIÓN PÚBLICA★★★** *(República de Argentina 28 ; plan III, D1 ; ouv. du lun. au ven. de 9 h à 18 h ; entrée libre ; des gardiens vous demanderont de laisser votre nom sur un registre)*. Ce ministère est installé dans un édifice de style colonial élevé au début du XX$^e$ s. sur le site du couvent de la Encarnación. Il est décoré de fresques exécutées par de grands muralistes mexicains, en particulier Diego Rivera, qui, entre 1923 et 1928, a réalisé ici 245 panneaux couvrant quelque 1 500 m$^2$. L'essentiel de cette œuvre monumentale entièrement restaurée en 1998 est visible sur les murs de deux vastes cours entourées de galeries superposées sur deux étages *(le sens de la visite se fait à partir de la dr. en entrant dans le premier patio ; pour accéder aux étages, prendre le grand escalier qui se trouve en face de vous)*.

**Portail baroque de San Ildefonso.**

Dans la cage d'un petit **escalier** qui se trouve à g. *(généralement fermé au public)*, Rivera a réalisé une fresque représentant des paysages typiquement mexicains qui se succèdent au fur et à mesure de l'ascension des marches : on part du niveau de la mer avec une végétation tropicale, puis on découvre les paysages de l'Altiplano et enfin, en haut de l'escalier, les volcans.

**Rez-de-chaussée**. À la demande du ministre José Vasconcelos, Diego Rivera peignit (premier patio à dr.) deux paysannes tehuanas, des femmes de l'isthme de Tehuantepec et deux scènes de travail : *Les Teinturiers (Los Teñidores)* et *Le Bouilleur de cru (El Trapiche)*. José Vasconcelos, très satisfait de ce premier travail, décida alors de confier à l'artiste la réalisation de fresques ayant pour thème les femmes de tous les États du Mexique et les principaux métiers. Entre-temps, Diego Rivera, qui n'avait pas connu les événements de la révolution mexicaine (il était alors en Europe), fit siens les idéaux révolutionnaires et se libéra rapidement de la tutelle du ministre. Oubliant la simple apologie du travail, il préféra imaginer une « promenade » (parfois caricaturale) à la manière de Giotto dans la chapelle des Scrovegni (Padoue), une « ballade poétique avec des ouvriers et des paysans » obéissant à une séquence narrative dotée d'un commencement, d'un développement et d'un stade ultime : *La Cueillette (La Cosecha)*, *La Maîtresse de l'école rurale (La Maestra Rural)* et son pendant *La Libération du péon (La Liberación del Peón)* nous font partager tout le poids de la servitude qui accablait alors les masses mexicaines. Vasconcelos, furieux, menaça de stopper le projet. Rivera passa outre et donne libre cours à son ardeur politique. La ballade poétique se transforma en chant internationaliste (Diego fut membre du PC mexicain) sans que Vasconcelos puisse s'y opposer. Après avoir achevé le panneau *L'Entrée dans la mine*, le muraliste réalisa *L'Accolade (El Abrazo)*, qui symbolise la fraternité révolutionnaire des mondes paysan et ouvrier, et *Le Contremaître (El Capataz)*, qui renvoit au système semi-féodal du régime porfiriste et à l'église, les deux bêtes noires du muraliste. On notera que Rivera a peint jusqu'au-dessus des portes afin d'unir les tableaux les uns aux autres, soulignant par là sa volonté de raconter une seule et même histoire.

Au **premier étage**, remarquez la qualité du dessin et l'avant-gardisme à l'européenne de Diego Rivera qui ressortent dans les grisailles représentant la science, la chimie, la médecine, les techniques. Les fresques aux couleurs très vives sont du muraliste français Jean Charlot *(Les États de la République)*.

Au **deuxième étage**, le muraliste a conçu le *Corrido de la Revolución (Le Chant de la Révolution)*. On y reconnaît Emiliano Zapata et ses lieutenants (Magaña, Torres Burgos, Felipe Carillo Puerto), les camarades du Secours rouge comme la photographe italienne Tina Modotti et sa compagne Frida Kahlo, offrant au peuple les armes que fabriquent les ouvriers. Après une série de panneaux où l'ouvrier est magnifié en tant que leader de la société, l'artiste passe au monde paysan avec une série qui glorifie Emiliano Zapata. Celui-ci est présenté comme une figure mystique et divine, personnage central d'un retable révolutionnaire qui permet d'élever son âme vers celui qui donna sa vie pour que les hommes obtiennent « la terre et la liberté ». On retrouve dans ce *Corrido de la Revolución* la note satirique qui plaisait tant à Rivera : la *Cena del Capitalismo* ou *Le Banquet de Wall Street* montrent les banquiers de l'époque, l'argent, la luxure, l'oisiveté des classes dirigeantes. Le peintre se moque également de certains hommes politiques mexicains et personnalités du monde artistique.

■ **PLAZA SANTO DOMINGO** *(plan III, C1)*. Cette place fréquentée par les habitants du quartier qui viennent y flaner en fin d'après-midi ou le dimanche est l'une de celles qui, à Mexico, ont le mieux conservé l'empreinte des temps coloniaux.

Ornée d'une charmante fontaine où figure la statue de la Corregidora (Josefa Ortiz de Dominguez), elle est bordée de palais du XVIIIe s. L'un d'eux, l'**Antigua Aduana** *(ouv. de 9 h à 15 h)* fut, comme son nom l'indique, transformé en bâtiment de la douane ; c'est aujourd'hui une dépendance du ministère de l'Éducation. Elle abrite une fresque réalisée en 1945 par David Alfaro Siqueiros *(Patricios y Patricidas)*. Sur le côté O. de la place *(à g.)* s'étend une **galerie** où, en semaine, des écrivains publics installent leur machine à écrire sur de petites tables et se mettent à la disposition des passants.

En allant vers l'église Santo Domingo, au fond de la place, vous remarquerez à g. la **chapelle du Señor de la Expiración** (souvent fermée), modeste oratoire qui dut être construit vers la fin du XVIe s. Depuis l'église Santo Domingo, vous pouvez, en suivant Belisario Domínguez puis Ignacio Allende (à dr.), rejoindre la place Garibaldi et ses mariachis (→ *p.* 256).

■ **Templo de Santo Domingo**★ *(plan III, C1)*. Ce bel édifice de style baroque, dominé par un élégant clocher, est le seul bâtiment qui subsiste d'un couvent dominicain du XVIe s. Peu de temps après leur arrivée, les frères dominicains fondèrent en 1539 le couvent Santo Domingo, qui fut l'un des plus considérables et des plus somptueux de la Nouvelle-Espagne. La première église fut officiellement dédiée au culte en 1575 mais, endommagée lors d'une inondation (1716), elle dut être reconstruite. Le nouveau sanctuaire, celui que l'on visite de nos jours, fut consacré le 3 avril 1736. Le couvent fut démoli en 1861. L'église comporte une seule nef, voûtée en berceau. Sur les côtés s'ouvrent six chapelles richement décorées de retables baroques.

■ **Antigua Escuela Nacional de Medecina**★ *(plan III, D1 ; ouv. t.l.j. sf lun. de 9 h à 17 h)*. Situé à côté de l'église, ce bâtiment érigé entre 1732 et 1736 par l'architecte Pedro de Arrieta abritait le tribunal de l'Inquisition, dont on reconnaît les armes portées par des anges sur le fronton du portail. En 1813, le tribunal du Saint-Office étant supprimé, le bâtiment devient le siège de la première Loterie nationale. En 1854, il est transformé en école de médecine. Restauré en 1976, il est aujourd'hui occupé par une école d'infirmières et un **musée de la Médecine**, qui propose notamment une exposition d'herbes médicinales, donne des explications sur la médecine préhispanique, la pharmacopée coloniale et la médecine moderne.

L'édifice possède l'un des rares pans coupés (entrée en angle ou *puerta chata*) que l'on trouve au Mexique, ainsi qu'un magnifique patio orné de colonnes dont les formes doriques et toscanes

**C'est sous la galerie de la Plaza Santo Domingo que s'installèrent peu après l'Indépendance (1821) des scribes publics qui rédigeaient les documents de leurs clients analphabètes. Aujourd'hui encore, de nombreuses personnes qui ne savent pas écrire ou rédiger une lettre administrative font appel à ces écrivains qui connaissent tous les ressorts de l'écriture.**

## L'Inquisition en Nouvelle-Espagne

Le premier tribunal de l'Inquisition fut institué à Toulouse en 1229, lors du concile tenu en cette ville pour rechercher et punir les hérétiques, en l'occurrence les cathares. Chargé de combattre l'hérésie, il ne tarda pas à être autorisé à connaître les délits d'apostasie, de magie et de sorcellerie. En Espagne, le tribunal de l'Inquisition fut créé en 1237 mais, à partir de 1478, il devint une institution d'État et le Grand Inquisiteur dépendit directement de la Couronne d'Espagne. Au Mexique, le tribunal de l'Inquisition entra en fonction en 1571, mais les Indiens échappèrent à sa juridiction. Le premier bûcher pour l'exécution d'une sentence de mort par le feu fut dressé à Mexico en 1574. Le tribunal fut supprimé en Espagne pendant la domination française, de 1808 à 1813, et définitivement par les Cortes en 1820. Au Mexique, le dernier procès vit la condamnation de José María Morelos, l'un des héros de la guerre d'Indépendance, en 1815. Entre 1574 et 1815, on évalue à une cinquantaine de personnes le nombre des victimes de l'Inquisition qui furent condamnées au bûcher dans le pays, mais bien d'autres membres de la société créole mexicaine subirent des peines moins graves.

relèvent du style Renaissance. Remarquez la délicatesse des sculptures décorant les arches.

## 4 À l'E. du Zócalo★★

### À ne pas manquer



**Cette promenade vous permettra de traverser l'un des quartiers les plus populaires du vieux Mexico. De nombreux édifices coloniaux, pour la plupart secondaires, agrémentent le parcours qui vous mènera jusqu'à la Merced, les anciennes halles de Mexico, lieu des plus animés.**

**Accès** : station Zócalo, ligne 2 ; prendre près de la station de métro la Calle Moneda qui longe le Palacio Nacional sur son côté N.

**Combien de temps** : comptez une demi-journée. Évitez de vous rendre seul ou à la tombée de la nuit dans ce quartier ; l'idéal est de le visiter le matin, lorsque les rues sont animées.

■ **Palacio del Arzobispado**★ *(Moneda 4 ; plan III, D2 ; ouv. t.l.j. sf lun. de 10 h à 18 h)*. L'ancien palais de l'Archevêché élevé dès 1546 sous les auspices de Fray Juan de Zumárraga, premier évêque de Mexico, fut remanié au milieu du XVIIIe s. C'est le premier bâtiment colonial où l'on trouve des piliers dits *estípites*. En 1985, le tremblement de terre causa d'énormes dégâts à cet édifice qui n'a réouvert ses portes qu'en 1994. Siège de l'archevêché jusqu'en 1867, il est aujourd'hui occupé par les services culturels du ministère des Finances qui présentent ici des œuvres données à l'administration fiscale par des artistes en paiement de leurs impôts. C'est David Alfaro Siquieros qui, le premier, proposa cet arrangement. Diego Rivera, Rufino Tamayo, Chávez Morado, Raúl Anguiano, Manuel Felguérez firent de même, ce qui permit la constitution d'une importante collection.

■ **Museo nacional de las Culturas** *(Moneda 13 ; plan III, D2 ; ouv. t.l.j. sf lun. de 9 h 30 à 17 h 45, dim. jusqu'à 16 h ; entrée libre)*. Dans l'ancien **hôtel de la Monnaie** construit en 1731-1734 et où l'on frappait les plus belles pièces d'or (*centenarios* et *columnarias*) que se disputent les numismates du monde entier. Y sont exposées des collections d'œuvres d'art et d'artisanat provenant d'Asie, d'Afrique, d'Amérique et d'Europe.

Quelques mètres plus loin sur la g., au n° 16 de Moneda, voir la **Casa del Mayorazgo de Guerrero** (1777) où, en 1890, le caricaturiste José Guadalupe Posada installa son atelier avant que le lieu ne soit transformé en conservatoire de musique. Dans l'escalier monumental, fresque de Rufino Tamayo *(La Musica)*, datée de 1933.

■ **Museo José Luis Cuevas** *(à l'angle de Moneda et d'Academia, entrée au n°13 de la Calle Academia ; plan III, D2 ; ouv. t.l.j. sf lun. de 10 h à 17 h)*. Le musée, installé dans un couvent remanié au XVIII^e s. et dont faisait partie l'**église Santa Inés**, est consacré à l'artiste mexicain de renommée internationale, qui défraie régulièrement la chronique en raison de son goût pour le scandale. Son œuvre emprunte à celle du Colombien Fernando Botero (corps énormes) et au Mexicain Francisco Toledo (animaux, manière d'introduire des superpositions dans ses dessins). Le musée renferme la collection particulière de l'auteur, quelques tableaux de peintres contemporains mais principalement les œuvres du maître, en particulier une salle « érotica », clin d'œil à Duchamp, qui a fait couler beaucoup d'encre lors de son inauguration.

■ **Academia de Bellas Artes de San Carlos★** *(Academia 22 ; plan III, D2 ; ouv. du lun. au ven. de 10 h à 19 h ; entrée libre)*. Logée dans l'ancien Hospital del Amor de Dios, un bel édifice colonial du XVIII^e s., cette académie fondée par Charles III en 1781 délivre, à partir de 1867, une formation rigoureusement académique ; les sujets sont classiques ou religieux, le néoclassicisme reste la règle. Y enseignèrent le graveur Jerónimo Antonio Gil et l'architecte et sculpteur Manuel Tolsá. Elle est aujourd'hui le siège de l'École nationale des arts plastiques.

*Poursuivez sur Emiliano Zapata, prolongement de Moneda.*

■ **Templo de la Santísima Trinidad** *(à l'angle d'Emiliano Zapata et de Santísima ; plan III, D2)*. Élevée de 1755 à 1783, elle présente une belle façade en *tezontle* de style churrigueresque flanquée d'un élégant clocher en forme de tiare papale (noter l'étrange statue du Christ, la tête posée sur les genoux de Dieu). De récents travaux ont permis de mettre en valeur cette façade et son monumental portail entièrement sculpté, où s'entremêlent des plantes, des anges, des croix de Malte, la sainte Trinité, une dizaine de statues de saints. À l'intérieur, douze peintures représentant la mise en Croix de Miguel Rudesindo Contreras (XVIII^e s.).

À la fin du XVIII^e s., l'église et ses dépendances sont fermées par les lois de Réforme et deviennent le siège de la Compagnie lancastrienne fondée par le Quaker anglais Joseph Lancaster, qui prônait un système d'éducation très stricte surtout destiné aux jeunes filles des classes les plus pauvres. Fermé en 1855, l'édifice a été transformé depuis en logements populaires.

*Suivez à dr. la Calle Santísima, prolongée par Talavera Alhóndiga, jusqu'à la Calle Uruguay.*

■ **Claustro de la Merced★★** *(à l'angle de Talavera Alhóndiga et d'Uruguay ; plan III, D2)*. Remarquable cloître baroque et mudéjar du XVII^e s., édifié par le prédicateur Juan de Herrera et qui faisait partie d'un couvent fondé par l'ordre des Mercedariens, établi sur ce site dès le XVI^e s. Colonnes, arches et surfaces planes sont entièrement sculptées d'arabesques, de feuillages entrelacés. Notez du côté g. de l'entrée, une porte sculptée dans les années 1920 avec les mêmes motifs baroques utilisés par les artistes du XVI^e s.

*Continuez vers l'E. sur la Calle Uruguay jusqu'au grand axe Eje 1 Oriente (Circunvalación) que vous prendrez à dr. pour rejoindre le marché de la Merced.*

■ **Mercado de la Merced★★** *(hors plan III par D2 ; ouv. de 8 h à 17 h)*. Le marché de la Merced, les anciennes halles de Mexico, a perdu de son importance après le tremblement de terre de 1985, l'essentiel du marché de gros ayant été transféré à la Central de Abastos *(extrémité de l'Eje 6 Sur)*. Il reste néanmoins un

**Pour les pays aux économies faibles comme celle du Mexique, le temps des herboristes n'est pas révolu et l'on assiste même à une revalorisation des médecines traditionnelles. On estime que les familles populaires utilisent au moins trois ou quatre plantes médicinales pour soigner les maladies les plus courantes. Il existe même un cabinet de médecine traditionnelle dans le sous-sol du marché Sonora.**

**Le marché de la Merced est à visiter de préférence le matin. Attention, il faut être discret et s'en retourner si on vous siffle ou si on vous agresse verbalement *(Gringo ! Gringo !)*.**

grand marché, et tout le quartier alentour bourdonne d'une immense activité que ne peut contenir, à lui seul, le bâtiment construit dans les années 1950 par l'architecte Enrique de la Mora. En déambulant parmi les étalages regorgeant de fruits et de légumes venus des *chinampas* de Xochimilco ou des *tierras calientes*, vous aurez l'occasion de saisir sur le vif maintes scènes pittoresques ou d'observer les comportements populaires les plus riches en couleur de toute la ville. Autour de la Merced s'étend un quartier très pittoresque, où chaque rue possède sa spécialité. On trouve ainsi une rue de la quincaillerie, une rue du verre, une rue des grains, une rue du cuir, etc. L'ambiance est sympathique, mais se dégrade au fur et à mesure que l'on s'engage dans les bas-fonds du quartier.

■ **MERCADO SONORA** *(plan I, C3 ; ouv. t.l.j. de 9 h à 17 h)*. C'est l'ancien marché aux herbes de Mexico. Ici aussi, chaque allée est spécialisée (ustensiles de cuisine pour l'une, fer-blanc pour l'autre, poterie pour une troisième). Malheureusement, le plastique gagne de plus en plus de terrain, et les produits d'artisanat authentique sont de plus en plus rares. La renommée du marché Sonora tient surtout au fait qu'il renferme une petite section *(les deux allées de g. quand on entre dans le marché)* consacrée aux plantes médicinales et aux préparations concoctées par des guérisseurs. Ici, vous pourrez soigner les douleurs de l'âme, du cœur ou du portefeuille en puisant dans un répertoire inépuisable de préparations proposées en poudre, en aérosols, en savon, en onguents ou en lotions aux noms évocateurs : « Tu ne seras qu'à moi », « L'argent vient à moi », « Chasse-la », etc. La liste des herbes curatives est tout aussi infinie, mais vous pourrez également trouver des remèdes d'origine animale dans le fond du marché.

**Pour rejoindre le centre-ville, vous pouvez prendre un taxi ou retourner à la Merced où se trouve le métro (ligne 1).**

# 5 Bosque de Chapultepec★★

Le parc de Chapultepec, la « colline de la sauterelle » en náhuatl, est le plus beau parc de Mexico. Il couvre une aire d'environ 4 600 ha et abrite plusieurs musées mais aussi un zoo, un jardin botanique, des lacs. Il est planté de nombreuses essences des climats tempéré et subtropical, notamment de vénérables *ahuehuetes* (cyprès des marais) couverts de lichens et de lianes. Ses origines sont très anciennes puisqu'il aurait été créé au XVe s. par Netzahualcóyotl, le roi-poète de Texcoco. Les souverains aztèques y avaient établi leur résidence d'été, à l'endroit où s'élève de nos jours l'imposant Castillo de l'empereur Maximilien.

**À ne pas manquer**



**Accès** : en métro, prendre la ligne 1 et descendre à la station Chapultepec *(plan IV, B2)*, puis emprunter la passerelle qui enjambe le Circuito Interior. Vous pouvez aussi vous y rendre par la ligne 7 et sortir à la station Auditorio : vous vous trouvez alors de l'autre côté du parc et il vous faut redescendre le Paseo de la Reforma vers l'E. jusqu'à la zone des musées et du Castillo. En *pesero* : sur le Paseo de la Reforma, prendre ceux qui indiquent sur leur pare-brise la direction « Auditorio « ou « Toreo ». Sur Chapultepec, prendre le *pesero* qui affiche « Metro Chapultepec ». À pied, depuis la Zona Rosa, suivre le Paseo de la Reforma vers l'O. qui vous conduit en 15-20 mn jusqu'au monument des Niños Héroes, au pied du Castillo de Chapultepec.

**Combien de temps** : compter au moins une journée pour visiter la partie E. du parc (première section), où se trouvent les principaux musées (le musée national d'Anthropologie prendra à lui seul au moins une demi-journée). La promenade dans le parc de Chapultepec est plus agréable le matin, lorsque l'atmosphère est moins polluée.

**Se déplacer** : la visite du parc se fait à pied. À l'entrée, près du monument aux Niños Héroes, un petit train fait le tour du parc ; un autre train gravit la colline jusqu'au Castillo de Chapultepec (départ toutes les 10 mn de 9 h à 17 h près du Palacio de los Espejos).

**Visite** : le parc est ouvert de 5 h à 17 h ; les musées sont fermés le lun.

## La partie E. du parc de Chapultepec

■ **Museo Nacional de Antropología**★★★ → *p. 233.*

■ **Museo Rufino Tamayo**★★ *(Calzada Mahatma Gandhi et Paseo de la Reforma ; plan IV, B1 ; ouv. t.l.j. sf lun. de 10 h à 18 h ; entrée libre le dim.)*. Cet édifice d'un élégant modernisme construit par les archi-

**Sur la colline de Chapultepec s'élevait un sanctuaire aztèque dédié aux divinités élémentaires et à celle de la nature. Il est rapporté que l'évêque Zumárraga ordonna sa destruction en 1539 et que ses instructions furent suivies minutieusement.**

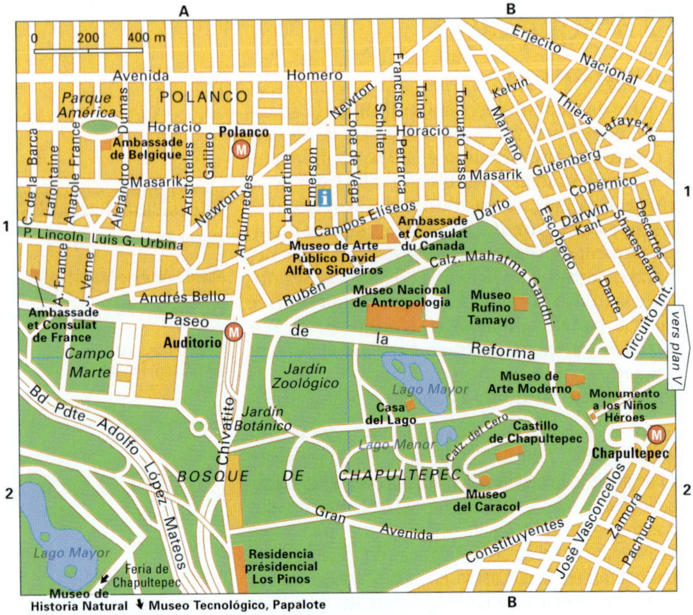


**Mexico IV : Polanco-Chapultepec**

tectes mexicains Abraham Zabludowsky et Teodoro González de León fut inauguré en 1979 malgré les nombreuses critiques. Il abrite un musée dont le fonds – des œuvres réalisées par Rufino Tamayo ou acquises par lui et léguées à l'État – avait été considérablement réduit, mais qui a retrouvé depuis octobre 2000 une seconde jeunesse avec l'ouverture d'un nouvel espace qui rend dignement hommage à cet artiste (né à Oaxaca en 1899), l'un des plus grands peintres mexicains contemporains. On y verra une soixantaine de ses œuvres dont une peinture murale *Hommage à la race indienne* conçue en 1952 (dans l'entrée), l'unique sculpture en bronze *Cabeza de Istmo* réalisée par le maître lui-même, une toile de 1934 intitulée *Rufino y Olga* ; à noter également deux tableaux peints par Olga, son épouse.

Les autres salles renferment la collection personnelle de Rufino Tamayo. Très éclectique, elle illustre son goût pour les sujets réalistes mais non descriptifs, avec une attirance particulière pour les peintres qui jouent sur les matières et les couleurs et qui expriment une grande liberté d'expression. Tous les mouvements artistiques du XX$^{e}$ s. sont donc représentés (Picasso, Dalí, Miró, Bacon, Magritte, Andy Warhol…) ; voir notamment deux tableaux noirs de Pierre Soulages ainsi qu'un très beau Antonio Tápies.

Le musée Rufino Tamayo organise régulièrement des expositions temporaires d'excellente qualité.

■ **MUSEO DE ARTE MODERNO**★★ *(au pied du Castillo, sur le Paseo de la Reforma ; plan IV, B2 ; ouv. t.l.j. sf lun. de 10 h à 16 h, le samedi de 10 h à 14 h)*. Le musée, dessiné par les architectes Pedro Ramírez Vázquez et Rafael Mijares en 1964, offre sur deux salles une synthèse assez représentative de l'art moderne mexicain, ainsi que des œuvres de quelques artistes étrangers. Sont exposées trois œuvres des principaux muralistes : David Alfaro Siqueiros (*Nuestra Imagen Actual*, 1947), Diego Rivera (*Paisaje Nocturno*, 1947), José Clemente Orozco (*Las Soldaderas*, 1926), ainsi que des peintures de ceux qui se sont trouvés en marge de ce mouvement : Manuel Rodríguez Lozano, Abraham Ángel, Julio Castellanos et Agustín Lazo. La seconde génération de l'école mexicaine est représentée par José Chávez Morado, Olga Costa et Jorge González Camarena. Le musée compte également des œuvres de femmes-peintres, en particulier María Izquierdo, élève de Tamayo, et Frida Kahlo dont on peut voir le célèbre tableau *Les Deux Fridas*, peint l'année de son divorce avec Diego Rivera. Une section est consacrée aux surréalistes étrangers qui s'installèrent au Mexique pendant la guerre, parmi lesquels trois femmes : Leonora Carrington, Remedios Varo et Alice Rahon. On verra aussi des toiles réalisées par des artistes appartenant à la « génération de la rupture » tels que Enrique Echeverría, Pedro Coronel, Francisco Corzas, Lilia Carrilo, José Luis Cuevas, Manuel Felguérez, Rodolfo Nieto et Juan Soriano. Viennent ensuite des œuvres d'artistes dont la cote commence à être reconnue internationalement : Xavier Esqueda, Emilio Ortiz, Oliverio Hinojosa, Alberto Castro Leñero ou Irma Palacios.

Des sculptures contemporaines sont disposées dans le jardin du musée, qui organise de bonnes expositions temporaires dans un petit bâtiment annexe.

■ **MONUMENTO A LOS NIÑOS HÉROES** (*plan IV, B2* ). Les six colonnes de marbre surmontées de flambeaux en bronze, disposées en demi-cercle à l'entrée du parc, honorent la mémoire de six élèves officiers qui trouvèrent la mort en septembre 1847 lors de la prise de Mexico par les troupes du général Winfield Scott. Après un siège de quatorze heures, les Nord-Américains investirent l'Académie militaire (le Castillo ; → *ci-dessous*), dernier bastion de résistance, et firent prisonniers les derniers survivants. Six cadets cependant continuèrent la lutte, préférant se jeter dans le vide plutôt que de se rendre. Au milieu des colonnes se dresse la statue d'une mère tenant son enfant agonisant.

**Le monument aux héroïques élèves officiers, qui luttèrent jusqu'à la mort contre l'envahisseur américain.**

■ **MUSEO DEL CARACOL** (ou musée de la Lutte du peuple mexicain pour la liberté ; *plan IV, B2 ; ouv. t.l.j. de 9 h à 17 h*). Avant d'arriver à la grille d'entrée du château, vous passerez devant ce musée récemment rénové. Il est ainsi nommé en raison de sa forme hélicoïdale, et a été dessiné par Pedro

Ramírez Vásquez en 1960. Y sont commentés à l'aide de dioramas, de maquettes..., les principaux épisodes de l'histoire du Mexique du XVI^e^ s. à 1917. Dans la salle « México Independiente », fresque de Juan O'Gorman ; dans la salle « Constitucionalismo », peinture représentant le premier chef constitutionnaliste, Venustiano Carranza, par Jorge González Camarena ; dans la salle « Revolución », fresque peinte par David Alfaro Siqueiros en 1966-1967. À une centaine de mètres de ce musée qui intéressera surtout les passionnés d'histoire, une vaste esplanade (belle vue sur Mexico) s'étend devant le château.

**Divers souverains aztèques firent exécuter leur portrait sur les parois rocheuses de la colline, vêtus du costume du dieu Xipe Tótec qu'ils portaient en période de guerre. On découvre encore quelques restes très frustes de sculptures à la base de cette colline.**

■ **CASTILLO DE CHAPULTEPEC-MUSEO NACIONAL DE HISTORIA★★** *(plan IV, B2 ; ouv. t.l.j. sf lun. de 9 h à 17 h ; entrée libre le dim.)*. Dans la partie E. du parc se dresse une colline rocheuse couronnée par le Castillo de Chapultepec, l'ancien palais de Maximilien. C'est là que la tribu mexica, alors errante, s'installa pendant quelque temps à partir de 1256. Au XV^e^ s., Netzahualcóyotl, le roi-poète de Texcoco, y fit construire un palais et aménager un parc ; des essences rares furent plantées ainsi que trois cents *ahuehuetes* dont quelques-uns subsistent encore. Le lieu devint ensuite la résidence d'été des souverains aztèques tandis que les eaux de la source de la colline étaient amenées jusqu'au *teocalli* de Tenochtitlán par un aqueduc (dont il subsiste des vestiges Avenida Chapultepec, entre les Calles Praga et Warsovia). À partir de 1785, un château fut élevé pour le vice-roi d'Espagne, le comte de Gálvez. Construit sur l'emplacement du palais des empereurs aztèques, il servit de résidence estivale jusqu'à sa conversion en Académie militaire en 1841. En 1863-1864, il fut remodelé à grands frais afin de servir de résidence à l'empereur Maximilien et à son épouse Charlotte. Le château fut encore restauré en 1881 par le président Manuel González. En 1884, Porfirio Díaz en fit sa résidence d'été. Il abrita ensuite divers bureaux d'État et servit d'habitation à plusieurs présidents. Lázaro Cárdenas le transforma en musée historique en 1940 ; celui-ci ouvrit ses portes le 27 septembre 1944 ; il a été entièrement restauré en 2000.

Le palais se compose en fait de deux parties : le **Castillo**, qui recouvrait la partie « militaire » de cet ensemble, et l'**Alcázar**, qui abrita les résidences de l'empereur Maximilien et du président Porfirio Díaz. Dans le Castillo se trouve le **musée national d'Histoire★★** : il compte treize salles réparties sur deux étages d'exposition, qui relatent l'histoire du Mexique depuis la conquête espagnole jusqu'à la révolution de 1910.

**Salles I et II : la Nouvelle-Espagne★★**. Le *Biombo de la Conquista* (paravent de la Conquête), pièce exceptionnelle composée de douze éléments et réalisée au XVIIe s. pour le duc de Moctezuma, descendant du dernier empereur aztèque, introduit la visite : il représente l'attaque et la prise de Tenochtitlán par les Espagnols. On verra également dans ces deux salles divers objets précolombiens et de l'époque de la Conquête : codex, pointes et couteaux d'obsidienne, flèches et arcs aztèques, bombardes et lances espagnoles. Des peintures des XVIIIe et XIXe s. relatent les épisodes de cette rencontre entre Indiens et Espagnols. La fresque de Jorge González Camarena, *La Fusión de Dos Culturas*, symbolise le métissage des deux cultures. Voir également l'étendard de la Vierge des los Remedios (l'étendard de la Conquête) qu'arborait Cortés à son arrivée à Veracruz, des objets en ivoire, des porcelaines orientales et un fauteuil provenant des Philippines qui illustrent les relations qu'entretenait la métropole avec l'Orient via sa colonie.

**Salles III, IV et V : la fin de la Nouvelle-Espagne et l'Indépendance** (1759-1821). Documents, plans et cartes du temps de la colonie espagnole. Durant la seconde moitié du XVIIIe s., la Nouvelle-Espagne se modernise ; des œuvres comme *Patio de la Hacienda de Beneficio de la Mina de Proaño en Zacatecas* ou *Puesto de Mercado* donnent une idée de ce qu'était l'agriculture ou la mine à cette époque. *Plaza Mayor de la Ciudad de México* représente les différents groupes qui formaient alors la société de la Nouvelle-Espagne : Noirs (esclaves), Indiens, créoles et *gachupines* (Espagnols nés dans la péninsule Ibérique).

L'Indépendance est illustrée par une sculpture de Josefa Ortiz de Dominguez, des portraits d'Ignacio Allende et de Miguel Hidalgo y Costilla, considérés comme les précurseurs de l'Indépendance et du mouvement de libération de 1810. Autres portraits de Nicolás Bravo, Leona Vicario, Andrés Quintana Roo, Carlos María de Bustamante et Fray Servando Teresa de Mier. Quatre fresques (1961) de Juan O'Gorman : la première traite de l'état social du Mexique à la fin de l'époque coloniale ; la deuxième représente les personnages qui, par leurs actes ou leurs écrits, ont favorisé l'émancipation du Mexique ; la troisième nous montre Miguel Hidalgo et son armée *(→ ill. p. 139)* ; la quatrième fait allusion au congrès de Chilpancingo, promulguant la première Constitution du Mexique.

## Le rêve brisé de Charlotte

Le 12 juin 1864, une foule immense attend sur le parvis de la basilique de Guadalupe, le nouvel empereur du Mexique. Maximilien, frère de l'empereur François-Joseph d'Autriche, est imposé au peuple mexicain par Napoléon III pour contrer Juárez qui se retire avec ses partisans au N. du pays. Maximilien est accompagné de sa jeune épouse de vingt-quatre ans, Charlotte, fille de Léopold Ier de Belgique, grisée d'aventures à venir et du bonheur de devenir impératrice. Mais celle que l'on appelle rapidement Carlota déchante vite. L'empereur n'arrive pas à s'imposer face à Juárez qui continue à combattre les troupes françaises et les contingents impériaux mexicains. Les impôts ne rentrent pas et le grand train mené à la cour coûte fort cher. « Ce n'est pas un *emperador* (empereur) mais un *empearador* (un empireur) », disent les Mexicains. En 1866, Napoléon III, poussé par l'opinion française, retire ses troupes, et c'est en vain que Charlotte vient à Paris le supplier de fournir des crédits et une armée à son mari. Elle ne le reverra plus. Fait prisonnier à Querétaro, après un ultime combat, l'empereur Maximilien est fusillé sur ordre de Juárez le 19 juin 1867. Charlotte sombre alors dans la folie. Cloîtrée à Bruxelles, elle continue à vivre son rêve mexicain et à écrire à son époux disparu. Elle meurt en 1927, à l'âge de quatre-vingt-sept ans, oubliée de tous.

**Salle VI : le Mexique indépendant** (1821-1857). Elle traite de l'organisation politique, économique, sociale et culturelle du Mexique comme nation indépendante : allégorie du couronnement de l'empereur Agustín de Iturbide, exemplaire de la Constitution fédérale des États-Unis du Mexique de 1824, peintures de Vicente Guerrero narrant l'instabilité politique qui caractérisait cette époque, sculpture représentant José María Luis Mora, qui organisa l'école publique, tableaux *(Indios que Van y Vienen del Mercado, Vista General de Zacatecas, Las Quebradoras)* illustrant le commerce, l'industrie textile et la mine.

**Salle VII : la Réforme et la chute de l'Empire★★**. Peinture murale de José Clemente Orozco symbolisant le triomphe de la Réforme sur l'empire de Maximilien.

**Salles VIII et IX : victoire de la République** (1857-1876). La lutte des libéraux contre les conservateurs pour le pouvoir, l'intervention française de Napoléon III, l'empire de Maximilien sont illustrés par les tableaux *Batalla de Calpulalpan, Puebla 5 de Mayo de 1862*, les bustes de Maximilien et de Charlotte, les portraits de Mariano Escobedo, Porfirio Díaz et Benito Juárez.

**Salles X et XI : la dictature** (1876-1911). Armes et uniformes de l'armée de Porfirio Díaz. Portrait de Ricardo Flores Magon, l'un des auteurs du manifeste du Parti libéral mexicain qui s'opposa à la dictature de Díaz. Les investissements étrangers, les nouvelles techniques et les moyens de transport modernes se trouvent illustrés dans des œuvres comme *Puente de Atoyac* et *La Estación de Orizaba.*

Dans la salle suivante, deux fresques peintes par O'Gorman : l'une représente la sortie de Francisco I. Madero du Castillo de Chapultepec pour le Palacio Nacional le 9 février 1913. L'autre, *El Feudalismo Porfirista*, dépeint Porfirio Díaz et son épouse accompagnés par quelques ministres, un paysan et sa femme. Une œuvre inachevée du peintre mort en 1981.

**Salle XII : la Révolution mexicaine** (1910-1917). Portraits des héros de la Révolution : Francisco León de la Barra, Francisco I. Madero. Le Manifiesto des habitants de l'État de Morelos, objets personnels de Francisco Villa et d'Álvaro Obregón, peinture murale *La Constitución de 1917* de Jorge González Camarena, illustrant le triomphe de Carranza.

**Salle XIII : du Porfirisme à la Révolution★★**. Elle abrite une fresque (419 $m^2$) exécutée entre 1957 et 1964 par David Alfaro Siqueiros *(→ ill. p. 138)* qui dépeint la décadence de la dictature porfirienne comme cause de la Révolution et réunit ses principaux acteurs, mais aussi Bakounine *(à g.)*, Marx tenant *Le Capital* et Louise Michel.

Gagnez ensuite l'**Alcázar★★**, c'est-à-dire la partie du palais où résidèrent l'empereur Maximilien et l'impératrice Charlotte et, par la suite, Porfirio Díaz. Cet ensemble de style néoclassique a été magnifiquement restauré pour l'an 2000.

**Salon des Carrosses** (entrée). Fresques d'Antonio Gonzalez Orozco (1967) : à dr. *L'Entrée triomphale de Benito Juárez au Palais national accompagné par son cabinet*, à g. *Juárez, symbole de la République contre l'intervention française.* Portraits de Porfirio Díaz et de Maximilien ; remarquable carrosse d'apparat de Maximilien, chef-d'œuvre d'art baroque exécuté par Cesare Scala de Milan.

**Salle 1**. Salle dite du bowling de Porfirio Díaz. Le fauteuil doré qui trône au fond de la pièce est la *silla presidencial* (le siège du Président) ; il aurait été fabriqué pour Juárez. En 1914, lorsque Pancho Villa et Emiliano Zapata se retrouvèrent à Mexico, le premier proposa au second de s'y asseoir, mais ce dernier refusa, et c'est Villa qui s'y installa. L'événement fut photographié par Casasola *(→ ill. p. 315).*

**Salle 2**. Très belle salle de lecture. Le portrait de Maximilien est une copie du tableau réalisé par Santiago Rebull (le directeur de l'Académie des beaux-arts, créée par Maximilien) et qui se trouve à Trieste au château de Miramar. Notez le buste de Charlotte réalisé par P. Sojo.

**Salle 3**. Salle de jeux de Porfirio Díaz. Tapisserie française offerte par Napoléon III à Maximilien pour son anniversaire.

**Salle 4**. Fumoir de Porfirio Díaz. Chinoiseries, mobilier oriental.

**Salle 5**. Salle à manger de Porfirio Díaz. La pièce maîtresse en est la « surtable » en argent de Christofle de 3 m de longueur. Notez à g. un buffet-desserte, une boiserie de Tellez Toledo, remarquablement décorée par Epitacio Calvo (1889).

**Salle 6**. Antichambre, papiers peints verts. Un peu pauvre.

On arrive ensuite sur la façade E. du bâtiment que fit construire Maximilien : vue magnifique sur la ville, en particulier sur le Paseo de la Reforma, tracé par l'empereur sur le modèle haussmannien pour relier le Castillo aux jardins de l'Alameda et au Palais national.

En vous retournant, à g., la **salle des Héros** rend hommage aux six cadets de Chapultepec. Le drapeau du fond est celui avec lequel l'un des cadets se drapa avant de sauter dans le vide pour échapper aux forces américaines ; il est gardé en permanence par deux militaires. Dans les vitrines, de beaux objets : sabre, encrier d'argent, pistolets, etc.

**Attention, la salle des Héros est un endroit sacré pour les Mexicains, toujours nationalistes. Tenue réservée et silence sont de mise.**

Au centre, superbe **escalier des Lions**, en marbre blanc. Les frises qui entourent les piliers reprennent des motifs préhispaniques. Les **vitraux** (entièrement restaurés) de G. Galvan comportent également des motifs d'inspiration préhispanique ; remarquez les deux glyphes de Chapultepec et de la fondation de Tenochtitlán.

**Salle des Gobelins** *(à l'étage)*. Salon que Napoléon III offrit à Maximilien pour lui souhaiter la bienvenue au Mexique. Les thèmes des tentures reprennent les *Fables* de La Fontaine. Deux tableaux d'Albert Graefle (1865) représentant Napoléon III et Eugénie.

**Le salon de thé de Carlota** et sa **chambre à coucher**, de style Boulle, ont été reconstitués. Notez les deux vases décorés des portraits de l'empereur et de l'impératrice, cadeaux des habitants de Trieste lorsque le couple partit pour le Mexique.

**Salle de bain**. Remarquable baignoire réalisée dans une seule pièce de marbre.

**Salle de l'antichambre**. Portrait de Carlota en deuil de son père (non signé), tableau représentant le Palacio Nacional, dû au paysagiste Pedro Gualdi.

**Salle des Accords**. Portraits des présidents ayant résidé au Castillo. Dans une antichambre, tableau intitulé *Moctezuma reçoit les messagers* d'Adrian Unzueta, œuvre académique de la fin du XIXe s.

À cet étage se trouve la **tour du Caballero Alto** (tour de guet), érigée en 1840 par les militaires qui avaient installé ici une garnison. En raison de sa situation au sommet de la colline, elle fut transformée en 1878 en observatoire. Au cours de l'année 2000, lors de la restauration de l'Alcázar et du Castillo, l'INAH y a entrepris des fouilles. Des vestiges préhispaniques ont été découverts démontrant que le lieu aurait été occupé dès l'époque de Teotihuácan.

Remarquable salon des **Ambassadeurs★★** : tapis d'Aubusson représentant le parc et la colline de Chapultepec, porcelaines chinoises et japonaises des XVIIIe et XIXe s.

La superbe **galerie des Vitraux★★** représentant cinq élégantes déesses a été réalisée en 1890 à Paris par Chamoignol et fils. Les autres salles abritent des expositions temporaires.

## À voir encore

■ **PREMIÈRE SECTION DU PARC DE CHAPULTEPEC**. Le parc de Chapultepec abrite également un beau **parc zoologique** (Jardín Zoológico ; *1re section ; plan IV, A2 ; ouv. du mer. au dim. de 9 h à 17 h*) dont la création remonterait au roi Netzahuacóyotl. Lieu de promenade très prisé des Mexicains, il abrite tous les animaux de la terre, et en particulier ceux du continent américain, ainsi que des espèces rares tels des pandas et des gorilles qui se sont reproduits en captivité. À côté du zoo, le **jardin botanique** *(plan plan IV, A2 ; au fond du parc, le long de la Calzada Chavatito ; ouv. t.l.j. sf lun. de 9 h à 17 h)* offre un aperçu de la diversité de la biosphère mexicaine.

■ **DEUXIÈME SECTION DU PARC DE CHAPULTEPEC**. De l'autre côté du Periférico, la **Feria de Chapultepec** *(plan IV, A2 ; ouv. t.l.j. de 9 h à 20 h)*, une fête foraine permanente, propose un impressionnant « grand huit » et divers manèges vertigineux. Juste à côté, le long du périphérique, le **Museo Tecnológico de la Comisión Federal de Electricidad** *(hors plan IV, par A2 ; ouv. t.l.j. sf lun. de 9 h à 17 h ; entrée libre)* est un musée didactique sur l'énergie et les transports, destiné principalement aux écoles.

À proximité, le **Papalote-Museo del Niño** *(Av. Constituyentes 268 ; ouv. du lun. au ven. de 9 h à 13 h et de 14 h à 18 h, le sam. et le dim. de 10 h à 14 h et de 15 h à 19 h ; nocturne le jeu. de 19 h à 23 h)* est un remarquable musée interactif pour les enfants destiné à leur faire découvrir les sciences : films documentaires sur écran géant Imax, atelier d'archéologie « À la recherche des Mayas », station de mesures de la pollution de la ville de Mexico, atelier sur Internet, simulateur…

Le **Museo de Historia Natural** *(hors plan IV, A2 ; ouv. t.l.j. sf lun. de 10 h à 17 h ; entrée libre le mar.)* retrace les différentes étapes de l'évolution de l'Univers et de l'homme depuis les origines.

Cette partie O. du parc est une grande zone verdoyante parcourue par des allées piétonnières et ponctuée de plans d'eau et de fontaines décorées par de grands maîtres de la peinture murale mexicaine, notamment la *Fuente de Tláloc* due à Diego Rivera.

■ **Quartier de Polanco**★ *(plan IV, AB1)*. Compris entre le Paseo de la Reforma, l'Avenida Ejército Nacional, le Periférico et le Circuito Interior (ou Calzada Melchor Ocampo), au N. du parc de Chapultepec, le quartier résidentiel de Polanco est devenu, depuis le séisme de 1985, l'endroit chic de la ville. Tout au long de l'**Avenida Presidente Mazarik**, vous pourrez flâner devant les boutiques de luxe, prendre un verre en terrasse (ce qui est assez rare à Mexico) ou déjeuner dans un restaurant à la mode parmi les « yuppies » de la capitale. Les deux autres grandes artères de Polanco, **Homero** et **Horacio**, sont surtout résidentielles : de chaque côté d'un terre-plein central orné de fleurs et de grands arbres se succèdent des villas avec jardins soigneusement gardées.

**À Polanco, ne cherchez plus le Centro Cultural de Arte Contemporaneo (Campos Eliseos, à l'angle de Jorge Eliot) : ce remarquable musée d'avant-garde a fermé ses portes en 1998.**

Deux grands magasins, le *Liverpool (sur Horacio et Mariano Escobedo)* et le *Palacio de Hierro (entre Horacio et Homero, à la hauteur de Molière)* furent fondés par des Barcelonnettes venus des Basses-Alpes à la fin du XIXe s. et au début du XXe s.

Dans le **Museo de Arte Público David Alfaro Siqueiros** *(Calle Tres Picos 29 ; plan IV, AB1 ; ouv. t.l.j. sf lun. de 10 h à 18 h)*, ancienne demeure de la famille Siqueiros, ont été rassemblés des peintures murales, des œuvres de chevalet, des lithographies, des dessins de l'artiste. Plus de quinze mille documents retracent sa carrière artistique et son engagement politique, qui s'exprima à la fois dans son œuvre mais aussi concrètement, puisque Siqueiros commanda une brigade républicaine pendant la guerre civile espagnole et qu'il fut impliqué dans une tentative d'assassinat de Léon Trotski.

# 6 Museo Nacional de Antropología★★★

**Inauguré en 1964 par le président López Mateos, le musée national d'Anthropologie peut être considéré comme l'une des plus remarquables réussites de l'architecture mexicaine contemporaine, mais aussi comme l'un des cadres les plus harmonieux qui aient jamais été conçus pour mettre en valeur des antiquités. Il fut construit en 1963-1964, sous la direction de Pedro Ramírez Vázquez, assisté de Rafael Mijares et Jorge Campuzano. Le projet de l'architecte était de créer un ensemble destiné à forger chez les Mexicains une conscience historique, conformément au souhait du président López Mateos qui, le jour de l'inauguration, déclara : « Je veux qu'en sortant de ce musée, le Mexicain se sente fier d'être Mexicain. »**

**Attention ! Au début de l'année 2001, le musée national d'Anthropologie était en complète restructuration. Au rez-de-chaussée, consacré aux civilisations mésoaméricaines, seules trois salles étaient ouvertes au public (salles préclassique, Teotihuacán et Oaxaca). À l'étage, toutes les salles d'ethnologie, fermées en janvier 2001, doivent disparaître. Suite à l'impossibilité de connaître la teneur des aménagements futurs, vous trouverez ci-dessous quelques-unes des œuvres majeures du musée présentées selon l'ancienne organisation.**

## Visiter le musée national d'Anthropologie

**Accès** : métro ligne 1, station Chapultepec *(plan IV, B1)*.

**Visite** : du mar. au sam. de 9 h à 19 h, dim. et j. de fête de 10 h à 18 h ; entrée libre dim. et j. fériés. La photographie est soumise au paiement d'un droit (les flashes sont interdits). Visites guidées pour les groupes en espagnol (gratuites), guides en français et anglais (payants). Audiophones en anglais et espagnol. Le spectacle multimédia « Un voyage dans le Mexique préhispanique », en espagnol, est présenté à 10 h, 12 h, 14 h et 16 h. Restaurant ouv. du mar. au sam. de 10 h à 21 h, dim. et j. fériés de 10 h à 19 h. Bibliothèque ouv. du lun. au ven. de 8 h à 21 h. Parking payant (emprunter le passage sous l'esplanade du musée en venant du Paseo de la Reforma). À la sortie, parking à g. et à dr. Une station de taxis se trouve à dr. en sortant, sous le pont de l'esplanade.

■ **HALL**. Après avoir traversé une esplanade en pierre volcanique ornée d'une fontaine jaillissant à même le sol, vous pénétrerez dans un vaste hall dallé de marbre par une entrée surmontée d'un fronton où figure un aigle dévorant un serpent. À dr., une section est consacrée à la présentation d'expositions temporaires de grande qualité. À g., librairie d'art, d'histoire et vente de copies d'antiquités et de produits de l'artisanat mexicain.

■ **COUR CENTRALE**. Vous remarquerez le gigantesque « parapluie » qui protège des intempéries tout en constituant un élément décoratif. Cette structure est composée d'une colonne en béton armé qui supporte une couverture à châssis d'acier et revêtement d'aluminium abritant une surface de 4 400 m$^2$. La colonne est ornée de reliefs enveloppés en permanence par le jaillissement des eaux d'une fontaine.

■ **SALLE D'INTRODUCTION À L'ANTHROPOLOGIE**. Elle renferme des collections consacrées à l'anthropologie physique, à la linguistique, à l'archéologie et à l'ethnologie.

■ **SALLE D'INTRODUCTION À LA MÉSOAMÉRIQUE**. Les collections, ainsi que les dioramas, les maquettes, les cartes, etc., définissent le cadre où s'épanouirent, en majeure partie sur le territoire du Mexique, les civilisations mésoaméricaines.

■ **SALLE DES ORIGINES**. Histoire du peuplement de l'Amérique à partir de 40 000 ans av. J.-C. par des migrations venues d'Asie durant la dernière période de glaciation. Économie de pêche, de chasse et de cueillette, sédentarisation et apparition de l'agriculture.

■ **Salle préclassique**. Les collections de cette salle permettent de suivre le développement culturel des peuples qui vécurent sur le haut plateau central durant la période préclassique (2500 av. J.-C.-250 de notre ère). L'agriculture tient alors une place prépondérante et la religion, attestée en particulier par un culte rendu aux morts, prend de plus en plus d'importance. L'architecture fait son apparition, ainsi que l'artisanat. On fabrique de la céramique, des tissus en fibre de coton, de maguey et de yucca, des ornements en jade, en os, en turquoise, en coquillages, etc. Pour satisfaire aux exigences du culte rendu aux morts, on confectionne des figurines de terre cuite déposées dans les tombes (Tlatilco). Vers la fin du IIe millénaire avant notre ère, des populations olmèques venues de la côte du golfe du Mexique s'installent sur l'Altiplano, où elles introduisent une culture déjà très évoluée. Des relations commerciales s'établissent entre la vallée de Mexico et les régions tropicales du Golfe. Durant cette époque, les communautés sont dirigées par des mages ou sorciers ; ceux-ci constituent peu à peu la caste dominante, ce qui favorise l'apparition de sociétés théocratiques qui s'imposent durant le Ier millénaire de notre ère, pour céder le pas aux sociétés dirigées par des castes guerrières.

Plusieurs vitrines abritent des objets liés à la vie domestique, aux cycles de la vie, aux cultes et aux rituels (jeu de balle). À noter les **figurines de Tlatilco**★★, statuettes en terre cuite représentant principalement des femmes (type dit « mujer bonita »).

Le **vase de l'Acrobate**★★ fut également découvert à Tlatilco, dans la tombe 154, où il avait été déposé en offrande. Modelée en argile de couleur crème, cette œuvre est sans aucun doute l'une des pièces maîtresses du musée. Datée du préclassique moyen, elle représente avec un grand réalisme un acrobate dont les traits sont caractéristiques de la plastique olmèque.

■ **Salle de Teotihuacán**

**But**★ d'un jeu de balle, en quatre parties emboîtées, provenant de La Ventilla (Teotihuacán).

**Maquette** du centre cérémoniel de Teotihuacán.

Spécimens de tous les types de **céramique** découverts à Teotihuacán et dans les sites avoisinants datés de la même période.

Exposition sur les **techniques** employées par les habitants de Teotihuacán en architecture, peinture (représentée par de la céramique), sculpture (ou travail de la pierre ; remarquez une belle tête en pierre,

**Pour en savoir plus sur les différentes civilisations préhispaniques, reportez-vous au chapitre « La Mésoamérique » *(→ p. 97)*.**

## Une ville toute en couleur

Les murs des palais et des temples de Teotihuacán étaient ornés de peintures *a fresco*, c'est-à-dire que les couleurs étaient appliquées sur un support encore humide préalablement enduit d'argile lisse. On appliquait par-dessus une fine couche de mortier de chaux mélangée à du sable ou à de la poudre d'obsidienne, sur laquelle on traçait le dessin à la couleur rouge diluée. Les contours des figures étant faits après l'absorption des pigments colorés par le mortier ou le plâtre. Les peintres de Teotihuacán exerçaient également leur art selon la technique *a secco*, qui consiste à déposer les couleurs sur des surfaces sèches, en général un revêtement de chaux. Ces techniques, propres à la peinture murale, furent aussi appliquées à la céramique.

Pour travailler la pierre, les sculpteurs et tailleurs de pierre disposaient d'instruments en pierre, ciseaux, vrilles, grattoirs, polissoirs, et de coins de bois ; pour la fabrication des pièces les plus fines, on utilisait du sable en guise d'abrasif.

aujourd'hui dépourvue des incrustations qui formaient les yeux et remplissaient deux petites cavités circulaires sur les pommettes), etc.

**Céramique et figurines**★★ (quelques-unes articulées) des phases Xolapan (450-650) et Metepec (650-750). Notez un brasero en terre cuite.

**Reconstitution d'une composition représentant le paradis de Tláloc**. D'une montagne s'échappe un cours d'eau qui s'épanche dans un lac, aux rives plantées d'arbres, où l'on aperçoit le coyote ou le chien de la lagune et divers baigneurs. Tout autour, des êtres humains jouent, courent, chassent les papillons ou se reposent sous des frondaisons. À dr., un personnage qui tient un rameau chante un hymne, symbolisé par cinq glyphes, en répandant des pleurs. C'est le seul qui ne participe pas à la gaieté générale. À g., des personnages tenant une batte attestent que l'on pratiquait un jeu de balle à Teotihuacán, à l'époque classique.

**Brasero**★ en terre cuite, véritable pièce montée très élaborée. Le personnage central portant un ornement nasal en forme de papillon stylisé est probablement Quetzalpapálotl (« Papillon à plumes »), sans doute une divinité solaire puisque le quetzal est un symbole du soleil, tandis que le papillon symbolise la flamme. Il est associé aux cultes rendus aux divinités du Feu.

**Statue de Xipe Tótec**★ (« notre seigneur de l'écorché »), l'un des dieux masculins de la Végétation et du Printemps ; le dieu est revêtu de la peau d'un écorché vif, symbole de la résurrection de la végétation au printemps. Cette divinité, qui fut vénérée à Teotihuacán et par d'autres peuples de l'Altiplano à l'époque classique, fut également l'objet d'un culte de la part des Aztèques. Elle fut considérée aussi comme le dieu des Orfèvres. On sait que le costume de Xipe Tótec était porté par les souverains aztèques en temps de guerre. Cette statue, découverte à Tlamimilolpan (Teotihuacán), se présente en trois parties distinctes emboîtées les unes dans les autres.

**Reconstitution du temple de Quetzalcóatl**★, partielle mais grandeur nature *(→ ill. p. 345)*.

Reproduction des peintures décorant la **substructure des Escargots à plumes** découverte en dessous du palais de Quetzalpapálotl.

Reproduction de fresques du **temple de l'Agriculture**.

**Sculpture en pierre de Chalchiuhtlicue**★★, déesse de la fertilité et de l'Eau, provenant de la place de la Lune (Teotihuacán).

**Sculpture double d'un crâne humain** représentant peut-être le dieu de la Mort, Mictlantecuhtli. Les cavités du nez et les orbites furent probablement garnies d'incrustations de jade et d'obsidienne. Cette statue était peinte en rouge, la couleur du deuil. Elle provient de la place de la pyramide du Soleil, à Teotihuacán.

**Tête stylisée de jaguar** (motif décoratif d'une rampe de l'escalier d'une structure pyramidale).

**Sculpture de Huehuetéotl**★ soutenant un brasero.

**Collection de masques**★★ en basalte, en jade, en andésite, etc. Remarquez un **masque** enrichi d'une mosaïque de turquoises, de corail et de nacre qui provient probablement de l'État de Guerrero, mais date de l'époque téotihuacane et dut être fabriqué dans la région centrale de l'Altiplano mexicain. Voyez aussi la **sculpture d'un jaguar**★ en albâtre, dont le front est orné d'un papillon stylisé et la queue du glyphe de l'année, ainsi qu'un **vase en pierre verte**★ à l'effigie de Tláloc.

**Sculpture en ronde-bosse★** en pierre finement polie (phase Teotihuacán II ?).

■ **Salle toltèque**

Elle renferme également des objets d'autres cités de la période postclassique, telles que Xochicalco.

**But en forme de tête d'ara★** d'un jeu de balle, de Xochicalco.

**Stèles 1 et 3 de Xochicalco★★**. La **stèle 1** décrit (de bas en haut) le cycle vénusien de 584 jours dans ses diverses phases depuis sa création (« Sept-Œil de reptile » ou « Sept-Vent »), en tant qu'Étoile du matin, royaume de Tlahuizcalpantecuhtli, émergeant du monde infraterrestre, illustré par une gueule de jaguar, et en tant qu'Étoile du soir, lorsque l'astre retourne dans le monde souterrain, représenté par une natte.
La **stèle 3** montre le chien Xólotl, frère jumeau de Quetzalcóatl, qui, cerbère bienveillant, descend dans les entrailles de la terre pour y rechercher le maïs, mais surtout le symbole du sacrifice de Quetzalcóatl, à Teotihuacán, pour créer le Cinquième soleil.

Dans une vitrine : deux **jougs★** de pierre, et, à côté, un **vase de sacrifice, en albâtre★★**, où est peint un quetzal descendant, peut-être un symbole du Soleil.

**Atlante toltèque représentant un guerrier (postclassique ancien), musée national d'Anthropologie.**

**Petits atlantes polychromes★** qui formaient un support d'autel.

**Sculpture de *chac-mool***, de Tula, c'est-à-dire d'une entité divine dont l'identité est encore mal définie : messager des dieux, divinité du Feu, de la Fertilité ou du Pulque ?

**Bas-reliefs** toltèques d'une banquette de l'édifice C de Tula ; ces dalles sculptées montrent des personnages richement vêtus qui exécutent des danses ou participent à des cérémonies où prêtres et guerriers sont mêlés. **Dalles** sculptées trouvées dans le bâtiment B représentant des hommes-serpents, un aigle dévorant des cœurs (en bas) et des animaux, pumas et jaguars (en haut).

**Porte-étendards★** en forme de guerrier et de jaguar avec la reconstitution d'un étendard.

**Quatre sculptures représentant des guerriers toltèques★★** de Tula. Ils portent un pectoral et une coiffure en forme de papillon et sont armés d'un *átlatl* (propulseur servant à lancer des flèches ou des javelines) et de dards.

**Reproduction d'un atlante** du temple de Tlahuizcalpantecuhtli, à Tula *(→ ill. p. 370)*.

**Brasero★** provenant d'Atzcapotzalco et représentant un prêtre portant un masque du dieu Tláloc.

**Bloc de basalte sculpté★** où sont représentés un disque et un animal (en haut), très stylisé, tenant une tête d'homme dans sa gueule.

**Vases zoomorphes★** à l'aspect métallique, appelés *plombate*, fabriqués à l'époque toltèque dans l'actuel État du Chiapas et au Guatemala.

**Coyote en mosaïque de nacre★★★** tenant un masque humain dans sa gueule.

**Codex★** sur peau illustrant la généalogie des souverains de Texcoco depuis Tzoltzin, son fondateur et neveu de Xólotl, jusqu'à son dernier roi, Fernando Cortés Ixtlixochitzin.

**Petit brûle-parfum en céramique** sur trois pieds en forme de tête d'aigle, provenant de Tenayuca.

### ■ SALLE MEXICA

***Ocelotl-cuauhxicalli*★**, récipient de cérémonie où l'on déposait les cœurs des victimes humaines sacrifiées. Ce récipient, dont le nom générique était *cuauhxicalli*, c'est-à-dire « vase de l'aigle », se présente ici sous la forme d'un jaguar ou ocelot *(ocelotl)*. À l'intérieur, notez le symbole du précieux sang, ou du sang des sacrifiés, orné de plumes d'aigle et de pierres précieuses, c'est-à-dire de motifs sculptés dans la paroi du vase à l'imitation des pierres précieuses. Au fond du récipient, on peut encore voir, en bas relief, les dieux Huitzilopochtli et Tezcatlipoca se perçant le lobe des oreilles pour pratiquer l'autosacrifice. Par sa forme de jaguar, ce *cuauhxicalli* symbolise le Premier Soleil, le premier des cinq mondes qui, selon la cosmogonie mésoaméricaine, avait disparu sans laisser de traces apparentes. Le jaguar, considéré comme un animal nocturne, était également le symbole de l'astre solaire du couchant (Tlalchitonatiuh, ou « Soleil près de la Terre ») et c'est probablement en cette qualité que le jaguar donna sa forme à cet instrument du culte relatif au sacrifice, dont le but essentiel était de nourrir de sang humain le soleil, afin de le régénérer, de lui épargner le sort qu'avaient connu les quatre premiers univers.

**Teocalli de la Guerre sacrée★★**, bloc de pierre en forme de temple *(teocalli)* pyramidal orné de reliefs (hauteur totale : 1,25 m). Vu de face, sur la partie supérieure, on distingue l'astre solaire portant le glyphe « Ollin », soit « notre soleil », flanqué à g. de Huitzilopochtli et à dr. de Tezcatlipoca, symboles du ciel diurne et du ciel nocturne. Sur les parois latérales de la pyramide, d'autres reliefs figurent deux paires de dieux qui se sacrifièrent pour donner vie au Soleil : Tláloc, Tlahuizcalpantecuhtli *(à dr.)*, Xiuhtecuhtli et Xochipilli *(à g.)*. Devant la bouche de chacune de ces divinités, on reconnaîtra le glyphe « guerre » (d'où le nom de « Teocalli de la Guerre sacrée » donné à ce monolithe) traduit par un courant d'eau et par un courant de feu, ce qui permet de considérer ce monument comme un appel à la guerre sacrée, comme une exhortation des dieux adressée aux hommes pour qu'ils entretiennent l'astre solaire par des sacrifices de prisonniers de guerre. Sur les deux rampes qui limitent l'escalier d'accès à la plate-forme supérieure du *teocalli*, remarquez des représentations de vases à sacrifice et de glyphes d'années « Un-Lapin » et « Deux-Roseau » relatifs à l'avènement du Cinquième Soleil (l'ère que nous vivons actuellement). Sur la partie postérieure de cet important monument, notez enfin le glyphe de Mexico-Tenochtitlán (un aigle juché sur un cactus) émergeant de la gueule du monstre de la Terre.

**Reproduction de codex représentant les pérégrinations des Mexicas** ou relatifs à la fondation de Tenochtitlán, et documents divers sur les *tlatoani* (souverains) aztèques, l'Empire aztèque, etc.

**Sculpture de la déesse Teteo Innan★**, la mère des dieux, à laquelle les Mexicas avaient consacré un temple à Tenochtitlán. Sur cette sculpture, bien conservée, notez les incrustations des yeux, en nacre, et, sur la jupe, le glyphe « Trois-Singe ». Les bains de vapeur étaient dédiés à cette divinité parce qu'ils étaient fréquentés par les femmes enceintes afin de faciliter leur accouchement.

**Pierre de Tizoc★★**, énorme cylindre de pierre, orné de reliefs, qui se trouvait au pied de l'escalier du temple principal de Tenochtitlán. Ce monolithe, de 2,65 m de diamètre, commémore l'inauguration de ce sanctuaire. Selon le codex Telleriano-Remensis, Tizoc posa la première pierre du nouveau temple de Tenochtitlán en *nani acatl* (« Quatre-Roseau », 1483), mais il fut achevé par son frère et successeur, Ahuitzotl, et inauguré en 1487, au cours d'une cérémonie qui entraîna le sacrifice de centaines de prisonniers. Ce monument votif en l'honneur du Soleil, que l'on alimentait avec le sang des prisonniers de guerre, est orné de bas-reliefs qui comptent parmi les plus remarquables de la plastique mexica. Il montre quinze paires de personnages, dont le premier est le *tlatoani* Tizoc, figuré sous les traits de Huitzilopochtli (le nom de ce roi est indiqué), tandis que le second personnage est un représentant de chacun des peuples tributaires ou des régions de l'Empire aztèque au temps de Tizoc. Ces dernières figures sont désignées par un glyphe géographique et par un symbole ethnographique. En dessous de la procession, on distingue le symbole de la Terre, sous la forme d'une peau squameuse de crocodile. Ce monument constitue un document en l'honneur de Tizoc et de ses conquêtes au nom de l'astre solaire, représenté sur la surface supérieure du cylindre, où l'on peut voir également une cavité d'où part un petit canal creusé à une époque postérieure à la consécration du monument, pour des raisons inconnues.

**Sculpture dite l'Indien triste★**, en ronde bosse, découverte lors de travaux d'exploration près du Zócalo de Mexico. Il s'agit d'un porte-étendard qui appartenait sans doute à la pyramide principale du *teocalli* de Tenochtitlán. Elle représente un homme assis, les mains jointes à la hauteur des genoux. Un conduit ménagé entre les mains du personnage permettait de glisser la hampe du drapeau en plumes lors des cérémonies religieuses. Les porte-étendards étaient placés sur la partie supérieure des rampes qui encadraient l'escalier d'accès à la plate-forme supérieure des temples aztèques.

**Sculpture de chevalier-tigre** (jaguar), membre de l'un des deux ordres militaires aztèques (avec celui des chevaliers-aigles).

***Quequetzalli* de Moctezuma**. Reconstitution de la coiffure de plumes offerte par Cortés à Charles V (original au Musée ethnographique de Vienne). L'art de la plumasserie, qui constitua l'une des spécialités de l'artisanat de luxe des Aztèques, consistait également en la confection de vêtements de plumes ou d'articles de parure réservés au souverain, aux plus hauts dignitaires et à ceux qui s'étaient distingués par leurs exploits. Les plumes de quetzal, de perroquet et autres oiseaux exotiques étaient cousues sur les pièces d'étoffe, mais on réalisait parfois de véritables mosaïques de plumes.

**Xiuhcóatl**, ou **serpent de feu**, fragment de sculpture colossale en forme de tête de serpent qui ornait l'un des quatre angles de la plate-forme du temple principal de Tenochtitlán. La couronne d'étoiles sur la tête du monstre symbolise les constellations. Le *xiuhcóatl* était le serpent du ciel diurne qui guidait le soleil lors de sa marche sur la voûte céleste. Les dieux Xiuhtecuhtli, Huitzilopochtli et Tezcatlipoca, sont parfois représentés sous la forme d'un *xiuhcóatl*. Pour certains auteurs, le *xiuhcóatl* est identifié avec le serpent de turquoise, également le symbole du feu terrestre et des rayons solaires, qui fut l'auxiliaire de Huitzilopochtli lors de son combat contre la lune et les étoiles. Sur certaines illustrations, le corps du *xiuhcóatl* est divisé en treize sections, qui correspondent aux treize constellations du zodiaque mexicain.

**Fragment de banquette★** qui ornait probablement une annexe du principal temple pyramidal de Tula, mais qui fut remployé par les Aztèques dans le *teocalli* de Tenochtitlán. Sous une petite corniche ornée de serpents emplumés, frise de guerriers, en relief, qui faisait partie d'une double procession de guerriers se dirigeant vers un *zacatapayolli*, récipient contenant des épines de maguey, afin de pratiquer l'autosacrifice.

**Diorama du principal marché de Mexico-Tenochtitlán**, qui était situé dans le faubourg de Tlatelolco, une ancienne cité indépendante qui avait été incorporée à la capitale mexicaine en 1473. La découverte du marché de Tlatelolco, fréquenté chaque jour par plus de 60 000 personnes, fut pour les conquistadores espagnols un des spectacles les plus fascinants. La place du marché principal (celui de Tlatelolco), regorgeait de marchandises de toutes sortes, d'or, d'argent, de pierres précieuses, de plumes multicolores, de fruits tropicaux, d'étranges comestibles, de peaux de jaguar, de puma et d'ocelot, d'esclaves, de vêtements, de poteries, etc.

Au premier plan du diorama, à g., remarquez des marchands de chiens sans poil, engraissés pour la consommation et dont la chair était assez estimée pour figurer au menu des hauts dignitaires. On découvre des vendeurs de serpents, morts ou vivants, de légumes, de dindons (*huexolotl*, et *totolin* pour la dinde), qui avaient été domestiqués depuis longtemps. Il y a aussi des oiseleurs, des marchands de poisson, d'articles de parure, d'étoffes, de fil, de céramique, de fleurs, de sandales, d'articles de vannerie. Au fond, à dr., un individu, surpris en flagrant délit de vol, comparaît devant trois magistrats, qui siégeaient en permanence pendant la durée des marchés.

**Collection de statuettes de divinités agraires** : **Centéotl**, dieu du Maïs mûr, **Xilonen** *(→ ill. p. 354)*, déesse du Jeune Maïs, déesses de l'Eau et du Maïs telles que **Chicomecóatl** (« Sept-Serpent »), au front orné d'une couronne de papier d'*amatl* (variété de ficus) garnie de rosaces. Ces déesses tiennent un épi de maïs qui figure également brodé sur leur *quechquémitl châle)*. Leur instrument-attribut était un bâton muni de grelots (*chicahuaztli*, « celui qui fortifie »), utilisé lors des cérémonies propitiatoires destinées à provoquer la fertilité des champs de maïs. Le grand nombre de figurines de ces déesses du Maïs, que l'on mit au jour dans la vallée de Mexico

## Chevaliers-tigres et chevaliers-aigles

Ces deux ordres militaires, qui réunissaient des combattants d'élite, avaient pour symboles des représentations de l'aigle, double vivant de l'astre solaire, et du jaguar, qui constituait l'animal-attribut du « Soleil près de la Terre » (soleil couchant ; Tlalchitonatiuh). Leur vocation était d'assurer la marche du soleil pendant sa course diurne ou nocturne. Les chevaliers-tigres, soldats de Tezcatlipoca, la principale divinité (d'origine solaire) des tribus náhuas de la partie orientale de la vallée de Mexico, portaient un costume en peau de jaguar, tandis que les chevaliers-aigles arboraient un casque avec une tête d'aigle. C'est sur les membres de ces deux chevaleries que retombait le plus souvent l'honneur de participer aux « sacrifices de gladiateurs », qui consistaient en la mise à mort d'un prisonnier, muni d'armes de bois et attaché à un lourd disque de pierre, le *temalacatl*, tandis que le chevalier, libre de ses mouvements, disposait des armes de combat courantes à cette époque (épées de bois mais garnies de lames d'obsidienne tranchantes comme des rasoirs, lances, etc.).

et dans la région centrale du Mexique, atteste que ces divinités furent très populaires parmi les gens du peuple, dans les campagnes.

**Relief de Tlahuizcalpantecuhtli**, le « seigneur de la maison de l'aube », dieu de la planète Vénus et avatar de Quetzalcóatl, précisément sous sa forme de Seigneur de l'Aurore, où il apparaît ainsi dans une fresque de Teotihuacán.

**Fragment de sculpture représentant la naissance de Tezcatlipoca**, l'une des principales divinités des Aztèques et l'une de celles qu'ils craignaient le plus. Ce relief montre l'ascension du dieu, dont le pied g. est dévoré par le Soleil. Au-dessus de sa coiffure, notez un glyphe de l'année « Deux-Roseau ». Tezcatlipoca fut investi de nombreuses attributions, mais il était surtout, pour les Aztèques, avec leur dieu tribal Huitzilopochtli, le jeune dieu de la Guerre. Il fut ainsi la divinité tutélaire des collèges militaires *(telpochcalli)*. À l'égal de Quetzalcóatl, il fut aussi, selon certaines traditions, considéré comme un héros créateur et civilisateur et fut transformé en étoile polaire ou en Grande Ourse après avoir donné le feu aux hommes, ce qui explique peut-être sa mutilation (Tezcatlipoca est souvent représenté amputé d'une jambe, comme dans ce bas-relief) car, pour les Mexicains, la Grande Ourse était assimilée à un homme unijambiste. Tezcatlipoca était également considéré comme la divinité de la Terre et des Grottes (*tepeyolloti*, « cœur de la montagne »), mais il était encore et surtout le dieu justicier, auquel rien n'échappait, poursuivant implacablement les pécheurs et les criminels.

**Instruments de sacrifice★**, en particulier deux couteaux d'obsidienne au manche précieusement décoré d'une mosaïque de nacre (les manches sont une reconstitution) ; notez aussi les pierres à sacrifice, en forme de tronc de cône, des lames de couteau en pierre, diverses illustrations modernes figurant des scènes de sacrifice, etc.

**Serpent emplumé**, représentation de **Quetzalcóatl** avec, sur sa langue bifide, un couteau de pierre, instrument des sacrifices.

**Statue de *chac-mool*★★** portant sur son ventre non pas le récipient à offrandes, mais un disque couvert de symboles.

**Statue de Coatlicue★★**, « celle à la jupe de serpents » (déesse de la Terre), l'une des principales œuvres de la plastique aztèque tant par son contenu symbolique, qui présente en un saisissant raccourci toute la théogonie mexica, que par la clarté de sa composition. Cette haute statue de 2,50 m est réellement très

## Le serpent à plumes

Le plus populaire de tous les dieux mexicains, Quetzalcóatl est aussi celui dont la personnalité est la plus complexe puisqu'elle inclut celle de plusieurs divinités aux attributions très variées. Il fut, pour les peuples de l'Altiplano mexicain, le dieu créateur qui, après avoir provoqué la naissance de l'homme, lui enseigna les moyens de se nourrir (il lui donna le maïs), de se vêtir, de se fabriquer des instruments, lui procura la science et des principes de morale, en un mot le civilisa.

Outre son rôle de créateur et de civilisateur, Quetzalcóatl, dont le nom signifie « serpent (couvert de plumes) de quetzal », est également le dieu de la Végétation qui renaît au printemps, dieu du Vent, divinité solaire, des constellations du zodiaque mexicain, de l'Étoile du matin (planète Vénus) en qualité de Seigneur de l'Aurore, etc.

impressionnante en raison de son volume et de son aspect général de totem, à la limite de la beauté et de la monstruosité. Coatlicue est avant tout la déesse de la Terre, la mère du dieu tribal des Mexicas, Huitzilopochtli, mais, si elle donne la vie aux hommes et aux plantes, elle est aussi le monstre insatiable qui dévore les êtres vivants.

Étonnante **sculpture*** trouvée lors des travaux du métro et représentant une divinité empruntant ses éléments féminins et masculins à Coatlicue et à Huitzilopochtli, et où se trouvent associés les concepts de la vie et de la mort des hommes, des dieux et de l'univers. Selon certains auteurs, la divinité serait ici représentée sous sa forme mâle de monstre de la Terre. Assise à la manière indigène, les jambes croisées, la divinité a les mains et les bracelets en forme de serres d'aigle. Elle porte une jupe ornée de crânes (que l'on retrouve sur le ceinturon) et d'ossements humains, et un pectoral décoré de mains et de cœurs humains.

**Le Calendrier aztèque***** *(→ ill. p. 244)*, gigantesque monolithe de basalte, de 3,60 m de diamètre, pesant 24 t, qui fut exécuté peut-être sous le règne de Moctezuma II (1502-1520). Ce monument, qui fut découvert en 1790 sous la place principale de Mexico, devait occuper une position privilégiée au cœur du centre cérémoniel de Tenochtitlán.
Selon la cosmogonie mésoaméricaine, le Cinquième Soleil, ou Soleil du Mouvement, avait été précédé de quatre autres, qui s'étaient éteints chacun au cours d'un cataclysme. Le Premier Soleil, ou Soleil de Nuit, symbolisé par un jaguar, constituait le monde de la matière inerte, stérile, et aucun de ses habitants n'avait survécu à sa destruction. Le Deuxième Soleil, ou Soleil de l'Air, était, au contraire, le monde des esprits ; pas plus que le premier, il ne put briller à jamais, mais ses habitants furent transformés en singes. Du Troisième Soleil, ou Soleil de la Pluie de Feu, il ne resta plus, après sa disparition, que des oiseaux. Quant au Quatrième Soleil, ou Soleil de l'Eau, il peupla de poissons les mers et les fleuves en s'éteignant. Ces quatre premiers Soleils, dont chacun d'eux n'avait été animé que par un seul des éléments de vie, la terre, l'air, le feu et l'eau, avaient été condamnés à disparaître. Il revenait au cinquième et dernier Soleil de provoquer la rencontre de ces éléments générateurs d'une vie plus stable.

***Tzompantli**** ou « **mur des crânes** », monument funéraire en l'honneur du Soleil, où l'on exposait les crânes des sacrifiés. Il est décoré de crânes humains et de tibias entrecroisés. À l'intérieur, on découvrit deux bottes de roseaux, symboles de la « ligature des années », c'est-à-dire de la fin du grand cycle de cinquante-deux années du comput solaire.

**Statue de Coatlicue***, sous les traits d'une femme qui arbore les attributs de cette déesse de la Terre, de la Vie et de la Mort *(→ ill. p. 211)*. Remarquez le masque décharné, allusion à la mort, orné sur les joues de mosaïque de turquoises et les restes d'incrustations de nacre, sur le nez et dans la bouche, où elles représentent les dents. Le pectoral est formé du motif « pierre précieuse », symbole du guerrier sacrifié. Cette statue provient de Tehuacán (État de Puebla).

**Tête colossale de Coyolxauhqui****, la sœur du dieu tribal des Mexicas, Huitzilopochtli, représentation de la Lune. Sur ses joues, notez les grelots qui lui donne son nom de Coyolxauhqui. Elle présente l'aspect d'une morte, les yeux en demi-lune et porte une coiffure de plumes très élaborée, de grandes boucles d'oreilles et un ornement labial, symbole d'un rayon solaire. Sur la partie inférieure figurent les glyphes de la guerre sacrée et du sacrifice humain.

**Statue d'Ehécatl-Ozomatli***, découverte lors des travaux du métro à la station Pino Suárez. Le dieu du Vent (Ehécatl), identifiable grâce à son masque buccal en forme de bec d'oiseau, offre ici l'aspect d'un singe *(ozomatli)*. Un serpent s'enroule autour de la jambe dr. de la divinité dont la propre queue est elle-même serpentiforme. La statue était peinte : le corps en noir, le masque, une partie du visage, les oreilles et les mains en rouge, les poignets et les orbites en turquoise.

**Statue de Xochipilli**★★★, l'une des plus belles œuvres de la sculpture aztèque. Elle représente le dieu des Fleurs, de l'Amour, de la Danse et de la Poésie. Le dieu assis, les jambes croisées, sur un siège orné de fleurs, de papillons et de guirlandes, porte un masque. Des fleurs devaient être disposées dans ses mains, ainsi que le sceptre de cœur, instrument avec lequel cette divinité est souvent représentée dans les codex.

### ■ SALLE D'OAXACA

**Reproductions des Danseurs** de Monte Albán *(→ ill. p. 107)*.

**Sculpture en ronde-bosse de Juchitán**★, exécutée selon la technique du bas-relief. Elle représente un personnage les bras croisés, à la cage thoracique vigoureusement marquée. Notez la haute tiare à volutes qui le coiffe.

**Petite urne funéraire**★ ornée du dieu Cocijo, le dieu de la Pluie, datant de l'époque de Monte Albán II (200 av. J.-C.-200 apr. J.-C.).

**Grand jaguar en terre cuite**★ formant une urne funéraire autrefois peinte (plate-forme O. de Monte Albán).

**Figurines masculines** les bras ouverts et coiffés de casques zoomorphes (tombe 113 de Monte Albán) ; au pied de l'étagère, une urne funéraire.

Vitrine consacrée à la période **Monte Albán III-A**, qui vit l'épanouissement de la civilisation zapotèque. Vous remarquerez les **urnes funéraires**★★ typiquement zapotèques *(→ ill. p. **501**)* avec leurs représentations humaines et animales et leur décoration très compliquée, où prédomine la plume de quetzal.

**Reproduction d'une peinture de la tombe 105** de Monte Albán *(→ ill. p. **673**)*.

**Tête en argile**★ (Monte Albán IV) où sont exprimés les concepts de la vie et de la mort ; brasero avec la représentation du dieu Xipe Tótec portant un masque imitant la peau humaine, symbole de la rénovation de la végétation (tombe 58 de Monte Albán). Sculpture de jaguar dotée d'une cavité, probablement destinée aux offrandes. Sur l'étagère

## Symbolique des couleurs

On sait que la plupart des sculptures aztèques étaient peintes et que les couleurs présentaient des corrélations avec le système cosmogonique imaginé par les Mexicas, ou avec leur vie religieuse et sociale. C'est ainsi que les points cardinaux avaient leur couleur « attribut » : turquoise pour l'E., blanc pour le N., jaune pour l'O. et rouge pour le S. (comme en Chine). Le noir était la couleur de Tláloc et de Tezcatlipoca dans leurs principaux avatars, de Mictlantecuhtli, de Quetzalcóatl, etc. Le rouge était associé à Xipe Tótec, Tonatiuh, Xochipilli, Centéotl et à Xiuhtecuhtli. Le jaune était assigné à Xiuhtecuhtli et à la plupart des divinités de la Fécondité. Le bleu était la couleur de Huitzilopochtli, le blanc celle de Tlahuizcalpantecuhtli, de Mixcóatl, mais avec des rayures rouges pour ces deux divinités, etc.

**Figurine de Monte Albán (tombe 113, IIIe-IVe s.), musée national d'Anthropologie.**

# Les calendriers maya et aztèque

Le mouvement des astres et le comput du temps furent l'une des préoccupations majeures des peuples mésoaméricains, soucieux de connaître leur avenir et de maîtriser les flux cosmiques. Leur croyance dans un cycle perpétuel de créations et de destructions successives les amena à calculer précisément le temps écoulé entre chaque ère. Les Aztèques pensaient qu'ils en étaient au cinquième monde tandis que les Mayas vivaient dans la quatrième ère qui, selon leurs prévisions, devrait prendre fin en décembre 2012.

▲ Le « calendrier aztèque » (musée national d'Anthropologie, Mexico) est orné de sculptures annonçant la destruction de l'univers par un séisme à la date 4-Ollin. On reconnaît, au centre, le visage du Soleil entouré du signe *ollin* (mouvement) constitué par ses griffes enserrant des cœurs humains et les quatre soleils représentant les époques antérieures. Suit le cercle des glyphes des 20 jours de chaque mois. La bordure extérieure est formée par deux serpents de feu *(xiuhcóatl)*, symboles du ciel diurne, encadrant, en haut, la date de 13-Roseau, jour de la naissance du Cinquième Soleil.

### Un système vicésimal

À la différence de notre système décimal emprunté aux hindous, les Mésoaméricains se basaient sur le chiffre 20. Outre l'invention du zéro, la numérotation de position leur a permis d'exprimer les nombres si grands soient-ils. En utilisant seulement trois symboles numériques – la barre pour le 5, le point pour l'unité et le coquillage figurant le zéro –, le système arithmétique basé sur la superposition des valeurs multipliées par 20 à partir du bas de la colonne permet de procéder aisément à des opérations de soustraction et d'addition. Deux types de comput du temps apparaissent dans les inscriptions et codex. Le compte long est le temps en jours écoulé entre le début de l'ère et une date. L'ère maya actuelle a débuté le 13 août 3114 av. J.-C., un 4 Ahau 8 Cumku, et se terminera le 23 décembre 2012 apr. J.-C. Chaque ère dure 13 *baktuns* soit 13 x 144 000 jours. Le compte court, le seul utilisé par les Aztèques, est basé sur le fait qu'une même date revient tous les 52 ans. Les Mayas célébraient surtout le *katun*, espace de 20 *tuns* (un *tun* équivaut à 360 jours) en élevant une stèle à l'effigie de leur roi.

### Le calcul de l'année solaire

Les Mésoaméricains disposaient de deux calendriers (→ *encadré p. 108-109*) : le calendrier rituel ou divinatoire *(tzolkin)*, qui était préalablement examiné pour toute décision importante, et le calendrier solaire *(haab)*. Chez les Mayas, les deux calendriers fonctionnaient à la manière de deux roues dentées s'engrenant l'une dans l'autre. Elles revenaient à leurs positions initiales au terme d'un paquet d'années, soit 52 années solaires ou 73 cycles de 260 jours. Le passage du « siècle » de 52 ans *(xiuhmolpilli)* était pour les Aztèques générateur d'angoisse existentielle car ils craignaient la fin du monde. Dans l'obscurité totale, les prêtres attendaient que les Pléiades illuminent le ciel au zénith pour allumer le Feu nouveau sur la poitrine d'un captif sacrifié. Cette cérémonie était liée à l'enterrement rituel d'un paquet de 52 bâtons. Les Mayas s'étaient aperçus que la terre mettait en réalité 365 jours et un quart pour effectuer un tour complet autour du soleil. L'observation de la révolution synodique de Vénus d'une durée de 584 jours leur permit d'ajuster leurs calculs. Ils déterminèrent ainsi la durée réelle de l'année solaire avec une exactitude égale à celle du calendrier grégorien.

## Observer les corps célestes

Les Mésoaméricains ne disposaient pas d'instruments optiques pour mesurer le mouvement des astres. Les Mayas utilisaient les encadrements des portes et des fenêtres pour procéder à leurs observations astronomiques, en particulier de Vénus. Le Caracol de Chichén Itzá est aligné sur les extrêmes N. de Vénus vers 1000 apr. J.-C. ; une ligne de vue diagonale depuis les fenêtres de la tour coïncide avec la position de la planète lorsqu'elle atteint sa déclinaison S. maximale. À Uaxactún, l'ensemble de bâtiments appelé groupe E fonctionne comme un observatoire avec repères fixes. Du haut de la pyramide, on observe en face le lever du soleil derrière le temple central les jours d'équinoxe, tandis que durant les solstices d'été et d'hiver le soleil apparaît derrière les temples N. et S.

**Stèle D avec compte long de Quirigua (Guatemala). Sur les stèles mayas, le compte long se subdivise en *kin* (jour), *uinic* (mois de 20 jours), *tun* (année de 18 mois), *katun* (20 *tuns*) et *baktun* (20 *katuns*). L'ensemble est couronné par le glyphe de la série initiale, indiquant le début de l'ère formée de 13 *baktuns*. ▼**

**Le Caracol de Chichén Itzá servait plus particulièrement à l'observation des mouvements de Vénus. En temps qu'étoile double du matin et du soir, cette planète a occupé une place importante dans les spéculations des prêtres mayas et aztèques et a contribué à la personnalité complexe du dieu Quetzalcóatl. ▼**

**La céramique de la période Monte Albán III-A est caractérisée notamment par la prédominance des vases en argile grise, une décoration gravée qui disparaîtra durant la deuxième phase de cette période (Monte Albán III-B). Les poteries d'inspiration guatémaltèque (Petén ; cultures prémayas) disparaissent et sont remplacées par une céramique s'inspirant pour les formes et les techniques de celles de Teotihuacán (vases tripodes cylindriques, vases peints).**

inférieure, à dr., jarre à panse sphérique en argile grise, caractéristique de la céramique zapotèque de Monte Albán III-B. Plus à dr., urne décorée d'une figure du dieu au chignon, divinité agraire et du maïs, puis tête de jaguar, représentation d'une divinité portant un masque et une coiffure avec un glyphe et, à l'extrême dr., personnage déguisé en caprin, avec un pectoral en forme de fleur (tombe 124 de Monte Albán).

**Céramique mixtèque**, polychrome, très finement polie, d'époque postclassique (900-1521), dont le décor s'apparente aux illustrations des codex mixtèques.

**Coupe polychrome au colibri bleu**★★, provenant de la tombe 2 de Zaachila.

**Objets**★★ illustrant le travail des métaux, l'orfèvrerie et la joaillerie chez les Mixtèques, qui étaient de remarquables orfèvres.

**Collections de céramique**, de tambours en bois sculpté, etc.

**Reproduction de stucs** modelés trouvés dans une tombe de Zaachila (dieux et animaux en relation avec les cultes funéraires).

### ■ SALLE DU GOLFE DU MEXIQUE

Dans cette salle sont présentées des œuvres des cultures olmèque, totonaque et huastèque.

**Grâce au carbone 14, on est parvenu à situer entre 1200 et 900 av. J.-C. la phase la plus active du site, phase dénommée de San Lorenzo, mais qui ne représente qu'un long moment de la culture olmèque.**

**Tête colossale**★★ olmèque (monument 17) provenant de San Lorenzo Tenochtitlán. C'est l'une des dix-sept têtes mises au jour dans les centres de La Venta, San Lorenzo Tenochtitlán et Tres Zapotes (actuellement au musée de Xalapa). Ces têtes monumentales peuvent atteindre 3 m de hauteur et peser 40 t. Elles sont toutes individualisées et montrent des visages joufflus casqués qui sont peut-être des portraits de chefs (→ *ill. p. 104*).

**Statue acéphale d'un homme accroupi**★, avec un genou à terre.

**Tête colossale**★ olmèque provenant de San Lorenzo Tenochtitlán.

**Haches et figurines**★ de jade finement polies. Ces offrandes furent découvertes dans des tombes construites avec des colonnes prismatiques de basalte évoquant des cabanes de rondins (on peut en voir dans le parc archéologique de La Venta, près de Villahermosa), où étaient inhumés les membres de l'aristocratie olmèque. Plusieurs haches de cérémonie sont décorées de motifs incisés.

**Relief de La Venta**★, avec un prêtre portant un casque en forme de jaguar et un serpent.

**Offrande de six haches cérémonielles et de quatorze figurines olmèques**★★ en jade et en serpentine, probablement des prêtres, aux crânes déformés. La disposition de ces statuettes se présente comme un diorama illustrant une cérémonie religieuse.

**Figurines**, notamment celles du type « **baby face** »★ représentant des personnages aux traits enfantins (→ *ill. p. 529*).

**Statue d'un athlète**★★ provenant du S. de l'État de Veracruz, qui constitue l'un des plus remarquables spécimens de la plastique précolombienne (art olmèque).

**Statue en terre cuite du vieux dieu**★, ou dieu du Feu (Huehuetéotl).

**Collection de figurines** en terre cuite, en particulier du type « **cara sonriente** » (« figure souriante »). On y voit quelques-unes des déformations corporelles (aplatissement de la partie supérieure du crâne) et des mutilations (dents limées) pratiquées dans la région centrale du Veracruz.

**Figurines souriantes (IVe-VIIe s.), musée national d'Anthropologie.**

**Jougs de pierre sculptée**★, en fer à cheval, qui peuvent atteindre env. 45 cm de longueur et 30 cm de largeur, et dont la fonction reste obscure. Ils sont interprétés soit comme des instruments de rites funéraires, soit comme des copies en pierre des ceinturons en bois ou en cuir utilisés dans le jeu de balle.

**Collection de *palmas***★, curieux objets en pierre dont la forme évoque celle d'une palme, mais dont l'utilité est encore incertaine. Elles auraient été utilisées lors du jeu de balle. Les palmes sont ornées de reliefs d'une extrême variété, le plus souvent d'entrelacs dans la partie postérieure et, sur le devant, de figures humaines ou animales.

**Statue d'adolescent**★★ provenant du Tamuín (San Luis Potosí). Le crâne laisse apparaître une déformation, la bouche entrouverte laisse apparaître une mutilation dentaire, pratique courante dans cette partie du Mexique à l'époque précolombienne, mais qui semble originaire de la région d'Oaxaca, où les cas les plus anciens remontent au VIe s. avant notre ère. Sur les bras, le corps et les jambes, remarquez des dessins représentant Ehécatl, le dieu du Vent, des glyphes dont quelques-uns sont d'origine maya, divers symboles tels que des serpents, des disques de jade, des épis de maïs, etc. Sur les reins, se détachant en haut relief, un petit personnage doit sans doute être identifié au Soleil, et cette statue pourrait alors représenter un prêtre de Quetzalcóatl ou la divinité elle-même, en qualité d'Étoile du soir, qui descend dans le Mictlan, ou monde souterrain, en emportant son fils, le Soleil (civilisation huastèque).

**Stèle de Huilozintla**★★ (État de Veracruz) représentant un prêtre de Quetzalcóatl pratiquant l'autosacrifice à l'aide d'une baguette dont il se transperce la langue.

**Statue de Xilonen**★, déesse du Jeune Maïs, assise à la manière indigène et coiffée d'une tiare de papier tressé orné d'épis de maïs (culture huastèque ; période classique tardive).

**Statue de la déesse Xochiquétzal**★, divinité de la Beauté, de la Fertilité et des Fleurs, qui témoigne de l'influence de la religion et de l'art aztèques dans la Huasteca.

**Stèle de Tepetzintla**★ (État de Veracruz) représentant Quetzalcóatl en qualité d'Étoile du matin (Tlahuizcalpantecuhtli) après sa fuite de Tula ; ici, la planète semble surgir de terre pour gagner le firmament.

**Statue du dieu du Pulque**★ (IXe s. de notre ère) provenant de Castillo de Teayo (État de Veracruz) et dont le culte fut probablement introduit dans cette partie de la Huasteca par un groupe de Toltèques ; sur la poitrine du dieu, notez le glyphe « Deux-Lapin » *(ome Tochtli)*.

■ **SALLE MAYA**

**Carte** en relief pour présenter l'orographie de la région où se développa la civilisation maya.

**Sculpture de Cumpich**★ figurant un personnage au visage tatoué et à l'organe sexuel hypertrophié.

**Stèle 1 d'Izapa**★ (État du Chiapas) représentant un personnage au-dessus de l'eau, debout sur une tête de serpent (vers 600 av. J.-C.).

**Linteau 26**★★ du temple 23 de Yaxchilán, de la période classique, représentant Dame Xoc tendant un masque-jaguar à Bouclier-Jaguar (daté de 726).

**Tête en stuc de Palenque**★★ (période classique ; de 450 à 750 apr. J.-C.).

**Collection « d'excentriques »**★, taillés dans une lame d'obsidienne et que l'on trouve souvent en dépôt d'offrande sous un autel ou sous une stèle en pays maya.

**Tête modelée en stuc**★ provenant de Comalcalco (époque classique ; 200-900 apr. J.-C.).

**Figurines de Jaina**★★★ de terre cuite, dont quelques-unes conservent des traces de polychromie.

**Encensoir**★ en terre cuite peut-être utilisé comme support d'un récipient à offrandes ou à encens ; il est décoré de masques du dieu solaire et d'êtres fantastiques, de motifs serpentiformes et d'oiseaux.

**Disque de pierre de Chinkultic**★ (Chiapas), de 55 cm de diamètre, orné d'un joueur de pelote portant une coiffure de plumes très élaborée, un large ceinturon de protection et des genouillères (pièce datée de 590 apr. J.-C.).

**Figurines**★★ de terre cuite, de Jaina, Jonuta, Nebaj, etc. Notez deux joueurs de pelote avec une ceinture de protection autour de la taille et de très belles statuettes de l'île de Jaina, dont un noble assis sur un trône, un prêtre portant une large coiffure (cette pièce a conservé la plupart de ses couleurs d'origine).

**Mur en talus★★** avec grand masque du dieu solaire (Kinich Ahau) en terre cuite de couleur rouge.

**Linteau 53★★** du temple 55 de Yaxchilán (oct. 709) représentant Bouclier-Jaguar tendant un sceptre à l'effigie du dieu K à sa femme, Dame Étoile du soir, et lui présentant un paquet rituel qui marque la naissance de Oiseau-Jaguar.

**Panneau en pierre sculptée★★★** figurant Pacal et Chan-Bahlum et provenant du temple de la Croix de Palenque (642 apr. J.-C.).

►À l'extérieur, reproduction d'un **monument maya de Hochob** (État de Campeche), de style Chenes ; **reconstitution d'un temple de Bonampak** (Chiapas) orné de peintures murales, reproductions exécutées par Rina Lazo.◄

**Masque funéraire de Pacal★★★** en mosaïque de jade, avec des incrustations de nacre dans les orbites, bijoux en jade, colliers, bagues, etc., qui faisaient partie du mobilier funéraire de tombes mayas.

**Sculpture de *chac-mool*★★** découverte dans les ruines du temple de Vénus à Chichén Itzá.

## ■ SALLE DU NORD

**Pétroglyphes** d'époque préhispanique reproduits par Nadine Prado d'après des originaux se trouvant dans les régions arides du N. du Mexique.

**Collection d'objets** illustrant les rites funéraires des anciens habitants de l'Amérique du N.

**Offrandes funéraires** déposées dans les cavernes près du corps des défunts (armes, outils, tissus, etc.).

**Céramique de Los Morales** (État de Guanajuato) contemporaine des premières phases de la civilisation téotihuacane.

**Céramique de San Miguel de Allende** (Guanajuato), d'El Coporo (Guanajuato), objets en pierre, colliers en os, pipes, etc., de même provenance, qui attestent les influences de la culture téotihuacane et de celle de la région occidentale du Mexique (Colima, Jalisco et Nayarit).

**Céramique** et instruments lithiques d'El Coporo et d'El Tunal Grande (État de San Luis Potosí).

**Collections de pipes, d'outils en pierre, de pointes de flèches, de figurines, de céramique**, etc., provenant de divers sites du N. de l'État de Querétaro et de la vallée du Río Verde (San Luis Potosí).

**Céramique des États de Zacatecas et de Durango**, souvent décorée de motifs anthropomorphes, très stylisés, et d'animaux.

**Figurine de Jaina représentant un noble maya (VIe-Xe s.), musée national d'Anthropologie.**

**Masque funéraire de Pacal (VIIe s.), musée national d'Anthropologie.**

**Exposition sur Casas Grandes★★**, où se développa, de 1000 à 1200 environ, une civilisation qui réalisa la synthèse des cultures mogollon, hohokam et anasazi. Cette vitrine renferme des objets en nacre, en mosaïque de turquoises, en pierre verte stratifiée, soigneusement polie, de la céramique, etc.

■ **SALLE DE L'OCCIDENT**

**Figurine en terre cuite★**, du type dit « chinesco », découverte dans une tombe de Las Cebollas-Tequilitán (Nayarit) et datant du IIIe s. de notre ère. Il s'agit d'une remarquable sculpture modelée représentant une femme accroupie à l'indienne.

**Céramique de Chupícuaro** (État de Guanajuato) d'époque archaïque (Preclásico Formativo). Les vases zoomorphes sont assez nombreux et représentent des chiens, des oiseaux, des tortues, etc. Les supports mammiformes sont fréquents.

**Céramiques d'El Opeño** (Michoacán ; *à dr.*) et de ***San Jerónimo*** (Guerrero ; *à g.*) d'époque archaïque (Preclásico Formativo), mises au jour dans des tombes et nombreuses figurines. Celles d'El Opeño présentent des traits communs à plusieurs types contemporains de la vallée de Mexico.

**Figurines de Chupícuaro**, dont la forme générale est très aplatie. Les traits du visage (notez les yeux en amande, disposés en oblique) sont obtenus à l'aide d'applications d'argile.

**Figurines des cultures de Colima, Jalisco et de Nayarit★** de l'époque classique (Clásico Evolutivo Teocrático). Ces figurines présentent les activités quotidiennes des habitants de cette partie du Mexique au début de notre ère.

**Figurines de Jalisco, de Nayarit et de Colima**. Les statuettes de Jalisco sont généralement peintes en blanc ou en blanc sur fond rouge ; les personnages représentés se distinguent par un nez très proéminent et une tête aux proportions très allongées. Celles de l'État de Nayarit *(→ ill. p. 386)* sont très fréquemment polychromes, et celles de l'État de Colima généralement monochromes ; parfois, les personnages en terre cuite de Colima ont des peintures corporelles de couleur noire ; leurs yeux et la bouche, du type dit « grain de café », sont obtenus à l'aide d'applications.

**Grandes figurines★** creuses et céramique de Colima (époque classique). On verra des représentations des fameux chiens sans poil *(→ ill. p. 386)*, de canards, de tortues, de tatous, de poissons, d'oiseaux, etc., ainsi que des vases tripodes. Tous ces objets furent découverts exclusivement dans des tombes. Peut-être n'étaient-ils fabriqués que pour les rites funéraires.

**Figurine★** d'un individu difforme (Colima).

**Figurines polychromes★** de l'État de Nayarit (période classique) présentant souvent un aspect caricatural.

**Grandes figurines★** creuses de Jalisco et Nayarit.

**Statuette d'un joueur de pelote★**.

**Collection de vases**, parfois ornés de masques humains appliqués sur la panse ou le col du récipient, figurines aux yeux obliques et de forme aplatie, caractéristiques de l'État de Nayarit.

**Statue de *chac-mool*** trouvée à Ihuatzio (Michoacán), assez grossièrement travaillée.

# 7 Paseo de la Reforma★

Tracé sur les ordres de l'empereur Maximilien et de l'impératrice Charlotte pour relier leur résidence de Chapultepec à la ville, le Paseo de la Reforma, l'une des plus majestueuses artères de Mexico, ne fut achevé que vers le début du XXe s. sous la dictature de Porfirio Díaz, qui l'embellit de six *glorietas* (ronds-points) ornées aujourd'hui de monuments parmi les plus symboliques de la ville. Plantée de jacarandas, d'eucalyptus, de frênes et de palmiers, c'est une avenue majestueuse et vivante où bat le cœur de la mégapole. Elle permet aussi de découvrir la célèbre Zona Rosa, un quartier animé jour et nuit grâce à ses multiples boutiques, galeries de peinture, restaurants, night-clubs et cafés.

**À ne pas manquer**

Maison patricienne sur le Paseo de la Reforma, qui illustre l'attrait pour l'Europe à la fin du XIXe s. et au début du XXe s.

**Accès** : en métro, prendre la ligne 1 et descendre à la station Chapultepec *(plan IV, B2)*, située non loin de l'extrémité S. du Paseo de la Reforma. Sur la même ligne, vous pouvez également descendre à la station Sevilla *(plan V, A2)* et rejoindre par la rue du même nom la Fuente de la Diana Cazadora, où débute la promenade. Depuis le métro Chapultepec, des *peseros* indiquant la direction « La Villa » suivent tout le Paseo de la Reforma jusqu'à la Calzada de Guadalupe, qui se termine à la basilique du même nom.

**Combien de temps** : comptez une bonne demi-journée pour vous rendre de Chapultepec à Garibaldi ou à Bellas Artes.

**Se déplacer** : la promenade se fait à pied (4 km) si vous ne craignez pas la pollution et si vous avez du temps, mais vous pouvez à tout moment prendre un taxi ou l'un des nombreux *peseros* qui remontent le Paseo de la Reforma et vous faire déposer à la *glorieta* suivante.

■ **FUENTE DE LA DIANA CAZADORA**★ *(plan V, A2)*. Le centre de la première *glorieta* rencontrée en venant du parc de Chapultepec est occupé par une fontaine où s'élève une gracieuse statue en bronze de Diane chasseresse, œuvre de Juan Fernando Olaguíbel (1942).

**Dans les années 1940, alors que le puritanisme sévissait dans la bourgeoisie mexicaine, la femme du président Avila Camacho obligea le sculpteur Olaguíbel à voiler le ventre nu de sa Diane.**

■ **MONUMENTO A LA INDEPENDENCIA**★ *(plan V, A2)*. En 1823, le général-président Santa Anna avait décidé d'ériger sur le Zócalo *(→ p. 197)* un monument pour commémorer l'émancipation politique du Mexique. Le projet ne se réalisa que beaucoup plus tard – et sur un autre lieu – puisque ce n'est que le 2 janvier 1906 que l'on posa la première pierre de cet édifice qui fut inauguré quatre ans plus tard. Il s'agit d'une colonne de 40 m de hauteur réalisée par l'architecte mexicain Antonio Rivas Mercado et

**Mexico V : Zona Rosa**

surmontée d'une victoire ailée en bronze doré exécutée par le sculpteur Enrique Alciati. Cette statue que tous les Mexicains nomment **El Ángel** (l'ange) fut fondue à Florence (comme de nombreux monuments de cette époque) ; elle mesure 7 m de hauteur et ne pèse pas moins de 7 t. Au pied du monument se trouvent des statues en marbre de Carrare de quelques héros de l'Indépendance et quatre représentations allégoriques de la Paix, la Loi, la Justice et la Guerre sous lesquelles ont été écrits le nom des vingt-quatre patriotes précurseurs ou héros de l'Indépendance. Deux d'entre elles encadrent un lion guidé par un enfant, qui représente la force du peuple en marche.

■ **ZONA ROSA**★ *(plan V, AB2)*. Depuis le monument à l'Indépendance, la Calle Florencia *(à dr.)*, une artère aux magnifiques palmiers, vous emmène au cœur de la Zona Rosa, un quartier de la Colonia Juárez délimité par le Paseo de la Reforma et les avenues Insurgentes, Chapultepec et Sevilla. C'est dans ce quartier, que l'on doit au maire Ernesto Uruchurto, que se concentrent les hôtels de tourisme, les restaurants, les galeries d'art, les discothèques, les maisons de change et les boutiques même si, depuis le tremblement de terre de 1985, les plus luxueuses d'entre elles déménagent vers le quartier plus chic de Polanco et sont remplacées par des magasins de tee-shirts, des banques et des restaurants. La Zona Rosa est l'un des rares quartiers de Mexico où on trouve un peu d'animation la nuit : les discothèques, les pianos-bars, les restaurants accueillent une population hétéroclite, avide de divertissements, de musique et de rencontres.

La Zona Rosa abrite le **mercado del Ángel** *(entrée sur Londres 154, à 50 m de la Calle Florencia ; seconde entrée sur Liverpool 167, à l'angle de l'Av. Chapultepec ; plan V, A2 ; ouv. t.l.j. de 10 h 30-11 h à 19 h)* qui propose tout ce que le Mexique produit en matière d'artisanat.

Parallèle à Niza *(plan V, B1-2)*, au n° 15 de la Calle Havre, se trouve la **Casa de Francia**, un lieu où l'on peut manger français ou simplement boire un verre ; expositions temporaires d'artistes français, bibliothèque.

■ **LA PALMERA** *(plan V, B1)*. À l'angle de Río Rhin et de Reforma s'élèvent un dôme et une grande flèche de verre bleuté dans laquelle se reflète la Glorieta de la Palmera. Il s'agit de la **Bolsa de Mexico**, la Bourse de Mexico *(→ ill. p. 274)*, symbole de la politique menée à partir de 1988 par les gouvernements néolibéraux du Mexique. On peut jeter un coup d'œil à la Corbeille entre 11 h et 13 h. Notez sur le trottoir d'en face le style des maisons (Banca Serfin) qui habillaient, il y a seulement vingt ans, le Paseo de la Reforma. Aujourd'hui, seules les constructions de buildings sont autorisées.

■ **MONUMENTO A CUAUHTÉMOC** *(plan V, B1)*. Sur la *glorieta* suivante où se croisent les deux plus grandes avenues de Mexico, le Paseo de la Reforma (26 km) et Insurgentes (49 km), s'élève une statue du dernier empereur aztèque Cuauhtémoc, œuvre en bronze de l'artiste Miguel Moreña (1887).

■ **MONUMENTO A CRISTÓBAL CÓLON**★ *(plan III, A2)*. Au centre de la Glorieta de Cristóbal Colón se dresse depuis 1877 une statue de Christophe Colomb, fondue à Paris par Charles Cordier aux frais d'Antonio Escandón. Autour de la statue de Colomb, sur un socle en marbre de Russie, statues de Fray Bartolomé de Las Casas, le premier évêque du Chiapas et protecteur des Indiens, de Fray Juan Pérez de Marchena, le prieur du couvent de la Rábida, près de Huelva, qui favorisa l'expédition du navigateur génois, de Fray Pedro de Gante, fondateur du collège de San Juan de Letrán à Mexico en 1529, enfin de Fray Diego de Deza, le confesseur des Rois Catholiques, qui participa au conseil de Salamanque, au cours duquel Christophe Colomb exposa ses plans.

Peu après la Glorieta de Cristóbal Colón, à g., dans le magasin ***Sandborn's de la Fragua***, Rufino Tamayo a peint deux fresques : celle du rayon de la parfumerie, intitulée *Jour et Nuit*, est considérée comme l'une de ses meilleures œuvres ; l'autre se trouve dans le restaurant.

**Les artères principales de la Zona Rosa, qui portent toutes des noms de villes européennes, sont Hamburgo et Londres, que coupent Niza et Florencia. La petite rue Copenhague (parallèle à Niza, entre le Paseo de la Reforma et Hamburgo, piétonne, est la plus attrayante avec ses terrasses de cafés et ses bons restaurants (*Perro Andaluz* et *Angus*).**

**Dans le marché, les meilleurs prix sont proposés le matin, lors de la première vente. Il faut marchander, mais surtout comparer les prix d'une boutique à l'autre. Les objets en argent se vendent au poids et doivent porter le poinçon 925 MCA (attention, nombre d'entre eux sont en maillechort). Attention aux pickpockets, toujours très habiles.**

## Uruchurto-ville

Dans les années 1950, le boom économique et démographique entraîne à Mexico un processus d'urbanisation effréné. Un maire, Ernesto Uruchurto, décide de faire face à ce développement anarchique de la capitale. Il fait tracer de nouvelles avenues, dessiner des parcs, jaillir des fontaines. Jugeant aussi la vie nocturne trop permissive, il décrète que tous les commerces et autres restaurants seront fermés à 22 h. Néanmoins, il crée un espace réservé aux touristes, l'actuelle Zona Rosa, où marchands et restaurateurs peuvent rester ouverts tard le soir. Pour bien le délimiter, tous les édifices de ce quartier sont peints en rose.

**Dans les piliers du monument glorifiant la Révolution reposent les dépouilles des grands héros mexicains de l'époque : Francisco Madero, Venustiano Carranza, Plutarco Elías Calles, Pancho Villa et Lázaro Cárdenas.**

■ **MONUMENTO A LA REVOLUCIÓN** *(plan III, A1)*. À g. à partir de la Glorieta de Cristóbal Colón, la Calle Ignacio Ramírez mène à la **Plaza de la República** où se dresse l'imposant monument dédié à la Révolution. Cet édifice (67 m de hauteur) devait être, à l'origine, un élément d'une nouvelle Chambre des députés voulue par Porfirio Díaz. Fort heureusement, les événements de 1910 empêchèrent l'aboutissement de ce projet monumental. En 1933, l'architecte Obregón Santacilia le transforma pour glorifier la Révolution.

Dans le sous-sol du monument a été aménagé le **Museo de la Revolución** *(ouv. t.l.j. sf lun. de 9 h à 17 h, dim. de 9 h à 15 h)*, qui retrace grâce à des objets de l'époque, des photos, des cartes, des vidéos, cinquante ans de l'histoire du Mexique depuis la République triomphante (1867) jusqu'à la promulgation de la Constitution de 1917. La première salle (1867 à 1906) pose la problématique sociale, politique et économique du Mexique de Porfirio Díaz, et rend compte du rôle des compagnies industrielles étrangères dans les grèves et les mouvements sociaux précurseurs de la révolution de 1910. Une deuxième salle a pour thème la défense de la liberté et de la démocratie (1906-1913), les grèves, les premiers mouvements paysans, l'apparition du parti libéral, puis du parti antiréélection de Francisco Madero. Une troisième salle, consacrée à la lutte populaire (1913-1917), présente les forces révolutionnaires en présence dans le pays et leurs chefs : Emiliano Zapata, Francisco Villa, Álvaro Obregón, Venustiano Carranza.

Sur le côté N. de la **Plaza de la República** s'élève le fronton de pelote basque (Frontón Metropolitano, un beau monument Art déco malheureusement fermé.

*Depuis la place, suivre Ramos Arizpe jusqu'à Puente de Alvarado.*

■ **MUSEO NACIONAL DE SAN CARLOS**★★ *(Puente de Alvarado 50 ; plan III, A1 ; ouv. t.l.j. sf mar. de 10 h à 18 h ; entrée libre le dim.)*. Cet ancien palais des marquis de Buenavista fut construit au début du XIXe s. par Manuel Tolsá en style néoclassique. Le majestueux patio ovale à deux galeries superposées est éclairé par une coupole en fer et verre ajoutée en 1912. Il abrite la plus vaste collection d'art européen du Mexique (XIVe s.-XIXe s.), fonds de l'ancienne Académie royale de San Carlos fondée par le roi Charles III d'Espagne en 1783, auquel sont venues s'ajouter des pièces provenant des monastères et des couvents fermés au XIXe s. La galerie permanente (premier étage) expose des peintures des écoles flamande (Jérôme Bosch, Bruegel, Rubens, Van Dyck), espagnole (Zurbarán, Goya, Murillo, El Greco), italienne (Titien, Le Tintoret), ainsi que des sculptures de Rodin. Ne manquez pas l'*Adoration des mages*, œuvre du peintre castillan Pedro Berruguete qui vécut à la cour du prince d'Urbino au XVe s. Y sont également présentées des peintures d'artistes mexicains de l'époque coloniale (Juárez, Correa, Miguel Cabrera, etc.).

*Suivre vers l'O. Puente de Alvarado puis Ribera de San Cosme.*

■ **Museo Universitario del Chopo** *(Dr. Enrique González Martínez ; hors plan III par A1 ; ouv. t.l.j. sf lun. de 10 h à 14 h et de 16 h à 19 h)*. Ce curieux bâtiment de fer, de brique et de verre fut conçu et fabriqué en Allemagne puis installé au Mexique entre 1903 et 1905. Après avoir connu plusieurs affectations, il abrite aujourd'hui des expositions d'art contemporain et conceptuel. Le dimanche, un marché du disque, d'affiches, d'objets hétéroclites attire une faune pittoresque (babas cool, punks, tatoueurs, etc.).

*Revenir sur ses pas jusqu'à la Plaza de la República et prendre l'Avenida Juárez.*

■ **Lotería Nacional** *(plan III, A1-B1)*. Plus loin, au carrefour de l'Avenida Juárez et du Paseo de la Reforma se dressent un petit gratte-ciel Art déco construit vers 1936 *(à g.)* et un immeuble triangulaire ultramoderne *(à dr.)* ; ces deux édifices sont le siège de la Loterie nationale. À remarquer également **El Caballito**, « le petit cheval », sculpture monumentale signée Sebastian, un artiste mexicain de renommée internationale. L'immeuble de verre noir dans lequel se reflète le Caballito abrite les bureaux des sénateurs, le Sénat ayant brûlé il y a quelques années.

■ **Hidalgo** *(plan III, B1)*. Au carrefour formé par le Paseo de la Reforma et l'Avenida Hidalgo s'élève l'**église San Hipólito**, vaste sanctuaire baroque du début du XVIIe s. doté d'une façade de style churrigueresque. En prenant l'Avenida Hidalgo, on rejoindra rapidement l'***Hotel Cortés****★*, bel édifice colonial du XVIIIe s. en face de l'Alameda Central. Possibilité

## La Loterie nationale

Créée en 1772 par les Espagnols, c'est l'une des plus anciennes institutions du Mexique. Son chiffre d'affaires s'élève à 3 milliards de francs (457 millions d'euros), dont les deux tiers sont redistribués. Les billets de loterie se vendent partout : dans les grands magasins, les cinémas, la poste, les kiosques ainsi que dans les grands parcs d'attraction où se rendent par milliers les promeneurs du dimanche. Les vendeurs ambulants connaissent les chiffres habituellement joués par leurs clients et les poursuivent jusqu'à les convaincre d'acheter ne serait-ce que 1/20e du billet entier (l'équivalent de 4 F). Pour célébrer les grandes dates de l'histoire mexicaine, les gros lots sont doublés ou triplés ; les chanceux peuvent gagner jusqu'à 200 millions de francs (30 millions d'euros), de quoi résoudre tous leurs problèmes financiers.

**En empruntant à dr. l'Avenida Juárez, vous rejoindrez rapidement l'Alameda Central** *(→ p. 189)*.

**Pour ceux qui désirent se rendre à Tlatelolco** *(→ ci-dessous)*, **nous conseillons de prendre à la station Hidalgo la ligne 3 du métro, direction Indios Verdes (la célèbre place des Trois-Cultures se trouve à seulement deux stations d'Hidalgo).**

**Attention, place Garibaldi, les voleurs sont nombreux : laissez à l'hôtel cartes de crédit, bijoux, papiers, caméras video et, de façon générale, tout ce qui peut attirer l'œil. Marchez toujours au centre du trottoir et non le long du mur.**

**Les mariachis se font rémunérer à la chanson (environ 5 dollars US). Les meilleurs d'entre eux se produisent dans la *cantina El Tenampa* (prix fixe affiché). Attention, l'établissement n'accepte pas les cartes bancaires.**

**El Caballito.**

de faire une halte tranquille (patio agréable où l'on peut se restaurer).

*Poursuivre sur le Paseo de la Reforma jusqu'à la Glorieta San Martín que vous pouvez atteindre en métro (station Garibaldi) ou en « pesero » indiquant La Villa, puis prendre à dr. l'Eje Central Lázaro Cárdenas. Peu après sur la g., s'étend la place Garibaldi.*

■ **PLAZA GARIBALDI**★★ *(plan III, C1 ; stationnement payant sous la place)*. C'est ici que se réunissent les fameux mariachis qui animent aussi les cafés alentour. Les amoureux ont coutume d'y venir le soir pour offrir à leur bien-aimée une sérénade. La place et ses environs sont entourés de bars louches proposant des spectacles de strip-tease (attention, assurez-vous du prix des consommations, tout compris, dès l'entrée). Le quartier n'est pas sûr et nous vous conseillons de vous y rendre de préférence en groupe, sans autres valeurs qu'un peu d'argent liquide, et de ne pas y traîner après minuit (en cas d'agression, pas d'héroïsme inutile...). Pour en repartir avant minuit, le métro est encore le moyen le plus sûr. En taxi, assurez-vous que le véhicule porte plaque d'immatriculation et permis de circuler. Si vous êtes dans un café, faites-vous appeler un taxi et demandez le numéro des plaques.

De la place Garibaldi, vous pouvez remonter l'Eje Central Lázaro Cárdenas jusqu'au **Palacio de Bellas Artes** *(→ p. 193)*. Ne pas s'aventurer à la tombée du jour ou la nuit dans les rues adjacentes.

À proximité de la Glorieta Garibaldi se tient le marché très animé de la **Lagunilla** *(de la Glorieta San Martín, prendre la rue Rayón, troisième artère à partir du Paseo de la Reforma en suivant la chaussée autour du rond-point ; plan III, C1)*, un endroit chéri des touristes qui perd peu à peu de son intérêt du fait de l'ouverture des frontières. Les antiquités et objets originaux ont disparu au profit de produits de mauvaise qualité fabriqués généralement en Asie du Sud-Est. Néanmoins, une promenade dans les rues couvertes d'Allende et d'Honduras reste une expérience bien sympathique.

Au n° 84-A d'Allende se trouve la boutique d'un certain Eugenio, personnage original qui collectionne les masques. Il en possède plus de cinq mille, présentés dans une ribambelle de salles et couvrant les murs du sol au plafond. Il faut marchander longtemps car les prix sont élevés (paiement en espèces de préférence ; il y a une banque juste à côté).

Le dimanche se tient sur Rayón *(plan I, C2 ; accès depuis la Glorieta Garibaldi)* un grand marché qui a, lui aussi, perdu beaucoup de son intérêt.

# 8 Plaza de las Tres Culturas*

**La place des Trois-Cultures offre, dans un étonnant raccourci, une synthèse du Mexique actuel en réunissant la culture préhispanique à travers les vestiges de l'ancienne cité de Tlatelolco, la culture coloniale avec l'église de Santiago et la culture mexicaine contemporaine, symbolisée par les bâtiments modernes du ministère des Affaires étrangères. L'aménagement de cette place et du quartier alentour, inaugurés en septembre 1964, a été conçu par l'architecte Mario Pani, qui a su habilement utiliser la trame historique existante en incorporant harmonieusement les vestiges précolombiens et l'église coloniale au décor moderne.**

## ■ Un immense marché

Tlatelolco fut fondé en 1337 sur un îlot lacustre voisin de Mexico par un groupe de Mexicas de Tenochtitlán, sur l'emplacement d'un site chichimèque plus ancien. Cette petite cité-État eut sa propre dynastie jusqu'en 1473, date à laquelle, elle fut annexée à l'Empire aztèque par le souverain Axayácatl (1469-1481), et son roi, Moquihuixtli, fut précipité du haut de la grande pyramide. Malgré cette annexion, Tlatelolco demeura le principal centre commercial de la vallée de Mexico, et son marché – situé à l'emplacement de l'actuelle place des Trois-Cultures –, était encore le plus actif au moment de l'arrivée des conquistadores. Grand comme deux fois la ville de Salamanque et entouré de galeries, il était, assure Bernal Díaz del Castillo, fréquenté chaque jour par plus de 60 000 personnes, achetant et vendant les marchandises les plus diverses venues de toutes les provinces de l'Empire.

*Il y avait des « marchands d'or, d'argent, de pierres précieuses, de plumes, d'étoffes, de broderies et autres produits ; puis les esclaves, hommes et femmes, dont il y avait une telle quantité à vendre, qu'on les pouvait comparer à ceux que les Portugais amènent de Guinée… D'autres marchands se trouvaient là, vendant des étoffes ordinaires en coton, ainsi que divers ouvrages en fil tordu. On y voyait aussi des marchands de cacao… Il y avait aussi des peaux de tigre, de lion, de loutre, de chacal, de chevreuil, de blaireau et de chat sauvage… »*

Bernal Díaz del Castillo, *Histoire véridique de la conquête de la Nouvelle-Espagne*, trad. D. Jourdanet.

## ■ Un lieu chargé d'histoire

Pendant le siège de Tenochtitlán en 1521, Tlatelolco fut l'enjeu d'âpres combats. À la fin du mois de juin, une petite troupe de conquistadores qui voulait s'emparer du marché fut faite prisonnière et sacrifiée sur la pyramide principale du *teocalli*. Deux mois plus tard, les soldats aztèques menés par Cuauhtémoc y livrèrent leur dernier combat. Tlatelolco devint un centre religieux où les Franciscains fondèrent, en 1535, un couvent auquel était annexé un collège. En 1964, Mario Pani et Luis Ramos y intégrèrent l'unité d'habitation Nonoalco-Tlatelolco, sorte de cité-jardin abritant douze mille logements (→ *ill. p. 275*). L'endroit fit reparler de lui lors des tragiques événements d'octobre 1968 et en sep-

## « A los companeros caidos en esta plaza »

« Aux compagnons morts sur cette place » : voici ce que l'on lit au pied de l'église de Santiago, sur une stèle dressée en 1993. Elle rappelle que le 2 octobre 1968, la place des Trois-Cultures fut le théâtre du massacre de près de 200 personnes.
Depuis le début de cette année-là, suite à la répression de manifestations d'étudiants qui réclamaient plus de démocratie, la tension montait dans le pays. L'ouverture des Jeux olympiques étant imminente, le président Gustavo Díaz Ordaz et son ministre de l'Intérieur Luis Echeverría Alvarez entendaient rétablir le calme. Ce soir d'octobre, près de 10 000 personnes se regroupèrent sur l'esplanade. Les dirigeants étudiants du Conseil national de grève prirent la parole, installés dans l'immeuble Chihuahua ; 5 000 militaires et policiers, le bataillon Olimpia (chargé de la sécurité des Jeux olympiques de Mexico) et des chars passèrent alors à l'attaque…

*« Dans les rues mêmes et dans les places du Tlatelolco, nous ne pouvions circuler qu'au milieu des têtes et des corps morts. J'ai lu le récit de la destruction de Jérusalem, mais je doute qu'il y ait eu là un massacre comparable… Le nombre d'Indiens guerriers qui disparurent est incalculable… le sol, la lagune, les travaux de défense, tout était plein de cadavres et il s'en exhalait une telle puanteur qu'il n'y avait pas d'homme qui pût la supporter. »*

Bernal Díaz del Castillo, *Histoire véridique de la conquête de la Nouvelle-Espagne*, trad. D. Jourdanet.

tembre 1985, lorsque le tremblement de terre détruisit plusieurs immeubles dans le quartier, faisant de nombreuses victimes.

**Accès** : par le métro, ligne 3, station Tlatelolco *(plan I, C2)*, ou en prenant un *pesero* sur l'Eje Central Lázaro Cárdenas.

**Combien de temps** : compter une heure. La visite de Tlatelolco peut constituer une halte sur le chemin de la Basilique de Guadalupe *(→ ci-dessous)*.

■ **SITE ARCHÉOLOGIQUE★**. L'ancien centre cérémoniel de Tlatelolco, limité par une enceinte sacrée dont on a retrouvé des vestiges au N., compte vingt-cinq structures datant en majorité de 1500 apr. J.-C.

Au centre, se dresse la **Grande Pyramide★** avec son double sanctuaire, dédié à Tláloc et à Huitzilopochtli, presque similaire à celui de Tenochtitlán. Les fouilles menées à partir de 1944 révélèrent une douzaine de phases et sept agrandissements en façade, soit une séquence identique à celle du Templo Mayor, la pyramide la mieux conservée datant de la phase II (c. 1200 apr. J.-C.). Au S. *(dr.)* de la Grande Pyramide s'élève le **temple des Nombres★**, dont la façade s'ouvre à l'O. ; trois de ses côtés sont couverts de dalles sculptées de noms et de treize chiffres des jours du calendrier divinatoire. Presqu'en face, le **Temple R**, de forme circulaire, orienté à l'E., est consacré au dieu du vent Ehécatl. Plus d'un millier de sépultures accompagnées de maigres offrandes ont été mises au jour à proximité ; selon l'archéologue Matos Moctezuma, il s'agirait des victimes du massacre perpétré par les conquistadores en 1521.

Sur le côté N. de la Grande Pyramide s'allonge une large **chaussée** bordée d'escaliers et du mur de l'enceinte sacrée interrompu par deux passages. Elle débouche sur une esplanade où s'élève le ***tzompantli***. Cette plate-forme rectangulaire supportait des pieux où étaient embrochés les crânes des victimes sacrifiées. On y exhuma cent soixante-dix crânes parfaitement alignés, qui présentaient tous la particularité d'avoir les tempes perforées.

■ **TEMPLO DE SANTIAGO★**. De la terrasse du ministère des Affaires étrangères, vous gagnerez cette église érigée en 1609 sur l'emplacement d'une chapelle élevée au moment de la fondation (1535) du couvent franciscain. Elle présente une façade de style baroque d'une assez grande simplicité, entre deux campaniles. Contre l'église se dressent les anciens bâtiments conventuels répartis autour d'un cloître, qui abritaient le collège impérial de la Sainte-Croix, construit à l'emplacement d'un *calmecac* (école pour les enfants nobles mexicas). Ce collège fut érigé aux frais du premier vice-roi Antonio de Mendoza, qui l'inaugura solennellement en 1535. Il fut la plus célèbre institution pédagogique réservée aux Indiens durant les premiers temps de la colonie. Le père Bernardino de Sahagún, arrivé au Mexique en 1529, en fut l'un des maîtres les plus renommés. C'est ici qu'il put recueillir, de la part de nombreuses personnalités indiennes, princes et anciens prêtres, des traditions et des informations sur les coutumes des Aztèques. Ses écrits furent déposés dans les archives de Madrid, où ils furent étudiés par l'érudit mexicain Francisco del Paso y Troncoso, qui put ainsi combler les lacunes et rectifier les inexactitudes du texte imprimé à Madrid en 1829, sous le titre *Histoire générale des choses de la Nouvelle-Espagne.*

Le long de la **Calzada de los Misterios**, vous remarquerez, de place en place, quinze petits monuments de style baroque, oratoires érigés en 1675 et destinés aux pèlerins se rendant à la basilique de Guadalupe.

**De la place des Trois-Cultures, il est possible de prendre le métro (lignes 3 et 6) ou un *pesero* direction « La Villa » pour se rendre à la basilique de Guadalupe.**

## 9 Basílica de Guadalupe*

**Le 9 décembre 1531, sur la colline de Tepeyac, une Vierge à la peau brune apparut à Juan Diego, un jeune berger indigène ; l'image de la sainte femme alla même jusqu'à s'imprimer sur son propre manteau** *(→ p. 77)***. Dès 1533, un sanctuaire fut érigé pour abriter le vêtement sacré. Il attira immédiatement de nombreux pèlerins et concourut à l'évangélisation des populations indiennes de la vallée de Mexico. En 1910, le pape Pie X proclama Notre-Dame de Guadalupe patronne de toute l'Amérique latine. Elle est fêtée le 12 décembre, réunissant sur le parvis de la basilique quelque quatre millions de fidèles venus de toute la république. Faute de pouvoir accéder au sanctuaire, deux autres millions de dévots devront attendre les jours qui suivent pour se rendre sur les lieux et vénérer cette vierge métisse, symbole du syncrétisme mexicain.**

**Accès** : en métro depuis l'Alameda Central, emprunter la ligne 3, direction Indios Verdes, jusqu'à la station Deportivo 18 de Marzo (anciennement Basílica) ; de là, prendre la ligne 6 direction Carerra et descendre à la station Villa Basílica *(plan I, C1)*. En *pesero*, prendre sur le Paseo de la Reforma les bus indiquant La Villa et descendre au terminus.

**Combien de temps** : comptez 1 h, 2 h si vous grimpez au sommet de la colline de Tepeyac. La visite de la basilique est souvent couplée avec celle de Teotihuacán.

**L'ancienne basilique se dresse devant la Plaza de las Americas, où des vendeurs ambulants proposent toutes sortes d'articles à l'effigie de la Vierge de Guadalupe : savonnettes, réveils, coupe-ongles, cendriers...**

**Le meilleur moment** : de préférence le matin car les processions et les pèlerins se livrant à des actes de dévotion sont plus nombreux. En fin d'après-midi, le coucher de soleil dans la pollution peut-être d'une grande beauté... Après 17 h 30, l'animation cesse et le quartier n'est plus très sûr.

■ **ANTIGUA BASÍLICA**. Dominant la Plaza de las Americas, la basilique d'époque coloniale, construite en *tezontle* (1695-1709), ne présente pas un grand intérêt architectural. L'intérieur, assez majestueux, ne manque pas d'impressionner mais on ne peut pour le moment y accéder, l'édifice, endommagé par les séismes, étant en cours de restauration (ouverture prévue en 2001). Les jours de fête et en particulier le 12 décembre, les groupes d'Indiens parés de plumes et des costumes de leurs ancêtres se rassemblent sur le parvis de la vieille basilique. Militant pour la réhabilitation de la culture indienne, les *concheros* dansent pendant des heures au son des tambours et des conques marines *(conchas)*.

■ **NUEVA BASÍLICA**★ *(ouv. t.l.j. de 7 h à 19 h sf événements spéciaux)*. La nouvelle basilique, construction spacieuse et claire de béton, d'acier et de bois, fut solennellement inaugurée le 12 octobre 1976. Elle fut érigée sous la direction de l'architecte Pedro Ramírez Vásquez. L'intérieur, dépourvu de piliers, peut accueillir jusqu'à 15 000 personnes. Vous serez frappé par l'ampleur de cette construction de plan circulaire qui culmine à 35 m et dont la toiture est constituée de plaques de cuivre. Placée bien en vue derrière le maître-autel, l'image miraculeuse de la Vierge de Guadalupe est offerte à la vénération des fidèles ; un tapis roulant permet de s'en approcher.

L'image de la Virgen de Guadalupe (fêtée également en Espagne dans la province d'Estremadure) serait l'œuvre d'un artiste indigène, Marcos, ancien élève de Pieter de Gand qui avait ouvert une école de peinture au chevet de la cathédrale de Mexico. Son caractère prodigieux a été contesté par quelques-uns de plus illustres historiens dont le Franciscain Bernardino de Sahagún qui voyait là une renaissance de l'idolâtrie.

Il y a généralement une messe toutes les heures avec procession de pèlerins. À l'extérieur, il n'est pas rare de voir ces derniers franchir l'esplanade à genoux en empruntant les chemins de pierre volcanique ou de marbre. Les offices du dimanche ou des jours de fête sont très impressionnants.

■ En repassant devant la basilique coloniale, vous visiterez encore l'ancienne **église des Capucines**, convertie en église paroissiale, le **musée d'Art religieux** ( Museo de la Basílica de Guadalupe ; *ouv. de 9 h à 16 h*), qui renferme une partie du trésor de la basilique et de nombreux ex-voto, l'ancienne église paroissiale, dite **Capilla de los Indios**, à la sobre façade, et enfin la **Capilla del Pocito★**, petite chapelle baroque du XVIIIe s. à la coupole revêtue d'azulejos, également l'objet des dévotions des pèlerins, qui s'y rendent afin de remplir des bouteilles, ou de boire l'eau du puits miraculeux qui aurait surgi sous les pas de la Vierge, lors de sa quatrième apparition.

**Par une coïncidence assez curieuse, la colline de Tepeyac avait été surmontée, avant la Conquête, par un temple consacré à la déesse-mère aztèque Tonantzin, ce qui, sans aucun doute, contribua à la ferveur que témoignèrent les Indiens à l'image de la Vierge de Guadalupe.**

Vous gravirez ensuite la colline de Tepeyac, transformée en parc, où se dresse un monument en forme de voilier, colossal ex-voto consacré à la Vierge de Guadalupe par des marins qui échappèrent à une terrible tempête. Sur l'esplanade établie au sommet (belle vue sur la ville si la pollution ne brouille pas le paysage) se trouve la **Capilla del Cerrito**, construite à l'endroit où la Vierge apparut à Juan Diego ; elle renferme des peintures murales de Fernando Leal retraçant l'histoire de ce miracle.

**Après la visite de la basilique, si vous désirez vous rendre aux pyramides de Teotihuacán (→ *p. 339*), reprendre le métro jusqu'à Deportivo 18 de Marzo (anciennement Basílica ; ligne 6, direction El Rosario) ; de là, prendre la ligne 3 jusqu'au terminus Indios Verdes. À la sortie du métro, demander l'arrêt de bus Pirámides : cars toutes les demi-heures pour Teotihuacán.**

Sur le côté E. de la colline, remarquez une belle cascade artificielle qui sert de cadre à une représentation sculpturale de la vision de Juan Diego, plus grande que nature.

# 10 Colonia Roma★, Colonia Condesa★

**Depuis quelques années, on assiste à la renaissance des Colonias Roma et Condesa, deux quartiers de Mexico situés immédiatement au S. de la Zona Rosa et séparés l'un de l'autre par l'Avenida Insurgentes. Répondant à Coyoacán et San Ángel, ce sont les nouveaux lieux en vogue de la capitale, les endroits où il faut habiter si l'on est jeune et branché ou si l'on veut montrer un certain standing. Dépourvus de monuments notables – et donc à l'écart des foules touristiques –, ils offrent cependant quelques exemples intéressants d'architecture du début du XXe s. et une multitude de restaurants et bars à la mode.**

## Une Vierge qui se multiplie

Les apparitions de la Vierge de Guadalupe sont endémiques au Mexique. Les fidèles l'ont vue sur un réservoir de gaz au N. de la ville, sur une palme à Cuautla, dans le sang d'une rixe dans le Morelos, sur un étal de fruits au marché Sonora. En juin 1997, son apparition a même interrompu le service de la ligne 1 du métro de Mexico : une fuite d'eau dans le sol en avait dessiné les contours. Sur la place de Coyoacán, son image s'est « incrustée » pendant plusieurs semaines.

**Accès** : la station de métro Insurgentes (ligne 1) se trouve aux portes de la Colonia Roma. Depuis la Zona Rosa, suivre la Calle Niza *(plan V, B2)*, traverser Insurgentes et Chapultepec, puis entrer dans la Colonia Roma par la Calle Orizaba, qui aboutit à l'Avenida Álvaro Obregón.

**Combien de temps** : compter 2 h plus le temps d'un repas dans l'un des restaurants à la mode.

**Se déplacer** : les Colonias Roma et Condesa peuvent se visiter à pied mais il faut utiliser les transports en commun (à partir de l'avenue Insurgentes, en direction du S.) pour rejoindre le World Trade Center.

■ **COLONIA ROMA SUR**★. Ce quartier est avec celui de la Condesa l'un des anciens « beaux quartiers » de la ville. Il fut construit dans les années 1920 dans un style néoclassique européen et a conservé son cachet d'autrefois grâce à l'instabilité du sous-sol qui a empêché toute construction de grande hauteur. Fortement secoué lors du séisme de 1985, il s'est depuis remis de ses frayeurs ; c'est le dernier endroit où l'on cause et où l'on se donne rendez-vous.

L'**Avenida Álvaro Obregón**, l'artère principale de la Colonia Roma, est une belle promenade plantée d'arbres centenaires et agrémentée de nombreuses statues, où se succèdent des bistrots dont la spécialité est le *bisquet*, une sorte de biscuit-brioche que les Mexicains trempent dans leur café au lait en guise de repas du soir. Elle conduit à la **Casa Lamm**★★ *(dans ce bâtiment, le bistrot* Las Flores del Mal *offre une bonne carte et des vins à des prix tout à fait accessibles ; Álvaro Obregón 99 ; ouv. de 10 h à 19 h)*, une maison du début du siècle (1911) construite pour l'épouse d'un riche aristocrate et représentative d'une architecture en vogue au début du XX^e^ s., où l'influence européenne – et en particulier française – se fait nettement sentir. La Casa Lamm abrite aujourd'hui un centre culturel où se donnent rendez-vous les intellectuels de la capitale; les expositions de peinture et de sculpture y sont permanentes et elle possède une excellente librairie d'art. Elle organise également des cours, des séminaires, des conférences et autres tables rondes largement ouverts au public.

*En suivant l'Avenida Álvaro Obregón vers l'O., vous traverserez Insurgentes Sur pour pénétrer dans le quartier de la Condesa.*

■ **COLONIA CONDESA**★. Autre endroit désormais réputé de la capitale, le quartier de la Condesa regroupe nombre de restaurants à la mode ; la plupart sont situés près du **Parque España**.

Sur Mazatlán, à l'angle de Veracruz, se dresse l'**édifice Condesa**, symbole du quartier, ancienne habi-

## Sur la route avec Kerouac

C'est au n° 212 de la Calle Orizaba, dans la Colonia Roma, que Jack Kerouac s'installe lors de son séjour mexicain en 1955-1956. L'un des principaux écrivains et poètes de la *Beat Generation* avec Allen Ginsberg et William Burroughs, leur aîné, a déjà mis en scène le Mexique à la fin de son œuvre majeure, *Sur la route*. Désormais, il arpente les rues, erre dans le quartier San Juan de Letran, se promène place Garibaldi, traîne dans les bars, dérive entre alcool et marijuana, dévore *tacos*, *tortillas* et autres « bouchées de feu ». Il transcrira ses impressions sous forme de poèmes dans *Mexico City Blues* et dans son roman *Tristessa* : « Les jeunes Mexicains se déplacent en groupe, ils déambulent dans la rue des filles, cheveux dans les yeux, ivres, *borrachos*, des brunes aux longues jambes, moulées dans leurs robes jaunes, les agrippent au passage. »

tation destinée à une classe moyenne naissante, et où vit maintenant le gotha intellectuel du N. de la ville. Au carrefour formé par Mazatlán, Veracruz et Durango se trouve le **Paquebot**, curieux édifice du début du XX$^{e}$ s., ainsi nommé pour sa forme oblongue. C'est là que vécut la féministe italienne Tina Modotti, compagne du photographe américain Edward Weston puis du révolutionnaire communiste Victorio Vidali. Le Paquebot abrite aujourd'hui une galerie d'art contemporain.

►En suivant (en taxi ou en *pesero*) l'Av. Insurgentes vers le S. depuis les Colonias Roma ou Condesa, on rejoint le **World Trade Center** *(entrée sur l'Av. de las Naciones, perpendiculaire à Insurgentes ; plan I, B3)*, un édifice que tous les Mexicains connaissent sous le nom de **Gran Hotel de México**. Cette énorme tour bleue (54 ha de vitres), édifiée dans les années 1960 et qui n'a jamais été terminée, fut longtemps le symbole de la corruption politique. C'est aujourd'hui un centre d'affaires important, siège de nombreuses entreprises internationales. Plusieurs radios FM et une chaîne de télévision y sont installées, profitant d'un puissant émetteur placé au sommet de l'édifice. Au 45$^{e}$ étage, vue panoramique sur la ville depuis le très chic restaurant giratoire *Le Bellini* (possibilité de boire un verre au bar *Windows*) ; spectacle impressionnant de jour comme de nuit.

Au pied de cet imposant édifice se trouve le **Poliforum Cultural Siqueiros** *(Insurgentes Sur 275, à l'angle de Filadelfia ; ouv. t.l.j. de 10 h à 19 h)*, étrange construction qui fut dessinée en 1970 par David Alfaro Siqueiros. Extérieurement, le Poliforum est un bâtiment dodécagonal dont chaque face (250 m$^{2}$) est décorée de fresques où l'artiste n'a pas caché ses positions marxistes. Son prosélytisme politique s'affiche à travers une totale domination de constructions plastiques non conformistes. L'espace est occupé dans les trois dimensions, et Siqueiros a joué sur l'optique et la cinétique de manière à rendre vivante son œuvre : lorsque le spectateur se déplace, les carrés deviennent trapèzes, les droites se courbent, les parallèles convergent. Ce *dodecagona* est complété par une spectaculaire peinture murale intérieure.

À proximité (entre San Antonio et Holbein) se trouvent les **arènes de Mexico** (Plaza de Mexico), les plus grandes du monde (40 000 places). Malheureusement, les corridas *(du 12 déc. à fin mars)* sont de moins en moins bonnes, faute d'élevages de qualité.◄

**À Condesa, la tentation de manger ou de boire un verre sur les terrasses passe inévitablement par les restaurants *La Fonda San José*, Fernando Montes de Oca 42 (☏ 52-11-95-64), *La Tecla*, Durango 186-A (☏ 55-25-49-20) ou l'un des restaurants situés à l'angle de Michoacán et de Campeche.**

## Tina Modotti la révolutionnaire

Tina Modotti (1896-1942) est née dans la petite ville d'Udine, au N.-E. de l'Italie, dans une famille pauvre. En 1913, elle part à la conquête des États-Unis et séduit par sa beauté les studios de cinéma. Devenue actrice du muet, elle rencontre le photographe américain Edward Weston qui en fait sa maîtresse et son modèle (il laissera des nus éblouissants de son égérie) tout en l'initiant à son art. En 1923, ils partent vivre à Mexico mais se séparent trois ans plus tard. Restée seule au Mexique, Tina Modotti se lie avec les artistes et les intellectuels du moment : Liz Arzubide, Diego Rivera, Frida Kahlo, Siqueiros. Engagée fermement à gauche, elle est expulsée du Mexique en 1930. Sur le bateau du retour, elle rencontre Victorio Vidali, un homme de Staline chargé des basses besognes du Parti. Avec lui, elle se rend en URSS, puis en Espagne où elle prend part à la guerre civile (Secours rouge). En 1939, le couple revient au Mexique. Dans l'isthme de Tehuantepec, Tina Modotti réalise alors ses photos de femmes tehuanas qui la rendront célèbre. Disparue en 1942, la Pasionaria italienne repose au Panteón de Dolores (Constituyentes, 2$^{e}$ section du parc de Chapultepec). Diego Rivera l'a peinte dans son *Corrido de la Revolución* (exposé au Secretaría de Educación Pública), Pablo Neruda, Rafael Alberti et Antonio Machado l'ont immortalisée dans leur poésie.

# 11 San Ángel★★

**À ne pas manquer**



**Cet ancien village est le quartier le plus chic de la capitale. Bordées de vieilles demeures coloniales ou de maisons modernes dessinées par les meilleurs architectes, les rues sont encore pavées et pleines de la fraîcheur des arbres immenses qui débordent des propriétés. Dans cette tranquillité vivent les grands noms du Mexique, les artistes renommés ou les politiciens de la Révolution.**

**Accès** : San Ángel *(plan VI, A2)* se trouve à environ 8 km S. du Paseo de la Reforma. Il n'y a pas de station de métro proche. Depuis le Paseo de la Reforma ou depuis la Zona Rosa, le mieux est de prendre sur Insurgentes Sur un *pesero* indiquant C. U. ou San Ángel et de descendre au Parque de la Bombilla ; remonter ensuite à pied l'Avenida La Paz qui conduit jusqu'à l'Avenida Revolución où se trouve le couvent del Carmen. Depuis la station de métro Chapultepec, prendre un *pesero* indiquant San Ángel et descendre après le marché aux fleurs, devant le couvent del Carmen.

**Combien de temps** : comptez une matinée que vous terminerez par un déjeuner dans l'un des nombreux restaurants du quartier.

**Se déplacer** : la promenade dans les petites rues de San Ángel se fait à pied.

**À l'époque préhispanique, San Ángel s'appelait Tenanitla, « au pied de la muraille de pierre », allusion au *pedregal*, le champ de lave tout proche sur lequel est construite l'université.**

**Il y a encore une vingtaine d'années, San Ángel et Coyoacán (→ *ci-dessous*) étaient séparés du reste de la ville par des grands espaces non construits. Cet isolement leur a permis de conserver leur identité et leur caractère. Aujourd'hui, ces deux quartiers sont animés surtout le samedi et le dimanche, lorsque marché d'artisanat, animations culturelles, expositions de peinture et de sculpture attirent la foule bigarrée des promeneurs.**

■ **EX-CONVENTO DEL CARMEN★★** *(Av. Revolución 4 et 6 ; plan VI, A2 ; ouv. t.l.j. sf lun. de 10 h à 17 h)*. Fondé en 1615 et consacré à San Angelo Mártir, qui donna son nom au quartier, il constitue un bon exemple d'architecture religieuse provinciale du début du XVII$^e$ s. Dans la crypte sont exposés les corps momifiés de moines encore revêtus de leur robe de bure ou de leurs vêtements sacerdotaux. La cour, agréablement ombragée, est ornée d'une belle fontaine recouverte d'azulejos. Le couvent abrite un petit **musée** d'art religieux et d'objets de la période coloniale.

Dans l'église attenante, décorée à l'intérieur d'azulejos de Talavera, on verra des tableaux de Cristóbal de Villalpando dans la travée qui précède le chœur *(Présentation au Temple, Épousailles de la Vierge)*, dans l'antichambre de la sacristie *(Saint Joseph et l'Enfant Jésus)*, dans la sacristie, au plafond à caissons, et dans l'escalier. À l'extérieur, notez le contraste entre la sobre façade Renaissance et la grande coupole décorée d'azulejos qui fut rajoutée au XVIII$^e$ s.

En face du couvent s'élève le **Centro Cultural de San Ángel** (expositions et spectacles parfois intéressants, centre d'information touristique).

*Suivre la Calle Amargura, où se succèdent de belles demeures.*

On longe la **Casa del Mayorazgo de Fagoaga**, maison du XVIIIe s. qui appartint à un argentier, Francisco Fagoaga, puis la **Casa del Mariscal de Castilla**, qui présente une belle façade du XVIIIe s. Juste après, une impasse, la Cerrada de la Amargura, donne accès à une jolie petite place, pavée de gros galets, où se dresse une croix d'époque coloniale. À l'extrémité de la rue Amargura s'élève la **Casa del Obispo Madrid** (XVIIIe s.), qui fut la propriété du docteur Joaquín Fernández de Madrid, évêque de Tanagra. C'est aujourd'hui une maison d'artisanat et un café-restaurant.

■ **PLAZA DE SAN JACINTO★** *(plan VI, A2 ; la* Fonda San Ángel, *Plaza San Jacinto 3 (☏ 55-50-16-41), est le meilleur restaurant du quartier)*. Sur cette place se trouve le **Bazar del Sábado★** *(ouv. le sam. de 10 h à 20 h)*, qui réunit dans une ambiance colorée et gaie commerçants, artisans, artistes et visiteurs. Un centre d'art et d'artisanat installé dans une belle demeure du XVIIe s. propose la plupart des produits de l'artisanat mexicain ainsi que des œuvres d'art moderne.

Sur le côté N. de la place s'élève le **Museo de la Casa del Risco** (ou Centro Cultural Isidro Fabela ; *ouv. t.l.j. sf lun. de 10 h à 17 h ; entrée libre*), palais du XVIIIe s. où sont exposés des tableaux de l'époque coloniale et des écoles française, italienne et espagnole. Dans la cour centrale, ne pas manquer la superbe fontaine qui a donné son nom à la demeure. Elle est en effet couverte de *talaveras* de Puebla et de porcelaines de Chine et du Japon ; ce mélange de céramiques de diverses provenances était appelé « Risco ».

À l'extrémité de la rue Amargura, sur Juárez, se dresse l'église du **couvent San Jacinto**, fondé vers la fin du XVe s. par les Dominicains.

**Sur la Plaza de San Jacinto, la place du Tertre de Mexico, les peintres du dimanche viennent exposer leurs œuvres. L'endroit est très prisé par les touristes et les Mexicains aisés.**

**Mexico VI : San Ángel-Coyoacán**

*En sortant du jardin de l'église, prendre à g. dans la Calle Juárez, que prolonge, au-delà de la première rue transversale, la Calle Hidalgo.*

En suivant cette petite rue pavée de gros galets, vous passerez devant la **Casa Posadas** *(n° 1)*, du XVIIIe s., puis devant la **Casa Blanca** *(n° 43)*, autre belle demeure de style colonial.

*Revenir sur ses pas jusqu'à la Calle Arbol que l'on suit à g. ; cette rue devient la Calle Reyna. Prendre ensuite à g. la Calle Lazcano.*

Dans cette rue se trouve la **Casa de los Delfines** *(n° 18)*, belle résidence du XVIIIe s. qui s'élève dans un jardin planté d'essences exotiques.

*La Calle Lazcano débouche sur le rond-point du « San Ángel Inn ».*

■ **MUSEO ESTUDIO DE DIEGO RIVERA**★ *(Diego Rivera 2 ; plan VI, A2 ; ouv. t.l.j. sf lun. de 10 h à 18 h)*. Il est installé dans la maison où le peintre vécut en compagnie de Frida Kahlo. Au rez-de-chaussée, salle d'expositions temporaires. À l'étage, atelier de l'artiste, présentation de ses objets personnels et de quelques toiles dont les fameux Zapata.

En face du musée, le ***San Ángel Inn***★★ est un restaurant de luxe qui occupe une ancienne hacienda du XVIIe s. (hacienda de Goycoechea) ; n'hésitez pas à entrer, les consommations sont tout à fait abordables et les petits déjeuners exquis.

*Depuis le musée, redescendre Altavista jusqu'à Revolución (10 mn).*

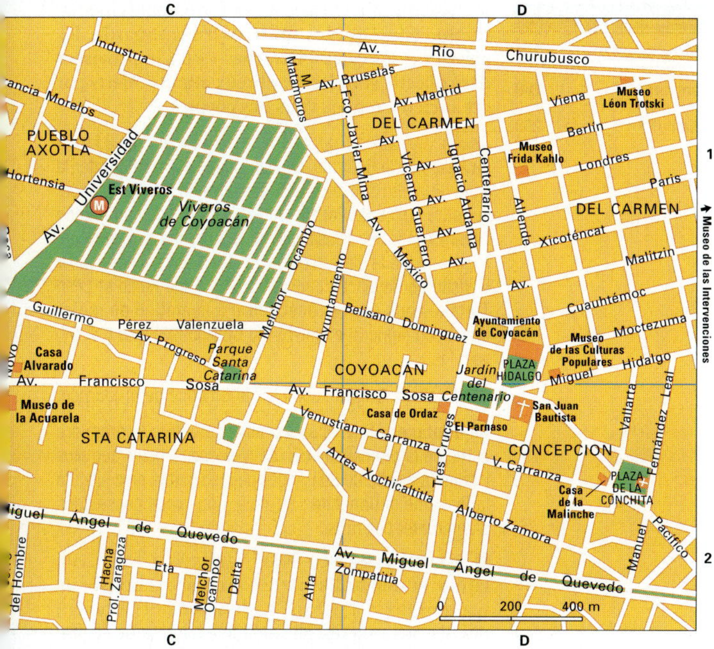


■ **Museo de Arte Carrillo Gil**★ *(Av. Revolución 1608, à l'angle du Camino Desierto de los Leones de Revolución et d'Altavista ; plan VI, A2 ; ouv. t.l.j. sf lun. de 10 h à 18 h)*. Intéressant musée d'art moderne qui renferme une collection de peintures et de sculptures réalisées par des artistes parmi les plus réputés : Rouault, Kandinsky, Paul Klee, Picasso, Nishizawa, Rodin, et d'autres moins connus, comme Gunther Gerzho ou Wolfgang Paalen qui ont introduit le surréalisme au Mexique. Le musée abrite aussi de nombreuses toiles de peintres nationaux – Orozco, Siqueiros, Rivera –, ainsi qu'une collection de toiles de peintres mexicains contemporains.

**Après la promenade dans San Ángel, les plus courageux (ou les plus pressés) pourront partir à la découverte de Coyoacán, un autre quartier traditionnel de Mexico *(→ ci-dessous)*, ou bien encore aller visiter la cité universitaire *(→ p. 272)*, réputée pour ses bâtiments des années 1950 décorés par de célèbres muralistes mexicains.**



## 12 Coyoacán★★★

**Aujourd'hui partie intégrante de la mégapole, Coyoacán est resté un quartier bohème où il fait bon flâner pour débusquer le souvenir de Frida Kahlo, Diego Rivera et Léon Trotski. Du fait de la proximité de la Ciudad Universitaria, il est l'un des lieux les plus prisés des intellectuels qui débattent sans fin au Jardín del Centenario et à la**

terrasse du café *El Parnaso*. La formidable cinémathèque *Cineteca*, les théâtres d'avant-garde, les galeries et les cafés « branchés » où s'improvisent des concerts sont les nombreux attraits offerts par cet ancien « rendez-vous des coyotes ».

**Accès** : Coyoacán *(plan VI, D1)* se trouve à environ 8 km S. du Paseo de la Reforma. Le plus simple est d'emprunter la ligne de métro 3 jusqu'à la station Viveros ; de là, rejoindre la petite église de Panzacola *(plan VI, B1)* où commence l'Avenida Francisco Sosa, qui mène au centre de Coyoacán, c'est-à-dire à la Plaza Hidalgo. Si vous désirez commencer la visite de Coyoacán par les musées Frida Kahlo et Léon Trotski, vous pouvez descendre à la station de métro Coyoacán (ligne 3) et suivre Río Churubusco *(plan VI, D1)* vers l'E.

**Combien de temps** : comptez une bonne demi-journée.

**Se déplacer** : Coyoacán est assez étendu ; la première partie de la promenade décrite ci-dessous, beaucoup plus longue que celle de San Ángel, peut se faire à pied jusqu'à la Plaza de la Conchita ; au-delà, nous vous conseillons d'emprunter des taxis.

■ **AVENIDA FRANCISCO SOSA★★** *(plan VI, CD2)*. Cette étroite et tranquille artère coloniale est bordée de maisons des XVIIe et XVIIIe s., dont certaines arborent des blasons sculptés. Elle débute à hauteur de l'église de **San Antonio de Panzacola** *(plan VI, B1)*, un édifice tout simple mais non dénué de grâce (XVIIe s.) près duquel se trouve un petit pont d'époque coloniale.

Un peu plus loin à dr., dans Salvador Novo *(n° 88)*, petit **musée de l'Aquarelle mexicaine** *(ouv. du mar. au sam. de 11 h à 18 h)* consacré à des œuvres du XIXe s. à nos jours. Une salle est également réservée à la présentation d'œuvres internationales. À g., remarquez la **Casa Alvarado** et la **Casa Alvaradito** (XVIIIe s.), deux maisons presque jumelles.

On longe ensuite la **Plaza Santa Catarina★**, l'une des plus jolies placettes de Coyoacán, qui abrite une charmante chapelle du XVIIIe s. Au n° 383, la **Fondation Octavio Paz** *(entrée libre)* propose des expositions de photos sur des thèmes littéraires.

■ **JARDÍN DEL CENTENARIO★** *(plan VI, D1-2)*. Cette place et la Plaza Hidalgo attenante forment le Zócalo de Coyoacán. Toujours animée, elle est bordée de galeries, de cafés et de marchands de glaces ; le lieu le plus en vogue est le **café-librairie *El Parnaso*★** où se donnent rendez-vous les intellectuels vivant dans le quartier. À remarquer la fontaine aux Coyotes et la **Casa de Ordaz**, du nom d'un capitaine de Cortés, élevée en fait au XVIIIe s.

■ **Plaza Hidalgo** *(plan VI, D1)*. Ornée d'une statue d'Hidalgo, elle prend un air délicieusement provincial lorsque l'orphéon municipal vient jouer sous le kiosque le dimanche. Au fond se dresse **San Juan Bautista★**, une église dominicaine édifiée au XVIe s. mais qui a été restaurée de nombreuses fois. De l'édifice originel, il ne demeure que la belle façade de style plateresque. C'est l'une des plus anciennes églises de Mexico. À l'intérieur, en entrant à g., superbe chapelle baroque de la Santísima.

L'**Ayuntamiento**, le palais municipal (côté N. de la place), aurait été, selon la tradition, le palais d'Hernán Cortés. En réalité, cette belle demeure de 1756 a été construite avec les pierres de la maison du conquistador qui se trouvait en face, le long de l'église. Le bâtiment, longtemps propriété de la famille de Cortés, porte à l'entrée le blason que Charles IV d'Espagne avait accordé à Coyoacán.

**Fondée par les Toltèques, la petite cité-État de Coyoacán dont le nom en náhuatl signifie le « rendez-vous des coyotes », fut annexée par les Mexicas en 1430. Cortés y élut résidence avant et après le siège de Tenochtitlán. C'est là qu'il retint prisonnier et fit mettre à mort l'empereur Cuauhtémoc et le roi de Tlacopan.**

Dans le **Museo de las Culturas Populares** *(Hidalgo 289, juste à côté de la place ; plan VI, D1 ; ouv. du mar. au jeu. de 10 h à 18 h, ven. et sam. de 10 h à 20 h ; entrée libre)*, une belle maison peinte en rose et blanc, sont organisées des expositions consacrées à la culture populaire mexicaine.

*Continuer sur Hidalgo jusqu'à la Calle Vallarta que l'on prendra à dr.*

■ **Plaza de la Conchita★★** *(plan VI, D2)*. Sur cette ancienne place de la Concepción, la plus charmante place de Mexico, Cortés aurait fait construire la **Casa Colorada** pour la Malinche, qui fut son interprète et sa première femme. La demeure *(fermée au public)* que l'on voit encore à l'angle O. de la place remonte en fait au XVIIIe s. La **Capilla de la Purísima Concepción**, affectueusement appelée « la Conchita » par les habitants, est de style churrigueresque (XVIIIe s.). Elle a été élevée sur les restes d'une chapelle édifiée pour que des nonnes prient pour le salut de l'âme de Cortés et de ses descendants. C'est dans cet oratoire que se déroulent aujourd'hui les grands mariages bourgeois.

**À ce stade de la visite, nous vous conseillons de prendre un taxi pour rallier les musées Frida Kahlo et Léon Trotski.**

■ **Museo Frida Kahlo★★** *(Londres 247 ; plan VI, D1 ; ouv. t.l.j. sf lun. de 10 h à 18 h)*. C'est dans cette maison bleu indigo soulignée de rouge que naît Frida Khalo (1910), fille d'un photographe spécialiste des portraits de familles bourgeoises. À l'âge de seize ans, elle est victime d'un terrible accident qui la laissera handicapée pour le restant de sa vie. C'est au cours de sa longue convalescence qu'elle se met à peindre. En 1928, elle épouse le muraliste communiste Diego Rivera qui s'installe dans sa demeure. Les deux artistes reçoivent alors chez eux de nom-

**Les œuvres de Frida Khalo trouvent leur source dans l'art populaire, l'histoire et la mythologie du Mexique : s'inspirant de la sculpture précolombienne, des représentations votives de l'époque coloniale, des poupées et des jouets traditionnels comme de la végétation mexicaine, elles s'imposent par un symbolisme puissant, un hiératisme « naïf » et une vigueur chromatique. Frida Kahlo est le peintre de la douleur et de la mort. Portraits et autoportraits semblent autant d'ex-voto terrifiants.**

**L'ancienne demeure de Frida Khalo, aujourd'hui transformée en musée.**

breux intellectuels, en particulier André Breton et Léon Trotski, l'amant occasionnel de Frida, délaissée par son mari. À la mort de celle-ci en 1954, Diego Rivera fera don à l'État mexicain de la maison, qui sera transformée en musée. De pièces en atelier, on a disposé souvenirs, objets personnels (vêtements, lettres, etc.), des objets précolombiens ou de l'artisanat populaire (bijoux, statue de carnaval, céramiques dans la cuisine) collectionnés par le couple. Quelques dessins d'Orozco, un Marcel Duchamp, un Paul Klee et un José María Velasco, ainsi que quelques tableaux de Diego Rivera et de la maîtresse de maison elle-même. On y voit notamment deux tableaux peints l'année de sa mort, témoignage de son revirement stalinien : un autoportrait auprès du portrait de Staline et un autre la montrant guérie de ses douleurs par Karl Marx.

■ **MUSEO CASA DE LÉON TROTSKI★** *(Río Churubusco 410 ; plan VI, D1 ; ouv. t.l.j. sf lun. de 10 h à 17 h).* Entre 1929 et 1937, Léon Trotski fuit la police de Staline. En janvier 1937, invité par Diego Rivera, il finit par trouver refuge au Mexique où le président Lázaro Cárdenas lui accorde un statut de réfugié. Il s'installe avec son épouse Natalia Sedova à Coyoacán, au n° 45 de la Calle Viena. Après un premier attentat le 24 mai 1940 auquel participe le

## André Breton au Mexique

En février 1938, le ministère des Affaires étrangères français, sur l'intervention de Saint-John Perse, propose à André Breton de se rendre au Mexique pour donner des conférences sur l'art et la littérature française. Il s'embarque à Cherbourg sur le paquebot *Orinoco*, accompagné de sa femme Jacqueline. Le 18 avril, tous deux sont accueillis à Veracruz par Diego Rivera et Frida Kahlo qui leur offrent l'hospitalité dans leur maison de Coyoacán. Ils séjournent au Mexique pendant quatre mois, rencontrent toute l'intelligentsia, se lient d'amitié avec le peintre Murillo.

Breton donne une première conférence à l'université sur « L'art et le surréalisme », mais la Ligue des écrivains et artistes révolutionnaires (LEAR) annonce un boycott du poète français. En mai, malgré des divergences d'opinion sur la psychanalyse, Breton accepte de rencontrer Léon Trotski. Accompagné de Diego Rivera, il se rend à Erongaricuaro, sur les bords du lac de Pátzcuaro. C'est ici qu'ils élaborent le manifeste « Pour un art révolutionnaire indépendant », affirmant le caractère inaliénable de la création artistique (pour des raisons tactiques et politiques, ce manifeste ne sera signé que par Breton et Rivera).

Au cours de ce voyage, Breton rend hommage au surréalisme intuitif de Frida Kahlo ainsi qu'à l'œuvre de Diego Rivera qu'il trouve engagée, pleine de symbolisme et de sens social.

muraliste David Alfaro Siqueiros, Trotski fait fortifier la maison et renforcer sa sécurité. Seuls les gardes et les amis sont admis. Parmi eux, un certain Ramón Mercader, agent de Staline, infiltré de longue date. Le 20 août 1940, pendant que Trotski étudie un dossier, celui-ci lui assène un coup de piolet sur la tête. Le révolutionnaire meurt le lendemain. Natalia restera dans cette maison jusqu'en 1962, date où elle sera fermée. En 1975, Esteban Volkow, son petit-fils y ouvre le musée Léon Trotski qui sera transformé ensuite en Institut du droit d'asile.

À l'intérieur, vous trouverez la maison telle qu'elle était le jour de l'assassinat : la bibliothèque, les objets personnels de Trotski, les traces de balles du premier attentat. Dans le jardin, sa tombe avec le drapeau rouge. À l'entrée, poème de Pablo Neruda sur l'exil et trois fresques du peintre Vlady Kilbachich, fils de Victor Serge, anarchiste français auteur de *Minuit dans ce siècle*, ami de Trotski et qui s'était lui aussi réfugié au Mexique dans les mêmes années.

■ **MUSEO DE LAS INTERVENCIONES** *(ex-Convento de Churubusco ; Calle 20 de Agosto ; hors plan VI par D1, plan II, C2 ; accès en métro : station General Anaya, ligne 2 ; ouv. t.l.j. sf lun. de 9 h à 18 h)*. L'ancien couvent Churubusco, fondé peu après la Conquête par les Franciscains mais reconstruit au XVII^e s., fut transformé en fort durant l'invasion nord-américaine de 1847 et défendu héroïquement par les troupes du général Anaya. Les dix-sept salles du couvent abritent un musée historique (pour férus d'histoire) qui retrace à l'aide de documents, photographies, tableaux et armes, les guerres menées par les Mexicains contre les puissances étrangères. On y évoque la guerre d'Indépendance (1810-1821) suivie de l'intervention espagnole, la guerre avec les États-Unis (1836-1848), l'ingérence française (1861-1867) et la période révolutionnaire jusqu'en 1910.

▶En taxi, on peut rejoindre le **Museo Diego Rivera-Anahuacalli**★★ *(Calle del Museo 150 ; plan VI, C2 ; ouv. t.l.j. sf lun. de 10 h à 18 h)*. Installé dans une étrange construction pyramidale (1944) en pierre volcanique imaginée par Diego Rivera, il renferme l'immense collection d'antiquités précolombiennes (plus de deux mille pièces) léguées à l'État par l'artiste un peu avant sa mort, en 1957. Réparties sur trois étages, les collections comprennent surtout des figurines, de la céramique, des sculptures, ces dernières datant essentiellement de la période aztèque. La région de l'Occident du Mexique est particulièrement bien représentée, avec de nombreuses pièces de céramique anthropomorphes et zoomorphes de

*« Réellement, je ne sais si mes peintures sont ou non surréalistes, mais ce dont je suis sûre, c'est qu'elles sont la franche expression de moi-même, sans jamais prendre en considération ni le jugement ni les préjugés des autres. J'ai peint peu, sans le moindre désir de gloire, ni d'ambition, avec la conviction, avant tout, de me faire plaisir. »*

Raquel Tibol, *Frida Kahlo, une vie ouverte.*

*« Aux poètes et aux artistes mexicains qui ont le privilège d'exprimer le lieu du monde où la nature est la plus ardente et de traduire un des plus hauts efforts historiques de l'homme pour plus de conscience et de liberté, j'adresse mon salut fraternel et je livre ma joie d'aller surprendre à son origine même le secret de son génie. »*

André Breton (extrait du discours qu'il prononça à son arrivée au Mexique).

*« Les trois pays avaient pour le Mexique des sentiments très cordiaux mais chacun d'eux avait besoin d'une petite dose de pétrole, de minerai d'argent, de coton ou de territoires côtiers pour panser certaines plaies. Tous étaient du reste opposés aux méthodes diplomatiques et préféraient traverser la mer pour lever chacun leur part de butin. »*

B. Harding, *Maximilien 1832-1867*, Payot, 1935.

Colima, de Nayarit et de Jalisco. Vous y verrez encore des figurines de Tlatilco, de la Huasteca, de la région totonaque *(cajas sonrientes)*, etc. Dans le grand salon du premier étage, qui fut son atelier jusqu'à sa mort, sont exposés divers objets lui ayant appartenu, une esquisse de la fresque du Rockefeller Center de New York et un portrait inachevé daté du 24 août 1957.◄

# 13 Ciudad Universitaria*

**À ne pas manquer**



**L'Universidad Nacional Autónoma de Mexico (UNAM) compte une centaine de bâtiments disséminés sur 3 km². Ce campus où travaillent environ 180 000 étudiants a été construit dans les années 1950, sur un terrain recouvert en grande partie par les laves du volcan Xitle (El Pedregal). Des architectes, sous la direction de José García Villagran, Mario Pani et Enrique del Moral, et des artistes comme Juan O'Gorman et Siqueiros ont conjugué leurs talents pour édifier cet ensemble, symbole d'un Mexique moderne pour lequel l'éducation était un devoir primordial de l'État.**

## La grève étudiante de 1999

Le 7 février 2000, la police mexicaine intervient sur le campus universitaire pour mettre fin à une grève qui dure depuis plus d'un an ; 735 étudiants sont déférés en justice pour terrorisme, sabotage et mutinerie (ils encourent des peines allant jusqu'à quarante ans de prison), mais tous finissent par être libérés au bout de quelques mois. Ce conflit trouve son origine dans la politique néolibérale mise en place depuis la présidence de Miguel de la Madrid (1982-1988), sur recommandations de la Banque mondiale, politique qui a conduit à une diminution drastique des budgets alloués à l'éducation supérieure (– 8 % par an) et au développement des « universités de l'excellence », établissements privés, coûteux et réservés à l'élite mexicaine.

### ■ La plus ancienne université américaine

L'université de Mexico fut fondée le 25 janvier 1553 en vertu d'une autorisation accordée par le roi Philippe II, qui la subventionna. D'abord installée dans la résidence de Catalina de Montejo, près du site qu'occupe actuellement la cathédrale, elle fut transférée vers la fin du XVIe s. dans les locaux de l'hôpital de Jesús Nazareno, puis dans la résidence que Hernán Cortés s'était fait aménager sur l'emplacement du palais d'Axayácatl et enfin dans le bâtiment de l'ancien Conservatoire national de musique, au N. du Palais national, où elle fut maintenue jusqu'à la fin du XIXe s. Au cours du XIXe s., après l'accession du Mexique à l'indépendance, elle fut supprimée à plusieurs reprises, notamment en 1867, sous la présidence de Benito Juárez. Elle ne fut pas rouverte avant 1910, peu avant la chute de Porfirio Díaz. L'Université nationale de Mexico fut inaugurée le 22 septembre 1910. L'autonomie lui fut accordée en mai 1929 par Portes Gil. En 1946, le président Avila Camacho lui octroya les terrains situés sur le Pedregal de San Ángel. Les travaux de construction de la nouvelle cité universitaire débutèrent en 1950 et se terminèrent en 1955. De nos jours, l'UNAM souffre de surpopulation et d'un manque de crédits du fait des politiques libérales suivies par les gouvernements mexicains.

**Accès** : l'université *(plan II, B2)* est située à environ 10 km S. du Paseo de la Reforma, au S. de San Ángel. En métro, emprunter la ligne 3 jusqu'à la station Copilco ; celle-ci se trouve à 300 m de l'esplanade du campus. Depuis le Paseo de la Reforma ou depuis la Zona Rosa, prendre sur Insurgentes Sur un *pesero* indiquant C.U. Attention : la station Universidad, terminus de la ligne 3, est très éloignée des bâtiments qui sont à voir.

**Il n'y a pas ni restaurant ni cafétéria sur le campus. Vous pourrez trouver des petits restaurants à la station Copilco.**

**Combien de temps** : comptez 2 h.

■ **RECTORÍA★**. À l'entrée de la cité universitaire se dresse le rectorat, construit par les architectes Mario Pani, Enrique del Moral et Salvador Ortega. Le bâtiment a été décoré sur trois côtés de fresques réalisées avec du verre coloré par David Alfaro Siqueiros. Deux d'entre elles, *Le Peuple à l'Université* et *L'Université au Peuple* présentent d'importants reliefs qui se détachent de plus d'un mètre par rapport au mur lui-même.

■ **BIBLIÓTECA CENTRAL★★** *(au N.-E. du rectorat)*. Érigée selon les plans de Juan O'Gorman *(→ ill. p. 275)*, Gustavo Saavedra et Juan Martínez de Velasco, elle est formée d'un énorme prisme rectangulaire de dix étages reposant sur une haute base de deux étages. Les murs du prisme supérieur sont recouverts extérieurement de mosaïques de pierre exécutées par Juan O'Gorman. Elles représentent l'histoire du Mexique, synthétisée par trois périodes : préhispanique sur le mur N., coloniale sur le mur S., moderne sur le mur O. Quant au mur E., il montre la vision qu'a ce peintre de l'avenir du Mexique.

■ **AUDITORIO ALFONSO CASO** *(à l'E. du rectorat, de l'autre côté du jardin central)*. La façade de l'auditorium est décorée d'une mosaïque de verre exécutée par José Chávez Morado et représentant la conquête de l'énergie.

On doit au même artiste le **panneau de mosaïque** figurant le retour de Quetzalcóatl, visible au S. de l'auditorium. Quetzalcóatl, représenté sous les traits du dieu du Vent Ehécatl, et portant un masque en forme de bec d'oiseau, est entouré de divers personnages : un moine franciscain, un pharaon, un dieu hellénique, un souverain assyrien, un sage de l'Inde, un bouddha et un musulman, l'ensemble symbolisant l'interdépendance des diverses cultures du monde entier. Le glaive et les fers de lance plantés dans une structure pyramidale à l'arrière du vaisseau, entouré de flammes, exaltent la permanence de la civilisation et son triomphe sur la barbarie guerrière.

■ **FACULTAD DE MEDICINA** *(à l'E. de l'auditorium)*. Le bâtiment de l'école de médecine est orné d'une mosaïque exécutée par Francisco Eppens Huelguera.

▲ **Sur le Paseo de la Reforma, la tour élancée de la Bourse des valeurs, entièrement couverte de verre bleuté, manifeste le renouveau architectural de ces dernières décennies.**

# L'architecture contemporaine à Mexico

Sous l'égide du président – et architecte – Miguel Alemán (1946-1952), va s'affirmer à Mexico une culture urbaniste fortement teintée de nationalisme. Au style international succèdent des réalisations publiques qui offrent une synthèse intéressante entre modernité et tradition préhispanique. Du côté de l'habitat privé, Luis Barragán s'inspire des couvents et des maisons coloniales à patio et renoue avec la couleur éclatante et la matière brute dans un univers où le jardin conserve un rôle essentiel. Une modernité avant-gardiste, souvent critiquée par les Mexicains eux-mêmes, mais perçue comme éminemment novatrice par les étrangers.

## Fonctionalisme

Parmi les personnalités essentielles de l'architecture mexicaine, Mario Pani (1911-1992), fondateur de la revue *Arquitectura/Mexico* en 1938, est celui qui s'inscrit le mieux dans la tendance fonctionnaliste et structurale héritée du Bauhaus. En 1951, il conçoit et réalise avec Enrique del Moral le plan d'urbanisme de la cité universitaire et le bâtiment du rectorat – où il a d'ailleurs enseigné de 1940 à 1948. Les « superblocs » d'habitation, parmi lesquels les douze mille logements de Nonoalco-Tlatelolco, seront sa spécialité. Né en 1910 à Madrid, Félix Candela se distingue quant à lui par sa maîtrise du béton armé. En 1952, il achève à l'université le pavillon des Rayons cosmiques. Il apporte à cette œuvre des solutions dynamiques grâce à l'emploi de coques en béton d'une extrême minceur. Ses édifices monumentaux (Bourse de Mexico, 1954) et surtout ses églises, souvent réalisées en collaboration avec Enrique de la Mora – chapelle Nuestra Señora de la Soledad de plan rhomboïdal (1958 ; Avenida Universidad) ou Santa María de la Medalla Milagrosa (1959 ; sur l'Avenida Division del Norte à Coyoacán), en forme de coquille, participeront activement à sa reconnaissance internationale.

## Postcolombisme

Juan O'Gorman s'attellera lui aussi au grand projet universitaire. En admirateur de Le Corbusier, il réalise en 1952 la bibliothèque sur la base d'un parallélépipède massif, mais couvre les murs de motifs dont les couleurs éclatantes et l'absence de perspective évoquent les codex mixtèques. Agustín Hernández s'inspire également de la géométrie précolombienne en dessinant des édifices talutés, sortes de pyramides modernes, à Tlalpan (collège militaire, 1974) et au sein du quartier chic de Chapultepec. Avec le musée national d'Anthropologie (1964), en béton banché et en marbre,

▲ **Les murs aveugles de la bibliothèque de la cité universitaire sont animés d'une mosaïque de pierres naturelles créée par Juan O'Gorman.**

au patio central partiellement couvert d'un immense auvent en aluminium, Pedro Ramírez Vásquez rend hommage aux bâtisseurs d'Uxmal : « J'ai procédé comme un architecte maya qui aurait possédé l'acier, le fer et l'aluminium. »

## Les couleurs de la ville selon Barragán

En 1925, Luis Barragán entreprend en Europe un voyage initiatique. Le poète Ferdinand Bac, rencontré à Paris, lui ouvre les portes de l'art hispano-mauresque, notamment les jardins de l'Alhambra à Grenade. Cette plongée dans les traditions arabes et espagnoles l'amènera à une perception nouvelle de l'espace et de la nature. De retour au Mexique, Barragán réalise avec Rafael Urzua des immeubles d'habitation qui se distinguent par la variation des espaces intérieurs et extérieurs et le jeu des percées ou le dessin des escaliers.

À partir des années 1940, il se consacre essentiellement à la conception de plans d'urbanisme (El Pedregal de San Ángel à Mexico), sans pour autant délaisser les maisons et ateliers d'artistes. Dans ses nombreuses réalisations se manifeste toujours son goût pour les jardins, les patios, les jeux d'eau et de couleurs (Casa Ortega à Mexico, 1940). Dans ce pays à la lumière écrasante, l'architecte utilise des teintes saturées (rose magenta, bleu indigo), mais aussi le reflet dans les plans d'eau, les ombres sur les murs. C'est là, sans doute, ce qui donne à son œuvre toute sa force. L'une de ses plus belles réalisations, la Cuadra San Cristóbal (1968) se trouve au N. de Mexico.

## Le renouveau

Après dix ans de démolitions et de méfiance consécutives au séisme de 1985, les constructions monumentales reviennent en force. Ricardo Legorreta, architecte du superbe hôtel *Camino Real* de Mexico (1968), où il intègre aussi bien la peinture de Rufino Tamayo que la sculpture monumentale de Mathias Goeritz, participe aux projets Alameda et CNA. Le premier, ambitieux et contesté, est le réaménagement de l'énorme espace libre créé par les écroulements du centre-ville. Le second, au S. de la ville, est le Centro de la Imagen y de las Artes (CNA), une cité consacrée aux arts, inaugurée en 1995. Construit sur le site des studios de cinéma de Churubusco, ce lieu multiculturel est un dédale de tours de verre à fenêtres saillantes, de buildings orangés soulignés de pans de murs mauves et de céramique bleue.

▲ **Place des Trois-Cultures, Mexico. Les ruines préhispaniques de Tlatelolco sont intégrées dans un ensemble de bureaux et de logements modernes conçus par Mario Pani en 1964.**

Ce panneau forme une vaste composition avec, au centre, un triple visage symbolisant les trois sources de la civilisation mexicaine (le père espagnol, la mère indienne et, au centre, le fils métis). Ce motif est entouré de divers symboles, notamment du dieu de la Pluie Tláloc et du dieu du Feu Xiuhtecuhtli.

■ **ESTADIO OLYMPICO** *(en face du rectorat, de l'autre côté de l'Avenida Insurgentes ; plan II, A2)*. Ce stade de 40 000 places, siège du club de football universitaire Los Pumas, fut construit par les architectes Augusto Pérez Palacios, Jorge Bravo Jimérez et Raúl Salinas Moro. Il est décoré à l'extérieur de reliefs en pierre dus à Diego Rivera, qui illustrent l'histoire des sports au Mexique depuis l'époque préhispanique jusqu'à nos jours ; on y trouve également le blason de l'université avec l'aigle et le condor.

►Au S.-O. du stade s'étendent les **Jardínes del Pedregal de San Ángel**★★ *(accès par le Paseo del Pedregal ; plan II, A3)*, l'un des quartiers les plus intéressants de Mexico, tant d'un point de vue urbanistique qu'architectural. Le maître d'œuvre en fut Luis Barragán, émule de Le Corbusier, qui, à partir de 1939, s'intéressa particulièrement à l'environnement et aux jardins. Le terrain est une immense coulée de lave *(pedregal)* recouvrant une superficie d'environ 80 km$^2$ sur une épaisseur de 6 à 8 m, qui s'est crevassée et boursouflée sous l'action plus ou moins violente des gaz dégagés, en formant ainsi d'étranges paysages. L'éruption, provenant du volcan Ajusco (4 200 m), et plus particulièrement du Xitle, se produisit sans doute peu après le début de notre ère, détruisant notamment le site voisin de Cuicuilco *(→ ci-dessous)*. Plusieurs architectes dessinèrent les plans de ces premières villas modernes, au sein de jardins d'une surprenante beauté.◄

■ **CENTRO CULTURAL UNÍVERSITARÍO** *(depuis la cité universitaire, reprendre sa voiture ou un* pesero *sur Insurgentes en direction du S. Prendre la première sortie à dr., repérable grâce à une fresque bleu pervenche en azulejos ; plan II, B3)*. Élevé dans les années 1970, le Centre culturel universitaire est un grand bâtiment gris un peu austère qui fut conçu pour s'intégrer au mieux à la roche volcanique du lieu. Il abrite la Hemeróteca (bibliothèque des journaux), la Bibliothèque nationale, des salles de théâtre et de cinéma ainsi qu'une monumentale salle de concert, la Sala Nezahualcóyotl, réputée pour son acoustique et sa scène de pierre volcanique noire.

■ **EL ESPACIO ESCULTÓRICO**★★. En parcourant les jardins attenants, vous découvrirez cette œuvre en plein air conçue par Mathias Goeritz et cinq autres sculpteurs : des monolithes triangulaires de béton blanc sont disposés en cercle autour d'une mer de lave. Le contraste entre le désordre naturel de la roche, la violence figée de la lave noire et les formes géométriques et ordonnées des blocs est des plus saisissants. Le lieu devient apocalyptique les jours d'orage.

## 14 Cuicuilco

**Le site précolombien de Cuicuilco, aujourd'hui intégré à l'agglomération de Mexico, est daté de l'époque préclassique et connut son apogée vers 500 av. J.-C. Au cours du Ier s., il fut entièrement recouvert par une épaisse couche de lave provenant du volcan Xitle, et seule la partie supérieure d'une grande pyramide circulaire demeura visible. Bien qu'assez étendue, la cité est mal connue des archéologues qui entamèrent des fouilles à la dynamite en 1922, la grande pyramide subissant d'importants dégâts pendant l'opération.**

**Accès** : Cuicuilco *(plan II, B3)* est à environ 2 km S. de la Ciudad Universitaria, le long du Periférico Sur. L'entrée du site archéologique se trouve non loin du carrefour formé par

Insurgentes Sur et le Periférico.

**Visite** : ouv. t.l.j. de 9 h à 17 h.

■ **PIRÁMIDE**. Élevée sur une terrasse artificielle, et de forme presque circulaire, elle était la construction mésoaméricaine la plus importante de l'époque. Formée de quatre étages superposés, se dressant à près de 20 m de hauteur, elle a un diamètre d'environ 140 m. Les parements des massifs qui la composent présentent une inclinaison d'environ 45°. Les murs en talus que l'on peut voir aujourd'hui n'appartiennent pas au dernier état de la pyramide, car la majeure partie du revêtement extérieur fut détruite lors des fouilles sur une profondeur de 4 à 6 m, comme on le constate au pied du monument où l'empreinte du pourtour extérieur a été conservée dans la lave.

Deux escaliers diamétralement opposés et orientés selon un axe E.-O. permettaient d'accéder au sommet. Les quelques vestiges mis au jour sur la plateforme supérieure permettent de supposer l'existence d'un cinquième étage, aujourd'hui disparu, qui était surmonté d'une structure rectangulaire. On découvrit également des autels de forme elliptique qui s'élevaient sur le quatrième étage, avant l'érection du cinquième, et sur le troisième étage, avant que ne soit bâti le quatrième.

Au pied de la pyramide, au S.-O. de l'escalier occidental, se trouve une **construction circulaire** constituée de grandes dalles en pierre posées de chant mais légèrement inclinées de façon à supporter une couverture de pierre ; elles comportent encore des restes de dessins complexes peints en rouge.

■ **MUSEO DEL SITIO** *(ouv. t.l.j. sf lun. de 9 h à 17 h)*. Il renferme des pièces provenant de Cuicuilco et d'autres sites de la même époque notamment du Cerro de Tepalcate, d'Atzcapotzalco et de Tlapacoya, dans la vallée de Mexico, d'El Opeño (Michoacán), de Chupícuaro (Guanajuato), de sites huastèques, du golfe du Mexique, etc.

**Durant le préclassique récent (640-225 av. J.-C.), Cuicuilco semble être le siège du pouvoir central de la vallée de Texcoco, alors divisée en cinq unités dont Teotihuacán qui lui dispute l'hégémonie. Au cours du Ier s. apr. J.-C., Cuicuilco disparut sous une épaisse coulée de lave, « El Pedregal », et sa population se réfugia dans la cité rivale. Cet exode forcé sera la chance de Teotihuacán qui deviendra le plus vaste centre politique et commercial de l'époque classique.**

## 15 Xochimilco★★

**Les fameux « jardins flottants » sont l'attraction principale de Xochimilco (le « lieu des champs de fleurs »). En réalité, il ne reste que quelques kilomètres de canaux que l'on peut parcourir sur des barques à fond plat *(trajineras)* et qu'un ambitieux programme écologique tente de réhabiliter. L'intérêt de cette promenade ne réside donc pas tant dans le site lui-même que dans l'ambiance populaire et typiquement mexicaine qui règne sur ces**

**Attention, Xochimilco n'est plus un village, mais un quartier de cette immense mégapole qu'est Mexico. De fait, circulation dense, foule et bruit sont aussi au rendez-vous.**

**Les tarifs sont affichés et il n'y a pas lieu de payer davantage ; au contraire, et tout spécialement en semaine, discuter avec plusieurs « capitaines » pour les mettre en concurrence ; les prix sont de toute façon assez raisonnables.**

**canaux encombrés et bruyants, particulièrement en fin de semaine.**

**Accès** : à environ 20 km S.-E. du centre historique *(hors plan II par C3)*. En métro, prendre la ligne 2 jusqu'au terminus Tasqueña ; de là, prendre le train léger *(tren ligero)* qui vous déposera en une demi-heure à Xochimilco, ou prendre un *pesero* indiquant la direction « Xochimilco ». En voiture, prendre le Periférico Sur, emprunter la sortie Xochimilco, puis suivre la grande avenue jusqu'au croisement indiquant Xochimilco. Des panneaux signalent les différents embarcadères.

**Combien de temps** : comptez une demi-journée, de préférence en fin de semaine.

**Visite** : ouv. du lun. au dim. de 9 h à 17 h.

### ■ Culture sur radeau : les *chinampas*

À partir du XIV^e^ s., la fondation de Tenochtitlán et l'accroissement très important de la population dans tout le bassin de Mexico entraînent le développement à grande échelle de la culture sur *chinampas*, déjà pratiquée au XIII^e^ s. par les Chinampanecas, les premiers habitants des lieux. Il s'agit de radeaux de joncs sur lesquels on entassait des couches successives de végétation lacustre et de terre. Le radeau s'enfonçant dans l'eau sous l'effet du poids, il était en quelque sorte « remis à niveau » par l'ajout d'autres couches. Une fois que cet îlot artificiel avait atteint le fond du lac, son pourtour était planté d'arbres de façon à ce que leurs racines le fixent définitivement dans le sol. La parcelle ainsi constituée était très fertile, elle pouvait être régulièrement enrichie par l'apport d'une couche supplémentaire de terre ou de limon et son arrosage était aisé.

### ■ Heurs et malheurs des jardins flottants

Xochimilco devint donc un lieu d'une extrême importance puisque les *chinampas* assuraient l'approvisionnement de la capitale aztèque et de tout le Bassin en fruits et légumes. Après la Conquête, l'endroit fut le fief de Pedro de Alvarado, le bras droit de Cortés, puis les Franciscains s'installèrent sur les bords du lac et élevèrent l'église de San Bernardino de Sena. Durant l'époque coloniale, la région conserva sa vocation agricole, la pêche venant s'ajouter aux cultures vivrières. Mais à partir du XX^e^ s., la croissance ininterrompue de Mexico, les pompages excessifs et la pollution remirent gravement en cause le système de culture imaginé par les Aztèques. À la fin des années 1980, la municipalité a lancé un plan de sauvetage des zones lacustres de Xochimilco (mise en place d'un réseau d'évacuation des eaux usées, d'une usine de retraitement des eaux résiduelles, etc.). Ces mesures commencent à porter leurs fruits comme le prouvent la disparition des jacinthes d'eau de la surface des canaux, le retour de la faune dans des eaux chaque jour plus saines et des cultures maraîchères et florales de plus en plus importantes.

■ **LES JARDINS FLOTTANTS**. Pour faire une promenade sur les canaux, il suffit de se rendre à l'un des nombreux *embarcaderos* indiqués par les panneaux. Vous pouvez louer une barque pour vous seul ou prendre une barque collective. La balade complète dure environ 2 h, mais vous n'êtes pas obligé de faire un arrêt au marché d'artisanat qui n'offre pas de produits d'un grand intérêt. Vous pouvez en revanche demander à visiter une des nombreuses serres *(viveros)* qui se trouvent au bord de l'eau. Durant le parcours, vous serez accosté par d'autres embarcations : marchandes de souvenirs, de fleurs, de *tacos*, de plats cuisinés typiquement mexicains et souvent délicieux, de boissons fraîches (des tables permettent de boire et manger tout en naviguant).
Le samedi et le dimanche, les familles mexicaines au grand complet viennent passer ici quelques heures ; le repas est généralement bien arrosé et les passagers, devenus romantiques, font venir auprès d'eux des barques ayant à bord des orchestres de mariachis (→ *ill. p. 162*). L'ambiance est bon enfant, et illustre le mode de vie et les distractions des classes moyennes de Mexico. En semaine, les canaux sont plus calmes : vous rencontrerez surtout des touristes et risquerez plus de vous retrouver otages d'un grand nombre de vendeurs ambulants de tous acabits. Mais vous jouirez d'une véritable promenade écologique et reposante.

En face de l'embarcadère Nativitas se trouvent un immense parc et un pittoresque **marché aux fleurs** où les Mexicains aiment se rendre le week-end.

■ **PARROQUIA SAN BERNARDINO** *(sur la place centrale de Xochimilco)*. L'ancien sanctuaire du couvent fondé par les Franciscains en 1525 date de 1590 et s'ouvre par des portails de style plateresque. À l'intérieur, remarquez le retable du XVI^e s. et un christ en *caña de maíz*, c'est-à-dire avec une armature en tiges de maïs recouverte d'une pâte à base de gomme d'origine végétale et de pierre à chaux.

# Les environs de Mexico

Jusqu'au tremblement de terre de 1985, l'absence d'aménagement du territoire permit aux États entourant la capitale de vivre dans une tranquillité toute provinciale. Pendant longtemps, Cuernavaca ne fut qu'un lieu de villégiature de la riche bourgeoisie mexicaine, Puebla et Tlaxcala demeurèrent des cités besogneuses et conservatrices tournées sur elles-mêmes, Pachuca resta centré sur ses mines d'argent. Beaucoup de choses ont changé depuis cette date. La catastrophe de 1985, bouleversant les mentalités, a fait sortir de leur léthargie toutes ces villes qui sont devenues autant de satellites de Mexico. Dans sa croissance continuelle, la mégapole elle-même a absorbé nombre d'entre elles, les contraignant de ce fait à entrer dans la modernité. Ces capitales régionales sont cependant parvenues à préserver leur passé et offrent aujourd'hui des centres historiques bien restaurés, des rues dépourvues de ce mobilier urbain passe-partout, des quartiers où exercent encore de petits artisans. Et si leur existence est rythmée par le flux des produits de la mondialisation, leurs habitants n'en demeurent pas moins attachés à des valeurs traditionnelles qui se métamorphosent et fertilisent un nouveau mode de vie.

Avec ses volcans qui bonifient la terre, avec ses lacs, ses forêts et ses ressources minérales, le bassin de Mexico est propice à l'implantation humaine. Dès le début de notre ère, de

**Les environs de Mexico**

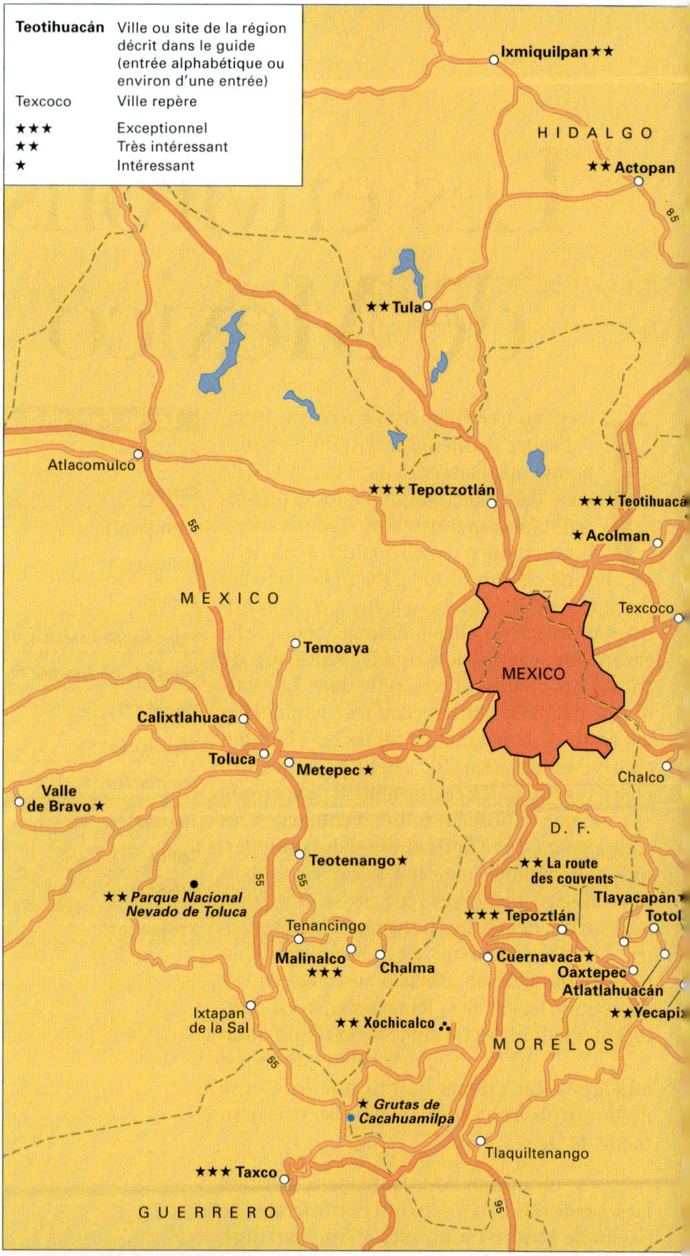


**Les environs de Mexico : que voir ?**

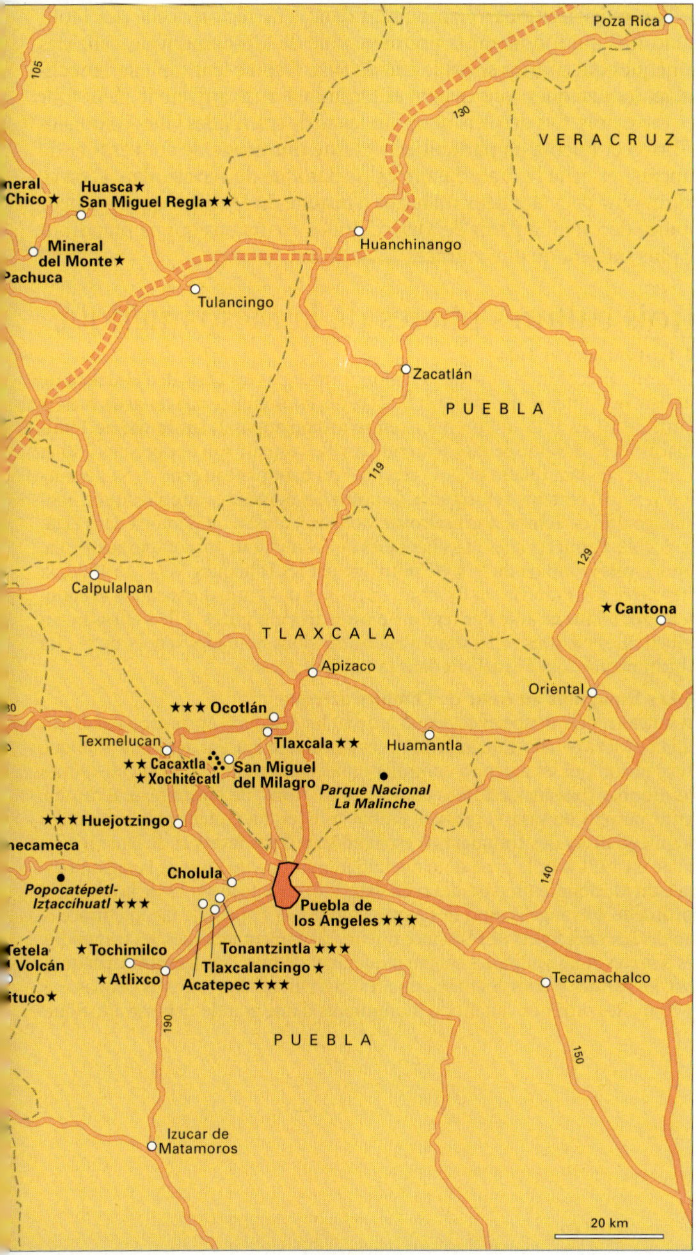


Les environs de Mexico

brillantes civilisations s'épanouirent dans cette région : celle des Teotihuacanos qui fondèrent la première ville de Mésoamérique, celle des Toltèques qui construisirent la cité de Tula. Depuis leur capitale Tenochtitlán, les Aztèques contrôlaient ce territoire lorsqu'arrivèrent à leur tour les Espagnols. Ces derniers nous ont laissé de splendides villes coloniales – Taxco et Puebla en particulier – et une multitude de couvents et de sanctuaires, telle l'extraordinaire église baroque de Tepotzotlán. C'est ce patrimoine couvrant deux mille ans d'histoire du Mexique que le visiteur pourra découvrir à partir de Mexico, lors d'excursions qui ne prendront le plus souvent qu'une journée.

## Trois cultures phares de la Mésoamérique

### ■ Teotihuacán et Tula

L'histoire précolombienne de la région formée par les États de l'Hidalgo, de Mexico, du Morelos, de Puebla et de Tlaxcala est dominée par ces deux cités. À partir de 50 av. J.-C., un premier centre urbain apparaît sur le site de Teotihuacán et se développe rapidement. La ville connaît son apogée dès 200 et contrôle pendant quatre siècles l'essentiel du haut plateau central. Sa destruction vers 650 entraîne l'émergence de nouvelles puissances aux alentours : Teotenango près de Toluca, Xochicalco au Morelos, Cacaxtla ou Cantona dans l'État de Puebla. Parmi ces cités-États héritières de Teotihuacán, on compte aussi Tula, fondée vers le milieu du Xe s. de notre ère par les Toltèques. Vers l'an 1000, la cité exerce son emprise sur de vastes territoires du centre du Mexique et entretient des relations avec des régions parfois très éloignées. Elle s'effondre au milieu du XIIe s. sous l'effet des invasions de tribus nomades venues du N., les Chichimèques, qui s'installent dans la vallée de Mexico.

### ■ Les Espagnols au cœur de l'Empire aztèque

La vallée est déjà très peuplée quand arrivent les Aztèques. Après avoir établi leur capitale Mexico-Tenochtitlán (1325), ces derniers se lancent dans une politique d'expansion qui les amène à contrôler rapidement toute la région et les zones limitrophes (bassins de Toluca et de Puebla). Ironie de l'histoire, ce territoire, centre nerveux du vaste et puissant Empire aztèque, fut également le témoin des premiers succès des conquérants espagnols, de leurs revers et de leur victoire finale en 1521 avec la prise de Tenochtitlán puis l'occupation de la région centrale du Mexique, entreprise dès cette date. Vint ensuite le temps de la conquête spirituelle. L'évangélisation des masses indigènes s'opéra de façon efficace et rapide. Les rares foyers de résistance furent violemment réprimés, les pyramides, les temples et les sculptures systématiquement détruits. Sur les ruines aztèques, avec les mêmes pierres, les missionnaires érigèrent églises, couvents, monastères et chapelles ouvertes, autant de monuments d'une grande richesse artistique.

# Cacaxtla★★

Dans un cadre aride, dominé par les cimes enneigées du Popocatépetl, de l'Iztaccíhuatl et de La Malinche, s'étend sur une petite colline le site de Cacaxtla, réputé pour ses exceptionnelles peintures murales découvertes incidemment en 1975. Le réalisme des scènes à thèmes militaire et mythologique ainsi que l'excellente conservation des couleurs ont contribué à en faire l'un des sites phares de l'archéologie mésoaméricaine. Les fouilles menées par l'Institut national d'anthropologie et d'histoire à Cacaxtla même et sur le site voisin de Xochitécatl ont permis d'apporter un nouvel éclairage sur l'histoire de cette région durant la période qui a suivi le déclin de Teotihuacán. Il apparaît ainsi que les dirigeants de Cacaxtla, durant son apogée (650-850), étaient des étrangers originaires de la côte du Golfe. Entretenant des relations avec les civilisations mexicaines, mixtèques et mayas, leur culture est le fruit d'un étonnant syncrétisme où l'eau, source de vie, joue un rôle primordial. Lors de son premier - et unique - voyage au Mexique, c'est ici que le président Bill Clinton rendit hommage aux anciennes civilisations précolombiennes.

**Situation :** 20 km S.-O. de Tlaxcala, 30 km N.-O. de Puebla, 86 km S.-E. de Mexico. Alt. 2 230 m ; État de Tlaxcala.

**À ne pas manquer**



## Cacaxtla dans l'histoire

**■ Le site à l'époque préclassique**

Une terre volcanique fertile et l'abondance de l'eau fournie par les Ríos Atoyac et Zahuapan expliquent l'installation de populations dès le II^e^ millénaire avant notre ère, dans une zone située au S.-E. de Tlaxcala. Durant la phase Texoloc (800-300 av. J.-C.), on constate dans ce vaste ensemble de vallées et de montagnes, appelé par les archéologues « Bloque Xochitécatl-Nativitas », un accroissement important de la population grâce à l'amélioration des techniques d'irrigation. Sur le sommet du Cerro Xochitécatl et dans les vallées proches sont construites les premières plates-formes en adobe et *tepetates* (pierres volcaniques) où est rendu un culte à la fertilité.

### Les mystérieux Olmecas-Xicalancas

En 1946, suite à une reconnaissance superficielle des ruines situées au S.-E. de Tlaxcala, l'archéologue Pedro Armillas écrivit un article étonnant intitulé « Cacaxtla, un site olmeca-xicalanca ». Son hypothèse, qui a fait école, repose sur une chronique écrite à la fin du XVIe s. par Diego Muñoz Camargo. Celui-ci y décrit une colline découpée en terrasses et environnée de fossés où vivent les Olmecas-Xicalancas, peuple venu de la côte du Golfe. Si les fouilles entreprises à partir de 1976, après la découverte fortuite de fresques, semblent confirmer la présence d'un groupe étranger, bâtisseur de Cacaxtla durant l'épiclassique (650-850), il reste bien des énigmes à résoudre en ce qui concerne l'identité même de ses occupants. S'agit-il véritablement des descendants des Olmèques ou bien de Mayas mexicanisés ? Sont-ils arrivés dans la région de Tlaxcala vers 300 apr. J.-C., comme le prétend García Cook, ou plus de quatre siècles plus tard, en conquérants belliqueux ? Le caractère éclectique des vestiges de Cacaxtla, mélange de traditions de Teotihuacán et de la côte du Golfe, ainsi qu'une continuité dans la tradition céramique semblent indiquer une installation pacifique des Olmecas-Xicalancas durant le classique ancien. L'assimilation progressive des traditions locales, tant d'un point de vue religieux que culturel, donnera naissance, après la disparition de Teotihuacán, à une culture originale, anéantie par les Chichimèques à la fin du IXe s.

### ■ Une ville sous influence

Au classique ancien (100-600 apr. J.-C.), la croissance des sites de Cholula et de Xochitécatl est corollaire de l'émergence d'une nouvelle puissance sur l'Altiplano mexicain au début de notre ère, Teotihuacán. La métropole exerce jusqu'à son déclin une importante emprise religieuse et économique sur les populations avec qui elle commerce, et ce jusqu'à Kaminaljuyú au Guatemala. À Cacaxtla-Xochitécatl, localisé sur la voie naturelle qui ouvre le haut plateau central vers la côte du Golfe, s'établit une seigneurie contrôlant les échanges commerciaux depuis une position stratégique au sommet de deux collines. On assiste alors à une véritable planification urbaine, la montagne la plus élevée, le Cerro Xochitécatl, servant de centre cérémoniel, tandis que la colline de Cacaxtla est aménagée durant l'épiclassique en un vaste complexe palatial. Les populations agricoles en occupent les flancs ainsi que les vallées irriguées alentour. La nature des objets mis au jour atteste, outre une grande influence culturelle de Teotihuacán, des relations avec les civilisations de l'Occident du Mexique, de la côte du Golfe et de la Mixteca Baja.

### ■ Cacaxtla, capitale régionale

L'effondrement de Teotihuacán vers 650 apr. J.-C. favorise la mise en place de nouveaux pouvoirs. L'arrivée des Olmecas-Xicalancas, peuple vraisemblablement issu des anciens Olmèques de la côte du Golfe, donne un nouvel essor à Cacaxtla-Xochitécatl ainsi qu'au centre religieux de Cholula, plus au S. Les nouveaux venus intègrent une bonne partie des populations de Teotihuacán, donnant lieu à un syncrétisme de cultures qui se manifeste particulièrement à Cacaxtla, promue capitale régionale. Cette courte période d'apogée (650-850) est marquée par la construction d'importants ouvrages civils (aménagement du Gran Basamento) mais aussi militaires (creusement de fossés pour isoler la colline de Cacaxtla), indiquant par ailleurs le caractère belliqueux des échanges entre les Olmecas-Xicalancas et les populations de la vallée de Tlaxcala, réparties en petites seigneuries rivales. L'extraordinaire fresque de la Bataille qui orne un des murs du palais, semble être le témoignage vivant de cet état de guerre quasi permanent.

### ■ Le triomphe du catholicisme

La fin de l'épiclassique correspond à l'apparition de nouveaux envahisseurs venus du N., les Poyauhtecas Chichimèques, qui mirent fin à l'hégémonie de Cacaxtla. Durant le postclassique, les sites de Cacaxtla-Xochitécatl sont graduellement abandonnés, les habitants migrant vers l'actuel *pueblo* de San Miguel del Milagro. Le centre cérémoniel du Cerro Xochitécatl conserve néanmoins son caractère sacré à l'époque coloniale, avec dépôt d'offrandes dans des plats de la manufacture de Puebla. Trois apparitions de l'archange saint Michel en 1631 et la découverte d'une source d'eau miraculeuse contribuent à l'implantation du catholicisme chez les Indiens et à l'abandon des anciennes croyances. Le nouveau centre de pèlerinage, toujours très fréquenté de nos jours, est l'église San Miguel del Milagro.

# Visiter Cacaxtla

**Accès** : prendre la sortie San Martín Texmelucan sur la route 190 D Mexico-Puebla, et suivre la direction de « Tlaxcala libre ». Après 3 km, tourner à dr. vers Nativitas et suivre les panneaux Cacaxtla. En venant de Puebla, prendre la nationale 119 et continuer dans la direction de Cacaxtla (au N. de Santa Inès Zacatelco). Depuis Mexico, bus *TAPO* passant par Nativitas. À Tlaxcala, bus toutes les 10 mn pour Nativitas à l'angle de Porfirio Díaz et Guerrero ; à Nativitas, *colectivo* pour Cacaxtla. Le site est situé à 1 km du village de San Miguel del Milagro, et à 5 km de Nativitas.

**Visite** : site ouv. t.l.j. de 9 h à 17 h ; entrée libre le dim. Le musée est fermé le lun.

**Combien de temps** : compter au moins 2 h 30 pour la visite des deux sites et 1 h de plus si vous désirez rejoindre Xochitécatl à pied. L'après-midi, on bénéficie du coucher de soleil sur les volcans.

**Si vous faites la visite à pied, il est préférable de commencer par le site de Xochitécatl, et de prendre le sentier à l'arrière de la pyramide des Fleurs pour rejoindre Cacaxtla en contrebas (environ 1,2 km).**

Depuis l'entrée du site où se trouve un petit musée, vous apercevez le **Gran Basamento**, vaste plateforme établie au sommet d'une colline et protégée par une structure métallique. Longue de 200 m sur 100 m de largeur, la colline fut aménagée en terrasses unies par des murs talutés où est concentrée la majorité des constructions à portiques, distribuées autour de places et de patios.

**La présence de quatre-vingt-dix squelettes d'enfants découverts sous le sol stuqué des couloirs, des patios et des chambres du Gran Basamento, témoigne d'un grand sacrifice rituel – probablement dédié à Tláloc – marquant la fin proche de Cacaxtla.**

Durant ses deux siècles d'apogée, la ville a connu sept étapes de construction, la dernière phase étant marquée par des travaux de fortification et l'aménagement de fossés et de digues destinés à isoler la ville.

■ **Cerritos**. À 100 m de l'entrée à dr., on remarque deux pyramides récemment dégagées encadrant une large chaussée. Comportant trois degrés, elles étaient autrefois surmontées d'un temple à portique.

*On accède au Gran Basamento par le flanc E. On commence la visite par la dr., c'est-à-dire en se dirigeant vers l'extrémité N.*

**Pyramide située à l'entrée du site. Avec sa voisine, elle marquait vraisemblablement l'accès principal de la ville.**

■ **EDIFICIO B★★★** (Edificio de la Batalla). Sur le côté N. d'une vaste place rectangulaire bordée par un portique à cinq piliers (Edificio D sur votre dr.), se trouve la grande **fresque de la Bataille★★★** qui décore un mur taluté, interrompu en son milieu par un escalier. Exécutées vers 650, ces peintures doivent leur excellente conservation au comblement de la place avec de la terre lors de la construction d'un étage supérieur vers 780-790.

La scène compte au total quarante-sept personnages richement vêtus se livrant à un atroce combat immortalisé avec un surprenant réalisme (les personnages ont quasiment l'échelle humaine). Joue transpercée d'une lance, bras tranché dégouttant de sang, viscères à l'air, corps lacérés, grimaces de douleur, matérialisent la violence de la rencontre. La bataille oppose deux groupes aux types physiques différenciés. Les vainqueurs, agressifs et dynamiques, montrent les dents et humilient leurs ennemis ; il s'agirait de guerriers **olmecas-xicalancas**. Les vaincus, blessés et prostrés, ont un crâne déformé et le nez aquilin, traits typiquement **mayas**. Les premiers, porteurs des symboles du jaguar, combattent sous le patronage du dieu Tláloc. Les seconds, richement parés de colliers de jade et de pagnes brodés, ont des casques et des capes de plumes les identifiant aux oiseaux, animaux qui, dans l'iconographie maya, distinguent les vaincus. Des **glyphes** identifient les guerriers olmecas-xicalancas, dont « bois de cerf », « cœur », et « gueule de Tláloc » peints à la fois sur les panneaux E. et O. Les deux seuls **personnages mayas★★★** représentés en pied sont sans doute des portraits de chefs. Les chevilles cerclées de bandelettes nouées, signes de l'autosacrifice, le visage tourné vers l'escalier, ils offrent une étrange passivité face aux coups de leurs ennemis. Le dignitaire de g. (Mural Poniente), vêtu d'une somptueuse cape étoilée, les poignets attachés, est sur le point d'être transpercé par une lance. Celui de dr. (Mural Oriente), la joue traversée d'une pointe de javeline, fait face à un guerrier-jaguar olmèque, placé sous la protection des symboles de Tláloc.

Les archéologues donnent deux lectures des fresques. La majorité y voit la commémoration d'une bataille réelle opposant les dirigeants de Cacaxtla à des seigneurs mayas, à l'instar des peintures de Bonampak. D'autres penchent plutôt pour une scène religieuse reproduisant un combat mythique entre les jaguars et les aigles, entre Tláloc, seigneur de la Terre et de l'Eau et Quetzalcóatl, dieu de la Pluie.

■ **Edificio A**★★ (Edificio de las Pinturas). En suivant le parcours imposé, vous découvrirez ensuite les quatre **personnages**★★ en pied peints sur les jambages et les murs de l'entrée de ce petit temple. Postérieures d'environ un siècle (750), elles furent exécutées dans un esprit totalement différent, bien qu'opposant à nouveau les thèmes du jaguar et de l'oiseau, associés aux mêmes types physiques, olmecoïde et maya. Le mur et le pied-droit N. *(à g.)* montrent à deux reprises un homme au visage olmecoïde costumé en jaguar, tandis qu'au S. *(à dr.)*, deux peintures représentent un homme à la peau noire de type maya travesti en oiseau. Sur les parois, les personnages peints sur un fond rouge bordé d'une frise aquatique où sont figurés des animaux et des plantes d'eau douce, portent une grande barre cérémonielle pointée vers le sol. Celle de l'**homme-jaguar** *(à g.)* se termine par des pointes de flèches d'où tombent des gouttes d'eau sur la tête du jaguar serpentiforme couché sous ses pieds griffus. Sur la paroi de dr., la barre de l'**homme-oiseau** *(→ ill. p. 673)* présente une extrémité semblable à des mâchoires largement ouvertes sur une langue en forme de couteau, dardée vers la tête d'un serpent à plumes. Sur le jambage dr. de la porte, le même **homme-oiseau** esquisse un pas de danse en serrant dans ses bras un immense coquillage d'où émerge le buste d'un Maya à la chevelure rousse. Le glyphe « trois bois de cerf » figure à l'arrière de cette scène mythique. Face à lui, sur le jambage g., l'**homme-jaguar** verse de l'eau contenue dans un vase vert à l'effigie de Tláloc, tandis que s'épanouit une plante aquatique issue de son nombril. Lors d'un ultime remaniement, un **bas-relief**★ modelé en argile fut superposé aux fresques N. Figurant un personnage assis, à coiffure élaborée, il est d'un style apparenté aux reliefs d'El Tajín et de Cholula.

Les personnages figurés pourraient être des prêtres ou des héros accompagnés de leurs animaux mythiques (jaguar-serpent et serpent à plumes), lors de cérémonies célébrant des rites de fécondité et de sacrifice, clairement mis en évidence par la représentation de l'eau douce, pluviale ou fluviale.

*En revenant sur vos pas, vers la place N., vous apercevez, à g. de la fresque de la Bataille, un édifice à portique sculpté.*

**Souvent comparées aux fresques de Bonampak, au point que l'on a pensé qu'elles étaient l'œuvre de Mayas, les peintures de Cacaxtla présentent toutefois des différences. Si la technique est la même, la palette est moins étendue, les couleurs étant obtenues par une saturation plus ou moins dense des pigments. D'autre part, on constate une absence de perspective, tous les personnages, figurés de manière quasi naturaliste, étant placés au même niveau. Enfin, les scènes sont encadrées de frises incluant des plantes et des animaux aquatiques à la manière des peintures de Teotihuacán.**

**Homme-jaguar de l'Édifice A (détail), coiffé d'une tête de jaguar surmontée d'une tête de serpent.**

**En septembre 1975, des pilleurs de tombes se sont faufilés entre les ruines à la recherche d'antiquités et ont découvert les magnifiques peintures de l'édifice A. Faute de pouvoir s'en emparer, ils ont préféré alerter l'INAH qui a entrepris une vaste campagne de fouilles.**

■ **EDIFICIO E**. Fermant la place sur le côté O., cet édifice a un soubassement en *talud-tablero*, caractéristique architecturale de Teotihuacán. Les deux piliers du portique étaient décorés de personnages en bas-relief modelés en terre et stuqués. Le seul **relief★** partiellement conservé indique que le personnage vêtu d'une longue robe était représenté de face, les pieds en équerre, à la manière maya.

■ **CELOSÍA**. Située dans l'angle S.-O. de la place N., cette petite pièce fut ainsi dénommée en raison des jalousies *(celosía)*, panneaux à croisillons ornant les parois.

■ **PALACIO**. Occupant la majeure partie S. du Gran Basamento, le complexe palatial comporte plusieurs pièces à portiques ouverts sur un patio au centre duquel se trouvaient deux autels (un seul subsiste). Dans la périphérie du palais, on a mis au jour d'autres peintures murales ornant des pièces antérieures à sa construction. La **chambre de l'escalier★** (Cuarto de la Escalera), dans l'angle S.-E., est une petite pièce pourvue d'un escalier sur la paroi N. De part et d'autre sont représentés quatre personnages de petite taille, dans l'attitude de la marche, se dirigeant vers l'escalier. Ces peintures seraient les plus anciennes trouvées à ce jour sur le site (avant 650).

■ **TEMPLO ROJO★**. Sous le palais (Subestructura II), ce petit édifice a conservé des **peintures murales★** à dominante rouge, partiellement cachées par la construction ultérieure d'un escalier à neuf marches. Outre une frise aquatique où pêche un héron, on y voit sur la paroi E. un unique personnage, le corps peint en rouge et le visage en jaune, travesti en jaguar. Il s'agirait de la représentation d'un seigneur de l'Inframonde. Les archéologues l'ont surnommé le **Gran Mercader** (grand marchand) en raison du bâton brandi dans sa main droite, objet qui se révélerait être plutôt un bâton à planter s'il existe un rapport avec les plants de maïs et de cacaoyer qui surgissent devant lui. À l'arrière du personnage se dresse un ***cacaxtli***, sorte de grand panier cylindrique contenant des plumes précieuses, une carapace de tortue et la tête d'un tapir, objets de commerce provenant des basses terres tropicales.

■ **TEMPLO DE VENUS★**. Contemporain du temple Rouge, il est intégré au grand complexe situé à l'O. du patio à autel. Les peintures murales présentent les mêmes caractéristiques stylistiques, avec notamment des frises aquatiques ondulantes où sont logés un crabe, des conques marines, des serpents d'eau, une tortue et un poisson. Sur les piliers sont représentés **deux personnages★**, un homme et une femme, celle-ci étant partiellement mutilée dans la partie supérieure. Le corps peint en bleu, ils portent tous deux un pagne en peau de jaguar et un grand coquillage surmonté du glyphe C posé sur le nombril ; autant de symboles associés à Vénus dans son aspect antagoniste, féminin et masculin, étoile du soir et étoile du matin.

# Environs de Cacaxtla

**1 XOCHITÉCATL★** *(à 1,5 km par le sentier pédestre ou 8 km par la route asphaltée ; en voiture, depuis Cacaxtla, suivre la direction de Nativitas et, au croisement, tourner à dr. en direction de San Martín Texmelucan. Après 6,5 km, prendre la route qui monte à dr. (1 600 m) ; vis. de 9 h à 17 h)*. À l'O. de Cacaxtla s'élève le Cerro Xochitécatl (2 390 m), un ancien volcan transformé en centre cérémoniel dédié aux divinités de la fertilité. Moins spectaculaire que Cacaxtla, ce site élevé offre la version épurée d'un petit centre cérémoniel, d'où l'on bénéficie d'une vue exceptionnelle sur l'ensemble des plus hauts volcans du Mexique.

Les premières fouilles menées en 1970 par une mission allemande ont déterminé une occupation remontant au préclassique récent (650-225), période formative d'une agglomération qui a été occupée de manière quasi ininterrompue, pour atteindre son apogée en même temps que Cacaxtla, durant l'épiclassique. Vers 500-600, la forte emprise de Teotihuacán, présente aussi bien dans l'architecture que dans les offrandes funéraires (vases tripodes et figurines articulées), est graduellement remplacée par des influences de la côte du Golfe, de Monte Albán et de la région maya. Ainsi, on a déterré à Xochitécatl des dents limées en T et incrustées de pierre, une coutume pratiquée chez les Mayas. La majorité des inhumations eurent lieu entre 750 et 900, au moment où Xochitécatl formait une entité culturelle avec Cacaxtla.

Une nouvelle campagne de fouilles, entreprise depuis 1993, devrait compléter les connaissances sur ce centre cérémoniel quelque peu délaissé par les archéologues et malmené par les pillards. Dans ce « lieu du lignage des Fleurs », son nom en náhuatl, on observe la permanence d'un culte de la fécondité, qu'il s'agisse de figurines féminines en terre cuite aux époques préclassique et classique, ou de grands bassins rituels taillés dans des pierres volcaniques.

Le centre cultuel aménagé au sommet de la colline se présente sous la forme d'une **place centrale** dominée à l'E. par l'imposante pyramide des Fleurs. À dr., l'édifice du Serpent ferme la place au S., tandis que le centre est occupé par la plate-forme dite des Volcans. Enfin, à l'O., en contrebas, se situe un bâtiment circulaire à degrés appelé la Spirale, au sommet duquel se dresse une croix.

*Le sentier qui monte depuis Cacaxtla aboutit à l'arrière de la pyramide des Fleurs (face E.). Depuis le parking, le chemin qui mène à la place centrale passe à proximité de l'édifice de la Spirale.*

L'**édifice de la Spirale** (Edificio de la Espiral), à neuf degrés en retrait, dont la base circulaire mesure plus de 50 m de diamètre, était vraisemblablement un sanctuaire consacré à la divinité du Vent, Quetzalcóatl-Ehécatl. Un escalier est aménagé au S.

La **pyramide des Fleurs*** (Pirámide de las Flores), à neuf étages, s'élève à 21 m de hauteur sur une vaste plate-forme de 135 m sur 100 m. Un escalier aménagé sur la face O. permet d'accéder au sommet jadis couronné par un temple à portiques dont on a retrouvé des restes de colonnes en basalte ainsi qu'un linteau. Au pied de l'escalier sont enterrés deux grands bassins taillés dans de la pierre volca-

**N'hésitez pas à gravir la pyramide des Fleurs pour bénéficier de la vue sur Cacaxtla avec le volcan de La Malinche en toile de fond. Le Popocatépetl et l'Iztaccíhuatl sont derrière vous, à l'O.**

## Les femmes de Xochitécatl

Le 29 septembre de chaque année, lorsque l'on se trouve au sommet de la pyramide des Fleurs, le soleil semble émerger de la bouche du volcan de La Malinche. L'archéologue Mari Carmen Serra Puche, responsable du projet Xochitécatl, signale que, à cette date, les femmes se réunissaient autrefois au sommet de la pyramide pour célébrer le phénomène astronomique. Les excavations réalisées par son équipe ont permis de mettre en exergue le rôle primordial qu'auraient joué les femmes à Xochitécatl. Une multitude de figurines ont été trouvées dans le soubassement de la pyramide des Fleurs. Elles figurent le cycle complet de la vie d'une femme : grossesse, accouchement, maternité, vieillesse (vieille femme ridée avec deux dents), mort (squelette), ainsi que sa position sociale (gouvernante, prêtresse ou guerrière).

**On fête saint Michel Archange le 29 sept., jour de grande procession.**

nique, qui devaient contenir de l'eau lustrale (un crapaud en pierre à traits humains fut découvert dans l'un d'eux). Lors des fouilles, les archéologues ont mis au jour une trentaine de tombes contenant des braseros et des vases tripodes du type de Teotihuacán IV, ainsi que des statuettes articulées et des figures de maternité.

L'**édifice du Serpent** (Edificio de la Serpiente), de plan rectangulaire, montre des murs au profil caractéristique de *talud-tablero*, construits avec des pierres rouges et blanches ramassées dans le lit du Río Atoyac (à 100 m en contrebas). La vaste terrasse supérieure est occupée au centre par un bassin en basalte. Y est déposé un pilier monolithique sculpté d'une tête de serpent stylisée, lequel renvoie à des rites aquatiques liés à la fertilité.

**2 SAN MIGUEL DEL MILAGRO** *(1 km E. ; prendre la bifurcation à g. en sortant du parking du site).* On vient en pèlerinage de toute l'Amérique centrale pour visiter le sanctuaire de San Miguel del Milagro et sa source d'eau miraculeuse, situés au cœur de ce paisible *pueblo*. Lors d'une procession, le 25 avril 1631, l'archange saint Michel apparut à un Indien nommé Diego Lázaro pour lui indiquer la volonté divine de construire une fontaine à l'emplacement d'une source d'eau aux vertus curatives, sourdant au creux d'une ravine. Les autorités religieuses ne prêtant aucune foi aux dires du jeune homme, saint Michel revint à deux reprises, le 8 mai et le 13 novembre de la même année, jusqu'à ce que l'évêque de Puebla ordonne l'édification de la fontaine et d'une chapelle. L'**église** actuelle date de 1712 mais fut remaniée plusieurs fois. Dans la cour, à sa g., se trouve la fontaine miraculeuse surmontée d'une coupole revêtue d'azulejos.

# Cholula

Avant l'arrivée des Espagnols, Cholula fut un important centre commercial et cérémoniel et joua un rôle prédominant dans l'histoire de l'Altiplano. D'après Hernán Cortés, la cité ne comptait pas moins de quatre cents « tours » (pyramides). Elles furent détruites par les conquistadores. En revanche, la pyramide de Tepanapa, de par ses dimensions colossales, ne put être mise à bas et domine encore la ville actuelle. À son sommet se dresse Nuestra Señora de los Remedios, l'une des trente-neuf églises élevées par les Espagnols dans cette cité indienne.

Situé dans la banlieue de Puebla, Cholula vit essentiellement de l'agriculture et du tourisme. C'est aussi un important centre universitaire (université Las Américas). Les environs immédiats de la ville recèlent deux remarquables églises baroques (Tonantzintla et Acatepec), chefs-d'œuvre de l'art *poblano*, ainsi qu'un ancien couvent franciscain (Huejotzingo) caractéristique des premiers temps de la Conquête.

**Situation** : 12 km O. de Puebla, 128 km E. de Mexico.
Alt. 2 150 m ; 80 000 hab. ; État de Puebla ; université.

**À ne pas manquer**


| | |
|---|---|
| **Capilla Real**★★ | **294** |
| **Tonantzintla**★★★ | **295** |
| **Acatepec**★★★ | **296** |
| **Huejotzingo**★★★ | **296** |


☎ 22

ⓘ 4 Poniente 103 (☎ 47-33-93).

## Cholula dans l'histoire

### ■ Un très ancien foyer de civilisation

Avec vingt-cinq siècles d'occupation continue, Cholula est la cité précolombienne la plus ancienne du Mexique. Elle fut occupée par de nombreux peuples préhispaniques, notamment par les Olmecas-Xicalancas à la fin du classique. Elle passa ensuite sous le contrôle des Toltèques au moment de l'effondrement de Tula (XIIe s.). Durant tout le postclassique, Cholula et sa région subirent l'influence mixtèque. Dans le domaine artistique, cette influence donna naissance au style Mixteca-Puebla, caractérisé en particulier par une belle céramique à fond orange décorée de motifs géométriques et figuratifs.

### ■ La fin de Cholula

Lors de la marche de Cortés vers Mexico-Tenochtitlán en 1519, le chef des conquistadores se croyant sur le point d'être attiré dans une embuscade par les chefs de Cholula, ordonna la destruction de la cité, alors

**Au sommet de la pyramide de Cholula, en lieu et place d'un temple précolombien, les Espagnols édifièrent l'église Nuestra Señora de los Remedios. De là, on a une vue panoramique sur la ville, la vallée de Puebla et les volcans (Popocatépetl, Iztaccíhuatl, La Malinche).**

dans le camp de la Triple Alliance (Tenochtitlán, Tacuba et Texcoco). Aidés par des guerriers tlaxcaltèques, les Espagnols se livrèrent à un terrible massacre qui fit de trois à six mille victimes : toute la noblesse locale fut passée par les armes, tandis que la plupart des temples de la ville furent incendiés. Cholula, qui comptait peut-être une centaine de milliers d'habitants, ne se releva jamais de cette attaque. L'épidémie de peste de 1544-1546 ne fit que renforcer ce déclin.

# Visiter Cholula

**Accès :** de Puebla, autobus pour Cholula (12 km O.) toutes les 10 mn à l'angle de Avenida 6 Poniente et Calle 15 Norte.

**Combien de temps** : compter une journée pour découvrir Cholula et visiter dans les environs immédiats les trois églises de Tonantzintla, Acatepec et Tlaxcalancingo.

■ **CONVENTO SAN GABRIEL** *(Zócalo)*. Bordant la place principale qui a conservé son pittoresque cachet colonial, il fut édifié sur l'emplacement de l'ancien temple du Serpent à plumes. Son église, élevée à partir de 1549 par les Franciscains et consacrée en 1552, est l'un des plus vastes sanctuaires mexicains du XVIe s. Elle s'ouvre par un portail de style plateresque et possède une nef unique couverte de voûtes à nervures gothiques.

■ **CAPILLA REAL**★★ (ou Capilla de Indios ; *près du chevet de l'église, à g. en regardant l'église)*. Vaste chapelle de style mauresque dont le plan rappelle la mosquée de Cordoue, élevée vers 1540 mais restaurée au XVIIe s., époque à laquelle fut rajouté le remarquable toit formé de quarante-neuf petits dômes à lanternon. Elle s'ouvre sur un vaste atrium où l'on peut voir des **chapelles *posas*** à frontons hérissés de merlons pointus.

Sur son côté O., le Zócalo est bordé par la **Parroquia de San Pedro** (1640) et par les **Casas Reales**, dont il subsiste quarante-six arcades reposant sur des colonnes doriques.

■ **PIRÁMIDE DE CHOLULA** (Tepanapa ; *ouv. t.l.j. de 8 h à 18 h*). Le volume de la pyramide de Cholula, de l'ordre de 3 millions de mètres cubes, est supérieur à celui de la pyramide de Khéops. Elle apparaît aujourd'hui telle que Cortés la découvrit, à savoir une simple colline culminant à 55 m de hauteur et presque entièrement recouverte de végétation ; 8 km de tunnels *(on en visite une partie)* ont été forés pour explorer ce gigantesque édifice. On a pu ainsi se rendre compte que le dernier état de la pyramide (vers 700 apr. J.-C.) recouvre plusieurs pyramides antérieures, la plus ancienne remontant à la fin du préclassique (vers 200 de notre ère). L'édifice initial fut en effet recouvert d'une seconde construction marquée par Teotihuacán et ornée de fresques représentant des insectes (Mural de las Mariposas). À un autre remaniement sont associés des escaliers monumentaux et une seconde fresque de 50 m de longueur représentant des personnages en train de boire (Mural de los Bebedores). Avec le dernier ajout, la pyramide de Cholula atteignit 350 x 310 m de côté.

Sur le côté S. de la pyramide se trouvent les vestiges du centre cérémoniel de l'ancienne Cholula.

Un petit **musée** situé à la sortie du site renferme une maquette des différentes structures qui se sont succédé au fil des siècles, des objets trouvés durant les fouilles ainsi qu'une réplique de la fresque des buveurs.

**Cholula a eu un rayonnement considérable, mais la visite du site est un peu décevante. À visiter donc avec une arrière-pensée plus historique qu'esthétique.**

# Environs de Cholula

**1 TONANTZINTLA***, ACATEPEC*** ET TLAXCALANCINGO*** *(à Cholula, prendre la Calle Miguel Áleman vers le S. ; la route mène à Tonantzintla et à Acatepec ; à pied, prendre à l'angle de 6 Poniente et de 3 Norte le premier « pesero » qui passe ; il vous déposera dans le village de Tonantzintla)*. À 3 km S.-O. de Cholula s'élève **Santa María Tonantzintla***** *(ouv. de 7 h à 14 h et de 16 h à 20 h, de 7 h à 20 h sam. et dim.)*. Joyau du baroque *poblano* mexicain, cette petite église édifiée entre 1700 et 1760 est consacrée à la Vierge (Tonantzintla signifie « le lieu de notre petite mère »). L'intérieur du sanctuaire est tapissé d'une abondante végétation d'où surgissent une multitude d'angelots, de saints et d'archanges. Cette profusion de motifs sculptés d'une chatoyante polychromie rehaussée par des revêtements à la feuille d'or constitue un splendide témoignage de la fantaisie et de la verve des artistes indigènes du XVIIIe s., époque du plein épanouissement de cet art churrigueresque que les sculpteurs mexicains interprétèrent d'une façon si originale.

**Rappelons que Tonantzin est, dans le panthéon aztèque, la mère de tous les dieux. Dans une vision syncrétique qui fut même préconisée par les missionnaires, les populations indigènes ont identifié l'ancienne divinité précolombienne à la Vierge de Guadalupe, arrivée en terre mexicaine au moment de la Conquête.**

Un kilomètre plus au S., **San Francisco Acatepec★★★** *(ouv. de 7 h à 14 h et de 16 h à 20 h)*, dont la construction remonte au milieu du XVIIIe s., est un autre magnifique spécimen d'art *poblano*, doté d'une impressionnante façade au décor de briques et d'azulejos jaunes, bleus et verts *(→ ill. p. 154)*. Dans l'église même, vous serez ébloui par le magistral travail réalisé par les maçons stucateurs *(→ ill. p. 149)*.

Enfin, l'église de **Tlaxcalancingo★** *(ouv. de 7 h à 14 h et de 16 h à 20 h)*, à 3 km à l'E. d'Acatepec par la route Puebla-Atlixco, date également du XVIIIe s. ; elle présente une remarquable façade entièrement recouverte de motifs en brique rouge et azulejos, flanquée à g. d'une élégante tour coiffée d'une coupole d'azulejos et d'un lanternon.

**2 ATLIXCO★** *(30 km S.-O. par l'autoroute Puebla-Atlixco)*. Charmante petite ville dont le Zócalo, agréablement ombragé, est bordé de vieux édifices coloniaux d'architecture typiquement *poblana* avec leurs façades à décor de brique et d'azulejos. L'**église** paroissiale, fondée au XVIe s., mais reconstruite par la suite, renferme, dans les deux bras du transept, deux retables de la fin du XVIIIe s., ainsi que des peintures. L'**hôpital San Juan de Dios**, fondé sous le nom de Hospital de la Concepción en 1581, fut rebâti vers le milieu du XVIIIe s. Dans un charmant patio se trouve une fontaine du XVIIIe s.

Au flanc du Cerrito de San Miguel, qui domine la ville, on peut encore visiter l'ancien **couvent★** que les Franciscains fondèrent au XVIe s. près du *pueblo* indigène d'**Acapetlahuaca**. L'église, à l'aspect de forteresse, présente une sobre façade de style plateresque qui rappelle celle de Huejotzingo. À l'intérieur de cette église bâtie vers le milieu du XVIe s., voûtes à nervures gothiques. Les bâtiments conventuels, un peu plus anciens que le sanctuaire, s'ouvrent par un portique à cinq travées d'où l'on passe dans le cloître. De l'atrium situé devant le monastère, belle vue sur la ville.

D'Atlixco, une route de montagne conduit à **Tochimilco★** *(15 km O.)*, pittoresque village situé sur un contrefort au pied du flanc S. du Popocatépetl. Sur la place de ce petit *pueblo* montagnard, ornée d'une remarquable fontaine du XVIe s., se dresse un **monastère** franciscain du XVIe s., dont l'église présente une austère façade Renaissance. À dr., un portique autrefois surmonté d'une chapelle ouverte donne accès au cloître, à deux galeries superposées d'arcs en anse de panier. À l'écart du village, l'église dite **El Calvario** fut élevée à la fin du XVIIe s. sur le soubassement d'un temple préhispanique dont les matériaux furent remployés dans la construction chrétienne. On y accède en franchissant un élégant portail de style néoclassique, à fronton coupé, s'ouvrant sur l'atrium. Sur la façade de l'église, notez, au-dessus du portail, la fenêtre à moulures de style Renaissance et, au-dessus, une niche à linteau polylobé, ces divers éléments et les niches à calottes en forme de coquille qui encadrent la façade formant un bel ensemble Renaissance.

**3 CONVENTO DE HUEJOTZINGO★★★** *(15 km N.-O. sur la route Cholula-Texmelucan)*. Siège d'une principauté chichimèque, Huejotzingo s'opposa à la Triple Alliance avec laquelle il entretint une « guerre fleurie » (*xochiyaóyotl*), qui consistait en des affrontements réguliers et codifiés afin de permettre aux belligérants de faire des prisonniers destinés à être sacrifiés, chacun s'engageant par ailleurs à respecter la souveraineté du territoire de l'adversaire. Au moment de l'arrivée des Espagnols, les habitants de Huejotzingo aidèrent les conquistadores en leur fournissant des guerriers et en les guidant vers la capitale aztèque. La ville coloniale se développa à partir de 1529 autour du **monastère franciscain** *(ouv. t.l.j. sf lun. de 10 h à 17 h)*, l'un des plus beaux que l'on puisse voir au Mexique, par-

**Détail de l'ornementation de stuc dans l'église Santa María Tonantzintla.**

ticulièrement représentatif de l'architecture du XVIe s. ; sa construction, entreprise probablement à partir de cette année-là, fut achevée vers 1570. Il abrite un très modeste **musée** consacré aux missions.

Dans l'atrium, notez aux angles les **chapelles** ***posas***★★★, petits oratoires de plan carré à couverture pyramidale, dont la façade est ornée d'écussons et d'un cordon de pierre sculptée délimitant un tympan décoré de sculptures en bas relief. L'**église**, à l'apparence de forteresse, s'ouvre par un beau portail sobrement orné. Elle est formée d'un unique vaisseau couvert d'une voûte à nervures gothiques d'une grande beauté, surtout au-dessus du chœur et dans l'abside. Au fond de cette dernière, grand **retable**★★ (1586), merveille de style plateresque ornementée de sculptures en relief et en ronde bosse et de peintures attribuées à l'artiste flamand Simon Pereyns.

Dans le **cloître**, nombreuses peintures murales. Tout autour du cloître s'ordonnent les locaux communautaires, dont le réfectoire, la cuisine, la sacristie et la salle De Profundis, qui conserve en partie son décor peint.

# Cuernavaca★

**Situation** : 290 km N. d'Acapulco, 85 km S. de Mexico. Alt. 1300-1600 m ; 600 000 hab. (1 million le week-end) ; capitale de l'État du Morelos.

**À ne pas manquer**



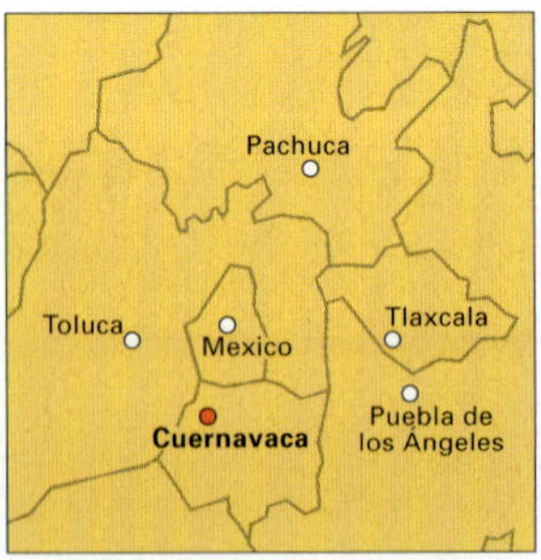


Bénéficiant d'un climat exceptionnel – on l'appelle « la ville de l'éternel printemps » –, Cuernavaca attire depuis longtemps les têtes couronnées, la jet-set et la riche bourgeoisie de Mexico qui, le temps d'un week-end, viennent ici oublier les nuisances de la capitale, confortablement installées dans de belles demeures noyées sous les bougainvillées et protégées par de hauts murs. Pourtant, hormis les fresques de Diego Rivera qui décorent les loggias du Palacio de Cortés (même le célèbre conquistador, attiré par l'endroit, y fit construire sa résidence), la capitale du Morelos ne recèle aucun trésor artistique ou architectural. Son charme réside davantage dans l'ambiance qui y règne, dans ce style de vie qui lui est propre, subtil mélange de luxe, de cosmopolitisme et de douceur tropicale.

Dans les environs, au sein d'une très belle campagne, on découvrira plusieurs couvents du XVIe s. , en particulier celui de Tepoztlán, l'un des plus beaux du pays.

## Adresses utiles

### ■ Poste

Plaza de Armas (*plan B3* ; ouv. du lun. au sam. de 9 h à 15 h).

### ■ Gares routières

***Pullman de Morelos***, Abasolo 12, à l'angle de Nezahualcóyotl (*plan A3* ; ☏ 318-07-26) ; liaisons pour Mexico.

***Estrella de Oro***, Av. Morelos Sur 900 (*hors plan par B4* ; ☏ 312-82-96) ; liaisons pour Acapulco, Chilpancingo, Taxco et Mexico.

***Estrella Roja***, à l'angle de Galeana et Cuauhtémotzin (*plan B4* ; ☏ 318-59-34) ; liaisons pour Cuautla, Oaxaca, Puebla.

***Estrella Blanca***, Av. Morelos Norte 503 (*plan A2* ; ☏ 312-26-26) ; liaisons pour Acapulco, Mexico, Taxco, Toluca.

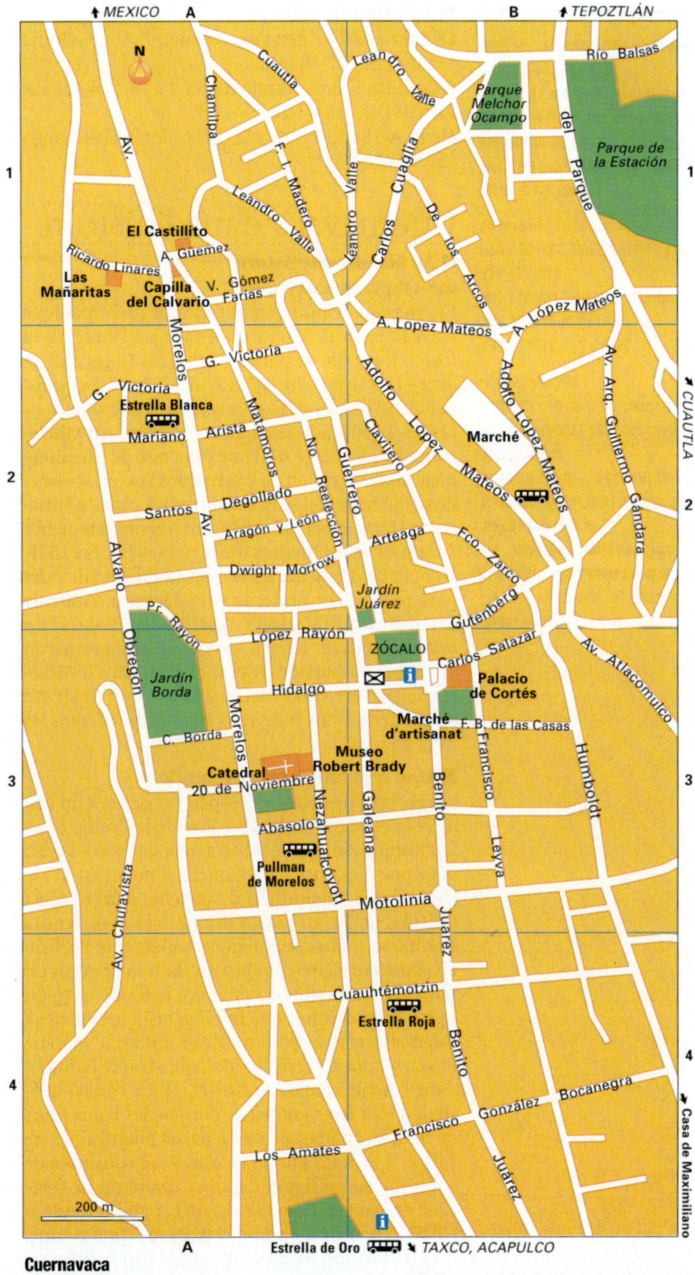
MEXICO
TEPOZTLÁN
CUAUTLA
Casa de Maximiliano
TAXCO, ACAPULCO
Estrella de Oro
El Castillito
Las Mañaritas
Capilla del Calvario
Estrella Blanca
Marché
Jardín Juárez
ZÓCALO
Palacio de Cortés
Marché d'artisanat
Jardín Borda
Museo Robert Brady
Catedral
Pullman de Morelos
Estrella Roja
Parque Melchor Ocampo
Parque de la Estación
200 m

Cuernavaca

☎ 7

ⓘ Av. Morelos Sur 187 (*plan B4* ; ☏ 314-39-20 et 314-38-72 ; ouv. du lun. au ven. de 9 h à 15 h et de 18 h à 20 h, sam. et dim. de 9 h à 18 h). Guichet touristique, Plaza de Armas, en face du Palacio de Cortés (*plan B3* ; ouv. t.l.j. de 9 h à 18 h).

Urgences

*Croix-Rouge* (☏ 315-35-55, 322-26-10 et 315-05-51).
*Hospital General* (☏ 311-22-09, 311-22-10 et 311-22-29).
Police (☏ 317-32-66).

Manifestations

Carnaval, du sam. au mer. des Cendres (on lui préférera ceux de Tepoztlán ou de Tlayacapan).
Feria de la Primavera, du 21 mars au 10 avr. : expositions culturelles, concerts et fête des fleurs.
Le 15 mai, San Isidro Labrador : les paysans parent leurs mules de cotillons et les conduisent à la cathédrale pour les faire bénir.

### ■ Location de voitures

*Choffer and Car Services*, Hidalgo 7 A-3, Colonia Centro (☏ 312-16-90).
*Solar Auto*, Bulevar Benito Juárez 45-14, Colonia Las Palmas (☏ 318-53-22).
*Hertz*, Av. Emiliano Zapata 611, Colonia Tlaltenango (☏ 313-16-07).

## Cuernavaca dans l'histoire

### ■ Le lieu de villégiature des empereurs aztèques

Cuernavaca, connu durant l'époque préhispanique sous le nom de Cuauhnáhuac (« à l'orée de la forêt »), fut fondé par les Tlahuicas (« gens de la terre ») au début du XIIIe s. de notre ère. La ville fut conquise par les Aztèques sous le règne d'Itzcóatl (1428-1440). Son successeur, le grand roi Moctezuma Ier, lui-même né d'une princesse de Cuauhnáhuac, fit de la région de Cuernavaca l'un de ses lieux de séjour favoris et se fit construire un palais à Huaxtepec (Oaxtepec) ; d'autres souverains aztèques y eurent de somptueuses résidences d'été. En 1521, Hernán Cortés défait les Tlahuicas, fidèles alliés des Aztèques, et fait brûler la ville. Devenu comte de Cuernavaca, il s'y fait construire un palais et y séjourne souvent jusqu'à son départ du Mexique en 1540. Le conquistador introduit aussi dans le Morelos la culture de la canne à sucre, qui avait été implantée par les Espagnols aux Antilles depuis les îles Canaries.

### ■ Une réputation non démentie

Cuernavaca ne cesse de prospérer et devient un lieu de résidence très recherché. José de la Borda, qui a fait fortune dans les mines d'argent de Taxco, s'y fait bâtir une résidence dans laquelle il meurt en 1778. L'empereur Maximilien d'Autriche, dans sa Casa Olinda, goûte au jardin des délices avec l'India Bonita, sa maîtresse indigène, tandis que Porfirio Díaz préfère élever des chevaux dans la douceur du Morelos. Par la suite, Cuernavaca et toute sa région continuent d'attirer une intelligentsia nationale et internationale. Le peintre Diego Rivera, le mécène Edward James, l'écrivain Malcolm Lowry habitent dans l'ancien palais de Cortés. Léon Trotski et le shah d'Iran trouvent refuge derrière les hauts murs de maisons particulières. La jet-set américaine, Liz Taylor et Richard Burton en tête, y fait construire de somptueuses villas et dessiner des parcs de rêve. C'est également à Cuernavaca qu'Ivan Illich fonde le CIDOC, un centre socio-pédagogique contestataire, qu'Eric Fromm installe un temps son institut de psychanalyse et que les évêques Helder Camara et Sergio Méndez Arceo jettent les bases d'une théologie de la libération.

### ■ Un autre décor

Aujourd'hui, Cuernavaca s'est transformé en une ville industrielle. Les Japonais, les Européens *(Renault)* et les Américains ont installé leurs usines automobiles, leurs laboratoires pharmaceutiques ou biotechnologiques, faisant de la ville de l'éternel printemps un satellite de Mexico. Les habitants de la capitale, fuyant la pollution, ont naturellement privilégié Cuernavaca, transformant cette ville de province en un immense embouteillage les fins de semaine. Tous les villages alentour ont été absorbés et les immenses champs de canne à sucre cèdent la place aux terrains de golf, aux piscines et aux maisons de campagne.

# Visiter Cuernavaca

**Accès** : il n'est pas facile de se rendre dans le centre-ville en voiture depuis Mexico. Si vous arrivez par l'autoroute, prenez la première sortie indiquant « Cuernavaca-Centro », puis parvenus à la Glorieta de La Paz, suivez à dr. l'Av. Colegio Militarz jusqu'à la Glorieta Emiliano Zapata (la route fédérale, elle, vous y amène directement). Contournez la statue et descendez l'Av. Emiliano Zapata jusqu'à une fourche ; prenez légèrement sur la dr. Alvaro Obregón jusqu'à rejoindre la Calle Ricardo Linares (à g.) sur laquelle se trouve l'hôtel *Las Mañanitas*. Cette rue aboutit à un carrefour où se trouve une église de style néo-gothique (le Calvario). De l'autre côté du carrefour, prenez à dr. Matamoros et continuez tout droit jusqu'au Zócalo. Vous vous garerez dans les rues adjacentes ou sous le Palacio de Cortés.

**Combien de temps** : compter une journée pour visiter la ville ; en raison de l'affluence, il faut éviter de se rendre à Cuernavaca le sam. et le dim.

**Se déplacer** : la visite du centre-ville peut se faire à pied. Pour le reste, la ville étant compliquée, il est conseillé de prendre un taxi qui ne coûte que quelques pesos.

■ **PALACIO DE CORTÉS-MUSEO CUAUHNÁHUAC**★★ *(plan B3 ; ouv. t.l.j. sf lun. de 10 h à 17 h ; entrée libre le dim.)*. Le palais qui servit de résidence à Hernán Cortés fut

**Le palais de Cortés, du XVIe s., est l'édifice le plus ancien du Mexique en matière d'architecture civile.**

**Le jardin Borda conserve peu de trace de sa splendeur originelle, mais offre encore un charme mélancolique.**

construit vers 1527, sur l'emplacement d'un édifice de l'époque tlahuica (vestiges visibles dans les substructions). Il fut plusieurs fois remanié, notamment par le propre fils du conquistador, Martín, et au XIXe s. Plus ou moins abandonné à partir de 1629 (des corporations d'artisans s'y installèrent), transformé en prison entre 1740 et 1821 (José María Morelos y fut détenu en 1815), le palais abrita ensuite le gouvernement provisoire au moment du soulèvement de Juan Alvárez contre la dictature de Santa Anna. Lors de ses séjours dans la vallée de Morelos, Maximilien y installa ses bureaux en 1864-1866, puis il devint à partir de 1872 le siège du gouvernement de l'État de Morelos avant d'être transformé en musée.

Cette construction coloniale présente en façade deux galeries superposées, celle du premier étage formant une loggia d'où l'on découvre l'ancienne place d'Armes. On retrouve la même disposition sur la partie postérieure du palais, la loggia s'ouvrant cette fois-ci sur la vallée du Morelos et le volcan du Popocatépetl (que l'on aperçoit rarement de nos jours, du fait de la pollution).

C'est sur les murs de cette loggia que Diego Rivera a peint à la fin des années 1920 une **fresque**★★ retraçant l'histoire du Mexique et de Cuernavaca. On y voit des scènes de sacrifices préhispaniques, la construction de palais et d'églises, le travail des Indiens dans les plantations de canne à sucre, l'œuvre rendant compte avec force de la férocité de la conquête espagnole : viol de femmes, réduction des populations indigènes à l'esclavage, etc. L'artiste rend aussi hommage au frère Bernardino de Sahagún qui a rassemblé la pensée des sages náhuas, ainsi qu'à « Tata » Vasco de Quiroga, un religieux qui a établi au Michoacán un système de protection et de développement culturel des Indiens.

Le musée lui-même comporte dix-neuf salles qui présentent l'histoire de la région depuis les époques préhispaniques jusqu'au Porfiriat et à la Révolution. Au rez-de-chaussée, collections archéologiques mises au jour dans l'ancienne seigneurie tlahuica de Cuauhnáhuac, antiquités provenant des principales cultures qui s'épanouirent au Mexique.

Tout à côté du palais se trouve le **Jardín de los Héroes**, avec une immense statue en pierre de Morelos, héros de l'Indépendance. Cet espace est souvent occupé par des vendeurs d'artisanat (argent, pierres, céramique, statuettes… ; bien négocier les prix car ils ont tendance à grimper pour les touristes).

■ **JARDÍN BORDA**★ *(Avenida Morelos 271 ; plan A3 ; ouv. de 10 h à 17 h du mar. au dim.)*. Ce jardin du XVIIIe s. orné de fontaines fut aménagé par Manuel de la Borda, le fils de José de la Borda, propriétaire minier qui fit fortune à Taxco et se fit construire la maison que l'on voit aujourd'hui. On visite également la maison de José de la Borda *(mêmes horaires)*, qui servit de résidence d'été à Maximilien avant que l'empereur n'acquière une propriété dans le village d'Acapantzingo *(→ ci-dessous)* : exposition d'objets ayant appartenu à l'empereur, panorama de l'histoire de l'État du Morelos, expositions temporaires de peinture ; notez le portrait de la India Bonita.

■ **CATEDRAL DE LA ASUNCIÓN DE MARÍA**★ *(près du Jardín Borda ; plan A3)*. Il s'agit en fait de l'église érigée à partir de 1533 pour servir de sanctuaire au couvent franciscain qui lui est contigu et qui fut important dans le processus d'évangélisation des Indiens. Cet édifice aux allures de forteresse présente un portail latéral de style baroque plateresque. À l'intérieur, une rénovation a permis la mise au jour de **fresques** représentant le départ pour le Japon, au XVIe s., de missionnaires franciscains installés au Mexique, et leur crucifixion. Saint Felipe de Jésus, le premier saint mexicain, figure parmi les martyrs.

Dans le **cloître** du couvent, on peut encore voir quelques restes de peintures murales du XVIe s. qui furent découvertes sous un badigeon.
Dans l'atrium, la **chapelle de la Tercer Orden** offre une façade de style baroque mexicain et renferme un beau retable en bois sculpté et doré (1735).

Contre l'église se situe une ancienne **chapelle ouverte** à voûtes à nervures gothiques.

■ **MUSEO ROBERT BRADY** *(Nezahualcóyotl 4 ; plan A3 ; ouv. du mar. au dim. de 10 h à 18 h)*. Le musée est installé dans la Casa de la Torre, qui appartenait originellement au couvent franciscain englobant la cathédrale. L'édifice fut acheté en 1961 par l'artiste et collectionneur d'art Robert Brady, homme de talent qui réunit tout au long de sa vie des œuvres d'art provenant des pays où il s'est rendu (Afrique, Océanie, Moyen-Orient, Orient). Cette collection de mille trois cents pièces est enrichie par de nombreux tableaux d'artistes mexicains contemporains – Frida Kahlo, Diego Rivera, Rufino Tamayo, Miguel Covarrubias, entre autres –, et offre ainsi un contraste étonnant, les meubles coloniaux se mêlant aux peintures modernes et à l'art primitif.

**En 1930, dans un insolite acte de générosité, l'ambassadeur nord-américain au Mexique Dwight Morrow (beau-père de l'aviateur Charles Lindberg) décida d'offrir à la ville de Cuernavaca, où il avait une résidence secondaire, une peinture murale de Diego Rivera. Celui-ci accepta à la condition d'avoir une totale liberté quant au choix du thème, et réalisa la fresque aujourd'hui visible au palais de Cortés.**

***Las Mañanitas*** **(Ricardo Linares 107 ; *plan A1* ; réserv. : ☏ 314-14-23 et 314-14-66) est sans conteste le meilleur restaurant de la ville, voire du Mexique (c'est également un hôtel, mais les prix sont très élevés). Si votre budget ne vous permet pas d'y savourer un repas (60 dollars par personne), essayez néanmoins de prendre un apéritif dans le jardin ombragé d'arbres magnifiques, où quelques grues africaines, des paons royaux, des aras multicolores se promènent sur un gazon à l'anglaise. Remarquez dans les frondaisons, entre le mauve des bougainvillées et la garance des poinsettias, quelques œuvres du sculpteur Zuñiga. Une oasis au cœur de la ville.**

# À voir encore

■ **CASA DE MAXIMILIANO-MUSÉO DE MEDECINA TRADICIONAL Y JARDIN ETNOBOTÉNICO** *(Calle Matomoros 14, à 1,5 km au S. du centre-ville ; hors plan par B4 ; ouv. t.l.j. de 8 h à 18 h ; entrée libre)*. L'ancienne résidence de Maximilien, appelée aussi Casa Olinda, était située dans le village d'Acapantzingo, maintenant rattaché à la métropole du Morelos. Elle se compose d'une demeure de la première moitié du XIXe s. caractéristique des maisons de campagne de l'époque, et d'un pavillon dit « Casita de la India Bonita » qui abritait les amours de l'empereur et de sa maîtresse indienne. On y trouvera aujourd'hui un **musée de l'Herboristerie**. L'ensemble est entouré d'un beau jardin regroupant une très grande variété de plantes médicinales.

■ **PIRÁMIDE DE TEOPANZOLCO** *(à hauteur du Parque de la Estación, prendre Río Balsas ; suivre cette rue – qui un peu plus loin tourne à dr. – jusqu'à son extrémité où s'étend la zone archéologique ; ouv. t.l.j. de 10 h à 17 h)*. Cet édifice dédié à Tláloc-Huitzilopochtli fut élevé par des Indiens Tlahuicas, contemporains des Aztèques, ce qui explique certaines similitudes avec le Templo Mayor de Tenochtitlán, Tlatelolco et Tenayuca. Il se compose de deux structures pyramidales, la plus ancienne étant emboîtée dans la plus récente. De cette dernière, on peut encore voir les restes du premier étage, avec un large **escalier** à deux volées parallèles séparées par des rampes. Depuis la plate-forme supérieure de cette même construction, vous distinguerez, dans une fosse, le **double escalier** monumental (31 m de largeur) de la structure la plus ancienne. Les rampes se terminent, en leur partie supérieure, par un parement vertical. Les murs des deux temples qui se dressaient au sommet du second étage de la pyramide, sur une plate-forme rectangulaire, sont encore visibles.

■ **TALLER DAVID ALFARO SIQUEIROS** *(Venus 52, Jardines de Cuernavaca ; ouv. t.l.j. sf lun. de 10 h à 17 h)*. En 1973, le muraliste David Alfaro Siqueiros a fait don à la ville de son atelier. Celui-ci abrite quatre peintures murales inachevées, des reproductions photographiques de son œuvre, des notes, des coupures de presse et des photos rappelant son passé de militant communiste, en particulier lorsqu'il fut emprisonné après la tentative d'assassinat de Léon Trotski à laquelle il participa.

■ **EL CASTILLITO** *(Agustín Güemes 1 ; plan A1 ; ouv. du lun. au ven. de 9 h à 15 h, sam. et dim. de 10 h à 14 h)*. À côté de la Capilla del Calvario se trouve une maison porfirienne que les habitants de Cuernavaca connaissent sous le nom d'El Castillito. Il s'agit d'un tout petit musée qui renferme des photos anciennes de la ville et de la région ainsi qu'une collection de meubles de style.

# Environs de Cuernavaca

**1 TEPOZTLÁN★★★** *(25 km E. ; pour éviter la circulation très dense et très lente de la RF 115, nous vous conseillons de prendre l'autoroute de Mexico ; la sortie Tepoztlán est indiquée à une quinzaine de km)*. Le bourg de Tepoztlán attire depuis une quinzaine d'années une population qui a décidé de vivre un peu en marge de la mégapole de 20 millions d'hab. qui se trouve juste de l'autre côté du volcan Tláloc, à 45 mn par l'autoroute. Ici point de stress, point de pollution, au contraire, tout semble harmonie, douceur de vivre et tranquillité. Il est vrai que le paysage y est pour beaucoup. Entre 1 300 m et 1 600 m d'alt., Tepoztlán se love dans une magnifique vallée encerclée de montagnes volcaniques travaillées par l'érosion. L'une d'entre elles est couronnée par la pyramide du Tepotzeco, lieu mythique où, selon la tradition aztèque, Quetzalcoátl serait né il y a mille deux cents ans.

Fondé par une tribu chichimèque, Tepoztlán est habité par des Tlahuicas qui seront soumis par les Aztèques vers la fin de la première moitié du XVe s. Elle était alors un centre de pèlerinage où l'on vénérait Tepozteco, ou Tepoztécalt (« celui de Tepoztlán »), une divinité agraire des Récoltes et de l'Ivresse (c'était l'un des quatre cents dieux de l'Ivresse). Les Espagnols s'en emparent en 1521, pendant le siège de Tenochtitlán. Plus tard, les Dominicains y fondent un monastère à partir duquel ils entreprennent l'évangélisation de la région.

Le **couvent dominicain★★★** *(ouv. du mar. au ven. de 10 h à 14 h et de 16 h à 18 h, le sam. et le dim. de 10 h à 18 h)* abrite aujourd'hui un **musée** qui renferme des pièces précolombiennes provenant surtout du Cerro del Tepozteco. Avec ses parapets à merlons, ses guérites et ses puissants contreforts sur le côté S. de l'église, ce couvent, construit entre 1559 et 1588, s'apparente à une forteresse. Aux angles de l'atrium se trouvent des ***capillas posas*** à fronton triangulaire et voûtes à nervures gothiques, où s'arrêtaient les processions pendant les cérémonies de plein air. À dr. de l'église, devant les ruines d'une chapelle ouverte, se dresse une **croix sculptée** du XVIe s. Le portail de l'**église**, de style plateresque, est flanqué de deux contreforts supportant les deux tours, qui furent reconstruites après un séisme en 1839. Au-dessus de la porte surmontée d'un entablement orné de divers symboles religieux, notez, dans le tympan du fronton, des sculptures représentant la Vierge entre deux saints. Encore plus haut, deux anges soutiennent un panneau où devait être gravée une inscription. L'église, à une seule nef, se termine à l'E. par une abside précédée d'une travée à voûte à nervures en tiers-point, au-dessus du chœur. De l'église, vous passerez dans le cloître, d'une simplicité rustique, composé de deux étages de galeries à voûtes en berceau et autour duquel se répartissent les locaux communautaires, au rez-de-chaussée, et la plupart des cellules, à l'étage. De la loggia occupant l'angle N.-O. du couvent, à l'étage, vue sur le très beau paysage qui entoure Tepoztlán.

Le **Museo Carlos Pellicer** *(ouv. du mar. au dim. de 10 h à 18 h)*, derrière le couvent, renferme une intéressante collection d'art préhispanique offerte à la ville par le poète Carlos Pellicer (1899-1977).

La **pyramide de Tepozteco** *(ouv. de 9 h à 18 h ; entrée libre le dim. ; 1 h-1 h 30 de marche environ par un chemin assez raide que l'on prend au bout de l'Av. Tepozteco ; attention, prévoir de bonnes chaussures car une échelle métallique vous attend au bout du chemin)* s'élève à environ 600 m au-dessus du bourg.

**Ciel pur, héliotropes, rosiers en fleurs, bougainvillées, *tulipanes* rouges ou jacarandas mauves, le Morelos est un immense jardin. On se promène sous les cocotiers, les palmiers ou le long des champs de canne, savourant les effluves des vendanges tropicales autour des sucreries. Mais ce paradis accaparé par les puissants a aussi été une terre de révolte. Il a donné naissance au plus violent mouvement insurrectionnel paysan, dont le chef fut Emiliano Zapata.**

**Manifestations**

Tepoztlán est célèbre pour ses fêtes, notamment pour son carnaval qui commence le dimanche précédant mardi gras : danses des Chinelos, vêtus de somptueux costumes brodés et de coiffures à plumes et miroirs. Durant la semaine sainte se déroule la Fiesta del Brinco, la « fête du Bond », qui ne dure pas moins de trois jours, pendant lesquels des équipes de danseurs se relaient pour exécuter des bonds. Les participants portent des costumes multicolores de soie, des panaches de plumes et certains d'entre eux des masques roses ornés de barbes noires et pointues qui incarnent les conquistadores. Le 16 jan., au cours de la fête de Santa Catarina, un village voisin, des danses régionales sont exécutées par des congrégations venant de divers villages de la région de Tepoztlán. Le 6 mai se tient la Feria de Ixcatepec, avec danse des Apaches, des Moros y Cristianos et Pastoras. La Fiesta del Tepozteco, donnée en l'honneur de l'ancien dieu du Pulque et de l'Ivresse, se célèbre dans la nuit du 7 au 8 sept. sur le *cerro* du même nom, où se situait le centre cérémoniel préhispanique, et dans la nuit du 8 dans le bourg.

Mieux vaut visiter la pyramide de Tepozteco tôt le matin car le trajet est à l'ombre et l'on évite la ruée des touristes qui arrivent vers 11 h.

Au sommet du Cerro del Tepozteco fut aménagée une terrasse artificielle sur laquelle fut élevé un édifice pyramidal à deux massifs superposés. Sur la plate-forme supérieure, accessible par un escalier aujourd'hui très ruiné, se dressait le **temple** proprement dit, composé d'un vestibule s'ouvrant à l'O. par trois baies. Ce vestibule donnait accès à une chambre sacrée où était exposée l'idole figurant le dieu Tepoztécatl ; une banquette de pierre courait le long des côtés N., E. et S. de cette pièce. Il en subsiste encore quelques fragments, ornés de bas-reliefs. Ce temple fut érigé peu de temps avant la Conquête au-dessus d'un sanctuaire plus ancien qu'une dalle sculptée portant le glyphe du souverain aztèque Ahuitzotl permet de dater de 1486 à 1502. Ces vestiges intéresseront surtout les passionnés d'architecture préhispanique, le site valant surtout pour la vue magnifique que l'on a sur la vallée.

**2 LA ROUTE DES COUVENTS★★** *(140 km jusqu'à Tetela del Volcán ; rejoindre Tepoztlán par la route 115 ou mieux par l'autoroute de Mexico ; compter une journée).* Tepoztlán mais aussi Oaxtepec, Tlayacapan, Totolapan et d'autres encore, toutes ces bourgades sont autant de lieux où, au XVIe s., les Dominicains et les Augustins fondèrent des couvents afin d'évangéliser les populations indigènes. Construits dans une zone charnière entre les régions du Sud (Oaxaca, Yucatán) et Mexico, ces couvents sont souvent fortifiés et entourés de hauts murs. Les religieux espagnols cherchaient ainsi à garantir leur sécurité mais aussi à mettre en évidence, par la taille des bâtiments, la toute-puissance de l'Église.

Bien que très proches de Mexico, les villages qui s'égrènent sur la route ont conservé tout leur charme grâce au maintien de leurs traditions. Les fêtes y sont très nombreuses, notamment celles qui célèbrent les *santitos*, les petits saints. Ceux-ci s'apparentent assez peu aux saints du calendrier – l'église catholique ne les reconnaît pas – mais sont néanmoins l'objet d'un culte assidu ; il s'agit en fait de divinités préhispaniques qui ont été « évangélisées ». Pour chaque saint, un majordome est responsable de la statue et du déroulement des festivités. Une famille du village reçoit le *santito* chez elle (il faut s'inscrire parfois vingt ans auparavant pour avoir ce privilège) et invite à manger toute la population, parfois plusieurs centaines de personnes.

*25 km :* **Tepoztlán★★★** *(→ ci-dessus).* Suivre la route 115 D *(péage)* en direction de Cuautla, bifurquer à Oaxtepec.

*45 km :* **Oaxtepec** fut avant la Conquête l'un des lieux de villégiature préféré de Moctezuma Ier. Originaire de cette région, l'empereur aztèque s'y fit construire un palais doté de somptueux jardins dans lesquels furent acclimatées des essences venues des terres chaudes du golfe du Mexique. Le **couvent San Diego** *(ouv. du mar. au ven. de 10 h à 14 h et de 16 h à 18 h, les sam. et dim. de 10 h à 18 h)* fondé par les Dominicains dans la première moitié du XVIe s. abrite aujourd'hui une école. À g. des bâtiments conventuels, l'église, couverte d'une voûte à nervures gothiques, présente l'aspect d'une forteresse avec un parapet protégeant un chemin de ronde.

Oaxtepec est réputé pour avoir abrité le plus grand **centre de loisirs** de la Sécurité sociale mexicaine (IMSS). Cet énorme complexe comprenant pas moins de vingt-cinq piscines, certaines très profondes, toutes alimentées par des sources naturelles, a été scindé en deux. La majeure partie a été donnée en concession à une entreprise privée qui a construit un parc aquatique avec de multiples toboggans. À éviter absolument en fin de semaine et jours de fête.

Suivre la route 3 qui remonte vers Xochimilco, dans les faubourgs de Mexico.

*52 km :* **Tlayacapan★**, gros village entouré de montagnes splendides. Le Palacio Municipal, en arcades, sert souvent de décors aux « westerns mexicains ». Sur le côté g., sur une grande esplanade plantée d'une gigantesque allée d'eucalyptus, s'élèvent un ancien **couvent** *(ouv. t.l.j. sf lun. de 9 h à 17 h)*, fondé en 1534 par les Augustins (il fut achevé en 1572), et une église à façade très sobre, entre deux contreforts verticaux terminés par des merlons. Une inscription latine sur la porte principale *(Ioannes est nomen eius)* signale que le temple est dédié à saint Jean-Baptiste. L'intérieur, malheureusement remanié au milieu du XIXe s., est néoclassique ; près de la porte communiquant avec le cloître, se trouvent quelques restes de fresques du XVIe s. Le **cloître** présente des arcatures gothiques, dont les nervures sont discrètement soulignées par des frises de motifs floraux peints en blanc et noir. Les divers corps de bâtiment qui l'entourent s'ouvrent par des portes dont les arcs sont bandés en plein cintre (moulures sculptées) ou en anse de panier sur de robustes jambages. La **salle De Profundis** *(souvent fermée, s'adresser à l'étage)* est décorée de fresques du XVIe s. figurant des scènes de la Passion et des saints.

Dans le petit **musée** d'histoire locale aménagé dans la sacristie et récemment restauré, on verra en particulier un beau retable et des momies d'enfants et de nonnes trouvées lors d'excavations sous le maître-autel de l'église en 1982.

Outre cet imposant couvent, Tlayacapan possède vingt-trois chapelles baroques élevées sur autant d'édifices précolombiens. Certaines sont en très mauvais état, mais d'autres, comme San Martín ou Santiago, sont remarquables. On peut également visiter la **Cerreria** *(ouv. t.l.j. de 9 h à 18 h)*, une ancienne fabrique de bougies qui a été transformée en maison de la Culture.

À Tlayacapan, prendre la route 2 en direction de Totolapan.

*65 km* : à **Totolapan**, vous visiterez un **monastère** augustin fondé en 1534 par Jorge de Ávila mais qui fut élevé un peu plus tard et remanié. Il offre, avec ses créneaux et ses murs massifs, un aspect de forteresse ; devant l'église, petit oratoire *(posa)* devant lequel les processions s'arrêtaient pour réciter des prières lors des cérémonies de plein air. À g. se trouve une chapelle ouverte. Entre celle-ci et l'église, la porterie (logement du portier) mène au cloître, sans grâce mais robuste. Ce couvent conserve encore quelques fresques du XVIe s., endommagées, mais d'excellente facture.

*80 km* : **Atlatlahuacán**, petit village où un **monastère** augustin fut édifié entre 1570 et 1600. L'église est précédée d'un vaste atrium où l'on peut encore

**Le village de Tlayacapan est constitué de trois quartiers : deux vivent de la culture des tomates et du nopal (cactus), dans le troisième, on fabrique des casseroles en terre cuite dans des fours chauffés à l'*ocoté*, le bois de térébenthine.**

## Le dieu du Pulque

Tepoztécatl, encore appelé Ometochli («Deux-Lapin »), était l'une des principales divinités du Pulque. Il aurait découvert un procédé pour améliorer la fermentation de cette boisson à base d'aguamiel (jus de maguey). En sa qualité d'être lunaire, Tepoztécatl, ainsi que les autres dieux de l'Ivresse, portait un ornement nasal en forme de croissant de lune ; il était souvent représenté la moitié du visage peinte en rouge (allusion à la partie visible de la lune) et l'autre en noir (pour sa face cachée). Toujours pour cette raison, Tepoztécatl passait pour favoriser la renaissance de la végétation après le sommeil hivernal, et c'est ainsi qu'il était fêté, comme il l'est encore, le 8 septembre, après les récoltes. Outre son rôle de dieu du Pulque et des Récoltes, Tepoztécatl était également le Thésée du peuple tlahuica. Comme le héros athénien qui s'était débarrassé du Minotaure, il avait délivré Tepoztlán du tribut en vies humaines que Xochicalco imposait chaque année au peuple tlahuica sous la forme d'un vieillard qui était dévoré par un dragon. Ayant pris l'apparence d'un vieux bûcheron, Tepoztécatl avait réussi à tuer le monstrueux animal.

# *Tierra y libertad*

Tel était en 1911 le slogan des insurgés du Sud avec lesquels, Pancho Villa, bandit de grand chemin, ne tarda pas à sympathiser. À leur tête, Emiliano Zapata, un révolutionnaire en lutte contre les grandes compagnies sucrières de l'État du Morelos, qui s'étaient appropriées les terres des paysans. Après l'adoption de la réforme agraire par le parlement en 1915, Zapata est assassiné et devient un héros national. Le mythe revit aujourd'hui dans le Chiapas où les Indiens sans terres demandent justice.

**▲ Pancho Villa photographié en 1914. À sa droite se tient Rodolfo Fierro, son fidèle lieutenant, qui se livra à toutes sortes d'atrocités durant les combats.**

### ■ *Hacendados, campesinos* et *péones*

Un siècle après la révolution de 1810, la situation n'est guère brillante pour le *campesino*, le paysan mexicain. Le pouvoir et l'argent sont toujours aux mains des Blancs, propriétaires de grandes haciendas qui, par la force ou la combine, dépossèdent les paysans de leurs terres. Le *péon*, travailleur agricole, bien que libre en principe, est asservi à l'*hacendado* par un système d'endettement héréditaire *(→ encadré p. 129)*. Porfirio Díaz, assis à la présidence depuis 1876, a réussi à donner un essor remarquable à l'économie mexicaine mais au profit de quelques privilégiés et de compagnies nord-américaines. À la veille de la guerre civile, neuf mille propriétaires détiennent les deux tiers des terres cultivées.

### ■ Zapata, Villa et Madero

L'histoire a surtout retenu les noms des deux premiers, laissant dans l'ombre, le troisième artisan de la Révolution, Francisco Madero. Issu d'une riche famille du N., cet avocat libéral qui s'était opposé à la réélection du vieux dictateur Porfirio Díaz en 1910, dut, bon gré mal gré, composer avec les insurgés. Emiliano Zapata, petit fermier métis d'Indien, d'Espagnol et de Noir, prend les armes contre les grandes compagnies sucrières du Morelos. Avec 70 000 hommes, il occupe le S. du pays et est secondé dans son action par Pancho Villa, un voleur de bétail de Durango qui mène la guérilla contre les *hacendados* dans l'État de Chihuahua. Porté au pouvoir après un plébiscite triomphal en novembre 1911, Madero se révèle être

**▲ Portrait d'Eufemio Zapata par José Guadalupe Posada. Le frère aîné d'Emiliano participa aussi à la révolution mexicaine.**

un médiocre chef d'État. Déçu par la lenteur de sa politique réformiste, Zapata lance le plan d'Ayala qui prévoit la confiscation du tiers des grandes propriétés. Le mouvement insurrectionnel dégénère en guerre civile et Madero est assassiné par le général Huerta en 1913.

## Le temps des trahisons

Débute alors la décade tragique qui ensanglante le pays. Les partisans de Huerta s'opposent aux constitutionnalistes menés par Carranza, Obregón et Villa, lequel installe son quartier général à Chihuahua et fonde la célèbre División del Norte formée de cavaliers, de fantassins et de femmes, les *soldaderas*. Zapata se rend maître d'immenses territoires montagneux dans le Morelos et le Guerrero. Le 6 décembre 1914, après la fuite de Huerta, Zapata et Villa font leur entrée triomphale à Mexico et prennent place – le temps d'une photo – dans l'énorme fauteuil présidentiel (→ *ill. p. 315*). Mais les alliés d'hier sont devenus ennemis et se disputent le pouvoir. Villa, écrasé par les troupes d'Obregón, reprend le maquis, tandis que Zapata, qui refuse de déposer les armes, est attiré dans un guet-apens et traîtreusement assassiné par Carranza le 10 avril 1919. Le mythe zapatiste ne faisait que commencer.

## La réforme agraire

Après l'élimination violente des grands révolutionnaires, le Mexique aspire au calme. L'application de la réforme agraire codifiée par la Constitution de 1917, très lente pendant vingt ans, s'accélère sous la présidence de Lázaro Cárdenas (1934-1940) qui distribue au cours de son mandat deux fois plus de terres que tous ses prédécesseurs réunis. En 1950, les *ejidos* ou terres communales, héritage de la rébellion zapatiste, représentent plus de la moitié des terres cultivables. Mais les problèmes de répartition des terres sont loin d'être résolus, en particulier dans le Chiapas, paradis des grands propriétaires. Les idées de Zapata, élevé très démagogiquement au statut de héros national par le PRI, sont toujours d'actualité. C'est en son nom que les Indiens du Chiapas ont repris la lutte armée en 1994.

**▲ Le « sergent » María Terrazos, de l'armée des rebelles constitutionalistes.**

voir deux oratoires *(posas)* à coupole et pinacles (attention, jupes courtes interdites). Elle présente une austère façade couronnée par un campanile à claire-voie. À g., derrière une petite chapelle se dresse une haute tour érigée postérieurement. Vous entrerez dans les bâtiments monastiques par un portique qui donne accès au cloître, dont les voûtes sont décorées de caissons hexagonaux peints *a fresco*.

En poursuivant sur la route 2 depuis Atlatlahuacán, on parvient à la RF 160 reliant Amecameca *(→ p. 321)* à Cuautla. Prendre à dr. vers Cuautla, puis 3 km plus loin à g. *(fléché)*.

*100 km :* **Yecapixtla★★**. Sur l'emplacement de cette ancienne bourgade d'origine préhispanique, les Franciscains érigèrent à partir de 1540 un imposant **monastère** fortifié *(ouv. t.l.j. sf lun. de 9 h à 17 h)*, édifié sous la direction du moine augustin Jorge de Ávila. L'**église** est précédée d'un vaste atrium où se trouvent de petits oratoires *(posas)* très rustiques et hérissés de merlons pointus. Elle offre une belle et sobre façade entre deux puissants contreforts surmontés d'une guérite crénelée. Au-dessus du **portail** de style plateresque, orné de chérubins, de tritons, de motifs floraux, etc., remarquez une rosace gothique, dentelle de pierre dans un écrin de moulures délicatement sculptées. Sur le petit fronton qui surmonte les deux tympans du portail, notez, à dr., un écusson représentant les cinq plaies de saint François d'Assise et, à g., un autre blason avec un cœur transpercé de flèches, symbole de l'ordre de Saint-Augustin. À l'intérieur, chaire en pierre sculptée (XVIe s.) ; la voûte gothique à nervures est particulièrement belle au-dessus du chœur. Les **bâtiments monastiques** s'ouvrent à dr. de la façade de l'église par un petit portique. Au-dessus de l'arche de dr. se trouve une chapelle ouverte. Du portique, qui formait la loge du portier, vous accéderez au cloître, très austère avec ses puissants piliers qui soutiennent les arches des galeries.

*125 km :* **Ocuituco★**, village où les Augustins édifièrent, à partir de 1534, leur premier **couvent** de la Nouvelle-Espagne *(ouv. t.l.j. sf lun. de 9 h à 17 h)*. L'église, très simple, presque rustique, est précédée d'un atrium où se dresse une croix du XVIe s. À g., elle est dominée par un haut clocher, à quatre étages d'arcatures, érigé postérieurement. Les fresques qui ornaient l'intérieur sont aujourd'hui très abîmées. Vous visiterez surtout le cloître, doté d'une belle fontaine (XVIe s.) décorée de sculptures en ronde-bosse d'animaux assis sur la margelle ; les galeries supérieures conservent encore, à la voûte, des peintures murales en mauvais état. Le couvent offre maints détails sculptés, notamment les moulures encadrant les baies qui s'ouvrent sur le cloître.

*140 km :* **Tetela del Volcán**, au pied du Popocatépetl, où se situe un **couvent** augustin, fondé en 1580 mais qui fut remanié au XVIIe s. ; dans le cloître, peintures murales polychromes du XVIe s.

# Malinalco★★★

Le Cerro de los Ídolos se dresse à 225 m au-dessus du joli village colonial de Malinalco et comporte plusieurs terrasses. Sur l'une d'elles, les Aztèques ont élevé un centre cérémoniel comprenant en particulier un temple monolithique creusé dans le flanc de la montagne. Cet édifice qui abrite de belles sculptures était voué à l'initiation des chevaliers-aigles et des chevaliers-tigres (jaguars), tous membres d'une confrérie militaire et religieuse qui se consacrait au dieu Soleil et à la défense de ses temples.

**Situation** : 64 km S. de Toluca, 133 km S.-O. de Mexico, 90 km O. de Cuernavaca. État de Mexico.

## Malinalco dans l'histoire

■ **Quarante-cinq ans d'existence**

En 1476, lors d'une campagne contre Cuauhnáhuac (Cuernavaca), le souverain aztèque Axayácatl s'empara d'Ocuila (Ocuilán de Arteaga), de Chalma et de Malinalco, localisés en territoire matlazinca. Sur ce dernier site fut entreprise en 1501 la construction d'un centre cérémoniel. Celui-ci n'était pas encore achevé au moment de la prise de Malinalco par Andrés de Tapia, en 1521, pendant le siège de Tenochtitlán. Plus tard, lorsque les Augustins érigèrent leur monastère, les matériaux des temples, ou tout au moins des parties de ces édifices qui n'étaient pas taillées dans le roc, furent pillés et remployés.

## Visiter Malinalco

**Visite** : le site archéologique est ouvert de 9 h à 17 h. L'ascension à la zone se fait par un escalier qui conduit au niveau intermédiaire du Cerro de los Ídolos.

■ **Village de Malinalco**. Avec ses maisons aux toits de tuiles, ses rues empierrées, ses petites chapelles du XVII^e^ s. disséminées un peu partout, Malinalco a conservé tout son cachet. Ce cadre ajouté à un climat agréable attire chaque week-end de nombreux habitants de Mexico, qui y ont fait construire leurs résidences secondaires. Sur la place principale du village, couvent augustin fondé en 1540, avec une façade de style plateresque, un cloître Renaissance et des fresques fort bien conservées.

*Pour gagner la zone archéologique depuis la place principale du village, se diriger vers le S. jusqu'à la Capilla del Barrio de Santa Mónica. Sur le côté g. de la chapelle démarre un sentier qui mène au site. Un large escalier de 423 marches gravit la colline et conduit jusqu'au site même.*

■ **TEMPLE PRINCIPAL.** Cette construction, la plus importante, est identifiée avec un *cuauhcalli* ou « maison de l'aigle » (symbole du Soleil) ; elle est entièrement taillée dans le roc et était autrefois recouverte d'une mince couche de stuc peint. Sous la présidence du Cuauhtliocélotl ou chef des chevaliers du Soleil, on y procédait à l'ordination des chevaliers-aigles et des chevaliers-tigres.

Aménagé entre deux sculptures de jaguar abîmées et doté en son centre d'une sculpture d'homme assis endommagée qui servait de porte-étendard, un **escalier** mène à une étroite plate-forme où s'ouvre la **chambre du temple**. L'entrée de celle-ci représente une gueule de serpent largement ouverte, avec deux grands crocs sur chaque mandibule. Devant cette porte, sur le sol, s'étale comme un tapis une large langue d'ophidien. De chaque côté de la porte furent sculptés, à dr., un serpent lové avec des écailles en forme de pointes de flèche sur lequel on distingue les restes d'une statue de chevalier-aigle, et, à g., un tambour de guerre *(tlalpanhuehuetl)* qui paraissait recouvert d'une peau de jaguar grâce à des incrustations de *tezontle* (pierre volcanique) imitant les ocelles de la fourrure de cet animal ; sur cette dernière sculpture se trouvent encore quelques restes d'une statue qui devait représenter un chevalier-tigre.

À **l'intérieur de la chambre★★★**, de plan circulaire, on découvre une petite banquette où furent dégagées du rocher trois sculptures figurant des animaux sacrés : au centre, la peau d'un jaguar, déployée sur la banquette, avec la tête et les pattes ; à g. et à dr., deux aigles, la queue en éventail, la tête tournée vers le centre de la pièce. Au sol, dans l'axe de la chambre, devant la peau de jaguar, s'étale la dépouille d'un aigle, la tête orientée vers la porte d'entrée. Derrière cette dernière sculpture, une cavité cylindrique, autrefois fermée par un couvercle, devait constituer un vase où l'on déposait le cœur des victimes sacrifiées. Notez qu'aux solstices, un rayon de soleil pénètre dans le temple et vient éclairer le centre de la chambre : on suppose que l'on procédait alors à l'incinération des chevaliers du Soleil tués au combat.

■ **ÉDIFICE III** *(à dr. du temple principal)*. Il s'agissait sans doute du *tzinacalli* où l'on procédait à l'incinération et à divers rites de déification des chevaliers--aigles et des chevaliers-tigres tués au combat et qui prenaient place dans l'escorte du soleil. Ce bâtiment est composé d'un vestibule et d'une chambre de plan circulaire. Le **vestibule** était accessible par un triple portail formé par deux piliers entre deux murs et abritait en son centre un autel creux dont les pierres sont calcinées. Le long du mur du fond, interrompu par la porte s'ouvrant sur la chambre, et le long des deux murs latéraux s'étend une large banquette. Dans cette pièce, on a découvert quelques fragments de peintures murales figurant des guerriers, déifiés après leur mort, qui marchent en procession, chacun avec un pied posé sur une frange du ciel nocturne, symbolisé par des plumes d'aigle et des ocelles caractéristiques de la peau du jaguar. La **chambre circulaire** est également pourvue d'un autel creux, aux pierres calcinées, qui était flanqué à g. et à dr. de trois pierres plates sur lesquelles devaient être déposés des objets sacrés.

■ **TEMPLE DU SOLEIL** *(édifice IV ; au N. de l'édifice III)*. Identifié avec le temple du Soleil, où l'on célébrait, à chaque fin de *tonalpohualli* (année du calendrier divinatoire de 260 jours), le jour 4 Olin (Quatre-Mouvement), la fête du Soleil ou Netoniatuhzahualiztli, l'édifice IV s'élevait sur une plate-forme accessible par un escalier situé à l'E., entre deux salles. À l'intérieur, deux bases rectangulaires, taillées dans le roc, devaient supporter les piliers de bois qui soutenaient la toiture. Sur les côtés S., O. et N. règne une large banquette avec, au centre du côté O. *(opposé à l'entrée)*, un autel creux rectangulaire.

# Environs de Malinalco

■ **CHALMA** *(12 km E.)*. Petit bourg étagé au pied d'une falaise, dans une gorge profonde où coule un torrent. Chaque année, durant les cinq premiers jours du mois de janvier, lors de la semaine sainte, le 3 mai et surtout à la Pentecôte, des foules de pèlerins venus souvent de très loin accourent en ce lieu pour faire leurs dévotions au Señor de Chalma, un crucifix investi de pouvoirs miraculeux. De nombreux migrants viennent ainsi demander la protection du Christ de Chalma avant de partir aux États-Unis, d'autres encore font bénir leurs nouveau-nés, leurs voitures ou leurs camions. L'origine de ce pèlerinage remonte à l'époque préhispanique, durant laquelle on vénérait dans une cavité naturelle une statue de la divinité des Grottes, Otzoctéotl, que les Augustins remplacèrent par un crucifix vers 1533. Selon la tradition, le Christ de Chalma se serait substitué miraculeusement à l'idole païenne, sans la moindre intervention humaine. En 1683, une église fut bâtie près d'un couvent et de la grotte pour abriter plus dignement cette merveille.

**Le 3 mai se déroule la fête de la Sainte-Croix, qui s'est substituée à celle de l'arbre de vie, expression d'un rite magico-religieux d'origine précolombienne où les groupes dédient certaines de leurs danses (notamment celle des Concheros) aux quatre points cardinaux.**

Lors des pèlerinages, on se rend à l'église en procession, souvent à genoux, afin de prier et de solliciter une faveur dont on rendra l'exaucement plus probable en déposant une offrande le plus près possible de la croix. La tradition exige que l'on se baigne dans l'eau du torrent, aux propriétés miraculeuses ou thérapeutiques, dit-on, pour revenir ensuite sur le parvis de l'église, que l'on quittera à reculons, en signe de respect envers le Seigneur de Chalma.

**À noter que les jours de pèlerinage, Chalma est littéralement envahi par la foule et qu'il faut stationner à plusieurs kilomètres du bourg.**

# Pachuca

**Situation** : 94 km N.-O. de Mexico, 232 km S.-E. de Queretaro. Alt. 2 426 m ; 180 000 hab. ; capitale de l'État d'Hidalgo.

**À ne pas manquer**



**☎ 7**

**ℹ Av. Revolución 1300, face au restaurant *Vip's* (☎ 718-44-50 et 718-39-37).**

**Gare routière**
**À la sortie de Pachuca par la RF 130. De là, des bus et des taxis vous conduisent au centre-ville. Liaisons permanentes avec Mexico (toutes les 15 mn) et régulières pour Actopan, Ciudad Valles, Ixmiquilpan, Huejutla, Puebla, Tamazunchale, Tampico, Tula et Tulancingo.**

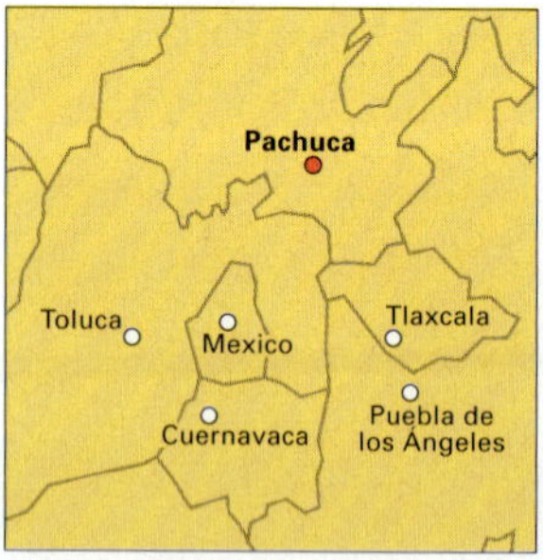


Adossé au plateau vallonné et boisé des Regla, au milieu d'un austère paysage de montagnes et de plateaux désertiques, Pachuca fut le centre minier le plus important de la Nouvelle-Espagne. Surnommée « la Belle Ventée » (durant une grande partie de l'année, la ville est balayée par un vent qui peut atteindre plus de 70 km/h), elle a gardé peu de traces de l'époque coloniale : les édifices du centre datent surtout de l'époque porfirienne. Ce sont donc les environs qui seront les plus intéressants à visiter, en particulier les villages miniers de Mineral del Chico, Real del Monte, San Miguel Regla et Huasca. À l'O. de Pachuca, on découvrira les paysages montagneux et désertiques de la vallée du Mezquital, où les traditions des Indiens Otomís sont encore bien vivantes, notamment à Actopan, modeste bourgade qui abrite un remarquable couvent du XVIe s.

## Pachuca dans l'histoire

### ■ Le pays de l'argent

Les premiers Espagnols arrivèrent dans la région en 1524, sous le commandement de Francisco Téllez, un archer de Cortés. La colonisation proprement dite ne commença qu'en 1553 avec la découverte des premières mines dans la région. Trois ans plus tard, la mise au point de la technique de l'amalgame de l'argent *(→ encadré p. 317)* par Bartolomé de Medina donna un essor considérable aux mines et à toute la région de Pachuca. Au milieu du XVIIIe s., cette expansion s'amplifia avec Pedro Romero de Terreros, premier comte de Regla, propriétaire des mines les plus importantes de la Nouvelle-Espagne et grand bienfaiteur de l'Église et de la couronne espagnole. Au XIXe s., les héritiers du comte de Regla vendent ces mines aux Anglais qui les modernisent. La Révolution les rend aux Mexicains. Aujourd'hui encore, elles produisent 15 % de l'argent mondial.

# Visiter Pachuca

**Combien de temps** : 3 h suffisent pour visiter la ville qui présente un intérêt limité.

■ **El Reloj Monumental** *(Plaza Independencia)*. Au centre de la place principale de Pachuca se dresse une tour néoclassique de 40 m de hauteur, dotée d'une horloge monumentale ornée de sculptures illustrant l'Indépendance, la Liberté, la Constitution et la Réforme. Dès 1824, de nombreuses entreprises anglaises exploitaient les mines d'argent de Pachuca. Pour commémorer le centenaire de l'Indépendance (1910), la municipalité fit appel à leur générosité pour financer la construction d'une horloge. Celle-ci fut commandée à l'entreprise britannique qui avait fabriqué le carillon de Big Ben à Londres. Les travaux commencèrent en 1904 et furent achevés le 15 septembre 1910 à 23 h. Soit une heure avant la commémoration du centenaire de l'Indépendance…

■ **Ex-Convento de San Francisco** *(Arista 200 ; ouv. t.l.j. sf lun. de 10 h à 18 h ; entrée libre)*. Ce grand édifice colonial du XVIe s. entouré de jolis jardins abrite le **Centro Cultural Hidalgo**, qui regroupe l'Institut des beaux-arts, un théâtre, des salles d'exposition, des bibliothèques, un musée d'histoire et un remarquable **Museo Nacional de la Fotografico**★★ *(ouv. de 10 h à 18 h, un service de reproduction des œuvres du musée est ouvert au public)*. Celui-ci rend compte de l'évolution des techniques photographiques et présente une sélection des meilleurs clichés de la période révolutionnaire provenant en grande partie des archives Casasola, mais aussi d'autres grands noms de la photographie – mexicaine ou non – tels Manuel Álvarez Bravo, Edward Weston ou Tina Modotti.

**Villa (assis sur le fauteuil du président du Mexique) et Zapata photographiés au Palais présidentiel le 6 décembre 1914 par Agustín Victor Casasola (musée national d'Histoire, Mexico).**

**Manifestations**
**Du 3 au 20 oct., Feria Internacional San Francisco (fête du cheval) : présentation de chevaux, danses folkloriques, corridas, combats de coqs, *charreadas*.**

**L'État d'Hidalgo est réputé pour ses traditions culinaires. Au bord des routes et dans les villages, on déguste la *barbacoa*, du mouton cuit à l'étouffée dans des feuilles de maguey.**

## Casasola, photographe de la Révolution

Agustín Victor Casasola commence sa carrière de photographe en 1890, dans le journal *El Imparcial*, en photographiant le président Porfirio Díaz et ses collaborateurs lors des fêtes du centenaire de l'Indépendance. Mais c'est durant la révolution mexicaine qu'il devient célèbre en parcourant le pays en tous sens, photographiant Emiliano Zapata et ses chevaux dans le S., Pancho Villa et ses trains dans le N. Il parvient surtout à saisir l'expression d'un peuple en lutte dans ses clichés de soldats, de paysans et, bien sûr, de femmes, ces fameuses « Soldaderas et Adelitas » qui font aujourd'hui partie de l'iconographie traditionnelle mexicaine.
En 1914, il ouvre la première agence de presse à Mexico, ce qui lui apportera une renommée internationale. Après lui, ses enfants, neveux et petits-enfants, tous connus sous le nom de Casasola, constitueront une véritable dynastie de photographes.

La **Capilla Secreta de la Luz**, derrière l'église du couvent, renferme un superbe retable churrigueresque du XVIIIe s. et quatre peintures ayant appartenu au premier chemin de croix du couvent.

# Environs de Pachuca

**1 MINERAL DEL CHICO★** *(24 km N. ; suivre pendant environ 9 km la RF 105, puis prendre à g.)*. Joli village aux ruelles tortueuses, avec son kiosque porfirien sur la place et ses balcons fleuris, dans un environnement boisé. Cette bourgade est le centre du **Parque Nacional Mineral del Chico★** (le premier parc naturel du Mexique, fondé en 1898 par Porfirio Díaz), qui offre dans un paysage montagneux de belles excursions pédestres sur d'anciens chemins miniers. Voir, entre autres curiosités, El Laberinto et ses cascades souterraines, El Valle de las Monjas et ses rochers d'escalade de 110 m de hauteur, le lac de barrage El Jaramillo.

**À l'entrée du parc, l'auberge *Las Ventanas* abrite un centre d'information sur les niveaux d'escalade. À noter que le climat de la région est frais et souvent brumeux. Camping autorisé dans le parc.**

**2 MINERAL DEL MONTE★** *(10 km N.-E. par la RF 105)*. Plus connue sous le nom d'**El Real**, cette petite ville très pittoresque, aux façades aux tons pastel et aux toits de tuiles rouges, fut bâtie à proximité de la veine d'argent la plus riche du continent américain : à elle seule, celle-ci produisit plus de la moitié de l'argent exploité dans le monde durant la période coloniale. Sous l'impulsion de Pedro Romero de Terreros, comte de Regla, on ne perça pas moins de 40 km de galeries et on édifia même une église souterraine. À la fin du XVIIIe s., la mine fut noyée. Rachetée par les Anglais, elle fut de nouveau exploitée au XIXe s. Elle fut la seule autorisée par Londres à faire valoir son sceau « Real del Monte » comme garantie du titrage 100 % argent.

**3 HUASCA★ ET SAN MIGUEL REGLA★★** *(33 km N.-E. ; suivre la RF 105, passer Omitlán puis prendre à dr. la bifurcation pour Huasca)*. Situé dans une large vallée irriguée par six cours d'eau, le village de **Huasca★** n'a rien perdu de son charme ancestral avec ses rues pavées, ses maisons blanches aux toits de tuiles, son église et ses anciennes résidences coloniales comme la Meson de San José. C'est ici que Léon Trotski venait conter fleurette à Frida Kahlo. Les artisans y élaborent de belles poteries en terre cuite, rouges et blanches.

À 4 km de Huasca se trouve l'hacienda de **San Miguel Regla★★** (XVIIIe s.), qui fut la propriété du comte de Regla. Cet illustre personnage assura le développement de l'activité minière en fondant dans la vallée de Huasca des haciendas où l'on raffi-

## Le comte de Regla, un terrible dévot

Le comte de Regla fut vraisemblablement l'homme le plus riche du continent américain. Homme dévot et modeste, habillé simplement, il donna à l'Église quantité d'argent pour construire des couvents, finança des missions, paya à la couronne d'Espagne les impôts les plus importants du Mexique. Cet homme qui répétait que « Dieu lui avait confié les richesses de la terre » ne sut en revanche jamais rien offrir à ses mineurs qui furent impitoyablement exploités et vécurent dans des conditions misérables. Le 28 juillet 1766, une grève éclata, la première du Nouveau Monde. Elle dura plus d'un mois et fit plusieurs victimes. Le vice-roi de Nouvelle-Espagne, Carlos Francisco de Croix, évita *in extremis* une terrible répression et édicta une ordonnance régulant les relations entre les mineurs et les propriétaires de mines. Le comte de Regla, vexé par la décision royale, ne retourna jamais à Real del Monte.

nait l'argent par amalgamation. Ce procédé maintenant abandonné (on lui préfère la cyanurisation, qui offre des rendements beaucoup plus élevés) exigeait d'immenses emplacements pour stocker le minerai à traiter, des fours, de grands bassins et des chutes d'eau ; nombre de ces équipements ont été conservés dans ces haciendas, notamment dans celle de San Miguel Regla. Celle-ci abrite désormais un hôtel de luxe (☏ [779] 201-02).

À environ 4 km N.-O. de San Miguel Regla se trouve l'hacienda de **Santa María Regla**, au fond d'un canyon où vous pourrez observer les fameuses **colonnes**★★ prismatiques de basalte ocre et rouge décrites par le baron Alexander von Humboldt *(→ encadré p. 338)*. Certaines d'entre elles mesurent plus de 40 m de hauteur.

**4 Convento de Actopan**★★ *(36 km N.-O. par la RF 85 en direction de Nuevo Laredo ; ouv. de 10 h à 17 h)*. Dans ce gros bourg otomí très acculturé, sale et bruyant, vous visiterez l'ancien **Convento de San Nicolás Tolentino**★★, fondé par les Augustins en 1548.

L'**église** offre une belle façade (vers 1550) de style plateresque tandis que le clocher, puissante tour carrée mudéjare de 38 m de hauteur, évoque les minarets almohades d'Andalousie. À l'intérieur, de style gothique, vous remarquerez les voûtes à nervures très saillantes dans le chœur et au-dessus de l'entrée. À g. de l'église, une vaste **chapelle ouverte** (la plus grande du Mexique) renferme des peintures murales illustrant l'Ancien Testament et les tourments de l'enfer.

La salle De Profundis du monastère possède une **fresque**★★ remarquable qui représente des communautés monastiques. Vous pénétrerez ensuite dans le **cloître**, d'où, en prenant à dr., vous irez voir les cuisines et un vaste réfectoire à voûte en berceau à caissons octogonaux. Vous passerez ensuite dans la salle du chapitre puis, toujours à partir de la galerie E. du cloître, dans une vaste salle rectangulaire qui devait constituer un vestibule à la **sacristie**. Celle-ci est dotée d'une belle voûte à nervures entre lesquelles on distingue un décor à motifs floraux. Au centre se trouvent les fonts baptismaux, surmontés d'une statuette de saint Jean-Baptiste.

Dans l'escalier menant à l'étage où sont installées les cellules, **peintures**★★ représentant des saints et des théologiens augustins, des frises d'animaux héraldiques, des guirlandes, etc.

**5 Convento de Ixmiquilpan**★★ *(75 km N.-O. par la RF 85 en direction de Nuevo Laredo ; ouv. de 10 h à*

## Honneur au mercure

C'est au Sévillan Bartolomé de Medina, arrivé au Mexique en 1553, que revient la découverte de l'amalgamation, qui consiste à extraire certains métaux, et notamment l'argent, au moyen du mercure. Ce procédé se substitua à la technique du concassage qui n'avait qu'un très faible rendement, et permit une exploitation réellement industrielle des ressources argentifères du pays. Il aida ainsi considérablement les Espagnols à asseoir leur emprise sur leurs colonies américaines. De son côté, pendant dix ans (de 1556 à 1566), Bartolomé de Medina, qui avait fait enregistrer sa découverte auprès du roi (codex B. de Medina), toucha des royalties payées par toutes les exploitations minières du Mexique et du Pérou qui utilisaient son procédé. L'almagamation fut ainsi le premier brevet industriel déposé. De 1556 à 1900, le mercure a permis au Mexique de produire 140 000 t d'argent. Dans toute l'Amérique latine, les mines de ce précieux métal liquide ont fait l'objet d'une exploitation systématique et très contrôlée, la Couronne entendant par ce biais garder la haute main sur l'argent américain dont un cinquième revenait au roi.

**Marché le mer. : artisanat et plats régionaux. Attention, impossible ce jour-là de s'approcher en voiture du monastère.**

**Marché le lun., riche en artisanat produit par les Indiens Otomís : paille tressée, chemises brodées, tissage à base d'*ixtle* (la fibre du maguey) et instruments de musique miniatures en bois avec incrustations de nacre. Malheureusement, le plastique gagne de plus en plus de terrain.**

*17 h)*. Ixmiquilpan (72 000 hab.) s'est transformé en quelques années en une ville assez peu agréable, et seul l'ancien **Convento de San Miguel Archangel** suscite un intérêt. Ce couvent-forteresse augustin, contemporain de celui d'Actopan, présente une église gothique à façade plateresque qui abrite des **fresques**★★ réalisées au XVIe s. par des artistes otomís. Elles sont étonnantes pour leurs motifs qui représentent des combats, des légendes préhispaniques, des scènes bibliques. N'oublions pas que Ixmiquilpan était la capitale des Otomís. Les Augustins ont donc laissé aux artistes locaux une grande liberté d'expression. Les fresques sont empreintes de syncrétisme, avec des guerriers-jaguars, des hommes-tigres, réminiscences de l'époque aztèque. D'autres fresques sur la vie du Christ sont visibles dans la sacristie.

# Popocatépetl-Iztaccíhuatl★★★

Le Popocatépetl, « la montagne fumante », forme avec l'Iztaccíhuatl, « la femme blanche », une imposante chaîne montagneuse, la sierra Nevada. Intégrés au sein d'un parc naturel, ces deux volcans couronnés de neige gardent la vallée de l'Anáhuac où se trouve Mexico. En raison de cette proximité avec la capitale, ils sont souvent cachés par le nuage de pollution qui recouvre la mégapole d'une chape d'un gris jaunâtre. Il faut donc s'éloigner de l'énorme agglomération et prendre un peu d'altitude pour pouvoir admirer les deux colosses. L'un, le Popocatépetl, adopte une forme typique de cône volcanique, l'autre, l'Iztaccíhuatl, est allongé et constitue une sorte de barrière enneigée. L'Iztaccíhuatl est un volcan éteint dépourvu de cratère alors que le Popocatépetl est toujours en activité.

**Situation** : 80 km S.-E. de Mexico. Alt. : Popocatépetl, 5 465 m ; Iztaccíhuatl, 5 286 m. États de Mexico et Puebla.

*« Rien d'autre que des pins, des pommes de pins, des pierres, de la terre noire. Pourtant cette terre semblait desséchée ; ces pierres, sans erreur possible, volcaniques. Partout, comme le disait Prescott, on trouvait les preuves de la présence et de l'antiquité du Popocatépetl. »*

Malcom Lowry, *Au-dessous du volcan.*

## ■ À la recherche du soufre

Après la Noche Triste, Hernán Cortés, qui voulait entreprendre le siège de Tenochtitlán, envoya quelques hommes sur le Popocatépetl pour se procurer le soufre nécessaire à la fabrication de poudre à canon. L'un d'entre eux, attaché par une corde, fut descendu dans le cratère du volcan. Depuis cette expédition, un col situé entre les deux volcans porte le nom du célèbre conquistador : El Paso de Cortés.

Pendant longtemps encore, les hommes escaladèrent le Popocatépetl afin d'y extraire du soufre. En 1918, un treuil fut installé pour descendre les ouvriers d'une compagnie minière au fond du cratère. En 1920, un chef de chantier décida de dynamiter celui-ci pour faciliter l'extraction du soufre : il provoqua une explosion si forte qu'elle tua dix-huit ouvriers et déclencha une nouvelle période d'activité du volcan. Celle-ci se prolongea jusqu'en 1929 et entraîna la formation d'un nouveau cratère au milieu du premier.

**Entre 1920 et 1929, le peintre mexicain Gerardo Murillo, un amoureux des volcans, monta souvent admirer le cratère du Popocatépetl et ses éruptions. Il en a fait une série de tableaux remarquables désormais exposés au Museo Nacional de Arte à Mexico.**

**Iztaccíhuatl était une jolie princesse aztèque. Elle tomba amoureuse de Popocatépetl, un valeureux guerrier. Le père de la belle, pour se débarrasser d'un prétendant trop puissant, lui promit un banquet en son honneur et le mariage avec sa fille à une condition : revenir avec la tête d'un roi ennemi clouée à sa lance. Popocatépetl organisa aussitôt une expédition. Il passa à travers toutes sortes d'aventures, livra mille batailles. Après des années de tribulations, il retourna dans sa tribu avec le sanglant trophée. Il trouva le festin promis, mais non sa belle princesse. Ayant cru que son fiancé avait été tué, celle-ci était morte de chagrin...**

# Excursion vers les volcans

**Accès** : Amecameca (60 km de Mexico) est la porte d'accès au Parque Nacional Popocatépetl-Iztaccíhuatl ; depuis Mexico, prendre l'autoroute Mexico-Puebla, sortir en direction de Cuautla et poursuivre jusqu'au bourg d'Amecameca ; 2 km plus au S. se trouve la déviation qui, en 23 km, rejoint le col de Cortés (Paso de Cortés). Il est préférable de faire cette excursion avant 13 h pour jouir d'une bonne visibilité.

**Ascension** : seule l'ascension de l'Iztaccíhuatl est possible, mais elle est difficile et requiert une expérience de la haute montagne. Il est fortement recommandé de se faire accompagner par un guide. Le chemin pour atteindre le plus haut sommet de l'Iztaccíhuatl, le Pecho (le sein), n'est pas très bien indiqué.

Visite : pour trouver un accompagnateur, *Club de Exploradores de México,* Juan A. Mateos 146, Colonia Obrera, 06800 Mexico DF (☏ et fax : 57-40-80-32).

La saison la plus favorable s'étale d'oct. à fév., le reste de l'année le temps est très changeant, la visibilité souvent limitée et il existe des risques de tempêtes de neige et de foudre. Vous rencontrerez la neige à partir de 4 200 m d'alt. et la température au sommet est presque toujours inférieure à 0 °C ; elle peut atteindre – 25 °C. Soyez vigilant en ce qui concerne le mal des montagnes.

■ **PASO DE CORTÉS**. Le col est situé entre les deux volcans à 3 580 m d'alt. Un refuge de montagne très sommaire y est installé. À cet endroit, la forêt laisse la place aux cendres volcaniques ; la vue s'étend sur l'Iztaccíhuatl au N. et, au S., sur le sommet du Popocatépetl.

**... Popocatépetl transforma alors le corps de sa princesse en une éternelle statue de pierre blanche qu'il déposa couchée sur un immense tumulus construit de ses mains (« la femme blanche »). Ensuite, sur une autre montagne (« la montagne fumante »), il commença une veillée éternelle, debout, avec une torche allumée, symbole de son amour. Les légendes et les croyances entourant le Popocatépetl et l'Iztaccíhuatl (ci-dessus) sont nombreuses ; aujourd'hui encore, les populations environnantes vénèrent Don Gregorio (nom populaire du Popocatépetl) et lui rendent hommage lors de cérémonies où sont déposées des offrandes pour favoriser les pluies ou épargner les récoltes de la grêle.**

■ **POPOCATÉPETL**. Le volcan ayant connu un regain d'activité (exhalations de vapeurs, fumerolles, projections de cendres et de matériel incandescent) depuis décembre 1994, il n'est plus possible, depuis le Paso de Cortés, de monter en voiture jusqu'à Tlamacas, ultime porte d'accès au sommet (un système de drapeaux de couleur installés sur les édifices municipaux renseigne sur son activité : vert = calme ; jaune = prudence ; rouge = danger). Les populations des villages environnants, qui avaient déjà été évacuées une première fois fin déc. 1994-début jan. 1995, ont dû à nouveau abandonner leurs maisons en décembre 2000, suite à un fort accroissement de l'activité du Popocatépetl.

■ **IZTACCÍHUATL★★★**. L'ascension de l'Iztaccíhuatl est en revanche possible. Depuis le Paso de Cortés, prendre la route à g., qui vous emmènera jusqu'à La Hoya (le vallon) où se trouve le refuge Tzomoní (équipé de toilettes et de douche). Pour l'équivalant d'un dollar US, vous pourrez y passer la nuit à condition d'apporter votre matériel et votre nourriture. Il existe entre La Hoya et le sommet un autre refuge appelé Republica de Chile, situé à 5 h de marche, mais il n'est pas en très bon état (le refuge Luis Mendez a été emporté par le vent). Depuis ce refuge, il faut compter 4 h pour atteindre le Pecho. Le retour au Paso de Cortés se fait en 4 h.

## Dans les environs

■ **AMECAMECA**. Bourg très animé où se tient sur la place centrale le sam. et le dim. un important marché. Sur la même place se dresse un couvent dominicain qui conserve dans son cloître diverses peintures coloniales ; dans l'église attenante, retable baroque du XVIIIe s.

Le Sacromonte, célèbre lieu de pèlerinage (nombreuses processions, surtout durant la semaine sainte), est situé au sommet de la colline dominant Amecameca à l'E. On y vénère dans une église une statue miraculeuse du Christ, le Señor del Sacromonte.

Dans le village de **San Miguel Nepantla** *(20 km S.)* naquit sœur Juana Inès de la Cruz (1648-1695), connue pour ses poèmes et ses pièces de théâtre. Très en avance sur son temps, elle introduisit dans son œuvre des personnages appartenant au monde indigène *(El Divino Narcisso)* et osa prendre en compte la spécificité du Mexique. Féministe avant l'heure, elle revendiqua aussi le droit à l'étude pour les femmes. Ses écrits furent redécouverts grâce à Octavio Paz qui lui consacra un essai (*Sor Juana Inés de la Cruz o las Trampas de la Fe*, 1982).

Voir le **Centro Cultural Sor Juana Inés de la Cruz** *(Calle Sor Juana Inés de la Cruz y Av. Ferrocarril 26 ; ouv. de 10 h à 17 h)*, consacré à la vie et à l'œuvre de la célèbre poétesse ; il est situé dans un très agréable jardin offrant une vue magnifique sur les environs.

# Puebla de los Ángeles★★★

Situé dans une haute vallée fertile entourée de volcans – le Popocatépetl, l'Iztaccíhuatl, La Malinche –, Puebla apparaît comme un véritable conservatoire d'architecture coloniale. Dans cette ville créée *ex nihilo*, où toutes les rues sont tracées au cordeau, artistes et architectes ont imaginé des chapelles ruisselantes d'or, des églises aux coupoles recouvertes d'azulejos multicolores, ces fameux *talaveras* que l'on retrouve sur les façades débordantes de stucs blancs des demeures seigneuriales, et qui égayent une pierre volcanique trop austère. À seulement deux heures en voiture de la capitale, la visite de Puebla, l'une des plus belles cités du pays (elle est inscrite au patrimoine mondial de l'humanité), apparaît incontournable, même si, à l'instar de Mexico, la ville a connu ces dernières années une véritable explosion démographique ayant apporté son cortège de misère et de violence.

**Situation** : 130 km E. de Mexico, 330 km N.-O. de Oaxaca, 300 km O. de Veracruz. Alt. 2 160 m ; 3 000 000 hab. ; capitale de l'État du même nom ; universités.

**À ne pas manquer**



## Adresses utiles

**■ Poste**

Bureau central, 16 de Septiembre 501, à l'angle de 5 Oriente (*plan A2* ; ouv. du lun. au ven. de 8 h à 19 h, sam. de 9 h à 13 h).

**■ Représentations diplomatiques**

*Consulat de France*, Cerrada Amatlán 1115, Colonia Mayorazgo (☏ 237-15-95 et 240-51-40).

*Consulat de Belgique*, Calzada Zavaleta 5537, Colonia ex-hacienda La Concepción (☏ 284-61-44).

**■ Aéroport**

*Aeropuerto Hermanos Serdán*, à 22 km O. de Puebla, sur la route de Cholula-Huejotzingo. Du fait de la proximité de l'aéroport de Mexico, Puebla ne possède qu'un petit aéroport avec seulement quelques vols à des prix assez élevés. Pour vous rendre à l'aéroport de Mexico, bus *Estrella Roja*, 4 Poniente, entre 21 et 23 Sur (☏ 249-60-90) : départ toutes les heures entre 3 h 30 et 20 h 30.

**☏ 2**

**ⓘ Office du tourisme gouvernemental, 5 Oriente 3 (*plan A2* ; ☏ 246-12-85 et 246-20-44 ; ouv. du lun. au sam. de 9 h à 20 h 30, dim. de 9 h à 14 h).**
**Office du tourisme municipal, Portal Hidalgo 14, sur le Zócalo (*plan A2* ; ☏ 232-03-57 ; ouv. du lun. au sam. de 9 h à 20 h, dim. de 10 h à 20 h).**

**Urgences**
***Croix-Rouge*, 20 Oriente 1002 (☏ 234-00-00 et 235-80-40).**
**Hôpital *Beneficiencia Española*, 19 Norte et 10 Poniente (☏ 232-05-00).**
**Police (☏ 232-22-22).**

**Achats**

**Les nombreuses boutiques de Puebla vous offriront un artisanat très varié, en particulier des objets en verre filé, en fer forgé, des articles en fer-blanc et en laiton, des poissons articulés en nacre et argent, des objets d'origine précolombienne et de la faïence de Talavera, l'une des plus admirables expressions de l'artisanat mexicain. Vous trouverez également de la confiserie, notamment à base de *camotes* (patates douces).**

### ■ Gares routières

*Central de Autobuses de Puebla (CAPU)*, à 4 km N. du centre-ville, Av. Nortes y Carmen Serdán (☏ 249-72-11). Accès en taxi depuis le Zócalo ou en taxi collectif à prendre sur 9 Sur ou 9 Norte. Nombreux bus pour Cuernavaca, Mérida, Mexico, Oaxaca, Veracruz, Villahermosa, Xalapa.

La compagnie ***Autobuses Unidos*** assure un service de bus toutes les 12 mn pour Mexico (1 h 45 de trajet). Nous vous conseillons de prendre les autobus *Premier* qui vous permettront de voir le paysage (les autres bus ont des rideaux noirs fermés).

### ■ Gare ferroviaire

Au N. de la ville, à l'angle de 9 Norte et 80 Poniente. Trains très lents, à éviter.

### ■ Location de voitures

*Adventage Rent A Car*, 43 Poniente 716 (☏ 243-91-00 et 243-45-00). ***Budget***, Av. Juárez 1914 D (☏ 232-91-08).

## Puebla dans l'histoire

### ■ La ville des Anges

**Le 6 janvier 1536, les Franciscains ouvrent solennellement un collège où les fils du « peuple conquis » peuvent recevoir une éducation supérieure (grammaire, rhétorique, logique, philosophie et théologie) comme n'importe quel fils de la noblesse espagnole. Le but est de former une élite indigène destinée à gouverner ses propres cités…**

Dès leur arrivée au Mexique, les Franciscains ont le projet de bâtir une cité plus belle que Séville, où l'harmonie entre les peuples et les races sera telle qu'elle servira d'exemple pour l'édification des autres villes de la Nouvelle-Espagne. En 1531, ils fondent la Ciudad de los Ángeles, plus connue sous le nom de Puebla de los Ángeles. Celle-ci ne prend la place d'aucune ville indigène, ne s'installe à proximité d'aucune mine, mais est idéalement située entre Veracruz et Mexico, dans une vallée fertile où l'eau abonde, la vallée de Cuetlaxcoapan. Les Franciscains espèrent ainsi qu'au-delà de la conquête, respectant la propriété des Indiens, les Espagnols pourront s'attacher à ces terres riches et se mêler à la population indigène. Cette vision utopique fait long feu, mais n'empêche pas Puebla de se développer rapidement dans les domaines de l'agriculture, du textile, de la céramique *(talavera)*. La culture et les arts y sont florissants grâce à l'Église qui fait construire pour une population espagnole, conservatrice et très catholique, une soixantaine de temples, de couvents et de collèges religieux. Dès le XVIIe s., Puebla supplante l'ancienne métropole indienne de la vallée de Cuetlaxcoapan, la cité de Cholula ; au début du XIXe s., elle devient la seconde ville de la Nouvelle-Espagne, la sœur cadette de Mexico.

## ■ Occupations américaine et française

Durant le XIXe s., Puebla est au cœur des luttes que mène le Mexique contre les interventions étrangères. Elle est tout d'abord le théâtre de combats opposant les forces mexicaines et l'armée du corps expéditionnaire des États-Unis, commandé par le général Winfield Scott, qui s'empare de la ville en 1847 et l'occupe. Le 5 mai 1862, c'est au tour des troupes françaises d'arriver devant Puebla, mais elles sont vaincues par le général Ignacio Zaragoza. Depuis cette victoire, le 5 mai est jour de fête nationale, et donne lieu, chaque année, à une reconstitution de la « bataille de Puebla ». En mars 1863, la cité est assiégée par le général Forey et doit, cette fois, capituler. Elle restera occupée par les Français jusqu'en avril 1867, date à laquelle elle sera reprise aux impériaux par le général Porfirio Díaz.

Puebla est aujourd'hui une ville moderne et industrielle (aciéries, agroalimentaire, mécanique). L'usine *Volkswagen*, implantée en 1970, a dynamisé l'économie de toute la région ; *Sommer-Allibert, Plastic Omnium* et bien d'autres sociétés étrangères ont suivi l'exemple allemand.

Puebla

# Visiter Puebla

**Accès** : Puebla est entourée d'un boulevard semi-périphérique formé par l'autoroute Mexico-Orizaba qui contourne la ville par le N.-O. En venant de Mexico, pour arriver rapidement au centre historique, le plus simple est de contourner la ville jusqu'à l'embranchement du Bulevar Zaragoza que l'on prend à dr. (la voie de g. mène à l'autoroute d'Orizaba). On suit le Bulevar Zaragoza, qui se transforme en Bulevar Héroes del 5 de Mayo (à distinguer de l'Avenida 5 de Mayo). Lorsque l'on croise l'Avenida Maximino Ávila Camacho, prendre à dr. et trouver un stationnement. On est alors au cœur du centre historique de Puebla.

**S'orienter** : la ville, tracée au cordeau, est divisée en quatre quarts par deux axes qui changent de nom au niveau du Zócalo. Le premier axe orienté E.-O. est formé par l'Avenida Maximino Ávila Camacho, située à l'E. du Zócalo, et par l'Avenida Reforma, située à l'O. Le second axe orienté N.-S. est formé par l'Avenida 5 de Mayo, située au N. du Zócalo, et par l'Avenida 16 de Septiembre, située au S. Les autres artères orientées E.-O. sont toutes des *avenidas* et celles orientées N.-S. des *calles.*

Si l'on est au N. de Reforma et à l'O. de 5 de Mayo (quart N.-O.) : les rues parallèles à Reforma sont paires et Poniente, les rues parallèles à 5 de Mayo sont impaires et Norte.

Si l'on est au N. de Maximino Ávila Camacho et à l'E. de 5 de Mayo (quart N.-E.) : les rues parallèles à Maximino Ávila Camacho sont paires et Oriente, les rues parallèles à 5 de Mayo sont paires et Norte.

Si l'on est au S. de Reforma et à l'O. de 16 de Septiembre (quart S.-O.) : les rues parallèles à Reforma sont impaires et Poniente, les rues parallèles à 16 de Septiembre sont impaires et Sur.

Si l'on est au S. de Maximino Ávila Camacho et à l'E. de 16 de Septiembre (quart S.-E.) : les rues parallèles à Maximino Ávila Camacho sont impaires et Oriente, les rues parallèles à 16 de Septiembre sont paires et Sur.

**Combien de temps** : deux jours sont nécessaires pour visiter la ville.

**Se déplacer** : la visite du centre historique, en partie piétonnier, se fait à pied. À noter que les rues sont toutes à sens unique, alternativement dans un sens et dans l'autre.

■ **ZÓCALO**★★ *(plan A2)*. Encore appelé **Plaza de la Constitución**, le Zócalo de Puebla est l'un des plus beaux exemples d'urbanisme espagnol en terre mexicaine. Il est bordé par la cathédrale, le Palacio Municipal et des boutiques s'ouvrant sous des galeries *(portales)*. Au centre, agréable jardin orné d'une fontaine dédiée à San Miguel, le patron de la ville (construite en 1777).

■ **CATEDRAL**★ *(Plaza de la Constitución ; plan A2 ; ouv. de 8 h à 20 h)*. Commencé en 1575, cet imposant édifice, le plus vaste du Mexique après la cathédrale de Mexico, n'a été terminé qu'en 1649, grâce aux efforts de l'évêque Juan de Palafox y Mendoza. Le portail donnant sur le Zócalo est orné de bas-reliefs représentant les quatre rois d'Espagne de la branche des Habsbourg : Charles Quint, Philippe II, Philippe III et Philippe IV ; au-dessus figurent les armes de cette maison royale. Les clochers ont été achevés bien après la cathédrale elle-même, l'un en 1678, l'autre en 1732. On dit qu'ils sont les plus hauts (environ 70 m) de tous les clochers du pays. La coupole est couverte d'azulejos jaunes et verts.

Intérieurement, cette cathédrale est formée de cinq vaisseaux parallèles coupés ... un large transept, mais les nefs latérales sont occupées par des chapelles. ...minerez plus spécialement les stalles (1722), exécutées en bois avec des ... de nacre, d'onyx et d'ivoire. Le maître-autel, de style néoclassique, est l'œuvre de Manuel Tolsá, tandis que l'autel baroque de la Capilla Real fut dessiné par le Sévillan Martínez Montañés (XVII^e s.) ; sur cet autel, notez les peintures de Pedro García Ferrer (1583-1660), peintre et architecte à qui l'on doit la coupole se dressant à la croisée.

■ **CASA DE LOS MUÑECOS**** *(2 Norte 2, près de l'angle avec l'Av. Maximino Ávila Camacho ; plan A2 ; ouv. t.l.j. sf lun. de 10 h à 17 h)*. Demeure du XVIII^e s. appelée la « maison des Poupées » en raison de ses remarquables azulejos *(talaveras)* montrant des personnages masculins dans des attitudes de pantin ; la signification de ces représentations reste mystérieuse.

■ **BIBLIOTECA PALAFOXIANA*** *(5 Oriente 5 ; plan A2 ; ouv. t.l.j. sf lun. de 10 h à 17 h)*. Fondée en 1646 par l'évêque Juan de Palafox y Mendoza, elle est installée au premier étage de l'ancien palais de l'archevêché, transformé en **Casa de la Cultura**. Elle renferme quelque cinquante mille ouvrages et cartes anciennes, notamment la chronique de Nuremberg écrite par Hartman Scheldel en 1493, un atlas d'Ortelius imprimé à Anvers en 1548, une bible polyglotte (chaldéen, hébreu, grec et latin) de 1569, une grammaire égyptienne de François Champollion.

►Sur l'Av. 16 de Septiembre 505, à l'angle de 7 Oriente, s'élève la **Casa del Deán*** *(plan A2 ; ouv. t.l.j. sf lun. de 10 h à 17 h)* ou maison du Doyen, bâtie en 1580, beau spécimen d'architecture civile de style Renaissance.

En continuant au-delà de la Casa del Deán dans l'Av. 16 de Septiembre, vous atteindrez l'**église de la Concepción** *(plan A2)*, où l'on peut voir, sur le maître-autel, des peintures du début du XIX^e s. de Francisco Morales, puis l'ancien ***couvent du Carmel*** *(hors plan par A2)*, où vous visiterez surtout la Capilla de la Tercer Orden, du XVIII^e s., richement décorée de carreaux de faïence émaillée.◄

■ **MUSEO AMPARO**** *(2 Sur 708, à l'angle de 9 Oriente ; plan A2 ; ouv. t.l.j. sf mar. de 10 h à 18 h ; location d'écouteurs en français)*. Aménagé dans un édifice du XVIII^e s., le très beau musée Amparo, qui porte le nom de l'épouse d'un financier international originaire de Puebla, Manuel Espinosa Yglesias, présente de somptueuses collections d'œuvres d'art mexicaines préhispaniques et coloniales.

Huit salles sont consacrées à l'art précolombien et regroupent quelque deux mille objets. Les trois premières salles rendent compte de la manière dont se sont développées les différentes cultures mésoaméricaines (olmèque, mixtèque, toltèque, teotihuacane, maya) : les différents styles, les techniques

## La *talavera*

Puebla est réputé pour ses céramiques appelées *talaveras*, du nom de Talavera de la Reina, cité espagnole proche de Tolède qui fut dès le XVI^e s. un important centre de fabrication de céramique et exporta sa technique jusqu'en Nouvelle-Espagne. Outre une remarquable vaisselle et des vases où l'on retrouve des influences arabe, italienne, espagnole, chinoise, les *talaveras* de Puebla se caractérisent également par de splendides azulejos. Combinés à la chaude couleur rouge de la brique, ces carreaux de faïence émaillée bleus ou blancs (selon la tradition) ou polychromes sont utilisés sur les façades des palais et des églises de Puebla, formant des compositions d'une grande variété ; ils constituent parfois de véritables tableaux figuratifs comme sur les murs de la Casa de los Muñecos. Si l'âge d'or de la céramique à Puebla se situe entre les années 1650 et 1750 (on dénombra jusqu'à douze fabriques durant cette période), il subsiste aujourd'hui encore quelques ateliers qui produisent une très belle céramique appréciée par une clientèle mexicaine aisée.

utilisées par les artistes indiens, l'usage des pièces exposées sont expliqués ici sans tenir compte de la chronologie ou de l'origine. Dans les quatre salles suivantes sont présentés chronologiquement et par culture des objets appartenant aux périodes archaïque (8000-2500 av. J.-C.), préclassique (2500 av. J.-C.-250 de notre ère), classique (200-900) et postclassique (900 à la Conquête). Une autre salle est consacrée aux plus belles pièces du musée. On remarquera en particulier un collier de crânes provenant de la Huasteca, la frise d'un autel maya, un joug totonaque, de très beaux vases d'argile en forme de coquillages ainsi qu'une superbe sculpture maya du classique tardif provenant de la vallée de l'Usumacinta et représentant deux dignitaires se faisant face.

La section d'art colonial regroupe des peintures, sculptures, tapis, meubles et autres objets des XVII^e^ et XVIII^e^ s. provenant d'Europe et de Nouvelle-Espagne.

■ **PLAZUELA DE LOS SAPOS** *(6 Sur, entre 5 et 7 Oriente ; plan A2)*. Merveilleuse place où, le matin, a lieu un marché d'artisanat spécialisé dans les meubles en bois (de nombreux menuisiers proposent leurs services à domicile). En fin d'après-midi et le soir, elle s'anime aux sons des mariachis. Le dimanche entre 11 h et 17 h, elle abrite un marché aux puces où l'on peut encore faire, parmi un bric-à-brac, quelques trouvailles intéressantes. Tout autour, bazars et boutiques ouvrent largement leurs portes.

■ **TEMPLO DE LA COMPAÑÍA** *(à l'angle d'Av. Maximino Ávila Camacho et Calle 4 Sur ; plan AB2)*. Elle fut consacrée en 1767, l'année où la Compagnie de Jésus fut expulsée du Mexique. Vous remarquerez surtout sa façade de style churrigueresque et le dôme, recouvert de carreaux de faïence émaillée à damier bleu et blanc. Dans la sacristie, on montre

**Le baroque s'épanouit également sur les édifices civils, comme en témoigne la Casa del Alfeñique.**

## La China Poblana

Personnage né de l'imagination populaire, la China Poblana est une princesse mongole ou hindoue qui aurait été capturée par des pirates puis vendue comme esclave. Elle serait arrivée à Acapulco vers la fin du XVII^e^ s. sur le galion des Philippines. Achetée par un riche marchand de Puebla qui l'aurait épousée, elle aurait introduit dans la région un costume composé d'une jupe richement brodée et agrémentée de paillettes que portèrent, jusqu'au XIX^e^ s., les femmes de la sierra de Puebla. Il est plus probable que cette mode se répandit au Mexique grâce au trafic commercial noué entre l'Extrême-Orient et la Nouvelle-Espagne, durant l'époque coloniale, par l'intermédiaire de la Nao de China, encore appelée Nao de Filipinas.

l'endroit où, selon la légende, aurait été inhumée la China Poblana.

■ **Casa del Alfeñique★** *(4 Oriente ; plan B2 ; ouv. t.l.j. sf lun. de 10 h à 17 h).* En passant devant **El Parían**, un joli marché d'artisanat local (céramique émaillée, objets en onyx...), vous atteindrez cette séduisante demeure dite du « sucre d'orge » *(alfeñique)*, typiquement *poblana* avec ses façades de briques rouges ponctuées de petits carreaux de faïence émaillée et ses stucs blancs qui semblent sculptés dans de la crème Chantilly. Construite dans la dernière décennie du XVIII^e s., elle a été transformée en **Musée régional** : collections de céramiques *(talaveras)*, de meubles, de costumes régionaux...

En reprenant la Calle 6 Norte, vous traverserez le **Barrio del Artista** *(plan B2)*, où vous pourrez observer des ébénistes, des sculpteurs et des peintres au travail. En tournant à g. dans l'Avenida 6 Oriente, vous laisserez à dr. le **Teatro Principal** *(plan B2)*, bâti en 1759 et, à ce titre, considéré comme l'un des plus anciens du Mexique. Plus loin se dresse le **Museo de la Revolucíon** *(6 Oriente 206 ; plan AB1 ; ouv. t.l.j. sf lun. de 10 h à 17 h)*, aménagé dans la demeure de la famille Serdán, qui, en 1910, transforma cette maison en « fort Chabrol » contre les troupes de Porfirio Díaz (sur les murs, les impacts de balles sont toujours visibles).

■ **Templo de Santo Domingo, Capilla del Rosario★★★** *(Av. 5 de Mayo, à l'angle de 4 Poniente ; plan A1 ; ouv. t.l.j. de 8 h à 19 h ; entrée libre).* Autrefois annexée à un monastère, Santo Domingo fut consacrée en 1611 et présente une curieuse façade baroque. Le retable, en bois et stuc doré à la feuille et peint, est orné de grandes statues polychromes.

Sur le maître-autel de la chapelle se dresse la statue de la Vierge du Rosaire, richement parée.

Au fond de l'église, à g., vous visiterez la **chapelle du Rosaire** (→ *ill. p. 148*), de plan cruciforme, érigée entre 1650 et 1690, année où elle fut consacrée. S'y déploie en une féerie d'ors et de couleurs toute la richesse de l'art baroque mexicain avec ses influences indiennes : dans un flot d'arabesques, tout un orchestre de chérubins entonne les louanges de Dieu le Père, qui semble jaillir au milieu d'eux. Les motifs sont sculptés en bois et stuc dorés, en marbre, en onyx de Tecali. Remarquez, à la coupole, des têtes d'angelots souriants, ainsi que les lambris d'azulejos en dessous d'une frise de têtes d'angelots, également en faïence émaillée.

■ **Musée Luis Bello y Zetina** *(Av. 5 de Mayo, à côté de Santo Domingo ; plan A1 ; ouv. t.l.j. sf lun. de 10 h à 16 h).* Le musée renferme une grande quantité d'objets divers, de sculptures, de peintures, de meubles provenant surtout d'Europe. On y verra entre autres une *Crucifixion* de Luis Morales, *L'Extase de saint François*, de Murillo, *Saint Pierre*, de Zurbarán, une *Mise au tombeau* d'Annibal Carrache (1560-1609), une statue équestre en bronze de Louis XIV due à François Girardon (1628-1715). Nombreuses pièces en porcelaine de Sèvres, cristallerie de Baccarat, toiles des écoles française, italienne et hollandaise.

**On doit à sœur Andrea de la Asuncíon la fameuse recette du *mole poblano*, une sauce au cacao contenant plusieurs variétés de piments, des amandes, des cacahuètes…, avec laquelle on nappe le poulet ou la dinde coupés en morceaux. Cette préparation est d'une splendeur byzantine par la richesse de ses arômes lorsqu'elle est parfaitement réussie. Puebla vous réserve d'autres spécialités. Goûtez aux *camotes*, délicieuses pâtes de fruit à base de patate douce, et aux *chiles en nogada*, des poivrons farcis recouverts de crème fraîche et de graines de grenade.**

**Une adresse pour déguster un savoureux *mole poblano* : *Fonda Santa Clara*, 3 Poniente 307 (☏ 242-26-59).**

■ **EX-CONVENTO SANTA ROSA★** *(14 Poniente 305 ; plan A1 ; ouv. t.l.j. de 10 h à 17 h)*. Couvent d'Augustines du XVIIe s., qui ferma ses portes en 1869 avec les lois anticléricales de la Réforme. Il abrite aujourd'hui le **Museo de Arte Popular Poblano**. L'artisanat régional est présenté dans sept salles qui correspondent aux sept régions de l'État de Puebla. Ne pas manquer la **cuisine★★** voûtée, qui constitue l'unique exemple d'une décoration intégrale de carreaux de faïence émaillée (*talavera* d'Espagne, de la fin du XVIIe s.). Selon la légende, c'est ici que fut inventé le *mole poblano*, l'un des mets les plus réputés de Puebla. Cour principale du couvent merveilleusement décorée de petits carreaux de faïence émaillée (azulejos), insérés sur les murs dans un revêtement de brique rose.

■ **EX-CONVENTO SANTA MÓNICA★** *(18 Poniente 103 ; plan A1 ; ouv. t.l.j. sf lun. de 10 h à 18 h)*. Couvent fondé en 1609, remanié vers 1688. En dépit des lois de la Réforme qui, en 1857, décidèrent de la fermeture des couvents, les nonnes réussirent, avec la complicité des habitants du quartier, à demeurer secrètement en ces lieux jusqu'en 1934, date à laquelle elles furent définitivement chassées. Le couvent fut alors transformé en **musée d'Art religieux** : objets et vêtements liturgiques, instruments de mortification, peintures coloniales dont des « sœurs couronnées », un genre propre à la peinture de chevalet de Nouvelle-Espagne, et des peintures sur velours.

**Patio du couvent Santa Monica, aux murs revêtus d'azulejos et de carreaux de terre cuite.**

Près de l'ancien couvent se situe l'**église San José** *(plan A1)*, de style baroque (XVIIIe s.), dotée d'une coupole en faïence bleue, jaune et orange (l'intérieur ne présente guère d'intérêt).

# À voir encore

■ **MUSEO BELLO Y GONZALEZ** *(3 Poniente 302 ; plan A2 ; ouv. t.l.j. sf lun. de 10 h à 17 h)*. Superbe maison de style *poblano* où vécut Mariano Bello y Acevedo, citoyen de Puebla et riche industriel († 1938) qui regroupa dans sa demeure des collections de peintures, de céramique, de fer forgé, de mobilier, etc. À noter des meubles européens des XVIIIe et XIXe s., une superbe collection de *talaveras* de Puebla, des peintures sur plaques de cuivre d'Alonso Lopez de Herrera, un peintre espagnol que les Dominicains firent venir de Valladolid en 1608, ainsi que des œuvres de José Agustín Arrieta, prolifique peintre de Puebla du XIXe s.

■ **TEMPLO DE SAN FRANCISCO★** *(Bulevar Héroes del 5 de Mayo ; plan B2)*. Construite par les Franciscains en 1551, cette église fut remaniée par la suite, notamment au XVIIIe s., lorsque fut ajouté un portail de style churrigueresque en façade. Vous remarquerez le beau **portail** plateresque de l'entrée latérale, s'ouvrant du côté de la Calle 10 Oriente. L'église, à nef unique, est couverte d'une voûte à nervures gothiques, mais l'ornementation intérieure fut refaite au XIXe s., en style néoclassique ; dans le vestibule de la sacristie, notez une peinture de Cristóbal de Talavera (1731) représentant la généalogie franciscaine. L'ancien couvent, dont dépendait l'église, fut fondé en 1531 mais fut considérablement remanié par la suite.

**Sur le Bulevar Héroes del 5 de Mayo, à la hauteur du Zócalo, se tient chaque dim. un important marché d'artisanat.**

■ **FUERTES DE LORETO ET DE GUADALUPE** *(depuis le Zócalo, suivre 2 Norte jusqu'au bout, puis prendre la Calzada de los Fuertes jusqu'en haut)*. Situés sur une colline qui domine Puebla au N.-E. (belle vue le matin sur la ville et les volcans s'il n'y a pas trop de pollution), ces deux forts jouèrent un rôle important lors des combats du 5 mai 1862 contre les troupes françaises. Celui de Loreto abrite le **Museo de la No Intervención** *(ouv. du mar. au dim. de 10 h à 16 h 30)*, qui retrace la lutte des soldats mexicains contre les troupes de Napoléon III : exposition de photos, d'armes, maquette des fortifications...

Les environs de Mexico

# Environs de Puebla

■ **CANTONA★** *(115 km N.-E. ; prendre l'autoroute d'Orizaba et sortir à Amozoc ; de là, suivre la RF 129 jusqu'au village de Cuyoaco, peu après Libres ; 2 km plus*

**De Puebla, autobus pour Cholula (12 km O. ; → *p. 293*) toutes les 10 mn à l'angle de 6 Poniente et 15 Norte.**

*loin à dr., embranchement pour Cantona (panneau) ; de là, bonne piste de 17 km, praticable même par temps de pluie ; attention : après le passage d'une vieille ligne de chemin de fer, prendre la piste de g. au premier croisement et la suivre jusqu'à Tepeyahualco puis Cantona ; éviter le retour par la mauvaise piste qui débouche sur Oriental ; site ouv. de 9 h à 17 h ; stationnement surveillé, buvettes ; compter une journée pour cette excursion).* Si vous avez un peu de temps et désirez sortir des sentiers battus, n'hésitez pas à visiter ce site archéologique découvert en 1855 par le Français Henri de Saussure et retourné à l'oubli pendant près d'un siècle et demi. Situé sur une butte basaltique au cœur d'un *mal país*, région sèche où ne poussent que des cactus et des yuccas, Cantona est une vaste cité précolombienne dont les vestiges s'étendent sur près de 12 km$^2$. Son histoire demeure mystérieuse (on ignore à peu près tout de ses habitants), mais on sait qu'elle connut son apogée entre 650 et 900 de notre ère ; selon les archéologues qui dirigent les fouilles actuelles, elle aurait pu compter jusqu'à 100 000 âmes. Cantona était certainement un important centre de production agricole, mais la cité vivait surtout du commerce de l'obsidienne comme en témoignent les nombreux ateliers de taille d'obsidienne retrouvés sur place.

On visite une toute petite partie de la ville *(itinéraire fléché)*, qui regroupe quelque 15 000 bâtiments divers entourant une acropole où étaient regroupés les édifices publics. La cité, qui était défendue par une muraille flanquée de tours, semble dépourvue de plan cohérent. Sans doute pour assurer une meilleure défense, ses concepteurs ont-ils en effet refusé d'appliquer les standards de l'époque, ceux qui, par exemple, prévalaient dans la grande Teotihuacán, à savoir un strict ordonnancement des bâtiments, des lignes droites et des formes géométriques harmonieuses et simples. Cantona ressemble plus à un immense dédale composé de ruelles tortueuses se terminant parfois en cul-de-sac, où seuls les habitués pouvaient s'aventurer sans se perdre.

Le site se caractérise également par le nombre particulièrement élevé de **jeux de balle**, vingt-quatre au total, chiffre que l'on ne retrouve dans aucune autre cité mésoaméricaine. Douze d'entre eux comportent une pyramide, une place (parfois deux) bordée de bâtiments et un autel de sacrifice. Les douze autres jeux de balle sont semblables à ceux qui existent dans le reste de la Mésoamérique.

# Taxco★★★

Cité classée, Taxco est une charmante bourgade typiquement coloniale située sur plusieurs collines où se pressent, les unes contre les autres, de petites maisons blanches desservies par un labyrinthe d'escaliers, de ruelles et de chemins muletiers pavés de gros galets. Au cœur de ce dédale s'élève l'église Santa Prisca, attrait majeur de la cité puisqu'il s'agit de l'un des plus beaux monuments d'art religieux que l'on puisse voir dans le pays. Si l'on ajoute à cela un marché des plus pittoresques et une tradition artisanale – l'orfèvrerie d'argent – mondialement réputée, on comprendra pourquoi Taxco est devenue l'une des villes les plus visitées du Mexique. Ce succès n'a pourtant pas altéré son charme, et elle demeure une étape incontournable de tout voyage au Mexique.

**Situation** : 250 km N. d'Acapulco, 90 km S.-E. de Cuernavaca, 170 km S.-E. de Mexico.
Alt. 1 670 m ; env. 80 000 hab. ; État du Guerrero.

**À ne pas manquer**


| | |
|---|---|
| **Parroquia Santa Prisca★★★** | **334** |
| **Promenade autour du Zócalo★★★** | **336** |


**☎ 762**

**ⓘ *Centro de Convenciones*, Av. J. F. Kennedy, au N. de la ville (*plan A1* ; ☎ 222-74 ; ouv. du lun. au ven. de 9 h à 15 h et de 18 h à 20 h, sam. et dim. de 9 h à 15 h).**

**Poste**
**Av. J. F. Kennedy 34, à côté de la gare routière *Estrella de Oro*, à l'entrée S. de la ville (*plan A4* ; ouv. du lun. au ven. de 9 h à 19 h, sam. de 9 h à 13 h).**

## Taxco dans l'histoire

### ■ De l'argent au lieu de l'étain

Connue durant l'époque préhispanique sous le nom de Tlaxco (jeu de pelote), la cité de Taxco était peuplée de Tlahuicas ; elle était alors située à 12 km au S. de son emplacement actuel, au lieu-dit Taxco el Viejo, près de mines d'argent et d'étain. Par la suite, son territoire fut annexé à l'Empire aztèque sous le règne de Moctezuma Ier, à qui elle payait un important tribut. Prise par les conquistadores en 1522, la région ne tarda pas à révéler aux Espagnols ses immenses richesses minières. Hernán Cortés y fit rechercher des mines d'étain pour couler des pièces d'artillerie en bronze, mais ses prospecteurs découvrirent des gisements argentifères dans les flancs du Cerro de Bermeja ; les campements qui se formèrent pour les exploiter sont à l'origine de la ville actuelle. Ces filons furent assez vite épuisés et Taxco connut un certain déclin.

### ■ La renaissance de Taxco

Au XVIIIe s., José de la Borda, d'origine française pour certains (il serait né à Oloron-Sainte-Marie ou en Gascogne), aragonaise pour d'autres (de Jaca), découvrit près de Taxco la fabuleuse mine de San

**Gares routières**
*Flecha Roja* (ou *Estrella Blanca*), Av. J. F. Kennedy 104 (*plan B3* ; ☏ 201-31) ; liaisons pour Cuernavaca, Grutas de Cacahuamilpa, Mexico et Toluca, *Estrella de Oro*, Av. J. F. Kennedy 126 (*plan A4* ; ☏ 206-48) ; liaisons pour Cuernavaca, Acapulco, Mexico.
À la sortie des deux gares, vous pouvez héler un *pesero* (combi) qui vous déposera sur le Zócalo.

**Manifestations**
Feria de Santa Prisca et San Sebastián, les deux patrons de la ville, les 18 et 20 jan., avec messe à l'église Santa Prisca et défilés d'animaux familiers et de bétail pour la bénédiction.
La semaine sainte à Taxco conserve encore toute son originalité et sa ferveur malgré les milliers de visiteurs qui affluent (une procession a lieu chaque jour). Signalons en particulier la procession des âmes le mardi : tous les participants sont encapuchonnés dans une toile de bure noire et portent des chaînes aux pieds. Le vendredi saint, les *pénitentes* déambulent dans la ville en se flagellant ; vers 11 h commence la procession des « trois chutes » avec la participation des Crucificados qui portent sur leurs épaules nues des cactus pleins d'épines. Devant le couvent San Bernardino a lieu la Crucifixion.
Le 27 juin, fête de l'artisan en argenterie, vénération du Christ de Plata dans l'ancien couvent de Siena.
Feria de la Plata, la dernière semaine de nov. ou la première semaine de déc. : foire nationale de l'argent, avec présentation de superbes pièces d'orfèvrerie.

Ignacio et redynamisa du même coup la prospection minière. Il amassa une immense fortune et fit élever l'église paroissiale Santa Prisca, l'une des merveilles de l'art baroque (churrigueresque) mexicain ; il dota également Taxco de fontaines. Mais les gisements s'épuisèrent et la ville s'endormit à nouveau. Dans les années 1930, un citoyen américain, William Spratling, s'y installa et relança les ateliers d'orfèvrerie. Aujourd'hui, les mines ne sont plus exploitées - la matière première vient principalement de Zacatecas et de Pachuca -, mais Taxco est toujours la cité de l'argent, et abrite quelque deux cent cinquante ateliers au savoir-faire mondialement reconnu.

# Visiter Taxco

**Combien de temps** : compter un jour pour visiter la ville, de préférence en semaine pour éviter la foule.

**Se déplacer** : la visite se fait à pied ; il est recommandé de laisser son véhicule dans l'un des parkings (Estacionamiento) et de prendre un taxi ou un minibus indiquant « Zócalo ». Depuis l'Av. J. F. Kennedy, vous pouvez également suivre à pied la Calle Juan Ruiz de Alarcón ou la Calle de la Veracruz pour gagner le Zócalo (Plaza Borda). De là, n'hésitez pas à vous perdre dans le dédale des ruelles de Taxco, qui vous ramèneront toujours sur la place centrale. Les tours de Santa Prisca peuvent servir à tout moment de point de repère. Attention aux pickpockets qui sont nombreux dans les ruelles et dans les églises.

■ **ZÓCALO**★ *(Plaza Borda ; plan A3)*. Charmante place, agréablement ombragée par des lauriers d'Inde et bordée par de vénérables maisons et l'église paroissiale Santa Prisca. À sa g. s'élève le **Patio de las Artesanias**, où est installé le **Museo de la Platería** *(ouv. de 9 h à 17 h)* qui donne un aperçu de l'artisanat que vous allez trouver un peu partout. À côté, la **Casa Borda** *(ouv. de 9 h à 17 h)*, sobre édifice que se fit construire, dans la seconde moitié du XVIIIe s., le fameux argentier José de la Borda, abrite aujourd'hui le centre culturel de la ville : nombreuses expositions temporaires. La Casa Borda est aussi le lieu où se déroule le concours national de l'argent ; certains chefs-d'œuvre restent parfois exposés après avoir été primés.

■ **PARROQUIA SANTA PRISCA**★★★ *(plan A3)*. Érigée de 1748 à 1758 aux frais de José de la Borda, cette église présente une **façade** *(→ ill. p. 149)* remarquablement décorée, dans un style baroque d'une exubérance tropicale. Le portail s'ouvre entre deux paires de piliers surmontés de gracieuses colonnes

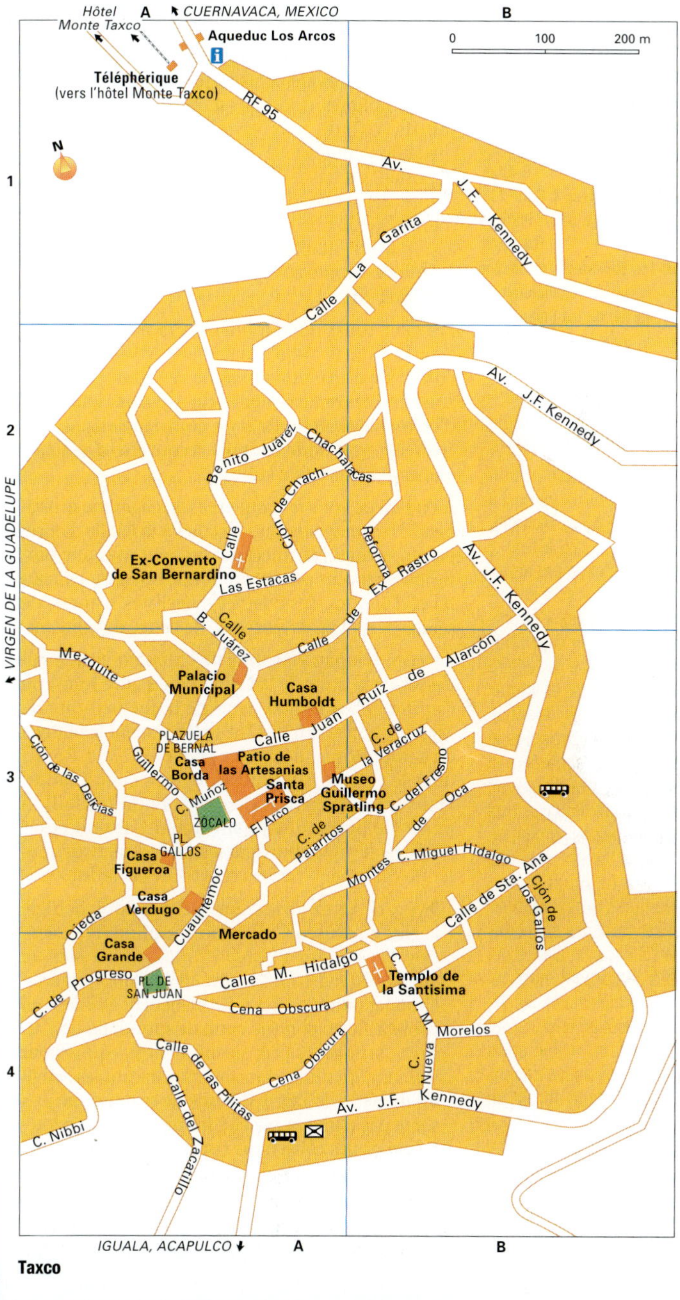


**Taxco**

Les environs de Mexico

**Achats**

**Quelques boutiques pour acheter un objet en argent :**

***Platería Mari Lagunas*, Plaza El Pueblito, Locales 3, 4 y 7 Miguel Hidalgo 22.**

***Talleres Dominguez de Taxco*, Adobes 5.**

***Russell Silverworks*, Miguel Hidalgo 9-Altos.**

***Silver World 925*, Progreso 4, Suite 207.**

***Platería Andres*, Av. de los Plateros 166-Altos.**

***Talleres de Los Ballesteros*, Av. de Los Plateros 68.**

***Platería Toño*, Av. de Los Plateros 97.**

***Platería El Ángel*, Plaza Borda 1.**

## Achat d'argent : quelques conseils

Le métal utilisé à Taxco est un alliage d'argent et de cuivre. La proportion est de 92,5 % d'argent, d'où le poinçon « 925 MCA » ; celui-ci doit obligatoirement apparaître. À Taxco, les prix sont imbattables ; il faut néanmoins les comparer et les discuter en vous référant au prix du gramme qui diffère d'une boutique à l'autre et du travail que représente l'objet. Avant de marchander, demandez toujours le rabais que l'on vous accordera si vous payez en espèces ou avec une carte de crédit. Pour de très beaux objets, exigez également un certificat et une facture qui vous seront utiles à la douane pour payer d'éventuels droits. Méfiez-vous aussi car certaines boutiques vendent de l'*alpaca*, un alliage qui ressemble à de l'argent mais qui brille beaucoup moins. Les bijoux, conçus pour le goût américain, sont souvent lourds, chargés, sans grande finesse. On trouve cependant des magasins qui offrent un choix plus large et plus européen. Il est également possible de faire exécuter des copies de bijoux, surtout si le dessin est original (il intéressera l'artisan). Bien négocier le prix auparavant.

salomoniques (*→ ill. p. 151*) à chapiteaux corinthiens supportant des impostes très saillantes, au-dessus desquelles on trouve un fronton en arc de cercle. Outre ces éléments architectoniques parfaitement équilibrés, la façade est enrichie de nombreux motifs sculptés : on verra notamment, dans un médaillon au-dessus d'une tiare papale surmontant le portail, un bas-relief représentant le baptême du Christ, des statues disposées dans les entrecolonnements latéraux de l'ordre supérieur, des chérubins assis sur les entablements de l'ordre inférieur, des motifs empruntés au règne végétal, des conques, des écussons, etc.

Les deux **tours** qui flanquent la façade sont d'une grande sobriété jusqu'à la hauteur de la corniche de l'ordre supérieur. Au-dessus de cette corniche, elles sont en revanche ornementées d'une débauche d'éléments sculptés de style churrigueresque. À la croisée, une grande coupole recouverte d'azulejos jaunes et bleus coiffe la nef.

À l'intérieur, vous remarquerez les magnifiques **retables★★★** churrigueresques décorés à la feuille d'or ou peints, et dont l'architecture disparaît sous une profusion de motifs : statues en ronde-bosse ou en haut relief d'apôtres, des quatre évangélistes, d'anges, de saints, de prélats, de rinceaux, de fleurs, de fruits, etc.

Le vaste tympan en forme de croissant visible au-dessus de la porte de la **Capilla del Padre Jesús**, ou Capilla de los Indios, est orné d'une peinture de Miguel Cabrera (1696-1768) représentant le martyre de sainte Prisca, décapitée vers 268-270 à Rome, dans le Colisée, sur l'ordre de l'empereur Claude. Dans cette chapelle, notez encore un médaillon peint (le purgatoire) par Miguel Cabrera et les retables de style churrigueresque. La sacristie renferme également d'autres œuvres de cet artiste.

►À g. de Santa Prisca, une ruelle conduit derrière l'église au **Museo Guillermo Spratling** (*Porfirio A. Deglado 1, derrière Santa Prisca ; ouv. du mar. au dim. de 10 h à 17 h ; entrée libre le dim.*), bâti en l'honneur du fondateur de l'atelier *Las Delicias*, qui projeta Taxco comme capitale mondiale de l'argent : antiquités précolombiennes acquises par William Spratling, documents retraçant les activités minières de Taxco. La visite de ce musée ne présente pas d'intérêt majeur, les pièces les plus intéressantes des collections constituées par Spratling étant exposées au musée national d'Anthropologie de Mexico.◄

■ **PROMENADE AUTOUR DU ZÓCALO★★★**. Vous descendrez la Calle El Arco, qui débouche à dr. de l'église

Santa Prisca. Par une rampe d'où vous dominez la petite place El Toril, occupée les jours de *tiangui* (marché) par des éventaires, vous gagnerez le **marché**★★ *(plan A3-4)*, véritable labyrinthe particulièrement animé le samedi et le dimanche. Ses boutiques et ses étalages se distribuent en étages.

Au bas du marché, la Calle Miguel Hidalgo *(plan AB4)* aboutit à une placette où se dresse l'**église de la Santísima** *(plan B4)*, reconstruite en style baroque en 1713.

À l'autre extrémité, la Calle Miguel Hidalgo se termine sur la Plaza de San Juan *(plan A4)*, où se situe, à dr., la **Casa Grande** ou Casa Real *(ouv. t.l.j. sf sam. et dim. de 10 h à 13 h)*, vaste construction du XVIIIe s. qui fut le siège de la Société royale des mines de Taxco.

Revenez vers le Zócalo en suivant la Calle Cuauhtémoc et en laissant à g. la Casa Grande. Cette rue est bordée de boutiques mais aussi de vieilles demeures, dont la **Casa Verdugo y Aragonés** *(plan A3)*, qui fut érigée au début du XVIIIe s. En vous engageant à g. puis à dr. dans une ruelle qui débouche juste après la Casa Verdugo, vous arriverez à la **Plaza de los Gallos** *(plan A3)*, presque andalouse avec ses maisons blanchies à la chaux, ses grilles de fer forgé et sa fontaine installée depuis 1741 aux frais de José de la Borda. De là, avant de revenir sur la place principale, faites un petit crochet à g. pour contempler la façade de la **Casa Figueroa** *(plan A3 ; ouv. de 10 h à 13 h)*, construite au XVIIIe s. par le comte de Cadena et qui servit d'hôtel des monnaies ; elle abrite une petite galerie d'art et quelques antiquités.

►En continuant par le **Callejon de las Délicias**, vous monterez jusqu'à la Plazuela de Guadalupe, où s'élève l'**église de la Virgen de Guadalupe** *(hors plan par A3)*, bâtie en 1877. Depuis le parvis de l'église, vue magnifique sur la ville, le Zócalo et Santa Prisca.

La vue est encore plus large depuis le **Cerro Atachi**, à une demi-heure de marche depuis la Plazuela de Guadalupe.◄

**Le charme de Taxco : un enchevêtrement de ruelles et d'escaliers dominés par la splendide cathédrale Santa Prisca.**

Une fois revenus sur le Zócalo, gagnez la Plazuela de Bernal *(plan A3)*. À dr. se détache la **Calle Juan Ruiz de Alarcon**, bordée de vieilles demeures. On remarque tout d'abord la façade postérieure de la Casa Borda et, plus loin, à g., la **Casa de Villanueva** ou **Casa Humboldt** *(Juan Ruíz de Alarcón 1 ; plan A3 ; ouv. de 10 h à 13 h)* qui présente une belle façade mudéjare avec un réseau d'entrelacs sculptés et garnis de rosettes et d'autres motifs. Construite au

## L'Europe découvre l'Amérique avec le baron Humboldt

Le 16 juillet 1799, le baron Alexander von Humboldt entreprend un voyage au Nouveau Monde. Il visite entre 1799 et 1804 le Venezuela, la Colombie, l'Équateur, le Pérou, Cuba, les États-Unis d'Amérique et le Mexique, où il séjourne pendant un an (1803-1804). Voyageur infatigable, humaniste, géographe, explorateur et naturaliste, son travail permet à l'Europe de découvrir l'Amérique latine et ses cultures. Dans son œuvre *Voyage aux régions équinoxiales du Nouveau Continent*, une étude scientifique en trente-quatre tomes parue à Paris en 1813, il exprime le point de vue d'un voyageur européen sur les conditions sociales, économiques et politiques de la Nouvelle-Espagne. Les résultats de ses recherches seront pris en compte pour le réaménagement de l'État mexicain en 1824.

XVIII$^{e}$ s. par Juan de Villanueva, elle abrita le baron von Humboldt pendant une nuit en avril 1803. Dans la Casa Humboldt est installé le **Museo de Arte Virreinal**, qui présente une collection d'art sacré provenant en particulier de Santa Prisca.

Par la Calle Benito Juárez, vous passerez devant le **Palacio Municipal** pour rejoindre (à côté de *Banamex*) l'ancien **couvent San Bernardino de Siena** *(plan A2)*, fondé vers la fin du XVI$^{e}$ s. par les Franciscains. Détruit par un incendie en 1804, il fut reconstruit en style néoclassique, ainsi que l'église, en 1823. De là, vous reviendrez au Zócalo.

■ **TELEFÉRICO**★★ *(plan A1 ; accessible par minibus depuis le Zócalo ; ouv. de 7 h 30 à 19 h)*. Situé près de **Los Arcos**, un ancien aqueduc dont il subsiste quelques arches, il conduit jusqu'au luxueux **hôtel** ***Monte Taxco***, perché sur une colline dominant la ville ; de là, panorama exceptionnel.

# Environs de Taxco

■ **GRUTAS DE CACAHUAMILPA**★ *(30 km N.-E. sur la route de Taxco à Ixtapan de la Sal ; bus toutes les heures de 6 h à 18 h depuis la gare Flecha Roja ; ouv. t.l.j. de l'année de 10 h à 17 h ; visite guidée de 2 h toutes les heures ; penser à prendre un vêtement chaud)*. Situées à 1 105 m d'alt. sous le Cerro de la Corona, elles furent creusées par deux rivières sur près de 70 km (seuls 8 km ont été explorés), avec des salles d'une hauteur moyenne de 40 m et une profusion de stalactites et de stalagmites aux formes plus ou moins évocatrices. Le circuit (2 km), aménagé et éclairé, permet de parcourir une quinzaine de salles. Ces grottes étaient l'un des lieux de prédilection de l'empereur Maximilien et de l'impératrice Charlotte, mais aussi de Porfirio Díaz qui aimait y recevoir ambassadeurs et artistes.

# Teotihuacán★★★

Avec ses pyramides parmi les plus grandes jamais réalisées, avec sa majestueuse allée des Morts desservant une multitude de palais et de temples, avec ses innombrables quartiers d'habitation, d'artisans, de commerçants, Teotihuacán apparaît comme la première véritable ville de la Mésoamérique. Bâtie suivant des règles architecturales strictes et une planification urbaine exemplaire, cette immense cité regroupa durant le classique ancien des dizaines de milliers d'hommes et eut une influence déterminante sur toute la Mésoamérique. Son prestige fut tel qu'elle est à l'origine de bien des mythes : c'est dans cette cité, elle-même construite par les dieux, que furent créés le soleil, la lune et notre univers. Longtemps après sa disparition, les Toltèques de Tula puis les Aztèques revendiqueront son héritage.

**Situation** : 50 km N.-E. de Mexico. Alt. 2 281 m ; État de Mexico.

**À ne pas manquer**

| | |
|---|---|
| **Pirámide del Sol★★★** | **343** |
| **Palacio de Quetzalpapálotl★★** | **343** |
| **Pirámide de la Luna★★★** | **346** |
| **Templo de Quetzalcóatl★★★** | **347** |

*« Le chant mexicain éclate*
*en jurons,*
*étoile de couleurs qui s'éteint,*
*pierre qui nous ferme la porte*
*du toucher.*
*La terre a saveur de terre*
*vieillie. »*

Octavio Paz, « Hymne à travers les ruines », *À la limite du monde*.

## Teotihuacán dans l'histoire

### ■ Une croissance rapide

Dès 400 av. notre ère, le site de Teotihuacán est occupé et connaît une croissance certes régulière mais modeste. Vers 50 av. J.-C. en revanche, une violente éruption du volcan Xitle dans la partie S. du bassin de Mexico, à proximité de Cuicuilco, provoque une importante migration des habitants de cette zone vers la région de Teotihuacán. Ce mouvement de population induit l'établissement d'un premier centre urbain qui se développe rapidement selon un plan précis répondant à des impératifs économiques mais aussi religieux et politiques *(→ encadré p. 344-345)*. À son apogée, entre 200 et 600 de notre ère, la ville couvre quelque 20 km² et sa population est estimée à 100 000 habitants, voire le double selon certains spécialistes. Elle s'adonne bien sûr à l'agriculture, mais aussi à l'artisanat – plusieurs centaines d'ateliers regroupés ont été recensés – et au commerce.

### ■ Six siècles de suprématie

Entre le début de notre ère et l'an 600, Teotihuacán exerce une influence déterminante sur l'ensemble de la Mésoamérique. La ville contrôle directement la

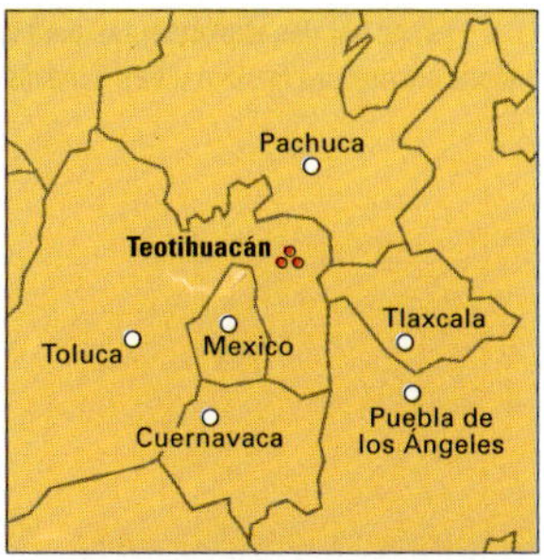

## La création de l'univers

Selon les Aztèques, seuls des géants ou des dieux avaient été capables d'ériger les colossales constructions de Teotihuacán dans une ère antérieure à la nôtre. Les dieux s'étaient réunis un jour en ce lieu pour recréer le monde : tout était à refaire, le jour, la nuit, le soleil et la lune. Ils allumèrent un immense brasier et décidèrent que le premier dieu à se jeter dans la fournaise serait le nouveau soleil. Nanahuatzin, le « pustuleux », plongea dans le feu sans hésiter et devint le Cinquième Soleil, celui qui brille encore aujourd'hui. Tecciztecatl le suivit et devint la Lune. Tous les autres dieux décidèrent alors de se sacrifier pour donner la vie aux deux astres et sauver ainsi l'humanité. Teotihuacán, la « cité des dieux », est donc la ville sacrée par excellence.

**La plupart des édifices du centre cérémoniel étaient écroulés et envahis par la végétation lorsque Cortés et ses conquistadores passèrent à proximité, sans en soupçonner l'existence, lors de leur retraite après la Noche Triste. Tout ce qui est actuellement visible fut donc mis au jour par des archéologues (ou dans les premiers temps par des explorateurs), dont la tâche est aujourd'hui loin d'être achevée.**

majeure partie du haut plateau central mexicain et des régions voisines (côte du Golfe, zone mixtèque) et exerce un monopole sur certaines ressources, l'obsidienne notamment (Teotihuacán est situé tout près du volcan Navajas où se trouve la veine d'obsidienne la plus importante du Mexique), une pierre coupante qui joue un rôle important compte tenu de la méconnaissance de la métallurgie. Elle parvient aussi à établir de véritables colonies dans des régions plus éloignées (Kaminaljuyú au Guatemala par exemple) et entretient des relations d'alliance étroites avec d'autres centres, Monte Albán et Tikal en particulier, qui empruntent tous deux à la grande métropole la technique du *talud-tablero*, systématiquement utilisée sur les édifices de la cité. Cette position prépondérante de Teotihuacán ne passe pas par le contrôle effectif et extensif de ces vastes territoires mais plutôt par la mise en place de réseaux d'influence et par la manifestation, en des lieux déterminés, de sa puissance. Elle suppose aussi un pouvoir fort et militarisé, dont l'existence est attestée par les nombreuses représentations de guerriers et les preuves de sacrifices humains retrouvées sur le site.

### ■ La chute de Teotihuacán

Vers 650, la cité de Teotihuacán est détruite par un incendie volontaire. Cet effondrement brutal s'explique sans doute par la conjonction de plusieurs facteurs antérieurs : surexploitation des ressources naturelles, essor de nouvelles puissances concurrentes, coupure des voies commerciales et tarissement des sources d'approvisionnement entraînant une lente asphyxie de la métropole, attaques répétées des Chichimèques, autant d'événements qui auraient eux-mêmes entraîné des tensions internes et une militarisation du pouvoir comme le montre la multiplication de l'iconographie guerrière à la fin du classique ancien. Toujours est-il que moins d'un siècle après l'incendie de la ville, toute trace de son influence a disparu. Bien plus tard, les Aztèques l'utiliseront comme lieu de culte et Teotihuacán deviendra pour eux « le lieu où les hommes deviennent des dieux ».

# Visiter Teotihuacán

**Accès depuis Mexico** : en voiture, sortir de la ville par l'Avenida Insurgentes qui se transforme en autoroute et suivre les indications « Pirámides ». En autobus, à partir du Terminal Norte, bus pour San Juan Teotihuacán y Los Pirámides toutes les demi-heures : les cars vous laisseront au rond-point face à la Citadelle (entrée n° 1). Le dernier bus pour le retour est à 18 h : départ de ce même rond-point.

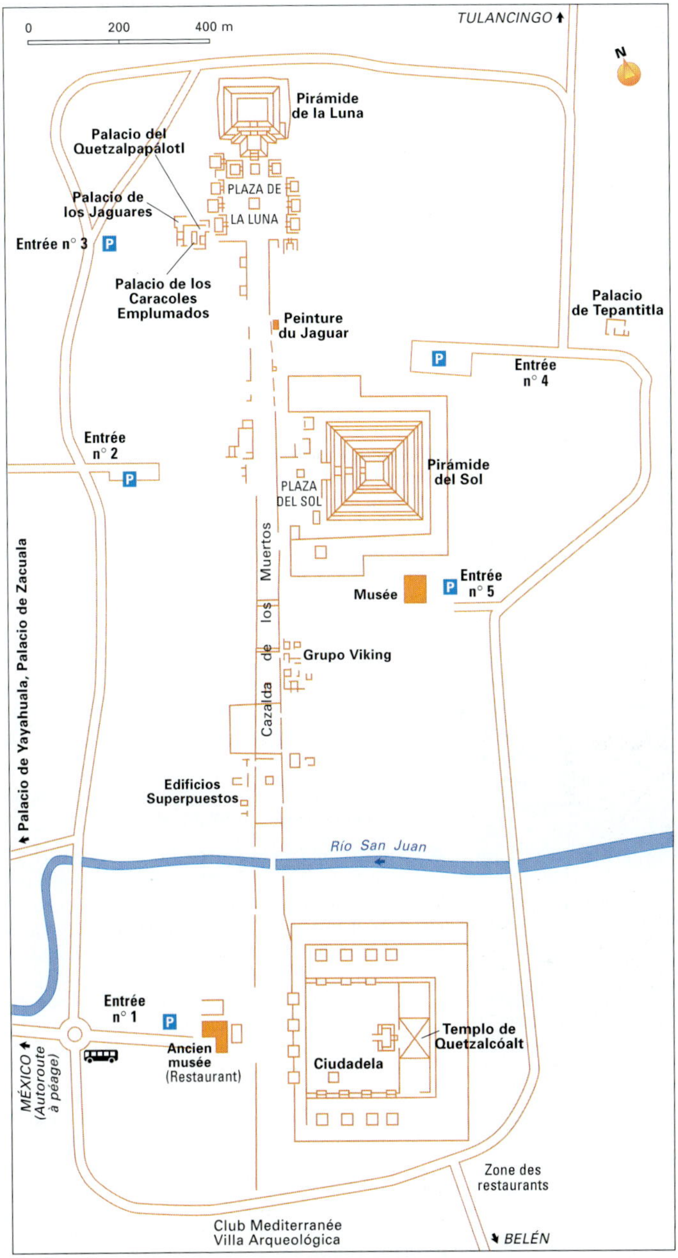


**Teotihuacán**

Tous les hôtels de la zone touristique de Mexico proposent des excursions à Teotihuacán d'une journée ou d'une demi-journée.

**Lors de la visite, gardez à l'esprit que les bâtiments de Teotihuacán étaient ornés de sculptures et revêtus de stuc peint, et que les pyramides étaient couronnées de temples aujourd'hui disparus.**

**Visite** : site ouv. t.l.j. de 8 h à 17 h ; entrée libre le dim. Il y a cinq entrées toutes accessibles par la route faisant le tour du site ; elles délivrent des billets valables pour la journée, même si vous quittez momentanément la zone archéologique. Le mieux est de commencer la visite en empruntant l'entrée n° 5, où se trouve le musée.

Nombreux restaurants pour se rafraîchir et bien sûr déjeuner à toute heure sur la route entourant Teotihuacán. À l'extrémité S. de cette voie circulaire, confortable hôtel *(Villa Arqueológica)* appartenant au *Club Méditerranée*, avec piscine, tennis et restaurant.

**Combien de temps** : comptez une demi-journée pour la visite.

## La grotte de la pyramide du Soleil

On se perd en conjectures sur la signification de la grotte située sous la pyramide du Soleil, mais des textes à thèmes historiques, religieux ou mythiques permettent cependant d'énoncer quelques hypothèses. Dans certains codex, les grottes apparaissent souvent comme un symbole de création, de vie. Ainsi, les cavités rocheuses sous la pyramide du Soleil ont-elles pu être considérées comme un Chicomóztoc (« Sept-Grottes »), lieu-symbole de la naissance (d'un peuple par exemple) et paradis, comme le Tlalocán (paradis de Tláloc), lieu d'abondance et de félicité, dont il existait une représentation peinte à Teotihuacán, ou comme Tamoanchán, autre séjour des bienheureux, localisé dans la Huasteca. Dans les légendes, les grottes apparaissent aussi fréquemment comme des zones où les dieux communiquent avec les humains, par le truchement d'oracles. La présence, jadis, d'une source jaillissant peut-être dans la grotte pourrait également justifier l'hypothèse d'un culte rendu à une divinité des Eaux. Enfin, nous savons que les Aztèques sacrifiaient des enfants au dieu de la Pluie, Tláloc, et que les corps étaient déposés dans une grotte murée jusqu'à l'année suivante. La division du tunnel en segments pourrait correspondre à un tel usage, avant l'époque aztèque.

■ **MUSEO DE SITIO** *(ouv. t.l.j. de 9 h à 17 h)*. Avant d'entreprendre la visite du site proprement dit, le nouveau et superbe musée situé au S. de la pyramide du Soleil permettra de se familiariser avec la longue histoire de Teotihuacán. Nombreuses pièces archéologiques trouvées lors des fouilles, immense **maquette★★** de la ville au temps de sa splendeur, cartes et panneaux explicatifs.

Dans le jardin attenant, l'Instituto Nacional de Antropologia e Historia (INAH) a regroupé toute la flore traditionnelle (plantes médicinales, alimentaires, rituelles, d'ornement) en relation avec les sociétés préhispaniques.

*En sortant du musée, longer la pyramide du Soleil par le côté S. jusqu'à rejoindre l'allée des Morts.*

■ **CALZADA DE LOS MUERTOS** (allée des Morts). Orientée N.-S., la voie des Morts, l'axe principal de la cité (Ier s. apr. J.-C.-milieu du IIe s.), court sur environ 2 km depuis la pyramide de la Lune (au N.) jusqu'à la Citadelle (au S.), mais se prolonge plus au S. encore pour atteindre 4 km de longueur. Le long de cette artère s'alignent, de part et d'autre, la plupart des monuments du centre cérémoniel : la Citadelle et son temple de Quetzalcóatl, la pyramide du Soleil, ainsi qu'une cinquantaine d'édifices secondaires. Les Aztèques, croyant qu'il s'agissait de tombes d'anciens rois et de prêtres, donnèrent à cette voie le nom de Miccaótli (« allée des Morts »).

Entre la place de la pyramide de la Lune et la Citadelle, on compte une différence de niveau d'environ 27 m rachetée par des escaliers aménagés de place en place.

■ **Pirámide del Sol***** (pyramide du Soleil). Contemporaine de l'allée des Morts, la plus imposante construction de Teotihuacán (sa masse est comparable à celle de la pyramide de Khéops en Égypte) repose sur une base de 222 m sur 225 m et se dresse à une hauteur de 63 m. Elle comporte cinq étages élevés selon la technique du *talud-tablero* et son orientation répond à des règles astronomiques strictes. La pyramide est en effet orientée de telle façon que sa façade principale se trouve face au point de l'horizon où disparaît le soleil les jours où, à son zénith, celui-ci passe exactement à la verticale du centre de la pyramide. Il en résulte une déviation vers l'E. de son axe principal de 17° par rapport au N. astronomique. Tous les autres bâtiments du centre cérémoniel ainsi que l'allée des Morts ont la même orientation.

Pour atteindre le sommet où se dressait autrefois un temple, il faut escalader les 242 marches d'un escalier bien usé par endroits (le dimanche attention aux bousculades). Après un effort physique non négligeable, on découvre une vue magnifique sur l'ensemble du site et le paysage alentour.

En 1972, des fouilles ont permis de mettre au jour, au pied de l'escalier principal de la pyramide, un puits de 7 m de profondeur. Celui-ci mène à un tunnel autrefois cloisonné en segments par des murs transversaux. Long de 103 m, il s'enfonce sous la pyramide et aboutit à une **grotte** en forme de fleur à quatre pétales. Cette cavité naturelle réaménagée par l'homme (on y a également trouvé des ossements et divers objets) est située exactement à l'aplomb du sommet de la pyramide et a sans doute déterminé son emplacement. Il est prévu d'ouvrir ce parcours souterrain au public.

## Vers la pyramide de la Lune

*Remonter l'allée des Morts vers le N.*

■ **Plaza de la Luna**. Longue de 207 m et large de 135 m, elle est bordée par la pyramide de la Lune, au fond, mais aussi par des structures pyramidales, pour la plupart à quatre étages, aujourd'hui restaurées, qui donnent une grande unité architecturale à cette esplanade ; chaque monument est accessible par un escalier orienté vers la place ; les temples que chacun supportait ont aujourd'hui disparu.

■ **Palacio de Quetzalpapálotl**** (palais du Quetzal-Papillon). Localisé à g. sur la place de la Lune, ce palais découvert en 1962 a été entièrement reconstruit à l'aide des matériaux d'origine. Pour l'atteindre, vous gravirez un escalier orné d'une énorme tête de serpent. Franchissant ensuite un portique, vous gagnerez un petit patio entouré de galeries à couronnement crénelé et soutenues par des piliers carrés sculptés de remarquables **reliefs** sur trois faces. On distingue notamment des animaux mythologiques, appelés quetzales-papillons. Ces reliefs étaient peints et incrustés de disques d'obsidienne, dont certains sont encore en place. Sous les galeries, remarquez encore des restes de peintures à figures très stylisées, presque géométriques, exécutées sur un fond rouge et rehaussées par des applications de mica. Autour du patio se répartissent diverses chambres de grande taille. Cette vaste et somptueuse demeure servait sans doute de résidence aux grands prêtres.

■ **Palacio de los Jaguares***. Situé à l'O. du précédent et à un niveau plus bas, le palais des Jaguars abrite une grande cour rectangulaire où s'étend un portique orné de **peintures murales** très bien conservées. Elles représentent des jaguars à plumes jouant d'un instrument musical formé d'une conque marine, également emplumée ; notez les signes pictographiques symbolisant les sons

# Une ville mésoaméricaine : Teotihuacán

Teotihuacán est l'un des rares sites du Mexique à présenter un caractère urbain. S'étendant sur près de 52 km² – au cours de ses diverses phases, elle n'a en fait jamais dépassé 20 à 25 km² d'occupation effective –, la métropole aurait abrité une population évaluée à plus de 100 000 habitants, voire 200 000 selon certains. Cette concentration urbaine résulte de conditions économiques favorables, mais aussi de facteurs religieux.

**▲ La plus fascinante des entités mythologiques, le Serpent à plumes, figurée en saillie sur les *tableros* de la pyramide de Quetzalcóatl, apparaît pour la première fois à Teotihuacán associée au dieu de la Pluie et aux symboles marins.**

## ■ Le centre cérémoniel et politique

La ville est organisée selon un quadrillage en damier, dont les axes sont perpendiculaires. L'axe principal, de direction N.-S., est l'allée des Morts, qui culmine au N. sur la place de la Lune, et la pyramide du même nom. Entrecoupée d'escaliers et de passages surélevés, elle est coupée presque à angle droit par une chaussée E.-O., bordée d'une rivière canalisée. De part et d'autre de l'allée se succèdent les édifices religieux et ésidentiels, les palais, les temples comme la gigantesque pyramide du Soleil, et les grands complexes à vocation politique ou commerciale que sont la citadelle avec le temple de Quetzalcóatl et l'ensemble symétrique du « Great Compound ».

## ■ Les zones périphériques

Autour de ce centre prestigieux et sur des kilomètres à la ronde, se répartissent, apparemment de façon concentrique, des ensembles résidentiels construits en matériaux durs – Tlamimilolpa et Tepantitla, pour n'en citer que deux –, puis des maisons plus simples en matériaux périssables, un habitat plus populaire. Tous ces complexes d'habitation, séparés par des rues et des ruelles, obéissent à des normes de dimensions assez strictes, selon un module évalué à 57 m de côté. Cette régularité ne doit pas dissimuler de grandes disparités, puisque les grands palais comme celui de Quetzalpapálotl, aux riches sculptures, n'abritent que

**◄ Depuis la pyramide de la Lune s'ouvre la perspective S. de l'allée des Morts, orientée à 15°3'E. du N. magnétique. C'est vers 50 apr. J.-C. que fut planifié le tracé urbain en damier à partir de cet axe principal autour duquel s'élevèrent les édifices les plus prestigieux.**

quelques personnes, tandis que le complexe de Tlamimilolpa est constitué d'un grand nombre de petits appartements. Par ailleurs, certains quartiers comme celui des commerçants, avec ses édifices circulaires, se différencient fortement du schéma urbain dominant. À la répartition sociale en zones concentriques en fonction de la hiérarchie se superpose donc une autre répartition par secteurs d'activité ou de provenance : un quartier dit d'Oaxaca a été identifié, et d'autres complexes résidentiels se caractérisent par leur spécialisation : tailleurs de pierre, céramistes, artisans du textile et, à la périphérie, agriculteurs.

◄ **Pilier de la cour intérieure du palais de Quetzalpapálotl, présentant la sculpture en bas-relief d'un oiseau mythique aux longues plumes et aux yeux incrustés d'obsidienne.**

### Des facteurs économiques déterminants

Métropole dont le rayonnement a drainé toute la population du bassin de Mexico et attiré les étrangers, Teotihuacán présente tous les caractères d'une grande agglomération : son réseau de canalisations, ses systèmes d'adduction d'eau, sa voirie, montrent tous les caractères d'un urbanisme développé, qui, rappelons-le, s'intègre dans le cadre d'une économie proche du néolithique. L'absence de métaux, l'omniprésence de l'outillage lithique, l'absence de roues ou d'animaux de bât ou de trait rendent encore plus surprenante la croissance urbaine qui a dû surmonter ces handicaps. Teotihuacán bénéficie certes d'atouts majeurs sur le plan économique. À la richesse des terres environnantes s'ajoutent la proximité des grands lacs du bassin de Mexico, aux ressources multiples, et les grands gisements d'obsidienne voisins. De plus, la cité est implantée dans une vallée ouverte, qui lui permet d'accéder au bassin proprement dit, aux étendues orientales du plateau de Puebla et, au-delà, aux basses terres tropicales. Il est hors de doute que Teotihuacán a su gérer ses avantages pour contrôler au mieux la production de ressources essentielles aussi bien que leur distribution.

### Symbolisme religieux et structure étatique

Mais si cette richesse économique explique la croissance urbaine, elle ne suffit pas à justifier la fondation de la cité, ni la nature du pouvoir responsable. L'implantation des édifices majeurs tout comme le quadrillage urbain semblent plutôt correspondre à des impératifs rituels : présence de grottes sous la pyramide du Soleil, orientation des grands axes en fonction de préoccupations astronomiques, confirment l'importance des considérations rituelles dans la création de la ville. Par ailleurs, les récentes découvertes mettant en évidence la pratique de sacrifices massifs dans la Citadelle ou la mise au jour de sépultures d'une grande richesse dans la pyramide de la Lune suggèrent l'existence d'un pouvoir fort, plutôt de nature dynastique, plus guerrier que commerçant. La nature coercitive de cette structure étatique pourrait aussi expliquer la fondation de la cité, son développement ainsi que l'ampleur de la planification urbaine.

▲ **La pyramide du Soleil (ci-dessus) et la pyramide de la Lune sont les constructions les plus ambitieuses de la Mésoamérique.**

produits par les instruments. Au-dessous sont représentées trois gouttes de sang. Au-dessus de cette composition se développe une frise de masques du dieu des Eaux et de symboles de l'année, placés en alternance.

Un passage ménagé à l'angle N.-O. de la cour conduit à une série de chambres dont l'une est ornementée de **fresques** sur fond blanc représentant des mains humaines tenant des fauves pris dans un filet ; devant la gueule des fauves est également reproduit un signe pictographique traduisant le rugissement de ces animaux.

■ **PALACIO DE LOS CARACOLES EMPLUMADOS**★ (palais des Escargots à plumes). Depuis la cour du palais des Jaguars, un tunnel permet d'atteindre les restes du palais des Escargots à plumes, constitué par une suite de constructions datée du IIe ou du IIIe s. de notre ère, mais qui fut ensevelie sous des remblais afin de permettre la création d'une plate-forme sur laquelle fut élevé le palais du Quetzalpapálotl. De ces structures, vous ne verrez plus qu'une série de façades, dont la plus importante appartient au temple des Escargots à plumes. Sur un soubassement, orné de conques marines à plumes de différentes couleurs (il s'agit probablement d'instruments de musique) et d'oiseaux verts rejetant de leur bec un jet de liquide bleu, se dresse un bâtiment décoré de reliefs et de peintures presque entièrement effacées, mais aussi de motifs en forme de fleurs à quatre pétales en relief (sur les piliers d'angle). Un petit escalier disposé au centre du soubassement y donnait accès.

■ **PIRÁMIDE DE LA LUNA**★★★. Ce monument élevé durant les cent cinquante premières années de notre ère est, après la pyramide du Soleil, le plus considérable de Teotihuacán et peut-être, si l'on considère sa situation exceptionnelle à une extrémité de l'allée des Morts, le plus important. Composée de quatre étages superposés en retrait les uns sur les autres, la pyramide de la Lune culmine à 45,79 m au-dessus du sol ; cependant, en raison de la différence de niveau, sa cime se trouve à la même hauteur que celle de la pyramide du Soleil. Elle s'élève sur une base de 140 m (du N. au S.) sur 150 m (d'E. en O.). On accède à son sommet par un escalier ; de là, vue exceptionnelle sur le site.

En 1998, une équipe mexicano-japonaise a mis au jour sous la pyramide de la Lune un squelette humain accompagné de figurines anthropomorphes de jade et d'obsidienne, de coquillages et d'urnes. Deux squelettes entiers de jaguars ont également été retrouvés à proximité.

## Vers la Citadelle

*Depuis la pyramide du Soleil, descendre vers le S. l'allée des Morts en direction de la Citadelle.*

■ **GRUPO VIKING**. Le groupe Viking est formé de deux ensembles de structures réparties autour de deux patios principaux, l'un au N., l'autre au S. Dans une cour intérieure de l'ensemble situé le plus au N., on a exhumé deux couches de lamelles de mica séparées par une couche de terre, qui recouvraient une superficie de plus de 29 $m^2$. Ce double revêtement de mica avait sans doute une fonction symbolique.

■ **EDIFICIOS SUPERPUESTOS** (édifices superposés). Ils forment un ensemble comprenant deux niveaux architecturaux principaux. Le plus ancien fut arasé et comblé par des remblais au moment de l'aménagement du plus récent. Il fut ainsi préservé et conserve quelques restes de peintures murales.

■ **CIUDADELA**. Cette structure quadrangulaire d'environ 400 m de côté est délimitée par quatre plates-formes (celles du N., de l'E. et du S. étant à deux étages) surmontées de petites pyramides (quinze au total) et entourant une vaste esplanade surbaissée où s'élève le temple de Quetzalcóatl. Découverte et soigneusement restaurée en 1917-1920, elle doit son nom aux Espagnols, qui confondirent ces plates-formes entourant la cour avec les murailles d'une forteresse.

■ **TEMPLO DE QUETZALCÓATL★★★**. Ce temple localisé dans la Citadelle fut élevé vers 150 apr. J.-C. Pour dégager sa façade O., ornée de remarquables **sculptures** en excellent état de conservation, les archéologues ont dû démolir la partie postérieure d'une pyramide plus récente. Le temple compte sept degrés construits en *talud-tablero*. Sur les talus figurent en bas relief des serpents à plumes ondulants entourés de coquillages et d'escargots de mer. Les panneaux verticaux sont décorés de têtes de serpent (Quetzalcóatl) surgissant de collerettes de plumes. Ces têtes alternent avec des masques très stylisés, que certains auteurs identifient avec des effigies du dieu de la Pluie, Tláloc. Entre ces masques, on retrouve des coquillages et des escargots symbolisant les eaux terrestres. Sur les deux rampes qui flanquent l'escalier, remarquez également des têtes de serpent à collerette de plumes.

Toutes ces sculptures sont revêtues d'une fine couche de stuc qui masque les irrégularités de la pierre. Il subsiste par endroits des traces des peintures qui rehaussaient ces sculptures. La gueule des serpents était rouge, les crocs blancs et les plumes vertes (plumes de quetzal), tandis que les yeux étaient incrustés d'obsidienne. Les coquillages étaient peints en rouge et en jaune et les escargots marins en blanc. Quant aux murs qui limitaient les rampes de l'escalier, ils étaient colorés en bleu, avec des coquillages blancs ornés de disques de jade.

Lors de fouilles réalisées aux abords du temple, on a trouvé cent vingt-six squelettes placés en demi-flexion, les mains jointes derrière le dos comme si elles avaient été attachées. Ces restes humains portaient encore des pendentifs faits de maxillaires de chien ou de coyote, emblèmes traditionnels des guerriers. Ces découvertes éclairent d'un jour nouveau la fonction de cet édifice et de la Citadelle tout entière, qui dut avoir un rôle politique et religieux majeur. Elles confirment aussi l'hypothèse selon laquelle Teotihuacán était dirigé par une élite puissante qui asseyait son pouvoir sur la guerre et les sacrifices humains.

**Face à la Citadelle, de l'autre côté de l'allée des Morts, se trouve le « Great Compound ». Ce vaste ensemble architectural interprété comme le centre économique de la cité est actuellement recouvert par les constructions qui forment l'entrée n° 1 du site.**

# À voir encore

Cette promenade autour de la zone archéologique de Teotihuacán est à effectuer en voiture. Depuis l'entrée où se trouve le musée (entrée n° 5), suivre vers le N. la route faisant le tour du site pour rejoindre l'entrée n° 4.

■ **TEPANTITLA** *(à environ 200 m du parc de stationnement aménagé près de la pyramide du Soleil)* est un autre quartier résidentiel. Vous passerez devant une chambre où fut découverte une peinture représentant des prêtres empanachés et richement vêtus semant des pierres précieuses, puis vous pénétrerez dans une enceinte. À dr. de la porte fut mise au jour une grande **fresque★★★** du dieu des Eaux, Tláloc (fresque du Tlalocán), émergeant de l'océan en répandant la pluie de ses mains ouvertes, entre des prêtres présentant des offrandes. Sur le registre inférieur, on découvre une représentation de ce qui pourrait être le paradis de Tláloc, avec de petits personnages jouant et dansant. À g. de la porte fut exhumée une autre fresque montrant un autre volet du paradis de Tláloc.

■ **TETITLA** (« lieu des pierres » ; *à 1,5 km de l'entrée n° 5, entre les entrées n° 1 et 2*). Ce quartier résidentiel réservé aux prêtres est formé d'une multitude de constructions reliées par des corridors et comprenant de nombreuses cours et des portiques. On y a découvert plusieurs peintures murales.

À environ 100 m N. gisent les ruines de deux palais, connus sous les noms de **Zacuala** et **Yayahuala**, qui se composent de plusieurs cours autour desquelles s'ordonnent des portiques et des chambres protégés par un épais mur d'enceinte.

À env. 400 m O. de Tetitla se situe l'ensemble d'**Atetelco**. On y mit au jour des fresques représentant des prêtres empanachés tenant des couteaux de sacrifice et des dards, ainsi que des êtres humains difformes, des jaguars et des coyotes (emblèmes des guerriers), des têtes d'oiseaux, etc.

# Environs de Teotihuacán

■ **EX-CONVENTO DE SAN AGUSTÍN ACOLMAN★** *(10 km S. ; ouv. du mar. au dim. de 10 h à 17 h)*. En revenant de Teotihuacán vers Mexico, vous pouvez faire une halte pour visiter ce couvent bâti par les Augustins entre 1539 et 1560 *(→ ill. p. 143)*, et dont le caractère de forteresse, typique des premiers monastères de la Nouvelle-Espagne, tranche avec la sobre beauté de l'église.

Face à la porte principale de l'atrium se dresse une belle **croix** de pierre portant des symboles de la Passion. Sur le dé qui sert de socle à la croix est sculptée une Vierge dont les traits évoquent plutôt une idole précolombienne. Cette figure contraste nettement avec la tête de Christ représentée au centre, de style Renaissance. Dans l'atrium, il ne subsiste plus qu'un seul exemplaire des anciens oratoires *(posas)* devant lesquels les processions faisaient halte lors des cérémonies de plein air.

L'**église** du couvent présente une remarquable **façade★★** Renaissance, comportant, à l'ordre inférieur, un bel encadrement de style plateresque composé de deux paires de colonnes supportant une corniche. L'espace ainsi délimité est décoré de sculptures en relief et en ronde-bosse de facture indigène. À dr. de l'église, à la hauteur du premier étage du couvent, une **chapelle** s'ouvre largement par un arc en anse de panier.

Au fond de la vaste nef à voûtes en tiers-point, notez les peintures murales, exécutées vers la fin du XVIe s., en rouge, ocre et noir, qui représentent des dignitaires

**Fresque du couvent d'Acolman.**

de l'ordre, et la très belle voûte à nervures gothiques ; le retable, garni de tableaux, date des XVIIe et XVIIIe s., tandis que les retables latéraux sont de style churrigueresque.

Dans le **cloître** principal, de style Renaissance, les chapiteaux des colonnes sont décorés de motifs floraux stylisés à la manière indigène. Sur les murs, les fresques représentant la Passion du Christ sont d'inspiration européenne.

Le couvent abrite un **musée** présentant des objets religieux et des peintures de l'époque coloniale.

# Tepotzotlán★★★

**Situation** : 35 km N. de Mexico.
Alt. 2 270 m ; 35 000 hab. ;
État de Mexico.

Aujourd'hui intégrée dans la grande banlieue de Mexico, cette petite ville coloniale assez bien préservée est célèbre pour abriter une église considérée comme le chef-d'œuvre mexicain de l'architecture churrigueresque, un style né en Espagne mais qui trouve ici l'une de ses plus magistrales expressions. Autre attrait de Tepotzotlán et non des moindres : les splendides collections d'art colonial du Museo Nacional del Virreinato, l'un des plus riches d'Amérique latine en ce domaine, présentées dans l'ancien noviciat jésuite attenant à l'église. Une visite à ne pas manquer.

## Tepotzotlán dans l'histoire

### ■ Une école pour les Indiens

À la fin du XVIe s., les terres otomís de Tepotzotlán sont accordées aux Jésuites avec mission de fonder une école pour convertir et éduquer les fils des chefs indigènes et susciter de nouvelles vocations. Un noviciat y est installé en 1585. Transféré à Puebla de los Ángeles en 1591, il réintègre Tepotzotlán en 1606. De nouveaux bâtiments conventuels sont donc érigés à partir de cette date ; ils sont agrandis en 1670, lorsque les travaux de construction de l'église actuellement visible sont entrepris ; celle-ci est consacrée en 1682 au cours d'une fastueuse cérémonie, mais le sanctuaire n'est pas achevé avant 1762 (tour de l'église, campanile).

Après la fermeture du noviciat en 1767, date de l'expulsion des Jésuites de la Nouvelle-Espagne, l'église devient temple paroissial tandis que le couvent est un moment abandonné avant d'être transformé, sur l'ordre de l'archevêque de Mexico, en collège royal et séminaire pour le clergé séculier. Par la suite, les Jésuites occupent de nouveau les lieux pendant quelques années jusqu'à l'avènement de la Réforme libérale (1856-1872) et la sécularisation des biens du clergé.

En 1964, sous l'égide de l'Institut national d'anthropologie et d'histoire (INAH), un musée d'art colonial y ouvre ses portes.

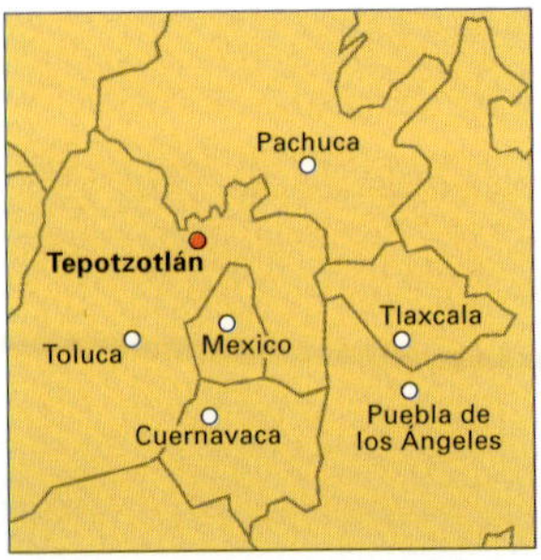

# Visiter Tepotzotlán

**Accès** : depuis Mexico, par l'autoroute 57 en direction de Querétaro. Juste avant le premier péage, sortir à dr. pour passer sous l'autoroute afin de rejoindre l'Avenida Insurgentes qui mène au Zócalo de Tepotzotlán (Plaza Hidalgo).

**Combien de temps** : excursion d'une journée.

■ **Iglesia de San Francisco Javier*****. Elle présente une remarquable **façade***** de style churrigueresque composée d'une profusion d'*estípites* (piliers s'affinant vers le bas), de sculptures (à noter les statues représentant les principales personnalités de l'ordre jésuite : saint François Xavier au-dessus de la fenêtre, saint Ignace de Loyola, saint Stanislas Kostka...), de niches, de médaillons et de bas-reliefs. Achevée en 1762, elle est considérée comme étant l'une des plus belles que l'on puisse voir au Mexique. Le clocher à deux étages est également orné d'*estípites* doubles. Le petit clocher en retrait à g. appartient à la chapelle Nuestra Señora de Loreto.

**Façade de l'église Saint-François-Xavier.**

Intérieurement *(pour pénétrer dans l'église, il faut passer par le monastère)*, l'église est composée d'un seul vaisseau, large mais assez bas, coupé par un transept abritant deux chapelles. À la croisée se trouve une coupole qui conserve son décor original, ainsi que les voûtes en berceau de la nef. L'église renferme de splendides **retables***** churrigueresques à *estípites*, en bois sculpté et doré, disposés dans les chapelles latérales et au fond de l'abside. Au maître-autel, magnifique retable dédié à saint François Xavier. Sur le retable de la **chapelle de Nuestra Señora de Guadalupe** *(transept N., par lequel vous entrerez dans l'église)*, notez un tableau de Miguel Cabrera reproduisant la célèbre image de la sainte patronne du Mexique ainsi que, à l'extrême g., en haut, les panneaux à claire-voie qui permettaient aux malades de suivre les offices religieux.

Dans la chapelle **Nuestra Señora de Loreto**, consacrée en 1733, on peut voir une reproduction de la maison où la Vierge aurait vécu à Nazareth, et, derrière, un autre beau retable de bois sculpté et doré avec une statue apportée d'Italie en 1676.

Le **Camarín de la Virgen*****, chambre de plan octogonal, est une merveille d'art churrigueresque où se mêlent éléments purement baroques et éléments indigènes. Le plafond et les retables de saint Pierre, de saint Paul et de l'Immaculée Conception sont ornés d'angelots sculptés, de motifs floraux, de colonnettes, de conques, de peintures murales et de tableaux. Sur l'un des côtés du Camarín de la Virgen

**Durant la période de Noël, on peut assister à Tepotzotlán aux traditionnelles *pastorelas* (→ p. 84).**

se trouve le **Relicario de San José**, petite chapelle tout aussi richement ornée et dotée d'un très beau retable.

■ **MUSEO NACIONAL DEL VIRREINATO★★★** *(ouv. t.l.j. sf lun. de 11 h à 18 h ; entrée libre le dim. ; ☏ 58-76-03-32 et 58-76-02-45)*. Le musée occupe les bâtiments de l'ancien collège jésuite. On accède tout d'abord au **Claustro de los Aljibes** (cloître des Citernes), entouré de galeries fermées. Il est orné de seize peintures du XVIIe s., œuvres de Cristóbal de Villalpando ; elles représentent des scènes de la vie de San Ignacio de Loyola, le fondateur de la Compagnie de Jésus.

On passe alors dans la **Capilla Doméstica★**, qui était fréquentée par les novices. Construite dans le courant de la seconde moitié du XVIIe s. et redécorée un siècle plus tard, elle comporte une seule nef de trois travées dont la voûte est ornée des devises des ordres religieux les plus importants qui s'installèrent dans la vice-royauté de Nouvelle-Espagne : les Franciscains, les Dominicains, les Augustins, les Jésuites, les Carmélites de la congrégation de Notre-Dame de la Pitié. L'autel est particulièrement remarquable : statuettes de la Vierge à l'Enfant, de la Vierge entre les quatre Évangélistes, scène représentant la Crucifixion, l'ensemble étant enrichi de miroirs et de reliquaires.

On pénètre ensuite dans le **Claustro de los Naranjos★**, joli cloître dont le centre est occupé par une fontaine entourée d'orangers. Il communique avec le verger du couvent où se trouve un pittoresque ermitage.

**L'INAH organise régulièrement diverses manifestations culturelles dans le musée : expositions temporaires, concerts, représentations théâtrales…**

Tout le reste de l'édifice est consacré au **musée** et à ses collections d'art colonial. Sur trois étages sont exposés des trésors religieux du XVIe s. au XIXe s., des meubles, des porcelaines, des marqueteries provenant d'Espagne, du Mexique mais aussi des Philippines, du Japon et même de Chine, souvenirs des relations commerciales qu'entretenait la Nouvelle-Espagne avec l'Orient depuis Acapulco (port d'attache du Galeón de Manila ou du Nao de China) ou San Blas. Vous pourrez également admirer des objets de la vie quotidienne durant l'époque coloniale, des tableaux de maîtres (Maerten De Vos, Baltazar de Echave Orio, Nicolás et Juan Rodríguez Juárez) ainsi qu'une grande quantité de tableaux d'anonymes des XVIIe et XVIIIe s., des sculptures, des vêtements liturgiques, de l'orfèvrerie d'or et d'argent, des pièces de cristal et de céramique.

# Tlaxcala★★

Tlaxcala, « la terre du maïs » en náhuatl, est la capitale du plus petit État du Mexique. C'est une jolie ville de province qui a gardé intact son charme colonial et compte quelques monuments dignes d'intérêt, en particulier le sanctuaire de la Vierge d'Ocotlán, merveille du baroque churrigueresque. Il est agréable de s'y promener à pied sans être importuné par la circulation, toutes les activités « modernes » et les nouveaux quartiers d'habitation ayant été relégués dans les municipalités périphériques.

Dans les environs, deux sites archéologiques importants sont à découvrir : Cacaxtla, réputé pour ses fresques, et Xochitecatl, une belle pyramide nouvellement restaurée. La région est également idéale pour les sportifs et les amoureux de la nature qui pourront faire des excursions sur les flancs de La Malinche.

**Situation** : 120 km E. de Mexico, 30 km N. de Puebla, 318 km O. de Veracruz. Alt. 2 552 m ; 50 000 hab. ; capitale de l'État du même nom ; université.

**À ne pas manquer**


| | |
|---|---|
| **Plaza de la Constitución★★** | **356** |
| **Ex-Convento San Francisco★★** | **357** |
| **Basilica de la Virgen de Ocotlán★★★** | **358** |


☎ 2

ℹ *Secretería de Turismo*, Av. Juárez 18, à l'angle de Lardizábal (☎ 462-00-27 ; ouv. du lun. au ven. de 9 h à 15 h et de 17 h à 19 h, sam. de 9 h à 13 h).

**Urgences**
*Croix-Rouge* (☎ 462-09-20).
*Policía Federal de Caminos* (☎ 464-52-56).

**Poste**
À l'angle S.-O. du Zócalo.

## Tlaxcala dans l'histoire

### ■ Des ennemis irréductibles

La ville de Tlaxcala est fondée vers le milieu du XIVe s. par des populations chichimèques qui s'implantent également en trois autres centres de cette vallée : Ocotelolco, Quiahuiztlán et Tizatlán. Les quatre cités, avec à leur tête les quatre seigneurs de Tlaxcala, réunies au sein d'une confédération, résistent avec succès aux tentatives d'asservissement des Aztèques. En 1502, Moctezuma Xocoyotzin tente en vain de briser la résistance des seigneurs de Tlaxcala. Une sorte de *modus vivendi* est alors adopté entre les deux États rivaux. Leurs princes conviennent de s'affronter en champ clos, sans visée territoriale, mais dans le simple dessein de permettre à chaque partie de faire des prisonniers qui seront ensuite sacrifiés au Soleil. Cette pratique, connue sous le nom de « guerre fleurie » *(xochiyaóyotl)*, se poursuivra jusqu'à l'arrivée des Espagnols en 1519.

### ■ La fidèle alliée des Espagnols

Les conquistadores sont d'abord très mal accueillis par les Tlaxcaltèques, qui leur livrent plusieurs batailles. Mais Cortés, au courant de la farouche

# Le maïs. Plante sauvage et *tortillas*

Selon les traditions mayas quichés, l'homme a été modelé dans une pâte de maïs et d'eau par les dieux créateurs. En découvrant des traces d'épis de maïs dans les couches profondes de la grotte de Coxcatlán, près de Tehuacán (extrême S.-E. de l'État de Puebla), l'archéologue canadien Richard MacNeish a retracé l'évolution d'un mode de vie nomade vers la sédentarisation en passant par l'agriculture : le maïs fut sans doute domestiqué dans cette contrée du Mexique entre 5200 et 3400 av. J.-C.

## Dans la vallée de Tehuacán

Quelque 6 500 avant notre ère, le maïs n'était encore qu'une plante sauvage dont les épis, de la grosseur d'une fraise, donnaient à peine une dizaine de grains. C'est ce que l'on constata en étudiant le cœur axial des épis mis au jour dans la grotte de la vallée de Tehuacán. Vers le milieu du Ier millénaire av. J.-C., la plante cultivée dans la vallée n'avait plus rien de commun avec celle que les occupants de la grotte de Coxcatlán avaient cueillie dans la steppe. Ancêtre du maïs, la plante à fleur unique avait subi par hybridation une mutation décisive pour devenir la plante à fleurs mâles et femelles séparées que l'on connaît aujourd'hui.Les nomades de la vallée durent sélectionner des graminées alimentaires qui furent mises en culture, favorisant ainsi leur sédentarisation. Dans la vallée de Tehuacán, sa culture fut facilitée par l'existence de sources thermales pétrifiantes permettant l'irrigation et possédant, pour l'archéologue, l'avantage deconserver les traces des installations hydrauliques anciennes.

## Les divinités du maïs

Le maïs joua un rôle tellement important dans le développement des communautés en Mésoamérique qu'il engendra diverses légendes et fut divinisé à tous les stades de sa maturation. En offrant des ressources alimentaires régulières, il permit aux hommes de se consacrer à d'autres activités que la recherche de nourriture. Au sein du panthéon aztèque figure le dieu du Maïs mûr, Centéotl, mis au monde par Tlazoltéotl, avec sa parèdre, Centeocíhuatl ; figurent aussi Xilonen, la déesse du Jeune Maïs, ou Chicomecóatl, déesse du Maïs et des Subsistances. Chaque peuple vénéra ses propres personnifications du maïs, ainsi qu'en témoignent le jeune dieu figuré sur une urne zapotèque et la présence dans les codex mayas du dieu Yum Kax, dont le crâne allongé est orné d'un épi de maïs

**◄ Statue de Xilonen (postclassique ; musée national d'Anthropologie, Mexico), la déesse du Maïs à qui l'on sacrifiait, dans les temples du maïs (Cinteopan), des jeunes femmes symbolisant des épis naissants.**

▲ **La récolte.**

## ■ *Tortillas, tacos, enchiladas* et *tamales*

Pour la majeure partie du peuple mexicain, le maïs constitue aujourd'hui encore la base de l'alimentation. Il sert notamment à confectionner les célèbres *tortillas*. Les grains préalablement bouillis dans de l'eau additionnée de chaux sont écrasés à la machine ou, de préférence, dans un mortier traditionnel en basalte *(metate)*. La pâte qui en résulte *(masa)* est malaxée entre les paumes jusqu'à l'obtention d'un disque régulier qui sera cuit sur une plaque de fer ou de céramique *(comal)*. La *tortilla* est utilisée pour préparer des *tacos*, enrobant de la viande de porc ou de bœuf, le tout cuit au feu de bois ou frit dans de l'huile. Lorsqu'elles sont farcies de viande et mijotées dans une sauce au piment, elles se nomment *enchiladas*. Les *tamales* sont de petits pains en pâte de maïs, cuits à la vapeur et farcis de viande ou de haricots noirs. On consomme aussi le maïs sous forme de bouillie sucrée l'*atole*.

## ■ La légende du maïs

Le *Popol Vuh*, livre sacré des Mayas, relate que ce sont les fourmis qui ont rapporté les premiers grains de maïs cachés sous une haute montagne. Ayant goûté à cette nouvelle nourriture, les hommes firent appel aux dieux pour atteindre la cachette du maïs. Le pic fut envoyé pour sonder la roche et y découvrir le point faible, puis le dieu de la Pluie lanca son tonnerre le plus puissant pour fendre la montagne. Le dégagement de chaleur fut si intense qu'une partie du maïs fut carbonisée ; certains épis furent légèrement brûlés ou décolorés par la fumée, mais d'autres restèrent indemnes. Voilà pourquoi il existe quatre variétés de maïs : noir, rouge, jaune et blanc.

▲ **Une *milpa* dans l'État du Chiapas. Après trois ans de récolte intensive, la *milpa* est laissée en jachère pendant au moins sept ans pour laisser reposer la terre.**

**Gare routière**
*Central Camionera*, Av. Tepecte, au S.-O. de la ville (☏ 462-33-92). Deux compagnies locales assurent des liaisons pour Apizaco, Huamantla, Mexico, Puebla. Pour vous y rendre depuis le Zócalo, prendre un *pesero* à l'angle de Lardizábal et Lira y Ortega.

**Manifestations**
Fiesta de la Virgen de Ocotlán, le premier et le troisième lun. de mai.
Feria de Tlaxcala, fin oct.-début nov.

En remerciement de leur aide, les Espagnols accordent divers privilèges aux Tlaxcaltèques : ils les exemptent d'impôts, leur donnent le droit de posséder et cultiver des terres, de monter à cheval et d'ajouter « don » devant leur nom selon la tradition espagnole.

Tlaxcala est une ville où l'on mange bien et les restaurants y sont nombreux. Parmi eux, citons le *Mesón Taurino*, Independencia 15 (☏ 462-43-66), qui offre une excellente cuisine régionale à des prix compétitifs.

animosité qui règne entre les Tlaxcaltèques et les Aztèques, propose une union contre l'ennemi commun. En dépit de l'opposition du chef Xicoténcatl le Jeune (il sera éliminé par Cortés), une alliance est signée le 23 septembre 1519. Jusqu'au siège de Tenochtitlán, en 1521, Tlaxcala est le quartier général des Espagnols, et la cité fournit un très important contingent de guerriers à Cortés, sans lequel il n'aurait sans doute pas réussi à s'emparer de la capitale aztèque. En 1524, des missionnaires franciscains, les premiers qui arrivent au Mexique, s'y installent. Un an plus tard, Tlaxcala est élevé au rang de ville en tant que « Nuestra Señora de la Asunción Tlaxcala » et le pape Clément VII y fait transférer le siège de l'évêché créé en 1519 sur l'île de Cozumel. En 1539, l'évêché est à nouveau déplacé pour être installé à Puebla de los Ángeles. En 1544-1546, une épidémie de peste décime la population de la ville qui perd à jamais son importance.

# Visiter Tlaxcala

**Combien de temps** : compter une journée pour le centre historique et la Basilica de Ocotlán.

**Se déplacer** : la visite se fait à pied car le centre historique est peu étendu.

■ **PLAZA DE LA CONSTITUCIÓN**★★. Le Zócalo, agrémenté d'un kiosque du XIXe s. et d'une fontaine offerte à la ville en 1646 par le roi d'Espagne Philippe IV, séduit par l'harmonie de ses longues façades de brique rouge, héritage du temps de la colonie. Les fins de semaine, vous pourrez écouter des concerts de musique classique ou du *danzón*.

Le **Palacio de Gobierno**★★ *(ouv. t.l.j. de 8 h à 20 h ; visite guidée sam. et dim. à 10 h et 14 h)*, sur le côté N. de la place, fut construit à partir de 1545 ; il abrite d'immenses fresques contemporaines de Desiderio Hernández Xochitiotzin relatant l'histoire préhispanique et coloniale de Tlaxcala.

La **Parroquia de San José** *(ouv. du lun. au sam. de 6 h à 20 h, dim. de 7 h à 20 h)* s'élève au N.-O. de la place. Sa façade de brique rouge, comme beaucoup d'églises de la région de Puebla-Tlaxcala, est rehaussée de carreaux de faïence émaillée que l'on retrouve également sur la coupole, reconstruite après un tremblement de terre en 1800. L'église ne possède qu'une seule tour décorée de motifs néoclassiques. À l'entrée, on remarquera deux bénitiers en pierre : sur l'un figure une représentation de Camaxtli, le dieu de la Guerre et de la Chasse des anciens Tlaxcaltèques, sur l'autre sont sculptées les armes de l'Empire espagnol.

La **Capilla Real de Indios**★ *(ouv. du lun. au sam. de 8 h à 20 h)*, à côté de l'église de San José, abrite aujourd'hui le palais de justice. La construction de cette chapelle qui était réservée aux nobles indigènes débuta en 1528 et fut financée par les quatre seigneurs de Tlaxcala. À la suite d'un incendie, en 1796, et du tremblement de terre de 1800, l'édifice fut abandonné ; sa restauration ne fut entreprise qu'en 1984. La façade est décorée de bas-reliefs dont l'un, orné de clés (celles de saint Pierre), représente les armes du Vatican. Sur l'une des deux tours figurent deux bas-reliefs figurant l'un les armes de Charles V (oiseau bicéphale triplement couronné avec, au centre, les armes de l'Aragon), l'autre les armes de la Castille.

En face, les arcades ou **Portales Hidalgo**, **Real** et **del Parian**, du XVIe s., sont occupées par des restaurants qui proposent chaque matin des petits-déjeuners buffets très agréables.

▶Derrière le Palacio de Gobierno, en suivant Lardizabál vers l'O., vous rejoindrez le **Museo de Artes y Tradiciones Populares** *(Av. Emilio Sánchez Piedras 1 ; ouv. t.l.j. sf lun. de 10 h à 17 h)*. Ce musée très didactique présente l'ensemble des techniques artisanales des Indiens de la région ainsi que leur mode de vie. Une première salle est consacrée aux croyances et pratiques religieuses, une deuxième présente un atelier de confection de vêtements tissés, une troisième a trait à la préparation du pulque ; une autre salle porte sur les fêtes et manifestations qui ponctuent la vie des communautés indiennes de l'État de Tlaxcala.

Pour d'éventuels achats, la **Casa de las Artesanías** *(ouv. de 10 h à 16 h)* attenante offre un large choix : tissus brodés, laines et cotonnades de Santa Ana Chiautempa, objets en bois de Tizatlán, poteries de Tzompantepec, masques de bois polychrome d'Apetatitlán, fleurs en papier de Tenanyecac, figurines d'onyx et *talaveras* de San Pablo del Monte…◀

Sur la **Plaza Xicohténcatl**, qui s'ouvre au S. du Zócalo, quelques vendeurs proposent des produits artisanaux.

*Suivre à l'angle S.-E. de cette place une rue comportant un escalier.*

■ **Ex-Convento San Francisco**★★. Cette importante construction franciscaine fut fondée en 1527 par le frère Martín de Valencia. Les bâtiments que l'on

## Le *Lienzo de Tlaxcala*

Ce codex a été réalisé en 1550 par des indigènes de Tlaxcala à la demande du second vice-roi, Luis de Velasco. Il compte 87 planches polychromes : 48 retracent la participation des Tlaxcaltèques depuis l'arrivée de Cortés jusqu'à la chute de Tenochtitlán, 39 illustrent des combats postérieurs livrés par ces indigènes aux côtés des Espagnols. Il a été réalisé en trois exemplaires : l'un, envoyé en Espagne, s'est perdu, un autre, conservé dans le palais des vice-rois, a été détruit dans un incendie au XVIIe s., et le troisième a été égaré par une mission scientifique française lors du règne de Maximilien. Heureusement, une copie en avait été faite ; elle se trouve actuellement au musée national d'Anthropologie de Mexico.

visite aujourd'hui appartiennent au troisième monastère créé à Tlaxcala. Les deux précédents étaient des édifices plus modestes : le premier avait été érigé dans le quartier d'Ocotelolco, le second dans celui de Cuilixco. Vous pénétrerez dans l'atrium en franchissant un arc à triple arcature, relié à dr. au clocher. À g. s'ouvre un portique à trois travées, la porterie, donnant accès à un vestibule d'où vous passerez dans un petit cloître, à deux galeries superposées.

L'**église**, aujourd'hui cathédrale de Nuestra Señora de la Asunción *(ouv. t.l.j. de 6 h à 20 h)*, située à côté de la porterie, présente un remarquable **plafond** de style mauresque (XVIe s.) en bois de cèdre ponctué d'étoiles dorées à huit branches. Voir également les fonts baptismaux, dans la chapelle de la Tercer Orden (au fond et à dr.), qui servit en 1520 lors du baptême des quatre seigneurs de Tlaxcala. Dans la sacristie, tableau de Diego de Borgraf (peintre d'origine flamande, qui s'établit à Puebla de 1646 à 1687) représentant sainte Thérèse de l'Enfant Jésus contemplant l'ascension de l'âme de saint Pierre d'Alcántara, d'après une gravure de l'artiste espagnol Pedro de Villafranca Malagán.

Les bâtiments conventuels abritent le **musée régional de Tlaxcala** *(ouv. t.l.j. sf lun. de 10 h à 17 h)* qui retrace l'histoire du pays. Dans une salle consacrée à l'époque préhispanique, vous remarquerez une urne en terre cuite polychrome décorée par pastillage (Cacaxtla ; époque classique), une céramique polychrome très fine de la dernière période de Tlaxcala (postclassique) et une sculpture de *chac-mool* provenant de San Juan Mixco (650-1100), apparentée aux œuvres de ce type trouvées à Tula et dans la région tarasque. Une autre salle relate les principaux faits de guerre entre Cortés et les Tlaxcaltèques. Sont également présentées des peintures et des sculptures de l'époque coloniale, des objets, livres et cartes des époques porfirienne et révolutionnaire.

Vous traverserez ensuite l'atrium pour descendre l'escalier débouchant presque en face du portail de l'église. Cet escalier comporte deux volées parallèles qui se terminent sur un palier où s'ouvre une magnifique **chapelle** à voûtes gothiques (traces de peintures). Elle comporte, en façade, trois arches en rais-de-cœur et fut terminée en 1539. Des anciennes chapelles *posas* que devait compter l'atrium, il n'en subsiste plus qu'une seule (près de l'angle S.-O., au fond de la cour et à dr. lorsqu'on atteint l'atrium depuis la ville).

■ **PLAZA DE TOROS JORGE « RANCHERO » AGUILAR★**. Installées près du couvent de San Francisco, ces arènes aux très agréables proportions doivent leur nom au *torero* le plus célèbre de l'État. Les premières corridas s'y déroulèrent en 1788 et remportèrent un vif succès. Il n'y en eut pas moins de soixante au cours de l'année 1817 ! S'installèrent alors à Tlaxcala des élevages de taureaux, qui comptent aujourd'hui encore parmi les plus importants du Mexique. Les corridas ont lieu pendant la Feria de Tlaxcala (fin oct.-début nov.).

# Environs de Tlaxcala

**1 BASILICA DE LA VIRGEN DE OCOTLÁN★★★** *(Calzada de los Misterios e Independencia, à environ 1 km au N.-E. du centre-ville ; depuis le Zócalo, suivre vers le N. Juárez puis prendre à dr. Zitlalpopocatl qui monte en direction du sanctuaire ; ouv. du lun. au dim. de 6 h 30 à 19 h ; entrée libre. Il est préférable de visiter la basilique d'Ocotlán en fin de matinée ou l'après-midi pour éviter la foule)*. Cette église présente une extraordinaire **façade** blanche du XVIIIe s., qui est considérée comme l'un des plus parfaits exemples du baroque churrigueresque. Surmonté d'une avancée en forme de conque, ce gigantesque retable doté d'*estípites* *(→ aussi ill. p. 148)* et de nombreuses statues (on reconnaît pêle-mêle les douze apôtres, les sept archanges, saint Joseph, saint François d'Assise et, devant la baie centrale, la Vierge) est encadré de deux tours jumelles de 33 m de hauteur recouvertes de carreaux de faïence rouge et décorées dans leur partie supérieure d'une dentelle de pierre aussi luxuriante que la façade.

À l'intérieur, il faut admirer dans le détail les **retables** ruisselants d'or et richement ornés de sculptures polychromes, qui furent réalisés par Francisco Miguel Tlayoltehuanitzin. Cet artiste indien est également à l'origine du ***camarín***★★★ (XVIIIe s.), chapelle octogonale située derrière le maître-autel et qui abrite la statue de la Vierge. Lors des grandes célébrations, celle-ci est habillée de ses plus beaux vêtements ; pendant la fête de la basilique (premier et troisième lundis de mai), elle est promenée dans toute la ville au cours d'une grande procession. À noter sur les murs du *camarín* huit très beaux tableaux de Juan de Villalobos, un maître de la peinture coloniale. Au centre, immense table de bois d'une seule pièce superbement travaillée ; remarquez les pieds représentant des *ozomatli*, petits dieux précolombiens symbolisant la joie.

**2 PARQUE NACIONAL LA MALINCHE** *(se rendre dans la bourgade d'Apizaco, à 18 km N. de Tlaxcala par l'autoroute ; de là, prendre la RF 136 menant à Huamantla ; à 20 km à dr., une pancarte indique le Centro Vaccacional La Malintzí. En autobus, se rendre jusqu'à Apizaco ; dans le centre-ville, devant la boutique d'électroménager « Elektra », prendre un minibus indiquant « Tacalco-Apizaco » ; trois départs par jour à 8 h, midi et 16 h ; le minibus vous déposera au Centro Vaccacional).* Le volcan éteint de La Malinche (4 450 m), du nom de celle qui fut l'interprète et la femme de Cortés, se trouve au sein d'un parc situé à une altitude moyenne de 3 000 m. Ce parc ouvert aux marcheurs et aux amoureux de la nature est équipé d'un centre de vacances (Centro Vaccacional La Malintzí) où l'on pourra se loger (cabanes équipées) avant de partir à l'assaut du sommet *(rens. et rés. : ☎ 462-40-98 ; réserver en fin de semaine).*

**La blancheur du porche churrigueresque de la basilique d'Ocotlán contraste avec les briques hexagonales des deux clochers qui comportent des *estípites* sur les angles. Cette composition originale révèle l'influence de l'école de Lorenzo Rodríguez.**

**Mieux vaut être un bon montagnard pour se rendre jusqu'au sommet (haute montagne). De plus, les sentiers n'étant pas bien fléchés, il est conseillé de se faire accompagner de personnes qui connaissent le lieu (il n'y a pas de guides officiels). Attention également à l'altitude (mal des montagnes, insolation) : se munir de lunettes de soleil et de crème solaire. Enfin, ne jamais partir par mauvais temps.**

# Toluca

**Situation** : 67 km O. de Mexico, 85 km N.-O. de Cuernavaca.
Alt. 2 680 m ; 800 000 hab. ; capitale de l'État de Mexico ; universités.

## À ne pas manquer

Cosmo Vitral-Jardín Botánico★★ 361

Parque Nacional Nevado de Toluca★ 364

☎ 7

ⓘ Urawa 100, porte 110 (☎ 219-61-58 et 219-51-90 ; ouv. de 9 h à 18 h). L'office se trouve à côté de la *Casa de Artesania*, la maison de l'artisanat.

**Urgences**

*Croix-Rouge* (☎ 217-33-33 et 217-25-40). *Centro Medico de Toluca*, Av. Benito Juárez Norte 135 (☎ 232-22-22).

**Gare routière**

*Central de Autobuses*, Felipe Berriozbal 101, à l'angle du Paseo Tollucan derrière le marché Juárez. Service de bus pour le centre et taxis. Liaisons pour Cuernavaca, Guadalajara, Malinalco, Mexico, Morelia, Pátzcuaro, Querétaro, Taxco et Uruapan.

Pour désengorger Mexico et lutter contre la pollution dans la mégapole, la ville de Toluca est devenue, du fait de sa proximité, le lieu de décentralisation des industries de la capitale. Elle est également la capitale administrative d'un État de près de 12 millions d'habitants qui englobe une bonne partie des banlieues industrielles de Mexico comme Tlalnepantla, Naucalpan et Ecatepec. De fait, son intérêt touristique est assez limité. Elle peut en revanche être le point de départ d'excursions intéressantes dans les environs, excursions qui permettront notamment de découvrir les majestueux paysages du Nevado de Toluca ainsi que deux centres d'artisanat réputés, Metepec et Temoaya. À noter que Toluca abrite un marché particulièrement animé le vendredi.

## Visiter Toluca

**Le meilleur moment** : Toluca est la ville la plus haute du Mexique, et la majeure partie de l'État de Mexico est située à une alt. moyenne de 2 400 m ; le climat est donc frais, voire froid en déc. et jan.

■ **Plaza Civica** (ou Plaza de los Mártires). Pendant la guerre d'Indépendance (1810-1821), conservateurs et libéraux se sont livrés à de terribles massacres. À Toluca, les Espagnols (conservateurs) ont ainsi capturé une centaine de personnes qui s'étaient rebellées contre le pouvoir et les ont fait exécuter sans autre forme de procès sur cette place, d'où son nom de place des Martyrs. Au centre s'élève la **statue** du curé Hidalgo y Costilla, le père de l'Indépendance. Elle fut réalisée à Florence par l'illustre Rivalta en 1889. Sur sa base, deux bas-reliefs représentent la prise de l'Alhóndiga de Granaditas et la bataille du Monte de las Cruces.

La Plaza Civica regroupe les principaux bâtiments administratifs et la cathédrale (côté S.), édifice sans grâce du XIXe s. À proximité de l'angle N.-O. se trouvent pas moins de trois musées consacrés à trois peintres : José María Velasco, Felipe Gutiérrez et Luis Nishizawa.

Le **Museo José María Velasco** *(Av. Sebastian Lerdo de Tejada 400, à l'angle de Nicolás Bravo ; ouv. du mar. au dim. de 10 h à 18 h ; entrée libre)* offre un bel échantillon de l'œuvre de cet artiste né en 1840 à Temascalcingo, dans l'État de Mexico. Velasco est considéré comme le plus grand peintre paysagiste du Mexique. Nombre de ses tableaux sont présentés au Museo Nacional de Arte à Mexico.

Le **Museo Felipe Gutiérrez** *(Nicolás Bravo Norte 30 ; ouv. du mar. au dim. de 10 h à 18 h ; entrée libre)* est situé dans une vieille demeure du XVIIIe s. Il concentre l'œuvre de Felipe Gutiérrez, né à Texcoco en 1824, et qui fut sans doute le premier peintre mexicain internationalement reconnu. Le musée communique avec le musée José María Velasco par une salle qui complète cette approche de la peinture mexicaine du XIXe s. et qui marque symboliquement la relation étroite qu'entretenaient ces deux artistes.

Le **Museo Luis Nishizawa** *(Nicolás Bravo Norte 305 ; ouv. du mar. au dim. de 10 h à 18 h ; entrée libre)* est consacré au peintre contemporain d'origine mexicano-japonaise. Dans cet atelier-musée, l'artiste lui-même enseigne son art à de jeunes artistes.

Derrière la cathédrale, l'**Avenida Hidalgo**, bordée d'arcades *(portales)*, et les rues environnantes constituent le centre commerçant de la ville.

■ **MUSEO DE BELLAS ARTES** *(Santos Degollado Poniente 102, au N. de la Plaza Civica ; ouv. t.l.j. sf lun. de 10 h à 18 h)*. Il occupe l'ancien Convento de la Purísima Concepción de los Carmelitas Descalzos, construit entre 1687 et 1711. Sur deux étages sont présentées d'intéressantes collections de peintures de la Nouvelle-Espagne des XVIIe et XVIIIe s. On remarquera des tableaux de José Juárez, de Cristóbal de Villalpando et de Miguel Cabrera. Collection de meubles et sculptures de la vice-royauté.

■ **COSMO VITRAL-JARDÍN BOTÁNICO**** *(Av. Lerdo de Tejada, à l'angle de Benito Juárez, au N.-E. de la Plaza Civica ; ouv. t.l.j. sf lun. de 9 h à 17 h)*. Le fameux Cosmo Vitral se trouve dans l'ancien marché du 16 Septembre. En 1972, le gouverneur de l'État de Mexico, Jorge Jiménez Cantú, veut donner à sa capitale, encore très rurale, une note de modernisme et de culture contemporaine. Il fait appel à un artiste mexicain, Leopoldo Flores, pour élaborer dans la structure de l'ancien marché, transformé en jardin botanique, un *cosmo vitral* dont la superficie atteint 3 200 $m^2$. Le thème central de ce vitrail qui a nécessité dix années de travail et 150 000 pièces de verre traite des dualités et des antagonismes universels : la vie et la mort, le bien et le mal, l'infiniment grand et l'infiniment petit, le jour et la nuit, la Création et l'Apocalypse, etc.

Les **jardins** ont été réalisés par Nobuyaki Atzuma Matsuo, un Mexicano-Japonais ; 150 000 plantes correspondant à 250 espèces montrent la diversité botanique du Mexique. Un buste rend hommage à Eizi Matuda, un autre Japonais qui a classifié plus de 6 000 espèces poussant dans l'État de Mexico. Dans une autre section se trouve la **lanterne de l'Amitié**, qui symbolise la fraternité entre les peuples ; elle a été offerte par la ville de Saitama au Japon.

■ **MERCADO JUÁREZ** *(au S.-E. de la Plaza Civica, entre Prolongación 5 de Mayo et le Paseo Tollucan, à côté de la gare routière ; ouv. t.l.j., s'y rendre de préférence le ven.)*. Marché très animé, où les habitants des bourgades alentour viennent acheter les multiples ustensiles nécessaires aux travaux des champs et que les grandes surfaces ne fourniront jamais.

Tout à côté se trouve la **Casa de Artesania** *(ouv. de 9 h à 19 h)*, sorte de « supermarché » de l'artisanat sans charme qui offre un assortiment de tout ce qui se fabrique dans les villages de l'État. Les prix sont un peu plus élevés qu'ailleurs (marchandage interdit) et plutôt de bonne qualité.

■ **CENTRO CULTURAL MEXIQUENSE** *(8 km O. du centre-ville, près du parc Alameda 2000 ; ouv. t.l.j. sf lun. de 10 h à 18 h)*. Sur les terrains qu'occupait l'ancienne hacienda de La Pila, le gouvernement a fait édifier en 1988 un centre culturel regroupant trois musées ainsi qu'une grande bibliothèque, une vidéothèque et une salle consacrée à l'informatique. Cet ensemble a été conçu par l'architecte Pedro Ramírez Vásquez, spécialiste en muséographie.

Le **musée d'Art moderne** offre de nombreuses expositions temporaires d'artistes mexicains et latino-américains.
Le **musée d'Anthropologie** abrite une belle collection de pièces préhispaniques, en particulier un tambour cérémoniel utilisé par les guerriers mexicas et trouvé à Malinalco, ainsi qu'une sculpture provenant de Calixtlahuaca et représentant le dieu du Vent Ehécatl.
Le **musée des Cultures populaires**, très didactique, propose des expositions d'artisanat, en particulier de très beaux arbres de vie de Metepec, des céramiques de Valle de Bravo, des châles de Tenancingo et des broderies d'une grande finesse.

# Environs de Toluca

**Manifestations à Temoaya**
**Le 14 sept., Día del Charro.**
**Les *charros* de tous les coins du pays se donnent rendez-vous ici une fois l'an. Excellents spectacles de *charreadas*, mariachis, chanteurs et orchestres populaires.**

**1 TEMOAYA** *(40 km N. ; suivre la RF 55 D sur 22 km, puis prendre à dr. la direction de Temoaya)*. Important centre artisanal où se fabriquent des tapis de laine noués à la main selon la technique perse (14 000 nœuds au $m^2$). En visitant les coopératives où travaillent environ cent cinquante personnes, pour la plupart des Indiens Otomís, vous constaterez la grande habileté de ces artisans qui réalisent des tapis dont les motifs évoquent l'exubérante faune et flore du pays ainsi que la mystique et la cosmogonie de leurs créateurs. Vous aurez le choix entre vingt-trois motifs mexicains et trois motifs orientaux, tous de grande qualité. Ces tapis sont malheureusement aussi chers que ceux d'Iran.

**2 METEPEC★** *(7 km S.-E.)*. Désormais englobé dans l'agglomération de Toluca, Metepec est un centre réputé de fabrication de céramique. En flânant dans les rues de ce village, on découvrira une poterie domestique vernissée verte d'une grande qualité, mais aussi des figurines d'argile polychromes représentant tout un monde de santons, d'animaux, de sirènes, de crèches, sans oublier les fameux **arbres**

**de vie**, utilisés à l'origine comme bougeoirs par les Indiens qui n'avaient pas les moyens de décorer les autels des saints de candelabres en argent.

Il faut se rendre à Metepec de préférence le lundi, jour de marché, lorsque les artisans exposent leurs productions et que l'on peut apprécier à loisir les couleurs, la finesse des motifs et l'abondance des détails de cette céramique. Ne pas manquer également de visiter les boutiques de bougies : on y trouve des merveilles.

**3 TEOTENANGO★** *(28 km S. par la RF 55 ou l'autoroute de Taxco, sortie à Tenango del Valle, nommée aussi Tenango de Arista ; ouv. t.l.j. sf lun. de 9 h à 17 h)*. À proximité du village de Tenango del Valle, sur le Cerro Tetépetl qui domine la vallée de Toluca, s'étend l'ancienne Teotenango (« lieu de la muraille divine »), site fortifié matlazinca qui connut son apogée entre les Xe et XIIe s. avant d'être soumis par les Aztèques. Lors du siège de Mexico-Tenochtitlán, les Matlazincas s'allièrent aux Espagnols et participèrent à la prise de la cité aztèque. La vallée de Toluca fut ensuite occupée de façon permanente par les Espagnols à partir de 1550.

Les fouilles ont permis de mettre au jour une grande partie du centre cérémoniel principal (dit **Sistema Norte**), avec des plates-formes, des autels et oratoires, des places immenses, des habitations pour les prêtres, des bâtiments de caractère administratif, un jeu de balle, un marché, etc. Des restaurations et des reconstructions ont eu lieu dans le quartier N. (Sistema Norte), qui comprend six ensembles *(conjuntos)* reconnus, c'est-à-dire six monuments ou groupes de monuments formant des entités architecturales avec leurs annexes et leurs places.

**Ensemble A**. En gravissant un court raidillon et des escaliers à partir du parc de stationnement, au terminus de la route, vous atteindrez ce vaste ensemble. Avant d'y parvenir, vous remarquerez, à g., contre un mur de soutènement, un relief d'un jaguar et, à côté, un glyphe náhua commémorant une éclipse de soleil en l'année 11 Calli (Onze-Maison), c'est-à-dire en 1477. L'ensemble A est formé d'une très vaste place cérémonielle (Plaza del Jaguar) entourée d'édifices pyramidaux et de plates-formes.

**Ensemble B**. Au-delà, à un niveau plus élevé, s'étend cette unité architecturale avec, notamment, une longue et haute plate-forme, un autel, un petit patio stuqué et un haut soubassement pyramidal.

**Ensemble C**. Situé à dr., il offre un saisissant spectacle de lignes horizontales, coupées par les lignes

**Gastronomie**
**Évitez absolument la dégustation des saucisses vertes, à base de luzerne ; cette spécialité pourrait vous rendre malade.**

**Fête de Metepec du 13 au 16 mai, pour la San Isidro Labrador : défilé de chars décorés et de *locas* (hommes déguisés en femmes), processions religieuses et, bien sûr, beaucoup de musique et de danse ; le sol de certaines rues est décoré de motifs réalisés à base de grains de diverses couleurs.**

## Les arbres de vie

Les arbres de vie racontent librement et sous une forme théâtralisée la vie d'Adam et Ève et le mythe du jardin d'Éden. Ils sont généralement construits sur trois niveaux : à la cime de l'arbre se trouve Dieu le Père ; au centre, on distingue Adam et Ève, le Serpent et la pomme ; au niveau du sol apparaît le couple en fuite. À partir de ce schéma de base s'exprime un baroque frénétique où abondent fleurs, fruits, oiseaux, astres, anges, saints, personnages bibliques, l'artiste laissant libre cours à son imagination. À l'arbre de vie correspond l'arbre de mort : serrés autour de la Mort, une multitude de squelettes se livrent à des occupations quotidiennes.

obliques des escaliers et des murs en talus de ses édifices pyramidaux.

**Ensemble E**. Il comporte un jeu de balle (900-1162) doté d'un plan caractéristique comprenant un terrain de jeu entre deux banquettes à murs inclinés dont l'une supporte une tribune. Sur le site du jeu de balle, on a mis au jour les ruines d'un ***temascal***, c'est-à-dire d'un bain de vapeur qui faisait partie de l'ensemble d'habitations signalé ci-dessus. D'une façon générale, les *temascales* avaient une fonction curative et médicale, mais ils étaient aussi et surtout des lieux de prière et d'offrandes. Les malades, les blessés, les femmes enceintes ou sortant de couches, allongés sur des nattes à l'intérieur, y attendaient une salutaire transpiration provoquée par la vapeur obtenue en jetant de l'eau sur des pierres brûlantes.

**Ensemble D**. Limitrophe des ensembles C et E, ce groupe de bâtiments abrite notamment l'énorme soubassement du serpent (120 m de longueur), ainsi nommé en raison du bas-relief représentant un serpent qui figure à l'un de ses angles. Il est précédé d'une place (Plaza de la Serpiente) où se tenait peut-être le marché. Cette place est délimitée à l'O. par la Calle de la Rana, signalée par une grenouille sculptée, et au N. par la Plaza del Durazno.

Au pied de la zone archéologique se trouve un petit **musée** *(ouv. t.l.j. sf lun. de 9 h à 17 h)* qui présente des pièces trouvées dans toute la vallée de Toluca.

**Ne pas s'aventurer sur les pentes du Nevado de Toluca les jours où le ciel n'est pas parfaitement limpide.**

**4 PARQUE NACIONAL NEVADO DE TOLUCA**★★ (ou Xinantécatl ; *44 km S. ; suivre sur 18 km la route 134, puis prendre à g. en direction de Sultepec ; 8 km plus loin, prendre à g. sur 18 km une route en terre)*. Le Nevado de Toluca est un volcan éteint qui se trouve à 80 km à vol d'oiseau de Mexico. Entre novembre et février, son sommet couvert de neige ne manque pas d'attirer des centaines de Mexicains qui viennent goûter les plaisirs des batailles de boules de neige. La route arrive jusqu'au cratère, occupé par deux lacs (Lagos del Sol y de la Luna) ; dans ce cadre splendide se déroulaient des rites préhispaniques dédiés au dieu Xinantécatl. Des lacs, on peut gagner le sommet du volcan, un pic qui culmine à 4 558 m d'altitude *(compter 2 h, non-sportifs s'abstenir)*. De là, mais aussi de la route, vue somptueuse vers l'E. sur la sierra Nevada, avec ses deux sommets les plus imposants : le Popocatépetl et l'Iztaccíhuatl ; au fond à dr., les jours de grand beau temps, on peut également apercevoir le Pico de Orizaba *(→ ill. p. 19)* . Au S., on distingue les paysages montagneux du Guerrero. À l'O. se profilent à l'horizon les montagnes boisées du Michoacán. La vue sur les deux lagunes, aux reflets opalescents, est également fort belle.

**5 Valle de Bravo★** *(96 km S.-O. de Toluca ; suivre sur 40 km la route 134, puis prendre à dr.)*. Après un trajet sinueux dans une forêt de pins, la route débouche au bord d'un lac de barrage. Au sein d'un très joli cadre naturel de montagnes, le village de Valle de Bravo (alt. 1 900 m), lieu de villégiature apprécié des habitants de la capitale, est des plus accueillants avec ses constructions en bois et en brique, ses balcons fleuris et ses toits de tuiles. Ici, les boutiques d'artisanat offrent des produits originaux et de qualité, les galeries d'art exposent les peintres locaux. Les « cafés artistiques » où ont lieu des concerts et des expositions de peintures y sont nombreux et animés en fin de semaine. Le lac est un lieu idéal pour la voile, le ski nautique, la pêche. Tous les dimanches se tient un marché très agréable où l'on trouve un excellent artisanat, en particulier des châles fins, des broderies de coton et des céramiques.

**6 Calixtlahuaca** *(9 km N.-O. ; suivre la RF 55 en direction de Maravatio, puis tourner à g. pour arriver à la zone archéologique qui se trouve à 2 km de l'embranchement)*. Entouré de cactus et d'agaves, le site de Calixtlahuaca (de *calli*, « maison », et d'*ixtlahuacan*, « plaine » ou « grande étendue ») est en fait composé de deux quartiers : l'un, Tecaxic, était habité par des Matlazincas, le second, celui de Calixtlahuaca, était occupé par une garnison aztèque qui devait surveiller le premier. Les bâtiments s'étagent sur des terrasses aménagées sur les flancs et au sommet d'un promontoire dressé (vue sur la plaine environnante).

Le ***calmecac*** est composé d'un ensemble de bâtiments répartis autour d'une vaste cour quadrangulaire. Au N. de cette cour centrale s'étend une autre plate-forme où se situaient trois chambres, dont il subsiste quelques vestiges. Une autre plate-forme encore, bipartite, accessible par de larges volées de marches, était surmontée par d'autres constructions. Au S. du patio se trouvent les ruines d'un labyrinthe de chambres et de corridors disposés sur plusieurs niveaux, dont le plus ancien remonte à la période toltèque. Le *calmecac* était, chez les Aztèques, un collège d'enseignement supérieur où l'on éduquait la jeunesse de la haute société mexica, qui y était soumise à une rigoureuse discipline, afin de la préparer, sous la direction de prêtres, à occuper les plus hautes fonctions dans l'administration, l'armée et le sacerdoce.

## De batailles en batailles

Grâce à plusieurs codex postcortésiens, on connaît dans ses grandes lignes l'histoire de Tecaxic depuis le milieu du XVe s. jusqu'à la conquête espagnole. En 1474, le souverain aztèque Axayácatl envahit la vallée de Toluca à l'appel du souverain de la ville du même nom, Chimaltecuhtli, et s'empare de plusieurs principautés, dont celle de Tecaxic, qu'il évacue moyennant de lourds tributs. Un an plus tard, une rébellion provoque son retour. Après son passage, Tecaxic est en ruine, mais sa population a réussi à pendre la fuite. Une autre bataille a lieu la même année près de Xiquipilco, dans la vallée de Toluca. Les Mexicas remportent la victoire, ramenant quelque onze mille prisonniers qui sont immolés à Tenochtitlán. L'agglomération de Calixtlahuaca est alors fondée par Axayácatl, qui la peuple de guerriers aztèques et d'alliés matlazincas de Toluca. En dépit de l'existence de cette garnison, Tecaxic se soulève à nouveau en 1482 et, avec d'autres cités de la vallée, se jette sur les colonies aztèques. Vaincus par le roi Tizoc, les Matlazincas ne réussissent qu'à ensanglanter un peu plus, par leur propre sacrifice, les autels de la capitale aztèque. La dernière rébellion de Tecaxic a lieu en 1510 sous le règne de Moctezuma II, qui fait détruire la ville.

Le **temple de Tláloc**, édifié en *tezontle* (pierre volcanique) rouge et noir sur une plate-forme, est une construction pyramidale dont il ne subsiste qu'un seul étage et les vestiges d'un second. À l'origine, il comportait quatre massifs en retrait les uns sur les autres et maintenus par des murs en talus.

L'**autel des crânes** *(tzompantli)*, monument cruciforme dont la branche orientale se termine par un mur absidal, fut construit durant la seconde moitié du XVe s. en pierre volcanique poreuse rouge et noire. Sur un socle bas se dresse un mur en talus, surplombé par un mur vertical, d'où semblent jaillir des têtes de morts et des épis encastrés dans la maçonnerie.

**La forme circulaire qu'adopte le temple d'Ehécatl-Quetzalcóatl est assez rare au Mexique ; on la retrouve sur quelques sites seulement, notamment à Tzintzuntzan** *(→ p. 425).*

Le **temple d'Ehécatl-Quetzalcóatl**, élevé en pierre volcanique (andésite), est la plus importante structure du site. Elle se compose d'un massif de plan circulaire à quatre étages superposés à murs verticaux et corniche saillante et d'un escalier monumental de 10 m de largeur entre deux rampes. Le temple connut quatre états successifs (le bâtiment que l'on peut voir est celui de la troisième époque avec toutefois quelques vestiges du quatrième état). Toutes les structures qui se succédèrent sur le même emplacement furent élevées sur plan circulaire, avec leur escalier d'accès à l'E., et furent revêtues d'un enduit de stuc. La première est datée de l'époque classique de Teotihuacán (IIIe et IVe s.), la deuxième est contemporaine de la civilisation toltèque, la troisième de la pyramide de Tenayuca.

Au pied de cet édifice, on a mis au jour une statue d'un homme vêtu d'un pagne et portant un masque buccal en forme de bec d'oiseau, attribut caractéristique du dieu du Vent Ehécatl, un avatar de Quetzalcóatl originaire de la Huasteca, auquel on consacrait des temples de plan circulaire.

# Tula★★

À proximité d'une ville moderne dominée par les raffineries de pétrole et les usines pétrochimiques de la *Pemex* s'étendent les ruines de la capitale du puissant royaume toltèque, Tula. La ville sur laquelle veillent encore quatre énormes atlantes de 4,5 m de hauteur fut l'une des cités-États les plus dynamiques du postclassique ancien et rayonna pendant environ deux siècles sur d'importants territoires. Elle devint même, et ses habitants avec elle, le symbole d'un âge d'or auquel se référèrent les populations qui lui succédèrent, les Aztèques en particulier. Dans les chroniques historiques de l'époque de la Conquête, Tula est pourvu de palais recouverts d'or et de turquoise et habité par des êtres doués de toutes les vertus et promoteurs de toutes les découvertes scientifiques et artistiques. Rien d'étonnant à cela si l'on songe que la cité fut fondée, selon la tradition, par Quetzalcóatl, le fabuleux Serpent à plumes.

**Situation** : 65 km N. de Mexico.
Alt. 2 030 m ; 40 000 hab. ; État d'Hidalgo.

## Tula dans l'histoire

**■ « L'exil » de Quetzalcóatl**

Tula fut fondé vers le milieu du Xe s. de notre ère, peu de temps après la destruction de Teotihuacán par les Chichimèques. Mixcóatl, l'un des chefs de ces Indiens belliqueux, s'installa dans la vallée de Mexico, mais ce fut son fils, Ce Acatl Topiltzin (« notre seigneur Un-Roseau »), ainsi désigné d'après la date de sa naissance, qui s'établit à Tula dont il fit sa capitale. Ce Acatl Topiltzin fut le plus fameux roi-prêtre de Tula, sous le nom de Quetzalcóatl. Selon la légende, ce souverain pacifique aurait vécu de 947 à 999, pendant tout un cycle de cinquante-deux ans, et aurait été le fils du dieu céleste Mixcóatl (« Serpent de nuages ») et de la déesse de la Terre Chimalman (« Bouclier couché »). Entraîné sur le chemin de la débauche et de l'impiété par Tezcatlipoca (« Miroir fumant »), le dieu de la Guerre, Quetzalcóatl aurait pris le chemin de l'exil et se serait installé dans le Yucatán pour fonder un royaume tolteco-maya et la cité de Chichén Itzá (987). Selon

une autre version, il se serait embarqué sur l'eau céleste, non sans prophétiser son retour, ce dont Cortés sut tirer profit lorsqu'il entreprit de conquérir l'Empire aztèque.

**Les premières découvertes archéologiques faites à Tula remontent au XIXe s., lors du passage du voyageur-explorateur français Désiré Charney, mais les fouilles ne débutèrent réellement qu'en 1940 avec l'archéologue Jorge R. Acosta. Une deuxième phase de travaux reprit en 1972, conduite par Eduardo Matos Moctezuma.**

**Pour les Aztèques, les Toltèques furent le peuple civilisé par excellence, celui qui inventa le calendrier, qui découvrit et perfectionna les arts de l'architecture, de la sculpture, de la plumasserie.**

### ■ Une cité très militarisée

Le mythe de Quetzalcóatl conte vraisemblablement les conflits qui opposèrent les différentes communautés vivant à Tula (Otomís – probablement les premiers habitants de la région –, Teotihuacanos, Toltèques-Chichimèques venus du N.), le passage d'un État théocratique et pacifique gouverné par le roi-prêtre Quetzalcóatl à un État séculier et guerrier mené par Huémac. Comme en témoigne l'iconographie toltèque, la ville de Tula, héritière de Teotihuacán, était dirigée par un pouvoir fort et centralisé aux mains d'une élite guerrière. À son apogée, aux alentours de l'an 1000, la cité s'étendait sur 13 $km^2$ et comptait entre 60 000 et 80 000 habitants. Elle contrôlait de vastes territoires du centre du Mexique et entretenait des relations politiques et commerciales avec des régions situées parfois fort loin (Chichén Itzá, hautes terres du Guatemala par exemple). Toujours est-il qu'au milieu du XIIe s. la capitale toltèque fut détruite lors d'une nouvelle invasion de nomades venus des régions septentrionales (Chichimèques). Les Toltèques furent alors dispersés en divers points de la vallée de Mexico et de la sierra Nevada, certains groupes émigrant jusqu'au Guatemala, au Salvador et au Nicaragua.

## Visiter Tula

**Accès** : en voiture, quitter Mexico vers le N. par l'autoroute 57 en direction de Querétaro. Au kilomètre 57, sortir de l'autoroute en suivant les indications « Tula de Allende, Zona Arqueológica ». En autobus, depuis la *Central Camionera del Norte*, départs très fréquents pour Tula via Refineria. Une fois arrivé à Tula, le plus simple est de prendre un taxi.

**Visite** : site archéologique et musée ouverts t.l.j. de 9 h 30 à 16 h 30 ; compter 2 h.

■ **MUSEO JORGE R. ACOSTA**. Il se trouve à l'entrée du site et donne un aperçu sur l'histoire de Tula ; collections de céramiques et de sculptures provenant des ruines.

*À la sortie du musée, vous débouchez sur la Plaza Norte.*

■ **JUEGO DE PELOTA 1**. Il mesure 67 m de longueur sur 12,5 m de largeur. Lors des fouilles, les archéologues ont trouvé sur place de nombreuses sculptures, en particulier un joueur de pelote avec son

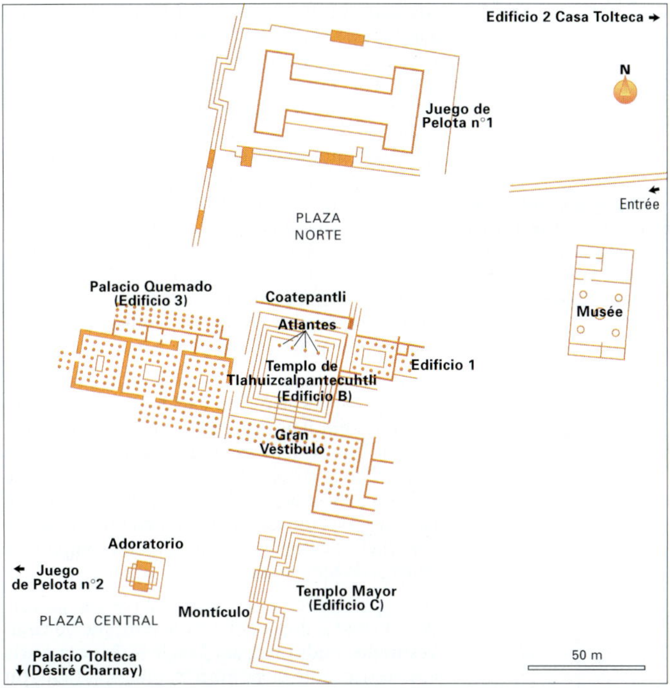


**Tula**

équipement complet ; cette œuvre est actuellement exposée au musée national d'Anthropologie de Mexico.

■ **Coatepantli**★★. Haut de 2,20 m, couronné par des créneaux en forme d'escargots, le mur des Serpents est décoré sur ses deux faces de reliefs représentant, entre deux registres de grecques, une frise de serpents dévorant des humains décharnés. Les serpents armés d'une sonnette d'où surgissent des plumes sont répartis en deux groupes se faisant face.

■ **Templo de Tlahuizcalpantecuhtli** (temple de l'Étoile du matin). Dédiée à Vénus, cette pyramide adopte un plan carré de 40 m de côté et se dresse à une hauteur de 10 m ; à son sommet *(accessible par un escalier situé sur son côté S.)* s'étend une terrasse qui supportait le temple. Elle est formée de cinq massifs superposés en retrait les uns sur les autres. Chaque massif se composait d'un mur en talus surmonté d'un parement vertical qui était revêtu de dalles sculptées, dont il reste quelques spécimens sur les côtés N. et E. *(du côté de l'édifice 1)*. Ces reliefs figuraient des jaguars, des aigles dévorant des cœurs humains et des têtes de serpent à plumes.

Les quatre **atlantes**★★★ s'élèvent sur la plate-forme supérieure de la pyramide, face au S. ; tous identiques, ils sont composés de quatre éléments (les deux atlantes du centre sont des originaux, celui de g. est une copie, celui de dr. est formé d'une partie originale en bas, d'une partie reconstituée en haut) et supportaient la lourde charpente de bois qui soutenait la toiture du temple proprement dit. Ils représentent le roi-prêtre Quetzalcóatl en sa qualité d'Étoile du matin et sont, à ce titre, pourvus d'attributs militaires et religieux. Ils sont vêtus d'un tablier triangulaire noué sur le devant et chaussés de sandales décorées de serpents à plumes (notez encore les ornements sous les genoux et autour des chevilles) ; sur leur poitrine pend un pectoral en forme de papillon très stylisé. Chacun d'eux tient dans la main dr. un *átlatl* ou propulseur, dans la main g. une bourse à encens (copal). La coiffure est constituée d'un bandeau réticulé sur lequel est fixée une couronne de plumes dressées verticalement ; il est attaché au-dessus de la nuque par un petit nœud. Les tempes sont parées d'énormes ornements d'oreilles rectangulaires.

**L'*átlatl* est un instrument à butée servant à lancer des traits avec plus de vigueur grâce à l'allongement de la course du bras. C'est l'arme caractéristique de l'Altiplano.**

Les fûts cylindriques que l'on voit sur la terrasse faisaient partie des deux colonnes en forme de serpent à plumes qui flanquaient l'entrée du temple. Les piliers, qui avaient également une fonction de soutien de la charpente du temple, sont ornés de reliefs représentant, à la base, le symbole de la terre (une tête de crocodile), puis un guerrier, traité en bas-relief, et enfin un faisceau d'armes composé de dards et de propulseurs.

Le temple de l'Étoile du matin était précédé, du côté de la Plaza Central, par un vaste **portique** ou **Gran Vestibulo** coudé occupant l'angle N.-E. de la place. Cet édifice, doté de nombreux piliers, formait un espace abrité qui pouvait accueillir d'importantes foules au cœur même du centre cérémoniel, sans doute les membres d'ordres guerriers ; il est l'un des éléments caractéristiques de l'architecture toltèque. Sous ce portique, contre le mur du fond se trouvait une banquette décorée de reliefs. À g. de l'escalier de la pyramide, on peut encore examiner un fragment de celle-ci ; il représente une procession de guerriers, la tête richement empanachée de plumes, portant un bouclier et des dards ainsi qu'un bâton. À dr. de l'escalier, notez une sculpture de *chac-mool* dont la tête a disparu. Le *chac-mool*, autre symbole d'une société militarisée, est très souvent représenté chez les Toltèques ; on le retrouve fréquemment dans la statuaire maya-toltèque (Chichén Itzá), tarasque et aztèque.

**Les atlantes de Tula étaient à l'origine entièrement peints de couleurs vives (blanc, bleu, rouge et vert).**

■ **PALACIO QUEMADO** (Palais incendié). Il est formé de deux grandes salles hypostyles aujourd'hui réduites aux fondations encadrant une cour entourée de galeries. Au N. s'étendent différentes salles et un portique, tandis qu'au S. se développait un autre portique qui prolongeait celui de la pyramide de Tlahuizcalpantecuhtli. Dans la cour centrale se trouvent deux statues de *chac-mool* (l'une est située près d'un autel quadrangulaire) et, dans l'angle N.-O., un fragment de banquette ornée de reliefs peints représentant une procession de personnages richement vêtus.

■ **TEMPLO MAYOR** (édifice C). À l'E., la Plaza Central est dominée par une imposante structure très ruinée, composée d'une haute pyramide flanquée d'annexes. Au pied de l'escalier d'accès à la plate-forme supérieure de ce temple principal, vous remarquerez une autre sculpture de *chac-mool*. Sur la rampe à dr. de l'escalier (presque totalement détruit), une dalle est décorée de hiéroglyphes de la planète Vénus, l'un des avatars de Quetzalcóatl. À g. de l'escalier, près d'un saillant de la pyramide, on peut encore voir un petit oratoire, très détérioré, qui fut érigé durant l'époque aztèque.

La Plaza Central, dotée en son centre d'un petit **oratoire** (Adoratorio), est fermée à l'O. par l'immense **jeu de pelote 2** (100 m de longueur), qui rappelle beaucoup celui de Chichén Itzá. Juste à côté du jeu de pelote se dresse un ***tzompantlí***, plate-forme où l'on exposait sur des chevalets les crânes des victimes humaines sacrifiées. Avec celui du Templo Mayor à Tenochtitlán, c'est l'un des mieux conservés.

# Xochicalco★★

**Situation** : 45 km S.-O. de Cuernavaca,
125 km S. de Mexico.
Alt. 1 500 m ; État du Morelos.

**À ne pas manquer**



Dans l'archéologie mexicaine, Xochicalco, le « lieu de la maison des fleurs » où l'on mit au jour l'un des centres cérémoniels les plus intéressants du plateau central du Mexique, est d'une importance capitale car elle paraît constituer, dans cette région, la charnière chronologique entre les civilisations teotihuacane et toltèque, mais aussi parce qu'elle fut le point de rencontre de plusieurs civilisations, celles de Teotihuacán, de Tula, du pays zapotèque et de la partie méridionale de la zone maya. La cité occupe, à 1 500 m d'altitude, un promontoire constituant un contrefort du volcan Ajusco ; de là, on découvre une vue magnifique sur les montagnes qui l'entourent.

## Xochicalco dans l'histoire

### ■ Une ascension et une chute fulgurantes

Le déclin de Teotihuacán (vers 650) permet l'émergence de nouvelles puissances dans le bassin de Mexico : Xochicalco fait partie de ces nouveaux centres de pouvoir. En quelques années, la cité se développe et se dote de puissantes fortifications, prenant le contrôle de vastes régions. Son apogée se situe entre 700 et 900, date à laquelle elle s'effondre aussi rapidement qu'elle était sortie de terre. Les causes de son déclin demeurent mystérieuses. On pense que la ville, difficilement prenable de l'extérieur, fut victime de luttes intestines. Quoi qu'il en soit, des traces d'un incendie survenu vers 900 ont été découvertes ; de même, les stèles qui se dressaient dans le centre cérémoniel furent volontairement brisées et peintes en rouge, couleur de la mort, lorsque le site fut abandonné.

Dès 1521, le père Bernardino de Sahagún visita Xochicalco et mentionna l'existence d'une pyramide dédiée au culte de Quetzalcóatl. Les premiers travaux de fouilles furent effectués en 1777 ; le site fut encore exploré en 1877, puis en 1910. Les fouilles reprirent à partir de 1961 sous les auspices de l'Institut national d'anthropologie qui procéda à

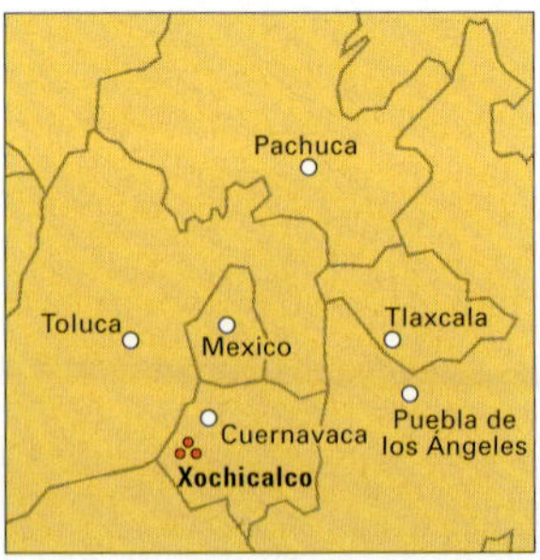

la reconstruction de plusieurs bâtiments de ce site capital dans la compréhension de l'histoire de l'Altiplano.

# Visiter Xochicalco

**Accès** : depuis Mexico et Cuernavaca, suivre l'autoroute d'Acapulco jusqu'au péage d'Alpuyeca ; au péage, serrer à dr. pour la sortie Alpuyeca, prendre à dr. la route RF 55 ; entrer dans Alpuyeca et poursuivre sur environ 15 km jusqu'à l'embranchement du site sur la dr. En autobus, depuis Cuernavaca, prendre un bus qui va à Coatlán del Río, demander au chauffeur de vous laisser au croisement pour Xochicalco où attendent des taxis qui vous mèneront au site (4 km).

**Visite** : ouv. t.l.j. de 10 h à 17 h ; entrée libre le dim.

■ **MUSEO**. Situé en contrebas des ruines, le musée, organisé en six salles, retrace toute l'histoire de Xochicalco, mettant en évidence les relations commerciales qu'entretenait la cité avec les régions les plus lointaines, son organisation sociale, le quotidien de ses habitants.

■ **PLAZA DE LA ESTELA DE LOS DOS GLIFOS**. Sur cette esplanade se dressent les **structures** C et D, constructions pyramidales à étages en retrait. Lors de l'équinoxe de printemps, le soleil se lève et se couche exactement entre ces deux structures pour un observateur placé dans l'axe formé par le temple des Stèles et l'entrée S. Le **bâtiment D** prend appui, à l'O., sur un puissant mur de soutènement qui rachète la différence de niveau entre la partie antérieure et la partie postérieure du monument. Entre ces deux pyramides se trouve la reproduction de la **stèle aux deux glyphes** (environ 6 t), ornée de glyphes et de signes numéraux (original au musée).

■ **TEMPLO DE LAS ESTELAS**. En contournant la structure A, très ruinée, par la dr., vous parviendrez sur une petite place s'étendant devant le temple des Stèles, composé d'un ensemble de bâtiments accessible par un escalier, de 15 m de largeur, qui débouchait sous un portique dont la couverture était supportée par de robustes piliers. De là, vous atteindrez une cour surbaissée au fond de laquelle se situe le temple proprement dit, précédé d'un escalier. On y a mis au jour trois stèles ornées de reliefs, de glyphes et de nombres.

■ **PIRÁMIDE DE LAS SERPIENTES EMPLUMADAS★★★**. Situé sur la terrasse la plus élevée de Xochicalco (Plaza Principal), c'est le plus intéressant édifice que l'on puisse visiter sur ce site. Il fut peut-être érigé pour commémorer une réunion de prêtres-astronomes, à l'occasion de la ligature des années d'un cycle et d'un feu nouveau, réunion durant laquelle on procéda, semble-t-il, à une correction du calendrier. Composé de deux massifs superposés, dont seul le premier est entièrement conservé, ce bâtiment est orné de **bas-reliefs★★★** remarquablement préservés dans la partie inférieure et qui, autrefois, étaient peints.

Le premier étage est formé d'un **mur en talus** surmonté d'un panneau vertical, lui-même couronné par une corniche saillante. Sur les murs en talus sont représentés, en relief, huit serpents à plumes (deux sur chaque face) dont les corps décrivent des méandres entre lesquels on distingue alternativement des glyphes traduisant le concept du feu avec le chiffre neuf et des personnages assis à l'indienne et portant en guise de coiffure un masque d'animal d'où s'échappe un panache de plumes.

Sur le **panneau** *(tablero)* au-dessus du mur en talus, on aperçoit des reliefs beaucoup moins bien conservés qui représentent des personnages également assis à l'indienne ; sur la coiffure de chacune de ces figures, séparées par un motif de

**Détail d'un bas-relief de la pyramide des Serpents à plumes.**

serpents très stylisés, on a reproduit le symbole de l'année et divers autres glyphes.

La **corniche** qui surplombe le parement vertical du premier étage porte une frise de plumes enroulées (ou de conques marines sectionnées), comparables à celles reproduites sur le corps des serpents.

Si la technique architecturale *(talud-tablero)* de cet ensemble s'inspire de Teotihuacán, il est à noter que les glyphes et l'aspect des personnages révèlent des influences de Monte Albán ou des Mayas.

■ **OBSERVATORIO**. Depuis une grotte artificielle part un corridor qui atteint une grande salle de 19 m de longueur, 12 m de largeur et 3,50 m de hauteur. Dans un angle de cette salle a été aménagé un puits de lumière hexagonal qui servait à des observations astronomiques. On a pu en effet constater que, du 30 avril au 15 août, le soleil apparaît exactement en face de l'orifice supérieur et darde ses rayons directement dans la salle.

■ **JUEGO DE PELOTA** *(→ aussi ill. p. 579)* . Il occupe un vaste terrain compris entre deux murs en talus sur les côtés et aux extrémités. L'aire de jeu, affecte la forme de deux T opposés par leur branche verticale. Deux larges banquettes, ou plates-formes, s'étendant sur les côtés latéraux, au pied des murs en talus, provoquaient l'étranglement de la partie médiane du terrain. Les anneaux de pierre de ce jeu de pelote étaient encastrés dans le parement de chacun des deux murs latéraux.

# Le Mexique colonial

S'étendant au nord et à l'ouest des États qui ceinturent la capitale, le Mexique colonial offre pratiquement tous les biotopes présents dans le pays : des zones volcaniques actives dans le Michoacán ou le Colima, des plaines fertiles dans le Nayarit, des hauts plateaux semi-arides près de San Luis Potosí, des montagnes recouvertes de forêts de conifères dans les deux sierras Madre. C'est dans cette nature variée que les Espagnols, grâce aux revenus des riches gisements argentifères de ces territoires mais aussi au génie des Indiens, élevèrent une multitude d'oratoires et de sanctuaires perdus sur les hautes terres, de somptueuses cités coloniales. Zacatecas, Guanajuato, Guadalajara, San Miguel de Allende, Querétaro, Morelia, Pátzcuaro, toutes ces villes offrent des monuments décorés – parfois surchargés – de motifs baroques d'un grand effet scénique. Retables d'or, façades croulant sous les ornements, chœurs ruisselant de rinceaux et de sculptures, ces splendeurs à la gloire d'un dieu tout-puissant ne pourront qu'éveiller la stupeur, l'admiration et l'enthousiasme du visiteur.

**Le Mexique colonial**





## L'Occident et la région tarasque

### ■ Des tombes à puits

Les premiers habitants (30 000 ans av. J.-C.) sont localisés dans le site d'El Cedral, près de Matehuala (San Luis Potosí). Suit un hiatus de plusieurs millénaires. Il faut attendre le deuxième millénaire

Le Mexique colonial : que voir ?

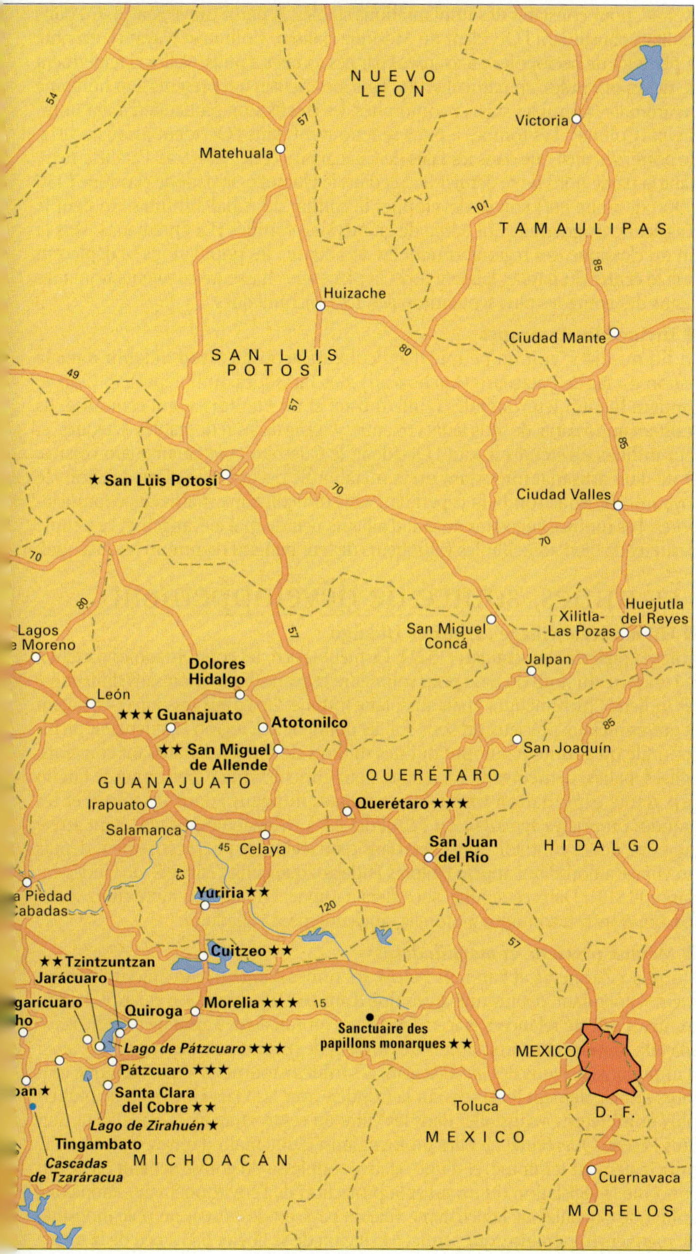
NUEVO LEON
Victoria
Matehuala
TAMAULIPAS
Huizache
Ciudad Mante
SAN LUIS POTOSÍ
★ San Luis Potosí
Ciudad Valles
Huejutla del Reyes
Xilitla-Las Pozas
San Miguel Concá
Jalpan
Lagos de Moreno
Dolores Hidalgo
León
★★★ Guanajuato
Atotonilco
★★ San Miguel de Allende
San Joaquín
GUANAJUATO
QUERÉTARO
Irapuato
Querétaro ★★★
Salamanca
Celaya
San Juan del Río
HIDALGO
La Piedad Cabadas
Yuriria ★★
Cuitzeo ★★
★★ Tzintzuntzan
Jarácuaro
Quiroga
Morelia ★★★
Sanctuaire des papillons monarques ★★
Lago de Pátzcuaro ★★★
MEXICO
Pátzcuaro ★★★
Santa Clara del Cobre ★★
Toluca
D. F.
Lago de Zirahuén ★
Tingambato
MEXICO
Cascadas de Tzarácua
MICHOACÁN
Cuernavaca
MORELOS
54
57
101
85
80
49
70
43
45
120
15

av. J.-C. pour constater des implantations stables. À partir du VIe s. av. J.-C., dans les États constituant l'Occident du Mexique (Jalisco, Colima et Nayarit), on note la présence de nécropoles caractérisées par des tombes à puits. Celles-ci renferment de riches offrandes, en particulier des figurines creuses à représentation humaine ou animale ; parmi les sujets zoomorphes, les chiens sont particulièrement nombreux (Colima). Les tombes à puits se retrouvent dans l'Occident jusqu'au VIIe s. de notre ère, ainsi que dans les États de Guanajuato et de Zacatecas. Parallèlement, dans la partie nord de ce dernier État et dans le Durango, la période classique (250 à 900 de notre ère) voit se développer la culture des Chalchihuites, un peuple d'agriculteurs-guerriers qui édifie de grands sites fortifiés (La Quemada). Vers la fin du classique, ces régions entrent en décadence ; les populations se déplacent vers le centre du pays et laissent ainsi la place aux chasseurs-cueilleurs nomades venus des zones les plus septentrionales, les Chichimèques.

### ■ Invincibles Tarasques

La fin du XIIIe s. voit un peuple d'agriculteurs venu du Nord s'établir dans la région du lac de Pátzcuaro (Michoacán) : les Tarasques ou Purépechas. Ceux-ci fondent bientôt leur capitale, Tzintzuntzan, et un État fortement centralisé. Ils résistent aux assauts de tous leurs ennemis, y compris les redoutables Aztèques, et leur influence s'étend sur tout l'Occident, le Guerrero et le Guanajuato voisins. Doté d'un artisanat important où la métallurgie occupe une place de choix, le royaume tarasque tombera cependant sans difficulté aux mains des conquistadores. Les moines augustins auront d'ailleurs peu de mal à évangéliser ce peuple désireux de bien accueillir les vainqueurs de leur ennemi commun, les Aztèques.

## Les mines, source de développement

### ■ Un modeste village : Dolores Hidalgo

Après la prise de Tenochtitlán (1521), l'actuel Mexico, les conquistadores partent à la conquête du nord du pays pour soumettre et évangéliser – non sans difficulté – les Indiens Chichimèques, mais aussi faire fortune. Grâce aux ressources en argent et autres métaux précieux du sous-sol, ils donnent à la région la splendeur architecturale qu'admirent aujourd'hui des milliers de touristes, bâtissant couvents, églises, palais, demeures et haciendas. Leur enrichissement personnel se fait au prix d'une exploitation forcenée des masses indigènes dans les mines et les grandes propriétés agricoles. Au début du XIXe s., le système colonial étant arrivé au terme de ses contradictions, c'est dans cette région, et plus précisément depuis un village aujourd'hui appelé Dolores Hidalgo, que jaillit l'étincelle de l'indépendance (1810). Dans cette lutte, succédera à Miguel Hidalgo un autre curé, Morelos, qui donnera son nom à Morelia, anciennement Valladolid.

### ■ Métaux précieux et *maquiladoras*

Hormis à Zacatecas et San Luis Potosí, les mines d'argent sont aujourd'hui fermées. Cependant, depuis une quinzaine d'années, la prospection et l'exploitation minières ont été relancées grâce à l'industrie mondiale de l'armement et à l'aérospatiale, grandes consommatrices de cuivre et de métaux rares. La région tire aussi d'importants revenus des *maquiladoras*, ces usines « tournevis » qui, bien que toujours principalement localisées sur la frontière avec les États-Unis, sont de plus en plus nombreuses à s'installer dans les villes du centre du pays (Guadalajara, San Luis Potosí, Querétaro…). Elles profitent ainsi d'une main-d'œuvre bon marché, principalement féminine, et d'une relative souplesse du gouvernement en ce qui concerne la législation du travail et la protection de l'environnement. Rappelons enfin que Guadalajara, la deuxième ville du pays, est désormais un pôle industriel de première importance, qui permet à la région de se libérer peu à peu de la tutelle d'une capitale fédérale trop puissante.

# Aguascalientes

La transparence du ciel et la pureté de l'air font d'Aguascalientes une ville où il fait bon flâner entre ombre et soleil, dans cette ambiance paisible propre aux localités de province. Née au cœur d'une zone semi-aride, la ville est une bonne étape dans le circuit du Mexique colonial. Longtemps considérée comme un petit bourg commercial et agricole secondaire, elle est devenue une capitale régionale dynamique, qui a su se rendre attrayante pour attirer entreprises et touristes. Elle est également réputée pour ses broderies, ses tissages, ses poteries et ses vignes. Depuis le XVII$^{e}$ s., en avril et en mai, les « Hydrocalidos » célèbrent la Feria de San Marcos, le patron de la ville. Cette foire très colorée donne lieu à des feux d'artifice, des corridas, des combats de coqs et à de multiples transactions commerciales.

## Adresses utiles

### ■ Poste

Hospitalidad 108 ; du Zócalo, suivre Madero puis Morelos à g. (ouv. du lun. au ven. de 8 h à 19 h, sam. de 9 h à 13 h).

### ■ Aéroport

*Aeropuerto Jesús Terán*, à 22 km S. d'Aguascalientes sur l'autoroute de Mexico. Vols pour Guadalajara, Mexico, Monterrey, Puerto Vallarta, Tijuana.

### ■ Compagnies aériennes

*Aeroméxico*, Madero 474 (☏ 917-02-52).
*Aerocalifornia*, Juan de Montoro 203 (☏ 917-23-10).
*Aerolitoral*, à l'aéroport (☏ 918-10-17).

### ■ Gare routière

*Central Camionera*, Av. Circunvalación, au S. de la ville (☏ 915-34-8). Liaisons pour Guadalajara, Guanajuato, Mexico, San Luis Potosí, Zacatecas.

### ■ Location de voitures

*Hertz*, Av. Lopez Mateo Oriente 115-1 (☏ 918-39-37 et 918-47-89).
*Renta Autos Le Mans*, Av. Lopez Mateo 413 (☏ 915-88-82 et 916-43-50).

**Situation** : 537 km N.-O. de Mexico, 290 km N. de Guadalajara, 170 km O. de San Luis Potosí.
Alt. 1 889 m ; 550 000 hab. ; capitale de l'État du même nom.

**À ne pas manquer**

**Casa du Mayorazgo del Rincón★★ 381**

**Museo José Guadalupe Posada★★★ 383**

☏ 4

**ℹ Dans le Palacio de Gobierno, sur le Zócalo (☏ 915-11-55 ; ouv. du lun. au ven. de 8 h 30 à 15 h et de 17 h à 19 h, sam. jusqu'à 15 h).**

**Manifestations**
**2$^{e}$ sem. d'avr., Feria de San Marcos pendant 22 jours *(→ ci-après)*.**
**Du 26 juil. au 4 août, Fiesta de Santiago Apostol à Jesús María ; danses des Indiens Chicahuales.**
**En sept.-oct., Feria de la Uva (fête du vin).**
**Du 1$^{er}$ au 15 déc., fête de la Goyave à Calvillo.**
**Concerts et représentations théâtrales dans la cour du musée José Guadalupe Posada (gratuits le dim. à midi).**

### ■ Gare ferroviaire

Av. Alameda, à 2 km E. du centre. Attention, les trains sont peu nombreux et très lents.

## Aguascalientes dans l'histoire

### ■ Une fondation difficile

À l'origine, la région d'Aguascalientes était le territoire des redoutables Indiens Chichimèques. Les conquistadores Nuño de Guzmán et Cristóbal de Oñate eurent de ce fait du mal à prendre possession de cette terre indienne. Ils parvinrent à y installer une première garnison en 1530, mais les Espagnols mirent plus de trente-cinq ans à « pacifier » la région. En 1575, Aguascalientes fut officiellement fondée. Elle se spécialisa dans la fabrication de broderies fines dont la renommée parvint en Europe, jusque dans les Flandres et le royaume de Sicile. Pendant la Révolution, lors de la convention d'Aguascalientes (octobre 1914), Pancho Villa, Emiliano Zapata et Venustiano Carranza tentèrent, mais en vain, de s'entendre pour mettre un terme à la guerre civile.

### ■ L'essor économique d'Aguascalientes

**« Hydrocalidos » est le nom que l'on donne aux habitants d'Aguascalientes, en référence aux sources d'eau chaude (35 à 45 °C) qui abondent dans la région. Celles-ci ont permis le développement de stations thermales qui attirent une nombreuse clientèle mexicaine et nord-américaine. Celle d'Ojo Caliente, située au bout de l'Av. López Mateo, est la plus réputée.**

La vocation première d'Aguascalientes fut l'agriculture. La région est aujourd'hui le premier producteur du Mexique de goyaves, de pêches et de légumes, et Aguascalientes exporte ses produits vers Mexico et Guadalajara mais aussi aux États-Unis. Grâce aux conseils et à la coopération d'œnologues français, la vigne s'est développée et donne un vin tout à fait correct. Depuis une quinzaine d'années, la mise en place de voies de communication modernes (deux autoroutes, un bon réseau de routes secondaires, un aéroport) a permis à la ville de développer son potentiel industriel. Les constructeurs automobiles *(Renault-Nissan)*, la chimie, l'électronique se sont emparés des nouvelles banlieues, et le petit État d'Aguascalientes est aujourd'hui le seul État du Mexique où l'immigration est plus forte que l'émigration.

## Visiter Aguascalientes

**Aguascalientes s'étend au-dessus d'un réseau de galeries souterraines forées à l'époque préhispanique par une tribu inconnue. Ces catacombes ne se visitent pas.**

**Combien de temps** : compter une demi-journée.

**Le meilleur moment** : l'idéal est de séjourner à Aguascalientes pendant la Feria de San Marcos, mais n'oubliez pas de réserver un hôtel à l'avance.

**Se déplacer** : la visite se fait à pied, le centre historique ne comptant que quelques rues.

■ **CASA DU MAYORAZGO DEL RINCÓN**★★ *(sur le Zócalo ; ouv. de 9 h à 19 h)*. Aujourd'hui palais du Gouvernement, cette demeure élevée en 1665 par l'abbé Pedro Rincón de Arteaga fut la résidence du Mayorazgo de Ciénega de Mata, puis des marquis de Guadalupe. Elle présente une belle façade de *tezontle* enrichie d'azulejos et deux cours entourées d'arcades. L'une d'elles est ornée de fresques d'Osvaldo Barra, un peintre originaire du Chili influencé par Diego Rivera ; elles illustrent le thème de la Révolution en un véritable catéchisme destiné à l'éducation des masses.

■ **CATEDRAL**★ *(sur le Zócalo)*. Considérée comme le plus vieil édifice d'Aguascalientes (1575), elle a été reconstruite au XVIII^e^ s. Elle est flanquée de deux tours encadrant une façade de style baroque salomonique. À l'intérieur, beau retable du XVIII^e^ s., peinture *(La Cène)* de Miguel Cabrera.

Non loin de la cathédrale se trouve la **Casa de la Cultura** *(Av. Venustiano Carranza, à l'angle N.-O. du Zócalo ; ouv. t.l.j. sf dim. de 10 h à 14 h et de 16 h 30 à 19 h)*, ancien couvent de style colonial habillé de pierres roses et doté de trois ravissants patios. L'édifice abrite notamment six plaques de bronze représentant des dieux et des souverains aztèques, œuvre du sculpteur régional Jesús Contreras qui exposa à Paris au début du XX^e^ s.

■ **MUSEO REGIONAL DE HISTORIA** *(Venustiano Carranza 118 ; ouv. t.l.j. sf lun. de 10 h à 14 h et de 17 h à 20 h, dim. de 11 h à 19 h)*. Cette maison du début du XX^e^ s. conçue par l'architecte Refugio Reyes Rivas (intéressante décoration Art nouveau) abrite un petit musée d'histoire ; les collections, qui proviennent de multiples donations des grandes familles originaires d'Aguascalientes, sont principalement destinées aux élèves des écoles de la ville.

▶ En poursuivant sur l'Avenida Venustiano Carranza, on peut rejoindre l'agréable **Jardín de San Marcos**, aménagé en 1847. Dans l'**église** du même nom, attenante (XVIII^e^ s.), peinture représentant l'Adoration des Rois mages par José Alcíbar.

Au S. du jardin se trouve le **Casino de la Feria** et le **Palenque de Gallos**, les plus grandes arènes pour combats de coqs du continent américain. On arrive ensuite sur le champ de foire, où se tient la célèbre Feria de San Marcos. ◀

▶Au N.-E. du Zócalo se trouve le **Museo de Aguascalientes** *(Zaragoza 505 ; ouv. t.l.j. sf lun. de 10 h à 14 h et de 16 h 30 à 19 h 30 ; entrée libre)*, installé dans une sorte de temple grec néoclassique

## La Feria de San Marcos

À partir de la mi-avril et pendant trois semaines, Aguascalientes est le théâtre d'une importante *feria* de printemps, la plus ancienne du Mexique (1604). Durant cette fête, qui est aussi une grande foire commerciale, sont organisés (t.l.j. à 5 h) de nombreuses corridas et autres *novilladas*, auxquelles participent les matadors mexicains, latino-américains et espagnols les plus en vue du moment. La fête culmine le 25 avril, jour de la Saint-Marc, par un grand défilé.

# Posada ou la danse de la Mort

Défier l'inéluctable, se jouer de la mort, tourner en dérision folie et vanité, et rire. Telle fut la recherche acharnée du plus grand caricaturiste mexicain du siècle dernier, José Guadalupe Posada, fils de boulanger né à Aguascalientes en 1852, devenu journaliste politique, et mort en 1913.

▲ **La Calavera Catrina, que Diego Rivera incorpora dans sa fresque *Rêve d'un dimanche après-midi dans le parc de l'Alameda*, exposée à Mexico.**

### ■ Mascarades, fêtes et rites mexicains

Posada eut une source d'inspiration unique : la mort. Tant en Occident qu'en Amérique, et en particulier au Mexique, les représentations funèbres, danses macabres et autres mascarades ont toujours constitué des thèmes populaires. Et si Posada s'inscrit dans une tradition puissante qui trouva au Moyen Âge ses expressions les plus fortes, c'est dans l'histoire et la culture de son pays qu'il alla puiser inlassablement.

Ainsi, le 2 novembre, jour des Morts, n'a-t-il rien de triste pour un Mexicain. Il est tout au contraire prétexte à la fête et aux déguisements. Des pains décorés – le « pain des morts » –, des squelettes en sucre ou déguisés et articulés, des têtes de mort *(calaveras)* ornées de papiers fantaisie sont vendus sur les marchés.

Voilà l'univers de Posada, de celui qui fut honoré par les surréalistes et dont Diego Rivera admira tant la virtuosité des lithographies et des gravures sur bois et sur zinc. Mais Posada est aussi et avant tout journaliste, travaillant sur l'événement, sur le fait divers.

### ■ De la vanité humaine

Son monde sarcastique et violent n'est fait que de têtes de mort qui ricanent, de squelettes qui singent les vivants dans leurs apparences sociales, leurs fonctions, voire leur fatuité : ce sont des soldats en action, des révolutionnaires à cheval, de hauts dignitaires, des prêtres. Ce sont aussi des scènes de la vie quotidiennes, sérénades ou musiciens avec guitare et sombrero. L'œuvre de Posada est riche de dizaines de milliers de gravures cocasses et irrespectueuses, toutes rivalisant de noirceur.

Mort à soixante et un ans, Posada fut enterré dans une fosse de sixième classe ; quelques années plus tard, ses restes furent jetés dans une fosse commune. Le sordide de la réalité surpassa les visions les plus sombres de l'artiste.

◄ **Les crimes de la Bejarano (1892). Cette femme tortionnaire d'une fillette défraya la chronique à la fin du XIXe s. Jugée responsable de sa mort, elle fut condamnée à dix ans de prison.**

construit à la fin du XIXe s. par Refugio Reyes Rivas. Y sont présentées des œuvres de peintres régionaux comme Saturnino Herrán, Jesús F. Contreras, Francisco Zúñiga, Alberto de la Vega, Germán Cueto. À l'entrée, sculpture de Jesús F. Contreras *(Malgré tout)*, premier prix de l'Exposition universelle de Paris en 1900.◀

■ **Museo de Arte Contemporáneo** *(Juan de Montoro 222, à l'E. du Zócalo ; ouv. t.l.j. sf lun. de 10 h à 14 h et de 17 h à 20 h, dim. de 11 h à 19 h)*. Monumentale bâtisse de la fin du XIXe s., témoignage de la première époque industrielle d'Aguascalientes (c'était l'un des plus importants magasins du centre de la République). Le musée présente des œuvres contemporaines primées.

■ **Museo José Guadalupe Posada★★★** *(au S. du Zócalo, suivre la Calle Díaz de León jusqu'au Jardín del Encino ; ouv. t.l.j. sf lun. de 10 h. à 14 h et de 16 h à 20 h)*. Situé dans l'ancien couvent contigu au **Templo del Encino** où l'on vénère un Christ noir, le musée abrite une exposition permanente consacrée au fameux et remarquable caricaturiste José Guadalupe Posada, natif d'Aguascalientes (gravures originales, plaques de zinc, photos, journaux d'époque). Sont également présentées des œuvres de Manuel Manilla, qui fut le maître de Posada, et d'artistes graveurs reconnus (José Luis Cuevas, Rafael Zepeda, Gilberto Navarro...). Le musée propose en permanence des expositions temporaires de gravures d'artistes contemporains.

# Environs d'Aguascalientes

■ **Les ganaderias** *(aux alentours de la ville)*. La région d'Aguascalientes est réputée pour ses *ganaderias* ou élevages de taureaux ; elle abrite en particulier le plus grand centre d'élevage du pays, La Punta, qui compte plus de mille taureaux. L'office de tourisme de la ville pourra, en fonction de la saison, vous conseiller la visite de telle ou telle *ganaderia*.

## Taureaux mexicains et espagnols

Les *ganaderias* mexicaines sont principalement implantées autour d'Aguascalientes, de Monterrey et de Mexico. Les plus connues sont Atenco (1552), Piedras Negras (1890), San Mateo (1914), La Punta (1927) et Tequisquiapan (1946) ; elles fournissent la plupart des animaux qui participent aux quelque cinq cents corridas se déroulant chaque année au Mexique, mais aussi de grandes dynasties de *toreros* (Silveti, Arruza, Armillita, Capetillo). Si le taureau espagnol est réputé être agressif et puissant, le taureau mexicain, de plus petite taille et de moindre corpulence, est considéré comme étant plus doux. Il permet ainsi des *faenas* (moment le plus prisé du public, pendant lequel le *torero* affronte la bête avec la *muleta*) plus longues et plus créatives, contrairement à son cousin de la péninsule qui exige un travail plus rapide et plus risqué.

L'élevage de taureaux de combat est long (deux à cinq ans) et coûteux et, au Mexique, s'apparente à un art. Les taureaux reproducteurs proviennent pour la plupart des élevages espagnols. Quant aux vaches *bravas* capables de donner naissance à un taureau, leur sélection répond à des critères extrêmement rigoureux.

# Colima

**Situation** : 195 km S.-O. de Guadalajara, 98 km E. de Manzanillo, 750 km O. de Mexico.
Alt. 500 m ; 160 000 hab. ; capitale de l'État du même nom ; université.

**À ne pas manquer**

**Museo de las Culturas de Occidente**** 388

**Parque Nacional Nevado de Colima**** 388

☎ 33

ⓘ ***Secretaría de Turismo*, Portal Hidalgo 96, sur le Zócalo (☎ 12-43-60 ; ouv. du lun. au ven. de 8 h 30 à 15 h et de 17 h à 21 h, sam. et dim. de 9 h à 13 h 30).**

**Manifestations**

**Du 4 au 21 fév., Charrotaurinas San Felipe de Jesús, à Villa de Alvarez.**
**En mars, fête de San Juan.**
**Le 3e dim. de juin, bénédiction des animaux à Lo de la Villafin.**
**En oct.-déb. nov., Feria de Colima : foire agricole et artisanale avec courses de taureaux, combats de coqs, danses, etc.**

Entourée d'une exubérante végétation de palmiers, de cocotiers, de jacarandas et de *tulipanes*, Colima est blottie au creux d'une vallée généreuse dominée par les imposantes masses du Volcán de Fuego – toujours en activité – et du Nevado de Colima. Aucun monument de la période coloniale n'a résisté aux multiples tremblements de terre des siècles passés qui ont accompagné les éruptions de ces deux colosses. Aussi cette ville aux allures romantiques, propre et tranquille, n'offre-t-elle aucun bâtiment d'exception mais une architecture basse, une urbanisation maîtrisée et à échelle humaine, agrémentée de parcs et d'espaces verts.

À la sortie de la sierra Madre, sur la route Guadalajara-Manzanillo, Colima est demeurée longtemps une petite ville de province pleine de charme, appréciée des Tapatíos – les habitants de Guadalajara – qui s'y arrêtaient volontiers pour profiter de l'hospitalité de ses habitants et savourer une succulente cuisine régionale. La construction d'une autoroute reliant la capitale du Jalisco aux plages du Pacifique ne l'a pas mise pour autant en position de repli. Grâce à son université, elle s'est fait une place dans le créneau de l'informatique high-tech, en particulier dans la fabrication de CD-ROM (musique, imagerie, programmes) dont elle est devenue leader sur le marché mexicain.

## Adresses utiles

### ■ Poste

Madero 247, Jardín Nuñez (ouv. du lun. au ven. de 9 h à 19 h, sam. de 9 h à 12 h).

### ■ Aéroport

*Aeropuerto Nacional Miguel de la Madrid Hurtado*, Municipio de Cuauhtémoc, près de Buenavista, à 20 km E. de Colima par l'autoroute de Guadalajara.

### ■ Compagnies aériennes

*Aerocalifornia* (☎ 14-52-50).

*Aeromar* (☏ 13-55-88).
Vols quotidiens pour Huatulco, Mexico, Oaxaca, Puebla et Tijuana.

■ **Gare routière**

***Camionera Foránea***, à 2 km E. du centre, à l'angle de l'Av. Niños Héroes et du Libramiento. Depuis le centre, emprunter Guerrero puis suivre Niños Héroes jusqu'au bout.
***Elite*** (☏ 284-99 et 284-99) : liaisons pour Acapulco, Mexico et Tijuana.
***ETN*** (☏ 280-27) et ***Primera Plus*** (☏ 480-67) : liaisons pour Aguascalientes, Guadalajara, Lagos de Moreno, León, Mexico, Morelia, Puerto Vallarta et Tecomán.
***Linea Plus*** (☏ 487-81) : liaisons pour Apatzingán, Mexico, Morelia, Nueva Italia, Uruapan, Zamora.
***Omnibus de México*** (☏ 120-50) : liaisons pour Apatzingán, Mexico, Morelia, Nueva Italia, Uruapan, Zamora.
***Terminal Suburbana***, Carretera Coquimatlán. Pour y accéder, suivre depuis le centre Morelos, puis Independencia. Gare pour les destinations locales : Manzanillo, Tecomán.

■ **Location de voitures**

***ARCOSA Auto Renta***, Privada Armonía 604 (☏ 12-42-78).
***Colima Renta Autos***, José Pimentel Llerenas 397 (☏ 12-95-84).

# Colima dans l'histoire

■ **Une ville oubliée**

Au moment où les Espagnols débarquent à Veracruz en 1519, les différentes tribus indiennes de la région entretiennent entre elles des relations politiques et commerciales complexes sous l'autorité du roi du Chimalhuacán, Coliman, et de la lointaine vigilance des Purépechas (ou Tarasques) du Michoacán. En 1522, Gonzalo de Sandoval, un jeune capitaine de Cortés, fin stratège, met en déroute l'armée de Coliman et fonde dans la vallée de Caxitlán la troisième ville de la Nouvelle-Espagne (après Veracruz et Mexico), Colima. Durant les différents gouvernements de la colonie, la cité, dépourvue d'intérêt stratégique, reste dans l'oubli. En mars 1782, le curé Miguel Hidalgo y Costilla, qui deviendra plus tard le « père de la Patrie » mais qui n'est alors qu'un simple curé de paroisse, y exerce pendant quelques mois son ministère. Colima refait parler d'elle en 1982, lorsque Miguel de la Madrid Hurtado, originaire de cette ville, est élu président de la République.

# Visiter Colima

■ **ZÓCALO**. On y verra le **Palacio de Gobierno**, décoré d'une immense fresque de Jorge Chávez Carillo (1953), réalisée en l'honneur de Miguel Hidalgo pour le bicentenaire de sa naissance. Elle raconte l'histoire de l'indépendance du Mexique à la façon des muralistes du début du XXe s. Apparaissent les héros du mouvement de libération : Morelos, Rayón, Galeana, Mina, Guerrero, Matamoros, Abasolo et Guadalupe Victoria. À côté s'élève la **cathédrale Nuestra Señora de Guadalupe**, monumental édifice néoclassique construit dans les années 1940, après qu'un séisme eut détruit l'église précédente. Toujours sur le Zócalo, le **Museo Regional de Historia** *(ouv. de 9 h à 17 h)* abrite une collection de céramiques précolombiennes ainsi que la reconstitution d'une tombe à puits *(→ ci-dessous)*.

# L'art de l'Occident du Mexique

Si cette région demeure la moins connue d'un point de vue archéologique, c'est, paradoxalement, en raison de l'engouement des collectionneurs mexicains et étrangers pour les figurines en terre cuite de Jalisco, Colima et Nayarit. En effet, la demande a suscité des fouilles clandestines des tombes et le saccage de la plupart des sites. Les civilisations de l'Occident montrent cependant la séquence chronologique la plus longue de Mésoamérique, laquelle débute avec la fabrication de vases en céramique Pox dès 3000 av. J.-C. Les populations tarasques, héritières de cette brillante culture, sont toujours réputées pour la qualité de leur artisanat.

**▲ Chien en terre cuite (300 av. J.-C.-500 apr. J.-C. ; musée national d'Anthropologie, Mexico). Le chien ventru et sans poils est particulièrement présent dans les tombes de Colima, en raison peut-être de son rôle de guide dans l'inframonde ou comme substitut de nourriture, le chien étant un aliment de choix.**

### Les tombes à puits

Les anciennes civilisations de l'Occident du Mexique occupèrent une grande partie des côtes du Pacifique, à savoir une zone qui comprend les États de Sinaloa, Nayarit, Jalisco, Colima, Michoacán, ainsi qu'une partie du Guanajuato et du Guerrero. Leur trait le plus caractéristique est la tombe à puits et à chambres où étaient entreposées de nombreuses offrandes, type de sépulture qui apparaît dès 1500 av. J.-C. à El Opeño au Michoacán et à Capacha (État de Colima). Le matériel funéraire comportait des figurines modelées et incisées de décorations corporelles et, à Capacha, de la poterie aux formes complexes que l'on a rapprochée de la production d'Amérique du Sud.

**Maquette en terre cuite (Rijksmuseum voor Volkenkunde, Leyde, Pays-Bas) probablement originaire de l'État de Nayarit, figurant un terrain de jeu de balle à trois marqueurs avec six joueurs en action et une quinzaine de spectateurs. ▼**

## La représentation du quotidien

À Chupícuaro (Guanajuato), un site important du préclassique, la découverte d'une grande variété de récipients – comme des coupes en forme de reins – et de figurines creuses polychromes ou décorées de pastillage attestent de la créativité des artisans. Le tissage, la vannerie et la fabrication de bijoux sont les autres témoignages de ces peuples dont on n'a pas retrouvé les sites d'habitation. Cependant, les cultures de Colima, du Jalisco et surtout du Nayarit qui apparaissent vers 500 av. J.-C., ont fourni un abondant matériel en terre cuite montrant des maquettes de maisons recouvertes d'un haut toit pentu ou des scènes de la vie quotidienne. Parmi celles-ci, on voit des joueurs de balle, un mât de *voladores*, des danses, des inhumations ou encore des cérémonies de percement de joues.

## Les styles de Colima, Nayarit, Jalisco et Mezcala

Parmi la production de grandes figures creuses en terre cuite, on distingue le style de Colima grâce à la couleur rouge ou café, bien polie et l'ajout d'un bec verseur, la plupart des pièces servant de récipients. L'artisan du Nayarit utilise beaucoup de couleurs pour indiquer les vêtements, les ornements et les peintures corporelles. Le thème humain prédomine avec une prédilection pour la surcharge d'anneaux de nez et d'oreilles. Le style de Jalisco combine le modelé et la peinture, généralement de deux couleurs. Les figures anthropomorphes, avec une majorité de représentation de guerriers, ont une tête haute et étroite au nez effilé. Dans le Guerrero, l'emploi quasi exclusif de la pierre – serpentine et jadéite – a donné naissance à un art schématique, presque abstrait dénommé par les archéologues style Mezcala.

## La civilisation tarasque

Vers 600 apr. J.-C., la disparition de tombes à puits correspond à un rapprochement avec le reste de la Mésoamérique, en particulier avec le haut plateau mexicain qui multiplie les échanges commerciaux. Des énigmes demeurent cependant, même au sujet des Tarasques, peuple historique du Michoacán dont la capitale est Tzintzuntzan. Ces maîtres de la métallurgie, possédant des techniques très élaborées comme le façonnage en filigrane durent être militairement très puissants quand on sait qu'ils infligèrent une cuisante défaite aux Aztèques en 1478. L'architecture se manifeste par des édifices à plan à la fois rectangulaire et circulaire, les *yácatas* (→ *ill. p. 425*), supportant un temple en torchis. La céramique et la sculpture privilégiant toujours la figuration humaine et les objets du quotidien, on possède peu d'informations sur leurs croyances et leur panthéon.

**▲ Figurine creuse en terre cuite de l'État du Nayarit (300 av. J.-C.-500 apr. J.-C. ; musée national d'Anthropologie, Mexico) représentant un personnage fumant une pipe à eau.**

À quelques pas de la place principale, le **Teatro Hidalgo** *(Gomez et Independencia)*, de style néoclassique, est l'autre monument de référence de la ville après la cathédrale.

■ **MUSEO DE LAS CULTURAS DE OCCIDENTE★★** *(à l'angle de Ejército Nacional et Calzada Galván, au N.-E. du Zócalo ; ouv. du mar. au dim. de 10 h à 17 h ; entrée libre)*. Intégré à la maison de la culture de Colima *(restaurant, cafétéria, bibliothèque)*, ce musée installé dans un bâtiment moderne sur deux étages offre un remarquable panorama des cultures préhispaniques de l'Occident du Mexique, en particulier de la culture de Colima. On y découvrira notamment de très belles **figurines creuses de Colima★★★** qui comptent, avec celles du Jalisco et du Nayarit, parmi les œuvres les plus remarquables produites par l'Occident. Il s'agit de pièces en terre cuite au décor incisé plutôt que peint, presque toujours utilisées comme récipients – elles sont donc pourvues d'une ouverture. Elles représentent des personnages de la vie quotidienne (femmes portant des enfants dans les bras, musiciens, danseurs, nobles, guerriers), des êtres difformes (nains, bossus, boiteux, sujets arborant une corne frontale) ou des animaux ; parmi les représentations zoomorphes, le **chien** (*itzcuintl* en náhuatl) revient très fréquemment. Toutes ces figurines proviennent de tombes à puits datées de 300 av. J.-C. à 600 apr. J.-C. et caractéristiques de l'Occident ; elles étaient destinées à accompagner le défunt dans l'au-delà.

■ **MUSEO UNIVERSITARIO DE ARTES POPULARES** *(à l'angle de 27 de Septiembre et Manuel Gallardo Zamora, au N. du Zócalo ; ouv. du lun. au sam. de 9 h à 14 h et de 16 h à 19 h ; entrée libre)*. Il réunit des collections de masques, d'instruments de musique, de costumes traditionnels indigènes régionaux, de céramiques. Une boutique propose un bel artisanat, notamment des reproductions des fameux chiens *itzcuintlis*.

## Environs de Colima

■ **PARQUE NACIONAL NEVADO DE COLIMA★★** *(58 km N.-E. jusqu'à Atenquique par la route 54 ; des chemins partent de l'entrée du parc et permettent d'atteindre les sommets ; rens. à l'office de tourisme de Colima ; attention de ne pas vous perdre, les sentiers ne sont pas balisés, attention également aux feux de forêt en périodes sèches.)*. Créé en 1936, le parc national constitue le principal attrait touristique de la région. Il abrite les volcans Fuego de Colima et Nevado de Colima, tous deux couverts d'une épaisse végétation en raison des pluies abondantes venues du Pacifique.

Le **Fuego de Colima** est situé à 40 km à vol d'oiseau du centre de Colima et à 9 km (de cône à cône) du Nevado. Son sommet frôle les 4 000 m et c'est l'un des volcans les plus actifs du Mexique. Les éruptions se succèdent depuis 1585, la dernière remontant à novembre 1975. Aujourd'hui, il crache régulièrement des vapeurs et quelques roches incandescentes ; parfois, une petite coulée de lave se forme sur ses pentes. Les promeneurs viennent contempler les fumerolles, la lave et les roches en fusion.

Le **Nevado de Colima**, plus majestueux, est un volcan éteint dont le sommet (4 335 m) est couvert de neiges éternelles. Il offre aux marcheurs une réserve écologique incomparable avec de profonds canyons, des forêts de pins et de chênes, une flore et une faune d'une grande richesse.

# Guadalajara★★

Guadalajara abrite sans doute la plus remarquable réalisation d'urbanisme que l'Espagne ait léguée au Mexique sous la forme d'un ensemble monumental de quatre places entourant la cathédrale, d'où partent des rues tracées au cordeau et bordées de palais coloniaux, de parcs et de grandes églises. Au-delà de ce centre historique, la deuxième agglomération du pays ne cesse de s'étendre, absorbant les villages alentour, développant ses centres high-tech et ses banlieues pavillonnaires. Si l'esprit de la culture française a longtemps dominé la vie des élites de la cité (de 1860 à 1970), celle-ci a depuis été happée par le modèle américain : située à la charnière entre le nord et le sud du Mexique, Guadalajara a fait son choix et s'est définitivement rattachée au Nord. Symbole d'un Mexique moderne, elle conserve néanmoins son identité propre et reste très attachée aux traditions, défendant les emblèmes d'une culture purement mexicaine représentée par les *charros*, la tequila et les mariachis, tous trois nés dans le Jalisco, l'État dont elle est la capitale.

## Adresses utiles

■ **Poste**

Venustiano Carranza, à l'angle de Independencia.

■ **Représentations diplomatiques**

*Consulat de France*, López Mateos 484 (☏ 616-55-16).

*Consulat de Belgique*, Metalurgia 2818 (☏ 670-48-25 et 635-15-16).

*Consulat de Suisse*, Revolución 707 (☏ 617-59-00).

■ **Aéroport**

*Aeropuerto Internacional Miguel Hidalgo*, à 17 km S. du centre-ville par l'autoroute menant au lac de Chapala ; accès en taxi individuel, en taxis collectifs (appeler *Autotransportes Aeropuerto* : ☏ 612-93-37 et 612-93-39) ou par bus (un toutes les heures depuis la *Vieja Central Camionera*, Av. 5 de Febrero, à côté du parc Agua Azul ; *plan B3*). Vols pour pratiquement

**Situation** : 530 km N. de Mexico, 397 m E. de Puerto Vallarta, 350 km N. de Querétaro.

Alt : 1 563 m ; 4 millions d'hab. ; capitale de l'État du Jalisco ; archevêché ; universités.

**À ne pas manquer**

| | |
|---|---|
| **Palacio de Gobierno★★** | **395** |
| **Hospició Cabañas★★★** | **396** |

**☏ 3**

**ⓘ *Secretaria de Turismo*, Morelos 102, sur la Plaza Tapatía (*plan B1* ; ☏ 658-22-22).**

**Urgences**

***Croix-Rouge* (☏ 613-15-50).**

**Police municipale (☏ 617-60-60).**

# La culture du maguey

Appelé autrefois « arbre aux merveilles », le maguey est une liliacée aux multiples propriétés, bien connues des Indiens depuis des millénaires. Jadis cultivé pour la fabrication de tissus, de sandales, de papier ou comme aliment, le maguey est toujours exploité à grande échelle dans différentes régions semi-arides du Mexique. On en tire notamment la boisson nationale, la tequila, et le sisal qui est à l'origine de quelques grosses fortunes mexicaines.

**▲ Champ de maguey. Chaque plant peut produire jusqu'à 500 litres d'*aguamiel*.**

### De l'utilité du maguey

Avec sa couronne de feuilles pérennes bordées de longues épines, l'agave ou maguey possède une morphologie particulière qui lui permet de collecter la moindre goutte d'eau tout en assurant sa défense contre les animaux. Il existe au Mexique cent trente-six espèces d'agaves ; les plus répandues sont le *henequén* (*Agave fourcroydes*), le maguey bleu (*Agave tequilana*), le maguey de pulque, le maguey vert, le maguey chichimèque (*Agave americana*) et le maguey de *mezcalo zapupe*, chaque plante étant cultivée pour ses propriétés particulières, de l'alimentation à la fabrication de cordages, de papier ou encore de vêtements. Seules les espèces non savonneuses et non toxiques ont été sélectionnées pour l'agriculture. Plus la plante est mature et plus la teneur en fécule et en sucre augmente. La plupart des espèces ont des fleurs comestibles. Les feuilles séchées sont utilisées pour couvrir les toits, à la manière de bardeaux, ou laminées pour obtenir des fibres qui seront tissées ou tressées. Enfin, une haie de maguey constitue une enceinte efficace contre les intrus.

### Du pulque à la tequila

Le maguey fournissait déjà aux Indiens préhispaniques une boisson faiblement alcoolisée, le pulque. Le suc extrait du cœur de la plante vivante est consommé frais (*aguamiel*) ou fermenté : on obtient alors le pulque, aromatisé avec diverses écorces et plantes. Le second type de boisson alcoolisée, mezcal ou tequila, nécessite l'arrachage de l'agave qui doit être âgé d'au moins huit ans. Le cœur ou *piña* est cuit pendant quatre jours puis écrasé sous une meule. Le jus ainsi obtenu est placé dans une cuve de fermentation pendant quatre à cinq jours, puis distillé à deux reprises. Le mezcal

**▲ La fabrication artisanale du mezcal nécessite le travail à la meule pour obtenir un jus sucré extrait des cœurs d'agave cuits au bois.**

◄ **Même si elle représente l'emblème de la nation, « le symbole le plus fort du nationalisme mexicain » pour l'écrivain Álvaro Mutis, la tequila est devenue avant tout un produit d'exportation destiné aux *gringos*, nombre de Mexicains devant se contenter d'un mezcal de piètre qualité.**

est un alcool artisanal produit dans la région d'Oaxaca et dont le goût fumé provient de la cuisson au bois. La tequila – *el tequila* en espagnol, car l'alcool ne peut être que masculin au Mexique ! – version de luxe bien connue des *gringos*, est obtenue à partir d'une autre variété d'agave bleu. Le *tequila blanco*, vieilli durant cinq mois dans des barriques de bois blanc, atteint 40°. Le *tequila añejo* ou *reposado*, mis en fût pendant plusieurs années, prend une belle teinte ambrée, une saveur différente... et coûte aussi cher qu'un cognac !

### ■ *Henequén* ou sisal

Le Yucatán occidental a connu à la fin du XIXe s. un essor important grâce à la production de *henequén*, fibre très résistante confectionnée à partir des feuilles d'agave et servant notamment à la fabrication de cordages. La demande s'accroît à partir de 1875 sous le régime de Porfirio Díaz, tandis que la fibre est désormais connue sous le nom de son port d'exportation au N.-O. du Yucatán, Sisal. Cette activité, très lucrative en raison de l'exploitation de la main-d'œuvre maya sous-payée, est peu à peu concurrencée par la dispersion de la plante et par la production de fibres artificielles. La monoculture du *henequén*, qui avait provoqué un véritable désastre écologique avec la destruction de 700 000 ha de forêts et de champs, est maintenue dans quelques rares haciendas, transformées pour la plupart en coopératives.

### ■ Le maguey divinisé

Chez les Mexicas, le maguey est personnifié par la déesse Mayahuel, aux quatre cents seins pour nourrir ses enfants, les Centzon Totochtin ou quatre cents lapins, responsables de l'ivresse. Si le pulque pouvait être consommé à l'occasion de cérémonies religieuses afin d'entrer en communication avec la divinité, l'ébriété était punie de mort lorsqu'elle était le fait de prêtres ou de nobles. Pour les personnes de classes inférieures, le premier débordement était sanctionné par la destruction de la maison et le rasage de la tête. Cette sanction n'était toutefois pas applicable aux personnes âgées de plus de soixante ans ! Après la Conquête, l'alcoolisme fut encouragé par les Espagnols qui y voyaient un moyen d'asservissement efficace.

▲ **Transport d'agaves à sisal dans le Yucatán.**

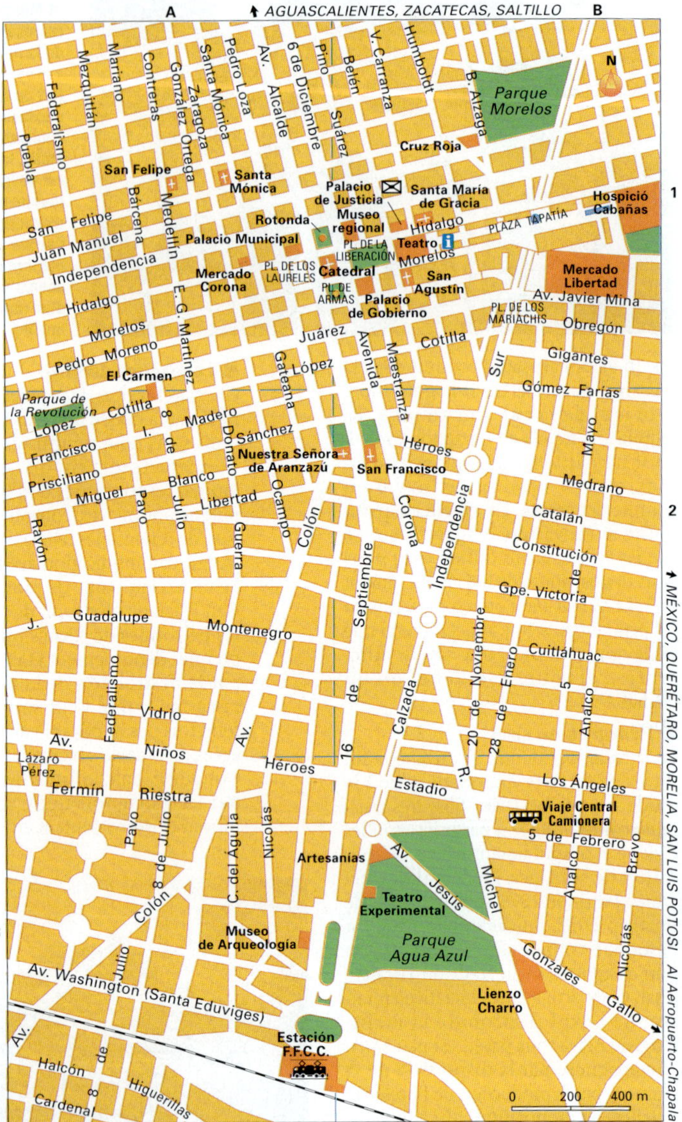


**Guadalajara**

toutes les villes du Mexique ; un vol toutes les heures pour Mexico (50 mn) entre 7 h et 23 h. Rens. sur les vols et les tarifs (☏ 688-57-66 ou 688-53-76).

### ■ Gares routières

Pour visiter les environs, partir de la *Vieja Central Camionera*, Av. 5 de Febrero *(plan B3)*. Bus toutes les demi-heures pour Chapala, Jocotepec et Tequila.

Pour les liaisons avec les autres villes, se rendre à la *Nueva Central Camionera* (☏ 657-50-52), qui se trouve à Tlaquepaque, au carrefour de la route menant à Zapotlanejo et de celle menant à Tonalá. Pour s'y rendre, bus urbains depuis le centre de Guadalajara, Av. 16 de Septiembre. Bus très fréquents pour toutes les destinations du centre et du nord du Mexique.

### ■ Gare ferroviaire

*Estación Central de Pasajeros*, Av. 16 de Septiembre et Av. Washington *(plan AB3)*. Tous les soirs, train « El Tapatío » (12 h) pour Mexico.

### ■ Location de voitures

Très nombreuses agences.

*Avis*, hôtel *Fiesta Americana*, Aurelio Aceves 225 (☏ 615-53-18, 630-17-50).

*Budget*, Niños Héroes 934 (☏ 613-00-27).

*Hertz*, Niños Héroes 9 (☏ 614-61-62).

## Guadalajara dans l'histoire

### ■ Une fondation difficile

Alors qu'il était à la tête de la première Audiencia, le conquistador Nuño Beltrán de Guzmán s'était livré aux pires exactions. En 1530, sa destitution ayant été prononcée, il quitte Mexico pour aller conquérir les régions au N. et à l'O. du Michoacán. Il s'empare du Jalisco qu'il baptise Espagne Majeure et y fait régner la terreur. Le 5 janvier 1532, il fonde la ville de Nochistlán dans l'Aguascalientes. Trois ans plus tard, le site est abandonné et une nouvelle agglomération est créée à Tonalá, tandis que Nuño de Guzmán est enfin rappelé par le vice-roi Antonio de Mendoza et emprisonné. Les territoires qu'il avait conquis, rebaptisés Nouvelle-Galice, sont alors gouvernés par Pérez de la Torre. Mais en 1541, une attaque indienne entraîne l'abandon du site de Tonalá. Le 14 février 1542, en présence du vice-roi et de Cristóbal de Oñate, nommé gouverneur de l'Espagne Majeure, la ville de Guadalajara est enfin fondée dans la vallée d'Atimapac. Elle devient capitale de la Nouvelle-Galice en 1560 et se développe rapidement au détriment de la ville côtière de Compostela (Tepic), qui doit lui céder le siège des pouvoirs religieux (archevêché) et civils (audience royale).

**Manifestations**

**Feria de Tonalá en avr. (exposition d'artisanat).**

**Le 29 juin, fête patronale de San Pedro Tlaquepaque.**

**Fiestas de Octubre (dans toute la ville ainsi qu'à Zapopan, Tlaquepaque et Tonalá) du 15 au 25 oct., au cours desquelles se déroulent de nombreuses manifestations culturelles, artistiques et sportives. Le 12 oct., fête de la Vierge de Zapopan.**

**Fin nov., Foire internationale du livre.**

**Achats**

**L'artisanat du Jalisco est particulièrement riche et varié. Vous pourrez choisir des objets en verre soufflé, en laiton, en fer forgé, en résine de copal, des échiquiers en os sculpté ou en onyx, de l'orfèvrerie en or et en argent, des céramiques de Tonalá, dont les plus beaux exemplaires sont couverts d'une fine résille de lignes entrelacées qui ressemble à une légère dentelle, des fleurs en papier multicolores, des vêtements brodés, etc.**

### ■ Une capitale épargnée par les guerres

Après la proclamation de l'Indépendance (16 septembre 1810), Miguel Hidalgo s'empare de la ville – c'est là qu'il signera sa proclamation contre l'esclavage –, mais il est battu à Calderón par l'armée royaliste qui reprend la ville. En 1821, Guadalajara, dont l'étymologie arabe de ce nom, *wadi-al-hidyara*, signifie « rivière de pierres », est la première cité à se rallier au plan d'Iguala proclamé par Agustín de Iturbide. Ce ralliement aux partisans de l'Indépendance lui vaut d'être reconnue capitale du Jalisco le 21 juin 1823. Par la suite, Guadalajara ne souffre guère des multiples conflits que connaît le Mexique, et cela même lorsque la ville est occupée par les troupes de Maximilien entre 1863 et 1866. La révolution de 1910 paraît également l'ignorer : ni Pancho Villa ni les troupes de Carranza ne tentent de prendre la ville. Seul Obregón s'en empare, mais pacifiquement, en juillet 1914.

### ■ La deuxième ville du Mexique

Après la révolution de 1910, Guadalajara et tout l'État du Jalisco connaissent de profondes transformations. La ville se modernise et attire comme un aimant les populations campagnardes. L'artisanat, le commerce (de grands magasins sont fondés par des émigrés français) et l'industrie (chimie, ciment, mines, agroalimentaire) se développent rapidement. Le 8 juin 1964, Guadalajara fête son millionième habitant. Depuis, elle repousse sans cesse ses limites, englobant peu à peu les villages alentour (Tlaquepaque et Tonalá ont été absorbés par la mégapole), qui se convertissent en centres de haute technologie (650 compagnies du secteur électronique y ont installé leurs usines, donnant un emploi qualifié à plus de 70 000 personnes). La construction et les travaux publics parviennent difficilement à suivre la demande de logements, et la ville souffre des mêmes désagréments que la capitale : pollution, problème d'approvisionnement en eau potable, insécurité… Guadalajara est aujourd'hui la deuxième ville du Mexique et une capitale culturelle de premier plan, représentée par des personnages emblématiques comme l'écrivain Juan Rulfo ou l'architecte Luis Barragán.

# Visiter Guadalajara

**Combien de temps** : une journée suffit pour découvrir les principaux points d'intérêt de la ville, qui se trouvent dans le centre ou à proximité de celui-ci. Le matin, vous visiterez le cœur de la cité, formé par la cathédrale et les quatre places qui l'entourent. Par des rues piétonnes débouchant derrière le Teatro Degollado, vous descendrez jusqu'à l'Instituto Cabañas. L'après-midi peut être consacré à la visite de Tlaquepaque ou de Tonalá, dans la banlieue de la ville, pour quelques achats. Le soir, nous vous suggérons d'aller prendre un verre au son des mariachis sur la *plaza* du même nom.

**S'orienter** : il est relativement simple de se repérer car les rues se coupent à angle droit. Il faut savoir que les rues N.-S. changent de nom en coupant Hidalgo *(plan AB1)*, la rue orientée E.-O. qui longe la cathédrale et mène à l'Institut Cabañas. La grande rue parallèle à Hidalgo, Independencia *(plan AB1)*, ne doit pas être confondue avec la Calzada Independencia Sur, orientée N.-S.

**Se déplacer** : en dehors du centre-ville qu'il faut parcourir à pied, on utilisera les taxis ou les deux lignes de métro. Possibilité de stationnement souterrain, tôt le matin, sur le côté O. de la cathédrale.

■ **CATEDRAL**★ *(plan AB1)*. La cathédrale qui s'ouvre à l'O. sur la Plaza de los Laureles fut construite à partir de 1558 et consacrée en 1616. C'est le plus vieux monument de la ville, mais elle a subi de profondes transformations, notam-

**La cathédrale de Guadalajara vue depuis la Plaza de Armas.**

ment après un tremblement de terre qui, au XIXe s., détruisit les tours d'origine. De fait, elle offre une surprenante combinaison de styles (baroque, mudéjar, gothique naïf, néoclassique). L'intérieur, tout aussi disparate, abrite une dizaine d'autels richement décorés. Dans la sacristie *(s'adresser au gardien en cas de fermeture)*, au fond du bas-côté dr., voir l'*Assomption de la Vierge* (1650), une peinture attribuée à Bartolomeo Murillo.

En face de la cathédrale se dresse le **Palacio Municipal** *(plan A1)*, construction moderne (1949-1952) de style néoclassique. Dans la cage d'escalier se trouve une fresque en cinq panneaux de l'artiste local Gabriel Flores, un élève d'Orozco.

Au S. s'étend la **Plaza de Armas** *(plan AB1)*, charmante place ornée d'un **kiosque**★★ Art nouveau réalisé à Paris au début du XXe s.

■ **PALACIO DE GOBIERNO**★★ *(plan B1 ; ouv. t.l.j. de 9 h à 19 h)*. Imposant édifice de style à la fois churrigueresque et néoclassique, achevé en 1774. En franchissant le portail principal (venant de la Plaza de Armas), vous atteindrez une vaste cour à deux étages de galeries. Dans l'escalier monumental, le muraliste Clemente Orozco exécuta en 1937 une **fresque**★★ *(à dr. en montant la première volée de marches)*, œuvre grandiose dont la « clé de voûte » est un portrait de Miguel Hidalgo, colossal de puissance dans sa colère. Cette œuvre exalte la lutte du peuple mexicain pour sa liberté, non seulement au moment de la guerre d'Indépendance, mais d'une manière plus large, puisque le peintre a représenté divers symboles de régimes étrangers disparus ou encore existants. Une autre fresque d'Orozco se trouve dans la coupole de la salle des délibérations de l'assemblée législative du Jalisco, dite salle du Congrès. Elle nous montre les principaux législateurs et héros de l'Indépendance, de la Réforme et de la Révolution mexicaine.

■ **ROTONDA DE LOS HOMBRES ILUSTRES** *(plan A1)*. Sur la place située au N. de la cathédrale s'élèvent les sculptures de bronze des douze plus illustres « Tapatíos » (tel est le nom que se donnent les habitants de Guadalajara). Six d'entre eux reposent sous la rotonde aux colonnes doriques, élevée au centre de la place.

■ **MUSEO REGIONAL** *(à l'E. de la Rotonda ; plan B1 ; ouv. t.l.j. sf lun. de 9 h à 16 h ; entrée libre le dim.)*. Le musée est installé dans un ancien séminaire construit vers la fin du XVIIe s. Les salles se répartissent autour de plusieurs patios à galeries superposées, où s'épanouit une exubérante végétation de bananiers, de jasmins, de lauriers et de cactus qui donne une curieuse impression d'abandon. Collections très décousues et assez décevantes, qui présentent l'histoire du Mexique de l'époque préhistorique jusqu'à la Révolution. Dans la salle de paléontologie, météorite découverte à Zacatecas et squelette de mammouth pratiquement entier, mis au jour en 1962 dans la localité de Zacoalco. La salle d'archéologie renferme des objets provenant de divers sites régionaux ; intéressantes céramiques de l'Occident (Colima, Jalisco, Nayarit). Salle d'ethnologie (assez ennuyeuse) sur les Indiens Huicholes et Coras.

Dans la tribune du chœur de l'église ainsi que dans les salles attenantes, exposition de tableaux à thèmes religieux et profanes du XVIIIe s. Dans la pinacothèque sont présentées des œuvres mineures des XVIIe et XVIIIe s. réalisées par de grands maîtres de la peinture baroque : Juan Correa, Nicolás Rodriguez Juárez, Sebastián de Arteaga, Miguel Cabrera. Une salle spéciale est dédiée au peintre José de Ibarra (1688-1756), né à Guadalajara, surnommé le Murillo mexicain. Une même pauvreté inspire la salle de peintures contemporaines.

■ **TEMPLO DE SANTA MÓNICA** *(Calle San Felipe ; plan A1)*. Avant de vous diriger vers la Plaza de la Liberación, vous pourrez faire un détour jusqu'à cette église datant de la seconde moitié du XVIIe s. et dotée d'une étonnante façade. Ses deux **portails** sont surmontés d'une décoration baroque et flanqués de colonnes torses annelées sur lesquelles courent des pampres de vigne. Noter les lions rampants appuyés sur des blasons, des aigles bicéphales et les fenêtres à moulures finement sculptées.

■ **PLAZA DE LA LIBERACIÓN** *(plan B1)*. Elle s'étend derrière la cathédrale. Elle est bordée par le **théâtre Degollado** *(ouv. t.l.j. sf dim.)*, bâtiment néoclassique inauguré en 1866 par Angela Peralta, le « rossignol mexicain », aux accents de *Lucie de Lamermoor*. Sur le fronton du portique, soutenu par seize colonnes corinthiennes, figurent Apollon et les neuf muses, sculptés par Benito Castañeda. À l'intérieur, sur la coupole, voir les fresques de Gerardo Suárez inspirées de *La Divine Comédie* de Dante. Sur l'arc de l'avant-scène, remarquer l'aigle mexicain en bronze qui tient dans ses serres un drapeau tricolore et dans le bec une chaîne brisée, symbole de l'abolition de l'esclavage.

À dr. du théâtre s'élève le **Templo San Agustín**, à façade baroque, vestige d'un couvent du XVIe s. À g., on trouve le **palais de justice**, de style plateresque, et l'église de **Santa María de Gracia** : vous visiterez surtout la sacristie à voûtes d'arêtes et colonnes supportant des arcs en plein cintre dont les filets sont soulignés de bleu et d'or.

■ **PLAZA TAPATÍA** *(plan B1)*. Derrière le théâtre s'ouvre la Plaza Tapatía, zone piétonnière très agréable qui débouche sur l'hospice Cabañas. Bordée de boutiques, de restaurants, de grands magasins, c'est le lieu où se rendent les Tapatíos.

■ **HOSPICIÓ CABAÑAS★★★** (ou Instituto Cultural Cabañas ; *plan B1 ; ouv. du mar. au sam. de 10 h à 18 h, dim. de 10 h à 15 h ; entrée libre le dim.*). Labyrinthe d'arcades et de patios – il y en a vingt-trois –, cet ancien orphelinat inscrit sur la liste du patrimoine mondial de l'humanité de l'Unesco fut fondé en 1801 par l'évêque Ruiz de Cabañas et construit en style néo-classique par l'architecte espagnol Manuel Tolsá. C'est ici que, en 1811, Miguel Hidalgo signa sa proclamation pour l'abolition de l'esclavage.

Dans une ancienne chapelle, le muraliste Clemente Orozco a réalisé en 1939 une série de **fresques★★**, considérées comme son chef-d'œuvre. Ces œuvres inquiétantes traitent des thèmes les plus divers : le despotisme, les masses et la dictature, les quatre éléments, l'art, la science, la conquête espagnole. Elles se caractérisent par la sobriété du trait et l'utilisation de peu de couleurs (le rouge, le noir, le blanc dans tous leurs dégradés) sur les murs latéraux ; sur les arches et sur la coupole, on trouve au contraire des verts, des jaunes, des bleus et des rouges sans accord chromatique. Des banquettes où l'on peut s'allonger permettent de mieux contempler la fresque de la coupole, *L'Homme en flammes* *(→ ill. p. 138)*.

L'hospice abrite également un **musée** où sont exposées des peintures de chevalet, des fragments de fresques, des dessins et des esquisses au fusain de Clemente Orozco. De nombreux spectacles - danse, musique classique, chants - sont offerts au public dans les multiples patios de l'hospice ; en principe, ballets folkloriques tous les mercredis à 20 h 30 *(confirmation à l'accueil)*.

■ **MERCADO LIBERTAD** *(plan B1)*. Grand marché très vivant installé dans une vaste structure à deux étages. C'est l'occasion de faire vos achats d'artisanat, surtout si votre visite ne passe pas à Tlaquepaque ou à Tonalá *(→ ci-dessous)*.

■ **PLAZUELA DE LOS MARIACHIS** *(entre les rues Javier Mina et Obregón, presque à l'angle de la Calzada Independencia ; plan B1)*. C'est en fait une ruelle encombrée de tables et de chaises de café, où se réunissent les mariachis. On peut les engager pour une ou deux chansons ou pour animer toute une soirée. Un endroit sympathique pour passer une bonne soirée.

**Plazuela de los Mariachis, mode d'emploi : fixer préalablement le prix de la chanson (environ 5 dollars) ; dans l'euphorie de la tequila et de la musique, n'oubliez pas les pickpockets.**

*Traversez la Calzada Independencia Sur pour suivre l'Av. Juárez, puis tournez à g. dans l'Av. 16 de Septiembre.*

■ **TEMPLO DE SAN FRANCISCO Y DE ARANZAZÚ** *(plan B2)*. Devant un jardin planté de lauriers d'Inde s'élève l'église **San Francisco**, édifice baroque reconstruit en 1684 sur l'emplacement d'un ancien couvent franciscain. À proximité, de l'autre côté de l'Avenida 16 de Septiembre, se trouve la **Capilla de Nuestra Señora de Aranzazú** ; cette chapelle du XVIIIe s. renferme d'étonnants autels et retables baroques surchargés de sculptures en bois doré et polychrome.

■ **PARQUE AGUA AZUL** *(au bout de la Calzada Independencia Sur ; plan B3 ; prendre un taxi ou le bus n° 60 sur l'avenue)*. Lieu agréable, ombragé et calme où vous pourrez visiter l'**Orquidarium**, une serre d'orchidées *(ouv. t.l.j. de 10 h à 19 h, le dim. de 11 h à 13 h)*, la maison des Papillons, une volière et un petit **musée d'Anthropologie** *(ouv. t.l.j. de 10 h à 19 h, dim. de 11 h à 13 h)* qui présente de manière très simple des pièces précolombiennes provenant de l'Occident du Mexique. Voir également la **Casa de las Artesanias de Jalisco** *(ouv. de 10 h à 19 h)* où se trouve exposé tout l'artisanat de l'État ; un peu plus cher qu'au Mercado Libertad, mais peut-être de meilleure qualité.

# Environs de Guadalajara

i Vicente Guerrero 233, près de la basilique (☎ 633-05-71).

**1 ZAPOPAN** *(8 km N.-O. ; à 15 mn en voiture du centre de Guadalajara par la Calzada Manuel Ávila Camacho ; le bus « Diagonal 275 », sur l'Av. 16 de Septiembre, vous dépose à côté de la basilique)*. Dans cet ancien village indien aujourd'hui intégré à la banlieue de Guadalajara s'élève la **basilique de la Vierge de Zapopan**, élevée au début du XVIII^e s. On y vénère une statue miraculeuse offerte par Fray Antonio de Segovia, qui, en 1531, s'interposa entre les conquistadores et les Indiens lors d'une rébellion de ces derniers. Selon une coutume qui remonte à 1734, tous les ans entre le 13 juin et le 4 octobre, la statue de la Vierge de Zapopan effectue des stations plus ou moins prolongées dans les églises et la cathédrale de Guadalajara. Le 4 octobre, une impressionnante procession où se côtoient pèlerins, orchestres de mariachis, danseurs et *charros* accompagne le retour de la Vierge de Zapopan, qui retrouve la basilique après son long périple. Les festivités se prolongent jusqu'au 12 octobre, jour où elle est promenée dans le village. Dans la basilique, voir les centaines d'ex-voto.

À dr. de la basilique, intéressant **Museo Huichol** *(ouv. t.l.j. de 10 h à 13 h et de 16 h à 19 h, sam. et dim. de 10 h à 13 h)*, qui propose en fait une présentation de trois ethnies vivant entre la côte pacifique et la sierra Madre : les Huicholes, les Coras et les Tepehuanes.

### Le Serpent à plumes

De mai à juillet 1923, l'écrivain anglais David Herbert Lawrence rédige à Chapala la première mouture de ce qui deviendra *Le Serpent à plumes*, publié trois ans plus tard. Le temps d'un été, il réunit les éléments utiles à son œuvre, mettant en scène les paysages du Mexique, la puissance de ses mythes et la rencontre entre l'Ancien Monde et le Nouveau. Kate, son héroïne, va se laisser envoûter et posséder par la force réincarnée de Quetzalcóatl, le dieu créateur et civilisateur de l'Amérique précolombienne, figuré par un serpent à plumes de quetzal : « Dans la lumière du lac que surplombait l'écran rigide des montagnes aux arêtes bleues, il lui semblait être absorbée par quelque hideux squelette, être prisonnière. »

**2 TLAQUEPAQUE ET TONALÁ** *(7 km et 13 km S.-E. ; prendre le bus 275 A ou 275 B sur la Calle 16 de Septiembre)*. **Tlaquepaque** était l'un des plus importants centres d'artisanat du Mexique et ses artisans jouissaient d'une sérieuse réputation dans des domaines aussi variés que les meubles en bois et en cuir *(equipales)*, le verre soufflé, les broderies fines, les châles

**La dégradation de l'écosystème du lac de Chapala a entraîné la prolifération d'une variété de jacinthe d'eau qui recouvre les rives, rendant la baignade peu agréable.**

de soie, le cuir, le papier mâché. Malheureusement, aujourd'hui, le voyageur risque fort d'être déçu. Avec l'ouverture des frontières, de pâles imitations produites en Asie du Sud-Est, en Chine ou à Taiwan ont souvent remplacé les objets authentiquement mexicains. En quelques années, les ateliers se sont transformés en boutiques et les inventifs artisans en commerçants. Le **musée de la Céramique** *(Independencia 237 ; ouv. t.l.j. sf lun. de 10 h à 16 h, jusqu'à 13 h le dim. ; entrée libre)* offre un aperçu de ce qu'a été cet artisanat. De l'autre côté, se trouve la dernière fabrique de verre.

**El Parían de Tlaquepaque** *(ouv. de 9 h à 1 h du matin)* est sans doute le plus grand marché d'artisanat du Mexique. C'est peut-être là que vous trouverez les derniers artisans du Jalisco. Dans ce bâtiment de 100 m de côté avec deux porches de pierre, les touristes viennent fouiner, manger, écouter de la musique ; lieu très convivial. Le **Centro Cultural El Refugio** *(à côté du marché)* organise tous les vendredis *(à partir de 20 h 30)* un spectacle *noche mexicana* avec mariachis.

La petite ville de **Tonalá** abrite un marché artisanal *(jeu. et dim.)* spécialisé principalement dans la poterie, la céramique et dans le travail du bois. Moins touristique que Tlaquepaque, c'est encore un lieu où l'on peut voir travailler les artisans qui fournissent le Parían et les grands marchés d'artisanat du pays.

**3 LAGUNA DE CHAPALA** *(40 km S.)*. Le lac de Chapala, le plus grand du pays (1 080 km$^2$, soit deux fois le lac Léman), connaît de graves problèmes de pollution. Pendant des années, le Río Lerma, qui l'alimente, y a déversé des tonnes de déchets industriels, des pesticides, des engrais. De plus, ses berges ne cessent de s'éloigner des bourgades riveraines de Chapala, d'Ajijic et de Jocotepec (lieux de villégiature des Tapatíos et d'une importante communauté de retraités nord-américains) en raison d'un pompage excessif destiné à alimenter en eau l'agglomération de Guadalajara. Quant au *pescado blanco* (poisson blanc) qui y vivait en abondance, il a pratiquement disparu et celui que l'on déguste dans les restaurants n'est souvent que du poisson d'élevage.

**4 TEQUILA** *(59 km N.-O. par la RF 15 ou par l'autoroute en direction de Tepic ; accès par bus depuis l'ancienne gare routière de Guadalajara, près du Parque Agua Azul, Av. 5 de Febrero)*. Les amateurs d'alcool fort ne pourront éviter de se rendre à Tequila, capitale de cette boisson mexicaine mondialement connue. Toute la plaine autour du village est couverte de vastes plantations d'un gris bleuté où poussent le maguey, matière première de la tequila, mais aussi le mezcal, une autre variété d'agave de taille plus réduite. On peut visiter les plus importantes distilleries qui offrent des dégustations gratuites *(Cuervo, Herradura, Sauza)* et le **musée de Tequila Sauza** *(ouv. du lun. au ven. de 9 h à 17 h)*.

# Guanajuato★★★

Guanajuato s'allonge au creux d'une gorge étroite et sinueuse. Les caprices du terrain, l'enchevêtrement des collines, le lit de la rivière ont obligé la population, au cours des siècles, à construire la ville sur plusieurs niveaux : rues souterraines, *plazuelas*, venelles, impasses, escaliers se déclinent en serpentins, des mines de La Valenciana jusqu'au Jardín de la Unión, place ombragée où les habitants aiment venir lire, discuter ou simplement passer du bon temps. Capitale minière jusqu'à la Révolution, la richissime Guanajuato ne s'est pas transformée en ville fantôme lorsque les grands filons argentifères se sont épuisés. Tout au contraire, elle est devenue un centre intellectuel des plus dynamiques grâce à son université et à son Festival Cervantino qui présente d'excellents spectacles artistiques mexicains de renommée mondiale. Ainsi, cette cité de province ne s'endort pas, elle conteste en permanence, s'agite, se modernise tout en préservant un remarquable patrimoine baroque qui attire aujourd'hui nombre d'amateurs.

**Situation** : 200 km N. de Morelia, 56 km E. de León, 80 km O. de San Miguel de Allende, 355 km N.-O. de Mexico.
Alt. 2 084 m ; 120 000 hab. ; capitale de l'État du même nom ; université.

**À ne pas manquer**



## Guanajuato dans l'histoire

### ■ Une ville née de la mine

C'est en 1529 que les troupes de Nuño Beltrán de Guzmán conquièrent la région, alors occupée par les Tarasques. Dès 1548, les premières mines d'argent sont découvertes. Leur richesse se révèle fabuleuse et Guanajuato, qui a reçu le titre de *ciudad* en 1741, ne tarde pas à être le principal centre d'extraction de ce minerai au Mexique. Le filon de la Veta Madre, exploité à partir de 1760, fournit à lui seul pendant plusieurs décennies le quart de la production mexicaine d'argent. Des milliers d'indigènes venus d'autres régions sont contraints au travail forcé ; beaucoup meurent dans les mines, rongés par la misère, la maladie ou le désespoir. Dans le même temps, la ville croît et s'enrichit : on construit des églises pour le pardon et des demeures princières. Guanajuato devient l'une des plus belles cités du pays.

**Cuanaxhuato, la « colline des grenouilles » : c'est ainsi que les Tarasques nomment le site de la ville actuelle. Ce toponyme indien ne tardera pas à être corrompu en Guanajuato par les Espagnols.**

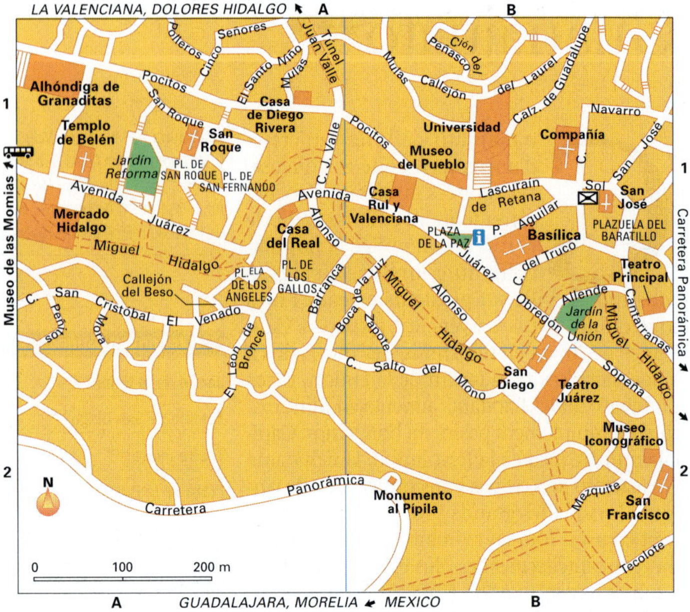


**Guanajuato**

## La révolte gronde

Au début du XIX^e s., les richissimes propriétaires de mines espagnols ont de plus en plus de difficultés à maintenir leur autorité face aux créoles qui réclament leur part, face aussi aux Indiens sans cesse plus miséreux. En septembre 1810, la conspiration s'organise, qui aboutit à la proclamation de l'indépendance par Miguel Hidalgo. Peu après, Ignacio de Allende parvient à se rendre maître de la ville grâce à l'aide de ses habitants, mais celle-ci est rapidement reprise par les troupes du général royaliste Calleja. En 1811, les rebelles Hidalgo, Allende, Jiménez et Aldama sont exécutés à Chihuahua. Leurs têtes sont salées et envoyées à Guanajuato, où elles seront exposées dans des cages aux angles de l'Alhóndiga de Granaditas jusqu'en 1821. En 1858, pendant la guerre de Réforme, Guanajuato est pendant près d'un mois la capitale provisoire du Mexique, lorsque Benito Juárez y installe le siège de son gouvernement.

### La main du mineur

Au XIX^e s., voyageurs et aventuriers étaient nombreux à venir chercher fortune à Guanajuato. Gabriel Ferry, fils d'un marchand français établi au Mexique, fut l'un d'entre eux. Vers 1850, c'est à dos de mule qu'il pénétra dans la cité. Parvenu sur la grand-place, son regard se posa sur une forme étrange : « Une main était clouée sur la pierre, raconta-t-il. Une main jadis forte et musculeuse, maintenant blanchie et desséchée par le vent. » Mais il n'osa poser de question. Ce n'est que plus tard qu'il apprit la vérité : la main appartenait à un mineur qui avait dérobé le trésor de la basilique, avait tenté de tuer un prêtre et d'enlever la fille d'un haut personnage…

# Visiter Guanajuato

**Combien de temps** : 2 j. au moins sont nécessaires pour visiter la ville et ses alentours, même si les multiples agences de voyage proposent des visites guidées en 3 h ainsi que des circuits éclairs dans les environs.

**Le meilleur moment** : pour les amateurs de musique, théâtre ou danse, l'idéal est de se trouver à Guanajuato pendant le Festival Cervantino (oct.), mais il faut retenir son hôtel au moins six mois à l'avance. Rés. également indispensables pour Noël et la semaine sainte.

**Se déplacer** : tout est fait pour dissuader les touristes d'utiliser leur voiture. Le mieux est de laisser son véhicule à l'hôtel ou à la périphérie du centre-ville. Il existe un grand parc de stationnement souterrain au niveau du marché *(plan A1)*.

■ **JARDÍN DE LA UNIÓN**★★ *(Zócalo ; plan B1)*. Très agréable place bordée de bistrots et de restaurants, lieu de rendez-vous du Tout-Guanajuato. Certains s'y promènent lentement à l'ombre des épais lauriers taillés en cubes, d'autres viennent s'asseoir sur les bancs publics pour bavarder ou pour écouter l'orchestre installé dans le kiosque *(mar., jeu. et dim.)* tandis que cireurs de chaussures et marchands de glaces ou de ballons guettent la sortie de la messe dominicale qui se déroule dans l'**église San Diego**★★. Celle-ci se dresse sur le côté S. du Jardín et présente une splendide façade churrigueresque datant de la seconde moitié du XVIIIe s.

À côté de l'église, le **Teatro Juárez**★★ *(plan B2 ; ouv. de 9 h à 13 h et de 16 h à 18 h)*, le plus distingué des monuments de Guanajuato, est un édifice néoclassique construit à partir de 1873 par Antonio Rivas Mercado, l'architecte qui réalisa également le marché Hidalgo. Il est orné dans sa partie supérieure de huit muses symbolisant les arts et les sciences. Dans ce bâtiment sobre et élégant, témoin d'un siècle de la vie culturelle de Guanajuato, se déroule l'essentiel du Festival international Cervantino.

■ **PLAZA DE LA PAZ**★★ *(plan B1)*. Sur cette place s'élève la **Basílica Menor de Nuestra Señora de Guanajuato**★, bâtiment de style baroque de la fin du XVIIe s. enrichi d'éléments néoclassiques (incrustations de pierre verte). La population vénère dans cette église une image de la Vierge offerte en 1557 par le roi d'Espagne Philippe II à la ville en remerciement des richesses que celle-ci lui procura ; cette statue de bois posée sur un piédestal d'argent massif daterait du VIIe s. La Plaza de la Paz est également bordée de belles demeures coloniales, en particulier la **Casa Rul y Valenciana** *(sur la place, à dr.)*, construite à la fin du XVIIIe s. par Francisco Eduardo Tresguerras pour le comte de Rul, propriétaire de la mine d'argent de La Valenciana, et la **Casa des**

☎ 4

ⓘ Plaza de La Paz 14 *(plan B1* ; ☎ 732-15-74 et 732-00-86 ; ouv. du lun. au ven. de 8 h 30 à 19 h 30, sam. et dim. de 10 h à 14 h).

**Urgences**
*Croix-Rouge* (☎ 732-04-87).
Police (☎ 732-02-66).

**Poste**
Ayuntamiento 25, en face du Templo de la Compañia (ouv. du lun. au ven. de 8 h à 20 h, sam. de 9 h à 13 h). Autre bureau à la gare routière.

**Gare routière**
La *Central de Autobuses* se trouve à 8 km O. du centre-ville. Liaisons pour Dolores Hidalgo, Guadalaraja, Mexico, San Miguel de Allende, San Luis Potosí.

**Gare ferroviaire**
*Estación de Ferrocarril*, Calzada Tepetapa, à l'O. du centre-ville (☎ 732-10-35 et 732-03-06). Un train quotidien (très lent) pour Mexico.

**Manifestations**
Feria de San Juan du 15 au 24 juin.
Fiesta de la Presa de la Olla le premier lun. de juil. (ouverture des vannes du barrage de la Olla, qui donne lieu à des réjouissances).
Fiesta de la Virgen de Guanajuato le 8 août, avec procession derrière la statue de la Vierge offerte à la ville par Philippe II.
Festival internacional Cerventino en oct. : théâtre, musique, danse (artistes mexicains et internationaux).

**comtes de Pérez Gálvez** *(au n° 62 de la place)*, du XVIII$^{e}$ s.

**Les nombreuses ruelles de Guanajuato sont si étroites que les moindres travaux dans la vieille ville nécessitent le recours aux mules pour le transport des matériaux.**

En poursuivant sur l'Avenida Juárez, on laisse à g. la **Callejón del Beso** *(plan A1)*, la ruelle du Baiser, une voie si étroite (environ 0,70 m) que l'on peut s'embrasser d'un balcon à l'autre. On rejoint ensuite le **marché Hidalgo**, érigé en 1910, bel exemple d'architecture de style Art nouveau. Vous y trouverez tout l'artisanat de Guanajuato (cuir, cordes, vannerie, broderies, poterie...), ainsi que de beaux fruits tropicaux.

■ **ALHÓNDIGA DE GRANADITAS** *(Calle 28 de Septiembre ; plan A1 ; ouv. du mar. au sam. de 9 h à 14 h et de 16 h à 18 h, le dim. de 10 h à 14 h 30)*. Cet ancien grenier à grains construit de 1798 à 1809 fut transformé en forteresse en 1810, puis en prison. Après la proclamation de l'Indépendance, l'Alhóndiga fut le théâtre d'âpres combats entre les royalistes qui s'y étaient retranchés et les insurgés. L'un d'eux, Juan José de los Reyes Martínez, surnommé El Pípila, réussit à mettre le feu à la porte avant d'être abattu par les royalistes, ce qui permit à ses compa-

**L'église San Diego et le Jardín de la Unión. Devant l'église, des orchestres d'étudiants habillés en costume traditionnel *(callejoneadas)* se réunissent tous les ven., sam. et dim. soir, puis entraînent la foule dans les ruelles de la vieille ville tout en chantant et en jouant.**

gnons d'enlever la place d'assaut. Aux angles du bâtiment, on aperçoit encore les crochets qui, pendant dix ans, supportèrent les cages de fer contenant les têtes des insurgés : Hidalgo, Allende, Aldama et Jiménez.

L'Alhóndiga abrite aujourd'hui le **Museo Regional** : collections d'ethnographie, d'archéologie et d'histoire. Les salles consacrées à la mine sont sans doute les plus intéressantes. Voir également, dans la cage d'escalier, les peintures murales exécutées par José Chávez Morado en 1955 et relatant divers épisodes de la guerre d'Indépendance et de la Révolution, ainsi qu'une autre fresque réalisée en 1966 et illustrant le folklore de la région.

■ **Casa de Diego Rivera** *(Calle Pocitos 47 ; plan A1 ; ouv. du mar. au sam. de 10 h à 14 h et de 16 h à 18 h, dim. de 10 h à 14 h)*. C'est ici qu'est né, en 1886, le peintre Diego Rivera. La maison natale du muraliste a été transformée en musée. Au rez-de-chaussée, souvenirs familiaux, objets personnels. À l'étage, quelques peintures, des dessins, des esquisses de jeunesse, des croquis de projets de peintures murales ainsi qu'une lithographie de Pablo Picasso. Rien d'exaltant, l'essentiel de l'œuvre du maître se trouvant à Mexico.

Un peu plus loin, la **Casa de los Marqueses de San Juan de Rayas** *(Positos 7, face à l'université ; plan B1 ; ouv. du mar. au sam. de 10 h à 14 h et de 16 h à 18 h, dim. de 10 h à 15 h 30)*, une belle demeure édifiée en 1696 avec un patio intérieur d'où l'on découvre le beau portail baroque d'une chapelle, abrite le **Museo del Pueblo de Guanajuato** : collection d'art civil et religieux de la période coloniale à l'époque contemporaine. À l'étage, la chapelle a été décorée de peintures murales exécutées en 1982-1984 par Chávez Morado.

Tout à côté, sur Lascuraín de Retana, se trouve l'**université** *(plan B1)*, installée dans une étonnante construction (1955) empruntant au style mauresque qui s'intègre assez mal à l'architecture coloniale de la ville. Noter l'escalier monumental à balustrades ornées de pinacles.

■ **Templo de la Compañia de Jesús**** *(à côté de l'université ; plan B1)*. Bel édifice à façade de style churrigueresque élevé en 1747-1765 par les Jésuites. Au XIXe s., on y ajouta une majestueuse coupole néoclassique à lanternon reposant sur un haut tambour à deux étages de baies encadrées par des colonnes engagées. À l'intérieur, deux tableaux de Miguel Cabrera.

De là, on pourra rejoindre rapidement le Jardín de la Unión en passant par la **Plazuela del Baratillo** *(plan B1)*, ornée d'une belle fontaine que l'empereur Maximilien fit venir de Florence. C'est là que se retrouvent les étudiants de l'université toute proche.

# À voir encore

■ **Museo de las Momias** *(à 1 km env. du centre ; suivre vers l'O. l'Av. Juárez puis la Calzada de Tepetapa qui, au-delà de la gare, conduit au cimetière de Guanajuato ; ouv. t.l.j. de 9 h à 18 h. Attention, le week-end et en période de fête, longue file d'attente ; la visite se fait par groupe de 20 personnes. Ne pas oublier le guide.)*. Sans doute le musée le plus morbide du Mexique : on y découvre une macabre collection composée de plus d'une centaine de cadavres humains momifiés naturellement. Ces corps, très bien conservés en raison de la composition du sol et de la sécheresse de l'air, proviennent du cimetière municipal voisin.

# Environs de Guanajuato

**1 CARRETERA PANORÁMICA**★★. Elle fait pratiquement le tour complet de la gorge où s'étire Guanajuato, sur un circuit de 24 km environ. Pour l'atteindre, vous suivrez la **Calle Miguel Hidalgo**★★★, étrange artère en partie souterraine, en partie aménagée en tranchée dans l'ancien lit d'un torrent. Elle est bordée de maisons parfois construites en encorbellement au-dessus du ravin, parfois établies à cheval. À la sortie de la Calle Hidalgo, continuez dans la Calle del Campanero en prenant à g. À environ 6 km du Jardín de la Unión, vous tournerez à dr. sur la route panoramique après être passé devant la **Presa de la Olla**, petit lac de barrage apprécié des habitants de Guanajuato le dimanche.

Vous arriverez bientôt au **Monumento al Pípila** *(plan B2 ; le monument dédié à Pípila est accessible à pied par des ruelles tortueuses — marche fatigante — partant derrière le marché Hidalgo)*, colossal monument de pierre grise érigé en l'honneur de celui qui permit la prise de l'Alhóndiga de Granaditas *(→ ci-dessus)*. De là, splendide panorama sur toute la ville et les montagnes environnantes, la coupole de l'église de la Compañía et l'université constituant de bons points de repère. En arrière-plan, à flanc de montagne, s'étendent plusieurs petits villages et les installations de la mine La Valenciana, près de l'église du même nom (à dr.). En continuant dans la même direction au-delà du monument, vous reviendrez en ville par la route de Guadalajara et de Mexico.

**2 TEMPLO DE LA VALENCIANA**★★★ (ou Iglesia de San Cayetano ; *5 km N. par la route de Dolores Hidalgo ; hors plan par A1 ; ouv. t.l.j. sf lun. de 9 h à 19 h*). Cette église consacrée à saint Gaétan de Thiene est l'œuvre de l'architecte espagnol Felipe Urena ; elle fut construite en pierre rose entre 1765 et 1788, aux frais du propriétaire de la mine de La Valenciana, Antonio Obregón y Alcocer, comte de Valenciana. Sa magnifique **façade**, chef-d'œuvre d'art churrigueresque, est flanquée de deux tours en saillie dont une seule fut achevée. Elle est divisée en trois registres superposés, ornés d'une profusion de pilastres groupés en faisceau, de volutes et d'autres motifs sculptés. Les fenêtres et les œils-de-bœuf ouverts dans les deux tours complètent harmonieusement ce magistral ensemble. En contournant la tour de g., vous examinerez le portail latéral O., logé dans une grande baie en retrait du mur, qui est surmonté d'une statue de saint Joseph. Par le portail principal, à deux vantaux de bois sculpté, vous entrerez dans l'église, conçue sur plan en croix latine avec, à la croisée, une coupole coiffée d'un lanternon et reposant sur un haut tambour octogonal percé de fenêtres entre des pilastres composites engagés. La nef et le transept sont couverts de voûtes en berceau de *tezontle* (pierre volcanique) décorées de moulures et de reliefs. Le **retable du maître-autel** occupe toute la surface du fond de l'abside prolongeant la nef. Exécuté en bois doré et sculpté d'une profusion de motifs, il comporte plusieurs niches où sont disposées des statues. Dans les bras du transept, remarquez deux autres **retables** churrigueresques d'une grande beauté. Ne pas manquer également la **chaire** en bois incrustée d'ivoire. Vous visiterez les dépendances de l'église (sacristie, baptistère, chapelle accessible depuis le transept dr.) ainsi que le couvent, érigé par les comtes de Valenciana pour l'ordre des Théatins, fondé en 1524 par Gaétan de Thiene, mais qui ne fut jamais occupé.

En contrebas de l'église se situent les **installations minières** de La Valenciana *(ne se visitent pas)* où fut exploité, à partir de 1760, le plus riche gisement d'argent du Mexique, découvert dès le milieu du XVIe s. : la Veta Madre. Des difficultés d'extraction en avaient retardé la mise en valeur pendant plus de deux siècles. L'exploitation de la mine fut interrompue à plusieurs reprises au XIXe s. et cessa

**La Valenciana, fleuron de l'art ultra-baroque mexicain, est assise sur le rebord d'une terrasse dominant un paysage de montagnes et la ville.**

après la Révolution. Depuis 1968, une coopérative assure de nouveau une petite activité minière.

Dans les environs du *pueblo* de La Valenciana se trouvent d'autres églises construites par d'anciens propriétaires de mines d'argent. Au km 9, après La Valenciana, l'**église de Cata**★★, de la seconde moitié du XVIIIe s., présente une remarquable façade ultra-baroque, véritable forêt de sculptures, d'*estípites*, de motifs floraux. Elle abrite une statue représentant le Seigneur de Cata, un Christ noir vénéré par l'ensemble de la population de Guanajuato. Sur les murs de l'église, les mineurs ont accroché d'innombrables ex-voto pour remercier le Christ de les avoir sauvés d'un éboulement mortel, de la noyade ou des explosions. Dans le village de Cata, vous pourrez voir le carreau de la mine, encore en exploitation. Sur la place principale, de vieux mineurs vendent du quartz, des améthystes, du charbon, du minerai d'argent et d'autres babioles ayant rapport avec la mine.

# Morelia★★★

**Situation** : 309 km O. de Mexico, 195 km S. de Querétaro, 268 km S.-E. de Guadalajara.
Alt. 1 951 m ; 900 000 hab. ; capitale de l'État du Michoacán ; université.

**À ne pas manquer**



**☎ 43**

**ⓘ Nigromante 79, dans le Palacio Clavijero (plan B1 ; ☎ 17-23-71 ; ouv. de 9 h à 15 h et de 18 h à 20 h). Visite gratuite de la ville sur r.-v.**

Ancienne cité coloniale entourée de collines, Morelia s'étend au cœur d'une plaine fertile que traverse le Río Grande. Capitale du Michoacán et centre culturel dynamique grâce à son université, elle est également une cité en plein développement économique. Mais cette croissance n'a pas altéré son cachet : Morelia a su préserver son patrimoine et compte de splendides monuments baroques en trachyte *(cantera)* rose bien restaurés, qui attirent de nombreux visiteurs. Classée patrimoine culturel de l'humanité par l'Unesco, elle constitue une étape incontournable pour qui veut découvrir le Mexique colonial ; elle est aussi une ville gastronomique réputée pour ses plats à base de *chile*.

## Adresses utiles

### ■ Poste

Dans le Palacio Federal, Av. Madero Oriente 369, à l'angle de Serapío Rendón (*plan C1-2* ; ouv. du lun. au ven. de 8 h à 19 h, le sam. de 9 h à 13 h).

### ■ Aéroport

***Aeropuerto F. J. Múgica***, à 27 km N.-O. de Morelia sur la route de Zinapécuaro. Vols quotidiens pour Acapulco, Guadalajara, Lázaro Cárdenas, Mexico, Monterrey, Tijuana, Uruapan, Zihuatanejo ainsi que pour Chicago, Los Angeles, San Antonio (Texas) et San Francisco.

### ■ Compagnies aériennes

***Aeroméxico***, à l'angle de Pino Suarez et 20 de Noviembre (☎ 13-05-55).
***Mexicana***, Centro de Convenciones, Calzada Ventura Puente (☎ 13-80-85).

### ■ Gare routière

***Central Camionera***, Eduardo Ruíz, entre Gómez Farias et León Guzmán (*plan B1*). Départs quotidiens pour Guadalajara, Lázaro Cárdenas, Mexico, Pátzcuaro, Querétaro, Uruapan, Zitácuaro.

### ■ Gare ferroviaire

Av. del Periodismo (☎ 16-39-65) ; pour y accéder, minibus bleu ou vert sur Garcia Obeso en direction du S. Train « Purépecha » pour Mexico le soir vers 22 h 30 ou à 5 h 30 du matin dans l'autre sens pour Uruapan et Lázaro Cárdenas. Attention, parcours très long.

**■ Location de voitures**

*Budget Rent a Car*, Av. Camelinas 2938, Colonia 5 de Diciembre (☏ 14-70-07) ; à l'aéroport (☏ 14-70-07).

# Morelia dans l'histoire

**■ La ville des *gachupines***

Avant la Conquête, le site est occupé par des Indiens Matlazincas, une peuplade qui a fui devant les Aztèques au milieu du XVᵉ s. et qui s'est mise sous la protection des Tarasques. En 1522, les Espagnols menés par Cristóbal de Olid pénètrent dans le royaume tarasque, puis soumettent les populations qui sont évangélisées et asservies de manière brutale. En 1541, pour contrecarrer le pouvoir de la ville « indienne » de Pátzcuaro, la capitale et l'évêché du Michoacán où siège l'évêque franciscain Vasco de Quiroga, défenseur des Indiens contre les abus des *encomenderos* espagnols, le premier vice-roi de la Nouvelle-Espagne, Antonio de Mendoza, fonde la ville de Valladolid et y installe cinquante familles *gachupines*. Mais ce n'est qu'en 1571, six ans après la disparition du prélat que ses habitants obtiennent satisfaction auprès du roi Philippe II : Valladolid est promue au rang de cité épiscopale ; elle devient capitale du Michoacán en 1582.

**■ La ville de Morelos**

Valladolid mène une vie paisible jusqu'à la proclamation de l'indépendance par le prêtre Miguel Hidalgo, qui s'en empare sans coup férir en 1810. Retombée entre les mains des royalistes, un autre prêtre, José María Morelos, né dans cette ville, tente en vain de la reprendre en 1813, afin d'y installer le siège de son gouvernement. Vaincu par un autre enfant du pays, Agustín de Iturbide, futur empereur du Mexique, il est refoulé dans les montagnes du Michoacán. Peu après la proclamation du plan des Trois Garanties (plan d'Iguala), Agustín de Iturbide, passé dans le camp des partisans de l'indépendance, y fait son entrée en mai 1821, et, de là, étend son influence jusque dans le Jalisco et à Guadalajara. Le 12 septembre 1828, Valladolid prend le nom de Morelia, en hommage à son héros José María Morelos.

# Visiter Morelia

**Combien de temps** : compter 2 j. pour découvrir tous les charmes de Morelia.

**Manifestations**

**Feria de Morelia, du 29 avr. au 20 mai, grande foire annuelle d'artisanat et d'agriculture, avec danses, corridas, etc. 15 premiers jours de mai : concerts d'orgue à la cathédrale. Fondacion de Morelia, le 18 mai. Festival de Musica, du 25 juil. au 7 août. Anniversaire de José María Morelos le 30 sept., avec défilé et festivités diverses. Día de la Virgen de Guadalupe, le 12 déc. au Templo de San Diego.**

**Le toponyme Michoacán (« lieu des pêcheurs ») dérive du mot aztèque *michuaque* (« propriétaires des poissons »), par lequel les Mexicas désignaient les Tarasques, dont le centre principal, Tzintzuntzan, était situé sur la rive E. du lac de Pátzcuaro, très poissonneux.**

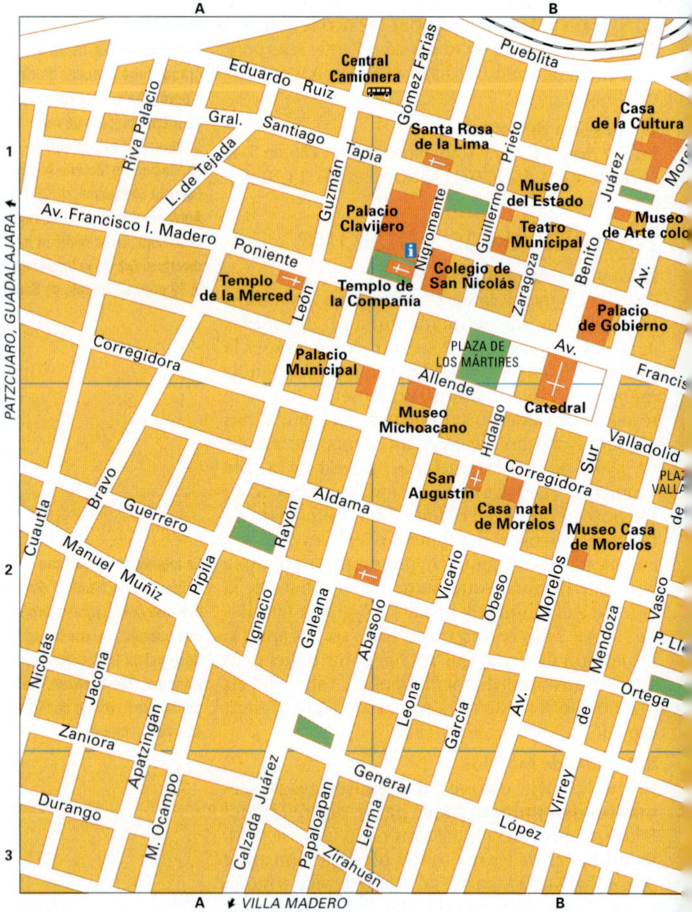


**Morelia**

**Se déplacer** : le centre historique se visite à pied.

■ **ZÓCALO**★ *(Plaza de los Mártires ou Plaza de Armas ; plan B1-2)*. Ombragé par des lauriers d'Inde et agrémenté depuis le début du XXe s. d'un kiosque à musique où l'orphéon municipal donne ses concerts *(tous les dim. a.-m.)*, cette place est limitée à l'E. par la cathédrale et sur ses trois autres côtés par d'agréables arcades qui servent de terrasses à de nombreux cafés. Tout autour s'élèvent de belles demeures : l'hôtel Virrey de Mendoza, la Casa de Juan de Dios Gomez, ornée de balcons en fer forgé, le Palacio de Justicia (au S.-E. de la place), la Antigua Casa Consistorial (la mairie), la Casa Michelena. Certaines maisons présentent des façades restaurées, mais conservent à l'intérieur le style colonial original.

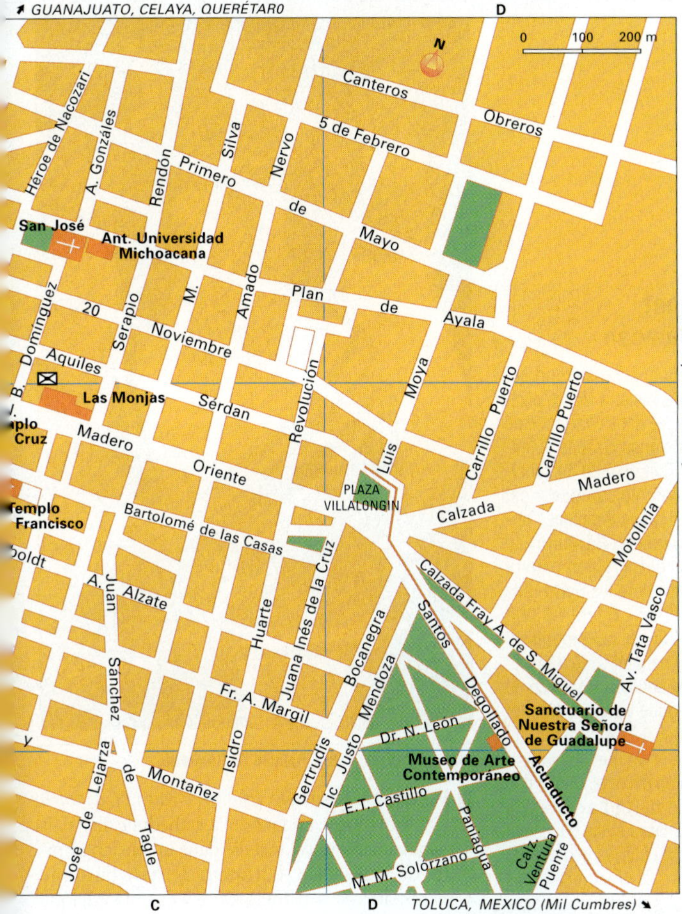


■ **CATEDRAL**★★ *(plan B1-2)*. Érigée en trachyte rose, la cathédrale de la Transfiguration-du-Christ est un monument harmonieux et d'une grande solennité en dépit d'un style incertain du fait d'une longue gestation – la construction s'est étalée sur plus d'un siècle, entre 1640 et 1760. Conçue selon un plan en croix latine et pourvue d'une coupole revêtue d'azulejos à la croisée, elle est ornée de motifs sculptés et de dalles en bas-relief représentant la Résurrection (portail principal), l'Adoration des Mages (portail latéral O.) et l'Adoration des bergers (portail latéral E.).

L'intérieur a été remanié au XIXe s. Dans le chœur et la sacristie, peintures coloniales attribuées à Miguel Cabrera, Juan Rodriguez Juárez et José María de Ibarra. Voir également une sculpture du Señor de la Sacristía en pâte de maïs, un imposant orgue d'origine allemande *(nombreux concerts annoncés à l'entrée)* et les fonts baptismaux en argent massif où l'empereur Agustín de Iturbide fut baptisé.

## L'artisanat du Michoacán

L'État du Michoacán s'étend sur une partie de la sierra Madre occidentale, formée dans cette zone de hautes montagnes boisées culminant à 3 846 m au Pico de Tancítaro. L'activité volcanique y est intense ainsi qu'en témoigne l'apparition du volcan Paricutín en 1943. Dans cette région pauvre – l'émigration vers les États-Unis est importante – vivent 80 000 Indiens Tarasques, qui produisent un artisanat riche et varié. Conformément aux souhaits de Vasco de Quiroga, chaque village a en effet sa spécialité. À Tzintzuntzan, on trouve une céramique de couleur verte avec des décorations noires ; à Santa Fe de la Laguna, on fabrique les vases et les bougeoirs noirs vernissés utilisés pour la fête des Morts ; à Huancito, les Indiennes produisent des casseroles en terre de toutes tailles et de formes variées ; à Patamban, on réalise de très belles cruches ocre, d'une parfaite rondeur ; à Zinapécuaro, on crée des pièces inspirées des formes préhispaniques, tandis que San José de Gracia s'est spécialisé dans la *piña* vitrifiée verte, une sorte de pot en forme d'ananas surmonté de son plumet. Ocumicho propose probablement l'artisanat le plus original : des diables représentés dans des scènes de la vie quotidienne aux côtés d'animaux fabuleux.

***Mural* d'Alfredo Zalce, Palacio de Gobierno.**

■ **PALACIO DE GOBIERNO** *(plan B1 ; ouv. t.l.j. de 9 h à 19 h ; entrée libre)*. En face de la cathédrale, le palais du Gouvernement est installé dans un ancien séminaire de Valladolid, bâtiment de style baroque construit au XVIII$^{e}$ s. Alfredo Zalce y exécuta quelque 500 m$^{2}$ de **peintures murales** représentant, dans la cage du grand escalier, Miguel Hidalgo et les autres héros de l'Indépendance (José María Morelos, Vicente Guerrero), et divers épisodes de l'histoire du Mexique depuis cette époque jusqu'à la Révolution. Sur le mur de dr., Emiliano Zapata, Pancho Villa, Venustiano Carranza, etc. Sur celui de g., les corps de Maximilien de Habsbourg et des généraux Mejía et Miramón ; au centre, une scène illustrant la lutte contre le dictateur Santa Anna et, à g., les portraits des principaux artisans de la Réforme, dont Benito Juárez fut le promoteur. Les fresques du corridor S. retracent les principaux épisodes de l'histoire de Morelia, depuis l'arrivée des missionnaires franciscains à Guayangareo jusqu'à la Révolution.

■ **MUSEO MICHOACANO★★** *(Allende 305, à l'angle d'Abasolo, en face du Palacio de Justicia ; plan B2 ; ouv. du mar. au sam. de 9 h à 19 h, dim. de 9 h à 14 h)*. Installé dans une ancienne et belle demeure coloniale érigée en 1775 et rehaussée d'un étage au XIXe s. (magnifique portail ouvrant sur un patio, dans la cage d'escalier, fresques d'Alfredo Zalce), ce musée possède des collections d'antiquités précolombiennes provenant du Michoacán et de différentes cultures qui s'épanouirent sur le territoire du Mexique, ainsi qu'une section d'art colonial. Les collections provenant de la région sont évidemment les plus importantes avec de la **céramique** et des **figurines** depuis l'époque archaïque jusqu'au temps du royaume tarasque. On y trouve des objets façonnés en obsidienne, une activité dans laquelle le peuple purépecha excella ; le principal gisement de cette roche d'origine volcanique, dont la taille est si difficile, se trouvait dans les environs de Zinapécuaro. Le musée comprend des **sculptures** tarasques, notamment un trône de pierre, des *chac-mool*, des objets illustrant la métallurgie du cuivre. De l'époque coloniale, le musée du Michoacán détient surtout des œuvres d'**art religieux,** peintures et sculptures.

■ **COLEGIO DE SAN NICOLÁS** *(sur Nigromante, entre Madero Poniente et Melchior Ocampo ; plan B1 ; ouv. à la visite pendant les heures de cours)*. C'est ici que Miguel Hidalgo étudia et enseigna avant de devenir le héros de l'Indépendance que l'on sait. C'est la plus ancienne école du continent américain, fondée en 1540 à Pátzcuaro par Vasco de Quiroga avant d'être transférée à Morelia quarante ans plus tard ; elle est aujourd'hui rattachée à l'université du Michoacán.

■ **PALACIO CLAVIJERO★★** *(de l'autre côté de Nigromante ; plan B1)*. Le palais s'élève à côté de l'**église de la Compagnie** (XVIIe s.), transformée en bibliothèque publique. Superbe bâtiment d'architecture coloniale, il héberge l'office du tourisme et une autre bibliothèque. À l'O. du palais, au **Mercado de Dulces** (marché des douceurs), vous pourrez acheter friandises, bonbons et artisanat. Belle place aux proportions réussies, entourée d'arcades, avec en son centre une fontaine de pierre rose comme le sol et les édifices qui l'entourent.

■ **TEMPLO DE SANTA ROSA DE LA LIMA★★** *(plan B1)*. En traversant la Calle Santiago Tapia, on rejoint cette église (XVIe s.) où se produisent des musiciens le dimanche. Elle présente un magnifique portail de style baroque. La double entrée est unie par un solide contrefort qui s'intègre à l'ensemble comme s'il s'agissait d'un pilastre supplémentaire. Les frises représentent la Sainte Famille. Les gargouilles en forme de crocodiles rappellent l'architecture du Moyen Âge. L'intérieur, enlaidi par une restauration effectuée au XIXe s., possède encore trois beaux retables en bois doré et polychrome de style baroque churrigueresque.

Adossé à l'église, l'ancien **couvent de Las Rosas Teresitas** (1590) est la plus vieille école de musique du continent. Elle dépend du Conservatoire de musique et sert encore de lieu de répétition pour les Niños Cantores de Morelia *(accès par la porte de dr. de l'église)*. Durant la guerre civile espagnole, le président Lázaro Cárdenas accueillit au Mexique 400 orphelins de Républicains espagnols ; ils furent appelés Los Niños de Morelia.

■ **MUSEO DEL ESTADO★** *(Guillermo Prieto 176, à l'angle de Santiago Tapia ; plan B1 ; ouv. de 9 h à 14 h et de 16 h à 20 h, 19 h le dim. ; entrée libre)*. La belle maison où vécut la femme de l'empereur Iturbide abrite le Museo del Estado, où sont présentés de nombreux objets tarasques et une belle collection de pierres précieuses. Intéressante section d'ethnologie pour qui veut comprendre comment se répartissent les communautés purépechas. Reconstitution complète d'une pharmacie du XIXe s.

■ **MUSEO DE ARTE COLONIAL** *(Benito Juárez 240, à l'angle d'Eduardo Ruiz ; plan B1 ; ouv. du mar. au dim. de 10 h à 14 h et de 17 h à 20 h ; entrée gratuite)*. Petit édifice du XVIIe s., très sobre, abritant une collection de peintures et de sculptures coloniales, notamment une série de christs en pâte de maïs. Peintures du célèbre peintre d'Oaxaca Miguel Cabrera (XVIIIe s.). Depuis les balcons qui donnent sur la rue, jolie vue sur le Jardín del Carmen et sur l'ancien évêché.

■ **CASA DE LA CULTURA** *(Av. Morelos Norte 485 ; plan B1 ; ouv. du lun. au ven. de 10 h à 14 h, sam. et dim. de 10 h à 17 h ; entrée libre)*. Installée dans un ancien couvent de la fin du XVIe s., elle sert de cadre à de nombreuses manifestations (concerts, expositions…). Vous y trouverez le programme des événements culturels de la ville. Belle collection de **masques**★★ anciens provenant de plusieurs régions du Mexique mais surtout du Michoacán. Ces masques étaient portés lors des rituels et des fêtes indiennes.

*Redescendre vers la cathédrale par l'Av. Morelos Norte.*

■ **TEMPLO SAN FRANCISCO**★★ *(Plaza de Valladolid, derrière la cathédrale ; plan C2)*. L'église San Francisco (1546) présente une façade sobre mais de grande qualité (remarquer la finesse des colonnes), dominée par un clocher à petite coupole recouverte d'azulejos. Devant l'église, belle fontaine. L'ancien couvent à dr. de l'église est un élégant bâtiment, antérieur à la fondation de la ville (1525-1535). Il héberge la **maison des Artisans** *(ouv. t.l.j. de 9 h à 20 h ; entrée gratuite)* : collection d'artisanat local. À l'étage, des boutiques *(ouv. t.l.j. de 10 h à 15 h et de 17 h à 20 h)* proposent des objets originaux d'une excellente facture.

■ **MUSEO CASA DE MORELOS** *(Av. Morelos Sur 323 ; plan B2)*. Cette demeure construite en 1758 fut, à partir de 1801, la propriété de José María Morelos y Pavón (1765-1815) ; elle a été transformée en musée : nombreux souvenirs ayant appartenu au héros de l'Indépendance.

Non loin de là, à côté de l'**église San Augustín** (XVIIe s.), se dresse la **Casa Natal de Morelos** *(à l'angle de Corregidora et García Obeso ; plan B2 ; ouv. de 9 h à 19 h)*.

# À voir encore

■ L'**église de Las Monjas** *(angle Francisco Madero et Serapío Rendón ; plan C2)* offre une belle façade baroque. Au bout de l'Avenida Francisco Madero, longer l'**Acuaducto** *(plan D2-3)*, aqueduc colonial de 254 arcs érigé en 1785, qui vous mènera jusqu'au **Museo de Arte Contemporaneo**, dans le superbe parc Cuauhtémoc *(sortie S.-E. de la ville en direction de Toluca et Mexico ; plan D2 ; ouv. t.l.j. sf lun. de 10 h à 14 h et de 16 h à 20 h)*.

■ En suivant la Calzada Fray Antonio de San Miguel, vous rejoindrez le **sanctuario de Nuestra Señora de Guadalupe**★★★ *(plan D2)*, une église remarquable par sa nef surchargée d'ornements dorés, ses arcs festonnés de motifs floraux, ses arcatures polylobées, sa voûte constellée de croix et de rosettes. Les fresques, sur les côtés de la nef, représentent l'histoire de l'image miraculeuse de la Vierge de Guadalupe, découverte sur un *cerro* près de Mexico. Notez encore, sur le bandeau couronnant la plinthe des murs latéraux du vaisseau de l'église, les ornements, à motifs floraux, qui évoquent la calligraphie arabe. Dans la petite chapelle latérale *(à g.)*, nombreux ex-voto déposés à la suite de guérisons attribuées à la Vierge de Guadalupe, la sainte patronne du Mexique : dessins, textes relatant naïvement les circonstances de la guérison, photos, etc.

■ Plus au S., le **centre des Conventions** *(Calzada Ventura Puente)* regroupe l'**Orquidario** (serre d'orchidées ; *ouv. du lun. au ven. de 10 h à 18 h, sam. et dim. de 10 h à 15 h et de 16 h à 18 h*) et un **Planétarium** qui propose des observations astronomiques *(le ven. et le sam. à 19 h, le dim. à 18 h 30)*.

# Environs de Morelia

**1 CUITZEO★★ ET YURIRIA★★** *(35 et 66 km N. ; prendre l'autoroute jusqu'à San Agustín de Maíz, puis emprunter la RF 43 qui traverse le lac de Cuitzeo ; compter 2 à 3 h)*. À **Cuitzeo**, vous visiterez le **couvent augustin Santa María Magdalena★★** *(ouv. de 9 h à 17 h)*, fondé vers 1551 dans ce village d'origine préhispanique qui a su préserver le cachet et la sérénité des anciens bourgs d'époque coloniale. L'église s'ouvre par un magnifique **portail** de style plateresque, orné de rosaces, de chérubins, d'entrelacs, de triglyphes, de cœurs transpercés, emblème de l'ordre de Saint-Augustin et de deux colonnes annelées et surchargées d'ornements. À dr. s'étend un long portique à six arches en plein cintre reposant sur des piliers comportant une colonne cannelée en façade. Sous la quatrième travée de ce portique, qui dut être érigé après l'église, mais au XVIe s., se trouve une grande niche absidale, à calotte hémisphérique à nervures, qui devait constituer une chapelle où l'on célébrait les offices les jours de grande affluence dans l'atrium qui s'étendait sur l'emplacement de l'actuel Zócalo. Le long de cette place s'élève également une église baroque du XVIIe s. À l'intérieur, restes de fresques intéressantes, les Augustins ayant laissé libre cours à l'imagination des Indiens. Cuitzeo vit de l'artisanat, de l'agriculture et de la pêche ; on peut y déguster un bon poisson blanc.

Poursuivre 30 km sur la RF 43 jusqu'à **Yuriria**, l'ancienne cité tarasque de Yuriapúndaro, où se dresse un important **monastère augustin★★** *(ouv. de 9 h à 17 h)* construit entre 1555 et 1565 par Fray Diego de Chávez. De l'immense atrium, on découvre la magnifique façade de l'église, de style plateresque, richement ornée de rinceaux, d'entrelacs et de motifs floraux. À dr., une puissante tour carrée à campanile à claire-voie flanque cette église à l'aspect de forteresse avec ses créneaux à merlons pointus. L'église de Yuriria est l'un des rares temples mexicains du XVIe s. qui soit doté d'un transept et couvert de coupoles surbaissées. Vous entrerez dans le couvent par un portique à quadruple arcature qui formait la *portería*, remaniée au milieu du XVIIe s. De là, gagnez le cloître à deux galeries gothiques superposées ; remarquez surtout les splendides voûtes à nervures et clés pendantes des portiques du rez-de-chaussée. Un escalier monumental, à voûte en tiers-point, donne accès à l'étage, entouré de cellules.

**2 SANCTUAIRE DES PAPILLONS MONARQUES★★**. Si vous venez tôt le matin, vous pourrez voir d'énormes grappes de papillons agglutinés aux arbres. Lorsque le soleil commence à réchauffer l'atmosphère, ce sont des centaines de milliers d'ailes orange qui volettent en tous sens.

**Accès depuis Morelia** : en voiture, prendre la RF 15 en direction de Ciudad Hidalgo et Zitácuaro. Après le village d'Ocurio, prendre une route à g. pour Angangueo. En autobus, la compagnie *ADO* assure des départs toutes les heures pour Zitácuaro et deux départs par jour (14 h 30 et à 16 h 15) pour Angangueo (4 h), d'où partent les excursions (minibus ou 3 h de marche) vers le sanctuaire des papillons monarques. De Zitácuaro, autobus locaux pour Angangueo (40 mn).

**Accès depuis Mexico** : en voiture, prendre l'autoroute Mexico-Morelia jusqu'à Atlacomulco, puis la RF 126 qui mène à El Oro. À la sortie d'El Oro, prendre à g. une route de montagne en direction de San José del Rincon et Angangueo. En autobus : depuis le ter-

Dès 1937, le zoologiste canadien Freud Urquhart étudie la migration des monarques. Il ne lui faudra pas moins de trente-neuf ans – et de nombreuses tentatives de « marquage » – pour découvrir leurs lieux d'hivernage, dans les montagnes du Michoacán. Les recherches ont montré que ce papillon volait exclusivement le jour à 20 km/h et à une altitude de 50 m, s'arrêtant la nuit pour s'alimenter et récupérer l'énergie nécessaire à ce long périple. Aujourd'hui, le monarque est de plus en plus menacé par la déforestation, et ce malgré la vigilance du ministère de l'Environnement mexicain.

Attention : il est rigoureusement interdit de prélever des papillons, même morts ; nombreux gardes tout au long du parcours.

minal Poniente (Observatorio), la compagnie *ADO* dessert Zitácuaro (4 h) toutes les demi-heures. De là, autobus locaux pour Angangueo (40 mn).

**Visite** : ouv. t.l.j. de fin oct. à la mi-avr., meilleure époque en fév. Pour le retour, dernier bus au départ d'Angangueo pour Zitácuaro à 17 h 30.

*Danaus plexippus* est un beau papillon aux ailes orangées mouchetées de blanc et striées de nervures noires. Chaque année en septembre, il quitte la région des Grands Lacs, où il vit majoritairement, pour émigrer vers le Michoacán oriental. Après un voyage de 5 000 km et de six à huit semaines, des millions de papillons s'agglutinent dans les forêts de conifères aux alentours de Zitácuaro pour hiverner et se reproduire (le territoire des colonies de monarques n'excède pas une dizaine d'hectares répartis sur quelques sites). Vers mars-avril de l'année suivante, les femelles fécondées (la majorité des mâles meurt en terre mexicaine) entament un nouveau périple, vers le N. cette fois. *Danaus plexippus* se reproduira plusieurs fois au cours du voyage avant de retrouver le N.-E. des États-Unis et le S. du Canada. Là, une nouvelle génération de lépidoptères naîtra. C'est elle qui, avant les premières neiges, entamera une autre migration vers le Mexique.

# Pátzcuaro★★★

Pátzcuaro est peut-être la ville la plus représentative de la fusion des cultures indigène et espagnole en terre mexicaine. Ville coloniale dotée de magnifiques bâtiments baroques, elle est aussi, de par sa population, ses marchés, son artisanat, typiquement indigène. Ce mélange qui fait tout le charme de cette cité de 100 000 habitants aux allures de village indien est sans doute à mettre au crédit de l'évêque Vasco de Quiroga. Partout dans la ville plane le souvenir de celui qui se consacra à la défense des Tarasques et à l'amélioration de leurs conditions d'existence.
Pátzcuaro est située dans une belle région montagneuse et boisée, non loin du lac du même nom où sont organisées de nombreuses excursions. Celles pour l'île de Janitzio attirent de nombreux visiteurs, en particulier à l'époque de la Toussaint, lorsque les villageois célèbrent avec ferveur leurs morts.

**Situation** : 60 km S.-E. de Morelia, 370 km O. de Mexico.
Alt. 2 175 m ; 100 000 hab. ; État du Michoacán.

**À ne pas manquer**


| | |
|---|---|
| **Plaza Vasco de Quiroga★★★** | **418** |
| **Lac de Pátzcuaro et ses îles★★★** | **420** |
| **Tzintzuntzan★★** | **425** |
| **Santa Clara del Cobre★★** | **427** |


**☏ 434**

**ⓘ Ibarra 3, à l'angle N.-O. de la Plaza Vasco de Quiroga (*plan A2* ; ☏ 212-14 ; ouv. du lun. au ven. de 9 h à 14 h et de 16 h à 19 h, sam. et dim. de 9 h à 14 h).**

**Manifestations**
**Parmi les fêtes célébrées à Pátzcuaro et dans ses environs, signalons, du 5 au 7 janv., la Fiesta de los Santos Reves à Tzintzuntzan. Du 25 au 27 janv., fête patronale de l'île de Pacanda, sur le lac de Pátzcuaro.**
**Du 1er au 7 fév., Fiesta del Cristo Rey à Tzintzuntzan. ►**

## Adresses utiles

**■ Poste**
Obregón 13, à 20 m de la Plaza Gertrudis Bocanegra (*plan A1* ; ouv. du lun. au ven. de 8 h à 19 h, sam. de 9 h à 13 h).

**■ Gare routière**
Livramiento Ignacio Zaragoza (ou Circunvalación), à une quinzaine de minutes du centre en direction du S. *(hors plan par A3)*. Autobus pour Eronguarícuaro, Guadalajara, Mexico, Morelia, Quiroga, Santa Clara del Cobre, Tzintzuntzan, Uruapan, Zirahuén.

**■ Gare ferroviaire**
Près du lac *(hors plan par A1)*. Le « Purépecha » passe vers 6 h 30 pour Lázaro Cárdenas et vers 21 h pour Mexico.

## Pátzcuaro dans l'histoire

**■ Une ligue contre les Aztèques**
Pátzcuaro, « lieu des pierres », de *petatzecua* ou « matériaux pour (élever) des *cues* (temples) », est

Le 3 mai, Fiesta de la Santa Cruz à Pátzcuaro, dans le quartier de la Cruz Verde : danses, processions ; du 21 au 29 mai, fêtes du printemps à l'île de Janitzio, organisées par la Direction du tourisme.
Le 19 juin, Fiesta del Sagrado Corazón, dans le quartier Ibarra de Pátzcuaro.
Du 12 au 16 août, foire-exposition à Santa Clara del Cobre.
Le 29 sept., Fiesta de la San Miguel dans le quartier de ce nom à Pátzcuaro.
Le 4 oct., fête du quartier de San Francisco à Pátzcuaro.
Dans la nuit du 1er au 2 nov., fête des Morts sur l'île de Janitzio (→ *p. 424*).
Du 16 au 24 déc., *posadas*.
L'une des fêtes les plus animées de Pátzcuaro est celle de la Virgen de la Salud (8 déc.), pour laquelle toute la ville est décorée de guirlandes de fleurs naturelles et en papier, de foulards et de feuilles. Des rodéos, des corridas, des parades nautiques, des combats de coqs sont organisés pour la circonstance. La nuit, les rues sont envahies par les *monigotes*, garçonnets vêtus de blanc et masqués qui exécutent des clowneries sur des échasses.

L'origine du peuple tarasque, qui n'a aucun lien apparent avec les autres peuples indigènes du continent américain, est des plus mystérieuses. On sait que les Tarasques (ou Purépechas) qui s'installèrent dans le royaume de Naranján furent soumis par un peuple chichimèque. Il y eut avec celui-ci métissage, ou plutôt assimilation du vainqueur par le vaincu, car ils conservèrent leur langue, qui présente des affinités avec le mixe, du groupe maya-totonaque, avec le quechua, parlé au Pérou, et avec le zuñi du S.-E. des États-Unis.

une ancienne cité préhispanique, fondée probablement au XIVe s. par le roi tarasque Tariácuri. À sa mort, vers 1400, le royaume est divisé en trois principautés – Pátzcuaro, Tzintzuntzan et Ihuatzio –, qui forment une ligue pour se défendre des Aztèques. Par la suite, Pátzcuaro est rattachée aux deux autres principautés, dont la plus importante est Tzintzuntzan. La ligue tarasque atteint son apogée avec Tzitzi Phandácuare, souverain de Tzintzuntzan, qui, en 1479, repousse une invasion aztèque conduite par Axayácatl. Au début du XVe s., sous le règne de Moctezuma II Xocoyotzín, deux nouvelles expéditions sont lancées, sans plus de succès, contre les Tarasques.

### ■ Vasco de Quiroga, protecteur des Tarasques

Tanganxoán II, le dernier empereur tarasque dont le royaume avait été exploré par Cristóbal de Olid en 1522, vient faire acte de vassalité devant Hernán Cortés et se convertit au christianisme. En 1529, Nuño Beltrán de Guzmán occupe le Michoacán et massacre les populations tarasques avec une telle cruauté que la couronne d'Espagne, en 1536, délègue l'évêque franciscain Vasco de Quiroga pour mettre un terme à ses exactions. Nourri des idéaux humanistes de Thomas More, celui-ci parvient à gagner la confiance du peuple tarasque et à le protéger des *encomenderos*, organisant les communautés indiennes et développant au sein de chacune d'elles l'artisanat (son souvenir est tel qu'il est encore appelé de nos jours, en signe de respect, « Tata » Vasco). Voulant donner la primauté à Pátzcuaro sur la ville espagnole de Valladolid (l'actuelle Morelia), il y installe le siège de l'évêché. En 1553, Charles Quint accorde à la cité ses armoiries. Mais après la mort de Vasco de Quiroga (1565), Morelia gagne en prééminence et devient cité épiscopale.

## Visiter Pátzcuaro

**Combien de temps** : compter une journée pour visiter la ville, une autre pour les alentours. Mais l'endroit est si charmant que l'on peut y passer sans problème une bonne semaine.

**Le meilleur moment** : les 1er et 2 nov., pour découvrir les cérémonies de la fête des Morts dans la région. Attention, tous les hôtels sont pris d'assaut ; réserver longtemps à l'avance ou s'y rendre 2 j. avant la fête pour trouver les dernières places dans les *posadas* plus modestes.

■ **PLAZA VASCO DE QUIROGA**★★★ (ou Plaza Principal ; *plan AB2*). Grande et paisible place plantée de frênes centenaires et ornée d'un bassin circulaire orné d'une statue du bienfaiteur de la ville. Elle est

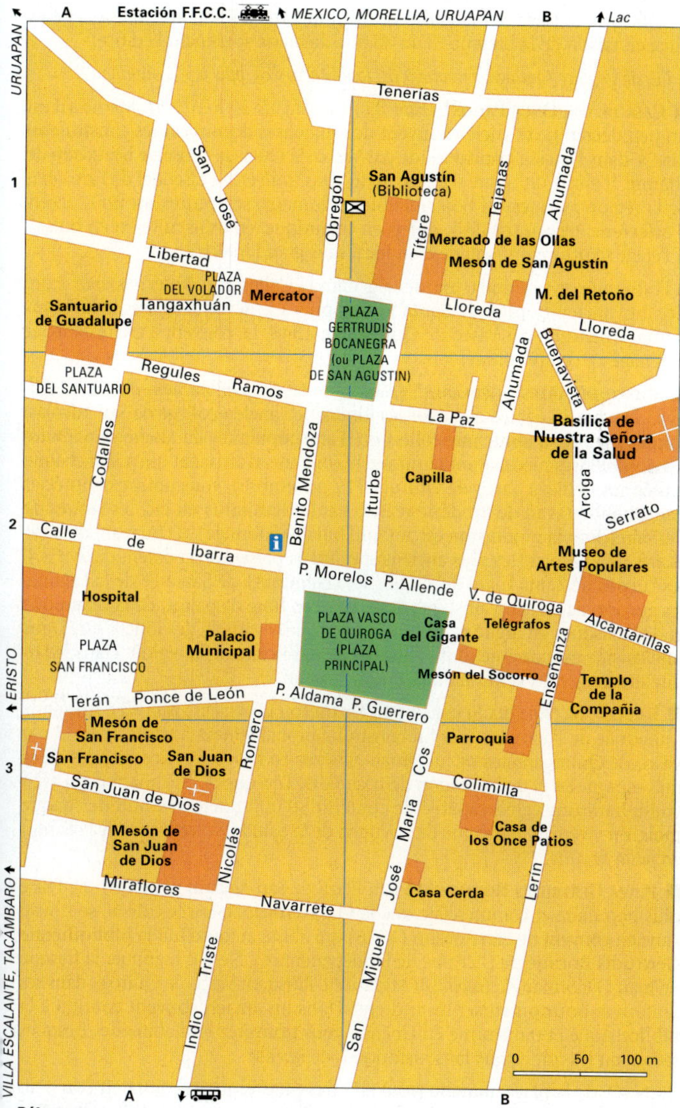


**Pátzcuaro**



entourée de vieux palais (certains transformés en hôtels ou en restaurants) et de galeries à piliers. Voir le **Palacio Municipal**, installé dans l'ancien palais des marquis de Villahermosa de Alfaro, et, sur le côté N., le **Palacio de Huitzimengari**, qui aurait été la demeure du dernier roi tarasque. Du côté E. de la place, à l'angle de Quiroga, la **Casa del Gigante** *(privée)*, une maison du XVII^e s., est appelée ainsi en raison de la présence d'un atlante de pierre soutenant l'édifice.

*À l'E. de la place Quiroga, prendre à dr. José Maria Cos, puis à g. Colimilla.*

■ **CASA DE LOS ONCE PATIOS★** *(plan B3 ; ouv. t.l.j. de 10 h à 19 h)*. Même s'il est un peu décrépit, cet ancien couvent de religieuses dominicaines construit au XVIII^e s. dans l'ancien hôpital fondé par Vasco de Quiroga conserve beaucoup de charme. Il abrite un centre d'artisanat où vous trouverez l'essentiel de l'artisanat de la région : laques sur bois, meubles coloniaux, sculptures sur bois, objets d'orfèvrerie, *rebosos* (châles), objets en céramique, en terre cuite ou en bois… À l'étage se trouve une galerie d'art local sans grand intérêt.

À l'extrémité de Colimilla, tourner à g. dans la Calle Lerín. Vous passerez, à dr., devant l'ancien **hôpital de Santa Maria**, puis à g. devant l'**église de la Compañia**, construite par Vasco de Quiroga en 1546. Le couvent a été restauré et aménagé en centre culturel.

■ **MUSEO DE ARTES POPULARES★** *(plan B2 ; ouv. du mar. au sam. de 9 h à 19 h, dim. de 9 h à 15 h)*. Installé dans les locaux de l'ancien collège de San Nicolás, fondé en 1540, il abrite une collection d'arts populaires du Michoacán. Outre les nombreuses pièces ayant remporté le concours d'artisanat qui a lieu chaque année sur la Plaza Vasco de Quiroga (1^er novembre), vous pourrez apprécier l'admirable travail de broderie réalisé par les habitants du lac, les laques de Peribán (dont la production est aujourd'hui abandonnée), d'Uruapan, de Pátzcuaro, de Quiroga (les plus anciens spécimens présentés ici datent du XVII^e s.), les cuivres de Santa Clara del Cobre, les céramiques de Santa Fe de la Laguna, les guitares de Paracho ainsi que des articles en fibre de palme, de la céramique et des masques en argile et en bois d'une infinie variété, des jouets, etc. Dans une cuisine est présenté tout l'artisanat de terre cuite de la région. Dans le jardin attenant, vous verrez un *troje* du Michoacán.

■ **BASÍLICA DE NUESTRA SEÑORA DE LA SALUD** (ou Colegiata ; *plan B2*). Ancienne cathédrale de Pátzcuaro, elle fut construite probablement à partir de 1543 par Vasco de Quiroga, mais ne fut jamais achevée en raison de l'hostilité des autorités espagnoles et de l'ambition démesurée de l'évêque du Michoacán, qui avait voulu bâtir une église capable de contenir 30 000 fidèles. Le huit de chaque mois, on y vénère une statue de la Virgen de la Salud (Notre-Dame de la Santé) en *pasta de caña*.

■ **PLAZA GERTRUDIS BOCANEGRA★** (ou Plaza de San Agustín ; *plan AB1-2*). Place plus populaire et commerciale que la Plaza Principal. Sur le côté N. se trouve l'ancien couvent de San Agustín (1576) qui abrite aujourd'hui la **bibliothèque Gertrudis Bocanegra** (héroïne de l'Indépendance). Ne pas manquer la fresque de Juan O'Gorman, *L'Histoire du Michoacán*, illustrant Vasco de Quiroga dans ses tentatives pour organiser les Indiens. Dans un ancien couvent contigu à la bibliothèque et transformé en cinéma, vous trouverez les habituelles fresques racontant les principaux faits historiques de la ville.

Au N.-O. de la place, **marché** *(plan A1)* très pittoresque et coloré où l'on peut grignoter des *tacos* ou goûter une soupe tarasque à base de *tortillas* de maïs ; artisanat.

# Environs de Pátzcuaro

**1 LE LAC DE PÁTZCUARO ET SES ÎLES★★★** *(à 4 km N. du centre-ville, après la gare ; quitter Pátzcuaro par la Calle Ahumada puis la Calzada de las Américas. Des bus* *indiquant « Lago » vous y emmènent depuis la Plaza Gertrudis Bocanegra. Du Muelle General ou du port de San Pedrito, distants l'un de l'autre de 500 m, service régulier pour les îles de 7 h à 18 h, départ quand le bateau est plein. Possibilité de louer des barques à moteur pour se promener ; rens. à la capitainerie sur le Muelle General)*. Le lac de Pátzcuaro a la réputation d'être le plus beau lac du Mexique. Il s'étend à 2 042 m d'altitude sur une longueur d'environ 20 km du N. au S. et une largeur moyenne de 5 km. Près d'une trentaine de villages sont répartis sur ses rives et sur quatre îles dont Janitzio, la plus connue et la plus grande. La population vit de l'artisanat, du tourisme et bien sûr de la pêche. Le *pecito blanco*, un poisson à la chair très fine et très estimée, est la spécialité locale. Il tend à se faire rare car le lac souffre de la pollution. Pour le capturer, on utilisait le fameux filet-papillon *(uiripu)*, mais celui-ci n'est plus guère employé, si ce n'est pour satisfaire les touristes : en échange de quelques pièces, les pêcheurs posent volontiers en le brandissant.

L'**île de Janitzio**★ *(visite en 1 h)* est en majeure partie occupée par un village de pêcheurs très touristique – on y trouve une multitude de magasins de souvenirs et autres restaurants de poisson –, aux rues étroites et pavées qui se faufilent entre des maisons aux grands balcons de bois et aux toits très amples. Sur la place principale se tient un marché animé.

**Sur l'île de Yunuén, où les femmes brodent de beaux tissus, possibilité de louer des bungalows.**

**Le Michoacán est un paradis pour les gourmets : outre les délicieux poissons blancs des lacs, on peut y déguster des truites et des écrevisses, du poulet au chile, des *corundas* (pâte de maïs enveloppée de feuilles de maïs), des fromages chauds et les fameux *bunuelos*, crêpes de maïs dures qui accompagnent les sorbets aux fruits.**

**L'île de Janitzio est dominée par une colossale statue en béton de José María Morelos qui dépare le paysage. Néanmoins, un escalier aménagé à l'intérieur du monument permet d'atteindre sa partie supérieure, d'où l'on découvre une vue splendide sur le lac.**

# L'habitat rural

**Maison des basses terres du Chiapas.** ▼

L'architecture paysanne du Mexique a conservé quelques caractères datant d'avant la conquête espagnole. Isolées et construites sur la *milpa*, les maisons ne possèdent souvent qu'une seule pièce, parfois dépourvue de fenêtre. Les matériaux de construction sont prélevés sur place et adaptés au climat. L'influence hispanique se traduit par une concentration en quelques gros villages, contrastant avec le semis naturel très épars de l'habitat indien.

## ■ À chacun sa maison

L'habitat indigène en ses formes régionales diverses demeura inchangé pendant des millénaires : grotte ou abri des Tarahumaras, chaumière de brique crue ou de bois au toit pentu du pays maya, cercle de bois couvert du toit conique des Huastèques et des Mixtèques, assemblage de pierres et de bardeaux de bois des Zapotèques. Ce n'est qu'à l'arrivée des conquistadores, apportant avec eux le fer et la hache, qu'apparurent les chalets en bois avec portique en façade des Tarasques que l'on découvre encore dans l'État de Michoacán. Elles furent nommées *trojes* (greniers), car c'est dans leurs combles qu'est entreposé le grain.

## ■ L'enclos familial

En majorité, l'habitation est distribuée en bâtiments à utilisation spécifique : la hutte principale pour dormir et cuisiner, le dépôt à grains et le bain de vapeur *(temazcal)*. Les repas sont préparés sur un foyer consistant en trois grosses pierres reposant sur le sol en terre battue. On y trouve la pierre à moudre *(metate)*, les marmites *(ollas)* et le disque en terre ou métal *(comal)* pour cuire les tortillas. En l'absence de toute cheminée, la fumée flotte dans la pièce avant de traverser les interstices du toit. Au coucher, on déroule des nattes de jonc *(petates)* sur les châlits en bois ou on suspend des hamacs à la poutre faîtière. Dans un recoin est dressé un petit autel domestique fleuri en permanence. Hormis la cuisine, toutes les activités féminines se font à l'extérieur : lessive, cardage et tissage, poterie…

**▲ À proximité de la maison, on trouve parfois un *temazcal*. Durant l'époque préhispanique, le bain de vapeur était utilisé pour des rites de purification par les femmes après les accouchements, par les prêtres, par les futurs sacrifiés ou les joueurs de balle.**

▲ Séchage des adobes.

## Une architecture organique

On ne peut rêver d'un habitat plus en symbiose avec la nature. La cabane maya avec son toit de chaume très pentu laisse ruisseler les eaux des averses tropicales, la palme enchevêtrée ou le chaume épais constituant des couvertures capables de supporter une pluviosité bien supérieure à celle que peuvent accepter nos coûteux matériaux. Sur les hautes terres, les épaisses parois en adobe isolent idéalement du chaud comme du froid, tandis que les parois de branchages entrelacés du Yucatán laissent passer la moindre brise qui ventile ainsi naturellement la maison. De plus, ces humbles demeures offrent une meilleure résistance aux catastrophes naturelles – cyclones et tremblements de terre – que les constructions modernes.

## La maison métisse

L'influence espagnole a poussé au rassemblement d'un habitat naturellement dispersé en communautés rurales ordonnées autour de l'église et de la Plaza de Armas. Le long des rues tracées au cordeau sont alignées en continuité de petites maisons basses et étroites au toit en terrasse ou en tuiles romaines. Construites en adobe ou en dur, souvent peintes en couleurs vives, elles ne comprennent que quelques petites pièces sombres tournées davantage vers le patio que vers la rue où ne s'ouvrent que de rares fenêtres armées de grilles en fer forgé. L'ameublement se limite à une table, des chaises, un lit, un vaisselier et un autel supportant des images pieuses.

## Petit glossaire de l'architecture mexicaine

*Adobe :* brique de paille et de boue séchée au soleil.
*Azul añil :* peinture bleu indigo. Cette couleur éloigne les mauvais esprits.
*Casita :* petite maison.
*Palapa :* maison yucatèque à toit de palme.
*Petate :* natte de jonc.
*Portón :* portail d'entrée.
*Rancho :* ferme, ranch.
*Rejas :* barreaux de fer forgé placés devant les fenêtres.
*Sala :* salle de séjour.
*Troje :* grenier, grange.
*Zaguán :* vestibule, foyer, porche.

◄ Maison maya en adobe au milieu d'une *milpa*.

## La fête des Morts

**Ce rituel a pour les Indiens Tarasques une autre signification. C'est en effet dans la nuit du 1er au 2 nov. 1527, alors que Mintzina, la fille du roi Tzintzuntzan était sur le point de s'unir à Itzahuapa, le prince héritier de Janitzio, que le cruel Nuño de Guzmán donna l'ordre d'éliminer les Indiens pour s'emparer du trésor de Tzintzuntzan. De ce massacre est née une tradition : dans chaque église de chaque village, on dresse un immense autel dédié aux morts sans descendance.**

Dans la nuit du 1er au 2 novembre, le cimetière de l'île de Janitzio sert de cadre à l'une des cérémonies religieuses les plus célèbres du Mexique, mais aussi l'une des plus courues par les touristes, bien qu'elle ne soit pas une manifestation folklorique mais un acte de recueillement et de foi. Vers minuit, les femmes, toutes vêtues d'un châle rayé de bleu les enveloppant de la tête aux pieds, se rendent au cimetière en portant des paniers de victuailles, des guirlandes et des bouquets de *cempazuchiles* orange ou de *terciopelos* rouge sang. Toutes ces offrandes sont ensuite soigneusement disposées sur les tombes éclairées par d'innombrables chandelles. Puis, les hommes arrivent à leur tour, drapés dans leurs ponchos. La nuit s'installe, les familles assises autour des tombes parlent doucement, tandis que les effluves de copal et d'encens enveloppent le cimetière et que s'élèvent les mélodies de vieilles chansons tarasques implorant le repos pour les âmes des défunts.

**Pour la fête des Morts, si vous voyagez à 4, 6 ou 8 pers., compte tenu de la foule qui s'entasse dans les barques officielles, vous pouvez louer votre propre bateau pour toute la nuit (rens. à la capitainerie) et demander à son propriétaire de vous emmener d'île en île.**

Même s'il y a foule à Janitzio, le spectacle reste extraordinaire. L'idéal est de passer la nuit sur l'île avec un sac de couchage ou des vêtements très chauds, les familles ne se rendant sur les tombes qu'une fois le dernier bateau reparti, vers 23 h 30. Attention, si vous ne souhaitez pas demeurer sur l'île, surveillez l'apparition du brouillard qui peut empêcher la navigation.

Ces émouvantes retrouvailles entre morts et vivants se déroulent aussi dans d'autres villages alentour. Vers 5 h de l'après-midi, on peut se rendre au cimetière de **Tzintzuntzan** *(→ ci-après)*, situé à côté du site archéologique, sur la route de Quiroga. Lorsque la nuit commence à tomber, les hommes qui ont préparé les tombes se retirent, se contentant de regarder, de loin, les femmes poursuivre le rituel. Toutes les bougies s'allument entre chien et loup, offrant un décor fantastique. On peut aussi s'y rendre au petit matin, lorsque les brumes enveloppent encore le cimetière. À **Jarácuaro** *(→ ci-dessous)*, la cérémonie est plus authentique qu'à Janitzio, mais c'est à **Ihuatzio** *(15 km N. de Pátzcuaro, sur la rive orientale du lac)* qu'elle est empreinte de la plus grande sincérité. On dit d'ailleurs que Ihuatzio est le village le plus respectueux de la tradition.

**Attention aux agressions la nuit. Ne vous engagez pas à une seule voiture pour faire le tour du lac. Choisissez plutôt les tronçons de Pátzcuaro à San Geronimo par Tzintzuntzan ou, dans l'autre sens, de Pátzcuaro jusqu'à Erongarícuaro.**

**2 LE TOUR DU LAC★★★** *(parcours d'env. 75 km ; quitter Pátzcuaro par la Calle Ahumada en direction du lac puis prendre la RF 14 en direction de Tzintzuntzan ; compter une journée).*

Les *yácatas* de Tzintzuntzan présentent un plan original pour le postclassique récent.

*21 km* : **Tzintzuntzan**★★ *(musée et site ouv. de 9 h à 18 h ; entrée libre le dim.)*. Tzintzuntzan, « le lieu des colibris », était la capitale de la ligue tarasque lors des invasions aztèques au XVe s. Le site archéologique se présente comme une vaste terrasse artificielle de 425 m de longueur sur 250 m de largeur sur laquelle s'élèvent cinq *yácatas*. Ces bâtiments d'une hauteur d'environ 15 m se composent d'une partie rectangulaire comportant environ douze étages en retrait et, accolée à celle-ci, d'une partie circulaire de 28 m de diamètre également à étages en retrait.

Au pied d'une des *yácatas*, on a mis au jour deux tombes inviolées qui contenaient plusieurs squelettes et un important mobilier funéraire : objets de parure en obsidienne, pipes en terre cuite, pinces à épiler (le peuple tarasque pratiquait l'épilation du corps), bracelets en cuivre, céramiques, outils en cuivre, etc. Le site abrite également d'autres constructions de dimensions plus modestes. Cependant, l'ensemble de ces trouvailles ne permet pas de déterminer la fonction exacte des *yácatas*.

**À Ihuatzio s'élèvent les ruines (beaucoup moins intéressantes) d'une autre cité tarasque. Elles comportent cinq *yácatas* ; deux sont de plan rectangulaire, les trois autres sont semblables à celles découvertes à Tzintzuntzan.**

Petit musée abritant les objets découverts dans les tombes.

En face de l'entrée du site archéologique, de l'autre côté de la route de Quiroga, une rue conduit au cœur du *pueblo* où se trouve l'ancien **Convento de San Francisco** *(→ ill. p. 144)*, reconstruit vers 1570 par les Franciscains. Il est précédé d'un vaste atrium ombragé par des oliviers centenaires, ce qui est très rare au Mexique en raison de l'interdiction faite à la Nouvelle-Espagne de planter ces arbres pour ne pas concurrencer la production de la métropole. La façade de l'église, de style plateresque local, est ornée de la coquille de saint Jacques. À l'intérieur, dans la chapelle del Señor del Rescate, élégante sculpture articulée du Christ, très vénérée le jeudi saint et lors de la fête du Christ-Roi (du 1er au 7 février). À g. de l'église, chapelle ouverte San Camilo. Sur le côté N. de l'atrium se trouve une autre chapelle ouverte, ajoutée ou rebâtie en 1619, qui appartenait à l'ancien hôpital.

À côté du couvent, **marché d'artisanat**. L'artisanat de Tzintzuntzan, qui trouve ses racines dans l'époque précolombienne, propose en particulier des objets en paille ou réalisés avec des joncs provenant du lac ainsi qu'une céramique verte décorée de poissons et d'oiseaux.

*32 km :* **Quiroga** sur la route de Zacapu (RF 15), l'ancienne Cocupao, ressemble à un véritable bazar où l'on propose les produits de l'artisanat local et notamment des coffrets en bois laqué et des chaises qui y sont fabriqués depuis le XVIe s., époque durant laquelle Vasco de Quiroga s'efforça, par la création d'industries de caractère artisanal, d'acclimater les Tarasques à la nouvelle forme de société née de la Conquête.

*37 km :* quelques kilomètres après le village de **Santa Fe de la Laguna**, prendre à g. la route secondaire qui longe le lac de Pátzcuaro ; vous passerez les villages de Purenchécuaro et San Andrés (jolies églises). La partie occidentale du lac, beaucoup plus sauvage, offre des paysages magnifiques.

*60 km :* **Erongarícuaro**. Ce village tarasque doté d'une jolie place carrée entourée de portiques en bois est en train de retrouver son cachet originel grâce aux revenus provenant de l'émigration saisonnière aux États-Unis et à un artisanat de qualité réalisé par la coopérative *MFA*. Celle-ci a créé une **école** *(visite possible ; suivre la première rue à dr. vers le lac à l'entrée du village)* qui forme des laqueurs sur bois, des sculpteurs, des coloristes ; ventes sur place. Pendant la Seconde Guerre mondiale, André Breton et d'autres surréalistes résidèrent à Erongarícuaro.

En 1563, les Franciscains entreprennent ici la construction du couvent **Nuestra Señora de la Asunción**. L'église est une construction en pisé, avec une petite tour sur le côté N. Sa façade est l'un des meilleurs exemples du style plateresque de la région du lac. À l'intérieur, le plafond et la toiture sont construits selon la technique de l'*artesonado*, c'est-à-dire avec des poutres très rapprochées qui permettent d'éviter d'avoir recours à une voûte. À côté de l'église, un porche donne sur le cloître à deux

## Les Tarasques, maîtres des arts

Les Aztèques considéraient les Tarasques, encore appelés Purépechas, comme des Chichimèques. De fait, ceux-ci adoptèrent des habitudes caractéristiques des peuples nomades du N., telles celle de fumer du tabac dans des pipes de terre cuite ou bien encore de préparer la nourriture pour plusieurs jours. Mais cette influence chichimèque ne fut pas unique, ainsi qu'en témoigne la découverte en pays tarasque de plusieurs *chac-mool*, éléments cultuels typiques de la civilisation toltèque. Le rôle qu'exerça sur le Michoacán la région du Río Balsas, dans le Guerrero et les *tierras calientes* du Michoacán, dut être également très important dans la formation de la culture tarasque. C'est probablement grâce aux populations de cette vallée que furent propagées, sans doute dès le Xe s. de notre ère, les techniques de travail des métaux, qui se transmirent de proche en proche à travers la Mésoamérique.

Dans le domaine des arts, les Tarasques se signalèrent ainsi par leur métallurgie, bien supérieure à celle des Aztèques ; leur maîtrise technique, en particulier leur capacité de réaliser différents alliages dont le bronze, les aida sans doute à tenir leurs puissants voisins en respect. Ils excellèrent aussi dans la taille de l'obsidienne et dans le travail de la plumasserie, ce qui leur valut, longtemps encore après la Conquête, des commandes d'ornements et d'images pieuses exécutés en plumes.

niveaux, avec des arches appuyées sur des piliers toscans qui évoquent le style roman. Dans une chapelle se trouvait une fresque de Michel Cardoret illustrant l'Apocalypse ; elle est aujourd'hui effacée.

*68 km :* **Jarácuaro**, village situé sur une presqu'île marécageuse, avec des maisons en bois aux larges balcons et une église flanquée d'un campanile à trois étages. Le jeudi du Corpus Christi (entre le 1er et le 7 février) est l'occasion d'une des fêtes les plus courues de la région. Pêcheurs, musiciens, potiers, ébénistes et tresseurs de jonc célèbrent la première des treize fêtes des treize villages qui bordent le lac.

**3 Santa Clara del Cobre★★** (ou Villa Escalante ; *20 km S. ; quitter Pátzcuaro par la RF 120*). Pittoresque village tarasque spécialisé dans le travail du cuivre depuis le XVIe s., grâce à l'action de Vasco de Quiroga. À l'origine, le métal provenait des mines d'Inguarán (80 km au S.) ; celles-ci étant aujourd'hui épuisées, les artisans achètent, pour les recycler, des fils de cuivre provenant de générateurs électriques. Un peu partout dans le bourg, on entend le martèlement lancinant des ateliers de dinanderie, où le métal est travaillé sur des forges dotées d'énormes soufflets à main. On y fabrique des ustensiles de cuisine traditionnels et de magnifiques vases de facture préhispanique. Noter sur le Zócalo un kiosque au toit de cuivre. À côté, un riche **musée de l'Artisanat** *(ouv. de 9 h à 17 h)* présente les chefs-d'œuvre produits par les ateliers des alentours.

**Foire du cuivre (Feria del Cobre) du 11 au 16 août.**

►À 1,5 km de Santa Clara vers le S., une route à dr. mène au **lac de Zirahuén★** *(11 km)*, entouré de forêts de sapins. Le village du même nom est réputé pour son poisson blanc, mais soyez discrets : les touristes sont tout juste acceptés. Le samedi et le dimanche, possibilité d'emprunter une barque à moteur pour se rendre dans les restaurants situés sur la rive opposée.◄

**La princesse Zirahuén était si belle que, jaloux, le dieu Colibri la transforma en un rayon de lune afin qu'aucun mortel ne puisse posséder sa beauté.**
**Un jour, la déesse de l'amour entendit les lamentations d'un jeune guerrier qui se désespérait de la disparition de sa bien-aimée, la princesse Zirahuén elle-même. Émue par ce chagrin, elle le conduisit au bord du lac. Découvrant le reflet de la belle, le guerrier entra dans l'eau. Les deux amants reposent depuis lors dans l'obscurité profonde du lac.**

# Querétaro★★★

**Situation** : 220 km N.-O. de Mexico, 195 km N.-E. de Morelia, 350 km E. de Guadalajara.
Alt. 1 800 m ; 1 000 000 hab. ; capitale de l'État du même nom ; université.

**À ne pas manquer**



☎ 4

ⓘ Pasteur Norte 4 (*plan C1* ; ☎ 238-50-00 ; ouv. du lun. au ven. de 9 h à 14 h et de 17 h à 20 h, sam. et dim. de 9 h à 16 h). Visite guidée du centre historique tous les jours à 10 h 30.

Urgences : ☎ 238-50-00.

Attention, la gare ferroviaire a été fermée pour le transport passagers.

Querétaro est le point de passage obligé entre l'Altiplano et le Bajío. Situé au cœur d'une région très fertile, c'est l'un des greniers de Mexico. Mais depuis le tremblement de terre qui a secoué la capitale en septembre 1985, de nombreuses industries se sont décentralisées et ont donné un nouveau visage à cette ville de province. En dix ans, celle-ci a vu sa population passer de 150 000 à 1 000 000 d'habitants. Fort heureusement, ce développement n'a pas été anarchique comme dans d'autres cités. Mieux encore, le patrimoine historique de Querétaro, inscrit au patrimoine mondial de l'Unesco en 1996, a été protégé et même restauré. Avec ses innombrables monuments baroques civils et religieux, ses maisons seigneuriales, ses fontaines, ses églises et ses couvents, la ville constitue pour ainsi dire un coin d'Espagne transplanté au Mexique, et demeure un enchantement.

## Adresses utiles

### ■ Poste

Arteaga Poniente 5, entre Juárez et Allende (*plan C2* ; ☎ 212-31-19 et 224-36-40 ; ouv. du lun. au ven. de 8 h à 19 h, le sam. de 9 h à 12 h).

### ■ Représentations diplomatiques

*Consulat de France*, Pino Suárez Poniente 271, à l'angle de l'Av. Tecnológico, Colonia Niños Héroes (*plan B2* ; ☎ 215-26-93).

### ■ Gare routière

*Terminal de Autobuses de Querétaro*, à 2 km S.-O. du centre-ville, sur Prolongación Luis Vega y Monroy 800 (☎ 229-00-62). Depuis le Zócalo, suivre Corregidora Sur jusqu'à la Calzada Zaragoza ; prendre à dr. un bus indiquant « Ruta R » ou « Ruta 19 » qui vous mènera jusqu'à la nouvelle station d'autobus, proche du stade (rens. : ☎ 229-01-81 et 229-01-82). Départs toutes les 30 mn pour Mexico (2 h 30) ; pour Guadalajara, un bus chaque heure (5 h 30) ; pour Guanajuato, deux bus le matin, quatre l'après-midi et en soirée (2 h 30).

# Querétaro dans l'histoire

### ■ Le berceau de l'Indépendance

Fondée par des Otomís durant l'époque préhispanique, Querétaro est rattachée à l'Empire aztèque durant la seconde moitié du XVe s. En 1531, elle est conquise pour le compte des Espagnols par des chefs otomís christianisés, qui trouvent là un bon moyen de se libérer de la domination aztèque. En 1655, le roi Philippe IV lui accorde le titre de *ciudad*. Au début du XIXe s., Querétaro est la ville où se noue la conspiration qui va provoquer l'insurrection contre les Espagnols en 1810. L'idée de secouer le joug espagnol prend naissance dès 1808 au sein d'un cercle littéraire fondé par des créoles de Querétaro. Le vice-roi ayant éventé le complot, des mandats d'arrêt sont lancés le 13 septembre 1810 contre les principaux chefs du mouvement. Ceux-ci, avertis par la femme du prévôt des marchands (la Corregidora), décident de hâter l'exécution de leur projet : la proclamation de l'indépendance est avancée au 16 septembre ; elle a lieu depuis la ville voisine de Dolores.

### ■ La fin de Maximilien

D'autres événements historiques majeurs ont eu lieu à Querétaro. En 1848 a lieu la ratification du traité de Guadalupe Hidalgo qui met fin à la désastreuse guerre avec les États-Unis, le Mexique se retrouvant amputé de près de la moitié de son territoire Le 15 mai 1867 se déroule le dernier combat entre les troupes de Maximilien de Habsbourg et celles du libéral Benito Juárez. L'empereur est fait prisonnier. Il sera fusillé avec deux de ses généraux (Miguel Miramón et Tomás Mejía) le 19 juin 1867 à Querétaro, au Cerro de las Campanas. Enfin, un congrès réuni dans la ville à l'initiative de Venustiano Carranza aboutira à la promulgation de la Constitution de 1917 ; celle-ci est toujours en vigueur

# Visiter Querétaro

**Combien de temps** : compter 2 j. pour découvrir toutes les richesses de Querétaro.

**Le meilleur moment** : visiter Querétaro de préférence en fin de semaine pour profiter de l'ambiance très bon enfant qui y règne, avec concerts de musique dans les kiosques et sérénades de mariachis. Il est conseillé de réserver son hôtel.

**Se déplacer** : le centre historique a été en grande partie aménagé en zone piétonne.

**Manifestations**

**Le 25 juil., fête de la fondation de Querétaro : feux d'artifice sur et depuis l'aqueduc accompagnés d'une grande kermesse. Le 26, fête de Santa Ana.**

**Les 13, 14 et 15 sept., fête dans le couvent de la Croix : danse des Concheros.**

**Du 16 au 24 déc., fêtes de la Nativité.**

**Le vendredi saint, procession du Silence.**

**Le samedi saint, on brûle des Judas, grands mannequins d'osier et de papier remplis de pétards.**

**Musique et danse le dim. à partir de 18 h au Jardín Zenea.**

**La *Casa de la Cultura*, 5 de Mayo 40, organise divers spectacles, ainsi que les universités et les écoles de la ville (se renseigner sur place).**

**Achats**

**Le marché d'artisanat se trouve à l'angle de Luis Pasteur et de Independencia (*plan C1*).**

**La région est riche en opales et pierres semi-précieuses (attention néanmoins aux pierres synthétiques, entre autres au rubis des Alpes qui s'exporte jusqu'ici).**

**À Querétaro, un solennel monument s'élève à la gloire de la Corregidora, Josefa Ortiz de Domínguez.**

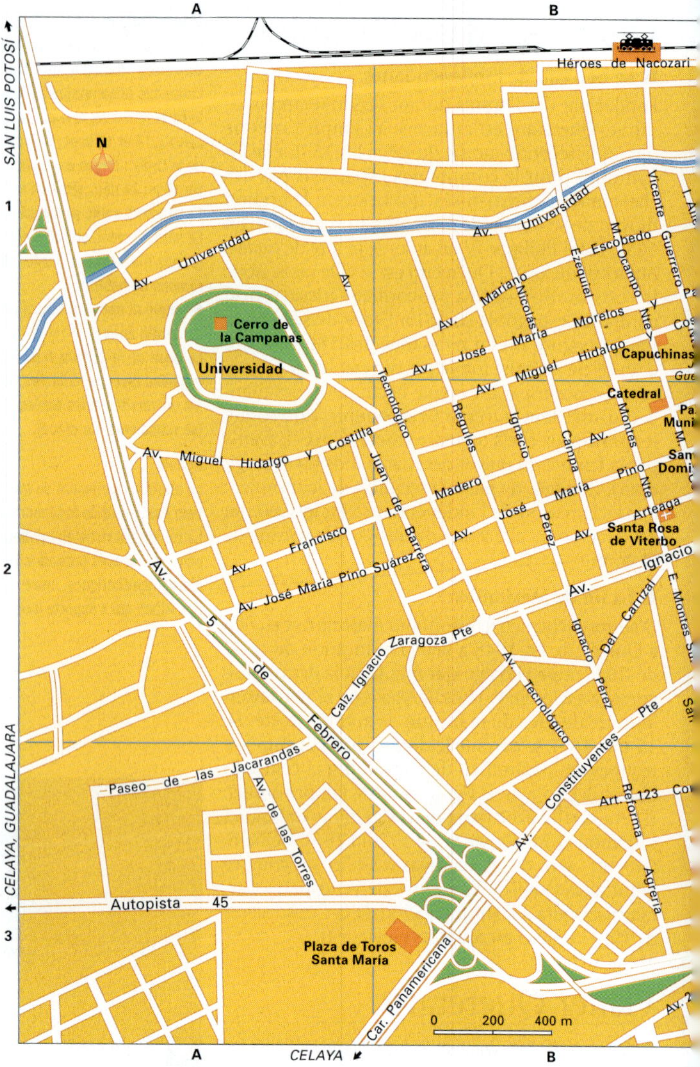


**Querétaro**

■ **MUSEO REGIONAL**★ *(Corregidora 3, à l'E., du Jardín Guerrero ; plan C1 ; ouv. du mer. au sam. de 10 h à 18 h, le mar. et le dim. de 10 h à 15 h 30)*. Il est aménagé dans l'ancien **couvent de San Francisco** qui fut le premier édifice religieux de la ville (1540). Ce musée possède l'une des plus importantes collections de peinture coloniale du Mexique. Dans seize salles réparties sur deux étages, vous

pourrez avoir un aperçu de toute l'histoire régionale par période historique. Le rez-de-chaussée présente tout ce qui a trait à l'époque préhispanique, aux sites archéologiques de la région (Ranas, Toluquilla), à l'ethnologie des différentes communautés indiennes (Chichimèques, Otomís), à l'arrivée des Espagnols dans la région et à la conversion des Indiens .

**Le Jardín Zenea et son kiosque, lieu de rendez-vous des familles mexicaines. En arrière-plan s'élève le clocher de l'église San Francisco.**

À l'étage, deux salles sont consacrées à la peinture coloniale ; dans les galeries attenantes sont exposés de nombreux tableaux de Miguel Angel Cabrera. Deux autres salles abritent des objets religieux et civils de la Nouvelle-Espagne. Deux salles évoquent aussi l'Indépendance et présentent de nombreuses pièces historiques comme la serrure de la porte derrière laquelle la Corregidora apprit que la conjuration était éventée, la table sur laquelle fut signé le traité de Guadalupe Hidalgo, le parafeur où Juárez signa l'ordre d'exécution de Maximilien ; nombreux documents sur le Porfiriat et la Révolution. Voir également une collection de peintures du XIX$^{e}$ s. assez intéressante par sa diversité.

■ **TEATRO DE LA REPÚBLICA** *(Juárez, à l'angle d'Angela Peralta ; plan C1 ; ouv. du lun. au ven. de 10 h à 14 h et de 18 h à 21 h, le sam. de 10 h à 13 h ; entrée libre)*. C'est dans ce bâtiment du XIX$^{e}$ s. que fut prononcée la condamnation à mort de l'empereur Maximilien et des généraux Miguel Miramón et Tomás Mejía en 1867. En 1917, la constitution qui régit encore aujourd'hui le Mexique y fut ratifiée. Enfin, le Parti national révolutionnaire (PNR), l'ancêtre du PRI, y fut fondé en 1929.

■ **PLAZA DE ARMAS★★** *(plan C1)*. Encore appelée Plaza de la Independencia, cette petite place très espagnole, l'une des plus charmantes de la ville, est ornée d'une statue de Juan Antonio de Urrutia, marquis de la Villa del Águila, constructeur de l'aqueduc de Querétaro. Elle regroupe plusieurs maisons de maître ayant appartenu à de grandes familles de la noblesse espagnole, en particulier la **Casa del Marqués de Ecala** *(ouv. de 9 h à 15 h)*, construite au XVIII$^{e}$ s., où se trouve le bureau du ministère de la Santé pour l'enfance (DIF) : belles grilles en fer forgé et remarquables sculptures sur la façade.

Voir aussi la **Casa de la Corregidora★** (Palacio de Gobierno ; *ouv. t.l.j. de 8 h à 21 h ; entrée libre*), également du XVIII$^{e}$ s., qui fut la résidence de la Corregidora Josefa Ortiz de Domínguez. C'est là que, le 13 septembre 1810, elle avertit les conjurés indépendantistes qu'ils étaient découverts. Le bâtiment qui servit aussi de prison abrite aujourd'hui le gouvernement de l'État du Querétaro.

■ **TEMPLO Y CONVENTO DE LA SANTA CRUZ** *(Plaza de los Fundadores ; plan C1 ; ouv. du lun. au ven. de 9 h à 14 h et de 16 h à 18 h, sam. et dim. de 9 h à 16 h ; entrée libre)*. Il fut érigé sur le lieu où se déroulèrent, en 1531, les derniers combats entre les Indiens défenseurs de la ville et les Espagnols et leurs alliés otomís. L'apparition d'une croix dans un ciel obscurci par une éclipse de soleil aurait incité les premiers à cesser les combats et à embrasser le catholicisme. Une chapelle fut immédiatement érigée près d'une croix de pierre qui commémorait le miracle. Plus tard, en 1654, une église et un couvent de style baroque y furent édifiés. Maximilien de Habsbourg y installa son quartier général en 1867 mais, trahi par l'un de ses officiers, il dut chercher refuge sur le Cerro de las Campanas, où il fut fait prisonnier. Dans le jardin, noter les « arbres à épines », couverts d'épines en forme de croix.

En face du couvent se situe la **Capilla del Calvarito** (chapelle du Petit Calvaire), modeste oratoire du milieu du XVIIe s. élevé à l'endroit où aurait été célébrée la première messe après la prise de Querétaro en 1531.

►En continuant dans l'Avenida Independencia puis dans l'Avenida Ejército Republicano, vous longerez le **Panteón de la Cruz** *(plan D1)* où se trouve le mausolée érigé en 1960 en l'honneur de la Corregidora. De l'autre côté de la rue se dresse un **mirador** d'où l'on découvrira l'**aqueduc de Querétaro**★★ *(plan D1)*. Cet important ouvrage, emblème de la ville, est long de 1 280 m et comporte 74 arches ; il fut construit entre 1726 et 1735 par le marquis de la Villa del Águila.◄

*Depuis le couvent de la Santa Cruz, suivre Independencia puis Pino Suárez.*

■ **CASA DE LOS PERROS** *(Ignacio Allende 16 ; plan C2 ; ouv. du lun. au ven. de 9 h à 14 h et de 16 h à 18 h, sam. et dim. de 11 h à 18 h)*. Ancienne demeure seigneuriale du XVIIIe s. dont le patio est orné d'une splendide fontaine coloniale formée par des sphinx supportant la cuve. Voyez encore les gargouilles de la cour, véritable collection de grotesques, aux expressions les plus variées. C'est précisément à ces gargouilles zoomorphes, visibles aussi bien dans la cour que sur la corniche le long de la Calle Allende, que ce petit palais doit son nom.

■ **MUSEO DE ARTE DE QUERÉTARO**★★ *(Ignacio Allende 14 ; plan C2 ; ouv. t.l.j. sf lun. de 11 h à 19 h)*. Le

## Rêve d'Empire

Rêvant de fonder un empire outre-Atlantique, Napoléon III veut profiter de la crise politique et financière qui touche le Mexique à la fin du XIXe s. pour y envoyer des troupes et y établir sa mainmise. L'armée française, après avoir débarqué à Veracruz, monte jusqu'à Orizaba, puis à Puebla qu'elle tente de prendre d'assaut. Elle est repoussée le 5 mai 1862. L'année suivante, grâce à de nouveaux renforts, le général Forey s'empare de la ville, et occupe finalement Mexico. Mais déjà, dans le N. du pays, Juárez organise la contre-attaque.

En 1864, l'archiduc Maximilien, frère de l'empereur d'Autriche François-Joseph, accepte le trône proposé par les conservateurs mexicains et Napoléon III qui, en échange, promet un soutien militaire. Pourtant, partout les forces de l'Empire sont repoussées par les soldats de Juárez, appuyés par les nordistes américains. Face aux critiques anti-interventionnistes de l'opposition au Parlement à Paris, Napoléon III doit finalement céder et retire ses troupes en 1866. Avec sa petite armée de partisans mexicains, Maximilien tentera en vain de résister.

Pour protester contre la lâcheté d'un régime qui avait abandonné son « protégé », Édouard Manet réalisa un grand tableau historique : *L'Exécution de Maximilien*. Achevée en 1868, l'œuvre fut jugée subversive et l'administration des Beaux-Arts refusa de l'exposer.

musée est installé dans l'ancien **convento San Agustín**, remarquable ensemble baroque construit entre 1731 et 1743. Le cloître, à deux étages de galeries, présente des supports traités sous forme de caryatides émergeant de la partie supérieure d'un fût quadrangulaire qui semble former un gigantesque pied curieusement chantourné. Remarquez encore, au rez-de-chaussée et à l'étage, les reliefs sculptés sur chaque clé, à la voussure des arcs reliant les piliers. La façade de l'**église**, à trois ordres superposés, est décorée de statues disposées dans des niches ou encadrées par des moulures très saillantes, surchargées de détails finement sculptés.

Le musée abrite une belle collection d'art européen et mexicain, en particulier des peintures coloniales des XVIe, XVIIe et XVIIIe s.

■ **CASA DE LA MARQUESA**★★ *(Francisco I. Madero 41, à l'angle de la Calle Ignacio Allende ; plan C2 ; ouv. du lun. au ven. de 9 h à 14 h et de 16 h à 18 h, sam. et dim. de 11 h à 18 h)*. Remarquable palais baroque du XVIIIe s., construit sur deux étages et doté d'un beau patio de style mudéjar autour duquel courent des galeries à arcades.

De l'autre côté de la Calle Allende, un agréable jardin renferme la **fontaine de Neptune**, ornée d'une statue du dieu au trident sous un arc néoclassique exécuté en 1797 par l'architecte Tresguerras.

■ **TEMPLO DE SANTA CLARA**★★★ *(plan C2)*. La simplicité de la façade de style plateresque de cette église (première moitié du XVIIe s.) contraste avec l'exubérance de la décoration intérieure, constituée par des retables churrigueresques dorés et sculptés d'une profusion de chérubins, de motifs floraux ou architectoniques, décorés de statues de saints et d'apôtres qui donnent un aspect féerique à ce sanctuaire. À remarquer tout particulièrement la chaire en bois sculpté et doré en forme de pyramide reposant sur la pointe ainsi que la porte donnant accès à la sacristie, véritable chef-d'œuvre d'art churrigueresque ornementé de reliefs figurant les archanges.

**Santa Rosa de Viterbo présente de curieux arcs-boutants « retournés » décorés de figures grimaçantes.**

# À voir encore

■ **TEMPLO DE SANTA ROSA DE VITERBO**★★★ *(Arteaga, à l'angle d'Ezequiel Montes ; plan B2)*. L'église fut élevée en 1752 par Ignacio Mariano de las Casas, le plus prestigieux architecte de Querétaro, puis remaniée par Tresguerras. Remarquez les portes jumelles propres aux couvents de religieuses. À l'intérieur, ruisselant d'or, on peut voir un meuble d'orgue de style churrigueresque, plusieurs retables d'un baroque exubérant, une grille de fer forgé doré derrière laquelle les religieuses du couvent pouvaient suivre les offices, une chaire en ébène incrustée d'écaille, d'argent et d'ivoire.

■ **CERRO DE LAS CAMPANAS** *(plan A1)*. Au sommet de cette petite colline dominant la ville à l'O., les Habsbourg érigèrent en 1901 une chapelle à la mémoire de Maximilien, qui fut exécuté en ce lieu le 19 juin 1867. Petit musée historique sur le règne éphémère de Maximilien et sur la restauration de la République ; joli parc.

# Environs de Querétaro

■ **SAN JUAN DEL RÍO** *(51 km S.-E. de Querétaro par l'autoroute 57 en direction de Mexico)*. Bourgade qui s'industrialise, mais où les habitants de Mexico viennent encore se réfugier le week-end *(rés. indispensable pour un séjour en fin de semaine)*. On peut y trouver un artisanat assez riche, en particulier des bijoux réalisés avec des opales extraites d'une mine toute proche. Ces pierres semi-précieuses sont magistralement montées en bagues, en sautoirs, en bracelets par les artisans locaux. San Juan produit également des articles de vannerie et des meubles.

Avec l'aide de l'INAH (Instituto Nacional de Antropológia e Historia), la municipalité de San Juan del Río a ouvert un musée très particulier, le **Museo de la Muerte** *(à côté du cimetière ; ouv. t.l.j. sf lun. de 9 h à 17 h)*, qui porte sur le thème de la mort durant la période préhispanique, la colonisation, sous les gouvernements libéraux maçonniques et dans la culture populaire contemporaine.

# San Luis Potosí★

**Situation** : 163 km E. d'Aguascalientes, 200 km N. de Querétaro, 354 km S.-O. de Guadalajara.
Alt. 1 870 m ; 680 000 hab. ; capitale de l'État du même nom ; évêché ; université.

**À ne pas manquer**



☎ 4

**i Carranza 325, à l'O. de la Plaza de los Fundadores (*plan A2* ; ☎ 812-30-68 et 812-99-43 ; ouv. du lun. au ven. de 9 h à 20 h, sam. de 9 h à 13 h et de 16 h à 20 h).**

San Luis Potosí s'étend au cœur d'une région aride couverte de cactus et de *mezquites*. Centre industriel important, elle conserve néanmoins de nombreux témoignages de son passé de ville minière : dans le cœur historique, bien préservé, les églises baroques répondent aux couvents franciscains et aux anciennes demeures des propriétaires de mines qui firent la fortune de la ville. En 1592, San Luis fut d'ailleurs renommé San Luis Potosí, ce dernier mot, issu d'un vocable quechua qui signifie « grande richesse », ayant été choisi en référence à une autre grande cité minière située en Bolivie.

## Adresses utiles

**■ Poste**
Morelos 235, au N. de la Plaza de Armas (ouv. du lun. au ven. de 8 h à 19 h, sam. de 9 h à 13 h).

**■ Aéroport**
À 23 km N.-E. sur la RF 57 en direction de Matehuala. Vols pour Cancún, Cozumel, Guadalajara, Mazatlán, Mérida, Mexico, Zacatecas.

**■ Compagnies aériennes**
*Aeroméxico*, *Aeromar* et *Aerolitoral*, Carranza 1160 (☎ 817-79-36).
*Mexicana*, Carranza 2325 (☎ 817-89-20).

**■ Gare routière**
*Central de Autobuses*, Diagonal Sur, à la périphérie E. de la ville. Départs quotidiens pour Mexico, Guadalajara, Matehuala (3 h), Monterrey, Aguascalientes et toutes les autres villes du Bajío.

**■ Gare ferroviaire**
*Estación del Ferrocarril*, Av. 20 de Noviembre (*plan B1*). Le train « El Regiomontano » qui relie Mexico à Monterrey et les trains 1 et 2 (Mexico-Nuevo Laredo) s'arrêtent quotidiennement à San Luis Potosí. Horaires flous, achat de billets une heure avant le départ.

**■ Location de voitures**
*Hertz*, Alvaro Obregón 670 (☎ 812-95-00 ; aéroport : ☎ 818-48-88). *Budget*, Carranza 1160 (☎ 811-10-92).

# San Luis Potosí dans l'histoire

## ■ Hommage à saint Louis

Durant l'époque préhispanique, des tribus indigènes appartenant au groupe des Chichimèques peuplent cette partie du plateau mexicain. Si quelques missions franciscaines les rejoignent entre 1570 et 1580 dans le but de les évangéliser, entraînant derrière elles des éleveurs de bestiaux à la recherche d'immenses espaces, les Espagnols ne manifestent aucune hâte à s'installer sur ce territoire aride et dangereux du fait des razzias indiennes. Seuls les colonnes de travailleurs que réclament les mines du Nord ou les convois d'argent venant de Zacatecas et gagnant Guadalajara ou Mexico traversent rapidement la région. Une mission est néanmoins fondée en 1590 sous le nom de San Luis, en hommage à saint Louis, roi de France. En 1592, après la découverte par les pères du couvent de Mexquitic des gisements d'argent de la colline de San Pedro, San Luis est rebaptisé San Luis Potosí.

## ■ Le plan de San Luis

Les mines de San Pedro font la fortune de leurs propriétaires espagnols, qui exploitent une main-d'œuvre indienne soumise à d'épouvantables conditions. Cependant, vers 1630-1650, les veines d'argent s'épuisent (leur exploitation ne reprendra que plus tard). L'agriculture, en revanche, s'est améliorée considérablement grâce à l'exploitation des rivières souterraines qui parcourent le plateau, et San Luis Potosí se transforme en ville administrative et commerçante. En 1863, lors de l'intervention française de Napoléon III, puis en 1867, sous le règne de Maximilien, elle abrite le gouvernement provisoire de Benito Juárez. En 1910, Francisco Madero, qui lutte pour la non-réélection de Porfirio Díaz, est emprisonné ici à quelques jours des élections. Après son évasion et sa fuite au Texas, il publiera le plan de San Luis ; cet appel à l'insurrection déclenchera la révolution mexicaine.

# Visiter San Luis Potosí

**Combien de temps** : compter une journée bien remplie pour visiter le centre historique.

**Se déplacer** : la visite se fait à pied.

■ **Plaza de Armas**★ *(plan A1-2)*. Appelé également Jardín Hidalgo, le Zócalo est bordé à l'E. par la **cathédrale**, élevée à partir de 1670 en style baroque.

**Manifestations**

**Semaine sainte, avec la procession du Silence qui se déroule le vendredi saint.**

**Festival de Arte Primavera, généralement les deux dernières sem. de mai, présente les spectacles de nombreux artistes nationaux et étrangers, avec projection de films et conférences ; se renseigner à l'office de tourisme pour les dates précises.**

**Festival de danse, les deux dernières sem. de juil.**

**Feria Nacional Potosina, fête nationale et grande foire agricole, avec rodéos, combats de coqs et défilés de chars, fin août ; se renseigner auprès de l'office de tourisme.**

**Festival Cervantino, théâtre, danse et musique de fin oct. à début nov.**

**Notre-Dame de Guadalupe le 12 déc.**

**Les fêtes de quartier : San Sebastian, le 20 janv. ; Santiago, le 25 juil. ; Virgen de los Remedios, la première sem. de sept. à Tequisquiapan ; San Miguel Arcangel, le 29 sept.**

La façade est ornée de statues des apôtres en marbre de Carrare, copies de celles visibles dans la basilique Saint-Jean-de-Latran à Rome. L'intérieur, restauré au milieu du XVIII^e s. puis au XIX^e s., présente un mélange de plusieurs styles à dominante baroque. À côté de la cathédrale se dresse le **Palacio Municipal**, construction néoclassique du XIX^e s. qui s'intègre agréablement à l'ensemble. Sur le côté N. de la place se trouve la **Casa de la Virreina**, la maison la plus ancienne de San Luis (1736), aujourd'hui transformée en un populaire café-restaurant ; notez sur la façade les balcons de pierre et grilles de fer forgé.

À l'O., le **Palacio de Gobierno** *(ouv. t.l.j. sf sam. et dim. de 9 h à 14 h ; entrée libre)* est un édifice de style néoclassique érigé à la fin du XVIII^e s. Dans ce palais ont logé trois des plus illustres Mexicains du XIX^e s. : l'empereur Iturbide, le général Santa Anna et Benito Juárez. En juin 1867, celui-ci y signa la condamnation à mort de l'empereur Maximilien malgré la demande de grâce de la princesse Inès de Salm-Salm (reconstitution de la scène dans la salle Juárez).

▶Au N. du Zócalo s'étend le **Mercado Hidalgo** *(plan A1)*, le gros marché de San Luis, à voir le matin pour l'animation, les couleurs, l'odeur des épices. On peut y déjeuner et trouver un peu d'artisanat, en particulier les fameux châles de Santa María del Río, les *sarapes* de San Luis de la Paz, de la vannerie, des céramiques, etc.◀

■ **PLAZA DE LOS FUNDADORES** *(plan A1-2)*. Située tout près de la Plaza de Armas, vous y visiterez l'**église de la Compañia**, modeste sanctuaire à façade baroque érigé au XVIII^e s. À dr. de l'église se dresse le siège de l'**université** de San Luis, ancien collège de jésuites élevé en 1653 ; à g., la **Capilla de Loreto**, toute rose, présente un intéressant portail baroque composé de colonnes salomoniques.

*De la Plaza de los Fundadores, suivre Aldama.*

■ **TEMPLO SAN FRANCISCO**★★ *(plan A2)*. Située sur la place du même nom, l'une des plus agréables de la ville, cette église qui faisait partie d'un couvent fondé par les moines franciscains en 1590 présente une sobre façade baroque du XVII^e s. animée, sur le deuxième registre, de colonnes salomoniques qui répondent au classicisme des colonnes du registre inférieur. Son dôme est revêtu d'azulejos bleus et blancs. Dans l'édifice, une superbe **sacristie**, plus tardive (XVIII^e s.), est ornée de peintures réalisées par Antonio de Torres. À noter également un magnifique bateau en cristal suspendu à la coupole.

À l'extrémité du Jardín Hidalgo se dressent, côte à côte, deux petites églises : à g. celle du Sagrado Corazón et, à dr., celle de la Tercer Orden, élevées au XVIII^e s.

■ **MUSEO REGIONAL POTOSINO** *(Galeana 450 ; plan A2 ; ouv. t.l.j. sf lun. de 10 h à 13 h et de 15 h à 18 h, sam. de 10 h à 12 h, dim. de 10 h à 13 h)*. Installé dans un ancien couvent franciscain, fondé en 1590, il renferme des collections d'ethnologie et des antiquités préhispaniques provenant de la Huasteca, notamment des sculptures (Quetzalcóatl sous la forme de dieu du Vent ou Ehécatl ; divinités portant la coiffure cylindro-conique caractéristique de la Huasteca ; copie de l'adolescent de Tamuín, dont l'original est au musée national d'Anthropologie à Mexico, etc.), des jougs de pierre et des *palmas*, des figurines, etc. Dans le bras S. *(à dr.)* du transept de l'ancienne église, vous remarquerez une stèle ornée d'un relief représentant le symbole du Tamoanchán, le « lieu de l'aigle et du serpent », résidence mythique où s'unirent le jeune dieu du Maïs et la jeune déesse de la Lune, et séjour des âmes des enfants. Dans une galerie de l'ancien cloître du couvent, collection de ferronnerie ; notez en particulier un étrier en forme de croix (XVI^e s.), d'origine arabe, qui fut importé d'Espagne.

En gravissant l'escalier *(à g. en pénétrant dans le hall d'entrée du musée)*, vous atteindrez la **Capilla de Aránzazu**★★★ annexée au musée. C'est un chef-d'œuvre d'art baroque et churrigueresque du début du XVIIIe s., où se mêlent des couleurs (mauve, rose, jaune, vert) qui rappellent le baroque bavarois ; porte à vantaux de bois de *mezquite* sculpté. Dans le vestibule, à dr. de la chapelle, christ en croix du XVIIe s., en roseaux et pâte à base de mucilage d'orchidée (la croix, en bois polychrome, daterait du XVIIIe s.), œuvre probablement exécutée par des Indiens Tarasques, au Michoacán et provenant de Salvatierra (Guanajuato). La chapelle et ses dépendances renferment en outre des peintures religieuses des XVIIe, XVIIIe et XIXe s.

En suivant Universidad, vous passerez devant l'**église de San Agustín** *(plan B2)*, érigée au XVIIe s., avec une façade de style baroque et une tour, plus tardive, où le baroque devient churrigueresque.

■ **MUSEO NACIONAL DE LA MÁSCARA**★★ *(Villerías 2 ; plan B2 ; ouv. t.l.j. sf lun. de 10 h à 14 h et de 16 h à 18 h, sam. et dim. de 10 h à 14 h)*. Installé dans un bâtiment datant du Porfiriat, il abrite des expositions temporaires et des collections permanentes (salles 1 et 2) de masques, classés par matières (bois, os, cuir…), par usages (rituel, décoratif, magique…).

**Vitrine 6** : extraordinaire masque utilisé pour la danse des Murciélagos (« chauves-souris »).

**Vitrine 7** : étonnante collection de masques de la semaine sainte, utilisés par les Indiens Coras.

**Vitrine 8** : masque de danse de Las Pascolas, danse rituelle surtout exécutée à Pâques, souvent en association avec la danse du Cerf (chez les Yaquis et les Seris en particulier).

**Vitrine 9** : la danse des Viejitos (« petits vieux »), parfois appelée danse des Huehues ou Huehuenches, était autrefois exécutée en l'honneur du vieux dieu du Feu, Huehuetéotl. On l'interprète à Pátzcuaro et à Uruapan, notamment.

**Vitrine 10** : masque de danse des Jardineros, une variante de la danse des Moros y Cristianos (par exemple dans la vallée d'Oaxaca), mais dans laquelle les participants sont pour moitié costumés en hommes, avec un roi, pour moitié déguisés en femmes, avec une reine.

**Vitrines 11 et 13** : les masques des Tlacololeros (« agriculteurs », du náhuatl *tlacolotl*, qui signifie « champ à flanc de montagne ») sont portés dans le Guerrero et l'État de Puebla par des danseurs qui

## Les Huastèques

Dans la région du Golfe, on note, durant le second millénaire av. J.-C., la présence de groupes huastèques apparentés à la famille linguistique maya. Au XVe s. av. J.-C., un peuple d'origine inconnue – peut-être les Olmèques – s'enfonce comme un coin entre les Huastèques et les Mayas, les premiers étant refoulés vers le nord et les contreforts de la sierra Madre orientale, les seconds vers l'est et le sud. Là, les Huastèques, développèrent une culture originale et en constante évolution, avec une nette prédilection pour les constructions circulaires et des sculptures hiératiques. À l'arrivée des Espagnols, ils avaient réussi à se libérer du joug aztèque et se montrèrent rebelles à toute velléité de conquête. Au nombre d'environ 100 000 individus, ils vivent actuellement dans le N. de l'État de Veracruz et dans l'E. de l'État de San Luis Potosí.

# Danses masquées

Les danses constituaient pour les populations préhispaniques un mode d'expression naturel pour vénérer les divinités ou pour célébrer des rites magiques. Après la Conquête, les Espagnols les désacralisèrent tout en y introduisant leur message idéologique. Naquirent ainsi de nouveaux ballets opposant les chrétiens aux Maures ou saint Georges au dragon, tandis que survivaient des rites liés à la fertilité et au culte des ancêtres. Aujourd'hui, la *feria*, bien que liée la plupart du temps au calendrier catholique, exhibe un caractère païen qui s'exprime joyeusement avec force alcool et explosions de pétards.

## ■ Masques pour les dieux et pour les hommes

L'origine du masque au Mexique puise ses racines dans la religion, les mythes et les rites chamaniques des anciennes civilisations précolombiennes. Durant les cérémonies, chaque participant portait un masque auquel il s'identifiait, dieu, plante ou animal. Les Espagnols abolirent l'effroi qu'ils inspiraient et offrirent aux indigènes le pouvoir de les mettre en scène selon de nouveaux thèmes. La magie est toujours invoquée, en particulier chez les ethnies qui ont su préserver leur identité. Toutefois, la satire a fait son apparition dans le répertoire, permettant aux Indiens de parodier les défauts et les vices des hommes blancs.

**▲ Lors des grandes fêtes religieuses, les Concheros retrouvent les parures de plumes et les pagnes de leurs ancêtres aztèques pour danser au son du tambour sur les places de Mexico.**

## ■ Des masques vivants

Les artisans rivalisent d'imagination dans la confection de masques en bois, en cuir, en métal, en paille, en tissu, utilisant de la noix de coco ou du papier mâché, des matériaux bruts, peints ou laqués. Empruntés à la vie sociale, à l'histoire, au répertoire animalier ou surnaturel, les sujets choisis sont des plus variés. Les plus surprenants sont les visages européens aux pommettes roses, affublés de grandes moustaches, ou le *chapayeka*, masque du pharisien, incarnation de l'homme blanc chez les Tarahumaras, qui apparaît lors des fêtes de la Passion. Considérés comme des êtres vivants, les masques sont alimentés, voire vénérés par des confréries. C'est par leur intermédiaire que s'exprime la parole des ancêtres lors de danses à récitation de texte.

## ■ Les confréries

Les danses les plus importantes sont liées à des rites magiques, des événements historiques ou à la tradition chrétienne. Quelques-unes possèdent un caractère national et datent de l'époque coloniale, d'autres, plus anciennes relèvent du patrimoine d'une ethnie ou d'une région. Les danseurs sont généralement de sexe masculin, membres d'une confrérie. Les costumes extrêmement élaborés – jaquettes et pantalons de velours, coiffures emplumées, sonnailles, vestes perlées –, sont loués dans une boutique

▲ **Personnification des quatre éléments et des points cardinaux, les *voladores* totonaques exécutent un impressionnant ballet aérien en se jetant du haut d'un mât de 30 m de hauteur. En tournoyant treize fois chacun, ils accomplissent le cycle sacré de cinqante-deux années.**

spécialisée, la *morería*, dont le propriétaire respecte scrupuleusement la tradition. Avant d'entamer la représentation, les danseurs se dirigent vers les quatre points cardinaux, invoquant le créateur et les âmes des ancêtres.

### ■ Rites magiques...

Parmi les danses importantes figure la danse du Cerf *(danza del Venado)*, un ancien rite de chasse qui met en scène un danseur coiffé d'une tête de cerf, animal sacré des Yaquis, et des danseurs-coyotes qui incarnent l'esprit du mal. Dans le Mexique central, la danse des Concheros est pratiquée lors de la fête de la Vierge de Guadalupe. Les musiciens jouent d'un instrument dont la caisse de résonance est constituée d'une carapace de tatou recouverte de coquillages *(conchas)*. La danse des Quetzales permet d'admirer des coiffures de plumes, de soie et de papier en forme de roue. La danse des Paixtles, chamans couverts de mousse (Jalisco), ou celle du Tigre, évoquent les forces sauvages de la nature, tandis que le spectaculaire Palo Volador des Totonaques illustre le rite de fertilité.

### ■ ... et danses de la Conquête

Dès leur arrivée au Mexique, les Espagnols virent l'intérêt à conquérir l'imaginaire indien par le biais de la danse. L'esprit de la Reconquête et les échos de leurs récentes batailles furent exportés chez les Indiens fraîchement christianisés. Le *baile de Moros y Cristianos* parodie les combats contre les musulmans, tandis que le *baile de la Conquista* met en scène les héros réels et légendaires de l'époque préhispanique contre les conquistadores à cheval. La danse des Negritos stigmatise la déportation d'esclaves africains dans les régions de Veracruz, du Morelos et de Puebla.

▲ **La coiffe pointue du *volador* est ornée de miroirs, évocation du soleil, et de rubans multicolores, semblables au plumage des oiseaux de feu.**

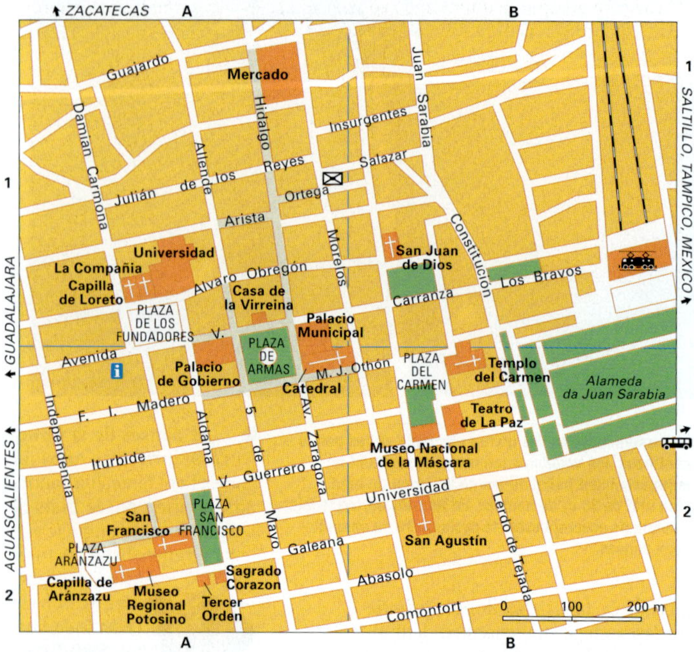


**San Luis Potosí**

mettent en « scène » leurs travaux champêtres, pour défricher et semer, et leur lutte contre le jaguar, qu'ils chassent.

**Vitrine 12** : les masques de la danse du Tigre, ou Tecuani ou encore Tecuan (« celui qui mange », en náhuatl), sont portés à l'occasion de danses qui mettent en action l'animal qui a le plus fasciné les populations précolombiennes, dans les régions forestières de basse et moyenne altitudes.

Dans la série de salles à l'étage, vous remarquerez, dans la **vitrine 3**, le masque pour la danse des Varitas, exécutée notamment dans la Huasteca Potosina pour parodier divers animaux sauvages.

**Vitrines 12 et 14** : le masque pour la danse de la Malinche évoque cette femme, une ancienne princesse aztèque, mariée à un cacique du pays maya et qui servit d'interprète à Hernán Cortés. Ce personnage qui, aujourd'hui, incarne, aux yeux des Mexicains les plus cultivés, ce qu'ils nomment volontiers le complexe de la fascination des valeurs étrangères, intervient dans les danses indigènes ou métisses comme une composante de l'histoire liée au passé précolombien et à la Conquête ; son rôle est parfois limité à une simple présence, symbolique, qui rappellerait le passage de Cortés dans la région.

**Entre les vitrines 13 et 14**, notez les hautes coiffures en fer-blanc, portées au-dessus du masque par les participants à la danse du Señor, variante de la danse des Santiagos, ou Santiagueros, elle-même dérivée de la danse des Moros y Cristianos. La danse des Santiagos, qui évoque l'apparition de l'apôtre Jacques, où le cheval joue un rôle important, rappelle aussi celui que remplirent les montures des Espagnols dans la Conquête. Elle est interprétée surtout dans l'État de Puebla, dans le Veracruz, dans les communautés indigènes, et fait intervenir, outre l'apôtre, Ponce Pilate, curieusement dédoublé en roi et en président, des secrétaires, des porte-étendards, des musulmans, etc.

**Vitrine 21** : lors de la danse des Tastoanes, autre variante de la danse des Santiagos, l'apôtre est mis en scène aux côtés de *tastoanes*, ou caciques, portant, au-dessus de leur masque, à l'imitation d'un visage grotesque, une coiffure hirsute qui évoque la perruque des courtisans du XVI^e^ s. en Europe.

**Vitrine 24** : masques pour la danse des Parachicos, qui est surtout exécutée à Chiapa de Corzo, à l'occasion de la fête de la Saint-Sébastien.

De retour au rez-de-chaussée, vous visiterez la série de salles 3 (expositions provisoires).

Le **théâtre de La Paz** *(plan B2)*, en face du musée, de style néoclassique, fut construit au début du XX^e^ s.

■ **TEMPLO DEL CARMEN***** *(Plaza del Carmen ; plan B2)*. Orgueil de la ville, cette église du XVIII^e^ s. édifiée sur la place du même nom offre une remarquable façade baroque d'une richesse exubérante qui tranche singulièrement avec le néoclassique dominant des rues de San Luis. Au-dessus de plusieurs étages d'*estípites* très travaillés qui alternent avec des figures de saints, d'anges ou d'archanges, d'autres anges à l'aspect assez gauche soulèvent le voile du Ciel. Cette statuaire de facture indigène se retrouve sur l'immense retable en stuc qui, dans le transept N., précède le **Camarín de la Virgen**. La blancheur immaculée de cette véritable avalanche d'*estípites* ponctuée d'angelots roses à l'aspect naïf, symbole de la pureté de la Vierge, contraste avec les ors du retable du *camarín*, surmonté d'une grande conque dorée et orné de statues beaucoup plus travaillées.

La sacristie abrite des peintures de Francisco Vallejo, l'un des maîtres de la peinture coloniale mexicaine du XVIII^e^ s. Le maître-autel, de style néoclassique et la statue de la Vierge de la Nube, ont été conçus ultérieurement (XIX^e^ s.) par l'architecte Francisco Tresguerras et ciselés par le sculpteur Sixto Muñoz.

Derrière l'église, les jardins de l'**Alameda Juan Sarabia** sont l'un des lieux préférés des Potosinos qui viennent s'y promener le samedi et le dimanche, à l'ombre de grands arbres.

# San Miguel de Allende★★

**Situation** : 70 km N.-O. de Querétaro, 80 km E. de Guanajuato via Dolores Hidalgo, 280 km N.-O. de Mexico. Alt. 1 900 m ; 85 000 hab. ; universités.

**À ne pas manquer**

| | |
|---|---|
| **Oratorio de San Felipe Neri★★** | **449** |
| **Santa Casa de Loreto★★** | **449** |
| **Instituto Allende★★** | **450** |

**☏ 4**

**ⓘ Plaza Allende (*plan C2* ; ☏ 152-65-65 et 152-17-47 ; ouv. du lun. au ven. de 10 h à 14 h 30 et de 17 h à 19 h, sam. de 10 h à 13 h, dim. de 10 h à 12 h).**

**Manifestations**

**Parmi les nombreuses fêtes célébrées à San Miguel de Allende, celles en l'honneur du saint patron de la ville, San Miguel Arcangel, le 29 sept. (bal populaire, danses traditionnelles, feux d'artifice, processions religieuses), et celles données à l'occasion des fêtes de Noël (du 16 au 25 déc.) sont les plus riches en couleurs.**

**Bénédiction des animaux le 17 janv.**

**Commémoration de l'anniversaire d'Ignacio de Allende le 21 janv.**

Joliment adossée à une colline dominant une large plaine, San Miguel est une ville pleine de charme, peut-être la plus agréable du Bajío. Classée monument historique par l'État mexicain dès 1926, elle a conservé intact son caractère colonial et aucune construction moderne n'est venu troubler le bel ordonnancement de ses demeures seigneuriales qui bordent de vieilles rues pavées. Ces richesses associées à un climat doux durant toute l'année ont attiré nombre d'artistes et de retraités américains qui ont trouvé là un lieu de villégiature idéale. Aujourd'hui, San Miguel continue de séduire une importante population étrangère qui vient y passer une ou plusieurs semaines, confortablement installée dans de vénérables maisons espagnoles transformées en hôtels. Ce public peut alors profiter des écoles de langues, des ateliers d'art, des instituts culturels ou des clubs du troisième âge qu'offre la ville, assister aux nombreux spectacles et fêtes organisés par la municipalité ou bien encore flâner d'une boutique à l'autre tout en s'imprégnant à loisir de l'atmosphère si particulière qui règne dans la cité, subtil mélange de cosmopolitisme et de tradition mexicaine.

## Adresses utiles

### ■ Poste

Sur Correo, à l'angle de Corregidora (ouv. du lun. au ven. de 8 h à 19 h, sam. de 9 h à 13 h).

### ■ Gare routière

*Central de Autobuses*, Calle Canal, à environ 1 km O. du centre. Bus pour Aguascalientes, Celaya, Dolores Hidalgo, Guanajuato, Guadalajara, Mexico, Querétaro, San Luis Potosí.

### ■ Gare ferroviaire

Au bout de la Calle Canal, après la gare routière. Des minibus sur Canal y conduisent. Les trains, toujours lents, de la ligne Mexico-Nuevo Laredo s'arrêtent à

San Miguel. Billets en vente 30 mn avant le départ à la gare (☏ 152-00-07).

**■ Location de voitures**

*Dollar Rent a Car*, hôtel *Real de Minas*, Anchas de San Antonio, après l'institut Allende (☏ 152-01-98).

# San Miguel de Allende dans l'histoire

**■ La ville du « prócer »**

Ainsi que l'attestent diverses découvertes archéologiques, la plaine de San Miguel de Allende durant l'époque préhispanique est habitée par des Tarasques venus du Michoacán et des Chichimèques. En 1542, le père Juan de San Miguel crée une mission franciscaine à l'origine de la ville. Mais les redoutables Chichimèques mènent des raids dévastateurs contre tous les villages naissants, et des Indiens Tlaxcalas, alliés aux Espagnols, doivent être installés dans la région pour aider à la pacification. En 1555, San Miguel reçoit le titre de *ciudad*. Par la suite, de grandes familles espagnoles venues de Guanajuato, propriétaires de mines ou d'haciendas, s'installent dans cette cité qui bénéficie de surcroît d'une situation privilégiée, à mi-chemin entre les mines du Zacatecas et la capitale. C'est ici que naît en 1779 Ignacio de Allende, l'un des héros de la guerre d'Indépendance. En 1826, en hommage au « prócer » (homme illustre), la ville prendra le nom de San Miguel de Allende.

# Visiter San Miguel de Allende

**Combien de temps** : une journée est nécessaire pour profiter pleinement de San Miguel.

**Le meilleur moment** : il y a deux saisons touristiques, celle des Nord-Américains qui s'approprient la ville de déc. jusqu'à fin mars et une autre saison, plus mexicaine et européenne, qui va de juin à août (pluies abondantes en sept.).

**Se déplacer :** le centre de San Miguel se visite à pied. Le stationnement est difficile, il vaut mieux laisser sa voiture à l'hôtel ou à la périphérie.

**■ PLAZA ALLENDE★** *(plan C2)*. Lieu de réunion favori des étrangers en villégiature à San Miguel (ils l'appellent **El Jardín**, peut-être en référence à ses beaux lauriers d'Inde soigneusement taillés), elle est bordée d'arcades et de vieilles demeures seigneuriales datant pour la plupart du XVIIIe s.

Le premier ven. de mars, Feria del Señor de la Conquista, avec danses traditionnelles et musique.

Des processions sont organisées pour les fêtes de Pâques (15 j. avant le dim. de Pâques, transfert du Señor de la Columna depuis le sanctuaire d'Atotonilco).

Fiesta de la Santa Cruz, le dernier w.-e. de mai à Valle del Maiz, avec des bœufs ornés de fleurs ; l'un d'eux transporte du pain et du sucre et est entouré de cavaliers vêtus d'étranges costumes.

Feria de San Antonio de Padua avec son bal des *locos* (bal des fous) le 13 juin (si la fête tombe en semaine, elle est reportée au dim. suivant).

Festival international de musique de chambre du 1er au 15 août.

Fête nationale du cuivre et de la laine la 2e sem. de nov.

Festival de musique classique durant la 2e quinzaine de déc.

Pour les manifestations culturelles, consulter le journal *Atencion San Miguel*, rédigé en anglais.

Artisanat

San Miguel de Allende est particulièrement réputé pour le travail du métal : objets en fer forgé, en fer-blanc, en laiton, en cuivre. Papier mâché, laine, cuir, terre cuite, céramique, verre soufflé, et pierres taillées sont les autres matières travaillées par les artisans de la ville. Dans les différents marchés de la ville (le plus important est le Mercado de Artesanías, derrière l'ancien Colegio de San Francisco de Sales ; *plan C1*), vous trouverez une grande variété d'artisanat. Mais c'est dans les nombreuses et somptueuses boutiques découvertes au cours de vos promenades que vous pourrez acquérir des objets moins classiques, plus originaux, et souvent très chers. Devant un immense lustre en fer forgé ou une table en pierre, ne vous désolez pas : la plupart des maisons se chargent de l'empaquetage et de l'envoi à votre domicile des objets de votre choix, cela sans que le coût du transport soit plus élevé qu'ailleurs.

**San Miguel de Allende**

Sur le côté S. de la place se dresse la **Parroquia**★, toute hérissée de pinacles. Élevée à partir de 1880 dans le style néogothique, elle est l'œuvre d'un Indien autodidacte, Ceferino Gutiérrez, sorte de Facteur Cheval mexicain qui se serait inspiré des cathédrales européennes. À l'intérieur, dans la chapelle latérale g., voir le **Cristo de la Conquista** (Christ de la Conquête), d'origine tarasque, fabriqué en *pasta de caña* et très vénéré par les Mexicains ; parmi les nombreux tableaux, plusieurs sont attribués à Juan Rodriguez Juárez.

À g. de la Parroquia, petite **église de San Rafael**, du XVIIIe s., dont l'austère façade échappa à la fureur gothique de ses restaurateurs lorsqu'elle fut remaniée à la fin du XIXe s. (elle a ainsi conservé son clocher trapu, aux allures de minaret almohade). À dr., belle demeure à ornements baroques où naquit Ignacio de Allende, transformée en **musée historique** *(ouv. t.l.j. sf lun. de 10 h à 16 h, dim. de 10 h à 14 h)*. Sur une plaque apposée sur la maison, on peut lire : « *Hic natus ubique notus* » (« Né ici, connu partout »).

**La Parroquia, avec sa tour-façade hérissée de pinacles.**

Sur le côté O. de la place, la **Casa del Mayorazgo de la Canal**, la somptueuse demeure de la dynastie des Canal, riches propriétaires de mines, fut édifiée à la fin du XVIIIe s. dans un style néoclassique avec des réminiscences baroques qui lui confèrent toute son originalité. Noter la profusion d'ornements sculptés et de grilles de fer forgé. Le long du côté N. se situe le **Palacio Municipal**, construit en 1736.

►Sur la Calle Umarán, la **Casa de los Perros** *(plan B2)*, occupée aujourd'hui par un magasin, présente un balcon supporté par des éléments encastrés sculptés en forme de chiens.◄

En suivant vers l'E. la rue Correo, vous passerez devant la **Casa del Conde de Casa Loja** *(plan C2)*, qui arbore encore le blason de ses anciens maîtres. Presque en face, à g., se trouve la **Casa de doña María Antonia Petra de Sauto y Jáure-**

**gui** *(plan C2)*, noble demeure de la fin du XVIII^e^ s. qui possède un très beau patio central à deux galeries superposées. Plus loin, à dr., la **Casa del Conde del Jaral del Berrio** *(plan C2)* s'ouvre par un portail baroque, surmonté de volutes et de pinacles encadrant un modeste balcon, à grille de fer forgé, en dessous d'un lourd écusson armorié.

■ **TEMPLO DE SAN FRANCISCO** *(Calle San Francisco ; plan C1-2)*. Élevée de 1779 à 1799, cette église présente deux remarquables façades de style churrigueresque dominées par une haute tour néoclassique. L'intérieur, froid et solennel, offre également une ordonnance de style néoclassique, que l'on attribue à l'architecte Tresguerras. Aux murs sont accrochés divers tableaux, dont l'un, représentant la mort de saint François, est attribué à Juan Rodriguez Juárez. Dans la sacristie, dont les voûtes en berceau sont soutenues par deux rangées de deux piliers décorés de sculptures des quatre évangélistes, tableaux de Juan Correa (saint Gabriel, les archanges) et *La Transfiguration*, œuvre de Salvador Fajardo (1773). Le cloître est inachevé. Un corridor, orné d'une peinture murale de la Crucifixion, le relie à un autre cloître, dépendant du couvent de San Francisco, fondé au début du XVII^e^ s.

Juste à côté se dresse l'**église de la Tercer Orden** *(plan C2)*, modeste construction de style baroque du XVIII^e^ s. ; sur la façade, blason de l'ordre franciscain au-dessus d'une statue de saint François. En face, au n° 28 de la Calle San Francisco, **Casa de las Postas**, relais de poste des diligences qui desservaient la ville.

■ **ORATORIO DE SAN FELIPE NERI★★** *(plan C1)*. Simple maillon d'une étonnante chaîne de constructions religieuses s'ordonnant le long de la rue Insurgentes, cette église fut édifiée au début du XVIII^e^ s. sur l'emplacement d'une chapelle de l'*Ecce Homo* qui appartenait à une confrérie et dont on peut encore voir le **portail★** de pierre rose orné de sculptures de facture indigène sur le flanc E. *(à dr.)*. Sur les retables, de style néoclassique, ont été disposées diverses peintures ; sur l'autel du transept dr., tableau de *La Vierge de Guadalupe*, par Miguel Cabrera. Voir également les trente-trois tableaux retraçant la vie de Philippe Neri et, dans la sacristie, au-dessus de la porte communiquant avec le chœur, le tableau de *La Purísima*, œuvre de Juan Rodriguez Juárez. Le chancel est décoré de maroquin de Cordoue, travaillé au repoussé. De la sacristie, vous passerez dans la pinacothèque, qui renferme divers portraits et autres peintures.

De l'église de San Felipe Neri, on peut atteindre le **Claustro Filipense**, cloître aux lignes sévères et sobres entouré de galeries. Dans le réfectoire, tableau de saint François Xavier peint par Nicolás Rodríguez Juárez.

■ **SANTA CASA DE LORETO★★** *(plan C1)*. Cette chapelle dédiée à la Vierge fut fondée par Manuel Tomás de la Canal en 1735. D'ordonnance baroque, elle reproduit la sainte maison de Lorette (Loreto en Italie). Le *camarín*★★, chambre de plan octogonal, est doté de six autels. Les retables baroques, en bois et en plâtre sculpté et doré, sont décorés d'une profusion de motifs floraux décrivant des volutes, des entrelacs, des conques où apparaissent des chérubins, des archanges et diverses statues.

■ **NUESTRA SEÑORA DE LA SALUD** *(plan C1)*. Église du milieu du XVIII^e^ s., qui présente une belle façade churrigueresque ornée d'une grande coquille Saint-Jacques sculptée. À l'intérieur, vous remarquerez, outre les retables de style néoclassique, plusieurs toiles, dont une Vierge de Guadalupe d'Antonio Torres, un saint François Xavier de Miguel Cabrera, ainsi qu'une Crucifixion de Tomás Xavier de Peralta.

**La façade de San Felipe Neri, de style baroque, est ornementée de statues disposées dans les entrecolonnements et dans une niche au centre d'un fronton semi-circulaire.**

À côté de cette église s'élève l'ancien **Colegio de San Francisco de Sales**, fondé en 1753. Juste derrière cet édifice se trouve le **marché**.

*Revenir sur la Plaza Allende et suivre la Calle Canal.*

■ **TEMPLO DE LA CONCEPCÍON** *(plan B2)*. Érigée à partir de 1754, elle ne fut pas achevée avant 1842, et même 1891, lorsque Ceferino Gutiérrez, s'inspirant peut-être du dôme des Invalides à Paris, ajouta la grandiose coupole surmontée d'une statue de la Vierge. À l'intérieur, vous examinerez surtout les grilles de fer forgé du chœur, le maître-autel adossé à un retable en bois et plâtre sculpté et doré. L'église renferme également de nombreuses peintures, dont plusieurs, retraçant la vie de la Vierge, furent exécutées par Juan Rodriguez Juárez, tandis que deux toiles, qui représentent le Christ et la Vierge, sont attribuées à Miguel Cabrera.

Le cloître attenant, de style néoclassique, abrite aujourd'hui l'Instituto de las Bellas Artes et le **Centro Cultural Ignacio Ramírez** (El Nigromante ; *ouv. t.l.j. sf dim. de 9 h à 19 h*) : expositions temporaires, cours de peinture, de sculpture, de musique ou de danse, organisation de visites des principaux monuments de la ville ; fresque inachevée consacrée à Allende, œuvre de David Alfaro Siqueiros (1948). Autour de la très belle cour ornée d'arbres centenaires qui ombragent une fontaine centrale, galerie à deux étages ornée de peintures murales.

De l'église de la Concepción en suivant la Calle Dr. Hernández Macías, vous passerez devant la **prison de l'Inquisition** *(plan B2)*, édifiée au XVIII^e s., et devant la **Casa del Inquisidor**, située en face, qui fut érigée en 1780.

■ **INSTITUTO ALLENDE**★★ *(Calzada Ancha de San Antonio 20 ; plan B3 ; ouv. en semaine de 10 h à 13 h et de 16 h à 19 h)*. Belle demeure du XVIII^e s. transformée en 1951 en école des beaux-arts. C'est l'une des « institutions » de San Miguel, qui a contribué à donner à la ville son ambiance cosmopolite. Des gens venus des quatre coins du monde s'y rencontrent le temps d'une soirée, d'une exposition. On peut suivre, à très bons prix, des cours d'espagnol, de peinture ou de sculpture avec des artistes ou des professeurs mexicains ou étrangers. Ce centre culturel idéal pour découvrir la culture mexicaine est en étroite relation avec de nombreux instituts d'art des États-Unis.

**La visite de certaines maisons et jardins privés de San Miguel de Allende est organisée tous les dim. à 12 h depuis l'Instituto Allende ; retrait des billets à l'avance à l'hôtel *Posada de San Francisco*, Plaza Allende (*plan C2* ; ☏ 152-24-25) ou à l'hôtel *Parador San Miguel*, Ancha de San Antonio 30 (*plan B3*).**

**En prenant la route de Querétaro au S.-E., on pourra faire une halte à El Mirador (*plan D3*), qui offre un magnifique panorama sur San Miguel de Allende.**

■ **PARQUE ECOLÓGICO CANTE** *(on peut s'y rendre à pied en suivant la rue Canal en direction de l'O. mais vous risquez de vous perdre ; mieux vaut prendre un taxi qui vous y déposera en 5 mn)*. À la sortie O. de la ville, agréable jardin qui présente de nombreux cactus, mais surtout des orchidées. M. Cante, un Américain tombé amoureux de San Miguel, a fait don à la ville de sa superbe maison et de sa collection d'orchidées.

# Environs de San Miguel de Allende

■ **Dolores Hidalgo** *(43 km N.-O. par la RF 51)*. C'est au **couvent d'Atotonilco** *(12 km)*, construit de 1740 à 1748, que Miguel Hidalgo, à la tête de son armée, brandit l'effigie de la Vierge de Guadalupe, qui devint dès lors le symbole de la liberté face à l'oppresseur espagnol.

Le sanctuaire, qui comporte six chapelles, est décoré à l'intérieur de **fresques** d'inspiration populaire exécutées par l'artiste métis Miguel Antonio Martínez Pocasangre. Ces peintures assez abîmées présentent un foisonnement de motifs floraux, de feuilles et de fruits entremêlés, animés par une foule de personnages : saints, martyrs, anges et archanges. Sur le maître-autel, noter une statue du Christ ; derrière l'autel, dans le *camarín*, sculptures de la Vierge et des apôtres. Dans la chapelle du Calvaire, sculptures polychromes représentant des scènes de la Passion. Sur la voûte de la chapelle du Rosaire sont peintes des fresques retraçant la bataille de Lépante ; de là, vous passerez dans une chambre *(camarín)* couverte d'une conque. Dans la sacristie, peintures de Juan Correa et d'Andrés Islas.

On rejoint ensuite **Dolores Hidalgo**, paisible petite ville à l'écart des circuits touristiques, devenue célèbre lorsque, le 16 septembre 1810 à l'aube, Hidalgo lança son fameux cri, « El Grito », depuis le parvis de la **Parroquia**, l'église paroissiale. Celle-ci se dresse sur la place centrale. Élevée de 1712 à 1778 en style churrigueresque, elle présente une belle façade surchargée d'ornements sculptés entre deux hautes tours. Le retable du maître-autel, où l'on distingue une peinture représentant la Vierge de Guadalupe, dont l'effigie fut reproduite sur les bannières des insurgés de 1810, offre la même ordonnance churrigueresque. Sur le côté N. de la place s'élève la **Casa del Subdelegado**, bel édifice baroque du XVIII$^{e}$ s. Voir également la **Casa de Hidalgo**, construite en 1779, où Miguel Hidalgo, curé de la paroisse de Dolores, habita de 1804 à 1810. Cette maison abrite un **musée** *(ouv. t.l.j. sf lun. de 10 h à 18 h, dim. de 10 h à 17 h)* où sont présentés des objets relatifs au « père de la Patrie ».

# Uruapan*

**Situation** : 62 km O. de Pátzcuaro, 430 km O. de Mexico.
Alt : 1 650 m ; 210 000 hab. ;
État du Michoacán.

**À ne pas manquer**



**☎ 542**

**ⓘ Calle 5 de Febrero 23, dans le centre commercial Uruapan, au S.-E. du Zócalo (☎ 406-33 ; ouv. de 9 h à 14 h et de 16 h à 19 h, le dim. de 9 h à 14 h).**

**Manifestations**

**Le 24 juin, fête traditionnelle de la Saint-Jean au cours de laquelle on peut avoir l'occasion d'assister à des danses (Moros y Cristianos, Los Viejitos). Fête de Maria Magdalena le 22 juil., avec procession de mules et bœufs parés. Jour de San Francisco, patron de la ville, le 4 oct., avec des danses tarasques notamment.**
**Foire de l'avocat pendant deux sem. en nov., avec expositions agricoles, artisanales et industrielles ; se renseigner à l'office du tourisme pour les dates précises.**

Fondée en 1532 par le moine franciscain Juan de San Miguel selon un plan en damier, Uruapan est située à 1 650 m d'altitude sur les flancs de la *sierra* du même nom. Bénéficiant d'un climat chaud et humide, c'est un centre agricole actif (la région est spécialisée dans la culture de l'avocat) qui offre aux visiteurs, moins nombreux qu'à Pátzcuaro ou à Morelia, de luxuriants jardins où s'épanouissent orchidées et autres plantes tropicales. Uruapan est aussi un bon point de départ pour de nombreuses excursions, en particulier vers le volcan Paricutín, qui défraya la chronique dans les années 1940.

## Adresses utiles

■ **Poste**
Reforma 13, au S. du Zócalo (ouv. du lun. au ven. de 8 h à 19 h, sam. de 9 h à 13 h).

■ **Aéroport**
À 8 km S.-E. du centre. Vols pour Guadalajara, Lázaro Cárdenas, Mexico.

■ **Gare routière**
*Central Camionera*, à 3 km du centre, sur la route de Morelia ; depuis le Zócalo, les bus indiquant « Central Camionera » desservent la gare. Liaisons pour Guadalajara, Lázaro Cárdenas, Mexico, Morelia, Pátzcuaro.

■ **Gare ferroviaire**
Paseo Lázaro Cárdenas, à 1,5 km à l'E. du Zócalo. Le « Purépecha » allant à Lázaro Cárdenas passe à 9 h, celui à destination de Mexico à 18 h. Trains lents.

## Visiter Uruapan

**Combien de temps** : compter une demi-journée pour la ville, une journée avec les environs immédiats.

**Se déplacer** : tous les sites sont accessibles à pied depuis le Zócalo.

■ **Museo Regional Huatapera** *(ouv. de 9 h 30 à 13 h 30 et de 15 h 30 à 18 h ; entrée libre)*. À l'O. du

Zócalo (aussi appelé Jardínes Morelos) se dresse la Huatapara, chapelle d'un ancien hôpital construit au XVIe s. par Juan de San Miguel, qui s'ouvre par un portail sculpté de style plateresque. L'hôpital a été transformé en musée des Arts populaires. Il renferme des collections de laques fabriquées à Uruapan depuis le XVIe s. et utilisant un pigment naturel, le *maque*, obtenu à partir d'une mouche appelée *aje*.

■ **EL MERCADO DE LOS ANTOJITOS** *(au N. de la Huatapera, sur la Calle Corregidora ; ouv. de 6 h à minuit)*. Marché où l'on pourra tester les spécialités culinaires de la région, en particulier la fameuse *sopa tarasca*, la soupe tarasque, composée de morceaux de *tortillas* sèches dans un bouillon relevé.

■ **PARQUE NACIONAL EDUARDO RUÍZ** *(depuis le Zócalo, suivre la Calle Independencia sur toute sa longueur ; entrée principale sur Calzada La Quinta ; ouv. de 8 h à 18 h ; prix d'entrée symbolique)*. Joli parc bordant la ville à l'O., dans lequel coule une rivière au fond d'un canyon, la Barranca del Cupatitzio ; de nombreux sentiers permettent d'agréables promenades dans une végétation luxuriante.

# Environs d'Uruapan

**1 PARACHO** *(40 km N. sur la RF 37)*. Village de luthiers s'étendant au pied d'un volcan éteint, spécialisé dans la fabrication de guitares (on y produit aussi des violons et autres instruments à cordes).

**Du 1er au 7 fév., célébration du Corpus Christi : musique, chants et danses régionales.**
**Le 8 août, Feria Nacional de la Guitarra ; au cours de cette fête très joyeuse, on sacrifie un bœuf dont la viande sert à confectionner un plat rituel, le *xuripe*, qui est ensuite offert à toute la population.**

**2 TINGAMBATO** *(28 km E. ; sortir d'Uruapan par la RF 120 en direction de Pátzcuaro ; au km 27, tourner à dr. ; le site se trouve 1 km plus loin ; ouv. de 9 h à 17 h)*. Une belle route de montagne traversant les forêts tarasques conduit à ce site archéologique situé à mi-chemin entre Uruapan et Pátzcuaro. Datant essentiellement de l'époque classique (500-900), Tingambato abrite des constructions en *talud-tablero* qui indiquent une influence de Teotihuacán, chose assez rare en région occidentale. Le site comprend notamment un centre cérémoniel, des vestiges de pyramides et un jeu de balle. Des tombes ont également été découvertes, dotées d'offrandes.

**3 CASCADAS DE TZARÁRACUA** *(10 km S. par la RF 37 en direction de Nueva Italia ; service de cars toutes les 30 mn les fins de semaine et jours fériés depuis le Zócalo d'Uruapan. Les autres jours, prendre le bus pour Nueva Italia et demander l'arrêt de Tzaráracua)*. Dans un cadre forestier, la rivière Cupatitzio se jette en plusieurs cascades (40 m pour la plus haute). Lieu fréquenté, mais ne pas se laisser impressionner par les ordures que laissent les touristes et s'aventurer hors des sentiers battus, dans une nature luxuriante. Possibilité de louer des chevaux.

**4 VOLCAN PARICUTÍN**★★ *(32 km ; suivre la RF 37 vers le N. ; à 15 km, prendre l'embranchement de Los Reyes jusqu'à Angahuán ; accès par bus depuis Uruapan toutes les heures entre 5 h du matin et 19 h ; il est recommandé d'arriver à Angahuán la veille au soir pour commencer l'excursion tôt le lendemain matin et éviter ainsi l'affluence et la chaleur)*. Angahuán, où l'on peut visiter le temple de Santiago, une belle église de style mudéjar et purépecha construite en 1562, est le point de départ pour des excursions sur le volcan Paricutín, qui apparut le 20 février 1943 au beau milieu d'un champ de maïs.

### Excursion au village de San Juan★★

**Comment s'y rendre** : à pied (guide recommandé) ou à cheval. Si vous choisissez la marche à pied, nous conseillons de vous rendre jusqu'au Centro Turístico de las Cabañas, à 15 mn d'Angahuán ; de là, un guide vous emmènera à San Juan par un sentier pédestre.

**Informations pratiques** : au Centro Turístico de las Cabañas, hébergement (rés. sur place : ☏ 503-83 ; à Uruapan : ☏ 406-33), restaurant, boutiques, petit musée sur le Paricutín, point de vue. À Angahuán, logement chez l'habitant (2 à 5 $ US la nuit pour 2 pers.).

**Combien de temps** : à pied, l'excursion pour San Juan prend une demi-journée.

Tout commença par une fissure qui apparut dans le sol et d'où s'échappèrent des exhalaisons sulfureuses, bientôt suivies d'épanchements de laves et d'un soulèvement du sol. En proie à des convulsions et à des vomissements de plus en plus violents, le volcan se mit à croître et se dressa bientôt à 400 m au-dessus du sol. Les éruptions de laves entraînèrent la disparition des hameaux de San Juan Parangaricutiro et de San Salvador Paricutín, contraignant plus de 5 000 personnes à abandonner leurs terres. Le phénomène suscita bien des curiosités, et les paysans construisirent en toute hâte de petits hôtels pour accueillir les touristes et les volcanologues en herbe. Au bout de quelques années, les éruptions se firent plus capricieuses ; elles cessèrent en 1952. Il ne subsiste aujourd'hui qu'un cône et des champs de lave très étendus, le *mal país*, où vivent quelques cactus et des iguanes. Dans ce paysage lunaire, seul émerge le clocher de l'église de San Juan.

### L'ascension du volcan

**Comment s'y rendre** : à pied ou à cheval avec un guide. Se munir d'un chapeau, d'un bon casse-croûte et d'eau en quantité. Il faut aussi de bonnes chaussures (pas de nu-pieds).

**Combien de temps :** compter 6 h aller-retour, 5 h si vous vous y rendez à cheval (10 $ US par pers., plus 10 $ US pour le guide, prix à négocier suivant le nombre de personnes et la saison).

Magnifique promenade dans un paysage digne de l'Apocalypse. Au sommet du volcan, il subsiste encore une petite activité volcanique avec jets de vapeur et fumerolles.

# Zacatecas★★★

Zacatecas apparaît enroulée sur elle-même au fond d'une étroite vallée dominée par le Cerro de la Bufa. Grâce à ses mines d'argent exploitées depuis des siècles, elle est aujourd'hui l'une des cités coloniales les plus séduisantes du Mexique, et l'écrivain Alberto Ruiz Sánchez parle d'elle comme d'un « labyrinthe de surprises où chaque trésor est caché dans une autre merveille ». Il évoque aussi le destin idéal de cette « ville minière sillonnée par des tunnels invisibles d'où ont été extraites les richesses qui permirent de bâtir une cité de pierre qui, à chaque pas, étonne et dont la cathédrale baroque est sans doute une des plus belles jamais construites ». Zacatecas a été déclarée par l'Unesco patrimoine culturel de l'humanité en 1993.

**Situation** : 290 km S. de Torreón, 347 km N. de Guadalajara, 168 km N.-O. d'Aguascalientes, 615 km N. de Mexico.
Alt. 2 496 m ; 220 000 hab. ; capitale de l'État du même nom ; université.

**À ne pas manquer**

| | |
|---|---|
| **Catedral★★★** | **456** |
| **Templo de Santo Domingo★★** | **458** |
| **Museo Pedro Coronel★★** | **459** |
| **Templo de San Agustín★★** | **459** |
| **Museo Rafael Coronel★★** | **459** |
| **Convento de Nuestra Señora de Guadalupe★★** | **460** |
| **La Quemada★★** | **461** |

## Adresses utiles

**☎ 4**

**ⓘ *Secretaría de Turismo*, Av. Hidalgo 601, en face de la cathédrale (*plan B2* ; ☎ 924-03-93 ou 924-05-52 ; ouv. t.l.j. de 8 h à 20 h).**

### ■ Poste

Av. Allende 111 (ouv. du lun. au ven. de 8 h à 19 h, sam. de 9 h à 12 h).

### ■ Aéroport

*Aeropuerto Internacional General Leobardo Ruiz*, à 28 km N. de la ville en direction de Fresnillo (☎ 922-47-50). Vols directs quotidiens pour León, Mexico, Morelia, San Luis Potosí, Tijuana.

### ■ Compagnie aérienne

*Mexicana*, Av. Hidalgo 406 et 408 (☎ 922-74-29, 922-74-70 et 922-32-48).

### ■ Gare ferroviaire

Av. González Ortega, à 1 km S. de l'Av. Juárez. Un train par jour le matin pour Guadalajara et Mexico, un autre pour Ciudad Juárez le soir. Les billets se prennent une heure avant le départ.

### ■ Gare routière

*Central de Autobus*, à la sortie S.-O. de la ville. Liaisons quotidiennes avec Aguascalientes, Durango, Guadalajara, Mexico, San Luis Potosí.

**Manifestations**
**En juil. et en août, concerts de musique classique de grande qualité. Du 27 au 31 août, *feria* traditionnelle près du Cerro de la Bufa, avec danse de la Morisma, parodie d'un combat opposant Charlemagne et les Douze Pairs de France aux Sarrasins conduits par Mahomet.**
**Du 15 au 22 sept., Feria Nacional de Zacatecas avec foire agricole, corridas, feux d'artifice, événements culturels dans les rues et sur les places de la ville. Parmi les nombreuses autres fêtes célébrées à Zacatecas, signalons celle du 31 déc., avec services religieux, processions, danses, feux d'artifice, etc. L'une des danses les plus caractéristiques de la région est celle du Caballito, qui met en scène huit paires de cavaliers et un chef de ballet représentant l'apôtre saint Jacques, le saint patron de l'Espagne, triomphant des Maures, figurés par un seul personnage. On exécute encore les danses des Barreteros, du Diablo Verde et des Górgoros, ces deux dernières accompagnées de *zapateados* très rapides.**

**Achats**
**Les sarapes (ponchos), la sculpture sur bois et pierre, l'argent et le travail du cuir sont les spécialités de la région.**

### ■ Taxis et bus

Depuis la *Central de Autobus* ou la gare ferroviaire, les taxis collectifs « Ruta 8 » vous conduisent jusqu'à la cathédrale. Depuis le centre-ville, pour rejoindre ces deux gares, prendre le « Ruta 8 » dans l'autre sens ou le bus « Ruta 7 », au croisement de l'Av. González Ortega et de l'Av. Juárez.

## Zacatecas dans l'histoire

### ■ La fièvre de l'argent

Avant l'arrivée des Espagnols, la région, verdoyante et boisée, est occupée par les Indiens Zacatecas, ce terme signifiant en náhuatl « là où pousse l'herbe zacate ». À la recherche d'argent, un groupe de conquistadores conduit par Juan de Tolosa fonde la ville en 1546. Deux ans plus tard, un premier gisement argentifère, celui de San Barnabé, est découvert. La fièvre s'empare alors des esprits et, en quelques décades, Zacatecas devient une ville prospère : les rues sont pavées, on édifie de belles demeures en grès rose *(cantera)* et des églises dont les somptueux retables sont à l'image de la générosité des mines alentour. En revanche, les belles forêts de la région disparaissent avec l'incessante demande en bois d'étayage. En 1550, trente-quatre mines d'argent sont exploitées. Elles transforment toute la région qui se couvre d'haciendas, de villages et de missions qui contribueront à la christianisation du nord de la Nouvelle-Espagne.

En juin 1914, pendant la Révolution, Zacatecas est l'enjeu d'âpres combats entre les troupes de Huerta et celles de Pancho Villa. Le « Centaure du Nord » remportera ici sa plus grande victoire, entraînant la chute du dictateur.

## Visiter Zacatecas

**Combien de temps :** 2 j. sont un minimum pour découvrir toutes les merveilles architecturales de Zacatecas.

**Le meilleur moment :** le soleil brille de nov. à juil., mais l'air est vif comme en montagne ; prévoir un vêtement chaud et des lunettes de soleil.

**Se déplacer :** la visite des principales curiosités se fait à pied. L'axe principal de la ville, l'Avenida Hidalgo, orienté N.-S., permet d'accéder aux principales curiosités.

■ **CATEDRAL**★★★ *(Plaza de Armas ; plan B2)*. Au centre de la ville se dresse la cathédrale *(→ ill. p. 148-149)*, merveille de l'art churrigueresque mexicain élevée à partir de 1730 et achevée vers 1780 (la tour N. fut terminée au début du XX<sup>e</sup> s.). La **façade**

**Zacatecas**



**principale**, de grès rose, est considérée comme la plus belle du Mexique. Elle est couverte de fantaisies architecturales, de guirlandes de fleurs et de feuilles d'acanthe, comme si les mains indigènes, en taillant la pierre, avaient voulu retrouver la végétation luxuriante qui existait dans la région avant que les Espagnols ne la rendent semi-désertique. Autour de la rosace centrale figurent quatre Pères de l'Église. On reconnaît également les statues du Christ (au-dessus de la rosace) et des douze apôtres, installées dans de profondes niches. Ce magnifique « retable extérieur » est encadré par deux tours qui présentent, aux étages supérieurs, la même exubérance ornementale ; chacune d'elles est coiffée d'une

L'une des statues de la cathédrale, « emprisonnée » dans un réseau décoratif d'une extrême abondance.

coupole recouverte d'azulejos et surmontée d'un lanternon. Les façades latérales, bien qu'encore très travaillées, sont plus austères.

L'intérieur de la cathédrale se caractérise au contraire par une grande simplicité, les tableaux, les tapisseries, les objets en or ou en argent qui s'y trouvaient ayant été volés au cours des différentes guerres.

De l'autre côté de la Plaza de Armas se dresse le **Palacio de Gobierno** *(ouv. t.l.j. de 8 h à 21 h)*, installé dans un ancien palais du XVIII$^{e}$ s. qui fut la propriété de la famille Mestre del Campo ; dans l'escalier, on peut voir une fresque d'Antonio Rodriguez (1970) qui, dans le style des muralistes, raconte l'histoire de l'État du Zacatecas.

*Depuis la Plaza de Armas, remonter le Callejón de Veyna.*

■ **TEMPLO DE SANTO DOMINGO**★★ *(plan B2)*. Érigé entre 1746 et 1749 par les Jésuites, ce superbe édifice de style baroque, plus sobre que la cathédrale, est assis sur une base de pierre qui lui donne une allure monumentale. Un escalier, à double révolu-

## Le « palais de la mauvaise nuit »

Sur le Callejón de Veyna se trouve le Palacio de Justicia, connu aussi sous le nom de Palacio de la Mala Noche. On raconte que le premier propriétaire de cette demeure, Manuel Rétegui, avait investi dans des mines qui s'étaient révélées improductives. Se retrouvant ruiné, il décida une nuit de mettre fin à ses jours. Alors qu'il s'apprêtait à se pendre, des mineurs vinrent lui annoncer qu'ils venaient de découvrir une veine d'argent d'une incroyable richesse dans une mine lui appartenant. Rétegui put alors se faire construire le palais que l'on voit aujourd'hui, et qui fut appelé « palais de la mauvaise nuit ».

tion, orné d'une fontaine, en permet l'accès. À l'intérieur, on peut voir huit splendides **retables** en bois sculpté et doré de style churrigueresque. Dans la sacristie, peintures de Francisco Antonio Vallejo (XVIIIe s.) représentant des scènes de la Passion du Christ.

■ **MUSEO PEDRO CORONEL★★** *(à côté de l'église ; plan AB2 ; ouv. t.l.j. sf jeu. de 10 h à 14 h et de 16 h à 17 h 30, dim. de 10 h à 17 h)*. On accède à cet ancien séminaire jésuite du XVIIIe s. par un grand portail sculpté ; beau patio très sobre entouré de galeries dont les voûtes sont ornées de chérubins. Le bâtiment fut confisqué au début du XXe s. par le gouvernement qui le transforma en prison. Restauré en 1983, il abrite aujourd'hui le Museo Pedro Coronel. La donation faite par cet artiste originaire de Zacatecas réunit les objets les plus divers : art chinois, tibétain, indien, pièces archéologiques précolombiennes, grecques et romaines. On y trouvera également une collection de livres manuscrits ainsi qu'une intéressante collection de peintures européennes qui compte toute la série du *Disparate* de Goya, des dessins de Daumier et des toiles de Picasso, Chagall, Léger, Dalí, Miró, Rouault.

*En sortant du musée, prendre sur la g. la Calle Fernando Villalpando.*

Un peu plus loin à g., dans la petite rue de la Moneda, se dresse la **Casa de la Moneda★** *(plan B2 ; ouv. du lun. au ven. de 8 h à 20 h)*, une maison toute blanche (XVIIIe s.) aux modestes mais superbes proportions, qui fut l'hôtel de la Monnaie au XIXe s. ; à l'intérieur, mural blanc et noir d'Antonio Pintor.

■ **TEMPLO DE SAN AGUSTÍN★★** *(Miguel Auza ; plan AB2 ; ouv. du lun. au sam. de 10 h à 14 h et de 16 h à 19 h, dim. de 10 h à 17 h)*. Cette église bâtie au XVIIIe s. par les moines augustins fut transformée en casino pendant le gouvernement anticlérical de Benito Juárez (milieu du XIXe s.), puis rachetée par des presbytériens américains qui la réaménagèrent totalement, supprimant tous les ornements faisant référence au culte catholique. De l'édifice d'origine ne subsiste que la façade latérale, qui possède un superbe portail de style plateresque surmonté d'un bas-relief représentant la conversion de saint Augustin. À l'intérieur sont exposées des pièces architecturales et la statuaire qui ornaient autrefois le sanctuaire.

▶En continuant tout droit par la Calle Miguel Auza, vous atteindrez le **Jardín Juárez**, l'une des rares zones vertes de la ville, où se trouve le Departamento de Seguridad Publica (la police), superbement installé dans une résidence du XVIIIe s. avec patio central.◀

■ **MERCADO GONZÁLEZ ORTEGA★** *(Av. Hidalgo ; ouv. t.l.j. de 9 h à 20 h ; plan B2)*. À trois pas de la cathédrale s'élève un bel édifice de fer et de verre construit en 1880, dans lequel se trouvait l'ancien marché de Zacatecas. C'est aujourd'hui un centre commercial de luxe où sont présentés les produits artisanaux de la région (vins, travail du cuir, bijoux, etc.) et où l'on peut se restaurer.

# À voir encore

■ **MUSEO RAFAEL CORONEL★★** *(à l'angle d'Abasolo et de Matamoros ; plan B1 ; ouv. t.l.j. sf mer. de 10 h à 14 h et de 16 h à 19 h)*. Aménagé dans l'ancien couvent San Francisco (XVIe s.), ce musée est réputé pour abriter, entre autres, une très belle collection de masques indigènes – plusieurs milliers – provenant, pour la plupart, de toutes les régions du Mexique. On y verra également une collection de marionnettes ayant appartenu à la famille Rosete Aranda, une dynastie de fameux marionnettistes mexicains, des dessins de Diego Rivera et des objets précolombiens.

Unique en son genre, la discothèque *El Malacate* (ouv. jeu. ven. et sam., tenue correcte, obligation de venir en couple) est installée dans un ancien puits, à 320 m de profondeur, au 4e sous-sol de la mine El Edén.

Dans le S. de la ville, visiter l'hôtel *Quinta* Real (Av. Ignacio Rayon 434 ; *plan A3* ; ☏ 922-91-04), un établissement de grand luxe construit sur les gradins des anciennes arènes de Zacatecas. À défaut d'y dormir, on pourra y prendre un verre ou y manger (excellente cuisine régionale) et découvrir une remarquable réalisation architecturale.

■ **MINA EL EDÉN★** *(plan A1 ; l'entrée de la mine est située près de l'hôpital ; prendre l'Av. Juárez puis l'Av. Torreón, le long des jardins Alameda, jusqu'à l'hôpital ; contourner celui-ci en prenant la première rue à dr. ; un panneau signale que l'entrée de la mine est à 300 m ; on peut aussi prendre sur l'Av. Juárez le bus « Ruta 7 » qui mène jusqu'à l'hôpital ; ouv. t.l.j. sf lun. de 12 h à 19 h ; visite guidée)*. Il s'agit de l'une des plus anciennes mines de Zacatecas, située en pleine ville, sous le **Cerro del Grillo**, qui fut exploitée jusque dans les années 1960. Un petit train emmène les visiteurs dans les profondeurs de la mine ; il stoppe à mi-parcours, et la visite se poursuit à pied ; explications très didactiques et intéressantes sur les méthodes d'extraction du minerai d'argent. Les visiteurs qui ne souhaitent pas revenir au point de départ avec le petit train peuvent suivre la galerie principale à pied et ressortir de l'autre côté de la ville, à proximité du téléphérique *(plan B1)* menant au Cerro de la Bufa.

■ **CERRO DE LA BUFA★**. La colline qui a fait la renommée de Zacatecas est accessible par un téléphérique *(plan B1-2 ; ouv. t.l.j. de 12 h à 19 h 30, départ tous les quarts d'heure)* qui survole la ville pendant 7 mn. Les sportifs peuvent aussi s'y rendre à pied en empruntant l'ancien sentier muletier qui démarre au bout de la Calle del Ángel *(plan B2)*, derrière la cathédrale. En voiture, suivre la route panoramique que l'on prend sur l'Avenida Lopez Velarde *(plan B3)*.

Au sommet de la colline, les immenses **statues équestres** représentent les chefs de la Division del Norte, Francisco Villa, Felipe Angeles et Pánfilo Natera, les vainqueurs de la bataille de Zacatecas. On peut jeter un œil à la **Capilla de la Virgen del Patrocinio** ou Capilla de los Remedios (XVIIIe s.) et au **musée de la bataille de Zacatecas** *(ouv. de 10 h à 16 h)*, pour l'anecdote. Derrière les statues part un sentier qui mène au sommet de la Bufa : la vue sur la ville et les montagnes arides est exceptionnelle.

# Environs de Zacatecas

**1 CONVENTO DE NUESTRA SEÑORA DE GUADALUPE★★** *(8 km E. sur la RF 49 en direction de San Luis Potosí)*. La petite ville de Guadalupe est construite autour de ce couvent fondé en 1707 par les Franciscains. Aujourd'hui désaffecté, il abrite un **musée★★★** *(ouv. t.l.j. sf lun. de 10 h à 16 h 30)* qui présente de remarquables peintures coloniales.

L'**église**, consacrée en 1721, présente une belle façade de style baroque. À l'intérieur, la Capilla de la Purísima *(1re à g. en entrant)*, de style néoclassique, est ornée à la feuille d'or ; tableaux, dont l'un, représentant la Cène, est attribué à Miguel Cabrera. À dr. de l'église s'ouvre la conciergerie du couvent, qui, aujourd'hui, donne accès au musée. De là, vous passerez dans le cloître auquel de nombreuses peintures sur toile donnent une merveilleuse unité ; elles représentent des scènes de la vie de saint François d'Assise. Dans l'escalier menant à l'étage, le *Saint Christophe*, par Nicolás Rodríguez Juárez, et les tableaux des deux saints patrons du couvent, par Miguel Cabrera, attirent l'attention, ainsi que *La Vierge de l'Apocalypse*, du même peintre. Quelques marches conduisent à une galerie haute qui entoure le cloître de l'infirmerie, où sont présentées des peintures coloniales. Voyez encore la chapelle de l'infirmerie, à la façade baroque, au fond de laquelle a été déposé un devant d'autel en bois doré, surmonté d'un tableau de Notre-Dame de Zacatecas, par Juan Correa. Rebroussant chemin, revenez au grand escalier pour aller contempler, dans un passage, une série de tableaux ovales dus à Miguel Cabrera pour illustrer la vie de la Vierge. De là, vous passerez dans le chœur *(il est en hauteur, au-dessus de l'entrée de l'église)*. Continuant votre visite par la galerie supérieure du cloître principal, vous examinerez d'autres peintures figurant les étapes de la Passion, par Antonio Enríquez (actif de 1742 à 1786). Après avoir pénétré dans plusieurs salles et cellules, où sont accrochés d'autres tableaux, vous terminerez votre visite par la chapelle de la Vierge Immaculée, du XIXe s.

**2 LA QUEMADA★★** (ou Chicomostoc ; *57 km S. par la RF 54 en direction de Guadalajara ; musée et site ouv. t.l.j. de 10 h à 17 h*). L'histoire du site précolombien de La Quemada est encore assez mal connue. En 1615, le père Juan de Torquemada signale, pour la première fois, l'existence des ruines de cette cité en formulant l'hypothèse qu'elle fut un moment habitée par le peuple mexica, lors de la migration qui devait le conduire de la légendaire Aztlán jusqu'à la vallée de Mexico. En 1780, Francisco Javier Clavijero, pour sa part, l'identifie avec la cité de Chicomóztoc (« sept grottes »), où les sept tribus náhuas auraient résidé neuf ans avant de se séparer. On sait aujourd'hui que le lieu fut habité entre 300 et 700 ou 800 de notre ère (période classique), date à laquelle il fut abandonné (des traces d'incendies ont été retrouvées en divers points de La Quemada, qui signifie « la Brûlée »). On considère également qu'il fut la capitale de la culture chalchihuite, qui occupa les régions du Zacatecas et du Durango entre 300 et

**Situé dans une vaste plaine sèche et balayée par les vents, le site de La Quemada, d'un ascétisme inquiétant, n'est visible qu'au dernier moment tant il se confond avec le paysage.**

900. Cette culture de paysans-guerriers qui évolua de façon assez autonome (les relations commerciales avec d'autres régions semblent avoir été ponctuelles) nous a laissé à La Quemada une architecture originale, caractérisée par un ensemble d'édifices établis sur un promontoire puissamment fortifié ; de ce centre cérémoniel part un vaste réseau de chaussées (120 km) qui conduisent à quelque deux cents sites secondaires également en partie fortifiés.

Sur place, un **musée** présente différentes pièces appartenant à la culture chalchihuite.

Vous accéderez au site par une **chaussée** de 30 m de large, établie à partir de la plaine. À l'entrée de cette voie, à dr., se dresse une petite **pyramide** de 10 m de hauteur. À l'autre extrémité, la chaussée est flanquée par deux constructions pyramidales. En face de l'entrée, un peu à dr., se situe un ensemble de constructions désigné sous le nom de **Catedral**, qui repose sur une terrasse maintenue par des murs de soutènement. On pénètre d'abord dans une vaste cour limitée par des murs préservés sur une faible hauteur. Sur son côté E. s'ouvre une porte donnant accès à une construction à péristyle intérieur, le **Salón de las Columnas**, dont les murs subsistent encore sur une hauteur de 3 m. Les piliers sont bâtis à l'aide de pierres plates ; ils devaient soutenir les toitures des portiques, laissant à ciel ouvert la partie centrale. Certains d'entre eux se dressent encore à 5 m de hauteur et ne mesurent pas moins de 2 m de diamètre.

Revenant sur vos pas depuis la cour à péristyle, vous gravirez la pente donnant accès à la partie supérieure du site. Vous traverserez une zone limitée à l'O. par un versant escarpé de la colline et à l'E. par un imposant **rempart** (10 m de hauteur). Plus haut, près du versant O. *(à g.)*, vous remarquerez une terrasse limitée au N. par le soutènement de la construction du niveau supérieur, accessible par un escalier aménagé dans un mur. En haut des gradins, vous débouchez sur une cour rectangulaire dominée par une **pyramide**. Un escalier situé au-delà de cette dernière, mais un peu à g., rachète la différence de niveau entre la cour de la pyramide et une autre terrasse qui forme le troisième niveau. En haut des gradins s'étendent, de part et d'autre d'un corridor, deux cours entourées de murs. À l'extrémité du corridor, vous atteindrez la partie centrale de ce troisième niveau, composé d'une cour où se trouve une **pyramide** à cinq étages qui occupe la majeure partie du côté N. Les bâtiments formant l'aile orientale comptent parmi les mieux conservés de La Quemada.

En continuant vers le N., vous descendrez vers un ensellement entre les deux principales hauteurs de la colline, puis vous remonterez pour parvenir au réduit fortifié qui occupe la partie N.-O. du site. Un **mur d'enceinte** protégeait un ensemble de constructions. En cet endroit, le rempart, construit à l'aide de grandes dalles de pierre, ne mesure pas moins de 3 m d'épaisseur.

Revenez ensuite sur vos pas jusqu'à l'entrée monumentale, au terminus de la chaussée, pour contourner la pointe S. du promontoire en direction de l'E. *(prendre à g.)*. Par un étroit chemin, vous parviendrez sur une esplanade, au pied de la colline, sur laquelle se dresse la construction la plus imposante de La Quemada : la **pyramide votive**. Dans son état actuel, elle se compose d'un puissant soubassement, formant premier étage. Au-dessus s'élève un haut tronc de pyramide tronquée, dont on ne sait s'il se terminait ou non par une pointe.

Au N. de la pyramide votive se trouve un **jeu de balle**, dont les murs latéraux devaient dépasser les 4 m de hauteur. Les matériaux avec lesquels ils avaient été édifiés ont servi à la construction, au XVII$^{e}$ s., de la ferme de La Quemada, située en contrebas.

# Le sud et le Golfe

Panoramas grandioses, à-pic vertigineux, balcons rocheux à la lisière des hauts plateaux ouvrant sur des horizons océaniques, mangroves et lagunes, immenses plages de sable fin. Ici, la nature s'offre en spectacle, passant sans cesse des forêts de pins aux jungles tropicales, des sommets ventés et froids aux moiteurs littorales. Enserré par deux chaînes montagneuses qui surplombent les plaines côtières, ce haut plateau entaillé de ravins et hérissé de volcans, dont le fameux Pico de Orizaba, point culminant du Mexique, présente l'image la plus achevée du Mexique à trois étages.

Les cultures qui s'y épanouirent, celles des Olmèques, des Zapotèques, des Totonaques, des Mixtèques et des Huastèques, ont légué un héritage culturel hors du commun : la domestication du maïs, l'invention de l'écriture et du calendrier, une architecture parfaitement intégrée à l'environnement ainsi que la maîtrise de l'orfèvrerie et du travail du jade. Si les sites archéologiques de Monte Albán, d'El Tajín et de Mitla comptent parmi les plus spectaculaires du pays, les musées de Xalapa et de La Venta exposent des pièces remarquables parmi lesquelles les têtes colossales olmèques.

C'est sur la côte du Golfe qu'Hernán Cortés prit, au nom du roi d'Espagne, possession d'un immense pays de 20 millions d'âmes et conclut les premières alliances avec les indigènes afin de renverser le puissant empire aztèque. Veracruz, porte atlantique de la Nouvelle-Espagne, fut la

**Le sud et le Golfe**



**Les Mexicains eux-mêmes préférant ne pas circuler la nuit, il est plus prudent de multiplier les étapes pour ne pas devoir effectuer des trajets dans l'obscurité, *a fortiori* dans la montagne où les routes sont très sinueuses et parfois en mauvais état, notamment après la saison des pluies. Les touristes sont particulièrement visés par les agressions à main armée (de jour également) sur la côte pacifique (d'Acapulco à Salina Cruz). Le camping sauvage sur les plages est donc vivement déconseillé.**

**Le sud et le Golfe : que voir ?**

Oaxaca Ville ou site de la région décrit dans le guide (entrée alphabétique ou environ d'une entrée)
Tehuacán Ville repère
★★★ Exceptionnel
★★ Très intéressant
★ Intéressant
Golfe du Mexique
Andrés
xtla
Catemaco
★ Comalcalco
Comalcalco
TABASCO
Coatzacoalcos
180
Heroica Gardenas
★ Villahermosa
Acayucan
Minatitlán
Sayula da Alemán
VERACRUZ
185
Raudales
CHIAPAS
omares
Tuxtla Gutiérrez
Ocozocoautla
190
La Ventosa

première de ces villes coloniales élevées par les envahisseurs, et dont Oaxaca constitue l'un des fleurons.
De la côte pacifique, entièrement dédiée au tourisme, à celle du Golfe, patrie des Jarochos à la gaieté nonchalante, la route sinueuse qui franchit les cols et les dépressions fluviales offre d'étonnants contrastes entre les opulentes régions agricoles et les hautes terres menacées par l'érosion due au déboisement, où vivent en reclus les descendants des Mixtèques et des Zapotèques, riches seulement de leurs traditions ancestrales et de leur artisanat.

# Trois aires culturelles

## ■ Naissance d'une civilisation phare

Vers le préclassique moyen apparaît chez les Olmèques une production de grandes figures creuses asexuées, au visage poupin, allant de pair avec une planification des cités, une sculpture monumentale en basalte et un code de communication symbolique très élaboré associé à une grande religiosité fondée sur le culte de la terre nourricière et de l'eau fécondante. Depuis leurs grands centres du sud du Golfe, les Olmèques essaiment dans presque tout le Mexique, exerçant une influence considérable dans la vallée d'Oaxaca, l'Altiplano mexicain, la zone maya et jusqu'à la côte pacifique. Ils vont s'y approvisionner en obsidienne, jade, magnétite et serpentine, matériaux qu'ils réexportent après les avoir transformés, accompagnés sans doute de fèves de cacao et de quelques coquillages.

## ■ Élitisme et centres cérémoniels

Dans la région d'Oaxaca, le relais est assuré par San José Mogote (1150-900 av. J.-C.), où une élite pratique l'échange d'objets somptuaires avec les Olmèques. De 850 à 500 av. J.-C., les seigneurs de San José dominent la fertile vallée d'Etla, bientôt concurrencés par un nouveau centre cérémoniel, Monte Albán. Les reliefs des personnages nus, apparemment sacrifiés, montrent le climat guerrier qui existait tant entre les clans rivaux de la vallée d'Oaxaca qu'avec les populations extérieures. Tandis que le déclin de la civilisation olmèque se traduit par un abandon brutal des villes au Ve s. av. J.-C. – à l'exception de Cerro de las Mesas et de Tres Zapotes où une stèle porte la date de 31 av. J.-C. –, la culture Remojadas, caractérisée par des figurines souriantes en terre cuite (→ *ill. p. 247*), se développe dans le Veracruz central à partir de 225 av. J.-C.

## ■ El Tajín et Monte Albán

À partir du IIIe s. de notre ère, El Tajín et Monte Albán s'imposent comme centres religieux et commerciaux. Bien qu'accusant l'influence de Teotihuacán, ils développent chacun une culture originale, les Zapotèques de Monte Albán se spécialisant dans la sculpture funéraire en terre cuite alors que les habitants d'El Tajín élèvent d'immenses pyramides décorées de niches colorées. Leurs dirigeants montrent les mêmes préoccupations d'ordre astronomique qui se traduisent à Monte Albán dans l'orientation des temples et à El Tajín par la multiplication de terrains de jeux de balle liés à la course de l'astre solaire. Aux VIIIe-XIe s. apr. J.-C., les Mixtèques dans la vallée d'Oaxaca et les Totonaques dans le Golfe occupent temporairement ces sites avant de fonder de nouvelles capitales, Mitla et Zempoala. Au N. de Veracruz, les Huastèques, apparentés aux Mayas, vénèrent le dieu du Vent à qui ils dédient des temples circulaires.

## ■ L'expansion aztèque

Après d'incessants combats pour le contrôle de la vallée d'Oaxaca, les principautés zapotèques et mixtèques se coalisent à partir de la seconde moitié du XVe s. contre les Aztèques. Il semble que, dès le règne de Moctezuma Ier, une colonie militaire aztèque ait été installée dans la vallée d'Oaxaca d'où une troupe composée de *pochteca* armés lança une expédition vers l'isthme de Tehuantepec. Zempoala est soumise en 1463, tandis que les Huastèques, réfugiés dans leurs forteresses, luttent farouchement contre l'envahisseur mexicain qui cherche à s'implanter sur la côte pour protéger ses approvisionnements.

**■ L'ère des conquistadores**

Suite à une première reconnaissance des côtes du golfe du Mexique entreprise en 1518 par Juan de Grijalva, c'est Hernán Cortés qui, un an plus tard, fonde la première ville de Nouvelle-Espagne près de l'actuelle Veracruz. Alors que les Totonaques, très hostiles aux Aztèques, lui servent de troupes auxiliaires, les Huastèques lui opposent une résistance opiniâtre. En 1523, débarque à Veracruz un premier contingent de Franciscains bientôt suivis par les Dominicains qui évangélisent la Mixteca Alta et y introduisent la sériciculture. Quant à Cortés, destitué de ses fonctions de gouverneur de Nouvelle-Espagne, il reçoit le titre de marquis del Valle de Oaxaca. Cette éviction des conquistadores de toutes les hautes fonctions, désormais réservées aux Espagnols natifs de la métropole, devait alimenter une sourde rivalité qui explosa en 1810.

# Une région à deux facettes

**■ Pauvreté et isolement**

Peu industrialisé, l'État d'Oaxaca a le triste privilège d'être l'un des plus pauvres du pays. Les parcelles exiguës et la forte érosion due à un déboisement inconsidéré offrent de maigres récoltes aux populations qui cherchent souvent refuge dans le mezcal. La forte concentration indigène dans les isolats de la sierra et une assistance sanitaire quasiment nulle en dehors des villes sont la conséquence d'un relief accidenté mais aussi d'une stratégie politique nationale. Toutefois, la situation commence à évoluer. Une nouvelle autoroute a été construite en un temps record entre Oaxaca et Mexico, réponse au problème de l'isolement chronique. Dans quelques années, cette autoroute atteindra la côte du Pacifique, reliant la capitale à l'isthme. Sans doute le tourisme se développera-t-il comme il s'est développé de façon spectaculaire sur la côte pacifique, à Acapulco et le long de la Costa Chica. Reste à savoir si les retombées économiques de ces projets seront distribuées équitablement.

**■ Des produits d'exportation**

La région du Golfe est plus favorisée. Dans le N., encore isolé par un réseau routier insuffisant, on cultive – outre le maïs, les haricots, les tomates, les bananes et la canne à sucre – des denrées tropicales plus prisées sur les marchés internationaux, telles que le café, le coprah, le tabac, le caoutchouc et le cacao. Le centre et le S. sont de plus en plus industrialisés, grâce surtout au pétrole, générateur de tout un corollaire d'usines et d'une certaine richesse. À Laguna Verde se trouve la seule centrale nucléaire du Mexique. Les trois ports (Veracruz, Tampico et Coatzacoalcos) jouent un rôle important dans l'économie régionale et dans l'industrie des transports du pays.

La volonté politique de décentralisation devrait faire jouer un rôle de plus en plus important à cette région dynamique, qui veut diversifier sa productivité et diminuer son assujettissement au pétrole, source de dépendance politique fédérale.

# Acapulco★

**Situation** : 388 km S. de Mexico, 300 km S. de Cuernavaca. 1 500 000 hab. ; État du Guerrero.

☎ 7

**🛈 Costera Miguel Alemán 187 (☏ 486-91-67 et 484-31-40 ; ouv. de 9 h à 14 h et de 16 h à 19 h).**

**Urgences**

***Procuraduría del Turista* (assistance aux touristes), Costera Miguel Alemán 4455, devant le Centro des Convenciones (☏ 484-45-83 ; ouv. de 9 h à minuit). *Croix-Rouge* (☏ 485-41-00 et 01).**

**Sports**

**Vous pourrez pratiquer tous les sports nautiques, aller à la pêche, faire des promenades en mer, jouer au golf ou au tennis, faire du parachute ascensionnel (se renseigner dans les grands hôtels).**

**Vie nocturne**

**Les hôtels offrent un large choix de spectacles, de dîners dansants. Les discothèques, très nombreuses, ouvrent à partir de 22 h ; on y danse jusqu'à l'aube.**

À seulement quarante minutes de vol de la capitale, Acapulco, la station balnéaire la plus connue du Mexique, reçoit 3 à 4 millions de visiteurs par an. Situé au bord d'une des plus belles baies du monde, cet ancien port de pêche est durant les années 1940 un lieu de villégiature de la jet-set internationale avant de devenir, dans les années 1960-1970, une station entièrement vouée au tourisme de masse, américain en particulier. Au cours des années 1980, la ville frôle la faillite : l'explosion démographique, la pollution, la prostitution infantile, contraignent le gouvernement à déployer de gros moyens pour tenter de lui redonner un aspect plus séduisant ; cette entreprise de réhabilitation est toujours en cours. Aujourd'hui, Acapulco n'est qu'une succession d'hôtels de vingt-cinq étages, de boutiques de vêtements, de restaurants en tout genre. La nuit, on y trouve tous les plaisirs, le jour, les fameuses plages qui firent naguère sa réputation sont prises d'assaut, particulièrement en haute saison (Noël, semaine sainte) ; l'eau est souvent polluée.

## Adresses utiles

■ **Poste**

Costera Miguel Alemán 125, à deux rues du Zócalo (ouv. du lun. au sam. de 8 h à 20 h, le dim. de 8 h à 13 h).

■ **Représentations diplomatiques**

*Consulat de France*, Costa Grande 235 (☏ 482-33-94).

■ **Aéroport**

Aéroport international situé à 23 km S.-E. sur la route de Barra Vieja, au-delà du carrefour de Puerto Marqués. En arrivant à l'aéroport, prendre un ticket au guichet des taxis autorisés ou un *colectivo* qui dessert tous les hôtels de la Costera Miguel Alemán.

Pour rejoindre l'aéroport depuis le centre-ville, prendre un taxi au vol ou, pour plus de sécurité, appeler 24 h à l'avance *Transportación de Pasajeros*

(☏ 462-10-95 et 462-10-98) ou *Movil Aca* (☏ 466-92-98 et 466-92-99) qui passeront vous prendre. Prévoir 1 h d'avance pour les vols nationaux et 2 h pour les vols internationaux. Nombreuses destinations nationales et nord-américaines.

■ **Compagnies aériennes**

***Aeroméxico***, Costera Miguel Alemán 286 (☏ 485-16-00 et 485-16-25). ***Mexicana***, Torre Acapulco, Costera Miguel Alemán 1252 (☏ 484-68-90, 484-68-37 et 484-69-43).

■ **Gares routières**

***Estrella de Oro***, à l'angle des Av. Cuauhtémoc et Wilfrido Massieu (☏ 485-93-60 et 485-87-05).

***Estrella Blanca***, Av. Ejido 47 (☏ 469-20-32 et 469-20-25).

Liaisons très fréquentes pour Huatulco, Mexico, Puerto Escondido, Taxco, Zihuatanejo.

# Acapulco dans l'histoire

■ **Le port d'attache du « galion de Manille »**

Si Veracruz est la porte principale de communication entre l'Espagne et sa colonie, Acapulco, fondée en 1532, est le port d'attache du Galeón de Manila, ou Nao de China, qui, chaque année, rapporte de précieuses cargaisons des Philippines ainsi que l'or et l'argent du Chili et du Pérou.

Dès la fin du XVIe s., les eaux du Golfe et du Pacifique sont infestées de corsaires anglais et hollandais qui convoitent les richesses du Nouveau Monde, expédiées vers l'Espagne. Les lourdes taxes imposées sur les produits espagnols importés au Mexique, où l'on interdit très vite la culture de la vigne comme celle du mûrier, favorisent également la contrebande. Quant à la nouvelle voie maritime par l'océan Indien et le cap de Bonne-Espérance ouverte en 1799 pour le transport des marchandises entre Manille et l'Espagne, elle signe le déclin d'Acapulco.

# Visiter Acapulco

**Accès** : en voiture, arrivant de Mexico ou de Zihuatanejo-Ixtapa, suivre les indications « Costera Miguel Alemán ». Prendre le tunnel interurbain (payant) qui permet d'éviter le long (25 mn) contournement de la ville.

**S'orienter** : Acapulco est divisée en trois zones. À l'O. de la baie se trouve la vieille ville, située entre le Zócalo et la plage de Caleta ; cette zone est appelée Acapulco Náutico du fait de la présence du célèbre yacht-club installé non loin de la falaise où se produisent les plongeurs. Acapulco Dorado s'étend entre la Playa de Hornos et la Playa Icacos, le long de la Costera Miguel Alemán ; c'est là que sont installés les grands hôtels, les centres commerciaux, de multiples restaurants et boîtes de nuit qui entretiennent une forte activité nocturne. Acapulco Diamante enfin, qui regroupe les complexes touristiques les plus chics, se situe plus à l'E. en direction de l'aéroport.

■ **La Quebrada**. Les fameux plongeurs d'Acapulco se présentent *(à 13 h, 19 h 30, 20 h 30, 21 h 30 et 22 h 30)* dans cette petite crique étroite encadrée de falaises. Vous pourrez assister à ce spectacle depuis la terrasse du bar de l'hôtel *El Mirador*, qui offre un forfait boisson-plongeurs.

■ **Costera Miguel Alemán**. Son histoire débute dans les années 1940, quand le tourisme, à peine florissant, découvre l'impressionnante beauté de la baie. On peut y circuler à pied, en calèche ou dans des autobus climatisés. La nuit venue, la *costera* s'anime et l'ambiance ne retombe qu'au petit matin.

**Les plongeurs d'Acapulco effectuent un saut d'une hauteur de 35 m, non sans avoir préalablement prié la Vierge.**

Vues superbes sur la baie au dessin parfait depuis l'Av. Escénica, depuis le restaurant de l'hôtel *Las Brisas*, ou mieux, depuis la Capilla de La Paz (le sentier se détache sur la g. 300 m environ après l'entrée de l'hôtel *Las Brisas*). À faire surtout la nuit (mais pas seul) car le paysage est saisissant après le coucher du soleil, lorsque la plage est ourlée de lumière.

■ **Fuerte de San Diego** *(ouv. t.l.j. de 10 h à 18, dim. de 9 h à 15 h ; entrée libre le dim.)*. Forteresse pentagonale à cinq bastions fondée au début du XVII^e s. mais reconstruite selon les principes de Vauban en 1776. Elle abrite un musée historique.

■ **Les plages**. Acapulco doit sa grande popularité aux plages merveilleuses qui bordent sa baie. Les plus fréquentées sont la **Playa Caleta** et la **Playa Caletilla** (l'anse et la petite anse), situées sur la péninsule au S. de la vieille ville. Elles sont protégées par l'Isla de la Roqueta qui fait obstacle aux courants de l'océan Pacifique, leur octroyant ainsi une houle tranquille et un sable fin. Entre ces deux plages se trouvent le *Mágico Mundo Marino*, un aquarium, des piscines, des toboggans et un petit musée océanographique *(ouv. de 9 h à 19 h)*. Sur l'**Isla de la Roqueta**, la plage du même nom est accessible en bateau depuis la Caleta et la Caletilla ; la traversée se fait à bord d'embarcations à fond transparent, ce qui permet d'observer la faune marine et une Vierge reposant sur le fond de la mer (vérifier l'état de transparence de l'eau avant de monter à bord).

Au centre de la baie s'étendent, d'O. en E., **Tamarindos**, **Hornos** et **Hornitos**, trois plages de sable fin bordées de palmiers, où vient mourir une paisible houle. Suit la **Playa de la Condesa**, lieu privilégié des touristes et point de rendez-vous de la jeunesse ; les vagues y sont plus vigoureuses et le sable plus grossier. En suivant toujours la même direction, on trouve ensuite la **Playa Icacos**, puis, juste après la base navale, la **Playuela** et la **Playuelita**, deux petites plages où les vagues sont peu importantes (sauf par fort vent du S.). Toutes ces plages sont accessibles à partir de la Costera Miguel Alemán où circulent en permanence des bus urbains.

■ **Puerto Marqués**. En allant vers l'E. par l'Av. Escénica, vous découvrirez cette anse au fond d'une baie profonde, aux eaux calmes et entourée d'une végétation exubérante. Excellente pour la pratique de tous les sports nautiques, elle grouille de monde le samedi et le dimanche ainsi que durant les fêtes. La municipalité a entrepris de l'aménager pour la transformer en un lieu plus chic.

■ **Acapulco Diamante** *(10-15 km S.-E., entre l'hôtel « Princess » et la plage qui se trouve derrière l'aéroport ; prendre sur la Costera Miguel Alemán ou à partir de Puerto Marqués les autobus signalant l'aéroport)*. C'est la nouvelle station balnéaire de luxe, conçue pour attirer la jet-set et redonner à Acapulco son caractère international. On y a aménagé trois terrains de golf, dont le *Tres Vidas*, l'un des plus beaux golfs d'Amérique du Nord, ainsi que des hôtels de grand standing bordant l'immense plage (elle s'étire jusqu'à Barra Vieja, à 20 km plus au S.). Des quartiers résidentiels commencent à sortir de terre. La plage peut être dangereuse lorsqu'il y a des rouleaux. Elle est pratiquement déserte car les clients des hôtels préfèrent leurs grandes piscines.

# Environs d'Acapulco

**1 Pie de la Cuesta** *(10 km N.-O. par la route d'Ixtapa Zihuatanejo ; bus sur Costera Miguel Alemán, devant la poste. On trouvera au Pie de la Cuesta quelques hôtels économiques, des bungalows au confort restreint et deux terrains de camping. Le seul hôtel de luxe est le* Ukae Pim, *qui possède une agréable piscine.)*. Longue plage de sable bordée de cocotiers, qui s'étend entre le Pacifique (ne pas franchir les vagues quand elles sont grosses, le courant vous entraînerait au large) et la **Laguna de Coyuca**. On y trouve des *palapas* où l'on peut consommer crevettes et poissons frits accompagnés de boissons glacées. C'est le lieu idéal pour se détendre et assister au coucher de soleil : lumière mauve sur les montagnes, ciel rose souvent déchiré par les nuages. Belles promenades en barque sur la lagune, bordée de mangroves peuplées d'oiseaux.

**2 La Costa Chica** *(518 km S.-E. d'Acapulco à Huatulco)*. Belle et variée, la Costa Chica offre un tracé tourmenté qui a assuré le développement de nombreuses stations balnéaires. Les plus prestigieuses d'entre elles, à l'instar d'Acapulco, ont fait la réputation d'un style de vie et d'un environnement paradisiaques. Et même si le tourisme de masse, la crise économique, la pollution, ont peu à peu terni cette réputation, le climat parfait, les baies panoramiques, les paysages de corniche et les couchers de soleil bouleversants continuent d'y ancrer le rêve de millions de touristes.

*402 km* : **Puerto Escondido**★★. Village de pêcheurs qui a conservé toute son authenticité : on y trouve des hôtels bon marché, des restaurants corrects et des plages superbes. Longtemps le rendez-vous des surfeurs californiens, Puerto Escondido (on dit Puerto) est devenu la seule station balnéaire qui soit encore abordable pour la classe moyenne mexicaine. Le village, tout en hauteur,

☎ 958

ⓘ Sur la route de l'aéroport, à l'angle de la RF 200 et de la Calle 3a Norte (☎ 201-75 ; ouv. du lun. au ven. de 9 h à 14 h et de 17 h à 20 h, le sam. de 9 h à 13 h).

En matière de sécurité, Puerto Escondido a mauvaise presse. Avec un minimum d'attention (ne pas se promener sur les plages désertes la nuit, ne pas porter de bijoux de prix...), on ne risque pas plus qu'ailleurs.

Attention, il y a un réel danger à se baigner sur la Playa Zicatela. Certaines années, la baignade y est rigoureusement interdite, même pour les surfeurs.

*« (...) À l'époque, il y a vingt ans, la côte ouest du Mexique n'était pas encore devenue le Las Vegas et le Miami Beach du Mexique. Les villages étaient encore, pour la plupart, des villages primitifs d'Indiens et les eaux mortes de la plage du matin de Puerto Barrio et la forêt tropicale au-dessus étaient parmi les endroits les plus sauvages et les plus jolis des lieux habités du monde. (...) »*

Tennessee Williams, *La Nuit de l'iguane.*

☎ 958

ⓘ Sur l'Av. Principal, au bout de la plage, juste avant la remontée sur Pochutla (ouv. du lun. au ven. de 9 h à 15 h).

domine une jolie baie entourée de cocotiers. Par chance, la municipalité a très tôt interdit la circulation automobile le long de la plage.

**Bahía Principal**, la plage principale, est plantée de cocotiers qui assurent une ombre fraîche et agréable, mais il faudra choisir un emplacement loin des égouts de la ville. L'idéal est de marcher vers le S.-E. jusqu'à la **Playa Marinero**. Une pointe rocheuse sépare cette dernière de la **Playa Zicatela**, célèbre pour ses énormes rouleaux, rendez-vous des surfeurs.

De l'autre coté de la **Bahía Principal**, après le phare, la petite baie de **Puerto Angelito** *(1 h à pied, 10 mn en voiture ; on peut s'y rendre en taxi ou en barque ; rens. : Palmas de Cortés sur la Bahía Principal)* abrite deux plages agréables, mais très fréquentées en fin de semaine.

En allant toujours vers l'O., on arrive ensuite à la **Playa Carrizalillo**, d'accès difficile en voiture *(le plus simple est de prendre une barque à Palmas de Cortés)*. Enfin, sur la RF 200 à côté de l'aéroport s'élève un complexe hôtelier. En contrebas de l'hôtel *Aldea del Bazar* se trouve le *Posada Real* et sa plage, la **Playa Bacocho**, très agréable. Il n'est pas obligatoire d'y manger mais le personnel est pressant (dire que l'on se rend d'abord à la plage). Plus à l'O., la mer devient dangereuse.

*463 km :* **Puerto Ángel**, minuscule village de pêcheurs sans grand charme et un peu poussiéreux, qui possède tout de même quelques jolies plages. Il doit sa renommée aux Beatles, Doors, Rolling Stones et autres groupes de musique des années 1960, qui venaient ici se reposer après avoir goûté au « Jardin des délices » de doña Sabina, dans la sierra d'Oaxaca. Pendant longtemps, des générations de *beatniks* ont défilé sur les plages dorées de Zipolite, mais le maire a un jour mis fin à cette continuelle migration qui dérangeait la population locale.

La **plage principale** est un peu chaude mais agréable tôt le matin et en fin de journée. La **Playa del Panteón**, tout au bout du village *(pour y accéder à pied, suivre le chemin de pierre qui contourne le piton rocheux, à l'extrémité de la plage principale)*, est la plus claire, sans vagues, au sable un peu grossier. Elle voisine un petit cimetière dont les pierres tombales sont colorées de teintes vives. Une dizaine de gargotes, les pieds dans l'eau, offrent des poissons du jour. On y trouve aussi quelques hôtels au confort rudimentaire (le meilleur est *La Cabaña*).

**Zipolite** est située à 8 km O. du centre *(accès par minibus que l'on prend le long de l'Av. Principal ou au-dessus de la Playa del Panteón)*. C'est l'une des rares plages naturistes que l'on trouve au Mexique ; elle n'est fréquentée que par une population très jeune.

Plage de Zipolite : attention aux courants marins qui sont extrêmement dangereux, même par mer calme.

►À l'O. de Zipolite se trouve le village de **San Agustinillo** *(4 km ; prendre la route de Mazunte, qui enjambe une colline ; minibus fréquents)*, sorte de Zipolite *bis*, beaucoup moins fréquenté. Immense plage de sable sans danger avec quelques *palapas* où l'on peut se restaurer sommairement. Sur la colline, un artisan fabrique des hamacs, tient quelques chambres et un café. Lieu idéal pour la méditation. Vue splendide au coucher du soleil.

Un kilomètre plus loin, **Mazunte** *(à pied par la plage ou en minibus)* est un charmant village qui abrite un **Centre mexicain de la tortue** (musée) créé afin de freiner le massacre de ces animaux dû au commerce d'écaille. Plage superbe avec quelques *palapas* et un restaurant italien, mer non dangereuse ; les bons nageurs peuvent en toute tranquillité voir les fonds marins près des rochers où se brisent les vagues.◄

*518 km* : **Huatulco***. Sur 35 km, dans neuf baies merveilleuses, le gouvernement mexicain tente de construire le tourisme mexicain de demain. Un effort particulier a été entrepris pour maîtriser le développement de ce complexe touristique en cours de création. Cependant, la population locale a déjà été évincée et, avec elle, tous les petits restaurants de poisson et de crustacés qui faisaient le charme du village de Santa Cruz, tout proche ; il reste toutefois quelques irréductibles pêcheurs de corail qui donnent un peu d'authenticité à ces constructions sans âme. Reste à découvrir quelque trente plages paradisiaques, dont certaines ne sont encore accessibles que par mer. Les eaux limpides vous permettront de nager au milieu de bancs de poissons multicolores.

☎ 958

ⓘ Au village de la Crucita, Av. Guamuchil, à côté de la place principale. Autre bureau : Bahía de Tangolunda, à proximité de l'hôtel *Holiday Inn* (☎ 03-88 ; ouv. de 9 h à 14 h et de 16 h à 19 h).

Les plages des **Bahías de Tangolunda**, **Santa Cruz** et **Chahué**, où sont regroupés la plupart des hôtels de Huatulco, sont accessibles par la route et sont donc les plus fréquentées. Pour les autres plages, il faut emprunter des pistes ou s'y rendre en barque depuis le port de Santa Cruz.

# El Tajín★★★

**Situation** : 294 km N.-E. de Mexico,
16 km S. de Poza Rica.
Alt. 298 m ; État de Veracruz.

**À ne pas manquer**



Ce site est le plus important de la côte du golfe du Mexique. Il s'étend dans la petite vallée de Tlahuanapa, autrefois envahie par une épaisse forêt qui dut être défrichée pour permettre le dégagement des quelque deux cents monuments, notamment la pyramide des Niches, l'un des édifices préhispaniques les plus élégants et les mieux conservés. Grand centre du jeu de balle, ses habitants vénéraient plus particulièrement le dieu du Vent, comme le confirme le nom d'El Tajín qui signifie « ouragan » en totonaque. Redécouvert en 1785 après un long silence de sept siècles, l'ancien centre cérémoniel a retrouvé une partie de sa splendeur d'antan tout en laissant subsister une aura de mystère quant à l'origine d'une architecture qui reste unique en Mésoamérique.

## El Tajín dans l'histoire

### ■ Un peuple de joueurs de balle

C'est vers 200 apr. J.-C. que le site d'El Tajín s'est implanté en tant que centre commercial modeste de la grande cité de l'Altiplano, Teotihuacán. En 600 apr. J.-C., la ville devient indépendante et développe une culture propre dont les origines restent obscures. S'étendant sur 5 km$^2$, les constructions sont distribuées autour de cours, et occupent en partie une colline voisine. L'architecture intègre des éléments de Teotihuacán *(talud-tablero)* et mayas (fausse voûte) tout en développant un style original qui combine corniches, grecques et niches. C'est à cette époque du classique tardif qu'El Tajín devient un important centre de jeu de balle *(ulama)*. On a recensé onze terrains en forme de I, décorés de scènes figurées en relief ayant pour thème le jeu de balle et les sacrifices humains.

### ■ L'apogée sous les Totonaques

Vers 950, apparaissent les Totonaques, qui occupent le site un temps avant d'établir leur capitale à Zempoala. C'est à ce moment qu'El Tajín atteint son extension maximale, tous les monuments étant

reconstruits, notamment après un séisme qui endommagea une grande partie de la ville.
Au XII$^{e}$ s., le site est incendié et abandonné. Bien plus tard, en recherchant des plantations illégales de tabac, un fonctionnaire espagnol, Diego Ruiz, aperçoit pour la première fois, enfouie dans une végétation exubérante, la pyramide des Niches et en fait un dessin qui sera publié dans la *Gazeta de México* en 1785. L'exploration systématique du site sera entreprise à partir de 1938 par l'archéologue mexicain José García Payón.

# Visiter El Tajín

**Visite** : le site est ouvert t.l.j. de 9 h à 17 h 30 (le musée est fermé le lun.) ; entrée libre le dim. Un centre d'accueil comporte un musée, une cafétéria, une librairie, une consigne et des boutiques.

**Combien de temps** : compter 3 h.

**Le meilleur moment** : en raison de la chaleur, il est conseillé de venir à l'ouverture et de commencer par la visite du site pour terminer par le musée.

El Tajín est partagé en cinq quartiers principaux : la place de l'Arroyo, la zone centrale avec la pyramide des Niches, le complexe Xicalcoliuhqui, la place d'El Tajín Chico et le complexe de l'édifice aux Colonnes. Les bâtiments étaient jadis peints en rouge, bleu azur, vert et jaune comme on peut le voir encore à certains endroits.

■ **PLAZA DEL ARROYO**. On est d'emblée confronté au style d'El Tajín, caractérisé par des niches aveugles, répétées en série sur les façades des monuments et produisant un effet d'optique singulier. En dehors de leur contenu sémantique – quelques-unes sont décorées de grecques symbolisant les mouvements perpétuels du cosmos –, elles ont une fonction esthétique évidente. Très différent des autres ensembles architecturaux de la ville, ce vaste quadrilatère ouvert, entouré de quatre édifices de facture simple, est délimité à l'E. par un petit cours d'eau. La découverte d'une statue d'un dieu du commerce, de style aztèque, laisse supposer qu'il s'agissait de la place du marché.

*Après avoir dépassé deux terrains de jeu de balle dont les talus sont ornés de volutes liées au culte de Vénus, étoile du matin, vous verrez, à dr., le monument 15, et à g., l'entrée du jeu de balle S.*

■ **JUEGO DE PELOTA SUR**★★. Encadré au N. et au S. par les plates-formes des monuments 5 et 6 sur le flanc desquelles étaient aménagés des gradins pour

## Les Totonaques

Selon les chroniques, ils seraient partis du lieu mythique de Chicomoztoc, comme la plupart des groupes qui joueront un rôle politique important durant l'époque postclassique. D'abord établis dans la sierra de Puebla, ils se déployèrent vers la côte du Golfe, se répartissant autour des villes de Zempoala – leur capitale –, Misantla, Papantla, Naolingo, Perote et Zacatlán. Pendant la période initiale de leur développement, ils établirent des contacts avec les Toltèques de Tula qui, chassés par des groupes náhuas, s'étaient établis sur des positions défensives des contreforts de la sierra Madre orientale. Le *chac-mool*, les salles hypostyles, les sculptures de pierre, la céramique aux motifs de volutes et le culte du dieu du Vent, Quetzalcóatl-Ehécatl, sont autant d'éléments qui les rattachent à la culture toltèque. Vivant dans les États de Veracruz et de San Luis Potosí, leurs descendants, qui parlent un dialecte apparenté au groupe linguistique maya, sont au nombre de 180 000. On reconnaît les Indiennes Totonaques à leur jupe blanche brodée, portée sur un jupon aux couleurs vives. Sur la chemise au décolleté carré reprenant les motifs de la jupe est posé un *quechquemetl* (cache-cœur pointu) du même tissu.

**À l'entrée du site, on peut assister deux à trois fois par jour à la démonstration de la danse des *voladores*, exécutée par des Totonaques en costumes traditionnels** **(→ *encadré p. 479*).** **Ils demandent une petite contribution à l'assistance avant de grimper sur le mât haut de 20 m.**

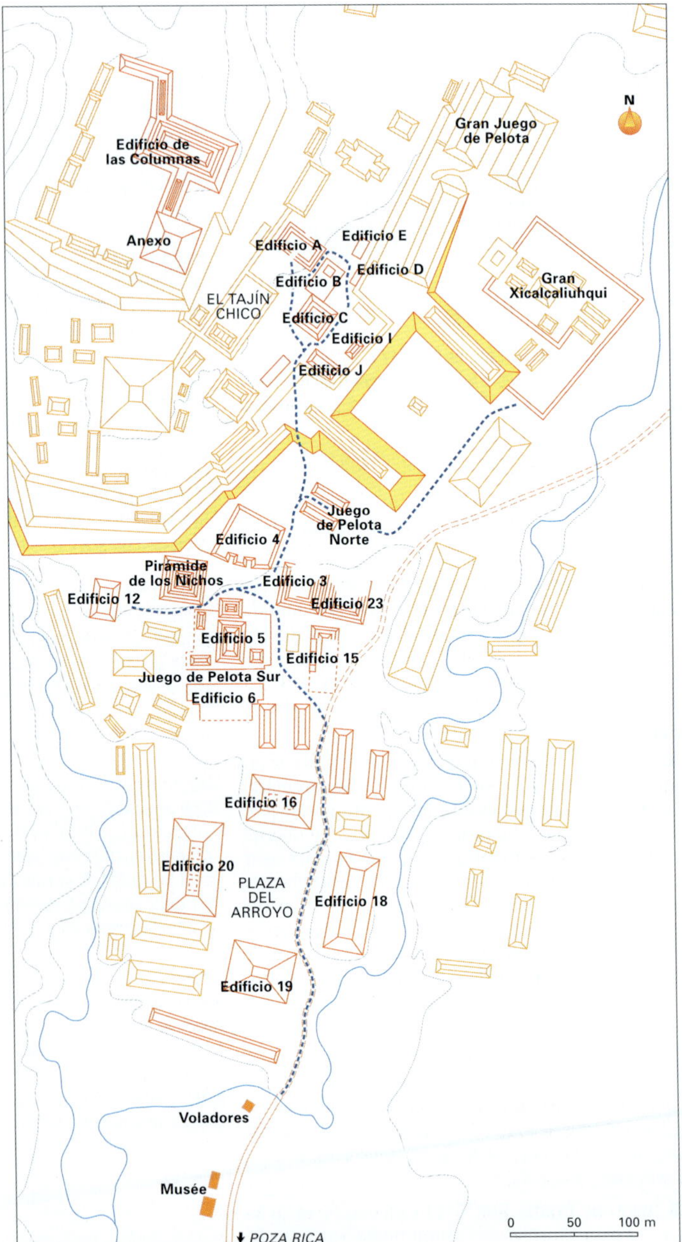
N
Gran Juego
de Pelota
Edificio de
las Columnas
Anexo
Edificio E
Edificio A
Edificio D
Edificio B
Gran
Xicalcaliuhqui
EL TAJÍN
CHICO
Edificio C
Edificio I
Edificio J
Juego
de Pelota
Norte
Edificio 4
Pirámide
de los Nichos
Edificio 3
Edificio 12
Edificio 23
Edificio 5
Edificio 15
Juego de Pelota Sur
Edificio 6
Edificio 16
Edificio 20
PLAZA
DEL
ARROYO
Edificio 18
Edificio 19
Voladores
Musée
POZA RICA
0 50 100 m

**El Tajín**

les spectateurs, le terrain long de 60 m est limité par deux parements verticaux décorés de six **dalles sculptées★★★** représentant des scènes rituelles en relation avec le jeu de balle *(→ ill. p. 217)*. Les panneaux des extrémités décrivent le déroulement du jeu lui-même, tandis que ceux du milieu sont réservés à la réponse des dieux au rituel de décapitation.

Sur le premier relief à g. (S.-E.), initiation d'un jeune guerrier assis devant deux prêtres et, à l'extrême droite, le dieu de la Mort, squelette au crâne emplumé émergeant d'une calebasse posée dans une vasque remplie de pulque. Le glyphe de Vénus qui le surmonte permet de l'identifier comme un avatar de cet astre qui préside toutes les scènes.
Suit un bas-relief assez effacé qui représente l'ultime étape du rituel du jeu de balle, à savoir l'autosacrifice du dieu de la Pluie représenté à dr., accroupi en train de se percer le pénis d'une épine de maguey. Son sang se transforme en pulque à l'intérieur d'un temple.
Le dernier relief sur ce côté figure le jeune guerrier allongé sur une banquette, encadré par deux musiciens. Un personnage déguisé en aigle, attribut du Soleil, danse au-dessus de lui tandis que le corps décharné de Vénus survole la scène.

En face, sur le mur N., on découvre le coup d'envoi du jeu de balle. Deux joueurs parés d'une ceinture de bois dans laquelle est glissée une « palme » *(→ musée de Xalapa)* dialoguent – notez les volutes de paroles devant leurs bouches – sous les auspices de trois dieux dont un à la tête de cerf. Remarquez la présence de la balle de caoutchouc entre les joueurs et le couteau de sacrifice dans la main du joueur de dr.
Sur le panneau du milieu est représenté le joueur sacrifié *(→ relief suivant)* tenant un récipient sous le bras. Il s'adresse aux dieux de la Pluie et du Vent assis sur le toit du temple du pulque. Un *chac-mool* garde le liquide sacré tandis qu'à dr. sont figurées des plantes de maguey dont on tire le pulque.
Le dernier relief figure le sacrifice par décapitation du joueur de balle. La volute de paroles qui s'échappe de sa bouche rejoint celle de Vénus figurée en dieu descendant. Notez, dans la main g. du prêtre sacrificateur, un instrument servant à l'éviscération.

■ **EDIFICIO 5★**. Élevé sur une plate-forme placée entre le jeu de balle S. et la place de la pyramide des Niches, cet ensemble pyramidal est l'un des plus imposants du site. Sur le premier palier se dresse une **statue★★** en basalte qui se trouvait à l'origine devant l'entrée du temple. Précipitée au bas de l'escalier lors de la destruction d'El Tajín, elle figure un personnage assis, avec une tête de mort, les bras croisés sur la poitrine, sans doute le dieu de la Pluie ou celui du Vent auxquels était consacré le temple.

■ **PIRÁMIDE DE LOS NICHOS★★★**. Haute de plus de 20 m sur une base carrée de 36 m de côté, la pyramide des Niches *(→ ill. p. 109)* compte six étages, construits selon le principe de *talud-tablero*. Les niches profondes qui animent les parties verticales *(tablero)* sont considérées par les habitants comme étant les entrées de l'inframonde. Il y a quelques années encore, il était fréquent de trouver des offrandes de fleurs et de cierges disposées devant celles-ci. La croyance populaire selon laquelle chaque niche contenait l'effigie d'un dieu n'a cependant pas été confirmée par les découvertes archéologiques. En comptant toutes les niches, visibles ou dissimulées par l'escalier, on atteint un total de 365, qui correspond au nombre des jours de l'année solaire.

L'**escalier** monumental, très raide, est flanqué de deux rampes ornées de motifs en forme de grecques, stylisations du Xicalcoliuqhi, serpent de pierre qui était peint en bleu sur un fond rouge. Il donne accès à la plate-forme supérieure de la pyramide, où s'élevait le **temple** proprement dit. Les murs de celui-ci étaient ornés intérieurement de dalles sculptées en bas-relief *(→ musée du site et musée de Xalapa)* qui formaient une frise représentant le ciel, des animaux sacrés et le dieu de la Pluie auquel le temple semble avoir été consacré.

La pyramide actuellement visible en recouvre une autre, qui comportait également six étages sur un soubassement, comme on l'a constaté en forant un tunnel à partir du côté O. Le système de construction est assez original, mais non pas unique, ainsi qu'on a pu le vérifier sur d'autres sites. Chaque massif est en effet élevé à partir du sol ; celui du centre, qui correspond à l'étage le plus élevé, forme un massif plein entouré de cinq autres massifs de plus en plus bas et de plus en plus larges. Les niches sont couvertes par un entablement composé de six ou sept couches de dalles disposées en encorbellement et fixées à l'aide d'un ciment à base de chaux, obtenue par la pulvérisation de conques marines, et de sable. Toutes les niches étaient peintes en rouge sombre et leur encadrement en bleu.

Remarquez à l'arrière de la pyramide des Niches l'**édifice 12**, décoré de niches soutenues par des colonnettes.

On peut encore voir des restes de peinture bleue à la base de l'**escalier** et sur le côté dr. de l'**édifice 3**. La couleur bleue est associée au dieu de la Pluie, l'une des trois divinités honorées à El Tajín, avec le dieu du Vent et Vénus.

■ **Edificio 23**. Aligné sur l'édifice 3 voisin, il est l'une des dernières constructions à avoir été élevées à El Tajín, comme en témoigne un motif d'architecture caractéristique du postclassique tardif, à savoir une série de merlons crénelés qui entouraient le temple situé au sommet. L'escalier, exceptionnellement raide, fut reconstruit après un séisme qui endommagea l'édifice.

■ **Juego de Pelota Norte**★. Plus petit et plus étroit que celui du sud (26 m de long) et limité par des murs verticaux, il est très différent des autres terrains d'El Tajín et sans doute aussi plus ancien. Les quatre **dalles**★ sculptées en relief qui ornent les murs décrivent des scènes similaires à celles du jeu de balle sud. Ici aussi, l'omniprésence du dieu du Pulque laisse penser que cette boisson alcoolisée devait être associée au rituel du jeu de balle et au sacrifice.

*Gravir ensuite un talus pour accéder à une longue terrasse où s'élèvent divers bâtiments répartis autour de la Plaza del* ***Tajín Chico****, secteur le plus ancien du site.*

■ **Edificio C**. Ses trois étages superposés offrent le profil classique du mur en talus, couronné par un parement vertical à bandeau de grecques, lui-même surmonté d'une corniche saillante formée de dalles disposées en encorbellement. Il était surmonté d'un édifice largement ouvert sur l'extérieur par quatre portes, orné à l'intérieur d'une frise de grecques. Comme les autres bâtiments d'El Tajín Chico, il était à vocation civile (il s'agissait sans doute d'une salle d'audience).

■ **Edificio I**. Face à l'édifice C, cette construction surélevée de plan barlong possède un portique décoré de belles **peintures murales**★★ polychromes récemment mises au jour. Disposées en registres horizontaux peints de différentes couleurs, elles répètent le même motif, sorte de personnage au corps zoomorphe décharné ; la tête, portant une riche coiffure emplumée, montre un museau puissant et un œil proéminent terminé par un crochet ; sans doute une divinité liée à la pluie.

■ **Edificio B**. Ce palais comprend un mur à deux rangées superposées de niches séparées par un talus et une corniche ; il délimite une chambre de plan carré, à deux niveaux reliés par un escalier intérieur. Le toit plat en maçonnerie était supporté par deux rangées de trois piliers massifs.

**L'édifice C d'El Tajín Chico.**

■ **Edificio D**. Situé en face de l'édifice B, ce soubassement en talus orné de motifs géométriques en relief abrite un tunnel qui conduit à l'**édifice E** (au N.-O.), construction tardive décorée de stucs qui était peut-être un temple.

■ **Edificio A★**. On accédait à ce palais par un escalier étroit aménagé sur le côté S., entre deux rampes ornementées de fausses marches – jadis décorées de motifs bleus et jaunes – encadrées de grecques. L'escalier conduit à un corridor qui fait tout le tour de l'édifice. Notez la présence de quelques fragments de peintures murales qui en décoraient l'intérieur. À l'E. et à l'O. se trouvent les passages vers les pièces d'habitation logées dans quatre structures en L à deux niveaux, encadrant un édifice central en forme de pyramide. Les façades extérieures étaient embellies d'une mosaïque de pierres ajustées formant des motifs géométriques.

À l'O., un tertre naturel a été aménagé en vaste terrasse dominée par une imposante structure pyramidale appelée **édifice aux Colonnes** *(cette partie du site, encore en cours de restauration, n'est pas accessible au public)*.

■ **Edificio de las Columnas**. Au sommet de la pyramide se trouvait une construction à patio qui s'ouvrait sur la façade principale (E.) par six colonnes à tambour *(→ musée du site)* décorées de bas-reliefs célébrant les exploits guerriers d'un des gouvernants d'El Tajín, le seigneur « Treize-Lapin », probable commanditaire de cet édifice qui était le plus imposant de la ville à l'époque postclassique.

Au S., une construction annexe (**Anexo**), dite **Edificio de los Túneles**, comportait deux tunnels qui donnaient accès à une grande cour s'étendant plus à l'O., au pied de la pyramide. Cette cour était limitée au N., à l'O. et au S. par des plates-formes supportant des édifices pyramidaux, non dégagés, et qui se trouvent à la limite de la forêt.

## La danse du *volador*

Pratiquée par les Totonaques, les Huastèques et les Otomís, cette danse *(→ ill. p. 440-441)* d'origine préhispanique célèbre un cycle de cinquante-deux ans correspondant à un siècle aztèque. On procède d'abord au choix de l'arbre, dont le fût peut atteindre 30 m de hauteur. Pendant l'abattage, les esprits de la forêt sont invoqués, tandis que sont faites des offrandes d'alcool et de copal à la Terre-mère. Lors de l'érection du mât, le sang d'un poulet sacrifié servira à apaiser les dieux tout en assurant leur bienveillance lors du vol périlleux. À la pointe du mât est ajustée sur un pivot une plate-forme *(tecomate)* de 40 cm de diamètre, à laquelle sont attachées quatre solides cordes enroulées treize fois autour du tronc. Leurs extrémités sont nouées autour de la taille de chacun des quatre *voladores*, coiffés d'un chapeau pointu orné de miroirs et de rubans multicolores évoquant des oiseaux.

Le vol a lieu au déclin du soleil. Le chef des *voladores*, dansant sur le *tecomate* tout en jouant de la flûte et du tambourin, se tourne alors vers les quatre points cardinaux en commençant par l'E. Soudain, ses quatre acolytes se jettent dans le vide, les bras déployés comme des ailes. Décrivant chacun treize cercles avant d'atteindre le sol, ils accomplissent ainsi cinquante-deux tours, soit une révolution calendaire.

Les *voladores* qui ont fait la réputation de Papantla se produisaient traditionnellement tous les dimanches sur le parvis de l'église, mais ils ont déserté le bourg pour faire des démonstrations payantes sur les sites touristiques (El Tajín, Teotihuacán, Tulum…).

■ **Gran Xicalcoliuhqui (Grande Grecque)★★**. En contrebas d'El Tajín Chico se trouvent différents édifices parmi lesquels un étonnant enclos de 380 m de long, dont le contour suit la forme d'une spirale carrée. Le mur, construit en *talud-tablero* et décoré de niches, sert de base à une plate-forme qui surélève trois jeux de balle, des autels et des temples. On est impressionné non seulement par les dimensions de l'œuvre, mais aussi par la finesse de sa composition, qui juxtapose des plans de différentes profondeurs, produisant des effets d'optique. Sa réalisation démontre une excellente maîtrise technique, les pierres, magistralement taillées, s'assemblant parfaitement sans l'aide d'un quelconque ciment.

■ **Museo★**. On y voit des maquettes du site et de l'édifice aux Colonnes ainsi que des reliefs, des fragments de peintures murales, des objets et de la céramique provenant des fouilles.

Dans une vitrine, notez quatre paires de **pieds humains** modelés en « ciment » (amalgame de gravillons de pierre ponce, de pouzzolane et de chaux extraite des couches calcaires locales) ; ils furent trouvés dans l'édifice aux Colonnes, où ils étaient recouverts par deux strates de ce même ciment. Aucune autre partie des statues n'a été récupérée.

Remarquez les **tambours sculptés★★** de trois des six colonnes trouvées dans l'édifice aux Colonnes. Les reliefs montrent des cérémonies célébrées par le seigneur « Treize-Lapin », identifié par un glyphe de deux barres et trois points surmontés d'un lapin. On voit notamment une scène mettant en présence « Treize-Lapin » qui, les pieds posés sur la tête d'une victime, assiste à la décapitation de captifs représentés nus, tenus par les cheveux ou les bras par des guerriers revêtus de peaux de jaguar et de têtes d'aigle.

Sur une **dalle** en grès provenant du temple de la pyramide des Niches, un relief représente deux serpents entrelacés entourant le disque solaire, au centre duquel se trouve un personnage assis sur un trône. Une autre dalle sculptée figure un homme assis tenant un couteau et un bouclier décoré de glyphes associés à la colonne vertébrale de Vénus. Des fragments de **peinture murale** montrent des grecques de couleur ocre sur un fond d'azur qui décoraient les rampes de l'escalier de l'édifice A.

Le **bas-relief de l'autel de l'édifice 4★★**, de qualité exceptionnelle, fait allusion à une fête qui devait se dérouler au moment de la consécration périodique des *tlaxmalacatl* (anneaux des jeux de balle). Deux serpents à plumes s'enroulent autour d'un orifice avant de se dresser le long des côtés latéraux pour se terminer par des sonnailles surmontées d'un anneau à plumes de quetzal, près d'un édifice en forme de temple. De part et d'autre, deux personnages richement vêtus sont accompagnés de prêtres, debout dans un bassin de pulque tenant, l'un un couteau sacrificiel, l'autre un sceptre. Une date (trois barres et cinq points) accompagne l'événement figuré par un glyphe *ollin* (mouvement).

Dans une vitrine sont exposés les attributs rituels en relation avec le jeu de balle : **joug** en forme de U, **palme** et **hache**. Sur une dalle sculptée, on voit un personnage tenant le sceptre de commandement et la bourse de copal. Il porte les genouillères et la protection thoracique en coton des joueurs de balle.

# Mitla★★

S'étendant au cœur du village du même nom, le site de Mitla est l'un de ces endroits magiques où la superposition des civilisations, loin d'altérer la beauté des monuments, en rehausse l'éclat par le contraste qui existe entre la sobriété des lignes des palais anciens, la plénitude des coupoles de l'église et l'exubérance des couleurs du Mercado de Artesanias. Son nom en náhuatl *(Mictlan)* comme en zapotèque *(Liobaa)* signifie le « lieu des morts », et évoque ainsi un passé de cité préhispanique placée sous les auspices des divinités du monde souterrain. Ville unique par son architecture, elle est aussi gardienne d'antiques croyances populaires ; celles-ci se manifestent plus particulièrement lors de la fête de la Cruz de Petición, qui célèbre l'année nouvelle.

**Situation** : 43 km E. d'Oaxaca ; État d'Oaxaca.

**À ne pas manquer**



## Mitla dans l'histoire

### ■ Un centre zapotèque

En dépit de son nom aztèque, la ville qui occupe une position très marginale au S. de la vallée de Tlacolula fut, dès sa fondation vers 200 apr. J.-C., un centre religieux zapotèque. Selon des chroniqueurs de l'époque postclassique, les palais auraient également servi de lieu de sépulture pour les prêtres-dynastes qui y résidaient. Les façades de mosaïques que l'on a longtemps attribuées aux Mixtèques seraient apparues bien avant l'invasion de ces peuplades montagnardes au XIIIe s. Les récentes études rattachent ce nouveau style à l'influence toltèque que l'on retrouve aussi bien à Yagul que dans la région Puuc au Yucatán durant la période de transition du classique au postclassique, à savoir entre 800 et 1000. Les relations entre ces régions sont par ailleurs confirmées par la présence de céramiques de l'O. du Yucatán sur les sites de l'Oaxaca.

### ■ L'influence mixtèque

L'apport culturel des Mixtèques qui s'emparent peu à peu du pouvoir par un jeu d'alliances dynastiques avec les lignages zapotèques se situe davantage dans le domaine des arts décoratifs – en particulier la céramique polychrome et les codex – que dans l'ar-

chitecture. Si les Mixtèques ont résidé à Mitla en réutilisant les tombes et les palais à l'époque de Monte Albán V, il semble que, après une courte période de domination aztèque, la ville ait été de nouveau aux mains des Zapotèques au moment de l'arrivée des Espagnols. Les ruines furent décrites pour la première fois par Diego García de Palacio en 1576.

# Visiter Mitla

**Dans le village, la *posada La Sorpresa* propose une bonne cuisine locale à prix très raisonnable. Ne manquez pas également de visiter un atelier de tissage où vous pourrez faire l'acquisition d'un *rebozo* (châle) de coton. Enfin, vous pourrez profiter de votre séjour à Mitla pour découvrir l'une des nombreuses distilleries de mezcal, la spécialité locale.**

**Accès :** depuis le terminal routier 2e classe d'Oaxaca *(hors plan par A2)*, prendre un bus Oaxaca-Itsmo en direction de Tehuantepec (départ toutes les 5 mn) et descendre au carrefour à l'entrée du village (il reste 4 km jusqu'aux ruines), ou demander le bus pour « *las ruinas de Mitla* » qui vous dépose au centre du village.

**Visite** : ouv. t.l.j. de 8 h à 17 h ; l'entrée du site se trouve près de l'église San Pablo.

**Combien de temps** : comptez une demi-journée pour faire la visite depuis Oaxaca, la journée entière si vous voulez visiter les autres sites de la vallée de Tlacolula (Yagul, Lambityeco et Dainzu) ainsi que quelques belles églises des villages proches.

■ **SITE ARCHÉOLOGIQUE**. Les ruines de Mitla sont composées de cinq groupes orientés selon l'axe N.-S. autour de places carrées. Ils ne présentent pas tous la même structure : le groupe des Adobes et le Groupe sud sont formés d'une place unique avec oratoire central, bordée d'une pyramide et de trois palais rectangulaires élevés sur des plates-formes ; les trois autres groupes – le groupe de l'Église, le groupe des Colonnes et le groupe de l'Arroyo – comportent de longs bâtiments à toits plats entourant un ensemble formé de deux grandes places et d'un patio.

Le **groupe des Colonnes★★**, le mieux conservé, est organisé autour de deux grandes cours aux angles ouverts. La première, au centre de laquelle se trouve un petit oratoire, était entourée, à l'E. et à l'O., d'édifices de plan barlong.

Au N., un large escalier axial mène à une plate-forme sur laquelle s'élève le **palais des Colonnes★★**, entièrement décoré de grecques scalaires et autres motifs géométriques, formés d'une mosaïque de pierres taillées soigneusement ajustées en saillie sur le fond des panneaux. Une triple porte donne accès à la salle des Colonnes (40 m de long sur 7,5 m de large, soit 300 $m^2$), divisée en deux par six fûts monolithiques en tuf qui soutenaient la toiture.

**Le palais des Colonnes et ses mosaïques de pierre ; quatorze motifs horizontaux y ont été recensés.**

De là part un corridor très étroit, bas et sombre, qui, après un coude, débouche dans le **Patio de las Grecas★★★**, entouré de quatre salles percées d'une porte. Sur les *tableros* ornant les murs extérieurs et intérieurs autrefois couverts de stucs polychromes, on retrouve quatorze versions du motif de la grecque scalaire créant un rythme ondulatoire, celui du mouvement solaire ou encore du serpent à plumes. Un léger évasement des murs dont les corniches en surplomb sont soulignées de bandeaux à redents - motif céleste - donne une illusion de courbure tout en accusant les ombres. Dans l'une des salles, on a reconstitué la toiture, formée de rondins recouverts de terre tassée et stuquée.

Dans la seconde **cour**, deux **tombes★** cruciformes ménagées sous les chambres du palais ont sans doute reçu les restes des seigneurs zapotèques et mixtèques. Remarquez les parois aux décors géométriques et, dans la tombe N., une **colonne** monolithique soutenant le toit.

Le **groupe de l'Église★**, en partie détruit par les Espagnols qui y édifièrent l'**église San Pablo★** *(pour visiter celle-ci, il faut ressortir de l'enceinte du site archéologique)* au XVI^e s., présente la même disposition que le groupe des Colonnes. Remarquez les restes de fresques montrant une frise et la belle décoration sculptée dans le patio N.

En vous promenant dans le village, vous verrez les trois autres groupes, assez mal conservés. Notez la présence d'un petit calvaire construit à l'emplacement du temple du groupe des Adobes.

■ **MUSEO FRISSELL** *(Benito Juárez 2, à côté de la posada « La Sorpresa » ; ouv. t.l.j. sf mer. de 10 h à 17 h)*. Dans une maison coloniale, ancienne demeure de l'archéologue Erwin Frissell, est présentée sa collection privée léguée à l'Universidad de las Américas de Mexico. De provenance inconnue mais de très belle facture, les pièces en terre cuite appartiennent pour l'essentiel à l'époque classique zapotèque : urnes funéraires à l'effigie de différents dieux dont Cocijo, petit vase avec un acrobate, figurine d'un joueur de pelote, vaisselle avec traces

**Le 31 déc., les Zapotèques de Mitla célèbrent la Fiesta de la Cruz de Petición. Les habitants se rassemblent alors près de grands feux allumés autour d'une croix afin d'adresser leurs vœux à Dieu pour l'année à venir. Ceux-ci sont présentés au moyen d'objets en miniature confectionnés à l'aide de brindilles, de semences ou de morceaux de canne à sucre modelés en forme d'outils, d'animaux domestiques, de chaumières, de champs de maguey, etc.**

de polychromie. Dans la cour, reliefs portant des contrats de mariage zapotèques et céramique mixtèque.

# Environs de Mitla

■ **HIERVE EL AGUA**★ *(13 km E. ; à la sortie de Mitla, suivre la route en direction de Zacatepec et tourner à dr. après 7 km pour prendre une piste en terre qui traverse le village de San Lorenzo Albarradas)*. Deux petites sources d'eau chaude saturée en calcaire sont à l'origine de la formation de deux grandes cascades pétrifiées d'une éclatante blancheur qui dévalent vers la vallée plantée de cactus. La beauté sauvage de l'endroit et l'attrait d'un bain dans les vasques d'eau chaude sont les atouts de cet endroit peu connu des touristes, mais très prisé par la population locale le dimanche.

# Monte Albán★★★

Au sommet d'une montagne dominant la plaine d'Oaxaca, Monte Albán compte, tant par son emplacement exceptionnel que par la sobre beauté de ses monuments, parmi les sites mésoaméricains les plus remarquables. Qu'on le découvre à la lumière rasante du matin ou baigné par la clarté poudreuse du soleil déclinant, on est surpris par l'extraordinaire unité de l'esplanade où chaque élément, temple, palais, jeu de pelote, place ou plate-forme, est intégré à l'ensemble. Gigantesque observatoire de l'astre solaire, la capitale des Zapotèques qui occupait à son apogée une superficie de 6,5 $km^2$, vénérait également le dieu de la Pluie Cocijo, pourvoyeur du liquide vital. Avant de parcourir la « colline du Jaguar », il faut s'arrêter un instant au sommet d'une plate-forme et l'imaginer avec ses patios stuqués, ses palais en adobe et ses temples couverts de peintures polychromes, théâtre d'un incessant spectacle.

**Situation** : 8 km S.-O. d'Oaxaca.
Alt. 1 948 m ; État d'Oaxaca.

**À ne pas manquer**



## Monte Albán dans l'histoire

### ■ Une situation stratégique

C'est vers 500 av. J.-C. que l'on situe le début de l'aménagement de ce grand centre civique, cérémoniel et politique surplombant de 400 m la vallée d'Oaxaca. Il est l'œuvre de trois clans rivaux issus des vallées, sorte de confédération militaire qui entreprend de grands travaux d'arasement des cinq sommets d'une montagne pour dégager une immense esplanade orientée N.-S. autour de laquelle viendront se greffer les édifices publics communs et trois quartiers produisant une céramique différente. Il semblerait que seule la situation stratégique de l'endroit, une crête isolée au point de convergence des trois bras de la vallée, ait dicté le choix des fondateurs. En effet, en l'absence de sources, de terres propres à l'agriculture et de ressources naturelles, Monte Albán ne pouvait subsister que grâce au tribut apporté par la quarantaine de villages des alentours.

### Un important centre intellectuel et militaire

À la fin de la première phase de son développement (vers 200 av. J.-C.), la cité se dote, au N. et à l'O., d'un mur défensif de 2 km de longueur, lequel aurait également pu jouer un rôle de réservoir. Un des premiers édifices publics connu sous le nom de « Los Danzantes », orné de dalles gravées représentant des captifs sacrifiés, corrobore la fonction militaire et administrative du site à ses débuts. Elle s'accompagne d'un développement intellectuel concrétisé par l'apparition d'une écriture hiéroglyphique et d'un système de datation basé sur le calendrier rituel de 260 jours *(piye)* divisé en quatre unités de 65 jours, les quatre éclairs ou *pitao*.

### L'arrivée des Zapotèques

La période suivante (200 av. J.-C. à 300 apr. J.-C.) est marquée par l'arrivée des Zapotèques. Cette nouvelle population originaire du S. de la Mésoamérique instaure un régime théocratique très hiérarchisé. La puissance territoriale de Monte Albán s'agrandit en même temps que le complexe urbain, dont on achève la planification. Les constructions qui s'étagent sur les terrasses taillées à flanc de montagne s'étendent aux collines voisines d'El Gallo, Aztompa et Monte Albán Chico, portant le site à son extension maximale, soit plus de 20 km$^2$.

### L'apogée de Monte Albán

Avec 30 000 habitants, Monte Albán est, durant la période classique (300 à 750 apr. J.-C.), l'une des grandes capitales mésoaméricaines. Elle entretient d'étroites relations commerciales et intellectuelles avec Teotihuacán (située à 500 km au N. dans la vallée de Mexico), comme en témoigne la présence d'un quartier de gens d'Oaxaca en plein centre de cette dernière ville. Tel que nous le voyons aujourd'hui, le site est reconstruit selon la technique du *talud-tablero*, inspirée de Teotihuacán. On y trouve cependant aussi un style architectural propre, caractérisé par de larges rampes *(alfardas)* encadrant les escaliers et par le motif de « scapulaire », double moulure brisée ornant les *tableros* des édifices. Parallèlement au développement du culte des ancêtres, on constate l'essor d'une belle céramique anthropomorphe déposée comme offrande à l'intérieur de tombes souvent décorées de peintures murales et situées au-dessous de structures architecturales comportant plusieurs chambres et un petit temple.

### Un déclin inexpliqué

Bien que la période Monte Albán III-B soit la plus prolifique sur le plan artistique et intellectuel, on note un affaiblissement politique qui s'accompagne

## Repères chronologiques

**Monte Albán I** (500 à 200 av. J.-C.) : époque préclassique. Fondation d'un centre administratif et militaire par une coalition de souverains de la vallée d'Oaxaca.

**Monte Albán II** (200 av. J.-C. à 300 apr. J.-C.) : achèvement de la planification de la grand-place et extension de la nouvelle puissance zapotèque. Début des relations pacifiques avec Teotihuacán.

**Monte Albán III-A** (300 à 500 apr. J.-C.) : époque classique. Reconstruction de l'ensemble du site et essor du culte des ancêtres.

**Monte Albán III-B** (500 à 750 apr. J.-C.) : apogée de la culture zapotèque avec une intense production d'urnes funéraires.

**Monte Albán IV** (750- 1000 apr. J.-C.) : déclin de la puissance zapotèque et abandon progressif de la ville.

**Monte Albán V** (1350-1519) : réoccupation du site comme nécropole royale des Mixtèques.

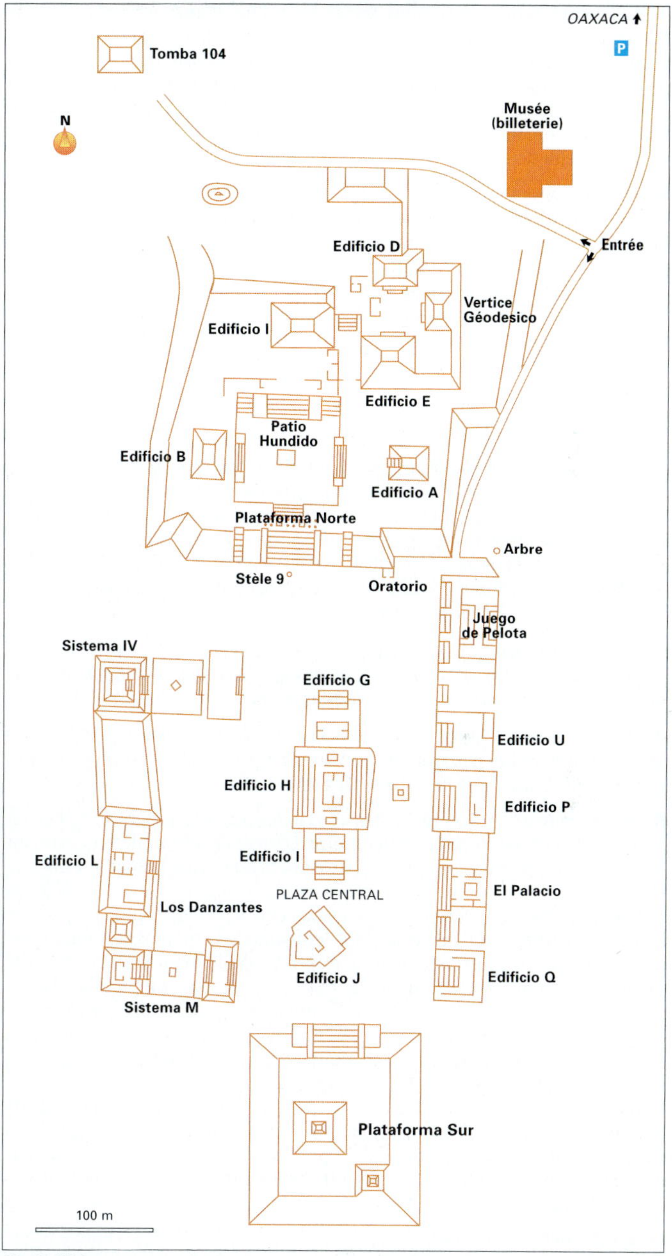
OAXACA
P
Tomba 104
N
Musée (billeterie)
Entrée
Edificio D
Vertice Géodesico
Edificio I
Edificio E
Patio Hundido
Edificio B
Edificio A
Plataforma Norte
Arbre
Stèle 9
Oratorio
Juego de Pelota
Sistema IV
Edificio G
Edificio U
Edificio H
Edificio P
Edificio L
Edificio I
El Palacio
PLAZA CENTRAL
Los Danzantes
Edificio J
Edificio Q
Sistema M
Plataforma Sur
100 m

**Monte Albán**

d'une désintégration du système social, puis d'un abandon progressif de la grande cité. Vers 900 apr. J.-C., le centre cérémoniel était déjà partiellement ruiné. Une démographie galopante et une raréfaction de terres agricoles sont peut-être à l'origine de conflits engendrant une migration de la population urbaine vers les cités voisines de Zaachila, Lambityeco, Mitla et Cuilapan. D'autre part, on remarque également que le déclin de Monte Albán est contemporain de celui de Teotihuacán.

**■ Une nécropole mixtèque**

Venus du Nord, les envahisseurs mixtèques prennent possession du site inhabité pour y inhumer leurs chefs issus de dynasties d'origine divine. Ils n'occupent que les tombes de l'époque classique, se contentant de réaménager une partie de la plate-forme N. pour leurs cérémonies funéraires. En 1932, l'archéologue Alfonso Caso découvrait le fabuleux trésor qui accompagnait le prince enterré dans la tombe 7, magnifique témoignage du haut degré artistique des orfèvres mixtèques.

# Visiter Monte Albán

**Accès** : d'Oaxaca en bus touristique depuis l'*Hotel Mesón del Ángel*, Mina 518, angle Díaz Ordaz *(plan A3)* ; tickets A/R en vente à la réception de l'hôtel ; départ toutes les heures de 8 h 30 à 13 h 30, 20 mn de trajet ; dernier bus de Monte Albán à 17 h 30. Attention, le ticket A/R inclut une visite de 2 h max. sur le site ; au-delà de cette durée, il faut payer un nouveau billet pour le retour. Le bus urbain, meilleur marché, qui part de la Calzada Trujano, devant la gare routière 2e classe *(hors plan par A2)*, vous dépose au village de Colonia Monte Albán, à 2 km du site. En voiture, suivre la Calzada Trujano à l'O. du Zócalo.

**Visite** : le site est ouvert t.l.j. de 8 h à 17 h ; le musée et la cafétéria ouvrent à 9 h ; la tombe 104 n'est pas toujours accessible ; se renseigner à l'entrée ; une lampe électrique est souhaitable pour éclairer les parois ornées de peintures.

**Combien de temps** : 3 h est le temps minimum pour une visite complète. En 2 h, il est possible de faire un tour rapide en commençant par la place centrale. Le site est particulièrement remarquable tôt le matin ou en fin d'après-midi.

**■ PLAZA CENTRAL★★★**. Délimitée par les grandes plates-formes N. et S., elle est le centre de l'ancienne cité. Formant un rectangle de 289 m de longueur sur 265 m de largeur, elle comporte quatre édifices au centre, huit à l'E. et trois à l'O., tous alignés selon l'axe N.-S. – à l'exception de la structure J. R. G. Blanton a émis l'hypothèse que chacun de ces monuments représentait l'un des quatorze quartiers *(barrios)* de la ville étagée sur les flancs de la montagne. Outre l'ampleur des travaux de terrassement qu'exigea le nivellement d'une aussi vaste superficie, on note le remarquable esprit de planification qui présida à l'aménagement du centre cérémoniel, où l'emplacement de chaque structure fut déterminé dès le début de notre ère. À l'époque classique, les édifices reçurent un nouvel habillage conférant à l'ensemble cette unité architecturale caractérisée par le motif du *tablero* scapulaire qui rythme la composition tout en la soulignant d'ombre, cette sévérité étant atténuée autrefois par des enduits polychromes. Comme l'accès à la place était régulé par d'étroits passages situés dans les angles N.-O., S.-O. et S.-E., on peut en conclure qu'elle ne servait pas de cadre au marché mais qu'elle était le théâtre du pouvoir théocratique des dirigeants zapotèques.

**■ GROUPE ORIENTAL**. Construit à l'époque de Monte Albán II, le complexe formé par les plates-formes orientales, le jeu de balle et les **édifices G, H** et **I** situés au centre de la place montre les préoccupations astronomiques des dignitaires zapotèques. Du haut de ces monticules, les prêtres observaient les mouvements du soleil vespéral face à eux, tandis que le jeu de balle était le lieu sacré où s'effectuait la mise en scène du passage du soleil d'un hémisphère à l'autre. Le **bassin** placé entre les **édifices** H et P et les tunnels qui lui sont associés font partie de ce rituel solaire, tant pour l'observation de l'astre que pour les cérémonies qui lui étaient dédiées. Le puits de lumière de l'édifice P a une profondeur de 4,10 m. On y observe les passages zénithaux le 8 mai et le 5 août.

■ **JUEGO DE PELOTA★**. Construit dès 300 av. J.-C., il est surbaissé par rapport à l'ensemble des édifices de la place. Avec un plan en forme de H écrasé et des tribunes pour les spectateurs, il est identique à ceux que l'on trouve sur d'autres sites. Il se caractérise toutefois par l'absence d'anneaux ou de buts comme les jeux toltèques et mayas. Une pierre circulaire placée sur la ligne médiane du terrain servait de marqueur pour les deux équipes adverses. Les niches aménagées dans les angles opposés en diagonale ont peut-être servi à placer les enjeux remportés par le vainqueur, à moins qu'elles n'aient abrité une statue de la divinité présidant aux jeux.

■ **PLATAFORMA SUR**. Au S., l'esplanade est limitée par une énorme plate-forme d'environ 140 m de côté. La fonction du monticule de forme pyramidale que l'on découvre au sommet des escaliers reste incertaine. En effet, décentré et desservi par un escalier installé sur le côté oriental, il est relativement isolé par rapport au reste de la place, ce qui supposerait qu'il ait été réservé à une élite qui y recevait les dignitaires des cités soumises à Monte Albán. On a également parlé d'un temple, mais sans que cette hypothèse soit confirmée par les découvertes archéologiques.

Au pied de la plate-forme, s'élèvent neuf **stèles** avec reliefs accompagnés de glyphes et de dates, inscriptions ayant trait à des faits historiques de l'époque classique : guerres et conquêtes mais également relations diplomatiques entre Teotihuacán et Monte Albán, révélées par la rencontre de dignitaires vêtus dif-

**Vue sur la partie N. du site depuis l'édifice J.**

féremment. Cependant, le style très surchargé est plutôt à mettre en relation avec l'art maya qu'avec celui de Teotihuacán. Remarquez la **stèle**★ portant la représentation d'un jaguar – animal emblème de la cité – à la coiffure somptueuse surmontant la représentation symbolique de la montagne.

■ **EDIFICIO J**★★. Ce bâtiment énigmatique en forme de figure de proue, qui a reçu une orientation différente (38° S.), semblait *a priori* avoir servi d'observatoire en raison des ouvertures aménagées dans le plafond de la chambre supérieure. Blanton envisage plutôt une construction à caractère militaire, sorte de monument commémoratif de la nouvelle puissance zapotèque, comme paraissent l'indiquer les reliefs gravés sur les **orthostates**★ (dalles dressées de champ) placés sur l'éperon. La combinaison de glyphes – tête humaine à l'envers surmontée d'une colline – et de dates fait référence à la conquête des sites se trouvant en dehors de la vallée d'Oaxaca. Parmi ceux-ci, on a identifié le site de Cuitatlan. Notez dans le soubassement, le remploi de dalles de « danseurs » de l'époque précédente.

■ **GROUPE OCCIDENTAL**★. Noyau primitif du centre cérémoniel, le groupe des trois édifices qui occupe le côté O. de l'esplanade a une orientation propre de 7°-8° S. Encadrant une plate-forme aujourd'hui disparue sur laquelle venaient s'appuyer les grandes dalles des Danzantes *(→ ci-dessous)*, le **système IV** et la **structure M** adoptent le même plan à triple composante : à l'O., une **pyramide** à degrés surmontée d'un temple à chambre unique ouvert à l'E. et auquel conduit une volée d'escaliers axiaux ; au pied de la pyramide, la **cour** cernée de murs et dotée d'un petit oratoire central est précédée par une **plate-forme** accessible par des escaliers à l'E. et à l'O. Placés face au soleil levant, les temples ont pu servir à observer le lever du soleil à dates fixes.

■ **LOS DANZANTES**★★. Sous l'**édifice L** construit à l'époque de Monte Albán III-B, les archéologues ont mis au jour un édifice plus ancien appartenant à la première phase. Les reliefs des 320 **dalles sculptées**★★ *(copies ; certains originaux sont exposés au musée ; → ill. p. 107)* qui s'échelonnaient sur le soubassement taluté montrent des personnages nus, les yeux clos, la bouche ouverte et les membres désarticulés, évoquant des attitudes de danseurs (*los danzantes*, nom sous lequel on a désigné l'édifice). Il s'agit plus vraisemblablement de représentations de captifs sacrifiés, accompagnés de glyphes commémoratifs : date de la victoire écrite avec un système de traits et de points, nom de la ville et du vaincu. À g. de l'escalier, le tunnel d'exploration percé sous l'édifice L permet de voir plusieurs de ces dalles *in situ*.

■ **ORATORIO**. Adossé à l'extrémité dr. de la **plate-forme N.**, un petit sanctuaire cubique datant de 800 apr. J.-C. comporte un linteau et des jambages gravés de reliefs *(originaux au musée)* montrant une scène se référant à la légitimation de la descendance du seigneur « Cinq-Roseau » et au sacrifice d'un prisonnier de guerre sur le jeu de pelote voisin.

Au pied de la plate-forme N., la **stèle 9** *(original au musée)* montre une généalogie de seigneurs zapotèques portant des vêtements d'influence « mexicaine ». Elle est stylistiquement apparentée à la figurine en jade à l'effigie de Quetzalcóatl découverte au pied de l'escalier du monticule B, révélant l'emprise croissante culturelle et peut-être militaire, de l'Altiplano mexicain durant la période Monte Albán III-B.

■ **PLATAFORMA NORTE**★. Son accès monumental par un large escalier menant à une **galerie**★ à double rangée de six colonnes de 2 m de diamètre et ses vastes proportions (250 m x 200 m) la désigne comme la résidence principale de la classe dirigeante zapotèque (vers 500-800 apr. J.-C.). Le portique aux colonnes une fois franchi, on découvre une immense cour surbaissée ou **Patio Hundido**, au centre de laquelle se situe un petit oratoire. À l'E. et à l'O. se dressent les monticules des édifices A et B, à fonction administrative. À l'instar de la plate-forme S., les constructions civiles et religieuses sont isolées à l'E. et au N. du patio, l'accès en étant contrôlé par une série de passages étroits et d'escaliers où devaient se tenir des gardes. Ainsi, pour accéder au complexe du **Vertice Géodesico** situé au N.-E. du Patio Hundido, il faut emprunter un petit escalier situé dans l'angle dr. (N.-E.)., franchir une porte étroite donnant accès à un hall allongé avant de gravir une autre volée de marches qui mène à une petite structure en adobe à deux colonnes, sorte de salle de gardes du complexe résidentiel.

Autour de la cour du complexe Vertice Géodesico sont disposés : à l'O. l'**édifice I**, petit temple à deux colonnes ornées de reliefs du dieu solaire au large bec ; à l'E. la **structure du point géodésique** à partir duquel se faisait l'arpentage de l'État zapotèque ; au S. le monticule (**édifice E**) au sommet duquel se trouve une **stèle★** montrant un transfert de pouvoir entre une femme âgée et son fils (symbolisé par un jaguar) sous les auspices de leurs ancêtres tous identifiés par leur glyphe calendaire (Monte Albán III-B).

*Un chemin partant vers le N. de ce complexe permet de rejoindre la tombe 104, située en contrebas de la plate-forme.*

■ **TOMBA 104★★**. Enterrée sous une petite construction à patio, elle est l'une des tombes les plus intéressantes en raison des **peintures★★** bien conservées qui ornent ses parois (vers 600 apr. J.-C.). Un puits d'accès mène à la façade ornée d'une corniche à motif de scapulaire, au milieu de laquelle est ménagée une niche occupée par une **urne★** à l'effigie de Pitao Cozobi, le dieu du Maïs. Elle contenait une offrande de quatre-vingt-un objets en céramique ainsi que des figurines de jadéite. Remarquez la grande dalle qui servait à fermer la tombe.

Les scènes peintes sur les murs montrent une forte influence de Teotihuacán, bien que l'écriture et les représentations de dieux soient locales. La technique est identique – les couleurs minérales combinées avec du suc de cactus sont appliquées sur une couche de plâtre humide à l'exception du bleu et du vert posés sur des parois sèches –, ainsi que la représentation des personnages de profil. Sur la paroi du fond, on distingue le masque frontal d'une divinité avec un ornement nasal ; sur les parois latérales, les deux personnages portant un bâton de cérémonie et

**Urne de la tombe 104. Paré d'une coiffe de Cocijo, le dieu de la Pluie, et d'une tête de sacrifié en guise de pectoral, Pitao Cozobi tient dans sa main droite une bourse à copal.**

une bourse à copal sont des prêtres de Pitao Cozobi et de Xipe Tótec, dieu de la Végétation et des orfèvres. On voit aussi une tête d'ara, deux têtes de serpent, un autre masque, divers glyphes personnels et calendaires.

*Prendre le chemin qui longe la plate-forme vers l'E. pour rejoindre le musée et la sortie.*

**L'excavation d'une fosse située sous une résidence (Monte Albán II-A) contenant une offrande de 18 crânes de filles et de garçons âgés de six à douze ans associés à des fragments de pierre verte et de céramique pose la problématique de sacrifices d'enfants, peut-être liés au culte du dieu de la Pluie.**

■ **MUSEO**. On y a rassemblé quelques originaux des stèles, dalles gravées de reliefs découvertes sur le site. Parmi ceux-ci, se trouvent les stèles 12 et 13 trouvées à proximité de l'édifice L, portant une des inscriptions les plus anciennes de Monte Albán (500-400 av. J.-C.) notée grâce à des glyphes calendaires et historiques. Parmi les **Danzantes**★★, remarquez les mutilations sexuelles subies par les prisonniers, vraisemblablement des chefs de petits États voisins vaincus par la classe dirigeante de Monte Albán durant la phase Monte Albán I. La **stèle 15**★, « media luna », en réalité le linteau d'un petit sanctuaire, illustre peut-être la mort du personnage couché sur le dos, le seigneur « Cinq-Roseau » devant lequel un chaman transformé en oiseau (à dr.) présente un prisonnier au buste incliné. Les objets exposés dans les vitrines parlent de la vie quotidienne, du commerce, notamment du mica exporté vers Teotihuacán, de l'agriculture (maïs, haricots, avocats, calebasses et piments) rendue possible grâce au drainage des eaux de pluie et aux canalisations, et montrent les différents types physiques.

Dans une salle annexe, des photos et des documents retracent la découverte du trésor mixtèque de la tombe 7 par Alfonso Caso en 1932.

■ **TOMBA 7**. Située à proximité du parc de stationnement, elle présente un toit voûté et une antichambre située sous une construction funéraire à sept chambres et un petit temple à colonnes. Elle remonte à Monte Albán III, mais elle fut remployée durant l'occupation mixtèque du site. On y découvrit en effet 335 pièces comprenant des objets en or, argent, turquoise, cristal de roche, os gravé, jade, onyx, corail, ainsi que des coquillages et des perles. Cette somptueuse offrande qui accompagnait un prince mixtèque est visible au musée régional d'Oaxaca. Huit autres corps se trouvaient aux côtés du personnage principal.

## Les urnes funéraires

Trait fondamental de la culture zapotèque, elles apparaissent dès Monte Albán I comme un simple cylindre d'argile sur lequel figure un personnage puis s'alourdissent peu à peu d'une profusion d'ornements rapportés. Elles figurent le plus souvent des dieux ou des prêtres portant une série d'attributs destinés à les identifier mais également des hommes et des femmes, plus ou moins parés, ainsi que des animaux emblématiques comme le jaguar. On retrouve constamment une disproportion entre la tête et le corps plus menu, celui-ci disparaissant sous les bijoux, les étoffes et les plumes, tandis que le visage se stéréotype au point de n'être plus réalisé qu'au moule.

# Oaxaca★★★

Située dans une vallée encadrée de hautes montagnes de la sierra Madre del Sur, Oaxaca est l'une des plus belles villes coloniales du Mexique. La douceur de son climat, les sites préhispaniques et la beauté des paysages alentour font de cette cité restée délicieusement provinciale une halte appréciée. Berceau des Indiens Zapotèques et Mixtèques qui ont développé un artisanat original qu'ils vendent lors du grand marché hebdomadaire du samedi, elle compte plusieurs joyaux d'architecture coloniale construits dans la belle pierre verte de la région. Oaxaca est aussi renommée pour sa cuisine très épicée qui utilise des ingrédients surprenants telles les fourmis ou les sauterelles, mais aussi des fèves de cacao. Assister à la fête de la Guelaguetza, au cours de laquelle les indigènes célèbrent les *lunes del cerro*, est l'occasion d'apprécier le folklore de cette région, l'un des plus riches du Mexique. Oaxaca est souvent appelée la Cuna de los Patriotas, le « berceau des patriotes », en l'honneur de Benito Juárez.

**Situation** : 454 km S.-E. de Mexico, 246 km N.-O. de Tehuantepec, 251 km N. de Puerto Ángel.
Alt. 1 545 m ; 242 247 hab. ; capitale de l'État d'Oaxaca ; université.

**À ne pas manquer**


| | |
|---|---|
| **Iglesia de Santo Domingo★★★** | **497** |
| **Museo Rufino Tamayo★★** | **502** |
| **Vallée de Tlacolula★★** | **504** |
| **Convento de Cuilapan★★** | **509** |


**☏ 9**

**ⓘ À l'angle de 5 de Mayo et de Morelos (*plan B2* ; ☏ 516-48-28 ; ouv. de 8 h à 20 h).**
**Au Palacio Municipal, Independencia 607 (*plan A2* ; ☏ 516-01-23 ; ouv. de 8 h à 20 h).**
**À l'aéroport (☏ 511-50-40 ; ouv. de 9 h à 20 h).**

**Urgences**
***Croix-Rouge*, Armenta y López 619 (☏ 516-17-73).**
***Ceprotur* (assistance aux touristes), Independencia 607 (☏ 514-21-55 ; ouv. de 8 h à 20 h).**

## Adresses utiles

**■ Poste**

Plaza Alameda de León (*plan A2* ; ☏ 516-26-61 ; ouv. du lun. au ven. de 8 h à 19 h et sam. de 9 h à 13 h).

**■ Représentations diplomatiques**

*Consulat de France*, Alamos 404, Colonia Reforma (☏ 513-99-44).

**■ Aéroport**

*Aeropuerto Benito Juárez*, à 7,5 km S. en direction de Puerto Ángel (☏ 511-51-22 et 511-50-36). Vols quotidiens pour Cancún, Mexico, Acapulco, Guadalajara, Mérida, Monterrey, Puerto Escondido, Tuxtla Gutiérrez, Villahermosa ; vols pour les États-Unis et Cuba.

Les minibus *Transportes Aeropuerto*, sur la Plaza Alameda de León (face à l'hôtel *Monte Albán*), passent

**Manifestations**

**Le grand marché (Mercado de Abastos ; *hors plan par A3*) qui se tient tous les sam. près de la gare routière 2e classe est l'occasion de rencontrer des indigènes de la sierra qui viennent vendre leur artisanat.**

**Outre la fête de la Guelaguetza (*→ encadré p. 495*), Oaxaca connaît plusieurs temps forts : la Noche de Rabanos le 23 déc., la procession des Siete Altares le jeudi saint, la fête El Encuento célébrant le martyre du Christ le vendredi saint, et les nombreuses manifestations en l'honneur des morts les 31 oct., 1er et 2 nov.**

vous prendre à l'hôtel sur réservation (☏ 514-43-50).

## ■ Compagnies aériennes

*Aeroméxico*, Hidalgo 513 (☏ 516-10-66).
*Mexicana*, Independencia y Fiallo (☏ 516-84-14).
*Aerocaribe*, Independencia y Fiallo (☏ 516-02-29).
Les compagnies *Areomorelos*, Macedonio Alcalá 501 B (☏ 516-09-74) et *Aerovega*, Alameda de León 1 (☏ 516-49-82) proposent des vols spectaculaires de 35 mn au-dessus de la sierra Madre del Sur (Puerto Escondido et Bahía de Huatulco).

## ■ Gare routière

Terminal 1re classe *(ADO, Cristóbal Colón)*, Calzada Niños Héroes 1036, à 1,5 km N.-E. du Zócalo (*plan B1* ; ☏ 515-12-14).
Terminal 2e classe *(AU)*, Calzada Trujano, à 1 km O. du Zócalo (*hors plan par A2* ; ☏ 516-28-24).
Liaisons fréquentes pour Mexico, Puebla, Puerto Ángel, Puerto Escondido, San Cristóbal de las Casas, Tehuantepec, Tuxtepec, Tuxtla Gutiérrez, Veracruz et Villahermosa. Minibus pour le centre-ville.
Attention, les bus sur le trajet Oaxaca-Mexico sont régulièrement rançonnés.

# Oaxaca dans l'histoire

## ■ La ville de Cortés

C'est en 1521 que les Espagnols, conduits par Francisco de Orozco, s'emparèrent de la région, profitant des rivalités qui existaient entre les populations mixtèques, zapotèques et aztèques. À l'endroit d'une petite colonie militaire aztèque du nom de Huaxyáca (« près du lieu des acacias »), le conquistador Diego de Ordaz créa un poste fortifié désigné sous le nom d'Antequera. En 1529, un édit royal promut au rang de *villa* la petite cité qui s'était formée au pied du fort, prenant le nom officiel d'Oaxaca. La même année, Charles Quint ayant décidé de confier le gouvernement de la Nouvelle-Espagne à une Audiencia nommée par lui, Hernán Cortés fut destitué et reçut en contrepartie le titre de marquis del Valle de Oaxaca ainsi que de grandes concessions territoriales dans cet État. Ces domaines devaient rester la propriété de ses descendants jusqu'à la Révolution. Les frères dominicains appuyés par Cortés entreprirent l'évangélisation des Indiens de la Mixteca Alta à partir de 1538 et créèrent de nombreux monastères.

*« Aussi, quand tu partis, Yvonne, j'allai à Oaxaca. Pas de plus triste mot. Te dirai-je, Yvonne, le terrible voyage à travers le désert, dans le chemin de fer à voie étroite (…). »*
*« Et c'est ainsi parfois que je pense à moi-même comme à un grand explorateur qui, ayant découvert un extraordinaire pays, n'en peut jamais revenir pour faire don au monde de son savoir, mais le nom de ce pays est enfer. Ce n'est pas au Mexique, bien sûr, mais dans le cœur. »*

Malcom Lowry, *Au-dessous du volcan.*

## ■ Ver à soie et cochenille

Durant l'époque coloniale, Oaxaca se distingua dans l'industrie textile – en particulier la sériciculture introduite par les Dominicains – et la production de teinture de cochenille exportée vers l'Europe. À la fin du XIX$^e$ s., l'importation de produits manufacturés et de teintures chimiques encouragée par le dictateur Porfirio Díaz, un métis natif d'Oaxaca, signifia le déclin d'une industrie prospère. Pendant la guerre d'Indépendance, Oaxaca fut une ville royaliste. Benito Juárez, un Indien Zapotèque originaire de la sierra, résida à Oaxaca de 1847 à 1852 en qualité de gouverneur de l'État avant d'être élu président de la République en 1867.

### ■ Oaxaca aujourd'hui

Malgré le séisme de 1931 qui détruisit presque complètement la ville, Oaxaca est en pleine croissance. La population, composée en grande partie de paysans sans terre attirés par l'implantation de nouvelles industries liées à l'exploitation forestière et minière, a pratiquement décuplé depuis le début du siècle. La nouvelle autoroute qui permet de rallier Mexico via Tehuacán en quelques heures devrait donner d'autres ouvertures économiques à cette région isolée au milieu des sierras, mais ces vingt dernières années, les efforts se sont surtout concentrés sur les aménagements touristiques et la mise en valeur d'un patrimoine important (Oaxaca est inscrite au Patrimoine mondial de l'humanité par l'Unesco).

## La Guelaguetza

Le festival de la Guelaguetza que l'on appelle également Fiestas de los Lunes del Cerro se célèbre les deux lundis qui suivent le 16 juillet. Fête d'origine païenne (*guelaguetza* est un mot zapotèque qui signifie « offrande demandant réciprocité ») en l'honneur de Centéotl, dieu du Maïs, elle réunit des indigènes des sept régions de l'État d'Oaxaca. Après avoir exécuté des danses locales accompagnées de chants et de musique traditionnelle, ils offrent au public des objets d'artisanat de leur région. L'animation est à son comble lors de la Danza de las Plumas, menée par des Zapotèques coiffés de plumes colorées et qui met en scène l'arrivée des conquistadores.

# Visiter Oaxaca

**Combien de temps** : 2 j. au moins sont nécessaires pour visiter assez rapidement la ville et les sites archéologiques les plus importants de la vallée d'Oaxaca : Monte Albán et Mitla.

**Le meilleur moment** : l'idéal serait de séjourner à Oaxaca lors du festival de la Guelaguetza (fin juil.) ou lors de la semaine sainte mais, dans ce cas, songez à réserver un hôtel longtemps à l'avance.

**Se déplacer** : Oaxaca est peu étendue, on peut la visiter à pied. Les rues qui bordent le Zócalo ainsi que les rues Macedonio Alcalá, Allende Gurrión et une partie de la rue 5 de Mayo sont piétonnières.

**Du Cerro El Fortín, auquel on accède par un escalier depuis Crespo *(plan A1)*, on jouit d'un très beau panorama sur l'échiquier de la vieille ville, les dômes des églises et les montagnes environnantes.**

■ **ZÓCALO** *(plan AB2)*. Cette belle place ombragée de ficus séculaires et bordée d'arcades où abondent les terrasses de cafés et de restaurants est le centre névralgique de la ville. On s'y donne rendez-vous à toute heure, on y déambule en famille parmi les marchands de *sarapes*, *rebozos* (châles) et ballons colorés, on vient y écouter un récital de mariachis en soirée ou simplement prendre un bain de foule.

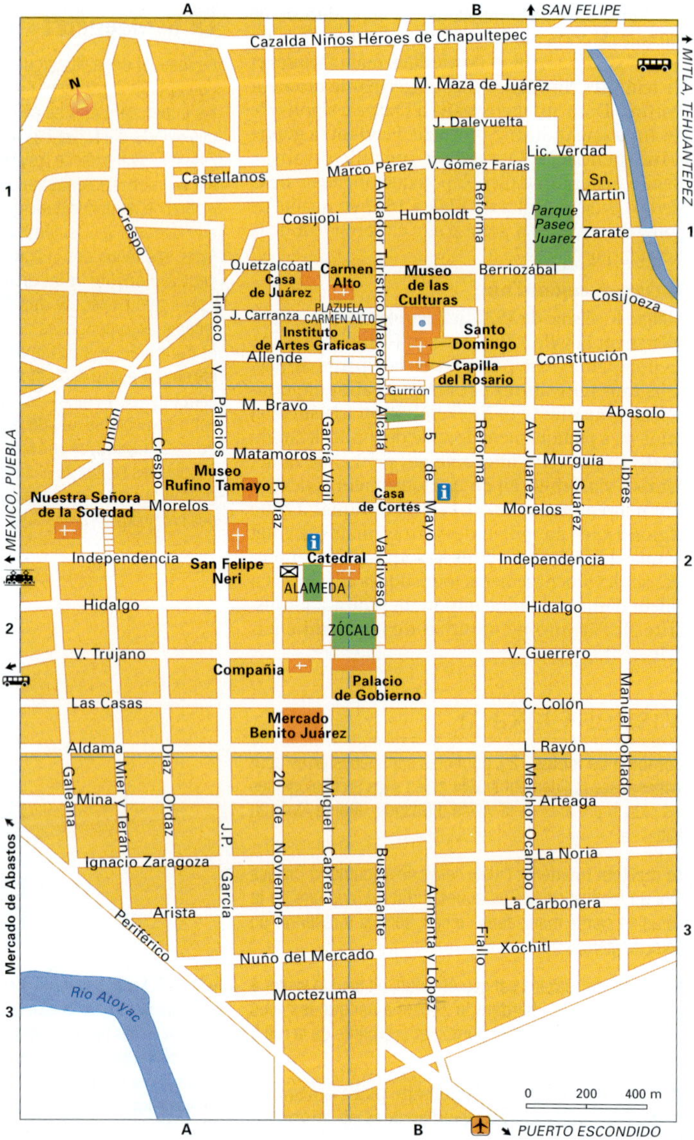


**Oaxaca**

---

***Pour trouver rapidement un nom de lieu ou de personnage ou encore un mot-clé, consultez l'index en fin de volume.***

Sur le côté S. se dresse le **Palacio de Gobierno**, édifice de style néoclassique du début du XIXe s., dont la cage d'escalier est ornée d'une fresque illustrant l'histoire de la ville. À dr. du Palacio, **église de la Compañia** *(plan A2)*, petit sanctuaire à façade de style baroque érigé au XVIIe s. par la Compagnie de Jésus.

■ **Catedral** *(plan AB2 ; ouv. de 8 h à 19 h)*. Construite par les Dominicains à partir de 1535, elle est dédiée à la Vierge de l'Assomption. Endommagée par plusieurs tremblements de terre, elle fut reconstruite durant la première moitié du XVIIIe s. Ce sont surtout ses **façades**★ O. et S., de style baroque, ornées de sculptures en relief et de statues, qui sont intéressantes. Le premier évêque indien, Nicolás del Puerto (1679-1681), y exerça son sacerdoce. L'ascension de la tour N. *(s'adresser au sacristain si la porte de la tour est fermée)* offre une vue superbe sur la ville.

**Une étonnante exposition de figures bibliques et populaires sculptées dans des radis se tient devant la cathédrale la nuit du 23 déc.**

■ **Calle Macedonio Alcalá** *(plan B1-2)*. Réservée aux piétons, elle est bordée de très beaux exemples d'architecture coloniale des XVIIe et XVIIIe s. avec grilles de fer forgé et balcons. Bureaux de change, boutiques d'artisanat, joailleries et restaurants s'y succèdent.

■ **Casa de Cortés**★ *(Macedonio Alcalá 202 ; plan B2)*. Cette maison coloniale où résidèrent Cortés et ses descendants présente une belle façade baroque du XVIIIe s. taillée dans la pierre verte locale. Elle abrite le **Museo de Arte Contemporáneo de Oaxaca** *(ouv. t.l.j. sf mar. de 10 h 30 à 20 h ; entrée libre le dim.)*, qui expose en permanence des œuvres d'artistes du XXe s. nés à Oaxaca et organise des expositions temporaires. Ne manquez pas de faire un tour dans la librairie, très bien achalandée.

■ **Iglesia de Santo Domingo**★★★ *(Macedonio Alcalá ; plan B1 ; f. de 13 h à 16 h)*. Érigée par les Dominicains, elle faisait partie du plus grand couvent de la Nouvelle-Espagne bâti de 1550 à 1600. Entre deux tours de 35 m de hauteur, l'église présente une très belle **façade**★★ sculptée comme un énorme retable baroque avec niches et statues. Au-dessus de l'entrée, un haut-relief représente saint Dominique de Guzmán, le fondateur de l'ordre dominicain, et saint Hippolyte tenant une église. Les murs de 2 m d'épaisseur ont été conçus pour résister aux tremblements de terre.

**Intérieur**. Le seuil de l'église franchi, on est ébloui par la richesse de l'ornementation (1731) qui envahit les murs au point d'en dissimuler la structure architecturale. Par rapport au schéma classique de la Contre-Réforme dicté par le « Conseil des Indes » à

## Les premiers Dominicains de Nouvelle-Espagne

En 1216, Domingo de Guzmán fondait à Toulouse l'ordre des Frères prédicateurs (Dominicains), qui fut confirmé par le pape Honorio III le 22 décembre de cette même année. Les premiers frères dominicains, avec à leur tête frère Tomás Ortiz, débarquèrent en Nouvelle-Espagne le 23 juin 1526. Ils étaient douze, comme les premiers Franciscains arrivés deux ans plus tôt, mais la plupart furent victimes de la *modorra*, sorte de maladie de torpeur. La relève fut assurée en 1528 par huit moines qui étendirent leurs activités vers Oaxaca et Tehuantepec, des régions qui n'avaient pas encore été explorées par les missions.

**Santo Domingo : ornementation foisonnante de la nef et retable du maître-autel ruisselant d'or.**

Séville, l'architecte espagnol et les artisans indigènes ont multiplié les artifices. L'ensemble constitue l'une des plus remarquables expressions de l'art baroque mexicain.

Sous la **tribune des chantres** (Coro Alto) est déployée une **vigne en stucs**★★ polychromes et dorés *(→ ill. p. 74)*, arbre généalogique de saint Dominique où l'on reconnaît trente-quatre portraits, dont celui du père du prédicateur, Félix de Guzmán, apparenté aux familles royales d'Espagne et du Portugal. Exécuté vers 1665, il fut restauré après 1900 ; c'est alors que fut ajoutée la figure de la Vierge à l'Enfant, au sommet de l'arbre.

Donnant sur le collatéral S., la **chapelle du Rosaire**★★★ (Capilla del Rosario) fut érigée en 1724-1731. Elle est l'œuvre d'artistes de Puebla qui couvrirent les tympans et la coupole de *yeserias* (plâtre peint ou doré) prenant la forme de bourgeons, de volutes, de spirales d'où émergent des figures d'angelots et de saints. Au centre du **retable**★★ en bois doré trône la statue de la Vierge (XVIII$^{e}$ s.), surmontée d'un tableau où l'on voit Marie remettant le rosaire à saint Dominique et à sainte Catherine de Sienne. Le centre de la coupole octogonale est occupé par une **Vierge en majesté**★ entourée d'une multitude d'angelots, tandis que les quatre évangélistes sont figurés sur les pendentifs. Elle fut restaurée en 1964.

Le **retable du maître-autel**★ présente des sculptures et des peintures des XVII$^{e}$-XVIII$^{e}$ s. À la croisée, remarquez dans les pendentifs de la coupole des reliefs représentant quatre papes. Sur le mur à dr. : saint Dominique, saint François d'Assise et, à g., saint Thomas d'Aquin et saint Raimond de Peñafort. Les quatorze autels latéraux furent endommagés après que l'église eut été pillée par les soldats français de l'empereur Maximilien puis transformée en écurie (1862), mais il subsiste encore des plafonds à caissons où l'on perçoit des réminiscences de style mudéjar et des fresques illustrant des scènes de l'Ancien et du Nouveau Testament.

■ **Muséo de las Culturas** *(plan B1 ; ouv. t.l.j. sf lun. de 10 h à 20 h ; entrée libre le dim.)*. Les bâtiments conventuels du monastère ont été transformés en Centre culturel Santo Domingo, hébergeant le musée des Cultures et la bibliothèque Francisco de Burgoa. Le cloître, achevé vers 1619, est formé de deux étages de galeries à nervures gothiques et conserve, sur les piliers, des fresques assez effacées figurant des saints et des saintes de l'ordre dominicain. Des peintures et des sculptures d'époque coloniale y ont été déposées. Au centre se trouve une fontaine monumentale.

**À NE PAS MANQUER**



**Le musée ayant réouvert ses portes (sept. 2000) après de longs travaux de restauration, il se peut que l'ordre des salles soit modifié.**

## Rez-de-chaussée

Il abrite les **collections d'ethnographie**, réparties dans plusieurs salles des galeries. La dernière est consacrée aux masques de divinités agraires qui, il y a encore peu de temps, étaient vénérées dans les villages isolés. Propriété communale, ces masques étaient disposés dans des chaumières, sortes d'« églises », et étaient portés par les prêtres et les guérisseurs (et leurs malades) dans l'exercice de leurs fonctions, ou à l'occasion de cérémonies comme celles préludant aux travaux agricoles, de noces... De nos jours, les masques ne sont plus guère portés que pour les danses, notamment la danse de la Plume, mélange de rites préhispaniques et de traditions mauresques apportées par les Espagnols. On trouve aussi une galerie consacrée au tissage dans la vallée d'Oaxaca, avec des métiers, des *sarapes*, etc.

## Premier étage

On y accède par un escalier monumental, autrefois décoré de peintures. Dans les vestibules, en bas et en haut de l'escalier, collections de **sculptures** et de **stèles préhispaniques** sculptées en relief (classique tardif).

**Salle 1 : trésor de Monte Albán★★★** *(en haut de l'escalier, à g.)*. Elle abrite les objets mixtèques provenant de la tombe 7 de Monte Albán. Parmi les cinq cents pièces – bijoux en or *(→ ill. p. 501)* pendentifs, colliers, bracelets, labrets), objets en cristal de roche (coupes, pendentifs d'oreilles...), ambre et obsidienne, turquoise, jais, tecalli (pierre marmoréenne), perle, nacre et os... –, on verra surtout : un **masque mortuaire★** en or avec un pectoral où sont reproduits des signes hiéroglyphiques narrant un événement qui eut lieu un jour « Deux-Couteau d'obsidienne » entre les années « Onze-Maison » et « Dix-Vent » ; au-dessus du masque, notez la coiffure très élaborée ; un **masque★** en or du dieu Xipe Tótec en forme de tête de guerrier dont le visage est couvert par la peau d'un homme sacrifié ; une splendide

**Dieu de la Végétation, Xipe Tótec est souvent représenté revêtu de la peau d'un écorché vif, symbole de la résurrection de la végétation au printemps.**

Le sud et le Golfe

# Zapotèques et Mixtèques

Au centre de l'État d'Oaxaca, là où les sierras se rejoignent pour former une chaîne de montagnes fissurée de vallées alluviales, sont localisées les ruines majestueuses des Zapotèques et des Mixtèques. La vallée d'Oaxaca est le berceau des premiers, lesquels connurent leur heure de gloire durant la période classique. Les seconds qui prirent le relais au postclassique sont originaires de la Mixteca Alta, où ils étaient divisés en une multitude de principautés rivales. La tombe 7 de Monte Albán, découverte par Alfonso Caso en 1932, constitue un merveilleux témoignage de la fusion de ces deux cultures ; à l'intérieur de la sépulture zapotèque était inhumé un prince mixtèque, paré de somptueux bijoux en or, corail, turquoise et jade.

**◄ Le dieu de la Pluie Cocijo (musée des Cultures, Oaxaca), reconnaissable au masque buccal d'ophidien, est souvent représenté chez les Zapotèques.**

## Monte Albán et Mitla

La fertilité des sols du bassin du Río Atoyac conjuguée à la présence d'eau à faible profondeur, explique l'installation des premiers agriculteurs dans les trois vallées centrales d'Oaxaca dès 1500 av. J.- C. L'émergence d'une classe dominante zapotèque, laquelle pratique des échanges d'objets somptuaires avec les Olmèques du Golfe, est matérialisée par une architecture élaborée, ornée de reliefs de captifs sacrifiés. Vers 500 av. J.-C., la fondation du centre cérémoniel de Monte Albán au sommet d'une crête isolée scelle l'alliance politique de clans rivaux au sein d'une capitale commune. L'affaiblissement du pouvoir zapotèque vers 900 apr. J.-C. profite aux envahisseurs mixtèques, menés par des princes belliqueux. Mitla est leur nouvelle capitale tandis que Monte Albán est réutilisée comme nécropole princière.

## L'architecture

Les Zapotèques se distinguent par une planification urbaine rigoureuse rythmée par de larges escaliers bordés de rampes *(alfaradas)* et une architecture qui, tout en empruntant le *talud-tablero* à Teotihuacán, développe le concept original du patio entouré de soubassements pyramidaux surmontés d'édifices religieux ou civils. À Monte Albán, le quartier résidentiel de l'élite est un vaste ensemble de salles précédées de colonnes stuquées, de temples privés et de constructions officielles. Les dirigeants sont inhumés dans des tombeaux hypogés accessibles par un escalier et dont la chambre sépulcrale est décorée de fresques polychromes à thème religieux et de glyphes. Les innovations des Mixtèques sont surtout d'ordre décoratif dans une architecture qui privilégie le type palatial. Des mosaïques de pierres stuquées couvrent les *tableros* de longues salles à colonnes disposées autour de cours à ciel ouvert.

## La céramique

La céramique creuse figure au premier rang de la production artistique des Zapotèques. Déposée comme offrande dans les tombes depuis le préclassique, elle évolue vers des formes de plus en plus complexes tout en conservant sa couleur grise qui la caractérise. Ainsi, les urnes cylindriques funéraires qui contenaient des viatiques pour les défunts deviennent de véritables sculptures d'argile montrant des divinités, des prêtres ou des personnages richement vêtus. Les Mixtèques produisent à partir de 1300 une élégante céramique polychrome aux couleurs vives, d'un poli qui lui donne un aspect laqué. La décoration composée de grecques rehaussées de divers motifs ne laisse aucun espace vide sur les pièces aux formes très variées et fantaisistes, du vase tripode à l'encensoir à long manche.

**◄ Ornement d'oreille mixtèque en or (musée des Cultures, Oaxaca) façonné selon la technique de la cire perdue. On y voit une tête d'oiseau auréolée d'un anneau perlé tenant dans son bec un pendentif figurant la peau d'un écorché, allusion à Xipe Tótec, dieu de la Végétation et du Printemps.**

**▲ Urne funéraire zapotèque (collection Mme Dolores Olmedo Philips, Mexico) représentant un prêtre coiffé du masque du dieu Cocijo. Placées au-dessus de la porte de la tombe ou auprès du défunt, les urnes jouent un rôle de viatique contenant toutes sortes d'offrandes, des figurines en jade à la nourriture, mais n'ont jamais reçu les cendres des morts.**

## Bijoux, mosaïques et codex

Les Mixtèques excellent dans l'orfèvrerie, utilisant la technique de la fonte à la cire perdue ainsi que le martelage à froid et la dorure. Le trésor de Monte Albán comporte des bijoux en or d'une grande finesse, agrémentés de petits grelots en forme de goutte d'eau. L'ambre, l'obsidienne, le cristal de roche, la nacre et le corail sont délicatement polis pour façonner des labrets, des ornements d'oreilles et des pendentifs. Ils sont aussi les maîtres de la mosaïque, assemblage de fragments de turquoise, malachite, corail et nacre collés sur un support en bois, en os ou en pierre partiellement sculpté en relief. La fabrication des codex où sont consignés les événements relatifs à leur histoire et mythologie est une autre de leur spécialité. Ces objets étaient particulièrement appréciés des Mexicas qui déportèrent quantité d'artisans mixtèques à Tenochtitlán.

**collection d'os d'oiseau et de jaguar** sculptés, ornés de motifs miniatures d'animaux (vautours, tigres, lézards, aigles, serpents...), de signes du calendrier ou de scènes, telle la naissance d'un enfant ; un **crâne** couvert de turquoises ; un extraordinaire **pendentif★★** en or dont la plaque supérieure a la forme d'un jeu de pelote, en dessous d'un disque solaire ; un **couteau de silex** avec des yeux et des flammes, symboles de la lune, à côté d'une représentation du seigneur de la Terre, Tlatecuhtli. Au-dessus de cette série, on remarquera cinq **pectoraux** où est figuré le dieu Xochipilli.

**Salles 2 et 3**. Elles renferment des trouvailles faites à Monte Albán depuis les débuts de l'occupation du site (de 500 av. J.-C. à 750 apr. J.-C.), comme sur d'autres sites zapotèques, tels Yagul et Tlacolula. À remarquer surtout parmi les nombreuses urnes funéraires en céramique, la **statuette★** en terre cuite d'une divinité coiffée d'un chignon – peut-être le dieu zapotèque Pitao Cozobi, associé à la culture du maïs –, ainsi que la statuette du **scribe de Cuilapan★★** (Monte Albán II) qui porte le glyphe « Treize-Eau » sur sa coiffure et le signe « Treize-Couteau d'obsidienne » sur la poitrine.

**Salles 4 et 5**. Dans la première pièce se trouve une reproduction d'un masque de bois couvert d'une mosaïque de turquoises conservé à Rome qui faisait probablement partie d'un envoi adressé à Charles Quint par les conquistadores. Enfin, la salle suivante présente la **céramique mixtèque**, au poli très fin et au décor complexe et élégant.

Revenir dans la longue galerie où débouche l'escalier. Les **différentes ethnies de l'État d'Oaxaca** y sont tour à tour présentées. On y trouve de nombreux costumes : superbes *huipiles* colorés de Valle Nacional (région de Tuxtepec), jupes et corsages brodés que portent les femmes de l'isthme de Tehuantepec, costumes portés par les exécutants de la fameuse danse de la Plume à Cuilapan, Zaachila, Teotitlán del Valle ou Tlacochahuaya.

Au même étage sont présentées les **collections d'art religieux**, centrées sur l'histoire de l'ordre dominicain au Mexique avec, notamment, de nombreuses statues de bois polychrome.

■ **INSTITUTO DE ARTES GRÁFICAS DE OAXACA** *(Macedonio Alcalá 507 ; plan B1 ; ouv. t.l.j. sf mar. de 9 h à 20 h ; entrée libre)*. Installé dans une très belle demeure coloniale, il abrite une collection de dessins (XVI^e^- XX^e^ s.) offerte à la ville par le peintre Francisco Toledo, originaire d'Oaxaca.

■ **PLAZUELA DEL CARMEN ALTO** *(plan AB1)*. Sur cette agréable petite place bordée par l'église del Carmen Alto se tient un marché indien. Les *sarapes* et *huipiles* sont tissés et brodés sur place par des femmes mixtèques. C'est ici que furent organisées les premières processions qui sont à l'origine de la fête de Los Lunes del Cerro.

■ **CASA DE JUÁREZ** *(García Vigil 609 ; plan A1 ; ouv. t.l.j. sf lun. de 10 h à 18 h, dim. de 10 h à 17 h ; entrée libre le dim.)*. C'est dans cette maison que Benito Juárez, né en 1806 dans le petit village de Guelatao sis dans la sierra au N. d'Oaxaca, fut placé à l'âge de douze ans comme domestique chez un relieur du nom d'Antonio Salanueva. Remarquant son intelligence, ce créole paya ses études, afin de le diriger vers la prêtrise. Reconstitution de l'habitat d'un créole au XIX^e^ s. et de l'atelier de reliure. Souvenirs de Benito Juárez et exposition sur les libéraux mexicains de la seconde moitié du XIX^e^ s.

■ **MUSEO RUFINO TAMAYO★★** *(Morelos 503 ; plan A2 ; ouv. t.l.j. sf mar. de 10 h à 14 h et de 16 h à 19 h, de 10 h à 15 h le dim. ; en juil., horaire continu 10 h-19 h)*. Aménagé dans une demeure coloniale à patio, ce musée présente des collections réunies pendant plus de vingt ans par le peintre Rufino Tamayo. On retrouve ici les trois ères mexicaines représentées par les objets des cultures préhispaniques, l'architecture coloniale et la muséographie moderne qui met en valeur les choix esthétisants d'un artiste qui n'avait pas prétention à l'exhaustivité. On y verra surtout des céramiques et des objets en pierre des cultures de l'Occident (Nayarit, Colima), du centre de Veracruz et de la région maya.

**Salle 1**. Parmi les pièces de l'époque préclassique, on note surtout un **joueur de pelote★** olmèque tenant un morceau d'os gravé en guise de batte, et une figurine de chaman du Nayarit aspirant une poudre dans une calebasse.

**Salle 2**. On y voit une belle collection d'objets – en particulier un **collier★** – en pierre de la culture Mezcala (Guerrero), gravés de motifs géométriques, proches de l'art abstrait, et des objets illustrant la vie quotidienne, notamment une maquette d'un jeu de balle du Nayarit (250-600 apr. J.-C.) avec ses joueurs et ses spectateurs enlacés.

**Salle 3**. De l'époque classique, remarquez, outre des céramiques en forme de calebasse et de chien originaires de Colima, une vitrine consacrée à Teotihuacán : **masque★** en pierre et fragments de **peintures murales★** représentant un prêtre de Tláloc coiffé d'une tête de crocodile et chantant un hymne devant une boule plantée d'épines de maguey, symbole de l'autosacrifice. Notez aussi la représentation d'un prêtre de la déesse Talzoltéotl avec des scarifications sur les bras (culture huastèque ; 200-750 apr. J.-C.).

**Salles 4 à 6**. Consacrée aux cultures classiques du Golfe et de la région maya, elles présentent une collection de **jougs★** et palmes en pierre, attributs des joueurs de pelote, des figurines de femmes souriantes *(sonrietes)* et des maquettes montrant la pratique de déformation du crâne chez les bébés. Dans une vitrine, une **statuette de guerrier★** est coiffée d'un casque en pointe. La culture maya est illustrée par de belles **têtes★★** modelées en stuc, une **stèle★★** du Campeche montrant un seigneur richement paré qui tient la barre cérémonielle et le dieu K, symboles de son pouvoir, et une figurine de femme au menton tatoué (Jaina).

**Salle 7**. De l'époque postclassique, on retiendra surtout une **statue★** du dieu aztèque Xochipilli et une carte qui mêle des pictogrammes aztèques et des annotations en espagnol.

## Benito Juárez

D'origine zapotèque, Benito Juárez (1806-1872) est né dans l'État d'Oaxaca. Homme d'État, il est le chef du parti libéral et l'âme de la résistance, avec l'appui des États-Unis, contre l'aventure impériale de Maximilien. Contraint à chercher refuge à El Paso (Texas), il triompha des conservateurs et de Maximilien soutenus par l'armée française, après la fin de la guerre de Sécession. Porté à la présidence de la République en 1867, il put alors promouvoir, pendant quelques années, la réforme libérale, face à une situation financière catastrophique et dans un climat de guerre civile entre libéraux et conservateurs provoqué par l'abolition des privilèges du clergé.

## Rufino Tamayo

En marge des trois grands muralistes (José Clemente Orozco, Diego Rivera et David Alfaro Siqueiros) et de leur expressionnisme engagé, Rufino Tamayo (1899-1991), originaire de la ville d'Oaxaca, était un peintre à l'écoute des mouvements picturaux contemporains du monde entier, ainsi qu'en témoigne sa collection privée, très éclectique, présentée à Mexico dans un musée qui porte son nom *(→ p. 225)*. Son œuvre, profondément enracinée dans l'indianité et même dans le passé précolombien de la Mésoamérique est faite de symboles et de signes.

■ **IGLESIA NUESTRA SEÑORA DE LA SOLEDAD★** *(Independencia 107 ; plan A2).* Précédée d'un atrium auquel on accède par un escalier, elle est consacrée à la sainte patronne de la ville. Construite en 1682, elle constitue l'une des plus belles curiosités d'Oaxaca grâce à sa façade sculptée à la manière d'un retable baroque, et à sa statue de la Vierge de la Solitude, exposée dans le **musée d'Art religieux** *(ouv. de 9 h à 14 h)* annexé à l'église : la Vierge apparaît dans une châsse d'or, revêtue d'un somptueux manteau de velours noir brodé et enrichi de pierres précieuses.

**Les deux nuits précédant la fête de la Virgen de la Soledad célébrée le 18 déc., des processions et des danses traditionnelles sont organisées autour de l'église.**

■ **IGLESIA DE SAN FELIPE NERI** *(à l'angle d'Independencia et de García ; plan A2).* Cet édifice possède également une façade de style baroque du XVII^e s. À l'intérieur, retables sculptés et dorés du XVIII^e s.

■ **MERCADO BENITO JUÁREZ** *(à l'angle de Miguel Cabrera et Las Casas ; plan A2).* Bordé d'une multitude de petites *cantinas* où l'on se restaure pour quelques pesos, il s'étendait autrefois sur plusieurs pâtés de maisons en débordant sur la chaussée des rues. Il a beaucoup souffert du transfert de certaines activités vers le **Mercado de Abastos** *(hors plan par A3)*, à la périphérie de la vieille ville.

# Environs d'Oaxaca

**1 LA VALLÉE DE TLACOLULA★★** *(31 km S.-E. ; prendre la direction de Tehuantepec – istmo – par la route 190).* Cette vallée a été le berceau de l'une des plus brillantes civilisations préhispaniques du Mexique, celle des Zapotèques. Leurs descendants habitent encore les paisibles villages qui jalonnent la route jusqu'à Mitla, distant de 40 km. Cet itinéraire traverse des sierras à l'aspect minéral, où la végétation se réduit le plus souvent à des cactus candélabres et à des champs de maguey qui teintent les flancs des collines de vert et de bleu.

*8 km :* **Santa María El Tule**, où se dresse, près de l'église colorée du XVII^e s., un **cyprès** géant de l'espèce *Taxodium mucrunatum mexicanum (accès payant).* Avec 40 m de hauteur et un tronc de 42 m de circonférence, il serait âgé de 2 000 ans. Le 2 février, on y célèbre la Fiesta de la Candeleria (Chandeleur).

*16 km :* **Tlacochahuaya** *(à dr. à 3 km).* Au centre du village, l'**église San Jeronimo★** *(ouv. de 10 h à 14 h et de 16 h à 18 h ; offrande)*, construite au XVI^e s., faisait partie d'un couvent dominicain. Dans l'atrium, occupé par deux énormes ficus, remarquez quatre petites chapelles *(posas)* qui servent d'oratoires aux confréries religieuses du village lors des *encuentros*

## L'artisanat de la région d'Oaxaca

La céramique noire et lustrée de **San Bartolo Coyotepec** (à 12 km S. d'Oaxaca) est réputée à juste titre. Au savoir-faire traditionnel de fabrication d'une poterie sans l'aide d'un tour s'ajoute l'innovation apportée il y a quarante ans par doña Rosa, consistant à saupoudrer les pièces de poussière de quartz pendant la cuisson en atmosphère réductrice.
Les habitants de **San Martín Tilcajete** (à 22 km S. d'Oaxaca) se sont spécialisés dans la sculpture de petites figurines en bois, peintes ensuite de couleurs vives.
Sur le marché du vendredi à **Ocotlán de Morelos** (à 33 km S. d'Oaxaca), on trouve de jolis paniers et cages tressés en roseau, ainsi que des objets manufacturés en métal.

(processions). À l'intérieur : retable en bois sculpté et doré de style plateresque dans le chœur et peintures murales à motifs floraux exécutées par des Indiens au XVIIe s. Une porte située derrière le chœur, à dr., donne accès à un petit cloître aux colonnes trapues.

*18,5 km* : **Dainzú**★ *(à dr. à 1 km)*, fondé vers 700 av. J.-C., semble avoir été dédié au rituel du jeu de balle, comme le montrent les reliefs découverts en 1966 par Ignacio Bernal ainsi que le nom du lieu en náhuatl : Macuilxóchitl ou « Cinq-Fleur », divinité associée au jeu de balle.

Le **site archéologique** *(ouv. de 8 h à 18 h)*, qui a connu son apogée à l'époque de Monte Albán I et II, est aménagé en vastes terrasses tournées vers l'O., où s'élèvent des plates-formes portant des maisons, des temples et des cours qui communiquent par un jeu de passages voûtés, de places et d'escaliers.

Adossé à une colline (Cerro de Órganos), l'**édifice A**, composé de trois terrasses pyramidales desservies par un large escalier, est daté de 200 av. J.-C. à 700 apr. J.-C. Sa façade inférieure est ornée d'une cinquantaine de **dalles**★★ sculptées en bas-relief montrant des joueurs de pelote campés dans des attitudes très animées qui illustrent bien la violence du jeu. Les bras et les jambes protégés par des bandes d'étoffe, la tête masquée par un casque à visière représentant une tête de jaguar stylisée, ils tiennent dans leur main gantée une petite balle en caoutchouc.
Sur quatre dalles, on note l'importance du culte du jaguar, dieu nocturne associé au jeu de pelote. Deux figures représentent des jaguars anthropomorphisés offrant une tête du même animal, les deux autres montrent des hommes assis portant des masques de félin dans une attitude d'offrande. Bien qu'apparentés aux Danzantes de Monte Albán, les reliefs semblent appartenir à une phase plus tardive (vers 200 av. J.-C.).

Remarquez, sur la terrasse supérieure, un bel escalier couvert de dalles en bâtière qui communiquait jadis avec les parties inférieures de l'édifice. On signale au sommet de la colline la présence de pétroglyphes représentant pour la plupart des têtes de joueurs de pelote décapités *(chemin très difficile d'accès)*.

**Le jeu de pelote de Dainzú est identique à ceux de Monte Albán et de Yagul.**

## De l'usage des couleurs

Certains artisans utilisent encore les colorants naturels pour teindre la laine. Hormis le rouge cramoisi fabriqué en broyant des cochenilles (parasites du nopal) mélangées à du jus de citron ou un autre acide (alun ou sel métallique) qui détermine l'intensité du rouge, les couleurs sont végétales ; elles sont obtenues à partir de plantes locales : pour le jaune, le *muso de roca*, plante parasite du tamarinier, pour le noir intense, le *hizache*, pour le bleu et le vert, l'indigotier domestiqué.
Parmi les produits venus d'Amérique, la poudre de cochenille, beaucoup moins coûteuse que les autres colorants rouges disponibles en Europe au XVIe s., connaîtra un vif succès. Il faut compter 1 kg de cochenilles pour teindre 18 à 20 kg de laine, le même bain pouvant servir à cinq reprises. Les artisans de Teotitlán n'en font pas l'élevage – hormis quelques spécimens de démonstration – mais les achètent sur des marchés spécialisés de l'État d'Oaxaca.

**La découverte de très nombreuses grandes vasques en céramique *apaxtles* où l'on faisait bouillir l'eau salée du Río Salado permet d'affirmer que l'économie de Lambityeco était principalement basée sur le commerce du sel.**

En face de l'édifice A, un patio stuqué communique avec l'**édifice B**, sous lequel on a mis au jour une **tombe**★ zapotèque *(s'adresser au gardien du site pour faire ouvrir la tombe)* dont l'entrée est décorée d'un jaguar, sa tête constituant le linteau et les pattes avant, les montants.

En contrebas du site, le **jeu de pelote** est postérieur aux reliefs représentant les joueurs, qui devaient se déplacer sur un terrain plus vaste.

*20 km :* **Teotitlán del Valle** *(à g. à 4,5 km)*, le *pueblo* d'origine préhispanique – vestiges d'un palais zapotèque près du Zócalo –, est réputé pour ses *sarapes* aux motifs inspirés des codex mixtèques. Dans presque chaque maison se trouve un atelier de tissage où vous pourrez faire vos achats. Privilégiez les ateliers où les *sarapes* et tapis sont tissés en laine cardée et filée à la main, garantissant une plus grande solidité.

*26 km :* **Lambityeco**★, à dr. de la route, petit site archéologique zapotèque *(ouv. de 8 h à 17 h)*, qui a connu un essor particulier après le déclin de Monte Albán, vers 750 apr. J.-C. On note dans les représentations funéraires l'importance des filiations matrimoniales des petits seigneurs zapotèques, soucieux d'affirmer leur pouvoir par rapport aux villes-États voisines. Le site fut abandonné vers 950 apr. J.-C. en raison d'une insécurité croissante et ses habitants trouvèrent refuge dans la ville fortifiée de Yagul.

La **pyramide principale**, associée à une grande cour avec oratoire central, a servi de résidence à quatre ou cinq générations de *coquis* (grands seigneurs en zapotèque) pendant cent quinze ans. Les constructions en adobe recouvert de stuc sont réparties autour de deux patios, la partie N. étant résidentielle, la partie S. consacrée aux cérémonies publiques. C'est dans ce patio que l'on a découvert une tombe et un autel à deux niveaux avec des *tableros* ornés de **frises**★ où sont figurés face à face les *coquis* zapotèques et leurs épouses. Sur le *tablero* inférieur, on voit à g. le seigneur « Quatre-Visage » et sa femme « Dix-Singe », à dr. « Trois-Turquoise » et son époux « Huit-Hibou », parents et arrière-grands-parents du couple inhumé dans la tombe 6. Les hommes tiennent à la main un fémur humain, symbole de pouvoir héréditaire transmis par leur père.

Au centre du patio, la **tombe 6**★ contenait les ossements des six dirigeants de Lambityeco et de riches offrandes. Sur la façade, les visages modelés en stuc du *coqui* et de sa femme ont conservé des restes de polychromie.

**Masque de Cocijo (tombe 2) : le dieu porte dans chaque main ses attributs de divinité de la pluie, un éclair et un vase d'où s'écoule de l'eau.**

Derrière la pyramide, le **patio des Cocijo**, au centre duquel s'ouvre la **tombe 2**, fut la résidence du grand *sacerdote* (Bigaña) du dieu Cocijo, dont on voit deux beaux **masques**★ à la coiffure emplumée. Notez derrière le patio, sur le côté O., la présence de trois *temazcal* (bains de vapeur) utilisés pour les rites de purification des *sacerdotes*.

*28 km :* **Tlacolula**★, à dr., est un petit village zapotèque à visiter pour son église de 1531, dotée d'une belle **chapelle**★★ de style churrigueresque fermée par une grille en fer forgé.

**À Tlacolula, *fiesta* le 2^e dim. d'oct. Marché le dim. à proximité de l'église.**

▶À Tlacolula, prendre l'embranchement vers le N. en direction de Villa Díaz Ordaz, puis au carrefour prendre à g. pour atteindre **Santa Ana del Valle** *(4 km)*, où l'on tisse également des couvertures et *sarapes* de qualité à des prix plus intéressants que ceux de Teotitlán del Valle. ◀

*31 km :* **Yagul**★ *(à g. à 1,5 km)*. Au croisement de la grand-route, notez à dr. les pétroglyphes gravés dans la falaise. Ils attestent une occupation ancienne du lieu par des populations pratiquant la chasse et la cueillette à partir de 3000 av. J.-C.

Le **site de Yagul** *(ouv. de 8 h à 17 h)*, magnifiquement situé sur une éminence rocheuse dominant la vallée, bénéficia, en raison de sa position stratégique, des apports de populations venues des villes voisines, en particulier de Monte Albán. Les constructions s'échelonnent de 750 à 1350 apr. J.-C., la ville étant sans doute déjà abandonnée au moment de la conquête espagnole. On distingue une partie basse, centre civique et religieux où résidaient les dignitaires, et la forteresse coiffant le sommet du promontoire.

La première construction à l'entrée est le **patio 4**, complexe formé de quatre plates-formes délimitant une cour où s'élève un petit sanctuaire. Il marque l'emplacement de **trois tombes hypogées** partageant la même antichambre. La tombe principale se distingue par une belle **façade★** décorée de frises de grecques et de deux figures anthropomorphes encadrant l'entrée. Devant le temple situé à l'E., une grenouille en pierre est creusée d'une cavité destinée à recueillir l'eau lustrale.

Plus haut se trouve le **jeu de pelote**, de grande dimension – le deuxième en taille après celui de Chichén Itza –, dont le terrain allongé est encadré par des tribunes où se tenaient les spectateurs. Construit par les Zapotèques entre 500 et 700, il fut agrandi à l'époque postclassique. Notez l'absence de niches (comme à Monte Albán) et de marqueur central.

À l'O. du jeu s'étend le **patio 1**, limité au N. par une plate-forme supportant une vaste construction, la **Sala del Consejo** (salle du Conseil), qui s'ouvre par trois baies. Un passage muré décoré de mosaïques de pierre taillée donne accès à une plate-forme artificielle sur laquelle s'étend **El Palacio★**, complexe palatial composé de six patios entourés de longs bâtiments à péristyles, de deux pièces étroites et de salles annexes. L'entrée unique au N. et la complexité du plan marque la volonté des seigneurs de Yagul d'en contrôler étroitement l'accès. Le style de construction avec mosaïques de pierre décorant les *tableros* des façades, identique à celui de Mitla, est caractéristique de l'époque de transition du classique au postclassique.

Au sommet du promontoire *(l'ascension est rude, mais elle est récompensée par une vue magnifique)* couvert de cactus candélabres et de figuiers de Barbarie, vous pourrez encore voir plusieurs pans de rempart de la **forteresse** et une **tombe** (n° 28) dont le linteau est sculpté de glyphes zapotèques.

**2 LA VALLÉE DE ZIMATLÁN** *(17 km S. ; sortir d'Oaxaca par le Periférico Sur en suivant la direction de Puerto Ángel et prendre vers le S. la route qui se trouve dans le prolongement de la Calle Miguel Cabrera signalée par un grand portique rouge, entrée du « Parque del Amor ». Après avoir franchi le pont, prendre à g. la route 147 à la bifurcation de Monte Albán)*. Aux portes d'Oaxaca se trouvent l'un des plus vastes monastères dominicains de la Nouvelle-Espagne et la belle tombe zapotèque de Zaachila, ornée de stucs. L'excursion *(2 h)*

**Le nom de Cuilapan dérive de Coyolapan qui, en náhuatl, signifie « rivière du coyote ».**

**Le 25 juil., la bourgade fête son saint patron avec une danse de la Plume.**

**Cloître de Cuilapan.**

est à faire de préférence l'après-midi pour bénéficier de beaux éclairages sur Cuilapan.

*11 km :* **CUILAPAN**★★, village établi sur un ancien centre zapotèque qui fut occupé au XIIIe s., avec le village voisin de Xoxocotlán, par des populations mixtèques venues des montagnes du N.-E. Peu après la conquête espagnole, les Dominicains y fondèrent un **monastère**, l'un des plus vastes de la Nouvelle-Espagne. Consacrée en 1555, la **basilique**★, ruinée, a conservé une très belle façade Renaissance encadrée de deux tours. Remarquez les bénitiers sculptés, la colonnade N., bien conservée, et, dans le collatéral g., la chaire surmontée d'un dais en pierre accessible par quelques marches. De nos jours, seule la dernière travée de l'église sert encore au culte. À l'intérieur *(ouv. le dim. pendant la messe)*, on peut voir la tombe de la princesse zapotèque Donaji, fille du roi Cocijo Eza, et de son époux mixtèque, enterrés sous leurs noms chrétiens : Mariana Cortés et Diego Aguilar.

À dr. de la basilique, l'*église conventuelle*, restée inachevée, communique par un élégant portique avec les bâtiments monastiques *(ouv. de 10 h à 18 h)*. Dans le *cloître*★ à deux étages de galeries et arcades en plein cintre, les quatre chapelles *posas* sont ornées de peintures en noir et blanc inspirées de frontispices du XVIe s. À dr. de l'escalier menant à l'étage, se trouvent la Sala de Profundis, décorée de portraits des abbés et de scènes religieuses très effacées datant des XVIe et XVIIe s., ainsi qu'une petite pièce où le général Vicente Guerrero, héros de l'Indépendance mexicaine est, représenté sur une grande toile. Il fut fait prisonnier par le conservateur Anastasio Bustamante, qui l'avait destitué de la présidence et fut fusillé le 14 février 1831. À l'étage, les cellules des moines, réparties autour du cloître, ne sont pas accessibles au public.

*17 km :* **Zaachila**★ (*pour accéder au site, prendre la rue qui monte à g. après avoir dépassé l'église : les ruines se trouvent 50 m plus haut sur la dr. ; ouv. du lun. au sam. de 8 h à 18 h, dim. de 11 h à 18 h*). La ville, dont le nom signifie « lieu du gouvernement », devint, après le déclin de Monte Albán, la nouvelle capitale des Zapotèques et ce jusqu'à l'arrivée des Espagnols qui convertirent au christianisme le dernier roi zapotèque Cocijo Eza. Les fouilles menées à partir de 1962

**Sur le Zócalo sont exposées les stèles zapotèques trouvées dans le village.**

**Durant le carnaval, un simulacre de bataille oppose les prêtres armés de croix et de seaux d'eau aux démons munis de fouets. Marché le jeudi.**

dans le village moderne n'ont permis de mettre au jour qu'une petite partie de la ville ancienne, où semblent avoir coexisté des groupes zapotèques et mixtèques.

Au pied d'un monticule, une **construction à patio** cache deux tombes construites à l'époque de Monte Albán III puis réoccupées par les Mixtèques à l'époque postclassique (1280-1521).

Précédée d'une antichambre, la **tombe 1**★★ présente une façade à *tablero* ornée d'une double moulure agrémentée de grecques. L'offrande était composée de nombreux vases polychromes – dont un plateau tripode à griffes de jaguar et le vase au colibri (conservés au musée d'Anthropologie de Mexico) – et de spatules en os gravés. Aux côtés d'un dignitaire paré d'un masque en bois peint et de bijoux, un « accompagnant » portait une bague en or représentant un aigle descendant, symbole du soleil couchant. Remarquez surtout le beau **décor**★★ de figures modelées en stuc, sur lesquelles apparaissent des traces de peinture rouge, couleur de deuil mais aussi rappel du sang et donc de la vie.

Les chouettes de l'antichambre, messagères de la mort, sont relayées dans la tombe par deux représentations de Coqui Bezelao, le seigneur de la Mort armé d'un couteau de silex et porteur d'un cœur humain en pendentif. Les deux personnages identifiés par les glyphes « Cinq-Fleur » et « Neuf-Fleur » sont des divinités. On note encore sur la paroi du fond une représentation d'un chaman volant *(brujo)* portant une carapace de tortue. L'abondante céramique de type « codex », les bijoux et les ornements trouvés dans la **tombe 2** (non décorée) confirment l'occupation mixtèque de Zaachila.

**Les Chochos (groupe indigène d'environ 2 000 âmes), originaires de la région de Puebla, arrivèrent dans la zone mixtèque dans le courant du VIIe s. Qualifiés de *popolocas* (barbares) par les Aztèques, ils ont, en raison de leur isolement, conservé leur personnalité ethnique et leur langue. Agriculteurs (maïs, haricot, piment) et bons artisans (nattes et sombreros en fibre de palme), ils vénèrent encore les anciennes divinités préhispaniques de la terre, de la montagne et de la pluie.**

**3 LA MIXTECA ALTA** *(145 km N.-O. ; suivre la route 190 vers Puebla)*. Berceau de la civilisation mixtèque dont le nom náhuatl signifie « peuple des nuages », cette région montagneuse aux magnifiques paysages présente un double intérêt : la découverte de la première architecture coloniale, illustrée par de nombreux monastères dominicains construits à l'emplacement de sanctuaires préhispaniques, et celle des populations mixes et chochos. Un itinéraire très sinueux que vous pourrez suivre pour rejoindre Puebla en sept heures.

**À San Pablo Etla, on fête le Señor de las Peñas le 5e vendredi du printemps. Des figurines de paille et de terre dépositaires des vœux les plus chers sont disposées devant l'église.**

*19 km* : à dr., **San Pedro y Pablo Etla**, réputé pour ses spécialités gastronomiques que vous pourrez déguster le mercredi, jour du marché. Le monastère dominicain, doté d'une belle église à façade de style plateresque, date du XVIe s.

*119 km* : **Yanhuitlán**★, où un monastère dominicain fut érigé entre 1550 et 1575 à l'emplacement d'un temple préhispanique. L'**église** présente une belle façade de style plateresque enrichie d'éléments baroques. À l'intérieur, remarquez le plafond à caissons de style mudéjar qui surmonte le chœur et un très beau maître-autel du XVII^e s.

À dr. de l'église, le **monastère** *(ouv. de 10 h à 18 h)* est disposé autour d'un cloître au milieu duquel s'élève un majestueux cyprès. Dans une petite salle, collection de statues en bois polychrome ; dans la cage d'escalier menant à l'étage, fresque du XVI^e s. représentant saint Christophe portant l'Enfant Jésus. Dans quelques cellules sont exposées des statues provenant des couvents des environs.

Dans le village, la **Casa del Cacique** est une demeure typiquement coloniale du XVI^e s. Elle a peut-être appartenu au cacique de Yanhuitlán, un prince mixtèque appelé Xa Ñuhu (Sept-Singe) qui, converti au christianisme par les Dominicains, prit le nom de Domingo de Guzmán.

*133 km* : bifurcation.

►À g., la route 125 en direction de Santiago Pinotepa Nacional mène à **San Pedro y San Pablo Teposcolula** *(13 km)*, ancien centre florissant de sériciculture, industrie introduite par les Dominicains qui y fondèrent un monastère. Il en subsiste les ruines d'une superbe **chapelle ouverte**★★, exemple unique de ce type d'architecture du XVI^e s. au Mexique. Bâtie en 1570 et de style plateresque, elle montre un plan hexagonal avec double portique de colonnes à cannelures qui soutenaient autrefois une coupole dont on distingue le départ de fortes nervures en tiers point.◄

*145 km* : **Tejupán**. La route 190 continue jusqu'à **Puebla**★★★ *(→ p. 323)* qui se trouve à 257 km de Tejupán. À Izúcar de Matamoros, on rejoint la route 160 pour Mexico *(autoroute à péage à partir de Cuautla)*.

►En prenant à dr. à Tejupán, on rejoint **Coixtlahuaca** *(24,5 km)*, qui possède une belle **église** construite en 1576 par les Dominicains sur les ruines d'un temple mixtèque. Sa remarquable **façade**★★ à niches de style plateresque s'enrichit d'une rosace très ornée. À g. de l'église, on voit les restes de la chapelle ouverte.◄

**À Coixtlahuaca, Fiesta de San Juan Evangelista le 27 déc., avec rodéo et feu d'artifice.**

# Veracruz★

**Situation** : 116 km S.-E. de Xalapa,
430 km E. de Mexico.
1 000 000 hab. ; État de Veracruz.

☎ 29

ⓘ Palacio Municipal, sur le Zócalo (*plan A1* ; ☎ 32-19-99 ; ouv. du lun. au sam. de 9 h à 21 h, dim. de 10 h à 13 h).

**Urgences**
*Croix-Rouge* (☎ 37-55-00).
Police (☎ 38-06-64).

**Spécialités locales**
Goûtez au *huachinango a la veracruzana* (daurade cuite au four avec une sauce aux tomates, oignons, ail et piments) et au *ceviche* (poisson cru ou crevettes marinés dans du citron parfumé à la coriandre) ; évitez toutefois de consommer des huîtres en raison des risques de choléra.

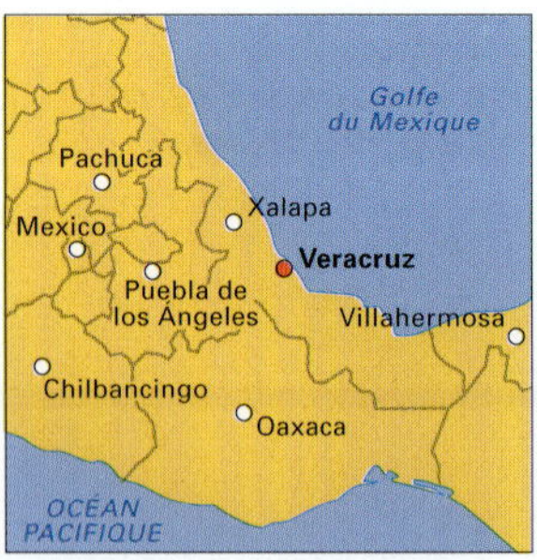


Première ville fondée par les conquistadores en Nouvelle-Espagne, elle fut durant l'époque coloniale l'unique fenêtre ouverte sur l'Europe, et sa douane demeura jusqu'au XIX^e s. la principale source de revenus pour le Trésor mexicain. Ses habitants, les Jarochos, métis d'Espagnols, d'Indiens et d'Africains, affichent une gaieté qui se manifeste plus particulièrement lors du carnaval, l'un des plus brillants après ceux de Rio de Janeiro et de Trinidad. Sans monuments remarquables, elle possède cependant tout le charme d'une cité portuaire animée où, assis à la terrasse d'un café du Zócalo, on peut se livrer à d'interminables parties de dominos, puis passer la nuit à danser sur des airs de bamba.

## Adresses utiles

### ■ Poste

Plaza de la República (*plan A1* ; ouv. du lun. au ven. de 8 h à 20 h, sam. de 9 h à 13 h).

### ■ Aéroport

***Aeropuerto Las Bajadas***, 11 km O. en direction de Xalapa (☎ 34-00-08). Vols quotidiens pour Cancún, Mexico et les autres grandes villes ; service de *colectivos* et taxis (15 mn) par la compagnie ***Transportación Aeropuerto*** (☎ 32-35-20).

### ■ Compagnies aériennes

***Aeroméxico***, García Auly 231 (☎ 800-237-66-39).
***Mexicana***, Av. 5 de Mayo 1266, angle A. Serdán (☎ 800-531-79-21).
***Aeocaribe***, Blv. A. Camacho 2983, à 3,5 km S. du Zócalo (☎ 37-02-60).

### ■ Gare ferroviaire

Montesinos y República (*hors plan par A1* ; ☎ 32-32-72). Train de nuit « El Jarocho » pour Mexico (10 h) ; deux trains de jour 2^e classe pour Mexico via Xalapa ou Córdoba.

### ■ Gare routière

Trains de 1^re classe (***ADO*** et ***Cristóbal Colón***), Av. Díaz Mirón, angle Xalapa (*hors plan par A2* ;

☏ 37-57-88) ; liaisons pour Cancún, Mexico, Oaxaca, Tuxtla Gutiérrez et Xalapa.
Trains de 2e classe *(AU)*, Lafragua, à l'arrière du terminal 1re classe (☏ 37-57-32) ; liaisons pour Córdoba, Orizaba et Puebla.

# Veracruz dans l'histoire

### ■ Le retour de Quetzalcóatl

Le 22 avril 1519, le vendredi saint, jour de la Croix, Hernán Cortés et ses hommes débarquent sur la plage de Chalchiuhcuecan, située en face de l'île San Juan de Ulúa où ils célèbrent la messe. L'empereur aztèque Moctezuma, alerté par des songes et des présages, redoute l'arrivée de ces étrangers qui abordent la côte mexicaine à l'endroit où le dieu Quetzalcóatl, naguère chassé de Tula, disparut sur l'océan. Pour les inciter à repartir, il multiplie les présents dont la beauté ne fait qu'exciter la convoitise des Espagnols, dévorés par la fièvre de l'or. Une entrevue avec le cacique totonaque de Zempoala fait comprendre à Cortés que l'empire aztèque est miné de l'intérieur, et que cette désunion le mènera à sa perte. Il écrit alors à Charles Quint qu'il livrera le « tyran Moctezuma mort ou vif comme sujet de sa Majesté. »

### ■ Ville de la Vraie Croix

Ayant décidé de rompre avec Diego de Velázquez, le gouverneur de Cuba qui avait financé l'expédition, Cortés entreprend de fonder une ville qu'il gouvernera à titre provisoire en attendant que Charles Quint en dispose à son gré. C'est à proximité de la petite cité totonaque de Quiahuiztlán, à 64 km au N., qu'est bâtie la Villa Rica de la Vera Cruz. Cortés s'y fait plébisciter par ses compagnons « Alcade Mayor » de Veracruz et « Capitan General » d'un pays dont il ignore l'étendue, les populations et les forces militaires. En 1524, le premier Ayuntamiento institué au Mexique est déplacé à l'embouchure du Río Huitzilapan, à une trentaine de kilomètres au N., mais en 1589, estimant plus sûre la rade placée à l'abri de l'île San Juan de Ulúa, le vice-roi ordonne le transfert du port sur l'emplacement qu'il occupe de nos jours.

### ■ Corsaires et aventuriers

Principale porte de communication avec l'extérieur, le port de Veracruz, qui accueillait les flottes venues de Cadix ou de Séville, fut jusqu'au XVIIIe s. une simple agglomération de constructions en bois, les opérations commerciales se déroulant à l'intérieur des terres, à Xalapa. L'insalubrité de la côte, où régnait la malaria, et les raids incessants des corsaires n'incitaient guère les Espagnols à s'y fixer. Francis Drake, corsaire anglais dont la flotte avait été bom-

**Manifestations**

**Célébré durant les neuf jours précédant le mer. des Cendres, le carnaval s'ouvre sur la cérémonie de mise à feu de Mal Humor (mauvaise humeur) et s'achève avec l'enterrement de Juan Carnaval ; élection de la reine et du vilain roi, défilés, danses, bals populaires, feux d'artifice, concerts et expositions se succèdent dans une ambiance très tropicale.**

**Artisanat**

**Sur le Malecón *(plan B1)* se tient tous les jours un marché où l'on trouve des objets en écaille de tortue, en nacre et en corail noir, des coquillages, des vêtements brodés, etc.**

*« La première chose que l'envoyé de Moctezuma offrit était un disque en or richement décoré qui représentait le soleil, de la dimension d'une roue et d'une valeur d'environ 20 000 piastres. Il y avait aussi la lune, un disque en argent encore plus grand et plus lourd, décoré de nombreuses figures. Il apporta aussi un casque plein de grains d'or à surface rugueuse comme on les trouve dans les mines, d'une valeur de 3 000 piastres. »*

Bernal Díaz del Castillo,
*Histoire véridique de la conquête de la Nouvelle-Espagne.*

**Veracruz**

bardée en 1568 par le vice-roi Enríquez de Almansa, harcela pendant trente ans les galions espagnols et leurs ports. Au XVII^e s., le golfe du Mexique foisonnait de boucaniers anglais, hollandais et français, qui y fondèrent des abris permanents. La piraterie commença à décliner à partir du XVIII^e s., mais tenta encore suffisamment d'aventuriers pour que la Couronne d'Espagne fasse exécuter des travaux de fortification en 1746.

## ■ Une ville assiégée

À la fin de juillet 1821, le dernier vice-roi de la Nouvelle-Espagne, Juan O'Donojú y fut assiégé par le général Agustín de Iturbide. La fièvre jaune commençant à faire des ravages parmi les membres de sa suite, il se résolut à signer, le 21 août, le traité de Córdoba, qui consacrait, après plus de dix ans de combats, l'indépendance du Mexique.

Occupée en 1847 par l'armée du général Winfield Scott lors de la guerre entre le Mexique et les États-Unis, la ville fut de nouveau victime d'une agression étrangère, en 1862, lorsqu'elle fut envahie par des troupes espagnoles et des contingents français et anglais, au prétexte que le gouvernement mexicain était incapable de rembourser ses dettes. Espagnols et Anglais se retirèrent rapidement, mais le contingent français envoyé par Napoléon III fut maintenu. Maximilien d'Autriche y débarqua en 1864. En avril 1914, une force d'intervention dépêchée par le président des États-Unis, Thomas Woodrow Wilson, pour renverser le dictateur Huerta s'empara de Veracruz, où elle resta quelques mois.

**■ Veracruz aujourd'hui**

La construction de la première ligne ferroviaire qui relia Veracruz à Mexico via Orizaba en 1872 favorisa le développement du port, qui est toujours le plus actif du Mexique. Grâce au plan d'assainissement mis en œuvre au début du XX^e s., cette portion de la côte du Golfe est devenue un centre de plantations tropicales, notamment de café. La population est employée dans l'industrie (sucreries, manufactures de tabac, constructions mécaniques, centrale nucléaire de Laguna Verde) et dans le secteur touristique, qui attire surtout des Mexicains fortunés. Enfin la pêche – à la crevette essentiellement – reste un secteur d'activité important.

## La légende de Quetzalcóatl

Selon les sources aztèques, Quetzalcóatl (le serpent à plumes) qui était roi de Tula, fut vénéré comme un dieu par son peuple toltèque. Très laid et barbu, il vivait dans un palais de quatre pièces, l'une décorée de turquoises, l'autre de corail, la troisième de coquillages et la dernière de plumes de quetzal. C'est là qu'il jeûnait et se mortifiait. Refusant de procéder à des sacrifices humains, il n'offrait que des serpents, des oiseaux et des papillons. Cet âge d'or s'acheva lorsque Tezcatlipoca, Ihuimecatl et Toltecatl, désireux de voir le retour des sacrifices humains, l'incitèrent par la ruse à boire du pulque qui l'enivra. Ayant rompu son jeûne, Quetzalcóatl comprit qu'il devait partir. L'année Un-Roseau, il arriva au bord de l'océan (près de Veracruz) et s'immola par le feu après avoir annoncé qu'il reviendrait et qu'il restaurerait son pouvoir. Ses cendres partirent vers l'est et il devint l'Étoile du matin (Vénus). On comprend dès lors la terreur de Moctezuma lorsqu'on lui annonça l'arrivée d'étrangers barbus venus de l'est en 1519, c'est-à-dire une année Un-Roseau.

# Visiter Veracruz

**Combien de temps** : la ville même offrant un intérêt très limité, Veracruz sera plutôt une halte ou un lieu de détente à partir duquel on peut faire des excursions dans une zone encore peu touristique.

**Le meilleur moment** : à condition d'aimer la foule et le bruit, la période du carnaval (fév. ou mars) est certainement la plus indiquée pour séjourner à Veracruz, mais il vous faudra penser à réserver un hôtel longtemps à l'avance. De nov. à avr., les températures sont très agréables, mais évitez les mois d'été si vous redoutez la chaleur humide.

**Se déplacer** : le centre de Veracruz se visite facilement à pied. Le bus qui conduit aux plages de Mocambo et Boca del Río (départ toutes les 5 mn à l'angle de Zaragoza et Serdán près du Zócalo) passe devant le Parque Zamora et longe le boulevard Camacho jalonné d'hôtels, de restaurants et de cafés. Les bateaux amarrés devant le Paseo de los Insurgentes proposent des excursions d'une heure dans le port.

**■ Zócalo** *(plan A1)*. Ombragée de palmiers, l'ancienne Plaza de Armas est bordée de galeries sur deux côtés, par le Palacio Municipal du XVII^e s. et par la cathédrale. Le soir, en particulier le dimanche à l'occasion de concerts ou de spectacles de danses folkloriques, elle est très animée ; on y vient à toute heure pour boire un verre au *Gran Café de la Parroquia*. L'église paroissiale, consacrée à Nuestra Señora de la Asunción, fut bâtie en 1734 en style colonial et élevée au rang de cathédrale en 1963.

**Du 15 juil. à la fin août, des concerts de jazz ont lieu tous les soirs sur le Zócalo à partir de 19 h.**

**■ Museo Carranza** (Faro Carranza ; *Paseo de Los Insurgentes ; plan B1 ; ouv. de 9 h à 17 h, f. lun.*). Sur l'emplacement d'un phare, le général Porfirio Díaz fit construire en 1910 cet imposant édifice néoclassique en commémoration du centenaire de l'Indé-

**Tous les matins à 7 h, cérémonie de levée du drapeau devant le Faro Carranza et sur les bateaux militaires amarrés sur le Malecón.**

**Venustiano Carranza prit la tête des constitutionnalistes après l'assassinat de Madero. Élu président en 1917, il promulgua la Constitution qui est encore en vigueur aujourd'hui. En 1920, désireux de conserver le pouvoir, il voulut imposer son successeur, Obregón. Il fut assassiné dans son sommeil par l'un de ses gardes.**

**C'est au large de l'île San Juan de Ulúa que fut découvert un trésor (peut-être une partie du butin expédié par Cortés à Charles Quint) immergé dans la rade à la suite d'un naufrage. Parmi les objets récupérés à partir de 1975, on compte un collier d'or, des parures et des lingots d'or fondus à l'époque aztèque à Coyoacán, l'un des quartiers de Mexico.**

pendance. Siège des Forces navales du Golfe, il abrite un petit musée consacré à Venustiano Carranza qui, pendant quelques mois de 1915, durant la guerre civile consécutive au renversement de Huerta, fit de Veracruz la capitale momentanée de la faction réformiste.

**Le fort San Juan de Ulúa devait protéger la ville et son port des incursions des pirates et des corsaires.**

■ **CASTILLO SAN JUAN DE ULÚA★** *(sur l'île San Juan de Ulúa, reliée au continent par une chaussée traversant le côté N. du port ; bus « Ulúa » depuis le Malecón ; ouv. de 9 h à 16 h 30, f. lun.)*. Sur un gros écueil rocheux qui avait reçu ce nom lors d'une expédition de reconnaissance menée par Juan de Grijalva en 1518, les Espagnols construisirent un arsenal, un fanal et une chapelle dès 1528. En 1537, le vice-roi Antonio de Mendoza y fit ériger une petite tour fortifiée. Les constructions actuellement visibles furent bâties entre 1746 et 1771. Le fort San Juan de Ulúa, qui servit de résidence présidentielle à Benito Juárez et à Carranza, fut sans doute la plus sinistre prison de la Nouvelle-Espagne : on montre encore les cellules, envahies par les eaux lors des grandes marées.

■ **MUSEO DE VERACRUZ** *(Zaragoza 397 ; plan A2 ; ouv. de 9 h à 15 h, f. dim.)*. Installé dans un bâtiment de style néoclassique (sur les trottoirs des rues Morales et Zaragoza, des mosaïques en galets illustrent des épisodes de la Conquête), le musée expose dans la galerie *(sur le côté dr. de la cour)* des pièces archéologiques des cultures olmèque, totonaque et huastèque. À l'étage, des salles sont consacrées à l'histoire de la ville, de la Conquête à 1910, et à l'ethnographie (carnaval, danses et musique, gastronomie).

■ **BALUARTE SANTIAGO** *(à l'angle de Francisco Canal et 16 de Septiembre ; plan B2 ; ouv. de 10 h à 16 h, f.*

*lun.)*. C'est l'unique survivant des neuf bastions du rempart bâti en 1635 et renforcé en 1746 ; dans le jardin entourant le fort ont été déposées quelques pièces d'artillerie provenant de San Juan de Ulúa. À l'intérieur, exposition de bijoux précolombiens en or et collection d'armes du XVIe au XVIIIe s. et d'armures des conquistadores espagnols.

■ **AQUARIUM** *(Plaza Acuario ; ouv. du lun. au ven. de 10 h à 19 h, sam. et dim. de 9 h à 19 h)*. On y verra des requins et quelque trois mille poissons représentatifs des espèces du golfe du Mexique.

# Environs de Veracruz

**1 LES PLAGES** *(en suivant le boulevard Camacho, on atteint la zone balnéaire située au S. de Veracruz, bien desservie par les bus « Boca del Río » partant de l'angle de Zaragoza et Serdán)*. À 9 km de Veracruz, **Mocambo** ou Playa de Oro est la station balnéaire des Mexicains aisés, qui regroupe centres commerciaux à l'américaine, grands hôtels de luxe, somptueuses villas et de nombreuses possibilités de sports nautiques sur les plages privées, de loin les plus agréables et les plus propres des environs de Veracruz. Si vous cherchez la tranquillité, évitez la plage publique de Mocambo, sale et bruyante, chacun essayant de garer son véhicule – camions compris – le plus près possible de l'eau.

**La plage de l'hôtel *Mocambo* à laquelle on accède en traversant les jardins est très agréable. L'hôtel (☏ 22-02-05) lui-même fut autrefois le meilleur établissement de la ville ; il a conservé néanmoins tout le charme d'un vieux palace, avec de beaux jardins en terrasses et trois grandes piscines. Le bain de mer est partout peu recommandé en raison d'une part des risques de pollution et d'autre part de la présence possible de requins maraudeurs. Pour la baignade, préférez les piscines des grands hôtels.**

**2 ZEMPOALA*** *(44 km N.-O. par la route 180)*. Cet itinéraire que vous pourrez suivre pour vous rendre à El Tajín vous mènera à l'ancienne capitale des Totonaques et au premier emplacement du port de Veracruz.

*29 km* : **La Antigua** *(après le pont à péage, tourner à g. ; 1,5 km)*. Situé sur le Río Huitzilapan, ce paisible village fut l'ancien port de Veracruz choisi par Cortés après l'abandon, en 1524, de Villa Rica de Veracruz, située à 42 km plus au N. Le déclin fut rapide après le nouveau transfert du port à l'emplacement actuel de Veracruz, en 1589.

Sur la petite place centrale, se trouve le premier Ayuntamiento institué au Mexique (à l'intérieur, des photos montrent d'énormes troncs d'arbres auxquels Cortés aurait attaché ses bateaux) et, à l'opposé, une maison ruinée dite « **Casa de Cortés** », qui date en réalité du XVIIe s. À deux pâtés de maisons *(prendre la rue qui part au S. de l'église)* s'élève la chapelle de la Virgen del Rosario, construite au XVIe s. et agrandie en 1604.

**La Casa de Cortés.**

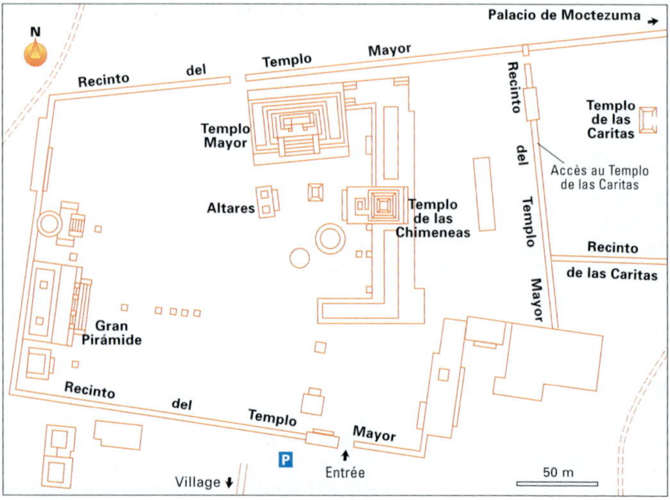


**Zempoala**

*37 km* : à dr., route pour **Chachalacas** *(7 km)*, une belle plage de sable fin peu fréquentée où l'on peut déguster du poisson grillé.

*44 km* : **Zempoala**★ *(prendre à g. ; 3 km)*. Le village moderne, fondé vers le milieu du XIXe s., occupe une partie de l'ancienne capitale totonaque, recouvrant de nombreux bâtiments. Construite à partir de 1200 apr. J.-C., la ville fortifiée exprime les nécessités défensives d'un peuple soumis à de fréquentes luttes. À partir de la moitié du XVe s., les Totonaques furent contraints de payer un lourd tribut de sel, peaux de jaguar, pigments et dindes sauvages à Moctezuma Ier et à ses successeurs. Peu après le débarquement des Espagnols en face de l'île San Juan de Ulúa, le cacique Chicomacatl, désireux de secouer le joug aztèque, offrit son appui à Cortés. C'est avec quatre cents auxiliaires totonaques que l'armée espagnole marcha sur Tlaxcala le 16 août 1519. Par la suite, Zempoala ne cessa de décliner, les derniers Totonaques étant déportés à Xalapa en 1660. Le site fut fouillé à partir de 1939.

**La flotte de Panfilo de Narváez envoyée par Diego de Velázquez débarqua près de Zempoala en mai 1520, tandis que Cortés était à Tenochtitlán (Mexico). Revenu en hâte et en dépit de son infériorité numérique, il attaqua Narváez qui s'était retranché dans l'enceinte du temple principal. Cortés réussit à pénétrer par surprise dans la place et à défaire son rival. Les survivants se rallièrent à lui.**

Le **site archéologique** *(traverser le village et, après 150 m, prendre le deuxième chemin à dr. ; ouv. de 8 h à 18 h)* délimité par un mur d'origine préhispanique correspond presque uniquement à l'enceinte du Templo Mayor, le reste de la ville totonaque étant partiellement recouvert par les constructions récentes ou disséminé dans la végétation tropicale. La particularité du site consiste en des canalisations souterraines qui, selon les Espagnols, alimentaient en eau chaque maison.

À g. de l'entrée se dresse la **grande pyramide**, composée de trois plates-formes superposées au-dessus desquelles se trouve la pyramide à quatre étages. Encadrée par deux petits temples, dont un de forme circulaire, elle était le siège des chevaliers-aigles, un ordre militaire identique à celui des Aztèques.

Presque à l'angle opposé se situe le **temple principal**★ (Templo Mayor), ensemble monumental composé d'une terrasse crénelée, de 2 m de hauteur, et d'une pyramide de treize étages construite en quatre phases. La plate-forme supérieure couronnée de créneaux supporte le temple proprement dit, constitué de trois chambres ; celle du centre devait renfermer les idoles détruites par les Espagnols en 1519.

Le **temple des Cheminées** (Las Chimeneas), ainsi nommé en raison de la présence de nombreux trous qui devaient accueillir des colonnes en bois, se dresse au milieu d'une longue terrasse très étroite située à dr. de la pyramide principale. La structure pyramidale de six étages à murs en talus était surmontée d'un temple accessible par deux portes.

Pour atteindre le **temple des Petits Visages**★★ (Templo de las Caritas) qui se trouve hors de l'enceinte du Templo Mayor, franchissez la plate-forme des

*« Nous montâmes et nous précipitâmes les idoles qui roulèrent en morceaux. C'étaient des sortes de dragons épouvantables, grands comme des veaux, et d'autres figures représentant des demi-corps d'hommes et des chiens de haute stature, le tout de fort mauvais aspect. Les caciques et les prêtres qui étaient présents, les voyant ainsi mis en pièces, se prirent à pleurer et à se voiler la face en demandant pardon aux dieux en langue totonaque. »*

Bernal Díaz del Castillo,
*Histoire véridique de la conquête de la Nouvelle-Espagne.*

**La découverte d'une statue de *chac-mool* en céramique à l'intérieur du temple des Cheminées ainsi que la présence de temples ronds dédiés au dieu du Vent sont la preuve des contacts que les Totonaques entretenaient avec les groupes toltèques.**

**Au pied du temple des Cheminées (à g.) se trouvent deux autels où étaient disposés des braseros.**

Cheminées et empruntez le sentier qui franchit la clôture à l'endroit où est aménagée une canalisation préhispanique encore utilisée pour irriguer les champs de canne à sucre. Au milieu des plantations se dresse l'édifice à deux étages avec, sur la plate-forme supérieure, un temple largement ouvert, auquel on accède du côté du soleil levant. À l'intérieur et à l'extérieur, les trois murs du temple sont ornés de plusieurs files de **crânes**★ (d'où le nom populaire de *caritas*, « petits visages ») modelés en argile. On distingue aussi quelques traces de **peintures**★ représentant les symboles alternés du soleil, de la lune et de Vénus, l'étoile du matin. Dans la partie supérieure des murs sont aménagées des cavités où l'on a retrouvé des ossements humains, le temple ayant servi de demeure aux guerriers morts au combat ou sur la pierre de sacrifice, lesquels rejoignaient le paradis de l'Est ou de Vénus.

Au centre du village, se trouve encore le **temple d'Ehécatl**, dieu du Vent, construction massive surmontée d'un temple circulaire au pied duquel on voit un portique crénelé où sont figurés des coyotes.

**3 CATEMACO** *(166 km S.-E. par la route 180 en direction de San Andrés Tuxtla)*. La route se faufile entre mer et lagune, à travers des champs de canne à sucre et des palmiers doum qui se profilent sur les reliefs de cette région volcanique, berceau de la civilisation mère du Mexique, celle des Olmèques.

*79 km :* bifurcation.

**Tlacotalpan est célèbre pour sa fête de la Vierge de la Chandeleur le 2 fév., mais les festivités (courses de taureaux dans les rues, procession fluviale) commencent dès le 31 jan. et durent une semaine. On y exécute la bamba et le *huapango* avec des *zapateados* dont le rythme est marqué par des instruments à cordes.**

►À dr., la route 175 mène à **Tlacotalpan**★ *(18 km)*. Le long de la rive g. du Río Papaloapán bordé de palétuviers et de cocotiers s'étend l'un des plus pittoresques *pueblos* du Mexique avec ses maisons basses à colonnes stuquées, peintes de couleurs tendres, rose bonbon, bleu ciel ou rouge clair. Situé sur la place Hidalgo, le **musée Salvador Ferrando** *(ouv. t.l.j. sf lun. de 10 h à 15 h et de 17 h à 19 h)* est consacré à la culture jarocho présentée au travers de mobilier, d'artisanat et de peintures du XIXe s. De l'autre côté de la place, l'église de la Candelaria, construite en 1786, possède une belle décoration churrigueresque. ◄

*138 km :* **Santiago Tuxtla**. Située au pied de la sierra de Los Tuxtlas, c'est une petite ville agréable aux belles maisons couvertes de tuiles romaines. Sur le Zócalo est exposée une **tête**★ olmèque. Provenant du Cerro de Cobada, elle est la seule à présenter un visage aux yeux clos.

Sur la place, le **Musée régional**★ *(ouv. de 9 h à 18 h)* expose des vestiges olmèques exhumés à Tres Zapotes, El Cerro del Vidia et Catemaco (tête de jaguar aux yeux en obsidienne, couteau cérémoniel en céramique), quelques objets totonaques et des ustensiles de la vie quotidienne. Notez dans le jardin d'autres sculptures monumentales olmèques (1500-600 av. J.-C.) : la **tête colossale★★** aux traits mongoloïdes pesant près de 8 tonnes, découverte à Tres Zapotes ; le **monument F★** de Tres Zapotes, sorte de long tenon terminé par deux épaules, des bras repliés et un visage présentant les mêmes traits que les têtes colossales, devait s'insérer dans la surface d'une terrasse.

►À la sortie de Santiago Tuxtla, tourner à dr. après le pont en direction de Villa Isla et, après avoir parcouru 8 km, prendre à une fourche une mauvaise piste à dr. qui conduit au village de **Tres Zapotes** *(21,5 km)*.

Le second chemin à g. conduit au **musée de Tres Zapotes★** *(ouv. du mar. au sam. de 9 h à 18 h, dim. et lun. de 9 h à 17 h)*. Dans un jardin ont été rassemblées des têtes colossales en andésite découvertes vers le milieu du XIXe s. sur un site olmèque localisé à 1 km au S., dans l'étroit vallon de l'Arroyo Huayapán (celui-ci, réduit à un ensemble de monticules, ne présente aucun intérêt).

On remarque la **stèle A★**, sculptée en haut relief et brisée volontairement. Au-dessous de la face stylisée d'un félin, un personnage au visage mutilé représenté de face est encadré par deux hommes, celui de dr. tenant à la main une « tête-trophée ». D'une iconographie très proche de l'art d'Izapa dans le S. du Chiapas, elle en indique des possibles filiations.

La **stèle D** représente une gueule de jaguar ouverte dans laquelle s'inscrivent deux personnages richement vêtus devant lesquels est agenouillé un troisième. Notez les mutilations opérées sur une **tête colossale** coiffée d'un casque.

La partie supérieure de la fameuse **stèle C** exposée au musée d'Anthropologie de Mexico, découverte trente ans après, complète la date du « compte long » déchiffrée par Stirling sur le fragment inférieur ayant fourni l'énigmatique date de 31 av. J.-C., encore sujette à discussion. ◄

*154 km* : **San Andrés Tuxtla**. Entourée de champs de tabac et de plantations de bananiers s'étendant au S. du volcan San Martín, cette bourgade s'est spécialisée dans la fabrication de cigares *(puros)*.

*166 km* : **Catemaco**. Cette petite ville de villégiature située sur la rive O. du **lac de Catemaco★**, une nappe d'eau aux reflets opalescents semée d'îlots dans un écrin de montagnes boisées, est réputée pour ses *brujos* (chamans), qui se réunissent une fois par an – le premier vendredi de mars – sur le Cerro Mono Blanco. Outre de nombreux restaurants de poisson où vous pourrez goûter à la spécialité locale, le *tegogolo*, un escargot réputé aphrodisiaque, Catemaco offre la possibilité d'excursions en barque sur le lac. On visite l'Isla de los Monos où vit une colonie de macaques à joues rouges, et le Parque Ecológico, parcelle protégée de la forêt tropicale où sont présentés quelques spécimens de la faune locale. Du 13 au 16 juil., la fête de la Virgen del Carmen donne lieu à des réjouissances autour de la belle église ocre et rouge qui surplombe le lac de Catemaco.

# Villahermosa★

**Situation** : 863 km S.-E. de Mexico, 489 km S.-E. de Veracruz. 459 000 hab. ; capitale de l'État de Tabasco.

**À ne pas manquer**



☎ 93

**ⓘ « Tabasco 2000 », angle Av. de los Ríos et Via 3 (☎ 16-51-43 ; ouv. du lun. au ven. de 9 h à 15 h et de 18 h à 21 h ; sam. de 9 h à 13 h) ; kiosque à l'aéroport (ouv. de 7 h à 20 h).**

**Urgences**

**Police (☎ 15-26-91).**

***Croix-Rouge* (☎ 15-56-60).**

Fondée en 1598, Villahermosa s'étend le long du Río Grijalva dans une moiteur toute tropicale. Si cette cité n'offre aucune curiosité monumentale réellement digne d'intérêt, la visite du parc zoologique et archéologique de La Venta sera en revanche l'un des *must* de votre périple mexicain. Vous pourrez aussi vous promener dans le centre de la « vieille » ville, le seul quartier qui possède quelque charme.

## Adresses utiles

■ **Poste**

Sáenz 131, angle Lerdo de Lejada, Zona Remodelada (ouv. du lun. au ven. de 8 h à 19 h, sam. de 9 h à 13 h).

■ **Aéroport**

*Aeropuerto Rovirosa* (☎ 56-01-57) à 13 km E. du centre par l'Av. Ruíz Cortines ; service de taxis, ou *colectivos* uniquement dans le sens aéroport/centre-ville. Vols quotidiens pour Cancún, Guadalajara, Mexico, Mérida, Monterrey, Oaxaca, Tampico, Tuxtla Gutiérrez et Veracruz. Liaisons avec Chetumal et La Havane.

■ **Compagnies aériennes**

*Aeroméxico*, CICOM, Av. Carlos Pellicer Cámara 511 (☎ 12-15-28).
*Mexicana*, Via 3, 120 (☎ 16-31-31).
*Aerocaribe*, Via 3, 120 (Locale 5 et 6 ; ☎ 16-50-46).
*Aviacsa*, Via 3, 120 (Locale 10 ; ☎ 16-57-00).

■ **Gare routière**

Terminal 1re classe (*ADO, Cristóbal Colon*), Javier Mina 297, entre Méndez et Lino Merino (☎ 12-89-00).
*Central Camionera* 2e classe, Av. Ruíz Cortines, à un pâté de maisons à l'E. du croisement avec Javier Mina. Liaisons directes pour Cancún, Campeche, Chetumal, Mérida, Mexico, Oaxaca, Palenque, San Andrés Tuxtla, San Cristóbal de las Casas, Tapachila, Veracruz et Xalapa.

## Visiter Villahermosa

**Combien de temps** : il faut compter 2 bonnes heures pour

visiter le parc de La Venta et le musée Carlos Pellicer. La ville est très étendue, le parc de La Venta et le musée étant assez éloignés du centre qui est piétonnier. Évitez d'y séjourner un dimanche, tous les restaurants étant fermés.

■ **PARQUE DE LA VENTA**★★ *(Paseo Ruíz Cortínes, à 4 km N.-O. du centre-ville ; en venant de l'aéroport, traverser le pont et continuer tout droit sur 4 km ; pour aller au parc qui est sur la g., il faut emprunter la contre-allée et faire demi-tour ; ouv. de 8 h à 17 h, vente des billets jusqu'à 16 h ; parc zoologique fermé le lun., le 1er jan. et le 25 déc.).* Établi au bord de la lagune de Las Ilusiones, le parc reconstitue de manière très attrayante le milieu naturel dans lequel s'est développée la civilisation olmèque. Une section zoologique avec grande volière, félins, daims, loutres, singes, caïmans, serpents et animaux nocturnes jouxte le musée lapidaire. Le sentier qui serpente à travers une sorte de miniforêt tropicale plantée d'essences dont les Olmèques tiraient leurs ressources comme le cacaoyer, l'acajou et le fromager, est jalonné de trente-trois sculptures monumentales en basalte importées du site archéologique de La Venta *(130 km O. de Villahermosa, à proximité de l'embouchure du Río Tonalá)*, lorsque celui-ci fut, en 1950, menacé de destruction en raison de la présence de gisements pétrolifères.

**Situé non loin du parc de La Venta, l'hôtel *Cencali*, Av. Juárez y Paseo Tabasco (☏ 15-19-99), offre le confort d'un bon quatre étoiles et la meilleure table de la ville (buffet).**

**Les moustiques étant particulièrement nombreux et agressifs dans le parc, n'oubliez pas de vous enduire d'une crème répulsive, d'autant plus que Villahermosa est une zone impaludée.**

À l'entrée du parc, un bâtiment abrite des collections d'objets (figurines, haches rituelles, céramique, bijoux en jade) et une maquette du site de La Venta, exploré à partir de 1925 par Frans Blom. Cet îlot de 4,5 km sur 2 km, entouré de marécages, fut le centre cérémoniel olmèque le plus étendu et le plus important sur le plan religieux, politique et économique au cours de la phase d'expansion (1100-475 av. J.-C.). Parmi les constructions alignées sur l'axe N.-S., la structure la plus importante est une **pyramide** d'argile colorée haute de 32 m et creusée de dix saillies régulières, qui évoque un cône volcanique au cratère érodé.

**À NE PAS MANQUER**



**Les énormes blocs de basalte dans lesquels sont sculptés les têtes, les stèles et les autels provenaient de montagnes éloignées d'une centaine de kilomètres ; ils étaient transportés par voie fluviale jusqu'au centre cérémoniel.**

**Les numéros renvoient à ceux du plan ci-après.**

**1 L'Ambassadeur**★. Bas-relief où apparaît un personnage barbu représenté dans l'attitude de la marche, le bras g. levé brandissant un étendard sous lequel on voit un point (correspondant au chiffre 1 ?), une fleur trilobée et une tête d'oiseau. Ces dessins, associés à l'empreinte du pied gravée derrière lui - qui pourrait signifier « marcher », - laissent supposer qu'il s'agit de glyphes.

**Dans le parc circulent en liberté des coatis, petits mammifères caractérisés par un museau allongé et une longue queue rayée.**

**3 La Abuela**. Statue de vieille femme à la bouche féline, agenouillée dans une attitude d'offrande symbolisant vraisemblablement une divinité de la terre.

| | | | | | |
|---|---|---|---|---|---|
| **1** | Monument 13 | **12** | Autel 5 | **23** | Autel 4 |
| **2** | Monument 67 | **13** | Monument 77 | **24** | Mosaïque |
| **3** | Monument 5 | **14** | Autel 1 | **25** | Stèle 2 |
| **4** | Stèle 3 | **15** | Autel 7 | **26** | Monument 1 |
| **5** | Mosaïque | **16** | Monument 59 | **27** | Monument 63 |
| **6** | Tombe | **17** | Monument 20 | **28** | Monument 64 |
| **7** | Palissade de basalte | **18** | Monument 56 | **29** | Monument 79 |
| **8** | Monument 3 | **19** | Monument 60 | **30** | Autel 3 |
| **9** | Monument 4 | **20** | Monument 65 | **31** | Autel 2 |
| **10** | Monument 68 | **21** | Divers fragments de basalte | **32** | Monument 66 |
| **11** | Autel 6 | **22** | Monument 78 | **33** | Stèle 1 |

**La Venta**

**4 Stèle 3**★. Deux personnages aux coiffures élaborées et présentant des caractères physiques différents se font face. Autour d'eux volettent six autres petits personnages coiffés de heaumes en forme de tête de jaguar, certains portant un jaguar sur le dos. Il s'agit peut-être de la commémoration de la visite d'un dignitaire étranger.

**5 Masque de jaguar**★★. Cette mosaïque de serpentine *(→ ill. p. 529)* découverte sous une plate-forme en brique entourée de colonnes de basalte représente la tête stylisée d'un jaguar avec une fente sur le front et quatre motifs en forme de losanges rappelant les taches de la fourrure de l'animal ; elle recouvrait une fosse de 6 m de profondeur contenant vingt-huit rangées superposées de blocs de serpentine, probable offrande à la terre nourricière. Une seconde mosaïque identique est exposée plus loin.

**6 Tombe A**. Constituée de colonnes de basalte puis recouverte d'un tumulus, elle contenait les ossements de deux enfants ensevelis sous une couche de cinabre (sulfure de mercure de couleur rouge à valeur cultuelle), accompagnés de mobilier funéraire dont des petits miroirs en magnétite.

**9 Tête colossale★**. Elle était alignée avec deux autres têtes selon un axe O.-E. au N. de la cour cérémonielle ; le personnage aux traits vigoureusement sculptés a les lèvres entrouvertes, laissant voir les dents.

**La plupart des têtes et des monolithes sculptés ont subi des mutilations volontaires au moment où le centre cérémoniel a été abandonné, vers 450 av. J.-C.**

**12 Autel 5★★★**. Un *sacerdote* coiffé d'une tiare où apparaissent les traits stylisés d'un jaguar émerge des entrailles de la terre (caverne) en présentant un enfant inanimé, futur chaman ou victime d'un sacrifice rituel *(→ ill. p. 528)*.

**13 Monument 77★**. Grande statue en ronde-bosse d'un dignitaire assis en tailleur. Remarquez la lourde cape ornée de croix en X, symbole du manteau tacheté du jaguar, motif qui est repris sur le pectoral et sur la boucle du ceinturon.

**14 Autel 1**. La face antérieure révèle la tête d'un monstre fantastique aux sourcils flammés, nez écrasé et fente en V entre les yeux, tandis que sur les côtés sont représentées les cinq griffes du jaguar. Il s'agit de l'animal mythique dans lequel les traits d'un jaguar et d'un serpent sont combinés de manière à évoquer l'interdépendance entre la terre et l'eau.

**15 Autel 7**. Sur la face arrière du monolithe, on distingue une tête de hibou sculptée en quasi-ronde - bosse associée à un personnage se détachant faiblement de la pierre.

À côté d'une paillote abritant une cafétéria et une boutique d'artisanat, un jaguar, l'animal divinisé chez les Olmèques, est retenu captif.

**17 Cétacé**. Sculpture d'un dauphin, baleine ou lamantin, animal aquatique vivant dans les lagunes.

**18 L'Astronome**. Personnage aux traits simiesques qui semble observer le ciel.

**23 Autel 4★★**. Un prêtre au large pectoral, assis dans une niche frontale dont l'ouverture avec ses crocs dessinés sur le pourtour évoque une gueule de jaguar, tient une corde attachée au poignet d'un personnage figuré sur le côté droit. Les quatre « torches » placées de part et d'autre de la niche

## Le dieu jaguar

L'omniprésence du jaguar dans l'art olmèque a suscité plusieurs hypothèses chez les archéologues. Selon Michael Coe, il serait l'expression de la filiation royale des Olmèques, descendants d'une race mythique d'hommes-jaguars. Pour Piña Chan, en revanche, le jaguar serait l'animal totémique principal, incarnation de la Terre-mère. Le culte des nouveau-nés dont le dessin de la fontanelle rappelle la dépression en V sur le crâne du jaguar, permettrait d'expliquer le mystère de la fécondité et de la naissance. La fusion du serpent, symbole de l'eau pluviale, avec le jaguar donne naissance à un monstre reptilien à tête féline, lequel féconde la terre et fournit à l'homme la végétation et la nourriture, en particulier le maïs, source de vie.

pourraient symboliser à la fois les points cardinaux, la lumière solaire et la végétation, le personnage central étant le médiateur entre la terre et le ciel, le dieu et les hommes.

25 **Stèle 2**. Un dignitaire barbu coiffé d'un extravagant couvre-chef décoré d'une tortue et terminé en épi de maïs porte un bâton de commandement à la main ; il est entouré de six autres petits personnages représentés dans des attitudes très dynamiques, comme sur la stèle 3 *(→ ill. p. 528)*.

26 **Tête colossale★★★**. L'une des quatre têtes mises au jour au S. de la pyramide. On ne sait s'il s'agit d'un chef ou d'un guerrier, ou encore d'un monument rappelant la décapitation d'un joueur de pelote.

27 **Monument 63**. Sur cette stèle est gravé un personnage barbu tenant un étendard en forme de serpent menaçant.

33 **Stèle 1**. Émergeant de la gueule béante d'un jaguar, c'est l'une des rares représentations féminines avec torse nu, pagne court, boucles d'oreilles et turban.

**À NE PAS MANQUER**



**C'est au poète Carlos Pellicer Cámara dont la statue figure à l'entrée que l'on doit la fondation du parc de La Venta et la sauvegarde des vestiges olmèques et mayas du Tabasco.**

■ **MUSEO DE ANTROPOLOGÍA CARLOS PELLICER★★** (CICOM ; *Av. Carlos Pellicer Cámara 511 ; en sortant du parc de La Venta, reprendre le Paseo Ruíz Cortínes en direction de l'aéroport et tourner à dr. avant le pont ; le CICOM se trouve en bordure du Río Grijalva, 2,5 km plus loin ; ouv. t.l.j. de 9 h à 20 h*). Les civilisations olmèque et maya occupent une place prépondérante parmi les collections de ce musée qui est l'un des plus intéressants du Mexique. Il vous permettra de visualiser, à l'aide de cartes et d'une sélection d'objets provenant de l'ensemble du Mexique, les différentes cultures mésoaméricaines tout en les replaçant dans leur dimension historique.

*Commencer la visite par le second étage (ascenseur à g. de l'entrée, après l'escalier).*

### Second étage : panorama des civilisations mésoaméricaines

De l'époque préclassique (1800-1200 av. J.-C.), on voit des figurines féminines de **Tlatilco**, un site de l'Altiplano qui a entretenu des relations commerciales avec les Olmèques.

Durant la période classique (300-900 apr. J.-C.), **Teotihuacán**, une ville de la vallée de Mexico (masque funéraire en pierre ; vase tripode peint), exerce une influence considérable dans toute la Mésoamérique, en particulier dans la région du Golfe et d'Oaxaca. Notez parmi les figurines souriantes de Remojadas une belle **tête**★ en terre cuite dont les dents sont enduites de *chapopote* (goudron) ainsi que des **jougs**★ et des haches en pierre associés au cérémonial complexe du jeu de balle. Les Zapotèques de Monte Albán qui vénéraient le jaguar et le dieu de la Pluie Cocijo ont surtout produit des urnes cultuelles surchargées d'ornements. La représentation du quotidien (maquette de maison, pince à épiler en cuivre, **figurine**★ de guerrier tenant une catapulte) caractérise les cultures de l'Occident du Mexique (Nayarit, Colima et Jalisco).

Si les Aztèques se sont imposés militairement durant la période postclassique (1300-1521), ils faisaient appel aux artisans mixtèques des vallées d'Oaxaca et de Puebla pour façonner leurs bijoux (**labrets** en obsidienne) et autres produits de luxe, dont la belle **céramique** polychrome aux motifs géométriques et les codex peints (reproduction d'un codex mixtèque). Les maquettes de temples aztèques en terre cuite offrent la vision d'une architecture rasée lors de la Conquête.

### Premier étage : Olmèques et Mayas

**Section olmèque**. Les pièces exposées proviennent du site de La Venta et du Tabasco, mais également d'autres régions (vallée de Mexico, Guerrero) touchées par l'expansion olmèque dès 1200 av. J.-C. Dans le vestibule, une **statue**★★ en basalte de La Venta (1200-800 av. J.-C.) représente un dignitaire assis, dont le visage s'apparente aux traits du jaguar (yeux fendus et lèvre supérieure retroussée sur les crocs). Remarquez les haches rituelles et les colliers en jade ainsi que les gobelets incisés en céramique dont les motifs expriment les concepts religieux. Une petite **urne**★ en terre cuite est à l'effigie d'un vieil homme au masque déformé par la souffrance. Le « **sceptre**★★ » de Cárdenas gravé dans une pierre noire représente le monstre mythique mi-jaguar, mi-serpent. Notez les mutilations qui ont affecté deux statues anthropomorphes provenant de La Venta (monuments 73 et 57), toutes deux décapitées sans doute pour des raisons rituelles.

**Section maya**. Les objets qui datent de la période classique tardive (600-900 apr. J.-C.) proviennent de l'État du Tabasco et de la péninsule du Yucatán. Dans une vitrine, les **figurines**★★ de terre cuite de l'île de Jaina et de Jonuta présentent la diversité des costumes portés par les Mayas et les déformations crâniennes qu'ils pratiquaient. La stèle de Paraíso montre un contorsionniste. On verra aussi un quetzal empaillé, fabuleux oiseau qui était chassé pour ses plumes caudales d'un vert irisé. Les cachets en

## Le quetzal, oiseau mythique

Les parures en plumes vertes du quetzal *(Pharomachrus mocinno)* étaient réservées à la noblesse maya et aztèque. Il faut savoir que seules les quatre plumes caudales étaient utilisées et qu'il fallait les arracher à l'oiseau vivant, celui-ci ne supportant pas la captivité. La somptueuse cape en plumes de quetzal offerte par Moctezuma à Cortés fut pourtant dédaignée par ce dernier. L'échelle de valeur était faussée : l'Espagnol voulait de l'or, l'Aztèque lui donnait ce qu'il avait de plus précieux ! C'est dans le biotope de la sierra de Las Minas au Guatemala que l'on peut encore admirer le vol gracieux de ce petit oiseau vert émeraude à la gorge de feu.

**C'est dans le Guerrero, l'Oaxaca et dans la vallée du Motagua au Guatemala que les Olmèques allaient chercher le jade, dont la couleur verte est liée à la fertilité. Ces pierres forées ou gravées puis polies à l'aide de sable démontrent un savoir-faire jamais égalé par la suite.**

# Les Olmèques

Considérée comme la civilisation mère de la Mésoamérique, la culture des Olmèques, qui s'est développée dans les basses terres tropicales du S.-E. de l'État de Veracruz et de l'O. du Tabasco, s'épanouit à partir 1250 av. J.-C. Les Olmèques ou « gens du pays du caoutchouc » ont bâti les premiers centres cérémoniels, sculpté de colossaux monolithes en pierre et essaimé jusqu'au plateau central, en particulier dans le Guerrero. On leur doit sans doute les premiers travaux sur le calendrier, le calcul et l'écriture.

**▲ Sur les côtés de l'autel 5 (parc de La Venta, Villahermosa), des enfants joufflus aux crânes déformés semblent se débattre dans les bras de *sacerdotes* richement parés.**

## ■ Une origine mystérieuse

Lorsque, en 1862, José Melgar découvre une tête monumentale déterrée à Hueyapán, près de San Andrés Tuxtla, il est frappé par ses traits « éthiopiens ». Son article publié dans une revue scientifique sera à l'origine d'hypothèses farfelues sur l'origine africaine des Olmèques. Il faut attendre l'expédition de Frans Blom et Oliver Lafargue, en 1925, pour qu'une exploration systématique de la zone du golfe du Mexique soit entreprise, permettant d'établir un recensement d'objets échappant jusque-là à toute classification connue. Si la question de l'origine des Olmèques est loin d'être résolue, la glottochronologie permet d'affirmer qu'il y a eu séparation du huastèque du groupe des langues mayas, comme si un groupe étranger s'était enfoncé tel un coin entre ces deux groupes indigènes. Cet événement qui s'est passé il y a environ 3 300 ans coïncide avec l'apparition de la civilisation olmèque à San Lorenzo. Selon certains, un second foyer olmèque se situerait au Guerrero.

**▲ Stèle 2 (parc de La Venta, Villahermosa) figurant un dignitaire.**

## ■ Les caractéristiques olmèques

Dès 1150 av. J.-C., les sites de San Lorenzo puis de La Venta montrent une architecture à fonction communautaire. Pyramides, canaux de drainage, bâtiments pour les rassemblements, terrains de jeu de balle sont orientés par rapport au N. astronomique. La sculpture est de deux types : un art monumental en basalte local montrant des têtes colossales, des stèles, des bas-reliefs et une statuaire en ronde-bosse ; l'art mobilier regroupe des figurines, haches votives, masques et plaques en jade ou serpentine ou encore des statuettes en céramique. Sur ces dernières, appelées « baby face », comme sur les autres, l'association humain-félin constitue le thème principal. Le serpent, les oiseaux, les singes et les poissons sont les autres motifs animaliers fréquemment utilisés chez ce peuple chamaniste qui semble croire à l'au-delà.

◄ **Figurine de type « baby face » en céramique (musée national d'Anthropologie, Mexico). Ces figurines asexuées furent retrouvées dans toutes les régions en contact avec les Olmèques à l'époque préclassique.**

## ■ L'héritage

L'abandon des centres cérémoniels vers 400 av. J.-C., allant de pair avec l'ensevelissement d'objets précieux et la mutilation systématique des sculptures monumentales, semble indiquer une révolte paysanne contre l'élite sacerdotale gouvernante. Tres Zapotes, Las Limas et Cerro de las Mesas, dans la même région du golfe du Mexique, prennent la relève tout en subissant l'influence d'apports extérieurs. L'inscription avec compte long de la stèle C de Tres Zapotes fournit la date la plus ancienne de Mésoamérique (31 av. J.-C.) tout en annonçant le déclin de cette civilisation et la fin du préclassique. Le calendrier et l'écriture, présente sous forme de pictogrammes, ainsi que de nouvelles technologies comme le métier à tisser à courroie constituent les prémices des cultures de l'ère classique.

## ■ Un commerce civilisateur

L'abondance du matériel olmèque dispersé depuis l'État du Michoacán jusqu'au Costa Rica témoigne du rayonnement de cette première civilisation et de l'ampleur des échanges commerciaux. Curieusement, ce commerce semble être à sens unique. Le jade du Guatemala, l'obsidienne du haut plateau mexicain, la serpentine et l'hématite de la sierra Madre méridionale, rapportés bruts, sont réexportés après avoir été taillés. L'hypothèse la plus répandue est celle de l'échange de matières premières contre une croyance religieuse et une organisation de société hiérarchisée. Là où est attestée la présence des Olmèques, on constate un développement plus rapide que dans d'autres régions. C'est le cas dans l'Oaxaca, le plateau central et la zone maya.

▲ **Mosaïque de serpentine représentant un grand masque de jaguar (parc de La Venta, Villahermosa).**

## Les barbares Putún

Les Chontales, appelés également Putún, un groupe zoque-maya établi à l'embouchure de l'Usumacinta, ont joué un rôle déterminant à la période classique tardive. En relation avec les Mexicains des hauts plateaux à qui ils achetaient notamment de l'obsidienne, ils naviguèrent depuis le port de Xicalango, autour de la péninsule du Yucatán où étaient établies les grandes cités mayas Puuc, et pénétrèrent le Péten en empruntant les voies fluviales. Décrits comme des barbares cruels dans les livres des Mayas Yucatèques, les Chontales, dont est issue la branche des Itzá, sont cependant à l'origine de la naissance d'une nouvelle culture qui se développa au Yucatán, à Chichén Itzá en particulier, à partir du IXe s. À l'époque aztèque, ils conservèrent le monopole des échanges entre les hautes et les basses terres. On les appelait alors « Olmeca-Xicallanca », un nom qu'on retrouve à Cacaxtla.

terre cuite étaient utilisés pour appliquer des dessins sur la terre cuite ou sur les *amates* (papier obtenu par le battage de l'écorce de ficus). Remarquez les fragments de **têtes*** en stuc modelé, de grande taille et une superbe **céramique*** polychrome.

Dans la grotte de Tapijulapa, on a mis au jour des objets rituels recouverts d'une couche d'eau calcifiée. Notez un **porte-encensoir*** décoré de pastillage, un tambour en terre cuite autrefois recouvert de peau de singe – instrument qui était utilisé par les Mayas Lacandons jusqu'à une époque récente – et des braseros représentant les dieux mayas de l'inframonde. Les atlantes d'autel et le ***chac-mool**** qui montre des déformations corporelles sont caractéristiques du style Itzá, qui se développe à partir du IXe s. dans le Yucatán.

### Rez-de-chaussée

Dans le hall d'entrée, **tête*** colossale en basalte (La Venta, 1100-800 av. J.-C.). Dans les deux salles à l'arrière sont présentées les pièces monumentales des cultures olmèque et maya. Provenant de La Venta, voyez une statue de femme portant un récipient (monument 70) et un **homme à tête de jaguar*** (monument 76) avec des X à la place des yeux, probable représentation d'un chaman masqué. Remarquez aussi un monument phallique orné de tortues, symboles de fécondité. Dans la section maya, stèle inscrite avec un jaguar grossièrement sculpté en relief (El Tortuguero ; VIIIe s.). La stèle de Balancan (VIIIe s.) porte des reliefs représentant des scènes de guerre.

# Environs de Villahermosa

■ **COMALCALCO*** *(63 km N.-O. ; depuis le centre, suivre la direction Av. Universidad et Carretera 180 pour Frontera, puis prendre à g. la route 187. Après avoir traversé le village de Comalcalco en suivant la direction de Paraíso, tourner à dr. ; panneau indiquant le site à 1 km ; ouv. de 10 h à 17 h ; guichet fermé à 16 h).* Élevé par les Mayas Chontales, le centre cérémoniel de Comalcalco, qui signifie en langue náhuatl « maison en terre cuite », est l'unique site maya dont les temples et palais furent élevés en briques d'argile et de sable puis recouverts d'une épaisse couche de stuc obtenue par le broyage de coquilles d'huîtres brûlées. Occupé à partir de 200 apr. J.-C., le site connut son apogée aux IXe et Xe s., et fut graduellement abandonné à partir de 1350.

**Les briques qui servirent à la construction de Comalcalco étaient toutes gravées de dessins ésotériques (tête de crocodile, nombres, mort, portraits) qui étaient masqués dans la maçonnerie. Autre particularité : les morts étaient inhumés sous de grandes jarres en terre cuite à fond plat placées à l'intérieur de plates-formes stuquées ou au centre de l'escalier d'un temple.**

Un petit **musée** à l'entrée retrace le cadre économique et politique des habitants de Comalcalco, les

Chontales, des marchands-guerriers doublés d'excellents marins qui détenaient le monopole du commerce entre le haut plateau mexicain et le Yucatán. Remarquez les briques gravées de graffitis et de belles sculptures modelées en stuc (têtes humaines, pélican, monstres terrestre et solaire) qui ornaient les façades des édifices.

Les monuments apparentés par le style et leur décor stuqué à ceux de la proche Palenque, se répartissent en deux groupes principaux : la place N., dominée par une grande pyramide, et l'acropole où se dresse le palais.

En entrant sur le site, on aperçoit à g. le **temple I★**, une haute pyramide surmontée d'un temple. Remarquez à l'angle S.-E. la décoration stuquée composée d'un **serpent glyphique★** sur lequel des personnages sont représentés agenouillés ou couchés en signe de soumission, ainsi que des grenouilles en ronde-bosse qui se détachent des angles de la pyramide. Au milieu de l'escalier tourné vers la place N. se trouvent des crânes en basalte.

Traversez la place encadrée des monticules des temples II et III et dirigez-vous vers l'**acropole**, une plate-forme allongée vers le S. au pied de laquelle s'élève le **temple V**, dont les murs étaient décorés de figures en stuc représentant des personnages, des oiseaux, des sauriens et des éléments aquatiques issus de la cosmogonie maya (ils sont exposés au musée mentionné ci-dessus). À dr., le **temple IX★** recouvre la **tombe des neuf seigneurs de la Nuit★★**, découverte en 1925 par Frans Blom. Identifiés par les glyphes qui les accompagnent, les dieux de l'inframonde modelés en stuc, qui semblent esquisser un pas de danse, sont très semblables à ceux figurés dans la tombe du roi Pacal de Palenque mais, ici, le sarcophage a disparu.

Empruntez les marches pour visiter le **palais** qui occupe une grande partie de l'acropole. Constitué de deux galeries parallèles couvertes de voûtes mayas, il s'ouvre sur l'extérieur par des piliers. Notez à l'arrière la présence de canalisations en terre cuite et une **frise★** stuquée représentant une succession de personnages richement parés.

Au S. du palais, on débouche sur une cour *(patio hundido)* flanquée du **temple IV** construit au-dessus d'une crypte décorée de figures anthropomorphiques.

En vous dirigeant vers la sortie, voyez à l'O. de l'acropole, deux édifices isolés qui ont été mis au jour en 1960. Le premier est le **temple aux masques★★**, dont l'escalier est orné de l'effigie du monstre solaire d'où émerge un visage humain. À g., on distingue sur les talus et les rampes d'escalier du **temple VII★★** un relief stuqué représentant une série de dignitaires assis, richement parés et coiffés de plumes, protagonistes d'un rituel ayant trait au monstre céleste à deux têtes.

# Xalapa★

Situation : 315 km E. de Mexico, 109 km N.-O. de Veracruz. Alt. 1 375 m ; 400 000 hab. ; capitale de l'État de Veracruz ; université.

**À ne pas manquer**



☎ 28

ⓘ *Dirección de Turismo del Estado*, Av. Manuel Ávila Camacho 191 (2 km N.-O. du centre, *hors plan par A1* ; ☎ 18-72-24 ; ouv. du lun. au ven. de 9 h à 21 h, sam. de 9 h à 13 h). Kiosques d'information à la gare routière *CAXA* (☎ 18-01-96 ; ouv. t.l.j. de 8 h à 22 h) et au Palacio Municipal *(plan A2)*.

Urgences

*Croix-Rouge* (☎ 17-34-31).

Durant la Feria de Xalapa (seconde quinzaine d'avr.), les horticulteurs de la région exposent de magnifiques arrangements floraux d'orchidées, de roses, de jasmins et d'azalées.

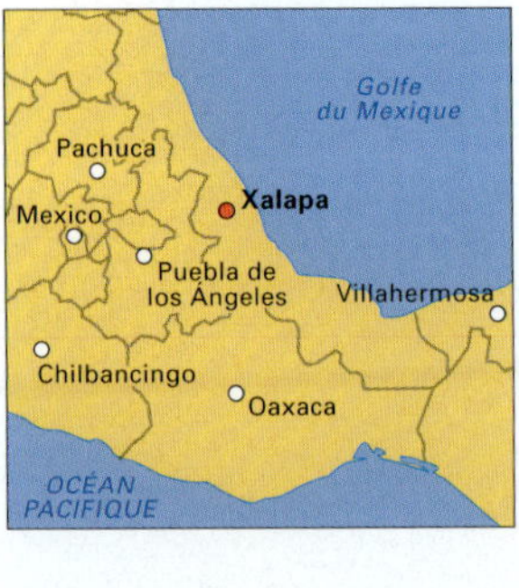


La ville s'étend sur plusieurs collines, sur les flancs du Cerro de Macuiltépec, d'où l'on découvre, dès que cesse le crachin local nommé *chichipi* et que se dissipent les brumes matinales, un admirable panorama sur le Cofre de Perote (4 274 m) et ses contreforts boisés. Siège de la célèbre université de Veracruz, elle possède un remarquable musée archéologique, qui constitue sa principale curiosité. Vous prendrez également plaisir à déambuler dans les ruelles pentues de cette cité d'aspect si typiquement colonial, égayée par des parcs où s'épanouit une exubérante flore tropicale, ce qui lui a valu le surnom de « ville des fleurs ».

## Xalapa dans l'histoire

### ■ Un centre commercial

Lieu de passage obligé entre la côte du Golfe et Mexico, la ville ne semble pas avoir été soumise à l'autorité aztèque. Les Espagnols, guidés par leurs alliés totonaques sur la route de Mexico en août 1519, y reçurent un accueil favorable mais ne s'y attardèrent pas. Son climat plus favorable que celui de Veracruz lui valut de devenir une ville-marché où se déroulaient toutes les opérations commerciales. Mais elle ne prit véritablement de l'importance qu'à partir de 1720, quand le vice-roi y institua une foire annuelle qui avait lieu à l'arrivée de la flotte venue de Séville ou de Cadix et durait trois mois. C'est aux XVIII^e^ et XIX^e^ s. que la ville prit l'aspect qu'elle présente de nos jours, mélange d'architecture coloniale et de grandiloquence néoclassique. Capitale de l'État de Veracruz depuis, elle est aussi un marché agricole important, notamment pour le café et le tabac mais aussi les fleurs.

## Visiter Xalapa

**Combien de temps** : avec la visite du musée d'Anthropologie (au moins 1 h), vous n'aurez pas besoin de plus d'une demi-journée pour visiter la ville. Pour avoir une meilleure idée de l'architecture coloniale, partez à l'aventure dans les ruelles El Diamante, Jesús te Ampare et dans le *barrio* de Xalitic.

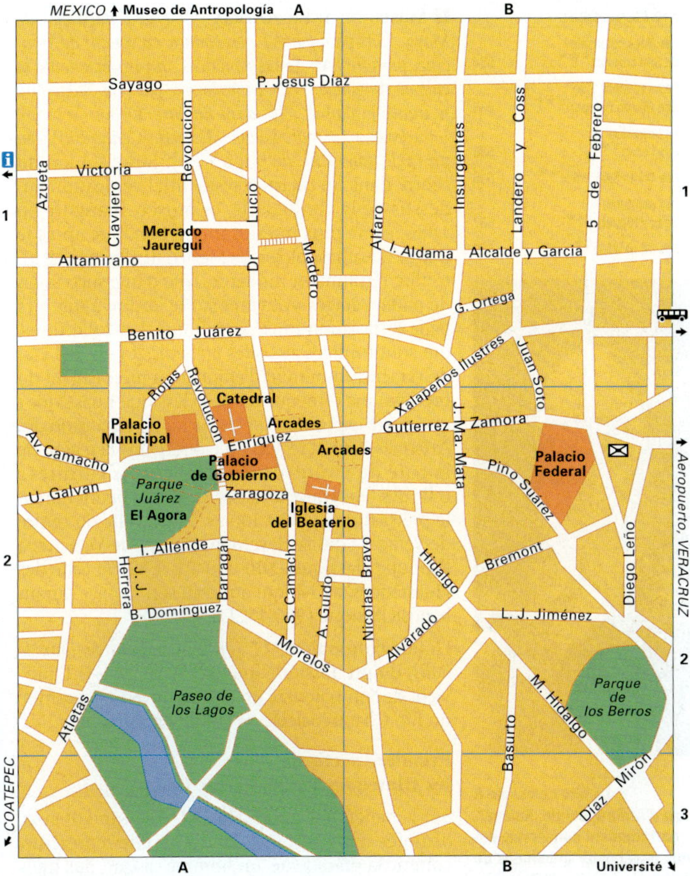


**Xalapa**

■ **Parque Juárez** *(plan A2)*. Aménagé en terrasses au cœur de la ville, ce parc arboré dessiné au XIXe s. offre de beaux panoramas sur les environs. Au centre du parc, *El Agora* sert de cadre aux événements culturels : musique, théâtre, cinéma et expositions.

■ **Palacio de Gobierno** *(Enríquez ; plan A2)*. Situé au N. du Parque Juárez, ce bel édifice à arcades, qui est l'ancien hôpital de San Juan de Dios, fut construit en 1855. Il est décoré intérieurement de fresques exécutées par José Chávez Morado.

À côté s'élève la **cathédrale**, œuvre de style baroque construite en 1773 ; sa façade a été rénovée en style néogothique à la fin du XIXe s.

**Poste**

**Palacio Federal, angle Gutiérrez Zamora et Diego Leño (ouv. du lun. au ven. de 8 h à 20 h, sam. de 9 h à 12 h).**

**Gare routière**

***Terminal CAXA*, 20 de Noviembre Oriente 571, à 2 km du centre *(hors plan par B1)*. Bus 1re classe *(ADO)* et 2e classe *(AU)* à destination de Catemaco, Mexico, Puebla, Poza Rica, Veracruz et Villahermosa. Un service de *colectivos* dessert le centre-ville.**

**À NE PAS MANQUER**

**La tête colossale 8 (musée d'Anthropologie, Xalapa), parfaitement conservée, est l'un des plus beaux spécimens de la statuaire olmèque monumentale.**

■ **MUSEO DE ANTROPOLOGÍA★★★** *(Av. Xalapa et 1 de Mayo ; hors plan par A1 ; en voiture, en venant de Veracruz, prendre l'Av. de las Américas, qui traverse toute la ville en diagonale ; elle est prolongée par l'Av. Xalapa où se trouve le musée, à g., dans un parc. Depuis le centre – Enríquez –, prendre le bus « Tesorería-Centro-SEP » ou un taxi ; ouv. t.l.j. de 9 h à 17 h).* Situé à 4 km du centre dans un quartier résidentiel verdoyant, audessus de la vieille ville, ce musée, inauguré en 1986, est le plus intéressant du Mexique après le musée d'Anthropologie de Mexico. Il allie une architecture résolument moderne, faite d'une succession de paliers étagés s'ouvrant sur le jardin, à une très belle disposition muséographique. Les collections, qui sont limitées aux sites archéologiques de l'État de Veracruz, montrent d'étonnantes pièces allant du préclassique olmèque au postclassique huastèque ; une petite exposition est consacrée à l'expansion des Aztèques dans la région du Golfe. Dans la région de la côte du Golfe, on distingue trois cultures : celle des Olmèques localisée au S., qui fleurit durant le préclassique (1450-100 av. J.-C.), celle du centre de Veracruz qui se développa autour de Veracruz à l'époque classique (200-900 apr. J.-C.) et celle des Huastèques, au N., qui atteignit son apogée durant le postclassique (900-1521 apr. J.-C.).

La **tête colossale 8★★★** *(en face de l'entrée, dans le hall)*, du préclassique moyen (1250 av. J.-C.), provient de San Lorenzo, un site découvert à proximité du Río Coatzacoalcos, en amont de Minatitlán.

### Première section : les Olmèques (1450-100 av. J.-C.)

Sur le palier, **tête colossale 5★★★**, de San Lorenzo. Sculptée dans un bloc d'andésite, elle représente, comme la précédente, un homme casqué, aux traits lourds, à la bouche sensuelle, presque féline. Sur le casque, notez la représentation symbolique d'une peau de jaguar.

Entrez dans le jardin qui renferme la **tête colossale 1★★★** de San Lorenzo, autre superbe spécimen de la plastique olmèque, surnommée El Rey (le Roi). Le **monument 14★** de San Lorenzo est un « autel » en andésite creusé d'une cavité (matrice terrestre) d'où émerge un personnage. Sur la face latérale g., le relief représente un prêtre aux traits félins, coiffé d'un curieux chapeau rond sur lequel est posée une patte de rapace. La **stèle d'El Viejón** nous montre deux personnages en pied, celui de g. portant une coiffure élaborée et des genouillères. Il tient à la main dr. un rameau (ou une tige de maïs ?), associé aux rites de fécondité.

Sur le palier suivant, **monument 2** (de Potrero Nuevo), trône en andésite où deux petits atlantes trapus soutiennent une table, probable représentation du ciel. Le **monument 1 de San Martín Pajapan★★★**, en basalte, représente un personnage accroupi, à l'impressionnant masque de jaguar, tenant une barre cérémonielle. Sur la coiffure et le corps, on compte treize visages de félins anthropomorphisés. La statue dut être brisée intentionnellement vers la fin du Xe s., en même temps qu'était détruit le centre cérémoniel de Laguna de los Cerros.

**Salle 1**. Le « **Prince** » **de Cruz del Milagro★**, en andésite, est la statue d'un personnage de haut rang, un homme aux yeux gonflés et à la bouche féline, les mains posées sur le sol. Remarquez trois autres **têtes colossales★★** de San Lorenzo, dont une souriante (n° 9) ; une autre (n° 4) comporte à l'arrière vingt-six coups indiquant qu'elle a été tuée rituellement. Le **monument 19** (de Laguna de los Cerros) est une statue d'homme debout portant une longue cape ornée de serpents sur les bords ; elle a été décapitée lors de la vague de vandalisme qui a déferlé sur ce centre cérémoniel comme à La Venta et à San Lorenzo. Dans une vitrine, des têtes, de taille réduite, attestent la pratique de la déformation crânienne chez les Olmèques.

**Salle 2**. À l'entrée, le **monument 1 de Tenaspi**, pierre de basalte ovoïde gravée d'un visage humain, est connu sous le nom de « Homshuk », en mémoire du mythe popolucas de création de l'humanité par ovogenèse. Dans une vitrine sont exposés trois **masques★★**, dont l'un, en jade, est décoré d'incisions. Ils furent découverts dans le lit de l'Arroyo Pesquero, ce qui signifie peut-être qu'il s'agissait d'offrandes aux dieux aquatiques. Dans une autre vitrine, parmi les haches cérémonielles et les figurines en jade qui faisaient partie de l'offrande, remarquez le **pendentif** où apparaît en champlevé un personnage richement vêtu et portant une coiffure très élaborée. Parmi les sculptures, on voit la **tête colossale 7** (de San Lorenzo), rongée par l'eau, et des stèles d'époque classique de Cerro de las Mesas, où l'on trouve des personnages associés à des glyphes du compte long. Sur la **stèle 4**, un personnage assis, tenant dans la main dr. une bourse de copal et dans la g. un éventail, est accompagné d'un glyphe surmonté de cinq boules, représentant son nom. Sur la **stèle 6**, on lit une date correspondant au 11 avril 468. Dans une vitrine, belle céramique crème avec des dessins noirs et rouges, notamment la représentation d'un poulpe.

**Le centre cérémoniel de San Lorenzo, aujourd'hui réduit à un ensemble de monticules aménagés sur un plateau artificiel dominant la plaine alluviale, constitue, avec La Venta au Tabasco, le plus important des sites olmèques. On y a mis au jour un impressionnant réseau de canaux d'écoulement des eaux ainsi que de la belle statuaire en andésite importée. Fondée vers 1450 av. J.-C., la ville a été abandonnée en 1150 apr. J.-C. suite à une destruction brutale des monuments et des têtes colossales en pierre qui furent ensevelies dans de larges puits, alignés selon les axes N.-S. et E.-O.**

**Après le déclin de la culture olmèque du préclassique, continuèrent à exister une série de centres épi-olmèques : Tres Zapotes, Cerro de las Mesas.**

Dans le Veracruz central apparaît vers 225 av. J.-C. la culture Remojadas, caractérisée par une abondante production de figurines façonnées en argile sur lesquelles sont appliqués de nombreux ornements (technique de pastillage). À partir de 200 apr. J.-C., on note l'influence de Teotihuacán tant par le panthéon que par l'utilisation du moule pour exécuter le corps des figurines.

Découverte par deux enfants en 1965, la statue de Las Limas (musée d'Anthropologie, Xalapa) fut vénérée par les habitants du village, jusqu'à ce que la nouvelle parvienne aux oreilles des archéologues qui la transférèrent au musée. En 1970, elle fut dérobée et retrouvée, plus d'un an plus tard, dans une chambre de motel au Texas.

## Deuxième section : cultures du centre de Veracruz (200-900 apr. J.-C.)

Sur le **palier**, remarquez un **encensoir**★ en terre cuite (Laguna de los Cerros) figurant un vieillard coiffé d'un large chapeau tenant devant lui un brasero. L'**urne funéraire** (de Catemaco), pratiquement sphérique, surmontée d'une tête d'homme moustachu atteint de strabisme, contenait diverses offrandes et un squelette d'enfant (VIe-IXe s.).

Dans le **jardin** sont exposées des sculptures d'époque classique montrant des personnages replets, selon un canon que l'on retrouve jusqu'au Guatemala, à La Democracia. Voyez **Xipe Tótec**★ (Aparicio), dieu de la Fertilité et du Printemps, représenté comme un personnage obèse aux attributs sexuels fortement développés.

Sur le **palier** suivant, vitrine avec figurines zoomorphes en terre cuite de différentes époques (jaguar, serpent, tortue, coyote, singe, chauve-souris, aigle, etc.).

**Salle 3**. Grande statue de terre cuite de **Xipe Tótec**★★ (postclassique ; Madereros), le corps revêtu de gouttes de graisse, symbolisant la peau des victimes, écorchées vives, que revêtaient les prêtres attachés au culte de ce dieu qui personnifie le printemps. Une **tête en basalte**★ à moitié sculptée (postclassique ; Veracruz) exprime la dualité, concept de la vie associée à la mort omniprésent dans la pensée mésoaméricaine. Le seigneur de la Mort, **Mictlantecuhtli** (VIe-IXe s.), est représenté sous l'aspect d'un personnage décharné, portant une coiffure qui ressemble à une mitre. Le **Sacerdote de las Limas**★★★ (Ve-Ier s. av. J.-C.), taillé dans un seul bloc de jadéite, donne une impression de force étonnante malgré ses dimensions modestes. Remarquez les pupilles des yeux formées de lentilles de pyrite polie. Le chaman porte sur ses genoux un enfant humano-félin dont la poitrine est ornée d'un pectoral portant le signe X, associé au jaguar, personnification de la terre nourricière. Notez aussi la présence de fines incrustations autrefois rehaussées de cinabre rouge sur le visage et le corps du chaman, être médiateur entre les forces surnaturelles et les humains, susceptible de se métamorphoser en jaguar au cours d'un état extatique.

Cette salle présente surtout une extraordinaire collection de **Caras Sonrientes**★★, « visages souriants », figurines féminines ou masculines exprimant par le rire ou la position des bras levés la danse et la musique qui accompagnaient les cérémonies consacrées à la déesse Tlazoltéotl, symbole de l'énergie vitale ; creuses, en terre cuite, parfois articulées (les bras seulement), elles présentent une déformation crânienne caractéristique, parfois une mutilation des incisives ; les coiffures sont décorées de motifs en relief et peints. Elles furent fabriquées du Ier s. avant notre ère et jusqu'à la fin du Xe s., surtout dans la région comprise entre les Ríos Blanco et Papaloapán. De nombreuses **figurines** en terre cuite (Remojadas) portent un masque buccal, souvent figuré par une simple tache de goudron, attribut rituel de la déesse Tlazoltéotl.

Sur le **palier**, après une vitrine consacrée à la céramique du centre de Veracruz (du préclassique au postclassique), vous verrez une grande maquette du centre cérémoniel d'El Tajín, dont les sculptures et peintures sont exposées dans la salle annexe.

**Salle 4**. Au centre, sont exposées trois **dalles**★ sculptées provenant du sanctuaire de la pyramide des Niches à El Tajín ; elles font référence à des cérémonies liées à la pluie et à la fertilité avec, notamment, la représentation d'un cacaoyer. Les **peintures de Las Higueras**★★ (300-800 apr. J.-C.) revêtaient les murs d'un temple pyramidal (n° 1) et formaient plusieurs couches superposées, correspondant à différentes phases. Réalisées avec des couleurs vives sur un enduit stuqué, les contours délimités par un trait noir, elles mettent en scène des rites en relation avec la vie agricole ; y sont représentés des musiciens, des danseurs et des prêtres portant des bourses de copal, ainsi que des divinités : le Soleil dont le tronc est constitué d'un cercle et de quatre rayons, la Lune, sous l'aspect d'une femme somptueusement habillée, Xipe Tótec, dieu de la Végétation, l'ouragan et le caïman, dieu de la Terre. Dans des vitrines sont présentées des **haches**★ – certaines portant un visage humain présenté de profil –, des **jougs**★ et des **palmes**★ en pierre finement polie. Les motifs de volutes et d'entrelacs ainsi que les animaux (crapaud, jaguar, hibou, aigle) qui les décorent sont liés au culte des morts et au jeu de balle.
Notez encore dans la salle, une **stèle sculptée** (Aparicio) figurant un joueur de balle décapité, les sept serpents qui émergent du tronc rappelant la déesse Chicomecóatl, également représentée à Chichén Itzá.

**Si on ignore toujours la fonction exacte de la trilogie joug-palme-hache, on a abandonné l'idée qu'ils aient réellement pu servir aux joueurs de balle. Ils devaient faire partie d'un rituel précédant le jeu, le décor mettant l'accent sur la mort et l'inframonde, représenté par des monstres mythologiques. Il est à noter que ces objets n'ont jamais été découverts sur les terrains de jeu de balle mais dans les tombes.**

**Salle 5**. Consacrée à la région de La Mixtequilla et au site archéologique d'El Zapotal (classique tardif), cette salle expose de grandes statues anthropomorphes ou zoomorphes, en terre cuite, façonnées au moule. Voyez surtout cette étonnante sculpture du **messager du Soleil**★ (classique tardif), qui, en trois pièces assemblées, figure un

**Cihuateteo (musée d'Anthropologie, Xalapa). Ces statues montrent une maîtrise parfaite de la cuisson de grandes pièces en céramique (1,60 m).**

homme immolé lors d'une cérémonie du culte au Soleil ; le trou dans la poitrine est le symbole de l'extraction du cœur, et la corde blanche celui du sacrifice. Les **Cihuateteo★★**, « femmes-guerriers » mortes en couches, accompagnaient la course du soleil du zénith au couchant ; dans leur coiffure, elles portent souvent le symbole du Soleil et de la Terre, sous la forme d'une tête d'aigle et d'une tête de chauve-souris, ou encore le Cincalco, « maison du maïs », qui était le paradis de l'Ouest où elles se rendaient après leur mort ; leur taille est ceinte de serpents, allusion à la Terre. Le long du mur, d'autres grandes statues en terre cuite sont associées au panthéon : les cercles qui entourent les yeux d'un personnage assis, les bras croisés sur les genoux permettent d'identifier **Tláloc★**, dieu de la Pluie ; des figurines féminines coiffées d'un chapeau au sommet aplati, les bras étendus et recouverts, ainsi que le corps, d'un ample vêtement à bandes horizontales *(huipil)* sont des personnifications de la déesse **Tlazoltéotl**.

## Troisième section : Totonaques et Huastèques (900-1521 apr. J.-C.)

Sur le **palier**, céramique et vases en albâtre aztèques, témoins de l'expansion des Mexicas dans les régions du golfe du Mexique et maquette du centre cérémoniel totonaque de Zempoala.

Dans le **jardin**, pièces totonaques (XIII^e^-XV^e^ s.) provenant des environs de Veracruz. Les mausolées en pierre, semblables à des temples miniatures, ont été mis au jour à Quiahuiztlán. Voyez une statue acéphale, en basalte, d'homme assis aux côtes saillantes (Los Ídolos, Misantla), et une tortue géante, du même site, en relation avec le culte du dieu de la Pluie. Le silo en terre crue couvert d'un toit de chaume était utilisé par les ethnies vivant dans la sierra jusqu'à une époque récente.

**Salle 6**. Y sont exposées de grandes sculptures huastèques (1400-1521), notamment la **pierre du maïs★** de Castillo de Teayo où apparaissent Tláloc, dieu de la Pluie, et sa parèdre, Chalchiuhtlicue, « celle à la jupe de jade ». Vous remarquerez surtout la **collection de statues★** de grande taille (El Tecomate) d'une déesse huastèque, identifiée avec Tlazoltéotl ; les mains posées sur le ventre, elle porte un couvre-chef conique flanqué de plumes de part et d'autre de la tête. Notez la belle **céramique** fabriquée dans une argile souple qui se prête à des formes de calebasses, d'animaux et de personnages féminins aux larges cuisses.

# Le pays maya

Tourisme balnéaire, archéologie et ethnographie, tel est le tiercé gagnant qui a propulsé le pays maya au rang de région la plus visitée du Mexique. Si ce vaste territoire regroupant quatre États (Chiapas, Campeche, Yucatán et Quintana Roo) a pour dénominateur commun la présence du peuple maya et de sa culture, ancienne et actuelle, la diversité n'y est cependant guère absente tant d'un point de vue géographique que linguistique ou archéologique. Dans ce dernier domaine en particulier, aucune lassitude n'est à craindre ! Les styles régionaux Chenes, Río Bec, Puuc et maya-toltèque sont autant de témoignages des multiples facettes du génie maya. Même les sites archéologiques les plus connus – Chichén Itzá, Tulum, Uxmal, Palenque, Yaxchilán – offrent une vision sans cesse renouvelée de cette brillante civilisation qui nous a laissé près de trois mille centres cérémoniels dans le seul Yucatán.

À partir du XVIe s., églises et monastères fleurissent – Izamal est le meilleur exemple du syncrétisme religieux qui s'opère alors –, mais les villes coloniales sont rares. La fière San Cristóbal de las Casas, perchée dans les montagnes du Chiapas, est entourée de villages indiens qui s'animent les jours de marché. Campeche et Mérida, portes maritimes du Yucatán, évoquent les fastes évanouis des *hacendados* enrichis par l'exportation massive de bois d'acajou et de sisal au XIXe s.

Quant aux beautés naturelles du pays maya, la mainmise des promoteurs touristiques sur une grande partie du littoral de la mer des Caraïbes sera largement compensée par la découverte des

**Le pays maya**



**Circuler de nuit est fortement déconseillé. Les agressions menées par des groupes armés sont très fréquentes, aussi bien dans le Chiapas que dans le Quintana Roo, fief des narcotrafiquants.**

**Le pays maya : que voir ? (partie nord)**

★ Río Lagartos
Isla Contoy ★★
Isla Mujeres ★
★ Cancún
Tizimin
180
Ekbalam
Temozón
Xcan
Puerto Morelos ★
307
Grutas de Balankanché
Piste
★ Playa del Carmen
Valladolid ★
★ Xcaret
ichén Itzá ★★★
★★ Cobá
Cozumel
Akumal ★
Isla Cozumel ★★
Chemuyil ★
Xcacel ★
Xel-Há ★★
Tancah
Tulúm ★★
Tepich
Tihosuco
307
Dziuché
Punta Allen
184
Felipe Carrillo Puerto
Reserva de la Biósfera Sian Ka'an ★★
MER DES CARAÏBES
QUINTANA ROO
Caletal
307
186
Chetumal
ich ★
Orange Walk
BELIZE
50 km

Le pays maya

lagunes opalines de Montebello, des cascades d'Agua Azul, des falaises vertigineuses du canyon de Sumidero, de l'Isla Contoy et des marais côtiers (Sian Ka'an, Celestún, Río Lagartos). Autant de sites dont la visite sera un pur moment de bonheur. Instants privilégiés qui seront répétés si vous avez la chance d'assister à ces étranges cérémonies au cours desquelles les Mayas des hautes terres communiquent avec les esprits de leurs ancêtres au milieu de volutes d'encens.

# Mayas d'hier et d'aujourd'hui

## De la selve aux Altos

Entre le Chiapas (74 211 km²) et la péninsule du Yucatán (89 460 km²), s'enfonce comme un coin la vaste forêt tropicale du Petén guatémaltèque, isolant encore davantage le quadrilatère yucatèque à l'extrémité N.-E. du Mexique. C'est dans ce milieu *a priori* inhospitalier que furent élevées de puissantes cités où vivaient plusieurs millions de personnes, l'une des plus fortes concentrations humaines de l'histoire. Lorsque ces centres urbains furent abandonnés au Xe s., les populations mayas se regroupèrent dans la zone sèche du Yucatán pour se tourner plutôt vers le commerce maritime. Une nouvelle rupture survint avec l'arrivée des Espagnols, lesquels s'emparèrent des meilleures terres pour pratiquer l'élevage et l'agriculture de manière intensive. Les Altos, hautes terres du Chiapas avec leurs flancs abrupts et difficiles à cultiver, devinrent ainsi le refuge des Indiens, peu à peu chassés de leur milieu naturel et de plus en plus enfermés dans leurs particularismes ethniques. Une situation que les Zapatistes jugent de plus en plus intolérable, revendiquant leurs terres volées et la reconnaissance de leur identité maya.

## La guerre des castes

Alors que le Chiapas vit encore à l'heure des caciques, des grandes plantations et de l'exploitation de la main-d'œuvre indienne, les trois États de la presqu'île du Yucatán affichent une politique plus libérale à l'égard des indigènes. Désormais majoritaires sur leurs propres terres, les Mayas Yucatèques doivent ces acquis sociaux à l'insurrection de leurs aïeux durant la guerre des castes. En 1847, l'exécution d'un conjuré indien et la destruction du village de Tepich entraînent un soulèvement massif contre l'oppresseur blanc, le *dzul*. Armés par les Anglais du

### Manger à la mode maya

La base de l'alimentation est toujours constituée par les haricots *(frijoles)* et surtout le maïs, consommé sous forme d'*atole*, de *pozole* ou encore de *tamales*. Le *pozole* est une boisson préparée avec du maïs concassé dissous dans de l'eau sucrée ou relevée avec du piment *(chile)* et du sel. Les *tamales* de *zacab* sont préparés avec une pâte de maïs, sans graisse, relevée avec du piment, parfois accompagnée de viande de porc cuite enroulée dans une feuille de bananier ou de maïs. Des légumes agrémentent l'ordinaire : *chayote* (sorte de coloquinte), *camote* (patate douce) et yucca. L'une des boissons favorites est le *balché*, confectionné avec du miel que l'on fait fermenter dans de l'eau et que l'on parfume avec l'écorce d'un arbre qui donne son nom au breuvage.

**Le pays maya : que voir ? (partie sud)**

Le pays maya

Belize, les Mayas insurgés incendient les églises et les haciendas puis se retranchent dans un territoire indépendant correspondant à l'actuel État du Quintana Roo. La capitale est la ville sainte de Chan Santa Cruz (rebaptisée Felipe Carrillo Puerto), où se manifeste une croix parlante dont les discours guerriers, interprétés par un chaman, appellent à la révolte et à la vengeance. En 1901, affaiblis par les maladies, trahis par les Anglais, les Mayas sont vaincus par l'armée mexicaine. Cependant, le gouvernement fédéral garantit aux Indiens la sécurité foncière et fournit des services de santé et d'éducation. Leur lente intégration à la vie sociale, politique et économique se fait sans doute au détriment de leurs coutumes, mais autorise de meilleures perspectives aux jeunes générations.

### ■ Un massacre écologique

Longtemps ignorée et quasiment déserte jusqu'à ces dernières décennies, la forêt tropicale suscite soudain un vif intérêt. Aux exploitants de bois précieux et de chicle (sève du sapotillier servant à la fabrication de la gomme à mâcher) viennent s'ajouter les paysans sans terres suivis des incontournables missions évangéliques. Le processus d'abattage, essartage et culture sur brûlis crée de larges brèches dans la selve menacée de disparition. Ne tire-t-on aucune leçon du passé ? Une thèse récente attribue la fin brutale de la civilisation classique maya à la déforestation. Sont en cause d'une part la forte croissance démographique entraînant une exploitation abusive des sols épuisés au bout de trois ans, d'autre part le zèle à ériger de grands monuments et des chaussées recouverts de stucs : des hectares de forêt auraient ainsi disparu dans les fours à chaux. À force d'étendre son territoire, chaque cité-État aurait empiété sur celui de son voisin, cause de guerres de plus en plus fréquentes. Un scénario catastrophe qui pourrait se répéter si le gouvernement mexicain, un des premiers exploitants forestiers, n'assure pas rapidement la protection radicale de son patrimoine naturel.

# Becán★★ et la région de Río Bec★

Les Mayas de la région du Río Bec ont développé durant le classique récent (600-900) une architecture originale qui les distingue de leurs voisins du Petén et du Nord-Yucatán. Cette zone couvrant une superficie d'environ 7 650 km$^2$ compte une cinquantaine de sites archéologiques disséminés dans la selve inhabitée. De Río Bec, vaste site qui a donné son nom au style architectural, à Becán, l'ancienne capitale politique de cette région, on retrouve le masque monstrueux de la Terre en guise de porte des temples et les hautes tours jumelles simulant jusqu'au moindre détail des temples-pyramides. À la périphérie de ces centres, on découvre régulièrement d'autres ruines, plus anciennes, comme celles de Calakmul, cité qui semble avoir joué un rôle prépondérant dans le délicat jeu d'alliances politiques entre les souverains mayas du Petén.

**Situation :** Becán est situé à 160 km O. de Chetumal (Quintana Roo) et à 147 km E. d'Escárcega (Campeche).

**À ne pas manquer**



☎ 9

**ⓘ Chetumal : Héroes, angle Efran Aguilar (☎ 832-36-63 ; ouv. du lun. au sam. de 8 h 30 à 13 h 30 et de 18 h à 21 h).**

## La région de Río Bec dans l'histoire

### ■ Les faits archéologiques

Les premiers établissements mayas dans cette région très fertile (Becán, Xpuhil) sont datés du préclassique moyen (550-50 av. J.-C.). Vers le début de notre ère, d'importants travaux de fortification sont réalisés, notamment à Becán, afin de se prémunir contre l'arrivée massive de populations fuyant les éruptions volcaniques au Salvador. Durant le classique (250-900), on note une différenciation de cultures, Calakmul, La Muñeca et Balamkú montrant des affinités évidentes avec les cités du Petén guatémaltèque (Tikal), alors que la partie centrale de la péninsule développe de son côté un style régional particulier appelé style Río Bec. À l'époque postclassique, après une déforestation massive, certains sites restent partiellement occupés par des habitants incultes, tandis que la majorité de la population,

semble-t-il, migre vers les zones côtières pour se consacrer à la pêche et au commerce. Les grands centres cérémoniels tombent peu à peu dans l'oubli, envahis par une épaisse végétation.

■ **Explorateurs et pilleurs**

Si le N. du Yucatán est bien connu grâce aux travaux de John L. Stephens, il faut attendre 1906 pour que cette zone reculée soit explorée par un Français, Maurice de Périgny, lequel fait les premières descriptions du site de Río Bec. À partir de 1930, des archéologues de l'Institut Carnegie de Washington étudient le site. Cette région, toujours peu peuplée, est la plus touchée par les pillages. À Calakmul, les édifices ont été éventrés par des voleurs qui se sont emparés du mobilier funéraire de valeur, des reliefs et des stèles, rejetant les ossements, les tessons de poterie et le petit mobilier avec les gravats. Ce trafic s'est intensifié depuis les années 1960 sous l'impulsion de marchands d'art sans scrupule et par l'intermédiaire de filières bien organisées.

# Visiter la région de Río Bec

**Escárcega compte quelques hôtels de catégorie moyenne (l'hôtel *Escárcega* est le meilleur) et un motel. À Xpuhil, un unique hôtel *(El Mirador Maya)* – et un restaurant *(Calakmul)* – offrent un hébergement simple et propre *(cabañas)*. Chetumal possède une hôtellerie assez chère et variée. Évitez de vous attarder dans cette ville où la sécurité est loin d'être assurée (vols fréquents, y compris dans les chambres d'hôtels). Pour vous restaurer, en dehors de deux établissements de Xpuhil, vous ne trouverez que des buvettes et des marchands de fruits frais. Ne partez pas en expédition dans la selve sans avoir fait des provisions, d'eau en particulier.**

**Accès** : les bus *ADO* (liaison quatre fois par jour entre Chetumal et Escárcega, 273 km, soit de 2 h 30 à 4 h) vous déposeront au village de Xpuhil où vous trouverez un taxi pour vous conduire aux sites proches (Xpuhil, Becán et Chicanná). Pour Balamkú, il faut attendre le bus suivant en direction d'Escárcega. Il n'existe pas de transport public pour se rendre à Kohunlich. L'itinéraire décrit ci-dessous est kilométré au départ de Chetumal en direction d'Escárcega par la route 186.

**Combien de temps** : une journée permet de visiter les sites les plus importants au départ de Chetumal ou Escárcega. Comptez une journée de plus pour découvrir les sites moins accessibles de Río Bec, Hormiguero et Calakmul qui relèvent de l'expédition (le 4 x 4 et le guide local sont indispensables). Le voyage jusqu'à Río Bec et Hormiguero dure de 6 à 7 h au départ de Xpuhil. La visite de cette région peut être également entreprise au départ de Villahermosa (à 285 km d'Escárcega, 3 h 30) ou de Palenque (à 212 km d'Escárcega, 3 h), à condition de partir de bonne heure et de se limiter aux sites principaux.

**Le meilleur moment** : pour vous aventurer dans la selve, choisissez la période de déc. à mars. Les autres sites peuvent être visités à n'importe quel moment.

■ **KOHUNLICH★** *(81 km O. ; à 72 km, prendre à g. la bifurcation de 9 km qui conduit au site ; ouv. de 8 h à 17 h)*. Abandonnée vers le XIIe s., cette cité maya qui connut son apogée aux Ve et VIe s. est peu à peu arrachée à la végétation tropicale qui emprisonne

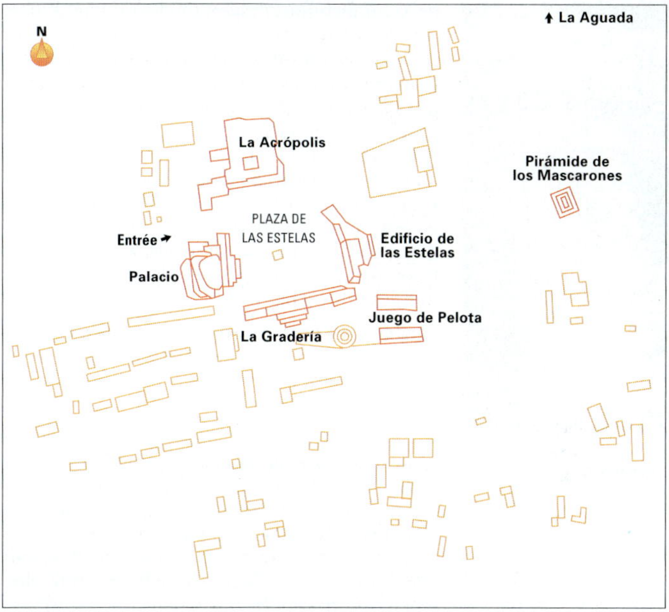


**Kohunlich**

encore quelque deux cents structures éparpillées sur 2 $km^2$. Depuis le parking, on accède directement à la Plaza de las Estelas, le cœur de la ville, encadrée par quatre plates-formes.

**Acrópolis**. Haute de 9 m, l'acropole se présente comme un massif rectangulaire desservi par un escalier étroit à l'O. Amalgame de différentes constructions commencées au préclassique, elle porte à son sommet un petit temple à la façade stuquée dont les portes sont encadrées par des colonnes géminées. Depuis le sommet, on découvre l'ensemble du site dans son écrin forestier.

**Palacio**. Fermant la place à l'O., cet assemblage asymétrique montre au sommet une construction résidentielle articulée autour de deux enfilades de pièces.

**Gradería**. Un escalier de 100 m de largeur conduit à une esplanade surmontée d'une construction à onze entrées et à décoration stuquée, qui avait vraisemblablement une fonction cérémonielle en relation avec le petit temple des Stèles fermant la place du côté E. Les stèles anépigraphes devaient être peintes.

**Juego de Pelota**. Long de 42 m, c'est une structure ouverte, encadrée de deux larges talus limités par un mur vertical où se tenaient les spectateurs. Ni marqueur ni anneau n'ont été retrouvés.

**Pirámide de los Mascarones**★★. De part et d'autre d'un escalier menant au sommet d'une pyramide à quatre degrés sont disposés six **masques**★★ de grande taille, modelés en stuc polychrome. On doit leur excellent état de conservation à la construction plus tardive d'une pyramide – dont il reste quelques vestiges au pied de l'escalier – qui recouvrit le premier édifice daté de 500 apr. J.-C. Faisant face au soleil couchant, ces masques sont des représentations des seigneurs

**Masque de Kohunlich.**

de Kohunlich sous l'aspect du dieu solaire Kinich Ahau émergeant de la gueule de l'inframonde. Les quatre masques inférieurs montrent un visage humain dont les yeux globuleux incisés du glyphe quadrilobé, les incisives taillées en T et les oreilles coquillées font référence au signe *kin* (soleil). Les deux masques supérieurs – dont un a été volé – incarnent le soleil sous l'aspect du jaguar durant son voyage nocturne. Cette iconographie proche de celle du Petén durant le classique récent fait référence aux rites quotidiens d'autosacrifice que devait accomplir le roi maya, identifié au Soleil, afin d'assurer le bon fonctionnement du cosmos.

**Aguada**. En l'absence de cours d'eau à proximité, on comprend l'importance de cet énorme réservoir qui collectait les eaux de pluie amenées par un réseau de canaux couvrant l'ensemble du site.

■ **XPUHIL**★ *(154 km O. ; la zone archéologique se trouve à dr. à la sortie du village ; ouv. de 8 h à 17 h)*. Les hautes tours qui émergent de la végétation, le décor en trompe l'œil et les masques modelés en stuc signalent les monuments de style Río Bec de cette petite cité maya qui connut son apogée entre 500 et 750 apr. J.-C. Seuls deux édifices sur les dix-sept répertoriés ont été mis au jour.

**Structure I**★. Sur un soubassement se dresse une structure élancée, composée de trois massifs en forme de tours pyramidales hautes de 18 m encadrant douze chambres aménagées à différents niveaux. Sur chacune des tours, un faux escalier très raide semble donner accès à un temple, lui-même en trompe l'œil. Chacune des portes, vraie ou factice, représente la gueule du monstre terrestre, dont le masque frontal stylisé est répété à trois reprises sur les escaliers des tours. La fonction cosmique de cet édifice est confirmée par l'orientation des douze chambres voûtées qui ne communiquent pas entre elles et dont l'accès se fait par les points cardinaux.

**Une piste qui part au N. du village de Xpuhil, mène, au travers de la réserve de Calakmul, à Dzibalchén (à 138 km) et à la région Chenes** *(→ p. 561)*. **Elle ne peut être empruntée que par temps sec et de jour.**

**Structure II**. En face de la structure I, un ensemble assez important de constructions plus tardives (700-850), possédant un escalier monumental orienté à l'E., servait de résidence aux nobles. La façade n'est pas conservée.

**En attendant l'ouverture de nouvelles routes, la visite des sites au S. de Xpuhil, disséminés dans une forêt particulièrement dense, ne pourra se faire qu'accompagné d'un guide local et après avoir loué un véhicule tout-terrain à Xpuhil. Les zones archéologiques les plus intéressantes sont celles de Río Bec, d'El Hormiguero et de Calakmul** *(→ci-après)*.

■ **BECÁN**★★ *(160 km O. ; piste de 500 m à dr. ; ouv. de 8 h à 17 h)*. Exploré depuis 1934, Becán jouait, de par sa position stratégique entre le Petén et le Yucatán, le rôle de centre politique du Río Bec. Occupée dès 600 av. J.-C., la cité maya entretenait des relations commerciales avec Teotihuacán aux IVe-Ve s. de notre ère. Des rivalités avec les cités voisines, notamment Tikal, expliquent la construction de fortifications dès 150 apr. J.-C., au moment où Becán entreprend une ascension militaire et commerciale qui culmine au classique récent (600-700). Sa longue activité architecturale – le site est abandonné vers 1200 – se traduit par des superpositions et additions de structures en blocs bien appareillés couverts d'une légère couche de stuc, où domine le décor du monstre terrestre. Les constructions du centre cérémoniel protégé par le rempart sont réparties autour de trois grandes places (places A, B et C).

**Fossé**. On atteint le cœur de la cité en franchissant, par une de ses sept portes, un fossé aujourd'hui asséché ; large de 16 m et profond de 5 m, il précède une levée de terre longue de près de 2 km qui encerclait la ville de 19 ha. Ces travaux de fortification, assez inhabituels dans l'architecture maya, ont protégé les habitants de Becán de plusieurs attaques.

**Structure IV**. C'est le premier bâtiment que l'on découvre en arrivant par l'E. Un **passage voûté**★★ de 66 m de longueur, construit sous l'annexe N. et reliant deux plates-formes, permet d'accéder à la place centrale. Le bâtiment principal, à g., tourné vers la place A, est une construction à quatre degrés aux angles arrondis, flanquée d'un escalier monumental sur sa façade principale (au S.) et surmontée d'un complexe de chambres spacieuses pourvues de banquettes, réparties autour d'une cour à ciel ouvert. Sur la corniche supérieure, des bas-reliefs stuqués offrent un décor de gueules de serpent. À l'arrière, trois séries de chambres disposées en gradins, où l'on distingue quelques masques stuqués et peints, devaient servir à loger le personnel, les chambres du sommet étant réservées à l'élite.

**Structure III**. Fermant la place à l'E., elle compte deux rangées de chambres superposées, le bain de vapeur avec niches et banquettes, étant situé au niveau supérieur.

**Structure II**. Vaste complexe résidentiel de pièces voûtées et pourvues de banquettes à l'arrière, ce bâtiment possède un beau décor de colonnettes, damiers et croix ajourées, ainsi que des panneaux en bas-relief stuqués.

**Structure I**★. Imposant édifice doté de deux massives tours pyramidales de 23 m de hauteur, il présente une façade sobre du côté de la place, tandis qu'à l'arrière s'étagent, sur deux niveaux, deux rangées parallèles de pièces. La présence au sommet de chaque tour de quatre ouvertures regardant les points cardinaux semble indiquer une fonction d'observatoire astronomique.

## Une architecture en trompe l'œil

Quoi de plus étonnant que ces temples-pyramides dont les escaliers ne peuvent être gravis ni les portes franchies ! Sorte de pastiche des monuments d'époque classique de Tikal, l'architecture du Río Bec séduit par la qualité et l'abondance de la décoration stuquée. Ce style limité à la zone périphérique du site de Río Bec se caractérise par des édifices à façade tripartite, des tours pyramidales couronnées de temples non fonctionnels, un encadrement de masques zoomorphes autour des ouvertures principales et des corniches dentelées couvertes de sculptures moulées en stuc. Proche du style Chenes qui s'est développé au N. du Campeche, il s'en distingue par un côté plus baroque, qui s'exprime notamment par les empilements de masques à museau allongé aux angles des édifices et un décor composé de profils de serpents ou de motifs géométriques sur les soubassements.

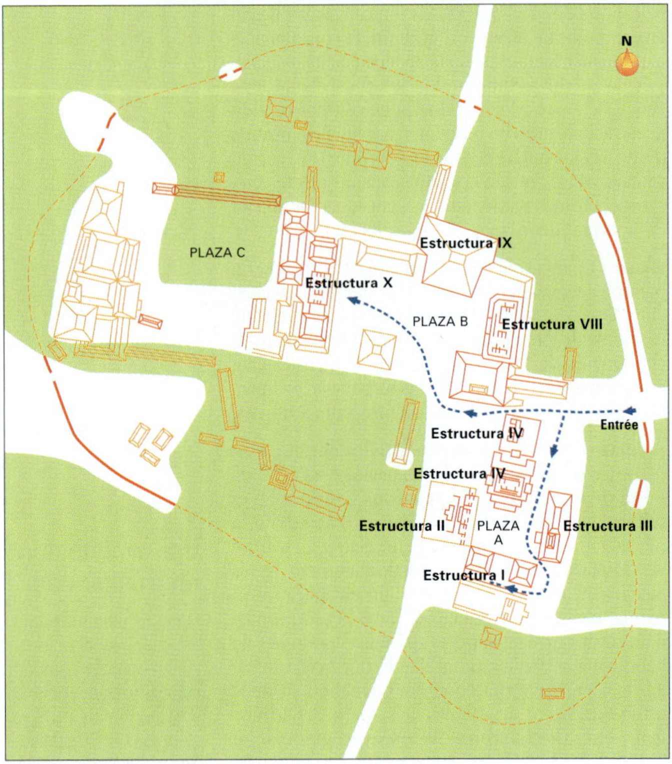


**Becán**

**Structure VIII★**. Accessible par un escalier monumental à l'O., ce temple orné d'un masque du monstre terrestre et surmonté de deux hautes tours factices couronne une structure pyramidale à quatre degrés en retrait. Les archéologues ont découvert à l'intérieur de la masse de la pyramide un réseau de dix **chambres★** communicantes, totalement dépourvues d'ouvertures et d'aération. On pense qu'elles devaient servir à des fins religieuses (jeûne, autosacrifice) ou lors de déambulations rituelles dans un environnement symbolisant l'inframonde.

**Structure X**. Situé de l'autre côté de la place centrale (B), bordée au N. par un temple-pyramide, cet édifice tripartite était orné dans sa partie médiane du masque du monstre terrestre aux mâchoires largement ouvertes. Sur la façade et le linteau séparant les chambres du milieu, remarquez des restes de stucs peints en rouge et bleu. Un morceau de cristal de roche, gemme d'importation, a été intégré à la maçonnerie en guise d'offrande.

■ **CHICANNÁ★★** *(162 km O. ; entrée du site à 400 m à g. ; ouv. de 8 h à 17 h)*. Chicanná, la « maison de la gueule de serpent » est un des sites les plus représentatifs du style Río Bec. Dépendant administrativement de Becán distant de 2,5 km, il en constituait vraisemblablement la zone résidentielle occupée par l'élite, comme en témoigne la découverte de nombreux objets de luxe façonnés dans des matériaux importés du Guatemala (obsidienne, jade, albâtre). Les monuments, en majorité du classique récent (550-700), sont répartis en cinq groupes autour de la place centrale ou groupe A.

**Structure II**★★. À l'E. de la place, parmi les quatre édifices formant le groupe A, le bâtiment le mieux conservé est un temple tripartite de type Chenes, dont l'entrée principale est formée par la gueule béante du monstre terrestre encadrée de profils de sauriens. Le serpent bicépale très stylisé qui surmonte le masque au front orné de la dépression en V caractéristique est disposé à la manière d'une arche céleste. Au-dessus des entrées latérales sont reproduits des toits de chaumières mayas, creusés d'une niche où devait figurer une statue en ronde-bosse. Les tenons de la haute corniche supportaient un décor de figures anthropomorphes et mythiques, modelées en stuc et polychromes. Dans les chambres latérales, où l'analyse des linteaux de bois a fourni la date de 685 ± 95, les murs sont couverts de **graffitis**★ incisés ou tracés au fusain, représentant des temples-pyramides à escalier, des monstres imaginaires, des serpents et différents personnages vêtus de costumes élaborés. Les murs et l'ornement de crête du temple étaient également peints en rouge avec quelques touches de bleu.

**Structure I**. Situé face à la structure II, cet édifice plus ancien adopte le plan régional à deux hautes tours arrondies surmontées de temples factices. La façade du bâtiment central, à dix chambres disposées sur deux rangées, est décorée de panneaux figurant des profils du monstre terrestre. L'ensemble était stuqué et peint en rouge.

**Structure VI**★. À 100 m au S.-E. du groupe A, ce bâtiment contemporain, dans sa dernière phase de construction, de la structure I (vers 660), est surmonté d'une haute crête faîtière ajourée qui supportait des statuettes modelées en stuc. Sur la façade, remarquez, de part et d'autre de la porte, un empilement de trois masques de monstre terrestre représentés de profil.

**Structure XX**★★. Située à 300 m N.-O. du groupe A, c'est le monument le plus insolite du style Río Bec. Il compte seize chambres étagées sur deux niveaux et un escalier intérieur en partie voûté, situé à l'arrière de la chambre médiane, se scinde en deux volées permettant d'accéder à l'étage supérieur. Les deux portes principales figurent la gueule du monstre de la Terre à travers laquelle il faut passer pour entrer dans la pièce. Des empilements de quatre masques de dieu au long nez ornent les angles du temple supérieur, lequel est couronné d'une *crestería*. Dans deux des chambres inférieures *(à dr.)*, les banquettes sont ornées de **reliefs**★ modelés en stuc montrant des rosettes encadrant des visages humains. On estime, d'après une datation au carbone 14 (720 ± 95), qu'il s'agirait du dernier bâtiment construit à Chicanná.

■ **BALAMKÚ**★★ *(207 km O. ; après avoir traversé le village de Conhuas, prendre la première piste à dr. ; la zone archéologique se trouve à 1 500 m ; ouv. de 8 h à 17 h)*. Ce site récemment découvert (1990) recèle l'un des joyaux de la sculpture maya, une **frise**★★★ remarquablement conservée, modelée en stuc polychrome et ornant la corniche d'un temple appelé **maison des Quatre Rois**★★ (Casa de los Cuatro Reyes). Le décor sculpté qui surmonte les trois portes de la façade O. montre quatre scènes d'avènement alternant avec trois reliefs de jaguars figurés de profil. Chaque scène consiste en un masque du monstre terrestre (Witz, divinité de la montagne primordiale) du front duquel surgit un animal assis (deux crapauds à g. et deux crocodiles à dr.), la tête renversée en arrière. De leur gueule émerge un roi couvert de bijoux, le visage serré dans un masque zoomorphe (au centre), assis sur un coussin couvert d'une peau de jaguar. Ici, l'émergence du roi identifié au soleil naissant marque une séparation nette entre l'inframonde

**Chicanná : entrée principale de la structure II.**

des vivants – le temple proprement dit – et le monde céleste où trône le roi garant de la fertilité. Le niveau terrestre est matérialisé par quatre masques monstrueux *(bacabs)* des quatre directions ornés des signes *cauac* de la fertilité. Les jaguars à gueule de serpent, dénudés et les pattes liées à l'instar de captifs, manifestent le soleil nocturne, patron de la guerre et du sacrifice. Les crocodiles et crapauds, animaux amphibies symbolisant la terre sous son aspect humide et fertile, ont un rôle de transition avec le monde céleste où trône le roi.

►Au S. de Conhuas, une piste de 60 km conduit à **Calakmul**★ *(ouv. de 8 h à 17 h)* situé au cœur d'un parc protégé (biosphère) près de la frontière guatémaltèque. Ce site découvert en 1931, mais fouillé seulement depuis les années 1980, se révèle peu à peu comme l'une des plus importantes cités mayas de l'époque classique. Deux épigraphistes, Simon Martin et Nikolai grube, ont mis en exergue l'existence de deux superpuissances rivales, Tikal et Calakmul, qui auraient dominé le monde maya au début du VIe s. Les inscriptions relevées sur différents sites indiquent que le roi de Calakmul, Cu-Ix, tenta d'unifier les basses terres en un réseau de cités-États sous son influence. Mais cette période faste (600-700) prend fin brutalement le 5 août 695, lorsque le roi de Calakmul, Patte de jaguar, est fait prisonnier par le roi de Tikal, Hasaw Ka'an K'awil. En 810, dernière date enregistrée, Calakmul semble être encore puissante mais n'est pas épargnée par le mystérieux déclin qui frappe toutes les cités mayas au début du Xe s.

Le site archéologique compte trois centres principaux ; le plus important, à l'O., appelé **Gran Acrópolis**, forme un véritable labyrinthe de cours entourées de plates-formes, d'édifices pyramidaux et de terrains de jeu de balle. Au milieu de la ville, la **Gran Plaza** compte cinq temples-pyramides édifiés dès le préclassique et remaniés par la suite, lesquels abritent des tombes. Les cent seize édifices de Calakmul répertoriés à ce jour se rattachent à l'architecture maya du Petén.◄

# Campeche★

Cette cité languissante, ancienne porte du Yucatán, possède le charme mélancolique de ces villes aux fastes évanouis. Ceux de Campeche furent d'ailleurs très relatifs et avaient leur source dans le commerce des bois exotiques, et notamment de ce bois de campêche coupé dans les environs, dont on extrayait une matière tinctoriale, l'hématéine. Dans la vieille ville, de nombreuses demeures des XVIIIe et XIXe s. rappellent cette période d'opulence, au moment où Campeche, enfin protégé par sa ceinture de remparts et de bastions, échappait à la convoitise des aventuriers des mers. La construction d'une route côtière, dont l'usage resta toutefois longtemps soumis aux humeurs météorologiques, puis l'exploitation des riches gisements pétrolifères de la province à partir des années 1970, lui redonnèrent un coup de lustre. Lors d'une promenade sur le *paseo*, vous comprendrez pourquoi *campechano* est synonyme d'un certain art de vivre que d'aucuns nomment nonchalance.

## Adresses utiles

**■ Poste**
Dans l'Edificio Federal, à l'angle de l'Av. 16 de Septiembre et de la Calle 53 (*plan B2* ; ouv. du lun. au ven. de 8 h à 20 h, sam. de 9 h à 13 h).

**■ Aéroport**
À 10 km N.-E. par la route de Mérida (☏ 816-31-09). Vol quotidien pour Mexico, liaisons pour Cancún et Mérida.

**■ Compagnie aérienne**
*Aeroméxico*, Porfirio 10 (☏ 816-56-78).

**■ Gare ferroviaire**
La gare *Ferrocarril del Sureste* est à 2,5 km E. du centre par l'Av. Gobernadores. Liaisons pour Córdoba (23 h), Mérida (3 h 30), Mexico (34 h, changement à Córdoba) et Palenque (7 h).

**■ Gare routière**
Gare première classe *(ADO, Cristóbal Colón)*, Av. Gobernadores 289 (*hors plan par B1-2* ; ☏ 817-57-

**Situation** : 195 km S.-O. de Mérida, 210 km N.-E. de Ciudad del Carmen, 381 km N.-E. de Villahermosa.
Alt. 16 m ; 190 000 hab. ; capitale de l'État du Campeche ; université.

**À ne pas manquer**


| | |
|---|---|
| **Museo Arqueológico★★** | **558** |
| **Edzná★★** | **561** |


**☏ 9**

**ⓘ Baluarte Santa Rosa, Calle 14 (*plan A2* ; ☏ 816-60-68 ; ouv. t.l.j. de 9 h à 13 h et de 17 h à 20 h).**

**Urgences**
***Croix-Rouge*** **(☏ 816-21-11).**

**Manifestations**
**Un spectacle son et lumière a lieu tous les soirs à 20 h 30 en version espagnole à la Puerta de Tierra.**
**Musique et danses sur la Plaza Mochcuouh et sur le Parque Municipal le soir (s'adresser à l'office de tourisme).**
**Feria du Cristo Negro de San Román durant la seconde quinzaine de sept.**
**Fiesta de San Francisco du 4 au 13 oct.**

**Achats**
**Campeche est le meilleur endroit pour acheter des *jipis*, chapeaux de paille souple fabriqués à Becal. L'artisanat (objets en écaille de tortue de mer, certains avec incrustations de nacre, orfèvrerie, broderies, vannerie, fruits en bois, reproduction de figurines de Jaina, etc.) est moins cher qu'à Mérida. Vous trouverez un grand choix à l'*Artesanía Típica Naval*, Calle 8 n° 259 et à *El Coral*, Calle 8 n° 255. Le marché très coloré des fruits et légumes, près du Baluarte de San Pedro *(plan B1-2)*, est aussi un endroit où l'on trouve les panamas et les vêtements brodés.**

88). Liaisons pour Chetumal (7 h) Cancún (9 h), Mérida via Becal (3 h), Mexico (16 h), Palenque (5 h), Tuxtla Gutiérrez (12 h), Veracruz (12 h) et Villahermosa (7 h). Bus pour Edzná depuis le Mercado, au bout de la Calle 53.

# Campeche dans l'histoire

## ■ Le lieu de la première rencontre hispano-maya

C'est à cet endroit, le 22 mars 1517, que les Espagnols, conduits par Francisco Hernández de Córdoba, débarquèrent pour la première fois sur le sol mexicain. Ah Kim Pech – tel était le nom de ce petit port de commerce maya – ne fut cependant conquis qu'en 1540, après une première tentative neuf ans plus tôt par Francisco de Montejo. Ce fut son fils, El Mozo, qui fonda la ville le 4 octobre 1540 sous le nom de San Francisco de Campeche, et y installa un *cabildo* ou conseil municipal permanent. De là, il partit à la conquête du Yucatán, laquelle ne fut pas achevée avant 1546.

## ■ La porte commerciale du Yucatán

Unique port d'exportation du Yucatán et porte d'accès pour les flottes de la « Carrière des Indes », Campeche concentrait dans ses entrepôts toutes les richesses de la presqu'île : bois tinctorial et d'ébénisterie, tabac, poivre, vanille, chicle, encens. De ce fait, elle ne tarda pas à exciter la convoitise des pirates qui croisaient dans les eaux du golfe du Mexique. Installés dès 1558 dans l'île de Tris (aujourd'hui île du Carmen), ils attaquèrent Campeche à plusieurs reprises et la mirent à sac, surtout au cours du XVIIe s. En 1633, le Hollandais Cornélius Jol, dit Jambe de bois, et le Cubain Diego El Mulato, à la tête de treize bateaux flibustiers, furent les auteurs d'un mémorable pillage tandis que, en 1685, Laurens Graff, *alias* Lorencillo, massacra une partie de la population. En 1668, après trois années marquées par les raids incessants des forbans, le gouverneur du Yucatán décida de construire une nouvelle enceinte protégée par des bastions et des batteries côtières. Elle fut achevée en 1704, mais le danger ne fut totalement écarté qu'en 1717, lorsque Alfonso Felipe de Andrade remporta une victoire décisive contre les flibustiers près de l'actuelle Ciudad del Carmen.

**Les pirates ont disparu mais les canons du Baluarte de San Miguel (Campeche) sont toujours pointés vers le large.**

## ■ Campeche aujourd'hui

La ville fut promue au rang de capitale lors de la création de l'État autonome du Campeche en 1863. Ce n'est qu'après 1930 qu'elle fut réunie par voie ferrée au reste du Mexique, liaison pour le moins ténue car le train mettait près de deux jours pour

# Vive la flibuste !

Dès la découverte du Nouveau Monde, la renommée de ses fabuleuses richesses excita la convoitise des aventuriers des mers. Le XVIIe s. fut la grande époque de la course : bénéficiant souvent de l'appui de leurs gouvernements, flibustiers français et corsaires anglais sillonnaient la mer des Caraïbes et le golfe du Mexique, traquant les galions espagnols et leurs précieuses cargaisons.

**▲ Francis Drake (1540-1596), le plus célèbre des « Chiens de mer », fut aussi l'artisan de la victoire anglaise sur l'Invincible Armada en 1588.**

**▲ Abordage d'un bateau espagnol par des flibustiers.**

## Flibustiers, corsaires et boucaniers

En 1243, le roi Henri III d'Angleterre libella ses toutes premières lettres de marque. Véritable licence de piraterie, elles couvraient tous les forfaits des corsaires anglais : l'équipage avait le droit d'arraisonner des navires ennemis, et le roi acquérait à la fois le bateau et une part de butin. Le terme « flibustier », francisation du mot hollandais *vrijbuiter* (« libre faiseur de butin »), apparaît au XVIIe s., au moment où Hollandais et Français imposent leur loi sur les mers après la défaite de l'Invincible Armada en 1588. Pour leur ravitaillement et la réparation de leurs navires, ces écumeurs des mers font appel aux boucaniers, pirates installés sur l'île de la Tortue, qui avaient emprunté aux Indiens Caraïbes l'usage de sécher la viande de bœuf à la fumée d'un feu de bois. Rassemblés en fraternités, ces hors-la-loi furent les plus redoutables des pirates.

Les Ibériques, forts de leur suprématie sur le Nouveau Monde, ne songent guère à se protéger des attaques des autres nations européennes. Pour briser le monopole espagnol, les rois de France et d'Angleterre recrutent flibustiers et corsaires qui attaquent les navires espagnols lestés de l'or et de l'argent des Amériques. Mais leurs actions sont loin de se limiter aux temps de guerre, et nombreux sont les « représentants » royaux travaillant pour leur propre compte.

## À l'assaut des richesses du Nouveau Monde

Veracruz et Campeche, les deux ports où sont entreposés le poivre, la vanille, l'acajou et les métaux précieux, sont les villes les plus menacées. En 1559, une cinquantaine de huguenots français attaquent Campeche, emportant femmes et marchandises. John Hawkins et Francis Drake, corsaires au service d'Élisabeth Ire d'Angleterre, harcèlent durant trente ans les possessions espagnoles. L'Anglais William Parker, le Hollandais Cornélius Jol et le Cubain Diego El Mulato sont pour les habitants du Yucatán des pirates de sinistre mémoire.

En 1668, après un siècle de terreur, la Couronne espagnole se décide enfin à doter Campeche de puissants remparts. El Carmen, Champotón, Lerma, Sisal et Veracruz sont également fortifiés au XVIIIe s. La reconnaissance de la suprématie maritime britannique avec le traité d'Utrecht en 1713 mais surtout l'avénement du bateau à vapeur marqueront la fin de la flibuste.

rallier Mexico. Les années 1950 apportèrent une connexion un peu plus rapide grâce à la construction d'une route côtière et à la mise en place, le long de la lagune de Términos, de bacs dont la circulation pouvait être interrompue lors des tempêtes. Le *boom* pétrolier des années 1970 a sorti Campeche de sa léthargie, mais il est aussi responsable de l'énorme pollution de ses superbes plages. En 1989, le puits Ixtoc inonda le golfe du Mexique, provoquant l'une des plus grandes catastrophes écologiques de notre époque. Le tourisme semble être la nouvelle priorité de cet État qui, bien qu'encore assez pauvre en infrastructure hôtelière de qualité, améliore le réseau routier et restaure bon nombre de monuments.

## Visiter Campeche

**L'hôtellerie est assez chère et offre peu de choix. Le meilleur établissement de la catégorie supérieure est l'hôtel *Baluartes*, Av. Ruiz Cortines/16 de Septiembre 128 (☏ 816-39-11) avec vue sur mer et piscine. Moins cher, l'*América Plaza*, Calle 10 n° 252, occupe une maison coloniale. Le café-restaurant *Marganzo*, Calle 8 n° 262, propose d'excellentes spécialités : requin au maïs, crevettes et étrilles à l'ail…**

**S'orienter** : bien que le front de mer soit orienté au N.-O., on considère par convention que la mer est à l'O., cela afin de faciliter la numérotation des rues. Outre l'Avenida Circuito Baluarte, boulevard circulaire qui suit le tracé des anciens remparts, les rues de l'axe N.-S., parallèle à la mer, ont des numéros pairs ; ceux des rues transversales, impaires, vont en croissant vers le S.

**Combien de temps** : 2 h suffisent pour visiter la ville et le musée archéologique. Si vous n'êtes pas pressé, profitez de votre séjour dans cette ville peu connue des touristes pour aller visiter les sites archéologiques des environs, dont Edzná.

■ **LES REMPARTS★**. Avant de commencer la visite de la ville, offrez-vous une promenade le long des remparts (2,5 km), en bus (Circuito Baluartes) ou en voiture. Cinq ans après le sac du port de 1663, on entreprit la construction de nouvelles fortifications, une enceinte hexagonale de 2,5 km de longueur et de 8 m de hauteur protégeant désormais la ville des attaques des pirates. Le tracé, dessiné par l'ingénieur allemand Johannes Franck, s'inspirait en partie des travaux de Vauban. La muraille était renforcée aux angles et près des portes de la Mer et de la Terre par huit bastions *(baluartes)*. Un segment de rempart était construit en forte avancée dans la mer, de sorte que les navires devaient réellement franchir les fortifications pour avoir accès au port. Devenue inutile, la muraille fut peu à peu abattue au XIXe s., les sept bastions subsistant ayant été convertis pour certains en musées.

■ **CATEDRAL DE LA CONCEPCÍON** *(plan B1, la place centrale est le point de départ d'un circuit en tramway à travers la ville)*. Située sur la place centrale ou place de

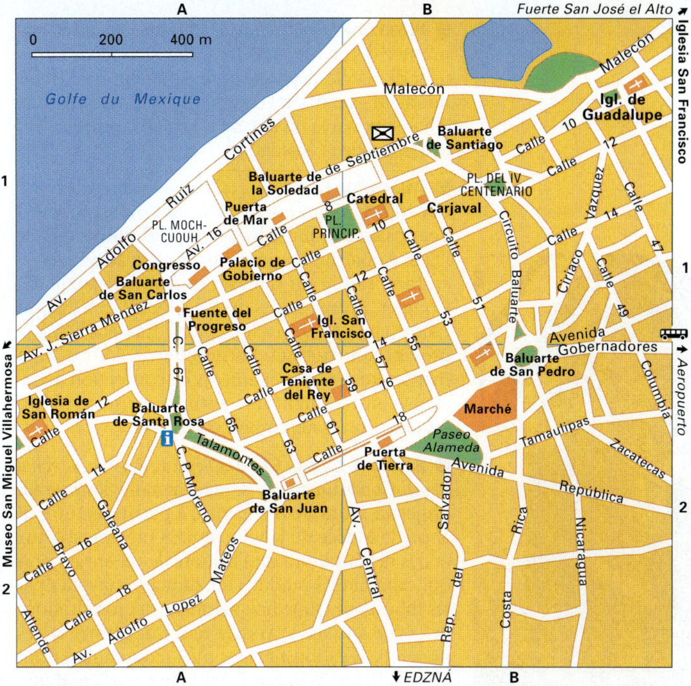


**Campeche**

l'Indépendance, centre névralgique de la cité, elle présente une sobre façade de style baroque et un intérieur rénové, sans intérêt. Fondée en 1540, elle ne fut achevée qu'en 1705, les incessants assauts des pirates retardant sa construction. Sous le maître-autel, un souterrain menant aux bastions avait été aménagé pour permettre au clergé de se mettre à l'abri. En face de la cathédrale, l'ancien **Palacio de Gobierno,** à arcades, date du XIXe s.

▶ Les murs du **Baluarte de Santiago** *(plan B1)* abritent le **jardin botanique Xmuch Haltun** *(ouv. t.l.j. sf lun. de 8 h à 20 h)*, lequel compte deux cent cinquante espèces de plantes subtropicales du Yucatán.◀

■ **BALUARTE DE LA SOLEDAD**★ *(plan A1 ; ouv. t.l.j. sf lun. de 8 h à 20 h)*. Transformé en annexe du **Musée régional du Campeche** (Museo de las Estelas), ce bastion de la muraille maritime abrite les grands monuments sculptés ou architecturaux provenant des sites archéologiques du Campeche. Vous y verrez des stèles d'Edzná, d'Itzimté et de Xcalumkin représentant de nobles personnages accomplissant des rites ou des joueurs de pelote (stèle 6 d'Edzná), des colonnes sculptées de guerriers de type mexicain et de glyphes (Xculoc), des linteaux de Chunhuhú et d'Hecelchacán, une colonne sculptée provenant de Bakná et trois atlantes (supports d'autel) de Chunhuhú. La **stèle 65**★★, de Calakmul, porte un signe du compte long (9.19.0.0.0) correspondant à 810, soit la dernière date enregistrée dans cette cité classique maya avant son abandon progressif. On y voit le roi piétinant un ennemi, tenant le sceptre du dieu K et un bouclier.

■ **PUERTA DE MAR** *(plan A1)*. La porte de la Mer, surmontée d'une échauguette, donnait accès à l'intérieur de la ville, depuis le port, avant que des terrains ne soient gagnés sur l'océan et transformés en zone d'habitation à la fin du XIX^e s. Elle était protégée par le bastion de la Soledad.

■ **PALACIO DE GOBIERNO** (Edificio Poderes ; *plan A1)*. Cet édifice ultramoderne, aux deux façades ornées de mosaïques, abrite les services administratifs de l'État. À côté, une curieuse structure quadrangulaire, en forte saillie sur sa base, constitue le palais du Congrès, où se réunissent les députés de l'État du Campeche, créé en 1858 lorsqu'il fut détaché de la province du Yucatán. Entre ces deux édifices et la mer se dressent des bâtiments de conception audacieuse, notamment une sorte de tente en béton armé servant d'auditorium et de scène.

**Ancienne résidence de l'*hacendado* Fernando Carvajal Estrada, la Mansión Carvajal, élégante demeure coloniale, possède un vaste patio dallé de marbre égayé par des arcades mauresques et un bel escalier en fer forgé.**

■ **BALUARTE DE SAN CARLOS★** *(plan A1 ; ouv. de 8 h à 21 h)*. Construit au XVI^e s. mais remanié lorsque fut érigée la muraille d'enceinte à partir de 1668, il abrite le **musée de la ville**. Il présente des tableaux et des dessins illustrant l'histoire de cet ancien port qui exportait les produits du Yucatán, convoités par les flibustiers. Outre une maquette des fortifications de la cité au XVIII^e s., vous y verrez des armes et des portraits des flibustiers les plus redoutables, dont Lorencillo et William Parck. On bénéficie d'une belle vue depuis le donjon. À proximité, l'**Instituto Campechano,** fondé en 1859, est aujourd'hui le siège de l'université.

■ **CASA DE TENIENTE DEL REY★** *(Calle 59 n° 36 ; plan AB2)*. La maison du lieutenant du roi, du XVIII^e s., ancienne résidence du roi du Yucatán, a été transformée en bureaux, mais on peut visiter la cour. Au rez-de-chaussée, exposition de figurines de Jaina.

■ **FUERTE SAN MIGUEL-MUSEO ARQUEOLÓGICO★★** *(5 km du centre par la route de Champotón, et à g. à la bifurcation ; hors plan par A2 ; ouv. t.l.j. sf lun. de 8 h à 20 h)*. Ce superbe fort (1771) entouré de douves, où les canons qui assuraient la défense de la ville sont toujours en place, sert de cadre à l'exposition des collections archéologiques de l'État du Campeche. Après être entré dans la cour du fort, commencez la visite par la dr.

**Salle 1**. Une exposition de **figurines de Jaina** retrace le quotidien des Mayas de l'époque classique, avec les parures, scarifications, vêtements, types physiques et catégories sociales ainsi que différentes activités – joueurs de pelote, guerriers, dignitaires, femmes –, mais aussi des divinités parmi lesquelles le Dieu ventru qui semble avoir été populaire chez les Mayas du Campeche.

**Salle 2**. Elle est consacrée aux objets de fouille de Calakmul, l'une des plus importantes cités mayas du Petén durant l'époque classique, rivale de Tikal.

Du classique ancien (250-600), vous verrez de la céramique noire identique à celle découverte à Dzibanché, un site contemporain du Quintana Roo : un **pot à couvercle★** en forme de zopilote (petit vautour à plumage noir), un **masque funéraire★★** grotesque (tombe 2 de la structure IV) et un vase cylindrique orné de figures d'êtres marins fantastiques peintes en orange. Parmi les vases tripodes du type de Teotihuacán, remarquez celui dont le couvercle est aviforme. La période florissante de 600 à 800 est illustrée par un **vase★★** polychrome montrant une scène d'autosacrifice effectué par un dignitaire devant des prêtres vêtus de peaux de jaguar.

**Salle 3**. La superbe **collection de jades★★★** provenant de six sépultures royales de Calakmul y est présentée. La tombe 3 de la structure XV a livré un magnifique **masque funéraire★★**, comparable à ceux retrouvés à Palenque et à Tikal, assemblage de morceaux de jade avec des incrustations d'obsidienne, de nacre et de corail. Vous verrez également des colliers, des ornements d'oreille, des plaques de jade gravées de glyphes formant les sonnailles d'une ceinture royale et un pendentif ajouré en forme de T.

**Salle 4**. Elle expose des objets provenant des sites de la région du Río Bec : Xpuhil, Becán et Chicanná, notamment des « excentriques » en silex, un vase en albâtre, vraisemblablement importé, de la belle céramique polychrome et un ensemble de **têtes★** modelées en stuc polychrome (Becán) d'un étonnant réalisme.

**Exposition temporaire**. Une dernière salle présente une nouvelle acquisition chaque mois.

L'escalier mène à la **terrasse** supérieure où l'on découvre des canons en batterie.

# À voir encore

■ **Iglesia San Francisco** *(hors plan par B1)*. Cette église où aurait été baptisé, en 1562, Jerónimo, le petit-fils d'Hernán Cortés, appartenait à un couvent fondé en 1546, aujourd'hui détruit. On situe devant cette église l'emplacement où le père Alonso González, aumônier de l'expédition de Francisco de Córdoba, célébra en 1517 la première messe sur le continent américain. À dr., à un angle du portique

## Instantanés mayas

Jaina, petite île corallienne au large des côtes du Campeche, est l'un des sites précolombiens les plus énigmatiques. Les Mayas de l'époque classique (600-900), sans doute des nobles originaires des cités Puuc et Chenes du continent, l'ont, pour une raison inconnue, utilisée comme nécropole. C'est là que les archéologues (et les pilleurs de tombes !) ont découvert, parmi d'autres offrandes funéraires, de délicates figurines anthropomorphes représentant les types les plus divers tant d'un point de vue physique que social *(→ ill. p. 249)*. Outre leur exceptionnelle beauté, elles offrent une riche documentation sur la vie quotidienne et rituelle des Mayas. Les figurines, hautes de 12 à 25 cm, sont modelées, parfois moulées, mais toujours différenciées par quantité d'applications, d'incisions et de polychromies reproduisant fidèlement les détails les plus infimes, de manière à laisser une idée précise de l'identité du personnage inhumé. Certaines figurines creuses étant des sifflets ou des hochets, des spécialistes ont voulu y voir des jouets, d'autres ont pensé à des représentations d'êtres protecteurs. Il semblerait qu'elles n'aient en tout cas pas été utilisées isolément, mais formaient un ensemble, comme nos santons ou nos marionnettes.

qui précède l'église, une colonne érigée par les Franciscains commémore cet événement.

■ **FUERTE SAN JOSÉ EL ALTO** *(hors plan par B1 ; ouv. t.l.j. sf lun. de 8 h à 20 h)*. Avec le Fuerte San Miguel, ce fort complétait les défenses de la ville. C'est aujourd'hui un **musée** consacré à l'histoire militaire coloniale et à la marine. L'église baroque (1756) faisait partie du couvent construit par les Jésuites.

# Environs de Campeche

**1 DE CAMPECHE À MÉRIDA PAR LA VIA CORTA** *(195 km N.-E. par la RF 180)*. Cet itinéraire rapide pour Mérida, suivi par la majorité des bus de ligne, intéressera ceux qui ont déjà visité la région Puuc. On peut également l'emprunter sur un tronçon avant de rejoindre la route Puuc à hauteur d'Hecelchacán ou pour rejoindre le parc naturel de Celestún après la visite de Becal, le village où l'on fabrique une variante du panama.

*76 km :* **Hecelchacán**, dont le petit **musée archéologique** *(au N. de l'église San Francisco, Calle 20 ; ouv. t.l.j. sf lun. de 10 h à 13 h et de 16 h à 19 h, dim. de 9 h à 12 h ; entrée libre)* mérite une visite en raison de son intéressante collection de **statuettes de Jaina**★. Dans le patio de la demeure coloniale, vous pourrez voir des stèles, des colonnes sculptées, des linteaux de porte, etc., provenant de divers sites des environs (Kocha, Xcalumkin, Cumpich, Almuchil). À noter également une maquette d'un village maya d'époque préhispanique avec son centre cérémoniel.

▶Une bonne route transversale permet de rejoindre la route 261 via Bolonchén *(53,5 km E.)* pour effectuer la visite d'**Uxmal**★★★ et des sites Puuc.◀

*101 km :* **Calkiní**, où les Franciscains créèrent une mission qui fut promue au rang de monastère en 1555 ou 1561, sous la protection de saint Louis de Toulouse. À côté de l'église au portail plateresque et intérieur baroque, vous découvrirez les ruines d'une chapelle ouverte et les bâtiments conventuels des XVIe et XVIIe s.

*112 km :* **Becal**, centre de production des chapeaux très légers et souples en fibre de palmier *huano*. Ces chapeaux appelés *jipis* au Yucatán, ou panamas par les Européens et les Américains, sont tressés dans des grottes calcaires où un taux d'hygrométrie constant permet de maintenir la souplesse des fibres pour la mise en forme. Une bonne ouvrière peut tresser de trois à six chapeaux par semaine mais il faut plusieurs semaines pour réaliser un *finos*.

**Le véritable panama, importé aux États-Unis à partir de la fin du XIXe s., est toujours fabriqué en Équateur mais fut, à l'époque, dénommé d'après son lieu de vente, Panama étant alors le principal comptoir sud-américain. On ne tarda pas à faire des imitations de ce chapeau de paille idéal sous les tropiques, sans en égaler cependant la finesse. Les *jipis* du Yucatán, en fibre de palme, sont toutefois de meilleure facture que les copies en fibre de papier fabriquées en Orient. Pour tester la qualité d'un chapeau, pincez-en le centre (rosette) et voyez si la fibre ne casse pas. Un bon chapeau se roule très serré et retrouve sa forme initiale, même après plusieurs heures, voire plusieurs jours.**

**À Becal, Feria del Jipi le 20 mai.**

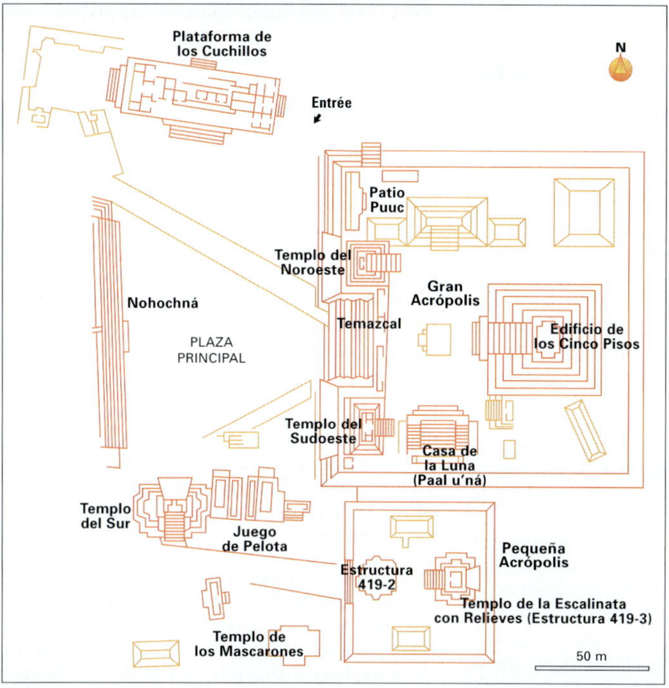


**Edzná**

*131,5 km :* **Maxcanú**, pécialisé dans la production de poterie décorée par addition de matière selon le procédé du pastillage et colorée, dans le cas des récipients allant au feu, à l'aide d'un produit tiré de l'écorce d'un arbre, le *chucum*.

*167 km :* **Hacienda San Bernardo**, où l'on traitait le sisal pour la production de fibres textiles utilisées dans la fabrication de cordages. Elle a été transformée en **Musée colonial** *(ouv. t.l.j.)*. On y voit les anciennes machines à vapeur et la maison du riche propriétaire. Beau portail du XVIIIe s.

*195 km :* **Mérida★** *(→ p. 591)*.

**2 EDZNÁ★★ ET LA RÉGION CHENES** *(230 km S.-E. ; sortir de Campeche par l'Av. Central et suivre la direction de Chiná, routes 180 et 188 ; excursion d'une demi-journée ; ces visites seront difficilement réalisables avec les transports locaux, hormis le site d'Edzná que vous pourrez rejoindre en prenant tôt le matin le bus qui dessert Pich depuis la place du marché de Campeche ; plan B2)*. Dans cette contrée restée sauvage, où les pueblos composés de chaumières ovales à toits de palme groupées autour de l'église fortifiée alternent avec des enclos d'arbres fruitiers gagnés avec peine sur la selve, vous découvrirez quelques-uns des sites mayas les plus évocateurs de ce style baroque appelé Chenes.

*59 km :* **EDZNÁ★★** *(ouv. de 8 h à 17 h)*. Située dans une vallée isolée, la ville d'Edzná (« maison des Itzás » ou « de l'écho ») fut occupée par des groupes mayas, peut-être venus du Petén, dès 600 av. J.-C., et habitée sans interruption jusqu'au XVIe s. Après une première période d'apogée (100 av. J.-C.-600 apr. J.-C.)

Le pays maya

durant laquelle furent construits la majorité des monuments, la cité maya connut un regain d'activité durant le classique récent (600-850). Indifféremment classée dans la catégorie des sites Chenes ou Puuc, elle s'en distingue cependant par une certaine indépendance politique et stylistique. À cette époque, elle était un comptoir commercial florissant entretenant des relations avec les peuples Putún de la région côtière (Champotón et Xicalango). Découvert en 1907, le site ne fut fouillé systématiquement qu'à partir de 1958. De 1986 à 1995, les travaux de restauration ont été financés par le Haut Commissariat aux réfugiés, dans le cadre de la réinsertion des Mayas du Guatemala ayant fui les exactions des militaires de leur pays.

La ville, d'une superficie totale de 25 km², dont l'existence était assurée par un vaste réseau de drainage des eaux de pluie, comporte deux groupes d'édifices reliés par un *sacbé* (« chemin blanc » dans le dialecte maya du Yucatán). Celui de l'O., encore enfoui sous un épais maquis, est dominé par la Vieja Hechicera.

Celui de l'E., organisé autour de la Grande Acropole et appelé **groupe du Centre cérémoniel**, est celui que l'on visite. Il s'ordonne autour de la **Plaza Principal**, place rectangulaire de 170 m de longueur sur 100 m de largeur autrefois couverte de stuc et légèrement inclinée vers le S. pour évacuer les eaux de ruissellement vers un canal. Elle est limitée par diverses constructions dont les plus importantes se situent sur une grande plate-forme haute de 6 m, la **Grande Acropole**, desservie par un large escalier, entre deux édifices pyramidaux de style du Petén.

Au sommet, se dresse la **pyramide aux Cinq Étages**★★, de 60 m de côté et 31 m de hauteur, composée de cinq massifs en retrait les uns par rapport aux autres. Des **glyphes**★ sculptés sur les quatre grandes marches du soubassement, on a extrait la date de 652. La terrasse supérieure est surmontée d'un **temple**★ couronné d'une haute crête à claire-voie, endroit d'où l'on bénéficie d'une belle vue sur les environs. Cette pyramide présente la particularité d'être pourvue, à chacun de ses étages, sauf au rez-de-chaussée, de galeries voûtées ; les galeries les plus anciennes sont construites en pierres soigneusement appareillées et les plus récentes en pierres noyées dans un mortier de chaux. Au premier étage, on a reconnu, dans la seconde galerie, les vestiges d'une construction plus ancienne de style Chenes alors que, au quatrième étage, les colonnes monolithiques sont de style Puuc.

## Un style du Campeche

Le style Chenes tient son nom des puits naturels (*chén* ou *cenote* en maya), particulièrement vitaux dans cette région aride du Yucatán. Localisés au N. du Campeche, entre les régions Puuc et Río Bec, ces sites mayas encore peu explorés possèdent un vocabulaire architectural et décoratif plus proche du Petén et du Río Bec que de la région Puuc. Comme à Copán, au Honduras, on assiste à la prolifération de monstres terrestres Witz sur les façades de temples tripartites. Ceux-ci, où se déroulaient sans doute des cérémonies associées à la royauté, se présentent comme de véritables masques de dragon dont la gueule grande ouverte constitue la porte. En franchissant le seuil du temple, matérialisé par les crocs de la mâchoire inférieure, le seigneur maya était symboliquement ingéré par le monstre, personnification vivante de la montagne sacrée. La mise en scène cosmique s'accompagne par ailleurs d'une surélévation du temple, bâti sur une colline naturelle ou artificielle. L'image du dragon ou du serpent bicéphale est répétée sur les moulures supérieures comme sur les façades des bâtiments latéraux. Outre la décoration zoomorphe, l'architecture Chenes se caractérise par le temple-palais, où les degrés de la pyramide supportant le temple cosmique sont remplacés par deux à trois niveaux de galeries alignant des chambres voûtées. La tour isolée de plan circulaire ou carré, surmontée d'une haute *cresteria* ajourée, constitue un autre exemple des monuments emblématiques de ce style régional qui se développa durant le classique récent (600-800).

**La pyramide aux Cinq Étages est le résultat de cinq étapes de construction du IVe s. au XIVe s.**

Sur la plate-forme de l'acropole, vous verrez encore un **bain de vapeur** *(temazcal)*, le **patio Puuc**, ensemble de constructions à colonnes à l'angle N.-O. et la **maison de la Lune** (Paal u'ná) au S.

La **Petite Acropole** est le complexe le plus ancien d'Edzná. Sur une plate-forme de 75 m de côté, quatre édifices font face aux quatre points cardinaux. Construits durant le classique ancien (300-600) dans le style du Petén, ils ont été modifiés à la fin du classique récent (900-1000) et à l'époque postclassique (1000-1450). C'est à cette époque que les populations d'origine chontale ont rassemblé, au pied de l'escalier central, différentes stèles prélevées à d'autres édifices ; datées de 652 à 810, elles donnent la liste d'une dizaine de seigneurs qui gouvernèrent Edzná à partir de 350.

L'édifice le plus important est le **temple de l'Escalier à reliefs★** tourné vers l'O. Sur les marches, des **reliefs★★** modelés en stuc montrent des personnages assis ou en pied, des jaguars, des motifs géométriques, le dieu solaire et des glyphes. Au pied de cette acropole, le **temple des Masques★★**, du classique ancien, est orné de deux superbes masques du dieu solaire, modelés en stuc et polychromes. Encadrant l'escalier qui mène au temple, ils représentent le soleil sous son aspect diurne et nocturne, au moment de son lever à l'E. (g.) et de son coucher à l'O. (dr.).

Traversez le terrain de **jeu de balle** où vous noterez la présence d'un anneau en basalte encastré dans le talus et dirigez-vous vers le **Nohochná**, longue plateforme supportant quatre vastes pièces. L'aménagement d'un large escalier qui pouvait servir de tribune lors de cérémonies ayant lieu sur la place prin-

**Le dieu solaire Kinich Ahau ou G-I se caractérise par un visage humain dont les yeux carrés accusent un certain strabisme, des dents taillées en T et un décor de nageoires sur les joues. Ces signes sont associés au jaguar, apparence chtonienne du soleil tandis que ses oreilles en forme de coquilles rappellent le glyphe *yaxkin*, le septième mois du calendrier maya, protecteur de l'astre solaire.**

cipale, laisse à penser qu'il s'agissait de pavillons d'audience. La place est fermée au N. par la **plate-forme des Couteaux** (Plataforma de los Cuchillos), où on a mis au jour une offrande de couteaux en silex (600-900). De style Puuc, autrefois couvert de stuc peint en rouge, l'édifice comptait vingt chambres voûtées, dont certaines, plus tardives, construites en matériaux périssables. En sortant, remarquez parmi la trentaine de stèles découvertes *in situ* la **stèle 21★★**, datée du 17 septembre 726. Le huitième seigneur d'Edzná, identifié au soleil nocturne, y est représenté en pied, le visage de profil, coiffé de plumes de quetzales. Il brandit de sa main dr. le sceptre *manikin* et serre dans sa main g. une massue de guerre à trois pétales ; sa ceinture à sonnailles s'orne de masques de jaguar.

*79 km :* **Cayal** ; suivre la direction Mérida via Ruinas par la route 261.

*123 km :* **Hopelchén**, gros village avec une église du XVIe s. à l'aspect de forteresse, où une route se détachant à dr. sur la place conduit à Dzibalchén.

*165,5 km :* **Dzibalchén**, d'où partent deux routes vers deux sites Chenes situés à l'opposé et où vous pourrez faire une halte dans un *comedor* local. Au-delà de Dzibalchén, la route se prolonge au travers de la selve vers Xpuhil (à 138 km S.) et la région du Río Bec *(→ p. 545)*. Une traversée « aventureuse » à entreprendre par temps sec et avec un réservoir plein.

▶À 11 km S.-O., **Hochob★** *(ouv. de 8 h à 17 h ; entrée libre)* est un excellent exemple de l'architecture Chenes. Les édifices, partiellement dégagés, s'élèvent sur une colline naturelle dont le sommet a été aplani. Ils se répartissent autour d'un patio central d'environ 80 m de longueur sur 40 m de largeur. Du côté N., on peut voir la construction la mieux conservée, un **temple★★** (Estructura 2) tripartite, les deux corps latéraux formant des projections par rapport au corps central en retrait mais surélevé et couronné d'une crête à claire-voie, support de représentations de dignitaires. La porte centrale s'inscrit dans un masque du monstre terrestre, la plate-forme d'entrée et le linteau formant les mâchoires du dragon dont on remarque également les yeux et la langue bifide stylisés. De part et d'autre du masque, des têtes de serpent vues de profil complètent le décor de la façade principale, tandis que des masques du dieu au long nez se superposent aux angles. Les deux ailes sont également ornementées de huttes et de serpents bicéphales, mais seulement au-dessus de la corniche inférieure. Tous ces motifs sont exécutés en stuc sur un noyau de pierre et conservent quelques restes de peinture rouge.
Remarquez un second édifice plus sobre surmonté d'une haute *crestería*, du type **temple-palais** (Estructura 5). Les tenons de la corniche supérieure devaient maintenir un décor stuqué.◀

▶À 21 km N.-E., **Dzibilnocac** *(depuis le Zócalo de Dzibalchén, suivre la direction Iturbide ; ouv. de 8 h à 17 h ; entrée libre)*, l'un des plus vastes sites de la région Chenes, regroupe des édifices de la fin de l'époque classique, parmi lesquels un **temple-palais★** (Estructura A-1), structure cubique aux angles arrondis dressée au sommet d'un soubassement à trois niveaux. Le temple cosmique, accessible par un escalier raide, est couvert sur les quatre faces de serpents stylisés et de masques de Chac, la porte formant la bouche béante du monstre terrestre.◀

# Cancún★

Jusqu'en 1970, l'île de Cancún était un étroit cordon dunaire de 20 km de longueur situé entre une série de lagunes et la mer des Caraïbes. C'est ce site presque désert qui fut choisi par le gouvernement pour devenir la nouvelle station balnéaire des Caraïbes, capable de rivaliser avec Acapulco. Depuis, plus de cent hôtels se sont construits, alignés sur le front de mer et dotés chacun d'une plage de sable blanc. Hormis cette zone hôtelière visitée annuellement par deux millions de touristes, en majorité nord-américains, Cancún se résume à de vastes galeries commerciales, des restaurants de cuisine internationale, des discothèques, des bars, et les modestes vestiges mayas semblent bien incongrus dans ce décor *sea, sex and sun*. Les agoraphobes et les amateurs de plongée sous-marine lui préféreront sans doute l'Isla Mujeres ou, plus au S., l'Isla Cozumel.

**Situation** : 320 km E. de Mérida, 160 km N.-E. de Valladolid, 382 km N. de Chetumal.
70 000 hab. ; État du Quintana Roo.

**À ne pas manquer**


| | |
|---|---|
| **Isla Contoy★★** | **568** |
| **Isla Cozumel★★** | **568** |


## Adresses utiles

**■ Poste**
À l'angle de Av. Xel-Há et Av. Sunyaxchén (ouv. du lun. au ven. de 8 h à 19 h, sam. et dim. de 9 h à 13 h).

**■ Aéroport**
Aéroport international à 20 km S. du centre-ville et 5 km S. du début de la zone hôtelière. Y atterrissent de nombreuses compagnies américaines et quelques compagnies européennes. Toutes les compagnies nationales proposent un large éventail de destinations au Mexique ou dans les pays voisins.

**■ Gare routière**
À l'angle Av. Tulum et Av. Uxmal *(ADO, Autotransportes del Caribe, Espresso de Oriente)* ; liaisons pour Chetumal (7 h), Chichén Itzá (2 à 3 h), Ciudad del Carmen (4 h), Mérida (3 à 5 h), Mexico (27 h), Playa del Carmen (1 h), Valladolid (2 h) et Villahermosa (14 h). Le bus *Interplaya* dessert Akumal (1 h 30), Puerto Morelos (40 mn) et Tulum (2 h).

**■ Liaisons maritimes**
Les liaisons en bateau pour les îles se font depuis Puerto Juárez *(13 km N.)* ou Punta Sam *(18 km N.)*,

**☎ 9**

**ℹ Palacio Municipal, Av. Tulum 26 (☎ 884-80-73 ; ouv. t.l.j. de 9 h à 21 h).**

**Urgences**
***Croix-Rouge*** **(☎ 884-16-16).**
**Police (☎ 884-19-13).**

**Sports**
**En dehors du temps que vous passerez à la plage ou à la piscine, à naviguer ou à pêcher en mer, vous pourrez pratiquer le ski nautique et le jet-ski sur les lagunes Nichupté et Bojórquez, faire du parachute ascensionnel et de la plongée sous-marine, monter à cheval, jouer au tennis ou au golf sur l'un des trois greens (de 18 et de 19 trous).**

point de départ des car-ferries à destination d'Isla Mujeres. Des navettes pour Cozumel, Playa del Carmen et Isla Mujeres partent aussi plusieurs fois par jour de la zone hôtelière (Playa Tortugas, Playa Langosta, Playa Linda).

**Manifestations**
Des corridas ont lieu chaque mercredi après-midi sur la Plaza de Toros (au S. de l'Av. Bonampak, dans le centre-ville). Festival international de jazz en mai. Festival de Musica del Caribe en nov.

**Achats**
Si les magasins ne manquent pas, Cancún n'est cependant pas le meilleur endroit pour faire provision de souvenirs car tout y est beaucoup plus cher que dans le reste du pays. D'ailleurs, bien qu'on y trouve à peu près de tout, des objets en obsidienne de Teotihuacán aux pierres précieuses, il n'y a rien de très local hormis de beaux coquillages et un choix énorme de tee-shirts.

# Cancún dans l'histoire

■ **Une ville créée sur ordinateur**
C'est le président Luis Echeverría qui fut le promoteur de la création d'une nouvelle station balnéaire dans les Caraïbes. En 1969, le choix définitif en faveur de ce petit terroir de sable entre les lagunes Nichupté et Bojórquez et la mer des Caraïbes intervint à la suite de nombreuses études sur ordinateur portant sur le climat, les marées, la température de l'eau, les courants marins, les possibilités de communication, d'approvisionnement, etc. Mais l'informatique ne put prévoir le passage ravageur de l'ouragan Gilbert le 14 septembre 1988. Les vents dépassant 300 km/h balayèrent bon nombre d'hôtels de luxe et emportèrent le précieux sable blanc au large. La capacité actuelle, d'environ 80 000 lits, n'a pas atteint son quota maximum, les estimations prévoyant un accueil de six millions de touristes par an.

# Visiter Cancún

L'hôtellerie est meilleur marché au centre-ville que dans la zone touristique (Zona Hotelera), où sont regroupés les établissements de luxe (avec piscine et plage). Dans cette dernière catégorie, tous les hôtels ne disposent pas du même environnement. En réalité, en dehors du *Club Méditerranée* qui s'est taillé la part du lion en s'isolant à la Punta Nizuc, rares sont ceux qui bénéficient d'un beau cadre. Les hôtels *Camino Real* et *Hyatt Regency Cancún*, sur la Punta Cancún, le *Sheraton* près des ruines mayas de Yamil Lu'um et le *Caesar Park Cancún Beach* à San Miguelito en font partie.

**S'orienter** : la zone hôtelière, qui s'étend sur 11 km de la Punta Nizuc au S. à la Punta Cancún au N., se prolonge en L vers l'O. et le centre-ville sur 6 km. Entre les hôtels et le continent se trouvent les lagunes Nichupté (où sont pratiqués de nombreux sports nautiques), Río Inglés et Bojórquez. À Ciudad Cancún, le principal axe N.-S. est l'Avenida Tulum.

**Le meilleur moment** : en été, la température oscille autour de 40 °C et l'humidité atteint 70 à 80 %. La meilleure période pour votre séjour est l'hiver, de déc. à mars, saison durant laquelle la température moyenne est de l'ordre de 25 °C. Mais c'est aussi à ce moment-là que les tarifs hôteliers sont les plus élevés.

■ **LE CENTRE-VILLE**. Annexe de la station balnéaire, Ciudad Cancún est une agglomération moderne composée d'habitations, de boutiques et de services publics. C'est là que réside le personnel attaché aux hôtels ainsi que les employés des services publics.

■ **LES PLAGES**★. Bien que cachées derrière les hautes façades de la Zona Hotelera, toutes les plages sont publiques, certaines étant plus accessibles que d'autres *(il faut souvent passer par la réception d'un hôtel)*. Les plages qui bordent le cordon hôtelier à l'E. de l'île Cancún sont les plus exposées aux vents

**Cancún et son décor à l'américaine.**

et aux courants marins (Playa Ballenas, Playa Marlin et Playa Chac-Mool). Les plus belles, en particulier la **Playa Delfines**★★, se trouvent vers l'extrémité S., près du *Club Méditerranée*. Les plages de la **Bahía de Mujeres** au N. (Tortugas, Linda, Langosta) offrent une baignade plus sûre.

■ **RUINES MAYAS**. L'île de Cancún possède quelques modestes vestiges disséminés parmi les hôtels. Le site d'**El Rey**, situé à proximité de la lagune *(km 17 de la Zona Hotelera, près du golf Caesar Park)*, est le plus important.

# Environs de Cancún

**1 ISLA MUJERES**★ *(10 km N. Accès en bateau depuis l'embarcadère de Puerto Juárez, à 13 km N. de Cancún ; départ toutes les demi-heures de 6 h 30 à 23 h ; traversée en 15 mn. En car-ferry depuis Punta Sam, à 5 km N. de Puerto Juárez ; six traversées par jour d'une durée de 40 mn. En bateau depuis la Zona Hotelera N. de Cancún)*. L'île des Femmes, à fleur d'eau dans la mer des Caraïbes, doit son nom au navigateur espagnol Francisco Hernández de Córdoba, qui remarqua que la plupart de ses temples étaient consacrés à des déesses lorsqu'il y débarqua en 1517. Longue de 8 km et large de 400 à 800 m, elle est ourlée sur la côte O. de sable d'un jaune très pâle, presque blanc, provenant de la désagrégation de coraux.

L'unique agglomération est le petit **village de pêcheurs** au N. de l'île, près de la **Playa Cocoteros**★, la plage la plus populaire et la plus sûre pour la baignade. D'autres belles plages sur la **côte O.**★★ (Playa Pescador, Playa Lancheros, Playa Indios), bordées de récifs, sont plus dangereuses en raison de forts courants marins. À hauteur de la Playa Lancheros, vous verrez les ruines de l'**hacienda Mundaca**, vaste demeure protégée par un fortin, qu'un pirate et marchand d'esclaves, Fermín Antonio Mundaca, fit construire à la fin du XIXe s. afin de séduire une belle Espagnole.

Dans la partie S. de l'île *(8 km de l'agglomération)*, la **Playa el Garrafón**★★, la plus belle avec ses sables d'une extrême finesse, est protégée par un banc de coraux qui retiennent des milliers de poissons. L'endroit, bien que protégé et transformé en parc national *(ouv. de 8 h à 17 h)*, souffre malheureusement

**Il est difficile de trouver une chambre d'hôtel sur l'île des Femmes de déc. à mars. Il existe une trentaine d'établissements, allant du simple dortoir à l'hôtel avec piscine, localisés en majorité dans l'agglomération proche du débarcadère. Le meilleur moyen de locomotion sur l'île est la bicyclette ou le scooter.**

**Il n'y a pas d'hôtels sur l'île Contoy, aussi prévoyez un sac de couchage et une moustiquaire pour dormir à la belle étoile sur une plage. L'autre solution consiste à louer un bateau avec des cabines et à jeter l'ancre dans une anse.**

d'une trop grande fréquentation. Des excursions en bateau à fond vitré y sont organisées, et on peut y louer un équipement de plongée.

►L'**Isla Contoy**★★, à 24 km au N. d'Isla Mujeres, est une **réserve ornithologique** que l'on peut atteindre uniquement en bateau privé depuis l'embarcadère d'Isla Mujeres *(2 h 30 de bateau ; excursions d'une journée organisées par les agences d'Isla Mujeres)*. Rendue célèbre par le commandant Cousteau, cette île est le paradis des plongeurs et des observateurs d'oiseaux en raison de la proximité d'une barrière de corail au N. de la péninsule yucatèque, qui attire une très grande variété de poissons et de nombreux oiseaux marins qui y nichent toute l'année.◄

**2 PUERTO MORELOS**★ *(36 km S.)*. Ce village de pêcheurs qui a conservé son authenticité, surtout connu des voyageurs qui veulent prendre le car-ferry pour Cozumel *(traversée en 2 h 30)*, recèle bien des attraits, notamment un **récif corallien**★★ à 600 m de la plage. Le jardin botanique Alfredo Barrera Marín abrite quelques ruines mayas et une grande variété de plantes régionales. Au S., au-delà d'un nouveau complexe touristique, se trouvent de belles plages peu fréquentées et des mangroves.

**Des excursions d'une journée pour Cozumel au départ de Cancún sont proposées par différentes agences, mais pour profiter pleinement des beautés naturelles de l'île, il est préférable de prévoir au moins une nuit sur place.**

**3 PLAYA DEL CARMEN**★ **ET ISLA COZUMEL**★★ *(68 km S. ; le bus « Interplaya » qui dessert la côte jusqu'à Tulum met environ 1 h jusqu'à Playa del Carmen)*. **Playa del Carmen**★ fut un paisible village de pêcheurs en bordure d'une très longue plage de sable fin, puis le grand rendez-vous des hippies à partir des années 1970. Elle est aujourd'hui en passe de devenir la seconde grande station balnéaire de la côte E. du Yucatán. Les villas et les hôtels de luxe remplacent peu à peu les paillotes, de nouveaux bars, restaurants et boutiques s'ouvrent tous les jours mais ce sont souvent d'anciens babas cool qui sont à la tête de l'affaire. Ce curieux mélange fait encore (pour combien d'années ?) le charme de Playa del Carmen qui est dépourvue du côté artificiel de Cancún, mais permet néanmoins de goûter les plaisirs de la plage ou de la plongée tout en offrant un hébergement meilleur marché.

**Si vous n'êtes pas venu sur l'île en voiture, vous aurez le choix entre le taxi (prix à marchander) et la location d'une voiture ou d'une moto à des tarifs prohibitifs, ou encore d'une bicyclette. De nombreuses excursions en bateau à moteur *(lancha)* ou en bateau à fond vitré sont proposées, en particulier pour atteindre les récifs au large de la côte O. À marchander aussi.**

L'**île Cozumel**★★ *(de Puerto Morelos, car-ferry – voiture et passagers – vers 6 ou 7 h, en principe chaque jour ; traversée en 2 h 30 ou 4 h selon la météo. De Playa del Carmen, hydroglisseurs plusieurs fois par jour avec des horaires très variables ; il est préférable de prendre un aller simple pour choisir son horaire de retour ; traversée de 30 à 75 mn. À Cancún, de la Zona Hotelera Norte, navette express t.l.j. à 9 h et 11 h 30,* *retour à 18 h 30)*, durant l'époque préhispanique, fut le sanctuaire principal d'Ix-Chel, déesse maya de la Fertilité et de la Médecine, protectrice des femmes enceintes. Au large de l'île, un bateau espagnol fit naufrage en 1511. Les seuls survivants, Jerónimo de Aguilar et Gonzalo Guerrero, assistèrent au massacre de leurs compagnons, offerts en sacrifice à la grande déesse. Tandis que le second prenait femme et se conformait aux coutumes locales *(→ encadré p. 639)*, le premier devait être recueilli par Hernán Cortés qui fit escale sur l'île en 1519 et détruisit les idoles du sanctuaire. En 1518, le gouverneur de Cuba, Diego de Velásquez, envoya son parent Juan de Grijalva avec quatre navires et deux cents hommes. Après deux jours de navigation, la flotte toucha l'île de Cozumel où Grijalva débarqua dans l'intention de faire du troc et de trouver de l'or. Il la baptisa Santa Cruz et, à défaut de métal précieux, découvrit le dindon, le maïs et les Mayas. En 1527, l'île servit de base de départ pour la première tentative de conquête du Yucatán par Francisco de Montejo. L'endroit devint par la suite un repaire de pirates jusqu'au XVIIIe s. La population maya, qui avait quasiment déserté Cozumel durant cette période agitée, revint s'y réfugier lors de la guerre des castes. Au début du XXe s., ses habitants trouvèrent une certaine prospérité dans l'exploitation des sapotilliers, arbres dont la sève sert de base à la fabrication du chewing-gum. En 1961, le commandant Cousteau contribua à faire la renommée de l'île, très prisée des plongeurs.

La plus grande île du Mexique, longue de 50 km et large de 18 km au maximum, ne compte qu'un seul village, **San Miguel**, situé sur la côte O. Elle est couverte d'une assez belle végétation tropicale sur la côte orientale et possède plusieurs plages bordées de cocoteraies, deux lagons aux eaux cristallines et un agréable climat.

Dans le **parc Chankanaab★** *(9 km S. de San Miguel sur la côte O. ; ouv. de 9 h à 17 h)*, vous découvrirez un superbe lagon aux eaux turquoise *(baignade interdite ; belle plage de sable fin, rapporté sur une côte rocheuse pour l'agrément des touristes)*. Plus au S., les **récifs de San Francisco★★** et **Palancar★★** *(14 km S. de San Miguel)* offrent de superbes plages bien abritées et des sites coralliens qui font le bonheur des plongeurs. À l'extrémité S. de l'île, magnifique panorama depuis le phare de Punta Celaraín.
Le long de la côte E. s'égrène un chapelet de plages ; exposées aux vents, elles sont dangereuses pour la baignade.

Le seul site archéologique notable est situé à **San Gervasio** *(20 km, en prenant la Carretera Transversal, une route qui relie la côte O. à la côte E. à partir de San Miguel, puis en tournant à g., sur une très mauvaise route ; ouv. de 8 h à 16 h, sam. et dim. jusqu'à 15 h)*. Ce centre cérémoniel dédié à la déesse Ix-Chel est composé de plusieurs petits temples de l'époque postclassique reliés par des chaussées dont il subsiste quelques vestiges.

# Chichén Itzá★★★

**Situation** : 230 km O. de Cancún, 123 km E. de Mérida, 42 km O. de Valladolid. Alt. 10 m ; État de Quintana Roo.

**À ne pas manquer**



Cette ancienne cité maya doit son existence à la présence de deux puits naturels ou *cenotes*, dont le plus grand, considéré comme sacré, faisait encore l'objet d'un important pèlerinage au moment de l'arrivée des Espagnols. Chichén Itzá surprend par son architecture hybride, métissage du style maya régional et toltèque. Selon les légendes, c'est Quetzalcóatl, roi toltèque de Tula, qui aurait été, en 987, le fondateur d'une nouvelle cité, bâtie au N. de l'ancien centre cérémoniel Puuc. Une version de l'histoire longtemps accréditée par les archéologues mais qui semble contestée par les données fournies par le récent déchiffrement des textes glyphiques découverts sur le site. Selon certains mayanistes, la construction de Chichén Itzá est due à un même peuple de Mayas mexicanisés, les Itzás. Ainsi, au IX$^{e}$ s., au moment où disparaissent les royaumes mayas du Petén et du Yucatán, Chichén Itzá émerge comme nouvelle puissance politique au sein d'un vaste empire conquis par la force. Durant ses deux siècles et demi d'apogée, la cité se dota d'imposants monuments, comme le Castillo, où règne l'iconographie d'un roi anonyme, symbolisé par le serpent à plumes et celle du guerrier, artisan de la puissance des Itzás. Ce site exceptionnel, le plus couru du Mexique, offre au visiteur peu pressé un étonnant panorama d'architecture, mélange de baroque et de sévérité, tout en révélant les aspects les plus contradictoires des Mayas, paisibles astronomes et guerriers sanguinaires.

## Chichén Itzá dans l'histoire

### ■ « Près du puits des Itzás »

Un peuple de navigateurs appelés Itzás aborde les côtes orientales du Yucatán à la fin du VIII$^{e}$ s. Ces marchands-guerriers, probablement des Mayas fortement mexicanisés, fondent un port permanent sur l'île Cerritos, à l'embouchure du Río Lagartos. La conquête commerciale et militaire de la péninsule yucatèque se fait progressivement depuis leurs positions fortifiées sur la côte. Repoussés par les rois de Cobá, les Itzás finissent par s'établir, au début du IXe s., à proximité d'un profond *cenote*, à 20 km au N. de Yaxuná. Chichén Itzá (« près du puits des Itzás »), tel est le nom de la nouvelle ville, prend de l'importance tandis que déclinent les royaumes trop morcelés de Puuc à l'O. et de Cobá à l'E.

## ■ Un empire sans roi

À la différence des Mayas du S. qui s'enferrent dans un système politique obsolète fondé sur la rivalité entre les différentes cités gouvernées par des rois s'affirmant de descendance divine, les nobles Itzás inaugurent le principe du partage du pouvoir. Tout en renouant avec d'anciennes traditions oubliées, ils révolutionnent les institutions royales en créant de nouvelles lois, de nouveaux rituels et symboles, en partie inspirés de traditions mexicaines. L'édification de grands ensembles architecturaux intégrant des influences toltèques est le nouveau mode d'expression de ces dirigeants cosmopolites. Le portait individuel sur stèle est remplacé par une assemblée de personnages sculptés sur les piliers de grandes colonnades, ou les linteaux et les parois des temples. La date de 842, relevée sur la tombe du Grand Prêtre - probablement la plus ancienne du site -, semble confirmer les Itzás comme nouvelle puissance politique ainsi que le début de l'expansion de la ville, capitale d'un vaste empire qui se révélera plus important que celui d'aucun roi maya de l'époque classique. Des textes glyphiques découverts dans un temple associé à une résidence nobiliaire fournissent les noms de deux ou trois générations de femmes, génitrices de princes issus du même lit qui semblent gouverner en même temps. Portant tous le titre de *yahau kak*, « seigneur de feu », ces frères partagent le pouvoir, inaugurant le système de *multepal* ou de confédération qui prévaudra après la chute de Chichén Itzá vers 1195.

**Selon des sources mayas postérieures à la Conquête, c'est le roi toltèque de Tula, Topíltzin Quetzalcóatl, qui aurait fondé Chichén Itzá en 987. Il y installa la dynastie itzá avant de repartir pour le Mexique central, où il serait mort en 999. Son nom, le « serpent à plumes », fut traduit en maya yucatèque par Kukulkán.**

## ■ Une ville de pèlerinage

Après la fondation de Mayapán (1250-1450) dirigé par la dynastie des Cocoms qui, durant la Conquête, se prétendra être la descendante des anciens dirigeants de Chichén Itzá, la ville perdit son rang de capitale politique (aucun monument important ne fut érigé après 1200), mais resta un centre religieux important. Le pèlerinage au *cenote* du sacrifice, lieu où on jetait des offrandes destinées au dieu de la Pluie, demeura célèbre ainsi qu'en témoignent plusieurs récits d'Espagnols parmi lesquels celui de

**La découverte, dans le *cenote*, de turquoises, d'obsidienne, de sonnailles en cuivre et de disques en or atteste de l'importance des échanges à partir du Xe s., allant du N.-O. mexicain au Costa Rica.**

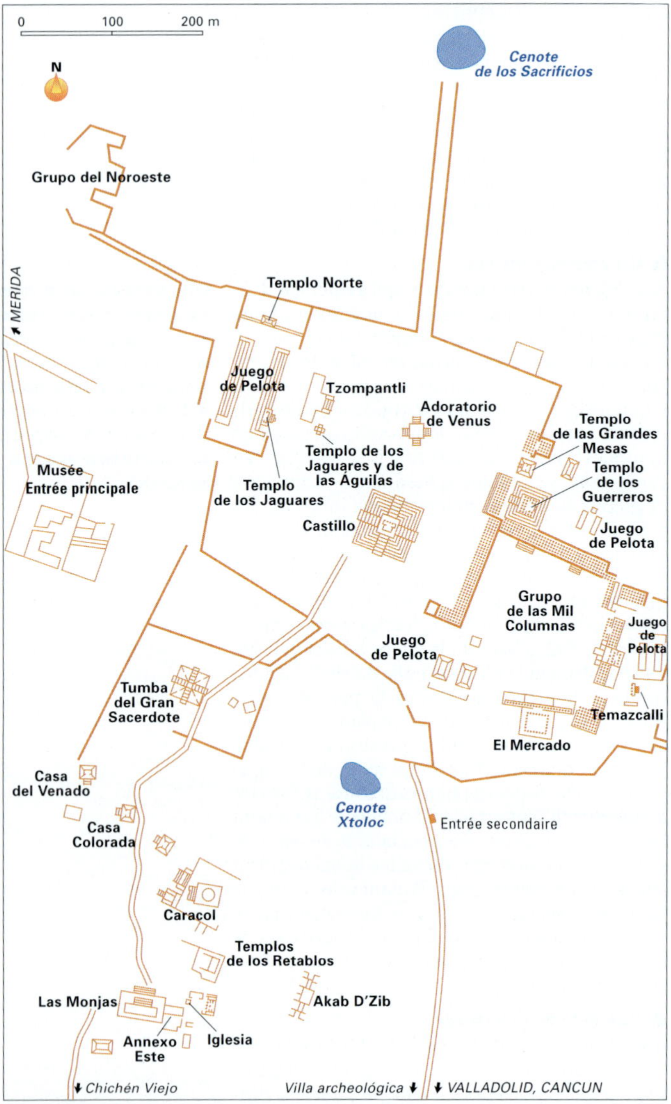


**Chichén Itzá**

Diego de Landa en 1566. La ville fut un moment occupée par les Espagnols en 1533 qui baptisèrent Castillo la grande pyramide de Kukulkán.

En 1904-1907, le consul des États-Unis, Edward Thompson, acheta l'hacienda de Chichén Itzá pour y entreprendre des fouilles et faire draguer le grand *cenote*. Les véritables travaux d'exploration et de consolidation des principaux bâtiments ne furent entrepris qu'à partir de 1923, sous la direction de l'Institut national d'anthropologie et d'histoire et la Carnegie Institution de Washington. En 1960 et 1961, le *cenote* sacré fut de nouveau exploré par l'INAH et la National Geographical Society, ce qui permit la découverte d'offrandes.

**Il existe de nombreux hôtels de catégorie moyenne à Pisté, village situé à 4 km de Chichén Itzá. À proximité du site (zone S.), l'*Hacienda Chichén*, ancienne résidence d'Edward Thompson et la *Villa Arqueológica* sont remarquables tant par le cadre (superbe jardin) que par la cuisine. Toutes deux possèdent une piscine.**

# Visiter Chichén Itzá

**Accès** : par liaisons routières *(Cristóbal Colón, ADO, Expreso de Ote)* depuis Cancún (3 h), Mérida (2 h 30), Felipe Carrillo Puerto et Valladolid (45 mn). L'autoroute Cancún-Mérida passe à proximité du site (sortie Pisté).

**Visite** : site ouv. t.l.j. de 8 h à 18 h, entrée libre le dim. ; le temple intérieur du Castillo est accessible de 11 h à 15 h et de 16 h à 17 h. L'entrée S., du côté de la zone hôtelière, est moins fréquentée et donc plus rapide d'accès, en particulier en matinée avec l'arrivée de nombreux cars en provenance de Cancún. Spectacle son et lumière en espagnol à 19 h en hiver, 20 h en été ; version anglaise à 21 h.

**Combien de temps** : il faut compter environ 4 h pour la visite de l'ensemble du site. Si vous disposez d'une journée entière, scindez la visite en deux temps, zone S. et zone N., en allant déjeuner à l'extérieur (faire valider le billet à l'entrée).

**Le meilleur moment** : l'après-midi est la période la plus agréable pour visiter ce site très fréquenté et peu ombragé. Si vous arrivez vers 11 h, commencez directement par la zone S. afin d'éviter la grosse affluence autour du Castillo.

■ **MUSEO**. Situé à l'entrée principale, il abrite des reproductions des peintures du temple des Guerriers *(interdit d'accès)*, du temple du Jaguar et du temple du Chac-Mool *(interdit d'accès)*. Y est exposée une partie des offrandes provenant du Cenote de los Sacrificios (os, coquillages, bois, sonnailles en cuivre, copal…) et des fragments de décoration en pierre taillée. Une **maquette** vous donnera une idée de l'étendue du site archéologique (près de 300 ha) et vous permettra de vous situer par rapport aux trois sections : zone N. ou « toltèque » centrée sur le Castillo, zone S. ou « Puuc », et Chichén Viejo, ensemble de petits temples dispersés dans la forêt. L'axe N.-S., sur lequel s'alignent la majorité des édifices, est souligné par le tracé d'une large chaussée cérémonielle *(sacbe)* limitée à l'extrême N. par le *cenote* sacré.

## Style maya-toltèque

De nombreux monuments de Chichén Itzá frappent par leur similitude avec ceux de Tula, distante de 1 200 km. L'introduction d'un nouveau vocabulaire tant architectural (édifices à colonnes, présentoir de crânes, édifice à patio central), sculptural (colonnes serpentiformes, statues de guerriers, de porte-étendards et de *chac-mool*) que décoratif (serpent à plumes, schématisation du dessin, imagerie de guerriers casqués et armés d'*atatl*) indique une rupture avec le passé maya. Celle-ci n'est cependant pas complète puisque la fausse voûte continue à être utilisée, de même que l'assemblage de petites pierres taillées ou encore le décor de masques du dieu Chac, caractéristiques des styles régionaux Puuc et Chenes. D'autre part, l'architecture de Chichén Itzá apparaît plus raffinée et novatrice que celle de Tula. On y trouve des phases d'évolution qui se manifestent seulement dans le dernier stade de Tula. Le culte de l'astre Vénus sous l'aspect d'un serpent emplumé, de Tláloc, dieu associé à la guerre, et les sacrifices humains par décapitation, traits qui semblent de prime abord plus mexicains que mayas, étaient déjà présents dans la civilisation maya de l'époque classique. Les contacts des marchands mayas avec les guerriers toltèques ont contribué à les mettre en évidence dans la perspective d'une militarisation du pouvoir.

## 1 La zone nord★★★

**Ce secteur de la ville, composé de grands ensembles de style toltèque, s'articule autour d'une immense esplanade au sein de laquelle se détache une majestueuse pyramide, El Castillo.**

**Les quatre escaliers de 91 marches chacun (soit un total de 364 marches), auxquels s'ajoute l'emmarchement pour accéder au temple, symbolisent les 365 jours de l'année solaire. En outre, l'orientation du bâtiment rend compte du mouvement solaire au moment des équinoxes.**

■ CASTILLO★★★ *(le temple intérieur est accessible par une petite porte aménagée au pied de l'escalier N. ; visite du lun. au sam. de 11 h à 15 h et de 16 h à 17 h)*. Isolée au milieu de la place, la **pyramide de Kukulkán**, construction de plan carré (55,50 m de côté), haute de 24 m, aux angles légèrement arrondis, est composée de neuf étages en retrait les uns par rapport aux autres ; au sommet, le temple surélevé sur une plate-forme est accessible par quatre escaliers rayonnants. Sa monumentalité est soulignée par une succession de moulures saillantes qui vont en s'amenuisant graduellement vers le haut. Cette construction du postclassique récent recouvre une autre pyramide plus ancienne qui continuait à être utilisée pour le culte. Depuis le sommet, superbe panorama sur l'ensemble du site.

**Serpent à plumes**. Ce thème récurrent à Chichén Itzá s'annonce dès la base de l'escalier principal (N.), flanqué de rampes terminées par des têtes de serpent. On a pu vérifier que, au moment des équinoxes, en mars et en septembre, les rayons du soleil couchant forment le corps ondoyant, immatériel, d'un serpent, corps qui va rejoindre la tête de l'ophidien placée au bas de la rampe. En effet, les rayons du soleil déclinant sont, depuis le sommet, graduellement interceptés par les angles des neuf massifs de la pyramide qui, en projetant une ombre sur la rampe N., font apparaître les segments d'un corps de reptile descendant du ciel vers la terre. Pendant

**Coucher de soleil sur le Castillo. Au premier plan, porte-étendard appartenant au temple des Guerriers.**

10 mn, ces jeux d'ombre et de lumière unissent le sommet de la pyramide à la tête du serpent, puis le phénomène reflue, du bas vers le haut quand le soleil achève sa course avant de disparaître derrière la ligne d'horizon. Le phénomène dure ainsi environ 3 h, entre l'apparition du premier triangle et la disparition du dernier. Selon Diego de Landa, une fête commémorant la descente sur terre de Kukulkán était encore célébrée au XVIe s. à Maní.

**Temple extérieur**★. Il s'ouvre au N. sur un portique à trois baies délimitées par deux colonnes serpentiformes ; la tête du reptile forme la base, le corps, le fût de la colonne et la queue à sonnettes, le chapiteau. La chambre principale est entourée d'une galerie en double équerre, avec une porte s'ouvrant dans l'axe de chacun des trois autres escaliers de la pyramide. Sur les pieds-droits des portes et les piliers, reliefs de guerriers qui étaient peints. Le *tablero* supérieur s'orne d'une procession de petits jaguars alternant avec des boucliers ronds.

**Temple intérieur**★★ *(la visite du temple intérieur est déconseillée aux claustrophobes)*. En 1937, les archéologues ont mis au jour, sous l'édifice actuellement visible, un temple-pyramide complet, à neuf degrés et 33 m de côté, mais à escalier unique orienté au N. Il donne accès, à 17 m au-dessus du sol, au temple à deux galeries voûtées, décoré de reliefs de jaguars alignés en file, de serpents, de fleurs, etc. Dans la première salle, qui servait de vestibule, se trouve un ***chac-mool***★ dont les ongles des pieds et des mains, les dents et les yeux sont en os poli. La seconde chambre contient un **trône**★★★ de pierre en forme de jaguar, le corps teinté au cinabre rouge tacheté d'incrustations de jade et dont la gueule ouverte laisse voir des crocs en coquillage. Sur le trône reposait un disque solaire en mosaïque de turquoises et d'obsidienne entourant un miroir en pyrite, quasiment identique à celui retrouvé dans une cache du temple du Chac-mool *(→ ci-dessous)*.

■ **Juego de Pelota**★★★. Le jeu de balle principal – Chichén Itzá en compte douze autres – adopte la forme caractéristique des terrains du Mexique central, en double T. Long de 168 m pour une largeur de 37 m, il est le plus grand des jeux de balle mésoaméricains. L'aire de jeu est encadrée de hauts murs précédés d'une banquette pour les spectateurs, dont le mur de soutènement est orné de chaque côté de trois panneaux sculptés. Deux anneaux en pierre sculptés de crotales entrelacés, à travers lesquels devait sans doute passer la balle en caoutchouc, sont scellés à 8 m du sol. Aux extrémités S. et N. se situe, sur une plate-forme accessible par deux escaliers

## Le serpent à plumes et le disque solaire

Kukulkán, le serpent à plumes, était le second symbole de la royauté à Chichén Itzá. Cette image du serpent est récurrente dans l'art mésoaméricain, qu'il s'agisse de la « Vision du Serpent » apparaissant lors de l'autosacrifice par saignement chez les rois mayas de Yaxchilán ou de Palenque, ou du dieu mexicain Quetzalcóatl. À Chichén Itzá, le serpent à plumes qui prend la forme de portiques, de rampes ou de motifs sculptés, n'est pas l'instrument de communication avec les ancêtres comme chez les Mayas des basses terres du S., mais le symbole même d'un État dirigé par une assemblée de nobles. Le premier emblème de la royauté était un disque solaire à l'intérieur duquel est assis un personnage portant les insignes de guerre de Tláloc, la dague et un faisceau de javelines : le « Capitaine Disque solaire ». Très présent dans l'iconographie peinte ou sculptée, cet ancêtre anonyme des Itzás est figuré sous la forme d'un miroir en pyrite encadré de turquoises, lequel était placé sur le trône-jaguar lors des cérémonies et des conseils.

latéraux, un temple voûté à chambre unique s'ouvrant par un portique sur le jeu de balle.

**Temple Nord★**. L'escalier est bordé de rampes figurant un arbre qui plonge ses racines dans le monstre de la Terre, la partie supérieure de la rampe s'ornant de panneaux où apparaît le visage de Kukulkán émergeant de la gueule d'un serpent à plumes. Sur les colonnes et sur la voûte, on voit des représentations de guerriers debout sur un masque de Tláloc, ainsi qu'un relief mettant en scène différents personnages autour du Capitaine Disque solaire assis sur un trône-jaguar.

**Bas-reliefs★★★** *(→ ill. p. 578)*. Les six panneaux sculptés – ceux du mur E. sont mieux conservés – ornant les talus des banquettes représentent les deux équipes de sept joueurs de balle assistant à la décapitation du capitaine de l'équipe adverse (perdante ou victorieuse selon les versions des archéologues). À g., le capitaine, tenant d'une main le couteau de silex et de l'autre la tête du sacrifié, fait face au joueur décapité, représenté un genou à terre et ayant encore à la main une « palme » serpentiforme. De son cou tranché jaillissent sept flots de sang prenant l'aspect de serpents et, au centre, une plante chargée de fleurs et d'épis de maïs. Les protagonistes sont séparés par une grosse balle de caoutchouc gravée d'un crâne humain crachant une grande volute, signe de mort. Tous les joueurs portent l'équipement complet : genouillères, cotte rembourrée, large ceinture de cuir maintenant la batte qui servait à diriger la balle, « palme » et coiffe composée de peaux de jaguar, de plumes et de masques miniatures. Au-dessus des panneaux s'étend une moulure saillante formée du corps d'un serpent dont la tête fait saillie à chaque extrémité de la banquette.

■ **TEMPLO DE LOS JAGUARES★**. Prenant appui sur l'extrémité S. du mur oriental du jeu de balle, le temple des Jaguars est formé de deux chambres, la supérieure s'ouvrant à l'O. sur l'aire de jeu, l'inférieure tournée vers l'esplanade à l'E.

**Temple supérieur**. Bâti sur une haute et étroite plate-forme, il s'ouvre par un portique à deux colonnes serpentiformes supportant un linteau qui était en bois. La partie supérieure est ornée sur le pourtour d'une double frise en pierre sculptée, l'une de jaguars passants et de boucliers, l'autre de serpents. Notez les reliefs de guerriers ornant les jambages de la porte de la chambre principale. À l'intérieur, une peinture murale montre une **scène de bataille★★** près d'un village de chaumières mayas d'où fuient les femmes avec leur enfant sur le dos. Au milieu de la mêlée, est assis le Capitaine Disque solaire, à l'intérieur d'un double cercle de rayons. Quatre guerriers-serpents coiffés de plumes et armés de boucliers, conduisent l'attaque visant à faire des prisonniers destinés à s'affronter sur le terrain de jeu de balle.

**Temple inférieur★**. Sur les deux piliers et les jambages, l'iconographie répète les thèmes guerriers avec soumission des peuples yucatèques par les Itzás. Le **trône-jaguar★**, placé dans l'encadrement de l'ouverture centrale, servait vraisemblablement à supporter des attributs de la royauté, soit le miroir en pyrite et turquoises, plutôt qu'une personne en particulier. Les **reliefs★** des murs et de la voûte mettent en scène, sur plusieurs registres, le Capitaine Disque solaire et le Capitaine Serpent recevant les hommages de guerriers vêtus à la mexicaine, sans doute des nobles vaincus, prêtant allégeance aux dirigeants de Chichén Itzá.

■ **TZOMPANTLI★**. Le nom náhuatl de cette plate-forme (râtelier à crânes) est justifié par son usage. C'est là qu'étaient exposés, enfilés sur des perches disposées horizontalement, les crânes des prisonniers sacrifiés. Sur le soubassement, notez plusieurs registres de crânes humains en bas-relief et, sur le corps central saillant, des guerriers portant des têtes coupées et des aigles.

**Le temple des Guerriers et le groupe des Mille Colonnes.**

■ **TEMPLO DE LOS JAGUARES Y DE LAS ÁGUILAS★**. Il s'agit d'une plate-forme accessible par quatre escaliers rayonnants entre deux rampes sur lesquelles reposent des serpents. Sur les parois sont gravés des **reliefs★★** très réalistes d'aigles (soleil diurne) et de jaguars (soleil nocturne) dévorant des cœurs humains.

■ **ADORATORIO DE VÉNUS**. Appelé aussi tombe du Chac-Mool, cet édifice est orné de **reliefs★** figurant des symboles de la planète Vénus, astre auquel est associé Kukulkán, le serpent à plumes. La statue du *chac-mool* fut dégagée de la plate-forme en 1875 par l'Américain Auguste Le Plongeon qui tenta, sans succès, de la transporter à Philadelphie.
Bien que *chac-mool* signifie en réalité « jaguar rouge » en maya yucatèque, cette fausse appellation a été maintenue pour désigner la statue d'un personnage couché sur le dos, les mains posées sur le ventre se rejoignant de part et d'autre d'une coupelle destinée sans doute à recevoir des offrandes ou le sang des victimes. La première statue de ce type fut découverte par Le Plongeon, auteur d'une délirante affabulation. Selon lui, le personnage aurait représenté un prince maya, époux de la très belle Moo, qui auraient vécu à Chichén Itzá, douze mille ans avant notre ère.

■ **CENOTE DE LOS SACRIFICIOS★**. Une chaussée *(sacbe)* longue de 271 m et large de 9 m relie la place centrale à ce puits naturel de 60 m de diamètre dont les parois, hautes de 20 m, durent être régularisées de main d'homme. Après l'abandon de la ville au XIIIe s., le *cenote* continua d'être l'objet d'un pèlerinage accompagné de sacrifices au dieu de la Pluie, Chac. Au fond du puits, le consul Edward Thompson découvrit de riches offrandes : disques d'or montrant des scènes de sacrifice, grelots de cuivre, d'or et d'argent, bijoux de jade, de cristal de roche et d'ambre, objets sculptés en os ou en nacre, crânes déformés, dents mutilées, etc. *(→ musée de Mérida)*, ainsi que les squelettes de treize hommes, huit femmes et vingt et un enfants d'un an et demi à douze ans qui durent être sacrifiés pendant les périodes de sécheresse. La datation des objets indiquerait que les sacrifices ont eu lieu dès le VIIe s. de notre ère et se sont poursuivis jusqu'à l'arrivée des Espagnols et même au-delà. L'exploration du *cenote*, reprise en 1960-1961, a permis la découverte de nombreuses autres offrandes dont des figurines en copal et de quelques fragments de tissus *(→ musée de Mérida)*. Au S., on voit les restes d'un petit bain de vapeur *(temazcalli)* où les futures victimes devaient se purifier avant d'être précipitées dans le puits.

# *Ullamaliztli*, le jeu de balle

Sans doute inventé à l'époque olmèque, le jeu de balle était pratiqué du N. au S. de la Mésoamérique. Plus qu'un sport, il s'agissait d'un rite à dimension cosmique dont l'enjeu était la vie humaine. Ce jeu qui consistait à faire passer une lourde balle de caoutchouc d'un camp à l'autre, intrigua les Espagnols au point que Cortés emmena en 1528 une troupe de joueurs aztèques, laquelle se produisit dans les cours royales européennes. C'est l'ancêtre de nos jeux de balle actuels, de la pelote au base-ball.

**▲ Scène de sacrifice figurant sur l'un des douze jeux de balle de Chichén Itzá. Au centre, on distingue un personnage – sans doute le capitaine de l'équipe – armé d'un couteau de silex et tenant la tête d'un sacrifié.**

### ■ Les règles du jeu

Selon l'époque et la région, le jeu de balle connaît des variantes, le but étant de marquer des points en projetant la balle au travers d'un étroit anneau de pierre ou à atteindre l'un des trois marqueurs placés sur le sol. La dureté et le poids de la balle en caoutchouc solide rendaient le passage dans l'anneau très improbable. Les joueurs qui ne pouvaient se servir de leurs mains, renvoyaient la balle avec les hanches et les avant-bras, ou la guidaient à l'aide d'une batte fixée à une large ceinture de cuir. Celle-ci protégeait en outre le joueur des impacts de la balle, tout comme les épais bourrelets de coton entourant les jambes, les bras et la poitrine.

### ■ Des combats cosmiques…

Renvoyée d'un camp à l'autre, la balle figurait probablement les mouvements du soleil et des planètes, en particulier celui de l'astre vénusien au cours de son passage de neuf jours dans le monde souterrain avant qu'il ne réapparaisse comme étoile du matin. Les joueurs de balle – qui pouvaient être, chez les Mayas, le roi en personne et son ennemi captif – étaient sans doute considérés comme des dieux qui se livraient dans

Jeu de balle de Cobá, avec ses deux anneaux de part et d'autre du court. ▶

l'inframonde à des combats cosmiques tels les jumeaux Xbalanque et Hunapuh. Figures héroïques du *Popol Vuh*, livre sacré des Mayas, ceux-ci avaient vaincu par la ruse les seigneurs de la Mort. Les sacrifices humains faisaient partie du rituel. C'était le plus souvent la mort par décapitation qui attendait les vaincus, comme le montrent clairement les reliefs de Chichén Itzá et d'El Tajín.

### ■ … au divertissement

Outre son aspect cultuel, l'*ullamaliztli* était aussi un spectacle populaire comparable aux jeux du cirque. On sait que, chez les Aztèques, des paris importants étaient engagés sur les joueurs, champions opposés aux prisonniers de la « guerre fleurie ». C'est cet aspect profane qui s'est maintenu jusqu'à nos jours. Dans les villages de Mazatlán et Villa Unión du Sinaloa, les hommes pratiquent l'*ullama* les jours de fête. Si l'enjeu n'est plus la vie, le règlement est à peu près similaire. La balle de caoutchouc, pesant 2 à 3 kg, est frappée avec les bras ou les hanches et ne peut toucher le sol. On joue aussi au *jai alai*, un jeu plus brutal qui consiste à renvoyer la balle à l'aide d'une *cesta*, la chistera des Basques.

▲ Le terrain ou *tlachtli* en langue náhuatl (ici celui de Xochicalco), situé au cœur du centre cérémoniel, montre presque toujours la même forme en I, à extrémités fermées ou non. Le court est compris entre deux massifs talutés supportant des gradins destinés aux spectateurs.

*« Dans ce puits, ils ont eu et eurent la coutume de précipiter des hommes vivants en sacrifice aux dieux en période de sécheresse, et ils croyaient qu'ils ne mouraient pas même s'ils ne les revoyaient jamais. Ils y jetaient aussi d'autres choses en quantité, comme des pierres précieuses et des objets auxquels ils accordaient de la valeur. »*

Diego de Landa.

**Sur la base de chaque pilier du temple des Guerriers est représenté Tláloc, dieu associé à la guerre et à l'autosacrifice par saignement. Il prend trois aspects différents : le masque aux grands yeux cerclés, une tête sans mâchoire inférieure d'où émergent des volutes de sang et portant le signe de l'année mexicaine dans la coiffure, ou encore le guerrier-oiseau accroupi sur des pattes dotées de puissantes serres. L'image de Tláloc, étroitement liée aux armes telles que le propulseur de lance et la dague, orne souvent le bouclier des guerriers « mexicains ».**

■ **TEMPLO DE LOS GUERREROS★★**. Le temple des Guerriers, formé d'une pyramide d'environ 40 m de côté à quatre degrés, est couronné d'un temple et précédé d'un portique à quatre rangs de piliers, sorte de salle hypostyle qui se prolonge sur les côtés S. et E., appelé groupe des Mille Colonnes. Ce complexe, où abondent les représentations de guerriers, servait de salle de conseil aux dirigeants de Chichén Itzá.

**Portique★**. Les soixante piliers – sans compter les deux piliers sur les marches de l'escalier menant au temple –, formés d'un empilement de fûts carrés en pierre couronné d'un abaque carré, devaient supporter un toit plat. Sur les quatre faces sont sculptées des représentations de personnages, soit au total deux cent vingt hommes et la déesse Ix-Chel, formant une procession qui se dirige vers le temple. La majorité sont des guerriers armés et des vétérans, chacun personnalisé par un détail dans la parure de facture toltèque. Au centre du cortège, soixante prêtres portant des offrandes entourent la déesse lunaire Ix-Chel, vieille matriarche, épouse d'Itzamná. Dans l'axe de l'escalier et de la pierre de sacrifice sont figurés trente-sept captifs, aux traits mayas, encordés mais vêtus de somptueux vêtements.

**Temple★★** *(non accessible au public)*. D'un plan très proche du temple B de Tula, il est desservi par un escalier très raide, encadré de rampes qui évoquent le corps de reptiles ondoyants. Au sommet, dominant les têtes de serpents, deux statues porte-étendard recevaient les oriflammes. Devant l'entrée du temple, une sculpture de ***chac-mool*★★** servait probablement de pierre de sacrifice, la coupelle recueillant le sang humain. On pénétrait dans le sanctuaire par un portique formé de deux serpents à la queue dressée. Sur les vingt **piliers★** qui supportaient des voûtes en encorbellement, des représentations de dignitaires et de guerriers remplacent l'image du roi unique, chère aux Mayas des basses terres du S. Au fond de la seconde salle, fut aménagé un trône en pierre soutenu par de petits atlantes. Les parois étaient couvertes de peintures, dont on a conservé le souvenir grâce aux reproductions de Stephens en 1841, qui décrivaient une bataille se déroulant au bord d'un lac. La façade et les murs extérieurs sont ornés, au-dessus de la corniche couronnant un mur en talus, de plusieurs séries de masques de style Puuc et de **hauts-reliefs★★** qui figurent une tête de serpent tenant une tête humaine entre ses mâchoires sur un fond en bas relief d'un oiseau à grandes serres, représentation de Tláloc.

**Temple du Chac-Mool*** *(non accessible au public)*. De la plate-forme supérieure de la pyramide, un escalier donne accès à un temple à deux galeries qui fut recouvert lorsque fut construit le dernier état du temple des Guerriers. On y découvrit un *chac-mool* portant un casque en forme de grenouille et un trône-jaguar sous lequel était enterré un miroir en pyrite recouvert d'une feuille d'or et encadré d'une mosaïque de turquoises. Des peintures murales très mal conservées mettent en scène, l'une une série de prêtres masqués assis sur des peaux de jaguar et portant des offrandes ou des sceptres en forme de masque du dieu K, l'autre des nobles armés de javelines et de propulseurs assis sur un trône sculpté en forme de jaguar.

■ **GRUPO DE LAS MIL COLUMNAS***. Annexe S. du temple des Guerriers, ces deux portiques à colonnes délimitent une cour quadrangulaire. Les colonnes, parfois de section carrée, supportaient une toiture en matière périssable dont on ignore l'aspect, voûté ou plat. Remarquez dans la salle hypostyle N. (Columnata Norte), peut-être une salle de conseil, une banquette ornée de reliefs polychromes où défilent des dieux à têtes de mort. La colonnade N.-E., dont certains piliers sont sculptés, a subi de nombreuses modifications lors de changements de fonction ; elle s'élève sur une terrasse à mur vertical décoré de serpents entrelacés et de processions de guerriers. Un **oratoire*** à chambre voûtée s'ouvrant sur la cour par un portique présente une façade décorée de masques du dieu Chac et d'une frise de serpents. À l'arrière, ruines d'un **jeu de balle** et d'un ***temazcalli*** ou bain de vapeur.

■ **EL MERCADO**. Cet édifice de plan carré, avec patio central entouré de colonnes, était précédé, du côté de la place des Mille Colonnes, par un haut portique à ailes très largement saillantes. Contre le mur de fond du portique et au pied des deux murs latéraux se trouve une **banquette**** ornée d'un relief représentant une procession de personnages richement vêtus qui convergent vers une scène de sacrifice ; une plante de maïs émerge de la poitrine du captif allongé, dont on a arraché le cœur. Le plan et le décor indiquent clairement une fonction de résidence palatiale de l'élite itzá.
À l'angle S.-O. de la cour, autre **jeu de balle**.

■ **CENOTE Y TEMPLO DE XTOLOC**. Ce deuxième puits naturel très profond est doté d'un temple à portique daté du postclassique récent (900-1200). Remarquez sur les piliers, des reliefs de prêtres et de guerriers. Dans une cache de la chambre centrale ont été mis au jour des offrandes et des restes humains.

*Depuis le Cenote de Xtoloc, vous pouvez soit rejoindre la place centrale, soit poursuivre la visite de la zone sud et de Chichén Viejo.*

## 2 La zone sud**

**Cette partie du site, également appelée zone Puuc, comprend les édifices considérés comme les plus anciens de Chichén Itzá. Cependant, les archéologues sont très partagés quant à la datation des vestiges qui, pour certains, sont pourvus de glyphes calendaires. Selon Linda Schele, les deux parties du site sont contemporaines, les différences de style architectural, Puuc, Chenes, toltèque, exprimant la politique d'intégration des Mayas mexicanisés.**

■ **TUMBA DEL GRAN SACERDOTE** (tombe du Grand Prêtre). Sorte de prototype du Castillo, cette construction pyramidale qui supporte un temple funéraire est dotée de quatre escaliers rayonnants dont les rampes représentent le corps de serpents emplumés. Dans le temple débouche un puits qui renferme sept **tombes** contenant des squelettes et des offrandes funéraires (objets en cristal de roche, jade et coquillage, vaisselle en terre cuite). Ce puits atteint la partie supérieure d'une vaste cavité naturelle de 12 m de profondeur qui, comme dans la pyramide du Soleil de Teotihuacán, marque un lieu originel. De fait, sur la pierre tombale du « Grand Prêtre » sont gravés des signes glyphiques mayas où Linda Schele a déchiffré la date de 10.0.12.8.0, soit l'an 842 de notre ère. Cette date, qui est la plus ancienne relevée jusqu'à nos jours à Chichén Itzá, est accompagnée d'une inscription citant pour la première fois le nom des Itzás et célébrant la capture d'ennemis.

Le dispositif à quatre escaliers, un sur chaque face du temple-pyramide, inhabituel dans l'architecture mésoaméricaine, semble être à connotation cosmologique et calendaire, comme chez les Mayas du Petén.

■ **CASA COLORADA★**. Cet édifice de style Puuc appelé Chichanchob (« petits trous » en maya) est érigé sur une haute plate-forme aux angles arrondis. Sur la *cresteria* apparaissent les masques du dieu Chac, surmontant les trois entrées. La **frise hiéroglyphique★★** peinte en rouge, qui orne le corridor précédant les trois chambres, relate une série d'actes rituels, dont des autosacrifices par saignement accomplis par plusieurs nobles lors de l'allumage d'un feu nouveau les 15 septembre 869 et 16 juin 870. Au pied de cette construction qui servit peut-être d'annexe au jeu de balle situé à l'arrière, on découvrit deux encensoirs anthropomorphes et une figure phallique d'un homme accroupi ; cette sculpture donne à penser qu'il y eut à Chichén Itzá un culte érotique – ou danse du Náhua comme le rapporte Diego de Landa – qui se pratiquait sur un haut mât au sommet duquel les danseurs mimaient une union sexuelle.

■ **CASA DEL VENADO** (temple du Cerf). Sur un soubassement à angles arrondis formé d'un amoncellement de pierres – ce qui donne une idée de l'aspect des édifices avant leur restauration –, une structure voûtée à trois chambres, dont une jadis ornée d'une peinture de cerf, est surmontée d'une *cresteria*.

■ **CARACOL★★**. Cet imposant monument *(→ ill. p. 245)*, l'un des plus intéressants de Chichén Itzá, semble avoir été un observatoire astronomique. Associant une tour circulaire – type d'édifice inconnu des Mayas de l'époque classique – et une maçonnerie de pierres bien taillées et ajustées, caractéristique de l'architecture régionale Puuc, il illustre l'hybridation des styles toltèque et maya.

**L'extérieur**. La tour de 11 m de diamètre s'élève sur deux plates-formes rectangulaires agrandies à plusieurs reprises et dotées d'un escalier bordé de serpents entrelacés. Des **têtes★** de guerriers de type toltèque ornent le muret de la terrasse supérieure. La tour est décorée de quatre **masques★** de Chac apparaissant au-dessus d'une moulure chanfreinée ; elle était couronnée de merlons sculpturaux.

**L'intérieur**. Quatre portes étroites donnent accès à la tour, constituée de deux corridors annulaires voûtés autour d'un massif central où fut aménagé un **escalier★★** en colimaçon (d'où le nom de l'édifice, « escargot » en espagnol). L'escalier mène à une chambre rectangulaire très ruinée, où sept fenêtres rectangulaires matérialisent une série complexe de références astronomiques, confirmant la fonction d'observatoire de l'édifice. Des études récentes ont montré qu'il servait plus particulièrement à l'observation des mouvements de Vénus vers l'an 1000.

À l'époque postclassique, tous les bâtiments circulaires furent dédiés à Quetzalcóatl (assimilable à Vénus en astronomie) qui, sous la forme d'Ehécatl, dieu du Vent, est représenté accompagné d'une conque.

■ **TEMPLO DE LOS RETABLOS** (temple des Panneaux). Au S. du Caracol subsiste en partie un sanctuaire précédé de huit colonnes, à murs en talus surmontés d'un parement vertical orné de **reliefs**★ sur les côtés (serpents, oiseaux, jaguars et guerriers). Cette structure fut par la suite recouverte par un soubassement pyramidal, avec une plate-forme supérieure où s'élevait un temple dont on distingue un fragment d'escalier et deux colonnes serpentiformes.

■ **EDIFICIO DE LAS MONJAS**★ (édifice des Nonnes). Cette énorme construction pyramidale est le résultat de deux états de construction, révélés par une large brèche due à une exploration brutale à la dynamite par Le Plongeon en 1875.

**Le temple inférieur ou Chenes**★. Sur la première terrasse, haut soubassement vertical (10 m) à angles arrondis, limité par un mur ajouré interrompu de masques de Chac, se dresse un temple très orné de plan complexe. Huit pièces couvertes de fausses voûtes sont séparées par un épais mur médian pourvu de contreforts qui soutenait la *cresteria*. Les **façades**★ N. et S. sont entièrement couvertes de pierres taillées formant des grecques sur une frise de colonnettes, un décor typique de la région Chenes. À cette première phase de construction, appartient l'aile orientale (Anexo Este), édifice indépendant, qui fut en partie recouvert lors de l'agrandissement de la plate-forme.

**Le temple supérieur ou Puuc**. Durant la seconde phase de construction, au classique tardif, le complexe fut élargi et surélevé d'un étage, accessible par une volée de marches masquant la partie centrale du premier temple. Le petit édicule du sommet se compose d'une seule galerie avec une frise de colonnettes entre deux corniches, de style Puuc.

■ **ANEXO ESTE**★ (annexe Est). Contemporain du premier état de l'édifice des Nonnes, ce bâtiment comporte six chambres communiquant entre elles et entourant deux pièces centrales qui furent comblées, sans doute en vue de l'ajout d'un étage jamais construit. La **façade**★★ principale à l'E. est ornée d'une profusion de motifs dans le style Chenes – masques de Chac superposés, serpents stylisés, moulures à décor géométrique –, tandis qu'au-dessus de la porte, symbolisant la gueule ouverte du monstre terrestre, se trouve un médaillon où figure un dignitaire assis avec panache de plumes.

■ **IGLESIA**★. À proximité de l'édifice des Nonnes, cette construction isolée s'ouvrant à l'O., possède une seule pièce voûtée en encorbellement. Le décor de pierres taillées, concentré sur la partie supérieure de l'édifice, est de style Puuc. La frise de grecques à moulures chanfreinées est surmontée d'une large bande de masques du dieu Chac, encadrant, sur la façade O., deux panneaux avec les quatre *bacabs* ou porteurs du ciel déguisés en crabe et tatou d'une part, en escargot et tortue d'autre part. Au-dessus d'une large corniche saillante, la *cresteria* est constituée de masques de Chac. Les Mayas croyaient que les treize niveaux du ciel étaient soutenus par quatre dieux, les *bacabs*, en rapport avec les quatre points cardinaux identifiables par une couleur : rouge (Chac) pour l'est, blanc (Zac) pour le nord, noir (E'ek) pour l'ouest et jaune (Kan) pour le sud. Une cinquième couleur, le vert, correspondait au centre de l'univers.

■ **AKAB D'ZIB**. Cet édifice tripartite tourné vers l'E. se compose d'un corps central à deux chambres, flanqué au N. et au S., de deux galeries de huit pièces voûtées. Sur un linteau d'une chambre sise au S., fut gravée une représentation de dignitaire assis sur un trône, entouré de hiéroglyphes, non encore déchiffrés, d'où le nom de cette construction (« écriture obscure » en maya). Les glyphes calendaires semblent correspondre à 869 de notre ère. Dans la deuxième chambre de la série de dr. *(au S.)*, on peut également voir des empreintes de mains peintes en rouge.

## 3 Chichén Viejo

Le long du côté O. de l'édifice des Nonnes se détache un sentier (*sacbe* 7) qui s'enfonce dans la forêt. Il donne accès *(1 km)* à une série de monuments dispersés. Pour les identifier, il sera préférable de s'assurer les services d'un guide local.

■ **Templo de los Atlantes**★. Ce petit temple s'ouvre par deux grandes statues d'**atlantes**★★ qui supportaient deux linteaux en bois. Ils figurent des guerriers toltèques portant une large ceinture et parés d'un ornement nasal et de grands disques d'oreilles.

■ **Templo de los Cuatros Dinteles** (temple des Quatre Linteaux). Sur les linteaux, notez des **inscriptions hiéroglyphiques**★ qui répètent trois fois la date du 13 juillet 881, et nomment deux nobles accomplissant des rites de sacrifice et d'allumage du feu nouveau. Sur deux des linteaux, sont gravées des **scènes sacrificielles**★★ montrant un oiseau ouvrant de ses serres la poitrine d'une victime au-dessus de laquelle plane le serpent emplumé. Sur une paroi du temple, remarquez le visage de Kukulkán émergeant des mâchoires d'un oiseau-serpent.

■ **Templo de los Tres Dinteles** (temple des Trois Linteaux). Excellent spécimen d'architecture Puuc, cet édifice aux angles arrondis est orné dans la partie supérieure d'une frise à masques de Chac (aux angles), de « jalousies » et de colonnettes entre deux corniches chanfreinées. Un des linteaux porte la date de 10.2.10.10.0.0 correspondant à 850 apr. J.-C.

## Environs de Chichén Itzá

**1 Ekbalam** *(68 km N. ; à 25 km N. de Valladolid par la route 295 en direction de Tizimín ; ouv. t.l.j. de 8 h à 17 h)*. Ce centre cérémoniel maya, dont le nom signifie « jaguar noir », présente la particularité d'être entouré d'une double **enceinte**★ ; fondé vers 400 apr. J.-C., il connut son développement maximal durant le classique tardif (700-1000). Depuis les portes de la ville rayonnent quatre chaussées en direction des points cardinaux. Les constructions, de style Puuc, sont organisées autour d'une place carrée. Au N. se dresse la **tour**★, pyramide à degrés haute de 30 m, pourvue à chaque étage de cavités que l'on a identifiées comme étant des réservoirs *(chultún)*. À l'E., le **palais des Nonnes**, déjà photographié par Désiré Charnay en 1860, montre deux galeries de quatre chambres voûtées sur un soubassement. Au S. de la place, quelques **stèles** très érodées sont sculptées de représentations humaines et de glyphes.

Une paire de jumelles, un chapeau et une puissante crème contre les moustiques sont les accessoires indispensables d'une excursion dans ces parcs naturels situés au sein de lagunes saumâtres. Évitez d'y aller le week-end.

**2 Río Lagartos**★ *(101 km N.-E. par Espita, Calotmul et Tizimín)*. Ce petit port de pêche caché au milieu de la selve est le point de départ des excursions en bateau le long de la côte vers San Felipe (parc San Felipe) ou Las Coloradas (parc Río Lagartos), où les

Mayas exploitent des salines. Inhabitée et protégée, cette partie de la côte du N. Yucatán abrite le plus important sanctuaire d'oiseaux migrateurs d'Amérique (on a dénombré près de deux cent soixante espèces). Dans les mangroves et les marais niche une vaste colonie de flamants roses qui se reproduisent en été (les nids sont protégés d'avril à juin, période durant laquelle certaines zones du parc Río Lagartos ne sont pas accessibles). Les plages sont également un des lieux de ponte préférés des grandes tortues marines.

**3 GRUTAS DE BALANKANCHÉ** *(7 km E. ; par la route de Valladolid et de Cancún et à g. à 6 km ; ouv. de 9 h à 17 h ; visites guidées en espagnol à 9 h, 10 h, 12 h, 14 h, 16 h ; en anglais à 11 h, 13 h et 15 h)*. Ces grottes, dont l'entrée était dissimulée par des blocs de pierre, servirent de lieu de culte du dieu de la Pluie à partir du Xe s. Les prêtres avaient placé près de cent braseros – dont certains polychromes et décorés du masque de Tláloc (ou Chac) – et encensoirs en copal au pied d'une énorme stalagmite taillée en forme de *ceiba* (l'arbre sacré des Mayas). Ceux-ci, ainsi que 252 *metates* (pierres à moudre) miniatures déposés en offrande sont conservés *in situ*. Une seconde salle ornée de stalactites abrite un petit lac aux eaux cristallines.

**4 VALLADOLID**★ *(43 km E. par la route 180 en direction de Cancún)*. La ville fut fondée en 1544 par Francisco de Montejo le Jeune sur l'emplacement de Zací, centre religieux des Mayas Cupules, près d'un *cenote* (**Cenote Zací**, *dans un jardin au centre, Calle 36)*. Cette belle cité coloniale, l'une des quatre villes espagnoles du Yucatán, interdite d'accès aux Mayas, fut incendiée pendant la guerre des castes en 1847, et ses églises dépouillées de leurs ornements. À 1,5 km du Zócalo et de la cathédrale se dressent l'**église San Bernardino de Siena** et le **monastère de Sisal**★, érigés par le franciscain Fray Juan de Mérida en 1552-1560. L'église, à une seule nef, présente l'aspect d'une forteresse avec ses merlons pointus. À l'intérieur, remarquez les nervures gothiques de l'abside et le retable du chœur daté du XVIIIe s. Une porte au N. donne accès au cloître et aux bâtiments conventuels.

▶À 7 km O. du centre, au lieudit X-Keken, se situe le **Cenote de Dzitnup**★ *(ouv. t.l.j. de 7 h à 17 h ; baignade possible ; restaurant)*, où la voûte calcaire encore sur place, laisse entrevoir la nappe d'eau turquoise au fond du puits accessible par cinquante-quatre marches.◀

**L'église San Bernardino de Siena et les bâtiments du monastère.**

☎ 9

ℹ À l'angle des Calle 40 et 41, Palacio Municipal (☎ 856-20-63 ; ouv. du lun. au sam. de 9 h à 14 h et de 18 h à 21 h). Les églises sont fermées le dim. après-midi.

À Valladolid, l'hôtel *Mesón del Marqués*, Calle 39 n° 203, sur le Zócalo (☎ 856-20-73), dans une ancienne demeure coloniale avec piscine et excellent restaurant, offre un logement très confortable et meilleur marché qu'à Chichén Itzá.

Le pays maya

# Cobá★★

**Situation :** 130 km S.-O. de Cancún, 315 km S.-E. de Mérida, 120 km S.-E. de Valladolid, 45 km N.-O. de Tulum. Alt. 8 m ; État de Quintana Roo.

**À ne pas manquer**



Couvrant une superficie d'environ 70 km², Cobá, située au sein d'un vaste réseau de chaussées de pierre, fut la plus importante des cités mayas du N. du Yucatán lors du classique tardif (600-900 apr. J.-C.). À la différence des villes de la région Puuc, son architecture montre des liens étroits avec les grandes cités du Petén (Guatemala). Sa période d'expansion, à partir du VIIe s., lorsque furent exécutés les plus vastes programmes de construction de monuments et de chaussées, correspond à la prise de contrôle, par les rois de Cobá, de la route commerciale maritime entre la côte E. du Yucatán, avec probablement la rade de Xel-Há pour port principal, et la partie centrale de la péninsule yucatèque. Son occupation se prolongea jusqu'à l'arrivée des Espagnols. Les principaux monuments construits à proximité de lacs peu profonds, couverts de roseaux, émergent d'une végétation exubérante à peine entamée par les travaux d'excavation.

## Cobá dans l'histoire

**■ Au cœur d'un réseau de chaussées**
Cobá doit son existence à cinq petits lacs, une rareté en cette région où les eaux de pluie s'infiltrent sans tarder dans le sol calcaire, et la ville aura sans doute tiré son nom de sa situation (*cobá* signifie « eau agitée par le vent »). La présence de l'eau permit une agriculture intensive allant de pair avec une concentration démographique plus importante que dans le reste de la péninsule. La ville était située au cœur d'un réseau de chaussées, ou *sacbéob* (pluriel de *sacbé*). Ces *sacbéob*, de 9 m de largeur, furent construits entre 600 et 800. Tracés en lignes droites, ils menaient à divers centres cérémoniels et d'habitation de la périphérie de Cobá, mais aussi à des villes du N. du Yucatán, permettant non seulement la distribution du flux commercial côtier, mais également la mobilisation rapide de contingents militaires. Les agglomérations autour de Cobá et des centres cérémoniels satellites étaient constituées de

modestes chaumières où vivait une population d'agriculteurs, qui, à l'occasion, fournissaient la force de travail pour la construction de grands ensembles cérémoniels et de palais. La classe dirigeante séjournait dans de vastes demeures en pierre.

**■ Un grand centre du commerce maya**

C'est en cette période (600-800) que furent fondés les centres cérémoniels annexes de Nohoch Mul, Chumuc Mul et Macanxoc. Des relations commerciales et culturelles importantes existaient entre Tikal et Cobá, qui fournissait notamment le sel. À l'instar des seigneurs de Palenque et de Toniná, les dirigeants de Cobá célébraient les fins de *katun* en érigeant des stèles sculptées de glyphes calendaires. Une trentaine de stèles ont été mises au jour sur le site.

La présence d'édifices postclassiques, semblables à ceux de Tulum, atteste d'une occupation quasi ininterrompue du site jusqu'à la Conquête, bien que Cobá perdît sa suprématie commerciale lors de l'arrivée des Itzás au IX^e^ s. Ceux-ci fondèrent un nouvel État dans le N. du Yucatán, disputant Yaxuná aux rois de Cobá, avant de s'installer à Chichén Itzá.

**■ Le projet « Cobá »**

L'ensemble des ruines s'étend sur près de 9 km du N. au S. et sur 5 km d'E. en O., Cobá ne constituant que la partie centrale. Les ruines furent explorées en 1926-1929 par le Carnegie Institute. Les travaux furent repris en 1974 par l'Instituto Nacional de Antropología e Historia (INAH), dans le cadre du « projet » Cobá, qui recouvre non seulement l'étude des monuments, mais encore de la flore et de la faune (singes, sangliers, cerfs, reptiles, oiseaux), en vue de leur conservation. Celle des bâtiments est peut-être la tâche la plus délicate, car la végétation, en cette région tropicale très humide, est d'une extraordinaire puissance. Tel monument dégagé de l'emprise de la forêt sera entièrement masqué deux ou trois ans plus tard, à tel point que l'on peut passer à quelques mètres sans le voir. Bien entendu, les fameuses chaussées ne sont plus visibles, la plupart du temps.

**Des recherches autour de Cobá ont permis de dénombrer quarante-cinq chaussées dont la longueur varie de quelques centaines de mètres à environ 100 km (cas du *sacbé* unissant Cobá à Yaxuná, près de Chichén Itzá). Ces voies étaient établies sur un remblai de pierres et de cailloutis de pierre calcaire tassé à l'aide d'énormes cylindres de pierre, dont on découvrit quelques exemplaires (ils ne pesaient pas moins de 5 t). Le remblai mesurait de 0,50 m à 2,50 m selon l'état du terrain, de manière à racheter les différences de niveau du sol.**

# Visiter Cobá

**Accès** : bus avec changement depuis Cancún, Chetumal, Playa del Carmen, direct depuis Valladolid et Tulum. Les bus s'arrêtent au croisement sur la route de Tulum à Valladolid ; il reste 2,5 km à parcourir jusqu'à l'entrée du site. Depuis Cancún, par la route rapide 180 avec bifurcation à Nuevo Xcan ou par la route côtière 307 et bifurcation à dr. avant Tulum. En taxi, depuis Tulum ou Akumal.

**L'hôtel *Villa Arqueológica*, situé en bordure du site et du lac Cobá (500 m), offre le confort d'une piscine et de petites chambres aménagées avec goût.**

**Cobá**

**Visite** : ouv. t.l.j. de 8 h à 17 h ; entrée libre le dim.

**Combien de temps** : les différents groupes étant assez éloignés les uns des autres, il faut compter entre 2 h (groupes Cobá et Nohoch Mul) et 4 h pour l'ensemble du site (7 km de marche sur des sentiers forestiers).

**Le meilleur moment** : la visite permet d'effectuer une agréable promenade en forêt ; les heures matinales sont les plus recommandées.

■ **GRUPO COBÁ**★★ *(à 50 m à dr. après l'entrée)*. Il s'étend entre les lacs Cobá et Macanxoc, sur un rectangle d'environ 400 m sur 200 m.

**Jeu de balle**★. À g., à proximité d'un *ceiba*, se trouve le terrain du jeu de balle axé N.-S. *(→ ill. p. 579)* où l'on mit au jour les fragments de deux stèles (9 et 10), sur un soubassement d'époque postclassique. Sur le talus N., un escalier a été aménagé tardivement ; un relief montrant un joueur de pelote nu orne le talus S.

**Iglesia**★★. Cette haute pyramide à neuf degrés arrondis doit son nom aux habitants actuels qui la considèrent comme un sanctuaire et qui, jusqu'à une époque récente, déposaient des offrandes et brûlaient des cierges devant la stèle fragmentaire (stèle 11) placée au pied de l'édifice. Ils y voient une représentation de la Vierge, appelée Colebí, patronne des chasseurs et des agriculteurs. Le sommet qui s'élève à 24 m est accessible par un escalier qui recouvre une structure plus ancienne. À mi-hauteur, deux petits temples situés de part et d'autre de l'escalier datent du classique récent tandis que le sanctuaire supérieur fut élevé durant la période postclassique (1000-1450). Du sommet de l'édifice, vous aurez une vue sur l'ensemble du site : les lacs Cobá *(à dr.)* et Macanxoc *(à g.)*, tandis que la pyramide du groupe Nohoch Mul s'élève au-dessus des grands arbres de la forêt, à environ 1 500 m à vol d'oiseau.

**Structure IV**. À dr. de la Iglésia, cet édifice pyramidal de 4 à 5 m de hauteur s'élève presque au bord du lac Macanxoc. On y accédait par un escalier monumental de 18 m de largeur. En dessous de celui-ci, un tunnel est couvert d'une fausse voûte.

■ **GRUPO D** (ou de las Pinturas). Ce complexe comprend différentes constructions voûtées, aux parois ornées de peintures, qui furent érigées pendant la période postclassique, parfois à l'aide de matériaux prélevés dans les vieux bâtiments de Cobá et de sa région. Ils présentent le même aspect grossier que tous les bâtiments de style dit de la côte orientale, caractéristique de cette époque de décadence que fut, dans la région maya, la période postclassique, un style que l'on retrouve sur les sites de Tulum, Xel-Há et Muyil.

**Templo de las Pinturas**. Au sommet d'un tertre artificiel se trouve un temple ruiné dont l'entrée est surmontée d'un linteau qui conserve des traces de polychromie. Les parois comportaient des représentations peintes de rites agricoles, très endommagées, datées du classique tardif. Au centre du complexe, remarquez les stèles 26 et 28, associées chacune à un édifice cérémoniel.

■ **GRUPO NOHOCH MUL**★★ *(à 1 km)*. Tous les bâtiments de ce groupe, dont un terrain de jeu de balle, présentent une déviation de 29 ° par rapport au N. magnétique.

**Grande Pyramide**★★ (Estructura I). Élevée sur un tertre naturel (*nohoch mul* signifie « le grand monticule » en yucatèque), elle est composée de sept massifs aux angles arrondis. L'escalier de la face S., recouvrant des marches plus anciennes, mène au temple I construit au postclassique. D'un style identique aux monuments de Tulum, ce temple montre en façade une frise creusée de niches où est figuré le dieu descendant, moulé en stuc. L'intérieur est occupé par une longue banquette.

**Stèle 20**★. Protégée par une *palapa*, la stèle la mieux conservée du site est placée devant la **structure X**, plate-forme aux angles arrondis supportant une construction à deux chambres. Elle montre un personnage de haut rang tenant une barre cérémonielle, la tête de profil, debout sur deux captifs agenouillés et encadré de deux prisonniers, les mains liées dans le dos. Les signes glyphiques indiquent la date du 30 novembre 780.

*Rebrousser chemin et prendre à g. à la bifurcation.*

■ **GRUPO MACANXOC**★ *(à 1,5 km du groupe Cobá et 700 m du groupe D)*. Construit sur une vaste plate-forme, près de la rive du lac Macanxoc, ce groupe comporte, sous une végétation assez touffue, plusieurs pyramides et de nombreuses terrasses. Vous y verrez huit stèles mal conservées, placées sous la protection de toitures de palmes. Elles commémorent chacune la célébration d'un *katun*, soit une période de vingt années de trois cent soixante jours.

La **stèle 1**★ comporte 313 glyphes desquels on a extrait quatre dates avec série initiale, fait rarissime, ce qui permet de déterminer les correspondances dans notre calendrier. On a ainsi relevé les dates 9.11.0.5.9. 4 Muluc 17 Kayab, soit

**Avec ses 42 m de hauteur, la grande pyramide de Nohoch Mul est la plus haute construction du Yucatán du N.**

le 29 janvier 653 ; 9.12.0.0.0. 10 Ahau 8 Yaxkin, le 29 juin 672 ; 9.12.10.5.12. 4 Eb 10 Yax, le 28 avril 682 ; 13.0.0.0.0. 4 Ahau 8 Cumhu, le 23 décembre 2012, c'est-à-dire la date du dernier solstice d'hiver qui marque aussi la fin de la quatrième ère maya !

La **stèle 4**, bien conservée, est située dans une petite « chapelle » à fausse voûte aménagée au centre de l'escalier d'une structure pyramidale. Elle comporte 132 glyphes répartis en neuf colonnes, d'où l'on a extrait la date 9.9.10.0.0. 2 Ahau 13 Pop, soit le 19 mars 623. Elle montre un personnage en pied, debout sur deux captifs accroupis, près d'un troisième, agenouillé.

La **stèle 3**, datée de 9.10.0.0.0. 1 Ahau 8 Kayab, c'est-à-dire le 25 janvier 633, représente un noble tenant une barre cérémonielle au-dessus d'un personnage agenouillé.

La **stèle 2**, très effacée, et la **stèle 6**, reconstituée après avoir été brisée par un arbre, ne méritent pas le dérangement.

Un sentier qui se détache à dr. devant l'avant-dernière stèle vous conduira à la **stèle 5** (21 août 662), à une vingtaine de mètres.

►La zone archéologique de Cobá, dont l'exploration est loin d'être terminée, est constituée de nombreux autres groupes, autrefois tous accessibles par des chaussées. Parmi ceux-ci, le **groupe Dzib Mul** *(environ 3 km à travers la forêt)*, situé au terminus d'un *sacbé*, comprend deux groupes principaux de bâtiments, à deux niveaux différents, qui entourent chacun une cour. La plus grande, à l'E. *(le côté par lequel vous arriverez sur le site)*, est limitée sur trois côtés par des constructions pyramidales ; on y accédait par quatre portes percées sur les côtés E. et N. De cette cour, un escalier monumental conduit au deuxième patio, plus petit et à un niveau plus élevé, qui est entouré de bâtiments où l'on a découvert trois séries de glyphes calendaires d'où le nom de Dzib Mul, ou « monticule de l'Écriture », donné à cet ensemble. Quelques-unes des quatorze chambres que comptait cette partie du site ont conservé leurs voûtes mayas, en encorbellement, leur revêtement de stuc et quelques vestiges de peintures.◄

# Mérida★

Souvent désignée sous le nom de Ciudad Blanca, Mérida est, grâce à son climat très doux qui favorise l'épanouissement d'une belle végétation, une agréable cité qui a conservé un charme provincial, héritage de son passé colonial et de son long isolement. La culture intensive du sisal qui a fait sa prospérité au XIXe s. se traduit par la profusion d'élégantes demeures de style français et italien construites le long du Paseo de Montejo, les Champs-Élysées de Mérida.

Désenclavée par la construction d'une autoroute la reliant à Cancún, la ville a bénéficié, après la chute du cours du sisal, de la nouvelle manne industrielle et touristique et s'est dotée d'un aéroport international. Capitale d'un État moderne, elle est aussi une capitale culturelle. De nombreux concerts et récitals gratuits sont organisés par la municipalité tout au long de l'année dans les parcs et sur la Plaza Mayor, ajoutant une note musicale à cette douceur de vivre typiquement yucatèque.

**Situation** : 320 km O. de Cancún, 195 km N.-E. de Campeche.
Alt. 8 m ; 700 000 hab. ; capitale de l'État du Yucatán ; université ; archevêché.

**À ne pas manquer**

| | |
|---|---|
| **Plaza Mayor★★** | **595** |
| **Palacio Montejo★★** | **595** |

**☎ 9**

**ⓘ Teatro Peón Contreras, Calle 60, entre les rues 57 et 59 (*plan AB2* ; ☎ 924-92-90 et 924-93-89 ; ouv. t.l.j. de 8 h à 20 h).**

**Urgences**
**Police touristique (☎ 925-25-25).**
***Angeles Verdes* (police routière ; ☎ 983-11-84).**

## Adresses utiles

### ■ Représentations diplomatiques

*Consulat de France*, Calle 33B n° 523 (☎ 925-27-91).

*Consulat de Belgique*, Calle 25 n° 159, Colonia García Gineres (☎ 925-29-39).

### ■ Poste

Calle 65, entre les Calles 56 et 56A *(plan B3)*.

### ■ Aéroport

À 6 km S. par la route de Campeche. Vols fréquents pour Cancún, Chetumal, Mexico, Oaxaca, Tuxtla Gutiérrez, Veracruz et Villahermosa.

### ■ Compagnies aériennes

*Aeroméxico*, Paseo de Montejo 460 (☎ 920-12-99).
*Mexicana*, Calle 58 n° 500 (☎ 924-66-33).
*Aerocaribe*, Paseo de Montejo 500B (☎ 928-77-90).
*Aviateca*, aéroport (☎ 946-12-96).

**Manifestations**

**Tous les jeu. vers 21 h, concert sur la Plaza Santa Lucía. Le dim., concerts de *marimba*, *jarana* et musique classique organisés en différents endroits de la ville (se renseigner à l'office de tourisme).**
**Durant le Carnaval, danse de la *jarana*, dérivée de la *jota* aragonaise avec des improvisations poétiques de la part des danseurs.**
**Le 27 sept., fête du Cristo de las Ampollas.**

**Achats**

**C'est ici que vous trouverez le plus grand choix de *guayaberas* (chemises pour hommes finement plissées et brodées) et de tuniques brodées *(huipiles)*. Les fins panamas en fibre de palme *(jipis)* et les hamacs en sisal sont les deux autres spécialités de cette région. Vous trouverez ces articles au Mercado de Artesanias, sis au premier étage du grand marché municipal Lucas de Galvez, Calles 56 et 56A *(plan B3)*, ainsi que dans les rues environnantes. Vous trouverez aussi de la très jolie vannerie, des sandales en cuir et des bijoux en argent à des prix nettement plus intéressants que dans le Quintana Roo.**

### ■ Gare routière

*Unión de Camioneros*, Calle 69, entre Calle 68 et 70 *(hors plan par A3)*. Liaisons ***(Cristóbal Colón, ADO, Autotransportes de Oriente, Autobuses del Noreste)*** avec Cancún, Campeche, Chichén Itzá, Mexico, Playa del Carmen, Puerto Juárez, Progresso, Tulum, Valladolid, Villahermosa.

### ■ Gare ferroviaire

Calle 55 *(hors plan par A2)*. Liaisons avec Córdoba (27 h), Campeche, Tizimín (6 h) et Valladolid.

### ■ Location de voitures

***Dollar***, Calle 7 n° 207, Circuito Colonias (☏ 925-18-55) ; à l'aéroport de Mérida (☏ 946-13-23).

***Europcar National***, Calle 60 n° 486 F (☏ 923-24-93) ; Colon y Paseo de Montejo (☏ 925-98-55).

***Mundo Maya Rent-A-Car***, Calle 62 n° 486A, entre les Calles 57 et 59 (☏ 924-65-21).

## Mérida dans l'histoire

### ■ De Tihó à Mérida

La ville de Mérida fut fondée le 6 janvier 1542 par Francisco de Montejo, dit El Mozo, le conquérant du Yucatán. Construite sur l'emplacement de la cité maya de Tihó, elle prit le nom de son homonyme espagnol de l'Estrémadure car les monuments pré-hispaniques que les conquistadores purent voir au moment de leur arrivée leur rappelèrent les constructions érigées par les Romains dans l'ancienne capitale de la Lusitanie. Le 23 janvier 1542, le cacique de Maní, Ah Kukum Tutul Xiú, proposa son alliance aux Espagnols et fut baptisé deux mois plus tard. Les pyramides de Tihó furent arasées, et leurs matériaux servirent à la construction des premiers bâtiments, dont la cathédrale.

### ■ La Très Noble et Très Loyale Ville de Philippe III

Dotée d'un *cabildo*, le second en date du Yucatán après celui de Campeche, la ville de Mérida fut d'abord placée sous la juridiction de l'Audiencia de la Nouvelle-Espagne, puis, en 1549, sous celle du Guatemala, mais elle ne tarda pas, avec tout le Yucatán, à être de nouveau rattachée à la Nouvelle-Espagne. Le roi Philippe III lui accorda le 30 avril 1605 le titre de « Muy Noble y muy Leal Ciudad » et ses armes le 18 août 1618. En 1648, elle fut ravagée, ainsi que tout le Yucatán, par une terrible épidémie de fièvre jaune lorsqu'arrivèrent, dans cette province, les premiers esclaves noirs en provenance de la côte O. de l'Afrique.

### La ville des milliardaires

Très éloignée de Mexico, la cité de Mérida ne participa pour ainsi dire pas aux luttes pour l'indépendance et, pendant longtemps, vécut en marge du reste du pays, auquel elle fut rattachée politiquement en 1858 (et, de fait, en 1930, grâce à la construction d'une voie ferrée la reliant à la capitale). La ville, peu touchée par les rébellions indiennes qui enflammèrent la péninsule lors de la guerre des castes, accueillit les *ladinos* de Valladolid, en fuite devant les Mayas révoltés. Sous le régime de Díaz, la production du *henequén*, la fibre de sisal, décupla, conséquence de la mécanisation de l'agriculture dans le Middle West américain et de la forte demande de cordes résistantes pour les moissonneuses-lieuses et les courroies de moteur. Le N. du Yucatán se couvrit de champs d'agave et les haciendas se multiplièrent. On construisit alors un réseau de chemin de fer reliant la zone productrice à Mérida et au port d'exportation, Progreso. Au début du XXe s., Mérida se flattait de compter le plus grand nombre de milliardaires. Ceux-ci se firent construire des villas de luxe le long du Paseo de Montejo.

### Mérida aujourd'hui

L'industrie du sisal déclina après la Première Guerre mondiale, en raison notamment de la concurrence de Cuba et de l'Afrique orientale où l'agave avait été introduite. L'action sociale de Felipe Carrillo Puerto et la réforme agraire contribuèrent au démantèlement des grandes haciendas. Lors du *boom* pétrolier des années 1970, les usines de défibrage furent nationalisées et donnèrent naissance à l'entreprise publique *Cordemex*. Mais, faute de débouchés et malgré les encouragements à l'artisanat de la corderie, notamment des hamacs, cette activité représente un faible pourcentage des revenus. Desservie par un bon réseau routier depuis une vingtaine d'années, la ville, à 40 km des plages, a réussi à attirer des industriels et à se positionner comme capitale d'un tourisme culturel face à sa rivale Cancún.

## Fray Diego de Landa et les idolâtres

Auteur de la célèbre *Relación de las Cosas de Yucatán*, le second évêque de Mérida, Diego de Landa, est considéré comme le premier et l'un des meilleurs chroniqueurs du monde maya que, par ailleurs, il s'acharne à faire disparaître. Prêtre fanatique, souvent cruel, il mène une violente campagne contre l'idolâtrie, faisant brûler tous les précieux manuscrits mayas. Accusé d'avoir outrepassé ses droits, il est, en 1563, rappelé en Espagne devant un tribunal ecclésiastique. Finalement disculpé après un interminable procès, il est nommé évêque et renvoyé à Mérida où il meurt en 1579. Pendant son séjour en Espagne, il avait entrepris, grâce aux notes accumulées pendant quatorze ans sur le terrain, la rédaction d'une histoire très détaillée du peuple maya. Il décrit les anciennes cités mayas et s'interroge sur la fonction des édifices, enquête sur les coutumes et les croyances. Sans renier son dogmatisme religieux, le franciscain inquisiteur s'est mué en observateur d'une civilisation à laquelle il reconnaît de la grandeur. Son apport capital est la transcription alphabétique des signes glyphiques de la langue yucatèque. Cet alphabet, qui s'est révélé être un syllabaire, a servi de base au déchiffrement de l'écriture maya par Yuri Knorozov en 1952.

# Visiter Mérida

**S'orienter** : la ville est construite selon un plan en damier. Les rues impaires vont d'E. en O., les nombres les plus élevés étant au S. ; les nombres pairs indiquent l'axe N.-S., en progressant depuis l'E. Si vous circulez en voiture, notez que les rues sont à sens unique alterné. Ainsi, dans la Calle 58, on se dirige vers le S. et dans la 60, vers le N. ; la Calle 61 va d'E. en O. et inversement pour la 59, etc.

**Combien de temps** : la visite de la ville elle-même ne

**Il existe un assez bon choix d'hôtels de toutes catégories, des constructions modernes assez éloignées du centre aux anciennes résidences transformées en hôtel de luxe. Si vous aimez les hôtels de charme, réservez au *Gran Hotel*, Calle 60 n° 496 (☏ 923-69-63), un palace du début du siècle à un prix très abordable, ou encore aux *Misión Park Plaza* et *Hotel Caribe* (ancien collège San Ildefonso), également situés dans le centre, Calle 60.**

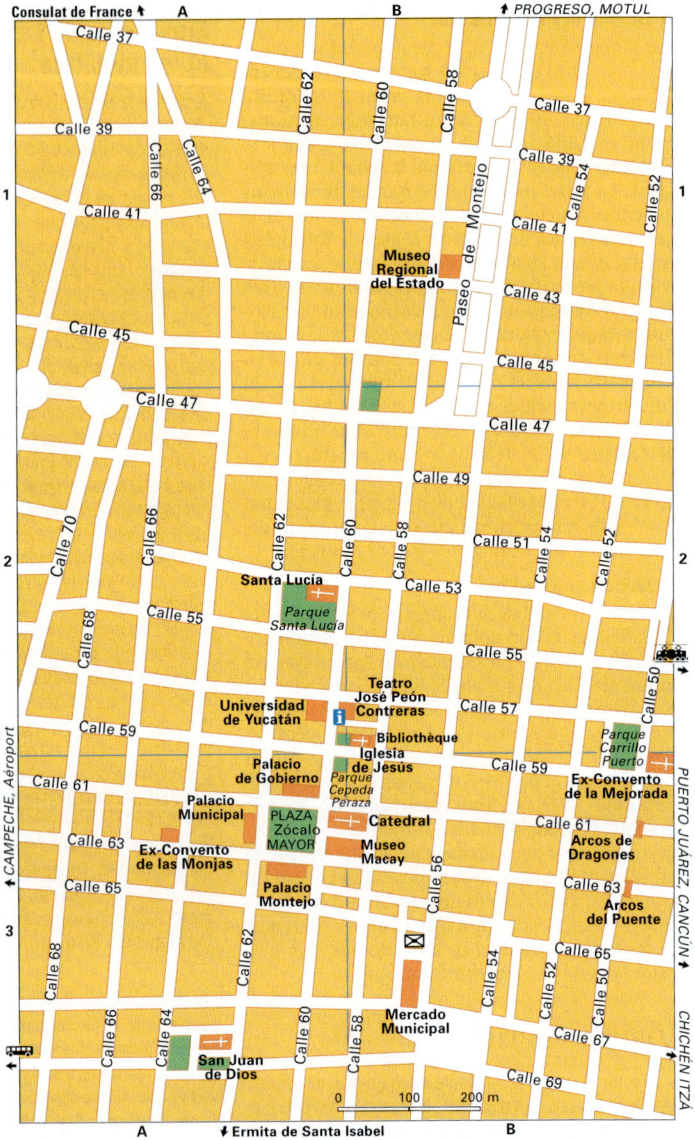


**Mérida**

demande pas plus de 2 h, musée compris. Si vous aimez la musique et les danses folkloriques, ne manquez pas d'assister en soirée à l'un des nombreux spectacles gratuits. Enfin, sachez que Mérida est un excellent point de départ pour la découverte des nombreux sites archéologiques des environs, en particulier Uxmal et les sites Puuc (à 1 h 30 de route).

Pour goûter à la cuisine régionale, rendez-vous au restaurant *Los Almendros*, Calle 50 n° 493.

■ **Plaza Mayor★★** *(plan A3)*. La population aime à venir flâner à la tombée de la nuit sur l'ancienne Plaza de Armas, plantée de lauriers d'Inde. Celle-ci fut transformée au XIXe s. : la résidence de Montejo, qui occupait tout le côté S., fut amputée, tandis que les bâtiments de l'évêché furent affectés aux pouvoirs fédéraux avant d'être récemment transformés en musée d'Art contemporain (Museo Macay). Du côté O. se situe le **Palacio Municipal★**, édifice du XVIe s. à deux galeries superposées dominées par une tour d'horloge ajoutée en 1920. Au N., le **Palacio de Gobierno** fut bâti en 1892 sur l'emplacement du palais des Capitaines généraux du Yucatán. Les murs de la cour de l'escalier et du premier étage sont couverts de fresques dues au muraliste Ferdinand Castro Pacheco. Terminées en 1978, elles illustrent les grandes pages de l'histoire du Yucatán.

Tous les dim. à 11 h, concert dans un salon du Palacio de Gobierno. Reconstitution d'un mariage *mestizo* (métis) chaque dim. à 13 h au Palacio Municipal.

■ **Catedral★** *(plan AB3)*. Construite en 1561-1598 par Pedro de Aulestia et Juan Miguel de Aguero, la plus ancienne cathédrale du continent américain présente du côté de la place une belle façade Renaissance à trois portails encadrés de deux tours. Après l'indépendance, les armes de l'Espagne sur le blason furent remplacées par l'aigle mexicain.

À l'intérieur, remarquez les voûtes à caissons de style Renaissance et, à dr., au-dessus du portail latéral, un tableau représentant la visite du cacique de Maní, Tutul Xiú, au camp de Francisco de Montejo, à Tihó. À g. du maître-autel se trouve la **chapelle du Cristo de las Ampollas★** (le « Christ des Ampoules »), où l'on vénère une statue de bois du XVIe s. provenant d'Ichmul.

Le Cristo de las Ampollas, de facture indigène, fut taillé dans le bois d'un arbre que des Indiens auraient vu brûler à plusieurs reprises dans la nuit, sans qu'il subsiste la moindre trace de combustion ; la statue fut moins heureuse lors d'un incendie de l'église d'Ichmul et fut retrouvée noircie et couverte de cloques, d'où son nom de Christ des Ampoules.

■ **Museo Macay** *(plan AB3 ; ouv. du mer. au lun. de 10 h à 18 h)*. L'**ancien palais archiépiscopal** a été séparé de la cathédrale par l'ouverture d'une rue (Pasaje de la Revolución). Au palais, désaffecté en 1915, était annexé un séminaire ; au-dessus du portail de cet établissement *(Calle 58, n° 501-C)*, remarquez les statues de la Vierge du Rosaire, à laquelle étaient consacrés la cathédrale et le séminaire, et de saint Ildefonse ; au-dessus, écusson de l'évêché de Mérida. Les bâtiments abritent un musée d'Art contemporain du Yucatán.

■ **Palacio Montejo★★** *(plan A3)*. Érigé à partir de 1549 pour le conquistador Francisco de Montejo, c'est aujourd'hui une succursale de la banque *Banamex*. Cette belle résidence présente une remarquable **façade★★** de style plateresque, décorée de sculptures : conquistadores tenant une hallebarde et dont

**Le Zócalo de Mérida, l'un des plus agréables du pays.**

les pieds reposent sur des têtes grimaçantes d'Indiens, bustes et têtes (de Francisco de Montejo l'Adelantado, de son épouse et de sa fille Catalina de Montejo) placés sous la corniche supérieure, sur le linteau et les pieds-droits de la porte ouvrant sur le balcon, écussons, etc.

**Les Mayas Yucatèques portent encore volontiers le costume traditionnel. Les femmes revêtent ainsi une légère robe de coton blanc *(huipil)* enrichi de fleurs brodées sur l'encolure et le pourtour inférieur de ce vêtement qui, parfois, laisse apparentes les broderies ajourées d'un jupon blanc. Le costume masculin comporte le chapeau de fibre de palme *(jipi)*, les *huaraches* ou sandales de cuir, le pantalon de toile blanche par-dessus lequel on porte la *guayabera*, une chemise plissée sur le devant et dans le dos.**

■ **MERCADO MUNICIPAL** *(plan B3 ; ouv. t.l.j. sf dim.)*. Construit au XIX^e s. à l'emplacement du couvent de San Francisco, il s'ouvre par de grandes arcades. Vous pourrez y faire l'acquisition d'articles en fibre de sisal, notamment des hamacs, et contempler de pittoresques étalages de fruits, de légumes et de gibier. Vous y croiserez des Indiens venus des *pueblos* des environs de Mérida et aurez l'occasion de goûter à différentes spécialités yucatèques.

■ **CONVENTO DE LAS MONJAS** *(plan A3)*. L'énorme tour à arcades élevée en style baroque de 1607 à 1625 et l'église constituent les vestiges du couvent des sœurs de la Consolation (d'où le surnom de Monjas, les nonnes) fondé à la fin du XVI^e s. Les bâtiments sont occupés par la **maison de la culture**, où l'on peut trouver des articles d'artisanat local.

■ **PARQUE CEPEDA PERAZA**★ *(plan AB3)*. Cette petite place bordée de terrasses de cafés et de restaurants est l'un des lieux de rendez-vous préférés des habitants de Mérida. Au N. s'élève l'**église de Jésus**, encore appelée Iglesia de la Tercer Orden, érigée par les Jésuites en 1618 (à g. du maître-autel, notez un retable en bois doré et sculpté, de style plateresque). Juste à côté de l'église, la **bibliothèque Cepeda Peraza** *(Calle 59 ; ouv. du lun. au sam. de 8 h à 12 h et de 14 h à 22 h, dim. de 8 h à 12 h)*, fondée en 1867 par le général Manuel Cepeda Peraza, abrite plus de quinze mille volumes.

■ **TEATRO JOSÉ PEÓN CONTRERAS★** *(plan AB2 ; pour les spectacles, se renseigner à l'office de tourisme).* Témoin de la grande époque de prospérité, cette énorme bâtisse de style néoclassique fut édifiée en 1900-1908 par l'architecte italien Enrico Deserti. À l'intérieur, remarquez l'escalier en marbre de Carrare et les peintures *a fresco* sur la coupole, œuvre d'artistes italiens.

■ **UNIVERSIDAD DE YUCATÁN** *(plan A2).* Reconstruite en style hispano-mauresque en 1938 sur l'emplacement de l'ancien collège jésuite de San Pedro, fondé en 1618 et administré par la Compagnie de Jésus jusqu'en 1767, elle a conservé un portail baroque du XVIIe s. Dans la salle du conseil, une fresque de Manuel Lizama (1961) figure le gouverneur Felipe Carrillo Puerto (au centre), fondateur de l'université en 1922 ; derrière lui se trouve le général Manuel Cepeda Peraza, qui, en 1867, transforma l'ancien collège jésuite en Institut littéraire de l'État.

Un peu plus loin, se trouvent la charmante **place de Santa Lucía** *(plan A2)*, entourée d'arcs coloniaux, et l'**église** du même nom, construite en 1575.

**Un marché artisanal se tient sur le Parque Santa Lucía tous les dim. C'est aussi le terminus d'un petit train touristique qui fait le tour de la ville (départs à 10 h, 13 h, 16 h et 19 h).**

■ **MUSEO NACIONAL DE ARTE POPULAR** *(plan B3 ; ouv. du mar. au sam. de 8 h à 20 h, dim. de 9 h à 14 h).* Il occupe les bâtiments de l'ancien **Convento de la Mejorada**, construit par les Franciscains à la fin du XVIIe s., avec une modeste église achevée en 1640. L'exposition d'ethnologie *(à l'étage)* montre des collections de costumes, d'outils et d'éléments de l'habitat au Yucatán. D'autres États du Mexique sont également représentés : masques du Guerrero, du Morelos et de l'Oaxaca, et quelques beaux costumes, notamment d'un Indien Huichol (Nayarit).

Dans le même quartier, aux angles formés par les rues 50 et 61 et 50 et 63, se dressent les **arcs des Dragons** et **du Pont** *(plan B3)*, deux des huit constructions de pierre situées aux quatre points cardinaux qui marquaient les limites de la ville coloniale dessinée en damier à partir de la Plaza de Armas.

■ **MUSEO REGIONAL DEL ESTADO DE YUCATÁN★** *(Paseo de Montejo 485 ; plan B1 ; ouv. du mar. au sam. de 8 h à 20 h, dim. de 8 h à 14 h).* Le **musée d'Anthropologie et d'Histoire** est installé dans le palais Cantón, bel édifice néoclassique construit par Enrico Deserti en 1909-1911 pour le général Francisco Cantón, gouverneur du Yucatán. Dans ce musée, organisé de manière thématique (commerce, architecture, parure, classes sociales, etc.), vous verrez des collections d'art maya provenant des sites du Campeche et du Yucatán.

**Les salles à dr. du hall sont consacrées à des expositions temporaires et à la présentation générale du Yucatán. Les plus belles pièces d'archéologie sont exposées dans les salles à g.**

Dans le **hall**, statue de porte-étendard ayant conservé des restes de polychromie (art maya-toltèque de Chichén Itzá), relief de Tláloc provenant du temple I de la pyramide du Devin (Uxmal), buste en pierre avec un visage grimaçant découvert à San Simón (IXe s.).

**Salle des catégories sociales**. Outre une splendide série de **statuettes**★★ de Jaina, sont exposés des fragments de peintures avec scène de bataille provenant du site de Mul-Chic (près d'Uxmal) ; au centre, un homme dénudé, qui vomit du sang, est suspendu à un arbre, un second pendu repose en partie au sol ; à g., procession de guerriers portant des hommes masqués ; sur la partie supérieure, bandeau composé de glyphes. De Mayapán proviennent des vases et deux beaux **encensoirs**★★ en terre cuite polychrome, l'un représentant le dieu Chac, l'autre un personnage chevauchant une tortue.

**Salle de la religion**. Y sont présentées des offrandes découvertes dans les *cenotes* sacrés de Dzilibilchaltún et de Chichén Itzá (cristal de roche, figurines en bois, fragments de tissu en coton tissé, collier de jade, disques en cuivre, boules de copal) et des instruments de musique.

**Salle de l'architecture et de la sculpture**. La plus grande part des sculptures de l'époque maya-toltèque proviennent de Chichén Itzá et d'Oxkintok. De ce dernier site, remarquez un anneau de jeu de balle en pierre décoré de glyphes et la **stèle 3**★★ montrant une scène gravée en relief avec deux personnages assis l'un en face à l'autre ; on la date de 849. La stèle 26 (v. 860-880) figure la capture d'un ennemi, tenu par les cheveux.

# Environs de Mérida

**1 DZIBILCHALTÚN**★ *(12 km N. par la route 261 en direction de Progreso ; bus depuis le Parque San Juan, à l'angle des rues 62 et 67A ; ouv. t.l.j. sf lun. de 8 h à 17 h ; musée ouv. jusqu'à 16 h)*. De cette zone archéologique dont les ruines sont disséminées dans un vaste parc naturel sur 19 km², vous verrez la partie centrale du centre cérémoniel, construit selon des cercles concentriques autour du Cenote Xlacah. Le site, occupé dès le Ve s. av. J.-C., fut fouillé à partir de 1956. Il se compose de divers centres résidentiels reliés autrefois par de larges chaussées et dont les origines remontent au IIe s. av. J.-C. Après un hiatus de plusieurs siècles, la cité fut à nouveau très florissante à partir du début du VIIIe s., grâce au commerce du sel et des coquillages (elle comptait 20 000 hab.). Après 1000, elle perdit de l'importance, tout en étant sporadiquement occupée jusque vers 1250.

À l'entrée, un petit **musée**★ très moderne présente de manière didactique les autres sites de la région (Uxmal, San Simón, Oxkintok, Chichén Itzá) avec lesquels la ville était en rapport durant le classique ainsi que la civilisation maya ancienne, coloniale et actuelle (*huipiles*, culture du sisal). Vous y verrez des représentations des dieux Chac et Tláloc, une **statue**★★ de *chac-mool* provenant d'un jeu de balle de Chichén Itzá et la **stèle 19**★ découverte *in situ*, datée de 716 ; celle-ci, intentionnellement mutilée, montre un seigneur maya portant le sceptre *manikin* et un bouclier. L'**offrande des sept « poupées »**★ *(muñecas)* en terre cuite fut mise au jour dans la principale structure ; grossièrement modelées, elles représentent des êtres difformes : hydropiques, bossus et nains. D'autres offrandes (os gravés, grelots, fragments de bois) proviennent du *cenote* sacré d'où l'on a extrait trente mille objets de diverses époques *(→ musée de Mérida)*. Notez aussi un linteau en bois (1566) et des statues de saints en bois polychrome (XVIIe s.), œuvres de facture indigène réalisées sous la houlette des Franciscains qui érigèrent une chapelle au milieu de la place centrale.

En venant du musée, empruntez à g. un chemin *(500 m)* qui mène au **groupe des Sept Poupées**★★ (Grupo de las Siete Muñecas), formé d'une plate-forme de 250 m de longueur et de divers édifices. Le monument le plus important consiste en un haut soubassement pyramidal, accessible par quatre escaliers placés aux points cardinaux, sur lequel s'élève le **temple**★, pourvu d'une corniche ornée de huit masques de Chac. Cette structure construite vers 700, qui servit sans doute d'observatoire astronomique, s'ouvre par quatre portes et quatre fenêtres percées dans les murs E. et O. La chambre centrale, couverte d'une haute voûte à quatre pans formant une sorte de tour, fut comblée vers 800 en vue de supporter un nouveau temple aujourd'hui disparu. Le sanctuaire fut réutilisé au postclassique, époque à laquelle on perça un passage vers la chambre centrale et on aménagea un autel orné de glyphes peints, au pied duquel on a mis au jour les sept figurines en terre cuite. Cet ensemble comprend encore une série de trois petits temples rectangulaires à deux galeries parallèles, alignés du N. au S. pour le calcul des solstices et des équinoxes.

À l'opposé de ce groupe, le *sacbe* conduit à la place centrale où fut érigée une **chapelle** au XVIe s. À g. (du côté S.), la vaste **structure 44**★ est dotée d'un escalier de 130 m de largeur, formant tribune pour les spectateurs. Les **structures 36** (édifice pyramidal qui supportait un temple en adobe) et **39** (où furent inhumées les stèles 18 et 19) ferment la place du côté N., tandis qu'au fond se trouve le **Cenote Xlacah**★★, profond de 44 m *(possibilité de baignade)*. Vers la sortie, vous verrez encore la **structure 38**, ensemble résidentiel de style Puuc, où l'on a découvert la tombe d'un noble personnage.

**2 PROGRESO** *(39 km N. par la route 261)*. Progreso, port principal de Mérida et du N. de la presqu'île du Yucatán, est spécialement équipé pour l'exportation du *henequén*. Bien qu'endommagées par le cyclone de 1988, les plages de sable fin et les stations balnéaires de **Chicxulub**★ *(5 km E.)*, **Chelém** et **Chuburna** *(8 et 10 km O.)* offrent un cadre agréable et peu touristique pour une baignade ou un repas de poisson.

**3 IZAMAL**★ *(85 km E. par la route 180 via Kantunil)*. Cette charmante petite ville coloniale fut construite sur les ruines d'une importante cité maya de l'époque classsique. On y vénérait le dieu suprême Itzamná et le dieu solaire Kinich Kakmó. La ville comptait une douzaine de temples-pyramides, dont quelques-

**Le Cenote Xlacah, idéal pour une baignade rafraîchissante au milieu des nénuphars après la visite de Dzibilchaltún.**

uns subsistent autour d'une vaste place au N. du monastère *(à deux pâtés de maisons, soit environ 500 m ; ouv. de 8 h à 17 h)*. Ce lieu de pèlerinage encore très important au moment de la Conquête fut choisi par les Franciscains pour y ériger l'un des plus vastes ensembles monastiques d'Amérique, le **couvent San Antonio de Padua**★★. Construit en 1553-1561 par le franciscain Juan de Mérida, l'ensemble comprend des bâtiments conventuels et une église précédés d'un vaste atrium entouré de galeries à arcades ornées de fresques. On y accède par un système de rampes et un arc triomphal qui débouche sous l'une des galeries construites au début du XVIIe s. entre des chapelles *posas* érigées à chacun des angles de l'atrium. L'**église de la Virgen**★, dotée d'une façade très simple (la fenêtre surmontée d'un arc outrepassé au-dessus de la galerie fut percée au XIXe s.), est couverte d'une voûte à nervures gothiques. La statue de la Virgen de la Immaculada Conception, introduite au Yucatán à partir du Guatemala en 1558, fut remplacée par une réplique après la destruction de l'original en 1829. Elle est vénérée pour ses pouvoirs miraculeux.

**4 ACANCEH ET MAYAPÁN**★ *(22 et 44 km S.-E. par la route 18 ; sortir de Mérida par la route de Puerto Juárez puis tourner à dr. avant de quitter la ville)*. **Acanceh** est un village bâti sur l'emplacement et avec les matériaux d'une cité préhispanique. Près de l'église édifiée au XVIe s. subsistent les vestiges d'une pyramide à trois degrés, ornée de masques, proche de l'architecture du Petén contemporaine (300-600). Au S.-O., le **palais des Stucs**★, du classique récent, a conservé d'exceptionnels fragments d'une **frise**★★ ornée de figures en bas relief (singes, aigles, animaux mythologiques, signes glyphiques et astronomiques).

**Mayapán**★ *(ouv. de 8 h à 17 h)* était l'ancienne capitale du Nord-Yucatán, qui éclipsa Chichén Itzá vers 1250 avant d'être détruite en 1441 lors d'une guerre civile. La zone archéologique, qui s'étend sur 4 km², compte quelque quatre mille structures et vingt *cenotes* dont l'épicentre, autour du Cenote Ch'en Mul, entouré d'un mur défensif, était occupé par la noblesse. L'architecture de ce site, bien que moins soignée, rappelle celle de Chichén Itzá. Les vestiges, qui remontent au préclassique et au classique (300-600), avec un hiatus de plusieurs siècles puis une réoccupation en 1250, démentent les dires de Diego de Landa, lequel rapporte que la ville fut fondée en 970 par le roi toltèque Quetzalcóatl.

Après l'entrée, vous découvrirez à dr. l'**Edificio Q-62**, construction de type résidentiel pourvue de banquettes, sans doute l'une des nombreuses demeures

## La ligue de Mayapán

Selon la légende, en 1194, Hunac Ceel, prince cocom de Mayapán, se jeta à midi dans le puits sacré de Chichén Itzá et en rejaillit vivant pour délivrer la prophétie du dieu de la Pluie : désormais, le plein pouvoir appartenait à la dynastie des Cocoms, les Xiús d'Uxmal et les Itzás de Chichén Itzá devenant leurs vassaux. Ce faisant, il rompait un pacte de non-agression et d'union commerciale appelé « ligue de Mayapán », qui avait lié les trois cités durant deux siècles. Cette version de l'histoire relatée par des chroniques tardives cristallise le climat de mésentente qui régnait au Yucatán au moment de l'arrivée des Espagnols. Cependant, l'archéologie et le déchiffrement des quelques inscriptions glyphiques existantes semblent indiquer que les Cocoms et les Itzás sont issus du même lignage. Après le déclin de Chichén Itzá, vers 1200, les Cocoms reprirent le système de gouvernement fédéral *(multepal)* mis en place par les Itzás, Mayapán devenant la nouvelle capitale de la confédération qui associait les princes xiús. À l'aîné de ces derniers était attribué le titre de grand prêtre de Kukulkán, *Ah Kin Mai*, les Cocoms se réservant peu à peu l'hégémonie politique en nommant leur patriarche « Premier parmi les égaux ». Leur puissance militaire s'explique également par l'appui de mercenaires du Tabasco, les Canuls, qui introduisirent l'arc et la flèche chez les Mayas. Cette prépondérance prit fin en 1441 lorsque le souverain d'Uxmal, Ah Xupán Xiú, se souleva avec l'appui des autres chefs mayas et détruisit Mayapán.

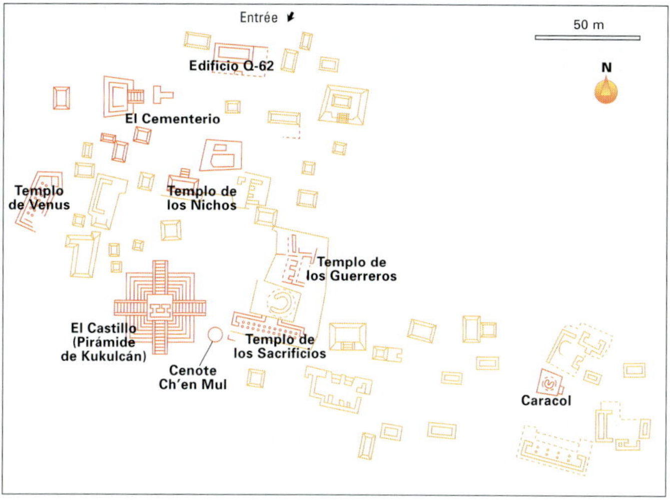


**Mayapán**

de la noblesse. Sous les trois plates-formes du complexe **Cementerio**, on a mis au jour des os humains placés dans une ciste en terre cuite ainsi que les crânes des défunts et des masques de résine exposés dans une chapelle funéraire. Le **Templo de los Nichos**★ est un complexe comprenant une plate-forme pour les stèles, un temple avec salle hypostyle et banquettes stuquées et un oratoire décoré de peintures. Sur un soubassement, le **temple de Vénus**, petit édifice rectangulaire décoré d'une corniche à moulures, est de style Puuc.

Structure la plus importante du centre cérémoniel avec ses 15 m de hauteur, le **temple de Kukulkán**★, sur un soubassement pyramidal à quatre escaliers rayonnants, est une copie réduite du Castillo de Chichén Itzá ; remarquez les colonnes serpentiformes à l'entrée du temple. À quelques mètres du Cenote Ch'en Mul, le **Templo de los Sacrificios**, à deux galeries séparées par des colonnes, était orné en façade et aux angles de masques du dieu Chac.

Un chemin conduit *(environ 100 m)* au **Caracol**, édifice de plan circulaire avec des restes de peintures à l'intérieur, qui servit probablement d'observatoire.

Vous verrez enfin le **Templo de los Guerreros**, où la présence, dans la pièce centrale, d'un autel et de banquettes, ainsi que de caches avec offrandes et os humains, manifeste un culte lié à un lignage ; la tête de serpent sculptée en pierre ornait le sommet de la rampe d'escalier. On découvrit également une grotte funéraire où l'on trouva, outre les squelettes de deux princes et de quarante et une personnes sacrifiées pour les accompagner dans l'au-delà.

**5 CELESTÚN**★ *(91 km S.-O. par la route 281, soit 1 h 30 en voiture et 2 h par le bus, depuis le « Terminal Occidente » à Mérida)*. Paisible village de pêcheurs doté d'une très longue plage assez propre, on y trouve une réserve ornithologique où vivent flamants roses, ibis, hérons, pélicans et autres oiseaux migrateurs. Un parc naturel au milieu des marais (gare aux moustiques !), à découvrir impérativement en barque *(lancha* de six à huit personnes), lors d'une excursion d'environ 1 h 30 qu'il est préférable de prévoir tôt le matin pour éviter la brume de chaleur.

# Palenque★★★

**Situation** : à 6,5 km O. de la ville de Palenque par la Carretera de las Ruinas, 145 km S.-E. de Villahermosa, 220 km N.-E. de San Cristóbal de las Casas. Alt. 80 à 150 m ; État du Chiapas ; aéroport.

**À ne pas manquer**



**☎ 9**

**ℹ Plaza de las Artesanias, à l'angle d'Av. Juárez et Abasolo (☏ 345-03-56 ; ouv. du lun. au sam. de 8 h 30 à 20 h 30, dim. de 9 h à 13 h).**

**Urgences**
**Police fédérale (☏ 345-08-86).**
**Police judiciaire (☏ 345-07-88).**

L'émerveillement que l'on éprouve en découvrant les ruines blanches émergeant de la forêt tropicale n'a d'égal que la beauté de ce site maya, l'un des plus attachants du Mexique. Les « maisons de pierre », découvertes par hasard par le père de Solís en 1746, suscitèrent la curiosité de nombreux voyageurs et artistes parmi lesquels John Stephens et Frederick Catherwood, qui en donnèrent une description très romantique. Située sur les premiers contreforts de l'Altiplano du Chiapas, la cité construite aux VIIe et VIIIe s. s'étage sur des collines naturelles entre lesquelles dévale la rafraîchissante rivière Otulum. Elle se distingue des autres villes mayas par la légèreté des superstructures percées de nombreuses ouvertures et par la qualité de la sculpture modelée en stuc qui s'étale à profusion sur les parois des édifices. La zone fouillée et déboisée couvre une superficie de 15 ha sur un site qui totalise 16 $km^2$. Palenque est inscrit au patrimoine de l'Unesco depuis 1987.

## Palenque dans l'histoire

### ■ Les maisons de pierre

Le nom de Palenque est la traduction espagnole d'Otulum, toponyme en dialecte chol signifiant « maisons de pierre fortifiées ». Le site est encore désigné par les anciens chroniqueurs sous divers autres noms, comme Nachan (« ville des couleuvres » en tzeltal). Suite à la traduction du glyphe-emblème qui caractérise chaque cité maya, on a proposé Lakam-Ha comme nom véritable de la cité à l'époque classique. L'histoire de la ville a été récemment retracée par la mayaniste Linda Schele à la lumière des nombreuses inscriptions glyphiques enfin déchiffrées.

### ■ L'apogée au VIIe s.

Si l'archéologie nous apprend que le site de Palenque fut habité à l'époque préclassique, la ville ne connut son apogée qu'au VIIe s. sous le règne de deux rois, Pacal le Grand et son fils Chan-Bahlum.

Grâce aux listes dynastiques laissées par leurs soins, il semblerait que l'histoire de cette famille commence le 11 mars 431 avec l'accession au trône de l'Ahau Bahlum-Kuk, âgé de trente-quatre ans. Pacal le Grand, onzième roi de la lignée, a régné durant quarante-six ans, son fils, qui lui succède en 684, durant dix-huit ans avant de passer le pouvoir à son frère Kan-Xul, dernier roi connu de la dynastie de Palenque. Durant une bataille qui l'opposait au roi de Toniná, le vieux Kan-Xul fut capturé et décapité. La dernière date donnée par les inscriptions est 799, époque à laquelle décline la puissante cité de Palenque qui avait réussi à étendre son autorité jusqu'à Tortuguero à l'E. et Miraflores à l'O. Elle fut peut-être l'objet d'une invasion de peuples venus de la côte du golfe du Mexique à la fin du Xe s., si l'on en juge d'après les jougs totonaques découverts dans les ruines. Les anciens temples et palais servirent un moment d'abri, puis furent abandonnés et recouverts par une épaisse végétation tropicale.

**La construction de Palenque est l'œuvre de cinq souverains, de 605 à 750. Cet art monumental avait pour fonction première de glorifier le roi tout en lui reconnaissant un rôle primordial dans le cosmos. L'iconographie vise à légitimer le pouvoir temporel, en particulier celui de Pacal qui avait transgressé la tradition de succession patrilinéaire en recevant les insignes d'autorité des mains de sa mère, Zac-Kuk.**

### ■ Le temps des explorateurs

Après sa découverte en 1746 par le père de Solís, envoyé au Chiapas pour évangéliser les Indiens Chols, le site fut visité par divers voyageurs ou explorateurs. En 1786, le capitaine José Antonio del Río, chargé par le roi d'Espagne Charles III de présenter un rapport détaillé sur les ruines, mutile un grand nombre de monuments pour y prélever des échantillons envoyés à Madrid. L'Autrichien Guillaume Dupaix lui succède vingt ans plus tard, accompagné d'un artiste mexicain, Luciano Castañeda. En 1832, Jean Frédéric Waldeck, artiste néoclassique sexagénaire, passera plus d'un an dans les ruines à dessiner et répertorier. Son travail est publié sous le titre *Voyage pittoresque dans la province de Yucatán*, mais ce sont les talents de narrateur de Stephens, publié en 1841, qui font connaître Palenque à un large public. La première campagne de fouilles est menée par l'Institut national d'anthropologie et d'histoire en 1949 sous la direction d'Alberto Ruz L'Huillier, enterré sur le site († 1979), à qui l'on doit la découverte de la crypte du temple des Inscriptions. Depuis, les fouilles se poursuivent en collaboration avec des archéologues américains.

*« (...) Le 1er mai 1833 marque le début du tourisme de masse à Palenque, sous la forme d'une cohorte de douze personnes, hommes et femmes, avec vingt mules, armes et bagages. Ce sont les notables du village en excursion, avec tout le nécessaire pour passer agréablement une nuit et une journée dans les ruines. »*

Claude-François Baudez, *Jean Frédéric Waldeck, peintre, le premier explorateur des ruines mayas.*

Le pays maya

## La zone archéologique★★★

**Accès** : par liaisons routières *(Cristóbal Colón, ADO, Rápidos del Sur, Lagos de Montebello)* jusqu'à Palenque-ville depuis les villes principales : Tuxtla, San Cristóbal de la Casas, Ocosingo, Villahermosa, Campeche. La zone archéologique, située à 6,5 km du centre-ville, est accessible en

**Il existe de nombreux hôtels de toutes catégories, les moins chers se trouvant au centre-ville, les hôtels de catégorie moyenne et supérieure, pour la plupart avec piscine, sur la route de la zone archéologique. Le plus ancien et l'un des plus agréables, au cœur d'un magnifique jardin, est l'hôtel *Misión*, situé à l'E. de la ville sur l'Av. Hidalgo. Le restaurant *La Selva*, sur la route des ruines, offre une excellente cuisine régionale dans un cadre très plaisant.**

taxi ou *colectivo* (terminal à l'angle de Calle Allende et d'Av. Juárez). Par transport aérien depuis Mérida ; l'aéroport se trouve à 3 km de la ville. Par train (à condition de ne pas être pressé en raison des fréquents retards) depuis Córdoba (durée du trajet : 16 h 20), Campeche (7 h) et Mérida (10 h 30) ; la gare est à 10 km de la ville.

**Visite** : site ouv. t.l.j. de 8 h à 18 h ; crypte du temple des Inscriptions ouv. de 10 h à 17 h ; musée ouv. t.l.j. sf lun. de 10 h à 17 h 45 ; entrée libre le dim. ; le billet est valable pour le musée et le site. Restaurant et boutique d'artisanat à l'entrée du parc, près du musée.

**Combien de temps** : compter au moins 3 h pour le site archéologique et 1 h pour la visite du musée. Une agréable promenade à pied de 15 mn par un sentier balisé mène du musée, situé à l'entrée du parc, vers la zone de fouilles à travers la jungle d'où émergent quelques ruines non dégagées. L'idéal est de passer au moins une nuit à Palenque pour faire l'excursion d'une journée par la route vers Yaxchilán et Bonampak.

**Le meilleur moment** : l'après-midi, quand la majorité des cars de touristes sont partis, ou dès l'ouverture du site à 8 h. Si vous arrivez vers midi, commencez par la visite du musée.

■ **TEMPLO XII**. Le premier édifice que l'on rencontre à dr. peu après l'entrée est le temple XII ou Templo de la Calavera, qui conserve un relief de crâne modelé en stuc sur l'un des piliers de la galerie et des restes de peinture bleue et rouge. On y a découvert une tombe avec un trésor de 670 pièces de jadéite *(→ musée du site)*.

**Un chemin qui s'enfonce dans la forêt à g. de la pyramide permet d'accéder plus aisément au sommet du temple des Inscriptions, sans devoir gravir les marches.**

■ **TEMPLO XIII**. Plus loin, après une structure très ruinée, se trouve le temple XIII, à cinq niveaux. À hauteur du second massif, on a mis au jour sous l'escalier, un passage qui mène vers le cœur de la pyramide où se trouve une tombe aménagée sous le sol du sanctuaire.

■ **TEMPLO DE LAS INSCRIPCIONES★★★** *(crypte ouv. de 10 h à 17 h)*. La construction de ce temple funéraire – il contient une tombe découverte en 1952 – fut commencée en 675 sur ordre du roi Pacal, qui y fut inhumé à sa mort en 683. Il se dresse au sommet d'une pyramide de 20 m de hauteur, composée de neuf massifs et en partie adossée à une colline naturelle, considérée comme sacrée par les Mayas.

**Les neufs degrés de la pyramide correspondent aux neuf étages de l'inframonde, un chemin que devait parcourir quotidiennement le défunt roi Pacal en tant que soleil nocturne, depuis sa tombe située au dernier degré.**

Le temple, autrefois surmonté d'une crête faîtière et composé de deux galeries parallèles, s'ouvre sur la place par un portique orienté au N. Les quatre piliers sont ornés de **reliefs★** modelés en stuc montrant des hommes et des femmes ainsi qu'un enfant dont le front s'orne d'une hache fumante et dont

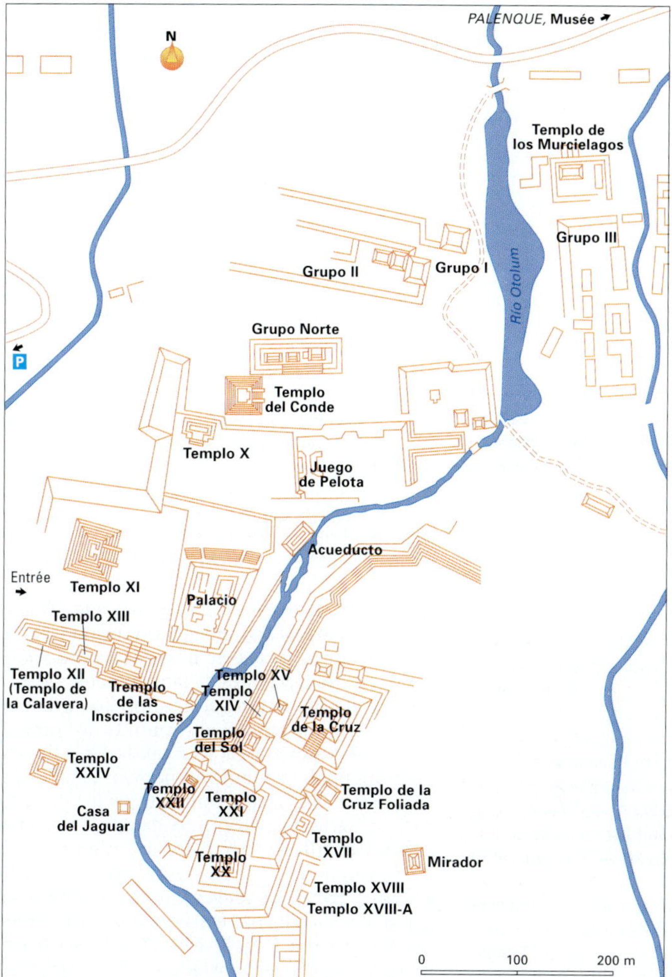


**Palenque**

une jambe est serpentiforme, signes distinctifs du dieu G-II ; l'autre jambe est terminée par un pied à six orteils. Ce détail anatomique, tout comme les inscriptions, permettent d'identifier la représentation d'une cérémonie durant laquelle le roi Pacal désigna son fils aîné Chan-Balhum, âgé de six ans, comme héritier, et légitima son pouvoir par la transformation magique de l'enfant en dieu vivant. Les murs du fond du portique et de la chambre centrale de la seconde galerie sont revêtus de grandes dalles sculptées de **620 glyphes★**. Ils mentionnent les célébrations de *katuns* de la dynastie et les événements les plus importants du long règne de Pacal. Le sol est constitué de grandes dalles en pierre calcaire soigneusement appareillées. Dans la chambre centrale, l'une d'entre elles est pourvue d'orifices obstrués par des bouchons de pierre. Intrigué par cette disposition, l'archéologue Alberto Ruz L'Huillier la fit soulever et découvrit, en juin 1952, une chambre voûtée d'où part un escalier qui descend dans les profondeurs de la pyramide. L'escalier est composé de deux volées orientées à l'E. et à l'O. À son extrémité débouche un corridor qui était comblé ; on y a trouvé une caisse remplie d'offrandes (perles de jade, ornements d'oreilles, vaisselle de terre cuite, coquillages remplis de poudre rouge). Au bout du corridor, une petite sépulture renfermait les ossements de quatre hommes et d'une femme, captifs qui furent sacrifiés pour accompagner le défunt durant son voyage dans le Xibalba (l'inframonde). En cet endroit, une dalle triangulaire, encastrée dans les parois de la voûte du corridor, masquait la crypte.

**La descente dans la crypte est rendue malaisée par la chaleur oppressante et l'humidité qui rend les soixante-sept marches très glissantes.**

Placée dans l'axe transversal du temple, la **crypte** fut aménagée avant la construction de ce dernier, à environ 4 m en dessous du sol. Mesurant 9 m de longueur sur 4 m de largeur, avec une voûte maya de 7 m de hauteur, elle est décorée sur les parois de reliefs modelés en stuc où l'on reconnaît les neuf seigneurs de la Nuit. Le **sarcophage★★**, cuve monolithique en calcaire de 3 m de longueur, était recouvert par une énorme dalle sculptée qui commémore l'instant où le roi Pacal sombre dans la mort. On le voit renversé sur la tête du monstre quadripartite, happé par les mâchoires de l'inframonde. De son ventre naît l'arbre cosmique aux trois bras terminés par des têtes de serpent et surmonté de l'oiseau céleste. Des narines de Pacal émerge la vision du serpent bicéphale, symbole du pouvoir royal et du monde terrestre, chemin emprunté par le soleil d'E. en O. La hache fumante plantée dans le front du roi défunt l'identifie au dieu G-II. Sur l'extérieur de la cuve figurent les portraits et les noms de ses huit ancêtres, parmi lesquels sa mère Zac-Kuk et sa grand-mère, qui lui ont transmis le pouvoir, représentées deux fois. Dans la cavité enduite de cinabre rouge reposait Pacal, le visage couvert d'un masque en jade *(→ ill. p. 249)*, une plaque de mica lui fermant la bouche. De somptueux ornements de jade, dont un pendentif à l'effigie du dieu-jaguar, patron du mois Pax, étaient disposés sur la poitrine, les poignets, les doigts et les oreilles, tandis que les mains serraient un cube et une sphère de jade. Sous le sarcophage, on trouva des récipients qui avaient contenu des offrandes alimentaires et deux magnifiques têtes modelées en stuc représentant Pacal à l'âge de douze ans – époque où il fut proclamé roi – et à l'âge mûr. Après la fermeture définitive de la crypte, un lien magique *(psychoduc)* subsistait entre

## Écriture, mode d'emploi

Selon la majorité des épigraphistes, l'écriture maya, composée de 900 à 1 200 glyphes, est logosyllabique, utilisant trois types de signes : le logogramme qui réunit des valeurs sémantiques et phonétiques, le syllabogramme composé d'une consonne et d'une voyelle et le complément phonétique indiquant la valeur du logogramme associé. Le déchiffrement est rendu plus ardu encore par l'emploi de signes différents pour noter la même valeur syllabique ou logographique ! Actuellement, la lecture phonétique a identifié les souverains et les généalogies, fourni les titres religieux et civils, nommé la flore et la faune et indiqué les termes d'architecture et des parties du corps. Ainsi, grâce à la lecture des textes glyphiques des quatre seuls codex conservés, des monuments et des vases, se révèle peu à peu le quotidien des Mayas du IIIe au XVe s.

le défunt et sa descendance, sous la forme d'un serpent modelé en stuc à partir du sarcophage et qui, dans le corridor et l'escalier, devenait une moulure creuse se prolongeant jusqu'à la dalle perforée de la chambre centrale du sanctuaire.

*Après la traversée de la rivière, un escalier mène à dr. vers un groupe d'édifices en cours de restauration.*

■ **TEMPLO XX**. Accessible grâce à un escalier provisoire, il possède une unique chambre d'où l'on bénéficie d'une très belle vue sur les temples du groupe de la Croix.

■ **TEMPLO XVII★**. Protégé par une *palapa*, il possède trois chambres, la chambre centrale ayant conservé au bas des parois des reliefs modelés en stucs polychromes montrant des lys d'eau, symbole du monde aquatique, source de vie. Le panneau sculpté montrant Chan-Bahlum avec un prisonnier, daté de 682, a été placé au musée du site.

▶Au S., sur le flanc d'une colline, gisent les ruines des **temples XVIII** et **XVIII-A**, sous lesquels furent découvertes des tombes, dont une crypte sous le second. Cette dernière tombe, qui renfermait les restes d'un jeune homme de vingt ans près des ossements d'une femme qui dut être sacrifiée pour accompagner le personnage principal, était reliée au sanctuaire par un petit puits maçonné dont l'orifice supérieur était placé au-dessous de la portion centrale du pavement du temple. D'autres individus, probablement des prisonniers, furent sacrifiés et leurs cadavres placés à l'entrée de la crypte qui avait été obstruée par une dalle.

Plus à l'O., au S. du temple du Soleil, se trouve un autre édifice, le **temple XXI**, formé de deux galeries parallèles sans portique mais séparées par des piliers. On y découvrit également une tombe, accessible par quatre marches, qui avait été pillée.

Encore plus à l'O. se situe, au flanc de la colline qui se prolonge au N. jusqu'au temple des Inscriptions, un autre petit temple, désigné sous le nom de **maison du Jaguar** (Casa del Jaguar). Il se compose d'un portique donnant accès à une chambre qui contenait un relief, le **Beau Relief de Palenque**, représentant un prêtre assis sur un trône à avant-corps de jaguar ; il en subsiste *in situ* quelques fragments. De cette chambre, un escalier conduit à une crypte voûtée qui devait renfermer un sarcophage. ◀

■ **TEMPLO DE LA CRUZ FOLIADA★** (temple de la Croix feuillue). Il forme avec les deux autres temples, celui de la Croix au N. et celui du Soleil à l'O., un

## La triade divine de Palenque

Ces trois divinités sont issues de la génération des dieux qui existaient avant la création du quatrième monde en 3113 av. J.-C. Le premier-né de la triade est G-I, associé à Vénus et au sacrifice par décapitation. Il a des traits humains, des oreilles en forme de coquilles, des nageoires de poisson sur les joues et des yeux carrés. G-II ou le dieu K est une divinité au long nez qui a pour signes distinctifs une hache fumante enfoncée dans le miroir qui orne son front et une jambe serpentiforme. Dieu des lignages et de l'autosacrifice royal, il est figuré sur le sceptre *manikin* et sur la barre cérémonielle à double tête de serpent. G-III est le dieu-jaguar de l'inframonde, une des formes adoptées par le soleil durant son voyage nocturne. On le reconnaît à ses oreilles de jaguar, au cordon qui souligne les yeux et se termine en torsade sur le front, aux moustaches et aux serpents qui lui sortent de la gueule. L'omniprésence de ces trois divinités dans l'iconographie de Palenque est liée à la légitimation du pouvoir de Pacal et de Chan-Bahlum, leur théorie reposant sur des coïncidences entre leurs dates de naissance et celles de la triade qui permettaient d'affirmer leur ascendance divine.

**Chaque temple correspond, selon son orientation, à l'une des trois stations du parcours cosmique. Le temple de la Croix, lieu de la création, est la première station au N. On descend ensuite dans le monde souterrain du soleil nocturne symbolisé par le jaguar du temple du Soleil. La dernière étape où Chan-Bahlum effectua l'ultime autosacrifice par saignement est le lieu de la renaissance et de la fertilité, symbolisé par un épi de maïs bourgeonnant appelé « croix feuillue » par les archéologues.**

ensemble consacré en juillet 690 par le roi Chan-Bahlum, fils de Pacal. Tous trois élevés sur un soubassement pyramidal de hauteur différente, ils montrent un plan identique qui consiste en deux galeries parallèles s'ouvrant sur l'extérieur par trois portes. À l'intérieur de la chambre centrale du fond est inséré un petit sanctuaire ou *pib na*, pourvu d'un toit, représentation symbolique de l'inframonde où le roi Chan-Bahlum entrait en contact avec son père défunt et ses ancêtres. Chaque panneau sculpté du sanctuaire montre Chan-Bahlum face à son père à différents moments de la passation de pouvoir tandis que, sur les piliers extérieurs, il apparaît à son retour triomphal du monde infernal, paré des attributs de la dignité royale.

**L'extérieur**. La partie antérieure du monument s'est effondrée, permettant d'apprécier le système de couverture à l'aide de la fausse voûte ainsi que l'architecture particulière de Palenque qui consiste à incliner les parois extérieures vers le mur médian plus épais, support de la crête faîtière.

**L'intérieur**. On peut y voir une **dalle sculptée★★** dont la composition rappelle celle du temple de la Croix, à cette différence près que l'arbre cosmique est remplacé par une plante de maïs cruciforme émergeant du monstre aquatique. Les épis de maïs sont, ici, des têtes humaines ; au sommet du plant de maïs est perché l'oiseau céleste masqué tenant un bouquet de plantes aquatiques dans son bec. À g., Chan-Bahlum reçoit des mains de son père défunt, représenté à dr., le dieu perforateur, symbole de l'autosacrifice par saignement. L'iconographie complexe fait référence au rite qui permettait de maintenir la cohésion du monde créé par les dieux et domestiqué par l'homme. Les inscriptions fournissent la date du 10 janvier 690, jour de l'intronisation de Chan-Bahlum et celle de la célébration du rite d'autosacrifice, dix jours plus tard, au moment où Vénus connaît son élongation maximale comme Étoile du soir.

■ **TEMPLO DE LA CRUZ★**. Le plus grand des trois oratoires s'élevant au sommet de la plus haute pyramide montre une crête faîtière ajourée, décorée jadis de reliefs modelés en stuc. Le temple de la Croix doit son nom à la grande **dalle sculptée★** découverte dans la chambre postérieure, et dont l'original se trouve au musée d'Anthropologie de Mexico. Sur les jambages extérieurs de la porte donnant accès au sanctuaire, deux personnages sont figurés en **bas-relief★★**. À dr., le vieillard vêtu d'une peau de jaguar et fumant le cigare est le dieu L, un des dieux les plus importants du Xibalba qui a guidé le roi Chan-Bahlum hors des Enfers le dixième jour de son intronisation. Celui-ci se tient face à lui, richement vêtu des attributs royaux du seigneur des Seigneurs : autour de la taille, une ceinture avec fermoir en forme de tête de jaguar à laquelle se balance, au bout d'une chaîne, la figurine du dieu Chac-Xib-Chac, sur la tête un couvre-chef en forme de tête de serpent orné de plumes précieuses, sur les épaules une cape emplumée ornée d'un pectoral de jade à l'effigie du soleil. On retrouve Chan-Bahlum à l'intérieur du sanctuaire, séparé de son père Pacal (à g.) par l'arbre cosmique émergeant du monstre quadripartite ou soleil diurne. Au sommet de l'axe cosmique, chemin emprunté par Vénus et le soleil lors de leur voyage quotidien, se tient l'oiseau céleste. Le personnage de g. est Pacal qui s'apprête à remettre à son fils le sceptre en forme de monstre solaire quadripartite, dégouttant du sang du sacrifice. Le tombeau situé au sein de la pyramide contenait 530 pièces de jadéite.

■ **Templo del Sol**★★ (→ *ill. p. 611*). La toiture mansardée conserve des fragments de son revêtement décoratif soit, sur la façade, la gueule béante du monstre Witz à quatre jambes, symbole de la montagne vivante. L'amortissement supérieur, presque intact, est constitué par un écran ajouré en pierre *(crestería)*. Sur les quatre pans de mur du portique, remarquez des personnages modelés en stuc et des glyphes, tous assez abîmés.

**L'intérieur**. Le **panneau central**★★ du *pib-na* représente, entre deux séries de glyphes évoquant notamment la création du quatrième monde et la naissance du dieu G-III en 2360 av. J.-C., deux personnages face à face, debout sur le dos de captifs. À g., le défunt roi Pacal, les cheveux ornés d'un lys d'eau, présente un « excentrique » personnifié tenant un bouclier en forme de visage humain écorché, symboles de guerre. À dr. se tient Chan-Bahlum, vêtu simplement, présentant le sceptre orné du dieu K, attribut du pouvoir légitime. Au centre, le bouclier portant le masque du jaguar solaire G-III est maintenu par deux lances croisées. Elles reposent sur un trône cruciforme aux extrémités ornées de têtes de jaguar et de dragon sanglantes, soutenu par deux divinités âgées de l'inframonde. Des colonnes de glyphes, on put extraire les dates-événements de Chan-Bahlum : désignation comme successeur de Pacal en juin 641, accession à la royauté en janvier 684 apr. J.-C., soit cent trente deux jours après la mort de Pacal, consécration des trois temples le 23 juillet 690 au moment de la conjonction de Jupiter, Saturne, Mars et de la Lune, soit les trois dieux de la triade de Palenque et leur mère lunaire. Les panneaux latéraux, très abîmés, figurent tous deux Chan-Bahlum, simplement vêtu à g., en tenue royale à dr. après son intronisation.

■ **Templo XIV**★ (→ *ill. p. 611*). Construit sous Kan-Xul – également connu sous le nom de Kan-Hok-Xul –, second fils de Pacal, ce temple dédié au frère défunt fut construit en 705. Il se compose d'une plate-forme basse, de deux massifs superposés en retrait et d'un oratoire à trois chambres s'ouvrant par un portique. De part et d'autre de la chambre centrale, notez, à la partie inférieure, les restes d'un personnage modelé en stuc (restes de polychromie), tourné vers l'entrée du temple, dont le socle est décoré de trois masques. Dans le temple, un magnifique **panneau**★★ sculpté en bas relief montre le défunt roi Chan-Bahlum célébrant une danse rituelle de triomphe sur la mort devant sa mère Ahpo-Hel. Cette danse, qui commémore la victoire des jumeaux, champions du jeu de balle, sur les seigneurs de l'inframonde, est récompensée par l'offrande du dieu K, tendu par Ahpo-Hel à son fils. Le texte annonce la date de cet événement survenu trois ans et deux cent soixante jours après la disparition de Chan-Bahlum dans le Xibalba.

# L'architecture classique maya

Bien qu'occupant des aires géographiques très diverses, les centres mayas de l'époque classique ont en commun des traits architectoniques et une harmonie spatiale qui exploitent habilement la topographie naturelle. Dans ces véritables villes qui sont plus que des centres cérémoniels habités occasionnellement, les édifices religieux et civils sont distribués autour de places elles-mêmes reliées par des chaussées, exprimant une emphase créée plus par l'ornementation que par les dimensions. Les raffinements esthétiques comme les hautes crêtes faîtières et les reliefs des façades prédominent sur des volumes simples et imposants. Fruits d'une croissance plus organique que symétrique, les constructions mayas, dans leur subtile inexactitude, forment de majestueux ensembles où chaque bâtisseur a imprimé sa marque.

**▲ À Toniná, la montagne est façonnée en acropole couronnée par de grands temples.**

## Les thèmes récurrents

Les Mayas se distinguent par l'emploi de la fausse voûte en encorbellement, inspirée de l'habitat traditionnel avec toit de chaume. Plus résistante que le toit plat répandu dans le reste de la Méso-amérique, sa construction exige des murs épais et limite grandement la largeur des pièces. Une certaine lourdeur est compensée par l'ajout quasi systématique d'une crête faîtière ajourée au sommet de l'édifice, laquelle confère une impression de verticalité tout en servant de support à un décor modelé en stuc. Enfin, la disposition des constructions sur des plates-formes plus ou moins élevées, accessibles par de larges escaliers, apporte de la majesté à l'ensemble. Le *talud-tablero* emprunté à Teotihuacán à partir du IIIe s. est limité toutefois à la région du Petén.

**◄ Couloir voûté du palais de Palenque. Les voûtes mayas maçonnées ont généralement bien résisté aux injures du temps et à l'emprise végétale. Certaines voûtes plus larges ont été renforcées par des poutres enfoncées dans les parois.**

◄ **Le temple du Soleil (à g.) et le temple XIV de Palenque. Juchés sur des collines naturelles, les temples dynastiques représentent la vision cosmique de l'univers maya.**

**Le palais de Sayil, de style Puuc, composé de trois étages en retrait.** ▼

## ■ L'architecture religieuse

Le temple-pyramide, intermédiaire entre le ciel et la terre, constitue en quelque sorte la matérialisation du cosmos. Support d'une importante iconographie peinte, gravée ou stuquée, le sanctuaire proprement dit, limité à une ou deux chambres, s'élève sur une pyramide à degrés qui représenterait l'inframonde. C'est le plus souvent un monticule naturel *(witz)* qui sert de noyau à la construction. Dans cette thématique cosmogonique, quoi de plus naturel que l'intégration d'un caveau funéraire au cœur de la pyramide dynastique, lieu du voyage du roi identifié au soleil nocturne ? Les observatoires, hautes tours percées de fenêtres orientées sur les alignements des astres principaux et les terrains de jeu de balle, disposés à proximité des temples, participaient également à la définition de l'univers religieux des Mayas.

## ■ L'architecture civile

Le palais se présente sous la forme d'une succession de galeries voûtées, construites autour de patios ouverts comme à Palenque ou superposées en terrasses comme à Sayil et Labná. Certaines pièces munies de conduites d'eau servaient aux rites de purification, tandis que de larges banquettes occupent l'espace intérieur divisé par de grosses poutres de bois de sapotillier, auxquelles étaient suspendues des tentures. L'habitat, disséminé à la périphérie du centre cérémoniel, se compose de simples chaumières construites en matériaux périssables, surévelées sur une plate-forme stuquée. L'eau potable était fournie par de grands réservoirs, souvent d'anciennes carrières de pierre, ou par des *chultúnes*, petites citernes enterrées dans le sol. Le mur d'enceinte comme à Becán reste une exception, bien que l'on ait noté la présence de levées de terre délimitant l'aire administrative de vastes cités.

## ■ À chaque région son style

Sensible à son environnement, l'architecte maya a non seulement utilisé les matériaux locaux mais également travaillé en symbiose avec la nature. Dans la dense forêt du Petén, la tendance est à la sobriété et à la verticalité, de manière à dépasser les hautes frondaisons. Ce type de construction à escalier raide est repris avec moins d'ampleur dans les régions Chenes et du Río Bec, où l'édifice à temples factices devient le support d'une riche ornementation mettant en valeur le thème du monstre terrestre. Enfin, la région Puuc est le cadre d'une architecture plus horizontale, privilégiant le quadrilatère, et où la décoration ondulante des façades épouse les courbes des collines avoisinantes. Mais partout, la chaussée surélevée et stuquée, résistant aux assauts de la végétation, sert de liaison entre les différents quartiers et cités.

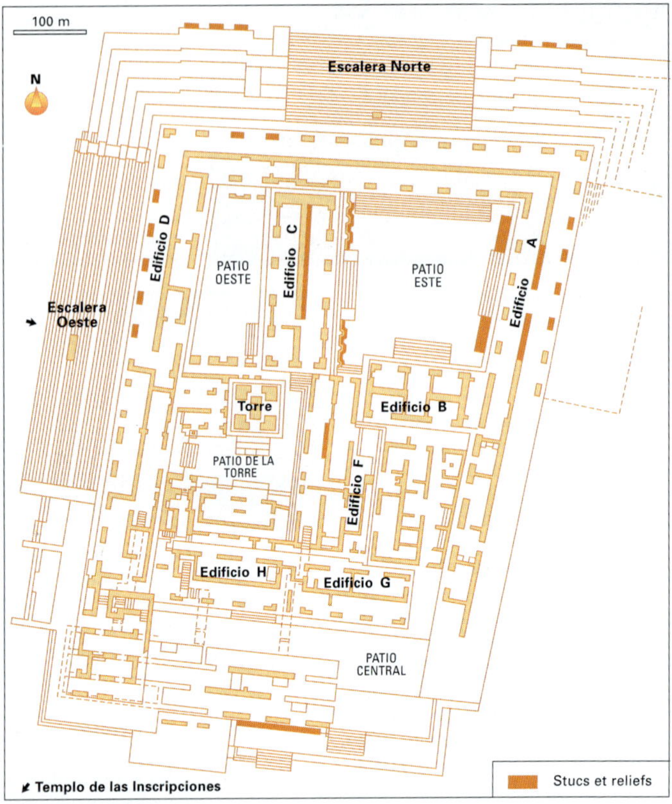


**Palenque : le palais**

■ **El Palacio**★★. Sur une vaste plate-forme trapézoïdale d'environ 10 m de hauteur, 100 m de longueur et de 80 m de largeur, s'élève un ensemble d'édifices distribués autour de quatre cours, désigné sous le nom de « palais » mais dont la fonction fut plutôt administrative que résidentielle. La construction, commencée sous Pacal vers 650, se prolonge pendant cent vingt ans, des bâtiments étant progressivement ajoutés dans les cours et à la périphérie des six maisons centrales. Celles-ci sont de longs édifices voûtés où un mur médian, supportant la crête faîtière, sépare deux portiques, l'un tourné vers l'extérieur, l'autre sur la cour. L'entrée principale se situe du côté du grand escalier de la face O., composé de trois volées de neuf marches et donnant accès à la maison D à g. et à la tour à dr.

**Maison D**. Elle s'ouvre sur l'extérieur par cinq portes, entre des pans de mur qui servent de support à de magnifiques **reliefs**★★ modelés en stuc. Sur chacun d'eux, Chan-Bahlum accomplit des danses rituelles devant sa mère et différents personnages qui lui présentent des emblèmes du pouvoir. À l'intérieur, les deux galeries communiquent par des ouvertures trilobées, dont l'une donne accès à un escalier conduisant à la toiture.

**Tour**. Au milieu d'une cour se dresse une tour carrée haute de 15 m. La base, qui était ornée de dalles sculptées *(→ musée du site)*, est surmontée de quatre étages de hauteur inégale, les plus grands étant éclairés par de hautes fenêtres. L'escalier intérieur, qui débute au premier étage, devait être accessible par une échelle mobile *(fermé au public)*.

**Maison E**. C'était la galerie la plus privée d'où les souverains pouvaient assister à des cérémonies rituelles assis sur un grand trône de pierre conservé dans l'une des quatre chambres. L'intérieur était décoré de reliefs modelés en stuc et peints. Le « **panneau ovale** »★ montre l'intronisation de Pacal. Celui-ci, assis sur un trône en forme de jaguar bicéphale, reçoit des mains de sa mère Zac-Kuk une tiare ornée de perles de jade, de plumes et du masque du dieu Bouffon. C'était le premier des *regalia* du futur roi. Face à ce relief, Kan-Xul, second fils de Pacal, avait fait placer un panneau sculpté montrant sa propre accession *(→ musée du site)*. Au-dessus de la porte d'accès à la cour E. se trouve un relief avec un masque de hibou, aux ailes déployées.

**Souterrains**. Au fond de la galerie de la maison E, un escalier donne accès à trois **galeries** *(→ ill. p. 610)* parallèles qui sont probablement les plus anciens bâtiments de cet ensemble, construits sous Pacal ; elles communiquaient avec le reste du palais par trois escaliers. On y découvrit trois grands trônes de pierre, dont deux monolithiques. Une chambre a pu servir de bain de vapeur pour la purification rituelle. Le soubassement de la terrasse du côté S. (vers le temple des Inscriptions) est orné du **masque**★ modelé en stuc du dieu solaire Kin émergeant de la gueule du monstre terrestre. Les murs médians sont percés d'ouvertures en forme de T, signe glyphique du mois Ik dans le calendrier divinatoire, et dieu du Vent.

**Cour E**. Bordée par les maisons A, B et C, c'est la cour la plus spacieuse et la plus intéressante. Les marches de l'escalier menant à la maison C, consacrée en 659, sont ornées de glyphes *(→ ill. p. 109)* où l'on a déchiffré le nom de Pacal et de souverains étrangers. Le soubassement est plaqué de dalles gravées de glyphes qui alternent avec des reliefs de captifs agenouillés, également représentés sur les rampes de l'escalier. Remarquez de ce côté les piliers du portique ornementés de reliefs peints en rouge, bleu, vert et noir tandis que le toit, à deux versants en talus, arborait d'autres reliefs de personnages et de masques dont il subsiste quelques restes.

**Maison A**. Sur les parements du mur de soutènement de la terrasse et sur les rampes, on remarque des **sculptures**★★ en bas-relief d'une facture très différente, plus vigoureuse qu'ailleurs. Ils représentent des captifs de haut rang agenouillés, dans l'attitude de la soumission. Les cheveux dénoués et les rubans déchirés passés dans le lobe des oreilles indiquent leur statut de prisonnier. Les pans de mur séparant les portes des façades extérieures sont décorés de **reliefs** de stuc représentant le roi Chan-Bahlum portant un long sceptre orné de l'effigie du dieu K.

Sur le côté N. du palais, Miguel Ángel Fernández a mis au jour un système de murs composé de trois soutènements en retrait les uns par rapport aux autres, de part et d'autre d'un **escalier** (Escalera Norte) entre deux rampes décorées de figures en relief. Les parements des murs de soutènement sont eux-mêmes ornés de motifs sculptés, notamment de **masques** du dieu K ou G-II au long nez, le front orné d'une hache fumante et de serpents stylisés. En haut de l'escalier se trouvait un édifice à deux galeries qui fut recouvert lors de l'érection des bâtiments les plus récents.

■ **Río Otulum**. Ce modeste ruisseau qui traverse le site et longe le côté E. du palais est, dans ce secteur du site, canalisé par un aqueduc en pierre, en partie à ciel ouvert, en partie couvert par une voûte renforcée de place en place par

**Le palais de Palenque. Un glyphe de Vénus peint sur l'un des paliers de la tour donne à penser que celle-ci était un observatoire, même si elle a également pu servir de poste de guet.**

d'énormes linteaux de pierre ; par endroits, la voûte est effondrée. Plus en aval, le *río* coule en cascades, remplissant des bassins où il est agréable de se rafraîchir.

■ **JUEGO DE PELOTA**. À mi-distance entre le palais et le groupe N. se trouvent les restes d'un jeu de balle. Il est composé de deux plates-formes à degrés en retrait du côté extérieur et à mur en talus à l'intérieur, entre lesquelles se situe l'aire de jeu. Aucun anneau de pierre ni marqueur n'a été découvert lors des fouilles.

À g. du jeu de balle se trouvent les ruines du **temple X**, sur une plate-forme accessible par un escalier du côté S. Composé d'une seule galerie, ouverte au S., il n'en subsiste plus que les fondations.

■ **TEMPLO DEL CONDE** (temple du Comte). Cet oratoire fut ainsi dénommé parce qu'il aurait servi de résidence au peintre et graveur d'origine allemande Jean Frédéric Waldeck, pendant son long séjour à Palenque. Il se compose d'un soubassement pyramidal au sommet duquel s'étend une terrasse accessible par un escalier très raide, et d'un temple à trois chambres érigé vers 640. Sous le sol du portique, on découvrit trois fosses qui renfermaient des offrandes funéraires et quelques ossements. Sur les deux piliers de la façade subsistent des vestiges du revêtement décoratif en stuc modelé. Une particularité est à signaler à propos de cet édifice : une petite ouverture rectangulaire, percée selon une déviation de 4 à 5° dans la chambre frontale, permet de tenir dans ce champ de mire très exigu l'édifice B du palais. Une autre ouverture permet d'observer l'édifice C.

■ **GRUPO NORTE**. Sur une longue terrasse à parois en talus, se situent les restes de quatre temples, alignés d'E. en O., érigés entre 695 et 730. Ils étaient ornés de reliefs de stuc dont on découvrit maints fragments, et leur toiture mansardée était surmontée d'une crête faîtière.

En empruntant le chemin balisé qui mène au musée, vous découvrirez les cascades du Río Otulum ainsi que les ruines de différents édifices – dont le temple des Chauves-Souris (**Templo de los Murcielagos**) – qui n'ont pas encore fait l'objet d'une restauration.

# Le musée★★

■ **Salle A** *(commencer la visite par la g.)*. À l'entrée, la série de **80 glyphes** modelés en stuc fut découverte dans les décombres du temple XVIII.

Dans une vitrine, le cylindre sculpté en céramique est un **porte-encensoir**★★, objet de culte très commun chez les Mayas. Sa décoration représente les trois niveaux de la cosmogonie maya, à savoir (du bas vers le haut) : le monde souterrain, représenté par le masque monstrueux du dieu Witz, la divinité de la montagne primordiale ; le plan terrestre, avec le masque du soleil, personnifié icipar un portrait de femme ; le plan céleste, qui peut être représenté par différentes divinités. Ici, le crapaud symbolise le dieu de la Pluie.

Les **figurines en terre cuite**★ étaient déposées comme offrande dans les diverses tombes découvertes sur le site. Modelées en argile et très naturalistes, elles évoquent avec force détails le quotidien des Mayas ainsi que leur habillement et leurs parures.

Le **panneau sculpté**★ en pierre calcaire provient de l'encadrement de la porte intérieure du temple de la Croix feuillue. Il contient une longue inscription glyphique qui relate la naissance de G-II, la divinité protectrice du temple. On annonce ensuite l'autosacrifice de sang célébré le 10 janvier 692 par Chan-Bahlum, véritable réincarnation divine. Enfin, on rappelle la date du couronnement de ce roi le 23 juillet 690, lors d'une conjonction astrale entre Mars, Jupiter et Saturne, la triade divine de Palenque.

Autour d'une reconstitution de la base de la tour du palais sont placées deux dalles finement sculptées, découvertes *in situ* et datant vraisemblablement du VIIIe s. À g., le **relief de l'Orateur**★★ montre un personnage agenouillé, qui porte une main à la bouche, en porte-voix. Remarquez le trait mince qui part de la bouche, la reliant à la parole gravée pour l'éternité. À dr., le **relief du Scribe**★★ doit son nom à l'objet tenu dans la main g. du personnage, qui est peut-être un stylet ou un pinceau. Les scribes étaient tenus en haute estime et jouissaient d'un certain pouvoir.

À dr., près d'une vitrine contenant des couteaux sacrificiels et des offrandes en jadéite, se trouve la célèbre **tête**★★ en stuc de Chan-Bahlum (Serpent-Jaguar), découverte dans les décombres du temple XIV. Modelé sur une armature en pierre, c'est un portrait fidèle de ce grand roi qui régna de

**Devant le musée, remarquez une statue très abîmée nommée *la Muerta*, où l'on reconnaît un homme avec un pied bot esquissant un pas de danse ; s'agit-il du seigneur Pacal ?**

**Les porte-encensoirs polychromes étaient disposés sur les marches menant vers le temple. Les archéologues en ont trouvé près de deux cents uniquement sur les degrés de la pyramide de la Croix. Dans une coupelle disposée à l'intérieur du cylindre, on y faisait brûler quotidiennement du copal ainsi que les bandelettes de papier imbibées du sang de l'autosacrifice pratiqué par le roi et les prêtres.**

684 à 702. Il est montré dans la force de l'âge, le front volontairement déformé, le lobe de l'oreille percé pour recevoir les lourds ornements en jade. On note également des signes de dégénérescence génétique (nez et lèvre inférieure), confirmés par les autres images connues de ce souverain aux six doigts de main et de pied.

Sur un **bas-relief*** provenant du temple XXI, personnage en attitude d'offrande. La **tête en stuc*** mise au jour dans le palais n'a pas été identifiée.

■ **SALLE B**. Le **panneau des Esclaves****, découvert à l'O. du centre cérémoniel principal, figure un noble *(cahal)* maya assis sur des prisonniers et recevant avec un geste plein d'élégance une tiare en jade décorée de plumes précieuses et un bouclier en peau de jaguar. Les esclaves, aux caractéristiques ethniques différentes (moustaches, scarifications ou tatouages), respirent de la fumée sortant d'un encensoir. Le texte raconte un fait de guerre avec capture d'hommes.

Le long du patio sont alignées quatre **têtes** en stuc, portraits très naturalistes découverts lors des fouilles du groupe B et du palais.

La **plaque dite de la Création**, découverte dans la tour du palais, est sculptée de glyphes et de personnages portant des masques, à l'intérieur de cartouches quadrilobés. Une seconde plaque de calcaire, logée dans le creux d'une marche à la base de la tour, est sculptée de **96 glyphes***, où l'écriture dépasse sa fonction historique pour devenir de l'art à l'état pur. Le texte parle de la séquence dynastique locale remontant à Bahlum-Kuk, premier roi de la lignée, intronisé en 431.

Le **panneau du Palais****, commandité par Kan-Kul vers 721, montre le nouveau roi le jour de son intronisation, recevant les emblèmes du pouvoir des mains de ses parents ; les fleurs de lys dans leurs cheveux indiquent qu'ils sont déjà morts. Les trois personnages sont assis sur des trônes à double tête de jaguar et de serpent. Pacal offre une tiare en jade ornée de la tête du dieu Bouffon, tandis qu'Ahpo-Hel tend vers son fils un plat de sacrifice contenant un « excentrique » en silex, symbole de guerre, et un bouclier en peau de visage humain. Un successeur usurpa ensuite ce beau bas-relief en substituant son nom, Xoc.

Parmi la collection de **porte-encensoirs***, remarquez une pièce complète avec son brasero, rare exemple où les deux éléments sont réunis. L'air nécessaire à la combustion des braises, symbolisant le souffle divin reliant les trois mondes, entrait dans le cylindre grâce à des ouvertures pratiquées à l'arrière du corps sculpté en terre cuite. L'encens, dans sa coupelle placée au sommet du cylindre, pouvait ainsi brûler en continuant son œuvre de purification et de transmission des prières.

On remarquera encore des **bijoux** et des pièces en jade, en nacre et en os découverts sur le site, notamment dans les tombes du temple XII et du temple de la Croix.

Des fragments de **haches** et de **jougs** totonaques témoignent de l'invasion probable de ces populations du Golfe après le déclin de Palenque, à la fin du Xe s.

Dans une vitrine, le fragment d'une dalle sculptée provenant du temple XVI montre des personnages qui transportent peut-être un cadavre dans son dernier voyage, scène tout à fait exceptionnelle dans l'iconographie maya. La figure centrale, identifiée par les glyphes qui donnent la date de 731, est le gouverneur Akul Ah-Nab III.

# Environs de Palenque

■ **Cascadas Misol-Há★, Cascadas Agua Azul★★** *(20 et 62 km S. ; prendre la route pour les ruines de Palenque et bifurquer à g. au rond-point « Madre Chol » pour suivre la route 199 vers San Cristóbal de las Casas. Tous les bus qui vont vers Ocosingo et San Cristóbal s'arrêtent au croisement des cascades de Misol-Há et d'Agua Azul, distantes de 1,5 km et de 4,5 km de la route principale)*. Ces deux sites naturels constituent une halte agréable et rafraîchissante. La première cascade, plus proche de la route et moins fréquentée, est toutefois moins impressionnante que la seconde, lieu idéal pour pique-niquer ou essayer des spécialités locales dans une des nombreuses gargotes. Cette excursion de cinq heures A/R en voiture *(Agua Azul est à 1 h 30 de Palenque, Misol-Há à 25 mn)* vous demandera une journée complète avec les moyens de transport locaux.

La **cascade de Misol-Há★** *(à 20 km S., prendre à dr. la déviation de 1,5 km ; entrée et parking payants ; camping ; petite restauration)*, haute d'une trentaine de mètres, se jette dans un bassin où il est possible de se baigner. À dr. de la chute se trouve une grotte qui abrite un second bassin. La haute forêt alentour offre d'agréables promenades au cours desquelles on peut découvrir les différentes essences tropicales.

**Agua Azul★★** *(à 62 km S., prendre à dr. une mauvaise route sur 4,5 km ; camping ; petite restauration)*. Par des sentiers, on peut remonter vers l'amont de la rivière jusqu'à une très jolie plage ou descendre en aval vers le lieu de confluence avec le Río Tulija. Cet ancien repère de hippies est très fréquenté par des jeunes de toutes nationalités qui fabriquent des bijoux en ambre local, ainsi que par les Indiens Tzeltales des environs qui proposent leur artisanat composé (textiles brodés surtout).

**Palenque est le point de départ idéal pour découvrir par voie terrestre ou aérienne Yaxchilán★★ et Bonampak★★ *(→ p. 663 et 671)*, deux très beaux sites mayas perdus au milieu de la Selva Lacandonia au S.-E. Des excursions d'une journée sont aussi organisées en avionnette de quatre places depuis l'aéroport de Palenque.**

**Pour découvrir les cascades, des excursions d'une demi-journée ou d'une journée en bus sont proposées par plusieurs agences de voyage de Palenque. Départs à 9 h et 14 h. Se renseigner à l'office de tourisme.**

**Évitez l'excursion à Agua Azul s'il a plu la veille car les eaux risquent d'être très boueuses et les abords glissants. Cette promenade est très prisée par les Mexicains le dim. Pensez-y si vous n'aimez pas la foule. La baignade peut se révéler dangereuse par endroits, en particulier quand le niveau des eaux est élevé, de juin à sept. Évitez le centre des bassins où l'effet de siphon peut provoquer des noyades.**

**Cascades Agua Azul. Au milieu de l'écrin vert de la jungle, les eaux turquoise dévalent en cascade dans des vasques d'un blanc étincelant, formant l'un des plus beaux paysages du Mexique.**

# San Cristóbal de las Casas★★

**Situation** : 86 km E. de Tuxtla Gutiérrez, 220 km S.-O. de Palenque. Alt. 2 113 m ; 150 000 hab. ; État du Chiapas.

**À ne pas manquer**



**☎ 9**

**ℹ Plaza 31 de Marzo (*plan A2* ; ☎ 678-06-60 ; ouv. du lun. au sam. de 9 à 20 h, dim. de 9 h à 14 h).**

**Urgences**
***Croix-Rouge*, Ignacio Allende 57 (☎ 678-07-72).**
**Police judiciaire (☎ 678-18-90).**

Cette belle cité coloniale, haut perchée dans la vallée de Hueyzacatlán, fut fondée en 1528 par le conquistador Diego de Mazariegos. Elle doit son nom au saint patron local (saint Christophe) et à Fray Bartolomé de las Casas, dominicain protecteur des Indiens, qui fut évêque du Chiapas. Elle a conservé l'aspect des premières villes coloniales avec un centre espagnol tracé au cordeau et ceinturé par les quartiers *(barrios)* indigènes. Isolée dans ses montagnes, cette belle endormie autrefois parée du titre de Cité royale a été brutalement réveillée par différentes révoltes, au nombre desquelles figurent les insurrections des Indiens en 1712 et 1868. Depuis le 1er janvier 1994, San Cristóbal, qui constituait la « vitrine ethnographique » des populations indigènes, est également devenue l'avant-scène de leurs revendications de justice contre les *ladinos* qui les ont dépossédés de leurs terres.

## Adresses utiles

### ■ Poste

À l'angle de Cuauhtémoc et Crescencio Rosas (*plan A2* ; ouv. du lun. au ven. de 8 h à 19 h, sam. de 9 h à 13 h).

### ■ Aéroport

Nouvel aéroport en construction à 20 km S. par la route de Comitan. Vols ***Aerocaribe*** et excursions en avionnette.

### ■ Gare routière

Av. Insurgentes, angle Panaméricaine, à 1 km N. du Zócalo *(hors plan par A1)*. Bus 1re et 2e classes ***(Cristóbal Colón, Maya de Oro)*** pour Chetumal, Chiapa de Corzo, Ciudad Cuauhtémoc, Comitán, Mexico, Mérida, Tapachula et Tuxtla Gutiérrez.
Depuis la place du marché, services de *colectivos* pour San Juan Chamula, Zinacantán et Tenejapa. Les ***Transportes Fray Bartolomé de las Casas*** desservent Chenalhó et San Andrés Larraínzar.

### ■ Location de voitures

*Budget*, Diego de Mazariegos 36 (☏ 678-18-71).

# San Cristóbal dans l'histoire

### ■ La Ciudad Real

Fondée le 31 mars 1528 par le capitaine Diego de Mazariegos, la ville fut baptisée du nom de Chiapa de los Españoles pour la distinguer de la Chiapa de los Indios, actuelle Chiapa de Corzo. Elle reçoit le titre de Cité royale en 1535. Dépendant administrativement de l'Audience du Guatemala, elle déclare son indépendance vis-à-vis de l'Espagne en 1821, avant d'être finalement rattachée, ainsi que l'ensemble du Chiapas, au Mexique en 1824. Au cours de la guerre civile entre libéraux et conservateurs (1855-1864) née du désaccord sur la manière d'administrer les communautés indiennes, une loi lourde de conséquences (loi Lerdo, 1856) est votée : elle concerne la privatisation de l'*ejido* (→ *encadré p. 647*) des communautés indiennes, qui se voit amputé de 11 000 ha de terres cultivables et de forêts. Cette spoliation abusive au profit des *ladinos* entraîne la révolte indienne des Chamulas de 1867-1868, ou « guerre de sainte Rose », première revendication d'autonomie sur le plan politico-administratif et religieux. Siège du gouvernement fédéral, San Cristóbal est abandonné comme capitale de l'État au profit de Tuxtla Gutiérrez en 1892, mais conserve néanmoins son statut de siège épiscopal.

### ■ San Cristóbal aujourd'hui

Premier État pour la production de café, de cacao, de bananes et de mangues, fournisseur de 60 % de l'énergie hydroélectrique et de la moitié de la production de pétrole mexicain avec le Tabasco voisin, le Chiapas ne manque pas de ressources. Il est cependant au dernier rang des États mexicains tant du point de vue économique que social. En réalité, la révolution de 1910 n'a fait que l'effleurer et les réformes agraires n'ont jamais été appliquées dans cette région de grandes plantations, les *fincas*, où travaille au rabais une main-d'œuvre indienne. De plus, la manne touristique apportée depuis les années 1980 ne profite qu'aux *ladinos*. À partir de 1982, des milliers de Mayas fuyant les massacres perpétrés par les militaires guatémaltèques ont afflué dans la région : la population de San Cristóbal a ainsi doublé en dix ans.

Le 1er janvier 1994, l'Armée zapatiste de libération nationale (EZLN) prend la tête d'un soulèvement

**Excursions**

**Plusieurs agences de voyage proposent des tours organisés en minibus vers les villages indiens. Les sites mayas de Palenque, Yaxchilán et Bonampak sont accessibles en avionnette (excursion d'une journée) depuis l'aéroport de San Cristóbal ou d'Ocosingo. Les meilleurs services sont offerts par *Viajes Navarra*, 15 real de la Guadalupe (☏ 678-56-26).**

**Manifestations**

**Le dim., jour de marché à San Cristóbal et dans les villages alentour. Cependant, il y a un marché quotidien à San Cristóbal. À San Cristóbal : Fiesta de la Primavera y de la Paz (la semaine après Pâques), Fiesta de San Cristóbal du 17 au 25 juil., Fiesta de la Virgen de la Guadalupe le 12 déc., Fiesta de los Muertos, les 1er et 2 nov.**

**Achats**

**Le tissage est la principale activité des indigènes qui fabriquent de magnifiques *huipiles* (blouses) brodés ou brochés, des ceintures et des couvertures. La production de la coopérative Sna Jolobil est, de loin, la meilleure. Plusieurs boutiques proposent des masques, de la céramique, des créations en cuir, des pulls de laine tricotés à la main, des sérigraphies sur papier de confection artisanale. Les bijoux en ambre et jade sont souvent très beaux ; n'achetez pas dans la rue à des marchands ambulants (c'est du plastique !). Les magasins sont concentrés sur Real de Guadalupe, General Utrilla et Insurgentes.**

**San Cristóbal possède la particularité d'être entouré de dix-huit *barrios* peuplés, au moment de la Conquête, d'Indiens originaires de Mexico, Tlaxcala, Oaxaca et du Guatemala. Si les populations se sont peu à peu métissées, certains *barrios* ont conservé leur nom d'origine, comme celui des Mexicanos. Ils sont tous spécialisés dans une activité : teinturiers, artificiers, potiers, menuisiers, etc.**

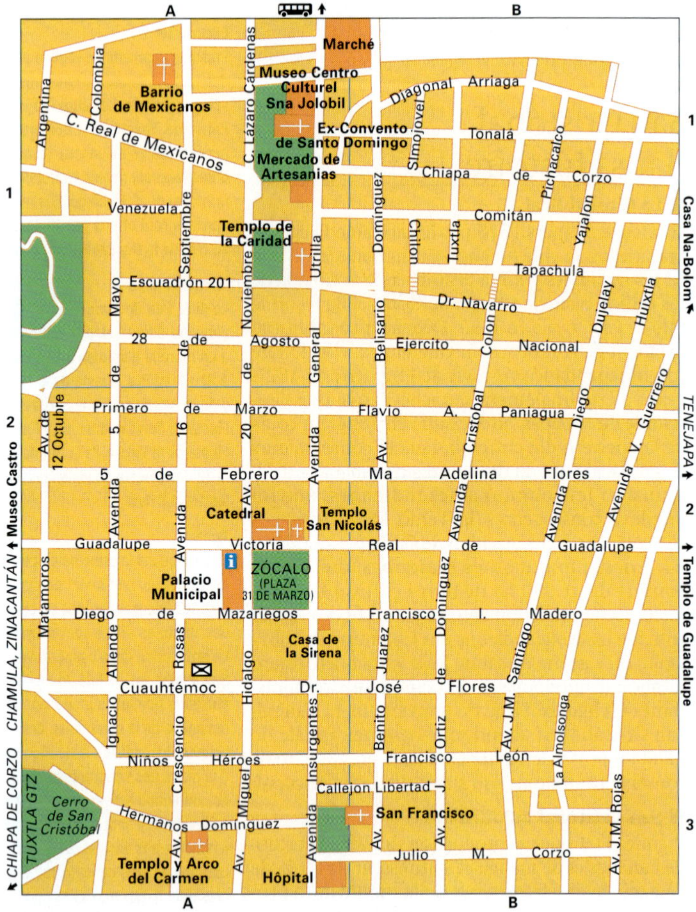


San Cristóbal de las Casas

San Cristóbal offre un vaste choix d'hôtels de toutes catégories. Le *Santa Clara* et le *Ciudad Real*, situés tous deux sur le Zócalo, sont très agréables ainsi que la *Posada Diego de Mazariegos* (Calle 5 de Febrero), un peu plus chère. Le cinq étoiles de la ville, *Hostal Flamboyant*, est généralement pris d'assaut par les groupes touristiques.

indien et s'empare de plusieurs bâtiments administratifs à San Cristóbal. En février 1996, un accord reconnaissant une forme d'autonomie des indigènes est signé entre les Zapatistes et le gouvernement mexicain à San Andrés Larraínzar. Cet accord est depuis resté lettre morte.

## Visiter San Cristóbal

**Combien de temps** : la visite de la ville elle-même ne demande pas plus de 2 h ; il faut compter au moins une demi-journée pour flâner sur le marché et faire une excursion vers les villages indiens les plus proches (les marchés villageois commencent tôt le matin et se terminent vers midi). Une nuit sur place est donc indispensable, deux nuits est l'idéal si vous vous intéressez à l'ethnographie et à la nature.

■ **Zócalo** *(plan A2)*. La Plaza 31 de Marzo ou ancienne place d'Armes, entourée d'arcades, concentre les édifices les plus importants de la ville : la cathédrale au N., quelques demeures aristocratiques converties en hôtels au S. et le **palais municipal** à l'O. L'édifice néoclassique, œuvre de Carlos Flores en 1885, fut le palais du gouverneur avant de servir de siège à l'administration municipale. À l'angle des rues Francisco Madero et Insurgentes, au point diamétralement opposé à la cathédrale, se trouve la **Casa de la Sirena**, belle demeure du XVIe s., dont la façade plateresque s'orne de sculptures de sirènes, de lions et d'aigles bicéphales. Elle aurait appartenu au conquistador Andrés de la Tovilla.

■ **Catedral★** *(plan A2)*. Simple chapelle s'ouvrant sur la place au XVIe s., l'église fut agrandie et redécorée entre 1635 et 1639, puis modifiée encore au XIXe s. par Carlos Flores. Le clocher de style mudéjar, tronqué suite aux différents séismes, est le seul vestige de la première construction.

La **façade O.★★** mêle l'exubérance de la décoration baroque moulée en stuc et la rigueur néoclassique des colonnes. Remarquez le portail S. (1920), inspiré des traités d'architecture de Vignole.

L'intérieur renferme plusieurs retables dorés de style baroque et une remarquable **chaire★** en bois sculpté soutenue par un aigle (1708). Le tableau du maître-autel *(Altar del Perdón)* est attribué à Juan de Correa. On a reconstitué la charpente de style mudéjar qui avait fait la notoriété de la cathédrale.

■ **Templo San Nicolás** *(plan A2)*. On y accède par un porche, ancienne entrée des jardins de l'évêché. Construite en 1613, cette église offre une façade très simple avec fronton *(espadaña)* entouré de deux tourelles, typique des églises de style mudéjar élevées dans les villages indiens.

■ **Templo de Santo Domingo★★** *(plan A1)*. L'ensemble conventuel fut fondé en 1547 par Francisco Marroquín, premier évêque du Guatemala, dont dépendait alors le Chiapas, mais la première église en adobe fut remplacée au XVIIe s. par l'édifice actuel. Achevée en 1735, l'église présente une **façade★★** de style baroque rythmée par des colonnes salomoniques à torsades. Littéralement couverte de décoration stuquée, elle montre dans la niche centrale la statue de saint Dominique flanquée de deux aigles bicéphales, emblème de la maison des Habsbourg.

**Pour vous restaurer, choisissez une *cantinetta* sur le marché si la cuisine populaire vous tente, la *Parilla* (angle Belisario Domínguez et Dr. Navarro) si vous aimez la bonne viande grillée, la *Misión del Fraile* (angle Insurgentes et J. F. Flores) pour de l'authentique cuisine mexicaine dans un cadre colonial. Pour boire un verre, le *Café Santo Dominguo*, près de l'église (20 de Noviembre), est idéal.**

*« Nous ne cherchons pas à obtenir le prix Nobel de la paix ou à faire grimper les ventes de passe-montagnes, nous voulons que soient reconnus les droits des Indiens. »*

Sous-commandant Marcos, février 2001, à l'occasion de la grande marche vers Mexico, organisée par l'EZLN.

## Le guérillero masqué

À la tête de la révolte du Chiapas qui explosa le 1er janvier 1994, chef de l'EZLN et porte-parole du Comité clandestin révolutionnaire indigène, le *subcomandante* Marcos, Rafael Sebastían Guillén Vicente de son vrai nom, est aujourd'hui l'homme le plus célèbre du Mexique. Considéré comme le libérateur des Indiens opprimés, fêté comme la réincarnation de Zapata et de Pancho Villa réunis, ce Blanc qui a choisi de défendre la cause indienne n'est pas, contrairement à ses illustres prédécesseurs, paysan mais citadin et de surcroît intellectuel. Après avoir soutenu sa thèse en 1980, ce professeur à l'université de Mexico entre dans la lutte clandestine qui s'organise dans la forêt du Chiapas. Marcos sera son nom de guerre et son grade celui de sous-commandant. Stratège confirmé dans l'action armée, l'homme l'est aussi dans la médiatisation du mouvement et manie avec habileté l'art de la négociation. Politique prolixe, ses « œuvres complètes » sont déjà dans toutes les bonnes librairies.

La cathédrale de San Cristóbal. La restauration de 1993 a restitué les couleurs d'origine, à base de terres ocrées de Chamula mélangées au suc de cactus et à la chaux.

De nombreux petits marchands de souvenirs et d'artisanat bon marché sont installés sous les ombrages de la terrasse du monastère. La majorité de cet artisanat (tissage, sacs, camions en céramique) est le travail de réfugiés mayas du Guatemala. Notez aussi les poupées de Zapatistes cagoulés (→ *ill. p. 92*).

Pour mieux profiter de votre visite, gardez votre appareil photo caché. Vous y gagnerez en sympathie et en contacts humains car les Indiens détestent qu'on les photographie. De même, ne touchez pas un fruit ou un légume que vous n'avez pas l'intention d'acheter. Cela attire le mauvais œil !

L'**intérieur**★★, à nef unique, est tapissé de **retables**★ en bois doré du XVIIIe s., formant une décoration ininterrompue. La **chaire**★★ en bois de chêne très ouvragé ressemble à un somptueux calice surmonté d'un baldaquin ; à g. du chœur, dans la chapelle de la Buena Esperanza, le groupe sculpté de la **Santísima Trinidad**★★, chef-d'œuvre d'art baroque, représente le Christ exsangue dans les bras de Dieu le Père.

■ **SNA JOLOBIL**★ *(plan A1 ; ouv. du lun. au sam. de 9 h à 14 h et de 16 h à 18 h)*. Une partie des bâtiments conventuels de Santo Domingo est occupée par la **Casa del Tejido** (la maison du Tissu ou Sna Jolobil, en langue tzotzil), qui propose les productions de plusieurs centaines de tisserandes réparties dans une vingtaine de communautés tzotziles et tzeltales des Altos du Chiapas. Son objectif est de préserver le tissage maya en encourageant ses membres à étudier et fabriquer d'anciens textiles selon des techniques traditionnelles. Les plus remarquables sont les *huipiles* de Santa María Magdalena, dont le col s'orne d'une broméliacée *(magdalena)*, la poitrine et le dos de rangées de diamants représentant le cosmos. La plupart de ces articles sont plus coûteux que ceux qui sont vendus sur les marchés, mais la qualité de tissage et la beauté des motifs traditionnels est incomparable.

■ **CENTRO CULTURAL DE LOS ALTOS DE CHIAPAS** *(plan A1 ; ouv. du mar. au dim. de 10 h à 17 h)*. Situé dans l'ancien couvent Santo Domingo, ce petit musée possède des collections divisées en trois sections : histoire de la ville à l'époque coloniale, ethnographie et archéologie ; la plupart des pièces trouvées dans les environs datent du classique tardif (600-900).

■ **MERCADO**★★ *(plan AB1)*. Dans une débauche de couleurs et de superbes étals de denrées parfois inconnues, vous aurez l'occasion de côtoyer les *ladinos*, les métis, les indigènes hispanisés et les indigènes tzotziles et tzeltales *(→ ill. p. 78-79)*, identifiables grâce à leurs costumes traditionnels. Vous reconnaîtrez les hommes **chamulas** à leur courte tunique blanche serrée par une ceinture en cuir, recouverte par temps froid d'une cape de laine noire. Leurs femmes portent une jupe de laine noire maintenue par une bande d'étoffe rouge, et une blouse blanche sobrement brodée de fleurs. Les habitants de **Zinacantán** se distinguent par des vêtements de coton à dominante rose avec moult rubans, franges et pompons. Les hommes portent un chapeau de paille plat garni d'un bouquet de longs rubans multicolores. Les Tzeltales de **Tenejapa** ont les costumes les plus élaborés. Hommes et femmes s'habillent de tuniques brochées de motifs géométriques à camaieu de rouge, ces motifs étant répétés sur les longues bandes d'étoffe qui maintiennent les tuniques de laine noire portées par les hommes. Les longues jupes de coton bleu, rebrodées de fleurs, sont étroitement plissées autour de la taille des femmes qui les maintiennent en place avec une ceinture rayée blanche et rouge.

Vous ne trouverez guère de produits de l'artisanat local dans ce marché pittoresque mais, dans les magasins des rues avoisinantes, vous pourrez faire l'acquisition de chapeaux de paille, d'articles en cuir (notamment des sacs et des bourses), de ceintures, de tissus brodés et d'animaux miniatures en terre cuite.

■ **MUSEO SERGIO CASTRO**★★ *(Calle Guadalupe Victoria 61 ; hors plan par A2 ; ouv. t.l.j. de 18 h à 20 h ; frapper au portail)*. Avant toute incursion dans les villages des environs de San Cristóbal, la visite de ce très intéressant musée de la culture indigène s'impose. Il rassemble tous les costumes, accessoires et instruments de musique des Indiens du Chiapas, des robes à volants de Tehuantepec aux *huipiles* colorés des Altos. Les commentaires très documentés (en français) de Sergio Castro vous feront découvrir les mille et une nuances des cultures, langues et traditions de ces différentes ethnies qu'il côtoie quotidiennement (sur demande préalable, il pourra vous accompagner dans les villages chamulas où il mène une action humanitaire depuis vingt ans).

■ **CASA NA-BOLOM**★ *(Calle Vicente Guerrero 33 ; hors plan par B1 ; visite du musée du mar. au dim. à 11 h 30 en espagnol et à 16 h 30 en espagnol et anglais)*. Cette belle maison patricienne de la fin du XIXe s. fut acquise par Franz Blom († 1963), un ethnologue d'origine danoise et son épouse, la photographe Gertrude Duby-Blom († 1993), en vue d'exposer les collections d'objets, documents et photographies qu'ils avaient réunis pendant leurs nombreuses années sur le terrain, dans les Altos du Chiapas et la forêt lacandonia. Hormis sa fonction muséale, la maison est un centre culturel qui héberge des chercheurs intéressés par la culture maya, celle des Lacandons en particulier. Pendant la visite, demandez à voir la bibliothèque, le petit jardin botanique et la chapelle néoclassique. Na-Bolom organise des éco-circuits de quatre jours (en voiture) pour partir à la rencontre des communautés lacandons à Lacanjá et Chansayab. Les plus sportifs loueront les services du guide Pepe Santiago pour se rendre à dos de cheval à San Juan Chamula et Zinacantán. Au programme : visite d'un chaman et des églises (rés. : ☏ 678-14-18).

## Les utopies de Bartolomé de las Casas

Ce fils de marchands de Séville, ordonné prêtre à Saint-Domingue en 1513, mène d'abord la vie d'un *encomendero*. Mais, écœuré par la brutalité des Espagnols et par leur mépris des indigènes, il renonce vite à sa propriété. Dès lors, il s'efforce de convaincre le vieux roi Ferdinand de la nécessité de la réforme de la colonisation. Il devient missionnaire dominicain pour mieux défendre la cause des Indiens. En 1540, il remporte une première victoire avec la création d'un territoire de la Vraie Paix (Verapaz, au Guatemala) où toute incursion armée est interdite. Son brûlant réquisitoire intitulé *Très brève relation de la destruction des Indes* décide Charles Quint à promulguer la suppression de l'*encomienda*, loi qui ne sera finalement jamais appliquée. Nommé évêque de Chiapa en 1544, il continue sa lutte contre les colons en exigeant la libération des esclaves et en refusant les sacrements aux Espagnols qui participent aux violences et spoliations à l'égard des Indiens. Très impopulaire, il est contraint de quitter son diocèse deux ans plus tard et de se retirer dans un couvent de Valladolid où il poursuit son œuvre de défenseur des Indiens.

# Environs de San Cristóbal

**1 Tenajapa★** *(28 km N.-E. ; par la route de Comitán, puis à g. après 3 km)*. Ce *pueblo* habité par une communauté tzeltal est localisé dans une belle vallée traversée par une rivière. Le **marché★★**, l'un des plus intéressants de la région, a lieu le dimanche derrière l'église. On y voit les autorités coiffées d'un large chapeau conique orné de rubans, arborant de longs colliers de pièces et de croix en argent. Les femmes sont réputées pour le tissage de *huipiles* et d'écharpes, brodés de motifs géométriques dans les tons rouges. Pendant le carnaval, les « capitaines », entièrement vêtus de rouge et porteurs de bannières, courent quasiment cinq jours durant derrière un flûtiste. On fête la Saint-Jacques (Santiago) le 25 juillet.

**Il est possible que vous soyez arrêtés par des combattants cagoulés qui réclament un impôt de guerre. En cas de barrage prolongé, la patience s'impose et les photos sont interdites. Emprunter cette route de nuit est très déconseillé.**

**2 De San Cristóbal à Ocosingo** *(102 km E. ; excursion de 2 h aller)*. La route qui descend graduellement des hautes terres vers les régions plus chaudes où l'on cultive le café, traverse le pays tzeltal, fief des Zapatistes. À partir d'Ocosingo, on peut continuer sur Palenque.

*32 km :* **Huixtán**, *pueblo* construit autour de l'église San Miguel (XVI^e^ s.) et où vivent des Indiens Tzeltales *(→ ill. p. 79)*. Il fut le théâtre d'une apparition de la Vierge de la Charité lors de la bataille décisive qui opposa ces derniers aux *ladinos* en 1712.

*50 km :* **Oxchuc** est le siège d'un pèlerinage agricole le 21 déc., jour de la Saint-Thomas. Sur la place principale, l'église Santo Tomás est précédée d'un atrium où l'on discerne encore des peintures dans les chapelles de procession *(posas)*. La seconde église, **El Calvario★**, juchée au sommet d'une colline à l'extérieur du village, fut construite à l'emplacement d'un temple maya. Les *huipiles* s'ornent à l'encolure de dentelles et de broderies colorées.

*102 km :* **Ocosingo**, gros bourg agricole desservi par un petit aéroport, est habité en majorité par des métis. C'est le point de départ pour la visite des sites mayas de Toniná *(à 14 km E. ; → p. 628)* et de Yaxchilán et Bonampak *(par avion ; → p. 671)*.

**3 De San Cristóbal à Comitán** *(330 km S.-E.)*. Cet itinéraire qui traverse l'une des plus belles régions du Mexique jusqu'à la plaine de Soconusco en bordure de la côte pacifique peut s'effectuer en une journée, à condition de posséder une voiture. Avec les transports publics, il est préférable de prévoir une nuitée à Comitán ou à proximité des lacs de Montebello.

*10 km :* à 1 km à dr., **Rancho Nuevo** est un site naturel semé d'éboulements karstiques, couvert de conifères. Les **grottes★** *(ouv. t.l.j. de 9 h à 16 h)* parées de

## Les Tzeltales

Tout comme les Tzotziles, ils appartiennent à la famille linguistique maya et formaient une nation payant tribut aux Mexicas jusqu'à l'arrivée des Espagnols en 1524. Les Zendales, comme ils se nomment eux-mêmes, fomentèrent une révolte en 1712, allant jusqu'à mettre le siège devant San Cristóbal de las Casas. Sur leurs petites parcelles, ils cultivent le maïs, les haricots, les piments, les *chayotes* et la canne à sucre pour leur usage personnel. La petite production de café, de fruits (bananes, mangues, papayes) et de cacahuètes est destinée à être vendue sur les marchés ou aux grossistes métis. Durant la saison sèche, ils se louent comme ouvriers agricoles dans les grandes *fincas* de café du Soconusco. À l'instar des Tzotziles, ils croient que chacun possède un *chulel*, ou double animal, qui se manifeste lorsqu'il est blessé ou manque de nourriture, maladie qui peut être guérie uniquement par le chaman. Les sorciers *(brujos)*, chamans ayant pactisé avec le diable, ont quant à eux le pouvoir de se transformer la nuit en animal féroce, le *nahual*, redouté de tous.

concrétions calcaires sont ouvertes à la visite sur 500 m (passerelle de bois et éclairage).

*33 km :* **Teopisca**, *pueblo* où les Franciscains érigèrent une église consacrée à saint Augustin au XVIe s. Elle renferme un beau retable sculpté et doré, œuvre baroque du XVIIIe s.

*37 km :* **Amatenango del Valle★**, village tzeltal réputé pour sa production de poteries en terre blanche à motifs ocre. Fabriquées sans tour, les poteries sont cuites sous un tas de branchages. Le métier qui se transmet de mère en fille commence par le modelage de petits animaux réels ou totalement imaginaires. Remarquez aussi les beaux *huipiles* brodés.

*86 km :* **Comitán★**, petite ville coloniale à 1 635 m d'altitude, aligne de belles maisons aux balcons en fer forgé. Dans le parc municipal, une stèle provient de La Trinitaria. Sur le Zócalo, près de l'église Santo Domingo, le petit **musée de la Casa de la Cultura** *(ouv. du mar. au dim. de 10 h à 17 h)* renferme quelques antiquités de la région. La visite de la demeure du **Dr Belisaro Domínguez** *(Av. Central Sur 29 ; ouv. du mar. au sam. de 10 h à 18 h 45, dim. de 9 h à 12 h 45)* permet de se familiariser avec l'intérieur bourgeois d'un médecin au début du XXe s. Son assassinat fut ordonné par le président Huerta, suite à son discours au Sénat en 1913 où il critiquait la politique dictatoriale de ce dernier.
Sur le marché vous trouverez les spécialités de la ville, des couvertures de laine aux couleurs vives, des articles de cuir et de l'*aguardiente Comiteco*, alcool à base de jus de canne.

**À partir du 2 fév. et jusqu'à la fin du mois, Comitán célèbre la San Caralampio avec des processions et des dépôts d'offrandes florales qui se terminent par des danses. La Fiesta de San Fermín, ou de las Luces, consiste à honorer le saint par des offrandes de chandelles dans l'église du quartier consacrée à ce saint patron. Signalons en outre les cérémonies en souvenir des morts, les 1er et 2 nov.**

*102 km :* avant d'entrer à La Trinitaria, quitter la Panaméricaine et prendre la route à g. vers Chinkultic *(31 km)* et Montebello *(36 km)*.

▶**Chinkultic** *(après 30 km, prendre à g. une piste de 1 km ; ouv. de 8 h à 17 h)*, site maya occupé dès 200 apr. J.-C. mais dont l'apogée se situe entre 600 et 900, formé d'un ensemble de tertres près d'un **jeu de balle** et d'une **acropole** dominée par une grande pyramide (El Mirador), entre deux lacs. Contemporain de Toniná dont il semble avoir subi l'influence stylistique, le centre cérémoniel fut habité jusqu'à la Conquête, à la différence des autres sites mayas des basses terres. Du haut de l'acropole, on jouit d'un panorama étonnant sur les parois abruptes du *cenote* et sur l'enfilade des lacs au sein d'une belle végétation tropicale où abondent les orchidées.

**Retrouvez l'ambiance coloniale des *rancheros* et des grandes *fincas* de café et de canne à sucre en logeant dans une authentique hacienda du XIXe s. transformée en hôtel de charme. Les chambres sont décorées avec du mobilier d'époque ; des chevaux peuvent être loués le temps d'une balade. *Posada Museo Santa Maria*, à 20 km de La Trinitaria en direction de Montebello, sur la dr.**

**Parc national des lacs de Montebello★★** *(à 36 km ; possibilité d'hébergement au village de Tzis-*

*cao)*, un chapelet d'une soixantaine de petits lacs aux eaux colorées dans un merveilleux cadre forestier. Chacun des lacs, anciens *cenotes* ou dépressions karstiques, a sa propre originalité en fonction de son exposition et de la nature du sol qui détermine la couleur de ses eaux.

La branche de g. *(asphaltée ; longue de 3 km à partir de la bifurcation)* dessert les **Lagunas de Colores**, extraordinaire palette aquatique très nuancée, depuis le bleu tendre de la Laguna Agua Azul, la plus lointaine, jusqu'au violet profond de la Laguna Agua Tinta, en passant par le vert émeraude, aux reflets opalescents, de la Laguna Esmeralda.

La branche de dr. *(piste de 14 km ; cette route se prolonge au-delà de la dernière lagune du parc vers Santa Elena)* dessert un autre groupe de lagunes, plus espacées, souvent recluses au sein de la forêt *(des chemins transversaux, carrossables, y conduisent)*. La première, la **Laguna de Montebello** *(à g. à 400 m du chemin ; à près de 4 km de la bifurcation)* s'étend à 1 485 m d'alt. dans un cadre forestier de toute beauté, mais vous vous priveriez d'un incomparable spectacle en ne vous rendant pas jusqu'aux **Dos Lagunas** *(à 14 km)*, en passant devant l'admirable **Laguna Tziscao**, la plus étendue, à la frontière guatémaltèque *(à dr. à 9,5 km)*. Au-delà, la route s'enfonce dans la Selva Lacandonia.◀

*165 km :* **Ciudad Cuauhtémoc**, poste frontière entre le Mexique et le Guatemala. Au-delà de la frontière (Mesilla), la route se prolonge vers l'impressionnant défilé creusé par le Río Cuilco dans le massif montagneux des Cuchumatanes.

*235 km :* **Motozintla**, petite ville nichée au creux d'une profonde vallée de la sierra Madre de Chiapas, dans une région occupée par trois ou quatre mille Indiens Mayas parlant un dialecte du groupe mam. La route jusqu'à Huixtla, dans la plaine du Soconusco, traverse les extraordinaires **paysages de la sierra Madre**★★. Sur une centaine de kilomètres, vous découvrirez la jungle luxuriante, une zone aride couverte de cactées et de fraîches pinèdes. Au loin, on aperçoit le volcan Tacaná (4 093 m), point culminant du Chiapas.

*330 km :* **Tapachula**★, dans un cadre tropical très séduisant, constitue une halte agréable dans une région peuplée de Mixes-Zoques. Les beaux édifices néoclassiques et les maisons coloniales Art déco témoignent de sa prospérité au XIXe s., au temps des grandes exploitations de café. Le **Musée archéologique**★ *(ouv. du mar. au dim. de 10 h à 17 h)* expose les trouvailles faites à Izapa *(10 km E. de Tapachula)*, un site clé pour la compréhension de la période post-olmèque. C'est à Izapa qu'apparaissent pour la première fois (avec les sites voisins de La Mojarrá et d'El Baúl) l'écriture, le calendrier et le complexe stèle-autel représentant des scènes mythologiques.
Une visite au cimetière vous réserve la surprise de monuments funéraires gravés de noms allemands et de calligraphies chinoises, ces deux communautés étant très importantes au XIXe s.

**4 SAN JUAN CHAMULA★★ ET ZINACANTÁN★**. À une dizaine de kilomètres de San Cristóbal, les villages tzotziles de San Juan Chamula et de Zinacantán sont devenus les têtes d'affiche du tourisme ethnographique. Si vous êtes motorisé, on ne peut que vous conseiller d'aller visiter également les autres villages tzotziles (San Pedro Chenalhó, San Andrés Larraínzar, Simojovel de Allende), en particulier le dimanche, jour de marché. La population indigène y est souvent plus accueillante – à condition toutefois de ne pas faire de photos sans autorisation préalable, en particulier dans les églises et lors de cérémonies.

**San Juan Chamula** *(10 km N.-O., bifurquer à dr. à 8 km ; 2 350 m ; un droit de visite de l'église est à retirer à la municipalité)* est le chef-lieu des 75 000 Chamu-

**Jour de marché à San Juan Chamula.**

las, Mayas de langue tzotzil *(→ ill. p. 78-79)* qui habitent les 84 villages alentour. Y résident les 54 autorités indigènes et les 16 policiers élus pour la durée d'un an, le président ayant un mandat de trois ans.

À l'entrée du village, **trois croix** érigées sur un tertre représentent Chultotic (le soleil), Chulmetic (la lune) et leur fils saint Jean-Baptiste. Dans le bourg, les tertres plantés de croix symbolisent les trois quartiers ayant chacun leur saint, San Pedro (croix rouge), San Juan (croix verte) et San Sebastián (croix jaune). Une nouvelle **église**★★ fut construite suite à l'incendie de celle qui était consacrée à saint Sébastien *(à dr. en arrivant, près du cimetière)*. À l'intérieur de l'édifice dont le sol est tapissé d'aiguilles de pins et de frêles chandelles, vous assisterez à d'étranges cérémonies conduites par un chaman coiffé d'un foulard, mélange de catholicisme et d'anciens rites mayas. Les prières personnelles sont adressées sous forme de mélopées aux différents saints catholiques, parmi lesquels saint Jean-Baptiste, protecteur des moutons, fêté le 24 juin, et San Juanito, son petit frère, protecteur des saisonniers employés dans les *fincas* de la côte pacifique. Durant le marché dominical, sur la place devant l'église, les autorités président sur une estrade. La passation du pouvoir a lieu le 1er janvier à 4 h du matin.

La route continue vers **San Andrés Larraínzar**★ *(12 km)*, un *pueblo* réputé pour la beauté des tissages. Lors des fêtes (carnaval, 2 et 30 nov.), les habitants dansent pendant plus de 12 h.

**Zinacantán** *(11 km N.-O. ; bifurquer à g. à 8 km)* est un autre *pueblo* tzotzil. L'**église San Lorenzo** *(droit de visite à payer à la municipalité)*, fondée à l'époque coloniale, fut remaniée dans le goût néoclassique. Le petit **Musée Ik'alojov** est une maison traditionnelle en adobe, avec un mobilier réduit, un autel pour les ancêtres et des ustensiles de cuisine à côté du foyer. Dans le village, vous verrez des tisserandes au travail, les reins ceints de la lanière de cuir du métier à tisser traditionnel.

**Manifestations : Fiesta de San Sebastián le 20 jan., carnaval, Semana Santa (Pâques), Fiesta de la Santa Cruz le 3 mai, Fiesta de San Juan du 22 au 25 juin, Fiesta de Santa Rosa du 28 au 31 août, cérémonie de passation des pouvoirs et prestation de serment des autorités chamulas du 31 déc. au 3 jan. Durant le carême, une procession se déroule chaque ven. à San Juan Chamula ; le marché a lieu exceptionnellement le ven.**

**Le carnaval (K'*in Tajimoltic*) de San Juan Chamula est l'un des plus spectaculaires de la région. Il correspond aux cinq jours néfastes qui clôturaient le calendrier maya. Le mardi gras, on pratique le rite de purification, un acte hautement symbolique accompli par les autorités qui courent pieds nus sur un tapis de braises. On assiste à des mascarades, sortes de combats rituels contre les Juifs (ennemis du Christ), les conquistadores, les *ladinos* et les singes *(Mash)*, esprits du mal. On danse le *bolonchón* et on boit quantité de *posh* et de *chicha* (alcool de canne) au son de l'accordéon et de la flûte.**

## Guerre de sainte Rose

En décembre 1867, Augustina, une Indienne Chamula, découvre des « pierres qui parlent », miracle confirmé quelques jours plus tard par le *fiscal* Pedro Díaz Cuzcat. Un ermitage est construit attirant des foules considérables, fait qui ne manque pas d'inquiéter le clergé. Augustina met au monde des statuettes de saints… puis se transforme en sainte Rose en août 1868. Son arrestation et celle du *fiscal* ne font qu'aviver la ferveur des Tzotziles qui marchent en armes sur San Cristóbal. Cette révolte, née d'une volonté d'autonomie et de suppression de la lourde charge fiscale, agonise au moment où les Indiens acceptent de négocier avec les *ladinos*. La répression sera sanglante …

Le pays maya

# Toniná★★

**Situation** : 14 km E. d'Ocosingo, 112 km N.-E. de San Cristóbal de las Casas, 120 km S.-E. de Palenque. Alt. 960 m ; État du Chiapas.

**À ne pas manquer**



**En raison de son isolement, Toniná, sans doute mieux protégé des assauts ennemis que les autres cités des basses terres, est la dernière à avoir célébré le quatrième *katun* du dixième *baktun*, scellant ainsi l'effondrement de cette brillante civilisation. C'était le 20 janvier 909.**

Localisée dans la vallée d'Ocosingo, cette cité maya classique qui connut son apogée entre le milieu du VIIe s. et la fin du IXe s. fut la plus importante des Altos du Chiapas. Sa position privilégiée dans une vallée isolée et fertile, à la limite occidentale de l'aire des Mayas des basses terres, a induit une production artistique originale, basée sur les activités belliqueuses de ses rois. Les édifices et l'abondante statuaire en ronde-bosse étaient destinés à glorifier les dynasties régnantes et leurs ancêtres. L'acropole qui culmine à 80 m, bien au-dessus de la cime des arbres, a connu de nombreux remaniements au cours de son millénaire d'existence. Cependant, l'orientation de la « Montagne sacrée » resta inchangée, alignée sur les deux extrêmes solaires des solstices d'hiver et d'été.

## Toniná dans l'histoire

### ■ Un peuple belliqueux

Peuplé tardivement par rapport à d'autres régions des basses terres, le site fut occupé à partir de 300 de notre ère. Son relatif isolement et le caractère agressif de sa population, attesté par de nombreuses représentations de captifs et de scènes de décapitation, a eu pour conséquence un accroissement régulier de son autorité sur la vallée d'Ocosingo et vers les cités mayas des basses terres. La capture et le sacrifice d'un roi de Palenque, Kan-Xul, traduisent bien le climat conflictuel qui existait au VIIIe s. L'essentiel des constructions date du classique récent, de 593 à 909, date la plus récente de la chronologie maya. Cette activité fut l'œuvre de neuf souverains appartenant à trois dynasties différentes. Après 909, le site est abandonné brutalement à la suite d'un raid ennemi marqué par la mutilation systématique des sculptures et des inscriptions. Autour de l'an 1000, le centre cérémoniel est réoccupé par une population peu développée qui enterre ses morts dans les tombes anciennes et construit quelques plates-formes d'habitation. Vers 1250, la ville est définitivement délaissée au profit d'une position plus aisée à défendre, Tzajalchib.

## ■ Les missions françaises

Connue depuis la fin du XVIIIe s., la cité de Toniná a été visitée et décrite par le capitaine Dupaix et le talentueux duo formé du diplomate américain John Stephens et du dessinateur Frederick Catherwood. Mais ce sont surtout les travaux du Danois Frans Blom en 1927 qui révélèrent l'originalité de la statuaire en ronde-bosse de Toniná. La première campagne de fouilles menée par la Mission archéologique et ethnographique française sous la direction de Claude-François Baudez a été entreprise en 1972. Depuis, les fouilles et la restauration du site se poursuivent, en collaboration avec l'INAH.

# Visiter Toniná

**Accès** : sur la route 199 en provenance de San Cristóbal de las Casas, suivre la direction de Toniná au carrefour (3 km du centre d'Ocosingo). Après le passage du poste militaire (passeport et certificat de *migración* requis), une piste à g. (en cours de restauration) mène vers la base militaire et le site archéologique situé à 11 km. Accès par bus *(Cristóbal Colón, ADO, AGT)* depuis Tuxtla Gutiérrez, San Cristóbal de la Casas, Villahermosa, Palenque jusqu'à Ocosingo, puis en taxi ou en *colectivo* au départ du Zócalo (deux ou trois départs par jour) qui vous dépose à 2 km du site. Pour y accéder, empruntez l'escalier qui descend vers le ravin où coule un petit ruisseau que vous franchirez sur des planches. Le sentier remonte ensuite vers l'esplanade.

**Visite** : ouv. t.l.j. de 9 h à 16 h.

**Combien de temps** : compter 1 h 30 à 2 h pour la visite des ruines et au moins une demi-heure de plus pour le tout nouveau musée situé à l'entrée du site. Visiter Toniná demande du souffle : il est en effet impossible de visiter l'acropole sans gravir les 57 m de dénivelé, à près de 1 000 m d'altitude dans une chaleur humide.

**Le meilleur moment** : le site, peu fréquenté, est agréable tôt le matin ou dans la lumière de l'après-midi. Tenez toutefois compte de deux paramètres importants : il fait nuit noire à 18 h et les routes de montagne (en particulier dans cette région troublée du Chiapas) sont peu sûres la nuit. Quittez le site vers 15 h 30 si vous comptez loger à San Cristóbal (2 h de route) ou Palenque (2 h 30 de route).

**Ocosingo offre un hébergement simple dans les trois hôtels situés à proximité du Zócalo. Plus agréable est le *rancho Esmeralda* situé en pleine nature, à 10 mn à pied des ruines. Il propose un hébergement rustique dans des chalets *(cabañas)* en bois. Pas d'électricité ni de téléphone (on s'éclaire à la lampe à pétrole), mais de l'eau chaude dans une salle de bain à l'antique et une ambiance très conviviale.**

## L'esplanade*

Ce vaste espace, faiblement occupé, est dominé au N. par une haute acropole à sept terrasses. Des quartiers annexes sont situés au S.-E., à l'E. et à l'O., ces deux derniers étant composés surtout de plates-formes d'habitation.

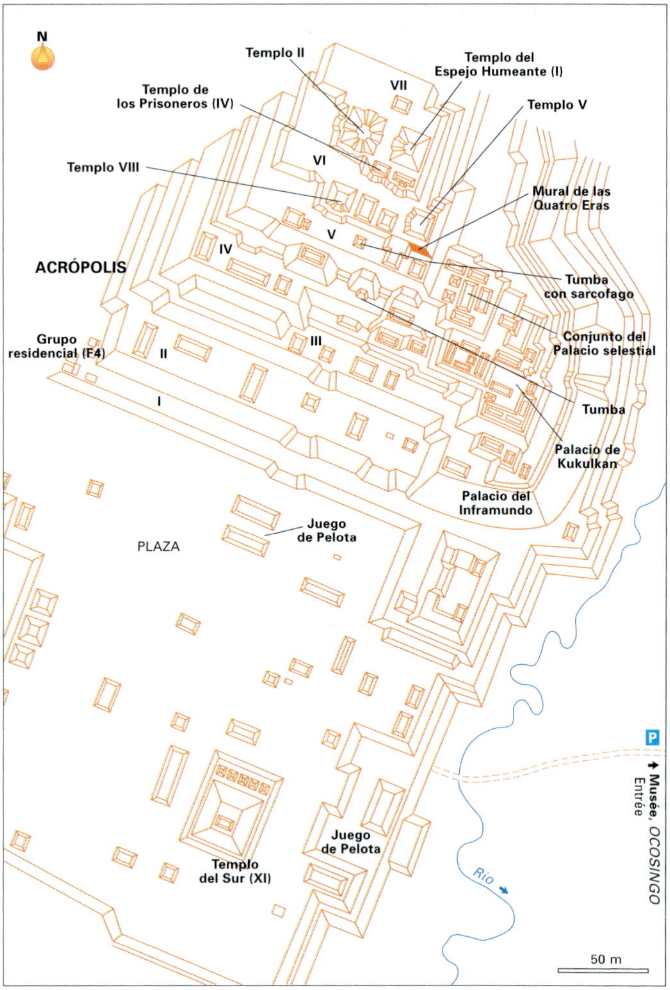


**Toniná**

■ **Juego de Pelota★**. Ce grand jeu de balle situé sur le rebord E. de l'esplanade adopte la forme d'un I, le terrain mesurant 72,30 m de longueur. Son aire médiane, dont le sol est couvert par un dallage stuqué, est encadrée par deux murs en talus et des banquettes adossées aux murs inclinés des structures latérales. Dans cette partie du jeu, on a découvert **trois marqueurs circulaires** en pierre, celui du milieu étant sculpté d'un personnage de haut rang assis en tailleur, la tête de profil, porteur d'une barre cérémonielle, et entouré d'une inscription périphérique donnant une date correspondant à 775 (→ *musée du site*). Sous chacun des marqueurs fut mise au jour une fosse contenant des lames d'obsidienne pour l'autosacrifice et des fragments de jade. Au niveau des marqueurs, trois paires de statues représentant des captifs aux bras liés dans le dos étaient scellées au sommet des deux murs en talus. D'autres représentations de captifs associées à des inscriptions glyphiques célèbrent les hauts faits guerriers des seigneurs de Toniná, tout en rappelant l'intervention des puissances surnaturelles. La découverte d'une tête à tenon représentant le monstre reptilien Cauac, divinité de la Pluie, confirme le rôle du jeu de balle dans des rites de fertilité ; toutes ces sculptures sont au musée du site.

Les deux extrémités transversales du I sont fermées par des constructions annexes. Celle du S. comporte une plate-forme rectangulaire à degrés, accessible depuis l'aire de jeu par un escalier, divisée en quatre chambres dont la toiture était soutenue par huit piliers. Un **autel** en forme de U occupe le centre du bâtiment et se trouve exactement dans l'axe du terrain. De ce côté, d'autres installations avec canalisations et bassin stuqué semblent appartenir à un ***temazcal*** (bain de vapeur), où les joueurs de balle se lavaient et soignaient leurs blessures au sortir de leurs exercices violents, ou encore procédaient à des ablutions rituelles avant le jeu.

■ **TEMPLO DEL SUR** (temple XI ou temple de la Guerre céleste). Cet oratoire orienté vers l'acropole s'élève au sommet d'une pyramide à trois degrés, disposée elle-même sur une large plate-forme. En façade sont alignés cinq piédestaux qui devaient supporter des statues de dignitaires déplacées ou détruites lors du raid survenu après 909 ; elles étaient associées à cinq autels circulaires décorés de glyphes. L'ensemble devait être utilisé à des fins rituelles lors de la célébration d'un *katun*.

■ **JUEGO DE PELOTA**. Au pied de l'acropole, deux constructions parallèles de même longueur délimitent une autre aire de jeu, probablement contemporaine de la première bien que de plan différent. Le talus méridional recouvre cinq piédestaux en tronc de pyramide disposés en ligne, au pied desquels sont placés cinq dalles plates circulaires ou autels ornés d'une inscription glyphique sur le pourtour.

## L'acropole★★

Les sept terrasses s'étagent sur une hauteur de 57 m *(→ ill. p. 610)* pour culminer avec le temple du Miroir fumant qui dresse sa crête faîtière à plus de 80 m au-dessus du niveau de l'esplanade. L'ensemble reproduit une pyramide ou une montagne sacrée qui était gravie quotidiennement par les prêtres en vue d'accomplir les rites sacrificiels contribuant à la bonne marche de l'univers. Les différentes étapes sont marquées par un développement éclectique empruntant à la fois à l'architecture et à la décoration stuquée de Palenque et à la profusion de statues en ronde-bosse qui s'apparentent au style de Copán (Honduras). Les premières constructions du VIIe s. – dont le palais de l'Inframonde – sont caractérisées par des murs épais et des ouvertures étroites. Durant les VIIIe s. et IXe s., l'acropole s'agrandit et se couvre de monuments qui célèbrent les victoires des seigneurs de Toniná sur leurs voisins, dont Palenque et Bonampak.

■ **GRUPO RÉSIDENCIAL F4**. À l'angle S.-O. de la première terrasse, les archéologues ont fouillé un complexe composé de plusieurs bâtiments disposés autour d'une cour. On y a reconnu, grâce à l'abondante céramique *in situ*, une habitation principale à trois chambres, une cuisine placée en retrait, une salle de réception à six piliers supportant un toit plat et un petit sanctuaire décoré de sculptures. La qualité des vestiges de céramique et de la maçonnerie en pierre laisse penser qu'il s'agissait de la résidence d'un notable.

■ **PALACIO DEL INFRAMUNDO**. À l'extrémité N.-E. de la première terrasse, deux ouvertures voûtées donnent accès à cet édifice souterrain aux fenêtres cruciformes. Construit au VIIe s., ce labyrinthe était vraisemblablement lié aux rites de passage dans l'inframonde ou Xibalba. Y est entreposée une très belle **statue★★** en ronde-bosse représentant un *halach uinic* (seigneur maya) coiffé du masque du dieu solaire et portant la double barre cérémonielle sur sa poitrine.

**On pense que cet ensemble palatial, au plan compliqué, servait non seulement de résidence aux principaux lignages nobles, mais que certaines parties étaient également utilisées comme bâtiments administratifs, magasins, voire prisons pour les seigneurs étrangers capturés lors de la guerre fleurie.**

■ **PALACIO DE KUKULKAN★**. La partie orientale des quatrième et cinquième terrasses est couverte par un ensemble de structures allongées disposées autour de cours, surnommé palais de Kukulkan et palais céleste. Une des entrées est signalée – au niveau de la troisième terrasse – par un **décor de grecques★** et un faux escalier plaqués contre le mur en talus. À dr. se trouvent les restes d'une tombe associée à un trône, situé en hauteur, en partie revêtu de glyphes. De là, un escalier couvert donne accès au palais, débouchant sur une galerie couverte de fausses voûtes (restes de frises en stuc). À dr., un escalier descend dans un patio. Un autre escalier mène à une série de pièces où se trouvent un second trône sculpté de personnages assis et un petit patio surbaissé, avec un bassin, autrefois entièrement stuqués. À dr., un escalier conduisait à un étage plus élevé. En sortant de la cour par la g., remarquez sous la *palapa* les restes d'un **décor stuqué★** où apparaissent des os entrecroisés, évident symbole de la mort, et, au-dessus, une frise de serpents emplumés. La décoration stuquée qui conserve des restes de pigments bleus et rouges a pour thème principal la dualité vie-mort et les divinités chtoniennes. En sortant du palais, on débouche sur la cinquième terrasse.

■ **CODEX★★★**. Ce relief modelé en stuc de 4 m sur 16 m, découvert en 1990 au pied de la sixième terrasse offre une mise en scène terrifiante des mythes de la création du monde et du sacrifice humain. Il s'agit d'un grand codex de quatre pages délimitées par des bandes de plumes et d'eau et dont le centre est occupé par la tête renversée d'un prisonnier décapité. Son sang, converti en une collerette de plumes, irradie vers les quatre quadrants qui représentent la répétition du temps en un cycle de quatre soleils. Parmi les protagonistes de cette scène qui se joue dans le Xibalba ou « monde de l'effroi », on reconnaît les seigneurs de l'inframonde, dont un jaguar et un squelette aux yeux globuleux tenant par les cheveux la tête d'un prisonnier décapité, à la langue pendante. Dans le triangle inférieur du premier panneau à dr., Xbalanque est représenté avec des flots de

**Figure centrale du codex de Toniná.**

sang jaillissant de sa bouche et de ses membres arrachés. Ensuite vient Hunapuh, avec la large ceinture de joueur de balle, en train de viser de sa sarbacane le géant Vucub Caquix. Parmi les inscriptions, on a relevé des signes calendaires correspondant à 790 et 840 de notre ère. Devant le relief se trouve un grand trône stuqué.

■ **TOMBA CON SARCOFAGO**. Sur la cinquième terrasse, cette tombe à fausse voûte creusée en sous-sol, contient deux banquettes et un sarcophage monolithique. La statue d'un dignitaire découverte non loin pourrait figurer le personnage inhumé dans la crypte.

**Les diverses sépultures mises au jour sur les terrasses supérieures de l'acropole, associées à des statues, devaient être réservées à l'élite. On trouve parfois plusieurs corps dans une tombe, indiquant une réutilisation à l'époque postclassique. De nombreuses offrandes accompagnaient le défunt dans l'inframonde.**

■ **TEMPLO VIII**. À l'extrémité O. des marches menant à la sixième terrasse, ce sanctuaire se signale par un grand **masque du monstre terrestre Witz**★ (sous une *palapa*) en pierres recouvertes de stuc, placé au pied de l'escalier de la pyramide à degrés. Il servait de piédestal à une statue de dignitaire portant un long pagne de cérémonie et un pectoral, les mains croisées sur le ventre *(→ musée du site)*. Devant le masque, une cache renfermait les corps de trois jeunes enfants sacrifiés, associés à la tête d'un félin, d'un faucon et de deux cailles. À ces restes, était joint le nécessaire pour l'autosacrifice sanglant : aiguillons de raie, aiguilles d'obsidienne et coquillages, ainsi qu'une figurine en jade, une hache de pierre et trois dents de requin. Notez sur les degrés de la pyramide quelques glyphes stuqués.

■ **TEMPLO V**★. Situé à l'angle S.-E. de la sixième terrasse, au-dessus du codex, ce petit temple-pyramide « dynastique » était accessible par un escalier tourné vers l'O., en partie conservé. À mi-hauteur de l'escalier se trouve un modelage en stuc, peint en rouge, figurant le **monstre terrestre**★. Sa bouche est une niche contenant une sphère de basalte destinée à recevoir des offrandes.

**Un sentier situé à l'arrière du temple le plus élevé offre un accès plus aisé au sommet de l'acropole que les escaliers raides et glissants du temple.**

## Le mythe des jumeaux dans le *Popol Vuh*

Le *Popol Vuh (Livre du Conseil)*, ouvrage sacré des Mayas Quichés, nous livre la cosmogonie et les croyances de ce peuple. Parmi les mythes, celui des jumeaux précieux Hunapuh (Hun-Ahau) et Xbalanque (Yax-Balam) est très fréquent dans l'iconographie du classique. Leurs pères, accusés de faire trop de bruit en jouant à la balle, avaient été sacrifiés par les puissants seigneurs de l'inframonde, et le crâne de l'un d'eux suspendu à un calebassier. Lorsqu'une des princesses du Xibalba s'approcha du crâne, celui-ci lui cracha dans la main, avec pour conséquence la naissance des jumeaux. Ceux-ci devinrent de grands joueurs de balle. Le vacarme de la lourde balle rebondissant au-dessus de leur tête ne tarda pas à provoquer la colère des habitants de l'inframonde qui convoquèrent les fautifs et les soumirent à de rudes épreuves dont ils sortirent vainqueurs. Ils s'élevèrent alors jusqu'au ciel où ils devinrent le Soleil et Vénus. On apprend ainsi par ce mythe que, non seulement l'humanité a un espoir de résurrection après un séjour dans le monde des morts, mais aussi que la renaissance vient du sacrifice, en particulier de la mort par décapitation.

Le **temple**, surmonté d'une crête faîtière, comporte trois chambres voûtées, la pièce centrale formant un petit sanctuaire indépendant ou *pib-na*, comme à Palenque. Sur sa façade, on distingue quelques vestiges de l'oiseau mythique Moan (sorte de chouette) modelé en stuc. D'autres reliefs en stuc représentant des scènes de capture, ainsi que des statues en pierre de captifs agenouillés ont été retrouvés dans les décombres au pied de l'édifice *(→ musée du site)*.

■ **TEMPLO DE LOS PRISONEROS**★★. Occupant la sixième terrasse, cette énorme structure pyramidale à degrés de près de 30 m de côté et de 19 m de hauteur, est flanquée d'escaliers sur ses quatre faces. Au sommet, le **temple**, aujourd'hui très délabré, comportait deux chambres à voûte en encorbellement. Dans la chambre du fond se dressait une grande **stèle**★ montrant un dignitaire armé d'une lance *(→ musée du site)*. Les **rampes des escaliers** sont ornées, sur les faces E. et N., de grands masques en stuc représentant des **têtes de jaguar**★ tirant une langue en forme de couteau de sacrifice, aspect du seigneur de l'inframonde. Ce temple doit son nom au grand nombre de fragments de sculptures en haut relief modeles en stuc qui décorent la base de l'édifice. Ils figurent une série de **prisonniers assis**★ (dont les têtes ont été mutilées), reliés par une corde nouée autour du cou et des inscriptions de caractère historique, en relation avec des événements guerriers réels et mythiques.

■ **TEMPLO DEL ESPEJO HUMEANTE** (temple du Miroir fumant). Dominant l'acropole de ses 30 m, ce temple à soubassement pyramidal orné d'un escalier sur chacune de ses faces, est le jumeau du temple des Prisonniers. Comme la plupart des édifices de l'acropole dédiés au culte des dynasties régnantes, son programme iconographique était lié à la guerre.

### Le musée★★

L'abondance des découvertes faites sur le site de Toniná au cours des campagnes de fouille a nécessité la construction d'un nouveau musée inauguré en 1999. D'emblée, on est frappé, d'une part par la profusion de la sculpture en ronde-bosse, d'autre part par la mutilation systématique des statues, inscriptions et reliefs par une population étrangère qui pilla la ville au début du Xe s. La variété des techniques et des supports est également une des spécificités des artisans de Toniná : stuc, bas- et moyen-reliefs sur des stèles ornent les marches d'escalier, les panneaux et les disques (marqueurs).

Les **statues en ronde-bosse** sont pourvues de tenons verticaux ou horizontaux qui les maintenaient en place sur des piédestaux (au pied des temples) ou dans la maçonnerie des murs (jeu de balle). Ces statues représentent en majorité des dignitaires qui sont, soit des seigneurs *(halach uinic)* portant la barre cérémonielle, soit des personnages de moindre importance (*batab*) représentés les bras le long du corps ou croisés sur le ventre. Ces figurations de notables en pied étaient parfois flanquées d'une paire de statues de captifs agenouillés, les bras liés dans le dos.

Les **grands disques** ornés d'une inscription périphérique sont des marqueurs des différents terrains de jeu de balle. Parmi les inscriptions, on a relevé les glyphes-emblèmes de Palenque et de Copán. Les dates que l'on a pu déchiffrer sont, pour la plupart, comprises entre 672 et 790.

La **céramique** couvre toutes les périodes, du classique ancien au postclassique. On constate une différence de qualité entre la vaisselle rouge et noire sur fond orange, sans doute locale, et des vases polychromes à décor plus complexe peut-être importés des basses terres du Petén durant le classique récent. Entre 800 et 909, des vases à pâte orange ou grise, très fine, sont des productions du Tabasco et du Campeche. Au postclassique, les échanges s'étendent des Altos du Chiapas aux côtes du Pacifique, région productrice des céramiques à reflets métalliques *(plombate)*, et de l'Atlantique (céramique orange de style Silho).

# Tulum★★

**Situation :** 136 km S. de Cancún, 315 km S.-E. de Mérida, 250 km N. de Chetumal. Alt. 12 m ; État du Quintana Roo.

**À ne pas manquer**



Construite sur un promontoire qui domine les eaux turquoise de la mer des Caraïbes, cette ancienne cité fortifiée maya fut aperçue pour la première fois par les Espagnols lors de l'expédition de Juan de Grijalva en 1518. Porte maritime du Yucatán oriental, la ville, d'architecture postclassique, connut son apogée après la chute de Mayapán vers 1400. Aux conquistadores, pirates, explorateurs et archéologues ont succédé les hordes de touristes qui affluent depuis Cancún. Cependant, Tulum reste l'un des sites mayas les plus attrayants, tant par son environnement naturel que par l'échelle humaine de ses monuments, dont certains sont encore ornés de fresques.

## Tulum dans l'histoire

### ■ Un Espagnol au service du cacique

Le nom ancien de Tulum (« fortification » en yucatèque) est Zamá (l'aube). La ville fut peut-être fondée dès le VIe s. de notre ère si l'on se réfère à une stèle trouvée sur place et correspondant à l'an 564, mais les monuments actuels ne sont pas antérieurs à 1200. Débouché maritime de Mayapán, elle fut édifiée de 1250 à 1400 pour surveiller les routes commerciales autour de la péninsule du Yucatán. Au contraire des grands centres voisins, Tulum était encore grouillante d'activité au moment de la Conquête. Juan de Grijalva, l'apercevant lors d'une expédition de reconnaissance en 1518, la compara à Séville. Un des rescapés du naufrage qui eut lieu près de l'île de Cozumel en 1511, Jerónimo de Aguilar, servit le cacique de Tulum avant de rejoindre les troupes de Cortés en 1519. C'est lui qui permit la communication avec la Malinche avant qu'elle n'apprenne l'espagnol.

### ■ Au cœur de la guerre des castes

La cité fut abandonnée une vingtaine d'années après la conquête du Yucatán en 1544, mais les Mayas continuèrent à fréquenter les ruines pour y célébrer un culte des ancêtres. Stephens, qui y accosta en 1842, nota le bon état de conservation des monu-

ments et y fit quelques fouilles. En 1847, commença la guerre des castes ; Tulum devint le point de ralliement d'une série de villages rebelles dirigés par María Uicab. Les premières fouilles conduites par Sylvanus Morley furent entreprises en 1916-1922. Le site fut à nouveau exploré à partir de 1938 par des archéologues mexicains. En 1974, on procéda à d'importantes restaurations incluant la reconstruction partielle du mur d'enceinte.

# Visiter Tulum

**Accès** : par bus *(Cristóbal Colón, ADO, Expreso de Ote)* depuis Cancún, Chetumal, Mérida, Felipe Carrillo Puerto et Valladolid. L'*Interplaya* qui dessert les stations balnéaires de Puerto Morelos, Playa del Carmen, Xcaret, Puerto Aventuras, Akumal et Xel-Há passe à Tulum trois fois par jour. L'entrée de la zone archéologique est à 1 km de l'arrêt El Crucero sur la route 307.

**Visite** : ouv. t.l.j. de 7 h à 17 h ; entrée libre le dim. ; un train part toutes les 5 mn de l'entrée du parc vers le site archéologique (500 m), de 6 h 30 à 17 h. Grand centre artisanal à l'entrée, démonstrations de *voladores* exécutées par des Indiens Totonaques.

**Combien de temps** : compter environ 1 h 30 pour la visite de l'ensemble du site qui est peu étendu.

**Le meilleur moment** : tôt le matin ou en fin d'après-midi pour bénéficier du coucher de soleil et éviter la foule des touristes en provenance de Cancún. Vous trouverez plusieurs hôtels et clubs sur l'idyllique plage d'Akumal, à 26 km N. Un petit coin de paradis, bien moins américanisé que Cancún.

■ **RECINTO** (muraille d'enceinte). La ville était protégée par un mur d'enceinte sur les trois fronts terrestres, le quatrième côté, à l'E., étant naturellement fortifié par des falaises dominant la mer des Caraïbes. L'espace ainsi circonscrit s'étend sur 380 m du N. au S. et 165 m d'E. en O. Le rempart, haut de 3 à 5 m et d'une épaisseur moyenne de 6 m, fut percé de cinq portes couvertes de dalles ; celle du N.-E. comprenait deux petites chambres aménagées dans l'épaisseur de la muraille. Au sommet du mur se trouve un chemin de ronde protégé par un parapet, auquel on accédait par des escaliers. Sur ce chemin de ronde s'élevaient quelques petits édifices à cellule unique, sans doute des postes de garde ou des repères pour les marins. Le rempart s'interrompt à une dizaine de mètres du rebord de la falaise, l'intervalle ayant dû être protégé par une palissade érigée en matériaux périssables. À l'angle S.-O. de cette enceinte aboutissait un autre mur qui défendait un espace vide de monuments s'étendant au S. du centre cérémoniel.
La découverte de vestiges d'habitations simples sur près de 6 km le long de la côte laisse penser que seule la classe dirigeante habitait la zone fortifiée.

■ **ESTRUCTURA 20** (maison du Chultún). Résidence d'un haut dignitaire, cet édifice à portique est composé de deux galeries parallèles ; celle du fond renferme un petit sanctuaire. Les murs étaient décorés de peintures dont il reste quelques traces. À l'angle S.-O. se trouve un *chultún*, réservoir souterrain d'eau pluviale recouvert de dalles de calcaire. Sur le côté S. s'étend une terrasse avec, au centre, une tombe de plan cruciforme qui contenait un squelette entouré de mobilier funéraire et de vestiges d'offrandes alimentaires. En face, à l'O., une petite plateforme supporte la **stèle 2**, qui porte une inscription calendaire correspondant à 1261 de notre ère.

■ **TEMPLO DE LOS FRESCOS★★** (temple des Fresques). Cet édifice résulte de l'agrandissement d'une petite structure initiale décorée de fresques, qui s'ouvrait

Le pays maya

**Tulum**

à l'O. vers la rue principale ; elle fut ensuite entourée, sur trois côtés, par un portique avec une aile en retour d'équerre sur chacun des côtés N. et S. Le portique occidental comprend quatre colonnes surmontées d'un abaque tandis que les

**Le temple des Fresques et, en arrière-plan, le Castillo.**

ailes S. et N. s'ouvrent par trois baies rectangulaires. Plus tard, l'aile N. fut en partie remblayée pour renforcer la construction lorsque fut érigé, au-dessus de la chambre aux fresques, un petit temple voûté à chambre unique.

**Décoration extérieure**. Sur la façade O. du temple inférieur, au-dessus de l'architrave, une frise à deux registres est creusée de trois niches ; celle du centre renferme une **sculpture★** en stuc du dieu descendant, tandis que les niches latérales sont ornées d'un personnage assis portant une coiffure très élaborée. Entre les moulures et les niches, notez d'autres reliefs figurant un personnage enlacé probablement par un serpent. Chacun des angles est occupé par un **masque** du vieux dieu Itzamná. Le temple supérieur présente une façade sobre, avec une niche au-dessus de la porte d'entrée qui renfermait un relief du dieu descendant.

**Fresques**. Le temple intérieur ainsi que la structure postérieure qui l'entoure ont conservé un **décor peint★★** de couleur turquoise sur fond noir (1300-1450). Le style est mixtèque, mais certains éléments de l'iconographie évoquant l'agriculture et la fertilité suggèrent également des contacts avec les populations mexicaines des hauts-plateaux. Entre les bandes cosmiques du ciel et l'inframonde évoluent dans un décor végétal différentes divinités – Chac, Ix-Chel, le dieu K, la déesse du Maïs – qui célèbrent des rites liés à la culture du maïs.

■ **Gran Palacio** (Grand Palais). Cette imposante structure bâtie sur une plate-forme comporte une aile à deux galeries parallèles (l'une, avec une colonnade axiale, s'ouvrait par un portique au S.) et une aile en équerre, à l'O., avec sa propre entrée, peut-être ajoutée ultérieurement. Les fenêtres extérieures sont décorées de barres en stuc disposées en croix de

## Le rebelle du Yucatán

Gonzalo Guerrero, l'un des deux survivants espagnols de l'expédition maritime de 1511 qui fit naufrage au large de l'île de Cozumel, avait réussi à gagner la confiance des Mayas qui l'avaient épargné. Ayant échappé à l'autel du sacrifice, il prend femme et se conforme aux coutumes locales, puis reçoit les responsabilités de cacique et de capitaine de guerre. À la lettre envoyée par Cortés en 1519 depuis le Tabasco, dans laquelle il propose son rachat et lui demande de le rejoindre, Guerrero oppose un surprenant refus. Face aux exactions des Espagnols, il choisit son camp et, depuis la région de Chetumal où il réside, prend la direction des opérations militaires. En 1527, Francisco de Montejo l'Adelantado débarque près de Tulum avec quatre cents hommes et lui adresse une nouvelle missive où il lui rappelle qu'il est chrétien et doit servir Dieu. Dans sa réponse, Guerrero se dit esclave et dans l'impossibilité de partir. Grâce à lui, les Mayas réussissent à repousser les attaques des conquistadores pendant près de vingt ans. Il fut tué au cours de la sanglante bataille de Chetumal en août 1536. Un rapport signale qu'il était nu, son corps peint, et qu'il ressemblait à un Indien.

**Itzamná, dieu des ciels, du jour et de la nuit se présente sous l'aspect d'un vieillard édenté au nez crochu. Considéré comme l'inventeur de l'écriture et grand guérisseur, il a pour parèdre Ix-Chel, déesse de la Lune, du Tissage et de l'Enfantement, objet d'un culte important au moment de la Conquête. On se rendait en pèlerinage à son sanctuaire de l'île de Cozumel, distante d'une cinquantaine de kilomètres au N.-E. de Tulum.**

Saint-André, tandis qu'à l'intérieur, des anneaux placés de part et d'autre des fenêtres suggèrent une fermeture par des rideaux.

■ **Estructura 25** (maison de l'Halach Uinic). Cet édifice qui fut probablement un palais, s'ouvre au S. par un portique à colonnes. La chambre du fond est dotée d'un petit oratoire couvert, accessible par la porte centrale, au fond du portique ; au-dessus de celle-ci fut modelé en stuc le portrait du dieu descendant (traces de polychromie).

**Les édifices de Tulum, comme ceux de Mayapán, se caractérisent par une inclinaison des murs vers l'extérieur, de manière que la partie supérieure soit en surplomb, à l'inverse des jambages de la porte qui convergent vers le linteau. La maçonnerie grossière est masquée par une épaisse couche de stuc, autrefois peinte de couleurs vives.**

■ **Recinto Interior** (enceinte intérieure). Cet enclos rectangulaire de 50 m sur 30 m renferme des oratoires et des temples organisés autour d'une plate-forme cérémonielle centrale pourvue de deux escaliers. L'accès aux édifices n'est plus autorisé pour des raisons de conservation.

■ **El Castillo★★**. Perché à flanc de falaise, l'édifice le plus imposant de Tulum est celui-là même que Juan de Grijalva, en le découvrant depuis la mer, prit pour une tour. Il résulte lui aussi d'agrandissements et remaniements successifs. À l'origine, ce temple comportait deux galeries parallèles, celle de l'O. formant un portique avec une rangée de colonnes en façade et une colonnade axiale ; il en subsiste un haut soubassement, derrière deux petits oratoires de part et d'autre de l'escalier. Dans un second temps, la partie centrale des deux galeries fut remblayée pour supporter la charge constituée par le sanctuaire supérieur, auquel mène le large escalier flanqué de rampes actuellement visible. Lors du remblayage de l'édifice inférieur, il fut cependant ménagé un étroit corridor formant comme une crypte où l'on découvrit quelques restes de peintures polychromes. La troisième étape consista en l'adjonction, de part et d'autre de l'escalier monumental, de deux petits oratoires.

**Le thème du dieu descendant, les bras ailés, les mains jointes, très fréquent à Tulum représenterait Ah Muzencab, le dieu des Abeilles, descendant du ciel pour recevoir les offrandes. On l'interprète également comme une figuration de Vénus, l'Étoile du soir. Les Mayas actuels ont leur version des faits : le personnage renversé est le *dzul*, roi des étrangers blancs qui tombe, tandis que les figures en pied qui l'encadrent représentent le roi des Mayas, en ascension après le départ des *ladinos*.**

Le **temple supérieur** à chambre unique s'ouvre sur un portique constitué de deux colonnes serpentiformes dont les queues soutiennent le linteau. La corniche est creusée de trois niches qui renfermaient des sculptures modelées en stuc ; celle du centre montre le dieu descendant. Aux angles figurent des têtes de poisson avec panaches de plumes. À l'intérieur du sanctuaire couvert par une voûte maya, une banquette court le long des murs.

■ **Templo del Dios Descendante★** (temple du Dieu descendant). Dressé sur une haute plate-forme, ce petit sanctuaire à chambre unique s'ouvre à l'O. Surmontant la porte, une niche interrompant une corniche ornée de macarons emplumés, est occupée par un **haut-relief★★** modelé en stuc qui représente le dieu descendant. La façade était également ornée de peintures montrant des divinités et des scènes d'offrandes.

Les **peintures**★ de l'intérieur, disposées sur trois registres horizontaux séparés par les corps entrelacés de serpents, affichent un caractère cosmique. La bande supérieure, céleste, est formée par un serpent bicéphale, dont le corps est marqué de signes astraux. Au centre, la bande terrestre montre deux groupes de personnages où une femme assise sur un trône présente une sorte de sceptre à différentes divinités dont Chac, le dieu de la Pluie. En dessous, se trouve l'inframonde aquatique en bleu et blanc.

■ **Templo de la Serie Inicial** (temple de la Série initiale). Dans cet oratoire, Stephens mit au jour la stèle 1, correspondant à l'an 564 de notre ère, conservée au British Museum de Londres. Elle proviendrait peut-être de Tancah, ville voisine de Tulum. L'édifice couvert d'une voûte à profil en goulot de bouteille était orné de motifs modelés en stuc.

■ **La Caleta**★★. Cette petite plage de sable corallien s'inscrit dans la côte en un arc presque parfait entre deux promontoires, dont l'un est couronné par un petit temple (Estructura 45) juché sur une plate-forme circulaire, forme qui évoque les oratoires dédiés au dieu aztèque du Vent, Ehécatl. Plus loin, sur la falaise, divers oratoires miniatures abritaient sans doute des idoles.

■ **Estructura 35** (maison du Cenote). Près de la porte N.-E., cette construction à quatre chambres recouvre une grotte servant de puits naturel ou *cenote*, que l'on peut atteindre par un escalier. Un peu plus loin, vous remarquerez à dr. les restes d'un temple ou d'un palais (Estructura 34) élevé sur une plate-forme accessible à l'E., du côté d'une voie le long de laquelle divers bâtiments sont répartis mais non alignés. En haut de l'escalier de la structure 34 s'ouvre un portique à trois baies au fond duquel une porte conduit à une galerie parallèle dotée d'une petite chambre ou oratoire.

**Le site de Tulum, magnifiquement situé au-dessus de la mer des Caraïbes.**

# Environs de Tulum

**1 TANCAH, XEL-HÁ, XCARET** *(68 km N. ; évitez l'emploi d'huiles solaires qui polluent les eaux cristallines et compromettent l'équilibre fragile des merveilleux sites naturels de Xel-Há et de Xcaret.)*. Sur la route de Cancún, s'égrènent quelques plages paradisiaques, encore préservées du tourisme de masse. Vous y trouverez plusieurs possibilités de logement meilleur marché qu'à Cancún.

*5 km :* **Tancah**, plage et ruines mayas, en face d'un *cenote*. Remarquez des personnages peints au trait rouge sur un fond blanc décorant les parois intérieures de l'édifice 44.

*16,5 km :* **Xel-Há**★★ *(parc ouv. de 8 h à 18 h ; restaurant-bar ; location de masques et tubas)*, centre récréatif, dans l'un des lieux les plus enchanteurs de cette côte. Vous y découvrirez un ensemble de minuscules **lagons coralliens**★ aux eaux de cristal (certains sont en partie alimentés par des sources d'eau douce), véritable aquarium naturel d'une extraordinaire fantaisie avec son labyrinthe de canaux et ses grottes sous-marines.

Xel-Há est aussi un **site archéologique** *(à dr. de la route, 500 m après l'entrée du parc ; ouv. de 8 h à 17 h)* avec quelques bâtiments ruinés, notamment une grande pyramide et un petit temple immergé.

*18,5 km :* **Xcacel**★, superbe plage, idéale pour la baignade comme pour la plongée avec masque et tuba (navire immergé). *Cenote* et petit restaurant.

*19,5 km :* **Chemuyil**★ *(accès payant ; bar, location de hamacs)*, une magnifique plage de sable corallien, bordée de cocotiers.

*33 km :* **Akumal**★ *(hôtels, restaurants)*, longue plage de sable corallien bordée de quelques hôtels très agréables, et où les tortues viennent pondre en été. Possibilité de location de matériel de plongée pour aller explorer l'épave du galion espagnol *Nuestra Señora de los Milagros* qui sombra en 1741.

*68 km :* **Xcaret**★ *(d'avril à oct., ouv. du lun. au sam. de 8 h 30 à 22 h, dim. jusqu'à 18 h ; de nov. à mars, du lun. au sam. de 8 h 30 à 20 h 30, dim. jusqu'à 17 h ; restaurants et bars)*, grand parc qui rassemble un zoo, une station balnéaire, un aquarium naturel, un jardin botanique, un village maya et diverses attractions (nage avec les dauphins, balade à cheval, exploration de rivières souterraines, plongée, spectacles son et lumière, etc.) autour d'un site archéologique maya d'époque postclassique.

**2 RESERVA DE LA BIÓSFERA SIAN KA'AN**★★ *(57 km S. ; piste carrossable jusqu'à Punta Allen, petit village de pêcheurs ; hébergement simple ; randonnées d'un ou de deux jours au départ de Cancún et de Tulum* Los Amigos de Sian Ka'an, *Av. Cobá 5, 3ro Piso, suites 48-50, Cancún (☏ 884-95-83)*. Créée en 1986, cette réserve fait partie du Réseau mondial des réserves de la biosphère de l'Unesco. S'étendant sur 4 500 km², elle abrite une grande variété d'oiseaux et d'espèces animales (flamants, crocodiles, lamantins, félins, singes, etc.) peuplant des habitats naturels très divers, du récif corallien à la mangrove. Seule la zone côtière habitée par des pêcheurs de langoustes est facilement accessible. L'association *Los Amigos de Sian Ka'an* propose des excursions dans la réserve.

# Tuxtla Gutiérrez

Située dans une riche région agricole (canne à sucre, café et tabac), la capitale du Chiapas, de création récente, ne présente aucune curiosité à l'exception de son zoo, le plus beau du Mexique, et du musée régional, installé dans un complexe culturel comprenant le théâtre de la ville et un jardin botanique avec un orchidarium. Sur le trajet de Tehuantepec à San Cristóbal de la Casas, elle constitue une étape confortable pour aller visiter l'impressionnante gorge du Sumidero, par laquelle le Río Grijalva s'écoule vers l'Atlantique.

**Situation** : 281 km N.-E. de Tehuantepec, 86 km O. de San Cristóbal de las Casas. Alt. 531 m ; 550 000 hab. ; capitale de l'État du Chiapas ; université.

**À ne pas manquer**

**Cañon del Sumidero★★★** **648**

## Tuxtla Gutiérrez dans l'histoire

### ■ Une capitale régionale récente

La première mention de Tuxtlan (de *tochtlan*, « lieu où vivent les lapins » en náhuatl) par les moines espagnols date de 1546. Cette région chaude et humide était peuplée de Zoques dont le royaume était scindé en quatre principautés. Tributaires des Aztèques à partir de 1484, ils se soumirent sans difficulté aux Espagnols et les aidèrent dans leurs opérations contre leurs ennemis héréditaires, les Chiapanèques. En 1786, la province du Chiapas fut subdivisée en deux comtés, avec pour chef-lieu, l'un Ciudad Real (San Cristóbal de las Casas), l'autre San Marcos Tuxtla. L'histoire de Tuxtla débute réellement en 1892, lorsque la bourgade fut promue au rang de capitale de l'État du Chiapas. On dessina alors le plan d'une nouvelle ville organisée autour de grands axes et de nombreux parcs. Dotée aujourd'hui d'une urbanisation moderne, elle est devenue un grand centre administratif, commercial et culturel.

**☎ 9**

**ⓘ Bulevar Belisario Domínguez 950, Edificio Plaza de las Instituciones (*hors plan par A1* ; ☏ 613-93-696 ; ouv. t.l.j. de 9 h à 21 h).**

**Urgences**
***Croix-Rouge*, 5A Norte Poniente 1480 (☏ 612-00-96).**
**Police judiciaire (☏ 616-153-63).**

**Poste**
**1 Norte Oriente, à l'E. du Zócalo (*plan A1* ; ouv. du lun. au sam. de 8 h à 18 h).**

## Visiter Tuxtla Gutiérrez

**S'orienter** : l'Avenida Central prolongée par le Bulevar Belisario Domínguez à l'O. et le Bulevar Ángel Albino Corzo à l'E. marque la limite entre le N. (Norte) et le S. (Sur) de la ville. Les rues baptisées Oriente à l'E. du Zócalo, et Poniente à l'O. sont numérotées par ordre croissant à partir du centre.

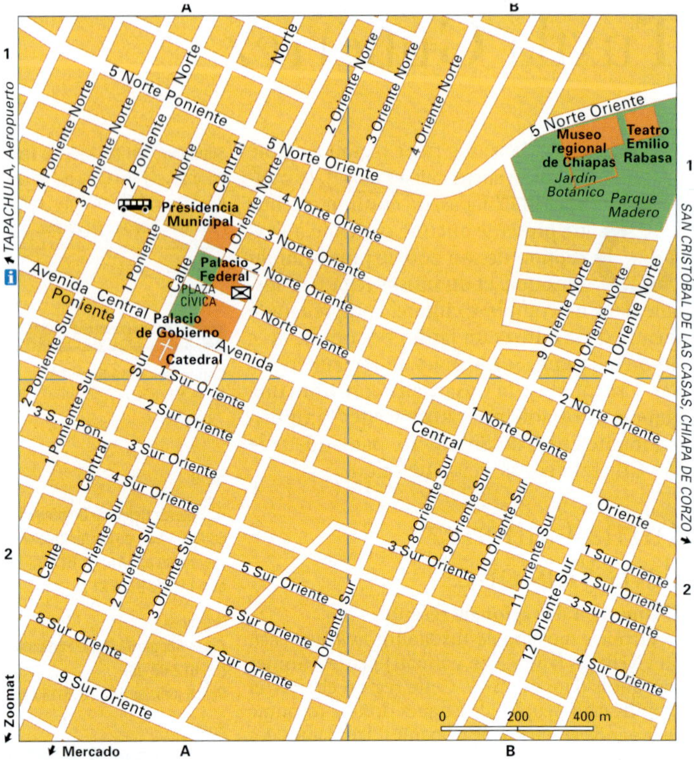


**Tuxtla Gutiérrez**

**Il existe un grand choix d'hôtels modernes, les meilleurs étant localisés le long du Bulevar Belisario Domínguez, à l'O. du Zócalo. Les restaurants sont dans l'ensemble très chers et plutôt orientés vers une cuisine américanisée. C'est à Chiapa de Corzo, au *Jardínes de Chiapa*, que vous trouverez une authentique cuisine chiapanèque à prix raisonnable.**

**Combien de temps** : la visite du musée et du jardin botanique peut se faire en 1 h 30. Comptez une demi-journée de plus si vous désirez visiter le zoo et faire l'excursion en bateau au Cañon del Sumidero, à programmer de préférence l'après-midi pour bénéficier d'une belle lumière.

■ **PLAZA CIVICA** *(plan A1)*. Centre animé de la cité, cette vaste esplanade est entourée du nouveau **palais du Gouvernement** (Palacio de Gobierno), construit en 1981 et de la **cathédrale San Marcos**, largement remaniée à partir de 1916. Du sanctuaire dominicain du XVIe s. ne subsiste que la partie centrale de la façade intégrée dans une construction moderne dessinée par Ignacio Díaz Morales en 1982. À l'angle de l'Avenida Central se dresse l'ancien **palais gouvernemental**, curieuse construction de couleur rouge et blanche de style néocolonial éclectique (1942).

■ **MUSEO REGIONAL DE CHIAPAS**★ *(plan B1 ; ouv. t.l.j. sf lun. de 9 h à 16 h ; entrée libre le dim.)*. Dans l'écrin du parc Madero se dresse l'édifice moderne du Musée régional (1984) regroupant les sections d'archéologie dans l'aile droite et d'histoire dans l'aile gauche.

## Section d'archéologie

**Salle 1 : introduction à la préhistoire**. Quelques objets retracent le développement des groupes humains depuis 10000 av. J.-C., montrant le passage d'une économie fondée sur la chasse et la cueillette vers l'agriculture et le façonnage de céramiques qui apparaissent vers 1950 av. J.-C.

**Salles 2 et 3 : préclassique et protoclassique**. Le préclassique (à partir de 1000 av. J.-C.) est marqué par une forte influence olmèque liée aux échanges commerciaux entre les centres du Soconusco (côte pacifique) et ceux du Golfe. Vous verrez des figurines de type olmèque, des haches votives et des bijoux en jade ainsi que des masques en pierre importés du golfe du Mexique. La **stèle de Xoc★** provenant de la Selva Lacandonia montre un personnage masqué aux pieds griffus dont la coiffure est ornée de croix de Saint-André, une iconographie proche de celle des reliefs olmèques du Morelos. Remarquez la sculpture en basalte d'**El Danzante** (environ d'Izapa, Soconusco ; 1000-300 av. J.-C.) figurant un homme-jaguar en train de danser, et une **stèle** en granit de Tonalá ornée d'un relief de deux joueurs de pelote portant des têtes trophées en guise de pectoral (500-0 av. J.-C.).

La belle **céramique** orange et noire se rapproche de la production maya, tandis que les **vases tripodes** stuqués manifestent des échanges avec le haut plateau mexicain. Cette civilisation produit également une écriture glyphique distincte de celle des Mayas ; notez sur un fragment de stèle un glyphe portant la date du 9 déc. 36 av. J.-C.

**Salles 4 et 5 : classique**. Dans la partie centrale de la première salle ont été rassemblés quelques fragments de sculptures et des stèles mayas tandis que des vitrines contiennent de la céramique du début de l'époque classique influencée par Teotihuacán. Une **terre cuite★** maya de Guajilar (700-900) montre un personnage en attitude de repos, les mains croisées sur un genou. Les deux grands disques de pierre ornés de reliefs représentant un joueur de pelote sont des **marqueurs** découverts à Tenam Rosario (700-900). Remarquez aussi des figurines anthropomorphes et des os moulés en terre cuite polychrome, ainsi que des **urnes funéraires** en forme de coyote, production de Lagartero.

**Aéroport**

**Vols pour Cancún, Mérida, Mexico, Oaxaca, Tapachula. Les compagnies *Aeroméxico* et *Mexicana* utilisent le nouvel aéroport Llano San Juan, situé à 35 km O. du centre-ville (liaison par taxi et *colectivo Transporte Terrestre*) ; les compagnies *Aviacsa* et *Aerocaribe* atterrissent à l'aéroport militaire (Terán) à 7 km du centre (liaison par taxi).**

**La situation en altitude du nouvel aéroport Llano San Juan, soumis aux particularités climatiques de la région, ne permet pas aux avions d'atterrir en toutes circonstances. Les vols de *Mexicana* et d'*Aeroméxico* sont donc souvent annulés ou reportés.**

**Gare routière**

**Angle 2 Norte Ote et 2 Pte Norte *(plan A1)*. Liaisons *(Cristóbal Colón, ADO)* avec Comitán, Mexico, Mérida, Oaxaca, Puebla, Tapachula, Veracruz et Villahermosa. Une liaison régulière en bus est assurée pour le zoo situé sur le périphérique S. ; départ à l'angle de 1 Oriente Sur et 7 Sur Oriente. Les *Transportes Chiapa-Tuxtla* partent à quelques minutes d'intervalle (jusqu'à 19 h) vers Chiapa de Corzo, depuis 3 Oriente Sur, près de l'angle de 3 Sur Oriente.**

**Manifestations**

**À Tuxtla, Fiesta de San Marcos le 20 avril. Du 13 au 16 août, fêtes de l'Assomption (combats de coqs, danses, concerts, feux d'artifice).**

**Du 8 au 14 déc., fête et foire commerciale en l'honneur de la Vierge de Guadalupe (danses régionales, sérénades, feux d'artifice, etc.).**

**Du 15 au 24 jan. se déroule à Chiapa de Corzo une *feria* en l'honneur du Señor de Esquipulas et de saint Sébastien, où l'on peut assister à la danse des Parachicos et au combat naval opposant les Indiens Chiapanèques aux conquistadores.**

Une grande **urne cérémonielle★** (800) des environs de Comitán conservant des traces de polychromie est surmontée du dieu Tláloc ; sur le côté, on voit un *sacerdote* richement vêtu portant un pectoral serpentiforme et une ceinture à sonnailles. Du jeu de balle de Chinkultic proviennent deux **stèles** gravées en relief : le monument 1 montre un personnage de haut rang et des glyphes calendaires qui correspondent à 844 de notre ère ; sur le monument 11, très endommagé, est figuré un personnage avec une haute coiffure emplumée ornée d'un masque du dieu au long nez. Remarquez, parmi les objets funéraires mayas, de beaux fragments de **textiles★** et des bijoux en jade. Le ***pelon*★★**, provenant de Suchiapa, est une étonnante sculpture figurant un personnage chauve au visage bien modelé mais dont les orbites sont vides. Chacune des faces gravées en relief de la **stèle★** de Tenam Puente figure un personnage, le visage de profil, qui porte des bourses de copal et une barre cérémonielle, l'un étant de facture plus mexicaine. De Toniná proviennent un **marqueur★** circulaire de jeu de balle, où figurent un dirigeant maya portant la barre cérémonielle et des glyphes périphériques indiquant la date de 775, et une **statue de captif★** agenouillé, les bras liés dans le dos et dont la tête a été intentionnellement mutilée lors de l'invasion du centre cérémoniel vers l'an 1000. Notez un beau **relief★★** de Kan-Xul, roi de Palenque vaincu par le seigneur de Toniná, encore paré de ses bijoux, mais représenté dans l'attitude des captifs. La **stèle 1 de Comitán★** est datée de 874 ; elle porte en léger relief l'effigie d'un personnage en pied, peut-être un membre de l'un de ces groupes putunes qui contribuèrent à la disparition de la civilisation maya.

**Salle 6 : postclassique**. La **céramique funéraire** de Chinkultic, produite de 1000 à 1200 de notre ère, se caractérise par ses reflets d'un gris plombé ; fabriquée au Chiapas et au Guatemala, elle est marquée par l'influence toltèque et reproduit souvent les déités les plus caractéristiques de l'Altiplano, telles que Xipe Tótec, Tláloc et Huehuetéotl. Une section est consacrée à la céramique chiapanèque (Chiapa de Corzo), un peuple apparenté aux Zapotèques de la région de Tehuantepec. Des objets et des **textiles★★** à scènes narratives de La Garrafa témoignent de la présence des Aztèques au Chiapas, présence due à des relations commerciales et à des entreprises guerrières destinées à assurer l'approvisionnement de Tenochtitlán en matières premières et produits tropicaux d'Amérique centrale.

## Section d'histoire

**À l'étage** sont présentées des collections d'objets retraçant la conquête militaire du Chiapas dirigée par le capitaine Diego de Mazariegos, la conquête spirituelle ainsi que toute l'histoire coloniale de l'État.

■ **JARDÍN BOTÁNICO** *(plan B1 ; ouv. t.l.j. sf lun. de 9 h à 18 h)*. Le plus ancien jardin botanique du Mexique (1908), traversé par le Río Sabinal, couvre une superficie de 4,4 ha. Vous y serez accueillis par le jaillissement de bambous géants, à l'orée de ce qui constitue un petit coin de jungle presque authentique, puisque les arbres morts ne sont pas enlevés. Les espèces, en majorité indigènes, sont désignées par leur nom, leur habitat, leur lieu d'origine et leur usage. L'**orchidarium★** est le bâtiment octogonal à l'entrée.

■ **JARDÍN ZOOLÓGICO MIGUEL ÁLVAREZ DEL TORO★** (Zoomat ; *sur le périphérique S. en direction de Chiapa de Corzo ; hors plan par A2 ; ouv. t.l.j. sf lun. de 8 h 30 à 17 h 30 ; entrée libre*). Le Chiapas possède la plus importante variété d'espèces animales d'Amérique du N. Aménagé dans la forêt d'El Zapotal, le parc zoologique rassemble dans leur milieu naturel plus de cent cinquante espèces de la faune régionale, en particulier des félins.

**Construite en briques taillées en diamant par Fray Rodrigo de Léon, la Pila rappelle la tour-lanterne de la Seo (cathédrale) de Saragosse.**

# Environs de Tuxtla Gutiérrez

**1 CHIAPA DEL CORZO★ ET LE CAÑON DEL SUMIDERO★★★**. Deux possibilités s'offrent à vous pour visiter ces superbes gorges de 1 000 m de profondeur : en bateau depuis l'embarcadère de Chiapa de Corzo, en voiture pour surplomber le canyon depuis les différents miradors situés à 1 300 m d'alt. Un troisième itinéraire de 40 km depuis la rocade N.-O. de Tuxtla rejoint Chicoasén d'où vous dominerez le barrage et le lac *(→ ci-dessous)*.

À 15 km S.-E., la ville de **Chiapa de Corzo★** (alt. 415 m), appelée autrefois Chiapa de los Indios, fut fondée en 1528 par Diego de Mazariegos, sur l'emplacement d'une localité préhispanique. Sur la place, vous remarquerez une très curieuse **fontaine** de style mudéjar, appelée localement la Pila (1565), grande structure de plan octogonal couverte par une coupole qui abrite la fontaine proprement dite.

Le **musée de la Laque★** *(sur le côté dr. de la place ; ouv. t.l.j. de 9 h à 19 h)* possède de beaux spécimens de l'artisanat local, soit des objets laqués en bois ornés de motifs floraux évoquant les broderies des costumes de fête des femmes de Tehuantepec. De la place centrale, vous apercevrez une ancienne **église** dominicaine du XVIe s., autrefois rattachée à un couvent fondé en 1547 par l'évêque du Guatemala, Fray Marroquín, et maintenant en ruine. À l'O. de la place, une rue descend à l'embarcadère où sont amarrés une vingtaine de canots à moteur *(lancha)* à dix places. La durée de l'excursion varie selon la longueur du trajet *(1 h 30 A/R jusqu'au lieudit La Atalaya ; 2 h 30 jusqu'au barrage situé à 35 km en aval ; départs de 9 h à 16 h ;*

## De la naissance des *pueblos* indigènes

Dès 1541, les Dominicains encouragés par Fray Bartolomé de las Casas entreprennent de soustraire les Indiens au travail forcé des *encomiendas* et les regroupent dans des villages modèles appelés Repúblicas de Indios. Seuls les Indiens y ont droit de cité, les seuls Espagnols autorisés à y résider étant les membres du clergé et les représentants de l'administration. Un territoire inaliénable, l'*ejido*, suffisant pour nourrir la communauté, leur est garanti. Au gouvernement des anciens caciques indigènes et à la tutelle des *encomenderos*, succèdent les officiers municipaux, sous le contrôle des autorités espagnoles. Le corps d'édiles dirigé par un maire *(alcalde)* est chargé de l'administration locale et de la justice, du recouvrement de l'impôt et de l'organisation des corvées. C'est dans ce nouveau cadre que les Indiens sont évangélisés et invités à former des confréries chargées de célébrer les multiples saints du calendrier catholique. Cette organisation est à l'origine de la fondation et du tracé des multiples villages indiens du Chiapas, centrés sur l'église et la mairie. La passation du pouvoir et la répartition des charges *(cargos)* attribuées pour un an, a lieu le 31 décembre.

**Lors de la Conquête, les Indiens Chiapanèques de la ville de Tepetchia, affamés par un long siège, préférèrent la mort à la soumission et se précipitèrent du haut des falaises du Cañon del Sumidero.**

*prévoyez un coupe-vent pour l'excursion en canot, la température pouvant être fraîche sur l'eau, en particulier en fin d'après-midi).*

Le **Cañon del Sumidero★★★**, dont le nom signifie « l'égout » est long de 22 km pour une largeur qui varie de 200 m à 2 km. Les gorges furent creusées par les eaux du Río Grijalva (ou Chiapa), le second fleuve du Mexique. Durant le parcours en bateau, le *lanchero* vous montrera des concrétions calcaires qui dessinent un sapin de Noël, des grottes et des cascades. Vous aurez peut-être la chance d'entendre les singes hurleurs et de voir quelques beaux oiseaux ou des crocodiles. Les tours marquent l'entrée du lac de retenue du barrage Manuel Moreno Torres.

**2 LE PAYS ZOQUE★** *(158 km N.-O. A/R ; depuis Tuxtla, suivre la direction Istmo de Tehuantepec et prendre la bifurcation à dr. peu après Terán ; excursion d'une demi-journée).* Située au N. de Tuxtla, cette région traversée par le Río Grijalva assagi par plusieurs barrages, où fleurissent maintes variétés d'orchidées, recèle quelques beaux fleurons d'architecture dominicaine, vestiges des « réductions » ou Repúblicas de Indios imaginées par Fray Bartolomé de Las Casas et ses successeurs. Ce sera une variante sur la route en direction du Tabasco.

*14 km :* **San Fernando** est réputé pour son carnaval animé par des géants, des tigres et des singes. À 6 km, le **ranch Soteapa★**, près du *pueblo* Gabriel Esquinca, est un petit joyau d'architecture coloniale du XIXe s. ; vous y verrez à côté de la grande maison d'habitation bordée de portiques en bois, une chapelle baroque qui a conservé son autel.

*40 km :* **Chicoasén**, agglomération moderne construite à proximité du barrage Manuel Moreno Torres que l'on découvre au sortir du tunnel percé au travers des falaises du Sumidero. La centrale hydroélectrique, alimentée par les eaux du Río Grijalva, fournit annuellement 5 580 GW mais la plupart des villages indiens n'ont toujours pas l'électricité !

*60 km :* **Copainalá★**, un *pueblo* remarquable par son architecture coloniale et ses rues bordées de portiques en bois. L'ancienne église du couvent dominicain du XVIe s. a conservé une belle façade plateresque et un clocher de style mudéjar.

*79 km :* **Tecpatán★**, fondé vers 1575 par les Dominicains, était l'une des capitales de ces « réductions » où furent rassemblés les Zoques. Bien que ruinés, l'imposante **église San Domingo★★** et son couvent, construits en brique et en pierre, témoignent de l'importance de Tecpatán en tant que centre culturel et administratif. L'église à nef unique, mélange d'éléments mauresques, Renaissance et baroques, est flanquée d'une haute tour qui rappelle un minaret musulman.

# Uxmal★★★

Situé dans une large vallée limitée par une chaîne de collines, Uxmal est le site archéologique le plus vaste et le plus représentatif de la région Puuc. C'est ici que les tailleurs de pierre ont atteint une maîtrise rarement égalée dans l'art de décorer les monuments de revêtements de mosaïque, et ce en dépit de l'extrême complexité des motifs. Dans cette cité qui connut son apogée aux IXe et Xe s., la présence de nombreux quadrilatères, ensemble de bâtiments à multiples pièces disposés autour d'une cour ouverte, semble indiquer l'importance de son rôle administratif à l'égard des autres centres mayas reliés par des chaussées. Ce fut aussi un centre cérémoniel majeur, où l'on mettait en scène les puissances cosmiques présentées sous la forme de monstres dont la gueule ouverte donnait accès au monde surnaturel.

**Situation** : 80 km S. de Mérida, 152 km N.-E. de Campeche.
Alt. 12 m ; État du Yucatán.

**À ne pas manquer**



## Uxmal dans l'histoire

### ■ Trois fois construite

La traduction du terme Uxmal, qu'il signifie en maya yucatèque « trois fois » (*Ox-Mal*) ou encore « cueillette abondante » (*Ux-Mal*), fait allusion à la fois à la fertilité de cette vallée, considérée comme le grenier du Yucatán, et à la longue histoire de cette cité maya, qui aurait connu deux, voire trois périodes d'occupation. En effet, l'histoire d'Uxmal est sujette à de nombreuses interprétations erronées. Avant que des fouilles sérieuses ne soient entreprises, beaucoup considéraient qu'elle était une fondation des Xiús, dynastie, dont l'origine même est controversée, dirigeant le petit État de Maní au moment de la Conquête. Cette hypothèse se fondait sur l'étude de diverses sources historiques, tels les *Livres de Chilam Balam* et les chroniques d'auteurs mayas et espagnols relatant des événements survenus au Yucatán entre le XIe et le XVe s. On y affirme que le fondateur de la ville (vers 990) aurait été Ah Zuitok Tulul Xiú, originaire de l'Altiplano mexicain – tout au moins ses ancêtres qui auraient ainsi

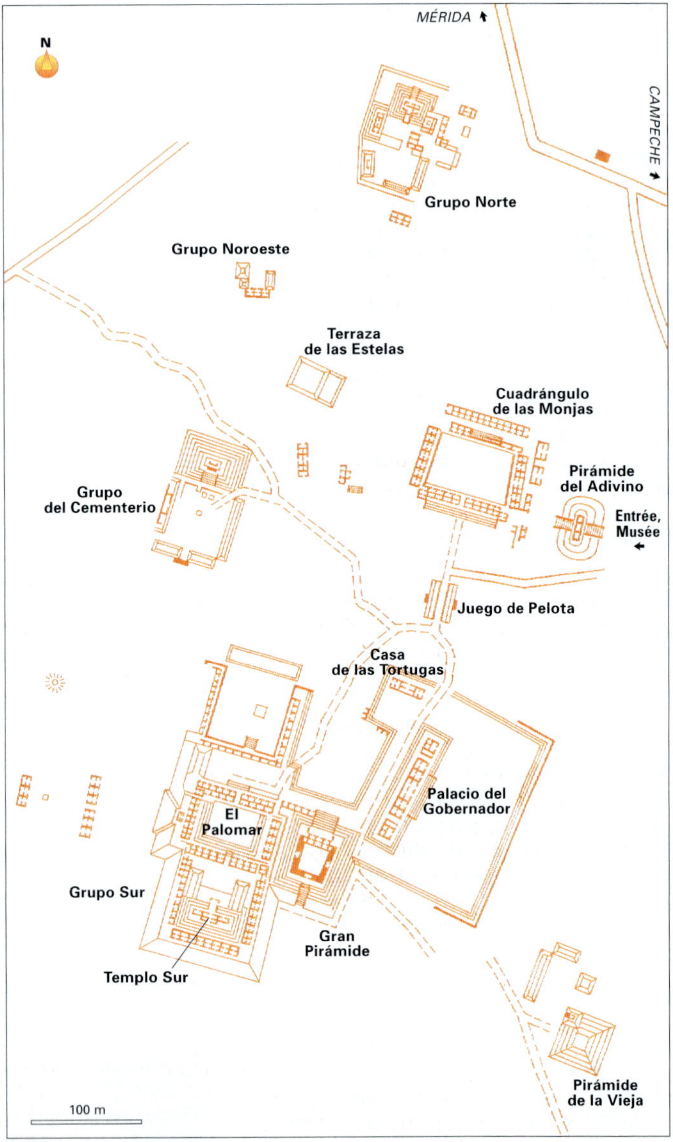


**Uxmal**

emprunté le chemin suivi par Kukulkán –, mais cette version est contredite par d'autres textes mayas et par l'archéologie.

### Une cité d'époque classique

Des recherches récentes ont permis de dater du VIe s. de notre ère la fondation probable d'Uxmal et de situer son apogée au classique récent (600-900), mais le site fut habité dès le préclassique, vers 800 av. J.-C. Cette chronologie est étayée par l'étude de la céramique et par la datation au carbone 14 : l'examen d'un linteau de bois du temple I a permis d'établir que l'arbre dont il provient a cessé d'être un organisme vivant en 569 ± 50 de notre ère. Durant cette période faste, les dirigeants d'Uxmal - peut-être issus des lignages xiús - entretiennent des relations avec d'autres villes de la péninsule, notamment Chichén Itzá, mais conservent leur indépendance. Les rares inscriptions en glyphes mayas qui ornaient les stèles et les autels ont permis d'établir l'existence du roi Seigneur Chac, lequel aurait régné au début du Xe s.

### La redécouverte d'Uxmal

À l'instar de Chichén Itzá, Uxmal est abandonné vers 1200, époque à laquelle est fondé Mayapán, capitale d'un nouvel État fort dans le N. du Yucatán. Les princes xiús sont contraints de vivre à Mayapán, comme les autres chefs mayas, où ils servaient en quelque sorte d'otages aux tout-puissants Cocoms. Finalement, en 1441, Ah Xupán Xiú, chef d'une coalition, vainc les Cocoms et fait incendier Mayapán. Les Xiús eux-mêmes désertent la capitale et fondent Maní.

On doit les premières descriptions des ruines d'Uxmal à Stephens et Catherwood durant leur périple au Yucatán en 1841. C'est Frans Blom qui réalise les premières fouilles en 1929, chantier qui est repris par Silvanus Morley du Carnegie Institute en 1941. Les travaux de conservation ont été entrepris en 1943, sous l'impulsion du ministère de l'Éducation nationale, et se sont poursuivis jusqu'à nos jours, mais avec une activité accrue ces dernières années, au cours desquelles de nombreux bâtiments ont été restaurés.

**En l'absence de puits naturel ou *cenote*, l'approvisionnement en eau se faisait par la collecte des eaux de ruissellement dans deux types de réservoirs. Le *chultún* est une petite citerne souterraine surmontée d'une surface de captage en forme d'entonnoir. L'*aguada* est un vaste bassin à ciel ouvert dont l'étanchéité est assurée par plusieurs couches d'argile sur les parois.**

# Visiter Uxmal

**Accès** : par liaisons routières (*Cristóbal Colón, ADO, Autobuses del Sur*) depuis Mérida (1 h 30) et Campeche (3 h). *ADO* organise depuis Mérida une excursion qui inclut la visite d'Uxmal (2 h) et d'autres sites Puuc. Les bus s'arrêtent à 400 m du site. En voiture, empruntez la route 261 de Mérida à Campeche qui passe par Muna.

**Visite** : ouvert t.l.j. de 8 h à 17 h ; entrée libre le dim. Spectacle son et lumière (1 h) en version espagnole à 19 h en hiver, 20 h en été ; version anglaise (plus chère) à 21 h.

**Bien qu'il n'y ait pas de village à proximité du site, il existe plusieurs hôtels de catégorie moyenne et de luxe et un camping. L'hôtel le mieux situé, à l'entrée du site, est la *Villa Arqueológica* qui offre toujours le même confort simple et agréable avec piscine, bon restaurant et jardin. À 500 m, l'*Hacienda Uxmal*, ancien lieu de résidence des archéologues, est le plus agréable avec une superbe piscine.**

**Combien de temps** : compter environ 2 h pour la visite des principaux monuments.

**Le meilleur moment** : le matin avant les grosses chaleurs de la mi-journée, et pour bénéficier de l'éclairage sur les façades orientales.

■ **MUSEO**. Il expose les stèles et les reliefs les plus fragiles, exhumés à Uxmal et dans les environs. Vous remarquerez des dalles où apparaissent des masques de Tláloc et de Chac, disposés en alternance. Ces dalles formaient une frise qui ornait le temple I de la pyramide du Devin.

■ **PIRÁMIDE DEL ADIVINO**★★★ (pyramide du Devin). Cet énorme sanctuaire dont la façade principale se dresse à l'O. se compose d'un haut soubassement semi-elliptique de 35 m de hauteur. Il est le résultat de cinq phases constructives, de 599 à 1000 apr. J.-C., les trois niveaux actuels recouvrant des structures antérieures, en partie visibles au pied de la pyramide (temple I) et au second niveau (temple IV). Cet édifice constitue en quelque sorte la synthèse des différentes techniques et langages décoratifs développés à Uxmal pendant quatre siècles, conjuguant les style Puuc et Chenes. On y discerne également l'influence de Teotihuacán dans les trois masques de Tláloc que l'on a découverts à la base de l'édifice, et où apparaissent les symboles de l'année à la manière de ceux de la métropole de l'Altiplano mexicain.

**L'escalier E., moins pentu que celui de la face O., donne accès directement au sommet d'où l'on bénéficie d'un superbe panorama sur le site. Une chaîne sécurise la descente qui peut se révéler très vertigineuse. L'escalade par la face O. peut paraître moins impressionnante en raison de la présence d'un palier médian.**

Du côté O., l'**escalier** divisé en trois volées monte abruptement à la première plate-forme. La succession décalée de masques de Chac qui s'échelonne en retrait de chaque côté ajoute au spectaculaire mouvement ascendant.

**Temple I**. Au pied de la pyramide, apparaît de part et d'autre de l'escalier la façade du premier sanctuaire. De style Puuc, il s'ouvrait par plusieurs portes interrompues par des faisceaux de trois colonnes, la superposition de masques du dieu Chac au long nez étant concentrée sur la corniche. C'est à ce bâtiment qu'appartient le linteau de bois daté de 569 ± 50 de notre ère.

**Temple II**. Un tunnel foré sur la façade E. donne accès à la chambre à colonnes d'un deuxième sanctuaire qui était accessible par un escalier ultérieurement recouvert de maçonnerie. Lors de la dernière étape constructive, un nouvel escalier, d'une seule volée de marches hautes et étroites, fut construit jusqu'à hauteur de la plate-forme supérieure. Des explorations à l'intérieur du massif ont permis de localiser un troisième sanctuaire *(non visible)* qui s'ouvrait à l'O.

**Temple IV ou Chenes★★**. Ce bâtiment adossé au deuxième étage du socle pyramidal s'ouvre comme la gueule du monstre terrestre, à la manière des édifices de style Chenes. Le reste de la décoration de la façade est constitué de « jalousies » et de masques du dieu à long nez se superposant aux angles. Les deux chambres sont couvertes par de fausses voûtes.

**Temple V★**. Couronnant la construction, le sanctuaire le plus récent, érigé sur un nouveau corps de 26 m de hauteur, était curieusement accessible par l'arrière, de manière à ne pas obstruer l'entrée du temple Chenes inférieur. Construit vers l'an 1000, il reflète le style Puuc tardif, avec une façade lisse sobrement ornée de panneaux de plates-bandes entrecroisées, devant lesquels devaient se tenir, sur des socles saillants, des statues aujourd'hui disparues. La corniche était décorée de mosaïques de pierre dessinant des motifs géométriques et de sculptures en ronde bosse. Ce temple est formé de trois chambres ; deux d'entre elles s'ouvrent par une porte à l'E., la troisième, au centre, est orientée vers l'O.

■ **Cuadrángulo de las Monjas★★★** (quadrilatère des Nonnes ; → *ill. p. 115*). Cet ensemble architectural, qui évoquait les cellules d'un couvent pour les premiers voyageurs étrangers qui le virent, fut élevé vers 900. Il se compose d'une cour centrale, quadrilatère irrégulier de 65 m sur 45 m, entourée de quatre bâtiments allongés qui se dressent à divers niveaux, peut-être pour des raisons hiérarchiques. Bien que les angles de la cour soient libres, l'accès devait s'effectuer par le porche voûté aménagé au centre du bâtiment méridional. Au fond de la cour, l'édifice N., plus élevé, apparaît, par sa complexité et sa décoration, comme le lieu principal des activités à caractère administratif ou social.

**Édifice S.★**. Il est formé de deux séries consécutives de huit chambres donnant sur l'extérieur ou sur la cour, séparées transversalement par un passage à voûte en encorbellement formant une entrée monumentale depuis la place du jeu de balle. Les façades sont ornées de colonnettes et de panneaux de « jalousies » qui sert de fond à des répliques de chaumières mayas, à toiture de palmes surmontée d'un masque, ce double motif étant visible au-dessus de chacune des portes d'accès aux chambres.

**Édifice O.★★★** Au-dessus des trois portes centrales, du côté de la cour, remarquez un trône à dais emplumé sous lequel est assis un porteur du ciel ou *bacab* ; celui du centre est un homme âgé couvert

## Puuc, une région, un style

Il existe dans le S.-O. du Yucatán et le N.-O. du Campeche un paysage de basses collines, dénommé en maya pays Puuc. Cette zone triangulaire qui couvre une superficie de 7 500 km$^2$, où l'altitude ne dépasse pas 100 m, est plus fertile que le reste de la péninsule, ce qui explique la forte concentration de population à l'époque préhispanique comme de nos jours. Puuc est devenu le terme consacré pour désigner un style architectural qui s'y développa durant le classique récent (750-1000). Il se caractérise par l'emploi de maçonnerie en parement et une abondante ornementation en mosaïque de pierre, limitée cependant à la partie supérieure des édifices. Sur la frise encadrée de corniches chanfreinées abondent des motifs variés mais répétés à l'extrême. Interviennent ainsi dans les décors des « jalousies », des grecques scalaires, des rangées de petites colonnes sur lesquelles se détachent des ornements en fort relief : serpents bicéphales, dignitaires, guerriers, tortues, hiboux et surtout les séries de masques stylisés du dieu au long nez, thème récurrent. Des crêtes faîtières surmontent quelquefois la façade d'édifices importants. Outre ce style Puuc tardif qui s'est développé après 850, on note dans une première phase (à partir de 600) des influences des régions voisines de Campeche et du Petén. Celles-ci se traduisent notamment par une décoration qui descend sur la partie inférieure de la façade, rythmée par des colonnes saillantes ou s'ouvrant sur la gueule du monstre terrestre.

**Le serpent bicéphale, le trône à baldaquin sur lequel est assis le *bacab* et le masque de Chac évoquent le pouvoir d'origine divine, voire céleste, détenu par les dirigeants d'Uxmal tandis que les images de Tláloc, du hibou, du bouclier, du guerrier et du captif au sexe tatoué évoquent la guerre.**

**Selon une vieille légende locale, la pyramide du Devin (« adivino » ou « enano ») aurait été élevée en une seule nuit par un nain magicien, d'où son surnom.**

d'une carapace de tortue. Outre le décor de masques de Chac superposés, notez, sur un fond de scalaires et de treillage, les corps entrelacés de serpents à plumes dont la gueule s'ouvre sur un visage humain. On retrouve au-dessus des portes des extrémités les répliques de huttes mayas, dont l'entrée est une niche qui contenait une statue.

**Édifice N.★★★**. Il se dresse au fond de la cour, sur une haute plate-forme de près de 100 m de longueur et de 6 m de hauteur qui recouvre une structure plus ancienne. L'escalier d'accès est flanqué de deux annexes, dont les frises à croisillons dentelés et masques stylisés sont supportées par de courts piliers allégés par une rainure centrale. L'ornementation de la façade est concentrée sur la partie supérieure de l'édifice, elle-même surmontée d'une crête faîtière. On retrouve sur la frise, au niveau des portes, les niches en forme de huttes, alternant avec des empilements de masques du dieu au long nez couronnés d'une effigie de Tláloc. Des statues de captifs, guerriers, singes et oiseaux ponctuent la scalaire qui court sur un fond géométrique. Une date par analyse d'un linteau de bois correspond à 893 ± 100, mais une autre date déterminée sur un autre linteau remonte encore plus haut dans le temps (653 ± 100).

**Édifice E.★★**. De plan différent, avec deux galeries parallèles cloisonnées par des murs de refend et un escalier à emmarchement complexe, il possède le décor le plus sobre. Sur un socle légèrement saillant et décoré d'une rangée de joncs, le mur à parement lisse est percé de cinq ouvertures mises en valeur par un encadrement encastré. La partie supérieure, enserrée entre deux moulures, comporte au-dessus de la porte centrale et aux angles des masques superposés de Chac en fort relief ; le reste de la corniche est occupé par une longue frise de croisillons sur laquelle se détachent six trapèzes composés chacun de huit serpents bicéphales entre lesquels émerge la tête d'un dieu hibou inspiré par Teotihuacán. Remarquez sur les moulures des sortes de petits boucliers et une tête d'animal mythologique à chaque angle.

■ **JUEGO DE PELOTA★**. Dans l'axe du porche du quadrilatère des Nonnes, le jeu de balle se compose de deux plates-formes délimitant une aire de 34 m de longueur sur 10 m de largeur, orientée selon l'axe N.-S. Les deux massifs talutés, hauts de 6 m, supportaient chacun un édifice tripartite, la chambre centrale située dans l'axe transversal du terrain de jeu, où étaient encastrés les anneaux qui servaient de « buts » ; sculptés de glyphes, ils donnent la date probable de 649 apr. J.-C. De part et d'autre de l'aire de jeu, les blocs de pierre cylindriques sont des éléments du corps d'un serpent emplumé à deux têtes ornant chaque plate-forme.

■ **Casa de las Tortugas★** (maison des Tortues). Élevée sur le rebord N. de la vaste esplanade du palais du Gouverneur, cette construction civile du xe s. étonne par la simplicité de son décor, caractéristique du style Puuc tardif. La frise, composée de colonnettes lisses entre deux moulures chanfreinées, imite les écrans de joncs qui caractérisent les murs des chaumières mayas telles qu'on peut encore les voir dans la campagne environnante. Sur le listel supérieur de la corniche apparaissent des tortues sculptées en ronde bosse, symbole du dieu de la Pluie, autrefois stuquées et peintes en rouge.

**Les dieux de la Pluie, du Vent, de l'Apiculture et de la Divination sont connus pour leur rôle de *bacab* ou porteur de la voûte céleste aux quatre coins de l'univers. Ils sont très vieux, pour avoir survécu à tous les déluges.**

■ **Palacio del Gobernador★★★** (palais du Gouverneur). Sur une vaste esplanade de 181 m sur 153 m et haute de 12 m, accessible par un escalier monumental à l'E., se dresse un palais qui fut sans doute la résidence du Seigneur Chac. Ce long bâtiment qui s'ouvre à l'orient est lui-même érigé sur un soubassement à deux étages à murs en talus, lequel recouvre des constructions antérieures. L'édifice, construit aux ixe-xe s., est divisé en trois parties par deux passages voûtés murés tardivement. Avec ses vingt-quatre pièces (dont deux vastes chambres centrales à fausse voûte) alignées sur 20 m de longueur, il constituait le plus grand centre administratif de l'époque. Tout au long de la partie supérieure de la façade court, entre des moulures, une large frise en mosaïque de pierre, laquelle a requis l'utilisation d'environ vingt mille éléments sculptés. La porte centrale est surmontée d'une statue de dignitaire – peut-être le Seigneur Chac – coiffé de plumes de quetzal et trônant sur un trapèze formé de barres-serpents bicéphales. D'autres notables sont représentés émergeant de la gueule ouverte du monstre terrestre. Des motifs sur un fond de croisillons représentent la chaumière maya, des serpents, des grecques scalaires et des masques de Chac, au nombre de cent trois, disposés selon un mouvement ondulant évoquant le soleil. Sur l'esplanade devant le palais, un autel cruciforme où l'on voit une sculpture à deux avant-corps de jaguar a dû servir de trône.

**Tous les édifices d'Uxmal sont alignés selon un axe N.-S. qui traverse le terrain du jeu de balle longitudinalement. Seule exception, le palais du Gouverneur, isolé sur une esplanade. Une ligne de visée tracée depuis la porte centrale de ce bâtiment aboutit à un monticule solitaire, situé à 6 km. Des calculs ont permis de déterminer que Vénus, y est apparue comme Étoile du matin en 750 apr. J.-C.**

■ **Pirámide de la Vieja** (pyramide de la Vieille). Au S.-E. du palais du Gouverneur se dresse le massif pyramidal d'un des édifices les plus anciens d'Uxmal, daté du viie s. Il est couronné d'un temple surmonté d'une haute crête à claire-voie.

À proximité, se trouve une ***aguada***, vaste réservoir dans lequel étaient recueillies les eaux de pluie. Les parois du bassin furent enduites de plusieurs couches de stuc qui en assuraient l'étanchéité, tandis qu'un orifice d'écoulement percé au fond en permettait le nettoyage régulier.

▶Un sentier conduit *(à 400 m)* au **temple des Phallus** (Templo de los Falos), où l'on a découvert, sur une plate-forme, quatre sculptures phalliques en pierre. Elles étaient probablement liées à un culte de fertilité mentionné par Diego de Landa dans sa *Relación de las Cosas de Yucatán*, où il est question d'une danse érotique dite du Nahua.◀

■ **Gran Pirámide★** (Grande Pyramide). Ce bâtiment dont la face N. a été reconstituée en 1972-1973 montre un escalier monumental prolongé par une petite volée de marches donnant accès au temple proprement dit. Celui-ci se dresse à 30 m de hauteur, au sommet des neuf étages superposés. Composé de trois chambres, le sanctuaire est décoré en façade de pierres sculptées figurant des aras *(guacamayas)* volants, symboles du feu et du soleil, et des masques du dieu Chac ; l'un d'eux, à l'angle dr., montre une tête humaine jaillissant de ses mâchoires ouvertes. L'entrée de la chambre centrale est la gueule ouverte du monstre terrestre ; on y découvrit une tombe et quelques offrandes funéraires.

■ **El Palomar** (pigeonnier). Ce corps de bâtiments, surmonté d'une longue crête de pierre à claire-voie, formant des ouvertures rectangulaires qui ressemblent effectivement aux niches d'un pigeonnier, constitue l'aile N. d'une construction quadrangulaire à cour centrale et comporte un passage à voûte maya en son milieu. Le déblaiement de cet édifice a permis de se rendre compte qu'il abritait dix chambres du côté N. et huit chambres du côté S., vers la cour.

■ **Grupo Sur** (groupe Sud). Au S. du pigeonnier s'étend un autre quadrilatère, avec une cour centrale entourée de constructions très ruinées ; à peu près dans la partie centrale de ce patio gisent les ruines d'un édifice dit Templo Sur.

■ **Grupo El Cementerio** (groupe du Cimetière). Cet ensemble de quatre bâtiments disposés sur des plates-formes autour d'une cour rectangulaire, est dominé au N. par un massif pyramidal surmonté d'un temple très ruiné. L'édifice O., en partie restauré, comporte une crête faîtière et est composé de deux séries longitudinales de chambres. Dans la cour, quatre petits **autels★** sont ornés de reliefs figurant des glyphes, des crânes pourvus d'une paire d'yeux et d'ossements disposés en croix. Cependant, rien ne permet d'affirmer que cet endroit ait servi de lieu d'inhumation.

■ **Terraza de las Estelas** (plate-forme des Stèles). Au N. se trouve une plate-forme où subsiste un petit nombre des seize **stèles** et quinze **autels** qui s'y dressaient. La lecture de ces monuments très érodés a permis de reconstituer une histoire dynastique partielle dominée par la figure du Seigneur Chac.

Au-delà, vous verrez encore les modestes vestiges du **groupe N.** (Grupo Norte) et du **groupe N.-O.**, également très ruiné.

# Environs d'Uxmal

■ **La route Puuc★★★** *(circuit de 120 km à l'E. d'Uxmal ; en voiture, par la route 261 vers Campeche, puis suivre les panneaux de la « Ruta Puuc ». Un bus de la compagnie « Autotransportes del Sur » partant t.l.j. du terminal central de Mérida à 8 h arrive à Uxmal à 9 h 30 et dessert Labná, Sayil, Kabak et Xlapak (arrêt de 30 mn sur chaque site) avant un retour à Uxmal à 13 h 30. Le départ pour Mérida est à 15 h 30)*. Facilement réalisable en une journée (ou une demi-journée si vous

vous cantonnez aux sites les plus importants), elle vous permettra de découvrir toutes les facettes de ce style maya régional où les mosaïques de pierre se déploient en motifs variés sur les façades de palais, temples et arches. Dans cette région calcaire, singulièrement dépourvue d'eau, la représentation du dieu de la Pluie au long nez est obsédante. Vous verrez aussi quelques beaux *cenotes* encore utilisés de nos jours par les Mayas qui vivent dans des chaumières semblables à celles de leurs ancêtres.

*16 km* : **Santa Elena**, à proximité du site de **Mul-Chic** *(2 km)*, où l'on découvrit des peintures du VII^e s. *(→ musée de Mérida)*.

*20 km* : **Kabah**★★ *(ouv. de 8 h à 17 h ; entrée libre le dim.)*, vaste site archéologique traversé par la nationale 261. Du côté E. *(où se trouve la billetterie)* se dresse un premier groupe consistant en une série de plates-formes régularisant le terrain et supportant plusieurs constructions.

À dr. vous découvrirez l'énorme façade de l'édifice dit **Codz Pop**★★, dont le nom, « natte enroulée », dérive d'un grand masque dont le nez en trompe enroulée sert de seuil à la porte principale de l'édifice. Cette construction, composée d'un corps de 45 m de longueur flanqué à chaque extrémité de deux pièces disposées à angle droit, s'élève sur une terrasse artificielle, au-dessus d'un *chultún* (citerne). L'ornementation de la **façade**★★, assez inhabituelle dans l'architecture Puuc, consiste, à l'exception des ouvertures des portes et des moulures saillantes, en une succession ininterrompue, horizontale et verticale, de quelque trois cents masques à long nez couverts de signes aquatiques, stylisation du dieu Chac. Intérieurement, ce bâtiment se compose de deux séries parallèles de cinq chambres couvertes de fausses voûtes et disposées à deux niveaux différents. L'ensemble est couronné d'une longue crête à claire-

**Masques de Chac ornant le Codz Pop.**

**Profitez de cette excursion pour goûter à l'authentique cuisine yucatèque servie dans les petits restaurants en plein air. Outre la traditionnelle soupe de *lima* (bouillon de poulet au citron), vous ne manquerez pas de commander un poulet ou un porcelet *pibil*, cuit à l'étouffée. Attention, tout est assez pimenté !**

**À Santa Elena, continuez en direction de Ticul *(→ p. 662)* si vous désirez faire le circuit en sens inverse et terminer la visite par les sites les plus spectaculaires baignés par la lumière dorée du soleil déclinant.**

**Chaque masque de Chac consiste en un assemblage de trente blocs de pierre finement ciselés, travail qui justifie le nom donné au site, Kabah, « la main qui cisèle ».**

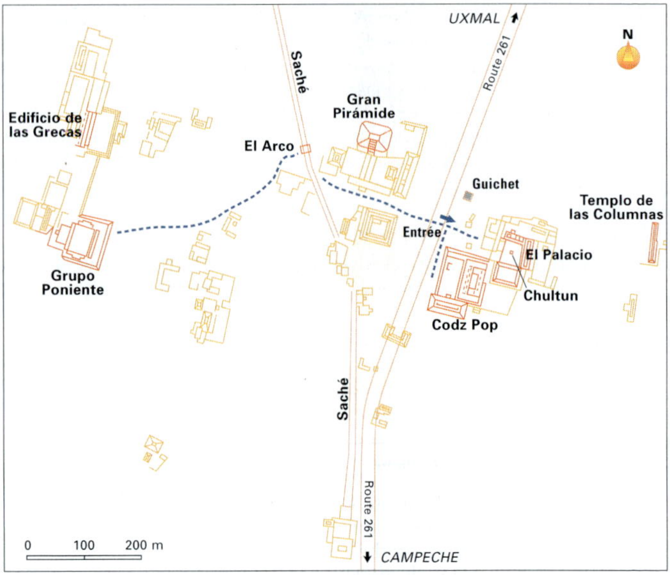


**Kabah**

voie de 3 m de hauteur, à ouvertures rectangulaires et affectant la forme de grecques. Devant l'édifice, remarquez un **autel** constitué de blocs glyphiques, formant un texte rendu illisible par un remontage incorrect. À l'arrière, la **façade E.**★, récemment restaurée, est décorée de croisillons et de panneaux sculptés de personnages en pied, de type toltèque, sur fond emplumé. D'autres **reliefs**★★ accompagnés de signes glyphiques ornent les piliers à l'entrée de la chambre ; agencés en deux registres superposés, ils montrent un guerrier exécutant une danse face à un personnage portant le masque de Tláloc, scène surmontant la décapitation d'un prisonnier par deux personnages armés de couteaux en silex.

Au N.-E. se situe le complexe du **Palacio**★, daté de 850-900, composé d'une douzaine de constructions réparties autour d'une place carrée avec *chultún*. On accède au premier étage de l'**édifice principal**★ par un escalier construit en encorbellement. Les deux galeries surmontées d'une crête faîtière s'appuyant sur le mur médian sont accessibles par sept portes à encadrement, dont deux élargies par l'ajout d'une colonne de soutènement. Le décor est fait de panneaux de colonnettes liées, disposées entre deux moulures saillantes, et de masques de Chac aux angles.

▶À 500 m, le **Templo de las Columnas** se distingue par un décor de colonnes liées couvrant l'ensemble de la façade.◀

De l'autre côté de la nationale, la **Gran Pirámide**, non restaurée, se présente encore sous la forme d'une colline cylindro-conique de 54 m de côté. Une énorme **arche**★ marque l'entrée du *sacbé*, voie de 20 km pavée et surélevée qui reliait Kabah à Uxmal.

**Palais de Sayil : Chac, le dieu au long nez.**

À 1 km se trouve le **Grupo Poniente**, ensemble de constructions entourant une cour, dont il ne subsiste qu'une partie de l'aile E., décorée de frises de colonnettes et de masques stylisés, proche du style Chenes. Près de là, l'**Edificio de las Grecas** présente un décor de grecques scalaires.

*29,5 km :* **Sayil★★** *(par la N 261 vers Campeche pendant 5 km, puis prendre à g. vers Sayil à 4,5 km ; ouv. de 8 h à 17 h ; entrée libre le dim.)*, cité maya couvrant 3,5 km² dont les monuments furent construits entre 800 et 1000. Elle est surtout remarquable pour son **palais★★** *(→ ill. p. 611)*, énorme édifice d'environ 85 m de façade, composé de trois étages montés sur une base pyramidale et desservis par un large escalier central disposé du côté S., en regard de la voie surélevée qui mène vers le groupe S. Résultat de quatre étapes constructives, il compte quatre-vingt-dix pièces et huit *chultúnes*.
Le **premier niveau**, le plus ancien, montre une décoration asymétrique, l'aile g. comportant des masques zoomorphes, l'aide dr. une frise continue de colonnettes liées. L'harmonie classique apparaît surtout à l'**étage médian** avec une remarquable **façade★★** où un décor de rangs verticaux de joncs avec un nœud *(junquillos con ataduras)* reproduit en pierre un étai de bois fait de troncs liés ensemble, encore visible *in situ* et servant d'entretoise à l'intérieur de certains édifices. Sur la corniche, entre des panneaux de colonnettes décoratives, on voit au-dessus de chaque porte le dieu Chac « descendant » entre deux gueules de serpent, au milieu un grand masque du monstre terrestre aux crocs saillants et, aux angles, des masques de Chac. Remarquez l'alternance d'ouvertures simples avec d'autres plus larges divisées par des paires de colonnes galbées, coiffées d'un chapiteau carré dont on retrouve un écho dans le haut des jambages en saillie. Le **troisième étage** comporte une seule série de sept chambres, à l'inverse des étages inférieurs à deux galeries de pièces voûtées. De grandes dalles saillantes semblent avoir servi de support à des panneaux décoratifs qui devaient se prolonger au-dessus du niveau du toit.

Au S., un sentier se détachant au fond et à dr. de la clairière qui s'étend devant le palais conduit *(à 400 m)* au temple dit **El Mirador★**, élevé sur une plate-forme. De l'édifice à cinq chambres voûtées, il ne subsiste qu'une pièce voûtée couronnée d'une haute crête, qui supportait jadis un décor anthropomorphe modelé en stuc. À environ 100 m à g., la **stèle 9** représente une divinité phallique.

En revenant vers le Mirador, prenez un chemin à g. vers le **Templo de la Jamba Jeroglífica★**, dont la chambre N. (dr.) est décorée de trente **glyphes★** sculptés sur le linteau et le jambage de la porte.

Sur le chemin du retour, un sentier à g. mène *(600 m)* au **palais Sud**, édifice à deux étages dont la façade est tournée à l'E. Le niveau inférieur, entièrement décoré de frises de colonnettes, consiste en trois pièces, celle du milieu s'ouvrant à l'origine par un portique à deux colonnes supportant des chapiteaux et des linteaux sculptés de personnages et de divinités ; cette ouverture fut ultérieurement réduite par le comblement des portes latérales. Remarquez le *chultún* à proximité. À l'entrée du site, sont exposées sous une *palapa* quelques stèles très érodées ; les signes calendaires de la stèle 6 donnent la date de 810 apr. J.-C.

▶À 37 km S., **grottes de Xtacumbilxunán** *(par la route 261 vers Campeche ; 3 km après Bolonchén, prendre une piste à dr. sur 1 km ; ouv. de 8 h à 18 h ; se munir d'une lampe-torche)*, vaste réseau de *cenotes* (ou *chenes*) souterrains reliés à la surface par un escalier tortueux ; au pied de celui-ci se trouve le plus grand *cenote* de la péninsule, peint par Catherwood en 1842.◀

*35,5 km* : **Xlapak★** *(ouv. de 8 h à 17 h ; entrée libre le dim.)*, site Puuc du classique récent dont les monuments sont répartis en trois groupes au sein d'un beau cadre boisé. Le premier groupe *(250 m de l'entrée)* consiste en un soubassement sur lequel se dresse le **palais★** de 20 m de largeur. Les façades N. et S., divisées horizontalement par une corniche à moulures chanfreinées et une rangée de demi-colonnes, comportent trois ouvertures et des angles creusés d'une colonne engagée. Sur la partie supérieure, des panneaux composés de masques superposés de Chac encadrent une frise de grecques avec colonnettes et dés décoratifs, reproduisant la fente frontale du monstre terrestre. Notez la présence d'un *chultún* au S.

Un sentier à dr. mène au groupe 2 *(à 400 m)*, où l'**édifice I**, construction très similaire au palais, montre un motif de pierres dentées appelé *chimez* (mille-pattes en maya).

*39 km* : **Labná★★** *(ouv. de 8 h à 17 h ; entrée libre le dim.)* est l'un des sites les plus intéressants de la région. À g. de l'entrée se trouve le complexe dit **El Palacio★**, ensemble de bâtiments élevés sur une vaste terrasse de 135 m de longueur, répartis sur trois niveaux et autour de sept cours. On y accède par un escalier placé dans l'axe d'un *sacbé* qui conduisait au groupe cérémoniel du S. Sur le **premier niveau**, sont distribuées quarante pièces formant trois corps de bâtiments disposés en équerre et reliés par des passages voûtés. La façade est richement ornementée de colonnettes groupées par trois, de frises géométriques et de masques de Chac. À l'angle O. de l'aile dr., au-dessus d'un groupe de trois colonnes engagées, notez une représentation inhabituelle du dieu Chac, la trompe enroulée sur le front et pourvu d'impressionnantes mâchoires, largement ouvertes sur un visage humain. L'aile O., formant un L, possède une décoration plus sobre, correspondant au Puuc ancien (670-770). Le **deuxième étage** compte trois groupes de bâtiments tournés vers le S., les pièces centrales s'ouvrant par des portiques à deux colonnes galbées. Le décor de masques de pierre, de croisillons et de zigzags entre deux moulures est focalisé sur la partie supérieure de la façade. Sur la plate-forme la plus élevée, aux bâtiments très ruinés, un bassin de récupération des eaux de pluie est relié à un réseau de *chultúnes*.

**Façade orientale de l'arc de Labná.**

En traversant la clairière, dirigez-vous vers la haute pyramide surmontée d'un temple. À dr. l'**arc de Labná**★★ n'est pas une arche monumentale comme à Kabah mais fait partie d'un édifice qui séparait deux cours quadrangulaires entourées de bâtiments, les uns résidentiels au N.-O., les autres administratifs au S.-E. Il se compose de deux ailes reliées par une arche majestueuse à voûte très haute, construite en encorbellement. Le décor simple de la **façade orientale** (grandes grecques scalaires et dés en fort relief sur fond de colonnettes) se complique sur la **façade occidentale**★★, destinée à en être le front. La division tripartite est soulignée par un traitement différent des portes latérales, de forme trapézoïdale et surmontées par une stylisation de hutte maya sur un fond de « jalousie », et de l'arc orné d'une seule corniche chanfreinée avec pierres dentées semblables aux crocs du monstre terrestre. Une élégante *cresteria* ajourée surmonte l'édifice tandis que l'angle dr. comporte un masque de Chac et une colonne encastrée.

Le temple à base pyramidale dit **El Mirador** est accessible par un escalier aménagé au S. à partir d'un patio surélevé. Le temple proprement dit, dont il ne reste qu'une seule des quatre pièces, est couronné de ce même côté par une crête à claire-voie élevée dans le prolongement de la façade. Les tenons de pierre servaient à maintenir un décor de personnages modelés en stuc polychrome.

En revenant vers la sortie, vous verrez à dr. l'**Edificio de las Columnas**, rangée de pièces disposées en L sur une terrasse, et dont la partie supérieure est décorée d'une simple frise de colonnettes.

*58,5 km* : les **grottes de Loltún**★ *(suivre la route en direction d'Oxkutzcab ; vis. guidées à 9 h 30, 11 h, 12 h 30, 14 h, 15 h et 16 h ; compter environ 1 h 15)*, dans une région de culture d'arbres fruitiers, constituent le réseau de cavernes le plus étendu du Yucatán, où un circuit a été aménagé sur 1 km. Outre des concrétions, on y voit un relief de guerrier porteur de lance (à l'extérieur de l'entrée Nahkab, daté de 300 à 100 av. J.-C.), des restes de peintures (empreintes de mains, animaux, personnages au profil maya, motifs géométriques, etc.) et des inscriptions rupestres. Des fouilles ont permis de découvrir des ossements d'animaux (bison, mammouth) datant du pléistocène (environ 28 000 ans) et des instruments lithiques laissés par des hommes qui vécurent en ce lieu il y a quelque 4 500 ans.

*66 km :* **Oxkutzcab** *(fiesta du 10 au 16 août avec danses régionales), pueblo* dont l'église franciscaine bâtie en 1693 abrite un beau retable baroque.

*76 km :* **Maní**, bourg maya qui, après la destruction de Mayapán en 1441, devint la capitale des Xiús jusqu'à la conquête espagnole. En janvier 1542, le dernier souverain indépendant du Yucatán, Ah Kukum Tutul Xiú, se rendit aux Espagnols et se convertit au christianisme. On peut encore voir sa résidence de type colonial, dite de Francisco de Montejo Xiú, érigée dans la seconde moitié du XVIe s. (Casa Real). Les Franciscains y construisirent l'un des plus vastes **monastères** du Yucatán. À côté de l'église, qui renferme une croix d'atrium du XVIe s., se trouve une chapelle ouverte, couverte par une large voûte de plus de 8 m de portée.

**En 1562, Diego de Landa fit brûler sur la place de Maní, en un gigantesque autodafé, de nombreux documents historiques et religieux rédigés en caractères hiéroglyphiques mayas. La *Chronique de Maní*, l'un des cinq livres des *Chilam Balam* (« prêtres jaguars »), y fut rédigée en langue maya mais en caractères latins, au XVIe s., par d'anciens prêtres des cultes préhispaniques.**

*92 km :* **Ticul** *(« fiesta » le 3 avril ; danses régionales, corridas...)*, petite ville aux maisons de style andalou, réputée pour ses *huipiles* brodés, sa poterie décorée par pastillage et ses chapeaux en fibre de palme.

*120 km :* **Uxmal★★★**.

# Yaxchilán★★

Niché dans un méandre du Río Usumacinta qui serpente à travers le pays lacandon, le site archéologique s'étend sur une terrasse peu élevée qui s'allonge entre le fleuve et une ligne de collines où furent élevées de nombreuses constructions. Cette vaste cité maya est justement célèbre pour la beauté des bas-reliefs sculptés sur les linteaux en fine pierre calcaire, figurant des scènes de conquête et de rituels menés par les seigneurs de Yaxchilán. Le déchiffrement des dates et des textes glyphiques qui les accompagnent a fourni de précieuses informations sur l'histoire de la cité.

À mi-chemin entre Palenque et Tikal, Yaxchilán se trouve en quelque sorte au point de rencontre d'influences venues de ces deux importants foyers culturels. Cela se traduit par la juxtaposition de détails architectoniques des plus variés et un large emploi de reliefs modelés en stuc ou sculptés, qui confèrent aux édifices de Yaxchilán un attrait supplémentaire. C'est au moment de son apogée, entre 681 et 800, sous les règnes glorieux de Bouclier-Jaguar et de son fils, Oiseau-Jaguar, que la cité prit son aspect actuel, avant de sombrer dans un long silence végétal au début du Xe s.

**Situation** : 180 km S.-E. de Palenque, 296 km E. d'Ocosingo. État du Chiapas.

**À ne pas manquer**



## Yaxchilán dans l'histoire

### ■ La dynastie Jaguar

L'analyse des matériaux archéologiques a permis de situer la fondation de Yaxchilán vers 250 de notre ère, mais les dates inscrites en compte long ne rappellent pas de faits antérieurs à 320, année de l'accession au trône de Yat-Balam, ancêtre dynastique d'une longue lignée de rois qui se succédèrent cinq siècles durant. La liste complète de ces rois nous est fournie par les inscriptions des temples 12 et 22, construits à la gloire d'Oiseau-Jaguar. C'est au moment de l'accession au pouvoir de Mahk'ina-Crâne II en 526 que Yaxchilán acquiert le statut de capitale régionale, échappant ainsi à la domination

de Tikal et exerçant elle-même une hégémonie politique sur différentes cités où l'on retrouve son glyphe-emblème. Vers 600, l'interruption de célébration de *katuns* par l'élévation de stèles indique une période d'instabilité politique qui dure une trentaine d'années, jusqu'à l'accession de Six-Tun Oiseau-Jaguar, le père du roi Bouclier-Jaguar.

## ■ Les années de gloire

Contemporain de Chan-Bahlum, fils du grand Pacal de Palenque, Bouclier-Jaguar régna pendant six décennies (681-742). Ses faits de guerre sont évoqués sur de nombreux monuments, où il ne manque pas d'honorer sa première épouse, Xoc. À sa mort s'ouvre une longue crise de succession entre ses différents fils, jusqu'à ce que s'impose l'héritier désigné, Oiseau-Jaguar (752-768), né de sa troisième épouse Étoile du soir, originaire de Calakmul. C'est sous ce grand souverain que furent construits la majeure partie des édifices et élevées de nombreuses stèles. Ils sont sculptés de scènes et de longs textes qui légitiment sa fonction royale et relatent de nombreux actes d'alliances politiques et matrimoniales passés avec les cités-États des environs (Piedras Negras, La Pasadita, Motul San José). Son fils Chel-Te Bouclier-Jaguar II (771-800), désigné comme successeur à l'âge de cinq ans, est apparenté au seigneur de Bonampak. La dernière date enregistrée à Yaxchilán est celle de 808, associée au nom du roi Mahk'ina-Crâne III. La ville sera progressivement abandonnée durant le siècle suivant, à l'instar des autres grandes cités mayas du classique récent.

## ■ La redécouverte d'une cité perdue

C'est à Yaxchilán, encore non exploré, que le Français Désiré Charnay et Alfred Maudsley, un archéologue amateur anglais, se rencontrent en 1882. Les photos, moulages et relevés méthodiques des deux hommes contribuent à faire connaître le site dans les milieux scientifiques. Il revient à Teobert Maler, un explorateur allemand engagé par le Peabody Museum, d'avoir baptisé le site et rédigé les premiers rapports détaillés sur les ruines qu'il visite en 1895, 1897 et 1900. À partir de 1935, commencent des fouilles systématiques dirigées par Sylvanus Morley de l'Institut Carnegie de Washington. En 1959, Tatiana Proskouriakoff, dessinatrice sur les sites de Piedras Negras et Yaxchilán, remarque l'existence de glyphes-emblèmes pour chaque cité et émet l'hypothèse de dates correspondant à des événements historiques. Depuis 1973, les archéologues du Projet Yaxchilán ont exploré cinquante édifices sur les cent vingt recensés,

**Le voyage pour Yaxchilán en pirogue : un petit parfum d'aventure.**

tandis que les épigraphistes étudient les nombreuses inscriptions relevées sur les linteaux, les escaliers et les stèles.

# Visiter Yaxchilán

**Accès** : par avionnette de quatre places depuis Palenque, Ocosingo, Tenosique, Tuxtla Gutiérrez et Villahermosa. La piste d'atterrissage se trouve à 400 m à l'O. du site. Par la route, depuis Palenque ou Tenosique jusqu'à Frontera Corozal (3 h 30), puis par une piste de 20 km (si elle est praticable) ou en pirogue à moteur *(lancha)* durant 45 mn-1 h. Il existe une liaison en bus de Palenque à Frontera Corozal.

**À Frontera Corozal (anciennement Frontera Echevarría), il est indispensable de passer par le bureau d'immigration *(migración)* avant de louer un bateau ou de prendre la piste.**

**Excursions** : les agences de voyage de San Cristóbal de las Casas et de Palenque proposent des excursions d'une journée combinant la visite de Yaxchilán et de Bonampak par avion. Il est préférable de constituer au préalable un groupe de quatre personnes pour être sûr du jour de départ. Ces agences organisent également des excursions en car d'une journée (Yaxchilán) ou de deux jours (Yaxchilán, Bonampak et Lacanjá).

**Combien de temps** : il faut une journée entière pour faire l'excursion en voiture privée depuis Palenque ou Tenosique (on dispose d'environ 2 h sur le site). En partant très tôt, il est possible de combiner la visite avec celle de Bonampak. En avion, il faut compter 6 h pour la visite des deux sites depuis Palenque, Ocosingo ou Tenosique.

**Visite** : site ouv. t.l.j. de 8 h à 16 h. On distingue quatre groupes de monuments, localisés sur l'étroite terrasse naturelle qui borde le fleuve et sur les collines avoisinantes, parfois accessibles par des escaliers. Le groupe de la Gran Plaza, le mieux dégagé, s'étend de part et d'autre d'une grande esplanade en deux files parallèles au fleuve, entre deux zones résidentielles. Depuis la place principale, un escalier permet d'atteindre la Grande Acropole, où des constructions s'étagent jusqu'au sommet des collines. Un troisième secteur est formé par la Petite Acropole sur un escarpement au S.-O. Enfin, un dernier secteur situé à l'E., dans le prolongement de la place principale, n'est pas encore accessible au public.

**Le meilleur moment** : il est préférable de ne pas se rendre à Yaxchilán par la route en saison des pluies (de juin à oct.). Les excursions en avion peuvent être annulées par forte pluie, lorsque la piste d'atterrissage devient boueuse.

**Des crèmes éloignant les moustiques sont indispensables. N'oubliez pas d'emporter de l'eau et des provisions car il n'y a pas de possibilité de restauration sur place. Si vous êtes en voiture, il est prudent de se munir d'un jerrican d'essence.**

■ **Pequeña Acrópolis**★★ (Petite Acropole). À dr. du chemin qui mène vers la place principale, un sentier grimpe vers cette colline couverte de quinze édifices, principalement des temples édifiés à la gloire de Bouclier-Jaguar et de son fils. Le **temple 44**★★ possède trois beaux **linteaux**★★ finement sculptés pla-

**Yaxchilán**

cés au-dessus des portes, montrant le roi Bouclier-Jaguar en train d'humilier des ennemis. Six stèles et un escalier hiéroglyphique complètent les informations sur ce roi qui guerroya jusqu'à l'âge de quatre-vingt-quatre ans. À quelques mètres, les linteaux du **temple 42★★** rappellent les événements liés à l'avènement d'Oiseau-Jaguar en 752, ainsi que ses hauts faits d'armes avec la capture de Crâne-Bijou en 755. De g. à dr., les scènes en relief montrent le roi en habit de guerre (à dr.) faisant successivement face à sa femme Six-Tun-Ahau (linteau 41), à un gouverneur ou *cahal*, Kan-Toc, également armé (linteau 42★★) et à une autre de ses nombreuses épouses, Dame Balam, portant un paquet sacré qui contient les instruments pour le saignement rituel (linteau 43★).

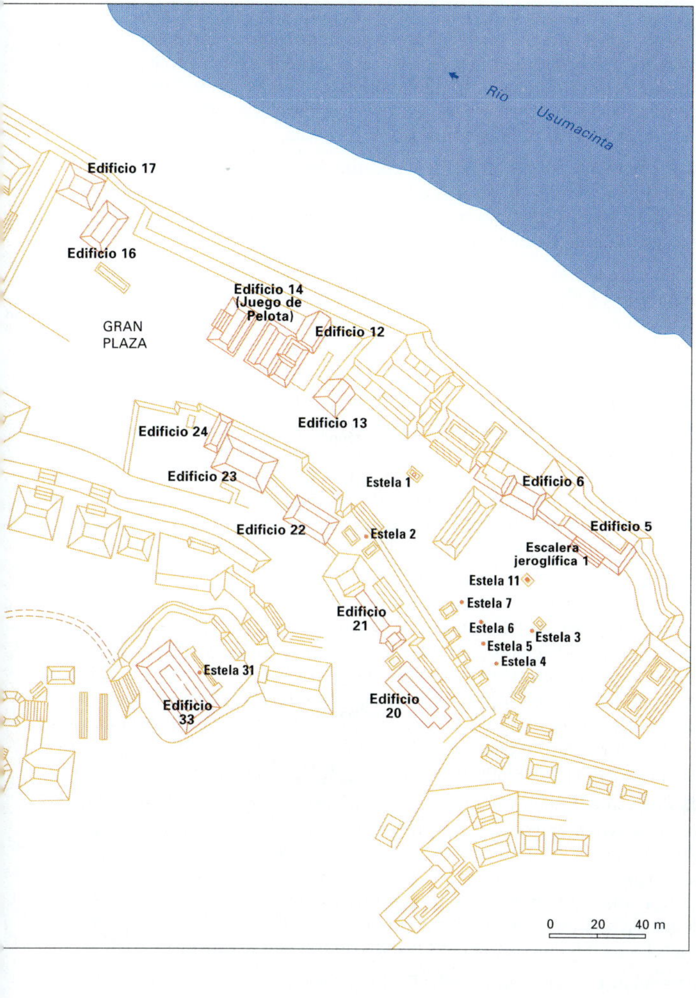




■ **EDIFICIO 19★**. L'arrière de cet édifice marque l'entrée véritable du site. L'aménagement complexe de chambres voûtées et de corridors distribués sur deux niveaux lui a valu le nom de « labyrinthe ». Construit durant la période de régence (742-752) d'Étoile du soir, mère d'Oiseau-Jaguar, cet édifice a sa façade tournée vers l'E. et la place principale. Au-dessus de la corniche saillante, le toit mansardé, creusé de niches, supportait un décor anthropomorphe modelé en stuc tout comme la légère structure faîtière qui surmonte l'édifice. L'autel cylindrique qui le précède porte la date de 748 apr. J.-C.

■ **EDIFICIO 16**. Situé à côté d'un bain de vapeur *(temazcal)*, ce temple très ruiné a néanmoins conservé au-dessus de chaque porte son linteau d'origine en pierre calcaire, chacun sculpté d'un relief célébrant des rites d'autosacrifice réalisés par Oiseau-Jaguar et deux de ses épouses un jour des années 758 et 763. Sur le **linteau 39★**, au centre, le roi est terrassé sous le poids d'un énorme serpent bicéphale aux traits du dieu G-II, matérialisation de sa vision suscitée par la perte de sang. Il est encadré de ses épouses étrangères : à g., Six-Tun, originaire de Motul San José, à dr., Balam, une noble d'Ix Witz.

■ **EDIFICIO 14**. Sur ce jeu de balle encadré de deux talus qui supportaient les banquettes pour les spectateurs ont été mis au jour cinq marqueurs, dalles circulaires ornées de glyphes et de personnages tenant une barre cérémonielle. Il est daté du milieu du VIIIe s.

Depuis la plate-forme orientale, on accède à une petite cour sur laquelle s'ouvre le **temple 12**. Reconstruit sous le règne d'Oiseau-Jaguar, il intègre des linteaux du classique ancien, sculptés de textes mentionnant les noms des dix premiers rois de la dynastie Jaguar, du fondateur Yat-Balam à Ta-Crâne, intronisé en 526 (seuls les linteaux 11, 36 et 37 sont conservés *in situ*).

■ **EDIFICIO 13**. À l'O. du jeu de balle, Oiseau-Jaguar fit édifier sur une plate-forme en L un complexe architectural entièrement dédié à la légitimisation de son pouvoir. La partie inférieure des linteaux comporte des scènes très intéressantes, où il rappelle que, bien que né d'une femme étrangère (sa mère, Étoile du soir est une noble de Calakmul), il a été désigné comme héritier du vivant de son père. Le seul linteau encore en place est le linteau 50 (g.), assez effacé, où Bouclier-Jaguar procède au rituel du frappement de bâton. Sur le toit latéral S., remarquez de grands masques solaires modelés en stuc.

■ **ESTELA 1★**. Parmi les stèles et les autels disposés au milieu de la place principale, il faut noter la stèle 1, brisée en deux parties. Élevée à l'occasion d'un anniversaire de fin de *katun* en 766, elle montre le roi Oiseau-Jaguar accomplissant un autosacrifice en compagnie de son fils Chel-Te. Le sang qui perle de ses mains percées par des lancettes imprègne les bandelettes d'écorce placées dans un panier décoré des nœuds du sacrifice. Dans le cadre inférieur apparaît le monstre solaire portant une barre bicéphale d'où émergent des épis de maïs. Aux côtés de la stèle, remarquez des pierres taillées en forme de saurien et de jaguar.

■ **EDIFICIO 6**. Également appelé temple Rouge en raison de la couleur des stucs qui recouvrent les murs, le temple 6, construit au VIIe s., est l'un des hauts lieux de culte vénérés par les Lacandons *(→ p. 671)* depuis deux siècles comme en témoignent les poteries et les encensoirs ou *kur*, incarnations des divinités lacandones, ainsi que les planchettes à brûler le copal mis au jour par les archéologues. Remarquez les **masques★** modelés en stuc du dieu solaire apparaissant dans les niches aménagées dans le talus du toit (sur le côté dr.).

La structure voisine ou **temple 5** est précédée par un escalier de six marches comportant des glyphes sculptés et disposés de manière à former une inscription continue.

Yaxchilán semble jouer un rôle important dans la vie religieuse des Lacandons. Plusieurs dieux sont censés y vivre, ce qui suscite des pèlerinages. Ces Indiens vouent un culte à des dieux stellaires, surtout du Soleil (Biram, Kin, Tsankin), des dieux guérisseurs (Akyum, Atshakyum, Sakapuk, Tshop), de la Forêt (Hanakash, Muur), de la Pluie (Metsabok), du Feu (Kak), etc. Les aliments et le *balché* (boisson fermentée) offerts aux dieux sont déposés dans des demi-calebasses peintes.

■ **ESTELA 11★**. Ce monument sculpté, placé à l'origine devant le temple 40, fut laissé à cet endroit en 1964, lorsqu'on le jugea trop lourd pour être transporté en avionnette à Mexico. Ses reliefs représentent une scène de transmission de pouvoir en date du 26 juin 741 entre Bouclier-Jaguar, âgé de quatre-vingt-treize ans (à g.), et son fil Oiseau-Jaguar (à dr.) par un rite de frappement du bâton de cérémonie. Dans un cadre au sommet de la stèle sont représentés leurs ancêtres assis sur un serpent bicéphale. Les textes latéraux parlent des fêtes d'accession au trône de l'héritier en mai 752. Au dos de la stèle, Oiseau-Jaguar portant le masque du dieu Chac-Xib-Chac tient par les cheveux trois captifs destinés à être sacrifiés (750).

**Le rite du frappement du bâton, figuré à plusieurs reprises sur des stèles et linteaux de temples, semble marquer une transmission de pouvoir et est propre au protocole de Yaxchilán.**
**Le bâton était recouvert d'une gaine de tissu richement orné, présentant des découpes en forme de T.**

■ **EDIFICIO 20★★**. Élevé sur une terrasse taillée à flanc de colline, ce temple à haute *cresteria* conserve une dalle sculptée de reliefs (752) au-dessus de deux des trois portes percées dans la façade principale. Sur le **linteau★★** au centre, Dame Grand-Crâne, face à son époux Oiseau-Jaguar, célèbre la naissance de leur fils Chel-Te, dont le visage émerge, métaphoriquement, de la gueule du serpent céleste matérialisé lors de l'autosacrifice. La légitimation du lignage avec vision des ancêtres est accentuée par la répétition du rituel sur le **linteau★★** de dr., où la nouvelle mère fait face à son frère. Devant le temple, des blocs sculptés de glyphes forment une longue marche ; quatre stèles sont dressées en contrebas.

■ **EDIFICIO 21★**. Cette construction commanditée par le roi Oiseau-Jaguar pour faire écho aux rites décrits dans le temple 23 possédait de très beaux reliefs célébrant la capture de Yax-Cib-Tok, seigneur d'une ville rivale, et la naissance de son fils, Chel-Te-Chan Mahk'ina, événements survenus en février 752. À l'intérieur, sur la banquette, se dresse une **stèle★★** où Étoile du soir, la mère du roi, reçoit la vision du Serpent au moment de la saignée rituelle. Ce thème est répété au dos de la stèle, où elle se passe une cordelette garnie d'épines au travers de la langue, et sur la paroi du fond ornée de reliefs modelés en stuc représentant le roi et ses épouses, assis sur des têtes de serpent, crachant des masques de Tláloc.

■ **EDIFICIO 22**. Cet édifice à cinq portes élevé en 454 par Lune-Crâne, septième roi de la lignée, fut intégré par Oiseau-Jaguar dans une nouvelle construction inaugurée neuf jours après sa propre accession. Les quatre linteaux anciens en place au-dessus des ouvertures sont sculptés de textes historiques.

■ **EDIFICIO 33★★★**. Accessible par un escalier monumental depuis la place centrale, ce temple dynastique fut construit par Oiseau-Jaguar dans le but de légitimer sa succession après la mort de son père survenue en juin 742. Sur les douze marches qui précèdent le temple figurent des reliefs et des glyphes sculptés, parmi lesquels onze scènes de jeu de balle. Sur la dernière **marche★★**, la scène centrale montre Oiseau-Jaguar agenouillé, vêtu comme un joueur de pelote, face à un escalier couvert de hiéroglyphes où rebondit une balle à l'intérieur de laquelle est lié un captif. Le texte nous informe que cet acte rituel s'est déroulé le 21 octobre 744, en relation avec des actions identiques accomplies par les ancêtres du roi, à savoir son père Bouclier-Jaguar, représenté dans la même position à g., et son grand-père, Six-Tun Oiseau-Jaguar, à dr.

Les trois portes en façade ont conservé leur linteau. À g., le **linteau 1★★** figure Oiseau-Jaguar, richement vêtu, brandissant le sceptre royal à l'effigie du dieu K le jour de son intronisation le 3 mai 752. Derrière lui se tient son épouse Grand-Crâne avec le paquet sacré pour l'autosacrifice. La porte centrale est surmontée du **linteau 2★★** où apparaissent Oiseau-Jaguar (à dr.) faisant face à son fils Chel-Te lors des rites de fertilité du sceptre-oiseau qui commémorent le cinquième anniversaire de son accession au trône. Enfin, à dr., le **linteau 3★★★** représente la célébration d'une fin de période calendaire, rite auquel est associé l'un des gouverneurs d'Oiseau-Jaguar, Ah-Mac-Kin-Mo-Ahau. Vêtus à l'identique, mais avec une coiffure plus imposante pour le roi (à dr.), les deux personnages mettent en contact deux sceptres *manikin*.

**La statue décapitée du temple 33 est à l'origine d'un mythe lacandon. Selon eux, il s'agirait du roi Ach-Bilam Ahau Balam, dont la remise en place de la tête sur ses épaules signifiera la fin du monde. En effet, à ce moment-là, les tigres célestes Kon descendront sur la terre pour y dévorer tous les êtres vivants.**

À l'intérieur se trouve une **statue★★** d'Oiseau-Jaguar, acéphale, mais dont la tête gît dans un corridor. De l'extérieur, notez dans la partie centrale de l'ornement ajouré qui couronne l'édifice *(cresteria)* les restes d'un personnage gigantesque modelé en stuc, représenté assis. Sur l'esplanade précédant le temple, remarquez trois autels et un monument en forme de stalactite qui devait symboliser un sceptre royal.

**Un sentier qui part à dr. du temple 33, grimpe au sommet du site d'où l'on bénéficie d'une très belle vue sur le fleuve et l'ensemble des ruines noyées dans la forêt.**

**L'édifice 33 est le temple le mieux conservé du site.**

■ **EDIFICIOS 39, 40, 41**. À g., le **temple 41**, très endommagé par la végétation, fut construit par Bouclier-Jaguar représenté sur la **stèle 16★** qui précède l'édifice (736 ?). Revêtu des attributs de guerrier, notamment des têtes-trophées en guise de pectoral, il frappe le sol d'un bâton rituel afin de célébrer le solstice d'été. Sur l'une des marches donnant accès au sanctuaire, son fils a fait sculpter un texte où il relate ses propres exploits militaires lors de la capture de Yax-Cib-Tok en 752.

À sa dr., le **temple 40**, devant lequel se trouvait la stèle 11, a conservé une partie de son couronnement ajouré ainsi que la décoration géométrique du toit. À l'intérieur, les murs étaient ornés de peintures d'une iconographie proche de celle de Bonampak. Dans la chambre de g. subsistent quelques fragments d'une scène présidée par les neuf seigneurs de l'inframonde. Sur les deux stèles et les autels au pied du temple, on a relevé le nom d'Oiseau-Jaguar, commanditaire de l'ouvrage.

À l'extrême dr., le **temple 39** tourné vers le N. est antérieur aux deux autres. Les dates fournies par les inscriptions glyphiques sculptées sur les autels permettent de situer sa construction vers 650.

■ **EDIFICIO 23**. Ce temple consacré en 726 possédait trois des plus beaux linteaux de Yaxchilán, ornés de scènes d'autosacrifice accompli par Xoc, première épouse du roi Bouclier-Jaguar. Identifiés comme étant de la main d'un artiste appelé Maître Cookie Cutter, ces reliefs sont visibles au British Museum de Londres et au musée national d'Anthropologie de Mexico.

# Environs de Yaxchilán

■ **BONAMPAK★★** *(58 km S.-O. de Yaxchilán ; 148 km S.-E. de Palenque ; en bus, descendre à San Javier et faire les 13 km restants à pied ; ouv. de 8 h à 16 h)*. Ce site archéologique découvert en 1946 par le photographe et cinéaste Giles Healey est célèbre pour son exceptionnel cycle de peintures mayas du VIIIe s., ce qui lui valut le surnom de « mur peint » en maya. Localisé sur une petite éminence de la vallée du Río Lacanjá, affluent du Río Usumacinta, Bonampak fut le siège d'une petite principauté maya vassale de Lacanjá et Yaxchilán. Les principaux édifices sont érigés sur une acropole, colline aménagée en terrasses, dominant une vaste place rectangulaire. Au centre se dresse la stèle 1, découverte brisée, ornée d'un relief du roi Chaan-Muan (785 apr. J.-C.), richement vêtu et portant une coiffure très élaborée. Par un large escalier on accède à une première terrasse s'étendant

## Mort annoncée des Lacandons

Vraisemblablement d'origine maya-yucatèque si l'on se réfère à leur langue, ce peuple aurait traversé le Río Usumacinta au XVIIe s., occupant progressivement le territoire des Indiens Lacam Tun déportés par les Espagnols en 1714. « Caribes » est le nom qui leur fut donné par les métis et les créoles, qui désignaient ainsi ceux qui refusaient le régime colonial. Eux-mêmes se nomment Halach Uinic, les « Vrais Hommes », créés par le couple divin Hach Ak Yum et Ak Na. Ces hommes aux cheveux longs et aux tuniques de coton blanc *(→ ill. p. 78)* avaient, jusqu'à l'arrivée des forestiers au XIXe s., un mode de vie parfaitement adapté à leur milieu naturel, la forêt très dense. Semi-nomades – ils se déplaçaient au gré de l'appauvrissement du sol de leur *milpa* –, ils vivaient regroupés en hameaux isolés *(caribales)* composés de cases pour deux ou trois familles et d'un ou deux temples-chaumières. Dans les cabanes, réduites à quatre poteaux soutenant un toit de palme, un hamac servait de lit et de siège, les objets domestiques consistant en quelques plats en terre cuite et des ustensiles de pierre, de bois, d'os et de fibres végétales. Depuis l'invasion des *chicleros* et des forestiers, les quelque cinq cents Lacandons survivants ont été contraints de sortir de leur isolement et se sont regroupés en trois hameaux – Naja, Mensabok et Lacanja Chansayab – où ils sont devenus la proie facile des ethnographes, cinéastes, touristes, reporters, fonctionnaires et missionnaires.

au N. Sur un palier, entre deux volées de marches, deux autres stèles finement sculptées représentent le même roi de Bonampak au moment de son accession au pouvoir (stèle 3 datée de 778) et encadré de deux femmes accomplissant l'autosacrifice en 791 (stèle 2).

**En 1995, le *National Geographic* reçut l'autorisation de faire des prises de vue détaillées des peintures qui, bien que fraîchement restaurées (1984-1987), restaient voilées par une fine couche de calcite qui les avait protégées pendant plusieurs siècles. Les photos digitalisées et retraitées par un logiciel laissèrent alors apparaître des détails insoupçonnés, invisibles à l'œil nu. On voit ainsi clairement l'ennemi que le roi Chaan-Muan agrippe par les cheveux, la lance cassée net sous la violence du choc (salle 2), les délicates perles de jade qui ornent l'aile du nez des femmes de la salle 3 ou encore les joues gonflées du joueur de trompette de la salle 1.**

Le **temple des Peintures***** (structure 1) fut édifié à la gloire du roi Chaan-Muan, intronisé en 776. Les **fresques***** peintes sur les murs représentent des cérémonies qui eurent lieu en 790 et 791, à l'occasion de la désignation de l'héritier de Bonampak et de l'inauguration de l'édifice. L'histoire se déroule en trois tableaux présentés dans les trois pièces, de g. à dr.

Elle s'ouvre par une scène de présentation de l'héritier devant un cortège de nobles, enfant que les textes identifient comme parent (fils ou neveu) de Bouclier-Jaguar II, roi de Yaxchilán dont la sœur avait épousé Chaan-Muan. La seconde salle représente une bataille destinée à se procurer des victimes pour les sacrifices et des esclaves ; cette guerre est conduite par le roi Chaan-Muan accompagné de seigneurs de cités alliées, dont Lacanjá. La fête bat son plein dans la dernière salle avec les cérémonies du feu et d'autosacrifice accomplies par l'héritier de Chaan-Muan et les femmes de ce dernier. Ce témoignage d'une extraordinaire vivacité n'a jamais été achevé, offrant au spectateur le poignant sentiment d'assister aux derniers fastes d'une cour bientôt réduite à néant.
Les **linteaux**** sculptés des trois portes montrent des scènes de capture où le roi saisit par les cheveux un ennemi tombé par terre.

**Première salle**. Sur le registre médian, des nobles somptueusement vêtus, parés de jade et de spondyles portés en pendentif, attendent la cérémonie de présentation de l'héritier porté par un serviteur ; les glyphes qui devaient les identifier n'ont jamais été peints dans les cartouches bleu turquoise qui les surmontent. Face à eux, les trois principaux danseurs, les reins ceints d'une peau de jaguar, coiffés d'immenses casques de plumes de quetzal, s'apprêtent avec l'aide de leurs serviteurs. Le plus grand des trois, à dr., pourrait être le roi Chaan-Muan en personne, représenté par ailleurs assis sur un trône avec ses femmes et sa suite, en arrière de l'héritier. Sur le registre inférieur se déroule une danse de fertilité, à l'extérieur (fond bleu). À g. des trois danseurs emplumés exécutant un ballet au son des trompettes, des sonnailles et des tambours, six personnages masqués s'apprêtent à entrer en action. Les habitants des eaux douces, l'écrevisse, la carpe et le

# La peinture murale

▲ Homme-oiseau de l'édifice A de Cacaxtla (détail ; vers 750).

Au temps de leur splendeur, les temples et les palais préhispaniques étaient éclairés de couleurs vives où le rouge dominait. Si l'on découvre çà et là quelques traces de peinture polychrome sur les frises et les reliefs, c'est surtout à l'intérieur des bâtiments que des scènes entières ont été miraculeusement préservées.

▲ Musiciens du temple des Peintures de Bonampak (chambre 1, détail ; 790-791).

## ■ Une grande variété de styles

Les recherches archéologiques ont mis au jour des ensembles picturaux qui témoignent d'une grande diversité régionale. Ainsi, les thèmes à dominante religieuse de Teotihuacán diffèrent des scènes funéraires de Monte Albán, tandis que le naturalisme narratif caractérise la production maya. À Cacaxtla, les artistes ont développé un genre mythico-historique. La surface des parois est généralement divisée en registres horizontaux sur lesquels sont peints des personnages et des dieux, selon des canons propres à chacun. Ainsi, l'iconographie de Teotihuacán juxtapose des ordres de grandeur irréels, alors que les Mayas respectent les proportions humaines.

## ■ Secrets de fabrication et conventions picturales

Les artistes de Teotihuacán utilisaient la technique *a fresco*. Les couleurs étaient appliquées sur un support humide de chaux mélangée à de la poudre de quartz volcanique, préalablement enduit d'une couche d'argile lissée. La bonne conservation des fresques est due au polissage à l'argile de la couche picturale après chaque application des différents pigments minéraux dilués à l'eau. Après le rouge venaient le jaune, l'ocre et l'orange, puis le bleu et le vert. Enfin, les contours étaient rehaussés de rouge sombre. La technique de la détrempe mise au point par les Mayas offre plus de spontanéité dans le trait tout en jouant sur les transparences et les textures. Les pigments mélangés à l'eau de chaux comportent un liant à base d'au moins deux sortes de gommes végétales. Appliquées sur un enduit humide, les couches picturales subissaient une lente transformation chimique en séchant, leur conférant ainsi une résistance à l'humidité ambiante.

▲ Reproduction (détail) d'une peinture de la tombe 105 à Monte Albán (300-500 apr. J.-C. ; musée national d'Anthropologie, Mexico).

Les humains sont représentés généralement de profil, les jambes en mouvement. Sur les peintures mayas comme à Cacaxtla, les personnages importants sont montrés le corps de face et la tête de profil. Seuls les artistes de Teotihuacán ont exploité la frontalité, notamment pour la figuration des divinités. On note par ailleurs, dans cette ville, la représentation fréquente de perroquets, jaguars, serpents et hiboux.

crocodile, coiffés de nénuphars, conversent avec le jeune dieu du Maïs assis aux pieds de deux joueurs de pelote encapuchonnés qui tiennent un épi de maïs vert.

**Deuxième salle**. Face à l'entrée et sur les murs latéraux, la bataille fait rage entre les alliés de Bonampak et des Mayas de cités ennemies, représentés dénudés et humiliés. Dominant la mêlée, le roi Chaan-Muan, barbu et coiffé d'une énorme tête de jaguar tirant la langue, bondit à l'instar du fauve. Une macabre tête-trophée tressaute sur sa poitrine, tandis qu'il soulève son ennemi par les cheveux. Le jugement des prisonniers et leur supplice sont représentés autour de la porte. Les corps des captifs entravés, les mains dégouttant de sang, jonchent les marches de la pyramide au sommet de laquelle se tient le roi Chaan-Muan entouré de dignitaires, de prêtres et de femmes de la cour. Une tête coupée reposant sur un lit de feuillage, en haut des marches à g., ne laisse aucun doute sur le sort réservé aux prisonniers.

**Troisième salle**. Les festivités qui célèbrent la victoire mettent en scène des guerriers qui dansent au pied d'une pyramide sur laquelle évoluent le roi et deux acolytes ainsi qu'un groupe porteur d'une litière où se dresse un personnage hiératique, peut-être une statue du fondateur du lignage. La scène principale est un autosacrifice collectif offert par les épouses royales assises sur un trône. La première (à dr.), vraisemblablement l'épouse de Chaan-Muan, se perce la langue d'un aiguillon de raie tandis que les deux femmes à l'arrière se partagent une corde qu'elles se passent au travers de la langue. Derrière elles, une servante se penche vers l'héritier tenu par une nourrice afin de lui tendre une lancette pour accomplir son premier sacrifice sanglant.

À g. du grand escalier s'élève un **temple** à *cresteria* à une seule chambre et trois entrées (édifice 3). Plus haut, sur plusieurs terrasses artificielles créées sur les flancs et au sommet de la colline de Bonampak, se trouvent d'autres temples, également monocellulaires, en cours de restauration.

►À 9 km de Bonampak se situe le *caribal* de **Lacanjá**, sur les rives du *río* du même nom, où vivent quelques familles de Lacandons. Il s'agit d'un des trois hameaux où se sont regroupés les Lacandons et le millier d'Indiens Chols, Tzeltales et Tojolabales, chassés de leur territoire par les forestiers (en 1954, la *Vancouver Plywood Company* entreprit l'exploitation à grande échelle du N. de la forêt). Lors de certaines cérémonies religieuses, les Lacandons consomment une boisson fermentée, le *balché*, fabriqué uniquement par les hommes (le plus souvent par le chef du clan) à l'aide d'écorce de *balché*, d'eau et de miel, ou le *pozole*, à base de pâte de maïs délayée dans de l'eau. Les fêtes sont liées au cycle des saisons (notamment avant la préparation des *milpas*) et aux changements de lune.◄

## Introduction



# En savoir plus

# Petit dictionnaire

## A

**Adobe.** Brique d'argile crue, le plus souvent liée avec de la paille séchée au soleil.

**Agave.** Appelée aussi maguey, plante de la famille des amaryllidacées originaire du Mexique, où elle fut utilisée dès les temps les plus reculés. On tire de certaines des 136 espèces d'agave la tequila, le mezcal et le pulque, mais aussi des fibres textiles connues sous le nom de sisal *(→ encadré p. 390-391)*.

**Ahau.** « Seigneur », en maya yucatèque. Désigne le dernier jour de la série de vingt du *tzolkin (→)*, le calendrier divinatoire ou rituel des Mayas *(→ encadré p. 244-245)*.

**Altiplano.** Haut plateau du Mexique, de plus de 2000 m d'alt. moyenne au centre du pays (environ 1 500 m au N.) entre la sierra Madre occidentale et la sierra Madre orientale, dominée par les plus hauts sommets du pays : Pico de Orizaba (5 700 m), Popocatépetl (5 465 m).

**Atlante.** Sculpture anthropomorphe surtout caractéristique du postclassique, dont les plus célèbres exemples sont les statues qui couronnent la pyramide de Tula. Le terme s'applique aussi aux statuettes de taille inférieure, à Chichén Itzá par exemple. Elles supportent des toits plats ou des plates-formes horizontales, posés sur leur tête ou sur leurs mains dressées. Leur iconographie, fréquemment guerrière, constitue un indice quant à la fonction des édifices associés.

**Ayuntamiento.** Lieu de réunion des magistrats municipaux et municipalité elle-même.

**Aztèques** [les]. Les « Gens d'Aztlán » (Aztecas), nom que se donnaient les habitants de Mexico-Tenochtitlán, en souvenir du lieu d'origine de la tribu ; à l'appellation d'Aztecas, ils préféraient celle de Mexicas *(→ encadrés p. 182-183, 210-211 et 216-217)*.

**Azulejo.** Carreau de faïence émaillée de l'époque coloniale, utilisé pour le revêtement des sols ou des murs. La ville de Puebla est célèbre pour ses azulejos dits *talaveras (→ encadré p. 327)*.

## B

**Baby faces.** Terme désignant des figurines de style olmèque, qui représentent des bébés joufflus, potelés et asexués, aux traits en partie félins *(→ encadré p. 386-387)*.

**Bajío.** Plaine alluviale située dans la partie S. de l'État de Guanajuato, traversée par le Río Lerma. Cette région, caractérisée aujourd'hui par un grand développement agricole et industriel, constituait à l'époque précolombienne un corridor reliant l'Altiplano *(→)* à l'Occident *(→)* du Mexique.

**Baktun.** Période de 144 000 jours dans le calcul du temps chez les Mayas *(→ encadré p. 244-245)*.

**Balché.** Boisson maya confectionnée avec du miel fermenté et de l'eau, et aromatisée avec une écorce d'arbre appelée *balché*.

**Barcelonnettes.** Mexicains qui descendent d'immigrants originaires de la vallée de l'Ubaye, dans les Alpes-de-Haute-Provence (anciennement Basses-Alpes). Vers la fin du XIXe s., de nombreux Barcelonnettes émigrèrent en Amérique latine, pour s'établir dans le commerce des textiles. Certains firent fortune au Mexique et leurs descendants furent propriétaires des plus grands magasins de Mexico.

## C

**Cabildo** → Ayuntamiento.

**Cacao.** Très tôt le cacao fit l'objet d'un commerce actif entre les centres de production sur le versant pacifique du pays maya notamment et les habitants de l'Altiplano *(→)* mexicain, de la côte du golfe du Mexique, du Petén *(→)* et de l'O. de la péninsule yucatèque (l'E. du Yucatán était également producteur). Les Mayas et plus tard les Aztèques utilisèrent les fèves du cacaoyer en guise de monnaie. Les cultivateurs du cacaoyer avaient leur dieu protecteur, Ek Chuah en maya yucatèque, également dieu des commerçants. Les Aztèques appréciaient beaucoup le chocolat (le mot a été emprunté au náhuatl), sous forme de boisson *(→ encadré p. 200)*.

**Cacique.** Chef de village dans l'Amérique coloniale, mais aussi notable au comportement souvent tyrannique à une époque plus récente.

**Calmecac**. Collège où étaient éduqués les fils de la haute Mexica.

**Cenote**. Puits naturel qui, dans la partie N. du Yucatán, résulte de l'effondrement d'une voûte calcaire en dessous de laquelle s'est formée une nappe d'eau.

**Centéotl**. Dieu aztèque du Maïs mûr, avec sa parèdre Centeocíhuatl.

**Centzonhuitznahua**. Les Quatre Cents Astres du Sud, chez les Mexicas, frères de Coyolxauhqui *(→)*. Nés de la déesse Coatlicue *(→)*, ils furent vaincus, dispersés ou tués par leur frère, Huitzilopochtli *(→ ce mot et encadré p. 213)*.

**Cerro**. Colline, mont, montagne.

**Chac**. Dieu de la Pluie, chez les Mayas. Il est abondamment représenté, sous forme de masques superposés, sur les monuments du Yucatán, ce qui se comprend aisément si l'on considère que la survie des paysans en ce pays dépourvu de toute eau de surface dépendait et dépend encore de l'arrivée de la pluie. Fait remarquable, ni au Petén *(→)*, fortement arrosé, ni à Palenque ou à Yaxchilán, on n'a pas accordé la même importance au dieu de la Pluie. En cas de sécheresse prolongée, on lui sacrifiait des êtres humains dans les *cenotes (→)*, notamment à Chichén Itzá, où l'on jetait de nombreuses offrandes. .

**Chac-mool**. Personnage souvent représenté dans la statuaire toltèque, maya-toltèque, aztèque et tarasque, à l'identité mal établie, qui a été identifié avec un messager des dieux, ou encore avec une divinité de la pluie, de la fertilité, du feu, voire du pulque. Il apparaît sous la forme d'un homme étendu sur le dos, les jambes repliées, le buste redressé. Des deux mains, il tient un plateau qui devait recevoir des offrandes ou peut-être des cœurs humains. Le nom de *chac-mool* a été donné par Auguste Le Plongeon qui découvrit la première de ces sculptures à Chichén Itzá, en 1875.

**Chenes**. Région du S.-O. de la partie mexicaine de la péninsule du Yucatán où la population s'approvisionne en eau grâce à des puits (*chén* ou *cenote* en maya). Par extension, style architectural de cette région, remarquable par son caractère baroque et ses façades formant d'énormes masques du monstre terrestre dont la bouche figure l'entrée *(→ encadré p. 562)*.

**Chichimèques** [les]. Terme générique désignant les tribus guerrières nomades ou semi-nomades qui vivaient aux confins de la Mésoamérique *(→)* et dans les steppes du N., et qui constituèrent, très tôt, une menace permanente pour les peuples sédentaires de l'Altiplano *(→)* mexicain. Bien que considérés comme des barbares, ils partageaient de nombreux traits avec eux et, en se fondant avec les populations à civilisation urbaine, certains ont pu changer de condition, tels les Toltèques *(→)* qui, aux yeux des Mexicas *(→)*, passaient pour des maîtres dans les arts.

**Chicomecóatl**. « Sept-Serpent », principale déesse agricole de l'Eau, du Maïs et de la Subsistance chez les Mexicas *(→)*. Elle apparaît souvent le front orné d'une couronne de papier d'*amatl* (variété de ficus) garnie de rosaces. Cette déesse a peut-être pour prédécesseur une divinité représentée sur une plaquette de serpentine, caractéristique de la civilisation de Teotihuacán, gravée d'un glyphe *(→)* représentant un œil de serpent et le chiffre 7 (une barre et deux points) et qui date de l'époque classique.

**Chilam Balam**. Les Livres du devin-jaguar *(chilam-balam)* sont des recueils prophétiques et historiques, en maya yucatèque, qui furent transcrits en caractères latins dans plusieurs localités du Yucatán, peu après la conquête espagnole. Ces annales et prophéties, présentées chronologiquement, par *katun (→)*, étaient autrefois écrites à l'aide de glyphes *(→)*. Parmi les divers *Chilam Balam*, ceux de Chumayel, de Maní et de Tizimin sont les plus importants.

**Chinampa**. Jardin « flottant », en réalité stable et constitué de terre arable empilée sur des radeaux ou des nattes de roseaux, coulés au fond de lagunes peu profondes. Par accumulation, il se formait des terrains cultivables, d'une grande fertilité. Les *chinampas* ont été principalement développées dans le bassin de Mexico mais il en existe sans doute de plus anciennes.

**Choles** [les]. Ethnie maya vivant à la limite des États de Tabasco et du Chiapas, dont le nom est cité dans le *Popol Vuh (→)*. Les Choles participèrent sans doute, à l'époque classique, à l'éclosion de la culture maya de la vallée de l'Usumacinta. Ils ont conservé quelques-unes de leurs anciennes croyances, fréquentent assez peu les églises et ne célèbrent pas les fêtes catholiques, à l'exception de celles de la Sainte-Croix et du Señor de Tila, centre religieux le plus prestigieux du S.-E. mexicain.

**Chontales** [les]. Ethnie de l'État du Tabasco (à ne pas confondre avec des groupes du même nom, qui résidaient dans le secteur du Guerrero et de l'Oaxaca), parlant un dialecte maya, mais probablement métissée, dès l'époque préhispanique, avec des populations de l'Altiplano *(→)* mexicain. Ils célèbrent surtout les fêtes patronales de leurs villages et croient en la transmigration des âmes dans le corps des animaux *(→ encadré p. 530)*.

**Chultún**. Citerne souterraine destinée à recueillir les eaux de pluie, jusqu'à 40 $m^3$ au Yucatán. À la partie supérieure, un orifice circulaire est aménagé au centre d'une cuvette, plus ou moins vaste, qui sert de bassin de collecte des eaux. Le *chultún* peut être aussi un silo où l'on conservait, semble-t-il, du maïs, des tubercules et les fruits de l'arbre à pain.

**Chupícuaro**. Du nom du site éponyme. Ancienne culture mésoaméricaine localisée dans l'actuel État de Guanajuato et plus particulièrement dans le Bajío *(→)*. Elle date principalement de la fin du préclassique (600 av. J.-C.-200 apr. J.-C.) et se caractérise par une belle céramique funéraire. Les pièces, à la surface soigneusement polie, étaient, en général, décorées de motifs géométriques.

**Churrigueresque**. Se dit d'un style baroque tardif foisonnant de détails, conçu par l'architecte espagnol José Churriguera (1665-1725) et qui se répandit dans les colonies espagnoles et notamment au Mexique *(→ encadré p. 148-149)*.

**Cihuacóatl**. « Femme-Serpent », déesse aztèque de la Terre-Mère, patronne des naissances et protectrice des femmes mortes en couches *(→ Cihuateteo)*.

**Cihuateteo**. « Déesses-femmes », femmes mortes en couches et divinisées en passant au service du Soleil. Au zénith, elles remplaçaient l'escorte des guerriers sacrifiés qui avaient accompagné le Soleil jusque-là. La nuit, elles se transformaient en êtres démoniaques particulièrement redoutés.

**Cinteopan**. Temple du Maïs, où les Mexicas *(→)* sacrifiaient des victimes humaines, notamment des jeunes filles, identifiées à la déesse Xilonen *(→)*.

**Coatepantli**. « Mur des Serpents », mur orné de serpents, que l'on trouve les sanctuaires élevés par les Toltèques *(→)* et les temples aztèques.

**Coatlicue**. « Celle à la jupe de serpents », déesse de la Terre chez les Mexicas *(→)*, mais aussi divinité lunaire. Elle enfanta Huitzilopochtli *(→)*, le dieu tribal (de la Guerre) des Aztèques.

**Cocijo**. Dieu de la Pluie des Zapotèques *(→)*, souvent représenté, à l'époque classique de Monte Albán (IVe-VIIe s.) sur des urnes funéraires, où il porte un masque et une coiffure très élaborée.

**Codex**. Livre indigène constitué par une longue bande de papier pliée en accordéon. Les glyphes *(→)* et les illustrations sont dessinés sur les feuilles ainsi fabriquées à partir de l'écorce d'*amatl* (variété de ficus), et recouvertes d'un badigeon de chaux. Les trois codex mayas qui nous sont parvenus remontent aux XIVe et XVe s. mais sont, apparemment, des copies de codex plus anciens. Les codex aztèques furent, pour la plupart, exécutés selon le même procédé. L'un des plus célèbres, le codex Borbonicus, est conservé à la bibliothèque de l'Assemblée nationale à Paris.

**Conquistador**. Soldat de fortune qui participa à la conquête de l'Amérique par les Espagnols au XVIe s. Le plus célèbre des conquistadores, Hernán Cortés, s'empara de Mexico-Tenochtitlán en 1521, mettant fin à l'empire aztèque.

**Copal**. Résine aromatique, de couleur jaune, d'origine végétale (obtenue de l'arbre *Protium copal*) que l'on faisait brûler dans des encensoirs à l'occasion des cérémonies religieuses et que l'on offrait aux dieux.

**Coras** [les]. L'une des plus importantes communautés indigènes de l'O. du Mexique. Originaire de territoires aujourd'hui situés au S. des États-Unis, elle émigra, à une époque indéterminée, vers la sierra Madre occidentale, dans l'actuel État de Nayarit. Durant l'époque coloniale, et jusqu'au début du XIXe s., leurs révoltes furent incessantes. La dernière rébellion eut lieu après l'indépendance, sous le règne de Maximilien, dirigée non pas contre l'empereur du Mexique, mais contre le parti de Benito Juárez. Leurs pratiques religieuses résultent, comme pour tous les autres peuples du Mexique, de la fusion de leurs anciennes croyances et du catholicisme. Leurs fêtes sont celles du calendrier catholique, mais certaines festivités païennes sont encore célébrées, notamment celles qui marquent le début des récoltes.

**Corrida**. Le Mexique a adopté les courses de taureaux, importées d'Espagne, dès l'époque coloniale (1527). La saison professionnelle *(corridas formales)* dure de novembre à mars. La région de Tlaxcala passe pour être le

« sanctuaire » de la tauromachie. Les environs d'Aguascalientes abritent de nombreux élevages de taureaux (→ *encadré p. 383*).

**Coyolxauhqui**. « Celle aux grelots peints sur le visage », divinité lunaire, sœur de Huitzilopochtli (→) et des Centzonhuitznahua (→). Aidée de ces derniers, elle combattit le dieu tribal des Mexicas. Vaincue, elle fut décapitée sur le Cerro (→) de Coatepec, près de Mexico-Tenochtitlán et sa défaite symbolise le triomphe du jeune Soleil sur les Ténèbres.

**Coyotlatelco**. Nom donné à l'origine à un ensemble céramique, rouge sur beige, daté dans l'Altiplano (→) des IXe et Xe s., soit après la chute de Teotihuacán. Les recherches récentes ont permis d'amplifier le concept, en identifiant d'une part un artisanat lithique associé, et surtout en localisant l'origine de cette culture dans la partie orientale du Bajío (→). Les groupes dits Coyotlatelco auraient ainsi partiellement occupé l'Altiplano en profitant de la disparition de Teotihuacán. Mais ils auraient aussi pu être contraints de s'y installer sous la pression de groupes originaires du N., Chichimèques (→) ou agriculteurs-guerriers qui donneront ensuite naissance à Tula.

**Cuauhtémoc**. « Aigle qui tombe », le dernier souverain des Mexicas, qui parvint à s'enfuir de Mexico-Tenochtitlán assiégé, mais fut capturé peu après et exécuté. Il est, pour les Mexicains, un symbole de leur farouche esprit de résistance aux invasions étrangères.

**Cuauhxicalli**. « Vase de l'Aigle », récipient où l'on déposait le cœur des victimes humaines sacrifiées au Soleil.

**Cuicatèques** [les]. Ethnie vivant dans les montagnes du N. de l'État d'Oaxaca, au voisinage des Mazatèques (→), avec lesquels ils se sont métissés.

## E

**Ehécatl**. Dieu du Vent chez les Huastèques (→) et sur l'Altiplano (→), avatar de Quetzalcóatl (→), à qui l'on dédiait des temples arrondis, comme à Calixtlahuaca, près de Toluca. Anthropomorphisé, le dieu porte parfois un masque buccal, ou apparaît sous la forme d'un singe dans des œuvres sculptées à l'époque de l'empire aztèque.

**Épiclassique**. Division chronologique qui correspond dans l'Altiplano (→) à l'intervalle qui suit l'effondrement de Teotihuacán (650 apr. J.-C.) et précède la fondation de Tula au Xe s. Elle se caractérise par la mise en place d'entités politiques guerrières comme Xochicalco ou Cacaxtla, puissantes mais éphémères. Cette période correspond chronologiquement à l'apogée des cités-États mayas, et donc au classique récent, pour la partie méridionale de la Mésoamérique (→). Pour certains, donc, la notion d'épiclassique ne s'appliquerait qu'à l'extrême fin de la période classique, soit le Xe s.

## G

**Gachupin** (gachupina). Nom que les créoles et les métis mexicains donnaient à ceux qui étaient nés en Espagne.

**Glyphe** (maya). Signe d'écriture, gravé ou peint, figuratif ou non, ayant une simple valeur phonétique, un sens concret ou illustrant un concept (→ *encadré p. 606*). De très nombreux glyphes ont été sculptés ou gravés sur des stèles (→) et des bâtiments mayas, et si l'absence de « pierre de Rosette » a longtemps retardé leur compréhension, les recherches de ces vingt-cinq dernières années permettent désormais la lecture phonétique de textes entiers. Dans les inscriptions mayas, chaque glyphe est soit inscrit à l'intérieur d'un cartouche, soit ne possède aucun cadre. Les inscriptions donnent des indications de date, des noms de souverains et sans doute des détails sur des événements historiques. Les chiffres, mêlés ou non aux glyphes, sont lus de bas en haut, et sont présentés selon une arithmétique de position, non pas dans le système décimal, mais vicésimal, à l'aide de points et de barres (soit cinq points). Parfois, les chiffres de 1 à 13 (→ *tzolkin*) et le zéro (généralement figuré par un coquillage stylisé) sont indiqués à l'aide de têtes correspondant à celles des dieux qui servent de patrons à ces chiffres. L'écriture hiéroglyphique se rencontre aussi en dehors de la région maya.

**Gringo**. Le *gringo* est l'étranger, mais toutes sortes de nuances peuvent s'introduire dans la pensée de celui qui vous désigne comme tel. Au mieux, ce sera la constatation d'une simple évidence : vous êtes un étranger, et rien de plus. Au pire, ce peut être une manière de vous considérer comme un métèque, le terme pouvant avoir une connotation agressive. Aux Européens, on signale parfois avec amabilité que la qualité de *gringo* est réservée aux Américains, ceux des États-Unis.

**Guachimontones**. Vestiges précolombiens d'architecture monumentale caractéristiques de l'Occident (→) du Mexique et uniques en Mésoamérique. Pyramide circulaire formée de plusieurs corps superposés, le *guachimontón*, qui pouvait atteindre 125 m de diamètre et 17 m de hauteur, était entouré d'une cour circulaire délimitée par une banquette.

H

**Hache** (hacha). Objet en pierre dure sculpté, qui est généralement associé aux jougs *(→)* et aux palmes *(→)*. Il tire son nom de sa forme, qui rappelle celle d'une hache, mais sa fonction n'est pas utilitaire. Si de nombreuses haches représentent des têtes humaines ou animales, d'autres évoquent l'iconographie des jougs et des palmes. Comme ces derniers, la majorité des haches provienne de la côte du Golfe du Mexique, même si de nombreux exemplaires ont été retrouvés sur la côte Pacifique du Guatemala. Leur fonction demeure largement inconnue.

**Halach uinic**. L'« homme véritable », en maya yucatèque. À l'époque postclassique chez les Mayas, il est le chef, celui qui réunit tous les pouvoirs et reçoit les tributs versés par ses sujets.

**Hiatus**. Intervalle chronologique qui sépare pour les Mayas, le classique ancien du classique récent. Durant ce laps de temps de quelques dizaines d'années (534-613 apr. J.-C.), des sites comme Tikal cessèrent d'ériger des stèles, ce qui est interprété comme le signe d'une crise politique, peut-être consécutive à la diminution des relations avec l'Altiplano *(→)* mexicain. Toutefois, les recherches récentes et la découverte d'autres monuments sculptés tendent à restreindre cette crise, qui aurait pu ne toucher que certains sites. Il demeure que le hiatus constitue une subdivision significative pour distinguer le classique ancien de l'explosion culturelle qui caractérise la période suivante.

**Hohokams** [les]. Groupe culturel d'agriculteurs sédentaires installés dans le S.-O. des États-Unis *(→ encadré p. 111)*, en particulier dans la vallée du Río Gila, où ils développèrent entre 300 et 1450 de notre ère un système complexe d'agriculture irriguée. Ils présentent de nombreux traits culturels qui ont amené les chercheurs à leur attribuer sinon une origine méridionale, du moins des liens étroits avec d'autres peuples mésoaméricains.

**Huastèques** [les]. Groupe de même origine linguistique que le peuple maya ; la séparation entre ces deux branches aurait pu avoir lieu au IIe millénaire av. J.-C., peut-être à la suite de l'irruption des Olmèques *(→)* et de leur installation dans la partie S. de l'actuel État de Veracruz et l'O. du Tabasco *(→ encadré p. 439)*. Dans la partie N. de l'actuel État de Veracruz et au S.-E. de celui de San Luis Potosí, les Huastèques mirent en œuvre une civilisation certes moins brillante que celle de leurs « cousins » du Yucatán et du Petén *(→)*, mais qui fut cependant d'une importance capitale dans la formation des cultures de l'Altiplano *(→)* mexicain, surtout dans le domaine religieux. Quelques-unes des principales divinités du panthéon huastèque furent adoptées par les Mexicas *(→)*, par exemple Quetzalcóatl *(→)*, dans son avatar d'Ehécatl *(→)*, le dieu du Vent. Les fêtes célébrées par les Huastèques sont celles du calendrier catholique, avec des dévotions, des processions et des danses, celle du *volador (→ encadré p. 479)* étant la plus spectaculaire.

**Huehuetéotl**. Le « Vieux Dieu », ancienne divinité du Feu, encore appelée Xiuhtecuhtli, le « Seigneur du Feu », représentée sous les traits d'un vieillard, voûté et ridé, qui porte un brasero sur son dos.

**Huicholes** [les]. Les Huicholes seraient des Nahuas qui s'installèrent, à une époque indéterminée, dans les montagnes de la sierra Madre occidentale, dans l'actuel État du Nayarit. Peut-être furent-ils refoulés par des Chichimèques *(→)* d'une région aride au N. de San Luis Potosí, région où ils se rendent en pèlerinage, tous les ans, pour y cueillir du peyotl *(→)*. Retranchés dans leurs montagnes, ils ont pu préserver leur originalité raciale et culturelle, en dépit d'une évangélisation assez tardive. Quelques fêtes du calendrier catholique, telle la semaine sainte, sont célébrées par les Huicholes, à leur manière, ainsi que des fêtes civiles, par exemple à l'occasion de la passation des pouvoirs entre les gouverneurs entrants et sortants, vers le 1er janvier. Leur artisanat, riche de symboles, est l'un des plus séduisants du Mexique.

**Huipil**. Tunique féminine, souvent richement brodée, notamment dans le secteur d'Oaxaca et au Chíapas.

**Huitzilopochtli**. Le « Colibri de la gauche » (c'est-à-dire du Sud), dieu tribal des Mexicas *(→)*, sorti tout armé du ventre de Coatlicue *(→)*, la déesse de la Terre, fécondée accidentellement par un léger duvet qui flottait dans l'air, alors qu'elle balayait un temple. Dieu solaire, il combattit sa sœur aînée, Coyolxauhqui *(→)*, et les Centzonhuitznahua *(→)* et les vainquit. Dieu de la Guerre des Aztèques *(→)*, il contribuait avec Tláloc *(→)*, à la subsistance des Mexicas : l'un grâce au butin gagné à la guerre et aux tributs versés par les peuples asservis, l'autre grâce à la pluie qu'il répandait.

I

**Itzamná**. Le grand dieu des Mayas, divinité du Ciel en association avec Kinich Ahau, le Soleil, et Ixchel, la Lune. Il passait pour être l'inventeur de l'écriture.

**Itzcuintle**. Le chien, en náhuatl *(→Xólotl)*, l'animal que l'on sacrifiait volontiers pour accompagner les morts dans leurs pérégrinations dans le Mictlan *(→)*.

J

**Jaina** [île de]. Sur cette île, au large de la côte du Campeche (péninsule du Yucatán), dans le golfe du Mexique, une nécropole a livré d'innombrables statuettes de terre cuite polychrome, fines et individualisées *(→ encadré p. 559)*.

**Joug**. Objet en pierre sculptée et en forme de fer à cheval, souvent orné de reliefs, caractéristique de la culture dite totonaque *(→)*, dans la région du golfe du Mexique (État de Veracruz). Leur usage reste très mystérieux. Peut-être s'agit-il de la reproduction d'un accessoire en bois (?) utilisé lors du jeu de balle.

K

**Katun**. Période de 7 200 jours dans le décompte du temps chez les Mayas *(→ encadré p. 244-245)*.

**Kin**. Le Soleil, nom d'un jour du *tzolkin (→)*, le calendrier divinatoire et rituel des Mayas *(→ encadré p. 244-245)*.

**Kukulkán**. → *Quetzalcóatl*.

L

**Lacandons** [les]. Ethnie vraisemblablement d'origine maya-yucatèque, vivant dans la région de Bonampak, à la frontière mexicano-guatémaltèque *(→ encadrés p. 78-81 et 671)*.

M

**Maguey**. → *Agave*.

**Malinche** [la]. Femme d'origine mexica *(→)*, offerte à Cortés par un cacique *(→)* chontal *(→)*, qui devint sa maîtresse et lui servit d'interprète lors de sa marche sur Mexico-Tenochtitlán. Pour les Mexicains, cette femme semble incarner le complexe d'attirance/répulsion qu'ils éprouvent envers les étrangers. Un « collaborateur » sera traité de *malinchista* et la collaboration-trahison relève du malinchisme.

**Mariachis**. Musiciens ambulants portant un pittoresque costume d'opérette popularisé par le cinéma. L'origine de ces orchestres remonte à l'intervention française en faveur de Maximilien, lorsque la bourgeoisie de Guadalajara, se piquant de francomanie, s'assurait le concours de musiciens pour les fêtes de mariage. Par corruption du mot mariage, ces musiciens devinrent des mariachis.

**Matlazincas** [les]. Ces Indiens de la vallée de Toluca furent d'abord les alliés des Aztèques *(→)*, leur fournissant des mercenaires, avant de se rebeller à maintes reprises, et devoir payer un lourd tribut en prisonniers destinés au sacrifice *(→ encadré p. 364)*.

**Mayas** [les]. Les origines de la civilisation maya sont encore mal connues. On ignore sous l'influence de quels facteurs précis la nébuleuse des cités qui se développèrent de la péninsule du Yucatán aux hautes terres du Chiapas et du Guatemala, en passant par le Petén *(→)*, a pu mettre en œuvre une culture aux variantes si multiples.

La phase classique maya dura de la fin du IIIe s. jusqu'au début du Xe s. (la dernière stèle connue fut érigée en 909). L'apogée se situe au VIIIe s., avec d'extraordinaires réussites artistiques comme à Palenque, Bonampak, Yaxchilán, pour ne citer que des sites mexicains, et, un peu plus tard, les grandioses monuments Puuc de Sayil, Labná et surtout Uxmal. Les traits fondamentaux de cette architecture sont la fausse voûte maya *(→)*, des temples érigés sur de hauts soubassements pyramidaux et l'arête faîtière, finement ajourée, qui se dresse, sur un plan parallèle à celui de la façade *(→ encadré p. 610-611)*. En dehors de ces caractéristiques communes, il est évident que les styles varient considérablement d'une région à l'autre. En excluant le Petén *(→)*, situé au Guatemala, Copán, au Honduras, et les sites de l'Altiplano *(→)* guatémaltèque, on se rendra compte de cette diversité en visitant les sites mexicains de la région de l'Usumacinta (Yaxchilán, Bonampak), en se rendant à Palenque et, au Yucatán, en parcourant les régions des Chenes *(→ ce mot et encadré p. 562)*, Puuc *(→ ce mot et encadré p. 653)*, au style architectural si particulier, et de Río Bec *(→ ce mot et encadré p. 549)*, dans les États de Quintana Roo et de Campeche, le long de la frontière avec le Guatemala.

On se perd en conjectures sur les causes de l'effondrement général des cités-États mayas (fin du IXe s.-début du Xe s). On a avancé des causes externes telles que les invasions de peuples de l'Altiplano mexicain ou du golfe du Mexique, Putunes *(→)* notamment. On a argué de causes internes, telles que des maladies, l'appauvrissement du sol, etc. En fait, le déclin de la civilisation maya a pu être provoqué par un ensemble de facteurs parmi lesquels les dissensions sociales n'auraient pas été les moindres. Des oppositions ont pu s'élever entre la classe sacerdotale et les castes guerrières, souvent très agissantes comme à Yaxchilán dès le début du VIIIe s., ou entre ces deux classes sociales et le reste de la population, corvéable à merci. Ainsi, au moment de l'arrivée des Espagnols, à la fin du premier quart du XVIe s., les grandes cités mayas de l'époque classique n'étaient-elles plus que des ruines muettes cachées par un épais linceul végétal.

Après la disparition des cités de l'époque classique, le Yucatán connut une période de renaissance, sous l'impulsion de peuples venus de l'Altiplano mexicain, de telle sorte qu'on a pu parler de civilisation maya-toltèque, notamment à propos de Chichén Itzá. L'arrivée probable, vers 987, d'envahisseurs toltèques, sous la conduite d'un chef du nom de Kukulkán, traduction en maya yucatèque de Quetzalcóatl *(→)*, revigora cette résurgence de Chichén Itzá, mais les intrus se fondirent dans la masse du peuple maya, contraint de les accueillir. L'architecture de cette époque postclassique ou maya-toltèque est marquée par l'apparition de nombreux éléments toltèques *(→ encadré p. 573)*.

**Maya** [calendrier]. Les Mayas disposaient de trois systèmes principaux de computation du temps : le calendrier rituel ou *tzolkin*, le calendrier solaire ou *haab* et le compte long *(→ encadrés p. 108-109 et 244-245)*.

**Maya** [langue]. Le maya yucatèque parlé aujourd'hui est demeuré très proche de la langue qu'utilisaient les habitants de la péninsule au moment de l'arrivée des Espagnols. Mais on ignore celle qui était employée à l'époque classique dans ce même Yucatán. De plus, les différentes langues parlées par les Mayas d'aujourd'hui – et certainement par ceux de jadis – que ce soit au Mexique (tzeltal, tzotzil et lacandon), au Guatemala (quiché, cakchiquel, mam et pokomam), ou au Honduras (chortí), appartiennent, certes, à la même famille linguistique, mais sont tout de même aussi différentes les unes des autres que peut l'être, par exemple, le français du portugais. Par convention, les termes généraux utilisés par les archéologues et les historiens, par exemple ceux qui concernent la division du temps, viennent de la langue maya du Yucatán.

**Mayahuel**. Déesse aztèque du maguey *(→ agave)*, souvent pourvue, dans la statuaire, de plusieurs paires de seins. Elle permit aux Mexicas *(→)* de subsister pendant leur migration vers Mexico-Tenochtitlán.

**Mazahuas** [les]. Au N. de Toluca, dans l'État de Mexico, les Mazahuas forment encore un groupe de 70 000 personnes environ. Vivant relativement isolés, ils ont conservé en partie leur culture d'origine précolombienne, en particulier certains de leurs rites animistes qui coexistent avec les manifestations de leur foi chrétienne.

**Mazatèques** [les]. Dans une région montagneuse située surtout dans l'État d'Oaxaca et un peu dans celui de Puebla, les Mazatèques seraient les descendants de ceux qui, vers la fin du XIIe s., détruisirent l'empire toltèque *(→)*. Ils parlent une langue du groupe macro-mixtèque. Croyant en l'existence, pour chaque individu, d'un double animal, ils respectent, de façon quasi religieuse, certains animaux. L'usage des champignons hallucinogènes est l'un des traits qui ont rendu célèbre le pays mazatèque.

**Mésoamérique**. Aire de l'Amérique moyenne qui comprend la moitié S. du Mexique, le Guatemala, le Belize, le Salvador, l'O. du Honduras, le N.-O. du Costa Rica et la côte pacifique de Nicaragua. À l'époque précolombienne, cette macrorégion présentait un ensemble de traits culturels partagés par les différentes ethnies qui l'occupaient.

**Metate**. En náhua, pierre à moudre le grain de maïs, sans doute aussi ancienne que la domestication de la plante elle-même.

**Mexicas** [les]. Nom que se donnaient couramment les Aztèques *(→)*, d'après celui de leur capitale, Mexico.

**Mezcala**. Rivière de l'État de Guerrero qui a donné son nom à une civilisation locale (650-1000 apr. J.-C). Les vestiges archéologiques les mieux connus sont les figurines et masques en pierre polie qui témoignent de la maîtrise de leurs artisans.

**Mezquite**. Arbre épineux, de la famille des légumineuses, typidque des contrées désertiques de l'Altiplano *(→)* mexicain. Ses graines réduites en farine sont comestibles et son bois, très dur, a été couramment utilisé à l'époque coloniale.

**Mictlan**. Le « lieu des morts », le monde des ténèbres, où règne Mictlantecuhtli *(→)*, en dessous des neuf niveaux infraterrestres de la cosmologie mexica *(→)*.

**Mictlantecuhtli**. Le « Seigneur du Mictlan » ou lieu des morts, souvent représenté avec un masque en forme de tête de mort, ou sous la forme d'un être au corps décharné.

**Milpa**. Au sens classique de ce terme, la *milpa* ne concerne que le champ cultivé pendant deux à quatre ans, jusqu'à épuisement de la terre qui, si elle n'est pas emportée par les pluies, ou transformée en latérite par le soleil, se régénérera par reforestation. L'utilisation des engrais a bouleversé ce schéma et l'on trouve aujourd'hui au Mexique des terres cultivées sans discontinuité ; d'autres, notamment celles mises en culture récemment par des paysans sans moyens financiers et sans expérience des méthodes modernes, sont toujours cultivées sur brûlis.

**Mixtèques** [les]. Peuple aux origines obscures qui supplanta les Zapotèques *(→)* et s'assura la suprématie dans la vallée d'Oaxaca, au moins dans les derniers siècles avant la Conquête *(→ encadré p. 500-501)*. Les Mixtèques vivent surtout, aujourd'hui, dans les montagnes de la sierra Madre méridionale et dans la région de la Costa Chica (océan Pacifique). Ils constituent un groupe presque aussi important numériquement que celui des Zapotèques (+ 250 000). Souvent isolés et relégués dans des zones accidentées aux maigres ressources, ils comptent parmi les populations les plus pauvres du Mexique indigène contemporain.

**Mole**. Sauce épaisse qui accompagne les volailles (le plus souvent) et les viandes. Par extension, le terme désigne généralement le plat lui-même. Il en existe un grand nombre, le plus célèbre étant le *mole poblano* ou « mole de Puebla » *(→ encadré p. 50)*.

**Muralisme**. Courant artistique du XXe s., essentiellement mexicain, caractérisé par l'exécution de grandes peintures murales glorifiant le passé précolombien du Mexique, les idéaux de l'Indépendance et de la Révolution *(→ encadré p. 138-139)*. Diego Rivera, José Clemente Orozco et David Alfaro Siqueiros sont parmi les plus illustres représentants de ce mouvement.

N

**Náhua**. Une des langues de la famille uto-aztèque. Elle fut un instrument de civilisation en Mésoamérique *(→)*, avec la partie centrale de l'Altiplano *(→)* mexicain pour centre de diffusion. Le náhua est encore parlé dans les États de Mexico, d'Hidalgo, le N. du Veracruz, le Morelos, la sierra de Puebla et dans certains îlots aussi éloignés de ce foyer que sont le Chiapas, le Guatemala et le Salvador.

**Náhuatl**. Dialecte náhua, parlé à Mexico-Tenochtitlán au moment de la conquête espagnole et que l'on peut considérer comme la forme classique du náhua. Cette dernière langue, également orthographiée nahuat, se distingue du náhuatl par l'absence de l'occlusive *tl*.

**Nanahuatzin**. Avatar de Quetzalcóatl *(→)*, sous la forme d'un nain pustuleux qui se jeta dans un brasier à Teotihuacán pour donner naissance au Soleil.

**Noche Triste**. Nom donné à la bataille qui eut lieu dans la nuit du 30 juin 1520 entre Aztèques et Espagnols. Ces derniers subirent une défaite si honteuse, perdant la moitié de leur armée, que Hernán Cortés, le chef des conquistadores, pleura sous un arbre nommé depuis El Árbol de la Noche Triste. On peut toujours le voir dans le quartier de Tacuba à Mexico.

**Nopal**. Le cactus (nopal), plante grasse, familière aux Mexicains, leur donne ses fruits *(tuna)* et ses jeunes feuilles ou raquettes, que l'on sert sous le nom de *nopalitos*. Il existe de nombreuses espèces comestibles.

O

**Observatoires**. Passés maîtres dans l'art de mesurer le temps, les Mayas érigèrent aussi des observatoires, tel le Caracol de Chichén Itzá. Ne disposant d'aucun instrument d'optique, ils réalisaient leurs observations à l'œil nu, en prenant des points de repère précis, généralement des bâtiments ou des groupes de bâtiments. Ils compensèrent la précarité de leurs moyens matériels par une patience et une finesse d'analyse infinies. Les résultats de leurs observations étaient soigneusement décrits et notés, pour être transmis de génération en génération.

**Obsidienne**. Cette roche volcanique, vitrifiée, fut très recherchée dès la plus haute antiquité. Grâce à la qualité de son tranchant, elle servait à la production d'outils coupants et d'armes. L'obsidienne verte de la région de Pachuca était particulièrement appréciée et contribua à l'essor économique de Teotihuacán.

**Occident**. Aire mésoaméricaine composée principalement par les actuels États de Nayarit, Colima et Jalisco. Elle est riche en vestiges archéologiques qui manifestent une grande variété d'influences culturelles. C'est en particulier dans cette région que s'est développée l'architecture des *guachimontones (→)* et la culture des tombes à puits *(→)*. On y enregistre aussi un artisanat céramique très original, caractérisé par de grandes statuettes polychromes et des représentations architecturales. Au cours des derniers siècles précédant la Conquête, la métallurgie y a connu un développement brillant *(→ encadré p. 386-387)*.

**Olmèques** [les]. À partir des deux derniers siècles du IIe millénaire avant notre ère, les Olmèques, apparus sur la côte du golfe du Mexique quelque deux ou trois siècles plus tôt, mirent en place une culture qui eut pour foyer principal la région comprise entre les deltas des Ríos Papaloapan et Tonalá. Ils doivent leur nom – « gens du caoutchouc » ou Olmeca en náhuatl *(→ encadré p.528-529)* – à des archéologues. Les Olmèques sont à l'origine, entre autres, d'une statuaire monumentale – la plus ancienne – représentée par les fameuses têtes colossales des musées de Mexico, de Xalapa et du parc de La Venta, près de Villahermosa.

**Otomís** [les]. Cette ethnie, forte d'au moins 250 000 individus, réside en plusieurs pôles dans des régions montagneuses des États de Mexico, de Querétaro, d'Hidalgo, de Guanajuato, de Puebla, de Veracruz (N.-O.) et de Tlaxcala : certains Otomís auraient été chassés du N. du Mexique par les Chichimèques *(→)* dès le VIIe s. et jusqu'au XIIe s., mais d'autres auraient pu résider dans le centre du Mexique bien avant. Ils pratiquent un catholicisme de façade, mais continuent à porter un culte profond à la déesse Terre et à la Lune ; les grottes et les sommets des *cerros (→)* sont des sanctuaires importants pour eux.

## P

**Palapa**. Construction légère en bois et palmes, ou chaume, pour abriter du soleil. Des poteaux supportent un toit de formes variées, l'ensemble étant ouvert sur les côtés afin d'assurer la ventilation. Par extension, hutte simple ou sophistiquée pour désigner, dans certains hôtels, des habitations individuelles.

**Palmes** (palmas). Objets en pierre dont la forme évoque celle d'une palme. En provenance principalement de la côte du golfe du Mexique et appartenant à la culture dite totonaque *(→)*, les *palmas*, la plupart du temps décorées de reliefs d'une extrême variété, auraient été utilisées comme objets rituels en relation avec le jeu de balle.

**Parèdres**. Dieux ou déesses inférieurs associés au culte de divinités plus puissantes.

**Petén**. Région des basses terres mayas recouvertes par la forêt tropicale, située pour l'essentiel au Guatemala.

**Peyotl**. Petit cactus hallucinogène consommé par les prêtres et les guérisseurs tarahumaras *(→)* et, d'une façon beaucoup plus généralisée, mais toujours en relation avec des manifestations religieuses, par les Huicholes *(→)*. Alors que les Tarahumaras trouvent sur leur territoire ce précieux cactus, les Huicholes doivent entreprendre une longue marche de plus de 400 km à vol d'oiseau pour se le procurer.

**Phase**. Division chronologique arbitraire définie par les archéologues pour étudier l'histoire des sites. Elle peut se caractériser soit par un type de matériel (la céramique le plus souvent), soit par le croisement de plusieurs données (architecture, céramique, matériel lithique...).

**Pochteca**. Négociants, marchands, dans la société aztèque (singulier : *pochtécatl*), au sein de laquelle ils bénéficiaient d'une situation privilégiée, supérieure à celle de l'homme du peuple *(macehualli)*. Outre l'importation des marchandises, les *pochteca* jouaient aussi le rôle d'espions dans les régions qu'ils parcouraient. Des courants d'échanges ont existé bien avant la formation de l'empire aztèque, au moins dès l'époque olmèque (→ ; 1200-400 av. J.-C.).

**Popol Vuh**. Le « Livre *(vuh)* de ceux qui siègent sur une natte *(pop)* », autrement dit le « Livre du Conseil », est un ouvrage sacré, l'un des plus vénérables de la littérature universelle. Il fut rédigé en maya quiché, transcrit en caractères latins, entre 1555 et 1560, à peine une trentaine d'années après la conquête espagnole. Il nous livre les mythes qui expriment la vision que se fait du monde un peuple de l'Altiplano *(→)* guatémaltèque, celui des Quichés. Le *Popol Vuh* fut traduit en espagnol par le dominicain Francisco Ximénez, qui l'expurgea de certains aspects religieux jugés incompatibles avec la foi chrétienne. Il fut ensuite traduit en français par l'abbé Brasseur de Bourbourg et publié à Paris en 1861.

**Porfiriat** (ou Porfiriato) . Nom donné à la période durant laquelle Porfirio Díaz (1830-1915) fut à la tête du Mexique, comme président de la République (de 1876 à 1911), et favorisa par sa politique d'ouverture sur le monde extérieur la modernisation de l'économie du pays et les débuts de son industrialisation. Mais le Porfiriato déboucha sur la Révolution mexicaine.

**Purépechas**. → *Tarasques [les]*.

**Putún, Putunes** [les]. Nom náhua *(→)*, d'une ethnie maya, les Chontales *(→)* d'aujourd'hui, qui peuplait la côte du golfe du Mexique, dans la région de la Laguna de Términos et des deltas des Ríos Grijalva et Usumacinta. Sans doute fortement métissée grâce à ses relations avec les gens de l'Altiplano *(→)* mexicain, elle servit d'intermédiaire dans les relations commerciales entre les cités-États mayas et Teotihuacán. Comme pour les *pochteca (→)* aztèques, ces courants d'échanges étaient apparus bien avant l'éclosion de la civilisation maya *(→)*, au moins dès l'époque où les Olmèques *(→)*, eux aussi d'actifs marchands, avaient développé leur culture (1200-400 av. J.-C.) sur les rives du golfe du Mexique. Au moment du déclin de la civilisation maya classique (début du Xe s.), les Putunes envahirent certains secteurs (vallée des Ríos Usumacinta et Pasíon notamment) et s'emparèrent de la région de Chichén Itzá *(→ encadré p. 530)*.

**Puuc**. Au N.-O. de la péninsule yucatèque, région de collines (*puuc* dans le dialecte local) s'étendant d'O. en E. au S. de Mérida. Les Mayas de la fin de l'époque classique (750-1000) y développèrent un style architectural très particulier au sein du monde maya, avec Uxmal pour centre principal, Kabah, Sayil et Labná comptant parmi les autres sites importants *(→ encadré p. 653)*.

Q

**Quetzal**. Oiseau au plumage vert doré très brillant des marges N. de l'Altiplano *(→)* guatémaltèque, apprécié des Aztèques *(→)* mais aussi, bien avant eux, par les Mayas des basses terres *(→ encadré p. 527)*.

**Quetzalcóatl**. « Serpent (couvert de plumes) de quetzal », peut-être le plus fameux des dieux précolombiens de Mésoamérique *(→)*, dieu créateur et civilisateur, représenté sous les traits d'un serpent à plumes de quetzal *(→ encadré p. 527)* dès l'époque de Teotihuacán *(→)* et sur les monuments toltèques *(→)*, maya-toltèques *(→ Maya, civilisation)* et aztèques *(→)*, ou comme un vieillard masqué, ou encore sous les traits du nain Nanahuatzin *(→)*. *(→ aussi encadrés p. 241, 515 et 575)*.

R

**Río Bec**. À la base de la péninsule du Yucatán, la région dite Río Bec se caractérise par un style architectural *(→ encadré p. 549)* très particulier à l'époque classique de la civilisation maya. Il se distingue assez nettement du style en usage dans les édifices du Petén *(→)*, pourtant tout proche. On relève, en revanche, des similitudes avec le style Chenes *(→)*.

S

**Sacbe, sacbeob**. Chaussées mayas (*sacbeob*, singulier *sacbe*) qui réunissaient différentes parties des centres cérémoniels et même plusieurs villes entre elles. C'est autour de Cobá qu'a été repéré le réseau de *sacbeob* le plus dense.

**Sarape**. Manteau sans manches, formé d'une petite couverture avec une ouverture, pour le passage de la tête, comme le poncho.

**Serpent à plumes**. L'un des symboles les plus fameux du Mexique précolombien, celui de Quetzalcóatl *(→)*. Il représente la réunion d'éléments solaires – les plumes, celles du quetzal *(→)* – et chthoniens – le serpent. La civilisation de Teotihuacán *(→)* assura la diffusion du thème, jusqu'en pays maya. Il fut largement exploité par les Toltèques *(→)*.

**Stèle**. Monument monolithique, dressé de champ et généralement sculpté en bas-relief, où sont présentées des divinités, des personnages historiques ou des glyphes *(→)*. Les stèles les plus anciennes actuellement connues dans toute l'Amérique furent élevées par les Olmèques *(→)* à San Lorenzo et à La Venta, dès les deux derniers siècles du IIe millénaire avant notre ère. En zone maya, la coutume d'élever régulièrement des stèles datées s'est répandue à partir du Petén *(→)* (stèle 29 de Tikal datant de 292 apr. J.-C.) et a gagné les cités mayas de la périphérie. Au VIIIe s., les stèles devinrent particulièrement nombreuses car les villes prirent l'habitude d'en dresser à chaque *katun* *(→)*, voire à chaque demi ou quart de *katun* (ou *hotun*).

T

**Taco**. Sorte de « sandwich mexicain » composé d'une *tortilla* *(→)* enrobant toutes sortes de viandes et de légumes.

**Talud-Tablero**. Forme architecturale originaire de Teotihuacán qui combine un soubassement en talus, suportant un élément vertical saillant, le panneau, encadré de moulures. La partie interne du *tablero*, en creux, devait contenir le décor, peint ou stuqué. Le système de *talud-tablero* a été repris sur de nombreux sites en relation avec Teotihuacán (Tikal) et surtout adapté et modifié postérieurement. On retrouve ainsi la même idée, avec des variantes, à Monte Albán, El Tajín ou Tula. Des imitations de *talud-tablero* dans l'enceinte du Templo Mayor de Mexico-Tenochtitlán attestent de la connaissance du système par les Aztèques.

**Tarahumaras** [les]. Ethnie dont la langue appartient à la famille macro-náhua et qui occupe les canyons et les terres basses de la sierra Madre occidentale au S.-O. de Chihuahua.

**Tarasques** [les]. Installés depuis la fin du XIIIe s. ou le début du XIVe s. sur les hautes terres de l'État du Michoacán, les Tarasques, encore appelés Purépechas, s'opposèrent avec succès aux Aztèques, grâce sans doute à leur artisanat supérieur. De nos jours, ils forment un groupe assez nombreux et cohérent, concentré dans les montagnes boisées à l'O.

du lac de Pátzcuaro (sierra Tarasca). Ils célèbrent les fêtes du calendrier catholique, en particulier la fête des Morts, pour laquelle l'île de Janitzio, sur le lac de Pátzcuaro, est justement renommée. L'artisanat tarasque est l'un des plus variés et dynamiques de tout le Mexique indigène *(→ encadrés p. 386-387 et 412)*.

**Tecuhtli**. En náhuatl *(→)*, mot désignant un seigneur, un dignitaire, dans la société mexica. Le chef du palais, les hauts fonctionnaires des diverses administrations, les chefs militaires, les chefs de quartier, de ville, de village, etc., de même que les anciens souverains des cités annexées, le guerrier qui avait fait au moins quatre prisonniers au combat, etc., pouvaient se prévaloir du titre de *tecuhtli*.

**Temazcal**. En náhua *(→)*, bain de vapeur, particulièrement fréquenté par les femmes après l'accouchement afin de se purifier. Ils étaient placés sous la protection de la déesse Teteo Innan, la mère des dieux.

**Teocalli**. En náhuatl *(→)*, temple, maison des dieux.

**Teotihuacán** [civilisation de]. L'une des plus brillantes civilisations de Mésoamérique, qui marqua profondément les civilisations postérieures de l'Altiplano *(→)* mexicain. Elle connut sa phase de gestation de 400 av. J.-C. au début de notre ère, avant d'apparaître au zénith de sa puissance et de son rayonnement jusqu'aux environs de 600 apr. J.-C. La cité de Teotihuacán fut détruite subitement vers 650. Moins d'un siècle après, toute trace de son influence avait disparu.

**Tepoztécatl**. L'une des principales divinités du pulque. Chez les Mexicas *(→)*, il passait pour être l'inventeur d'un procédé qui améliorait la fermentation de l'*aguamiel (→ encadré p. 307)*.

**Tezcatlipoca**. Le « Miroir fumant », jeune dieu de la Guerre chez les Mexicas *(→)*, divinité tutélaire des collèges militaires, mais encore du N., du ciel nocturne et des grottes (sous le vocable de Tepeyollot ou « Cœur de la montagne ») et dieu justicier. Selon une légende, il fut transformé en étoile polaire ou en étoile de la Grande Ourse après avoir donné le feu aux hommes. Il vainquit Quetzalcóatl *(→)* grâce à ses tours de magie et le chassa de son royaume de Tula.

**Tezontle**. Pierre volcanique à usage architectural.

**Tianguis**. Marchés. Il existe des *tianguis* permanents, plus particulièrement fréquentés un jour ou deux par semaine mais qui restent ouverts les autres jours, et des *tianguis* temporaires, liés à une fête, civile ou religieuse. Si l'on recherche la qualité des produits, on s'intéressera surtout aux marchés permanents des grandes villes, mais, pour la couleur locale, ce sera la seconde catégorie qui devra recueillir les faveurs des amateurs.

**Tlachtli**. Jeu de balle en náhuatl *(→)*, pratiqué aussi bien sur l'Altiplano *(→)* que chez les Mayas, bien avant l'intrusion des Toltèques *(→)* au Yucatán. Les Espagnols l'interdirent, non seulement parce qu'il déchaînait les passions, qui poussaient certains nobles à miser leur fortune ou même leur liberté sur l'issue d'une partie, mais parce qu'il s'agissait d'un rite païen *(→ encadré p. 578-579)*.

**Tlahuizcalpantecuhtli**. « Seigneur de la Maison de l'Aube », dieu de la planète Vénus ou Étoile du matin, avatar de Quetzalcóatl *(→)*, sous sa forme de Seigneur de l'Aurore. Il était parfois considéré comme la divinité des mauvais augures, propagateur des maladies.

**Tláloc**. Dieu de la Pluie et de la Fertilité, généralement identifiable à ses « œillères », grands cercles, semblables à grosses montures de lunettes, à sa bouche aux crocs recourbés et à ses ornements de nez et d'oreilles. Ses représentations abondent sur l'Altiplano *(→)* mexicain dès l'époque classique, mais on en trouve d'autres exemples, notamment dans les basses terres mayas, ce qui révèle une influence de Teotihuacán dans cette zone. Au sommet de la pyramide principale de Mexico-Tenochtitlán, Tláloc occupait une place équivalente à celle de Huitzilopochtli *(→)*.

**Tlatoani**. « Celui qui parle », en náhuatl *(→)*, nom donné aux souverains des Mexicas *(→)*. Les *tlatoanis* étaient élus à vie au sein d'une même famille par un conseil de hauts dignitaires. Assisté par un *cihuacóatl* et par quatre autres grands dignitaires, tous élus en même temps que lui, le *tlatoani* présidait les débats du *tlatocan*, le « lieu de la parole », mais celui-ci pouvait rejeter à trois reprises les propositions de l'empereur, notamment lorsqu'il projetait une campagne militaire.

**Tlazoltéotl**. Déesse de la Terre, la « Mangeuse d'immondices », à qui on confiait ses péchés pour obtenir leur rémission, Tlazoltéotl est une divinité d'origine huastèque *(→)* dont le culte fut adopté par les Mexicas *(→)* qui en firent la déesse de l'amour charnel et de l'enfantement. Dans la statuaire huastèque elle est généralement représentée avec une imposante coiffure au « cimier » semi-circulaire ou rectangulaire.

**Toltèques** [les]. Parmi les envahisseurs qualifiés de chichimèques qui déferlèrent sur l'Altiplano *(→)* mexicain après la chute de Teotihuacán, se trouvent des agriculteurs-guerriers comme les Toltèques. Ces derniers parvinrent à s'imposer et à fonder un « empire » qui, dans la mémoire des hommes, devait plus tard faire oublier la grande métropole qu'avait été Teotihuacán. Selon la légende, le souverain des Toltèques, Ce Acatl Topiltzin (« Notre Prince Un-Roseau »), Quetzalcóatl, chassé de sa capitale, Tula, par Tezcatlipoca *(→)*, gagna le Yucatán et fonda Chichén Itzá en 987, promettant à son peuple de revenir le délivrer une année « Un-Roseau » *(→ encadré p. 515)*. Introducteurs des sacrifices humains sur une échelle jusqu'alors inconnue, les Toltèques devaient disparaître de la scène de l'histoire vers 1168, abattus par de nouvelles migrations de Chichimèques. Ils introduisirent une architecture puissante et originale avec des piliers en forme d'atlantes *(→)*, à la robuste stature de guerriers, des colonnes en forme de serpent à plumes de quetzal *(→)*, des halls à colonnes ; du côté de la statuaire, relativement plus développée à Tula qu'à Teotihuacán, l'élément peut-être le plus original est le *chac-mool (→)*.

**Tombes à puits**. Structure funéraire composée d'une ou plusieurs chambres souterraines auxquelles on accédait par un étroit puits vertical, le tout creusé dans la ponce volcanique. Ces tombes sont caractéristiques de l'Occident *(→)* où elles ont connu leur apogée entre 300 av. J.-C. et 600 apr. J.-C.

**Tonalpohualli**. « Décompte des jours », calendrier divinatoire et rituel de 260 jours chez les Mexicas *(→)*, comparable au *tzolkin (→)* des Mayas.

**Tonatiuh**. Le dieu du Soleil des Mexicas *(→)*, dieu assoiffé de sang humain, parfois représenté tirant la langue pour réclamer des sacrifices. Sous le nom de Tlalchitonatiuh, le Soleil levant, il est encore le maître des sacrifices humains et des ordres militaires.

**Tortilla**. Petite crêpe à base de farine de maïs *(→ encadré p. 354-355)*.

**Totonaques** [les]. « Ceux des pays chauds », comme les Aztèques *(→)* désignèrent les habitants de la partie N. de l'actuel État de Veracruz, ont donné leur nom à une civilisation qui s'épanouit à l'extrême fin de l'époque classique (vers 950 apr. J.-C.) sur le territoire qu'ils occupent encore, sans que l'on sache si elle fut développée par leurs ancêtres ou par un autre peuple. De nombreux archéologues tendent maintenant à lui substituer le nom de culture de Las Remojadas, un site d'où proviennent de nombreuses figurines. Le centre cérémoniel d'El Tajín leur est parfois attribué, même si certains préfèrent prudemment y voir une culture antérieure et considèrent Zempoala comme étant leur véritable capitale *(→ encadré p. 475)*.

**Triques** [les]. Parlant une langue qui appartient apparemment au groupe mixtèque, les Triques ont été refoulés dans un petit secteur montagneux de la sierra Madre méridionale. Ils pratiquent la religion catholique avec un fanatisme qui n'est pas exempt de paganisme, célèbrent plus spécialement la semaine sainte, le Corpus Christi, la fête des Morts, et honorent les saints patrons de leurs villages. Les femmes tissent de longs et amples *huipiles (→)* plus ou moins décorés selon qu'ils sont portés par des célibataires ou des femmes mariées.

**Tun**. Période de 360 jours dans le calcul du temps chez les Mayas *(→ encadré p. 244-245)*.

**Tzeltales** [les]. Installés à l'E. des Tzotziles *(→)*, en particulier autour d'Ocosingo, dans l'État du Chiapas, les Tzeltales (ou Zendales) constituent l'une des rares communautés indigènes du pays qui ne soit pas en régression. Cette ethnie maya qui pratique la religion catholique continue néanmoins de s'adresser aux sorciers-guérisseurs en cas de maladie et conserve certaines croyances précolombiennes (par exemple, croyance en l'existence, pour chaque individu, d'un double animal).

**Tzolkin**. Calendrier divinatoire ou rituel des Mayas, équivalent du *tonalpohualli (→)* des Aztèques *(→)* et comportant 260 jours *(→ encadré p. 108-109)*.

**Tzompantli**. « Râtelier de crânes » où l'on exposait les têtes des victimes humaines sacrifiées *(→ encadré p. 216-217)*.

**Tzotziles** [les]. Groupés dans la région de San Cristóbal de las Casas, les Tzotziles forment l'une des plus importantes communautés indiennes du Mexique qui connaît une expansion démographique. Ils pratiquent la religion catholique et les prêtres jouissent d'une certaine influence, mais ils portent une vénération très particulière à leurs images pieuses et aux croix. La sorcellerie et la magie conservent encore leurs faveurs et ils croient en l'existence, pour chaque individu, d'un double animal.

V

**Volador** [danse du]. Normalement exécutée au cours de la fête du Corpus Christi (mais devenue en fait une simple attraction touristique), elle est exécutée par quatre danseurs, les *voladores*, qui se jettent dans le vide du haut d'un mât, les pieds attachés à une corde *(→ encadrés p. 440-441 et 479)*.

**Voûte maya** [fausse]. Voûte construite en encorbellement. Les pans de mur obliques, ainsi rapprochés, semblent former une voûte, de section généralement triangulaire (à côtés rectilignes, concaves ou convexes), ou même, comme à Palenque, trilobée. Cette technique exclut évidemment les grandes portées et implique d'épais murs pour la supporter. Parmi les plus fameux exemples de fausse voûte maya au Mexique, on cite souvent l'arc de Labná et les grands porches du palais du gouverneur à Uxmal.

X

**Xilonen**. Déesse aztèque du Jeune Maïs *(→ encadré p. 354-355)*.

**Xipe Tótec**. « Notre Seigneur l'Écorché », l'un des dieux de la Végétation et du Printemps, souvent représenté revêtu de la peau d'un écorché vif, symbole de la résurrection de la végétation au printemps. Il est aussi le dieu des orfèvres.

**Xochipilli**. Chez les Mexicas *(→)*, dieu des Fleurs, de la Danse, de la Musique, de la Poésie et de l'Amour.

**Xochiyáoyotl**. En náhuatl *(→)*, la « guerre fleurie », symbolisée dans la statuaire aztèque par un courant de feu et un courant d'eau entremêlés. La « guerre fleurie » mettait aux prises des guerriers de deux États, afin de leur permettre de faire des prisonniers. Ceux-ci étaient destinés à être sacrifiés pour entretenir l'énergie du Soleil *(→ encadré p. 216-217)*.

**Xólotl**. Divinité aztèque des phénomènes doubles et frère jumeau ou avatar de Quetzalcóatl *(→)*. Selon une légende mexica, il aurait donné naissance à l'humanité en dérobant et en rompant un os dans le Mictlán *(→)* ou « lieu des morts ».

Y

**Yaquis** [les]. Communauté indigène du S. du Sonora, qui s'installa peut-être dans ce secteur au moment des grandes migrations des peuples nahuas à partir de territoires aujourd'hui situés dans le S.-O. des États-Unis. L'histoire moderne des Yaquis est celle d'une résistance tenace aux entreprises de colonisation d'abord, d'acculturation ensuite. Les pires épisodes de révolte-répression eurent lieu au XIXe s. et culminèrent avec leur déportation massive vers les plantations de *hennequén* (sisal) du Yucatán à la fin du Porfiriat *(→)*. Très religieux, ils observent les grandes fêtes catholiques et plus particulièrement la semaine sainte.

Z

**Zacatapayolli**. Récipient où les Aztèques *(→)* conservaient les épines de maguey *(→ agave)* qu'ils utilisaient dans les cérémonies d'autosacrifice. Celles-ci consistaient à offrir son sang au Soleil en se perçant le lobe des oreilles, la langue, etc. Les Mayas pratiquaient également ce genre d'oblation *(→ encadré p. 216-217)*.

**Zapotèques** [les]. La plaine d'Oaxaca et les montagnes qui l'entourent sont habitées par des Zapotèques, descendants de ceux qui aménagèrent « l'acropole » de Monte Albán. Les anciens Zapotèques vénéraient un dieu de la Pluie, Cocijo *(→)*, ainsi que Pitao Cozobi, dieu du Maïs. Après l'apogée classique, du IVe au VIIe s., Monte Albán fut abandonnée, peut-être sous la pression de nouveaux venus, les Mixtèques *(→)*, mais les Zapotèques parvinrent à se maintenir dans la région ou y revinrent *(→ encadré p. 500-501)*. Après l'indépendance, ils firent preuve d'un extraordinaire dynamisme en imposant deux de leurs enfants à la présidence de la République, Benito Juárez et Porfirio Díaz. De nos jours, les Zapotèques forment un groupe numériquement de plus de 300 000 personnes.

**Zoques** [les]. Liés aux Mixes d'Oaxaca et aux Popolucas de Veracruz, tous apparentés aux Mayas, les Zoques sont principalement concentrés au N.-O. du Chiapas, dans la région au N. de Tuxtla Gutiérrez. Ils formèrent autrefois plusieurs petites principautés qui furent en butte aux attaques des Aztèques *(→)*. Leur artisanat est assez actif, avec des tissus et des broderies sur *huipiles (→)*, ainsi que des articles en fibre d'*ixtle* (variété d'agave). Ils se sont convertis assez rapidement au christianisme et célèbrent avec ferveur les fêtes du calendrier catholique.

# Lexique

L'espagnol – le castillan – est la langue officielle, imposée par les conquistadores lors de la colonisation et de l'évangélisation. Cependant, certaines régions du pays sont restées à l'écart de cette pénétration en dépit des efforts des institutions gouvernementales (15,8 % des 6 millions d'Indiens sont monolingues et ignorent l'espagnol). L'espagnol parlé au Mexique est identique à celui parlé en Espagne, à quelques nuances près.

## « L'espagnol mexicain »

### ■ L'accent, l'intonation

On ne distingue pas le *z* et le *s* comme le font les Espagnols. Il est certain que, étant donné l'étendue du pays, les accents varient d'une région à l'autre. Ainsi, on peut considérer que sur le haut plateau, où se sont longtemps tenus les centres du pouvoir, on observe une manière de parler plus standardisée, plus proche du modèle péninsulaire. En revanche, sur les côtes, l'espagnol est plus proche de celui qui est parlé dans les Antilles : les consonnes finales tendent à disparaître, en particulier les *s* qui ne sont plus prononcés.

### ■ Le vouvoiement

Le vouvoiement (deuxième personne du pluriel = *vosotros* en Espagne) est inconnu, comme dans toute l'Amérique de langue espagnole. Pour s'adresser à plusieurs personnes, on utilisera le *ustedes* (cérémonieux pour un Espagnol) suivi d'un verbe conjugué à la troisième personne. À l'origine, ce *Usted* (vouvoiement singulier) est la forme contractée de *Vuestra Merced*, qui s'écrit *Vd*. Contrairement aux Espagnols, les Mexcicains tendent à privilégier les formes de politesse et ce n'est que lorsque l'on se connaît vraiment que l'on pourra se tutoyer, tout en gardant de nombreuses formules de courtoisie : *por favor, si no le importa, si no le molesta*, etc.

### ■ Une langue métissée

L'espagnol du Mexique a absorbé de nombreux mots d'origine indienne. À commencer par la toponymie, noms symboliques difficiles à prononcer pour l'étranger (y compris l'Espagnol) : Teotihuacán, Popocatépetl, Iztaccíhuatl, Mixcoac… De nombreux « mexicanismes » désignent pour certains ce que les Européens ont rapporté d'Amérique : tomate, chocolat (*xococ* en náhuatl), coyote… D'autres, d'origine indienne, coexistent avec leurs correspondants en espagnol : *escuincle/chamaco* pour *niño* (enfant) ; *mecate* pour *reata* (corde, ficelle). D'autres encore se sont carrément substitués aux mots espagnols : *tecolote* à *búho* (hibou), *milpa* à *maizal* (champ de maïs). Enfin, certains mots désignent des réalités spécifiquement mexicaines : *aguacate, zacate* (du náhuatl *zácatl*, sorte de fourrage), *metate* (pour broyer le maïs), *comal* (plaque pour cuire les galettes de maïs), *jícara* (récipient creusé dans une calebasse dans lequel les Aztèques prenaient le chocolat). Sans compter tous ceux concernant la nourriture, les plats : *mole, guacamole, elote* (épi de maïs).

### ■ La langue au quotidien

La langue de tous les jours est ponctuée d'expressions très locales : *¡ órale !* ou *¡ ándale !* dont le sens varie selon la situation (allez, bon d'accord) ou bien encore *¡ híjole !* et

*¡ caray !* qui ponctuent la discussion et *¡ qué barbaridad !* qui signale combien l'on participe d'une conversation. *Ahorita* (*ahora* avec son diminutif) est employé lorsque vous demandez quelque chose : à l'instant, tout de suite, même si cela peut prendre très longtemps. Pour faire répéter ou si vous n'avez pas bien écouté, utilisez *¿ mande ?* (« quoi », textuellement « à vos ordres »), formule qui semble très servile aux Espagnols car c'est cette même formule qui est reprise par les employés lorsque leur patron les appelle… Enfin, au téléphone on ne dit ni *oiga/diga* ni *alo,* mais *¿ bueno ?* – simple expression pour entrer en conversation.

### ■ L'influence de l'anglais

Un autre aspect qui distinguera l'espagnol du Mexique de celui de la péninsule relève de l'influence de l'anglais. De nombreux mots sont déjà hispanisés jusque dans leur écriture : *overol, suéter, fútbol, esliping-bag*… Si on a un problème de santé, on va se faire *checar* (*to check* : réviser, contrôler). On parle de *elevador* (pour *ascensor*), de *computadora* (*ordenador* en Espagne) ; pour acquiescer, on dit *okay* et non pas *vale* comme en Espagne.

## Quelques mots utiles

### ■ Numération

**Un, une** Uno, una
**Deux** Dos
**Trois** Tres
**Quatre** Cuatro
**Cinq** Cinco
**Six** Seis
**Sept** Siete
**Huit** Ocho
**Neuf** Nueve
**Dix** Diez
**Onze** Once
**Douze** Doce
**Treize** Trece
**Quatorze** Catorce
**Quinze** Quince
**Seize** Dieciséis
**Dix-sept** Diecisiete
**Dix-huit** Dieciocho
**Dix-neuf** Diecinueve
**Vingt** Veinte
**Vingt-et-un** Veintiuno
**Vingt-deux** Veintidós
**Trente** Treinta
**Trente-et-un** Treinta y uno
**Quarante** Cuarenta
**Cinquante** Cincuenta
**Soixante** Sesenta
**Soixante-dix** Setenta
**Quatre-vingts** Ochenta
**Quatre-vingt-dix** Noventa
**Cent** Ciento
**Deux cents** Doscientos
**Cinq cents** Quinientos
**Mille** Mil

### ■ Jours et mois

**Lundi** Lunes
**Mardi** Martes
**Mercredi** Miércoles
**Jeudi** Jueves
**Vendredi** Viernes
**Samedi** Sábado
**Dimanche** Domingo
**Janvier** Enero
**Février** Febrero
**Mars** Marzo
**Avril** Abril
**Mai** Mayo
**Juin** Junio
**Juillet** Julio
**Août** Agosto
**Septembre** Septiembre
**Octobre** Octubre
**Novembre** Noviembre
**Décembre** Diciembre

### ■ Saisons et fêtes

**L'hiver** El invierno
**Le printemps** La primavera
**L'été** El verano
**L'automne** El otoño
**Noël** Navidad
**Semaine sainte** Semana Santa
**Pâques** La Pascua
**Pentecôte** Pentecostes

## ■ Temps

**Aujourd'hui** Hoy
**Hier** Ayer
**Demain** Mañana
**Une heure** Una hora
**Une minute** Un minuto
**Quelle heure est-il ?** ¿ Qué hora es ?
**Une heure** La una
**Deux heures, etc.** Las dos, etc.
**Midi** Las doce

## ■ Formules usuelles

**Oui** Si
**Non** No
**Bonjour (le matin)** Buenos días
**Bonsoir (l'après-midi)** Buenas tardes
**Bonne nuit** Buenas noches
**Au revoir** Hasta luego
**S'il vous plaît** Por favor
**Merci, merci bien** Gracias, muchas gracias
**Excusez-moi, pardonnez-moi** Dispenseme, discúlpeme
**C'est cela** Eso es
**Dites, monsieur (pour appeler)** Oiga, Señor
**Comment dit-on espagnol ?** ¿ Como se dice en en español ?
**Parlez-vous français ?** ¿ Habla Usted francés ?
**Comment vous appelez-vous ?** ¿ Cómo se llama Usted ?
**Que désirez-vous ?** ¿ Que desea Usted ?
**Je ne comprends pas** No entiendo
**Je ne sais pas** No sé
**Qu'y a-t-il ?** ¿ Qué pasa ?
**Donnez-moi** Deme Usted
**Je voudrais…** Quisiera…

## ■ À l'hôtel

**Hôtel** Hotel
**Auberge** Albergue
**Pension** Pensión
**Réservation** Reserva
**La clé** La llave
**L'étage** El piso
**Chambre** Cuarto, habitación
**Lit** Cama
**Lit à deux places** Cama matrimonial
**Couverture** Manta
**Oreiller** Almohada
**Toilettes, salle de bains** Baños
**Où sont les toilettes ?** ¿ Dònde estàn los baños ?

## ■ Au restaurant ou dans un bar

**Petit déjeuner** Desayuno
**Repas** Comida
**Déjeuner** Almuerzo
**Dîner** Cena
**Menu** Menú, comida corrida
**Carte** Carta
**Carte des vins** Carta de vinos
**Assiette** Plato
**Verre** Vaso
**Couteau** Cuchillo
**Cuillère** Cuchara
**Fourchette** Tenedor
**Serviette** Servilleta
**Couvert** Cubierto
**Sel** Sal
**Piment** Pimienta
**Moutarde** Mostaza
**Huile** Aceite
**Vinaigre** Vinagre
**Beurre** Mantequilla
**Pain** Pan
**Fromage** Queso
**Bar** Cantina
**Vin rouge, blanc, rosé** Vino tinto, blanco, rosado
**Bouteille** Botella
**Eau** Agua
**Lait** Leche
**Bière (blonde, brune)** Cerveza (clara, oscura)
**Boisson non alcoolisée** Refresco
**Sans glaçon** Sin hielo

## ■ Sur la route

**Autoroute** Autopista
**Route** Carretera
**Péage** Cuota
**Station-service** Gasolinera
**Sans plomb** Sin plomo
**Ville** Ciudad
**Village** Pueblo
**Passage à niveau** Paso a nivel
**Garage** Garaje
**Panne** Parada forzada, avería
**Je suis en panne** Tengo una avería
**Est-ce la route de ?** ¿ Es esta la carretera de ?
**Où conduit cette route ?** ¿ Adónde va esta carretera ?
**À combien de kilomètres ?** ¿ A cuántos kilómetros ?

**Peut-on passer par ici ?** ¿ Se puede pasar por aqui ?
**Où peut-on trouver de l'eau ?** ¿ Dónde se puede encontrar agua ?
**À droite** A la derecha
**À gauche** A la izquierda
**Au tournant** A la vuelta
**Près** Cerca
**Plus loin** Mas lejos
**Descente** Bajada
**Montée** Subida
**Virage** Curva
**Interdit** Prohibido

### ■ En ville

**Quartier** Barrio
**Rue** Calle
**Chaussée** Calzada
**Chemin** Camino
**Rond-point** Glorieta
**Pont** Puente
**Promenade plantée d'arbres** Alameda
**Promenade publique** Paseo
**Boulevard circulaire** Periférico
**Faubourg** Suburbio
**Parking** Estacionamiento
**Église** Iglesia
**Place** Plaza
**Grand-place** Plaza mayor
**Place centrale** Zócalo
**Poste** Correos
**Cabine téléphonique** Teléfono público
**Carte téléphonique** Tarjeta de teléfono
**Police** Policía
**Chauffeur, conduisez-moi à...** Señor, lléveme a...

### ■ En train

**Chemin de fer** Ferrocarril
**Gare** Estación
**L'arrêt** La parada
**Le billet** El boleto
**Le guichet** La taquilla
**Les bagages** El equipaje
**Valise** Maleta
**Porteur** Maletero
**Wagon** Coche, carro
**Wagon-lit** Carro dormitorio
**Salle d'attente** Sala de espera
**Entrée** Entrada
**Sortie** Salida
**À quelle heure arrive le train à... ?**
¿ A qué hora llega el tren a... ?
**Où faut-il changer de train ?**
¿ Dónde hay que cambiar de tren ?

### ■ À propos d'argent

**Argent** Dinero
**Banque** Banco
**Billet** Billete
**Carte de crédit** Tarjeta de crédito
**Distributeur de billets** Cajero automático
**La monnaie (ou le change)** El cambio
**Addition** La cuenta
**Donnez-moi ma note, s.v.p.**
Haga el favor de dame la cuenta
**Le pourboire** La propina
**Service compris** Servicio incluido
**Combien vous dois-je ?**
¿ Cuánto le debo ?
**C'est combien ?** ¿ Cuánto es ?
**Combien par jour ?** ¿ Cuánto por día ?
**Nous sommes d'accord** Estamos de acuerdo
**Quel est le prix de la course ?**
¿ Cuánto es ?
**Cher** Caro
**Pas cher** Barato

# Bibliographie


**■ Ouvrages généraux**

**Baudez (Cl.-F.)** : *Les Mayas au pays de Copán* (Universalia, 1998).

**Baudez (Cl.-F.) et Picasso (S.)** : *Les Cités perdues des Mayas* (Gallimard, « Découvertes », 1987).

**Gendrop (P.)** : *Les Mayas* (PUF, « Que sais-je ? » n° 1734, 1999, 7ᵉ éd.).

**Gruzinski (S.)** : *Le Destin brisé de l'empire aztèque* (Gallimard, « Découvertes », 1988).

**Lehmann (H.)** : *Les Civilisations précolombiennes* (PUF, « Que sais-je ? » n° 567, 1994, 10ᵉ éd., revue et corrigée).

**Oudin (B.)** : *Villa, Zapata et le Mexique en feu* (Gallimard, « Découvertes », 1989).

**Soustelle (J.)** : *L'Art du Mexique ancien* (Arthaud, 1971).

**Soustelle (J.)** : *Les Aztèques* (PUF, « Que sais-je ? » n° 1391, 1999, 8ᵉ éd.).

**■ Beaux livres**

**Alcina (J.)** : *L'Art précolombien* (Citadelles & Mazenod, 1996, rééd. 2000).

**Barbier (J.-P.)** : *Guide de l'art précolombien* (Skira, 1999).

**Catherwood (F.)** : *Les Cités mayas : un monde perdu et retrouvé* (Bibliothèque de l'image, 1993). Les lithographies réalisées par Catherwood en 1839-1842, au cours de son voyage archéologique en compagnie de J. L. Stephens.

**Gendrop (P.) et Heyden (D.)** : *Architecture mésoaméricaine* (Gallimard-Électa, « Histoire de l'architecture », 1994).

**Giard (F.) et (L.)** : *Mexique : au pays Tarahumara* (L'Harmattan, « Partir là-bas », 1988).

**Jannel (Cl.) et Guerlain (F.)** : *Sur les chemins du Mexique* (Barthélémy, 1992).

**Stierlin (A.)** : *Les Ors du Mexique chrétien* (catalogue de l'exposition, Imprimerie nationale, 1999).

**■ Le Mexique des photographes**

**Cartier-Bresson (H.)** : *Carnets mexicains 1934-1964* (Hazan, 1995). Une fenêtre entrouverte sur l'œuvre – et la quête – de l'un des plus grands photographes européens.

**Hook (M.)** : *Tina Modotti : amour, art et révolution* (Anatolia, 1995).

**Modotti (T.)** : *Photographe et Révolutionnaire* (Des Femmes, 1981) ; *Lettres à Edward Weston 1922-1931* (Anatolia, 1995).

**Ollier (B.)** : *Manuel Alvarez Bravo* (Hazan, 1999). À la découverte d'un peuple, d'un pays et de son âme, sous l'œil d'un photographe mexicain né en 1902.

**Place (J.-M.)** : *Tina Modotti et la Renaissance mexicaine, 1923-1924* (catalogue d'exposition, Arles, 2000).

**Weston (E.)** : *Journal mexicain (1923-1926).* (Seuil, 1995.)

**■ Art et artisanat**

*L'Art précolombien du Mexique* (collectif, Réunion des musées nationaux, 1998).

*Le Mexique archéologique* (Bonechi, 1995).

*Soleils mexicains* : catalogue de l'exposition du musée du Petit Palais (Paris-Musées, 2000). Une évocation de la culture mexicaine de l'époque précolombienne à nos jours.

**Bayon (D.) et Pontual (R.)** : *La Peinture de l'Amérique latine au XXᵉ siècle* (Mengès, 1990).

**Bernal (I.) et Simoni-Abbat (M.)** : *Le Mexique : des origines aux Aztèques* (Gallimard, 1986).

**Deville (M.) et Ramade (F.)** : *Couleurs et lumières du Mexique* (Arthaud, 2000).

**Dyckerhoff (U.) et Prem (H.)** : *Le Mexique ancien* (Bordas, 1987).

**Gruzinski (S.) et Mermet (S.)** : *L'Aigle et la Sibylle : fresques indiennes du Mexique* (Imprimerie nationale, 1994). Pour comprendre le monde des Indiens juste après la Conquête.

**Kettenmann (A.)** : *Frida Kahlo* (Taschen, 2000).

**Kettenmann (A.)** : *Rivera* (Taschen, 1997).

**Longhena (M.)** : *Le Mexique ancien* (Gründ, 1998). Très bien illustré, un bon moyen de se plonger dans l'univers du Mexique ancien.

**Matos Moctezuma (E.)** : *Les Aztèques* (Manufacture, 1989).

**Matos Moctezuma (E.)** : *Trésors de l'art au Mexique* (Bibliothèque des Arts, « Aspects de l'art », 1995).

**Miller (M. E.)** : *L'Art précomlombien : la Mésoamérique* (Thames & Hudson, « L'Univers de l'art », 1997).

**Stierlin (H.)** : *Les Mayas au pays de Copán* (Skira/Milan, 1997) ; *L'Art maya* (Seuil, 1997).

**Taladoire (E.) et Faugère-Kalfon (B.)** *La Mésoamérique : archéologie et arts précolombiens* (École du Louvre/La Documentation française/Réunion des musées nationaux, 1995).

## ■ Civilisation et Société

**Boccara (M.)** : *La Religion des Mayas : entre métaphore et sacrifice* (L'Harmattan, « Connaissance des hommes », 1990).

**Caso (A.)** : *Le Peuple du soleil, la religion aztèque* (Guy Trédaniel, 1994).

**Chamoux (M.-N.)** : *Indiens de la Sierra : la communauté paysanne au Mexique* (L'Harmattan, 1981).

**Duclas (R.)** : *La Vie quotidienne au Mexique au milieu du XIXe siècle* (L'Harmattan, 1993).

**Le Clézio (J.-M. G)** : *Le Rêve mexicain ou la pensée interrompue* (Gallimard, 1988 ; « Folio », 1992).

**Lewis (O.)** : *Les Enfants de Sanchez : autobiographie d'une famille mexicaine* (Gallimard, 1978).

**Pavageau (J.)** : *L'Autre Mexique : culture indienne et expérience de la démocratie* (L'Harmattan, « Recherches et documents Amériques latines », 1992).

**Perez Jolote (J.)** : *Tzotzil : récit de la vie d'un Indien mexicain* (La Découverte, 1981).

**Soustelle (J.)** : *Les Quatre Soleils* (Plon, « Terre humaine », 1967) ; *L'Univers des Aztèques* (Hermann, rééd. 1997).

**Taube (K.)** : *Mythes aztèques et mayas* (Seuil, « Points », 1995).

## ■ Histoire coloniale et contemporaine

*Les Espagnols dans le Mexique colonial* (collectif, Armand Colin, 1999).

**Bénitez (F.)** : *Les Premiers Mexicains* (Gallimard, 1969).

**Chevalier (F.)** : *L'Amérique latine de l'indépendance à nos jours* (PUF, 1993).

**De Madariaga (S.)** : *Hernán Cortés* (Calmann-Levy, 1953 ; Presses Pocket, 1992).

**Gillen (C.)** : *Bartolomé de Las Casas* (Cerf, 1995). Une intéressante biographie du prêtre missionnaire devenu l'un des premiers défenseurs des droits des Indiens.

**Gilly (A.)** : *Notre chute dans la modernité* (Syllepse, 1992) ; *La Révolution mexicaine 1910-1920* (*ibid.*, 1995).

**Gonzalez (L.)** : *Les Barrières de la solitude : histoire universelle de San José de Gracia, village mexicain* (Plon, « Terre humaine », 1977). Une grande monographie exemplaire.

**Gouy (P.)** : *Pérégrinations des Barcelonnettes au Mexique* (Presses de l'université de Grenoble, 1980).

**Grunberg (B.)** : *Histoire de la conquête du Mexique* (L'Harmattan, 1995).

**Guerra (F.-X.)** : *Le Mexique de l'Ancien Régime à la Révolution* (2 vol., L'Harmattan, 1985). Une somme qui explique magistralement la naissance du Mexique moderne.

**Meyer (J.)** : *La Révolution mexicaine* (Calmann-Lévy, 1973). Pour s'orienter dans cet épisode capital de l'histoire.

**Monod (A.)** : *Ethnies. Feu Maya : le soulèvement au Chiapas* (vol. XVI-XVIII, Peuples autochtones et Développement, 1995). Aborde le problème des révoltes de janvier 1994.

**Nadal (M.-J.)** : *À l'ombre de Zapata : vivre et mourir dans le Chiapas* (Éd. du Félin, 1995). Même sujet que l'ouvrage précédent.

**Reed (J.)** : *Le Mexique insurgé* (La Découverte, 1996).

**Silva Herzog (J.)** : *La Révolution mexicaine* (La Découverte, « Petite collection Maspero », 1977). Un ouvrage de référence sur l'un des aspects les plus intéressants des liens qui unirent la France au Mexique à la fin du XIXe s.

**Womack (J.)** : *Emiliano Zapata et la révolution mexicaine* (La Découverte, 1997). Excellente biographie du grand révolutionnaire.

**Ypma (H.)** : *Le Mexique contemporain* (Assouline, 2000).

## ■ Témoignages et récits de voyages

*Miroirs d'un désastre : chronique de la conquête espagnole de l'Amérique* (Pocket, « Agora », 1992). Récits croisés des Indiens et des Espagnols.

**Aubry (A.)** : *Les Tzotzils par eux-mêmes : récits et écrits de paysans indiens du Mexique* (L'Harmattan, « Connaissance des hommes », 1988).

**Cabeza de la Vaca (A. N.)** : *Relation de voyage (1527-1537)*. (Actes Sud, 1989.) Le récit d'un aventurier devenu esclave, trafiquant, puis défenseur des Indiens.

**Charnay (D.)** : *Le Mexique : souvenirs et impressions de voyage 1858-1865* (Éd. du Griot, 1987).

**Cortés (H.)** : *La Conquête du Mexique* (La Découverte, 1996). Par le conquistador en personne. Un témoignage de 1519.

**Del Castillo (B. D.)** *La Conquête du Mexique* (Actes Sud, 1996).

**London (J.)** : *Le Mexique puni* (UGE, « 10/18 », 1984).

**Steinbeck (J.)** : *Dans la mer de Cortez* (Actes Sud, 1989). Récit du voyage effectué par l'auteur en 1940.

**Stephens (J. L.)** : *Aventures de voyage en pays Maya* (Pygmalion, 1991). Récit, description et études des sites mayas du Mexique, Guatemala, Honduras en 1843, par un avocat-diplomate-voyageur. Un récit illustré par F. Catherwood.

## ■ Littérature mexicaine

*La Nouvelle contemporaine au Mexique* (Ateliers du Gué/Institut français de l'Amérique latine, 1995). Recueil de nouvelles d'une vingtaine d'auteurs, présentés par L. Panabière.

**Aguilar Camin (H.)** : *La Mort à Veracruz* (Seuil, 1992).

**Agustín (J.)** : *Mexico, midi moins cinq* (La Différence, 1993).

**Aridjis (H.)** : *Perséphone* (Gallimard, 1970) ; *1492, les aventures de Juan Cabezon de Castille* (Seuil, 1990 ; « Points », 1992) ; *1492, mémoires du Nouveau Monde* (Seuil, 1992 ; « Points », 1994) ; *La Légende des soleils* (Seuil, 1994) ; *Le Seigneur des derniers jours : visions de l'an mil* (*ibid.*, 1996) ; *Le Temps des anges* (*ibid.*, rééd. 1997).

**Del Paso (F.)** *Palinure de Mexico* (Fayard, 1985).

**Elizondo (S.)** : *Farabeuf* (Gallimard, 1969) ; *L'Hypogée secret* (*ibid.*, 1971).

**Esquivez (L.)** : *Les Épices de la passion* (Pocket, 1993).

**Fuentes (C.)** : *La Mort d'Artemio Cruz* (Gallimard, 1966 ; « Folio », 1976) ; *Terra nostra* (Gallimard, 1979) ; *La Plus Limpide Région* (*ibid.*, 1982) ; *Une certaine parenté* (*ibid.*, 1982) ; *Les Eaux brûlées* (*ibid.*, 1983) ; *Le Vieux Gringo* (*ibid.*, 1986) ; *Christophe et son œuf* (*ibid.*, 1990 ; « Folio », 1993) ; *Constancia* (Gallimard, 1992) ; *La Campagne d'Amérique* (*ibid.*, 1994) ; *L'Oranger* (*ibid.*, 1995) ; *Un temps nouveau pour le Mexique* (*ibid.*, 1998).

**Fuentes (V.)** : *La Castaneda* (La Différence, 1988) ; *Gloria* (*ibid.*, 1990) ; *L'Autobus de Mexico* (Actes Sud, 1995).

**Garibay (R.)** : *La maison qui brûle la nuit* (Albin Michel, 1975).

**Guzman (M. L.)** : *L'Ombre du caudillo* (Gallimard, « Folio », 1996).

**Melo (J. V.)** : *L'Obéissance nocturne* (La Différence, 1991).

**Pacheco (J. E.)** : *Le passé est un aquarium* (poésie ; *ibid.*, 1991) ; *Tu mourras ailleurs* (*ibid.*, 1991) ; *La Lune décapitée* (nouvelles ; *ibid.*, 1991) ; *Batailles dans le désert* (La Différence, 1992).

**Paz (O.)** : *Liberté sur parole* (poésie ; Gallimard, 1971) ; *Courant alternatif* (*ibid.*, 1972) ; *Point de convergence* (*ibid.*, 1976) ; *Mise au net* (*ibid.*, 1977) ; *Versant Est* (poésie ; *ibid.*, 1978) ; *D'un mot à l'autre* (*ibid.*, 1980) ; *Le Singe grammairien* (Flammarion, 1982) ; *Rire et Pénitence* (Gallimard, 1983) ; *Une planète et quatre ou cinq monstres* (*ibid.*, 1985) ; *Le Feu de chaque jour* (*ibid.*, 1986) ; *Sor Juana Ines de la Cruz ou les pièges de la foi* (*ibid.*, 1987) ; *Le Labyrinthe de la solitude* (*ibid.*, rééd. 1990) ; *La Fille de Rappacini* (*ibid.*, rééd. 1990) ; *L'arbre parle* (*ibid.*, 1990) ; *Itinéraire* (*ibid.*, « Arcades », 1996).

**Poniatowska (E.)** : *Cher Diego, Quiela t'embrasse* (Actes Sud, 1984 ; rééd. « Babel », 1993) ; *La Fille du philosophe* (Actes Sud, 1989).

**Revueltas (J.)** : *Le Deuil humain* (Gallimard, 1987) ; *Le Mitard* (Bruxelles, Complexes, 1990).

**Rulfo (J.)** : *Le Llano en flammes* (M. Nadeau, 1987) ; *Pedro Páramo* (Gallimard, « L'Imaginaire », 1979).

**Sarabia (A.)** : *Les Invités du volcan* (A.-M. Métailié, 1997).

**Taïbo (P. I.)** : *La Vie même* (Rivages Noirs, 1992) ; *Ombre de l'ombre* (*ibid.*, 1992) ; *À quatre mains* (*ibid.*, 1992) ; *Cosa facil* (*ibid.*, 1994) ; *Le Rendez-vous des héros* (A.-M. Métailié, 1994) ; *De passage* (A.-M. Métailié, 1995) ; *Sentant que le champ de bataille...* (Actes Sud, « Babel », 1996). Le Mexique burlesque, trépident et délirant d'un auteur de romans policiers.

■ **Littérature étrangère**

**Bedford (S.)** : *Visite à Don Otavio* (Payot, 1992). Chronique du voyage d'une romancière anglaise au Mexique.

**Carrière (J.-P.)** : *La Controverse de Valladolid* (Actes Sud, 1999). Une relation du débat qui fit rage au sein de l'Église et de l'Empire espagnol au XVIe s., à savoir : « Les indigènes sont-ils des êtres humains comme nous ? »

**Gerger (A.)** : *Le Jade et l'Obsidienne* (Laffont, 1981).

**Hocquenghem (J.)** : *Le Stade aztèque* (Payot, « Voyageurs », 1994). Entre le policier et la science-fiction, une chronique des laissés-pour-compte de Mexico après le tremblement de terre, par un ancien chroniqueur du journal *Libération*.

**Kerouac (J.)** : *Tristessa* (Stock, 1982).

**Le Clézio (J.-M. G)** : *Diego et Frida* (Stock, 1993 ; Gallimard, « Folio », 1995).

**Lowry (M.)** : *Au-dessous du volcan* (Gallimard, « Folio », 1973).

**Miller (T.)** : *Sur la frontière* (Actes Sud, 1992).

**Thiebaut (G.)** : *La Contre-révolution mexicaine à travers sa littérature* (L'Harmattan, « Recherches et documents Amériques latines », 1997).

■ **Cinéma**

*Le Cinéma mexicain* : collectif sous la direction de P. A. Paranagua (Éd. du Centre Georges-Pompidou, « Cinéma pluriel », 1992).

# Filmographie

**Alazraki (B.)** : *Racines* (1953).

**Aretche (L.)** : *Le Cri* (1969).

**Buñuel (L.)** : *Un chien andalou* (1928) ; *L'Âge d'or* (1930) ; *Terre sans pain* (1932) ; *Los Olvidados* (1950) ; *Robinson Crusoë* (1952) ; *La Vie criminelle d'Archibald de la Cruz* (1955) ; *Nazarin* (1958) ; *La Jeune Fille* (1960) ; *L'Ange exterminateur* (1962) ; *Simon du désert* (1964).

**Carreta (C.)** : *La Femme de Benjamin* (1990).

**Echevarría (N.)** : *Cabeza de Vaca* (1991).

**Fernandez (E.)** : *Un rendez-vous d'amour* (1956).

**Fons (J.)** : *Aube rouge* (1990).

**Gamez (R.)** : *Tequilla* (1992).

**Loach (K.)** : *Bread and Roses* (Angleterre, 2000). La vie et les combats quotidiens des immigrés mexicains à Los Angeles.

**Navaro (M.)** : *Danzon* (1991).

**Rotberg (D.)** : *L'Ange de feu* (1992).

**Zuniga (A)** : *Anacrusa* (1979) ; *Un parmi plusieurs* (1981) ; *Le Diable et la Dame* (1983).

# Index

Acapulco : nom de lieu
*Allende* : personnage, événement historique
AGAVE : mot clé

En savoir plus

# N



En savoir plus

# Y



# Z



Achevé d'imprimer chez Clerc
à Saint-Amand-Montrond
Dépôt légal : 10901 - mai 2001
ISBN : 201242810X - 24.2810.0 édition 01